1001 WHISK(E)YS
die Sie probieren sollten, bevor das Leben vorbei ist

1001 WHISK(E)YS
die Sie probieren sollten, bevor das Leben vorbei ist

HERAUSGEGEBEN VON **DOMINIC ROSKROW**

VORWORT **JIM MURRAY**

EDITION OLMS ZÜRICH

1. Ausgabe 2017
EDITION OLMS AG
Willikonerstr. 10
CH-8618 Oetwil am See / Zürich
Switzerland

Mail: info@edition-olms.com
Web: www.edition-olms.com

ISBN 978-3-283-01252-6

Deutsche Ausgabe
Copyright © 2017 EDITION OLMS AG, ZÜRICH
Übersetzung: Michael Auwers
Lektorat: Beate Bücheleres-Rieppel und German Neundorfer
Covergestaltung und Satz:
Weiß-Freiburg GmbH – Graphik & Buchgestaltung

Bibliographische Information der Deutschen Bibliothek
Die Deutsche Bibliothek verzeichnet diese Publikation
in der Deutschen Nationalbibliographie; detaillierte bibliographische Daten
sind im Internet über http://dnb.ddb.de abrufbar

A Quintessence Book

Copyright © 2012 Quintessence

All rights reserved. No part of this publication may be reproduced,
stored in a retrieval system, or transmitted in any form or by any means,
electronic, mechanical, photocopying, recording, or otherwise, without
prior consent of the publishers.

Project Editor	Simon Ward
Editors	Frank Ritter, Ben Way
Editorial Assistant	Olivia Young
Designers	Alison Hau, Tom Howey
Editorial Director	Jane Laing

Printed in China

INHALT

Vorwort	6
Einleitung	8
Register der Whisk(e)ys nach Namen	12
Kapitel 1: Schottland	**20**
Kapitel 2: Irland	**566**
Kapitel 3: Vereinigte Staaten	**614**
Kapitel 4: Kanada	**750**
Kapitel 5: Japan	**798**
Kapitel 6: Europa	**832**
Kapitel 7: Neue Welt	**894**
Whiskyproduzierende Nationen	940
Glossar	942
Autoren	944
Ressourcen	946
Register der Whisk(e)ys nach Ländern	948
Bildnachweise	958
Danksagungen	960

VORWORT
von Jim Murray

Es ist eigentlich keine große Überraschung, daß die ganze Welt den Whisky so liebt. Schließlich erzählen wir alle gerne Geschichten, jeder einzelne von uns, und jeder von uns hört gerne den Geschichten anderer zu. So ist es schon immer gewesen.

Wenn man sich dann mit einem Glas hinsetzt, das zu einem Fünftel mit einer aus Gold gesponnenen Geschichte gefüllt ist, lauscht man einer Erzählung, die sich in jedem Atemzug, in jedem Schluck entfaltet. Es ist uns angeboren, diese Geschichte dann mit anderen zu teilen, sie weiterzureichen, vor allem, wenn sie uns gefesselt oder im Innersten berührt hat.

Auf diesen Seiten werden 1001 Geschichten erzählt, von ruhigen und sanften bis hin zu leidenschaftlichen und von Kriegsgetöse erfüllten. Jede Geschichte ist die Übersetzung oder Interpretation eines Textes, der acht oder vielleicht 18 oder gar 50 Jahre alt ist. Jeder Erzähler gibt seiner Version einen etwas anderen Blickwinkel als das ein anderer vielleicht getan hätte. Das liegt in der menschlichen Natur und ist auch ein Hinweis darauf, warum uns der Whisky so in seinen Bann schlagen kann. Es ist genauso wie bei zwei Menschen, die zusammen einem Fußballspiel zusehen und die Leistung eines Spielers nach vollkommen unterschiedlichen Maßstäben beurteilen, so daß der eine ihn zum besten Techniker auf dem Feld erklärt und der andere zum schlechtesten. Die Geschichte eines Stürmers könnte so von den Zuschauern eines Spiels auf 15 000 unterschiedliche Weisen erzählt werden; genauso ist es mit der Geschichte eines Whiskys. Wie sehr man die Geschichte genießt, wie genau man ihr zuhört, wie sehr sie uns mitnimmt oder unsere Phantasie beflügelt, all das hängt vielleicht vor allem davon ab, was für eine Geschichte wir hören wollten.

Heute gibt es mehr flüssige Geschichten als je zuvor. Nicht nur die Zahl der neuen Destillerien ist auf der ganzen Welt explosionsartig gestiegen und hat uns neue Namen wie Mackmyra, Penderyn oder King Car beschert, sondern das Aufkommen der Einzelfaßabfüllungen hat auch das Gebiet der Geschmacksprofile vergrößert, die man erforschen kann. Vor allem der Ausstoß Schottlands und der USA erwecken den Anschein, als lege die Whiskybranche jedes Jahr ihre alte Haut ab und hülle sich in eine neue, wenn die 200 Flaschen eines einzigen Fasses gekauft und dann geleert werden.

Jahr um Jahr erzähle ich in *Jim Murray's Whisky Bible* über 1000 neue Geschichten und bewerte sie. Darin sind noch nicht die Standardmarken eingeschlossen, von denen einige mehr als 100 Jahre auf dem Markt sind. Andere sind viel jünger und nutzen neue Reifungsverfahren oder die steigende Nachfrage nach einem bestimmten Whiskytyp. Von diesen 1000 Whiskys ist allerdings bei weitem nicht jeder eine Spitzenleistung.

Meine Beurteilung der Whiskys wird nicht bei jedem auf Zustimmung stoßen. Sicher werden auch die Leser dieses Buchs nicht jeder Bewertung der Autoren beistimmen. Das ist aber auch nicht beabsichtigt: Das Buch soll ein Führer sein, in dem die Ansichten von Kennern wiedergegeben werden, die mal mehr, mal weniger mit der eigenen Meinung über einen besonders geliebten Whisky übereinstimmen können. Es wird auch Leser geben, die vor allem darauf aus sind, jedes Lob für eine Abfüllung zu monieren, von der sie meinen, sie werde dem Geist des Whiskys nicht gerecht.

Den meisten wird es jedoch darum gehen, auf Dinge aufmerksam gemacht zu werden, die sie sonst vielleicht nicht bemerkt hätten: einen Malt oder Bourbon, einen irischen Whiskey oder japanischen Whisky, der ihnen nicht aufgefallen war oder nach dem es sich im Internet zu suchen lohnt.

Es kann jedoch sein, daß man als Leser zögert, weil einem der Name eines Autors nicht geläufig ist. Das mag verständlich sein, aber der Herausgeber Dominc Roskrow ist nicht nur ein hervorragender Whiskykenner, er ist auch ein herausragender Kenner des Whiskyjournalismus, der meine Skepsis gegenüber den Beiträgen der immer gleichen Namen in den einschlägigen Veröffentlichungen teilt.

Dominic hat deshalb ein Team von relativ unbekannten und erfrischend neuen Autoren zusammengestellt, um ihre Ansichten über 1001 Whiskys mit uns zu teilen. Es ist zu hoffen, daß aus diesem Team eine neue Bewegung im Whiskyjournalismus entsteht, die so bitter nötig ist. Allerdings müssen Autor wie Leser bedenken, daß ein Verständnis für Whisky nicht etwas ist, das über Nacht entsteht. Man muß offene Sinne besitzen, einen offenen Verstand, ein offenes Herz. Und man muß Zeit haben.

Die hat man heutzutage, im Zeitalter von Internet und Twitter, als Journalist nicht mehr. Man kann es sich nicht leisten, die eigenen Meinungen lange zurückzuhalten. Für die Leser bedeutet das aber auch, daß man zusehen kann, wie ein Schreiber im Laufe der Jahre heranwächst und auf seinem Feld, so wie der Roggen oder die Gerste für einen Whisky, langsam Frucht ansetzt und reift.

Als ich 1992 meine Stelle bei einer großen britischen Zeitung aufgab und zum ersten hauptberuflichen Whiskyschreiber der Welt wurde, war das alles noch sehr viel anders. Jene Zeiten waren im Vergleich zu den heutigen von Mangel gekennzeichnet, ein Buch wie das vorliegende wäre damals unmöglich gewesen. Ich glaube, man hätte keine 1001 verschiedene Whiskys ausfindig machen können, geschweige denn so viele, daß man unter ihnen 1001 wirklich sehr gute hätte auswählen können. Noch vor 20 Jahren hätte es einer sehr lebhaften Phantasie bedurft, um sich vorzustellen, das die Whiskybranche in dieser relativ kurzen Zeit so riesige Fortschritte machen könnte.

Damals gab es kaum ein Besucherzentrum oder so etwas wie einen Whiskyclub. Der Markenbotschafter war unbekannt, da es auch keine Whiskymessen gab. Das gesamte Terrain des Whiskys war nicht mit dem heutigen zu vergleichen. Wenn ich damals irgendwo auf der Welt eine Destillerie besuchte, war ihr Leiter oft furchtbar überrascht, daß sich jemand für das interessierte, was dort im Laufe seines Arbeitstages geschah.

Ich freue mich also, wenn zwei Jahrzehnte später eine neue Welle von Journalisten über eine neue Welle von Whiskys schreiben kann. Vielleicht noch mehr darüber, daß es im Publikum ein anscheinend unstillbares Bedürfnis nach Informationen über Whisky gibt. Ich schreibe diese Zeilen nach einer Verkostung, die ich in Portland veranstaltet habe. Danach stehen Termine in Seattle und Vancouver an, dann das Whisky Festival in Victoria, von dort geht es nach Israel, Taiwan, Deutschland und Afrika – in alle Himmelsrichtungen: Norden, Süden, Osten und Westen.

Denn die Welt liebt den Whisky. Und ich hoffe, die 1001 Geschichten, die Dominic und seine Kollegen erzählen, werden dazu beitragen, diese Liebe noch weiter zu vertiefen.

Einleitung

Von Dominic Roskrow, Herausgeber

Wenn ich für für jedes Mal, das ich gefragt wurde, ob es wirklich 1001 Whiskys gebe, einen Dollar bekommen hätte, dann hätte ich jetzt ... ungefähr 1001 Dollar. Allein in der Zeit, in der meine Kollegen und ich diesen Band zusammengestellt haben, sind jede Woche zehn bis 20 neue Whiskys auf den Markt gekommen. In diesem Band wird nur die äußerst schmackhafte Spitze eines sehr großen Eisbergs beschrieben, und ich versichere dem Leser, daß in der Zeit, in der er das Buch liest – vom Verkosten auch nur eines Bruchteils der enthaltenen Whiskys ganz zu schweigen –, noch ein ganzer Lastwagen voll neuer Abfüllungen erschienen sein wird.

Es geht dabei auch keineswegs nur um Whisky aus den gedanklich nahe liegenden Ländern wie Schottland, Irland, den Vereinigten Staaten, Japan und Kanada. Auf der ganzen Welt ist eine Whiskyrevolution im Gang, und neue Whiskys entstehen im Norden – Finnland und Schweden – wie im Süden – Australien und Neuseeland –, sie kommen aus dem Osten – Taiwan und Indien – wie aus dem Westen – Brasilien und Argentinien. Die Großen Fünf, vor allem Schottland, spielen zwar immer noch in Hinsicht auf Qualität und Menge eine überragende Rolle, aber neue Herstellerländer hinterlassen deutliche Spuren und zeigen, daß sie Whisky von Weltklasseniveau produzieren können.

Was ist Whisky? Das ist eine sehr gute Frage, weil sich die Antworten darauf je nach Weltregion deutlich unterscheiden und weil es einige „Whiskys" gibt, die so weit in Grenzbezirke vorstoßen, daß die Definition nicht mehr trennscharf erscheint. Die Definition des Whiskys unterscheidet sich von Land zu Land (in manchen Ländern gibt es überhaupt keine), aber meist wird darunter eine Spirituose verstanden, die aus nichts außer Getreide, Hefe und Wasser hergestellt wird. Das hört sich zuerst recht einfach an. Aber von diesem Punkt ausgehend gibt es zahllose unterschiedliche Methoden, Whisky zu produzieren, und es gibt zahllose Geschmacksnuancen, die entdeckt werden wollen. Es ist dieses einfache Grundprinzip, das den Whisky so allgegenwärtig hat werden lassen, und es ist diese Geschmacksvielfalt, die ihn so beliebt gemacht hat.

Natürlich spielt Schottland in diesem Buch eine sehr große Rolle. Dort wird seit mehr als tausend Jahren aus Getreide Schnaps gebrannt, und es gibt mehr als 100 Destillerien, die noch in Betrieb sind. So ist es auch kaum überraschend, daß die meisten Whiskys auf der Welt nach dem Vorbild der schottischen gestaltet sind. Andererseits überrascht es doch, wie wenig wirklich über ein Getränk bekannt ist, das so beliebt ist. Es gibt viele Mythen und

Mißverständnisse, viele Annahmen und Vorurteile über den Whisky. So hört man zum Beispiel oft, man solle Scotch nicht mit Wasser verdünnen. Aber oft kann man das durchaus tun. Oder daß Single Malts besser seien als Blends. Stimmt so nicht. Oder vielleicht, daß älter auch besser ist. Nicht immer. Die besten Whiskys kämen alle aus Schottland – keineswegs. Und wenn auch jederman die Single Malts über den grünen Klee lobt, so ist es doch eine Tatsache, daß mehr als 90 Prozent des weltweit verkauften Scotch verschnittene Whiskys sind.

Schottischer Single Malt erregt deshalb so viel Aufmerksamkeit, weil er wirklich ein Wunder in flüssiger Form ist, ein Glanzstück der Produktechnik, das immer wieder überrascht und bezaubert. Das Wunder liegt darin, daß ein Getränk, bestehend aus nicht mehr als Gerstenmalz, Hefe und Wasser, eine derartige Vielzahl unterschiedlicher Geschmacksnuancen aufweisen kann. Man kann ein Menschenleben damit verbringen, darüber nachzudenken. Was vor allem dann ein Vergnügen ist, wenn man die Nuancen auch selbst erforscht.

Es ist leicht, einen Single Malt herzustellen. Aber es ist sehr schwierig, es richtig zu machen. Man muß Gerste zum Keimen überreden, indem man sie einige Tage anfeuchtet, und dann die Keimung unterbrechen, indem man das Getreide trocknet. Das so entstandene Malz wird dann geschrotet. Durch das Mälzen werden die Zucker und Enzyme im Schrot freigesetzt, die notwendig sind, um Alkohol herzustellen. Das Schrot wird mit heißem Wasser gemischt, und die Getreidespelzen werden entfernt, um eine warme, süße, braune Flüssigkeit zu erhalten. Nach der Zugabe von Hefe entstehen daraus Alkohol und Kohlensäure. Im Grunde hat man so ein einfaches, starkes Bier hergestellt.

Dieses Bier wird dann in eine Brennblase aus Kupfer gegeben und erhitzt. Die Destillation trennt den Alkohol vom Wasser in der Flüssigkeit. Durch das Erhitzen verdunsten die Alkohole im Bier und steigen in der Brennblase nach oben, bis sie die Austrittsöffnung erreichen und durch von kaltem Wasser umspülte Rohre geleitet werden, so daß sie kondensieren. Oft wird das Kondensat nach diesem ersten Durchgang ein weiteres Mal in die Brennblase gegeben und nochmals destilliert.

In Schottland wird meist, aber nicht immer, doppelt destilliert. Beim zweiten Durchgang wird nur ein Teil des Destillats aufgefangen und zu Whisky weiterverarbeitet. Das zuerst entstehende Destillat, der Vorlauf, wird nicht verwendet, weil die flüchtigen Alkohole darin am stärksten und potentiell gefährlich sind. Auch der Nachlauf wird nicht verwendet, weil die Alkohole sehr schwach sind und unangenehm schmecken. Nur der Mittellauf, das Herzstück, wird als frisches Destillat eingelagert.

Die Verwandlung dieses Destillats in Whisky kann sich in Details unterscheiden. In Schottland muß das Destillat mindestens drei Jahre in Eichenfässern reifen, um Whisky genannt werden zu dürfen. Oft dauert die Lagerung aber auch beträchtlich länger. Schottisches Malzdestillat hat zarte Geschmacksnoten, die von den schweren, würzigen Aromen eines frischen Eichenholzes schnell überwältigt würden. Deshalb werden gebrauchte Fässer verwendet, die zuvor Sherry oder – noch häufiger – Bourbon enthalten haben.

Da die Herstellung sich von einer Destillerie zur nächsten kaum unterscheidet, stellt sich die Frage, warum die Malt Whiskys sich im Geschmack so stark unterscheiden. Ein wichtiger Faktor ist das Trocknen des Gerstenmalzes; so erhält Gerste, die über Torffeuern gedarrt wird, zum Beispiel einen rauchigen, phenolischen Ton. Aber die meisten Unterschiede rühren von Variationen in der Herstellung her: die Dauer der Gärung; die Form und Größe der kupfernen Brennblase; Anfangs- und Endpunkt des Herzstücks; die Geschwindigkeit, mit der das Destillat durch die Brennblase geführt wird. Am wichtigsten ist jedoch das, was im Eichenfaß geschieht. Das Destillat wird als klare Flüssigkeit in das Faß gefüllt und nimmt erst dort seine Farbe an, und mehr als zwei Drittel des Geschmacks rühren von der Eiche her.

Sowohl der vorherige Inhalt des Fasses als auch die Lagerungsdauer des Destillats darin wirken sich auf den fertigen Whisky aus. Es gibt aber auch subtilere Einflußfaktoren. Die Größe des Fasses und sein Lagerungsort spielen ebenso eine Rolle wie eine Vielzahl von bisher unerforschten Vorgängen im Faß selbst. Man kann zwei gleiche Fässer mit dem gleichen Destillat füllen und sie nebeneinander in einem Lagerhaus gleich lange liegen lassen, und doch zwei unterschiedliche Whiskys erhalten.

Der Single Malt ist zwar das Aushängeschild Schottlands, aber in Hinsicht auf die Menge spielt er nur eine kleinere Rolle. In Schottland werden vier verschieden Whiskytypen hergestellt: Single Malt, der aus Gestenmalz in einer einzigen Destillerie gebrannt wird; Grain-Whisky wird in einem anderen Produktionsverfahren aus anderen Getreidearten hergestellt; Blended Whisky, ein Verschnitt aus Single Malts und Grain-Whiskys; und Blended Malt Whisky, der auch als Vatted Whisky bezeichnet wird, eine Mischung von Malts verschiedener Destillerien ohne Zugabe von Getreidewhisky. Das Muster des schottischen Single Malt ist zwar das am häufigsten nachgeahmte, es gibt jedoch auch andere Methoden, Whisky herzustellen. Grain-Whisky, irischer Whiskey und amerikanischer Bourbon-Whiskey werden meist mit Destillationsapparaten hergestellt, die sich deutlich von der Brennblase unterscheiden, in der Single Malt entsteht. Brennblasen destillieren in Chargen, also diskontinuierlich, man kann aber in einem sogenannten Kolonnenapparat (Patent- oder Coffey-Destillationsapparatur) auch kontinuierlich brennen. Dabei wird die Maische durch Säulen geführt, in denen sie durch heißen Wasserdampf erhitzt wird. Im Vergleich zu Destillaten aus Brennblasen ist das Ergebnis nicht so ausdrucksstark, kann aber dafür Geschmacksnoten aus anderen Quellen aufnehmen, vor allem während der Faßlagerung aus dem Holz.

Aufregend ist Whisky zur Zeit vor allem, weil eine ganze Reihe von neuen Destillerien auf der ganzen Welt über die Grenzen der Althergebrachten hinausgehen. Sie experimentieren mit der Größe der Fässer, mit Fässern, die zuvor ganz andere Getränke enthielten, mit Fässern aus anderen Holzarten. Sie nutzen andere Getreidearten und neue Lagerungsmethoden. Es gibt Whiskys aus Getreiden von verschiedenen Kontinenten, Whiskys, die schon nach dem Destillieren verschnitten werden und nicht erst kurz vor dem Abfüllen in Flaschen, Whiskys, die unterschiedlich lange in verschiedenen Teilen der Welt gelagert wurden und solche, die in einzigartigen Destillationsapparaturen gebrannt wurden. Es gibt sogar Whiskys aus Buchweizen und aus Kastanien.

An diesem Buch haben mehr als 20 Autoren mitgearbeitet. Als Whiskybegeisterter wird man einige kennen, viele jedoch nicht. Neben den bekanntesten Whiskyjournalisten der Welt ist auch eine neue Generation vertreten. Manche von ihnen haben sich auf bestimmte Regionen spezialisiert; manche haben noch nie publiziert, haben aber mein Vertrauen, weil ich in den vergangenen 18 Monaten Gelegenheit hatte, ihnen beim Schreiben über die Schulter zu blicken und auch von ihnen zu lernen.

Die Arbeit als Herausgeber dieses Buches war langwierig und schwierig, aber auch über die Maßen vergnüglich. Ich wurde dafür bezahlt, Texte über ein Thema zu lesen, das ich liebe. Viel besser kann das Leben wohl kaum werden.

Ich hoffe, das Buch bereitet dem Leser ebensoviel Freude wie mir. Falls man neu zum Whisky kommt, wird es hoffentlich ein guter Führer auf der Suche nach dem perfekten Whisky sein. Falls man ein Kenner ist, kann es hoffentlich noch mit der einen oder anderen schönen Überraschung aufwarten. So oder so möge es den Leser anregen, weiter zu experimentieren, zu forschen und zu entdecken. Eintausend Whiskys, eintausendundeiner ... Es geht immer weiter.

Register der Whisk(e)ys nach Namen

#
1512 Barbershop Rye 617

A
Aberfeldy 12-Year-Old 23
Aberfeldy 14-Year-Old Single Cask 23
Aberfeldy 18-Year-Old Single Cask 24
Aberfeldy 21-Year-Old 25
Aberlour 10-Year-Old 26
Aberlour 12-Year-Old 27
Aberlour 16-Year-Old 28
Aberlour 18-Year-Old 29
Aberlour A'Bunadh 30
Ailsa Bay Single Malt 30
Alberta Premium 752
Alberta Premium 30-Year-Old 753
Alberta Springs 10-Year-Old 754
Allt a'Bhainne 11-Year-Old Sherry Cask 31
Amrut 100 920
Amrut Cask Strength 921
Amrut Cask Strength Peated 922
Amrut Double Cask 923
Amrut Fusion 925
Amrut Kadhambam 925
Amrut Kadhambam No. 2 926
Amrut Nonpeated 926
Amrut Peated 927
Amrut Portonova 927
Amrut Two Continents 928
anCnoc 12-Year-Old 31
anCnoc 16-Year-Old 32
anCnoc 1996 33
anCnoc 1975 34
Angel's Envy Bourbon Finished in Port Barrels 617
Antiquary, The 12-Year-Old 34
Antiquary, The 21-Year-Old 36
Ardbeg 10-Year-Old 37
Ardbeg 17-Year-Old 38
Ardbeg 1977 39
Ardbeg Airigh Nam Beist 40
Ardbeg Alligator 40
Ardbeg Almost There 41
Ardbeg Blasda 41
Ardbeg Corryvreckan 43
Ardbeg Kildalton 44
Ardbeg Lord of the Isles 25-Year-Old 45
Ardbeg Renaissance 46
Ardbeg Rollercoaster 47
Ardbeg Supernova 48
Ardbeg Uigeadail 48
Ardmore 25-Year-Old 50
Ardmore 1992 Single Malts of Scotland 19-Year-Old 51
Ardmore 100th Anniversary 52
Ardmore Traditional 53
Armorik Classic 851
Armorik Double Maturation 853
Armorik Édition Originale 853
Armorik Maitre de Chai 854
Arran 10-Year-Old 54
Arran 12-Year-Old 55
Arran 14-Year-Old 57
Arran Amarone Cask Finish 58
Arran Icons of Arran "Peacock" 1996 59
Arran Machrie Moor 60
Arran Madeira Cask Finish 61
Arran Original 62
Arran Port Cask Finish 63
Arran St. Emilion Cask Finish 65
Arran Sauternes Cask Finish 65
Auchentoshan 12-Year-Old 66
Auchentoshan 18-Year-Old 67
Auchentoshan 21-Year-Old 68
Auchentoshan 200th Anniversary 68
Auchentoshan Classic 69
Auchentoshan Three Wood 69
Auchentoshan Valinch 70
Auchroisk 10-Year-Old 71
Auchroisk The Managers' Choice 72
Aultmore Provenance 13-Year-Old Douglas of Drumlanrig Sherry Butt 73

B
Bailie Nicol Jarvie 74
Bain's Cape Mountain Whisky 931
Baker's 7-Year-Old 620
Bakery Hill A Wisp of Smoke 897
Bakery Hill Cask Strength Peated 897
Bakery Hill Classic 898
Bakery Hill Classic Cask Strength 899
Bakery Hill Classic Peated 900
Bakery Hill Double Wood 901
Balblair 1965 79
Balblair 2000 75
Balblair 1989 76
Balblair 1997 76
Balblair 1975 77
Balblair 1978 77
Balcones Brimstone 618
Balcones Texas Single Malt 618
Balcones Texas No. 1 Single Malt 619
Balcones True Blue Bourbon 619
Ballantine's 12-Year-Old 79
Ballantine's 17-Year-Old 80
Ballantine's 21-Year-Old 82
Ballantine's 30-Year-Old 83
Ballantine's Christmas Reserve 85
Balmenach 18-Year-Old Malt Cask 85
Balvenie 12-Year-Old DoubleWood 86
Balvenie 14-Year-Old Roasted Malt 87
Balvenie 15-Year-Old Single Barrel 88
Balvenie 17-Year-Old Peated Cask 88
Balvenie 17-Year-Old RumCask 90
Balvenie 21-Year-Old PortWood Finish 91
Balvenie Doublewood 17-Year-Old 92
Balvenie Signature 12-Year-Old 92
Balvenie Tun 1509 Batch 2 93
Banff 1975 Berry Bros. & Rudd 93
Banff Old & Rare Platinum Selection 94
Basil Hayden's 621
Belgian Owl 53-Month-Old Cask Strength 835
Belgian Owl Single Malt 835
Belgian Owl 2011 836
Belgrove White Rye 903
Bell's Original 95
Ben Nevis 10-Year-Old 96
Ben Nevis 12-Year-Old Douglas of Drumlanrig 98
Ben Nevis 15-Year-Old Glenkeir Treasures 98
Ben Nevis 34-Year-Old Adelphi Blend 99
Ben Nevis 40-Year-Old "Blended at Birth" 99
BenRiach 10-Year-Old Curiositas 100
BenRiach 12-Year-Old 101
BenRiach 12-Year-Old Heredotus Fumosus 102
BenRiach 12-Year-Old Sherry Matured 102

BenRiach 13-Year-Old Maderenis Fumosus 103
BenRiach 15-Year-Old Dark Rum Wood Finish 103
BenRiach 15-Year-Old Madeira Wood Finish 104
BenRiach 15-Year-Old Solstice 105
BenRiach 16-Year-Old 106
BenRiach 16-Year-Old Sauternes Wood Finish 106
BenRiach 20-Year-Old 108
BenRiach 21-Year-Old Authenticus 109
BenRiach 25-Year-Old 111
BenRiach 30-Year-Old 111
BenRiach 25-Year-Old Authenticus 112
BenRiach Heart of Speyside 113
BenRiach Solstice 17-Year-Old 114
Benrinnes 13-Year-Old 114
Benromach 10-Year-Old 115
Benromach 21-Year-Old 115
Benromach 25-Year-Old 116
Benromach 1968 117
Benromach Classic 55-Year-Old 1949 118
Benromach Organic 119
Benromach Origins Batches 1–3 120
Benromach Peat Smoke Batch 3 120
Benromach Traditional 122
Bernheim Original Kentucky Straight Wheat 622
Big Peat 123
Big Smoke, The 40 Islay Malt 124
Big Smoke, The 60 Islay Malt 125
Black Bottle 127
Black Bottle 10-Year-Old 127
Black Bull 12-Year-Old 128
Black Bull 40-Year-Old Batch 1 129
Black Bull 40-Year-Old Batch 2 130
Black Horse Original Ammertal 861
Black Velvet Deluxe 755
Black Velvet Reserve 8-Year-Old 756
Bladnoch 8-Year-Old Belted Galloway Label 130
Bladnoch 9-Year-Old Lightly Peated 132
Bladnoch 20-Year-Old (Cask Strength) 132
Bladnoch Distiller's Choice Younger Vatting 133
Blair Athol 12-Year-Old Flora & Fauna 133

Blair Athol Old & Rare Platinum Selection 135
Blanton's Single Barrel 623
Blaue Maus Single Cask 861
Blue Hanger 5th Limited Release 136
Blue Hanger 10th Limited Release 139
Blue Hanger 11th Limited Release 139
Booker's Bourbon 624
Bowmore 12-Year-Old 141
Bowmore 16-Year-Old 141
Bowmore 17-Year-Old 142
Bowmore 18-Year-Old 143
Bowmore 25-Year-Old 144
Bowmore 1990 20-Year-Old 144
Bowmore 1968 50th Anniversary Bottle 145
Bowmore Darkest 15-Year-Old 145
Bowmore Legend 146
Bowmore Tempest Small Batch Release 1 146
Bowmore Tempest Small Batch Release 3 148
Box The Explorer 877
Braes of Glenlivet 1975 Connoisseurs Choice 149
Braunstein Edition No.2 836
Braunstein Library Collection 10:2 837
Braunstein Library Collection 10:3 837
Breaking & Entering Bourbon 625
Breizh 854
Brenne 855
Brenne 10 855
Broger Burn Out 834
Brora 22-Year-Old Rare Malts Selection 1972 150
Brora 24-Year-Old 150
Brora 30-Year-Old 2010 151
Brora 32-Year-Old 151
Brora Old & Rare Platinum Selection 153
Bruichladdich 10-Year-Old 153
Bruichladdich 12-Year-Old Second Edition 154
Bruichladdich 16-Year-Old Bourbon Cask Aged 155
Bruichladdich 18-Year-Old Second Edition 156
Bruichladdich 20-Year-Old Third Edition 157
Bruichladdich 21-Year-Old 158
Bruichladdich 40-Year-Old 160
Bruichladdich 1998 Sherry Edition Manzanilla 161

Bruichladdich 3D The Peat Proposal 162
Bruichladdich Black Art Second Edition 162
Bruichladdich Blacker Still 1986 163
Bruichladdich Golder Still 1984 163
Bruichladdich Laddie Classic 164
Bruichladdich The Organic 165
Bruichladdich Peat 166
Bruichladdich Redder Still 169
Bruichladdich Waves 169
Bruichladdich WMD-II The Yellow Submarine 170
Bruichladdich X4+3 171
Buchanan's 12-Year-Old 173
Buchanan's Aged 173
Buffalo Trace 626
Bulleit 629
Bulleit Rye 629
Bunnahabhain 12-Year-Old 174
Bunnahabhain 18-Year-Old 175
Bunnahabhain 25-Year-Old 176
Bunnahabhain Manzanilla Sherry Wood Finish 177
Bunnahabhain Toiteach 179
Bush Pilot's Private Reserve 757
Bushmills 10-Year-Old 569
Bushmills 16-Year-Old 570
Bushmills 21-Year-Old 571
Bushmills 1608 572
Bushmills Black Bush 573
Bushmills Millennium Malt 575
Bushmills Original 575

C

Catoctin Creek Roundstone Rye 630
Campbeltown Loch 179
Canadian 83 758
Canadian Club Black Label 8-Year-Old 758
Canadian Club Reserve 10-Year-Old 760
Canadian Club Sherry Cask 761
Canadian Hunter 762
Canadian Mist Black Diamond 763
Caol Ila 8-Year-Old 180
Caol Ila 12-Year-Old 181
Caol Ila 18-Year-Old 182
Caol Ila 25-Year-Old 183
Caol Ila Cask Strength 184
Caol Ila Unpeated 1999 184
Cardhu 12-Year-Old 187
Cardhu Amber Rock 187
Caribou Crossing Single Barrel 764

Register der Whisk(e)ys nach Namen 13

Carsebridge 1979 188
Catto's 25-Year-Old 188
Catto's Deluxe 12-Year-Old 189
Catto's Rare Old Scottish 189
Century Reserve 15/25 767
Century Reserve 21-Year-Old 767
Charbay Hop Flavored Whiskey Release II 631
Chichibu On The Way 2015 800
Chichibu Peated 2013 801
Chichibu The First 802
Chinook 5-Year-Old 768
Chivas The Century of Malts 190
Chivas Regal 12-Year-Old 191
Chivas Regal 18-Year-Old 192
Chivas Regal 25-Year-Old 194
Clan Campbell 195
Clan Denny 30-Year-Old 196
Clan Denny Islay 197
Clan Denny Speyside 198
Claymore 198
Clynelish 12-Year-Old 201
Clynelish 14-Year-Old 201
Clynelish 28-Year-Old 1982 202
Clynelish Distillers Edition 1992 203
Clynelish The Managers' Choice 1997 204
Collingwood 769
Colkegan Single Malt 632
Colonel E. H. Taylor Old Fashioned Sour Mash 632
Compass Box 3-Year-Old Deluxe 212
Compass Box Asyla 205
Compass Box Double Single 206
Compass Box Flaming Heart 207
Compass Box Flaming Heart 10th Anniversary 208
Compass Box Great King St. 209
Compass Box Hedonism 210
Compass Box Lady Luck 210
Compass Box Oak Cross 211
Compass Box The Peat Monster 211
Compass Box The Spice Tree 212
Connemara 12-Year-Old 577
Connemara Bog Oak 577
Connemara Cask Strength 578
Connemara Turf Mór 579
Copper Dog 213
Copper Fox Rye Whiskey 633
Copper Fox Single Malt Whiskey 633
Copper House Triple Malt 838
Corsair Mosaic 634
Corsair Ryemageddon 634

Corsair Triple Smoke 635
Cragganmore 12-Year-Old 213
Cragganmore Distillers Edition 214
Crown Royal Black 770
Crown Royal Limited Edition 771
Cutty Sark 12-Year-Old 215
Cutty Sark 15-Year-Old 216
Cutty Sark 18-Year-Old 218
Cutty Sark 25-Year-Old 219
Cutty Sark 30-Year-Old 221

D

Dailuaine 10-Year-Old 221
Dallas Dhu 27-Year-Old 222
Dallas Dhu Old Malt Cask 36-Year-Old 1982 222
Dalmore, The 12-Year-Old 223
Dalmore, The 15-Year-Old 223
Dalmore, The 18-Year-Old 224
Dalmore, The 40-Year-Old Astrum 225
Dalmore, The 45-Year-Old Aurora 1964 226
Dalmore, The Age of Exploration 1995 227
Dalmore, The Castle Leod 229
Dalmore, The Dominium 229
Dalmore, The Gran Reserva/Cigar Reserve 230
Dalmore, The King Alexander III 1263 230
Dalmore, The Mackenzie 231
Dalmore, The Matusalem 1974 231
Dalmore, The Sirius 233
Danfield's Limited Edition 21-Year-Old 772
Deanston 12-Year-Old 234
Deanston 18-Year-Old 233
Dewar's 12-Year-Old 235
Dewar's 18-Year-Old 236
Dewar's Signature 239
Dimple 12-Year-Old 239
Dimple 15-Year-Old 240
Director's Tactical Selection 240
Doubled & Twisted 635
Double Barrel Ardbeg & Glenrothes 241
Double Barrel Caol Ila & Braeval 241
Double Barrel Highland Park & Bowmore 242
Double Barrel Macallan & Laphroaig 243
Drayman's Single Malt Whisky 932
Drayman's Solera 933

Dumbarton 1964 245
DYC 873
DYC 10-Year-Old 875

E

Eagle Rare 17-Year-Old 636
Eagle Rare Single Barrel 637
Early Times 639
Eddu Grey Rock 856
Eddu Silver 856
Edradour 10-Year-Old 245
Edradour 11-Year-Old 1996 246
Edradour 30-Year-Old 246
Edradour 1983 Port Wood Finish 247
Eigashima White Oak 5-Year-Old 803
Elements of Islay Ar2 (Ardbeg) 247
Elements of Islay Bn1 (Bunnahabhain) 248
Elements of Islay Br1(Bruichladdich) 248
Elements of Islay Cl2 (Caol Ila) 250
Elements of Islay Kh1 (Kilchoman) 251
Elijah Craig 12-Year-Old 639
Elijah Craig 18-Year-Old 640
Elmer T. Lee Single Barrel 641
Embrujo 875
English Whisky Company Smokey 840
English Whisky Company The English Original 841
English Whisky Company The Norfolk Farmers 841
Evan Williams 23-Year-Old 642
Evan Williams Black Label 643

F

Famous Grouse, The 252
Famous Grouse, The Black Grouse 253
Famous Grouse, The Celebration Blend 255
Famous Grouse, The Naked Grouse 255
Famous Grouse, The Snow Grouse 256
Fettercairn 24-Year-Old 257
Fettercairn 30-Year-Old 258
Fettercairn 33-Year-Old Malt Cask 258
Fettercairn 40-Year-Old 260
Fettercairn Fior 261
FEW Spirits Bourbon Whiskey 644
Finlaggan Islay Single Malt Cask Strength 262
Forty Creek Barrel Select 773
Forty Creek Confederation Oak Reserve 774

Forty Creek John's Private Cask No.1 775
Four Roses 645
Four Roses Single Barrel Limited Editions 646
Four Roses Small Batch 646
Four Roses Small Batch Limited Editions 647
Frysk Hynder 2007 866

G

Gentleman Jack 647
George Dickel No.8 649
George Dickel No.12 649
George T. Stagg 650
George Washington American Whiskey 651
Georgia Moon 652
Gibson's Finest 12-Year-Old 776
Gibson's Finest Rare 18-Year-Old 777
Glann ar Mor 1 An Gwech 11 857
Glen Breton Battle of the Glen 778
Glen Breton Rare 10-Year-Old 779
Glen Elgin 12-Year-Old 263
Glen Elgin 16-Year-Old 264
Glen Flagler 1973 264
Glen Garioch 12-Year-Old 265
Glen Garioch 15-Year-Old 265
Glen Garioch 18-Year-Old 266
Glen Garioch 1991 Small Batch Vintage 267
Glen Garioch 1971 268
Glen Garioch 1797 Founder's Reserve 269
Glen Grant 10-Year-Old 271
Glen Grant 1972 Berry's Own Selection 271
Glen Grant 170th Anniversary Edition 272
Glen Grant Cellar Reserve 1992 273
Glen Keith 21-Year-Old 274
Glen Keith 1993 Connoisseurs Choice 274
Glen Mhor 27-Year-Old 275
Glen Mhor 27-Year-Old Malt Cask 275
Glen Mhor Glenkeir Treasures 21-Year-Old 276
Glen Moray 12-Year-Old 276
Glen Moray Chardonnay Cask 10-Year-Old 278
Glen Moray Port Wood Finish 1995 279
Glen Ord 15-Year-Old 281

Glen Ord 28-Year-Old 281
Glen Ord The Singleton 12-Year-Old 282
Glen Ord The Singleton 15-Year-Old 283
Glen Scotia 15-Year-Old Malt Cask Sherry Butt 284
Glen Spey 12-Year-Old Flora & Fauna OB 284
Glenallachie 15-Year-Old 285
Glenallachie 38-Year-Old Old Malt Cask 285
Glencadam 10-Year-Old 286
Glencadam 12-Year-Old Portwood Finish 287
Glencadam 14-Year-Old Oloroso Sherry Finish 288
Glencadam 32-Year-Old 289
GlenDronach 12-Year-Old Original 290
GlenDronach 14-Year-Old Sauternes Finish 291
GlenDronach 14-Year-Old Virgin Oak Finish 292
GlenDronach 15-Year-Old Revival 293
GlenDronach 15-Year-Old Moscatel Finish 294
GlenDronach 15-Year-Old Tawny Port Finish 294
GlenDronach 18-Year-Old Allardice 295
GlenDronach 21-Year-Old Parliament 295
GlenDronach 31-Year-Old Grandeur 296
Glendullan 1993 Connoisseurs Choice 297
Glenfarclas 10-Year-Old 299
Glenfarclas 12-Year-Old 299
Glenfarclas 15-Year-Old 300
Glenfarclas 25-Year-Old 300
Glenfarclas 30-Year-Old 301
Glenfarclas 40-Year-Old 301
Glenfarclas 105 302
Glenfarclas 175th Anniversary 303
Glenfarclas Family Casks 1994, Cask 3629 304
Glenfarclas Family Casks 1982, Cask 633 304
Glenfarclas Family Casks 1979, Cask 11015 306
Glenfarclas Family Casks 1969, Cask 3187 306
Glenfarclas Family Casks 1961, Cask 4913 307

Glenfarclas Family Casks 1953, Cask 1678 307
Glenfiddich 12-Year-Old 308
Glenfiddich 15-Year-Old 309
Glenfiddich 18-Year-Old 310
Glenfiddich 21-Year-Old 310
Glenfiddich 30-Year-Old 312
Glenfiddich 40-Year-Old Second Batch 313
Glenfiddich 50-Year-Old 314
Glenfiddich Age of Discovery 19-Year-Old 315
Glenfiddich Rich Oak 14-Year-Old 317
Glenfiddich Snow Phoenix 317
Glenglassaugh 21-Year-Old 318
Glenglassaugh 25-Year-Old Malt Sherry Cask 318
Glenglassaugh 26-Year-Old 319
Glenglassaugh 30-plus Years Rare Cask Series 319
Glenglassaugh 40-plus Years Rare Cask Series 321
Glenglassaugh 1978 31-Year-Old 321
Glenglassaugh Walter Grant 1967 322
Glengoyne 10-Year-Old 322
Glengoyne 12-Year-Old 324
Glengoyne 12-Year-Old Cask Strength 325
Glengoyne 14-Year-Old 326
Glengoyne 16-Year-Old 326
Glengoyne 17-Year-Old 328
Glengoyne 21-Year-Old 329
Glengoyne Burnfoot 330
Glengoyne Distilled 1996 330
Glenkinchie 12-Year-Old 331
Glenkinchie 20-Year-Old 1990 331
Glenkinchie Distillers Edition 1996 332
Glenkinchie The Managers' Choice 1992 333
Glenlivet, The 12-Year-Old 334
Glenlivet, The 15-Year-Old French Oak Reserve 334
Glenlivet, The 18-Year-Old 336
Glenlivet, The 21-Year-Old Archive 337
Glenlivet, The 70-Year-Old 1940 Generations 338
Glenlivet, The Nàdurra 16-Year-Old 339
Glenlivet, The XXV 340
Glenlochy 29-Year-Old 341
Glenmorangie 18-Year-Old 342
Glenmorangie 25-Year-Old 343
Glenmorangie Astar 344

Glenmorangie The Culloden Bottle 344
Glenmorangie Finealta 346
Glenmorangie The Lasanta 347
Glenmorangie The Nectar d'Or 348
Glenmorangie The Original 349
Glenmorangie Pride 350
Glenmorangie The Quinta Ruban 350
Glenmorangie Signet 351
Glenmorangie Sonnalta PX 351
Glenrothes, The 1995 352
Glenrothes, The 1998 352
Glenrothes, The 1991 354
Glenrothes, The 1985 355
Glenrothes, The 1979 357
Glenrothes, The 1974 358
Glenrothes, The 1978 358
Glenrothes, The 1972 359
Glenrothes, The Alba Reserve 359
Glenrothes, The John Ramsay 360
Glenrothes, The Select Reserve 361
Glenturret 10-Year-Old 362
Glenturret 19-Year-Old Malt Cask 362
Grand Grizzly 780
Grand Macnish 364
Grant's 12-Year-Old 365
Grant's 18-Year-Old 366
Grant's 25-Year-Old 366
Grant's Cask Editions Ale Cask Finish 367
Grant's Distillery Edition 367
Grant's Family Reserve 368
Green Spot 584
Greenore 8-Year-Old 580
Greenore 15-Year-Old 582
Greenore 18-Year-Old 583
Grüner Hund 862

H

Haig Gold Label 369
Hakushu 10-Year-Old 804
Hakushu 12-Year-Old 805
Hakushu 18-Year-Old 806
Hakushu 25-Year-Old 807
Hancock's President's Reserve 653
Hankey Bannister 12-Year-Old Regency 370
Hankey Bannister 21-Year-Old Partners Reserve 370
Hankey Bannister 25-Year-Old Partnership 371
Hankey Bannister 40-Year-Old 371

Hankey Bannister Original 373
Harris Highland Malt 373
Hazelburn 8-Year-Old 374
Hazelburn CV 375
Hellyers Road Original 903
Hellyers Road Single Malt Whisky 904
Hibiki 12-Year-Old 808
Hibiki 17-Year-Old 809
Hibiki 21-Year-Old 810
Hibiki Harmony 811
Hicks & Healey 7-Year-Old 842
High West 12-Year-Old Rye 654
High West 21-Year-Old Rye 654
High West Bourye 656
High West Double Rye! 657
High West Rendezvous Rye Whisky 658
High West Silver Western Oat Whisky 658
Highland Park 12-Year-Old 377
Highland Park 15-Year-Old 377
Highland Park 18-Year-Old 378
Highland Park 21-Year-Old 379
Highland Park 25-Year-Old 380
Highland Park 30-Year-Old 381
Highland Park 40-Year-Old 382
Highland Park 50-Year-Old 1960 382
Highland Park 1970 Orcadian Vintage 384
Highland Park 1968 Orcadian Vintage 385
Highland Park Dark Origins 386
Highland Park Harald 387
Highland Park Hjärta 12-Year-Old 389
Highland Park Vintage 21-Year-Old 389
Hudson Baby Bourbon Whiskey 659
Hudson Four Grain Bourbon Whiskey 659
Hudson Manhattan Rye Whiskey 660
Hudson New York Corn Whiskey 662
Hudson Single Malt Whiskey 662

I

Imperial 1997 390
Imperial 1997 Octave 390
Inchgower 21-Year-Old Malt Cask 391
Invergordon 10-Year-Old 391
Invergordon 1966 Clan Denny 45-Year-Old 392
Invergordon 1972 Duncan Taylor Rare Auld 38-Year-Old 392

Irishman, The 70 585
Irishman, The Single Malt 586
Ironroot Republic Harbinger 663
Ironroot Republic Hubris 663
Islay Mist 12-Year-Old 394
Islay Mist 17-Year-Old 395
Isle of Jura 5-Year-Old 396
Isle of Jura 10-Year-Old Origin 397
Isle of Jura 16-Year-Old Diurachs' Own 398
Isle of Jura 18-Year-Old Platinum Selection 398
Isle of Jura 21-Year-Old 399
Isle of Jura 21-Year-Old 200th Anniversary 399
Isle of Jura 1996 400
Isle of Jura Boutique Barrels Bourbon JO 1995 400
Isle of Jura Elixir 402
Isle of Jura Prophecy 403
Isle of Jura Superstition 404
Isle of Skye 8-Year-Old 405
Isle of Skye 21-Year-Old 406

J

J.T.S. Brown Bottled in Bond 673
J&B Jet 406
J&B Nox 407
J&B Rare 407
J&B Reserve 15-Year-Old 408
Jack Daniel's Old No.7 664
Jack Daniel's Single Barrel 666
Jameson 587
Jameson 12-Year-Old 588
Jameson 15-Year-Old Single Pot Still 588
Jameson 18-Year-Old 590
Jameson Black Barrel 592
Jameson Cask Mates 592
Jameson Gold Reserve 593
Jameson Rarest Vintage Reserve 593
Jefferson's 667
Jim Beam Black Label 668
Jim Beam Devil's Cut 670
Jim Beam Rye 670
Jim Beam Signature Six Grains 671
Jim Beam White Label 671
Johnnie Walker Black Label 408
Johnnie Walker Blue Label 410
Johnnie Walker Gold Label 411
Johnnie Walker Green Label 412
Johnnie Walker Red Label 413
Johnny Drum Private Stock 673

K

Karuizawa 1986 Single Cask No.7387 813
Kavalan Concertmaster Port Cask Finish 937
Kavalan Solist Fino 938
Kentucky Tavern Bourbon 674
Kilbeggan 594
Kilbeggan 15-Year-Old 595
Kilbeggan 18-Year-Old 596
Kilchoman 100% Islay 414
Kilchoman Spring 2011 414
Kilchoman Winter 2010 415
Kilkerran Work in Progress 1 415
King Car Whisky 939
Knob Creek 676
Knob Creek Single Barrel 677
Knockando 12-Year-Old 417
Kornog Sant Ivy 2011 857

L

La Alazana Patagonia 896
Lagavulin 12-Year-Old Cask Strength 419
Lagavulin 12-Year-Old Special Release 2011 419
Lagavulin 16-Year-Old 420
Lagavulin Distillers Edition 1994 421
Lagavulin The Managers' Choice 15-Year-Old 422
Laphroaig 10-Year-Old 423
Laphroaig 10-Year-Old Cask Strength 424
Laphroaig 18-Year-Old 426
Laphroaig 25-Year-Old 427
Laphroaig 30-Year-Old 428
Laphroaig Lore 428
Laphroaig Quarter Cask 429
Laphroaig Select 429
Laphroaig Triple Wood 430
Lark 9-Year-Old Bourbon Cask 906
Lark Para Single Malt 906
Lark Single Malt Cask Strength 907
Lark Single Malt Classic Cask 907
Last Drop 1960, The 431
Lauder's 433
Lauder's 12-Year-Old 433
Ledaig 10-Year-Old 434
Ledaig 18-Year-Old 434
Limeburners American Oak 908
Limeburners Port Cask 908
Linkwood 12-Year-Old 435

Linkwood 13-Year-Old Douglas of Drumlanrig 435
Lion's Pride Dark Millet Organic Whiskey 678
Lion's Pride Dark Oat Organic Whiskey 679
Lion's Pride Dark Rye Organic Whiskey 680
Lion's Pride Dark Wheat Organic Whiskey 680
Littlemill Old Malt Cask 19-Year-Old 436
Loch Dhu The Black Whisky 10-Year-Old 437
Lochside 1981 438
Lochside 1964 Scott's Selection 439
Locke's 8-Year-Old 596
Longmorn 15-Year-Old 440
Longmorn 16-Year-Old 441
Longmorn 18-Year-Old 442
Longmorn 1992 442
Longrow 7-Year-Old Gaja Barolo Finish 444
Longrow 10-Year-Old 445
Longrow 14-Year-Old 446
Longrow CV 447
Lot No. 40 781

M

Macallan, The 10-Year-Old Fine Oak 448
Macallan, The 10-Year-Old Sherry Oak 448
Macallan, The 12-Year-Old Fine Oak 449
Macallan, The 12-Year-Old Sherry Oak 449
Macallan, The 15-Year-Old Fine Oak 451
Macallan, The 17-Year-Old Fine Oak 451
Macallan, The 18-Year-Old 452
Macallan, The 18-Year-Old Fine Oak 453
Macallan, The 18-Year-Old Glenkeir Treasures 454
Macallan, The 21-Year-Old Fine Oak 454
Macallan, The 25-Year-Old Sherry Oak 456
Macallan, The 30-Year-Old Sherry Oak 457
Macallan, The Amber 458

Macallan, The Ruby 459
Macallan, The Sienna 460
Macduff 15-Year-Old Harris Bottling 461
Mackinlay's Shackleton Rare Old Highland Malt 462
Mackmyra Brukswhisky 878
Mackmyra First Edition 879
Mackmyra Jakt 880
Mackmyra Special 04 Double Dip 880
Mackmyra Tolv 882
Maker's Mark 683
Maker's Mark 46 685
Mannochmore 1991 Connoisseurs Choice 464
Masterson's 10-Year-Old 782
McAfee's Benchmark Old No.8 Brand 687
McCarthy's Oregon Single Malt 687
Mellow Corn 688
Michael Collins 10-Year-Old 597
Midleton Barry Crockett Legacy 597
Midleton Very Rare 598
Millburn 1978 465
Millstone 100 Rye 869
Millstone American Oak 12-Year-Old 869
Millstone French Oak 10-Year-Old 870
Millstone Oloroso Sherry 12-Year-Old 871
Millstone Pedro Ximénez 14-Year-Old 872
Miltonduff 10-Year-Old 466
Miltonduff 15-Year-Old 467
Monkey Shoulder 468
Mortlach 16-Year-Old Flora & Fauna 469
Mortlach 18-Year-Old 470
Mortlach 25-Year-Old 470
Mortlach Rare Old 471
Murree's 12-Year-Old Millennium Reserve 930

N

Nant Port 911
Nant Sherry 911
New Zealand's 1987 24-Year-Old 930
Nikka Miyagiko Single Malt 814
Nikka Miyagikyo No Age Statement 815
Nikka Miyagikyo 15-Year-Old 816

Nikka Pure Black 818
Nikka Single Cask Coffey Malt 819
Nikka Whisky from the Barrel 820
Noah's Mill 689
Nor'Easter 690
Notch 12-Year-Old 690

O

Oban 14-Year-Old 471
Oban 32-Year-Old 472
Oban Distillers Edition 473
Octomore 3/152 474
Octomore Orpheus 475
Old Buck 849
Old Crow Reserve 693
Old Fitzgerald Bottled in Bond 693
Old Fitzgerald Very Special 12-Year-Old 694
Old Forester Birthday Bourbon 2007 696
Old Forester Classic 697
Old Forester Signature 698
Old Hobart Overeem Port Cask Single Malt 912
Old Hobart Overeem Sherry Cask Single Malt 912
Old Overholt Rye 698
Old Parr 12-Year-Old 476
Old Parr 15-Year-Old 477
Old Parr Superior 18-Year-Old 478
Old Potrero 18th Century whiskey 699
Old Potrero Hotaling's Single Malt 699
Old Potrero Single Malt Straight Rye 700
Old Pulteney 12-Year-Old 479
Old Pulteney 17-Year-Old 481
Old Pulteney 21-Year-Old 481
Old Pulteney 30-Year-Old 482
Old Pulteney WK209 483
Old Pulteney WK499 484
Old Rip Van Winkle 10-Year-Old 701
Old Taylor 702
Old Weller Antique 703
Orbis 844

P

P&M 858
Paddy 599
Pappy Van Winkle 15-Year-Old 704
Pappy Van Winkle 20-Year-Old 704
Pappy Van Winkle 23-Year-Old 706
Parker's Heritage Collection 10-Year-Old 707
Paul John Brilliance 928
Paul John Classic Select Cask 929
Paul John Peated 929
Penderyn 2002 Cask 10895 887
Penderyn Cask 11/200 888
Penderyn Madeira 890
Penderyn Peated 891
Penderyn Portwood 893
Penderyn Sherrywood 893
Pendleton 1910 Rye 783
Pendleton Directors' Reserve 2010 20-Year-Old 784
Pittyvaich Old Malt Cask 18-Year-Old 485
Port Askaig 25-Year-Old 486
Port Askaig Harbour 19-Year-Old 486
Port Charlotte An Turas Mor 488
Port Charlotte PC7 Sin An Doigh Ileach 489
Port Charlotte PC8 Ar Dùthchas 490
Port Charlotte PC9 An Ataireachd Ard 490
Port Dundas 20-Year-Old 1990 492
Port Dundas 36-Year-Old 492
Port Ellen 26-Year-Old Malt Cask 494
Port Ellen 27-Year-Old 494
Port Ellen 28-Year-Old 495
Port Ellen 32-Year-Old 2015 495
Port Ellen 35-Year-Old Special Release 2014 497
Powers Gold Label 601
Powers John's Lane Release 601
Powers Special Reserve 12-Year-Old 602

R

Raymond B. Whiskey 913
Rebel Yell American Whiskey 709
Redbreast 12-Year-Old 603
Redbreast 12-Year-Old Cask Strength 604
Redbreast 15-Year-Old 604
Redbreast 21-Year-Old 605
Redbreast Lustau 605
Redemption High-Rye Bourbon 710
Redemption Rye Whiskey 711
Revel Stoke 786
Rich & Rare 787
Ridgemont Reserve 1792 712
Rittenhouse Rye 10-Year-Old 712
Rittenhouse Rye 23-Year-Old 714
Rittenhouse Rye 25-Year-Old 715
Rittenhouse Rye Bottled in Bond 716
Rock Hill Farms Single Barrel 717
Rock Oyster 498
Rogue Dead Guy Whiskey 718
Rosebank 21-Year-Old 1990 499
Rosebank 1991 500
Royal Brackla 500
Royal Lochnagar 12-Year-Old 501
Royal Lochnagar 19-Year-Old Malt Cask 501
Royal Lochnagar Distillers Edition 502
Royal Salute 21-Year-Old 505
Royal Salute Stone of Destiny 505
Russell's Reserve 10-Year-Old Bourbon 719
Russell's Reserve Rye 721

S

Säntis Malt Swiss Highlander Edition Dreifaltigkeit 883
Säntis Malt Swiss Highlander Edition Säntis 884
Säntis Malt Swiss Highlander Edition Sigel 885
Sazerac 18-Year-Old Rye 722
Sazerac Rye 723
Scallywag 508
Scapa 16-Year-Old 506
Scapa 16-Year-Old Distillery-only Bottling 506
Schenley OFC 789
Seagram's 100 Pipers 509
Seagram's VO 789
Sheep Dip 510
Silver Cross 724
Singleton of Glen Ord, The 510
Six Isles, The 511
Slyrs Bavarian 862
Smögen Primor 882
Snake River Stampede 8-Year-Old 790
Something Special 511
Speyburn 10-Year-Old 512
Speyburn 25-Year-Old Solera 513
Spinnaker 1999 864
Spinnaker Fassstärke 865
Spirit of Hven Tycho's Star 883
Springbank 10-Year-Old 514
Springbank 15-Year-Old 514
Springbank 12-Year-Old Cask Strength 515

Springbank 16-Year-Old Rum Wood Expression 515
Springbank 18-Year-Old 516
Springbank 25-Year-Old 517
Springbank 100 Proof 518
Springbank CV 519
St. George's Distillery Chapter 7 845
St. George's Distillery Chapter 10 846
St. George's Distillery Chapter 11 848
St. George Single Malt 725
Starward Solera 913
Stewarts Cream of the Barley 520
StiL 630 S.S. Sorghum 726
Still Waters 791
Stranahan's Colorado Whiskey 727
Strathisla 12-Year-Old 521
Strathmill 18-Year-Old Malt Cask 522
Stronachie 12-Year-Old 524
Sullivans Cove Cask Strength 10-Year-Old 914
Sullivans Cove Cask Strength 11-Year-Old 914
Sullivans Cove Cask Strength French Oak Port Cask 915
Sullivans Cove Double Cask 916

T

Taketsuru 12-Year-Old 823
Taketsuru 21-Year-Old 824
Talisker 10-Year-Old 524
Talisker 18-Year-Old 525
Talisker 25-Year-Old Cask Strength 2009 525
Talisker 30-Year-Old 2009 526
Talisker 57° North 527
Talisker Distillers Edition 1999 528
Talisker The Managers' Choice 529
Talisker Skye 530
Talisker Storm 530
Tamdhu 14-Year-Old 531
Tamdhu 25-Year-Old 531
Tangle Ridge 792
Té Bheag 532
Teacher's Origin 532
Teerenpeli 8-Year-Old 850
Telsington 866
Templeton Rye 729
Ten High 729
Tenderfoot 730
Thomas H. Handy Sazerac Rye 731
Three Ships 5-Year-Old 934
Three Ships 10-Year-Old 935

Three Ships Bourbon Cask Finish 936
Timboon Single Malt 918
Timorous Beastie 534
Tobermory 10-Year-Old 535
Tobermory 15-Year-Old 536
Tom Moore 733
Tomatin 12-Year-Old 537
Tomatin 18-Year-Old 538
Tomatin 25-Year-Old 539
Tomatin 30-Year-Old 540
Tomatin 40-Year-Old 540
Tomatin 1991 541
Tomatin 1997 541
Tomatin Decades 542
Tomintoul 10-Year-Old 543
Tomintoul 16-Year-Old 544
Tomintoul 21-Year-Old 545
Tomintoul 33-Year-Old 546
Trapper's Hut Single Cask 919
Tullamore Dew 12-Year-Old 606
Tullamore Dew Black 43 606
Tullamore Dew Single Malt 608
Tullibardine 1993 548
Tullibardine 1988 549
Tweeddale, The Blend 550
Tyrconnell 609
Tyrconnell Madeira Cask 610
Tyrconnell Port Cask 612
Tyrconnell Sherry Cask 612

U

Uberach 859

V

Van Winkle Family Reserve 13-Year-Old Rye 734
Van Winkle Special Reserve 12-Year-Old Lot "B" 735
VAT 69 552
Very Old Barton 736

W

W. L. Weller 12-Year-Old 744
W. L. Weller Special Reserve 745
Wasmund's Rye Spirit 736
Wasmund's Single Malt Spirit 737
Wemyss Malts Ginger Compote 1996 552
Weymss Malts The Hive Batch Strength 553
Wemyss Malts The Honey Pot 1996 553
Wemyss Malts Peat Chimney 8-Year-Old 555

Weymss Malts Peat Chimney Batch Strength 555
Wemyss Malts Smoke Stack 1996 557
Wemyss Malts Smooth Gentleman 8-Year-Old 557
Wemyss Malts Spice King 8-Year-Old 558
Wemyss Malts Spice King Small Batch 559
Westland American Oak 737
Westland American Peated Single Malt 738
Westland Sherry Wood 739
Whisky Castle Castle Hill Doublewood 886
Whisky Castle Port Cask Smoke Barley 886
WhistlePig 793
White Horse 560
White Owl 794
Whyte & Mackay 30-Year-Old 562
Whyte & Mackay Original 40-Year-Old 563
Whyte & Mackay Special 564
Whyte & Mackay The Thirteen 565
Wild Geese, The 613
Wild Geese, The Rare Irish 613
Wild Turkey 81 740
Wild Turkey 101 740
Wild Turkey Kentucky Spirit 741
Wild Turkey Rare Breed 741
Wild Turkey Rye 742
William Larue Weller 743
Wiser's 18-Year-Old 796
Wiser's Legacy 796
Woodford Reserve 746
Woodford Reserve Master's Collection Maple Wood Finish 748
Woodford Reserve Master's Collection Seasoned Oak Finish 749

Y

Yamazaki 10-Year-Old 824
Yamazaki 12-Year-Old 826
Yamazaki 18-Year-Old 827
Yamazaki 25-Year-Old 828
Yoichi 10-Year-Old 829
Yoichi 20-Year-Old 830
Yoichi Single Malt 830

Z

Zürcher Lakeland Single Malt 887

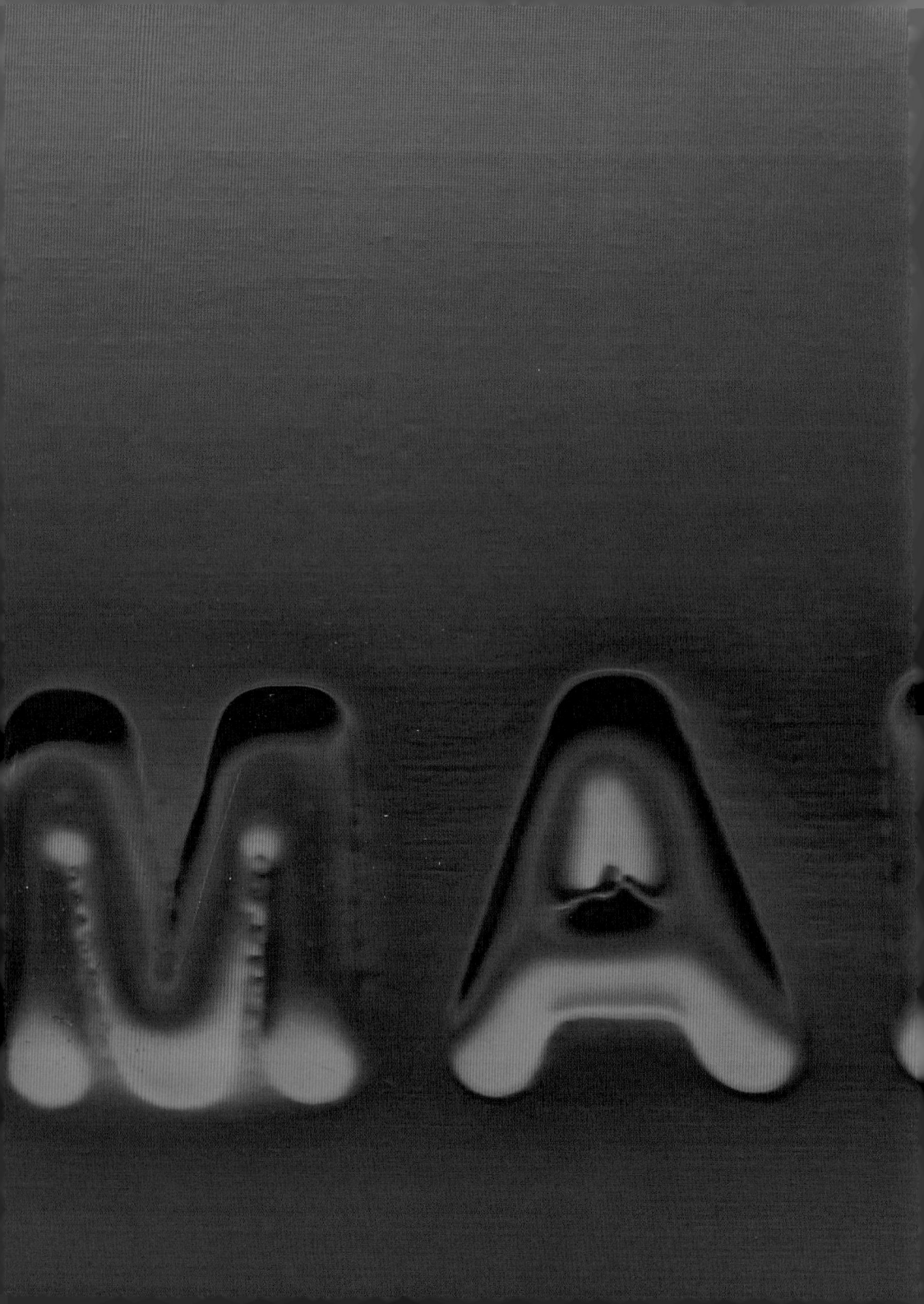

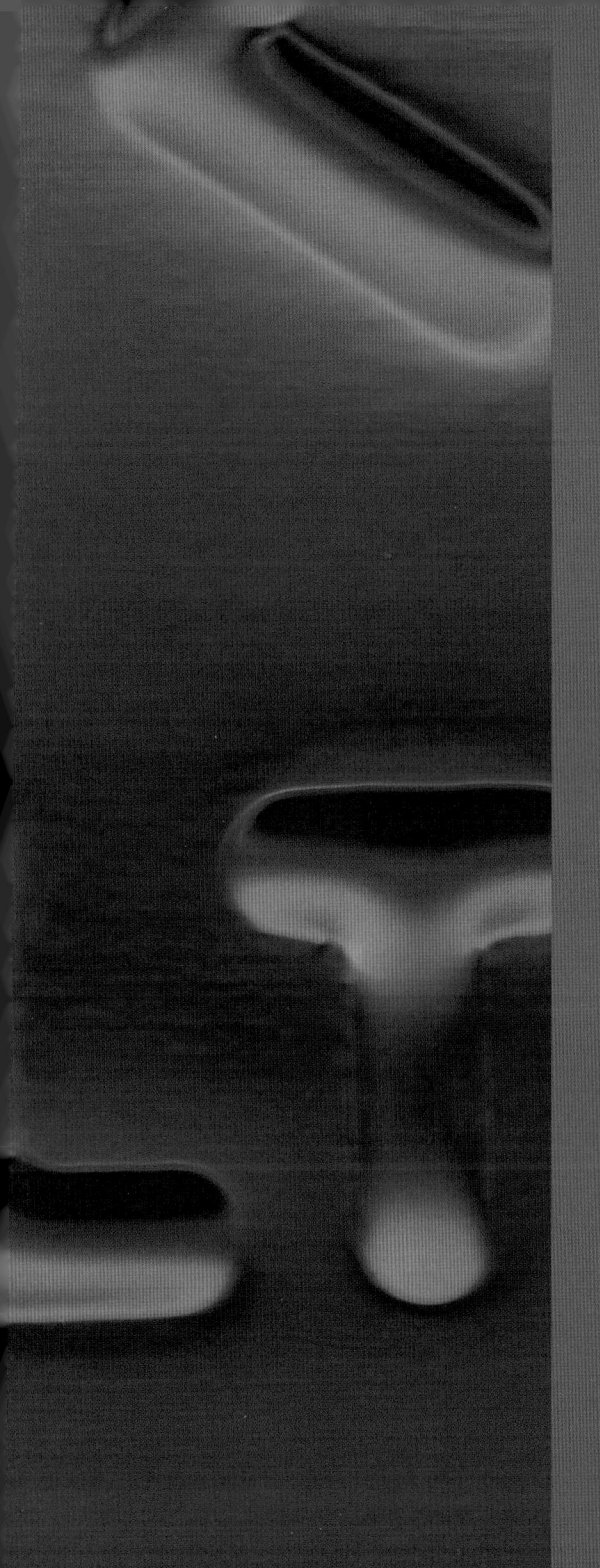

SCHOTTLAND

Aberfeldy
12-Year-Old

Dewar's (Bacardi)
www.dewars.com

Herkunftsregion und -land Highlands, Schottland
Destillerie Aberfeldy, Aberfeldy, Perthshire
Alkoholgehalt 40 Vol.-%
Whiskytyp Single Malt

Nur ein kleiner Bruchteil der 2,5 Millionen Liter Whisky, die jährlich in der Aberfeldy-Destillerie gebrannt werden, kommt als Single Malt auf den Markt. Der Großteil wird für Dewar's White Label verwendet, einer der meistverkauften Blended Whiskys der Welt, weshalb der Aberfeldy als „die spirituelle Heimat des Dewar's Whiskys" bezeichnet wird. Vom Aberfeldy Single Malt gibt es inzwischen drei Varianten: diesen 12-Year-Old, den 16- und 21-Year-Old.

Es erscheint durchaus passend, daß dieser Malt sich mit einem Bild des Europäischen Eichhörnchens schmückt, das in Schottland heimisch ist und einst weit verbreitet und häufig war, inzwischen aber stark bedroht ist. In Perthshire gibt es noch viele Eichhörnchen, unter anderem in den ruhigen Wäldern um die Brennerei von Aberfeldy. Man übersieht oft den engen Zusammenhang zwischen dem schottischen Whisky und der Natur, der er entstammt, aber das Eichhörnchen auf dem Etikett hat für die Firma Dewar's tiefe Bedeutung. Hier, im Herzen von Perthshire, symbolisiert die bedrohte Nagetierart eine Natur, die noch im perfekten Gleichgewicht steht. So erinnert das Eichhörnchen auch an die feine Harmonie und Balance, die für einen guten Whisky ebenso notwendig sind wie für das in Großbritannien selten gewordene Europäische Eichhörnchen. **SR**

Verkostungsnotizen

Heide, Honig, Anklänge von Ananas, Toffee, Toast, Getreide und Vanille. Großartige Tiefe. Ein süßer, goldener Sirup, dem Gewürze und Apfelsinennoten folgen.

1962 wurden die Öfen in Aberfeldy noch mit Torf eingeheizt.

Aberfeldy
14-Year-Old Single Cask

Dewar's (Bacardi)
www.dewars.com

Herstellungsregion und -land Highlands, Schottland
Destillerie Aberfeldy, Aberfeldy, Perthshire
Alkoholgehalt 58,1 Vol.-%
Whiskytyp Single Malt

Aberfeldy war schon immer ein wunderbarer Single Malt – angenehm, weich, sanft und für seine reichhaltigen, honigsüßen Aromen gerühmt – aber er ist nicht sehr bekannt und hat nie die Aufmerksamkeit erlangt, die ihm vielleicht zukäme. Das mag daran liegen, daß der Eigner Dewar's seinen Ruf mit Blends begründet hat.

Aber dieser Whisky, der nach seinem Herauskommen sofort sehr begehrt war und deshalb außerordentlich selten ist, zeigt die Stärken des Malts. Nur ein Faß wurde im Juni 2011 auf Flaschen gezogen. Auf dem Etikett ist die Rede von Holunder, grünen Äpfeln und duftendem Ginster, aber es ist insgesamt ein sehr viel härterer Whisky. Die für Aberfeldy typischen Toffee- und Honignoten sind erkennbar, aber der hohe Alkoholgehalt und die Verbindung von Eichenholz und Sherry, die aus der zusätzlichen Lagerzeit rührt, sorgen dafür, daß er zu einem unvergeßlichen Erlebnis wird.

Es ist zu hoffen, daß der Erfolg dieses Whiskys die Hersteller ermuntert, andere Einzelfaßabfüllungen des Aberfeldy auf den Markt zu bringen. Falls man die vorliegende Flasche nicht erhalten kann, bestünde dann wenigstens Hoffnung, etwas Gleichwertigem zu bekommen. So oder so ist Aberfeldy auf jeden Fall eine Destillerie, die mehr Aufmerksamkeit verdient hat. **DR**

Verkostungsnotizen

Staubtrockener Sherry, Kakao und Haselnußschokolade in der Nase, gefolgt von Rübensirup, Sherry und dunkler Schokolade mit Früchten und Nüssen. Wunderbar.

Aberfeldy 18-Year-Old Single Cask

Dewar's (Bacardi) | www.dewars.com

Herstellungsregion und -land Highlands, Schottland
Destillerie Aberfeldy, Aberfeldy, Perthshire
Alkoholgehalt 54,9 Vol.-%
Whiskytyp Single Malt

Dieser 18-Year-Old ist eine Einzelfaßabfüllung, insgesamt sind nur eine Handvoll von 18 oder 19 Jahre alten Malts auf den Markt gekommen. Da es sich hier um einige der bemerkenswertesten Fässer handelt, die bei Aberfeldy aufzufinden waren, zeigen manche von ihnen die typischen Nuancen eines Aberfeldys, andere hingegen weichen davon vollkommen ab.

Im Jahr 2010 kamen 248 Flaschen einer neuen Aberfeldy 18-Year-Old Einzelfaßabfüllung in den Verkauf. Mit dem Whisky, der 1991 gebrannt worden war, beging Chris Anderson, der Brennereileiter von Dewar's, nach 40 Jahren seinen Abschied aus dem Beruf. Der Single Malt kommt so aus der Flasche, wie er auch im Faß war: mit 54,9 Volumenprozent Alkoholgehalt, ohne künstliche Farbstoffe und ohne Kaltfiltierung. Auf dem Etikett wird das Faß als Chris Anderson's Cask bezeichnet, und er war es auch, der es wegen der für Aberfeldy typischen Honig- und Blütennoten ausgesucht hatte. Die Flasche mit der Nummer 1 nahm er selbst mit nach Hause.

Anderson hatte im März 1968 begonnen, in Caol Ila zu arbeiten, wo er die Fässer beschriftete. Nachdem die neu erbaute Destillerie im Januar 1974 in Betrieb gegangen war, arbeitete er in der Maische und dann in der Brennerei. 1986 wurde er schließlich Brennmeister, und vier Jahre später zum stellvertretenden Leiter von Caol Ila und Lagavulin. 1998 war er Direktor von Brackla in der Nähe von Nairn, bevor er 1999 zu Dewar's in Aberfeldy ging. Dewar's wurde 1998 von Bacardi übernommen, und das Portfolio um Aberfeldy, Craigellachie, Royal Brackla und Aultmore erweitert, die alle unter der Leitung von Anderson standen. **SR**

Verkostungsnotizen

Honigsüß mit blumigen Noten neben Malz- und Holztönen. Sanfte Würzigkeit, Malz und Vanille, glatt und abgerundet am Gaumen. Mit Wasser kommen Zitrus- und Rauchnuancen zum Vorschein. Der lange Abgang ist recht trocken und nussig.

Aberfeldy 21-Year-Old

Dewar's (Bacardi) | www.dewars.com

Herstellungsregion und -land Highlands, Schottland
Destillerie Aberfeldy, Aberfeldy, Perthshire
Alkoholgehalt 40 Vol.-%
Whiskytyp Single Malt

Der Aberfeldy 21-Year-Old ist für sein Alter wirklich ungewöhnlich vital. Man könnte ihn auch als eine große Tüte voller Orangenschalen beschreiben, ein Vergleich, der nur auf wenige Whiskys dieser Jahrgänge zutreffen würde. Die Destillerie arbeitet mit einem Team von Böttchern zusammen, um interessante Fässer von fern und nah zu bekommen. Diese Fässer, in denen zuvor Sherry, Marsala oder Port gereift sind, tragen zu den unverkennbaren Geschmacks- und Farbnuancen bei.

John Dewar legte mit der Brennerei, die er gründete, den Grundstock für einen guten Ruf, der auch heute noch hält. Er war einer der Pioniere in der Kunst des Verschneidens von Whisky, und seine Söhne John und Tommy waren sich des Maßstabs bewußt, an dem sie sich messen lassen mußten. Dewar's entwickelte vor über 100 Jahren die Methode des *marrying*, die man heute als *double aging* bezeichnet und die nach dem Verschneiden des Whiskys angewendet wird, um vollere Aromen, ein sanfteres Mundgefühl und längere Abgänge zu erzielen. Für diese doppelte Reifung wird der Scotch nach dem Verschneiden wieder in Eichenfässer gegeben, wo sich der Geschmack glättet und der Abgang verlängert.

Das Verfahren der zweifachen Reifung wird in Aberfeldy sehr ausführlich im Besucherzentrum beschrieben, in dem auch sonst detailliert über Whisky und die Geschichte der Brennerei informiert wird. Die Besucher können sich in einer unterhaltsamen und lehrreichen Ausstellung mit der Vielfalt der Dewar'schen Whiskys vertraut machen und sie dann in der Verkostungsbar anhand von Proben mit dem soeben Erfahrenen und Erlebten vergleichen. **SR**

Verkostungsnotizen

Gut strukturierte Honignase von süßer und samtiger Intensität. Trockenfrüchte, Heideblüten und geröstete Kokosnuß. Geschmack süß, voll schottischem Honig und Orangennoten mit Obertönen von Sahne, Vanille und Eiche. Langer, würziger, trockener Abgang.

Aberlour 10-Year-Old

Chivas Brothers (Pernod Ricard) | www.aberlour.com

Herstellungsregion und -land Speyside, Schottland
Destillerie Aberlour, Aberlour, Banffshire
Alkoholgehalt 43 Vol.-%
Whiskytyp Single Malt

Der Aberlour 10-Year-Old ersetzte in den 1980er Jahren den Aberlour 12-Year-Old als repräsentativen Klassiker der Destillerie. Die älteren Whiskys des Hauses kommen in gedrungeneren Flaschen auf dem Markt, aber der 10-Year-Old wird immer noch in die althergebrachte hohe Flasche abgefüllt, auf deren Etikett das Motto des Brennereigründers James Fleming zu lesen ist: „Let the Deed Show". Damit soll die „Philosophie von Aberlour und seines außerordentlichen Malt Whiskys" zum Ausdruck gebracht werden. Fleming war der Sohn eines Akkerpächters und arbeitete erfolgreich als Getreidehändler, bevor er das Land in Aberlour erwarb und die Destillerie gründete. Die ursprünglichen Maschinen und die Gebäude wurden von ihm entworfen und ihr Bau von ihm überwacht.

Aberlour ist ein gälisches Wort und bedeutet „Mündung des schwatzenden Bachs". Das reine und klare Quellwasser im Tal des Lour ist seit alters her berühmt, als sich an der Stelle der Brennerei eine Druidensiedlung befand. Wasser ist bei der Herstellung von Whisky sehr wichtig, und das hochwertige Wasser wird auch heute noch verwendet, um den Single Malt Whisky von Aberlour zu produzieren.

Der Aberlour 10-Year-Old ist voll und reichhaltig. Er ist eine wunderbare Einführung in die Welt der Aberlour Single Malts und eignet sich gut für das tägliche Gläschen. Die Sherryfässer und die gebrauchten amerikanischen Eichenfässer werden von Douglas Cruickshank, der sich seit 15 Jahren um die Auswahl der Grundwhiskys und der Fässer kümmert, persönlich in Spanien und den USA eingekauft. **WM**

Verkostungsnotizen

Warm und ansprechend, mit Anflügen von Zimt, roten Äpfeln, Vanille und Apfelwein. Der Whisky hat einen mäßigen bis vollen Körper, ist leicht ölig, strahlend und fruchtig. Die Gewürz- und Vanillenoten klingen im Abgang nach.

Aberlour 12-Year-Old

Chivas Brothers (Pernod Ricard) | www.aberlour.com

Herstellungsregion und -land Speyside, Schottland
Destillerie Aberlour, Aberlour, Banffshire
Alkoholgehalt 43 Vol.-%
Whiskytyp Single Malt

Aberlour 12-Year-Old ist der jüngere der beiden *double-cask-matured* Malts von Aberlour, der andere ist der 16-Year-Old. *Double-cask-matured* bezeichnet ein Verfahren, bei dem ein Teil des Whiskys in Fässern reift, die zuvor Bourbon enthielten, während der andere Teil in ehemaligen Sherryfässern lagert. Vor dem Abfüllen auf Flaschen werden beide Teile dann gemischt, um „eine größere Charaktertiefe und ausgewogene Frucht- und Gewürznoten zu erhalten".

Mitte der 2000er Jahre unterzog Aberlour seine Faßauswahl und die Faßzusammenstellung seiner verschiedenen Sorten einer Überprüfung. Der Aberlour 12-Year-Old war der „erste dieser neuen Generation von Malts, die mit der Ausgewogenheit zwischen den typischen Bourbon- und Sherryfässern aus dem Lager von Aberlour spielt". Der ältere Single Malt ist nicht so strahlend wie der 10-Year-Old und zeigt, daß er längere Zeit im Faß war: Die prägnante Fruchtigkeit ist teilweise durch Eichen- und schwerere Gewürznoten ersetzt worden, was am höheren Anteil von Sherryfässern liegen mag. Die Bourbonfässer gleichen den üppigen, aber nicht übertriebenen Sherryeinfluß durch Toffee- und Vanilletöne wieder aus.

Alte Exemplare des Aberlour 12-Year-Old tragen auf einer rechteckigen Flasche den Namen Aberlour-Glenlivet, unter dem die Brennerei 1950 gegründet wurde. Vor den 1980er Jahren trugen viele Speyside-Brennereien den Namenszusatz ‚Glenlivet' als eine Art Provenienzbezeichnung. Danach kam es zu Rechtsstreitigkeiten, so daß heute nur noch die Produkte der Glenlivet-Destillerie den Namen tragen. **WM**

Verkostungsnotizen

Deutlich schwerer als der 10-Year-Old. Ausgewogen, mit Zimt-, Muskat- und Vanillenoten, aber auch Apfel- und Toffee-, Eichen- und Malztöne sind bemerkbar. Sogar ein Hauch von Minze tritt zutage. Der Abgang ist trockener als beim jüngeren Bruder und verblaßt sanft.

Aberlour 16-Year-Old

Chivas Brothers (Pernod Ricard) | www.aberlour.com

Herstellungsregion und -land Speyside, Schottland
Destillerie Aberlour, Aberlour, Banffshire
Alkoholgehalt 43 Vol.-%
Whiskytyp Single Malt

Der Aberlour 16-Year-Old kam zuerst 2003 auf den Markt, er ist der ältere der beiden Aberlour-Malts, die in zwei verschiedenen Faßsorten reifen – der jüngere ist der 12-Year-Old.

Nach einer Umstrukturierungsphase Mitte der 2000er Jahre, in der Aberlour die Faßauswahl überdachte und die Zusammensetzung der Faßchargen für ihre verschiedenen Produkte neu ordnete, kam die gerade entwickelte Reifung in zwei verschiedenen Faßsorten zuerst beim zwölf Jahre alten Aberlour zum Zug. Beschränkte Mengen des 16-Year-Old folgten, als die entsprechenden Grundwhiskys zur Verfügung standen.

Der Aberlour 16-Year-Old baut auf dem Profil des in zwei Faßsorten gereiften 12-Year-Old auf, ist aber eleganter und balanciert die kräftigen Frucht- und Gewürznoten der Sherryfässer, die in der zwölf Jahre alten Variante deutlicher sind, mit den Vanille-, Honig- und Sahnekaramellnoten der Bourbonfässer aus. Es ist ein sehr gut gemachter Whisky, der den Charakter der Destillerie voll zum Ausdruck bringt.

Der Aberlour 10-Year-Old ist strahlend-fruchtig, und der 12-Year-Old zeigt die positiven Auswirkungen der Verbindung von Fässern, in denen Bourbon gelagert wurde und die Vanille- und Honigtöne beisteuern, mit Sherryfässern, von denen die dunklen Früchte und Gewürze stammen. Beim 16-Year-Old kommt durch vier weitere Jahre in ausgewählten Fässern zusätzliche Komplexität hinzu, die alle Nuancen deutlicher werden läßt. Beide Whiskys wurden sehr wohlwollend aufgenommen und tragen dazu bei, Aberlour auf den siebten Platz der meistverkauften Single Malts zu bringen. **WM**

Verkostungsnotizen

Reichhaltiger, schwerer und glatter als der 12-Year-Old, mit intensiveren Zimt-, Muskat- und Vanilletönen. Anklänge von Orange, rotem Apfel, Pflaumen und Sahnekaramell, im Abgang werden die Gewürznoten durch Nussiges ergänzt.

Aberlour 18-Year-Old

Chivas Brothers (Pernod Ricard) | www.aberlour.com

Herstellungsregion und -land Speyside, Schottland
Destillerie Aberlour, Aberlour, Banffshire
Alkoholgehalt 43 Vol.-%
Whiskytyp Single Malt

Aberlour 18-Year-Old kam ursprünglich in Frankreich heraus, 2010 dann auch auf dem internationalen Markt. Er ähnelt dem 12-Year-Old und dem 16-Year-Old, ist aber deutlich differenzierter. Das außergewöhnliche Mundgefühl wird der Verwendung älterer Fässer zugeschrieben, in denen Bourbon gelagert wurde. Der Markenmanager für Single Malts von Pernod Ricard in den USA, Troy Gorczyca, bemerkt: „Wie alle Aberlour-Whiskys zeigt der 18-Year-Old die üppige und harmonische Ausgewogenheit, die typisch für die Reifung in zwei Faßsorten ist und zu einer Komplexität führt, die sich allmählich enthüllt. Unsere neue Produktverpackung stellt die Qualität und die Werte der Marke – Ehrlichkeit, Stolz, Diskretion, Tiefe und geteilte Freude – auf elegante und zeitgemäßere Weise heraus."

Obwohl leicht zu erkennen ist, daß der Aberlour 18-Year-Old aus der gleichen Destillerie stammt wie die zehn, zwölf und sechzehn Jahre alten Varianten, übertrifft er diese deutlich. Der perfekt ausgewogene, üppige Malt ist am Gaumen reichhaltiger, sahniger, eleganter und weiter entwickelt, was auf die Verwendung von Whiskys zurückzuführen sein mag, die noch älter sind als 18 Jahre. Das ist bei Single Malts mit Altersangabe erlaubt, solange keiner der verwendeten Grundwhiskys jünger ist als auf dem Etikett angegeben. Der Aberlour 18-Year-Old ist deutlich nuancierter als der Aberlour 16-Year-Old, da die letzten rauhen Kanten bei ihm abgeschliffen sind. Nicht nur die zusätzlichen zwei Jahre Lagerzeit machen einen bemerkenswerten Unterschied aus, sondern auch der Eingang von einigen der älteren Aberlour-Malts in die Mischung. **WM**

Verkostungsnotizen

Mächtig und dekadent, zeigt Zimt, Muskat, Vanille und Gewürznelken. Deutlicher Sherryeinfluß, der aber den Charakter der Destillerie nicht überdeckt. Am Gaumen mäßig ölig, sahnig, mit Sahnekaramell, roten Früchten und kandierter Orange. Luxuriöser Abgang.

Aberlour A'bunadh

Chivas Brothers (Pernod Ricard)
www.aberlour.com

Herstellungsregion und -land Speyside, Schottland
Destillerie Aberlour, Aberlour, Banffshire
Alkoholgehalt Etwa 60,3 Vol.-% (je nach Charge)
Whiskytyp Single Malt

Aberlour A'bunadh wurde vom Meisterblender David Boyd in den 1990er Jahren ursprünglich für den Duty-Free-Markt entwickelt. A'bunadh bedeutet auf Gälisch „das Original", und der Whisky führt einen in eine Zeit zurück, in der die Schotten mit einer beliebigen alten Flasche, etwa einer Medizinflasche, zur Destillerie oder zum Krämer gingen und sie mit Whisky auffüllen ließen. Der Whisky wurde mit Faßstärke abgegeben und war weder kaltfiltriert noch gefärbt. A'bunadh wird dementsprechend auch heute mit Faßstärke und natürlicher Färbung in eine Apothekerflasche abgefüllt, die mit Wachs verschlossen wird.

A'bunadh reift ausschließlich in Fässern, die ursprünglich Oloroso-Sherry enthielten. Jede Charge stammt aus einem Faß, das auf dem Flaschenetikett angegeben ist, jede Charge unterscheidet sich leicht in Geschmack, Farbe und Alkoholgehalt. Die ersten fünf Chargen wurden nicht mit einer eigenen Bezeichnung versehen, deshalb lautet die erste Bezeichnung „Batch 6".

Der Markenleiter Neil Macdonald bemerkt: „Die Fässer werden nach Güte ausgewählt ... Wir verwenden junge Sherry-Fässer, die nur ein Mal gefüllt waren, und ältere, mehrfach benutzte, die den typischen Aberlour-Charakter zum Vorschein kommen lassen." **WM**

Verkostungsnotizen

Gehaltvoll und am Gaumen haftend, voller Kardamom-, Zimt- und Gewürznelkentönen. Perfekt ausgewogen sind Vanille, Backapfel, Rosinen und Datteln.

Alisa Bay Single Malt

William Grant & Sons
www.ailsabay.com

Herstellungsregion und -land Lowlands, Schottland
Destillerie Ailsa Bay, Girvan, Ayrshire
Alkoholgehalt 48,9 Vol.-%
Whiskytyp Single Malt

Zunehmend mehr Destillerien stellen Malts her, die dem Typus ihrer Region nicht entsprechen. Auch Ailsa Bay versucht auf diese Weise, das Sortiment zu erweitern, ist also insofern nicht mehr so extravagant wie einst. Dieser Malt ist aber dennoch ein außergewöhnlicher Whisky von einer außergewöhnlichen Brennerei. Ailsa Bay ist eine der neueren schottischen Destillerien, sie wurde von William Grant & Sons auf dem Gelände ihre Getreidedestillerie Girvan in der Nähe von Ayr an der schottischen Westküste errichtet. Der Name stammt von der Insel Ailsa, die dort vor der Küste liegt.

Die Whiskys der schottischen Lowlands sind traditionell leicht und blumig, aber der Ailsa Bay Single Malt reiht sich nicht in diese Tradition ein. Der überwiegende Teil des hier hergestellten Destillats wird für die Grant-Blends verwendet. Sie ähneln in der Regel den süßen, fruchtigen Whiskys der Speyside. Das erklärt jedoch den Malt, der unter dem Namen Ailsa Bay herausgekommen ist. Er wird jung und ohne Altersangabe abgefüllt und zeigt rauchige Torfnoten, die nichts mit dem Geschmacksprofil der modernen Speysider zu tun haben. Das Destillat reift zuerst sechs bis neun Monate in kleinen Fässern (25 bis 100 Liter), bevor es in (teilweise frische) amerikanische Eichenfässer umgefüllt wird. **DR**

Verkostungsnotizen

Feuchtes Lagerfeuer und frische Gerstennoten in der Nase. Am Gaumen gibt es Ingwer und Gerste, etwas Karamell und Vanille, außerdem prickelnde Gewürze.

Allt a'Bhainne
11-Year-Old Sherry Cask

Douglas Laing & Co.
www.douglaslaing.com

Herstellungsregion und -land Speyside, Schottland
Destillerie Allt a'Bhainne, Glenrinnes, Banffshire
Alkoholgehalt 46 Vol.-%
Whiskytyp Single Malt

Aus der Destillerie Allt a'Bhainne kommt nur wenig Malt auf den Markt, da Pernod Ricard den Großteil für die Blends Chivas Regal und 100 Pipers benötigt. Es hat nie eine offizielle Flaschenabfüllung gegeben – die Destillerie wurde 1975 extra gebaut, um Whiskys für Verschnittmarken zu liefern –, aber es sind doch einzelne Single Malts herausgekommen, darunter auch dieser kürzlich erschienene aus der Reihe „Old Malt Cask" der im jungen Alter von elf Jahren abgefüllt wird. Er wurde jedoch noch unter der Regie von Seagram gebrannt, bevor Pernod Ricard 2001 die Brennerei übernahm. Es wird interessant werden zu sehen, ob jüngere Brände, die noch im Faß lagern, deutlich anders ausfallen.

Der fast unaussprechliche gälische Name (Alt-a-Warnie) bedeutet ‚Milchbächlein', aber der Geschmack ist klassische Speyside, wenn auch etwas weniger elegant als die meisten Single Malts. Diese Abfüllung ist für einen Finish im Sherryfaß sehr jung, das Holz hat noch keine große Rolle in der Geschmacksbildung gespielt. Die Fässer werden nicht in Glenrinnes gelagert, sondern in Keith. Die Leitung der Destillerie hat es im Grunde nicht für nötig befunden, verschiedene Faßarten für die Reifung heranzuziehen, so daß diese Abfüllung eine Seltenheit aus einer sowieso seltenen Brennerei darstellt. **AN**

Verkostungsnotizen

Leicht würzige Nase, gepfefferte Limetten. Recht scharfe Würzigkeit am Gaumen, anfangs mit deutlichem Alkohol. Glatter, aber kurzer Abgang mit Sherrytönen.

anCnoc
12-Year-Old

International Beverage
www.ancnoc.com

Herstellungsregion und -land Speyside, Schottland
Destillerie Knockdhu, Knock, Banffshire
Alkoholgehalt 40 Vol.-%
Whiskytyp Single Malt

Laut einer Website der Marke anCnoc ist dieser 12-Year-Old für die Sammlung jedes Whiskytrinkers unverzichtbar. Dem muß man nach dem Verkosten tatsächlich zustimmen.

Der schlichte Verpackungsstil trägt dazu bei, den anCnoc 12-Year-Old im Regal herauszuheben. Aber wenn das Äußere auch sehr dem 21. Jahrhundert entspricht, so haben sich die inneren Werte doch seit der Gründung der Destillerie 1894 kaum geändert. Das einzige moderne elektronische Gerät, das dem Whisky während der Herstellung nahekommt, ist ein großer blauer Taschenrechner in der Brennkammer. Die Kondensierung findet immer noch in den ursprünglichen *worm tubs* statt, weil Generationen von Besitzern der Versuchung widerstanden haben, auf moderne Geräte umzustellen. Das Kondensieren in solchen Kühlschlangen aus Kupfer, die in kaltem Wasser stehen, ist zwar unbestreitbar kostenträchtig, trägt aber auch oft zum Körper und zur Komplexität eines Whiskys bei.

anCnoc wird zwar oft als ein frisches, helles, spritzig-fruchtiges Schlückchen beschrieben – was auch alles stimmt –, es lohnt sich jedoch, tiefer zu gehen und das milde, sanfte Herz zu entdecken. Der 12-Year-Old ist trotz seines Aussehens ein Vollblut-Speysider. **LD**

Verkostungsnotizen

Zuerst Zitronenschalen und Honigwaben, dann frische Birnen und rote Äpfel mit weißer Schokoladenmousse. Frisch und süß, malzig und sahnig. Guter Körper.

anCnoc 16-Year-Old

International Beverage | www.ancnoc.com

Herstellungsregion und -land Speyside, Schottland
Destillerie Knockdhu, Knock, Banffshire
Alkoholgehalt 46 Vol.-%
Whiskytyp Single Malt

Die in der letzten Zeit von Knockdhu ausgegebenen Whiskys sind alle großartig – junge wie alte –, aber diese mittelalte Variante ist so, wie ein anCnoc schon immer sein sollte. Das Universum wünschte sich diesen Whisky mit einem Alter von sechzehn Jahren.

Als er 2008 zuerst erschien, kam es zu großen kosmischen Ereignissen. Auf der ganzen Welt verschwanden Männer stundenlang, um dann zerzaust nach Hause zurückzukehren, ohne sagen zu können, was ihnen in der Zwischenzeit passiert war. Falls man sich auf eine solche geheimnisvolle Entführung einlassen möchte, nimmt man eine Flasche, drückt sie dicht an die Brust, und spürt sofort, wie die pure Energie sich im Körper ausbreitet.

Im Gegensatz zum zwölf Jahre alten anCnoc wird der Sechzehnjährige ausschließlich in wiederverwendeten Bourbonfässern gelagert. Der Frucht-, Honig- und Zitrusgeschmack des leicht öligen Malts wird durch zurückhaltende Vanille- und sanfte Gewürztöne ergänzt. Die sechzehn Jahre im Faß sind gerade lange genug, damit der Whisky einen vollen, runden und komplexen Charakter gewinnen kann, ohne von der Bitterkeit der Eiche überdeckt zu werden.

Der Alkohol, der zum Verschneiden verwendet wird, lagert in Airdrie, aber der anCnoc bleibt zum Reifen in der Destillerie. Leider stürzten unter dem Schnee des Winters 2009/10 zwei der fünf Lagerhäuser ein. Viele Fässer konnten gerettet werden, aber ein Dutzend – darunter auch seltene 1980er – gingen verloren. Ein herber Schlag, aber das Leben geht weiter: Es werden neue Lagerhäuser gebaut, und dann wird die kosmische Ordnung bald wiederhergestellt sein. **LD**

Verkostungsnotizen

In der Nase Limetten und Apfelwein, mit Obertönen von Vanille und Zimt: ein sehr ausgewogenes, breit angelegtes Aroma. Am Gaumen noch stärker, mit weichem Sahnekaramell, zerstoßenem schwarzen Pfeffer und Lindenhonig. Nachhaltiger Abgang.

anCnoc 1996

International Beverage | www.ancnoc.com

Herstellungsregion und -land Speyside, Schottland
Destillerie Knockdhu, Knock, Banffshire
Alkoholgehalt 46 Vol.-%
Whiskytyp Single Malt

Whisky der Destillerie Knockdhu trug zuerst deren Namen, firmiert aber seit Anfang des Jahrtausends nach einem Relaunch unter den neuen Eignern International Beverage als Single Malt anCnoc. Die Namensänderung sollte das Produkt deutlich von dem ähnlich klingenden Knockando abheben, der als Single Malt schon etabliert und international sehr viel bekannter war. Wenn der anCnoc-Manager Gordon Bruce auf die Namenssituation angesprochen wird, verweist er darauf, daß „der andere Knock" eigentlich die jüngere Marke sei. Das ist jedoch nicht unfreundlich gemeint, er weiß, daß anCnoc sich inzwischen einen Ruf als wichtiger, eigenständiger Malt erworben hat. Die Destillerie stellt nach und nach die Schätze heraus, die sich in ihren Lagern befinden.

Zwischen 2005 und 2011 brachte anCnoc sechs Jahrgangswhiskys auf den Markt und setzt die damals begonnene Tradition seitdem mit durchschnittlich einer Abfüllung im Jahr fort. Die wenigen Hundert bis tausend produzierten Kisten verschwinden meist schnell aus den Regalen. Aber der Aufwand, sich eine Flasche zu verschaffen, lohnt sich. Ein ganz besonders interessanter Jahrgang – der anCnoc 1996 – ist vielleicht noch bei manchen spezialisierten Einzelhändlern zu bekommen. Die Abfüllung besteht aus Whiskys, die in ehemaligen Bourbon- und Sherryfässern gereift sind, wobei letztere leicht in der Überhand waren. Die Malts der Brennerei Knockdhu werden meist als leicht und zitrusgetönt bezeichnet, aber der anCnoc 1996 zeigt die auch vorhandenen dunkleren Seiten – ein ernsthafter, gefühlvoller Whisky, der die Welt auch an langen Winternächten wieder im rechten Licht erscheinen läßt. **LW**

Verkostungsnotizen

Kakao, Karamellkekse, Dörrpflaumen und Honig. Im Hintergrund etwas Holunder. Voller Geschmack mit der Süße von Trockenfrüchten, einer leichten Rauchigkeit und deutlicher Note von grünen Bananen. Voller Körper. Mittellanger, süßer, dann trockener Abgang.

anCnoc 1975

International Beverage
www.ancnoc.com

Herstellungsregion und -land Speyside, Schottland
Destillerie Knockdhu, Knock, Banffshire
Alkoholgehalt 50 Vol.-%
Whiskytyp Single Malt

Man sollte alles tun, was in seiner Macht steht, und dafür sorgen, daß man in den Besitz einer Flasche dieses Whiskys kommt. Der anCnoc 1975 kam 2005 auf den Markt. Trotz seiner Seltenheit und des hohen (aber nicht exorbitanten) Preises setzte er ein Zeichen und etablierte sich fest im Bewußtsein der Whiskykenner. Die Abfüllung wurde von Kritikern gelobt, der Hype setzte aber erst ein, als sie ausverkauft war.

anCnoc 1975 besteht aus Whisky, der in ehemaligen Bourbonfässern, und aus solchem, der in ehemaligen Sherryfässern gereift ist. In den 30 Jahren im Faßlager hat der Alkohol jedes letzte Quentchen Geschmack und Aroma aus dem Holz aufgenommen, und das Ergebnis ist in der Tat spektakulär. Die satte Bernsteinfarbe, der glatte, aber intensive Geschmack, der atemberaubende Duft und die ölige Textur – man möchte vor Seligkeit lauf auflachen.

Trotz seines Alters hat der Whisky die Merkmale des anCnoc beibehalten: die säuerlichen Zitrus- und süßen Honigwabentöne sind noch zu spüren, wie auch die Spur Schwefel, die auf die Verwendung von *worm tubs* zur Kondensierung zurückgeht. Schwefelaromen waren lange verpönt, finden aber begrüßenswerterweise wieder ihre Anhänger. **LW**

Verkostungsnotizen

Die Nase ist süß, rum-ähnlich, im Kern aber reichhaltig, dunkel und fruchtig. Auch Roggenbrot, griechische Salzzitronen und Honig gibt es. Ohne Wasser trinken.

The Antiquary 12-Year-Old

Tomatin (Marubeni Group)
www.tomatin.com

Herstellungsregion und -land Schottland
Destillerien Verschiedene
Alkoholgehalt 40 Vol.-%
Whiskytyp Blend

The Antiquary ist nach einem Roman von Sir Walter Scott benannt und kam 1889/90 auf den Markt. Zu seiner Zeit wurde er vom sehr angesehenen Whiskyhändler William Sanderson vermarktet und galt als einer der besten Whiskys. Im Laufe der Zeit ließ der Ruhm jedoch nach, und die Marke ging in das Portfolio der Tomatin Distillery Company über, die selbst wiederum eine Tochterfirma von Takara Shuzo, dem damit ersten japanischen Eigentümer einer schottischen Whiskybrennerei, ist. Inzwischen findet der Blended Whisky mit seinem hohen Verhältnis von Malt zu Grain – zwischen 45 und 55 Prozent – wieder seinen Weg aus der neugestalteten, facettierten Flasche in die Gläser der Whiskyliebhaber.

The Antiquary enthält Whiskys aus den Highlands, Lowlands, der Speyside und von den Inseln, und es gibt kaum Zweifel, daß auch Tomatin eine Rolle in der Charakterbildung dieses eher leichten, duftigen Verschnitts spielt. Die Whiskys aus Speyside geben der Mischung Süße, und die Islay-Whiskys sorgen für Tiefe und Komplexität. Die Grain-Whiskys sollten natürlich nicht übersehen werden, die – wie jeder erfahrene Blender bestätigen wird – mit ihrer Frische und Leichtigkeit die Malts ergänzen und abrunden, um so die Kunst des Verschneidens zu einer ganz besonderen werden zu lassen. **StuR**

Verkostungsnotizen

Lebhafte Gras-, Apfel-, Birnen- und Melonenaromen. Leichte Honigtöne geben Süße, bevor sich mit Dill, Estragon und Minze eine Kräutermischung entwickelt.

The Antiquary 21-Year-Old

Tomatin (Marubeni Group) | www.tomatin.com

Herstellungsregion und -land Schottland
Destillerien Verschiedene
Alkoholgehalt 43 Vol.-%
Whiskytyp Blend

Das Verschneiden älterer Blended Whiskys wie diesem kann ein sehr schwieriger Balanceakt sein. Der Masterblender muß dabei eine höhere Komplexität erreichen und Neues, Interessantes hinzufügen, ohne die typischen Merkmale der Marke und ihrer jüngeren Varianten aufzugeben. Wenn die unterschiedlichen Altersstufen eines Blends diese ‚Familienähnlichkeit' nicht erreichen, besteht die Gefahr, daß sie die normalen Kunden verwirren und eher abschrecken. In dieser Hinsicht ist der 21-Year-Old gelungen und wird Trinker des jüngeren Antiquary nicht enttäuschen, die den Wunsch verspüren, einen Whisky zu probieren, der den ganzen Reichtum aufweist, der mit einer längeren Lagerung kommen kann.

Der Antiquary 21-Year-Old wurde 2001 vorgestellt und fand rasch Anerkennung als passende Ergänzung des Antiquary 12-Year-Old. Auch in ihm sind Malts aus den Highlands, Lowlands und den Inseln vertreten. Natürlich liefert Tomatin einen wichtigen Beitrag, und vom Islay Malt kommt ein Hauch Torf in die Mischung. Die Grain-Whiskys stammen aus Lowland-Destillerien wie Port Dundas und tragen zur Einheitlichkeit des Markencharakters bei.

Die zusätzlichen Jahre der Reifung sind nicht zu verkennen und verleihen dem Blend weitere Schichten an Komplexität, ohne ihm die ansprechende Frische und die anderen Schlüsselelemente des Antiquary 12-Year-Old zu nehmen. Der 21-Year-Old ist ein Blended Whisky, der zeigt, welchen Gewinn die längere Lagerzeit im Holzfaß zeitigen kann, meidet aber die Gefahren, die darin auch liegen könnten. **StuR**

Verkostungsnotizen

Ein komplexer Blend mit Tönen von Ananas, Aprikosen, Kakao und Gewürzen. Allmählich entwickeln sich Orangen- und trockene Rauchtöne neben Kräutertee und einem Hauch feuchtem Moos. Mittellanger Abgang mit Kräutern, Gewürzen und Zitrus.

Ardbeg 10-Year-Old

Glenmorangie Co. (LVMH) | www.ardbeg.com

Herstellungsregion und -land Islay, Schottland
Destillerie Ardbeg, Port Ellen, Argyll
Alkoholgehalt 46 Vol.-%
Whiskytyp Single Malt

Ardbeg wird von vielen als einer der großartigsten Single Malts der Welt betrachtet. Er ist in der Tat zu einer Art Wahrzeichen des Malt Whiskys geworden. Er gilt zudem als einer der ganz extremen Islay-Whiskys und ist mit einem Phenolgehalt von etwa 54 ppm der am stärksten getorfte Whisky unter den auf dem normalen Markt zu bekommenden Single Malts.

Die ‚Standard'-Variante wird zehn Jahre gelagert, und der gegenwärtige Ardbeg 10-Year-Old kam 2008 auf den Markt, etwas mehr als zehn Jahre, nachdem die Destillerie von Glenmorangie aufgekauft worden war. Bedeutsam an dem Relaunch jenes Jahres war die Tatsache, daß die Abfüllung ausschließlich aus Destillaten bestand, die unter Glenmorangies Regie entstanden waren. Einen zehn Jahre alten Ardbeg hatte Glenmorangie zuerst 2000 abgefüllt, allerdings hatte es schon zuvor solche Abfüllungen von den Vorbesitzern Allied Distillers und Hiram Walker & Sons gegeben.

Dr. Bill Lumsden, der Leiter der Abteilung Destillation und Whiskykreation bei Glenmorangie, gibt einige interessante Kommentare zu diesem Whisky ab: „Seit der Einführung im Jahr 2000 habe ich mich bei all unseren 10-Year-Old Ardbegs nach Kräften bemüht, eine Kontinuität und Übereinstimmung mit unserem idealen Whiskytyp zu erreichen. Allerdings möchte ich darauf hinweisen, daß wir einen sehr gemischten Lagerbestand vorfanden, als wir die Brennerei übernahmen, was dazu geführt hat, daß wir von Zeit zu Zeit bei den früheren Abfüllungen eine gewisse Überschreitung der angegebenen Lagerungszeit von zehn Jahren in Kauf nehmen mußten." **GS**

Verkostungsnotizen

Relativ süß in der Nase, mit weichen Torf-, Karbolseifen- und Rauchnoten. Am Gaumen intensiv und doch recht zart, zeigt brennenden Torf und Dörrobst, Malz und etwas Lakritze. Langer und rauchiger Abgang mit ausgewogener Getreidesüße und Torftrockenheit.

Ardbeg 17-Year-Old

Glenmorangie Co. (LVMH) | www.ardbeg.com

Herstellungsregion und -land Islay, Schottland
Destillerie Ardbeg, Port Ellen, Argyll
Alkoholgehalt 40 Vol.-%
Whiskytyp Single Malt

In den letzten Jahren kommen von verschiedenen Destillerien zunehmend Abfüllungen auf den Markt, die nicht über ihr Alter definiert sind. Das kommt den Herstellern entgegen, denen es eine größere Flexibilität im Umgang mit ihren Lagerbeständen ermöglicht. Besonders wertvoll ist es jedoch für Destillerien wie Ardbeg, in deren Beständen größere Lücken klaffen, weil es wiederholt zu Phasen kam, in denen nicht produziert wurde. So entstanden dann Abfüllungen wie Blasda und Supernova. 1997 brachte Glenmorangie jedoch, kurz nach der Übernahme der Ardbeg-Brennerei, eine siebzehn Jahre alte Variante auf den Markt – noch drei Jahre, bevor der 10-Year-Old herauskam.

Der 17-Year-Old entstand vor allem aus dem Grund, daß Ardbeg in den 1980er Jahren kaum Whisky produziert hatte und deshalb keine zehn oder zwölf Jahre alten Brände zur Verfügung standen. Der Brennmeister Bill Lumsden erklärt: „Insgesamt war es angesichts der Lagerbestände, die wir übernommen hatten, eine echte Herausforderung, die Vorräte so zu verteilen, daß wir Qualität und Quantität aufrecht erhalten konnten. Das Maß an Torfung variierte ungeheuer, vor allem bei den älteren Jahrgängen."

Die von Glenmorangie im neuen Ardbeg 17-Year-Old verwendeten Brände waren unter den Vorbesitzern entstanden, und zwischen 1978 und 1981 hatte die Destillerie Chargen eines „Kildalton" genannten Whiskys gebrannt, der aus gemalzter Gerste bestand und weniger als sonst für Ardbeg üblich getorft wurde. So ist der 17 Jahre alte Ardbeg etwas weniger torfbetont als der ‚normale', bietet aber dennoch reichlich Geschmack. **GS**

Verkostungsnotizen

Seetang, Salzwasser, geteerte Taue und zurückhaltender Torf in der Nase, hinzu kommen Eiche, Orangen und Malz. Im Mund recht süß, hier deutlicher torfig, mehr Malz und etwas Milchschokolade. Öliger Abgang, Eiche, süßer Torf, Zitrone und Pfeffer. Faszinierend.

Ardbeg 1977

Glenmorangie Co. (LVMH) | www.ardbeg.com

Herstellungsregion und -land Islay, Schottland
Destillerie Ardbeg, Port Ellen, Argyll
Alkoholgehalt 46 Vol.-%
Whiskytyp Single Malt

Der Ardbeg 1977 wurde 1977 gebrannt und 2001 auf lediglich 2400 Flaschen abgefüllt. Dieser Jahrgangswhisky war einer von mehreren, die von der Destillerie herausgebracht wurden. Hinzu kam eine Reihe von Single-Cask-Abfüllungen aus den 1970er Jahren, die inzwischen zu sehr gesuchten Sammlerstücken geworden sind.

Der 1977er Jahrgang hat seinen Teil an Lobliedern erhalten. Bill Lumsden, bei Glenmorangie für Whiskykreation zuständig, schwärmt: „Ich kann wirklich nicht genügend Superlative finden, um diesen phantastischen Whisky zu beschreiben! Es ist bei weitem der beste torfige Whisky, den ich je das Vergnügen hatte, trinken zu dürfen. Manche Ardbeg-Trinker lieben den 1974er, andere bevorzugen den 1978er. Ich selbst komme am 1977er einfach nicht vorbei." Der Torf ist tatsächlich überall evident – üppig und rauchig in der Nase, glatt und zäh im Mund, bis in den langen Abgang anhaltend.

Bill fügt hinzu, daß „das eigentliche Jahr der Destillation selten der einzige Grund ist, warum Whiskys gut oder etwas anderes sind. Es geht eher darum, besonders interessante Bestände innerhalb eines Jahres zu finden. Bisher haben wir Jahrgangswhiskys aus den Jahren 1978, 1975, 1977 und 1990 [Airigh Nam Beist] herausgebracht. Ob es noch weitere geben wird, hängt von unserer Einschätzung der Entwicklung in den Vorräten ab."

1977 übernahm Hiram Walker Ardbeg, wichtiger war jedoch, daß im gleichen Jahr auch die hauseigene Mälzerei eingestellt wurde, auch wenn schon zuvor Malz hinzugekauft worden war, um die eigene Produktion zu ergänzen. Darum wird 1974 oft als der letzte der ‚altmodischen', torfigen Jahrgänge aus Ardbeg bezeichnet. **GS**

Verkostungsnotizen

Üppig-sahnig, aber zart und glatt in der Nase. Sanfte Anklänge an Fondant, Torfrauch und Gewürznelken. Am Gaumen mehr Gewürznelken, würziger Torf, ein Hauch von Jod, Zitronen und gegrilltem Steak. Langer Abgang mit Medizinaromen und trockenem Rauch.

Ardbeg Airigh Nam Beist

Glenmorangie Co. (LVMH) | www.ardbeg.com

Herstellungsregion und -land Islay, Schottland
Destillerie Ardbeg, Port Ellen, Argyll
Alkoholgehalt 46 Vol.-%
Whiskytyp Single Malt

Neben Uigeadail ist Airigh Nam Beist ein heißer Kandidat für den Titel des am schwierigsten auszusprechenden Whiskynamens. Der gälische Begriff heißt übersetzt „Versteck des Untiers" und wird ‚Arrie Nam Beischt' ausgesprochen. Airigh Nam Beist ist der zweite See unterhalb von Loch Uigeadail und ihm kommt so eine ausgleichende Rolle bei den Wasserlieferungen für die Destillerie zu.

Die Volksweisheit der Gegend wird von den Herstellern gerne wiedergegeben: „Ein solch unheimlicher Ort hätte keinen passenderen Namen bekommen können; hier lauert der Legende nach etwas aus einer anderen Welt. Wie kann man sich als Einheimischer oder Besucher dagegen schützen? Wenn man sich hierher begibt, sollte man sich doch bitte mit dem traditionellen Mittel gegen überwältigende Furcht wappnen – einem kräftigen Tröpfchen."

Ardbeg wird stolz als der „torfigste und rauchigste" aller Islay-Malts vermarktet. Der Airigh Nam Beist wurde 2007 vorgestellt und ist Teil einer Strategie, innerhalb der Marke nicht altersbestimmte Varianten, sondern unterschiedliche Typen anzubieten. Der Leiter von Destillation und Kreation, Bil Lumsden, erklärt: „Airigh Nam Beist war meine Hommage an den geliebten, aber leider dahingegangenen siebzehn Jahre alten Ardbeg. Der höhere Anteil von ehemaligen Bourbonfässern führte zu einer sanfteren, cremigeren Variante des Ardbeg." **GS**

Verkostungsnotizen

Sanft und cremig in der Nase, groß und schwer am Gaumen, mit brennendem Torf und Seetang. Ölig, pfeffrig, mit reifen Früchten, Lakritze und Schokolade.

Ardbeg Alligator

Glenmorangie Co. (LVMH) | www.ardbeg.com

Herstellungsregion und -land Islay, Schottland
Destillerie Ardbeg, Port Ellen, Argyll
Alkoholgehalt 51,2 Vol.-%
Whiskytyp Single Malt

Ardbeg Alligator wurde 2011 vorgestellt und verdankt seinen Namen der extremen Form des Verkohlens der Fässer, bei denen die Holzoberfläche ein typisches schuppenähnliches Aussehen annimmt. Diese starke Verkohlung der Fässer ist bei Bourbons häufiger als bei Single Malts. Der Brennmeister Bill Lumsden bemerkt dazu: „Ardbeg Alligator entstand in einer Zeit des intensiven Experimentierens von 1998 bis 2000. Damals lagerte ich frische Brände in vielen unterschiedlichen Faßtypen ein – zum Beispiel in französischer Eiche für den Ardbeg Corryvreckan. Die Fässer, die das Kernstück der Alligator-Rezeptur bilden, wurden besonders hochgradig verkohlt. Wie beim Corryvreckan hatte ich das Gefühl, der Whisky wäre so, wie er aus dem Faß kam, noch zu intensiv, und mischte ihn deshalb mit dem ‚klassischen' Ardbeg."

Der relativ zarte Stil des Glenmorangie eignet sich gut für ein Finish im Faß und für andere Innovationen. Der torfige, selbstbewußte Charakter des Ardbeg macht dies sehr viel schwieriger. Deshalb ist mit ihm weniger experimentiert worden als mit dem Malt der Schwester-Destillerie. Allerdings gibt es doch eine kleine Zahl von neuen Eichenfässern, ehemaligen Weinfässern und Fässern aus gekohlter Eiche. Ardbeg Alligator ist eine der ungewöhnlicheren Varianten, die bisher produziert wurden, und lohnt eine Verkostung. **GS**

Verkostungsnotizen

Torf, Zitrusfrüchte und verkohltes Holz in der Nase. Erinnert mit dem Duft von glühenden Holzspänen an Grillabende am Meer. Leder-, Rauch- und Ingwernoten.

Ardbeg Almost There

Glenmorangie Co. (LVMH) | www.ardbeg.com

Herstellungsregion und -land Islay, Schottland
Destillerie Ardbeg, Port Ellen, Argyll
Alkoholgehalt 54,1 Vol.-%
Whiskytyp Single Malt

Ardbeg Almost There war der letzte Vertreter einer Serie, die von den Herstellern als „der torfige Weg zur Reife" bezeichnet wurde. Am Anfang dieses Weges stand 2003 der Very Young Ardbeg – For Discussion, der exklusiv den Mitgliedern des Ardbeg Committee angeboten wurde. So konnten sich Whiskykenner und -hersteller ein Bild von der Entwicklung und Reifung des kurz nach der Übernahme durch Glenmorangie 1997 gebrannten Whiskys machen.

2006 kam dann der Still Young auf den Markt, dem 2007 der Almost There folgte. Zusammen gaben diese drei Committee-Abfüllungen den Interessierten die seltene Möglichkeit, die Auswirkungen längerer Lagerzeiten auf einen Whisky eines einzigen Brennjahres zu beobachten. Der „Peaty Path to Maturity" gipfelte 2008 in der zehn Jahre alten Variante Renaissance.

Bill Lumsden sagt, das „grundlegende Ziel war vom Very Young bis hin zum Renaissance der Wunsch, unseren treuen Anhängern die Gelegenheit zu geben zu sehen, daß wir zwar versuchten, ‚unseren' Ten-Year-Old so köstlich wie möglich zu machen, aber gleichzeitig auch ganz dicht am traditionellen Ten-Year-Old zu bleiben. Außerdem stellten wir eine Reihe von herkömmlichen Weisheiten in Frage, vor allem die ganze Altersdiskussion, und konnten zeigen, daß ‚Jugend' auch ihr Gutes haben kann." **GS**

Verkostungsnotizen

Anfänglich recht getreidebetont in der Nase. Süß und intensiv glatt am Gaumen, wo man auch Zitrone spüren kann. Langer, torfiger Abgang mit Pfeffernoten.

Ardbeg Blasda

Glenmorangie Co. (LVMH) | www.ardbeg.com

Herstellungsregion und -land Islay, Schottland
Destillerie Ardbeg, Port Ellen, Argyll
Alkoholgehalt 40 Vol.-%
Whiskytyp Single Malt

Blasda ist der umstrittenste unter den neuen Single Malts von Ardbeg, die von Glenmorangie herausgebracht wurden. Er ist nur zu etwa einem Drittel so stark getorft wie die anderen Whiskys aus der Destillerie, so daß er manchmal als ‚Ardbeg Lite' geschmäht wird. Außerdem wird er im Gegensatz zu den meisten Ardbegs kaltfiltriert. Die Kritiker behaupten, dadurch würden Geschmacksnuancen beseitigt und vor allem die Textur des Whiskys im Mund beeinträchtigt.

Echte Ardbeg-Fans neigen dazu, leidenschaftlich und wortreich zu ihrem Lieblings-Malt zu stehen. Sie stellt der Blasda – das gälische Wort für „süß und köstlich" – vor ein Rätsel, weil er ihrer Meinung nach weder Fisch noch Fleisch ist: nicht ungetorft, aber auch nicht mit dem typischen schweren Torf der Marke.

„Diese Abfüllung wurde etwas mißverstanden", beklagt sich der Meisterbrenner Bill Lumsden. „Der Markendirektor Hamish Torrie und ich haben sie als verspielte kleine Frechheit auf den Markt gebracht. Wir wollten den Konsumenten vor allem Gelegenheit geben, die fruchtigen und blumigen Geschmackskomponenten kennenzulernen, die Ardbeg auch bietet, und ihnen zeigen, daß sich bei ihm nicht alles nur um Torf dreht. Wir wollten damit auf keinen Fall neue Käufer gewinnen, sondern den alten Fans eine weiter Facette in der Persönlichkeit des Ardbeg vorstellen." **GS**

Verkostungsnotizen

Leichte und sanft torfige Nase mit einem Hauch Zitrone. Der Körper ist weniger ölig und rund als viele Ardbegs. Süßer Torf und Dosenpfirsiche am Gaumen.

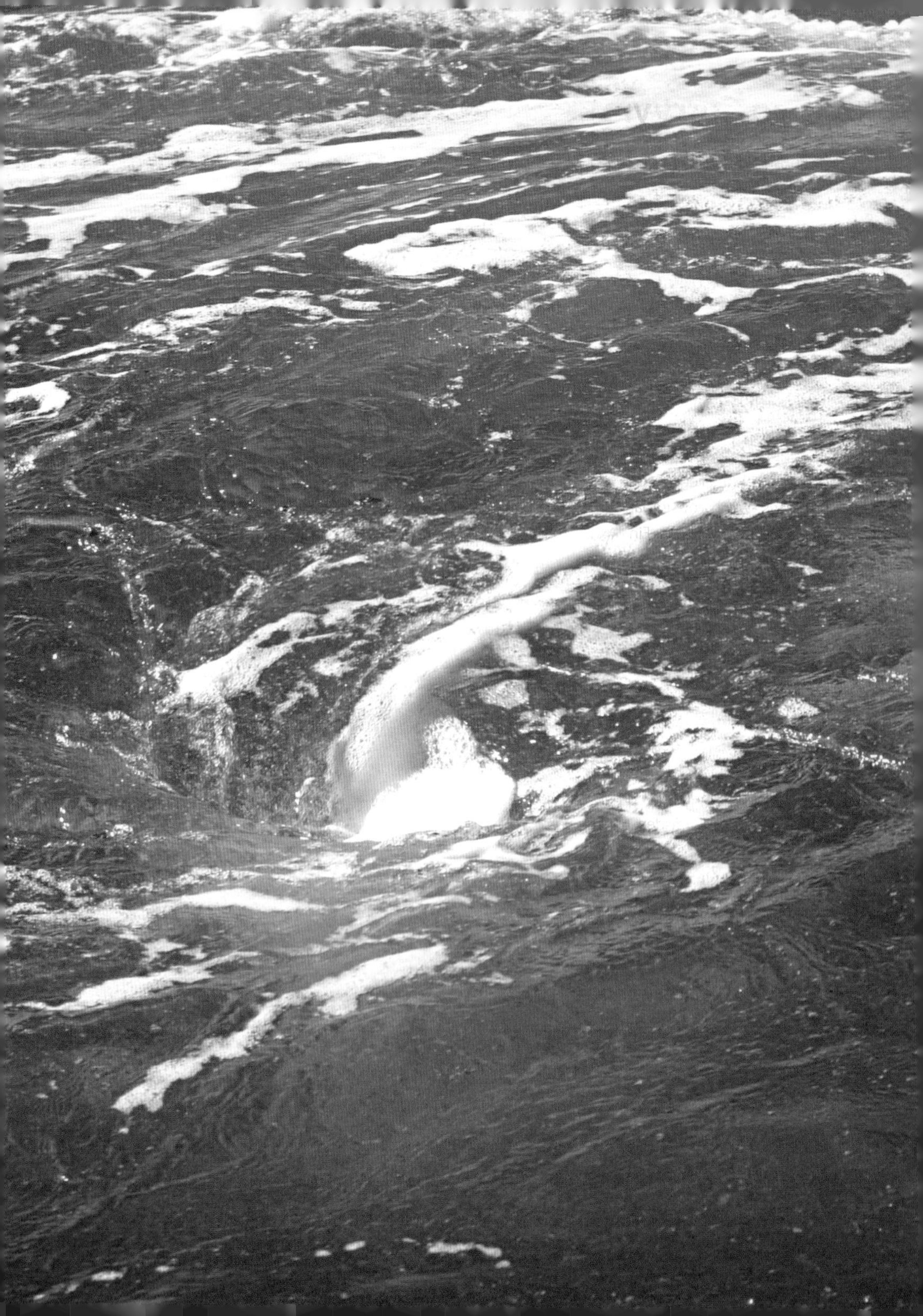

Ardbeg Corryvreckan

Glenmorangie Co. (LVMH) | www.ardbeg.com

Herstellungsregion und -land Islay, Schottland
Destillerie Ardbeg, Port Ellen, Argyll
Alkoholgehalt 51,7 Vol.-%
Whiskytyp Single Malt

Corryvreckan gehört zu einer Reihe von neuen Abfüllungen, die Ardbeg 2008 herausbrachte. Er ist nach dem drittgrößten Meeresstrudel der Welt benannt, der vor der Küste der Insel Jura liegt. George Orwell, der Verfasser des Romans „1984", lebte im Jahr 1946 auf Jura, während er an dem Buch arbeitete. Ein Bootsausflug, den er gemeinsam mit seinem Sohn im Golf von Corryvreckan unternahm, endete damals fast in einer Katastrophe. Wie mehrere andere Abfüllungen wurde dieser Single Malt zuerst exklusiv für die 50 000 Mitglieder des Ardbeg Committee produziert, einer internationalen Gemeinschaft von Ardbeg-Aficionados. Später wurde er dann allerdings doch allgemein zugänglich gemacht. Der Corryvreckan gehört mit dem 10-Year-Old und dem Uigeadail zu den Standardabfüllungen der Marke und trägt keine Altersangabe.

Brennmeister Bill Lumsden erklärt: „Der Corryvreckan war die beste Möglichkeit, Brände zu nutzen, die ich in neue Fässer aus französischer Eiche eingelagert hatte. Es ist kein Geheimnis, daß Corryvreckan die Lücke gefüllt hat, die dadurch entstand, daß die Vorräte der 1990er Whiskys zur Neige gingen, die für Airigh Nam Beist verwendet wurden.

Das Herz des Corryvreckan besteht aus Bränden der Jahre 1998 bis 2000 und einigen etwas jüngeren ‚klassischen' Ardbegs. Die Lagerung in französischen Eichenfässern führte zu starken Teer-, Gewürz- und Ledernoten, die ich zu intensiv fand, um sie auf Flaschen zu ziehen. Deshalb habe ich die Fässer sporadisch mit neuem Whisky aufgefüllt, um Corryvreckan als Teil des Grundsortiments beibehalten zu können." **GS**

Verkostungsnotizen

Klassische Nase aus Torfrauch, Teer, Medizinschränkchen und frisch umgegrabener Erde mit subtilen Orangentönen, Ingwer und Pfirsichen. Am Gaumen seidig, mit süßen Torfnoten, Haselnüssen, Zitronen und Salz. Langer, pfeffriger Abgang mit einer Spur von Rotwein.

Ardbeg Kildalton

Glenmorangie Co. (LVMH) | www.ardbeg.com

Herstellungsregion und -land Islay, Schottland
Destillerie Ardbeg, Port Ellen, Argyll
Alkoholgehalt 57,6 Vol.-%
Whiskytyp Single Malt

Der Kildalton erschien 2004 in einer begrenzten Auflage von nur 1300 Flaschen. Gebrannt worden war er 1980, zu einer Zeit, als bei Ardbeg sehr viel mit dem Torfen experimentiert wurde. Es mag heute, da schwer getorfte Whiskys überaus modisch sind, eigenartig anmuten, aber in den 1970er und 1980er Jahren hatten die Islay-Malts einen schweren Stand, und als Komponenten von Blends waren schon geringe Mengen ausreichend, um die gewünschten Torfnoten einzubringen.

Dementsprechend wurden unter der Ägide von Hiram Walker (von 1977 bis 1987, als Ardbeg von Allied Lyons übernommen wurde) gering getorfte Destillate produziert, in der Annahme, davon größere Mengen auf dem Markt für Blends plazieren und die Brennerei auf Dauer so besser auslasten zu können.

Der Name Kildalton wurde für den leicht getorften Whisky gewählt, weil die Kirchengemeinde, in der die Destillerie Ardbeg liegt, so heißt. Bill Lumsden stellt fest, der Kildalton sei „nicht vollkommen ungetorft gewesen, aber verdammt nah dran. Wenn man annimmt, daß eine ‚normale' Flaschenabfüllung des Ardbeg etwa 25 bis 30 ppm Phenol enthält (etwa die Hälfte dessen, was ursprünglich in der gemälzten Gerste vorliegt), dann hatte der Kildalton etwa vier ppm Phenol."

Die Experimente mit leicht getorften Malts in der Art des Kildalton dauerten bei Ardbeg von 1978 bis Ende des Jahres 1980. In dieser Zeit wurden Whiskys aus Malz gebrannt, der aus einer Reihe unterschiedlicher Quellen stammte, und die Torfung wurde von dem für Ardbeg üblichen extrem hohen Wert bis hinab zu überhaupt nicht variiert. **GS**

Verkostungsnotizen

Duftig und blumig in der Nase, nussig mit Kiefern-, Zitronen- und Azetontönen als Ausgleich für die diskrete Vanille. Am Gaumen ölig mit Malz, Orangen und wieder Vanille. Lebhafter Abgang mit Lakritze, Trinkschokolade, pfeffrigem Torf und einem Hauch Rotwein.

Ardbeg Lord of the Isles 25-Year-Old

Glenmorangie Co. (LVMH) | www.ardbeg.com

Herstellungsregion und -land Islay, Schottland
Destillerie Ardbeg, Port Ellen, Argyll
Alkoholgehalt 46 Vol.-%
Whiskytyp Single Malt

Der Ardbeg Lord of the Isles erschien zuerst 2001. Sein Name bezieht sich auf die Häuptlinge, die von Wikingern und Gälen abstammten und im Mittelalter in den westlichen Highlands und auf den Inseln der Hebriden unermeßliche Macht ausübten. Ardbegs Markendirektor Hamish Torrie verweist darauf, daß ihnen „der Begriff Lord of the Isles als Markenzeichen gehörte, und wenn man so etwas Unverkennbares besitzt, dann muß man es einfach auch verwenden!"

Obwohl der Whisky als 25 Jahre alter Single Malt beworben und vermarktet wird, stammen die meisten der verwendeten Destillate aus der Mitte der 1970er Jahre, so daß er tatsächlich deutlich älter als 30 Jahre ist. Brennmeister Bill Lumsden sagt: „Es hat seit einigen Jahren keine dieser Abfüllungen mehr gegeben, aber ich kann bestätigen, daß die letzten in der Tat deutlich älter als 25 Jahre waren."

Des weiteren führt er aus: „Für den Lord of the Isles haben wir einige unserer zarteren Whiskys verwendet, und die Leute haben ihn geliebt. Wenn wir bei Veranstaltungen eine Flasche davon geöffnet haben, sammelte sich eine Traube von Menschen, um ihn zu verkosten. Manche von ihnen wollten sogar die leere Flasche mitnehmen! Ich glaube, der zarte Geschmack war vor allem darauf zurückzuführen, daß bei älteren getorften Whiskys die Rauchnoten durch den Einfluß der Eiche abgemildert werden."

Viele Kenner halten diesen komplexen und ausgewogenen Whisky für einen der größten Ardbegs. Es wird zunehmend schwieriger, ihn auf dem freien Markt zu erwerben, aber die Suche lohnt sich auf jeden Fall. **GS**

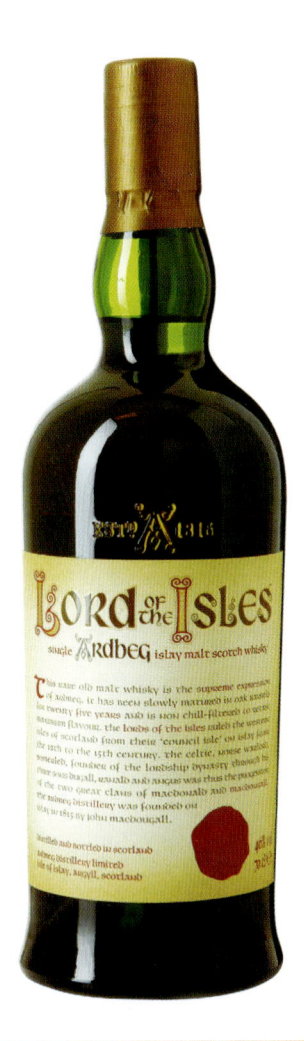

Verkostungsnotizen

Die Nase ist komplex und reichhaltig, mit Schwarzkirschen, Aprikosen und Milchschokolade sowie Honig und süßlichem Torf. Im Mund süß mit Vanille, Sahnekaramell, wieder Torf und einer Prise Salz. Langer, trockener Abgang mit Schokoladenvarianten.

Schottland

Ardbeg Renaissance

Glenmorangie Co. (LVMH) | www.ardbeg.com

Herstellungsregion und -land Islay, Schottland
Destillerie Ardbeg, Port Ellen, Argyll
Alkoholgehalt 56 Vol.-%
Whiskytyp Single Malt

2008 wurde die letzte Etappe auf Ardbegs sogenanntem „torfigem Weg zur Reife" erreicht, als der Renaissance auf den Markt kam. Der Malt war 1998 gebrannt worden und kam mit Faßstärke in die Flasche. Er war der Vorläufer des ‚normalen' 10-Year-Old, der später im gleichen Jahr mit einem etwas geringeren Alkoholgehalt von 46 Volumenprozent erschien. „Beim Renaissance wurde ein höherer Anteil an nur einmal verwendeten Bourbonfässern eingesetzt, als das zur Zeit bei der zehn Jahre alten Abfüllung möglich ist", erklärt Bill Lumsden.

Auf der Renaissance-Flasche steht stolz: „Wir sind angekommen!" Der Name Renaissance war durchaus treffend, da die Abfüllung dieses zehn Jahre alten Whiskys unter der Regie von Glenmorangie ein deutliches Zeichen im Hinblick darauf setzte, daß die Destillerie in sichere Gefilde zurückgekehrt war. Vor der Übernahme durch Glenmorangie hatte die Brennerei mehrmals pausiert, bevor die Besitzer Allied Distillers sie 1996 vollkommen schlossen und zum Verkauf anboten. Glenmorangie kaufte Ardbeg für sieben Millionen Pfund Sterling einschließlich fünfeinhalb Millionen Pfund für die eingelagerten Whiskys und nahm im Juni 1997 die Produktion wieder auf. Seitdem wurde sie nur für Instandhaltungsarbeiten und ähnliches unterbrochen.

„Nach unserer Übernahme von Ardbeg führten wir sofort ein deutlich überlegenes Faßregime ein, das zweifelsohne zur einer entscheidenden Qualitätssteigerung beigetragen hat," sagt Bill Lumsden. „Die Destillation wurde nach unseren Vorstellungen gestaltet, aber im wesentlichen versuchen wir, den klassischen Ardbeg-Stil wiederzuerwecken." **GS**

Verkostungsnotizen

Süßer Torf, Marzipan und blumige Noten in der Nase, später gefolgt von Gewürzen und etwas Salz. Am Gaumen groß, voll Körper, süß und fruchtig mit Ingwer und würzigem Torf. Im langen Abgang Nachklänge von Früchten, Torf und Gewürzen.

Ardbeg Rollercoaster

Glenmorangie Co. (LVMH) | www.ardbeg.com

Herstellungsregion und -land Islay, Schottland
Destillerie Ardbeg, Port Ellen, Argyll
Alkoholgehalt 57,3 Vol.-%
Whiskytyp Single Malt

Rollercoaster kam 2010 zusammen mit Supernova auf den Markt. Es war eine Jubiläumsgabe zum zehnjährigen Bestehen des Ardbeg Committee und wurde nur an die Mitglieder dieses Fanclubs ausgegeben. Es ist ein junger Ardbeg, ideal geeignet für Anhänger der frecheren, jüngeren und weniger ‚gut erzogenen' Islay-Single-Malts.

Mickey Heads, Geschäftsführer der Destillerie und Vorsitzender des Ardbeg Committee, erzählt die Geschichte hinter dem Namen „Achterbahn": „Wir fanden, ‚Rollercoaster' brächte das aufregende Auf und Ab gut zum Ausdruck, das wir in den letzten zehn Jahren bei Ardbeg durchgemacht haben, in denen wir die Brennerei wieder zum Leben erweckten. Der Whisky selbst besteht aus Destillaten jedes Jahrgangs seit der Wiedereröffnung der Destillerie im Jahr 1997 bis zum Jahr 2006 – letzterer war der jüngste Ardbeg, den wir dem Gesetz nach überhaupt abfüllen durften."

In dieser Abfüllung sind folgende Ardbeg-Whiskys vertreten: ein wiederverwendetes 1997er Faß; ein wiederverwendetes 1998er Hogshead-Faß; ein frisches 1999er Faß; ein frisches 2000er Faß; ein wiederverwendetes 2001er Faß; ein wiederverwendetes 2002er Faß; ein frisches 2003er Faß; ein frisches 2004er Faß; ein wiederverwendetes 2005er Sherryfaß; und schließlich ein wiederverwendetes 2006er Hogshead-Faß. Das sind also zehn verschiedene Fässer aus zehn verschiedenen Jahren.

Zur Einführung gab es großes Marketing-Getöse, was natürlich bei manchen Verkostern auch zu Enttäuschungen führte. Aber es lohnt sich auf jeden Fall, einmal die „Achterbahn" zu besteigen, um sich ein eigenes Bild zu machen. **GS**

Verkostungsnotizen

Eine energische, aber komplexe Nase aus Druckerschwärze, süßem Torf, Lagerfeuerrauch, Kiefern, Räucherhering und feuchtem Tweed, dann eher butterig. Am Gaumen buttrig-glatt mit intensiven Frucht-, Torf- und Gewürznoten. Langer, torfiger Abgang.

Ardbeg Supernova

Glenmorangie Co. (LVMH) | www.ardbeg.com

Herstellungsregion und -land Islay, Schottland
Destillerie Ardbeg, Port Ellen, Argyll
Alkoholgehalt 60,1 Vol.-%
Whiskytyp Single Malt

Der Ardbeg Supernova kam ursprünglich 2009 als limitierte Auflage heraus und ein Jahr später dann in den allgemeinen Verkauf. Er ist am entgegengesetzten Ende des Torfspektrums vom Blasda angesiedelt – hier finden sich unglaubliche 100 ppm Phenol. Man könnte den Supernova als Teil einer Bewegung sehen, in der jede Destillerie versucht, die Konkurrenz zu ‚übertorfen', aber Ardbeg weist den Vorwurf zurück, es sei nur um „mein Phenol ist höher als dein Phenol" gegangen.

Bill Lumsden sagt, es sei „wie beim Blasda einfach der Versuch, den Ardbeg-Fans etwas anderes zu bieten. Und in diesem Fall waren das noch mehr der mundfüllenden Torfaromen." Ardbeg hat hier einen bezwingenden Whisky geschaffen, von dem Lumsden sagt, er würde „jene, die ein außerirdisches Whiskyerlebnis suchen, sowohl entzücken als auch herausfordern. Mit den heißen, brutzelnden Gefühlen, die auf der Zunge prickeln und zerbersten und dem darauf folgenden kräftigen Schlag Torf ist dies eine weitere galaktische Aromaexplosion. Die Intensität der Geschmacksnoten zeigt Ardbeg auf dem Höhepunkt seiner Kraft, ohne die Vielschichtigkeit aufzugeben, die ihn zu einem so sensationellen Drink macht."

Die 3000 Flaschen der ersten Edition waren in 112 Minuten ausverkauft und machten den Supernova zum am schnellsten verkauften Whisky in der 196jährigen Geschichte von Ardbeg. **GS**

Verkostungsnotizen

Vordergründiger nasser Erdboden, Torfrauch, Teer und Harz in der Nase. Am Gaumen Gewürze, Tabak, Meersalz und Zitrusfrüchte. Langer Abgang mit Ingwer.

Ardbeg Uigeadail

Glenmorangie Co. (LVMH) | www.ardbeg.com

Herstellungsregion und -land Islay, Schottland
Destillerie Ardbeg, Port Ellen, Argyll
Alkoholgehalt 54,2 Vol.-%
Whiskytyp Single Malt

Der Ardbeg Uigeadail wurde 2003 als Ergänzung in Faßstärke zur vorhandenen Produktpalette vorgestellt. Der gälische Name bedeutet in etwa „dunkler und geheimnisvoller Ort". So heißt auch einer der Seen, die der Destillerie das typische torfige Wasser liefern, das für die Whiskyherstellung verwendet wird.

Uigeadail trägt keine Altersangabe, enthält aber einen Teil an recht jungem Whisky, der unter der Regie von Glenmorangie in Ardbeg gebrannt und in ehemaligen Bourbonfässern ausgebaut wurde. Hinzu kommen ältere Destillate aus Sherryfässern, die Glenmorangie bei der Übernahme 1997 vorgefunden hatte.

Bill Lumsden erinnert sich an die Ursprünge des Uigeadail, und in dem Zusammenhang an eine Bemerkung des leider verstorbenen Spirituosenjournalisten Michael Jackson bei der Vorstellung des Ardbeg Lord of the Isles im Jahr 2001. „Michael kam zu mir und sagte: ‚Das ist ja sehr schön, Bill, aber ich mag meine Ardbegs lieber trübe und dreckig.'"

Und weiter: „Der Uigeadail war die Antwort darauf, aber ich wollte etwas kreieren, das sich von unsere anderen Ardbegs unterschied. Meist hat er 35 bis 45 Prozent Whisky aus Sherryfässern und einen Anteil an Bourbonfässern. Die Fässer, in denen Oloroso-Sherry verschifft wurde – das Beste, was zu bekommen ist –, tragen die üppigen, süßen Nuß- und Rosinenaromen bei." **GS**

Verkostungsnotizen

Frisch und maritim in der Nase, mit Heide-, Vanille-, Marzipan-, Torfrauch- und Salzbutteraromen. Voller Körper, ölig mit malziger Süße. Komplex und erfüllend.

Beeindruckender Mittelpunkt einer Ardbeg-Vorstellung 2006.

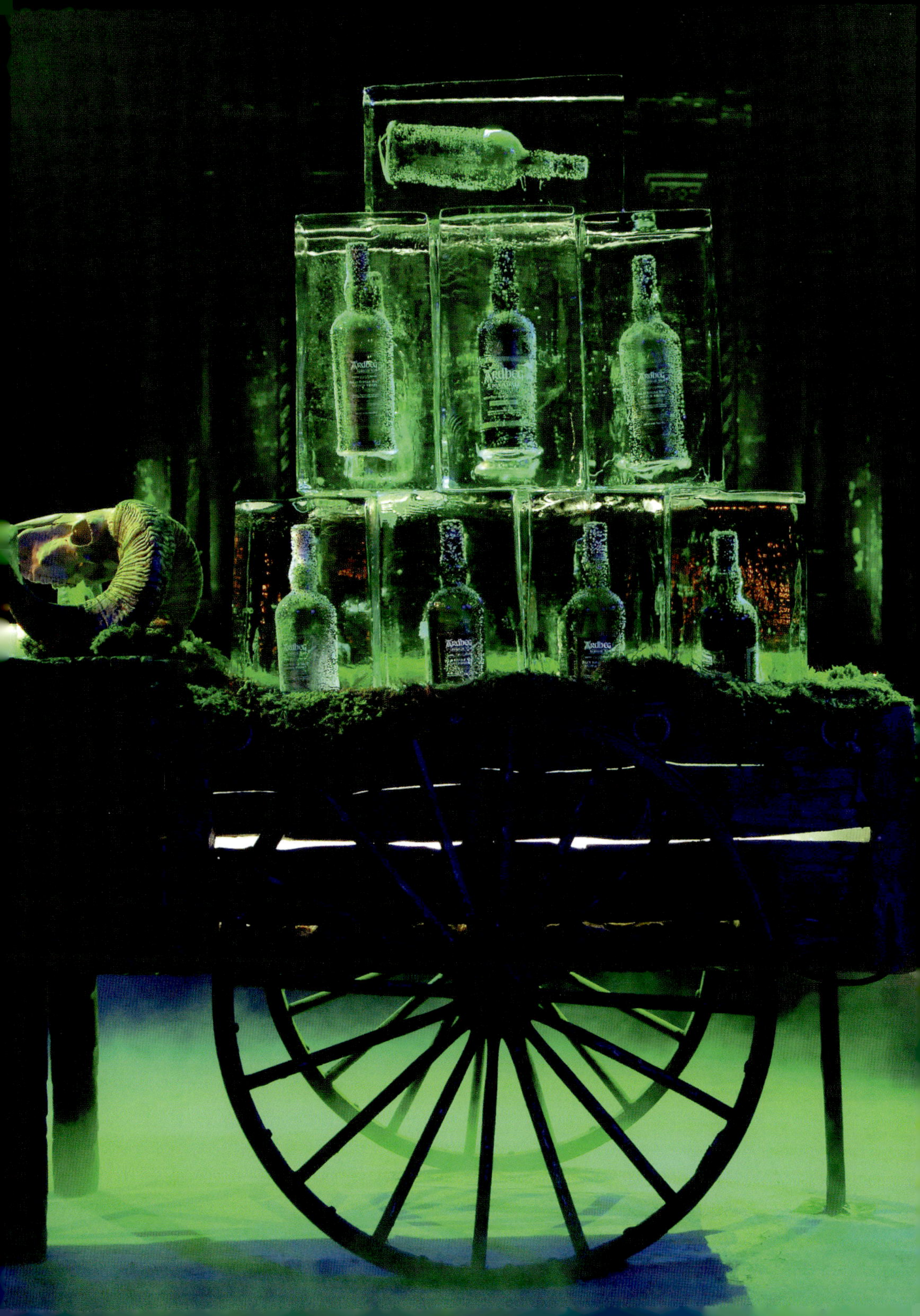
Ardbeg
Ardbeg
Ardbeg
Ardbeg
Ardbeg

Ardmore 25-Year-Old

Beam Global | www.ardmorewhisky.com

Herstellungsregion und -land Highlands, Schottland
Destillerie Ardmore, Huntly, Aberdeenshire
Alkoholgehalt 51,4 Vol.-%
Whiskytyp Single Malt

Obwohl Ardmore große Mengen Whisky für den Verschnittmarkt herstellt, ist das Team dort sehr stolz auf die Geschichte der Destillerie. Alte Gehaltsabrechnungen, Reklameposter und Fotos der Mitarbeiter werden liebevoll aufbewahrt, und in den oberen Stockwerken befinden sich alte Maschinen, die andernorts schon lange dem Recycling zugeführt worden sind. Eine Tour durch die Brennerei ist wie eine Zeitreise, man meint fast zu spüren, wie die Mitarbeiter hofften, eines Tages das Publikum in den Räumen begrüßen zu dürfen und deshalb schon alles bereithielten.

Falls man Gelegenheit hat, diese Destillerie zu besichtigen, sollte man sie nutzen. Man bekommt dabei Einsichten in die Herstellung von Whisky in der Vergangenheit, und es wird einem deutlich, daß heute die besten Methoden von einst immer noch angewendet werden. Am wichtigsten für den Whiskyliebhaber ist jedoch, daß zumindest ein Teil der Produktion zurückgehalten wurde und zu einem schönen Alter heranreifen durfte. Andererseits gibt es nur wenige Destillerien, in denen so viel experimentiert wird, und es gibt eine Vielzahl ungewöhnlicher Fässer, in denen aus den hervorragenden Grunddestillaten Überraschendes entsteht. Es ist zu hoffen, daß man in der Zukunft einige sehr ausgefallene Abfüllungen aus der Brennerei sehen wird – falls sie es durch die rigorosen Verkostungen schaffen, auf die das Team zur Qualitätskontrolle besteht.

Der Ardmore 25-Year-Old wird mit Faßstärke abgefüllt und bietet einen ganz andersartigen, aber sehr angenehmen Blick auf Ardmore. **DR**

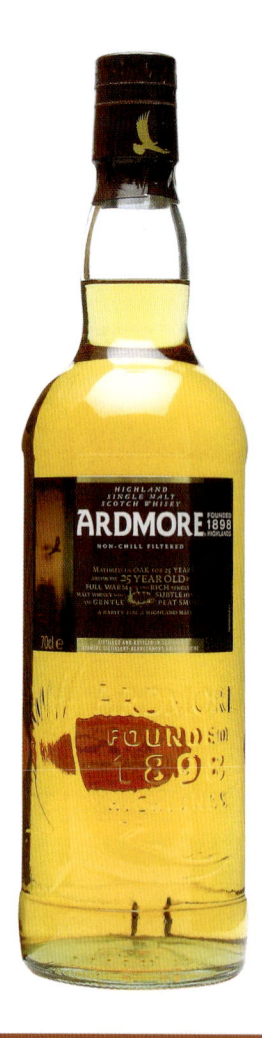

Verkostungsnotizen

Ein überraschend zarter und süßer Malt mit sauberer, süßer Gerste, Ananaskonfekt und Gewürzen. Weniger herzhaft als der Traditional; aber eine großzügige Dosis Torf stellt sicher, daß er nicht in die Nähe eines Speysiders gerät. Der Torf hält sich bis in den Abgang.

Ardmore 1992 Single Malts of Schottland 19-YO

Speciality Drinks | www.thewhiskyexchange.com

Herstellungsregion und -land Highlands, Schottland
Destillerie Ardmore, Huntly, Aberdeenshire
Alkoholgehalt 49,3 Vol.-%
Whiskytyp Single Malt

Whisky-Autoren sollten keine Lieblinge haben. So wie Eltern ihre Kinder alle gleich behandeln sollten, so sollte der Whisky-Kritiker sich nicht in Diskussionen darüber verwickeln lassen, welches sein liebster Whisky ist. Meist wird er sowieso antworten, es käme auf die Gelegenheit an und er habe verschiedene Lieblinge aus unterschiedlichen Ländern. Für den Verfasser dieser Zeilen nimmt Ardmore dennoch eine ganz besondere Rolle ein.

Ardmore ist ein verborgener Schatz *par excellence*. Die Brennerei in den Highlands liefert vor allem Whisky für die Marke Teacher's, hat aber in den letzten Jahren begonnen, sich einen eignen Namen zu machen. Unter Kennern hat sie immer eine treue Gefolgschaft gehabt.

Meist ist Ardmore jedoch ein Name, der keinen hohen Wiedererkennungswert hat. Anziehend wird er dadurch, daß sich die Mitarbeiter der Destillerie vom Geschäftsführer abwärts alle mit Leidenschaft ihrer Aufgabe widmen und jedem Kunden das Gefühl geben, willkommen zu sein. Die Brennerei ist im besten Wortsinn traditionell und ein in sich faszinierender Ort, in dem Besucher es immer genießen herumzustöbern.

Es gibt dort Lagerhäuser, in denen der Eigner (früher Allied Domecq, dann Jim Beam Global, heute Suntory) mit neuen Geschmacksrichtungen und Stilen experimentiert. Es gibt ungewöhnliche Faß-Finishs, von denen viele nie das Licht des Tages erblicken werden, und kleinere Quarter Casks, die sich in der Ardmore-Traditional-Abfüllung als ungeheuer erfolgreich erwiesen haben

Der Ardmore 1992 ist ein großartiger Whisky, der voller Überraschungen steckt und die Mühe definitiv lohnt, die es vielleicht macht, ihn zu bekommen. **DR**

Verkostungsnotizen

Schmutzig, erdig und herzhaft an der Nase, am Gaumen jedoch ein echter Leckerbissen mit viel Malz, tiefen Torftönen und harzigem Holz. Durchdrungen von einer Schärfe, wie sie nur ein Highland-Whisky zeigen kann. Langer, schöner Abgang.

Ardmore 100th Anniversary

Beam Global | www.ardmorewhisky.com

Herstellungsregion und -land Highlands, Schottland
Destillerie Ardmore, Huntly, Aberdeenshire
Alkoholgehalt 40 Vol.-%
Whiskytyp Single Malt

Die Verbindung von Ardmore mit dem weltbekannten Blend Teacher's reicht bis zu den Anfängen der Destillerie zurück. Sie wurde 1898 zu Füßen der Grampian Mountains von Adam Teacher gegründet, dem Sohn des Teacher's-Gründers WIlliam Teacher. Adam Teacher starb jedoch, bevor die Produktion in der Brennerei aufgenommen werden konnte, und man wandte sich an GlenDronach um Hilfe. So begann die besondere Beziehung dieser beiden Destillerien und der Marke Teacher's.

Diese Beziehung endete, als Allied Domecq aufgespalten wurde und GlenDronach zuerst an Pernod Ricard (wo man sie weitgehend ignorierte, da sie als überflüssig galt) und dann an Billie Walker und das BenRiach-Team ging, die sie liebevoll umhegten. Aber das ist eine andere Geschichte ...

Ardmore brannte 1899 den ersten Whisky, und diese 21 Jahre alte Abfüllung kam 1999 zum hundertjährigen Jubiläum heraus. Es ist erstaunlich, daß man ihn überhaupt noch bekommt, vor allem angesichts seines wunderbar rauchigen Geschmacks. Man kann ihn allerdings noch in der Destillerie selbst und bei einigen Spezialhändlern erhalten.

Der Ardmore 100th Anniversary wird mit 40 Volumenprozent abgefüllt. Sein traditionelles und unaufgeregtes Etikett hebt sich deutlich von den vielen aufdringlichen Beispielen ab, die man heute sieht. Es gibt aber den Geist der Destillerie wieder und ist wie diese ein Stück des historischen Erbes. Wenn man also die Gelegenheit bekommen sollte, eine Flasche zu erstehen, ist es ratsam, sofort zuzuschlagen – die Preise steigen und die Vorräte nehmen ab. **DR**

Verkostungsnotizen

Mit etwas weniger Körper und ohne die Vorteile der intensiven Reifung des Traditional oder des höheren Alters des 25-Year-Old ist dies ein zarter, sanfter, süßer Ardmore, an dem es kaum etwas auszusetzen gibt. Der Torf ist überall und stets zu vernehmen.

Ardmore Traditional

Beam Global | www.ardmorewhisky.com

Herstellungsregion und -land Highlands, Schottland
Destillerie Ardmore, Huntly, Aberdeenshire
Alkoholgehalt 46 Vol.-%
Whiskytyp Single Malt

80 bis 90 Prozent des weltweit verkauften Scotch sind Blends. So mag es kaum überraschen, daß viele Malts fast ausschließlich ihren Weg in Verschnitte finden und selten einzeln auf Flaschen gezogen werden. Es gibt jedoch wichtige Ausnahmen, zu denen auch die Whiskys von Ardmore gehören.

Ardmore ist eine große Destillerie in den Highlands, die den wichtigsten Malt für den Teacher's liefert. Bis vor kurzem hatten ihre Single Malts nur unter Kennern einen Namen. Als vor einigen Jahren das Spirituosen-Imperium Allied Domecq auseinanderbrach, gingen sowohl Teacher's als auch Ardmore, aber auch der Islay Laphroaig in den Besitz von Beam Global über. Zufälligerweise waren die beiden Malts auch die einzigen im Allied-Domecq-Portfolio, die auf traditionelle Weise in den kleineren *Quarter Casks* reiften.

Das Team von Allied hatte die Malts wiederbeleben wollen, die aus einer Zeit stammten, in der man kleinere Fässer verwendete, die auch von Ponys getragen werden konnten. Diese kleinen Fässer führten zu einer schnelleren Reifung, und meist wurde der Whisky durch die Holznoten dominiert. Bei den schwereren, torfigeren Malts von Ardmore und Laphroaig ergaben die kleinen Fässer jedoch außergewöhnliche Whiskys.

Ardmore ist nicht so torfbetont wie Laphroaig, aber es ist ein voller und üppiger Highland-Whisky. Er wird zuerst in Bourbonfässern gelagert und für die abschließende Reifung dann in *Quarter Casks* umgefüllt. Mit dem sehr annehmbaren Preis und überaus viel Geschmack steht er am Anfang von etwas, das sich zu einer der großen Erfolgsgeschichten des Whiskys entwickeln könnte. **DR**

Verkostungsnotizen

Ein tobender Strudel von Malz mit Obertönen aus Pökelfleisch, Oliven und süß Eingelegtem über einem öligen Herzen aus Sahnekaramell und Vanille. Wenn man sich in ihn verliebt, bleibt er einem ein Leben lang treu. Exquisit.

Arran 10-Year-Old

Isle of Arran Distillers | www.arranwhisky.com

Herstellungsregion und -land Islands, Schottland
Destillerie Isle of Arran, Lochranza, Isle of Arran, North Ayrshire **Alkoholgehalt** 46 Vol.-%
Whiskytyp Single Malt

Mit der Gründung der Arran-Distillerie im Jahr 1995 erhielt die Insel Arran jenseits des Firth of Clyde westlich des schottischen Festlands seit 150 Jahren erstmals wieder eine legale Whiskybrennerei.

Die zehn Jahre alte Variante des Arran kam 2006 auf den Markt. Der Geschäftsführer Euan Mitchell erklärt: „Wir konnten ihn nicht 2005 herausbringen, weil wir im ersten Jahr nicht genug produzierten. Wir benötigten die Destillate aus dem Jahr 1996. Es war das erste Mal, daß wir eine Altersangabe auf der Flasche hatten, deshalb war es uns sehr wichtig.

Es gab gewisse Vorbehalte gegenüber unseren Whiskys ohne Altersangabe. Die Leute glaubten, Arran sei ein junger Whisky, weil die Destillerie nicht sehr alt war. Wenn sie ihn dann probierten, waren sie angenehm überrascht. Der 10-Year-Old führte dann sogar zu höheren Erwartungen!"

Der Arran 10-Year-Old reift zu ungefähr 70 Prozent in wiederverwendeten Sherryfässern, den Rest machen ehemalige Bourbonfässer und neue Sherryfässer aus. „Mit zehn Jahren zeigt er mehr süße Früchte mit Beiklängen von Backäpfeln und braunem Zucker," sagt Mitchell. „Die schärferen Zitrusnoten verschwinden, und die Süße rundet sich ab."

Die zehn Jahre alte Abfüllung sieht Mitchell als den „Anfang eines Standardsortiments, das es erlaubt, uns unter gleichen Bedingungen mit den Mitbewerbern zu messen. Wir haben viel Zeit damit verbracht, die Qualität unserer Whiskys sicherzustellen, und der 10-Year-Old gibt uns das Gefühl, daß wir in Bezug auf Alter und Güte dort angekommen sind, wo wir hin wollten." **GS**

Verkostungsnotizen

Feigen, Zitrusnoten und Sahnekaramell in der Nase. Am Gaumen komplex, elegant und voller Anmut, aber mit vollem Körper. Kräutergemisch, Haselnüsse und Spuren von Vanillefondant. Mittellanger Abgang mit recht süßen und malzigen Noten, später dann Nussiges.

Arran 12-Year-Old

Isle of Arran Distillers | www.arranwhisky.com

Herstellungsregion und -land Islands, Schottland
Destillerie Isle of Arran, Lochranza, Isle of Arran, North Ayrshire **Alkoholgehalt** 46 Vol.-%
Whiskytyp Single Malt

Zwei Jahre, nachdem sie mit dem Arran 10-Year-Old ihren erste Single Malt herausgegeben hatte, bot die Arran-Destillerie 2008 eine zwölf Jahre alte Abfüllung an. Allerdings war nie geplant, auf Dauer sowohl die zehn- als auch die zwölfjährige Variante des gleichen Whiskys zur gleichen Zeit anzubieten. Euan Mitchell, der Geschäftsführer, erklärt: „Wir meinten, sie seien dafür vom Alter her zu dicht beieinander. Wir wollten eher testen, ob der 12-Year-Old richtig gut ankam. In dem Fall hätten wir den 10-Year-Old leise verschwinden lassen. Der Zwölfjährige machte sich zwar gut, aber die Kunden hatten offensichtlich wirklich etwas für den Zehnjährigen übrig. Der Arran 10-Year-Old verkaufte sich weiterhin besser, und von den Besuchern der Destillerie erfuhren wir, daß ihn die meisten dem Arran 12-Year-Old vorzogen."

Der Arran 12-Year-Old zeigt einen sehr viel deutlicheren Sherryeinfluß als sein jüngeres Geschwistergetränk. Das liegt vor allem daran, daß er aus wiederverwendeten Sherryfässern und frischen Bourbonfässern in neue Olorosofässer umgefüllt worden war. Das Finish in diesen Sherryfässern dauerte etwa neun Monate.

„Den zusätzlichen Sherryeinfluß fanden manche Kunden angenehm, andere hatten jedoch das Gefühl, wir hätten die subtilen Nuancen des Arran dadurch verloren", stellt Mitchell fest. „Wie haben dem 10- und dem 12-Year-Old gewissermaßen freien Lauf gegeben und der natürlichen Auslese überlassen, welcher sich durchsetzt. Dann sahen wir uns die Entwicklung an und beschlossen, den Zwölfer auf vierzehn zu bringen und dann schließlich, wenn das Lager es hergibt, mit einem achtzehn Jahre alten Arran auf den Markt zu gehen." **GS**

Verkostungsnotizen

Blumig, süß und würzig in der Nase, mit einem Hauch altem Leder. Im Mund süß und honigartig mit Karamell, Nüssen und Malz, die sich schön mit Aprikosen- und Zitrusnoten mischen. Mittellanger bis langer Abgang, der Sherry, Gewürze und schließlich Leder zeigt.

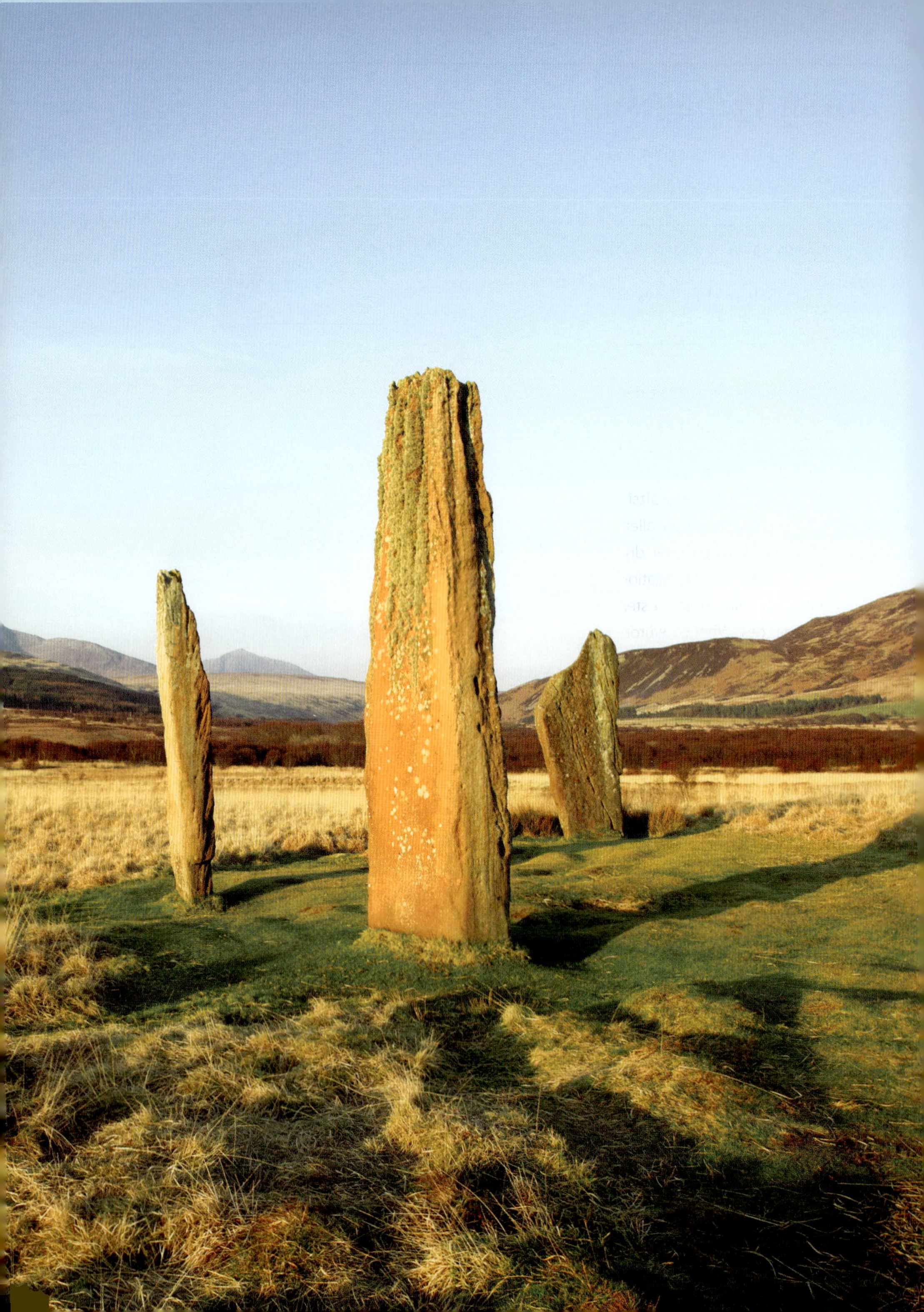

Arran 14-Year-Old

Isle of Arran Distillers | www.arranwhisky.com

Herstellungsregion und -land Islands, Schottland
Destillerie Isle of Arran, Lochranza, Isle of Arran, North Ayrshire **Alkoholgehalt** 46 Vol.-%
Whiskytyp Single Malt

Der vierzehnjährige Single Malt der Arran-Destillerie erschien 2010. Bei ihm war der Sherryeinfluß, der bei der zwölfjährigen Variante des Jahres 2008 so vorgeherrscht hatte, deutlich gedämpft.

Euan Mitchell. der Geschäftsführer von Arran, erklärt, daß „unsere Bestände vor allem in Sherryfässern lagerten, die zum zweiten oder dritten Mal verwendet wurden. Der Leiter der Destillation drang darauf, den Bourboneinfluß beim Arran zu steigern. Er meinte, der Alkoholgehalt des Whiskys würde durch den Sherry etwas abgedeckt, und wir hatten einige sehr gute in Bourbonfässern gereifte Brände verkostet. Wir füllten seit einiger Zeit sehr viel neu gebrannten Whisky in Bourbonfässer ab, so daß dies immer unser maßgeblicher Hausstil sein würde."

Der Arran 14-Year-Old erwies sich als klassischer fruchtiger Arran mit Tiefe und Resonanz. Euan Mitchell sagt dazu: „Für den 14-Year-Old füllten wir Whisky einige Jahre lang in frische Bourbonfässer um, so daß der würzige Vanilleton sehr viel deutlicher durchkommt. Der natürliche Fortschritt ist vom 10- zum 14-Year-Old deutlicher als er es zum 12-Year-Old war. Wir liefern Arran inzwischen auch nach China und können dort den Zehnjährigen absetzen, aber nicht den Vierzehnjährigen, weil in China vier keine Glückszahl ist. Acht ist dagegen eine ausgesprochene Glückszahl, und wenn wir beim 12-Year-Old geblieben wären, wäre es gut gegangen!"

Es gibt keine Pläne für eine acht Jahre alte Variante, aber seit 2014 umfaßt das Sortiment 10-, 14- und 18-Year-Old Single Malts. **GS**

Verkostungsnotizen

In der Nase sehr duftreich und parfümiert, mit Pfirsich, Branntwein und Ingwerlikör sowie Vanille und Eiche. Am Gaumen glatt und sahnig, würzige Sommerfrüchte, Aprikosen und Haselnüsse. Der nachhallende Abgang würzig, langsam trockener, mit einem Hauch Salz.

Der Steinkreis von Machrie Moor erscheint auf dem Etikett des 14-Year-Old.

Arran Amarone Cask Finish

Isle of Arran Distillers | www.arranwhisky.com

Herstellungsregion und -land Islands, Schottland
Destillerie Isle of Arran, Lochranza, Isle of Arran, North Ayrshire **Alkoholgehalt** 50 Vol.-%
Whiskytyp Single Malt

Da das Faß-Finish eine solch wichtige Rolle bei der Entwicklung des Arrans als Single-Malt-Marke gespielt hat, überrascht es kaum, daß es auch ein Trio von ausgefalleneren Finishs gibt. Zu ihnen gehört der Amarone, der nach acht Jahren in Bourbonfässern für abschließende neun Monate in 225-Liter-Barriques umgefüllt wird, in denen zuvor der gleichnamige Rotwein aus der Nähe von Verona gereift ist.

Euan Mitchell bemerkt dazu: „Dies war ein Finish, das sehr gut funktionierte. Er schmeckte nicht einfach wie ein Arran aus einem Rotweinfaß, das Ganze war entschieden mehr als die Summe der Teile. Für einen Finish wird der Whisky meist sechs bis neun Monate im Faß gelagert, manchmal bis zu zwölf Monate. Wir gehen beim Amarone- wie beim Port-Finish von sechs bis neun Monaten aus. Nach sechs Monaten nimmt James MacTaggart [der Leiter der Destillation bei Arran] Proben und überwacht sorgfältig die weitere Entwicklung, weil es immer einen Punkt gibt, an dem es ‚kippt' und man plötzlich etwas vom typischen Charakter der Destillerie verliert."

Wie zu erwarten, werden nur traditionelle Destillationsmethoden eingesetzt, einschließlich hölzerner Gärfässer von Brown & Sons in Dufftown und eigenen Brennblasen aus Kupfer. Die Destillerie behauptet, das Wasser aus dem nahe gelegenen Loch na Davier sei das „reinste in ganz Schottland", aber natürlich sind es die Amaronefässer, die dem Whisky eine Rotfärbung verleihen, die ihn von der Menge abhebt. Wie viele der Single Malts von Arran wird auch diese Variante nicht kaltgefiltriert, man sollte also nicht überrascht sein, falls sich der Glasinhalt eintrübt, wenn man Wasser zugibt. **GS**

Verkostungsnotizen

Duftige Nase mit deutlichem Rotweineinfluß und Zimt-, Pfeffer-, Pflaumen- und Himbeeraromen. Hinter der großen Wein-‚Front' am Gaumen ein recht direkter Whisky, der an Trester, Eiche, Fondant und Gewürze erinnert. Mittellanger Abgang mit Gewürznelken.

Arran Icons of Arran "Peacock" 1996

Isle of Arran Distillers | www.arranwhisky.com

Herstellungsregion und -land Islands, Schottland
Destillerie Isle of Arran, Lochranza, Isle of Arran, North Ayrshire **Alkoholgehalt** 46 Vol.-%
Whiskytyp Single Malt

Die Serie „Icons of Arran" gehörte mit der Entwicklung einer annehmbaren Reihe von älteren Whiskys zur Langzeitstrategie der Firma Isle of Arran Distillers. Mit den Icons wollte die Brennerei Aufmerksamkeit auf einzigartige Elemente der Insel Arran lenken und die Tatsache betonen, daß sie die einzige Brennerei auf der Insel ist.

„Peacock" war der Spitzname der ersten Ausgabe in dieser Serie, die 2009 auf den Markt kam. Er rührt daher, daß sich auf dem Gelände der Brennerei immer Pfauen aufhielten. Euan Mitchell erläutert: „Wir wollten unseren Whisky genauso stolz herzeigen, wie ein Pfau seine Schwanzfedern zur Schau stellt." Der Peacock ging in einer überaus prächtigen und auffälligen Verpackung in den Handel, die insgesamt 6000 Flaschen stammten aus Fässern des Jahrgangs 1996, von denen 13 zuvor Bourbon, sieben dagegen Sherry enthalten hatten.

Mitchell sagt dazu: „Als die Planung für den Peacock fast beendet war, gab es nur noch einen Pfau auf dem Gelände der Destillerie, und der sprang auf den Lastwagen, der Treber abtransportierte. Er wurde uns zwar zurückgebracht, starb jedoch kurz danach. Wir haben bald einen Nachfolger angesiedelt, der sich aber noch nicht eingewöhnt hat und den Leuten in Lochranza die Pflanzen aus den Gärten wegfrißt!"

Nach dem Erfolg des Peacock wurde die Serie „Icons of Arran" 2010 mit dem Rowan Tree (Vogelbeerbaum) und 2011 mit dem Westie fortgesetzt. Letzterer erhielt seinen Namen zu Ehren des West Highland Terriers von Destillationmanager James MacTaggart, der eigentlich auf den Namen Ruaraidh hört. Die Abfüllungen in der Serie „Icons of Arran" sind alle zwölf Jahre alt. **GS**

Verkostungsnotizen

Eine sanfte und ansprechende Nase mit Honig, Vanille, reifen Orangen, Apfelkompott und Kokosnuß. Am Gaumen süß, mit Malz sowie Orange und Apfel, Vanille, Gewürzen und einem Hauch Eiche. Der mittellange Abgang ist bis zum Ende süß. Raffiniert und rund.

Arran Machrie Moor

Isle of Arran Distillers | www.arranwhisky.com

Herstellungsregion und -land Islands, Schottland
Destillerie Isle of Arran, Lochranza, Isle of Arran, North Ayrshire **Alkoholgehalt** 46 Vol.-%
Whiskytyp Single Malt

In der jüngeren Vergangenheit haben eine Reihe von Destillerien, die man normalerweise nicht mit torfigen Single Malts in Verbindung bringt, getorfte Varianten ihre Whiskys auf den Markt gebracht. Ein prominentes Beispiel ist diese limitierte Ausgabe von 9000 Flaschen, die Arran 2010 unter dem Namen Machrie Moor vorstellte. Machrie Moor ist ein Torfmoor an der Westküste der Insel Arran, auf dem sich mehrere Steinsetzungen aus der Bronzezeit finden.

Der Whisky wurde 2004 und 2005 gebrannt und bis auf 14 ppm getorft. Der Geschäftsführer Euan Mitchell sagt dazu: „2004 haben wir zum ersten Mal einen getorften Arran hergestellt, und seitdem sind jedes Jahr kleine Mengen entstanden. Ursprünglich waren es nur 10 000 Liter pro Jahr, aber 2010 haben wir die Menge verdoppelt und planen, auf diesem Niveau weiterzuproduzieren." Der Torfgehalt wurde in der Zwischenzeit ebenfalls gesteigert, da sich die Torfung als populär erwies. „Wir sind von anfänglich 14 auf inzwischen 20 ppm gegangen."

Mitchell ist sich der Tatsache bewußt, daß der Grad der Torfung bei schottischen Single Malts immer leidenschaftlich diskutiert wird, und weist darauf hin, das Wesen des Arran werde durch die Verwendung getorften Malzes nicht verändert, sondern unterstützt. „Wir haben uns absichtlich für eine mittlere Torfung entschieden, um sicherzustellen, daß der Charakter des Arran nicht ausgelöscht wird. Im Gegensatz zu den Produkten anderer Hersteller – ich nenne hier keine Namen! –, die auf dem Altar des Torfrauchs alle anderen Geschmacksnuancen geopfert haben, ist Machrie Moor ein klassischer Arran, der nur etwas mit dem torfigen Schwanz wedelt." **GS**

Verkostungsnotizen

Nussiger Torf, würziges Malz und Zitrone in der leicht herzhaften Nase, mit Spuren von Karamell und Vanille. Am Gaumen lebhaft mit viel Zitrusfrüchten. Der Rauch entwickelt sich gleichmäßig, mit Gewürzen, Nüssen und Schokolade, bis zum langen, würzigen Abgang.

Arran Madeira Cask Finish

Isle of Arran Distillers | www.arranwhisky.com

Herstellungsregion und -land Islands, Schottland
Destillerie Isle of Arran, Lochranza, Isle of Arran, North Ayrshire **Alkoholgehalt** 50 Vol.-%
Whiskytyp Single Malt

Das Cask Finishing oder „die zweite Reifelagerung" ist als Verfahren bei Aficionados des Scotch Whisky umstritten. Anhänger beteuern, es erlaube den Brennern, neue Facetten ihres Single Malts zum Vorschein zu bringen, Gegner behaupten, allzuoft diene es nur dazu, einen schlechten oder nichtssagenden Whisky aufzuwerten.

Wie einige andere ‚junge' Destillerien entschied sich auch Arran für das Cask Finishing und brachte 2003 die ersten solchen Whiskys auf den Markt. „Das Verfahren war für uns damals sehr wichtig," stellt der Geschäftsführer Euan Mitchell fest. „Die Marke wurde dadurch auch für viele Menschen interessant, die Arran sonst vielleicht für zu jung gehalten hätten, um ihn ernst zu nehmen."

Ein solches Cask Finish wurde 2008 in Flaschen abgefüllt, nachdem es in Madeirafässern gelagert worden war. Die Wahl fiel auf Madeira, weil dies eine der ‚traditionelleren' und auch oft für das Finishing eingesetzte Faßarten ist. „Vorher hatten wir einige recht exotische Fässer verwendet," sagt Mitchell. „Madeira funktionierte wirklich sehr gut. Wenn Port geeignet ist, ist es nur logisch, daß Madeira zum Stil der Destillerie ebenfalls passt."

In den Eichenbarriques waren fünf Jahre lang auf der portugiesischen Insel Madeira jeweils 225 Liter Wein ausgebaut worden, bevor die leeren Fässer nach Schottland gebracht wurden. Der Arran Malt, der acht Jahre in konventionellen Fässern gereift war, wurde für eine Nachreifung von zehn Monaten in die Barriques gegeben So entstanden 5760 Flaschen eines Whiskys, den die Brenner als einen „sensationellen Single Malt mit üppigem, nachdenklichen Charakter" beschreiben. **GS**

Verkostungsnotizen

Die Nase ist üppig und einladend, zeigt Weihnachts- und Orangenaromen. Voller Körper, im Mund Belag bildend, deutlich süß, durch ganz leichte Zitrussäure ausbalanciert. Mittellanger Abgang mit Zitrustönen, Sahnekaramell und gemischten Gewürzen.

Arran Original

Isle of Arran Distillers | www.arranwhisky.com

Herstellungsregion und -land Islands, Schottland
Destillerie Isle of Arran, Lochranza, Isle of Arran, North Ayrshire **Alkoholgehalt** 43 Vol.-%
Whiskytyp Single Malt

Der Arran Original enthält vor allem fünf Jahre alte und einige ältere Whiskys, die alle in ehemaligen Bourbonfässern gereift sind. Er entstand ursprünglich für den französischen Markt und zielt heute auf den Mengenabsatz durch Supermarktketten in ganz Kontinentaleuropa.

Der Geschäftsführer Euan Mitchell charakterisiert ihn so: „In einem solchen Alter ist der Arran leicht und tendiert zu Zitrus-, Apfel- und Limettennoten und Zitronenbrausepulver. Es ist ein eingängiger Whisky, und der Name Original verweist darauf, daß er an die ersten Abfüllungen der Destillerie erinnert, als sie fünf Jahre alt waren."

Die Arran-Destillerie steht in Lochranza im Norden der malerischen Insel, deren Namen sie trägt. Arran liegt zwischen dem Firth of Clyd und den Kilbrannan Sound an der schottischen Westküste. Ihren Betrieb nahm die Destillerie im Sommer 1995 auf, nachdem die Tradition der Whiskybrennerei auf der Insel seit mehr als anderthalb Jahrhunderten erloschen war. Die Gründung war eine Idee des ehemaligen Geschäftsführers von Chivas Brothers, Harold Currie.

1996 wurde ein einjähriges Destillat auf den Markt gebracht, um die Kunstfertigkeit der Destillateure unter Beweis zu stellen, und dreijähriger Single Malt von Arran wurde für den Lochranza Blend verwendet. Euan Mitchell berichtet: „Die erste Single-Cask-Abfüllung kam 1999 mit vier Jahren auf den Markt, und im Jahr 2000 kam dann der vier- und fünfjährige Arran Malt hinzu." **GS**

Verkostungsnotizen

Leichte, frische und fruchtige Nase mit Zitronen und Limetten und Spuren süßer Äpfel. Gerste und Heu am eher schlichten Gaumen. Anklänge an Kekse und Vanille neben jugendlichen Eichentönen. Sauberer und recht kurzer Abgang.

Arran Port Cask Finish

Isle of Arran Distillers | www.arranwhisky.com

Herstellungsregion und -land Islands, Schottland
Destillerie Isle of Arran, Lochranza, Isle of Arran, North Ayrshire **Alkoholgehalt** 50 Vol.-%
Whiskytyp Single Malt

Fast jede Destillerie, die sich das Konzept des Cask Finishing zu eigen gemacht hat, hat irgendwann eine Variante aus dem Portweinfaß hergestellt. Euan Mitchell erklärt: „Wir haben uns für Portwein als einen unserer drei Standard-Finishs entschieden, weil der auch Menschen anspricht, die Finishs sonst eher ablehnen." Portwein wird ausschließlich im portugiesischen Douro-Tal produziert. Tawny Ports werden aus roten Trauben gekeltert und reifen im Solera-Verfahren, bei dem die Weine unterschiedlicher Jahrgänge miteinander gemischt werden. Typisch für diesen Dessertwein, der mitteltrocken, aber auch süß sein kann, ist sein nussiger Geschmack.

In der Vergangenheit, als Isle of Arran Distillers mit vielen verschiedenen Arten des Cask Finishing experimentierte, wurde diese „sekundäre Reifung" in Fässern vorgenommen, in denen zuvor entweder spanischer Lepanto-PX-Brandy und Montepulciano d`Abruzzo „Villa Gemma" oder Marsala, Château-Margaux- und Pomerol-Bordeaux, Tokaier und Rum gelagert worden war.

Die Destillerie konzentriert sich inzwischen darauf, sich mit hochwertigen alten Single Malts einen Namen zu machen, man sollte also damit rechnen, daß es in Zukunft auf diesem Gebiet weniger Experimente geben wird. Ob das Arran-Team der Versuchung wird widerstehen können, gelegentlich Einzelfässer mit besonders faszinierenden Geschmacksvarianten aufzulegen, ist eine andere Frage. **GS**

Verkostungsnotizen

In der üppigen, kräftigen Nase Vanille, Trockenfrüchte, Haselnüsse und Mandarinen sowie aufkeimende Honig- und Fondantnoten. Im Mund würzig und zäh mit Getreide, Apfelkuchen mit Zimt und reifen Pflaumen. Langer, süßer und würziger Abgang.

Spirit Still
4300 Litres

Arran St. Emilion Cask Finish

Isle of Arran Distillers | www.arranwhisky.com

Herstellungsregion und -land Islands, Schottland
Destillerie Isle of Arran, Lochranza, Isle of Arran, North Ayrshire **Alkoholgehalt** 50 Vol.-%
Whiskytyp Single Malt

Im Jahr 2008 brachte die Arran-Destillerie vier Cask Finishs auf den Markt, darunter auch einen, der in Fässern aus dem Weingut Château Fonplégade nahe St. Emilion im Bordeaux nachgereift war. Château Fonplégade produziert einen Grand Cru Classé, der zwei Jahre in neuen Fässern aus französischer Eiche ausgebaut wird. Der Geschäftsführer bei Arran, Euan Mitchell, berichtet: „Da dies ein etwas sanfterer Bordeaux ist, beherrscht er das Destillat von Arran nicht." Das Finishing dauerte zwölf Monate und lieferte 6636 Flaschen. Mitchell stellt fest, die „neuen Geschmacksnoten, die unserem Malt durch diese Fässer zugefügt wurden, bilden mit dem eigenen Charakter unseres Whiskys eine perfekte Harmonie."

Er fügt hinzu: „Einige Jahre hindurch haben wir bis zu sechs Finishs pro Jahr aufgelegt, danach haben wir noch vier Jahre lang jeweils vier Finishs auf den Markt gebracht. Das Programm war differenzierter. Einige dieser Ausgaben bestanden aus 1200 bis 2000 Flaschen, in der jüngeren Vergangenheit sind es meist bis zu 6000. Jede dieser Varianten war schon vor der Abfüllung vollkommen ausverkauft, es gab also gute Gründe weiterzumachen. Es erlaubte uns als junger Marke, unser Angebot deutlich auszuweiten. Wir kauften die Fässer direkt an der Quelle, und jedes Finish hatte seine Geschichte." **GS**

Verkostungsnotizen

Eine faszinierende Nase mit Eiche, Orange, reifen Pflaumen, Maraschinokirschen und einem Hauch Milchschokolade. Voller Körper, am Gaumen lebhaft.

Arran Sauternes Cask Finish

Isle of Arran Distillers | www.arranwhisky.com

Herstellungsregion und -land Islands, Schottland
Destillerie Isle of Arran, Lochranza, Isle of Arran, North Ayrshire **Alkoholgehalt** 50 Vol.-%
Whiskytyp Single Malt

Neben Amarone und Portwein ist Sauternes der dritte Cask Finish, der dauerhaft im Programm von Arran zu finden ist. Sauternes ist ein weißer Süßwein aus dem Sauternais im südwestfranzösichen Bordeaux. „Wir versuchen dafür zu sorgen, daß diese drei Varianten immer verfügbar sind, es gibt jedoch manchmal Lücken zwischen den Chargen," erklärt der Geschäftsführer Euan Mitchell, und fügt hinzu: „Der St. Emilion ist ein weißer Süßwein, und viele der süßen Noten im Arran werden durch die Sauternesfässer hervorgehoben. Bei allen Fässern, die wir beziehen, achten wir darauf, kleine, qualitätsbewußte Lieferanten zu finden, die das gleiche Produktethos wie wir haben. Stilistisch ist der Sauternes ein echter Kontrast zu den Finishs mit Amarone und Portwein."

Mitchell erinnert sich an die Frühzeit der Brennerei: „Unseren ersten Finish legten wir in Calvadosfässern auf. Der Whisky war etwa sechs Jahre alt, und wir entschieden uns hauptsächlich um des Experimentierens willen für Calvados. Manchmal meinten Verkoster, im jungen Arran einen Hauch von Calvados zu vernehmen, also schien die Verwendung von Calvadosfässern logisch."

Zu den ungewöhnlicheren Finishs gehörten auch einer in deutschen Spätburgunderfässern und einer mit Champagner-Charakter. **GS**

Verkostungsnotizen

In der Nase grasig, mit Zitrone, Melone und einem süßen Marzipanton sowie Nüssen und Gewürzen. Am Gaumen Apfel-Tarte, Honig und Vanille.

Eine der Brennblasen in der 1995 eröffneten Destillerie Isle of Arran.

Auchentoshan 12-Year-Old

Morrison Bowmore Distillers (Suntory) | www.auchentoshan.com

Herstellungsregion und -land Lowlands, Schottland
Destillerie Auchentoshan, Dalmuir, Dunbartonshire
Alkoholgehalt 40 Vol.-%
Whiskytyp Single Malt

Es mag kaum überraschen, daß in der Whisky-Branche viel über die Vorteile der Dreifachdestillation diskutiert wird, und daß die Meinungen oft durch den Arbeitgeber oder durch das Herkunftsland des Betreffenden bestimmt sind. Die Iren werden meist mit missionarischem Eifer den dritten Durchgang preisen, während Schotten kaum – oder keine – Vorteile in dem Verfahren erkennen.

Eines kann man mit Sicherheit sagen: Das Endprodukt hat einen höheren Alkoholgehalt als nach einer doppelten Destillation: etwa 80 oder mehr Volumenprozent gegenüber 68 Prozent. Aber wie sich das auf den Geschmack auswirkt, ist wieder eine Frage des Standpunkts. Auf jeden Fall verbleiben bei der doppelten Destillation mehr Fuselöle im Whisky, und ein Teil des Geschmacks ist auf diese Fuselöle zurückzuführen. Durch die Dreifachdestillation produziert man also ein Getränk, das je nach Standpunkt „weniger Geschmack hat" oder „feiner ist".

Man stimmt meist darin überein, daß es eine gewisse Affinität zwischen Whisky und Sherryfässern gibt, bei der Dreifachdestillation ist die Beziehung jedoch komplizierter. In diesem Fall hat der Auchentoshan den Sherry sehr gut angenommen, er ist wirklich eine gute Ergänzung des Destillats, und die Verflechtung der Geschmacksnoten kommt herrlich zur Geltung.

Der Auchentoshan 12-Year-Old ist ein würdiger Nachfolger des einst sehr beliebten 10-Year-Old. Die zwei zusätzlichen Jahre im Faß runden den Geschmack ab und ergeben ein komplexeres Getränk. Es gibt jedoch Hinweise auf eine gewissen Variabilität bei der Rauchigkeit einzelner Flaschen. **PM**

Verkostungsnotizen

Anfänglich süß, dann machen sich aber Limettentöne bemerkbar. Der Sherry unterstützt den Alkohol trefflich. Frisches grünes Gras und süße Obstnoten am Gaumen. Merkwürdigerweise bekommt dem Whisky auch ein einzelner Eiswürfel gut.

Auchentoshan 18-Year-Old

Morrison Bowmore Distillers (Suntory) | www.auchentoshan.com

Herstellungsregion und -land Lowlands, Schottland
Destillerie Auchentoshan, Dalmuir, Dunbartonshire
Alkoholgehalt 43 Vol.-%
Whiskytyp Single Malt

Es ist ein merkwürdig Ding mit der Zeit. Einst stand die Auchentoshan-Destillerie auf fruchtbarem Ackerland an den Ufern des Flusses Clyde. Glasgow war nicht fern, es gab also eine Vielzahl von potentiellen Kunden für den Whisky der Brennerei.

Heute hat Glasgow fast die gesamte Landschaft in der Umgebung verschlungen, und die Zeit war zu den Lowland-Brennern nicht sehr freundlich. Auch wenn hier mehr Menschen wohnen als je zuvor, gibt es doch weniger Destillerien – in der jüngeren Vergangenheit gingen die Feuer in fünf Brennereien aus. Noch Mitte der 1990er Jahre sah es so aus, als ob Auchentoshan das gleiche Schicksal beschieden wäre wie Interleven, Littlemill, Kinclaith, St. Magdalene und Rosebank.

Die Zeit hat auch noch andere Auswirkungen auf Auchentoshan gehabt. Mit steigender Produktion mußte ein größerer Anteil auf Lager gelegt werden, um in Zukunft ältere Varianten herausbringen zu können. Das wirkte sich negativ auf die finanzielle Liquidität aus. Whisky darf unter dieser Bezeichnung nur gehandelt werden, wenn er mindestens drei Jahre in Eichenholz gelagert wurde, aber oft sind es sieben oder gar zehn Jahre, bevor er auf Flaschen abgefüllt wird.

Dieser 18-Year-Old stammt aus den Sorgenzeiten bei Auchentoshan. Achtzehn Jahre sind eine lange Zeit für einen leichten, dreifach destillierten Whisky, aber die Reifung ist diesem sehr gut bekommen, er ist frisch und subtil. Die achtzehn Jahre verbrachte er in ehemaligen Bourbonfässern und wurde dann mit beachtlichen 43 Volumenprozent auf Flaschen gezogen. Er hat schon einige Preise bekommen, weitere kommen sicher hinzu. **PM**

Verkostungsnotizen

Eine bemerkenswerte, sehr angenehme Mischung aus leichten, fast blumigen Getreidenoten, gerösteten Pinienkernen und gutem Tabak. Die typische Zitronennote der Destillerie ist hier die einer dunklen Marmelade, und am Schluß wird es sehr schön pfeffrig.

Auchentoshan 21-Year-Old

Morrison Bowmore Distillers (Suntory)
www.auchentoshan.com

Herstellungsregion und -land Lowlands, Schottland
Destillerie Auchentoshan, Dalmuir, Dunbartonshire
Alkoholgehalt 43 Vol.-%
Whiskytyp Single Malt

Die Destillerie Auchentoshan weist viele Besonderheiten auf, nicht zuletzt einen Kühlwasservorrat, der in einem Krater aufbewahrt wird, der im 2. Weltkrieg von einer deutschen Bombe verursacht wurde.

Außerdem ist sie eine der wenigen schottischen Brennereien, die noch mit Dreifachdestillation arbeiten. In den Lowlands ist sie heute sogar die letzte, die das Verfahren noch anwendet. Der Einsatz einer dritten, mittleren Brennblase bei der Zubereitung von ungetorftem Malt – überwiegend in ehemaligen Bourbonfässern und Fässern, die einst Oloroso- oder Pedro-Ximinéz-Sherry enthielten gelagert – verleiht dem fertigen Produkt einen deutlich süßeren und feineren Geschmack als ihn viele Rivalen zu bieten haben.

Allerdings wären diese Merkmale, so ungewöhnlich sie auch sein mögen, kaum der Erwähnung wert, wenn die Single Malts von Auchentoshan nicht eine besondere, und für viele unübertroffene, Qualität aufweisen würden. Zu den von Experten geschätzten gehört diese limitierte Ausgabe. Die für ihre hohen Ansprüche bekannte *Jim Murray's Whisky Bible* ist des Lobes voll und nennt sie „eine der besten Lowland-Abfüllungen unserer Zeit. Ein nahezu fehlerloses Meisterwerk erstaunlicher Komplexität, das verdient mit Ehrfurcht betrachtet wird." **GL**

Verkostungsnotizen

Die Nase ist sanft, geschmeidig und gibt ein Aroma von trockenem Gras mit Honig- und Zitrusnoten ab. Der Abgang evoziert Aprikosenmarmelade auf Vollkorntoast.

Auchentoshan 200th Anniversary

Morrison Bowmore Distillers (Suntory)
www.auchentoshan.com

Herstellungsregion und -land Lowlands, Schottland
Destillerie Auchentoshan, Dalmuir, Dunbartonshire
Alkoholgehalt 57,5%
Whiskytyp Single Malt

Auchentoshan ist in mancher Hinsicht ein Sonderling unter den Destillerien. Eine der letzten Brennereien der Lowlands, gilt sie als die Hausdestillerie Glasgows, wenn man dort aber einen Passanten nach ihr fragt, sind die Chancen hoch, daß er noch nie von ihr gehört, geschweige denn sie besucht hat. Vielleicht stand sie etwas im Schatten des Schwesterunternehmens Bowmore auf Islay, das einen kräftigeren Whisky als den subtilen, abgerundeten, blumig-leichten Auchentoshan produzierte.

Das Schicksal der Destillerie hat sich unter der Leitung des japanischen Konzerns Suntory in der letzten Zeit zum Besseren gewendet. Das ist auf eine Reihe von besonders hochwertigen Abfüllungen zurückzuführen, darunter auch einige Single-Ausgaben, die neue Aspekte der Brennerei vor Augen führen. Zudem hat die Muttergesellschaft kräftig investiert, das Standardsortiment neu verpackt und die Zehnjahresvariante durch eine zwölfjährige ersetzt.

Diese Jubiläumsabfüllung enthält eine Reihe von älteren Auchentoshan-Whiskys. Wenn man Auchentoshan allgemein als leicht und blumig abtut, kann diese Ausgabe vielleicht zu einer Meinungsänderung beitragen. Bei seiner Einführung wurde er sehr wohlwollend aufgenommen. **DR**

Verkostungsnotizen

Die leichten, unangestrengten Noten von Vanille und gelben Früchten sind würzig. Das Malz ist üppig, sehr ölig und belegt den Mund.

Auchentoshan Classic

Morrison Bowmore Distillers (Suntory)
www.auchentoshan.com

Herstellungsregion und -land Lowlands, Schottland
Destillerie Auchentoshan, Dalmuir, Dunbartonshire
Alkoholgehalt 40 Vol.-%
Whiskytyp Single Malt

Auchentoshan ist die einzige Destillerie in Schottland, die jeden Tropfen ihrer Whiskys dreifach destilliert. Man weiß nicht genau, wie es dazu kam, da dieses Verfahren teurer und zeitaufwendiger ist. Es mag an den vielen irischen Arbeitern gelegen haben, die nach den Hungersnöten im späten 19. Jahrhundert in die Gegend von Glasgow kamen. Sie waren vermutlich an die dreifach destillierten irischen Whiskys gewöhnt, und wir wissen, daß die Destillierie bis Mitte des 19. Jahrhunderts nur über zwei Brennblasen verfügte. Vielleicht richtete man sich also einfach nach dem Geschmack der Kunden.

Die zusätzliche dritte Brennblase hat mehrere Folgen. Zum einen entsteht so ein leichterer, duftigerer Whisky, da er mehr Alkohol enthält. Der dreistufige Destillationsvorgang verläuft hier wie folgt: Das Destillat aus der ersten Brennblase hat 18 Volumenprozent, nach der mittleren Destillation dann 54 Prozent und nach der dritten Brennblase, der *spirit still*, schließlich 81 Prozent. Damit hat der Rohwhisky von Auchentoshan den höchsten Alkoholgehalt aller schottischen Destillerien.

Auchentoshan Classic ist der Hauptwhisky der Marke, und falls alles Gesagte ihn noch nicht genug von anderen abhebt: Er weist keine Spur Torf auf. Also ein Whisky für jene, die denken, Scotch schmecke immer gleich. **PM**

Verkostungsnotizen

Ein zarter, duftiger Whisky mit Andeutungen gerösteter Kokosnuß und einem Hauch Zitrus. Sehr sauber, erfrischend und zugänglich.

Auchentoshan Three Wood

Morrison Bowmore Distillers (Suntory)
www.auchentoshan.com

Herstellungsregion und -land Lowlands, Schottland
Destillerie Auchentoshan, Dalmuir, Dunbartonshire
Alkoholgehalt 43 Vol.-%
Whiskytyp Single Malt

Holz hat mehr Einfluß auf den Endgeschmack eines Whiskys als Gerste, Wasser und Hefe zusammen. Seine Auswirkungen sind sogar noch größer als die des Mälzens, Schrotens und Destillierens. In einem sauberen, torffreien Whisky wie dem Three Wood stammen bis zu 80 Prozent des Endgeschmacks von den Lagerfässern.

Bei dieser Variante des Auchentoshan reift der Whisky in Fässern aus amerikanischer Eiche, die einst Bourbon enthielten, und wird dann in Sherryfässer aus europäischer Eiche umgefüllt. Mit anderen Worten, der gereifte Whisky wird in Sherryfässern belassen, bis die Herren in den weißen Kitteln mit ihm zufrieden sind. Die Verwendung von Olorosofässern für die Lagerung von Whisky ist nichts Neues, aber interessant wird es hier durch die dritte verwendete Faßart: Auchentoshan hat sich entschlossen, Pedro-Ximénez-Fässer zu nutzen.

Pedro Ximénez ist ein dickflüssiger, geschmack- und alkoholreicher Wein, von dem dunklere Anklänge in diesem Whisky zu spüren sind, als man vielleicht erwarten würde. Die Nachfrage nach guten Sherryfässern ist viel höher als das Angebot, die Qualität eines Whiskys wie diesem hängt also stark von den verwendeten Fässern ab. Man erkennt die Güte an der sauberen Nase, die an kandierte Früchte und Weihnachtsgebäck erinnert. **PM**

Verkostungsnotizen

Eine würzige, festliche Nase. Reichlich Dörrobst und sogar Marzipan und ein Hauch Marshmallow. Ein sehr feiner Whisky, der hinten an der Zunge prickelt.

Auchentoshan Valinch

Morrison Bowmore Distillers (Suntory) | www.auchentoshan.com

Herstellungsregion und -land Lowlands, Schottland
Destillerie Auchentoshan, Dalmuir, Dunbartonshire
Alkoholgehalt 57,5 Vol.-%
Whiskytyp Single Malt

Manchmal sind die einfachen Ideen die besten. In diesem Fall hat man einfach den Auchentoshan Classic direkt aus dem Faß auf Flaschen abgefüllt. Manchmal ist weniger einfach mehr. Dem Whisky ist kein Karamell zugefügt worden, er ist nicht auf 40 Volumenprozent verwässert worden, man hat ihn nicht kaltfiltriert. Man hat ihn nur mechanisch filtriert (wer mag schon Holzsplitter vom Faß in seinem Glas) und einen Namen gegeben: Valinch. Was, wie wir natürlich alle wissen, die Metallpipette bezeichnet, mit der Proben aus dem Faß entnommen werden.

Whisky wird kaltfiltriert, damit er bei Kälte oder wenn man ihm Wasser oder Eis hinzufügt, nicht trübe wird. Die meisten verschnittenen schottischen Whiskys werden kaltfiltriert, und frustrierend viele Malts ebenso. Das Verfahren entfernt die die Trübung verursachenden Fettsäuren, aber diese sind es auch, die zu einem Teil des Geschmacks beitragen. Dies ist also ein Whisky für jene, die maximalen Geschmack, die eine extreme Version des Auchentoshan suchen.

Auchentoshan behauptet, dieser Whisky ginge auf Kundenwünsche zurück. Die Destillerie ist sich also wohl sicher, daß der Valinch nicht von Leuten gekauft werden wird, die ihn in den Kühlschrank stellen, Eis hineintun und sich dann beschweren, er sei „schlecht geworden", wenn er trübe wird.

Um auf Karamell zurückzukommen: Das wird hinzugefügt, um dem Whisky einer Marke eine gleichmäßige Farbe zu geben. Hier stammt die Farbe jedoch alleine von der Lagerung in Bourbonfässern. Da der Whisky in Faßstärke abgefüllt wird, sollte man einen Tropfen Wasser hinzufügen, um seine Schönheit zu erwecken. **PM**

Verkostungsnotizen

Dies ist ein cremiger, fast zitrusähnlicher Whisky – wie der Auchentoshan Classic, nur noch sauberer. Der Einfluß des Fasses ist nicht so deutlich, der Geschmack kommt also eher vom Destillat. Der klare, fast herbe Abgang ist wunderbar.

Auchroisk 10-Year-Old

Diageo | www.malts.com

Herstellungsregion und -land Speyside, Schottland
Destillerie Auchroisk, Mulben, Banffshire
Alkoholgehalt 43 Vol.-%
Whiskytyp Single Malt

Manche schottische Destillerien tragen einfache Namen, deren Aussprache keine Probleme bereitet, wie etwa Macallan. Andere erfordern etwas mehr Aufmerksamkeit, wie Glenfiddich. Und dann gibt es jene, die scheinbar nie richtig ausgesprochen werden und bei denen sich sogar die Einheimischen nicht einigen können. Dazu gehört Auchroisk. Zu den Vorschlägen gehören „Auchoisk", „Achrask" und „Athrusk". Bei einem solchen Destillerienamen schien es ziemlich klar, das der Whisky einen Namen tragen müßte, den die Kunden aussprechen können, und so kamen die Besitzer auf Singleton.

Inzwischen hat Auchroisk den Namen Singleton an drei andere Diageo-Destillerien abgeben müssen und nennt seinen Whisky wieder so wie die Brennerei. Der Wechsel wird vermutlich keinen Einfluß auf den Absatz haben, da dies einer der unbekanntesten schottischen Single Malts war und ist. Fast die gesamte Produktion der Destillerie wird zu Johnnie Walker oder einem der anderen großen Blends von Diageo verarbeitet. Die Größe der Brennerei (mit einem Jahresausstoß von über drei Millionen Litern) läßt sie dazu einen wichtigen Beitrag leisten.

Der Endgeschmack des Whiskys wird zum Teil schon während des Schrotens festgelegt. Wenn man sich für eine trübe Würze entscheidet, in der noch Schwebstoffe des Getreides vorhanden sind, bekommt man einen leicht nussigen Charakter. Genau das passiert beim Auchroisk. Zusammen mit einer Kombination aus kurzen (45 Stunden) und sehr langen (130 Stunden) Gärperioden entsteht so ein Whisky mit Süße und Tiefe. Der einzige Auchroisk Single Malt, den Diageo regelmäßig abfüllt, ist dieser 10-Year-Old aus der „Flora & Fauna"-Reihe. **IR**

Verkostungsnotizen

Eine Nase zum Verlieben: eine angenehme, etwas buttrige Mischung aus Honig und Sahnekaramell. Am Gaumen kommt das Getreide durch, man spürt aber auch Himbeeren. Der Abgang ist recht lang und süß. Ein sanftes Wiegenlied eines Abgangs mit leichter Würze.

Auchroisk
Managers' Choice

Diageo | www.malts.com

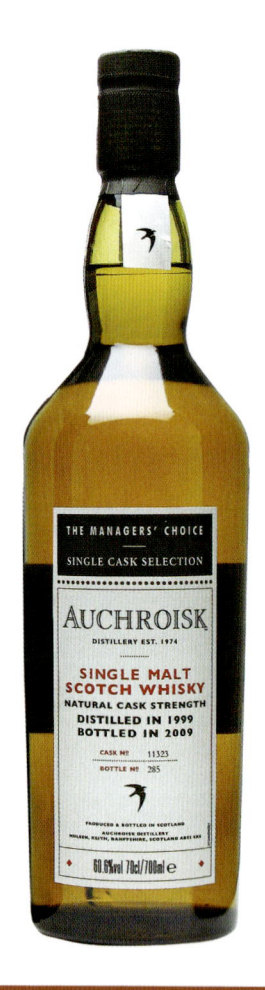

Herstellungsregion und -land Speyside, Schottland
Destillerie Auchroisk, Mulben, Banffshire
Alkoholgehalt 60,6 Vol.-%
Whiskytyp Single Malt

Auchroisk ist eine der jüngsten Destillerien in Schottland. Während die meisten anderen im 19. Jahrhundert entstanden, wurde sie erst 1974 gegründet. Der riesige Komplex zwischen Keith und Craigellachie kann bis zu 3 100 000 Liter Whisky im Jahr ausstoßen, wird aber auch als Lager und zum Verschneiden genutzt. In den zehn Lagerhäusern liegen 250 000 Fässer, von denen viele aus anderen Destillerien im Besitz von Diageo stammen. Vor einigen Jahren wurde nach dem Vorbild der geräumigen Brennerei mit ihren vier Brennblasenpaaren Diageos neuste Destillerie in Roseisle nahe dem Moray Firth in Speyside errichtet.

Es kommt nur sehr selten vor, daß Diageo eine Single-Cask-Abfüllung aus einer ihrer 28 schottischen Destillerien auf den Markt bringt. Im Herbst 2009 wurde jedoch eine ungewöhnliche Entscheidung bekanntgegeben: Aus jeder der Destillerien würde es binnen der nächsten zwölf Monate einen solchen Malt geben – bis auf Roseisle, dessen Erzeugnis noch nicht das vorgeschriebene Mindestalter von drei Jahren erreicht hatte.

Aus jeder Brennerei wurden drei Fässer ausgewählt, die von einem Verkostungsgremium beurteilt wurden. Eines der Fässer wurde dann als repräsentativ benannt. 2009 kam die Reihe an Auchroisk: die Wahl fiel auf ein ehemaliges Sherryfaß, das nur 642 Flaschen lieferte. Diese Abfüllung bot die seltene Gelegenheit, einen im Sherryfaß gereiften Auchroisk zu erwerben, da die Malts der Marke, die auf den Markt kommen, normalerweise in Bourbonfässern lagern. **IR**

Verkostungsnotizen

Reichlich Butterkaramell, man kommt sich fast wie im Bonbonladen vor. Bei Zugabe von Wasser öffnen sich grüne Noten (Gras und Wiesen) und säuerliche Orange. am Gaumen sehr kräftig und eher kräutrig als fruchtig. Langer und süßer Abgang. Beeindruckend.

Aultmore Provenance 13-Year-Old
Douglas of Drumlanrig Sherry Butt

Douglas Laing & Co. | www.douglaslaing.com

Herstellungsregion und -land Speyside, Schottland
Destillerie Aultmore, Keith, Banffshire
Alkoholgehalt 46 Vol.-%
Whiskytyp Single Malt

Das Äußere des Destilleriegebäudes hat zwar keine Schönheitspreise verdient, aber diese Abfüllung macht deutlich, daß im Inneren gezaubert wird. Der Großteil der Produktion geht als Teil der Blends von Dewar über den Atlantik. Es hat nur wenige offizielle Abfüllungen des Single Malt gegeben, von denen aber keine dieser Single-Cask-Variante aus dem Sherryfaß in Bezug auf den erstaunlichen, leichten und zundertrockenen Geschmack gleichkommt.

Die meisten Whiskys mit Sherrynote werden zuerst einige Jahre in Bourbonfässern gelagert, bevor sie für die Schlußreifung in Sherryfässer umgefüllt werden, aber dieser hat seine gesamte dreizehnjährige Reifezeit im Sherryholz verbracht, und das Ergebnis ist recht verblüffend. Die Untertöne von Holz und Vanille, die vom Bourbonfaß stammen, fehlen hier und werden durch eine knochentrockene, leicht salzige Komponente ersetzt. Dies ist kein Whisky, den man nach dem Essen zu einem üppigen Obstkuchen trinkt, wie so viele sherry-gereifte Whiskys, aber auch keiner, der den schwefligen Gummigeschmack zeigt, der sie so oft verdirbt. Stattdessen bekommt man ein sauberes, frisches Getränk, das man im Sommer mit einer herzhaften Speise genießen kann.

Eine oft unter Whisky-Freunden diskutierte Frage ist, ob man bei den Erzeugnissen bestimmter Destillerien in Küstennähe das Meersalz schmecken kann, und wie die Seeluft in die Fässer gelangen könnte. Aultmore liegt im Landesinneren, hier muß es also eine andere Erklärung geben. **AA**

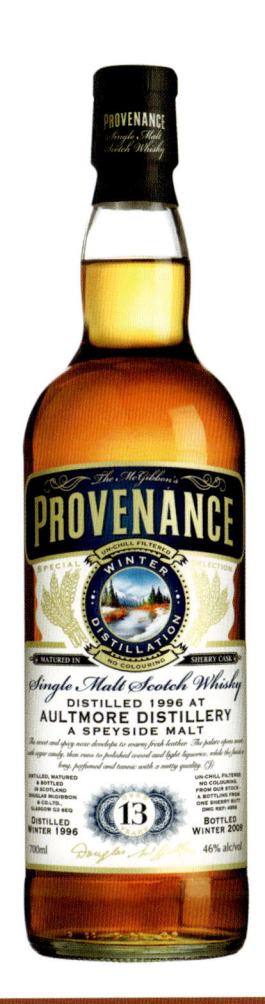

Verkostungsnotizen

Einzigartig – eine leicht blumige, salzige Nase weicht einem sehr trockenen, säuerlichen Geschmack, der an einen alkoholreichen Tio-Pepe-Sherry erinnert. Langer Abgang mit Tönen gesalzener Haselnüsse. Wirklich phantastisch, und mit Oliven ein guter Aperitif.

Bailie Nicol Jarvie

Glenmorangie & Co. (LVMH) | www.glenmorangie.com

Herstellungsregion und -land Schottland
Destillerien Verschiedene
Alkoholgehalt 40 Vol.-%
Whiskytyp Blend

Bailie Nicol Jarvie ist der Name einer Figur im Roman *Rob Roy* von Sir Walter Scott, und man kann einiges über den Whisky lernen, indem man den Roman liest. Dort ist Bailie Nicol Jarvie ein Gerichtsvollzieher aus Glasgow, der der Hauptfigur Frank Osbaldistone bei seiner Verfolgung eines Diebes durch die Highlands hilft. In vielen Hinsichten ist Bailie Nicol Jarvie Osbaldistones Ratgeber, der ihm in breitem schottischen Dialekt über seine Beziehung zu den Highlands berichtet, denen er sich einerseits verbunden fühlt, ohne eine gewisse Distanz zu leugnen. Vielleicht hat der Whisky, der seinen Namen trägt, einige dieser Eigenschaften, ist er doch in die schottische Geschichte eingebettet, stammt aber aus einer Handvoll unterschiedlicher Brennereien.

In einer bekannten Szene aus *Rob Roy* scheut Bailie Nicol Jarvie die Verwicklung in einen Schwertkampf und steckt stattdessen den Kilt seines Gegners in einer lästigen Auseinandersetzung in einer Kneipe mit einem glühenden Feuerhaken an. So kann man sich mit Geschicklichkeit und Geistesgegenwart auch gegen die überlegene Fechtkunst eines Gegners zur Wehr setzen.

Auf dem Etikett des Bailie Nicol Jarvie steht, der Whisky habe den höchsten Maltanteil aller schottischen Blends: Das Verhältnis soll 60 Prozent Single Malt zu 40 Prozent Getreidewhisky betragen. Die Single Malts stammen aus den Highlands, der Isle of Islay und der Speyside und werden mit dem Getreidebrand aus der Girvan-Destillerie in Ayrshire gemischt, bevor sie mindestens sechs Jahre im Faß reifen. Diese Methode, eine große Zahl von Malts aus einem recht kleinen Gebiet zu verschneiden, erklärt den Wohlgeschmack des Whiskys. **JH**

Verkostungsnotizen

Ein ausgewogener und geschmackvoller Blend mit leichtem Rauch- und Nußaroma. Üppige, tiefe Färbung, mit Sahnekaramell, Vanille und Birnen im Geschmack, unterlegt von zarten Malz- und Getreidetönen. Ein langer Abgang, der einen nach mehr dürsten läßt.

Balblair 2000

Inver House (International Beverage) | www.balblair.com

Herstellungsregion und -land Highlands, Schottland
Destillerie Balblair, Edderton, Tain, Ross-shire
Alkoholgehalt 43 Vol.-%
Whiskytyp Single Malt

Der Balblair 2000 wurde einem breiteren Publikum zuerst 2010 auf der Whisky Live in Paris vorgestellt, wo es sich sofort zu einem Hit entwickelte und zu einem Dauerliebling vieler Anhänger der gemütlichsten unter den Highlanddestillerien avancierte.

Trotz dieses Erfolges wurde der Balblair 2000 nicht zu einem Bestandteil des permanenten Sortiments. Die Eigenart solcher Jahrgangsabfüllungen liegt gerade darin, daß sie nicht ewig verfügbar sein können, wie groß der ursprüngliche Vorrat auch sein mag. Der Vorgänger, der 1997er, wurde nach nur drei Jahren durch den Balblair 2000 auf dem Markt abgelöst.

Jeder Jahrgang hat seinen eigenen, einzigartigen Charakter. Der Balblair 2000 ist für einen Zehnjährigen recht hell und erhält einige seiner Hauptmerkmale von wiederverwendeten Bourbonfässern. Der Jahrgang 1997 war etwas dunkler und üppiger, aber nicht ganz so sauber und frisch. Wie werden die nächsten Jahrgänge ausfallen? Das weiß niemand außer Stuart Harvey, der bei Inver House Distillers (International Beverage) für die Abfüllungen zuständig ist. Diese Variationsbreite und die Vielzahl der Jahrgangsabfüllungen machen Balblair zu einer der interessantesten Destillerien in Schottland – falls einem der Stil des Hauses liegt.

Wie stellt man jedoch fest, ob man zum Fan werden könnte, ohne den Whisky je probiert zu haben? Nun, wenn die Vorstellung einer gebackenen Banane mit geschmolzenem Sahnekaramell und Schokoladensoße ein Lächeln auf die Lippen zaubert und die Mundwinkel zucken läßt, dann wird man nach dem ersten Schluck nicht mehr von diesem Whisky lassen können. **LD**

Verkostungsnotizen

In der Nase herrschen Ananas und Aprikosen vor, dicht gefolgt von intensiven Sahnekaramell- und Schokoladenkeksaromen. Am Gaumen ist der Stil der Destillerie mit Zitrusspuren und grüner Banane noch deutlicher. Würzig-frischer Abgang.

Balblair 1997

Inver House (International Beverage)
www.balblair.com

Herstellungsregion und -land Highlands, Schottland
Destillerie Balblair, Edderton, Tain, Ross-shire
Alkoholgehalt 43 Vol.-%
Whiskytyp Single Malt

Als Balblair einen Neustart verschrieben bekam und eine Reihe von Jahrgangswhiskys in ovalen Designerflaschen auf den Markt brachte, hielt die Whiskywelt den Atem an – und applaudierte dann, bis die Hände schmerzten. Das war 2007, und manch einer hat immer noch nicht aufgehört zu klatschen.

Der neue Balblair war radikal und brillant – eine wirklich moderne Marke, die sich selbst neu erfunden hatte, indem sie einfach einen Schritt zurück machte. Das einstige Familienunternehmen, das in den 1790er Jahren im Dörfchen Edderton gegründet worden war, bekam seitens der Eigentümer wieder die verdiente Aufmerksamkeit und Liebe. Von den drei ursprünglich ausgegebenen Jahrgängen war der 1997er der jüngste und für ein breiteres Publikum zugänglichste. Er ist der Urvater aller Jahrgangswhiskys von Balblair, insofern er den Appetit der Whiskyanhänger auf diesen Malt aus den nördlichen Highlands erstmals weckte.

Das frische Destillat von Balblair ist ungemein fruchtig und zitrusbetont, aber auch schwer und schweflig. Dafür zeichnen die gedrungenen Brennblasen verantwortlich; ihre Form und die Füllmenge sowie die Trennung der Komponenten sind entscheidend für den Balblair-Stil. Der Balblair-Whisky ‚spricht' wie kein zweiter mit dem Eichenholz, muß aber Zeit haben, sich zu entwickeln – was die Brenner überhaupt nicht stört. **LD**

Verkostungsnotizen

In der Nase treffen Ananas und Vanillesoße aufeinander. Am Gaumen explodieren Gewürze, das Ingwerherz ist von bitterer Eiche eingehüllt. Fruchtiger Abgang.

Balblair 1989

Inver House (International Beverage)
www.balblair.com

Herstellungsregion und -land Highlands, Schottland
Destillerie Balblair, Edderton, Tain, Ross-shire
Alkoholgehalt 43 Vol.-%
Whiskytyp Single Malt

Der Jahrgang 1989 gehörte zu den drei Jahrgangswhiskys, mit denen Balblair 2007 nach den Neustart auf dem Single-Malt-Markt ging. 2010 gab es dann eine zweite Ausgabe, die etwas mehr Eiche zeigt – der Unterschied ist aber leicht zu übersehen. Es sind Zwillinge, die auf den ersten Blick gleich wirken, aber leicht auseinanderzuhalten sind, wenn man sie kennengelernt hat. Sie weisen beide so deutliche Fruchtaromen auf, daß sogar untrainierte Nasen sie wahrnehmen können. Banane und Ananas: Woher kommt der Geschmack? Es sind verschiedene Faktoren im Spiel, aber eines ist sicher: Während der Produktion kamen keine tropischen Früchte auch nur in die Nähe der Anlagen.

Balblair verwendet ein tiefes Gärfaß, das eine sehr klare, gelbliche und aromatische Würze liefert. Der Geruch erinnert an ein gutes Hefeweizen, und der Geschmack ist auch ähnlich. In diesem Stadium wird die Entstehung großer aromatischer Ester mit Bananen-/Zimt- und Zitrus-/Blütennoten unterstützt, und einige dieser Geschmacksaromen halten sich durch die Destillation hindurch bis in den Rohwhisky. Ein anderer Faktor sind die Hefezellen, die während der Destillation aufplatzen und Geschmackskomponenten abgeben.

Ob man solche Herstellungsdetails interessant findet oder nicht, man sollte den 1989er Jahrgang einmal versuchen, er ist der perfekte After-Dinner-Whisky. **LD**

Verkostungsnotizen

Cremige, überreife Banane. Außerdem frische Ananas, Zitrone, Sahnekaramell, Orangenschalen, Rosinen, Vanille und Gewürze. Gestaffelte Komplexität.

Balblair 1978

Inver House (International Beverage)
www.balblair.com

Herstellungsregion und -land Highlands, Schottland
Destillerie Balblair, Edderton, Tain, Ross-shire
Alkoholgehalt 46 Vol.-%
Whiskytyp Single Malt

Balblair bringt jedes Jahr neue Jahrgangswhiskys heraus, was vielleicht etwas verwirrend sein mag. Das Sortiment hat jedoch System: Zu einem gegebenen Zeitpunkt ist immer eine junge, eine reife und eine sehr alte Variante verfügbar. Im Laufe der Jahre wechseln sie einfach die Stellung. Allerdings kam es in den 1970er Jahren zu einer leichten Irritation im Ablauf.

Die erste Ausgabe dieser Altersklasse war ein 1979er. Bald folgte ein 1975er, der in Sherryfässern gereift war, und 2010 kam dann der Balblair 1978 auf den Markt. Die Reihenfolge entsprach also nicht der Chronologie, und die beiden später angebotenen, der 1975er und der 1978, waren außerdem lange gleichzeitig im Handel. Wie kam das? Die Antwort lag darin, daß sie sich sehr deutlich unterschieden. Der 1975er wurde in Sherryfässern gelagert, während der Balblair 1978 unverkennbar in ehemaligen Bourbonfässern geruht hat.

Die amerikanische Weißeiche war einst in Europa vollkommen unbekannt, ist inzwischen jedoch in der schottischen Whiskyindustrie unverzichtbar. Sie hat dem 1978er Balblair ihre Vanillearomen verliehen und dazu beigetragen, die schweren, fleischigen und schwefligen Seiten des frischen Destillats zu dem himmlischen Butterkaramell der neueren Ausgaben zu mildern. In über dreißig Jahren hat sie den Charakter immer mehr geprägt, bis ein wirklich sublimer Whisky entstanden war. **LD**

Verkostungsnotizen

Intensive Honig-, Gewürz-, Blutorangen- und Vanilletöne mit Rum-und-Rosinenschokolade, unterstrichen von den typischen Bananen- und Sahnekaramellnoten.

Balblair 1975

Inver House (International Beverage)
www.balblair.com

Herstellungsregion und -land Highlands, Schottland
Destillerie Balblair, Edderton, Tain, Ross-shire
Alkoholgehalt 46 Vol.-%
Whiskytyp Single Malt

Der Balblair 1975 wurde 2007 in Flaschen abgefüllt, kam aber als Nachfolger des schnell zur Neige gegangenen 1979ers erst im folgenden Jahr auf den Markt. Er unterschied sich von allen anderen gegenwärtigen Balblairs durch die deutliche Anwesenheit von Sherry-Eiche. Es ist also nicht verwunderlich, daß er immer noch auf großes Interesse stieß, als 2010 der Balblair 1978 erschien. Falls man sowieso ein Anhänger des üppigen, fruchtigen, körperreichen Balblair-Stils ist, dann ist dieser Jahrgangswhisky eine Offenbarung. Er bietet alle diese Merkmale, fügt jedoch die Eichenwürzigkeit der Sherryfässer und phantastische Dörrobstobertöne hinzu. Bemerkenswerterweise beeinträchtigt die europäische Eiche den Hausstil keineswegs, sondern läßt Raum für Leichtigkeit.

Balblair ist die einzige Destillerie bei Inver House, die mit Kondensatoren anstelle von Fässern mit Kühlschlangen arbeitet. Die kurzen, birnenförmigen Brennblasen liefern ein Destillat, das eher zum Fleischig-Schwefligen neigt, aber man kann davon ausgehen, daß die Kondensatoren einen Teil der öligen und wächsernen Merkmale beseitigen. Ob dadurch das helle Strahlen des 1975ers entsteht, läßt sich nicht sagen, da Destillerien erst seit kurzem die Geheimnisse ihres Handwerks wissenschaftlich analysieren. Was einen Whisky großartig macht, bleibt also vorerst immer noch ein Geheimnis. **LD**

Verkostungsnotizen

Birnen und Sahnekaramell mit Rosinen und Dörrpflaumen. Anfangs überraschend prickelnder Bonbongeschmack, der zu Obstkompott übergeht.

BALBLAIR
Established in 1790
BALBLAIR
Established in 1790
19 65
Highland Single Malt
Scotch Whisky
70cl℮ 52.3%vol.
1965

Balblair 1965

Inver House (International Beverage)
www.balblair.com

Herstellungsregion und -land Highlands, Schottland
Destillerie Balblair, Edderton, Tain, Ross-shire
Alkoholgehalt 52,3 Vol.-%
Whiskytyp Single Malt

Vom Balblair 1965 kamen nur 350 Flaschen auf den Markt, zu einem Stückpreis von mehr als 1500 Euro. Der Whisky stammte aus einem einzigen Sherryfaß aus amerikanischer Eiche, das zuvor angeblich schon einen Ardbeg enthalten hatte. Das Faß war mit 500 Litern im Vergleich zu den sonst verwendeten riesig, so daß die Kontaktfläche zwischen dem Whisky und dem Holz relativ gering war. Die Wechselwirkungen mit dem Holz sind eingeschränkt, und die Geschmacksentwicklung verläuft infolgedessen sehr viel langsamer.

Das Faß wurde am 23. März 1965 noch unter dem ehemaligen Besitzer Robert Cumming befüllt, lange bevor die traditionellen *worm tubs* durch moderne Kondensatoren ersetzt wurden. Damals hatten Whiskybrenner noch eine sehr viel entspanntere Einstellung zur Kontrolle der Torfungsstärke ihrer Produkte. So war das frische Destillat des Balblair-Jahrgangs 1965 dann auch eine ganz andere Sache als das, was heute dort gebrannt wird. Ob sich das auch im Whisky erkennen läßt? Gar keine Frage!

Der Whisky zeigt Torfrauch und die Aromen von Leder und Wachs, die man mit einem alten Landhaus verbindet. Vier Jahrzehnte im Faß lassen ihn wie Blei im Glas liegen. Aber unter der Schwere ist er mit reifem Baumobst und seinem sehr deutlichen Zitruscharakter mehr als lebhaft geblieben. **LD**

Verkostungsnotizen

Zuerst Rosinen und Datteln, dann Torfrauch, Pfeifentabak, Orangenschalen und reife Birne. Am Gaumen cremig-ölig mit einer kleinen Spur Rauch.

Ballantine's 12-Year-Old

Chivas Brothers (Pernod Ricard)
www.ballantines.com

Herstellungsregion und -land Schottland
Destillerien Verschiedene
Alkoholgehalt 40 Vol.-%
Whiskytyp Blend

Nach Ballantine's Finest ist der 12-Year-Old die zweitjüngste Variante im Sortiment von Ballantine's. Die Firma entstand 1827, als George Ballantine in Edinburgh einen Lebensmittelhandel eröffnete. Damals gehörte in solchen Geschäften der Whisky zum Sortiment, und George Ballantine experimentierte mit eigenen Blends. Wie die anderen Whiskys der Marke besteht der in den 1960er Jahren eingeführte 12-Year-Old vor allem aus Grundwhiskys, die in amerikanischer Eiche gereift sind.

Die wichigsten Single Malts von Ballantine's sind Glenburgie und Miltonduff, aber die Blends bestehen alle aus vielen verschiedenen Malz- und Getreidewhiskys, die sich je nach Charge unterscheiden. Der Masterblender Sandy Hyslop stellt jedoch mit seinem Können und seiner feinen Nase die Gleichförmigkeit sicher.

Glenburgie ist ein üppiger, fruchtig-öliger Malt; der ebenfalls aus Speyside stammenden Miltonduff ist ein blumiger, duftiger Single Malt. Sie sind beide seit 1936, als Hiram Walker die Destillerien erwarb, Grundbestandteile der Ballantine's-Blends. Heute gehören sie Chivas Brothers, deren Muttergesellschaft Pernod Ricard den Vorbesitzer Allied Domecq 2005 übernahm.

Obwohl er der am wenigsten trockene Ballantine's ist, ist der 12-Year-Old dennoch trockener und blumiger als der andere gleichaltrige Blended Scotch von Pernod Ricard, der Chivas Regal 12-Year-Old. **WM**

Verkostungsnotizen

In der Nase blumig mit Honig und Stroh. Am Gaumen trocken und blumig, mit Butterkaramelltönen, Malz, Vanille und Eiche. Unerwartet langer Abgang.

← Im Holzkistchen des Balblair gibt es eine Schublade für ein Informationsheft.

Ballantine's 17-Year-Old

Chivas Brothers (Pernod Ricard) | www.ballantines.com

Herstellungsregion und -land Schottland
Destillerien Verschiedene
Alkoholgehalt 43 Vol.-%
Whiskytyp Blend

Ballantine's 17-Year-Old wurde 1937 als „*der* Scotch" eingeführt. Der Verschnitt stammte von George Robertson, dem Masterblender für Hiram Walker, James Barclay und James Horn. „*Der* Scotch" wurde ab 1938 in die USA geliefert. „Der Whisky war anders, weil er so unverkennbar war," sagt Richard Puddephat von Ballantine's. „Damals gab es auf dem gesamten Markt keinen anderen 17 Jahre alten Blend. Er war vollkommen einzigartig." Um ihn von den anderen Whiskys der Marke abzuheben, wird der 17-Year-Old in eine grüne Flasche mit einem gedrungenen Hals abgefüllt, der an den Hals einer „Brennblase für Malt Whisky" erinnern soll.

George Robertsons Zusammenstellung ist weitgehend unverändert geblieben; sie besteht aus den sogenannten „glorreichen Sieben von Ballantine's": Ardbeg, Balblair, Glenburgie, Glencadam, Miltonduff, Pulteney und Scapa. Der eine oder andere dieser Malts mag in einer bestimmten Charge des Blends zwar fehlen, aber jeder von ihnen steht für eine Geschmacksrichtung, die für den 17-Year-Old unabdingbar ist. Aufgrund von Änderungen der Besitzverhältnisse kommt es jedoch immer wieder zu veränderter Verfügbarkeit bestimmter Malts, die vom Masterblender aufgefangen werden, indem er für jede Charge etwa 75 000 Liter von bis zu vierzig unterschiedlichen Malt-Sorten mischt.

Von den trockenen, blumigen Blends der Marke Ballantine's ist der 17-Year-Old am würzigsten. Er zeigt komplexe Geschmacksnuancen, in denen sich Frucht- und Gewürznoten mischen. Ein wirklich einzigartiger Blended Whisky, der bei jedem Schluck neue Geschmackserlebnisse bietet. **WM**

Verkostungsnotizen

In der Nase Kräuter und ein Hauch Rauch wie von Torfsoden. Piment, Basilikum, Thymian und Gewürze ziehen sich durch den Blend, aber auch Bananen-, Stroh- und Vanilletöne. Der Abgang ist trocken-kräutrig, aber weniger stark als bei den älteren Varianten.

Liberated Loyalists

"Why should men get all the Ballantine's Scotch?"

"Talk it up!"

"Liberty, Equality, Ballantine's!"

The more you know about Scotch, the more loyal you are to Ballantine's.

Be a Ballantine's Loyalist

BOTTLED IN SCOTLAND. BLENDED SCOTCH WHISKY. 86 PROOF. IMPORTED BY "21" BRANDS, INC. N.Y.

Ballantine's 21-Year-Old

Chivas Brothers (Pernod Ricard) | www.ballantines.com

Herstellungsregion und -land Schottland
Destillerien Verschiedene
Alkoholgehalt 43 Vol.-%
Whiskytyp Blend

Der 1993 eingeführte Ballantine's 21-Year-Old wird hauptsächlich in ehemaligen Bourbonfässern gelagert, aber mit einem höheren Anteil an Sherryfässern, um das Geschmacksprofil zu entfalten. Der Masterblender Sandy Hyslop erklärt: „Der überragende Ruf von Ballantine's beruht darauf, daß die besten Single Malts und Grain-Whiskys aus allen vier Ecken Schottlands – den Inseln, den Highlands, Speyside und den Lowlands – ausgewählt werden, um einen sanften und gerundeten Whisky zu schaffen, der am Gaumen glatt und elegant ist."

Blends wie Ballantine's nehmen Geschmacksnoten der verschiedenen Malts und Getreidewhiskys, um ein Ganzes zu schaffen, das mehr ist als die Summe der Teile. Der ehemalige Masterblender bei Ballantine's, Robert Hicks, vergleicht die Entstehung eines Ballantine's Blends mit der Arbeit eines Malers, der ein Meisterwerk Schicht auf Schicht anlegt. Die Getreidewhiskys sind dabei die tragende Schicht: „Getreidewhiskys mögen nicht über die Charakterstärke der Malts verfügen, aber sie spielen ein wichtige Rolle, indem sie die ganze Mischung zusammenhalten. Die Skizzen für das Gemälde führe ich mit Highlandwhiskys aus, um die groben Umrisse festzulegen. Später kommen mit den Speysides, den Islays und den Inselwhiskys die Farben hinzu." Im Hintergrund stehen Glenburgie und Miltonduff; kräftigere Töne liefern Ardbeg, Laphroaig, Balblair und Glencadam, Konturen die Malts wie Tormore und Glentauchers.

Wenn beim 12-Year-Old der Honig vortritt, beim 17-Year-Old die Kräuter, und Früchte beim 30-Year-Old, dann sind es beim 21-Year-Old die Gewürze. Ein raffinierter Blend, der immer etwas Überraschendes bietet. **WM**

Verkostungsnotizen

Blumiges im Überfluß, verlockende Gewürze und Kräuter in der Nase. Der trockenste Blend von Ballantine's. Eiche, Anis und andere Gewürze mischen sich am Gaumen. Zurückhaltende Vanille. Der Abgang ist trocken und würzig mit einer Andeutung von Rauch.

Ballantine's 30-Year-Old

Chivas Brothers (Pernod Ricard) | www.ballantines.com

Herstellungsregion und -land Schottland
Destillerien Verschiedene
Alkoholgehalt 43 Vol.-%
Whiskytyp Blend

Als Ballantine's 30-Year-Old in den 1930er Jahren herauskam, setzte er als erster dauerhaft erhältlicher Whisky dieser Altersklasse Maßstäbe. Das war nur mit gründlicher Vorausplanung möglich – die Whiskyvorräte hatten schon vor der Wende zum 20. Jahrhundert zur Reifelagerung ausgewählt werden müssen. Auch heute ist die Nachfrage nach dem 30-Year-Old noch höher als das Angebot, und er ist nur in sehr geringen Mengen verfügbar.

Der Masterblender Sandy Hyslop erzählt: „Um als Blender zu arbeiten, muß man von Leidenschaft für Scotch Whisky erfüllt sein. Man muß den gesamten Lebenslauf vom Destillat bis zum fertigen Blend im Auge haben. Man muß sich den reifenden Whiskys mit Sorgfalt widmen, was bei Ballantine's bedeuten kann, daß man Malts überwachen muß, die bis zu 35 Jahre alt sind."

Die Malts wie auch die Getreidewhiskys im 30-Year-Old müssen 30 Jahre in Eichenfässern lagern. Getreidewhiskys mögen nicht so ausdrucksstark wie Malts sein, aber sie sind keineswegs einfach neutral. Der ehemalige Masterblender Robert Hicks sagt, der Grain „hat gerade die richtige Geschmacksstärke. Wenn er zu stark wäre, wäre es nicht der Geschmack, den wir suchen."

Nach 30 oder mehr Jahren im Eichenfaß entwickeln die Whiskys eine üppige Komplexität, man könnte von aromatischer Patina sprechen, die auch zu deutlich an Holz erinnern kann. Die sorgfältig zusammengestellte Mischung aus amerikanischer und etwas europäischer Eiche ergibt jedoch einen wunderbaren Geschmack von Gewürzen und reifen Früchten. **WM**

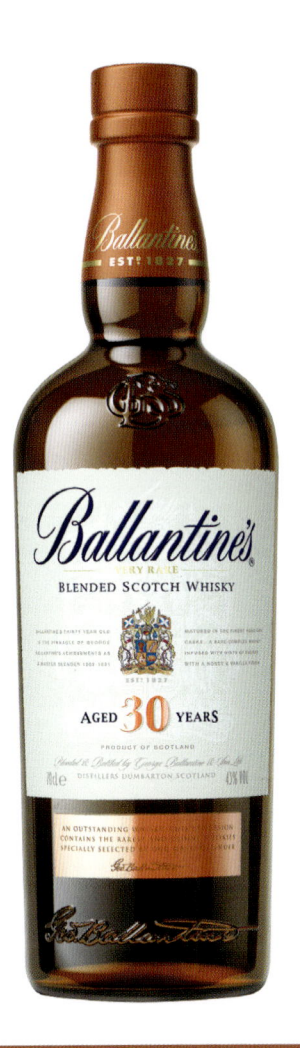

Verkostungsnotizen

Einladende Nase mit subtilen Früchten und Andeutungen von Kräutern. Am Gaumen Pfirsich und andere Früchte, Vanille; Kräuter als Gegengewicht, so wie ein Koch eine Prise Piment an einen Pfirsichkuchen geben mag, um die Süße auszugleichen. Abgang blumig.

Ballantine's
LIMITED EDITION
CHRISTMAS RESERVE
BLENDED SCOTCH WHISKY

Blended and Bottled by
GEORGE BALLANTINE & SON LTD
DUMBARTON G82 2SS SCOTLAND
PRODUCT OF SCOTLAND

70cl   40% vol

Ballantine's Christmas Reserve

Chivas Brothers (Pernod Ricard)
www.chivasbrothers.com

Herstellungsregion und -land Schottland
Destillerien Verschiedene
Alkoholgehalt 40 Vol.-%
Whiskytyp Blend

Ballantine's ist ein marktstrategisch wichtiger Blended Whisky für Chivas Brothers, der es mit dem allgegenwärtigen Johnnie Walker des Rivalen Diageo aufnehmen kann. Da es sehr viele neue Märkte gibt, sind die Einsätze hoch, und der Druck, den höchsten Ansprüchen gerecht zu werden, wächst stetig. Dies gilt vor allem, weil in vielen Regionen die traditionelle Entwicklung vom verschnittenen Whisky zum Single Malt nicht mehr stattfindet.

Ballantine's hat einen Ruf als Qualitätsmarke und bietet eine Reihe von Varianten, die ein breites Spektrum abdecken. Aber mit der Christmas Reserve kommt auch etwas Spaß ins Spiel. Es ist unverkennbar ein Ballantine's, und auch die Qualität läßt nichts zu wünschen übrig. Aber die normalen Ballantine's-Themen werden etwas verfremdet. Die Geschmacksnoten der Sherry- und Bourbonfässer, die man sonst mit Weihnachtsgebäck assoziert, treten hier in den Vordergrund. So entsteht ein Blend, den man nicht nur pur trinken kann, sondern der einem sogar beim Mischen leichte Schuldgefühle macht.

Der Whisky ist in einer dunklen Flasche und einem weißen Karton nett verpackt und mit Schneeflocken und Goldfolie weihnachtlich dekoriert. Er war nur in manchen Ländern und nur zur Vorweihnachtszeit im Verkauf, es kann also schwierig sein, seiner habhaft zu werden. **DR**

> **Verkostungsnotizen**
>
> Reichhaltig, abgerundet und fruchtig: ein anregender Blend mit Orangen, roten Beeren, Sherry-, Zimt-, Muskat- und Vanillenoten. Nicht nur zur Weihnachtszeit.

← Die zurückhaltende Festlichkeit von Ballantine's Christmas Reserve.

Balmenach 18-Year-Old Malt Cask

Douglas Laing & Co.
www.douglaslaing.com

Herstellungsregion und -land Speyside, Schottland
Destillerien Balmenach, Cromdale, Morayshire
Alkoholgehalt 50 Vol.-%
Whiskytyp Single Malt

Wenn man verstehen möchte, wie sich das Faß auf den Geschmack eines Whiskys auswirkt, kann man das sehr gut an diesem ungewöhnlichen Single Malt von Douglas Laing studieren. Oft sind dunklere Whiskys die älteren, da das Eichenholz länger Zeit gehabt hat, auf den Whisky einzuwirken.

Dieser Balmenach ist jedoch einer der hellsten achtzehn Jahre alten Whiskys, die es gibt. Die meisten Zwölfjährigen sehen im Vergleich geradezu sonnengebräunt aus. Er ist in Hogshead-Fässern gereift – sie sind größer als die üblichen Bourbonfässer –, die zuvor mindestens zweimal zur Lagerung von Whisky verwendet wurden. Sowohl die größere Fläche auf der Innenseite des Hogsheads als auch die Tatsache, daß es zuvor wahrscheinlich schon 25 Jahre mit Whisky gefüllt war, bedeuten, daß nur sehr wenig Farbe oder Geschmack von der Eiche in den Whisky übergehen.

Der frisch gebrannte Whisky von Balmenach gilt allgemein als recht intensiv und fleischig, die Faßwahl trägt also dazu bei, die beißenderen Töne etwas zu zähmen. In diesem Fall haben die 18 Jahre Alterung jedoch alle eventuell vorhandenen rauhen Kanten geglättet, ohne die jugendliche Gerste und den fruchtigen Übermut in seinem Kern zu überdecken. **AN**

> **Verkostungsnotizen**
>
> Helle Strohfarbe. In der Nase Zitrusnoten, die einer frischen, sauberen Mischung aus Gerste und grünen Früchten weichen. Mit Wasser etwas cremig.

Schottland 85

Balvenie 12-Year-Old DoubleWood

William Grant & Sons | www.thebalvenie.com

Herstellungsregion und -land Speyside, Schottland
Destillerie Balvenie, Dufftown, Banffshire
Alkoholgehalt 40 Vol.-%
Whiskytyp Single Malt

Das Beste aus beiden Welten. Bei dem Balvenie Double-Wood muß man sich nicht entscheiden. Es ist ein zwölf Jahre alter Single Malt, der seine Eigenart durch die Reifung in zwei Faßarten erhält: traditionellen Whiskyfässern aus Eiche und neuen Sherryfässern aus europäischer Eiche. Die traditionellen Fässer geben ihm Charakter, dann bringen die Sherryfässer Tiefe und runden den Geschmack ab.

Dadurch setzt dieser Malt Maßstäbe – er zeigt aus beiden Phasen der Reifung die allerbesten Elemente. So entsteht ein ganz vorzüglicher Whisky. Der DoubleWood ist dank der Bemühungen von Balvenie sehr angenehm komplex und gar nicht überteuert.

Die Balvenie-Destillerie wurde 1892 von der Familie Grant in den Highlands gegründet. Die gleiche Familie zeichnete auch für die Gründung der Destillerien Glenfiddich und Kininvie verantwortlich. Bei Balvenie behauptet man, die einzige Destillerie von schottischem Single Malt Whisky zu sein, die ihre eigene Gerste anbaut und mälzt. Ob das der Trumpf in ihrem Spiel ist? Es scheint nicht ganz unplausibel zu sein; ein Pluspunkt ist es auf jeden Fall. Man sollte aber nicht vergessen, daß hier zwei verschiedene Prozesse ineinandergreifen. Vielleicht liegt die Qualität auch an den unterschiedlichen Holzarten und Alterungsphasen, die sie bieten.

Dabei kann man sich die traditionellen Fässer wie eine Grundausbildung vorstellen, die eine Basis für die Reifung liefern. Die Sherryfässer sind dann für die Persönlichkeit verantwortlich. Kunstvoll vereint können sie den Whisky sein ganzes Potential entfalten lassen. **JH**

Verkostungsnotizen

Ein Whisky mit vielen Schichten. In der Nase ist er fruchtig und angenehm mit etwas Honig und Andeutungen von süßem Sherry und Vanille unter der Oberfläche. Im Geschmack glatt, süß, wärmend und leicht würzig. Der Abgang ist lang und überzeugend.

Balvenie 14-Year-Old Roasted Malt

William Grant & Sons | www.thebalvenie.com

Herstellungsregion und -land Speyside, Schottland
Destillerie Balvenie, Dufftown, Banffshire
Alkoholgehalt 47,1 Vol.-%
Whiskytyp Single Malt

Balvenie wurde 1893 auf einem Gelände neben der Destillerie Glenfiddich gegründet, deren Erfolg damals eine Vielzahl von Speyside-Whiskyherstellern veranlaßte, sich in der Nähe niederzulassen. Balvenie ist zwar immer eine der kleineren unter den wichtigen schottischen Destillerien geblieben, aber im Laufe der Zeit stetig gewachsen. Die deutlichste Expansion begann im Jahr 1957, nach der Übernahme durch die Familie William Grant.

Die Destillerie ist insofern ungewöhnlich, als fast der gesamte Herstellungsprozeß auf dem eigenen Gelände stattfindet – man baut die eigene Gerste an, beschäftigt einen eigenen Kupferschmied und es gibt eine Anlage für die Flaschenabfüllung. Die ebenfalls vorhandenen eigenen Malztennen sind aber nur in der Lage, ein Zehntel des gegenwärtigen Bedarfs zu decken, so daß der Rest von nahe gelegenen Lieferanten bezogen wird.

Der 14-Year-Old Roasted Malt wurde erstmals 2006 abgefüllt. Die verwendete Gerste wird sonst zum Bierbrauen genutzt, sie wurde nur 24 statt der sonst üblichen 120 Stunden gekeimt und dann vor dem Schroten bei 200°C gedarrt. Es wurden nicht mehr als 34 Fässer hergestellt.

2007 gab es eine neue Aktion unter dem Titel „Bottle Your Own Balvenie." Besucher der Destillerie konnten aus drei Fässern eine eigene Mischung herstellen. Dazu wurden Kupferrohre bereitgestellt, die an einem Ende mit einer Münze verschlossen und am anderen Ende mit einem Faden versehen waren. Einst stahlen die Arbeiter mit diesen sogenannten ‚dogs' Whisky für den Eigenverbrauch – in Anlehnung an den Spruch, daß Hunde die besten Freunde des Mannes sind. **GL**

Verkostungsnotizen

Auch wenn die Nase vor allem auf einer Gerstenwelle daherkommt, so erinnert sie doch auf merkwürdige Weise an nasse Pappe in Rauchwolken. Der Geschmack ist Eiche mit den für Balvenie typischen Marmeladenobertönen. Trocken-nussiger Abgang mit etwas Mokka.

Balvenie 15-Year-Old Single Barrel

William Grant & Sons | www.thebalvenie.com

Herstellungsregion und -land Speyside, Schottland
Destillerie Balvenie, Dufftown, Banffshire
Alkoholgehalt 47,8 Vol.-%
Whiskytyp Single Malt

1993 brachten William Grant & Sons drei sehr unterschiedliche Ausformungen des Balvenie auf den Markt: den Founder's Reserve 10-Year-Old, eine traditionelle Abfüllung; den Balvenie DoubleWood, ein Cask Finish; und den Balvenie 15-Year-Old Single Barrel. Der Mälzereimeister bei Balvenie, David Stewart, sagt: „Der Balvenie 15-Year-Old Single Barrel erlaubt es unseren Whiskyliebhabern, den Balvenie zu genießen, wie er aus dem Faß kommt, mit mehr Alkohol als üblich. Man kann den Unterschied von Faß zu Faß spüren, aber da es amerikanische Eichenfässer sind, bleiben alle Honig-, Frucht- und Vanillenoten erhalten und zu erkennen." Der Whisky kam zuerst mit 50,4 Volumenprozent Alkohol heraus, die Stärke wurde aber 2000 auf 47,8 Prozent verringert.

Der Balvenie 15-Year-Old Single Barrel enthält nur Whisky aus frischen oder einmal verwendeten amerikanischen Eichenfässern. Auf dem Etikett sind handschriftlich die Flaschennummer, die Nummer des Fasses und die Daten vermerkt, an denen das Faß gefüllt und dann geleert wurde. David Stewart achtet eher auf einen bestimmten Geschmack, als daß er auf das Alter Wert legt. So mögen zwar 15 Jahre angegeben sein, der Whisky tatsächlich jedoch mehr als 20 Jahre alt sein. **WM**

Verkostungsnotizen

In der Nase entfalten sich Vanille, Honig und Zimt zusammen mit Eichennoten. Am Gaumen buttrig mit öliger Anmutung und Butterkaramelltönen.

Balvenie 17-Year-Old Peated Cask

William Grant & Sons | www.thebalvenie.com

Herstellungsregion und -land Speyside, Schottland
Destillerie Balvenie, Dufftown, Banffshire
Alkoholgehalt 43 Vol.-%
Whiskytyp Single Malt

2001 gab Balvenie erstmals einen siebzehnjährigen Single Malt heraus, was danach zu einer jährlich wiederkehrenden Tradition werden sollte. Der Balvenie 17-Year-Old Islay reifte in Fässern, die zuvor Single Malts von der Isle of Islay enthalten hatten. Später untersagte die Scotch Whisky Association jedoch die Verwendung von Regionalbezeichnungen als Produktnamen – wie „Islay cask" – für Produkte, die nicht in der betreffenden Region entstanden waren.

Der Mälzereimeister bei Balvenie, David Stewart, produzierte für diese Ausgabe erstmals seinen eigenen stark getorften Balvenie. Die Destillerie hat eigene Malztennen, und dieser Whisky wurde genauso stark getorft wie es auf Islay üblich ist. Der getorfte Balvenie kam dann in Fässer, die seinen Geschmack aufnahmen. In diese Fässer füllte Stewart für sechs Monate Whisky, der 17 Jahre in traditionellen Eichenfässern gereift war.

Diesen Whisky versetzte er dann mit einem Balvenie, der 17 Jahre in traditionellen Fässern und vier bis sechs Monate in neuen Fässern aus amerikanischer Eiche verbracht hatte. Die so entstandene, unvergeßliche Kreation besteht zu etwa 60 Prozent aus dem getorftem Balvenie und zu 40 Prozent aus jenem aus den neuen Fässern. **WM**

Verkostungsnotizen

Große Orangen- und Vanilletöne in der Nase, am Gaumen zeigen sich aber geräucherter Cheddar und Glut von Sandelholz. Auch im Abgang rauchig.

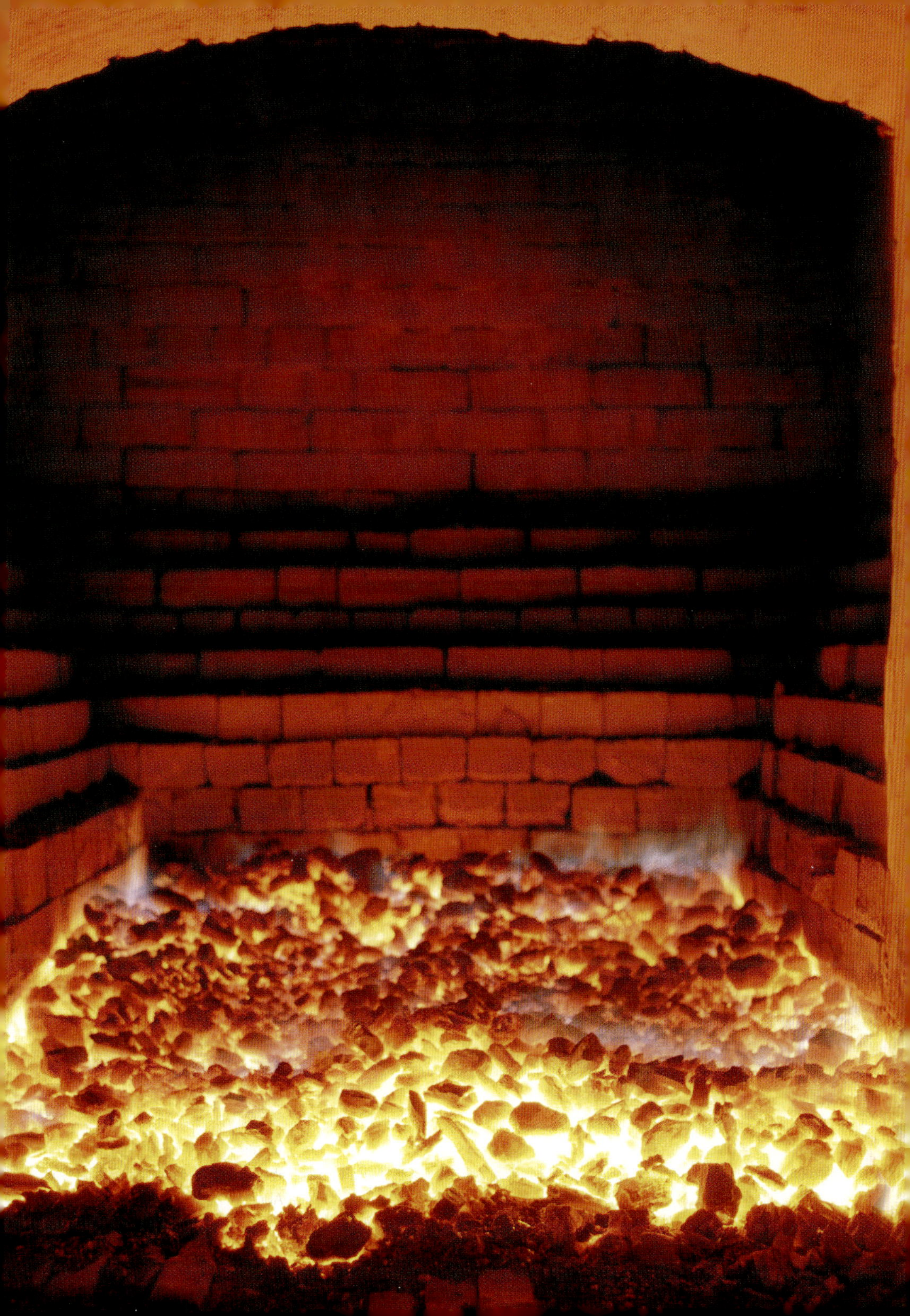

Balvenie 17-Year-Old RumCask

William Grant & Sons | www.thebalvenie.com

Herstellungsregion und -land Speyside, Schottland
Destillerie Balvenie, Dufftown, Banffshire
Alkoholgehalt 43 Vol.-%
Whiskytyp Single Malt

Dieser Malt ist sexy. Und verdammt cool. Vielleicht ist es der Malt, der bei der nächsten Generation das Interesse wecken könnte. Glatt und sanft, aber mit viel Geschmack: Der Balvenie Rum Cask ist durchaus gewöhnungsbedürftig. Viele Anhänger von Whiskys, die in Rumfässern gereift sind, werden schon von sich aus interessiert sein, während andere, die getorfte oder in Portweinfässern gereifte Varianten bevorzugen, vielleicht eher abwinken. Es ist jedoch ein Whisky, den man einmal versuchen sollte, weil er Veränderungen in der Vorstellung hervorrufen könnte, die man sich von einem Whisky macht.

Der Balvenie RumCask wurde 17 Jahre in Fässern gelagert, die ursprünglich jamaikanischen Rum enthielten. Die Üppigkeit und Süße des Rums gibt dem Whisky im Faß einen reichhaltigen, an Melasse und Zuckerrohr erinnernden Geschmack. Es ist ein großartiger Whisky, um Rumtrinker aus ihrem Lager herüberzulocken, woraus sich auch seine Anziehungskraft auf jüngere Menschen erklärt. Er ist auch gut geeignet, um ihn jenen vorzusetzen, die meinen, Whiskykenner zu sein – es ist ein echtes Vergnügen zu sehen, wie sie versuchen, sich einen Reim darauf zu machen. Das liegt vor allem daran, daß er sich nicht an die Erwartungen hält, die man an einen so lange gelagerten Whisky stellt.

Es mag ein Whisky sein, den man entweder haßt oder liebt, weil viele Menschen schon genaue Vorstellungen haben, was sie in Bezug auf Geschmack und Tiefe wie auch auf Süße erwarten. Natürlich gibt es nur einen Weg, hier zu einer Entscheidung zu kommen: Man muß ihn selbst probieren. Wenn man offen an ihn herangeht, hat der Balvenie RumCask viel zu bieten. **JH**

Verkostungsnotizen

Eine abwechslungsreiche Mischung aus braunem Zucker, Honig und Gewürzen, vor allem Ingwer. Dann folgen tropische Früchte und frisches Fondant. Natürlich ist dieser jugendlich-energische Whisky am besten am Strand zu trinken.

Balvenie 21-Year-Old PortWood Finish

William Grant & Sons | www.thebalvenie.com

Herstellungsregion und -land Speyside, Schottland
Destillerie Balvenie, Dufftown, Banffshire
Alkoholgehalt 40 Vol.-%
Whiskytyp Single Malt

So wie Saulus auf dem Weg von Jerusalem nach Damaskus ein strahlendes Licht erblickte, das ihn die Welt mit neuen Augen sehen ließ, so hat jeder auf seiner Entdeckungsreise durch die wunderbare Welt des Whiskys seine Erweckungserlebnisse – Augenblicke, bei denen während des Verkostens ein Licht aufleuchtet und man zu einem neuen Verständnis des ganzen Gebietes kommt. Ein solches Erlebnis hatte der Schreiber dieser Zeilen bei einer Whisky- und Weinprobe als angehender Redakteur des *Whisky Magazine*.

Zu den Whiskys gehörte damals dieser Balvenie Port-Wood Finish, der so perfekt zu Käse paßte, daß er zu einem dauerhaften Favoriten in dieser Kombination wurde. Besonders erstaunlich waren die Parallelen zu einem guten Cognac. Zu den Gästen bei der Verkostung gehörte die französische Whisky-Journalistin Martine Nouet, die ausführlich erklärte, wie das Holz der Portweinfässer seine Fruchtnoten an den Malt abgibt, so wie auch ein guter Cognac Fruchtaromen aufweist. Bei Whisky ist das nicht leicht zu erreichen, da sich die Einzelelemente oft nicht gut verbinden. Keine der vielen Finishs mit Wein oder Süßwein kommt diesem auch nur nahe, einige Varianten aus dem Glenmorangie-Portfolio vielleicht ausgenommen.

Mit 21 Jahren ist der Balvenie auf seinem absoluten Höhepunkt. Es gibt nur einen kleinen Kritikpunkt: Mit 40 Volumenprozent Alkohol ist er ein wenig leicht. Eine 46prozentige Abfüllung wäre wunderbar. Das ist jedoch Meckern auf hohem Niveau: Es ist auf jeden Fall ein phantastischer Whisky, der in jeder Liste von 50 wichtigen Whiskysorten stehen sollte, erst recht von 1001. **DR**

Verkostungsnotizen

Ein Whisky mit dem symbiotischen Charakter eines Obst-Nuß-Kuchens, bei dem Geschmack und Textur perfekt ausbalanciert sind. Klare, unaufdringliche Eiche gibt dem sauberen Malz die gehörige Form und den passenden Charakter. Der Abgang ist mittellang.

Balvenie DoubleWood 17-Year-Old

William Grant & Sons
www.thebalvenie.com

Herstellungsregion und -land Speyside, Schottland
Destillerie Balvenie, Dufftown, Banffshire
Alkoholgehalt 43 Vol.-%
Whiskytyp Single Malt

Balvenie bringt zunehmend beeindruckendere Single Malts heraus. In Verbindung mit den verschiedenen Spezialabfüllungen hat sich die Destillerie so die Achtung der Single-Malt-Kenner erworben. Dieser Erfolg ist vor allem das Verdienst von David Stewart, der seit mehr als 50 Jahren für die Brennerei tätig ist. Seinen Kenntnissen haben wir einen regelmäßigen Strom von innovativen und handwerklich schönen Single Malts zu verdanken, zu denen auch der sehr beliebte DoubleWood 12-Year-Old gehört. Als Ergänzung hat Balvenie auch eine Reihe von Abfüllungen mit dem eher ungewöhnlichen Alter von 17 Jahren herausgebracht.

Bei der Herstellung des 17-Year-Old war die Reifung in zwei Faßarten für Stewart naheliegend. Dabei wird das Destillat zuerst in amerikanischen Eichenfässern gelagert, von denen es süße Vanille-, Honig- und Karamelltöne annimmt. Dann wird es in europäische Eichenfässer umgefüllt, die zuvor Sherry enthalten haben. Bei dem 17-Year-Old wurde die erste Reifezeit deutlich verlängert, während die Lagerung in europäischer Eiche relativ kurz ausfiel. Die Fülle und Tiefe, die der DoubleWood 17-Year-Old so erhalten hat, machen ihn zu einem der besten Whiskys aus dem Programm der Destillerie Balvenie. **DR**

Verkostungsnotizen

Honig und Eiche in der Nase, mit Spuren von Früchten, die schön ausgewogen am Gaumen wiederkehren. Dort auch kandierte Äpfel, Vanilleeiscreme und Nüsse.

Balvenie Signature 12-Year-Old

William Grant & Sons
www.thebalvenie.com

Herstellungsregion und -land Speyside, Schottland
Destillerie Balvenie, Dufftown, Banffshire
Alkoholgehalt 40 Vol.-%
Whiskytyp Single Malt

Begeisterte Whiskytrinker neigen dazu, auf ihrer Entdeckungsreise ein hohes Tempo vorzulegen und immer auf der Suche nach dem nächsten, besseren, selteneren, älteren und aufregenderen Drink zu sein. Viele von ihnen übersehen Balvenie vollkommen, aber die Whiskys der Destillerie gehören zu den besten.

Dieser Zwölfjährige ist dafür ein guter Beleg. Vor einigen Jahren wollte meine Tochter nur einschlafen, wenn jemand neben ihrem Bett saß. Ich verbrachte also einen ganzen Sommer mit einem Glas Whisky und einer Spielekonsole 45 Minuten an ihrem Bett. So hatte ich Gelegenheit, in Ruhe solche großartigen Whiskys wie den Glenmorangie Original, die Zwölfjährigen von Glenfiddich und Glenlivet und diesen hier zu erforschen. Balvenie liegt hinter dem Schwesterunternehmen Glenfiddich in der Region Speyside, und gibt zwar vor, ein kleiner, handwerklich arbeitender Betrieb zu sein, ist aber recht groß. Auf jeden Fall stellt er sehr überzeugende Malts her.

Der Signature ist eine Standardvariante, die sich nicht laut selbst anpreist, schön macht oder prahlt. Wenn man aber etwas Zeit mit ihm verbringt, entdeckt man einen nachdenklichen, komplexen und ansprechenden Whisky, der viel über Whiskyherstellung zu berichten weiß. **DR**

Verkostungsnotizen

Die Nase ist zurückhaltend, aber am Gaumen zeigt sich der Whisky frisch mit Zitrus- und anderen Fruchtnoten. Nicht aufdringlich, hat aber viel zu bieten.

Balvenie Tun 1509 Batch 2

William Grant & Sons
www.thebalvenie.com

Herstellungsregion und -land Speyside, Scotland
Destillerie Balvenie, Dufftown, Banffshire
Alkoholgehalt 52,2 Vol.-%
Whiskytyp Single Malt

Dies ist ein Whisky für Kenner mit dem nötigen Kleingeld – eine Flasche kann 400 Euro kosten. Aber er ist auch das neueste Mitglied einer Kleinserie aus einer ganz besonderen Destillerie, und er ist ein absolutes Vergnügen.

Balvenie bringt schon seit langem Einzelfaßabfüllungen auf den Markt, die ausgezeichnet sind. Es gibt aber auch Malts, die aus einigen der besseren Whiskys der Brennerei zusammengestellt werden und dennoch jahrelang eher unterbewertet wurden. In jüngster Vergangenheit machte Balvenie mit innovativen Malts und sorgfältig ausgesuchten Jahrgangsfässern auf sich aufmerksam. Der erste Whisky der neuen Reihe hieß Tun 1401, für diese Version wurde ein größeren Faß (*tun*) zum Mischen verwendet – Tun 1509.

Der Tun 1509 ist eine limitierte Ausgabe und deshalb vielleicht nicht leicht zu bekommen. Er wird aus nur 32 Fässern zusammengestellt, von denen 23 aus amerikanischer und neun aus europäischer Elche sind. Die Fässer wurden vom Meisterbrenner David Stewart persönlich ausgewählt, unter ihnen befinden sich einige der seltensten und kostbarsten Whiskys der Brennerei. Im Faß Nr. 1509 bekamen sie mehrere Monate Zeit, sich zu „vermählen". Der so entstandene Whisky ist etwas ganz Besonderes und hat das Zeug zum Sammlerstück. **DR**

Verkostungsnotizen

Eine üppige, einladende Nase mit Honig, Orangenschokolade und Vanille. Am Gaumen Gewürze, frische Orange und Spuren von Grapefruit. Eleganter Abgang.

Banff 1975 Berry Bros. & Rudd

Berry Bros. & Rudd
www.bbr.com

Herstellungsregion und -land Speyside, Schottland
Destillerie Banff (seit 1983 geschlossen), Inverboyndie, Banffshire **Alkoholgehalt** 46 Vol.-%
Whiskytyp Single Malt

Die Destillerie Banff hat einen Ruf als Unglücksunternehmen. Die erste Anlage fiel einem Brand zum Opfer, und die neu erbauten Produktionsstätten ereilte in der Folge genau das gleiche Schicksal. Nach einem nochmaligen Wiederaufbau gab es ab 1932 unter neuen Besitzern einige unfallfreie Jahre. Während des Zweiten Weltkriegs wurde der Betrieb von einem einzelnen deutschen Flugzeug bombardiert, und der Alkohol aus einer Vielzahl zerborstener Fässer ergoß sich in die Bäche der Umgebung, um eine ganze Weile für heiteres Rindvieh in der Nachbarschaft zu sorgen.

Als eine Routinereparatur an einer der kupfernen Brennblasen vollkommen schiefflief, legte eine Explosion 1959 die Destillerie erneut lahm. Sie wurde zwar wieder aufgebaut, aber 1983 kam es dann zu einem endgültigen Finale, diesmal nicht aufgrund von Feuer, sondern einer abflauenden Konjunktur. Das letzte Lagerhaus des stillgelegten Unternehmens wurde 1991 durch einen weiteren Brand zerstört.

Single Malts von Banff sind selten und unausgewogen. Es gibt noch einzelne Flaschen, aber die Preise steigen schnell. Manche Flaschen wurden wegen der Qualität bemängelt, aber wenn man die richtige erwischt, erwirbt man ein echtes Juwel. **AS**

Verkostungsnotizen

Stählern, metallisch mit wenig Süße. Kautabak und Leder machen ihn noch ansprechender. Bitter Lemon (also nicht frische Zitrone) ist ebenfalls vorhanden.

Banff Old & Rare Platinum Selection 38-Year-Old

Douglas Laing & Co. | www.douglaslaing.com

Herstellungsregion und -land Speyside, Schottland
Destillerie Banff (seit 1983 geschlossen), Inverboyndie, Banffshire **Alkoholgehalt** 53,4 Vol.-%
Whiskytyp Single Malt

Dieser Whisky blickt auf eine traurige Geschichte zurück. Die erste Banff-Destillerie wurde 1824 erbaut, dem gleichen Jahr, in dem auch Glenlivet entstand, und wurde im Laufe der folgenden 150 Jahre nach verschiedenen Bränden und Explosionen mehrmals wieder aufgebaut. Im Zweiten Weltkrieg kam es sogar zu einem Bombenangriff, der Alkoholvergiftungen in der örtlichen Tierwelt zur Folge hatte. Dieser Whisky wurde 1973 destilliert, kaum drei Jahre, nachdem die Brennblasen von Kohle- auf Ölfeuerung umgestellt worden waren, und er hat 38 Jahre ruhig in einem Sherryfaß verbracht, bevor er in Faßstärke auf Flaschen gezogen wurde.

In den 1970er und 1980er Jahren hatte die Destillerie Banff mit den hohen Kraftstoffkosten zu kämpfen und mußte 1983 schließen, als die Ölkrise die Nachfrage dämpfte und die Kosten steigen ließ. Dieses Schicksal teilte sie mit vielen anderen Destillerien in jenen schwierigen Zeiten, die zu den dunkelsten Jahren in der Geschichte der schottischen Malts zählten. All das wäre belanglos, wenn Banff ein mittelmäßiger Whisky gewesen wäre – Seltenheit ist an und für sich kein Qualitätsmerkmal. Aber in dem Augenblick, in dem man eine Flasche des 38-Year-Old öffnet, wird einem klar, was hier verlorengegangen ist und nie wieder neu entstehen kann.

Die helle Strohfarbe läßt vermuten, daß er in einem Sherryfaß lagerte, das schon zuvor Whisky enthalten hatte. Einen Whisky wie diesen 38 Jahre in einem neuen Faß zu belassen, wäre auch verantwortungslos gewesen. Die Holznoten haben sich auf das Leichteste mit dem Rauchigen und Fruchtigen des Destillats verbunden. Ein seltener Whisky, dessen Ende man betrauern muß. **AN**

Verkostungsnotizen

Blaß goldgelb. In der Nase anfänglich spritzige Tropenfrüchte, dann leicht rauchig, wie ein Herbstfeuer auf einer Obstwiese. Leichter Sherry- und Eichenbeiklang, aber sehr trocken und glatt. Mit Wasser treten Gewürze und Torf hervor, aber gut ausbalanciert.

Bell's Original

Diageo | www.bells.co.uk

Herstellungsregion und -land Schottland
Destillerien Verschiedene
Alkoholgehalt 40 Vol.-%
Whiskytyp Vatted Blend

Es ist nicht zu leugnen, daß Bell's Original ungemein beliebt ist. Seine frisch-würzige Getreidesüße macht ihn unverkennbar. Bei etwa 35 verschiedenen Malt- und Grain-Whiskys, die alle zwischen fünf und zwölf Jahre gereift sind, kann es nicht ganz leicht sein, einen gleichbleibenden Geschmack zu erzielen – andererseits läßt es sich bei einer breiten Auswahl von Whiskys aus verschiedenen Destillerien durchaus leisten. Der wichtigste Malt stammt von Blair Athol in den Highlands, aber der grundlegende Geschmack von Bell's Original wird auch durch die süßen Malts aus der Speyside und den rauchigen Insel-Whiskys bestimmt. Alle Einzelwhiskys reifen in Eichenfässern, was ebenfalls zum üppigen, vollen Geschmack des Blends beiträgt.

Bell's Original hat begonnen, seine Geschichte in den Vordergrund zu rücken und den Markengründer Arthur Bell in der Werbung eine größere Rolle spielen zu lassen. So wird man daran erinnert, wie sehr ein Getränk für die Kunstfertigkeit und das Erbe eines Mannes stehen kann. Dadurch ist die Marke nicht nur populärer geworden, sondern hat auch gegenüber früher etwas an Seriosität gewonnen.

Seit kurzem wird Bell's Original auch als Zutat für Cocktails empfohlen, wodurch die Eigner Diageo versuchen, ein jüngeres Publikum für die Marke zu gewinnen. Man kann zwar noch nicht erkennen, ob dieser Versuch gelungen ist, aber es ist unwahrscheinlich, daß sich die alten Anhänger dadurch abschrecken lassen. Diese Vermutung wird auch dadurch bestätigt, daß Bell's Original immer noch die erste Wahl in der Bar von manch einem britischen Pub ist. **JH**

Verkostungsnotizen

Üppig, aber sanft. Würzig, aber dezent. Nussig, aber glatt. Bell's Original ist wie Gewürzkuchen, in dem man alle Zutaten schmecken kann, sie aber alle harmonieren und keine die anderen dominiert. Das Ergebnis ist ein unverkennbarer und gut abgerundeter Whisky.

Ben Nevis 10-Year-Old

Nikka (Asahi Breweries) | www.bennevisdistillery.com

Herstellungsregion und -land Highlands, Schottland
Destillerie Ben Nevis, Lochy Bridge, Fort William, Highland
Alkoholgehalt 46 Vol.-%
Whiskytyp Single Malt

Ben Nevis ist eine der wenigen Destillerien an der schroffen schottischen Westküste, wo sie sich in den Schatten des namengebenden höchsten Berges Großbritanniens duckt. Der Whisky hat nie zu den bekannten Single Malts gehört, was daran liegen mag, daß unter dem gleichen Namen Blends produziert werden. Auch die Verpackung, die aussieht, als käme sie direkt aus den 1960er Jahren, wird kaum geholfen haben. Wenn man aber darüber hinwegsieht, findet man einen exzellenten Whisky mit einer kräftigen Fruchtigkeit und leichten Rauchakzenten.

Auch wenn Ben Nevis recht weit vom offenen Meer entfernt am Kopf des Loch Linnhe liegt, sieht der Geschäftsführer Colin Ross sie doch als ‚Küsten'-Destillerie. Heute befindet sich die nächstgelegene andere Destillerie Oban etwa 50 Kilometer weiter südlich auf einer malerischen Küstenstraße. Mehr als 80 Jahre war in der Heimatstadt von Ben Nevis, Fort William, auch die Glenloch-Destillerei ansässig, die 1983 geschlossen und zu einem Hotel und Restaurant umgewandelt wurde. Ben Nevis ist in der jüngeren Vergangenheit ebenfalls mehrmals geschlossen und wiedereröffnet worden, aber selbst während der Schließungen wurde sie gut genutzt und diente mehreren Hollywoodfilmen mit schottischen Bezügen als Kulisse. Dank des neuen Eigners Nikka läuft der Betrieb jetzt seit 1990 ohne Unterbrechungen.

Dieser vielfach preisgekrönte zehnjährige Malt kam 1996 auf den Markt. Hier wird zwar die Variante mit 46 Volumenprozent Alkohol vorgestellt, aber es gibt auf unterschiedlichen internationalen Märkten auch solche mit 40 und 43 Prozent. **PB**

Verkostungsnotizen

Sanft, mit Weinbeerenschalen und überreifen Birnen in der Nase. Am Gaumen Backäpfel und Süßholz mit exotischen Früchten und einem deutlichen Anklang von Orangenschokolade. Durchgehende Kaffee- und Eichentöne. Angenehm malziger Abgang.

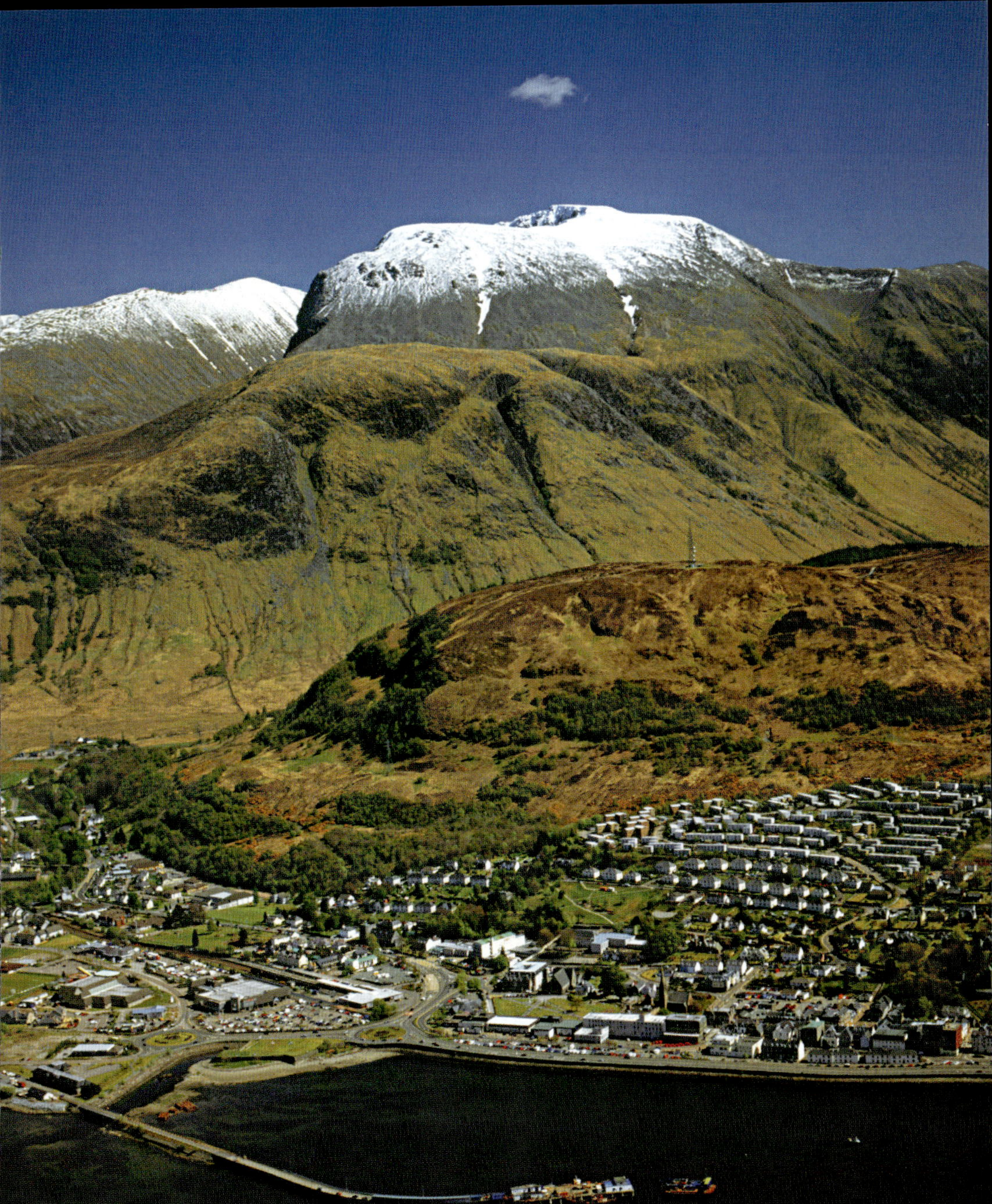

Ben Nevis 12-Year-Old Douglas of Drumlanrig

Douglas Laing & Co. | www.douglaslaing.com/
www.bennevisdistillery.com

Herstellungsregion und -land Highlands, Schottland
Destillerie Ben Nevis, Lochy Bridge, Fort William, Highland
Alkoholgehalt 46 Vol.-%
Whiskytyp Single Malt

Zur Zeit gehört die Destillerie Ben Nevis dem japanischen Konzern Nikka, aber im Laufe der Jahre ist sie schon durch einige Hände gegangen. Zu den früheren Besitzern zählte ein Riese namens Long John McDonald, der mit seinen zwei Metern für das Schottland der 1830er Jahre ein sehr großer Mann war. Später gehörte Ben Nevis einem unternehmungsfreudigen Amerikaner, der 1955 eine Coffey-Still installierte, mit der er neben dem Malt auch in kontinuierlicher Destillation Grain-Whisky brennen konnte. Die Möglichkeit, einen „Single Blend" herzustellen, wurde nach der Übernahme durch Nikka leider vergeben, als die Destillierapparate wieder abgebaut wurden.

Der Einfluß der neuen Besitzer wurde aber auch sonst deutlich, und der Ben Nevis war 2010 die Nummer sieben auf den japanischen Bestsellerlisten. Der Großteil des Malts wird allerdings zum Verschneiden verwendet, man muß also gründlich suchen, wenn man eine Flasche davon finden will.

Die Reifung findet in Bourbon- und Sherryfässern statt. Es gibt mehrere Destillerie-Abfüllungen sowie einige unabhängige. Diese hier von Douglas Laing zeigt mit zwölf Jahren den typischen Stil der West Highlands – selten und die Suche wert. **ANH**

Verkostungsnotizen

Hell goldgelb. Sahnekaramell und Birne in der Nase, mit guter Komplexität dahinter. Ölig und kräftig im Mund. Gewürze verblassen glatt zum süßen Abgang.

Ben Nevis 15-Year-Old Glenkeir Treasures

Glenkeir Treasures
www.whiskyshop.com

Herstellungsregion und -land Highlands, Schottland
Destillerie Ben Nevis, Lochy Bridge, Fort William, Highland
Alkoholgehalt 40 Vol.-%
Whiskytyp Single Malt

The Whisky Shop ist die einzige britische Einzelhandelskette, die im gesamten Vereinigten Königreich Whisky verkauft. Die etwa 20 Filialen in England und Schottland haben einen ungeheuren Beitrag dazu geleistet, hochwertige Whiskys für den ‚Mann auf der Straße' anzubieten, indem sie den Kauf von Whisky so einfach und ansprechend wie möglich machen.

Man kann in den Geschäften viele der Angebote auch verkosten, unter anderem auch die Serie Glenkeir Treasures. Der Qualitätsstandard ist bei dieser Reihe besonders hoch, und es wäre sehr ungewöhnlich, an einem von ihnen etwas zu bemängeln. Wie alle Vertreter der Glenkeir-Reihe ist auch dieser Ben Nevis vollkommen anders als die offiziellen Abfüllungen. Ben Nevis ist sowieso ein Sonderfall, da die Destillerie zu den wenigen gehört, die unter dem gleichen Namen einen Single Malt und einen Blend anbieten. Vom Ausstoß geht ein großer Teil nach Japan, um dort verschnitten zu werden.

Das Alter von 15 Jahren gibt dem Ben Nevis Glenkeir Treasure eine Üppigkeit, mit der die offizielle Abfüllung einfach nicht mithalten kann. Es ist ein echter ‚Allzweck-Whisky', der sich vollkommen von allen anderen erhältlichen Malts unterscheidet. **DR**

Verkostungsnotizen

Torf und Gewürze, die durch Milchschokolade mit Orangen, Kumquats und Nüsse mehr als aufgewogen werden. Üppiger und voller, als man erwarten würde.

Ben Nevis 34-Year-Old Adelphi Blend

Adelphi
www.adelphidistillery.com

Herstellungsregion und -land Highlands, Schottland
Destillerie Ben Nevis, Lochy Bridge, Fort William, Highland
Alkoholgehalt 50,3 Vol.-%
Whiskytyp Blend

Ben Nevis war eine der wenigen schottischen Destillerien, die sowohl Malt- als auch Getreidewhisky im selben Betrieb brannten. Nach der Errichtung einer Coffey-Still im Jahr 1955 stellte man beide Destillate her, vor allem als Zutaten für Blends. Seit den 1980er Jahren wird allerdings kein Getreidebrand mehr hergestellt. Wenn die beiden Arten gemischt worden wären, hätte man das Ergebnis als Single Blend bezeichnet. Solche Whiskys sind recht selten, da nur wenige Brennereien in der Lage waren, sie zu produzieren.

Manchmal gibt es einen Whisky, der noch etwas seltener ist als ein normaler Single Blend – ein Single-Cask Single Blend. In diesem Fall werden die Whiskys nicht nach der Reifung verschnitten, sondern man füllt ein Faß mit einer Mischung aus den frischen Getreide- und Malt-Destillaten und läßt dann den Blend reifen. Zu dieser Art gehört dieser Ben Nevis, der 1970 destilliert und nach 34 Jahren im Faß in Faßstärke abgefüllt wurde.

Trotz verschiedener Preise und der sehr geringen Zahl von Flaschen – insgesamt nur 186 – kommt der Whisky gelegentlich noch in die Geschäfte, da seine Machart so selten ist, daß er ein großer Unbekannter bleibt. Eine Verkostung lohnt sich auf jeden Fall – sie fällt sicher anders aus, als man vermuten würde. **BA**

Verkostungsnotizen

Eine klebrige Nase, pastös mit Aceton- und Kieferntönen. Kräftige Zitronenelemente in der Mitte des Gaumens, von Ananas umgeben. Trockener Abgang.

Ben Nevis 40-Year-Old "Blended at Birth"

Nikka (Asahi Breweries)
www.bennevisdistillery.com

Herstellungsregion und -land Highlands, Schottland
Destillerie Ben Nevis, Lochy Bridge, Fort William, Highland
Alkoholgehalt 40 Vol.-%
Whiskytyp Blend

Unter dem neuen Eigner Nikka hat Ben Nevis an wirtschaftlicher Stabilität gewonnen und kann zuverlässiger produzieren (zwischen 1978 und 1990 war die Destillerie insgesamt neun Jahre geschlossen). Hinzu kommt ein neues, besseres Faßmanagement, das deutlich zu einer höheren Qualität der erzeugten Whiskys beigetragen hat.

Der Ben Nevis 40-Year-Old „Blended at Birth" ist insofern etwas ungewöhnlich, als er anders hergestellt wird als die meisten anderen Blends. Normalerweise werden Malt- und Grain-Whiskys verschnitten, nachdem sie getrennt gereift sind. Dann werden sie als Mischung einer zweiten Lagerungszeit im Faß unterworfen. Bei diesem Whisky werden die unterschiedlichen Getreidesorten jedoch schon vor dem Destillieren gemischt, ein Verfahren, das man besser von irischen Pot-Still-Whiskeys kennt.

Ben Nevis ist nicht die einzige schottische Destillerie, die nach diesem Verfahren Whisky brennt. Die inzwischen stillgelegte Lochside-Destillerie in Montrose in Angus brannte auch einen sogenannten Single Blend. Falls man davon eine Flasche angeboten bekommt, sollte man nicht zögern. Andernfalls kann man auch auf dieses 40 Jahre alte Schätzchen zurückgreifen. Das wäre dann ein Kauf, bei dem die Wahrscheinlichkeit, ihn zu bereuen, gegen Null strebt. **PB**

Verkostungsnotizen

Leicht rauchig in der Nase, mit sanften Fruchttönen. Süß, saftig und fruchtig am Gaumen, dann kommt Schokolade. Auch im Abgang Schokolade, dann Eiche.

BenRiach 10-Year-Old Curiositas

The BenRiach Distillery Co. | www.benriachdistillery.co.uk

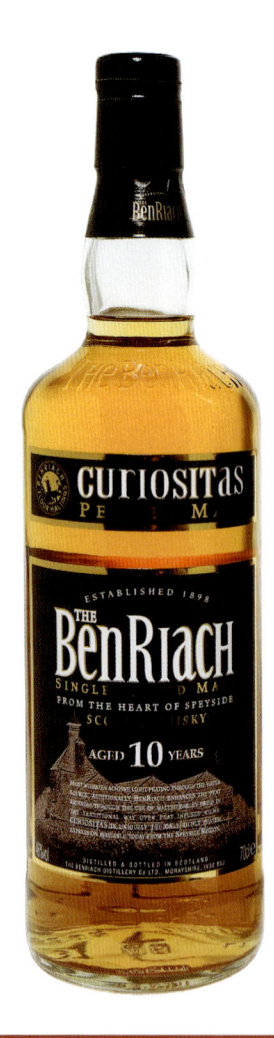

Herstellungsregion und -land Speyside, Schottland
Destillerie BenRiach, Longmorn, Elgin, Morayshire
Alkoholgehalt 40 Vol.-%
Whiskytyp Single Malt

Als BenRiach 2004 die ersten Abfüllungen herausbrachte, war die bemerkenswerteste ein stark getorfter Single Malt mit dem Namen Curiositas. Um Whisky zur Verfügung zu haben, den sie als Curiositas abfüllen konnten, weiteten Chivas Brothers während ihrer Zeit als Eigentümer die Produktion aus. Der heutige Geschäftsführer Billy Walker sagt: „Sie stellten ihren ersten getorften Whisky 1972 her und brannten ihn in Zyklen, allerdings nicht jedes Jahr."

Die BenRiach-Destillerie selbst war von 1900 bis 1965 nicht in Betrieb, aber die Mälzerei wurde noch genutzt. Walker glaubt, „sie haben vermutlich das getorfte Malz selbst hergestellt, weil es zu der Zeit schwierig gewesen wäre, auf dem Festland einen Zulieferer für getorftes Malz zu finden. Sie setzten so viel Torf ein, wie die Gerste aufnehmen konnte, so daß am Schluß 35 bis 38 ppm im Destillat enthalten waren."

BenRiach zog den Curiositas mit zehn Jahren auf Flaschen ab, um seine Torfung herauszustellen. „Die Phenole in einem getorften Whisky sind zu einem bestimmten Zeitpunkt am kräftigsten", erklärt Walker. „Meist liegt der zwischen acht und zwölf Jahren. Das ist ein gutes Alter zum Trinken. Danach wird der Whisky zarter und feiner. Wenn man eine wirklich wuchtige Variante sucht, sind zehn Jahre ideal."

Er sagt auch: „BenRiach ist eine von etwa 50 Speysider Destillerien, und der Curiositas hob uns von den anderen ab. Außerdem ist der Preis für einen 10-Year-Old annehmbar, man kann Menge verkaufen. Ohne den getorften Curiositas wäre es viel schwerer gewesen, das zu erreichen, was wir geschafft haben. Er gab uns Profil." **GS**

Verkostungsnotizen

Die Nase wirkt anfänglich medizinisch und zeigt Teer- und Torfnoten, dann kommen die für BenRiach typischen Honig-, Frucht- und Eichennoten durch. Am Gaumen süß und rauchig mit etwas Jod, mit Nüssen, Trockenfrüchten und viel Eiche. Süßer Abgang mit Holz.

BenRiach 12-Year-Old

The BenRiach Distillery Co. | www.benriachdistillery.co.uk

Herstellungsregion und -land Speyside, Schottland
Destillerie BenRiach, Longmorn, Elgin, Morayshire
Alkoholgehalt 40 Vol.-%
Whiskytyp Single Malt

Während manche Destillerien ein Kernsortiment an Single Malts vorrätig halten, die sich nur im Alter unterscheiden, bietet BenRiach ein Portfolio an, das dauerhaft eine Anzahl von Whiskys enthält, die sich im Charakter deutlich unterscheiden.

So wird die Variante Heart of Speyside beispielsweise zur Gänze in ehemaligen Bourbonfässern gelagert, während der 12-Year-Old sein Leben in Bourbonfässern begann und dann für eine vier bis fünf Jahre dauernde zweite Reifung in Olorosofässer umgefüllt wurde. Manager Billy Walker berichtet, der Zwölfjährige bestehe „zu 60 Prozent aus Whisky, der aus Bourbonfässern stammt, von denen recht viele schon zuvor mit Whisky gefüllt waren. Dadurch sind bei dem 12-Year-Old die Sherrynoten sehr viel deutlicher als bei seinen Brüdern."

Bis Walker und seine Partner Benriach übernahmen (und auch das große „R" in der Mitte des Namens einführten), war die einzig erhältliche Variante eine zehn Jahre alte Abfüllung, die Chivas Brothers 1994 vorgestellt hatte, die aber nicht gerade weltbewegend war. So hatten die Konsumenten kaum eine Vorstellung davon, wie BenRiach als Single Malt daherkommen sollte. Walker sagt: „Er war insofern eine leere Leinwand," und sein Sohn Alistair fügt hinzu: „Wir haben von Anfang an nicht an Supermarktketten verkauft." So konnten sich unabhängige Händler mit dem BenRiach einen exklusiven Namen machen und verdienten mehr an den Whiskys, da sie nicht mit den großen Filialketten in Wettbewerb standen, die geringere Preise hätten verlangen können, weil sie die Hersteller preislich unter Druck setzten. **GS**

Verkostungsnotizen

Eine blumig-fruchtige Nase mit reifen Orangen und Ananas sowie Vanille, Malz und Honig. Am Gaumen sofort Malz und Karamel, dann Vanille, Milchschokolade, wieder Honig und Würze vom Bourbonfaß. Im Abgang Muskatnuß und etwas trockene Eiche.

BenRiach 12-Year-Old Heredotus Fumosus

The BenRiach Distillery Co.
www.benriachdistillery.co.uk

Herstellungsregion und -land Speyside, Schottland
Destillerie BenRiach, Longmorn, Elgin, Morayshire
Alkoholgehalt 46 Vol.-%
Whiskytyp Single Malt

Der Erfolg des BenRiach Curiositas und des Authenticus regte die Destillerie an, etwas Neues mit ihrem getorften Whisky zu unternehmen. So kam es im Mai 2007 zur Einführung von drei zwölfjährigen getorften Single Malts, die unterschiedliche Cask Finishs erhalten hatten. Single Malts tragen oft schwer auszusprechende gälische Namen, aber BenRiach entschied sich stattdessen für lateinische Bezeichnungen, um deren „klassische Schönheit" zu würdigen.

Heredotus Fumosus - oder „rauchiger Sherry" – erhielt ein Finish in Pedro-Ximénez-Sherryfässern. Der Geschäftsführer Billy Walker erklärt: „Wir haben uns dazu entschlossen, weil die Leute Sherry meist weniger furchteinflößend finden als exotische Finishs." Wie Anhänger des Islay-Malts Lagavulin sehr gut wissen, kann Sherry ein sehr ansprechender Partner für getorfte Whiskys sein, und die anderen Destillerien im Süden Islays – Ardbeg und Laphroaig – haben auch einige sehr erfolgreiche Whiskys mit Sherryeinfluß angeboten.

Walker fügt hinzu: „Der getorfte BenRiach braucht eine längere Zeit – mehr als drei Jahre – in den Sherryfässern des Pedro Ximénez, um die richtige Balance zu erreichen." Hier zahlt sich, wie so oft bei der Whiskyherstellung, Geduld aus. **GS**

Verkostungsnotizen

Sherry, Rosinen, Gewürznelken und Eiche zeigen sich in der Nase vor einem Hintergrund schwelenden Torfs. Am Gaumen mild, wieder mit Rosinen, Sherry und Torf.

BenRiach 12-Year-Old Sherry Matured

The BenRiach Distillery Co.
www.benriachdistillery.co.uk

Herstellungsregion und -land Speyside, Schottland
Destillerie BenRiach, Longmorn, Elgin, Morayshire
Alkoholgehalt 46 Vol.-%
Whiskytyp Single Malt

Nach der Übernahme durch Billy Walker und seine Partner im Jahr 2004 ist BenRiach wohl die schottische Destillerie, die am bekanntesten für ihre Finishs in unterschiedlichen Faßarten ist. Man hat eine verwirrende Vielfalt von Fässern für die zweite Lagerung ausprobiert, und da viele Abfüllungen limitiert waren, sind viele dieser Finishs nicht mehr erhältlich. Ein Standardsortiment hat sich jedoch gehalten. Der Verkaufs- und Marketingleiter Alistair Walker gibt zu: „Wir haben fast alles einmal ausprobiert! Und ein wichtiger Punkt ist, daß wir den Whisky länger im zweiten Faß belassen als sonst üblich."

Es ist naheliegend, schottischen Whisky in Sherryfässern nachzureifen da die meisten Konsumenten die Lagerung in solchen Fässern sowieso schon mit Whisky assoziieren. Dementsprechend brachte BenRiach eine zwölf Jahre alte Variante auf den Markt, in der Whiskys vertreten sind, bei denen die letzte Reifung in Oloroso- und Pedro-Ximénez-Fässern stattfand.

„Diese Abfüllung geht auf Nachfrage im asiatischen Markt zurück", sagt Alistair Walker. „Es ist vor allem Pedro Ximénez mit einem Hauch Oloroso. In diesem Fall ist es ein Zwölfjähriger, aber wir verwenden auch andere Alter für die Finishs, weil wir uns nach der Reife des Whiskys, nicht nach einer bestimmten Preismarge richten." **GS**

Verkostungsnotizen

Warme Gewürze, Rosinen, Muskatnuß, Sherry und Karamell in der Nase. Ausgewogen, süße Sherryakzente am Gaumen. Schokolade im mittellangen Abgang.

BenRiach 13-Year-Old Maderensis Fumosus

The BenRiach Distillery Co.
www.benriachdistillery.co.uk

Herstellungsregion und -land Speyside, Schottland
Destillerie BenRiach, Longmorn, Elgin, Morayshire
Alkoholgehalt 46 Vol.-%
Whiskytyp Single Malt

Im Juli 2008 kam zu den drei bereits vorhandenen ein weiterer stark getorfter Finish des BenRiach hinzu, der Maderensis Fumosus – „rauchiger Madeira" –, der insgesamt 13 Jahre gelagert worden war. Billy Walker sagt: „Madeirafässer funktionieren immer gut, ob es getorfter oder ungetorfter BenRiach ist. Man bekommt dann Frucht-, Nuß-, Melasse- und Zuckernoten. Bei der Auswahl von Fässern für das Finishing von BenRiach muß man vor allem alles meiden, was vorher relativ leichte Inhalte hatte, weil der getorfte BenRiach sonst vollkommen dominiert.

Wir haben es hier also mit Likörweinfässern zu tun, was bedeutet, daß der Alkohol- und Zuckergehalt recht hoch ist. Es ist auch wichtig, dem Whisky genügend Zeit in diesen Fässern zuzugestehen. Es ist alles sehr experimentell – es kann passieren, daß das Faß und der getorfte BenRiach in entgegengesetzte Richtungen tendieren. Im Idealfall erhält man eine gut passende Kombination."

Getorfter BenRiach verkauft sich in Schweden, Holland, Dänemark und Deutschland gut, den klassischen Märkten für getorften Scotch. „Im Allgemeinen verkaufen sie sich überall gut, wo es kalt ist," sagt Walker. „In Spanien und Griechenland gehen sie nicht, und asiatische Märkte ziehen ältere, süßere Whiskys vor." **GS**

Verkostungsnotizen

Eine kräftige, fast medizinische Nase mit Torf und Kohle und später Zitrus- und tropischen Fruchtnoten. Sanfter Torf am Gaumen und ein leicht gummiartiger Abgang.

BenRiach 15-Year-Old Dark Rum Wood Finish

The BenRiach Distillery Co.
www.benriachdistillery.co.uk

Herstellungsregion und -land Speyside, Schottland
Destillerie BenRiach, Longmorn, Elgin, Morayshire
Alkoholgehalt 46 Vol.-%
Whiskytyp Single Malt

Sowohl die getorften als auch die ungetorften BenRiachs werden oft einem Finish in Fässern unterzogen, die zuvor dunklen Rum enthielten. Davor altern sie in ehemaligen Bourbonfässern. Der Verkaufsleiter Alistair Walker stellt fest: „Rum-Finishs sind wegen ihrer süßen Vanille- und Melassenoten bei jüngeren Kunden beliebt. Der Rum in Fässern hat etwa 80 Volumenprozent Alkohol, so daß Rumreste im Faß bei der Wiederverwendung für die Whiskyreifung nicht zu einer Verdünnung, sondern eher zum Gegenteil führen."

Der BenRiach Dark Rum Wood Finish wurde im November 2006 zusammen mit Finishs eingeführt, die in ehemaligen Pedro-Ximénez-, Madeira- und Tawny-Port-Fässern ihre Sekundärreifung durchgemacht hatten. Die Rumfässer für den BenRiach stammen von der Karibikinsel Jamaika.

Trotz aller aufgewendeten Mühe und Sorgfalt gibt es bei den Whiskys mit Finish natürlich auch welche, die nicht so gut ausfallen wie erhofft. „Wir haben es mit Tokaier versucht", sagt Billy Walker, „aber das hat nicht funktioniert. Es ergab einen übertriebenen Geschmack nach Birnendrops. Vielleicht waren die Fässer zu neu. Auch wenn es bei den älteren Whiskys noch ging, kommen sie bestimmt nicht auf den Markt." **GS**

Verkostungsnotizen

Kaum überraschend tritt Rum in der süßen, würzigen Nase in den Vordergrund, mit reifen Bananen und Vanillesoße. Milchschokolade und Rosinen im Abgang.

BenRiach 15-Year-Old Madeira Wood Finish

The BenRiach Distillery Co. | www.benriachdistillery.co.uk

Herstellungsregion und -land Speyside, Schottland
Destillerie BenRiach, Longmorn, Elgin, Morayshire
Alkoholgehalt 46 Vol.-%
Whiskytyp Single Malt

Der BenRiach Madeira Wood Finish wurde 2006 zusammen mit dem Dark Rum Finish vorgestellt. Er lagerte in Bourbonfässern, bevor er in Fässer der Firma Henriques and Henriques umgefüllt wurde, die von der subtropischen, etwa 400 Kilometer nördlich von Teneriffa im Atlantik liegenden Insel Madeira stammen.

Bei dem Madeira Wood Finish wäre BenRiach gerne bereit, die genaue Herkunft der fraglichen Fässer zu belegen. Allerdings sehen es die Firmen, die Fässer liefern, nicht immer gerne, wenn ihr guter Ruf auf Produkte übertragen wird, über die sie keine Kontrolle haben. Deshalb kann BenRiach die Namen der Lieferanten nicht immer angeben.

„Sherry und Portwein waren die naheliegenden Finishs", sagt Alistair Walker, „und wenn Rum und Madeira auch etwas riskanter waren, so verkaufen sie sich doch gut. Wir haben unsere Finishs zu der Zeit herausgebracht, als Glenmorangie viele von ihren aus dem Programm nahm. Ihr Madeira wurde eingestellt, als unserer auftrat, was uns vermutlich sehr geholfen hat."

Der Geschäftsführer Billy Walker stellt fest, man müsse „bei allen Finishs sehr auf die Entwicklung achten. Ein Finish von drei oder sechs Monaten hat überhaupt keinen Sinn. Bei uns sind 18 Monate das Minimum, und meist sind drei Jahre die Obergrenze. Es hängt natürlich von den Fässern ab, und die muß man sich jeden Monat ansehen. Es ist Maßarbeit, man muß den Augenblick erwischen, in dem der Whisky genau richtig ist. Unter Umständen ist es sogar nötig, ihn dazu auch wieder aus dem Finishing-Faß in ein gebrauchtes Bourbonfaß zurückzufüllen." **GS**

Verkostungsnotizen

Die Nase bietet Holzpolitur, Pfirsich, Vanille, Nougat und Popcorn auf einer stabilen Grundlage von Madeira und Eiche. Am Gaumen warm, buttrig und würzig, mit Butterkaramell, Pfirsich-Flan, Haselnuß und Madeira im Überfluß.

BenRiach 15-Year-Old Solstice

The BenRiach Distillery Co. | www.benriachdistillery.co.uk

Herstellungsregion und -land Speyside, Schottland
Destillerie BenRiach, Longmorn, Elgin, Morayshire
Alkoholgehalt 50 Vol.-%
Whiskytyp Single Malt

Solstice tritt sicher in den Spuren seiner jüngeren Geschwister auf: dem getorften Pedro Ximénez, dem Jamaica-Rum-, Tawny-Port- und dem Madeira-Finish. Er erhält sein Finish in alten Tawny-Port-Fässern aus dem portugiesischen Douro-Tal. Die erste Charge des Solstice reifte insgesamt 15 Jahre, eine zweite Charge kam dann nach 17jähriger Reifezeit auf den Markt.

Der BenRiach Solstice erschien am kürzesten Tag des Jahres 2010. Billy Walker erklärt: „Solstice (Sonnenwende) ist mit seinen Anklängen an Wiedergeburt und an Sonnenwendfeiern der perfekte Malt für den tiefen Winter." Es ist aber auch zu jeder anderen Jahreszeit ein idealer Whisky nach dem Essen und ein großartiger Begleiter für eine gute Havanna.

Billy Walker: „Solstice gehört in die Familie der Torf-Finishs, und Tawny Port paßt gut zu Whisky. Wir hatten einige Fässer, die die meisten anderen um Hauptesänge überragten. Sie waren einfach phantastisch, sie bereicherten den Whisky mehr, als wir uns hätten vorstellen können. Die sorgfältig ausgewählten Fässer waren superb, also füllten wir den Inhalt in Flaschen. Die Herausforderung liegt immer darin, an die vergangenen Erfolge anzuknüpfen."

Um für kommende Abfüllungen hinreichend getorften Whisky zur Verfügung zu haben, produziert BenRiach inzwischen 200 000 Liter getorftes Destillat im Jahr. Die Produktion findet in sechs oder sieben Wochen im Januar und Februar statt. 2009 erschien unter dem Namen Birnie Moss eine getorfte Variante ohne Altersangabe, die vollkommen aus getorftem Whisky der jetzigen BenRiach-Machart besteht. **GS**

Verkostungsnotizen

Eine üppige, würzige Nase mit reifen Beeren und sanftem Torf. Am Gaumen kühn mit vollem Körper, intensiven Fucht- und Zimtnoten, die sich vor recht trockenem Torfrauch entwickeln. Langer, entspannter Abgang mit subtilen Gewürz- und Portweinanklängen.

BenRiach 16-Year-Old

The BenRiach Distillery Co.
www.benriachdistillery.co.uk

Herstellungsregion und -land Speyside, Schottland
Destillerie BenRiach, Longmorn, Elgin, Morayshire
Alkoholgehalt 40 Vol.-%
Whiskytyp Single Malt

Entsprechend der Maxime, jeder Abfüllung im Standardsortiment von BenRiach seine eigene Persönlichkeit zu geben, unterscheidet sich der 2004 erschienene 16-Year-Old in der Faßzusammenstellung von seinen älteren und jüngeren Geschwistern.

Billy Walker erklärt: „Der 16-Year-Old fängt mit den verwendeten europäischen und amerikanischen Fässern das Typische der Malts von BenRiach ein. 40 Prozent des enthaltenen Whiskys wurden vier oder fünf Jahre in Oloroso-Fässern nachgereift." Die anderen 60 Prozent lagerten in Bourbonfässern. Der Verkaufsleiter Alistair Walker stellt fest, daß „ein recht großer Anteil des BenRiach 16-Year-Old sogar um 18 Jahre alt ist … Der 16-Year-Old zeigt mehr Gerbsäure vom Eichenholz als der 12-Year-Old."

Als Chivas Brothers Eigner von BenRiach waren, zeigten sie sich sehr innovativ und experimentierfreudig. „Chivas hat ganz still viele interessante und einfallsreiche Dinge bei Benriach ausprobiert", sagt Billy Walker. „Zum Beispiel ein sehr stark getorftes Destillat oder ein dreifach destilliertes. Ich glaube, man sah die Destillerie als einen geeigneten Ort für Experimente und Innovationen an, weil hier keine ‚Marke' gebrannt wurde. Bei Glenlivet hätten sie das wohl nicht getan." **GS**

Verkostungsnotizen

Die etwas zurückhaltende Nase zeigt Getreide-, Haselnuß-, Vanille- und die typischen BenRiach-Honigakzente. Am Gaumen cremig, wieder mit Honig.

BenRiach 16-Year-Old Sauternes Wood Finish

The BenRiach Distillery Co.
www.benriachdistillery.co.uk

Herstellungsregion und -land Speyside, Schottland
Destillerie BenRiach, Longmorn, Elgin, Morayshire
Alkoholgehalt 46 Vol.-%
Whiskytyp Single Malt

Der Sauternes Wood Finish nahm 2008 seinen Platz in der Reihe der Holz-Finishs von BenRiach ein, zuerst als 15-Year-Old, dann als 16jähriger. Er ist sehr beliebt und Billy Walker sagt: „Wir könnten zehnmal so viel verkaufen, wie wir produzieren, wenn wir die Fässer bekommen könnten. Aber sie sind schwierig zu erhalten und teuer. Wie so oft im Leben bekommt man das, wofür man zu zahlen bereit ist."

Sauternes ist in französischer Süßwein aus dem Bordeaux, und BenRiach verwendet Fässer des *premier cru* Château d'Yquem. Walker bemerkt dazu: „Der Sauternes trägt großartig zur klassischen Speyside-Reifung des BenRiach bei. Das Aroma ist fein, und der Whisky muß lange in den Fässern liegen. Mit drei bis dreieinhalb Jahren ist es einer unseren längeren Finishs."

Seit kurzem verwendet BenRiach auch Rioja-, Burgunder- und Bordeauxfässer. Alistair Walker stellt fest: „Wir haben die Abfüllungen des Standardsortiments deutlich eingeschränkt, aber wir werden weiterhin viele Einzelfaß-Abfüllungen anbieten. Insgesamt haben wir etwa 150 Abfüllungen aus Einzelfässern herausgegeben. Pro Jahr machen wir 25 bis 30, und wir suchen die verwendeten Fässer sehr sorgfältig aus, um sicherzustellen, daß es wirklich die besten sind." **GS**

Verkostungsnotizen

Mandeln, Getreide, Butterkaramell und etwas Sherry in der Nase. Am Gaumen voll und süß, geschmeidig und mit Feigen, Dessertwein, Tropenfrüchten und Vanille.

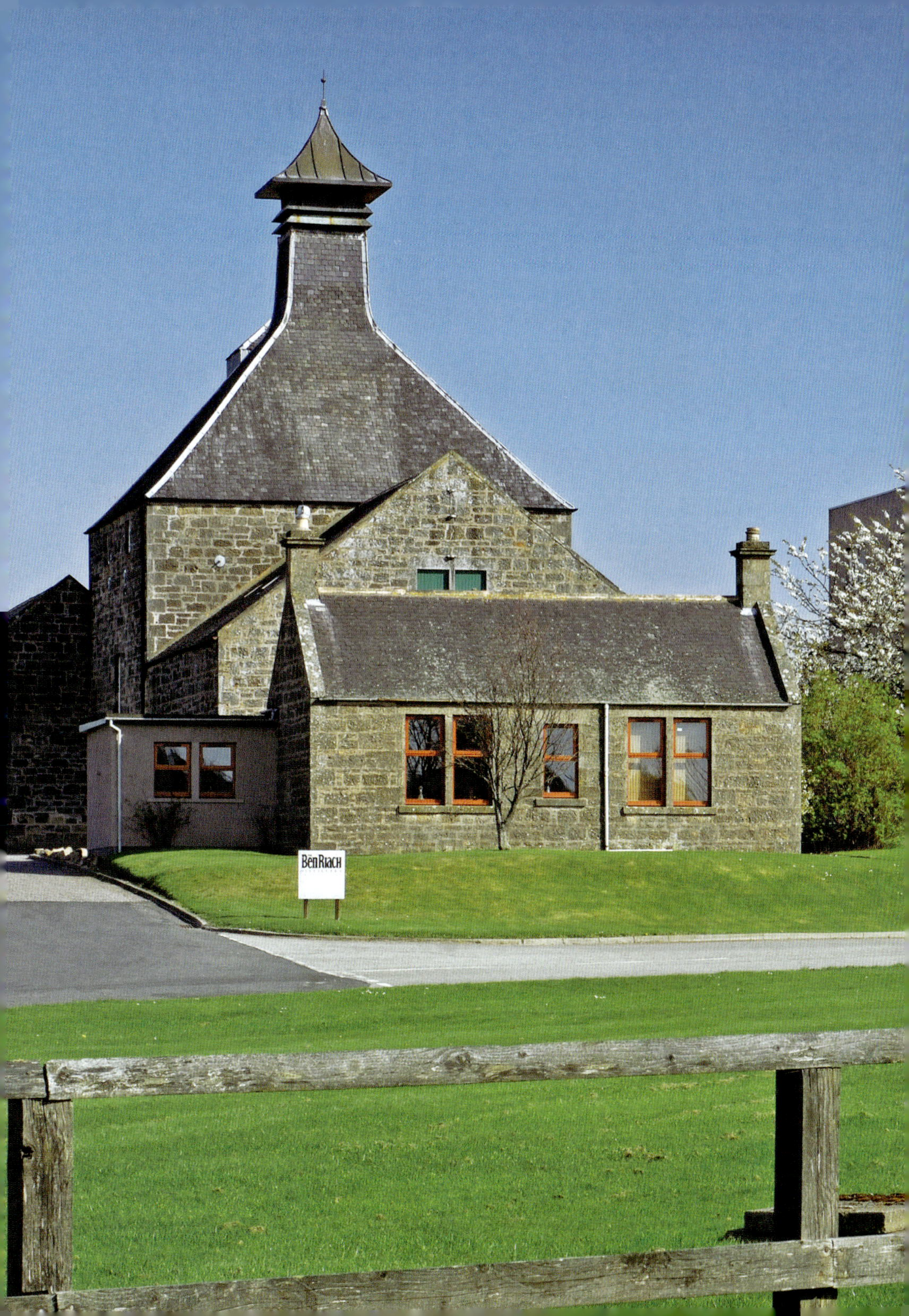
BenRiach

BenRiach 20-Year-Old

The BenRiach Distillery Co. | www.benriachdistillery.co.uk

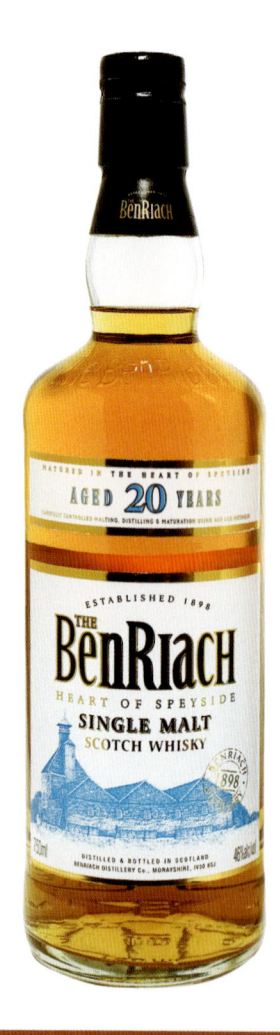

Herstellungsregion und -land Speyside, Schottland
Destillerie BenRiach, Longmorn, Elgin, Morayshire
Alkoholgehalt 43 Vol.-%
Whiskytyp Single Malt

Die zwanzig Jahre alte Variante des BenRiach besteht etwa zur Hälfte aus Whisky, der in Bourbonfässern gelagert wurde, manchmal bis zu 23 Jahre. So kommt es zu deutlichen Honig-, Vanille- und Eichentönen. Der Einfluß der Bourbonfässer ist deshalb so groß, weil sie keinen Scotch enthalten haben, bevor sie von BenRiach verwendet wurden.

Der Geschäftsführer Billy Walker erklärt: „Man darf nicht ausschließlich Bourbonfässer verwenden, die erstmals Scotch enthalten, damit die Wirkung des Bourbons nicht übermächtig wird. Wir setzen deshalb auch etwa 15 bis 20 Prozent Sherryfässer von Pedro Ximénez ein. Wir ziehen sie den Olorosfässern vor, weil der Pedro Ximénez gewissermaßen die nächsthöhere Stufe des Sherry darstellt. Die restlichen etwa 35 Prozent des Whiskys stammen aus Fässern, die schon zwei oder dreimal für Scotch verwendet wurden und deshalb den starken Vanillegeschmack der frischen Bourbonfässer ausgleichen. Beim 20-Year-Old ist alles voller und schwerer als bei den jüngeren Varianten. Ich stelle mir ihn eher als Cousin denn als älteren Bruder vor."

Gegen Ende der 1980er Jahre, als ein Großteil der im BenRiach 20-Year-Old verwendeten Whiskys gebrannt wurde, gehörte die Destillerie über die schottische Firma Chivas Brothers mittelbar zu deren Mutterkonzern, dem kanadischen Riesen Seagram Company. Während zahlreiche andere Destillerien damals wegen vorhergehender Überproduktion in den turbulenten 1980er Jahren vorübergehend oder dauerhaft geschlossen wurden, verdoppelte Chivas 1985 die Kapazität von BenRiach auf vier Brennblasen. **GS**

Verkostungsnotizen

Vanille, Milchschokolade, Honig und frische Früchte in der Nase, sowie sanfte Torftöne. In der Mitte des Gaumens leicht erdig, mit kurzer Säure, dann würzig und honigsüß im Abgang, der von den Bourbonfässern zeugt und einen ganz leichten Holzrauchton aufweist.

BenRiach 21-Year-Old Authenticus

The BenRiach Distillery Co. | www.benriachdistillery.co.uk

Herstellungsregion und -land Speyside, Schottland
Destillerie BenRiach, Longmorn, Elgin, Morayshire
Alkoholgehalt 46 Vol.-%
Whiskytyp Single Malt

Der BenRiach Curiositas war so erfolgeich, daß ein Jahr später der stark getorfte 21jährige auf den Markt kam, der den Namen Authenticus erhielt. „Man konnte uns nicht vorwerfen, die beliebten Whiskys von der Isle of Islay zu kopieren", sagt der Verkaufsleiter Alistair Walker, „weil wir schon getorfte BenRiachs produziert haben, bevor die Islays populär wurden."

Alistairs Vater Billy erklärt den Unterschied zwischen dem Curiositas und dem Authenticus: „Im Alter von 21 Jahren sind die Phenole ruhiger geworden und gründlicher mit dem Holz in Wechselwirkung getreten. Obwohl er im Laufe der Zeit milder geworden ist, hat der Authenticus anfänglich wohl eine gleich starke Torfung aufgewiesen wie Laphroaig. Ich halte ihn für eine ganz außerordentlich Abfüllung. Sie nimmt alle Sinne für sich ein. Man spürt Vanille, Früchte und Rauch, aber es fehlen die medizinischen und öligen Töne der Islays. Der Charakter ist vollkommen anders. Das liegt vor allem am Torf vom Nordosten des Festlands, der eine sehr unterschiedliche Zusammensetzung hat und beim Verfeuern vollkommen verschieden wirken kann. Wenn man unseren getorften Whisky mit einem Islay vergleichen kann, dann am ehesten mit Caol Ila. Chivas hat die Produktion von getorftem Destillat jedoch seinerzeit eingeschränkt, deshalb gibt es auch nur beschränkte Mengen des Authenticus – jedenfalls, bis unser eigener getorfter Whisky 21 Jahre alt ist."

Billy Walker sagt, die getorften BenRiachs wichen keineswegs vom Speyside-Stil ab, sondern kehrten zu einem älteren Stil der Region zurück: „Die heutigen milden Speysides zeigen nicht, wie diese Whiskys vor 100 Jahren waren, als man noch selbst mälzte." **GS**

Verkostungsnotizen

Fruchtiger Torfrauch in der Nase, mit Apfel, Pfirsich und Gurke sowie Honig und Eiche in der Mischung. Bald macht sich Torf als Hauptgeschmack bemerkbar, zusammen mit frischem Erdboden, Äpfeln, Orangen, Honig und Zimt. Würziger Abgang, wieder mit Torf.

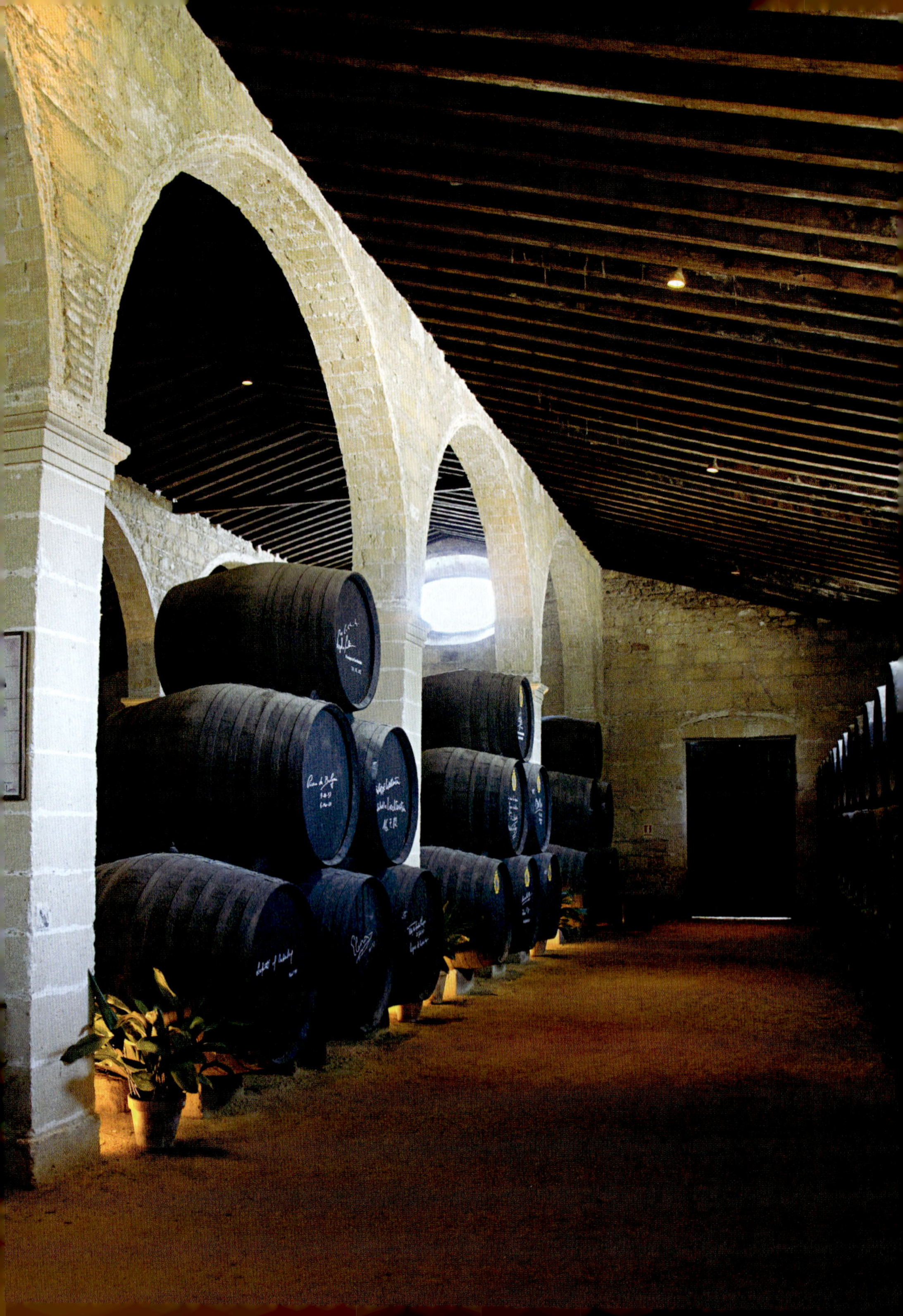

BenRiach 25-Year-Old

The BenRiach Distillery Co.
www.benriachdistillery.co.uk

Herstellungsregion und -land Speyside, Schottland
Destillerie BenRiach, Longmorn, Elgin, Morayshire
Alkoholgehalt 50 Vol.-%
Whiskytyp Single Malt

Die ersten Abfüllungen von BenRiach deckten ein Altersspektrum vom jungen Heart of Speyside bis hin zu einem 20 Jahre alten Single Malt ab. 2006 hatte sich der neue Hersteller jedoch so erfolgreich etabliert, daß er eine ältere Variante vorstellte: den 25-Year-Old, der mit 50 Volumenprozent Alkoholgehalt abgefüllt wurde.

„Der 25-Year-Old unterscheidet sich sehr vom 20-Year-Old", erzählt der Geschäftsführer Billy Walker. „80 Prozent des Whiskys in dieser Abfüllung wurden in Olorosofässern nachgereift, und 20 Prozent lagerten zuerst in Bourbonfässern, bevor sie nach zwölf Jahren in vollkommen frische Eichenfässer umgefüllt wurden. Das ist hier das Ungewöhnliche.

Solche Eichenfässer waren zuvor fast nie verwendet worden, es zeigt, wie innovativ Chivas mit BenRiach umgegangen sind, als sie die Eigner waren. Wir haben manche dieser Fässer auch als Single Cask angeboten, da sie sehr wohlwollend angenommen wurden. Mit der Alterung des Whiskys kommt auch eine gewisse Unvorhersehbarkeit ins Spiel, so daß es von Charge zu Charge Unterschiede geben kann. Dieser hier hat zum Beispiel fast Faßstärke. Die jungfräulichen Eichenfässer machen den Whisky süßer und würziger, er hat mehr Vanille und ähnelt dem amerikanischen Whiskey. Die 20 Prozent, die in vollkommen frischer Eiche nachgereift sind, machen sich hier sehr deutlich bemerkbar." **GS**

Verkostungsnotizen

In der Nase die typischen BenRiach-Noten von Honig, Vanille und Gewürzen. Sherry, dunkle Schokolade und Zitrusfrüchte. Recht langer Abgang mit Torf.

BenRiach 30-Year-Old

The BenRiach Distillery Co.
www.benriachdistillery.co.uk

Herstellungsregion und -land Speyside, Schottland
Destillerie BenRiach, Longmorn, Elgin, Morayshire
Alkoholgehalt 50 Vol.-%
Whiskytyp Single Malt

Der BenRiach 30-Year-Old kam 2006 in einer beschränkten Auflage von nur 3000 Flaschen heraus. Er besteht je zur Hälfte aus Whisky, der zuerst in Bourbonfässern gereift und dann in Olorosafässern nachgereift ist, und zur anderen aus Whisky, der in Fino-Sherry-Fässern von Gomez gelagert wurde. Billy Walker erklärt: „Fino hat eine sehr viel subtilere Wirkung als Oloroso oder andere, mächtigere Sherries. Der Whisky muß also länger im Finofaß bleiben, bis sich der Einfluß bemerkbar macht."

Der Verkaufsleiter Alistair Walker ergänzt: „Ältere Whiskys wie der 25- und der 30-Year-Old geben der Marke eine höhere Glaubwürdigkeit. Sie machen deutlich, daß es BenRiach schon lange gibt, daß es eine angesehene Destillerie ist. Die europäischen Märkte schätzen 12 und 16 Jahre alte Whiskys, während in Asien die älteren Single-Cask-Abfüllungen und die 25- und 30-Year-Olds besser gehen. China wird sich zu einem großen Markt für alte Whiskys entwickeln."

BenRiach kann Single Malts dieses Alters anbieten, weil es 2004 bei der Übernahme von Chivas Brothers entsprechende Vorräte gab. Billy Walker: „Der Bestand war phantastisch, er reichte fast lückenlos bis 1966 zurück. Wir erwarben 40000 Fässer mit etwa fünf Millionen Litern. Unter dieser Voraussetzung konnten wir schon nach wenigen Monaten Produkte auf den Markt bringen, was natürlich wichtig war, um Einnahmen zu generieren." **GS**

Verkostungsnotizen

In der komplexen Nase leicht ölig, mit Sherry, Rosinen, Kokosnuß und vielen Gewürzen. Voller Körper mit Ingwer, Rauch, Eiche und Honig. Langer, malziger Abgang.

← Sherryfässer sind für die Nachreifung von Whisky sehr begehrt.

BenRiach 25-Year-Old Authenticus

The BenRiach Distillery Co. | www.benriachdistillery.co.uk

Herstellungsregion und -land Speyside, Schottland
Destillerie BenRiach, Longmorn, Elgin, Morayshire
Alkoholgehalt 46 Vol.-%
Whiskytyp Single Malt

In den vergangenen Jahren waren die BenRiach-Whiskys eine Quelle der Freude für Anhänger getorfter Malts. Der Mitbesitzer Billy Walker hat großartige Fässer mit getorftem Whisky in den Lagerhäusern entdeckt, von denen viele auf Experimente seitens der vorherigen Eigner Chivas Brothers zurückgehen.

Ein Extrem stellt der junge und feurige Birnie Moss dar, dessen Torf mit der Subtilität eines Albums von Iron Maiden angreift. Am anderen Ende der Skala bewegt sich der Authenticus. Die vorliegende Variante ist die Nachfolgerin des zu Recht sehr erfolgreichen Authenticus 21-Year-Old, der selbst wiederum die erwachsene Version des Curiositas war, des zehn Jahre alten Flaggschiffs der Brennerei. Bei allen genannten Abfüllungen hat die zusätzliche Zeit im Faß jeweils dazu geführt, daß der Torf weniger heftig auftritt. Das Faß spielt eine wichtige Rolle, indem es den Whisky milder macht und zugleich seine Geschmacksnoten anreichert.

Billy Walker vermutet, der ursprüngliche Authenticus habe etwa so viel Phenol enthalten wie der Laphroaig. Bei getorftem Whisky denkt man natürlich zuerst an Islay und an die Islands, nicht so sehr an Speysider. Eine Schlüsselrolle spielt beim Geschmack die Herkunft des Torfs; der Torf vom Festland fällt anders aus als der von den weitgehend unbewaldeten Inseln. Whisky, der damit hergestellt wird, zeigt keine der ölig-medizinischen Noten der Islay-Whiskys.

Walker weist darauf hin, daß der Authenticus im Gegensatz zur Meinung vieler Whiskyjournalisten die Rückkehr zu einem Whiskytypus darstellt, der vermulich einst in der Destillerie hergestellt wurde. **DR**

Verkostungsnotizen

Volle, einladende Nase, mit Kaminrauch, exotischen Früchten, Äpfeln und Pfirsichen. Am Gaumen üppig, mit Torf, Honig, grünen Früchten und schönen Anistönen. Es gibt auch Gewürz- und Eichennoten. Langer, rauchiger, würziger Abgang.

BenRiach Heart of Speyside

The BenRiach Distillery Co. | www.benriachdistillery.co.uk

Herstellungsregion und -land Speyside, Schottland
Destillerie BenRiach, Longmorn, Elgin, Morayshire
Alkoholgehalt 40 Vol.-%
Whiskytyp Single Malt

Die Destillerie BenRiach liegt südlich von Elgin in der Grafschaft Moray. Diese Standardvariante des Single Malts von BenRiach hat ihren Namen von der geographischen Lage im „Herzen der Speyside" erhalten. Sie gehörte zum Anfangssortiment der Brennerei, nachdem diese 2004 von einem Konsortium neuer Eigner übernommen worden war. Die BenRiach Distillery Co. wird von Billy Walker geleitet, der zuvor Direktor bei Burn Stewart Distillers war. Sein Sohn Alistair ist für Verkauf und Marketing verantwortlich.

„Unsere ersten Ausgaben im August 2004 waren der Heart of Speyside, die 12-, 16- und 20-Year-Olds, und der zehn Jahre alte Curiositas", erklärt Alistair Walker. „Mit diesen fünf gaben wir uns etwa ein Jahr zufrieden, bevor wir weitere herausbrachten. Wir wußten, daß es Märkte gibt, auf denen ein Single Malt ohne Altersangabe zu einem angemessenen Preis gefragt ist. Er verkaufte sich gut in Estland und Litauen, aber auch im Vereinigten Königreich ist der Absatz sehr zufriedenstellend. Am beliebtesten sind insgesamt der 12- und 16jährige, der Curiositas und der Heart of Speyside.

Für manche Käufer ist der Heart of Speyside der erste Schritt vom Blend zum Malt Whisky. Gewissermaßen der Zeh, den man ins Wasser hält, um die Temperatur zu prüfen. Es ist die einzige Abfüllung im Standardsortiment, die ausschließlich in ehemaligen Bourbonfässern gereift ist. Bei allen anderen Abfüllungen ist ein Teil des Whiskys auch in ehemaligen Sherryfässern gelagert worden. So ist der Heart of Speyside in dieser Hinsicht gewissermaßen die ‚reinste' Form des BenRiach. Einige der beteiligten Whiskys haben ein Alter von zwölf oder mehr Jahren." **GS**

Verkostungsnotizen

In der Nase frisch und recht geradeheraus, mit Honig, Heu, Nüssen und würziger Eiche. Am Gaumen glatt, mit Honig und Gewürzen wie in der Nase, außerdem Orangenmarmelade und schwarzer Pfeffer. Der Abgang ist länger als man vielleicht erwarten würde.

BenRiach Solstice 17-Year-Old

The BenRiach Distillery Co.
www.benriachdistillery.co.uk

Herstellungsregion und -land Speyside, Schottland
Destillerie BenRiach, Longmorn, Elgin, Morayshire
Alkoholgehalt 50 Vol.-%
Whiskytyp Single Malt

Wie bei keinem anderen Whisky gilt bei jenen von BenRiach und der Schwesterbrennerei die Maxime, daß man sie vor dem Kauf einmal verkosten sollte.

Vor allem die BenRiach Destillerie kann einen immer wieder mit den exzentrischen Whiskys in Erstaunen versetzen, die sie auf den Markt bringt. Die Brennerei gehörte einst Chivas Brothers, die dort viel mit unterschiedlichen Whiskystilen experimentierten, von denen die meisten allerdings nie verkauft wurden. Seit der Übernahme durch ein vom Whiskymacher Billy Walker geführtes Konsortium gibt BenRiach jetzt mit Begeisterung und Elan immer wieder neuartige Whiskys heraus.

Die Lagervorräte bei BenRiach sind zum Teil getorft, zum Teil nicht. Es gibt auch einige ältere Whiskys, die in verschiedenen exotischen Faßarten gelagert worden sind. Im Laufe der Jahre hat die Destillerie dunkle, grollend sherrybetonte, stark getorfte, süße, fruchtige und alle möglichen dazwischen liegenden Whiskystile kreiert und zum Verkauf angeboten.

Der Solstice 17-Year-Old, der Nachfolger des Solstice 15-Year-Old, ist ein stark getorfter Whisky, der zuerst in ehemaligen Bourbonfässern gelagert wurde und dann in Tawny-Port-Fässern nachreifte. Das Ergebnis ist eine verführerische Mischung aus Rauch und Frucht. **DR**

Verkostungsnotizen

Sommerfrüchte und Kompott aus roten Beeren in der Nase, auch Rumtopf und rauchige Torfnoten. Am Gaumen gesellen sich exotische Früchte zum Torf.

Benrinnes 13-Year-Old

Harris Whisky Co.
www.harriswhisky.com

Herstellungsregion und -land Speyside, Schottland
Destillerie Benrinnes, Aberlour, Banffshire
Alkoholgehalt 55 Vol.-%
Whiskytyp Single Malt

Der Geschäftssitz der Harris Whisky Co. liegt in der englischen Grafschaft Gloucestershire. Der Besitzer Mark Harris hat sich auf hochwertige Fässer eher unbekannter schottischer Destillerien spezialisiert, die er ungefärbt, unfiltriert und unverdünnt als Single-Cask-Abfüllungen anbietet. „Die vorderen Etiketten unserer Flaschen sind einzigartig und auffällig," sagt Harris. „Die Überraschung kommt dann auf der Rückseite, wo ein einfaches Punktesystem auf einer Skala von eins bis fünf die Faktoren Rauchigkeit, Torf, Süße, Trockenheit, Würzigkeit, Fruchtigkeit und Komplexität bewertet."

Diese Abfüllung stammt aus der zum Diageo-Konzern gehörenden Destillerie Benrinnes, deren Produktion fast vollkommen als Bestandteil im Crawford's, Johnnie Walker und J&B verschwindet. Der Whisky hätte es verdient, auf sich gestellt zu seinem Recht zu kommen, da er einen sehr eigenen Stil aufweist, der zum Teil auf das komplizierte System der partiellen Dreifachdestillation zurückzuführen ist.

Die Harris-Whisky-Abfüllung des Benrinnes stammt aus Faß 7014, sie wurde 1992 gebrannt und 2006 auf Flaschen gezogen. Die helle Farbe resultiert aus der Alterung in einem Bourbonfaß, das mindestens einmal zuvor schon Scotch enthalten hat. **GS**

Verkostungsnotizen

Die Farbe täuscht: Dies ist kein nichtssagender Whisky. Eine fruchtig-grasige Nase mit Gewürzen, Torfrauch und Orangen. Getreide und Rauch am Gaumen.

Benromach 10-Year-Old

Gordon & MacPhail
www.benromach.com

Herstellungsregion und -land Speyside, Schottland
Destillerie Benromach, Forres, Morayshire
Alkoholgehalt 43 Vol.-%
Whiskytyp Single Malt

Es ist merkwürdig, einen zehn Jahre alten Whisky als ‚Meilenstein' zu betrachten, diese Bezeichnung bleibt sonst älteren Malts vorbehalten. Dieser Benromach ist allerdings die erste Whiskyabfüllung, die vollkommen unter der Ägide des unabhängigen Abfüllers Gordon & MacPhail entstanden ist.

Benromach ist die kleinste Einzeldestillerie in der Region Speyside. Sie liegt nördlich der Stadt Forres in der Nähe der Finhorn Bay. Gordon & MacPhail hatten den geschlossenen und vernachlässigten Betrieb 1993 gekauft und grundlegend saniert. Er wurde 1998 von Prinz Charles offiziell neu eingeweiht, und kurz darauf startete Gordon & MacPhail ein innovatives Produktsortiment. Dazu gehörten unterschiedliche Weinfässer für die Nachreifung, starke Torfung eines Teils der gemälzten Gerste und der erste echte schottische ‚Bio'-Single-Malt der Welt.

Vor diesem Produktionsprogramm präsentiert sich der 10-Year-Old zu 80 Prozent aus Whisky, der neun Jahre in Bourbonfässern, und zu 20 Prozent aus Whisky, der in Sherryfässern gelagert wurde. Die beiden Whiskys werden abschließend zwölf Monate in Sherryfässern nachgereift; das Ergebnis ist ein komplexer Whisky mit gut integrierten Bestandteilen. **AA**

Verkostungsnotizen

In der Nase mild, mit Sahnekaramell und frischen Holzspänen. Am Gaumen zuerst bittere Holztöne, dann aufflammende Gewürze. Langer und wärmender Abgang.

Benromach 21-Year-Old

Gordon & MacPhail
www.benromach.com

Herstellungsregion und -land Speyside, Schottland
Destillerie Benromach, Forres, Morayshire
Alkoholgehalt 43 Vol.-%
Whiskytyp Single Malt

In der Whiskywelt wird manchmal die Ansicht vertreten, beim Auswechseln einer Brennblase müßte die neue alle Beulen und Verformungen der alten aufweisen, weil sich sonst der Charakter des Destillats ändere. Gordon & MacPhail wollten zu einem Speyside-Whisky vergangener Zeiten zurück, aber als sie die Benromach-Destillerie neu ausrüsteten, verwendeten sie Brennblasen, die eine andere Form hatten als die alten. Damit machten sie deutlich, daß sie zwar einen Whisky im älteren Stil anstrebten, daß sie jedoch vorhatten, ihn auf ihre eigene Weise zu produzieren und sich nicht dem Althergebrachten verpflichtet fühlten.

Nach umfänglicher Nachrüstung der Destillationsanlage wurden die neuen Brennblasen 1998 angefeuert, und zur Hundert-Jahr-Feier öffneten sich die Türen der Destillerie wieder. Sie ist immer noch die kleinste in der Region Speyside, aber die Renovierung ermöglichte eine Optimierung der Produktionsprozesse, obwohl das traditionell Handwerkliche beibehalten wurde. Whiskys wie dieser 21-Year-Old sind ‚lebende' Beispiele für den Whiskystil, der für die Destillerie vor ihrer letzten Schließung typisch war. Das Destillat aus der Eignerzeit der Distillers Company Limited wurde in Sherryfässern gelagert, die ihm einen warmen, milden, fruchtigen Ton gaben. **AA**

Verkostungsnotizen

Andeutungen von grünem Gras und die Aromen einer altmodischen Apotheke. Am Gaumen üppig, Belag bildend, sehr würzig. Langer Abgang mit Karamell.

Benromach 25-Year-Old

Gordon & MacPhail | www.benromach.com

Herstellungsregion und -land Speyside, Schottland
Destillerie Benromach, Forres, Morayshire
Alkoholgehalt 43 Vol.-%
Whiskytyp Single Malt

Benromach gehörte zu den mehr als 20 Destillerien, die von der Distillers Company Ltd. (DCL) in den 1980er Jahren geschlossen wurde, um der damaligen übermäßigen Produktion von Malt Whisky entgegenzuwirken. Viele dieser Brennereien sind unwiederbringlich verloren, aber Benromach war unter der unabhängigen Abfüll- und Handeslsfirma Gordon & MacPhail ein glücklicheres Schicksal beschieden.

Die neuen Besitzer wollten einen Whisky herstellen, der an die Speysides des frühen 20. Jahrhunderts erinnerte, und die Abfüllungen der seit 1998 gebrannten Whiskys sind relativ robust, mit einem erheblichen, aber subtilen Torfeinfluß. Es erscheint logisch, daß der noch unter den vorigen Besitzern DCL gebrannte 25-Year-Old vollkommen anders sein sollte. Ewen Mackintoch, Mitglied der Geschäftsführung, sagt jedoch: „Wir glauben, daß es bemerkenswerterweise einen roten Faden von den Whiskys der vorherigen Besitzer bis zu jenen von Gordon & MacPhail gibt."

„Als wir die Destillerie kauften, bekamen wir eine Probe des frisch gebrannten Destillats von den Vorbesitzern. Als wir sie mit unseren eigenen Bränden verglichen, fiel uns diese Gemeinsamkeit auf. Sie machte sich trotz der neuen Ausrüstung bemerkbar, mit der wir Benromach ausgestattet hatten. Die einzige Konstante war das verwendetet Wasser."

Der 25-Year-Old ist für Benromach insofern ungewöhnlich, als er zur Gänze in amerikanischen Eichenfässern gereift ist, ohne einen Beitrag von Sherryfässern. Die Hersteller beschreiben ihn als „frisch und milde, ein typischer Speysider." **GS**

Verkostungsnotizen

Süße Nase, mit Aromen von Bananen-Sahnekaramellkuchen, Früchten und leichten Kokosnußanklängen. Im Mund ein ganzer Obstkorb, vor allem Äpfel und Aprikosen, mit Rosinen, Zimt, Piment und einem Hauch Torfrauch. Würzig-süßer Abgang, mit Fruchtnachklang.

Benromach 1968

Gordon & MacPhail | www.benromach.com

Herstellungsregion und -land Speyside, Schottland
Destillerie Benromach, Forres, Morayshire
Alkoholgehalt 45,4 Vol.-%
Whiskytyp Single Malt

Eine der großen Freuden des Scotch ist, daß es fast unmöglich ist, alles zu verkosten, und daß es immer wieder etwas Neues zu entdecken gibt. Nicht einmal in so einem umfangreichen Buch wie diesem kann man dem Land wirklich gerecht werden. Für Schottland ist dieser Band also quasi eine Sammlung der ‚größten Hits', während es auch viele Destillerien gibt, die Malt brennen, der nicht sonderlich aufregend ist und vor allem für die Verschnitte produziert wird, die als Blend immer noch 80 bis 90 Prozent der Whiskyproduktion des Landes ausmachen.

Der Benromach 1968 ist aus zwei Gründen etwas ganz Besonderes: Zum einen wegen seines Alters, zum anderen wegen der Destillerie, aus der er stammt. Es gibt nur wenige Whiskys, die sich mehr als 30 Jahre halten, ohne daß das Holz den Geschmack dominiert. Kaum einer schafft es bis zum Alter von 50 Jahren, und wenn, dann darf man mit Preisen von 8000 Euro oder mehr für eine Flasche rechnen. Somit ist dieser 1968er einer der ältesten Malt Whiskys, die man für Geld bekommen kann. Benromach ist aber sowieso eine erstaunliche Destillerie. Sie gehört zu den verborgenen Schätzen der Highlands, die nicht soviel Aufmerksamkeit bekommen, wie jene, die von internationalen Konzernen vermarktet werden.

Benromach gehört Gordon & MacPhail, einem unabhängigen Abfüller, der mehr von der Faßauswahl versteht als die meisten. Seit 1998 hat die Firma eine Anzahl aufregender Malts vorgestellt, darunter solche aus Bio-Zutaten, einige sehr eichenbetonte, und extrem getorfte. Dies könnte jedoch das Kronjuwel sein, in dem sich der üppige, vollkörprige Whisky gut gegen den Einfluß des Holzes behauptet. Kaum überraschend, daß er sehr rar ist. **DR**

Verkostungsnotizen

Geboten wird Weihnachtsgebäck mit süßem Sherry und Orangenmarmelade. Wie zu erwarten, ist die Eiche neben Andeutungen von Holzrauch, Äpfeln und Lakritze deutlich zu erkennen. Der Abgang ist lang, zeigt Sherry- und wieder Weihnachtsaromen.

Benromach Classic 55-Year-Old 1949

Benromach Distillery | www.benromach.com

Herstellungsregion und -land Speyside, Schottland
Destillerie Benromach, Forres, Morayshire
Alkoholgehalt 42,4 Vol.-%
Whiskytyp Single Malt

Das Faß Nummer 706 gab nur 70 Flaschen dieses extrem alten Whiskys her. Das bedeutet, daß die Engel sich mehr als den ihnen zustehenden Anteil am Inhalt genommen haben. Es ist erstaunlich, daß der Alkoholgehalt immer noch über dem rechtlich vorgeschriebenen Minimum von 40 Volumenprozent liegt. Man nimmt oft an, daß der Anteil der Engel vor allem aus Alkohol besteht und Wasser zurückbleibt, weil Alkohol schneller verdunstet als Wasser. Das trifft jedoch nicht immer zu, manchmal – etwa in manchen Teilen eines Zollagers oder in manchen (meist wärmeren) Ländern – tritt genau das Gegenteil ein: Das Wasser verdunstet schneller als der Alkohol und der Whisky wird stärker.

Bei dem 55-Year-Old scheinen Wasser und Alkohol etwa gleich schnell verdunstet zu sein. Überraschenderweise sind die Geschmacksnoten des Whiskys trotz seines hohen Alters nicht vom Eichenholzaroma bezwungen worden, ein Beweis, daß gutes Faßmanagement eines der Erfolgsgeheimnisse der Whiskyindustrie ist. Wenn von einem Whisky nur 70 Flaschen auf den Markt kommen, kann man davon ausgehen, daß er sehr selten und entsprechend teuer ist. Das trifft in diesem Fall zu, eine Flasche erleichtert die Brieftasche um etwa 10 000 Euro. Das mag viel erscheinen, ist aber im Vergleich zu ähnlich alten Jahrgängen (und manchen jüngeren) noch moderat. Als Investor wird man warten müssen, bis eine Preissteigerung eintritt, aber die Flaschen wurden auch nicht abgefüllt, um im Regal zu stehen, sondern um geöffnet und in guter Gesellschaft neben einem Kaminfeuer genossen zu werden, während draußen der Schnee eine weiße Decke über das Land breitet. **AS**

Verkostungsnotizen

Ein Riese. Im Vordergrund treten üppige, süße Früchte neben ein blumiges Element, das das Alter des Whiskys Lügen straft. Die schwelgerisch samtigen Geschmacksnoten von Schokolade, Nüssen und Pflaumenmus streiten um die Vorherrschaft. Atemberaubend komplex.

Benromach Organic

Gordon & MacPhail | www.benromach.com

Herstellungsregion und -land Speyside, Schottland
Destillerie Benromach, Forres, Morayshire
Alkoholgehalt 43 Vol.-%
Whiskytyp Single Malt

Nach der Renovierung der Destillerie Benromach, nach der Öffentlichkeitsarbeit, nach der Gestaltung ansprechender neuer Flaschen und Umverpackungen blieb Gordon & MacPhail nur noch die Aufgabe, etwas zu finden, um sich auch inhaltlich von den Mitbewerbern abzuheben. Vor dieser Aufgabe steht jeder Hersteller, wenn er einen neuen Whisky auf den Markt bringt: Man muß einen Wow!-Faktor finden, der dafür sorgt, daß die eigene Flasche im Einkaufskorb landet und nicht irgendeine andere. Ein Weg zu diesem Ziel ist ein innovatives Produkt. Andererseits kann es schwierig sein, in der Welt des Whiskys progressiv zu sein.

Gordon & MacPhail schrecken vor interessanten neuen Aufgaben nicht zurück und die Firma entschied sich, in den Markt für Bio-Produkte einzusteigen. Zunehmend mehr Menschen legen Wert darauf, ihre ‚grüne Glaubwürdigkeit' unter Beweis zu stellen, und wie ginge das besser als mit einem Bio-Whisky? Es hatten sich schon vorher Abfüllungen mit der Bezeichnung „Bio" geschmückt, aber keine Destillerie war so konsequent wie Benromach: Dieser Whisky entspricht vom Feld bis zur Flasche den rigorosen Maßstäben der britischen Soil Organisation und verwendet sogar Gerste aus schottischem Bio-Anbau – die Gerste für Scotch stammt sonst keineswegs immer aus Schottland.

Das Destillat reifte in frischen Fässern aus amerikanischer Eiche. Das war insofern riskant, als frisches Eichenholz einen Whisky leicht überwältigen kann. Deshalb werden normalerweise gebrauchte Fässer verwendet. Der Benromach Organic ist aber unter dem wachsamen Auge der Hersteller gut gediehen; das Holz ist zwar zu vernehmen, aber der Whisky ist sehr ausgewogen. **AA**

Verkostungsnotizen

Die wunderbar jungfräuliche Eiche schlägt ganz vorne zu: Es ist, als tauche man in eine Schachtel mit Holzspänen und Sahnebonbons. Am Gaumen cremig mit weichen Früchten, Pfirsich und Nektarine. Das Holz ist auch noch zu schmecken. Im Abgang Sahnekaramell.

Schottland 119

Benromach Origins Batches 1–3

Gordon & MacPhail
www.benromach.com

Herstellungsregion und -land Speyside, Schottland
Destillerie Benromach, Forres, Morayshire
Alkoholgehalt 50 Vol.-%
Whiskytyp Single Malt

Die Origins-Serie von Gordon & MacPhail sollte zeigen, was sich erreichen läßt, wenn man an verschiedenen Stellen in der Produktion oder Reifung Faktoren verändert. Origins Batch 1 kam 2008 heraus, er wurde aus der Gerstensorte Golden Promise gebrannt, die einst bei der Whiskyherstellung bevorzugt, aber dann von mehr und mehr Destillerien verschmäht wurde, weil die eine ertragreichere Sorte suchten. Mancherorts wird sie noch gerne verwendet – Macallan etwa, wo sie für den offensichtlich verbesserten Geschmack verantwortlich ist. Die erste Abfüllung der Benromach Origins reifte in gebrauchten Sherryfässern.

Origins Batch 2 demonstrierte, was sich durch die Verwendung unterschiedlicher Faßarten erreichen läßt. Batch 2 wurde 1999 gebrannt und in Portweinfässern gelagert. Zur Herstellung von Origins Batch 3 wurde eine andere Gerstensorte (Optic) verwendet und das Destillat dann in Sherryfässer gefüllt.

Es gibt noch genug Gebiete, auf denen man experimentieren könnte: andere Holzarten (Scotch aus japanischen Eichenfässern etwa), unterschiedliche Hefearten (oft wird gesagt, die Hefe habe keinen großen Einfluß, aber das ist nicht bewiesen) und natürlich andere Getreidearten. Die Liste ist endlos. **AA**

Verkostungsnotizen

Batch 1 wird bis an den Gaumen von einer Röstmalznote dominiert. Batch 2 zeigt üppige dunkle Früchte und Sahnekaramell. Batch 3 wirkt weihnachtlich.

Benromach Peat Smoke Batch 3

Gordon & MacPhail
www.benromach.com

Herstellungsregion und -land Speyside, Schottland
Destillerie Benromach, Forres, Morayshire
Alkoholgehalt 46 Vol.-%
Whiskytyp Single Malt

Ein getorfter Speyside-Whisky widerspricht der Annahme, ein Speyside müsse im Geschmack an Honig, Apfel und Birne erinnern. Es mag aber auch sein, daß die geringere Torfung auf einen Geschmackswandel und die Vorherrschaft von Blends zurückzuführen ist – und auf die preiswerte Kohle als Brennmaterial, auf das Aufkommen der Eisenbahn und auf den Wunsch, Profit zu machen.

Vor etwa einem Jahrzehnt fand man den Torfeinfluß noch in vielen unterschiedlichen Whiskys, darunter Glen Garioch, Glenfiddich und Brora. Heute sind getorfte Speysiders und Highlanders eher selten: zu ihnen zählen Ardmore, Benriach und Old Ballantruan. Gordon & MacPhail entschieden sich also zu experimentieren. Wie üblich machten sie dabei keine halben Sachen: Die Torfung ist etwas für ganze Kerle mit Haaren auf der Brust.

Die Batch-3-Abfüllung wurde im Jahr 2000 gebrannt und reifte in frischen Bourbonfässern. Während der Traditional von Benromach aus Gerste mit einem Phenolgehalt von 10 bis 12 ppm entsteht, wird die Gerste für Benromach Peat Smoke auf 55 ppm gemälzt. So entsteht ein stark getorfter Single Malt mit üppigen Fruchtnoten. Dies ist – vielleicht neben dem 10-Year-Old – die Krönung des Repertoires von Benromach. **AA**

Verkostungsnotizen

Reichlich frisch-saftige Fruchtnoten: Pfirsich, Apfel und Aprikose, die sich bis an den Gaumen fortsetzen. Dort voller Körper und gute Balance von Rauch und Frucht.

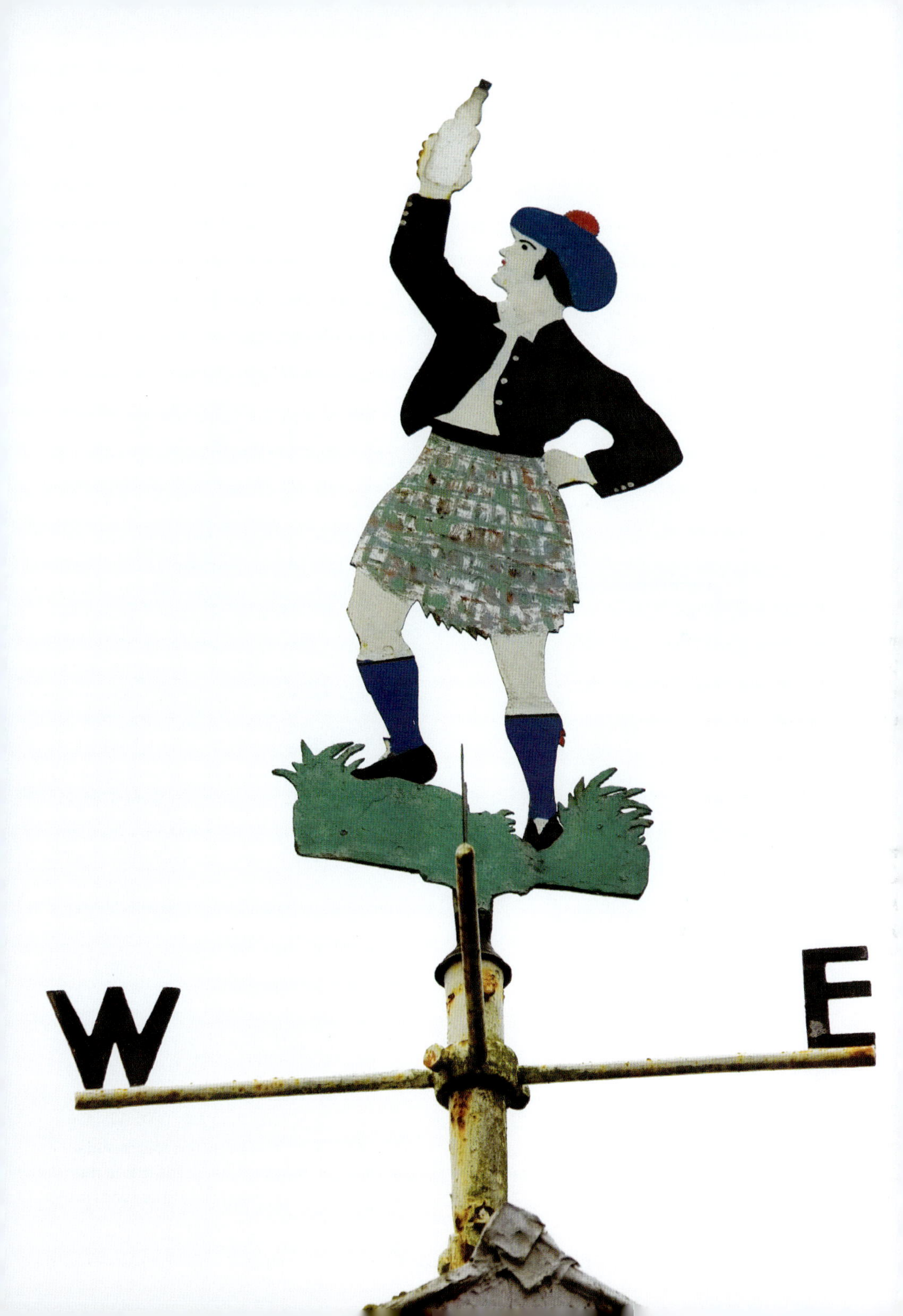
W
E

Benromach Traditional

Gordon & MacPhail | www.benromach.com

Herstellungsregion und -land Speyside, Schottland
Destillerie Benromach, Forres, Morayshire
Alkoholgehalt 40 Vol.-%
Whiskytyp Single Malt

Das Problem beim Kauf einer Destillerie ist, daß das Unternehmen über kurz oder lang auch Geld einbringen muß. Die meisten etablierten Destillerien verfügen allerdings auch über einen Lagervorrat, der es etwas leichter macht, Einnahmen zu generieren. Das war auch der Fall, als der unabhängige schottische Abfüller Gordon & MacPhail die Benromach Distillery erwarb.

Die Brennerei war 15 Jahre außer Betrieb gewesen, als Gordon & MacPhail sie 1993 übernahmen. Sie entschieden sich, der Anlage ihren eigenen Stempel aufzudrücken, und führten umfangreiche Renovierungen durch. Aber nicht nur die Betriebsanlagen wurden erneuert, auch das Herangehen an die Whiskyproduktion unterlag einem Wandel: Man stellte ein neues Sortiment zusammen, erneuerte die Verpackung und brachte schließlich auch einen anderen Whisky heraus. Der Benromach Traditional war 1998 die erste neue Abfüllung nach der vorübergehenden Stillegung.

Dieser Single Malt steht für die willkommene Wiederkehr einer der kleinsten Brennereien von Speyside. Er mag noch jung sein, hat aber ein wunderbares Torfaroma und zeigt viel von den Eichenfässern, in denen er lagerte. Die Bezeichnung ‚Traditional' zeigt auch, wie wichtig Gordon & MacPhail die Herstellungsverfahren bei seinem neuen Whisky nimmt. Es geht vor allem um Handwerkskunst, deshalb werden auch viele Schritte noch weitgehend in Handarbeit ausgeführt. Wenn der Whisky zum Reifen eingelagert worden ist, wird er regelmäßig kontrolliert. Die fehlende Altersangabe mag andeuten, daß es ein junger Whisky ist, aber der Traditional wird nicht herausgebracht, bevor er alt genug ist. **AA**

Verkostungsnotizen

Anfänglich sehr leicht. Gebäcknoten und etwas Ingwer. Allmählich wird er etwas fruchtig. Am Gaumen sehr cremig, aber mit großer Tiefe, etwas Süße und einem Hauch zerstoßenem Pfeffer. Im Abgang kehren süße, sanfte Früchte wieder.

Big Peat

Douglas Laing & Co. | www.douglaslaing.com

Herstellungsregion und -land Islay, Schottland
Destillerien Verschiedene
Alkoholgehalt 46 Vol.-%
Whiskytyp Blended Malt

Die Whiskys aus Port Ellen auf der Insel Islay waren die Lieblinge des Destillateurs Douglas Laing. Sein Sohn Fred, der in sein Fußstapfen getreten ist, erinnert sich liebevoll daran, daß sein Vater von der Arbeit heimzukommen pflegte, ihn aufweckte, um ihn nach der Schule oder dem Rugby-Training zu fragen, ihm dabei die Haare zerzauste und Whiskyatem ins Gesicht blies. Viele Jahre später erkannte Fred das typische Aroma von Port Ellen.

Douglas Laings ausgezeichnete Vorräte von Whiskys aus Port Ellen trugen sicher das Ihre dazu bei, ihn von anderen unabhängigen Abfüllern zu unterscheiden. 2009 entschloß man sich, einige jüngere Islays mit etwas von dem alten Port Ellen zu verbinden, und so entstand Big Peat. Es ist nicht viel Port Ellen in diesem Blended Malt, aber er ist vorhanden, neben etwas Artbeg, Caol Ila und Bowmore sowie einigen nicht genannten Malts von der Insel. Die jüngsten der beteiligten Whiskys sind fünf oder sechs Jahre alt.

Der etwas subversive Stil der Firma zeigt sich deutlich im Big Peat. Konservative Whisky-Freunde finden die Verpackung nicht ernsthaft genug, und Fred Laing sagt, das Rückenetikett sei „ein Hinweis darauf, was wir von dem neuen Begriff Blended Malt halten – wir ziehen immer noch ‚vatted malt' vor." Eine erste Charge von 3000 Flaschen sollte eigentlich von September 2009 bis zum folgenden Sommer lieferbar bleiben, war aber schon vor Ende November ausverkauft.

Im derzeitigen Firmensortiment kommt der Big Peat den früheren Whiskys am nächsten. Inzwischen werden jeweils 3900 Flaschen pro Charge abgefüllt und man hat die achtzehnte erreicht. **MM**

Verkostungsnotizen

Würzig und groß in der Nase. Am Gaumen wie schottischer Wind im Gesicht: süß und doch wie Seetang. Sehr langer Abgang – ein elegantes Monster. Das Ungestüm der Islays wird vom ehrwürdigeren Port Ellen gezügelt.

The Big Smoke 40 Islay Malt

Duncan Taylor & Co. | www.duncantaylor.com

Herstellungsregion und -land Islay, Schottland
Destillerien Verschiedene
Alkoholgehalt 40 Vol.-%
Whiskytyp Blended Malt

Wenn man einen Namen wie Big Smoke hört, könnte man als Whiskyliebhaber leicht auf den Gedanken kommen, ein Schluck wäre wie Prügel, die man auf den Schulhof bezieht, bevor der Sieger einen stundenlang als Boxsack mißbraucht und schließlich als Wischlappen verwendet, um die Spuren zu beseitigen. Glücklicherweise ist diese Version des Big Smoke mit 40 Volumenprozent Alkohol deutlich zivilisierter, als ihr Name das vermuten läßt.

Der Blend führt die leichtere Seite der Islay-Whiskys vor Augen, ohne die Geschmacksnoten zu vernachlässigen, für die sie zu Recht so berühmt sind. Er ist kein Schlag ins Gesicht, der von Ruß im Mund gefolgt wird, sondern es ist eher so, als ob man die Glut eines Torffeuers mit den Füßen auseinandertritt und dabei die Gischt des Meeres im Gesicht spürt. Kein getorfter Whisky für die armen Massen, sondern eine gute Einführung in den Stil der Islay-Whiskys für jemanden, der sich fragt, warum soviel über diese Brände gesprochen wird.

Dieser Blended Malt ist der jüngere Bruder des zehn Jahre alten Auld Reekie der unabhängigen Abfüller Duncan Taylor und ein Cousin des kräftigeren Big Smoke 60. Wie manche andere Blended Malts hat auch er keine Altersangabe und zeigt so, daß eine längere Reifung kein Qualitätsmerkmal sein muß und daß es bei einem so wohlschmeckenden Getränk nicht auf das Alter ankommt. Bei getorften Whiskys kann Jugend oft ein Vorteil sein, da der Phenolgehalt und die Meeresaromen intensiver herauskommen. Big Smoke 40 verbindet diese Islay-Elemente erfolgreich miteinander, ohne die sanfteren und fruchtigeren Töne zu verlieren. **PB**

Verkostungsnotizen

In der Nase Schokolade und Haselnußcreme auf verbranntem Toastbrot, dann Chardonnay und Zitrusfrüchte. Am Gaumen zuerst leicht, mit Fondantanklängen, dann kommt zurückhaltend der Rauch und schließlich ein herrlicher Vanilleton im Abgang.

The Big Smoke 60 Islay Malt

Duncan Taylor & Co. | www.duncantaylor.com

Herstellungsregion und -land Islay, Schottland
Destillerien Verschiedene
Alkoholgehalt 60 Vol.-%
Whiskytyp Blended Malt

Im Vergleich zu einem Cousin, dem Big Smoke 40 - der an den Jungen erinnert, der nach der Schule noch schnell ein paar Zigaretten raucht und zu Hause vergeblich versucht, es vor den Eltern zu verheimlichen –, ähnelt der Big Smoke eher dem kettenrauchenden Hünen, der sich nicht für die drei Packungen geniert, die er am Tag verbraucht. Aber wenn sich bei dem Whisky oberflächlich alles um Rauch zu drehen scheint, so findet man doch etwas tiefer andere, versteckte Nuancen, die im Gegensatz zu seinem Äußeren stehen. Wenn man sich Lemmy von Motörhead vorstellt, der ein Havanna raucht, während er einen Obstsalat zubereitet und gleichzeitig einen Roman von Jane Austen liest, bekommt man eine Vorstellung vom Big Smoke 60.

Die „60" bezieht sich auf den Alkoholgehalt in Volumenprozent. Es ist also ein Whisky für jene, die ihn so stark mögen, daß er wie eine Spinalanästhesie wirkt. Wie der Big Smoke hat er weder eine Altersangabe, noch gibt es Hinweise darauf, welche Whiskys zu seiner Herstellung dienen. Das ist auch alles nicht wichtig, weil er ein Vergnügen für jene ist, die das intensive Jod- und Torfaroma der harten Whiskys von der Südküste der Isle of Islay wie Laphroaig und Ardbeg in Verbindung mit der Fruchtigkeit und Leichtigkeit lieben, die manche Destillerien vom Norden und Westen der Insel zeigen.

Duncan Taylor besitzt eine der größten privaten Sammlungen seltener Whiskys in Fässern, und die Firma bietet Single Malts, Blended Malts und Blends an. Mit dem Big Smoke 60 hat sie einen Whisky vorgestellt, der nicht so sehr ein Liebesbrief an die Höllengötter, sondern eher eine Ode an die ganze Insel Islay ist, die hier beweist, daß sie viel mehr zu bieten hat als nur Torf. **PB**

Verkostungsnotizen

Sahnekaramell in der Nase. Mit Wasser kommen grüne Früchte, Bananen, Pfirischhaut und Ingwerkekse, aber der Rauch ist noch recht zurückhaltend. Der Gaumen wird vollkommen vom Rauch belegt, mit Obstkuchen, Marzipan und poliertem Holz. Würziger Abgang.

the spiritual home of **Gordon Graham's BLACK BOTTLE Scotch Whisky** — FINEST SCOTCH WHISKY WITH A HEART OF ISLAY

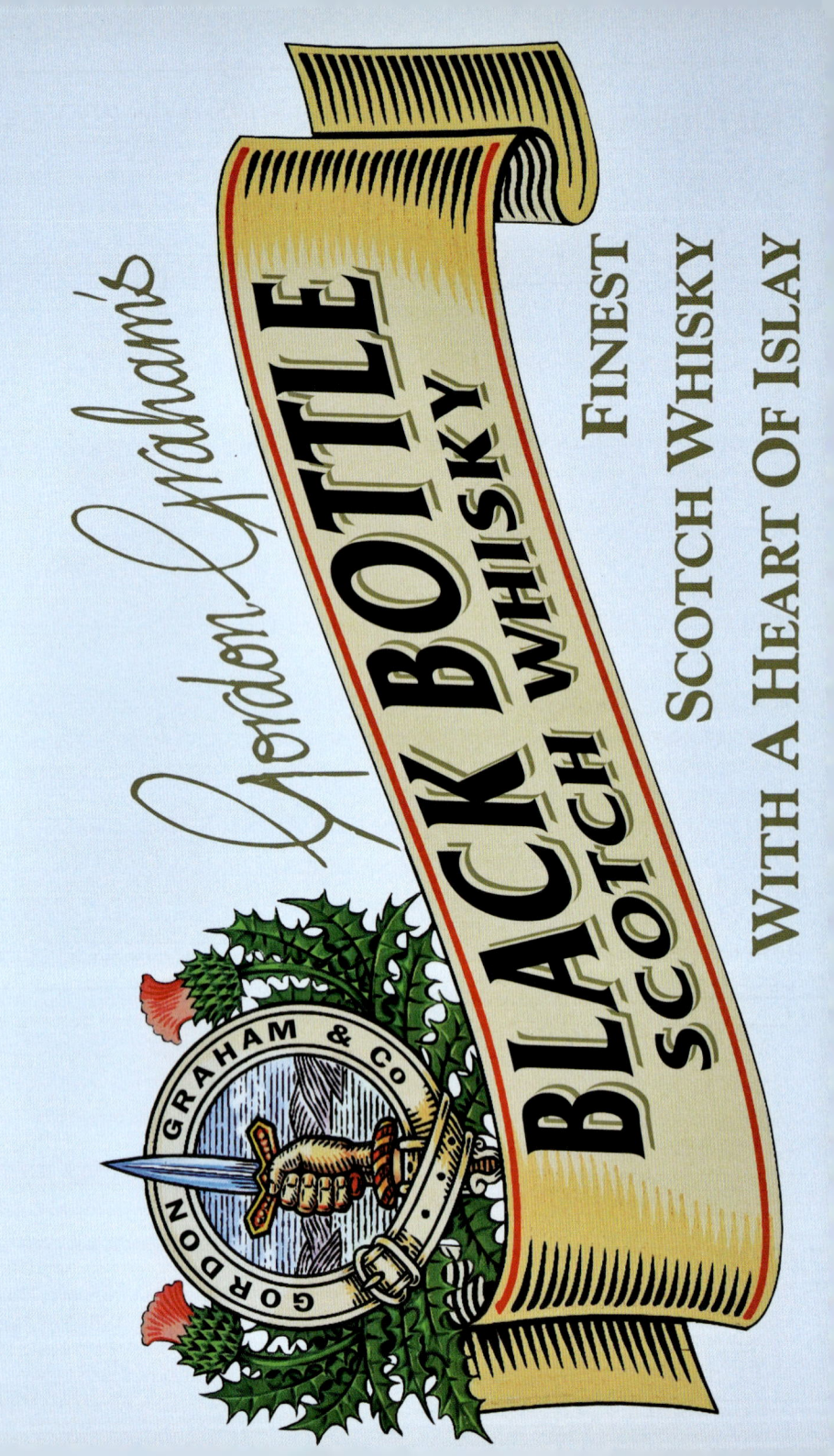

Black Bottle

Burn Stewart Distillers | www.blackbottle.com

Herstellungsregion und -land Schottland
Destillerien Verschiedene
Alkoholgehalt 40 Vol.-%
Whiskytyp Blend

Black Bottle ist ein Blend, der von Gordon Graham geschaffen wurde, einem Lebensmittel- und Teehändler in Aberdeen. In den 1870er Jahren verschnitten Lebensmittelhändler oft ihre eigenen Whiskys. Gordons Mischung war so vorzüglich, daß seine Familie und Kunden ihn überredeten, das Mischen von Teesorten aufzugeben und sich auf Whisky zu konzentrieren. 1879 machte er sich mit seinen beiden Brüdern selbständig, um den eigenen Whisky unter der Marke Black Bottle zu verkaufen. Damals wurden viele Malts von der Speyside und aus dem Nordosten getorft.

Die Ursprünge des Blends mögen im Nordosten liegen, aber heute wird er eher mit der Isle of Islay in Verbindung gebracht. Die Hersteller behaupten, alle Malts von der Insel seien enthalten (zur Zeit gibt es sieben wichtige Islay-Malts, Kilchoman ist zu jung und Port Ellen zu selten). Eine Schlüsselrolle spielt Bunnahabhain, den der jetzige Besitzer Burn Stewart zusammen mit Black Bottle erwarb. Speyside- und Highland-Malts liefern die Süße, um die rauchigen Islays auszubalancieren. Weitere Süße kommt von den Getreidewhiskys, deren Anteil am Black Bottle jedoch geringer ist als an anderen Blends.

Schottland und der Rest von Großbritannien sind im Moment der größte Markt für Black Bottle. Das wird sich aber vermutlich bald ändern, da Burn Stewart Destillers die Marke auch international stärker bewirbt. **RL**

Verkostungsnotizen

In der Nase zuerst Süße, dann Rauch mit Honig, Zuckerwatte und kandiertem Apfel. Am Gaumen karamellsüß mit Nüssen, Lakritze und Zimt.

Black Bottle 10-Year-Old

Burn Stewart Distillers | www.blackbottle.com

Herstellungsregion und -land Islay, Schottland
Destillerien Verschiedene
Alkoholgehalt 40 Vol.-%
Whiskytyp Blend

Nach dem Tod der Firmenerbin, der unerschrockenen Granny („Oma") Gordon 1958 machte die Marke Black Bottle eine Flaute durch. Erst nach der Übernahme durch Allied Lyons stieg sie in den 1990er Jahren wieder annähernd zum vorherigen Status auf. In jenem Jahrzehnt wurden vermehrt gute Islay-Malts für den Blend verwendet, und zum 10-Year-Old werden nur diese verschnitten.

Der Black Bottle 10-Year-Old kam 1998 heraus und wird tatsächlich in schwarze Flaschen abgefüllt (die Standardversion liegt hinter grünem Glas). Der Name stammt aus dem Nordosten Schottlands, wo die Fischer immer eine ‚kleine schwarze Flasche' dabei hatten, wenn sie in See stachen, falls der Wind ausbleiben, es zu einem guten Fang kommen oder sie erkranken sollten. Oder sich auch ein anderer Anlaß für ein Schlückchen böte.

Burn Stewart Distillers erwarben 2003 Black Bottle und Bunnahabhain von der Edrington Group, die den 10-Year-Old relativ preiswert verkaufte. Burn Stewart stellte fest, daß die verkaufte Menge gering und die verwendeten Malts schwer zu beschaffen waren, also wurde er um 2006 eingestellt. Man kann ihn noch bekommen, aber er wird zunehmend seltener. Es ist nicht geplant, ihn wiederzubeleben, was verständlich, aber auch etwas traurig ist, da er eine Anzahl von verdienten Auszeichnungen erhalten hat. Einstmals gab es sogar einen 15-Year-Old, der aber sehr rar geworden ist. **RL**

Verkostungsnotizen

Süßer Tabak, Sahnekaramell, Aprikosen, gedämpfte Rauchtöne und eine Mischung von Teer und rohem Holz. Am Gaumen Karamell, Lakritze, Anis und Zimt.

← Die „geistige Heimat" von Black Bottle ist Bunnahabhain.

Black Bull 12-Year-Old

Duncan Taylor & Co. | www.duncantaylor.com

Herstellungsregion und -land Speyside, Schottland
Destillerien Verschiedene
Alkoholgehalt 50 Vol.-%
Whiskytyp Blend

Die Whiskymarke Black Bull wurde 1933 von George Willshire & Co., einer Tochterfirma von Duncan Taylor, in Dundee kreiert. In den 1960er und 70er Jahren hatte sie sich – vor allem in Italien und den USA – zu einem Verkaufsschlager entwickelt. Der Erfolg mag daran gelegen haben, daß dieser Blended Whisky je zur Hälfte aus Malts und Grains bestand und der erste Blend seiner Stärke war, der in den Vereinigten Staaten verkauft wurde. Die Flasche trug damals keine Altersangabe.

Duncan Taylor & Co. erweckten die Marke 2007 mit einer 30 Jahre alten Abfüllung wieder zum Leben, die mehrere wichtige Auszeichnungen erhielt. Im folgenden Jahr kam dieser 12-Year-Old heraus, der als Hauptwhisky der Marke dienen sollte. Er folgte dem 50-50-50-Rezept des Originals, bestand also zu gleichen Teilen aus Malt- und Grain-Whiskys und enthielt 50 Volumenprozent Alkohol. Die Malts stammen vor allem von der Speyside und sind meist in Sherryfässern gereift.

Der sehr beeindruckende und etwas furchteinflößende schwarze Stier auf der Flasche gehört zur Rasse der Highland Cattle und stand auf einer Weide nahe Aboyne. Gemalt hat diesen typischen Vertreter des schottischen Nordostens die Künstlerin Angela Davidson, das Original hängt in der Zentrale der Auftraggeber Duncan Taylor in Huntly. Drucke des diabolischen Rindviehs sind käuflich zu erwerben.

Der Black Bull 12-Year-Old wurde bei den World Whisky Awards des Jahres 2001 zum weltbesten Blended Scotch Whisky in der Altersklasse bis zu zwölf Jahren gekürt. Es versteht sich, daß er weder kaltfiltriert noch gefärbt wird. **RL**

Verkostungsnotizen

In der Nase süßer Sherry, Sahnekaramell, Vanille, Schokolade, Zitronenbrausepulver und Ingwer. Am Gaumen so üppig, daß es mit seinen Noten von Karamell, geröstetem Hafer, dunkler Schokolade, Feigen, Datteln und süßem Espressosatz auch ein Malt sein könnte.

Black Bull 40-Year-Old Batch 1

Duncan Taylor & Co. | www.duncantaylor.com

Herstellungsregion und -land Speyside, Schottland
Destillerien Verschiedene
Alkoholgehalt 41,9 Vol.-%
Whiskytyp Blend

Auch wenn sie noch nicht sehr häufig sind, so erfreuen sich „Jahrgangswhiskys" doch unter den schottischen Blends wachsender Beliebtheit, da viele Konsumenten die Fähigkeiten zu würdigen wissen, die notwendig sind, um einen guten Blend aus einer Vielzahl von älteren und oft zunehmend unberechenbarer werdenden Grundwhiskys zu komponieren.

Einer der ältesten und beeindruckendsten Blends auf dem Markt ist der Black Bull 40-Year-Old von Duncan Taylor & Co., deren Firmensitz in der kleinen Stadt Huntly in Aberdeenshire liegt. Black Bull wurde ursprünglich 1933 von George Willshire & Co. als Markenbezeichnung für Blended Scotch angemeldet. Auf dem Etikett sieht man den namensgebenden Stier der in der Umgebung beheimateten Highland-Cattle-Rasse.

Duncan Taylor übernahm die Marke Black Bull 2001. Der erste Blend, den sie auf den Markt brachten, war 30 Jahre alt. Er war ungewöhnlich, weil die verwendeten Whiskys schon in den 1970er Jahren gleich nach der Destillation zusammen in Sherryfässer gefüllt wurden, in denen sie dann mindestens 30 Jahre reiften.

Die Vorräte eines solchen Blends sind naturgemäß begrenzt, und nach seinem großen Erfolg entschied sich Duncan Taylor, Varianten mit zwölf und vierzig Jahren folgen zu lassen. Diese erste Charge des 40-Year-Old enthält 90 Prozent Malt- und 10 Prozent Getreidewhisky. Ein Fünftel des Blends ist in Sherryfässern gereift, der Rest in Bourbonfässern. Enthalten sind Whiskys der Destillerien Bunnahabhain, Glenfarclas, Glenlivet, Glenburgie, Highland Park, Miltonduff, Springbank, Tamdhu und Invergordon mit einem Alter von 40 bis 44 Jahren. **GS**

Verkostungsnotizen

Mild und reif in der Nase; Sherry, altes Leder, kandierte Früchte und Orangenmarmelade, dann Vanille. Voller Körper, üppig, glatt und würzig, mit Aromen von Zimtstangen, dunklen Früchten, Rosinen und Vanille. Langsamer Abgang mit Ingwer und Lakritze.

Black Bull 40-Year-Old Batch 2

Duncan Taylor & Co.
www.duncantaylor.com

Herstellungsregion und -land Schottland
Destillerien Verschiedene
Alkoholgehalt 41,9 Vol.-%
Whiskytyp Blend

Black Bull ist eine wichtige Marke für ihren Hersteller Duncan Taylor & Co., und der 40-Year-Old ist das Alphamännchen unter den Varianten. Die Internetseite der Marke zeigt ein T-Shirt mit der Aufschrift „No bull, just whisky", und das trifft allemal für den 40-Year-Old zu – auf jeden Fall gibt es keine Kaltfiltrierung oder Farbstoffe. Zudem hat der Blend einen sehr annehmbaren Preis.

Der Blend besteht zu 90 Prozent aus Single Malts und zu 10 Prozent aus Getreidewhiskys. Der Getreideanteil mag zwar gering sein, aber die Hersteller behaupten, er sorge für den Zusammenhalt der gesamten Mischung (natürlich ist hier auch der im Vergleich zu Malts hohe Alkoholgehalt ein Vorteil).

Black Bull 40-Year-Old wird in einzelnen Chargen hergestellt. Im Gegensatz zu vielen anderen Blends werden auf dem Etikett die beteiligten Whiskys angegeben. Batch 2, von dem nur 957 Flaschen abgefüllt wurden, enthält Malts von Bunnahabhain, Glenlivet, Tamdhu (alle zwischen 41 und 44 Jahre alt), während der Getreidewhisky ein 45 Jahre alter Invergordon ist. Diese Charge hat weniger Malts als Batch 1, und spätere Chargen können auch wieder anders ausfallen. Nach dem Mischen der Grundwhiskys reift der Blend acht Monate in Sherryfässern nach. **RL**

Verkostungsnotizen

In der Nase eine angenehme Kaskade exotischer Früchte, später dann Tabak. Am Gaumen ist das Holz recht zurückhaltend; viel Frucht, Blüten und Gewürze.

Bladnoch 8-Year-Old Belted Galloway Label

Bladnoch
www.bladnoch.co.uk

Herstellungsregion und -land Lowlands, Schottland
Destillerie Bladnoch, Bladnoch, Dumfries and Galloway
Alkoholgehalt 55 Vol.-%
Whiskytyp Single Malt

Dieser Whisky stammt aus der schottischen Grafschaft Dumfries and Galloway, die auch die Heimat der Rinderrasse „Belted Galloway" ist. Der Name meint also nicht, daß Raymond Armstrong, der Brennereibesitzer, einen Gürtel trägt, um seinen Schottenrock zu sichern. Wenn man an der Destillerie vorbeifährt, kann es gut sein, daß man auf einer Weide einen ‚Beltie' stehen sieht.

Die Whiskymarke Belted Galloway geht noch auf Zeiten vor Armstrong zurück, und es gibt einige recht alte ‚Beltie'-Whiskys, die noch zu Zeiten der Vorbesitzer entstanden sind. Man kann ein interessantes Stündchen damit verbringen, die alten und neuen Abfüllungen zu vergleichen, und wird feststellen, daß die Qualität unter dem neuen Management aufrechterhalten worden ist. Armstrongs Destillat ist vielleicht etwas duftiger, das mag aber auch einfach an seiner relativen Jugend liegen.

Bladnoch ist eine der wenigen schottischen Destillerien, bei denen man Whisky auch faßweise kaufen kann. Man sollte allerdings bedenken, daß sich aus einem 200-Liter-Bourbonfaß bis zu 380 Flaschen abfüllen lassen – genug für eine ausgiebige Party. Wenn einem das zuviel sein sollte, kann man sich auch auf ein Zehntelfaß beschränken, eine etwas bescheidenere Menge, die das Portemonnaie weniger belastet – und den Kopf. **PM**

Verkostungsnotizen

Runder und salbungsvoller als die 9-Year-Old. Die Süße erinnert an Konfitüre oder Sirup, insgesamt bemerkt man aber auch Wiesen mit Gras und Wildblumen.

BLADNOCH DISTILLERY

SÖDERTÄLJE

THE GIRVAN DISTILLERY
1987
WM
GRANT & SONS
LTD
GIRVAN

Bladnoch 9-Year-Old Lightly Peated

Bladnoch | www.bladnoch.co.uk

Herstellungsregion und -land Lowlands, Schottland
Destillerie Bladnoch, Bladnoch, Dumfries and Galloway
Alkoholgehalt Etwa 53,4 Vol.-%
Whiskytyp Single Malt

Dieser Malt wurde wie viele andere Whiskys aus den Lowlands früher dreifach destilliert. Man weiß nicht genau, wann das üblich wurde, aber bei Bladnoch kam es zu einem Ende, als in den 1960er Jahren die drei Brennblasen nach Schweden verkauft wurden. Die damaligen Besitzer von Bladnoch stellten Blends her und scheuten deshalb den Zeitaufwand für den dritten Durchgang. So hielt nur noch die benachbarte Destillerie Auchentoshen die Fahne der Dreifachdestillation in Schottland hoch.

Unter der Leitung von Raymond Armstrong vollziehen sich bei Bladnoch Veränderungen. Der 9-Year-Old ist ein leicht getorfter Malt, entspricht also nicht der traditionellen Geschmacksrichtung der ungetorften Lowland-Malts. Er wurde am 19. November 2001 destilliert und am 23. Juni 2011 auf Flaschen gezogen. Obwohl er vollkommen anders ausfällt als jeder andere Whisky aus den Lowlands, zeigt er doch die Leichtigkeit, die schon so lange für die Produkte von Bladnoch typisch ist und sie so ansprechend macht.

Die zusätzliche Geschmacksebene des Torfs funktioniert in diesem Fall unglaublich gut, da es eine duftige Torfung ist, nicht eine schwere Decke, die alles darunter erstickt. Es ist ein eher zarter Whisky, nichts für jene, die immer auf der Suche nach Extremen sind. **PM**

Verkostungsnotizen

Saubere Wäsche an einem Frühlingstag. Das Grollen des Torfs ist unverkennbar, aber es ist sanft und gedämpft. Früchte und Nußschokolade im Abgang.

Bladnoch 20-Year-Old (Cask Strength)

Bladnoch | www.bladnoch.co.uk

Herstellungsregion und -land Lowlands, Schottland
Destillerie Bladnoch, Bladnoch, Dumfries and Galloway
Alkoholgehalt Etwa 52,4 Vol.-%
Whiskytyp Single Malt

Bladnoch ist eine der drei verbliebenen Destillerien in den Lowlands von Schottland. Raymond Armstrong kaufte den Bilderbuch-Betrieb an den Ufern des Flusses Bladnoch 1995 vom Vorbesitzer United Distillers. Armstrong kommt aus dem Baugewerbe und hatte zuvor keine Erfahrung als Whiskyproduzent. Ursprünglich hatte er vor, die Gebäude in Ferienwohnungen umzuwandeln. Deshalb störte ihn die Klausel im Kaufvertrag auch nicht, mit der die Wiederaufnahme des Destillierens in Bladnoch für alle Zeiten untersagt wurde.

Bladnoch neigt aber zum Starrsinn. Zum einen liegt es im dünn besiedelten südwestlichsten Zipfel Schottlands, in den sich nur wenige Touristen verirren. Als also aus den Ferienwohnungen nichts wurde, entschied sich Armstrong trotz der mangelnden Erfahrung, die Destillerie wieder aufleben zu lassen. Es dauerte fünf lange Jahre, bis der Betrieb die Produktion wieder aufnehmen konnte, nicht bevor die genannte Vertragsklausel mühsam neu verhandelt worden war.

Bladnoch beherbergt heute die Destillerie, eine Whisky-Schule und ein ziemlich gutes Café. Und es ist wieder ins Bewußtsein der Whiskyliebhaber getreten. Diese Abfüllung stammt aus dem Faß Nummer 36, das am 24. Januar 1990 destilliert wurde. **PM**

Verkostungsnotizen

Im Mund pfeffrig, dann ein intensives Stück Gewürznelke. Die Holztöne sind sehr anständig, und im Abgang ein langer Nachklang von Apfelstrudel.

Bladnoch Distiller's Choice Younger Vatting

Bladnoch | www.bladnoch.co.uk

Herstellungsregion und -land Lowlands, Schottland
Destillerie Bladnoch, Bladnoch, Dumfries and Galloway
Alkoholgehalt 46 Vol.-%
Whiskytyp Single Malt

Ein einziges Glas des Bladnoch Distiller's Choice Younger Vatting zeigt einem alle Unterschiede zwischen riesigen internationalen Spirituosenkonzernen und kleineren, inhabergeführten Unternehmen. Die Mischung ist beispielsweise nicht in Stein gemeißelt; sie ist eine Leinwand, auf der immer neu gemalt wird, oft ändert sich das Bild von Monat zu Monat. Es gibt also kein Schema, dem entsprochen, keine Färbung, die eingehalten, keine vorgegebene Menge, die produziert werden muß. Und keine nichtssagenden Produkte, die mit all dem einhergehen.

Was man stattdessen bekommt, ist eine Mischung ausgesuchter Malts ohne Altersangabe. Verwendet werden die Grundwhiskys, die Raymond Armstrong an diesem Tag gerade für geeignet hält. Es ist nicht so anarchistisch, wie es sich anhört. Bladnoch produziert erst seit Ende 2001 wieder, und es dauert, das beste Verkaufsalter eines Whiskys zu ermitteln. Man kann ihn zwar mit drei Jahren und einem Tag auf den Markt bringen, aber es kann ein weiteres Jahrzehnt dauern, bis er sich in guter Form zeigt. In dieser Zeit muß man der Marke Freunde machen, und es müssen Einnahmen erzielt werden. Armstrong experimentiert also; mit dem Destillat, mit der Reifung, mit dem Alter. Folgt man ihm dabei, kann man die Wiedergeburt einer großen Destillerie erleben. **PM**

Verkostungsnotizen

Dieser Whisky wächst und wächst. Klarer, grasiger Geschmack, der zum Honig neigt, wenn die älteren und jüngeren Bestandteile um Vorherrschaft wetteifern.

Blair Athol 12-Year-Old Flora & Fauna

Blair Athol
www.discovering-distilleries.com/blairathol

Herstellungsregion und -land Highlands, Schottland
Destillerie Blair Athol, Pitlochry, Perthshire
Alkoholgehalt 43 Vol.-%
Whiskytyp Single Malt

Die Produktionskapazität von Blair Athol liegt im mittleren Bereich. Etwa 90 bis 95 Prozent des Ausstoßes wird in Bourbonfässern gereift und für Blends verwendet, vor allem für den bekannten Bell's Blend. Die anderen fünf bis zehn Prozent reifen in Sherryfässern und werden für Sonderabfüllungen und die „Flora & Fauna"-Reihe reserviert – dieser 12-Year-Old ist die einzige eigene Abfüllung, die zur Zeit dauerhaft erhältlich ist.

Der Whisky von Blair Athol ist besonders schwer. Die Verwendung einer trüben Würze und die kurzen Gärzeiten – in der Regel 48 Stunden – ergeben einen recht kräftigen und scharfen Brand. Solche Destillate reagieren meist gut auf den Einfluß von Sherryfässern aus europäischer oder amerikanischer Eiche. Der typische Charakter des Whiskys findet sein Gegenstück in diesen Holzarten, die ihre nussigen Röstaromen an ihn weitergeben, um sich mit dem Alkohol zu einer fruchtigen, ausgewogenen und komplexen Mischung zu vereinigen.

Dieser 12-Year-Old ist ein hervorragendes Beispiel für die harmonischen Wechselwirkungen zwischen einem Whisky und dem Faß, in dem er gelagert wurde. Allerdings steht zu befürchten, daß der Blair Athol ohne zusätzliche Marketingmaßnahmen weiterhin als Single Malt eher übersehen werden wird. **StuR**

Verkostungsnotizen

In der Nase nussig, cremig, leicht torfig. Der glatte, vollkörprige Geschmack zeigt Obstkuchen und kandierte Zitronenschale. Abgang mit Torf- und Sirupnoten.

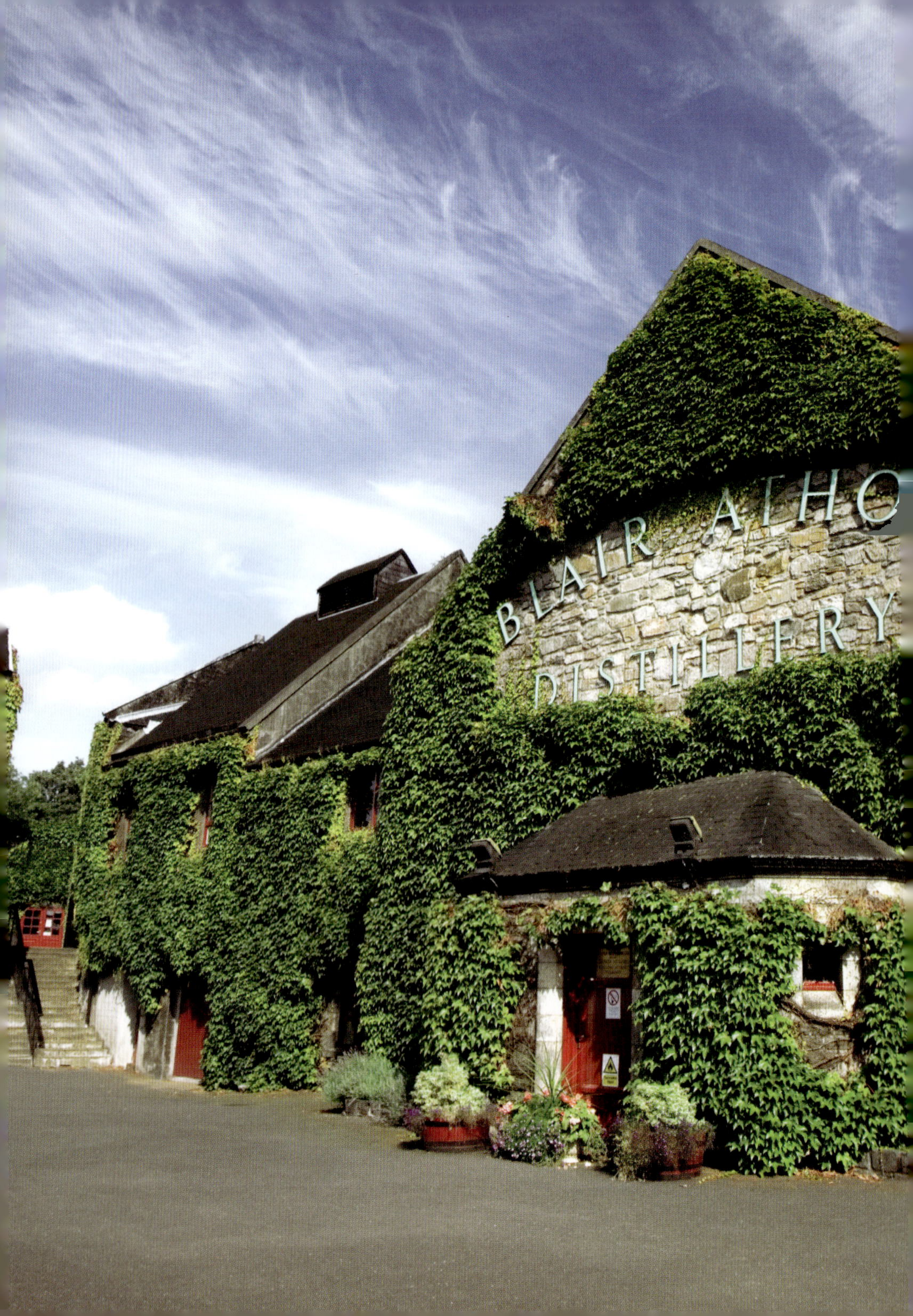
BLAIR ATHO
DISTILLERY

Blair Athol Old & Rare Platinum Selection

Douglas Laing & Co. | www.douglaslaing.com

Herstellungsregion und -land Highlands, Schottland
Destillerie Blair Athol, Pitlochry, Perthshire
Alkoholgehalt 58,2 Vol.-%
Whiskytyp Single Malt

Besucher der reizvollen Destillerie von Blair Athol stellen oft erst dort fest, wie groß der Beitrag ist, der hier zu Blended Whiskys, vor allem zu Bell's, geleistet wird. Neun von zehn Fässern, die hier gefüllt werden, gehen in einem Blend auf, um dann vielleicht mit Cola getrunken zu werden. Größere Mengen eines gleichmäßig guten Malts herzustellen, der eine solche Behandlung übersteht, ist schon eine Kunst in sich. Es wäre entschuldbar, wenn man dächte, daß die Geschichte damit zu Ende ist. Es gibt aber eine andere, verborgene Seite von Blair Athol, die man anhand dieser Abfüllung von Douglas Laing kennenlernen kann.

Während die für Blends bestimmte Produktion einige Jahre in Bourbonfässern gelagert wird, um sie auf wirtschaftlich vertretbare Weise abzurunden und zu verbessern, wird ein kleiner Teil in Sherryfässer abgefüllt. Dieser Teil findet seinen Weg in die Flaschen unabhängiger Abfüller, da hauseigene Abfüllungen selten stattfinden.

Die Old & Rare Platinum Selection ist ein üppiges Sahnedessert von einem Whisky in der vollen Blüte seiner 15 Jahre. Er hat nichts mit der großen Flasche gemein, die kopfüber hinter dem Tresen der nächsten Bar hängt, und es ist erstaunlich, daß sie beide auf die gleiche Abstammung blicken können. Ein so gut geratener Teenager zeigt, was eine anständige Erziehung bewirken kann. **AN**

Verkostungsnotizen

Muskat und Vanille in der Nase. Glatter und voller Körper, der an Schaumgebäck auf einem Sahnesoßenspiegel erinnert. Langer, wärmender Abgang

← Bei Blair Athol wird der Firmenname von Efeu umwuchert.

Blue Hanger 5th Limited Release

Berry Bros. & Rudd | www.bbr.com

Herstellungsregion und -land Speyside, Scotland
Destillerien Verschiedene
Alkoholgehalt 45,6 Vol.-%
Whiskytyp Blended Malt

Dieser Blue Hanger kam im Oktober 2010 nach einer demokratischen Wahl heraus. Doug McIvor von Berry Bros. & Rudd hatte bei Whisky Live Paris, der wichtigsten Verkostungsveranstaltung Frankreichs, drei Prototypen vorgestellt und das Publikum gebeten, über seinen Liebling abzustimmen. Das Ergebnis ist also ein echter Volksvertreter unter den Blended Malts. Er zeugt zudem von den hohen Whiskykenntnissen der Franzosen, da sie ihre Wahl unter drei sehr unterschiedlichen Varianten trafen, von denen eine sogar im Gegensatz zu allen vorhergegangenen Blue Hangers etwas Islay enthielt.

Das Geschmacksprofil entsprach offensichtlich auch McIvors Vorstellungen: „Ich finde die fünfte Ausgabe verdammt gut, weil sie meiner Meinung nach ausgewogener ist als die früheren. Sie hat eine Sherrynote, ist aber nicht zu schwer. Ich wollte den Sherryeinfluß im Blue Hanger schon immer etwas zügeln, und in der fünften Ausgabe hat der eingebrachte Clynelish gut funktioniert, da er dem Whisky Würze und zusätzlich Komplexität gab."

Der Fifth Release kam in einer Auflage von 1155 Flaschen heraus. Er stammt aus vier Fässern: einem 1997 destillierten Clynelish (Nr. 4704), würzig, etwas salzig, mit gelben Früchten; einem Dufftown aus dem Jahr 1982 (Nr. 18584), nussig, cremig, mit Röstnoten, Weinbeerenschalen und Lakritze; einem 1978er Glenlivet (Nr. 13510) mit polierter Eiche, Apfelschale und Sherry Trifle; und schließlich einem Mortlach, der 1991 gebrannt wurde (Nr. 5141) und viel Sherry zeigt, aber auch Dörrobst und Orangen. Wie stets bei den besten Blended Malts ist auch hier das Ganze mehr als die Summe seiner Teile. Vielleicht ist es sogar der beste Blue Hanger, den es überhaupt gibt. **MM**

Verkostungsnotizen

Kräuterige Nase mit reifen Früchten und würzigen, nussigen, sahnigen Noten. Orangen und Tee – großartige Tiefe und Reife. Gut ausgewogener Geschmack, cremige Textur. Dunkle Kirschen und Paranüsse. Langer Abgang, mit Eichentannin und viel Frucht.

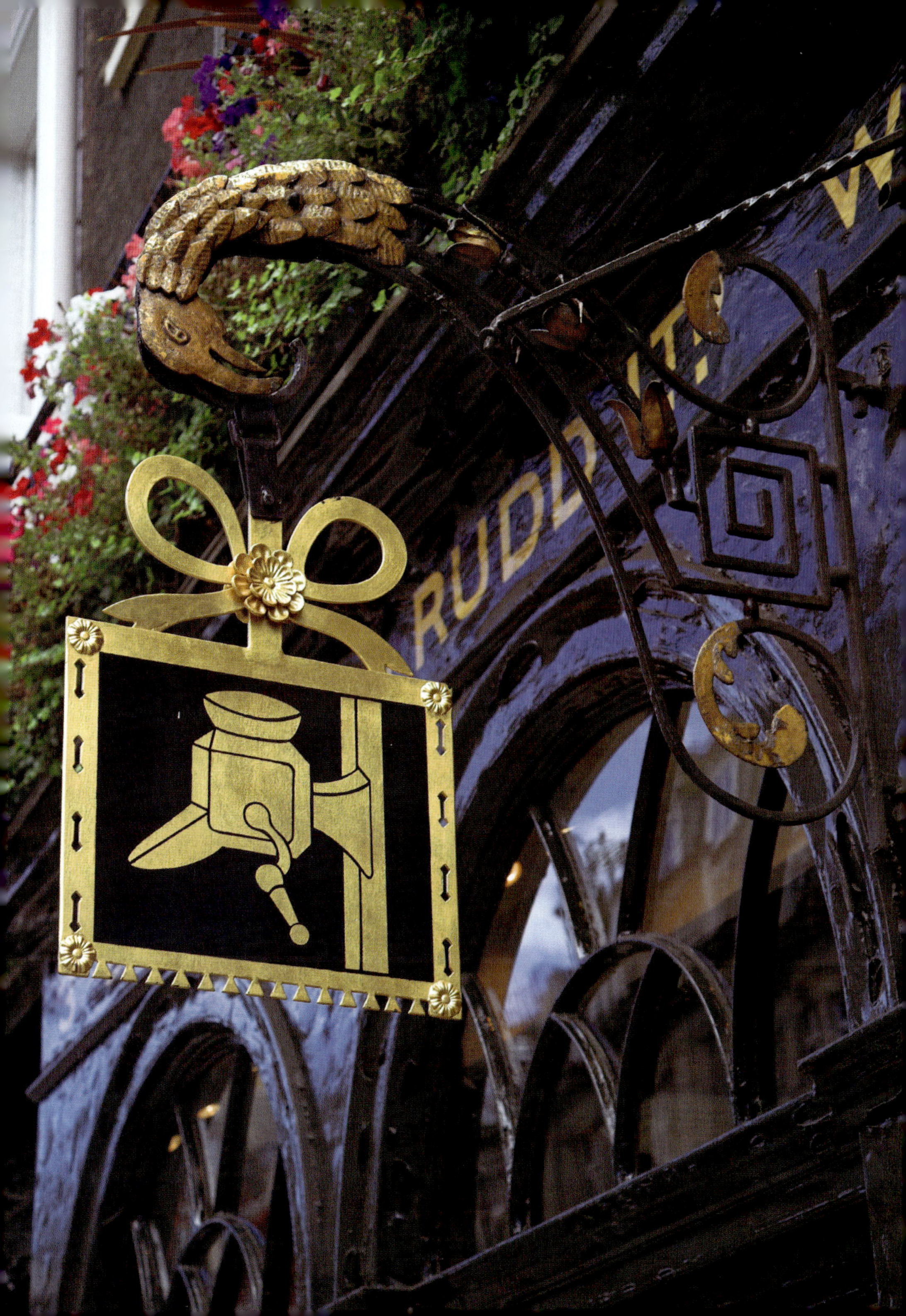

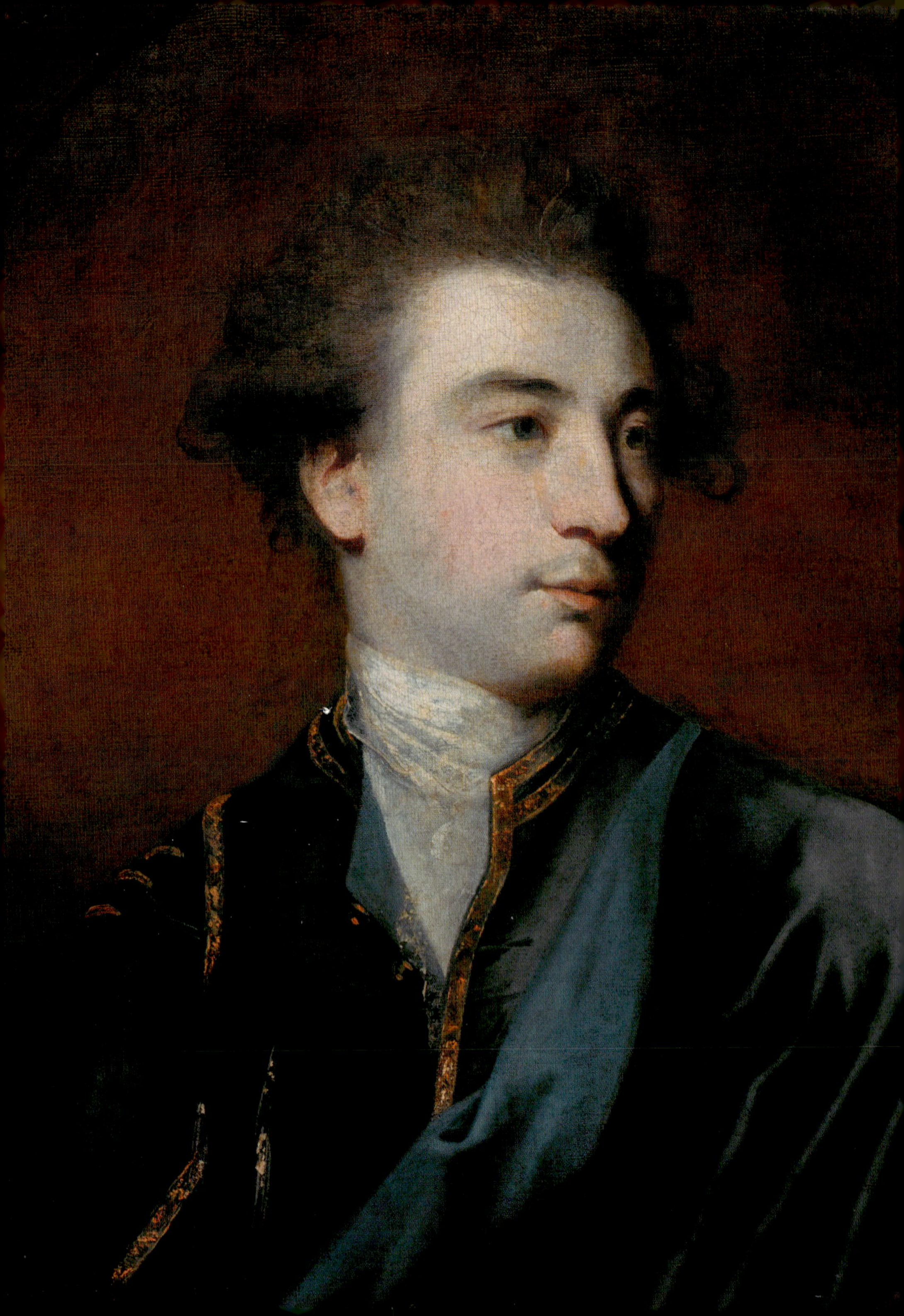

Blue Hanger 10th Limited Release

Berry Bros. & Rudd | www.bbr.com

Herstellungsregionen und -land Verschiedene, Schottland **Destillerien** Verschiedene
Alkoholgehalt 45,6 Vol.-%
Type Blended Malt

Berry Bros. & Rudd ist ein Weinhandelsunternehmen, das auf eine lange Liste illustrer Kunden zurückblicken kann – in der Vergangenheit wie in der Gegenwart. Die „Blue-Hanger"-Reihe ist nach William „Blue" Hanger, 3. Lord Coleraine, benannt, der Ende des 18. Jahrhunderts ein treuer Kunde der Firma war. Er galt als Modegeck, und der Spitzname bezog sich auf seine Lieblingskleidungsfarbe.

Der Whiskymacher Doug McIvor hatte die Idee, einen neuen Blended Malt aus den Vorräten der Firma zu schaffen. Die diversen Ausgaben des Blue Hanger sind zu einem fast jährlich wiederkehrenden Ereignis geworden, die Reihe bietet eine Vielzahl unterschiedlicher Altersstufen und Abfüllmengen.

Der 10th Release war auf etwa 4400 Flaschen limitiert. Er war insofern ungewöhnlich, als er aus drei Fässern eines 2007er Blended Malt und sechs Fässern von anderen Destillerien entstand, von denen einige sehr selten waren. Die Abfüllung war ursprünglich nur für die USA vorgesehen und ist inzwischen schwer zu erhalten.

Die ersten Blue Hangers bestanden ausschließlich aus Speysidern, inzwischen sind aber auch getorfte Whiskys in der Mischung enthalten. Bei diesem Beispiel erkennt man ihren Einfluß, vor allem in den jungen wie alten Whiskys von Bunnahabhain auf Islay. **DR**

Verkostungsnotizen

Vanille, Rauch, grüne Früchte und Banane in der Nase. Üppig, komplex, fruchtig und rauchig am Gaumen. Recht trocken, mit exotischen Gewürzen im Kern.

Blue Hanger 11th Limited Release

Berry Bros. & Rudd | www.bbr.com

Herstellungsregionen und -land Verschiedene, Schottland **Destillerien** Verschiedene
Alkoholgehalt 45,6 Vol.-%
Type Blended Malt

In den vergangenen Jahren haben sich unabhängige Whiskymacher einer Verknappung von Whiskys und einem größeren Wettbewerb um gute Fässer gegenübergesehen. Aber Doug McIvor von Berry Bros. & Rudd ist es dennoch gelungen, eine bemerkenswerte Reihe von Blended-Malt-Whiskys zusammenzustellen.

Der ursrpüngliche Blue Hanger entstand als Blend in den 1930er Jahren. Schließlich verschwand der Name und wurde erst von McIvor im Jahr 2003 wieder zum Leben erweckt. Seitdem hat sich sein Geschmacksprofil beträchtlich geändert. Die erste Ausgabe bestand aus der Kombination von nur je einem Faß von Glenlivet und Glen Grant. Damals war der Whisky noch recht sherrybetont, aber McIvor hat das Profil deutlich erweitert und einen Blended Malt mit komplexer Struktur kreiert.

Diese Ausgabe zeigt nicht sehr viele Sherrynoten, sondern eher eine herzhafte Torfigkeit, weil sie wie die zehnte Ausgabe Fässer mit getorftem und ungetorftem Malt von der Destillerie Bunnahabhain auf Islay enthält. Der Blended Malt enthält Grundwhiskys aus acht verschiedenen Fässern. Er ist preisgekrönt: Der Whisky Advocate wählte ihn zu seinem Blended Malt des Jahres. Falls man ihn sieht, sollte man die Gelegenheit nutzen und kaufen – die Vorräte werden nicht lange halten. **DR**

Verkostungsnotizen

Die Nase ist sahnig, nussig und leicht torfig. Im glatten, vollen Körper schmeckt man Obstkuchen und Zitronat. Der Abgang ist sowohl rauchig wie auch sirupartig.

William „Blue" Hanger, nach dem die „Blue-Hanger"-Reihe benannt ist.

BOWMORE

Est 1779

WASH STILL Nº 2

CONTENTS
30 940 LTRS

Bowmore 12-Year-Old

Morrison Bowmore Distillers (Suntory)
www.bowmore.co.uk

Herstellungsregion und -land Islay, Schottland
Destillerie Bowmore, Loch Indaal, Argyll
Alkoholgehalt 40 Vol.-%
Whiskytyp Single Malt

1837 wurde William Mutter aus Glasgow der stolze Besitzer der Destillerie Bowmore. Er blieb 55 Jahre der Inhaber und führte in dieser Zeit umfangreiche Erweiterungsarbeiten durch. 1892 übernahm eine Gruppe englischer Geschäftsleute das Unternehmen und blieb 33 Jahre am Ruder. J. B. Sheriff and Co. kauften Bowmore dann 1925, gaben die Brennerei aber schon nach vier Jahren 1929 wieder an die Distillers Company Ltd. (DCL, inzwischen zu Diageo gehörig) ab.

Es war nicht der letzte Besitzerwechsel in der Firmengeschichte. 1950 übernahmen William Grigor & Son für 13 Jahre die Leitung der Geschäfte, und 1963 bezahlte Stanley P. Morrison die damals stattliche Summe von £117 000 für Gebäude, Inventar und Lagerbestände. Er leitete Bowmore mehr als ein Vierteljahrhundert. 1989 stieg der japanische Getränkekonzern Suntory mit 35 Prozent als Teilhaber ein und übernahm 1994 die restliche Anteile.

Die Malztenne bei Bowmore, eine der wenigen des Gewerbes, ist noch in Betrieb und liefert mehr als ein Drittel der gemälzten Gerste, die in der Destillerie verbraucht wird. Der Rest kommt von Port Ellen Maltings auf Islay, einer ehemaligen Destillerie, die in den 1980er Jahren zu einer Auftragsmälzerei umgewandelt wurde. Fast alle Destillerien der Insel beziehen dort das nach ihren Vorgaben getorfte Malz. **HO**

Verkostungsnotizen

In der Nase gedünstetes Wurzelgemüse, brennendes Laub und Apfelkuchen, gemischt mit salzverkrusteten Tauen. Dunkler Torf unter dem runden Geschmack.

Bowmore 16-Year-Old

Morrison Bowmore Distillers (Suntory)
www.bowmore.co.uk

Herstellungsregion und -land Islay, Schottland
Destillerie Bowmore, Loch Indaal, Argyll
Alkoholgehalt Etwa 53 Vol.-%, je nach Jahr
Whiskytyp Single Malt

Zwei Whiskys: 16jährige, die darauf warten, geküßt zu werden. Nicht von einem Prinzen, der sie aus dem Schlaf hinter dem Dornengestrüpp erweckt, sondern von Whiskyliebhabern, die den Unterschied zwischen einem Malt kennenlernen möchten, der 16 Jahre in Bourbonfässern gereift ist, und einem, der die gleiche Zeit in Sherryfässern ruhte.

Gebrauchte Bourbonfässer gibt es in Schottland reichlich, weil Bourbon dem Gesetz nach nur in neuen Eichenfässern reifen darf. Die Bourbonhersteller verschiffen deshalb traditionell ihre gebrauchten Fässer nach Schottland, wo sie weitere 40 bis 50 Jahre als Behälter für Whisky dienen können.

Sherryfässer sind seltener geworden. Früher wurde Sherry in Fässern von Spanien nach Großbritannien gebracht, wo er in Bristol, Cardiff, London und Leith, der ehemaligen Hafenstadt von Edinburgh, auf Flaschen gezogen wurde. So kamen die Schotten zu vertretbaren Preisen an wieder verwendbare Fässer. In den 1970er Jahren begann Spanien jedoch, den Sherry selbst abzufüllen, und die Fässer wurden seltener und teurer.

So kann es sein, daß man den einen dieser 16jährigen Zwillinge leichter bekommt als den anderen. Falls man auf beide stößt, sollte man nicht zögern, sie zu kaufen und zu vergleichen. Es sind Zwillinge, aber keine eineiigen, man kann Unterschiede erkennen. **HO**

Verkostungsnotizen

Köstlicher Blumenduft. Mango und Ananas über Torfrauch. Der Körper verleiht Gewicht, und der Geschmack entwickelt sich zu – unaufdringlichen – Parfümnoten.

Eine *Wash Still* bei Bowmore ist mit einer Darstellung der Destillerie verziert.

Bowmore 17-Year-Old

Morrison Bowmore Distillers (Suntory) | www.bowmore.co.uk

Herstellungsregion und -land Islay, Schottland
Destillerie Bowmore, Loch Indaal, Argyll
Alkoholgehalt 43 Vol.-%
Whiskytyp Single Malt

Während das Standardsortiment von Bowmore im Fachhandel gut zu erhalten ist, bekommt man manche Varianten eher in Duty-Free-Shops großer Flughäfen. Dazu gehören der Surf, Enigma, Mariner 15-Year-Old und dieser 17jährige Single Malt, den es auch in einer Version in Faßstärke gibt. Auch Abfüllungen unabhängiger Firmen wie Duncan Taylor, Douglas Laing und Cadenhead sind zu bekommen.

Wenn man glaubt, das seien genug Varianten des Bowmore, um darin zu baden, liegt man gar nicht so falsch, vor allem weil es wirklich möglich ist, bei der Destillerie im Herzen der Stadt am Ufer des Loch Indaal schwimmen zu gehen. Eines der Lagerhäuser dort wurde für die Einwohner des Dorfes Bowmore zum MacTaggart Leisure Centre umgebaut; in dem am 29. Juni 1990 eröffneten Gebäude gibt es ein Schwimmbad, das mit dem aufbereiteten heißen Wasser aus der Destillerieanlage beheizt wird und so dem Ausdruck „Wasser des Lebens" neuen Inhalt verleiht.

Der 17-Year-Old hat im breiten Bowmore-Sortiment immer eine herausragende Stellung eingenommen. Er hat jene besondere Note, die einen Whisky über seine Geschwister erhebt, auch wenn der Rest der Familie Bowmore sehr gut mundet. Viele Liebhaber erklären ihn zu ihrer Lieblingsvariante des Bowmore, vielleicht weil er sich im Glas als so vielfältig erweist – ein Islay-Whisky, süß, mit einem Hauch Frucht, aber dennoch voller Rauch, Torf und Meersalz, und all das wunderbar ausgewogen. Bei einem Preis von etwa 160 Euro lohnt es sich, nach ihm Ausschau zu halten. **HO**

Verkostungsnotizen

Ansprechend bronzefarben, sehr aromatisch in der Nase. Der glatte, feste Körper entwickelt sich zu malzigem Geschmack, mit trockenen, leicht würzigen und cremigen Obertönen. Der Abgang zeigt Farnkraut und Rauch. Schön eingebundene Geschmacksnoten.

Bowmore 18-Year-Old

Morrison Bowmore Distillers (Suntory) | www.bowmore.co.uk

Herstellungsregion und -land Islay, Schottland
Destillerie Bowmore, Loch Indaal, Argyll
Alkoholgehalt 43 Vol.-%
Whiskytyp Single Malt

Bowmore ist mehr als zwei Jahrhunderte alt. Das ist jedoch nur ein Augenblick, wenn man es mit dem Alter der Insel vergleicht, von der er stammt. Islay entstand vor etwa 60 Millionen Jahren nach einer langen Reihe von Vulkanausbrüchen, und manche der Oberflächengesteine sind halb so alt wie die Erde.

Daß sich im Mesolithikum Jäger und Fischer hier niederließen, liegt 10 000 Jahre zurück. Infolge des Klimawandels zwischen 2500 und 1500 v. Chr. wurde es kälter und nasser. Es entstanden Moore, und die starken Regenfälle führten zur Bildung des Torfs, der heute in den Destillerien als Brennstoff so begehrt ist. Im Jahr 400 n. Chr. kamen Mönche aus Irland nach Islay und brachten das Destillieren mit.

Später wurden die Macdonalds die Lords of the Isles und hielten sich bis 1524, als Lord Donald Dubh eine Schlacht und sein Reich an die Campbells von Cawdor verlor. Zwei Jahrhunderte später fiel Islay an deren Verwandten Daniel, der zum Shawfield-Zweig der Campbells gehörte. Hätte Donald damals die Schlacht gewonnen, dann hatte Daniel Campbell vielleicht nie Bowmore erbaut und man könnte heute nicht diesen 18-Year-Old genießen. Jeder Sieg ist eine Niederlage, in jeder Niederlage steckt ein Sieg.

Dieser Malt kam im Januar 2007 auf den Markt und gehört zum Standardsortiment der Marke. Schon im Jahr des Erscheinens wurde er bei der San Francisco Spirits Competition zum ‚Best of Show' gekürt und erhielt die IWSC-Auszeichnung ‚Gold Medal Best in Class'. Bei etwa 80 Euro pro Flasche kann man sich durchaus selbst ein Bild von der Preiswürdigkeit machen. **HO**

Verkostungsnotizen

Der zarte, raffinierte Malt kommt ohne Wasser aus. Trockenes Gras, Jasmintee und Sahnekaramell bahnen den Weg für Pekanpralinen und weichen Rauch. Mit 18 Jahren ist der Bowmore erwachsen, aber die jüngeren Geschwister zeigen auch interessante Persönlichkeiten.

Bowmore
25-Year-Old

Morrison Bowmore Distillers (Suntory)
www.bowmore.co.uk

Herstellungsregion und -land Islay, Schottland
Destillerie Bowmore, Loch Indaal, Argyll
Alkoholgehalt 43 Vol.-%
Whiskytyp Single Malt

Gegen Ende des 18. Jahrhunderts befand sich die Destillerie Bowmore im Aufschwung. Das galt auch für die Bevölkerung von Islay, die von 8000 im Jahr 1802 auf beeindruckende 15 000 im Jahr 1845 wuchs. Kein Wunder, daß es der Brennerei gut ging, wenn der Stamm potentieller Kunden so anwuchs.

Allerdings war die Insel damit überbevölkert. Die Highland Clearances, die Vertreibung der Kleinbauern aus dem Hochland, wurde auf den Hebrideninseln nachgeahmt, und manch ein Bewohner von Islay mußte die Insel verlassen. Viele von ihnen gingen über den Atlantik und nahmen ihre Brennereikenntnisse und technische Betriebsmittel mit. Vermutlich waren Kinder der ersten Mitarbeiter von Bowmore in der aufkommenden Bourbonproduktion in den USA beteiligt.

1853 wurde Islay an einen wohlhabenden Geschäftsmann verkauft, und die Zeit der Campbells als Landbesitzer auf der Insel kam zu einem Ende. In den folgenden 150 Jahren nahm die Bevölkerung der Insel langsam ab, heute geht man von etwa 3500 Insulanern aus.

Was auch ein Vorteil sein mag: Heute wird mehr Bowmore außerhalb der Insel getrunken als Mitte des 19. Jahrhunderts. Der 25-Year-Old hat viele Preise gewonnen, warum also nicht mal einen Sieger verkosten? **HO**

Verkostungsnotizen

Bei Zugabe von etwas Wasser weichen die Noten von Vanillesoße und Rosinen jenem von parfümierten Tee. Wie Rum-Rosinen-Eiscreme neben einem Torffeuer.

Bowmore 1990
20-Year-Old

Dewar Rattray
www.dewarrattray.com

Herstellungsregion und -land Islay, Schottland
Destillerie Bowmore, Loch Indaal, Argyll
Alkoholgehalt 50,2 Vol.-%
Whiskytyp Single Malt

Die unabhängige Abfüllfirma Dewar Rattray Ldt. aus Ayrshire hat eine Reihe von Einzelfaßabfüllungen der Bowmore-Destillerie herausgebracht. Das ist nicht überraschend, war doch der Besitzer Tim Morrison früher für Morrison Bowmore Distillers Ltd. tätig, bevor er 2004 eine Reihe von Single-Cask-Whiskys unter der Bezeichnung A. D. Rattray Ltd. Cask Collection auf den Markt brachte.

Ein Sprecher des Unternehmens erklärt: „Heute zielt die Firma darauf ab, ungewöhnliche und exklusive Whiskys aus dem Faß in Flaschen abzufüllen, die jeweils die unterschiedlichen Charaktereigenschaften der sechs schottischen Whiskyregionen widerspiegeln."

Dewar Rattray hat Bowmores der Jahrgänge 1989, 1990, 1991 und 1996 in unterschiedlichem Alter und aus verschiedenen Faßarten auf Flaschen gezogen. Manche stammten aus ein- oder mehrmals wieder befüllten Sherryfässern, andere aus unterschiedlichen Bourbonfässern, so daß man die Bowmores in verschiedenen stilistischen Varianten probieren kann.

Dieser 20-Year-Old wurde 1990 gebrannt und 2010 in Flaschen gefüllt, nachdem er in einem Bourbonfaß gereift war. Es ergaben sich 204 Flaschen. Es ist interessant, eine davon mit der ‚offiziellen' Bowmore-Abfüllung aus einem Bourbonfaß, dem Tempest, zu vergleichen. **GS**

Verkostungsnotizen

Sanfte Rauchtöne in der Nase, mit einer Andeutung frischen Orangensaftes. Seidenglatt im Mund, mit der Süße von Vanilleschoten.

Bowmore 1968 50th Anniversary Bottle

Morrison Bowmore Distillers (Suntory)
www.bowmore.co.uk

Herstellungsregion und -land Islay, Schottland
Destillerie Bowmore, Loch Indaal, Argyll
Alkoholgehalt 45,5 Vol.-%
Whiskytyp Single Malt

Die 1860 Flaschen dieser limitierten Edition wurden anläßlich des 50. Firmenjubiläums von Stanley P. Morrison Co. angeboten, der Bowmore gehörte, bevor Suntory die Brennerei 1994 übernahm. Die Fässer wurden von Brian Morrison, dem Sohn Stanleys, wegen ihrer „Reife und Süße" ausgewählt.

Der Whisky wurde am 19. November 1968 gebrannt und gehört damit zu den letzten, die unter der Regie von James McColl entstanden, der 1968 nach mehr als 30 Jahren als Leiter von Bowmore in den Ruhestand ging. Der Whisky wurde 32 Jahre vorwiegend in ehemaligen Bourbonfässern gelagert. Jede Flasche ist numeriert und trägt die Unterschrift von Brian Morrison. Laut Iain McCallum, dem Mälzereimeister bei Morrison Bowmore Distillers, sind die Fässer „einzeln vom legendären Brian Morrison ausgewählt. Komplex, lebhaft und ausgewogen. Dieser Jubiläumsbrand zeigt die traditionelle Fruchtigkeit des Bowmore und die Macht von Islay."

Viele Islay-Malts verlieren bei der Reifung die lebhaften Fruchtnoten, die sie in der Jugend aufweisen. Bowmore ist einzigartig, weil er sie bis in sein zweites und drittes Jahrzehnt beibehält. Mit mehr als 30 Jahren zeigt er dann manchmal eine weitere einzigartige Note, die allerdings eher etwas muffig ausfällt. **WM**

Verkostungsnotizen

Unglaublich fruchtig, mit Aprikosen, Mandarinen und tropischen Früchten. Auch im ewig lange ausklingenden Abgang Fruchtnoten und trockener Rauch.

Bowmore Darkest 15-Year-Old

Morrison Bowmore Distillers (Suntory)
www.bowmore.co.uk

Herstellungsregion und -land Islay, Schottland
Destillerie Bowmore, Loch Indaal, Argyll
Alkoholgehalt 43 Vol.-%
Whiskytyp Single Malt

Bowmore ist bei Whisky-Aficionados und -sammlern beliebt. Der verstorbene niederländische Spirituosenfachmann Harry Verhaar hinterließ seinem Sohn Marcel, der das Erbe seines Vaters in einem wunderbaren Ladengeschäft in Utrecht pflegt, eine beeindruckende Sammlung von Bowmore-Exponaten. Ein anderer niederländischer Sammler verkaufte seine Sammlung 2004 an die Destillerie. Sie besteht aus mehr als 200 verschiedenen Abfüllungen, darunter auch die berühmten Black Bowmores aus den Jahren 1993, 1994 und 1995. Gegen Ende 2007 kam diese zum Kultgegenstand avancierte Ausgabe in sehr geringen Mengen wieder auf den Markt. Es ist ein 43 Jahre alter Malt aus dem Jahr 1964. Bowmore hatte immer ein beeindruckendes Angebot unterschiedlicher Varianten, entschied sich jedoch 2006, sich auf eine geringere Anzahl zu beschränken.

Zur Zeit werden zwei Serien für den normalen und den Duty-Free-Handel angeboten. Zum Standardsortiment gehören der Legend, der 12-Year-Old, der Darkest 15-Year-Old, der 18-Year-Old und der 25-Year-Old. Dieser 15-Year-Old ist in Olorosofässern nachgereift, was ihm eine wunderbare dunkle Farbe und den Namen „Darkest" verliehen hat. Ein andersartiger, angenehmer Bowmore mit mehr als nur geringen Sherrytönen. **HO**

Verkostungsnotizen

Würziges Sandel- und Zedernholz von Zigarrenkästen, Tabakblätter, dunkle Schokolade und üppige Rosinentöne. Braucht Zeit, um sich zu entfalten.

Bowmore Legend

Morrison Bowmore Distillers (Suntory)
www.bowmore.co.uk

Herstellungsregion und -land Islay, Schottland
Destillerie Bowmore, Loch Indaal, Argyll
Alkoholgehalt 40 Vol.-%
Whiskytyp Single Malt

Das Dorf Bowmore auf Islay wurde 1768 gegründet, allerdings gab es schon seit 1750 eine Pier, die von Daniel Campbell aus Shawfield errichtet worden war. Campbell war Visionär, der sich selbst große Aufgaben stellte. Einige landwirtschaftliche Methoden, die vom Shawfield-Zweig derr Campbells eingeführt wurden, sind heute noch in Gebrauch. Der Clan hat seit dieser frühen Zeit viel getan, um die Lebensbedingungen auf Islay ständig zu verbessern.

Bowmore wurde als Dorf mit einem rechtwinkligen Straßengitter angelegt, die Hauptstraße führt zu der berühmten runden Kirche, die ohne Ecken gebaut wurde, um dem Teufel keine Versteckmöglichkeiten zu bieten. Der Legende nach hat er es dennoch versucht, wurde aber entdeckt und auf die Straße gejagt, von wo aus er in die Destillerie lief und nie wieder gesehen wurde. Hinter vorgehaltener Hand erzählt man jedoch, er habe sich in einem Whiskyfaß versteckt, das bald darauf aufs Festland verschickt wurde.

Keine Legende ist jedoch, daß Bowmore die älteste Destillerie auf Islay ist. Sie wurde 1779 von John Simpson gegründet, in dessen Besitz sie fast 60 Jahre blieb. Wenn man Geschichte greif- und erfahrbar machen möchte, kann man ein Gläschen auf sein Wohl leeren. **HO**

Verkostungsnotizen

Töne von Tabak, altem Leder und weißer Schokolade verbinden sich mit einem Hauch nasser Teeblätter. Der Abgang ist süß, rauchig und etwas sandig.

Bowmore Tempest Small Batch Release 1

Morrison Bowmore Distillers (Suntory)
www.bowmore.co.uk

Herstellungsregion und -land Islay, Schottland
Destillerie Bowmore, Loch Indaal, Argyll
Alkoholgehalt 55,3 Vol.-%
Whiskytyp Single Malt

Früher hatten ältere Bowmores merkwürdig parfümierte und florale Noten in der Nase, die anscheinend auf Fehler beim Destillieren zurückgingen, aber dennoch ansprechend waren. Zum Sortiment gehörte ein atemberaubender 17 Jahre alter Malt, und die Destillerie hatte den Ruf, hervorragende ältere Whiskys anzubieten. Dann wurden sie jedoch unter anderen Markennamen verkauft, und der 17jährige landete in den Duty-Free-Shops, aber es war nicht mehr der gleiche Whisky, er schien verblaßt zu sein. Andere Hersteller auf Islay entwickelten sich weiter, und im Vergleich begann Bowmore etwas nichtssagend zu wirken. Erst als der Tempest auf den Markt kam, bewies Bowmore wieder seine Form.

Der Tempest ist ein lebhafter, kräftiger, stürmischer Whisky, der mit Faßstärke abgefüllt wird. Er kommt in Chargen (*Batches*) auf den Markt. Man sollte die Chargennummer beachten, weil die dritte Charge deutlich anders ausfällt als die hier beschriebene erste und die zweite. Diese beiden sind perfekte Beispiele getorfter Islay-Malts, ohne auf eigene, brennereitypische Akzente zu verzichten. Batch zwei ist vielleicht etwas süßer und schärfer, aber Batch eins sorgt für Überraschungen und zeigt kraftvoll und torfig, daß dieser Malt ohne weiteres mit den Großen von der Insel mithalten kann. **DR**

Verkostungsnotizen

In der Nase eine unwiderstehliche Einladung abzutauchen: Rauch, Zitrusöle und einige Blütennoten. Am Gaumen Pfeffer und Salz, Zitrus und viel Torf.

BOWMORE DISTILLERY

Bowmore Tempest Small Batch Release 3

Morrison Bowmore Distillers (Suntory) | www.bowmore.co.uk

Herstellungsregion und -land Islay, Schottland
Destillerie Bowmore, Loch Indaal, Argyll
Alkoholgehalt Etwa 53 Vol.-%, je nach Jahr
Whiskytyp Single Malt

Meine beiden liebsten Whisky-Orte liegen beide auf der Insel Islay. Der eine ist am Meer bei Laphroiag und besticht durch den herrlichen Blick über die rauhe, wilde Felsenküste, die sich seit Tausenden von Jahren nicht verändert hat. Der andere ist der Hafendamm in Bowmore, wo man die Seeluft schmeckt und jenseits des Loch Indaal die – manchmal sogar sonnenbeschienene – Destillerie Bruichladdich sieht.

Oft hat man mich mit zum Lagerhaus in Bowmore mitgenommen – wo man das Meersalz in der Luft schmecken kann –, um mir eine Probe des zehn oder elf Jahre alten Bowmores direkt aus dem Faß zu kredenzen. Manche dieser Proben waren salzig, ölig, torfig und intensiv – ganz anders als das, was man normalerweise von Bowmore erwartet.

Zu dieser Kategorie gehört auch die dritte Charge des Bowmore Tempest, die mit Faßstärke abgefüllt wurde. Man muß auf die Andersartigkeit gefaßt sein, weil der Whisky sich so radikal von dem süßen, fruchtigen und nur leicht getorften 12-Year-Old unterscheidet. Es ist ein knurrender Kampfhund von einem Malt, dem man sich nur mit Vorsicht nähern sollte. Wenn man sich jedoch aneinander gewöhnt hat, ist er ein Freund fürs Leben.

Die Tempest-Whiskys waren der Versuch, dem verbreiteten Irrtum entgegenzuwirken, Bowmore stelle gering getorften Whisky her. Morrison Bowmore Distillers sind beim Tempest von ihrem Brauch abgewichen, besondere Abfüllung in nur drei Chargen anzubieten. Inzwischen sind auf den Release 3 mehrere andere gefolgt, die einem genauso den Mund wässerig machen können wie dieses Beispiel. **DR**

Verkostungsnotizen

In der Nase zeigt sich etwas Torf, aber man ahnt nicht, was noch kommen soll. Am Gaumen ölig, salzig, herzhaft, scharf, torfig und Belag bildend. Ein schmackhaftes, würziges Torfgelage. Zitronen- und Fruchtnoten von Bowmore erscheinen nur im Hintergrund.

Braes of Glenlivet 1975 Connoisseurs Choice

Gordon & MacPhail | www.gordonandmacphail.com

Herstellungsregion und -land Speyside, Schottland
Destillerie Braeval, Chapeltown, Banffshire
Alkoholgehalt 43 Vol.-%
Whiskytyp Single Malt

Braes of Glenlivet wurde 1973 gegründet, um Malts für die Blends der Marke Chivas zu produzieren. Um Verwechslungen mit der Destillerie Glenlivet zu vermeiden, wurde der Name der Brennerei 1995 zu Braeval geändert. 1997 wurde der Betrieb modernisiert, so daß alle Arbeiten von einer einzigen Person ausgeführt werden können – was beeindruckend sein mag, aber den Teamgeist vergangener Tage durchaus ein wenig vermissen läßt.

2002 wurde Braeval vorübergehend stillgelegt; im Jahr 2008 nahm man die Produktion wieder auf. Da der Whisky der Brennerei nie als offizielle Abfüllung herausgekommen ist, hat er in sich schon einen gewissen Seltenheitswert. Wenn man ihn verkosten möchte, muß man sich an eine der wenigen Abfüllungen von unabhängigen Firmen halten. Es gibt Sammler und Investoren, die nichts anderes kaufen als die Originalabfüllungen der Destillerien, aber man sollte die unabhängigen Abfüller nicht ignorieren – ohne sie wären manche wunderbaren Whiskys und Abfüllungen längst untergegangener Destillerien nie auf den Markt gekommen.

Es liegt nahe anzunehmen, daß sich die Seltenheit eines Whiskys auch in seinem Preis niederschlägt. Das ist beim Braeval jedoch nicht der Fall. Es handelt sich nicht um eine Sammlerobjekt oder eine Wertanlage – was auch ein Vorteil ist, da man so zu einem annehmbaren Preis einen wunderbaren Malt erhalten kann. Diese Abfüllung stammt aus der legendären „Connoisseurs Choice"-Reihe von Gordon & MacPhail aus dem Jahr 1975. Bei einem Preis von etwa 110 Euro für einen mehr als 40 Jahre alten Whisky kann man schon von einem Schnäppchen sprechen. **AS**

Verkostungsnotizen

Anfänglich leicht, fast erfrischend. Getreidenoten mit einem milden, blumigen Gerbsäureelement. Dann entwickeln sich süßere Sommerfrüchte als Begleitung der hintergründigen Eichentöne. Leicht harzig, am Gaumen sehr ausgewogen. Man trinkt leicht zuviel davon …

Brora 22-Year-Old Rare Malts Selection 1972

Diageo | www.diageo.com

Herstellungsregion und -land Highlands, Schottland
Destillerie Brora, Clynelish, Sutherland
Alkoholgehalt 58,7 Vol.-%
Whiskytyp Single Malt

Die Verbindung der Destillerie Brora und der Rare Malts Selection (RMS) ist wirklich etwas Besonderes. Die Flaschen der RMS-Serie gehören zu den begehrtesten Sammlerstücken auf dem Whiskymarkt. Die Reihe wurde 1995 von United Distillers and Vintners Ltd. aus der Taufe gehoben und 2005 wieder eingestellt. Es gab 111 unterschiedliche Abfüllungen (wenn man alle Varianten mit verschiedenem Alkoholgehalt einbezieht), die einen Kreis von 36 Destillerien abdeckten, von denen inzwischen viele den Betrieb eingestellt haben.

Auf dem Sammler- und Investorenmarkt macht sich die „Rare Malts Madness" breit, die dazu führt, daß fast jede Ausgabe von RMS in den vergangenen Jahren starke Preissteigerungen erfuhr. Manche Flaschen kosten jetzt das Zehnfache des Einstandspreises. Dazu gehört auch dieser 22-Year-Old aus dem Jahr 1972. Die meisten Flaschen kamen für 90 bis 110 Euro auf den Markt, was angesichts der Tatsache, daß sie zu den seltensten Whiskys der Hersteller gehören, angemessen erscheint.

Andererseits stellen die RMS-Flaschen nicht nur eine potentiell gewinnträchtige Geldanlage dar, sie gehören auch zu den besten Whiskys, die man kaufen kann, um sie zu trinken. Der Brora 22-Year-Old gehört in diese Kategorie, er ist einer der Größten aller Zeiten. **AS**

Verkostungsnotizen

Torfrauch und Meeresluft, klar und rein. Durch die rauchige Gischt dringen Zitrusaromen. Den Gaumen greift eine sehr saure Hitze mit Salz und Chili an.

Brora 24-Year-Old

Ian Macleod Distillers | www.ianmacleod.com

Herstellungsregion und -land Highlands, Schottland
Destillerie Brora, Clynelish, Sutherland
Alkoholgehalt 46 Vol.-%
Whiskytyp Single Malt

Im Osten der Grafschaft Sutherland liegt nordöstlich von Inverness das Hafen- und Urlaubsstädtchen Brora. Am Stadtrand findet man dort die 1819 unter dem Namen Clynelisch gegründete Destillerie Brora. Die Eigner wechselten mehrfach, bis 1916 John Walker & Sons Ltd. Anteile an der Clynelish Distillery Co. Ltd. erwarb. 1925 ging Walker's in der Distillers Company Ltd. (DCL) auf, und fünf Jahre später war DCL alleiniger Eigentümer von Clynelish.

Im Jahr 1967 wurde eine neue Destillerie errichtet, auf die der Name Clynelish übertragen wurde. Die alte Destillerie machte eine kurze Betriebspause, bevor sie auf den Namen Brora getauft wurde, unter dem sie bis 1983 produzierte. Das traditionelle Steingebäude ist außen unverändert und beherbergt noch die beiden Brennblasen.

In den 1970er Jahren befürchtete DCL eine Verknappung von Malts im Islay-Stil für ihre Blends, und so wurde Brora auf Destillate umgestellt, die diese Rolle übernehmen konnten. Besonders stark wurde in der Brennerei vor allem in der Zeit von 1969 bis 1973 getorft, aber auch später hielt man daran fest.

Dieser 24-Year-Old Whisky gehört zur Chieftain's Range seltener Single Malts. Er wurde 1981 gebrannt, reifte in einem Sherryfaß und wurde 2006 in Flaschen gefüllt, von denen 750 auf den Markt kamen. **GS**

Verkostungsnotizen

Meersalz und Torfrauch in der Nase, mit Sherry und frisch angeschnittener Madeira-Torte. Im Mund wächsern-pfeffrig, mit Torf, Dörrobst, Honig und Karamell.

Brora
30-Year-Old 2010

Diageo | www.diageo.com

Herstellungsregion und -land Highlands, Schottland
Destillerie Brora, Clynelish, Sutherland
Alkoholgehalt 54,3 Vol.-%
Whiskytyp Single Malt

Die Destillerie Brora wurde 1819 vom ersten Duke of Sutherland gegründet, um Arbeitsplätze auf seinen Ländereien zu schaffen. Im Mai 1968 wurde sie geschlossen, aber im folgenden Jahr wieder eröffnet, um sich bis 1983 zu halten. Sie wurde ein Opfer der Schließungswelle, bei der Distillers Co. Ltd. nicht weniger als elf der 45 Malt-Destillerien des Konzerns dichtmachte. Zwei Jahre später folgten weitere zehn Brennereien.

Obwohl seit fast drei Jahrzehnten nicht mehr in Betrieb, kann man das Steingebäude der Destillerie Brora mit dem typischen Pagodendach der Mälzerei immer noch sehen. Zudem werden einige der Lagerhäuser noch zur Lagerung von Whisky genutzt, und Besucher der benachbarten Destillerie Clynelish können an einer Führung durch Brora teilnehmen. Dabei sieht man beide Destillerien und hat Gelegenheit, sowohl den Brora 30-Year-Old Special Release 2009 als auch die 2010er Version zu verkosten, was alleine schon die Teilnahme lohnt.

Brora gehört zu den beliebtesten geschlossenen Destillerien in Diageos alljährlicher Special-Release-Reihe. Die erste Abfüllung erschien 2002, und die 2011er – mit einem Alter von 32 Jahren – war die zehnte, die im Rahmen dieser Reihe angeboten wurde. **GS**

Verkostungsnotizen

Mild in der Nase, mit Dörrpflaumen und einem Hauch Graphit. Torf, Ananas und Malzkaramell runden sich selbstsicher am Gaumen ab. Langer Abgang.

Brora
32-Year-Old

Diageo | www.diageo.com

Herstellungsregion und -land Highlands, Schottland
Destillerie Brora, Clynelish, Sutherland
Alkoholgehalt 54,7 Vol.-%
Whiskytyp Single Malt

Brora stand an derselben Stelle wie die Clynelish-Destillerie im Dorf Clynelish. Der Ruf der Brennerei ist unter Fans legendär, nicht zuletzt, weil sie früher hervorragende Abfüllungen gebracht hat, inzwischen aber geschlossen ist. Als Diageo also 2011 im Rahmen der Limited Edition diesen Whisky vorstellte, gehörte ihm die allgemeine Aufmerksamkeit. Es kam aber auch zu enttäuschten Reaktionen, was daran gelegen haben mag, daß die Erwartungen zu hoch waren, vielleicht aber auch daran, daß die zwei oder drei 30jährigen Abfüllungen der Edition so unglaublich gut waren.

Das Problem bei einem derartig beeindruckenden Lagerbestand ist, daß immer zuviel erwartet wird. Man gerät unweigerlich in eine Situation, in der man nur verlieren kann: Wenn man das tut, was von einem erwartet wird, führt das zu Gleichgültigkeit, wenn man etwas radikal anderes versucht, wenden sich die Leute entsetzt ab.

Der 32-Year-Old ist eine klassische Version des Whiskys und eine würdige Ergänzung der Reihe. Die Abfüllungen sind nicht billig, aber meist schnell ausverkauft, man sollte also nicht zögern, wenn man eine sieht – und gut bei Kasse ist. Vielleicht nicht der beste Brora aller Zeiten, aber besser als 90 Prozent aller anderen. **DR**

Verkostungsnotizen

Sanft rauchig und trocken-holzig, Gerste in der Nase, ein weicher Torfteppich am Gaumen, mit Gerbsäure und sauberer Gerste. Vielleicht etwas flach.

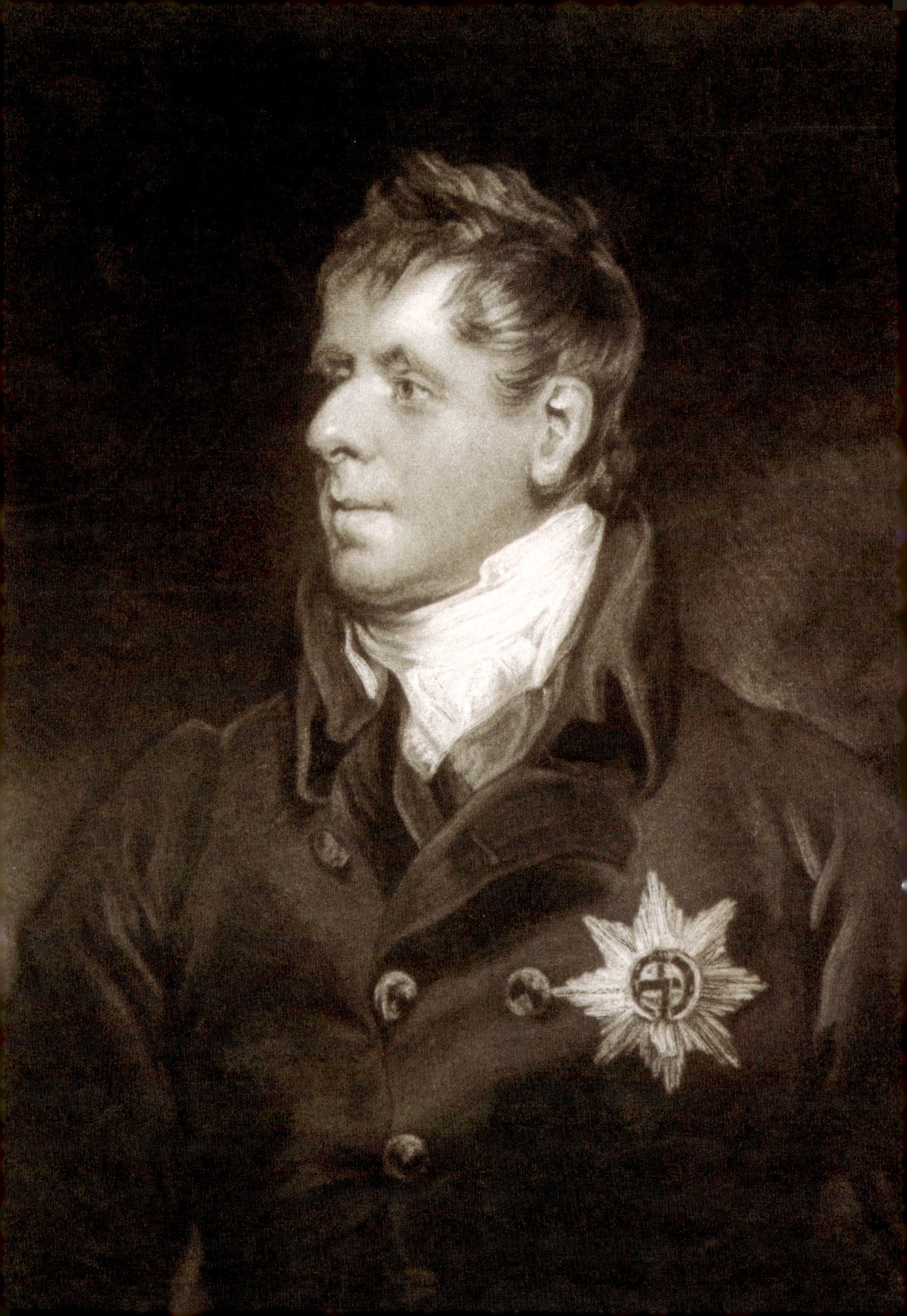

Brora Old & Rare Platinum Selection

Douglas Laing & Co.
www.douglaslaing.com

Herstellungsregion und -land Highlands, Schottland
Destillerie Brora, Clynelish, Sutherland
Alkoholgehalt 58,1 Vol.-%
Whiskytyp Single Malt

Bruichladdich 10-Year-Old

Bruichladdich Distillery Co.
www.bruichladdich.com

Herstellungsregion und -land Islay, Schottland
Destillerie Bruichladdich, Bruichladdich, Argyll
Alkoholgehalt 46 Vol.-%
Whiskytyp Single Malt

Die Destillerie Brora hieß ursprünglich Clynelish und wurde 1819 vom Marquis von Stafford gegründet, dem späteren ersten Herzog von Sutherland, um den Pächtern auf seinen Gütern die Gerste abkaufen zu können und ihnen so die Versuchung zu nehmen, an die vielen illegalen Brennereien der Gegend zu verkaufen.

Clynelish gelangte schließlich in den Besitz der Distillers Co. Ltd. (DCL), die 1967 in der Nähe der ursprünglichen Destillerie eine neuere, größere baute. Der Name Clynelish ging an die neue, und die alte Anlage wurde nach dem nahe gelegenen Hafen Brora benannt, in dem es eines der ersten Kohlebergwerke Schottlands gab, das dann Brennstoff für die Destillerie lieferte.

Dieser Whisky wurde 1981 gebrannt, zwei Jahre bevor die Destillerie geschlossen wurde, und nach 28 Jahren auf Flaschen abgezogen. Die Abfüllung gehört zur Reihe „Old & Rare Platinum" des unabhängigen Abfüllers Douglas Laing & Co. in Glasgow. Die Ausbeute des Fasses betrug lediglich 120 Flaschen. Die Firma bezeichnet Port Ellen als den meistverkauften Single Malt aus einer geschlossenen Destillerie in ihrem Angebot, aber Brora liegt nicht weit dahinter. Am begehrtesten sind die rauchigsten Whiskys von Brora - die Mode der stark getorften Whiskys scheint nicht abzuklingen. **GS**

Im Jahr 2000 wurde die 1994 geschlossene Destillerie Bruichladdich von einer Gruppe von Investoren gekauft. Sie produzierten von Anfang an ein umfangreiches Standardsortiment, dessen Grundstein dieser zehn Jahre alte Single Malt war, den es auch schon unter den vorherigen Besitzern gegeben hatte. Die Verpackung und die Hausphilosophie änderten sich, aber die Lagerbestände waren alle übernommen worden.

An dem 10-Year-Old sollten sich die anderen Whiskys des Sortiments messen lassen, er sollte möglichst den alten Bruichladdichs gleichen. Der Produktionsleiter Jim McEwan achtete darauf, Fässer auszuwählen, die es dem Whisky erlaubten, für sich selbst zu sprechen – von Zitruszesten, subtilen Blütennoten, seiner Jugend, Ozonfrische und süßer Saftigkeit. Er stammte aus Bourbon- und Sherryfässern (im Verhältnis 40 zu 60), und war komplex und vielfältig.

Wegen einer Lücke in den Lagerbeständen zwischen 1995 und 2001 enthielten die nach 2004 verkauften Abfüllungen vermutlich ältere Whiskys als angegeben. 2008 konnte man dann andere Zehnjährige anbieten, aber diese Version wurde verabschiedet und durch den 12-Year-Old ersetzt. Im September 2011 kam dann der erste ‚neue' Zehnjährige heraus. **RL**

Verkostungsnotizen

Anfänglich in der Nase recht trocken, grün und grasig. Dann kommen ein Hauch Schwarzpulver, Tee und feuchte Erde. Kräuter am Gaumen, langer Abgang.

Verkostungsnotizen

Junge, frische Nase, mit Geißblatt, Apfel, Birne und grünen Weinbeeren. Am Gaumen Fondant, geröstete Gerste und Honig, mit viel Zitrus. Subtil und vornehm.

← Der erste Herzog von Sutherland (1758–1833), Gründer der Destillerie Clynelish (später Brora).

Bruichladdich 12-Year-Old Second Edition

Bruichladdich Distillery Co. | www.bruichladdich.com

Herstellungsregion und -land Islay, Schottland
Destillerie Bruichladdich, Bruichladdich, Argyll
Alkoholgehalt 46 Vol.-%
Whiskytyp Single Malt

Dieser 12-Year-Old Second Edition kam ausdrücklich auf den Markt um den 10-Year-Old als „Aperitif-Whisky" der Destillerie abzulösen. Allerdings mag sich das auch wieder ändern, wenn der neue Zehnjährige in größeren Mengen zur Verfügung steht. Der 12-Year-Old wird als „zweite Ausgabe" bezeichnet, weil er an die Stelle eines früheren Zwölfjährigen tritt, dessen Malts in Bourbon- und Sherryfässern gereift waren.

Der 12-Year-Old wird als „traditionell" bezeichnet, womit eine Rückkehr zu den Ursprüngen gemeint ist – was für einen Whisky des Standardsortiments natürlich angemessen ist. „Traditionell" meint in diesem Zusammenhang neuere Traditionen, also etwa bis in die 1960er Jahre zurückreichend, die auf eine Lagerung in Bourbonfässern und einen geringen Torfgehalt verweisen.

Es ist recht erfrischend, unter der Vielzahl der experimentellen Abfüllungen aus Bruichladdich einen Whisky zu finden, der den Stil der Destillerie für sich selbst sprechen läßt. Die Brennerei mit ihren hohen Brennblasen und dem bedächtigen Destillationsverfahren (bei dem nur Single Malts produziert werden) neigt zu klaren und fruchtigen Whiskys, die nichts zu verbergen haben und sich gut für die Reifung in Bourbonfässern eignen. Meist wurden diese Fässer zum zweiten Mal mit Scotch gefüllt, in diesem Fall verwendete man jedoch frische, zuvor nur mit Bourbon befüllte Fässer zur Lagerung.

Der 12-Year-Old vermittelt eine gute Vorstellung vom Bruichladdich-Sortiment wie auch allgemein von den Islay-Whiskys, vor allem jenen, die dabei immer nur an extrem starke Torfung denken. Er wird auf dem Markt bleiben, bis die Lagerbestände zur Neige gegangen sind. **RL**

Verkostungsnotizen

In der Nase Birne, Apfel, Passionsfrucht und Stachelbeere; Bourbonanklänge, süße Vanille, Ginster und Primeln mit Karamellsüße. Am Gaumen schöne, zähe Texturen; süßes Malz, ein kleiner Eichenkuß, saftige Früchte und duftende Blumen.

Bruichladdich 16-Year-Old Bourbon Cask Aged

Bruichladdich Distillery Co. | www.bruichladdich.com

Herstellungsregion und -land Islay, Schottland
Destillerie Bruichladdich, Bruichladdich, Argyll
Alkoholgehalt 46 Vol.-%
Whiskytyp Single Malt

Dieser Whisky ist die Grundlage der „Sechzehner-Reihe", auf der die anderen Varianten mit ihren Finishs aufbauen, die zum Teil als First Growths bezeichnet wurden. Er ist der Maßstab, an dem man die anderen messen kann, weil allein die Standardlagerung in Bourbonfässern aus amerikanischer Eiche schon allen Ansprüchen gerecht wird.

Das Flaschenetikett verweist auf den „symbiotischen Kreislauf" zwischen der schottischen Whiskyindustrie und den Bourbonherstellern in den USA: „Wir haben ihnen das Destillieren beigebracht, also können sie uns auch billige Fässer verkaufen." Der Whisky wurde am 5. Dezember 2008 termingerecht zum 75. Jubiläum des Endes der amerikanischen Prohibition auf den Markt gebracht. Seitdem gesetzlich vorgeschrieben ist, daß Bourbon nur in neue Eichenfässer abgefüllt werden darf, und Sherryfässer zunehmend seltener werden (sie können leicht das Zehnfache von Bourbonfässern kosten), werden etwa 95 Prozent des schottischen Whiskys in Bourbonfässern gelagert. Das Holz der amerikanischen Weißeiche (*Quercus alba*) ist dichter und läßt sich leichter bearbeiten, deshalb wird es auch bei Sherryherstellern zunehmend beliebter. Darüber hinaus unterscheidet sie sich durch ihr Vanillearoma von der europäischen Eiche und ist für viele Whiskys – und dazu gehört auch der Bruichladdich – sicher keine schlechte Wahl.

Die Abfüllung war limitiert und sollte als Nachfolgerin des vorherigen 15jährigen je nach Absatz höchstens zwei Jahre verfügbar sein. Aber auch bei dieser scheinbar schlichten Variante konnte man der Versuchung nicht widerstehen, sie durch die Lagerung in Bourbonfässern von Buffalo Trace aufzuwerten. **RL**

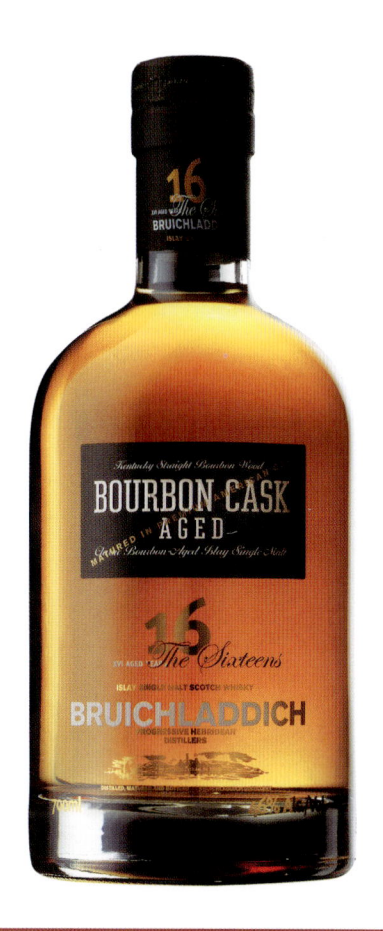

Verkostungsnotizen

Süße, aber klare Gerste und viele frische Früchte in der Nase: Guave, Melone, Wein und Pfirsiche, dann etwas Vanille und warme Gewürze. Am Gaumen umhüllt milde Eiche Sahnekaramell, Nougat, Honig, Vanillefondant, Äpfel, Birnen und pfeffrige Ingwertöne.

Bruichladdich 18-Year-Old Second Edition

Bruichladdich Distillery Co. | www.bruichladdich.com

Herstellungsregion und -land Islay, Schottland
Destillerie Bruichladdich, Bruichladdich, Argyll
Alkoholgehalt 46 Vol.-%
Whiskytyp Single Malt

Falls man sich fragt, woher Bruichladdich seine phantastischen Fässer bezieht: Die vorhergehende erste Auflage des 18-Year-Old erhielt ihren Finish in Fässern, die von Willi Opitz für Trockenbeerenauslesen verwendet worden waren; diese zweite Auflage setzt das Thema mit Fässern fort, die zuvor mit süßem Jurançon des Weinguts Clos Uroulat in Südwestfrankreich gefüllt waren.

Jurançon ist ein überaus üppiger Wein, der aus der Petit-Manseng-Traube gekeltert wird. Die warmen Meeresbrisen lösen die Edelfäule der Weinbeeren aus, die den Zuckergehalt der Trauben erheblich ansteigen lässt. Der Jurançon-Wein von diesem Gut wurde 1553 bei der Taufe des französischen Königs Henri IV. verwendet. Der war der erste Bourbone auf dem Thron und wurde von seiner Mutter im calvinistischen Glauben erzogen, obwohl er katholisch getauft worden war. Die Petit-Manseng-Traube war ein Liebling der französischen Dichterin Colette, die schrieb: „Ich war ein junges Mädchen, als ich diesen Prinz traf: erregt, herrisch, untreu, wie es alle großen Verführer sind." Die Produzenten des Jurançon nutzten dieses Zitat, um ihre Weine mit dem Werbespruch „Manseng bedeutet Jurançon, bedeutet Sex" zu vermarkten.

Der Produktionsleiter Jim McEwan sagt, das Jurançonfaß verleihe „der schüchternen, sensiblen Seite dieser Inselschönheit Raffinesse und Stil". Auf jeden Fall verflechten sich der relativ torfarme Stil des Whiskys, seine 18monatige Lagerung in Bourbonfässern und die Nachreifung in den Fässern, die süßen Weißwein enthielten, zu einem Strang, der einen herrlich komplexen Malt ergibt. McEwan bezeichnet ihn als „wollüstig, absolut fehlerfrei und unglaublich". **RL**

Verkostungsnotizen

Viel frische Frucht an der Nase: Zitrone, Passionsfrucht, Papaya, reife Melone, parfümierte Birne und Ananas; Kekse, milde Eiche, Honig und Gras. Am Gaumen wieder Ananas und Zitrus, Rum-Rosinen-Fondant, Honig, Tee und Nussiges – Mandeln und Macadamia.

Bruichladdich 20-Year-Old Third Edition

Bruichladdich Distillery Co. | www.bruichladdich.com

Herstellungsregion und -land Islay, Schottland
Destillerie Bruichladdich, Bruichladdich, Argyll
Alkoholgehalt 46 Vol. %
Whiskytyp Single Malt

Als Mark Reyniers Leute vom Abfüller Murray McDavid 2001 die Destillerie Bruichladdich übernahmen, reichten die Lagervorräte aus, um eine Handvoll von Standardwhiskys und einige Sonderauflagen herauszubringen. Der neue Produktionsleiter Jim McEwan war für die Zusammenstellung dieser Abfüllungen aus den Fässern in den Lagerhäusern verantwortlich. Zu den ersten Standardabfüllungen gehörten ein zehn Jahre alter Malt, einer mit 15 Jahren und ein 20-Year-Old.

Der 20-Year-Old kam 2001 heraus und gewann einen Preis als „Best Whisky in the World". Er war bald ausverkauft. 2004 kam eine zweite Auflage, der berüchtigte „Flirtation", der leicht rosa gefärbt war, weil er in Rotweinfässern nachgereift worden war. Auch er erhielt Preise, und auch er war bald ausverkauft.

Dies ist die dritte Auflage des Bruichladdich 20-Year-Old, sie stammt aus Fässern, die 1985 befüllt wurden, und hat fast ihr gesamtes Leben in Bourbonfässern verbracht. Das Finishing erfolgte dann in Malvasierfässern aus europäischer Eiche, die von der Insel Madeira stammen. Bruichladdich verwendet statt des Begriffs „Finish" für die Nachreifung das Kürzel ACE (*additional cask evolution*) und nutzt das Verfahren ausgiebig, zum Teil, weil McEwan von Natur aus experimentierfreudig ist, aber auch, weil ein großer Teil der übernommenen Vorräte in leicht ausgelaugten Fässern lagerte.

Die aus Madeira stammenden Malvasierfässer haben diesem 20-Year-Old den Spitznamen „Islands" gegeben, weil er laut Bruichladdich die „perfekte Verbindung zweier Atlantikinseln darstellt, eine wild und windumtost, die andere sanft und warm". **RL**

Verkostungsnotizen

Süßes Malz und grüne Früchte in der Nase, dann dunkle Rosinen und Kirschen, schließlich Sahnekaramell, Nüsse, Vanille, Pfeffer und Muskat. Intensive Töne durch das Madeira-Finishing: Kirschen, Pflaumen, Datteln, Nüsse, Karamell und leicht angebrannter Obstkuchen.

Bruichladdich 21-Year-Old

Bruichladdich Distillery Co. | www.bruichladdich.com

Herstellungsregion und -land Islay, Schottland
Destillerie Bruichladdich, Bruichladdich, Argyll
Alkoholgehalt 46 Vol.-%
Whiskytyp Single Malt

Diese Version des Bruichladdich verbrachte ihr gesamtes 21jähriges Leben in Sherryfässern. Solche Fässer sind relativ selten, weil Sherry nicht mehr in Fässern exportiert, wird, und sie sind etwa zehnmal teurer als Bourbonfässer. Deshalb wird Scotch Whisky heutzutage fast ausschließlich in Bourbonfässern gelagert. Die meisten Destillerien haben einige Sherryfässer im Lagerhaus, aber solche Abfüllungen wie diese sind man sehr selten. Fast immer wird der Inhalt der Sherryfässer verwendet, um in Bourbonfässern gelagerten Whiskys mehr Farbe und Tiefe zu geben.

Die Moden ändern sich, und es sind nur noch wenige Liebhaber, die große Sherrynoten im Whisky schätzen. Falls man jedoch zu ihnen zählt, dann ist dieser Whisky genau das Richtige. Der Produktionsleiter Jim McEwan beschreibt ihn mit den Worten: „zart und leicht verletzlich; kein Wasser zugeben", und schlägt ihn als Gutenachtschluck vor. Man könnte ihn auch als Whisky zum Nachdenken beschreiben oder als Digestif trinken. In solchen Augenblicken kommen große, sherrybetonte Whiskys wie dieser zu ihrem Recht. Sie sind ideal, um die Verdauung und das Gespräch nach einer Mahlzeit zu fördern, und lassen sich gut mit Kaffee und Schokolade zusammen genießen. Aber der üppige Geschmack eignet sich auch gut für ruhigere Augenblicke, in denen man sich ganz alleine ein Vergnügen gönnen will. Der Whisky ist sowohl vom Alter als auch vom Stil her im besten Sinne rückwärtsgewandt.

Der 21-Year-Old füllt die Lücke, die von den drei Ausgaben des 20-Year-Old hinterlassen wurde. Er hat den gleichen Stammbaum und die gleiche Faßherkunft wie der Blacker Still, wurde aber ein Jahr länger gelagert. **RL**

Verkostungsnotizen

Typische Olorosotöne in der Nase: Haselnuß, Rosine, Pflaume, Karamell, Dattel und Feige; Portwein oder Marsala. Am Gaumen üppig und dekadent, rosinensüß, mit dunkler Schokolade, Zimt, Orangen und Paranüssen. Perfekte Verbindung von Islay und Spanien.

Die vier Brennblasen aus Kupfer in der Destillerie Bruichladdich.

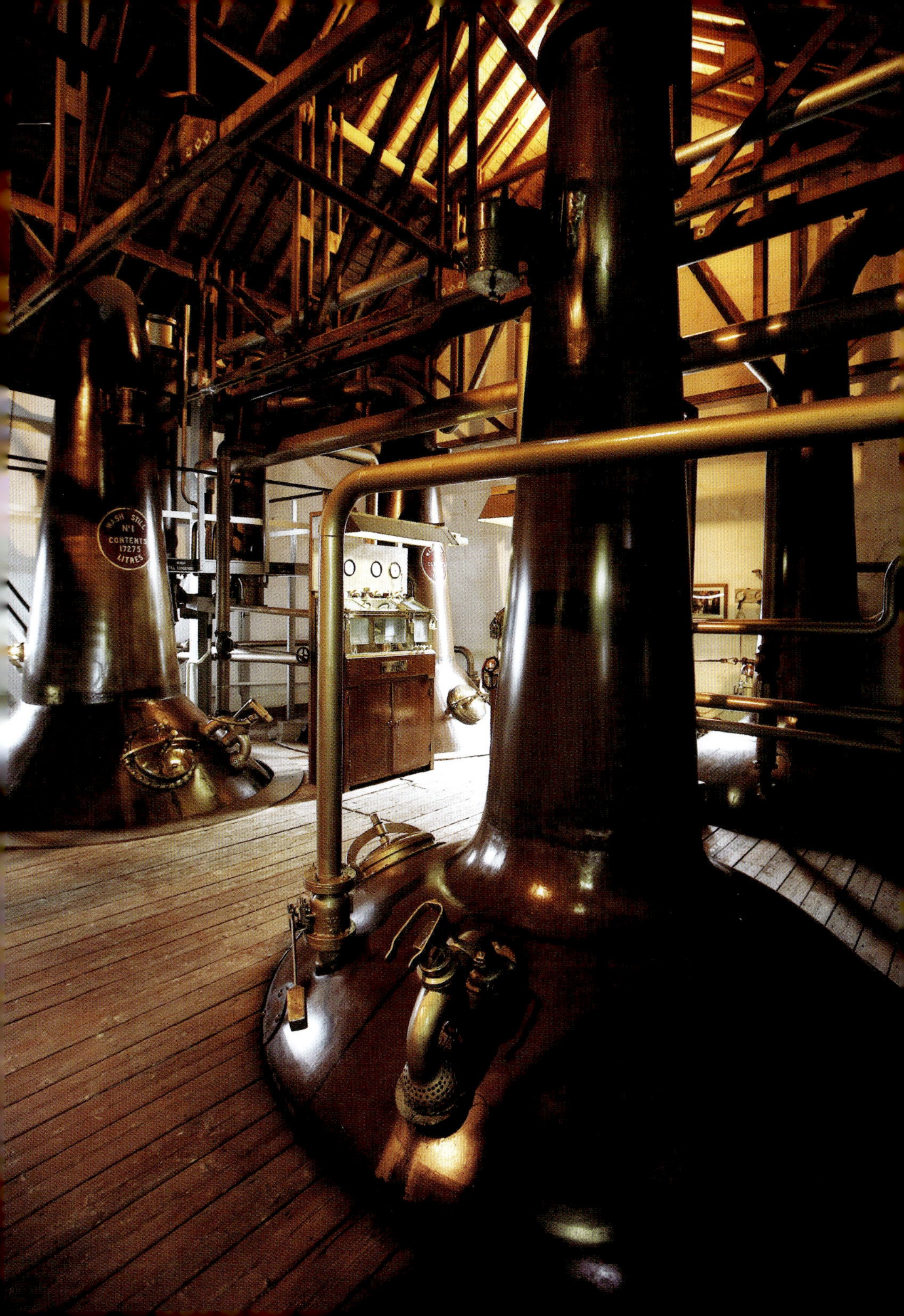
WASH STILL
Nº1
CONTENTS
17275
LITRES

Bruichladdich 40-Year-Old

Bruichladdich Distillery Co. | www.bruichladdich.com

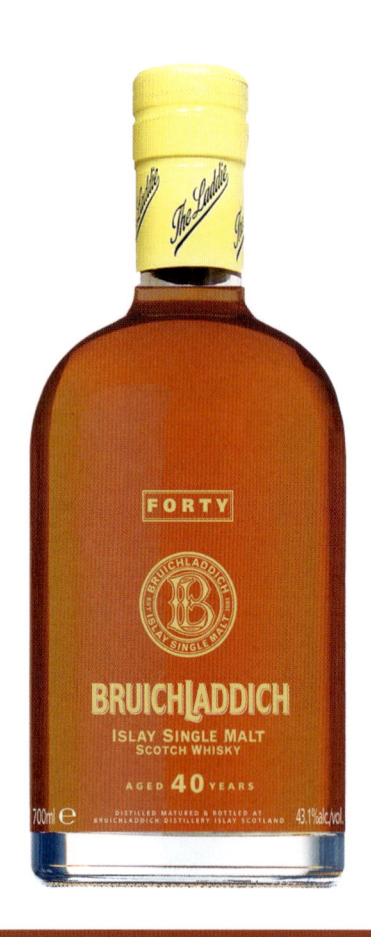

Herstellungsregion und -land Islay, Schottland
Destillerie Bruichladdich, Bruichladdich, Argyll
Alkoholgehalt 43,1 Vol.-%
Whiskytyp Single Malt

Als Murray McDavid 2001 die Destillerie Bruichladdich übernahm, wurde Jim McEwan als Produktionsleiter hinzugebeten, der zuvor bei Bowmore gewesen war. Jim ist bestimmt als erstes in die Lagerhäuser gegangen, um zu sehen, was er an Vorräten geerbt hatte. Dieser Single Malt war vielleicht das Reizvollste, was er dort vorfand.

Man stelle sich den recht emotionalen McEwan vor, der in einer dunklen Ecke im Lagerhaus auf einen Whisky stößt, der im Oktober 1964 in Fässer gefüllt worden war. Er selbst hatte im August 1963 seine Lehre als Böttcher bei Bowmore angetreten. Jetzt stand er vermutlich vor dem Faß und ließ die Jahre, die seitdem vergangen waren, Revue passieren. Alter Whisky kann Gefühle zum Leben erwecken, er läßt uns in den Jahren zurückkreisen und wichtige Momente unserer Vergangenheit wieder durchleben. Vielleicht ist es dies, was einen dazu verleitet, alte Whiskys zu kaufen, auch wenn man die Erinnerungen dann vielleicht teuer bezahlt.

Vom Bruichladdich 40-Year-Old kamen weltweit 500 Flaschen auf den Markt, es müssen also mindestens zwei Fässer gewesen sein. Man weiß, daß diese zuvor Bourbon enthalten hatten, und es scheint, als habe die sanfte Ausstrahlung der amerikanischen Eiche der Zeit besonders gut widerstanden. Von den 500 Flaschen sind einige zweifellos getrunken worden – hoffentlich mit gebührender Zeremonie und Ehrfurcht. Viele Besitzer werden sich jedoch scheuen, ihn zu öffnen, und auf den richtigen Augenblick warten. Im Film *Morning Glory* trinkt Harrsion Ford in seiner Rolle als Mike Pomeroy einen Bruichladdich 40-Year-Old und sagt: „Ich trinke ihn nur zu besonderen Gelegenheiten." Nun, das sollte man auch hoffen! **RL**

Verkostungsnotizen

Sinnliche Düfte von Karamell, Ahornsirup, Melonen, Blumen, kandierten Mandeln, Vanille und Zimt. Mit der Zeit auch Mandarinen und Brausepulver. Am Gaumen mild und magisch, mit gerösteter Eiche, Fondant, Limetten und Grapefruit. Lange anhaltender Abgang.

Bruichladdich 1998 Sherry Edition Manzanilla

Bruichladdich Distillery Co. | www.bruichladdich.com

Herstellungsregion und -land Islay, Schottland
Destillerie Bruichladdich, Bruichladdich, Argyll
Alkoholgehalt 46 Vol.-%
Whiskytyp Single Malt

Bruichladdich war von Ende 1994 bis 2001 außer Betrieb, aber im Sommer 1998 wurde die Produktion für etwa sechs Wochen wieder aufgenommen, um zu kontrollieren, ob die Anlagen noch funktionsfähig waren. Einige Destillate aus dieser kurzen Zeit wurden in unterschiedlich Sherryfässer gefüllt. In der Folge schufen dann die neuen Besitzer eine sehr kleine Auflage, um zwei Single Malts zu vergleichen, von denen der eine in Oloroso-, der andere in Manzanillafässern gereift war.

Manzanilla ist ein trockener weißer Sherry, der dem Fino ähnelt. Er wird in Sanlúcar de Barrameda an der Mündung des Guadalquivir produziert und ist flußabwärts in Sevilla sehr beliebt, wo er besonders gerne während der *Feria* im April von den Feiernden getrunken wird. Manzanilla ist auf jeden Fall salziger als der Fino, was an den Meeresbrisen in Sanlúcar liegen mag. *Manzanilla* bedeutet „Äpfelchen" oder „Kamille", der Geschmack von Kamille ist auch im Wein zu finden.

Der Einfluß des Atlantiks auf den in Bruichladdich lagernden Whisky und die verbliebenen salzigen Noten vom Manzanillafaß sollten ihm einen frischen, spritzigen Charakter verleihen, und tatsächlich schlägt die Destillerie vor, ihn als Aperitif zu trinken.

Die Flasche zeigt das Bild eines spanischen Stieres von Brian Grimwood; das Oloroso-Gegenstück ziert ein Picador. Die beiden Whiskys lassen sich unabhängig voneinander genießen, aber natürlich ist es interessant, „die beiden wunderbaren Extreme des Sherryeinflusses zu vergleichen". Wie zu erwarten ist der Oloroso etwas süßer, während der Manzanilla frischer und salziger ausfällt. **RL**

Verkostungsnotizen

Recht viel Sherry in der Nase, außerdem Melonen, Aprikosen, Äpfel und Orangenmarmelade. Mit Walnüssen, Marzipan, Gebäck und Vanille fügt sich dann alles gut zusammen. Karamell, Honig und Creme Brûlée am Gaumen; saftige Früchte und erfrischende Kamille.

Bruichladdich 3D
The Peat Proposal

Bruichladdich Distillery Co.
www.bruichladdich.com

Herstellungsregion und -land Islay, Schottland
Destillerie Bruichladdich, Bruichladdich, Argyll
Alkoholgehalt 46 Vol.-%
Whiskytyp Single Malt

Dieser inzwischen nicht mehr verfügbare Single Malt war der erste getorfte Whisky, der nach der Übernahme 2001 in Bruichladdich abgefüllt wurde. Das Destillat in den 12 000 Flaschen war in drei unterschiedlichen Graden getorft worden, es stammte aus drei verschiedenen Lagerhäusern und aus drei verschiedenen Epochen – deshalb das 3D im Namen.

Der Peat Proposal enthielt neben Bruichladdichs neuem 2001er Port Charlotte mit 40 ppm Phenol auch den 1989er mit weniger als 5 ppm und einen recht ungewöhnlichen Malt, der 1998 gebrannt worden war, als während der Schließung der Destillerie die Anlagen überprüft wurden. Die Gerste für dieses Destillat war mit 25 ppm so stark getorft wie der Bowmore. So sind die drei Torfungsgrade und Entstehungszeiten erklärt; inwiefern sich unterschiedliche Lagerhäuser auswirken, läßt sich nur schlecht sagen. Jedenfalls wird die Komplexität durch die Verwendung drei verschiedener Faßarten gesteigert: Sherryfässer, frische Bourbonfässer und bereits für die Lagerung von Scotch verwendet Bourbonfässer.

Der Peat Proposal war sehr beliebt und schnell ausverkauft. Ihm folgten der 3D Moine Mhor („Der Große Torf") und 3D3 (Norrie Campbell, nach einem Torfstecher auf der Insel Islay). **RL**

Verkostungsnotizen
Torfrauch im Widerstreit mit sanftem Zitronenblütenduft und Nelken; am Gaumen Vanille, Birnen und Honigkuchen, brauner Zucker und Zimt.

Bruichladdich Black
Art Second Edition

Bruichladdich Distillery Co.
www.bruichladdich.com

Herstellungsregion und -land Islay, Schottland
Destillerie Bruichladdich, Bruichladdich, Argyll
Alkoholgehalt 49,7 Vol.-%
Whiskytyp Single Malt

Über die Provenienz von Jim McEwans Black Art läßt sich nichts sagen, ungewöhnlicherweise gibt es keine detaillierten Informationen zur Faßgeschichte. Anscheinend verbrachte der Whisky die meiste Zeit in Bourbonfässern, bevor er in „ausgesuchte Weinfässer" umgefüllt wurde. Angesichts der Farbe des Whiskys, die entschieden zum Rosa neigt, müssen sie wohl Rotwein enthalten haben. Jim hat sich hier wohl einen Spaß erlaubt, und er will nicht einmal seinen Kollegen bei Bruichladdich die Rezeptur verraten. Auch der Name „Black Art" ist etwas verspielt – früher behaupteten manche gottesfürchtigen Bewohner der Insel, die Whiskybrenner wären Meister der Schwarzen Kunst und stellten Tränke her, die den Sinn rechtschaffener Menschen ändern könnten.

Die erste Ausgabe, mit 51,7 Volumenprozent Alkohol und einem Alter von 19 Jahren, ist nicht mehr erhältlich. Sie hat die Patina der Nostalgie und Seltenheit angesetzt, so daß viele Liebhaber sie für noch besser halten als diese 21 Jahre alte zweite Ausgabe. Bruichladdich beschreibt den Black Art als einen sinnlichen, verzaubernden und dekadenten Whisky und bewirbt ihn mit einem Zitat aus der fünften Strophe aus Edgar Allan Poes Gedicht „Der Rabe". Inzwischen gibt es eine dritte und vierte Ausgabe, die unter die Schwingen des Rabens geschlüpft sind. **RL**

Verkostungsnotizen
Malz, brauner Zucker und vanillegetönte Eiche werden von fruchtigen Weinaromen, Crème de Cassis und Erdbeeren ausbalanciert. Honig-, Gewürz und Heuakzente.

Bruichladdich Blacker Still 1986

Bruichladdich Distillery Co.
www.bruichladdich.com

Herstellungsregion und -land Islay, Schottland
Destillerie Bruichladdich, Bruichladdich, Argyll
Alkoholgehalt 50,7 Vol.-%
Whiskytyp Single Malt

Nach der Wiedereröffnung von Bruichladdich im Jahr 2001 wurde bald deutlich, daß ein Teil der Bestände in den Lagerhäusern am Seeufer in alte, ausgelaugte Fässer gefüllt worden war. Der Geschäftsführer Mark Raynier nutzte seine Beziehungen zum Weinhandel, und ein Großteil dieser Vorräte wurde in verschiedenartige Weinfässer umgefüllt. Die verwirrende Vielfalt von nachgereiften Whiskys, die dann in die Geschäfte kam, fand bei manchen Gefallen, aber die Selbstvermarktung des Destillerieteams und Fragen nach gleichbleibender Qualität führten auch zu Kontroversen.

Die Hingabe des Teams an die Insel Islay, ihre Bewohner und an die Herstellung hervorragenden Whiskys in diesen schwierigen Zeiten des Neuanfangs sollten nicht in Zweifel gezogen werden. Auf jeden Fall sind in dieser Zeit einige außerordentliche Whiskys entstanden, und diese erste Ausgabe einer später zu einer Kleinserie erweiterten Abfüllung ist dafür ein bemerkenswertes Beispiel. Der Name geht auf den alten Brennerglauben zurück, ein Whisky sei desto besser, desto schwärzer die Brennblase war. Der 1986er Whisky weicht von den in Bourbonfässern gereiften vorhergehenden Abfüllungen ab, und die reichen Aromen der Sherryfässer haben deutlich auf ihn eingewirkt. **StuR**

Verkostungsnotizen

In der Nase kalter Kaffee, Pflaumen, Kirschwasser, Mandarinen und dunkle Schokolade. Am Gaumen Andeutungen von Gummi, Gewürznelken und Lakritze.

Bruichladdich Golder Still 1984

Bruichladdich Distillery Co.
www.bruichladdich.com

Herstellungsregion und -land Islay, Schottland
Destillerie Bruichladdich, Bruichladdich, Argyll
Alkoholgehalt 51 Vol.-%
Whiskytyp Single Malt

Unabhängige Destillerien, die durch die Zugehörigkeit zu einem internationalen Konzern nicht eingeengt, aber auch nicht abgesichert werden, sind in Schottland heute eher die Ausnahme als die Regel. Bruichladdich ist eine solche Ausnahme, und wenn die damit verbundenen Schwierigkeiten auch auf der Hand liegen, so würde die Destillerie ihre Freiheit doch keinesfalls aufgeben wollen.

Die Brennerei verbindet traditionelle Methoden und Gerätschaften, die größtenteils noch vom Ende des 19. Jahrhunderts stammen, mit dem ausgeprägten Willen, individuell und progressiv zu sein. Im Laufe der vergangenen anderthalb Jahrzehnte ist eine Vielzahl unterschiedlicher Destillate in den vier Brennblasen entstanden – unter anderem mit verschiedenen Torfungsgraden, mit Gerste von der Insel und eine vierfach destillierte Variante. Besucher spüren die unleugbare Verbundenheit mit dem Standort und den Menschen der Nachbarschaft. Die Brennblasen liefern ein Destillat, das im besten Fall den Geist dieser Umgebung einfängt.

Die 1984er Abfüllung des Golder Still wurde in limitierter Auflage aus dem Inhalt einiger ungewöhnlich kompakter Bourbonfässer zusammengestellt, die ein höheres Verhältnis von Holz zu Destillat aufweisen und so die amerikanische Eiche betonen. **StuR**

Verkostungsnotizen

Komplex, halb fruchtig, halb eichen; anfänglich Vanille, Kumquat und Bienenwachs. Die Eiche tritt allmählich zusammen mit Eukalyptus und Kiefernharz nach vorne.

Bruichladdich Laddie Classic

Bruichladdich Distillery Co. | www.bruichladdich.com

Herstellungsregion und -land Islay, Schottland
Destillerie Bruichladdich, Bruichladdich, Argyll
Alkoholgehalt 46 Vol.-%
Whiskytyp Single Malt

So wie manch einer vor der Weinkarte erstarrt, weil er befüchtet, seine Aussprache französischer oder italienischer Klassiker könnte zu wünschen übrig lassen, so sind Neulinge in der Welt des Whiskys manchmal etwas nervös, wenn es um die Aussprache gälischer Destillerienamen geht. Das Gälische gilt nicht zu unrecht als eine der schwierigsten europäischen Sprache – in Wort und Schrift. So kommt es, daß die Bunnahabhain-Destillerie auf Islay, wo noch Gälisch gesprochen wird, oft unter der Bezeichnung „Bunny" läuft, während das auf der Westseite der Insel liegende Bruichladdich „Laddie" genannt wird.

2009 wurde diese Abkürzung offiziell anerkannt, als eine neue Abfüllung den Namen Laddie Classic erhielt. Der Chef der Destillerie, Mark Reynier, sagt dazu: „Wir sind zwar berühmt – manche sagen auch berüchtigt – dafür, daß wir die Grenzen des Destillierens, der Böttcherei und der Lagerung erweitern, aber ein klassisches Destillat erkennen wir schon, wenn wir eines produzieren. Dieser Whisky wurde von [dem Produktionsleiter] Jim McEwan komponiert, um den klassischen, blumig-eleganten Stil von Bruichladdich herauszustellen. Eher eine Audrey Hepburn als eine Marilyn Monroe, mit natürlicher Eleganz, die alle Moden überdauert – wirklich ein klassischer Bruichladdich!"

„Berüchtigt" nennt Mark Reynier seine Destillerie wegen der Leidenschaft, mit der hier innovativ an immer neuen Abfüllungen gearbeitet wird. So entsteht in Bruichladdich mit dem X4 auch der angeblich „stärkste Whisky der Welt", vierfach destilliert und mit einem Alkoholgehalt von 63,5 Volumenprozent. **GS**

Verkostungsnotizen

Anfänglich in der Nase klare, salzige Gerstennoten, die dann fruchtiger und tiefgründiger werden. Honig, Karamell und Bourbon entfalten sich. Am Gaumen glatt mit einer Mischung aus salzig und süß. Recht voller Körper mit Zitrus. Milder und sanft eichiger Abgang.

Bruichladdich The Organic

Bruichladdich Distillery Co. | www.bruichladdich.com

Herstellungsregion und -land Islay, Schottland
Destillerie Bruichladdich, Bruichladdich, Argyll
Alkoholgehalt 46 Vol.-%
Whiskytyp Single Malt

Das Team bei Bruichladdich liebt Experimente – wie ungewöhnlich sie auch sein mögen: Man hat hier Whisky aus der alten schottischen Bere-Gerste gebraut, man hat die Bauern der Umgebung gebeten, bestimmte Getreidearten anzubauen, man hat Drei- oder Vierfachdestillate gebrannt und mit unterschiedlich starker Torfung und mit verschiedenen Finishs gespielt. Es war nur eine Frage der Zeit, bis ein Bio-Whisky kam.

Bei Bruichladdich legt man großen Wert auf Ehrlichkeit, Tradition und Terroir, was man für diesen Whisky mit den Worten „unvergleichbar schottische Herkunft und Qualität" zusammenfaßt. Während andere Firmen sich vor allem um den Ausstoß sorgen, kümmert sich Bruichladdich um die Seelen seiner Whiskys. Diese Abfüllung wurde aus biologisch auf den Feldern der Bauern von Mains of Tullibardine, Mid Coul und Coulmore angebauter Gerste der Sorte Chalice gebraut. Der Whisky verbindet die Bauern und die Destillerie auf eine so direkte Weise, wie das seit der Errichtung von Bruichladdich vor mehr als 100 Jahren nicht mehr der Fall war.

Die Umverpackung zeigt eine Abbildung der keltischen Fruchtbarkeitsgöttin Brìghde. Die Lebenskraft, die sie spendete, manifestiert sich mit 46 Volumenprozent Alkohol in dieser Abfüllung, die natürlich von der britischen Biodynamic Association zertifiziert ist.

Es ist zwar nicht der erste Bio-Malt, aber der erste von der Insel Islay. Problematisch für die Zertifizierung ist die Herkunft der Fässer, aber Bruichladdich scheint hier eine Lösung gefunden zu haben. Der Kampf der Brauerei gegen die nichtssagende Einförmigkeit in der Whiskyindustrie verdient höchstes Lob. **RL**

Verkostungsnotizen

Die Gerste aus Bioanbau ist überall vernehmbar. Honig, Sahnekaramell, Vanille und Zuckerguß; außerdem spritzige, duftende Früchte: Zitronen, Äpfel, Birnen, Papayas, Kiwis und Stachelbeeren. Am Gaumen elegant und dynamisch mit Gebäck- und -Roggentoastnoten.

Bruichladdich Peat

Bruichladdich Distillery Co. | www.bruichladdich.com

Herstellungsregion und -land Islay, Schottland
Destillerie Bruichladdich, Bruichladdich, Argyll
Alkoholgehalt 46 Vol.-%
Whiskytyp Single Malt

Heftig getorft, aber sanft in der Nase: Dies ist ein sehr rauchiger Whisky. Der Bruichladdich Peat wird von seinen Freunden und Bewunderern einfach nur „Pete" genannt und zeigt die Vielseitigkeit der Destillerie, die im Ruf stand, eher malzige Whiskys zu brennen und es vermeiden wollte, auf eine bestimmte Rolle festgelegt zu werden. Zudem zeigt die Abfüllung, daß die verbreitete Meinung, ein sehr rauchiger Whisky müsse auch dominant oder harsch sein, nicht zutreffend ist.

„Pete" mag oberflächlich als lebhafter Kerl daherkommen, hat aber ein weiches Herz. Wenn man ihn an den Kamin einlädt, gibt es an Kumpelhaftigkeit zwar keinen Mangel, aber am deutlichsten wird doch sein unaufdringliches Selbstvertrauen, das die grundlegende Intensität mildert und eine abgerundete Reife andeutet, die vielen anderen Whiskys fehlt. In seiner Jugend wurde er „Sweet Pete" genannt, in der Oberstufe hatte er sich aber schon eine gewisse Frechheit angeeignet, so daß man von „Street Pete" sprach. Heute heißt er „Neat Peat" – ein ordentlicher Kerl, dessen Gesellschaft erfreulich ist, mit dem man gut um die Häuser ziehen kann, ohne daß er unangenehm auffällt.

Da die Flasche keine Altersangabe trägt, stellt sich jedoch die Frage, ob „Pete" reif ist oder einfach über sein Alter hinaus weist. Die meisten geschmackssicheren Trinker würden auf das Zweite tippen, und sie lägen damit nicht falsch: die Mischung aus Rauchigkeit und Süße ist allemal verräterisch. Er mag zwar wie ein distinguierter Gentleman aussehen, aber dahinter verbirgt sich jemand, der verspielter und abenteuerlustiger ist, als man vermuten würde. **JH**

Verkostungsnotizen

Ein süßer junger Kerl mit einer vergnügten Nase und einem reifen Kontrapunkt aus Madeira. Der Torf ist am Gaumen noch zwischen Sherry, Rosinen, Eiche und Vanille spürbar. Bis es zum Ende kommt, hat er die Sau zwar rausgelassen, macht aber auch sauber.

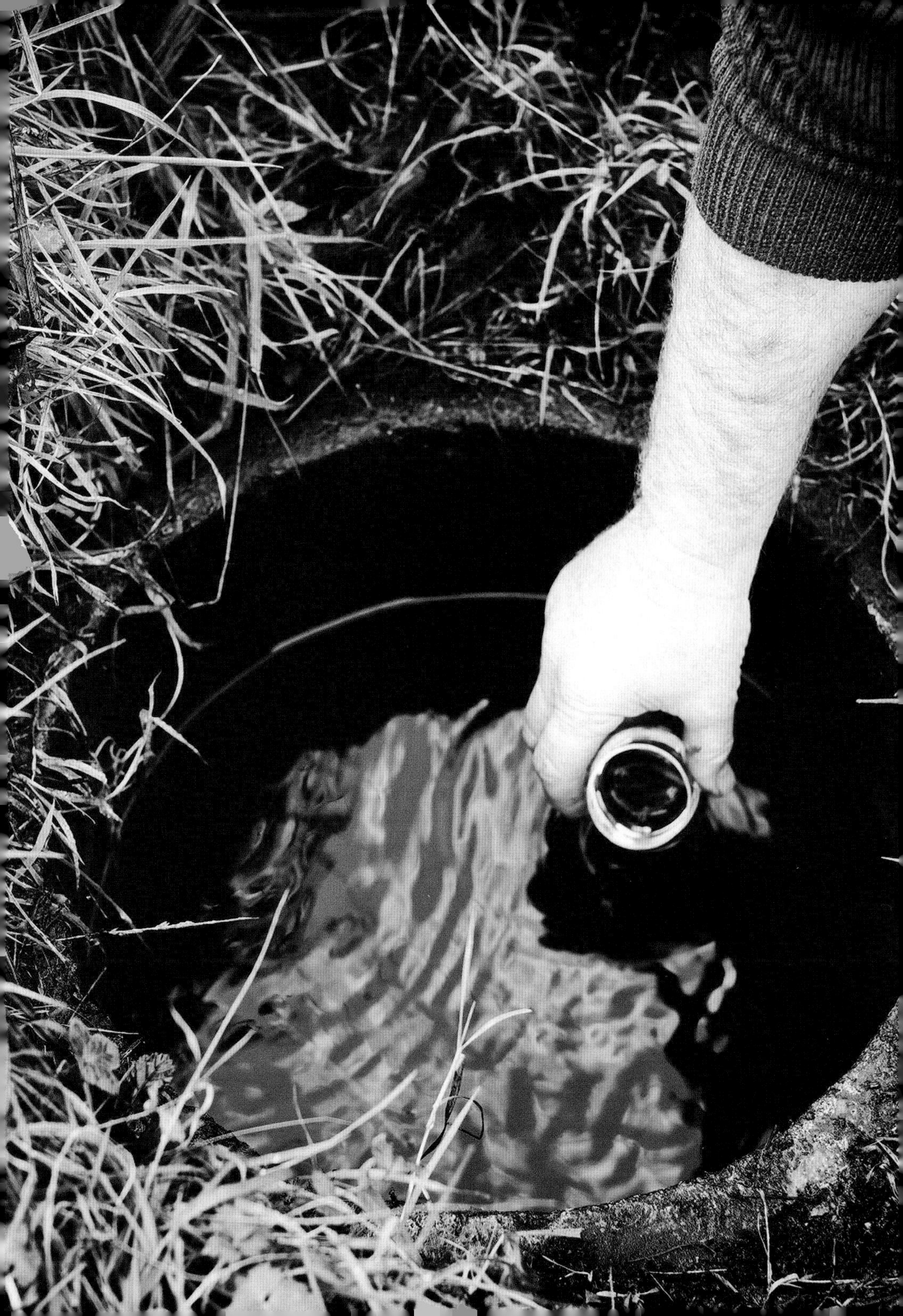

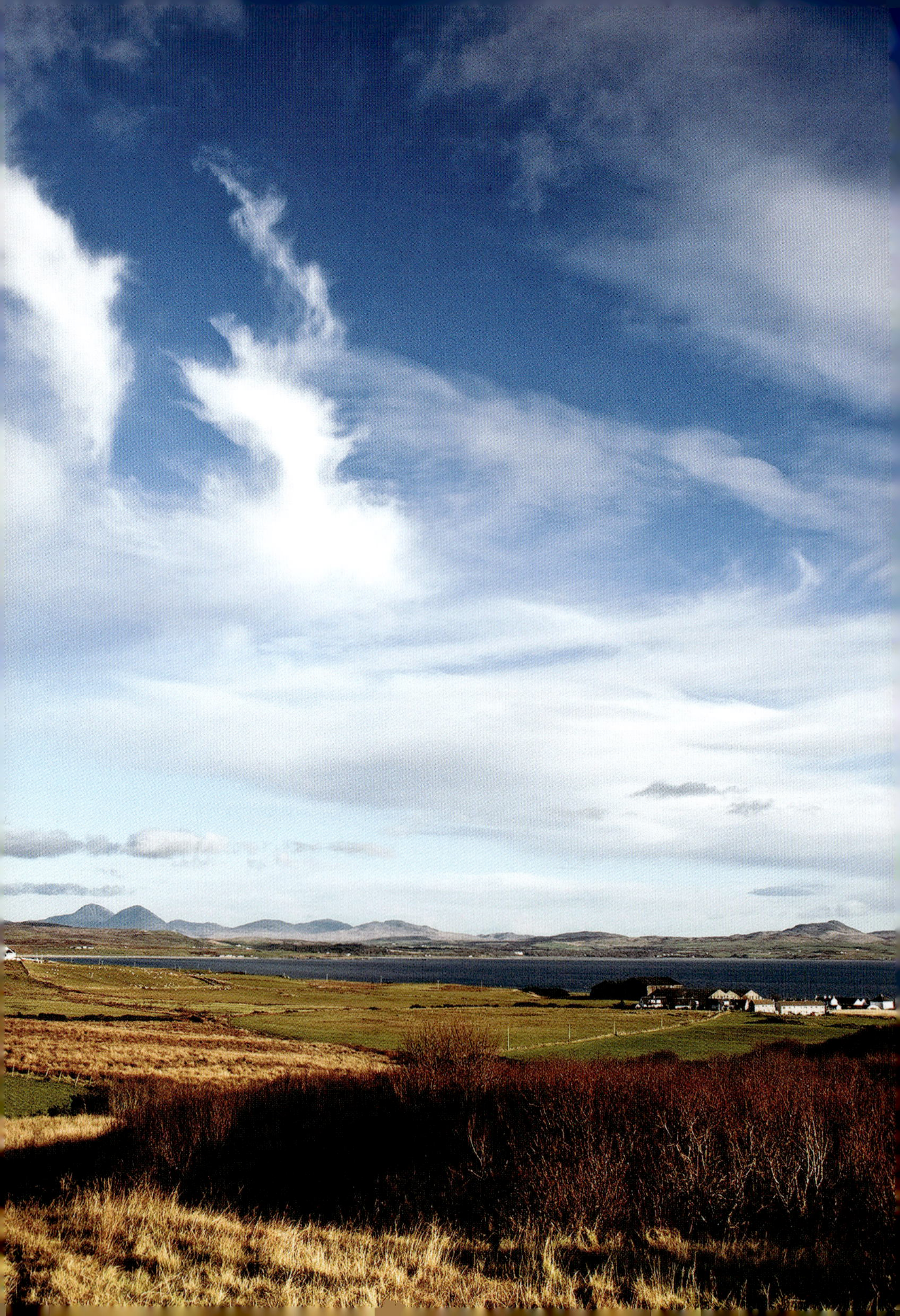

Bruichladdich Redder Still

Bruichladdich Distillery Co.
www.bruichladdich.com

Herstellungsregion und -land Islay, Schottland
Destillerie Bruichladdich, Bruichladdich, Argyll
Alkoholgehalt 50,4 Vol.-%
Whiskytyp Single Malt

Am Anfang stand Bruichladdich Blacker Still. Ja, es war schon ein dunkles Schlückchen, aber die Farbbezeichnung bezog sich eigentlich auf ein altes Brennereisprichwort: „Je schwärzer die Brennblase, desto besser der Whisky." Dann folgte der Redder Still und als Abschluß der Trilogie der Golder Still, der in ungewöhnlich gedrungenen Fässern gereift war. Die beiden letzten hatten Farben, die ihren Namen entsprachen, und alle drei waren auffällig und aufwendig verpackt.

Die farbige Beschichtung der Flaschen verdeckt die Farbe des Inhalts und stellt den Käufer so vor Rätsel, die sich erst im Glas lösen lassen. Die Farbe des Redder Still ist mit der von türkischem Lokum, Granatschmuck und altem Kupfer verglichen worden. Es gibt Anhänger von rötlichen Whiskys, es gibt Menschen, die sie verabscheuen. So oder so kann man aber nicht leugnen, daß seine Farbe dem Redder Still viel Aufmerksamkeit verschafft.

Die Farbe stammt nicht von den 22 Jahren in Bourbonfässern, sondern von der neunmonatigen Nachreifung in Bordeauxfässern des Château Lafleur Pomerol, aus Eichen des Forêt de Tronçais, die gepflanzt wurden, um Holz für die Marine Ludwigs XIV. zu liefern. Bei nur 4080 abgefüllten Flaschen ist dieser Malt fast so selten wie ein Huhn mit Zähnen. **RL**

Verkostungsnotizen

Die Nase beginnt mit floraler Intensität, auf die Früchte und dann Nougat und Leder folgen. Am Gaumen rote Beeren, Marshmallows, Madeira, Kakao und Vanille.

Bruichladdich Waves

Bruichladdich Distillery Co.
www.bruichladdich.com

Herstellungsregion und -land Islay, Schottland
Destillerie Bruichladdich, Bruichladdich, Argyll
Alkoholgehalt 46 Vol.-%
Whiskytyp Single Malt

Dieser Single Malt verdankt seinen Namen der Herkunft von der Küste und seiner maritimen Magie. Es dreht sich bei ihm jedoch nicht alles ums Meer: Wenn man näher kommt, enthüllt sich ein ganzer Süßwarenladen an Geschmacksnoten. Darüber hinaus ist es ein Malt, dessen Stehkraft ihn noch lange in Erinnerung bleiben läßt, nachdem man den letzten Schluck getrunken hat. Die mittelstark getorfte Abfüllung gehört zur Peat/Waves/Rocks-Serie der Destillerie, wird in Bourbonfässern gelagert und in Madeirafässern nachgereift. Diese Kombination verleiht ihr einen Hauch von Wein und feine süße Untertöne. In der Nase und am Gaumen kommt vor allem Fondant zur Geltung, aber nicht nur: buttrige Vanille, Brombeeren, Honig und verschiedene Gewürzdüfte sind auch zu erkennen.

Übrigens ist die Umverpackung mit den Brechern vor einem tiefblauen Hintergrund einen Blick wert. Verpackungen sollten nicht überbewertet werden, aber in diesem Fall kann man sich ohne Reue vom schönen Äußeren unter die Wellen ziehen lassen. Auch wenn die Nase salzig ist, kommt das am Gaumen kaum heraus, der von Lakritze und roten Früchten, von grünem Gras und von Minze beherrscht wird. Wenn die Flut dann weicht, bleibt die Erinnerung an einen Traumsommer. **JH**

Verkostungsnotizen

Wenn Whiskys hüpfen könnten, dieser täte es. Er ist jugendlich, gibt aber mit seinem Alter Rätsel auf. Von den Älteren stark beeinflußt, von Gleichaltrigen respektiert.

Die Destillerie Bruichladdich liegt am Loch Indaal auf Islay.

Bruichladdich WMD-II The Yellow Submarine

Bruichladdich Distillery Co. | www.bruichladdich.com

Herstellungsregion und -land Islay, Schottland
Destillerie Bruichladdich, Bruichladdich, Argyll
Alkoholgehalt 46 Vol.-%
Whiskytyp Single Malt

Der kryptische Verweis auf Massenvernichtungswaffen im Namen dieses Malts verweist auf einen früheren „Whisky of Mass Distinction", der herausgekommen war, nachdem der Geschäftsführer der Destillerie Mark Reynier erfahren hatte, daß sie von einer Behörde der USA daraufhin überprüft worden war, ob sich in ihr chemische Waffen herstellen ließen.

Unabhängig davon war ein Fischer namens John Baker im Juni 2005 vor Islay auf ein gelbes Unterseeboot gestoßen, das auf den Wellen trieb. Am Rumpf prangten die Buchstaben *MOD*, aber das britische Ministery of Defence, das dieses Kürzel verwendet, leugnete jedwede Kenntnis. Man schleppte das U-Boot an Land und lagerte es auf einem Hinterhof ein. Drei Monate später tauchte der Minenräumer HMS *Blyth* auf, um das Ausrüstungsstück abzuholen, das für die Minensuche verwendet wurde. Bruichladdich füllte schnell diesen Whisky ab und überreichte dem Kapitän der HMS *Blyth* eine Kiste, bevor das Schiff wieder im Nebel verschwinden konnte.

Schöne Geschichte. Fragt sich nur, ob der Whisky was taugt. Nun, er hat seine Anhänger. Die letzten Vorräte sind zwar schon vor einer Weile verkauft worden, aber anläßlich seiner Master Class im Mai 2011 servierte Jim McEwan Restbestände „als Gedächtnisstütze", und die Abfüllung hielt dem Vergleich mit den anderen Besonderheiten recht gut stand. Wie die anderen nicht kaltfiltrierten Abfüllungen von Bruichladdich hat auch diese 46 Volumenprozent, weil es unterhalb dieser Grenze leicht zu Trübungen kommt. John Baker hat für seinen Fund übrigens keine Belohnung von der britischen Navy erhalten. Bruichladdich hat sich jedoch erkenntlich gezeigt. **RL**

Verkostungsnotizen

In der Nase fruchtig – Melone, Apfel, Pfirsich, Erdbeeren, Cranberrys, Ananas, Birne und Orangenmarmelade. Andeutungen von Rosenblättern, Vanille und süßem Malz. Am Gaumen karamellsüßer Sirup und weiche Früchte, dann Lakritze und Gewürze.

Bruichladdich X4+3

Bruichladdich Distillery Co. | www.bruichladdich.com

Herstellungsregion und -land Islay, Schottland
Destillerie Bruichladdich, Bruichladdich, Argyll
Alkoholgehalt 63,5 Vol. %
Whiskytyp Single Malt

Dieser experimentelle vierfach destillierte Whisky wurde zuerst im März 2006 hergestellt, kurze Zeit nachdem die Destillerie den dreifach destillierten Trestarig herausgebracht hatte. Es war seit mindestens 300 Jahren die erste vierfach destillierte Spirituose, die in Schottland gebrannt worden war, und sie kam mit einem Alkoholgehalt von 90 Volumenprozent aus der Brennblase.

Die Abfüllung hieß zuerst Uisquebaugh Baul („gefährlicher Whisky"), ein Name, der aus Martin Martins Buch *A Description of the Western Islands of Scotland Circa 1695* stammte. Martin schrieb: „Der erste Schluck wirkt sich auf alle Glieder des Körpers aus: zwei Löffel von dieser letztgültigen Spirituose reichen als Dosis; und falls man sie übersteigen sollte, würde sie den Atem stillstehen lassen und das Leben in Gefahr bringen." Der schwierig auszusprechende gälische Name wurde später ins Kleingedruckte verbannt und durch den Titel X4 ersetzt.

Man könnte eine Abfüllung mit 90 Volumenprozent Alkohol für unverantwortlich halten, und eine frühere Ausgabe des X4 für den Cocktail-Markt hatte auch nur 50 Prozent. Zum Islay Jazz Festival kam der einjährige X4+1 heraus, der 65,4 Volumenprozent hatte. Nach drei Jahren wurde er als X4+3 mit 63,5 Prozent abgefüllt.

Der Produktionsleiter Jim McEwan sagt, der hohe Alkoholgehalt im Faß fördere die Auszugskraft des Whiskys, der so schneller die Aromen der Eiche aufnähme. Der X4+1 war in der Tat außergewöhnlich und trinkbar. Der X4+3 ist in einer Kombination frischer amerikanischer Eichenfässer und traditioneller Bourbonfässer gereift. Es ist der jüngste erhältliche Whisky von Bruichladdich, theoretisch sollte er sich im Faß 70 Jahre halten. **RL**

Verkostungsnotizen

Sehr alkoholbetonte Nase mit Birnen, Stachelbeeren, Zitronen, Lychees, Äpfeln, Ananas und Blütendüften; natürliche Süße vom Faß und vom Malz: Sahnekaramell, Nougat und Makronen. Spritzig und würzig am Gaumen. Mit Wasser kommen Nüsse und Ingwer hervor.

JAMES BUCHANAN & CO LD

26 — SCOTCH WHISKY DISTILLERS — 26

Buchanan's 12-Year-Old

Diageo | www.diageo.com

Herstellungsregion und -land Schottland
Destillerien Verschiedene
Alkoholgehalt 40 Vol-%
Whiskytyp Blend

James Buchanan (1849–1935) kam in Kanada als Sohn von Eltern auf die Welt, die kurz zuvor aus Schottland ausgewandert waren. Noch in seiner Kindheit ging die Familie wieder nach Europa, diesmal nach Nordirland. Mit 15 trat er in Glasgow bei einer Schiffahrtsfirma eine kaufmännische Lehre an, und arbeite danach in London als Vertreter für einen Whiskyhändler. Als ihm deutlich wurde, wie groß die Nachfrage nach Blended Whiskys war, gründete er 1884 die Firma, die heute noch seinen Namen trägt.

Bald wurde der Buchanan Blend zum Inbegriff für Qualität, schon 1898 erhielt die Firma eine der prestigeträchtigsten Auszeichnungen im britischen Geschäftsleben, als sie zum Hoflieferanten von Queen Victoria ernannt wurde. 1925 ging Buchanan & Co. in der Distillers Company auf, die 1986 wiederum von Guinness aufgekauft wurde. 1997 fusionierten Guinness und Grand Metropolitan, um den Getränkeriesen Diageo zu bilden.

Bei all diesen Wechseln achteten die jeweiligen Besitzer darauf, den Namen Buchanan zu erhalten, da der hart erarbeitete Ruf als Marktführer bei Blended Whisky inzwischen mehr als ein Jahrhundert alt war. Dieser 12-Year-Old ist ein Blend mittlerer Preislage, der aus mehreren Whiskys komponiert wird, von denen der wichtigste ein Single Malt aus Dalwhinnie ist, eine der zahllosen schottischen Destillerien, die inzwischen dem Konzern Diageo gehören. **GL**

Verkostungsnotizen

Ein Aroma von heißen Salzmandeln, geröstetem Getreide und Kakao. Am Gaumen anfänglich seidig, dann trocken, körperreich und anhaltend.

Buchanan's Aged

Diageo | www.diageo.com

Herstellungsregion und -land Schottland
Destillerien Verschiedene
Alkoholgehalt 40 Vol.-%
Whiskytyp Blend

Manchen Whiskytrinkern wird die Könnerschaft, die für die Herstellung eines Blends notwendig ist, auf ewig ebenso fremd bleiben wie die Herausforderungen, denen man sich gegenübersieht, wenn es darum geht, die geringsten Geschmacksunterschiede zu kombinieren, um Mischungen zu erreichen, die sich durch Tiefe und Glätte auszeichnen. Für diese Menschen ist das Verschneiden ein widernatürlicher Vorgang. Aber James Buchanan hatte schon mit Anfang zwanzig ebenso einen Sinn für die Kunstfertigkeit des Verfahrens wie für die geschäftlichen Möglichkeiten, die es bot.

Nach dieser Erkenntnis verließ er die Whiskyhandlung Charles Mackinlay & Co. und machte sich selbständig. Zu seinen ersten Kunden gehörte der Wein- und Zigarrenhändler Dolamore Ltd., bald kamen aber neben Privatkunden auch Restaurants, Musikhallen und sogar das Unterhaus des Parlaments hinzu. Später dehnte er das Geschäft nach Europa, Nordamerika und schließlich auch auf die Südhalbkugel aus.

Heute gibt es Menschen, die behaupten, alles, was kein Single Malt ist, verdiene die Bezeichnung Whisky nicht. Der Markt erzählt eine ganz andere Geschichte: Neun von zehn Flaschen Whisky, die auf der Welt verkauft werden, enthalten eine sorgfältig zusammengestellte Mischung von Destillaten unterschiedlicher Hersteller, und Buchanan's Aged gehört zu den gesuchtesten. **GL**

Verkostungsnotizen

Ein sauberer, angenehmer, sanfter Blend, am Gaumen frisch, mit Grastönen, die durch leichte Süße ergänzt werden. Glatter, fruchtiger, schnörkelloser Abgang.

← Das Londoner Geschäftshaus von James Buchanan & Co. im Jahr 1914.

Bunnahabhain 12-Year-Old

Burn Stewart Distillers | www.bunnahabhain.com

Herstellungsregion und -land Islay, Schottland
Destillerie Bunnahabhain, Port Askaig, Argyll
Alkoholgehalt 46,3 Vol.-%
Whiskytyp Single Malt

Bunnahabhain ist der leichteste unter den Islay-Malts, er zeigt kaum eine Spur von Torf. Der Name der Destillerie bedeutet auf Gälisch „Flußmündung", und vor ihrer Gründung bestand das Gelände aus wildem Ödland. Nach dem Errichtung der Destillerie im Jahr 1881 bildete sich jedoch eine lebendige kleine Gemeinschaft aus den Brennereimitarbeitern, ihren Frauen und Kindern, so daß der Bau einer Schule notwendig wurde. Das Dorf gibt es heute nicht mehr, und wenn die Lagerhäuser eher abweisend wirken, so ist Bunnahabhain doch eine wunderschöne Destillerie, in der die Zeit stillzustehen scheint. Die Gebäude blicken auf den Islay-Sund, eine wilde, windige Seepassage zwischen Islay und der Nachbarinsel Jura. Einst kamen auf diesem Weg die Vorräte und der Whisky nahm in Fässern seinen Weg nach draußen. Heute wird er in Tanklastwagen auf der kurvenreichen Straße nach Port Askaig abtransportiert.

Die Gründer William Robertson und William und James Greenlees hatten viele Beziehungen im Whiskygeschäft. Robertson war Teilhaber in der Wein- und Spirituosenhandlung Robertson & Baxter, und hatte als Vertreter für die Destillerie Laphroaig an der Südostküste Islays gearbeit. Die Gebrüder Greenlees gehörten zu den Gründern der Islay Distillery Company, die um 1887 mit William Grant & Sons zu Highland Distillers fusionierte.

Nachdem Highland Distillers 1937 die geschlossene Brennerei wieder eröffnet hatte, wurde fleißig produziert, sieben Jahre waren wettzumachen. 1963 wurde ein zweites Brennblasenpaar installiert. Seit den 1970er Jahren gab es einen Single Malt von Bunnahabhain, der diesem 12-Year-Old vermutlich sehr ähnlich war. **HO**

Verkostungsnotizen

In der Nase leicht fleischig, wie der Duft von honigglasiertem Schinken, der sanft über frisch gemähtes Gras zieht. Am Gaumen kommen Grapefruitsaft und Vanille hinzu. Der Abgang ist kurz und knapp, schon bereit für den nächsten Schluck.

Bunnahabhain 18-Year-Old

Burn Stewart Distillers | www.bunnahabhain.com

Herstellungsregion und -land Islay, Schottland
Destillerie Bunnahabhain, Port Askaig, Argyll
Alkoholgehalt 46,3 Vol.-%
Whiskytyp Single Malt

Bunnahabhain wurde 1982 wegen zurückgehender Verkaufszahlen erneut geschlossen, öffnete 1984 aber seine Tore wieder. Um das hundertjährige Bestehen zu feiern, gab man eine 21 Jahre alte Abfüllung heraus, vermutlich das erste Destillat aus allen vier Brennblasen. Bunnahabhain wurde 1881 gegründet, aber die Besitzer Highland Distillers entschieden sich, ab 1883 zu zählen, dem Jahr, in dem die Produktion aufgenommen worden war.

1999 nahm die Edrington Group die Herausforderung an und übernahm Bunnahabhain, nur um sie sozusagen umgehend wieder stillzulegen. In den nächsten vier Jahren wurde nur wenige Wochen im Jahr gebrannt, meist für den Famous-Grouse-Blend. Das Wasser für die Destillerie kommt durch Rohre aus den Hügeln und fließt nicht durch Torf. Da auch das Malz nicht getorft wird, ist der Whisky sehr leicht und zeigt so gut wie keinen Torfeinfluß.

Kurz vor dem Verkauf an Edrington experimentieren Highland Distillers mit einer torfigen Version, die unter der Leitung des langgedienten Destillerieleiters John MacLellan entstand. Der Peaty Moine kam 2004 mit sechs Jahren auf den Markt, allerdings nicht von Edrington, die 2003 die Brennerei und den berühmten Black-Bottle-Blend an Burn Stewart Distillers verkauft hatte.

Der Ausstoß von Bunnahabhain ist seit der Gründung fast immer für Verschnitte verwendet worden. Nur ein kleiner Teil reift im Betrieb, um zu einem der Single Malts oder zu Black Bottle verarbeitet zu werden. Im Black Bottle, der alle Islay-Malts vereint, könnte auch etwas von diesem 18-Year-Old enthalten sein. Aber man sollte ihn erst einmal solo verkosten. **HO**

Verkostungsnotizen

In der Nase beginnt es mit reichlich Sahnekaramell und Vanille, durch die sich bald grüne Bananen, Orangen und schokoladenüberzogene Kirschen bemerkbar machen. Am Gaumen cremig und Belag bildend. Der Abgang ist leicht adstringierend.

Bunnahabhain 25-Year-Old

Burn Stewart Distillers | www.bunnahabhain.com

Herstellungsregion und -land Islay, Schottland
Destillerie Bunnahabhain, Port Askaig, Argyll
Alkoholgehalt 46,3 Vol.-%
Whiskytyp Single Malt

Der Bunnahabhain 25-Year-Old gehört zusammen mit dem 12-Year-Old und dem sehr geschätzten 18-Year-Old zum Standardsortiment der Destillerie. Dieses Sortiment wird durch verschiedene limitierte Ausgaben ergänzt, und es gibt Bunnahabhains unterschiedlichen Alters, die von unabhängigen Abfüllern auf Flasche gezogen werden, unter anderem von Signatory.

Die Etiketten der eigenen Abfüllungen sind mit dem Bild eines Seemanns geschmückt, der hinter dem Steuerrad steht. Manchmal liest man darunter „Westerin home". Dies ist der Titel eines schottischen Liedes von Hugh S. Robertson (1874–1952), das von vielen Künstlern aufgenommen worden ist. Die erste Strophe lautet: „Westering home and a song in the air, Light in the Eye and it`s goodbye to care, Laughter o` love and a welcoming there, Isle o` my heart, my own land." Das Lied hat viele Strophen, aber dies ist ein Buch über Whiskys und kein Songbook!

Die Destillerie Bunnahabhain ist 130 Jahre alt und produziert jährlich zweieinhalb Millionen Liter Whisky. Sie liegt an der Nordküste von Islay und ist über eine kurvenreiche, einspurige Straße zu erreichen, die laut Wegweiser nach „Nirgendwo" führt – nun ja, nicht ganz. Wenn man wieder wegfährt, wird einem freundlicherweise auch die andere Richtung gewiesen: „Überallhin". Der Blick auf die Destillerie ist allerdings noch besser, wenn man sich ihr auf den Islay-Sund mit dem Boot nähert. Dann versteht man auch den Sinn des namensgebenden Seemannsliedes erst richtig. Vielleicht läßt man sich sowieso durch das Lied dazu animieren, den Whisky direkt an seiner Quelle auf der Insel Islay zu verkosten, was sicher nicht die schlechteste Idee ist. **HO**

Verkostungsnotizen

Sanfte, fruchtige Birnentöne mit Anklängen an Waldorfsalat, Lilien und Geißblatt, dann Orangenmarmelade auf Toast. Der cremige, zarte Whisky hat zwar keinen anhaltenden Abgang, animiert aber durchaus zu wiederholtem Genuß.

Bunnahabhain Manzanilla Sherry Wood Finish

Burn Stewart Distillers | www.bunnahabhain.com

Herstellungsregion und -land Islay, Schottland
Destillerie Bunnahabhain, Port Askaig, Argyll
Alkoholgehalt 53,2 Vol.-%
Whiskytyp Single Malt

Die Destillerie Bunnahabhain bringt seit vielen Jahren limitierte Abfüllungen wie diese heraus. Der Charakter des Whiskys erinnert an das Islay Jazz Festival, das alljährlich auf der Insel stattfindet und bei dessen Durchführung die Brennerei zusammen mit anderen von der kleinen Hebrideninsel sehr aktiv ist.

Diese Version hat eine Altersangabe von 16 Jahren und ist in Fässern nachgereift, die zuvor Manzanillasherry enthielten. Wie beim Jazz findet hier eine Improvisation über ein Grundthema statt. Auch sonst gibt es Ähnlichkeiten: Jazz und Whisky sind Genüsse, die man sich erarbeiten muß, es sind Erzeugnisse von professionellen und engagierten Schöpfern. So wie ein Bandleader den richtigen Musiker für ein spezielles Solo aussucht, das dieser in dem gespielten Stück übernehmen soll, so wählt der Produktionsleiter aus den Vorräten seiner Lagerhäuser die richtigen Geschmacksnoten für seine limitierten Abfüllungen aus. In diesem Fall profitiert ein Single Malt von den Vorteilen einer Nachreifung in Manzanillafässern.

Zu diesem Whisky paßt die Musik des Trompeters Chet Baker sehr gut. Mit einem großzügigen Schluck im Glas lehnt man sich dann zurück und genießt sein Lieblingsstück. Ein gelungenes Solo und ein guter Whisky erfreuen Ohr und Gaumen gleichermaßen. Die Verbindung funktioniert bei anderen Whiskys von Bunnahabhain genauso.

Whisky und Jazz sind Überlebenskünstler, die jede Musik- und Getränkemode überdauern. Und so treffen sie auch immer wieder aufeinander. Der Jazzklarinettist Artie Shaw traf den Nagel auf den Kopf, als er sagte: „Der Jazz ist in einem Whiskyfaß zur Welt gekommen." **HO**

Verkostungsnotizen

Wegen der Sherry-Nachreifung fruchtig in der Nase. Heißes, buttriges Popcorn und honigglasierter Schinken gehen in Orangen-, Karamell- und Ahornsirupnoten über. Am Gaumen leicht ölig. Der Abgang ist kurz, würzig, mit Rosinen, Schokolade und Leder.

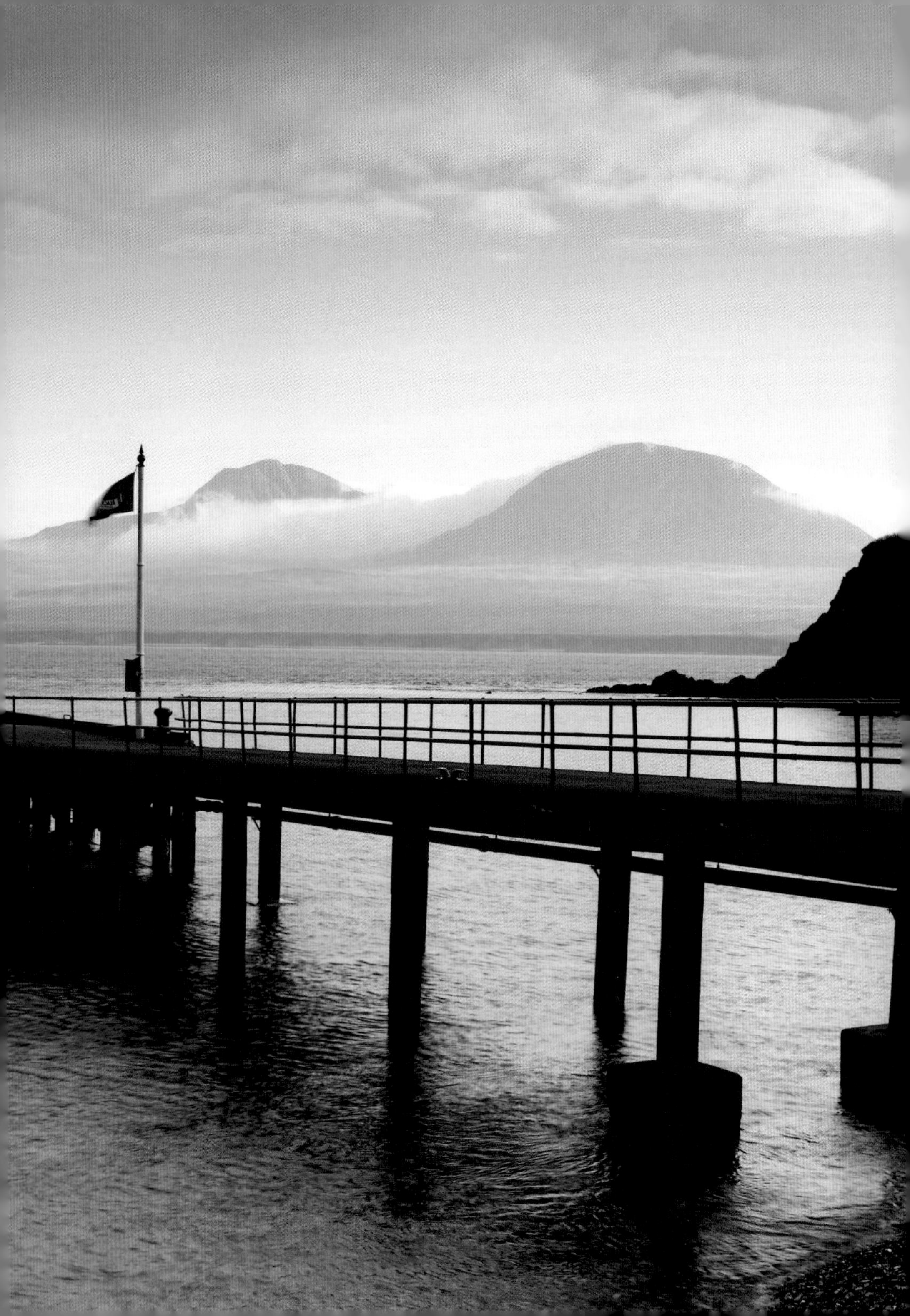

Bunnahabhain Toiteach

Burn Stewart Distillers
www.bunnahabhain.com

Herstellungsregion und -land Islay, Schottland
Destillerie Bunnahabhain, Port Askaig, Argyll
Alkoholgehalt 46 Vol.-%
Whiskytyp Single Malt

„Wir wollen noch etwas improvisieren, eine Abfüllung des Bunnahabhain schaffen, die die Whiskywelt überrascht und beeindruckt. Diesmal soll es etwas ganz anderes werden." So entstand der Toiteach, dessen Name auf Gälisch „rauchig" bedeutet. Die Gerste, aus der dieser Single Malt entsteht, ist stark getorft, was für Bunnahabhain sehr ungewöhnlich ist. Es gibt keine Altersangabe auf dem Etikett, was auf Jugendlichkeit hindeutet – ungezähmte, kraftvolle Jugend, als limitierte Ausgabe abgefüllt. Der Whisky ist nicht kaltfiltriert, er ist roh und rauh wie mancher Jazz. Man stelle sich einen Jazzclub vor. Das Publikum wartet auf den Auftritt eines Überraschungsgastes. In den Gläsern diese kräftig getorfte Version eines Single Malts von einer Destillerie auf Islay, die sonst kaum Torf einsetzt. Der erste Musiker kommt auf die Bühne und setzt sich ruhig hinter das Schlagzeug. Ihm folgt der Pianist, der am Klavier Platz nimmt. Dann taucht aus dem Hintergrund langsam eine Figur auf, die den Kontrabaß aufnimmt und behutsam senkrecht stellt. Die Spannung wächst, während die Rhythmusgruppe das Stück anstimmt. Der Saxophonspieler kommt auf die Bühne und spielt die ersten Töne von „Smoking Gun", und der Saal tobt. Ist es Jazz, oder ist es Blues? Vermutlich beides. Ist es Bunna oder nicht? Ja und nein. So oder so: Es kommt etwas Gutes auf einen zu. Ein wirklich sehr untypischer Bunnahabhain. **HO**

Verkostungsnotizen

Aus der heißen, nassen Asche eines eben gelöschten Lagerfeuers erheben sich Düfte von Grapefruitsalat, gerösteten Marshmallows und erdige Lagerhausaromen.

Campbeltown Loch

J. & A. Mitchell Co.
www.springbankdistillers.com

Herstellungsregion und -land Highlands, Schottland
Destillerie Springbank, Campbeltown, Argyll
Alkoholgehalt 40 Vol.-%
Whiskytyp Blend

Wie der Name schon vermuten läßt, entsteht dieser Blend in der Stadt Campbeltown auf der Halbinsel Kintyre. Die Komposition enthält Whiskys aus der Destillerie Springbank und aus dem Schwesterunternehmen Longrow, wo stärker getorft wird. Der Campeltown Loch wird fünf Jahre gelagert und hat mit 40 Prozent einen relativ hohen Malt-Anteil.

Neben der ‚normalen' Version gibt es auch 21, 25 und 30 Jahre alte Varianten, die alle viel zu bieten haben, falls man ein Freund älterer Blends ist.

Das Campbeltown Loch, nach dem der Whisky benannt ist, erstreckt sich am Südende der Halbinsel Kintyre nach Osten ins Meer. Der geschützte, sichere natürliche Hafen, den es bildet, ließ eine Siedlung entstehen, aus der sich Campbeltown entwickelte, einst ein Zentrum der Heringsfischerei und auch heute noch Heimat einer kleinen Fischereiflotte. Im 19. Jahrhundert war Campbeltown ein wichtiger Destilleriestandort, und viele Tausende von Whiskyfässern fanden ihren Weg vom Loch auf das schottische Festland und auf die Exportmärkte in Übersee.

In den 1960er Jahren wurde Campbeltown Loch durch den schottischen Unterhalter Andy Stewart einem breiten Publikum bekannt, als er von seiner Liebe zum Whisky sang: „Campbeltown Loch, ich wünschte, Du wärst Whisky / Ich tränke Dich trocken …" **GS**

Verkostungsnotizen

Sehr ausgewogen, in der Nase anfänglich frisch und fruchtig. Dann Leder, Gischt und milder Torf, später blumig. Am Gaumen süß, mit Aprikosen und Gewürzen.

Caol Ila 8-Year-Old

Diageo | www.malts.com

Herstellungsregion und -land Islay, Schottland
Destillerie Caol Ila, Port Askaig, Argyll
Alkoholgehalt 64,9 Vol.-%
Whiskytyp Single Malt

Wenn man an Single Malts von der Insel Islay denkt, dann denkt man an rauchige Geschmacksnoten, die vom Torffeuer stammen, über dem die Gerste getrocknet wird. Diese Geschmacksrichtung ist schon so lange für die Whiskys von der Insel typisch, daß man oft vergißt, daß zwei der acht Destillerien einen eher torfarmen Stil pflegen, auch wenn sie gelegentlich getorfte Abfüllungen herausbringen. Der Caol Ila ist jedoch ein typischer Vertreter der Islay-Malts.

Auch wenn die Torfung nicht so stark ist wie beim Trio aus Kildalton (Ardbeg, Lagavulin und Laphroaig), ist es immer noch ein hartes Zeug, das ordentlich zulangt. Deshalb ist auch diese Version besonders interessant: Der 8-Year-Old ist nur leicht getorft. Die ersten Versuche mit einem mehr oder weniger ungetorften Caol Ila fanden schon in den 1980er Jahren statt, aber die erste Abfüllung kam erst 2006 auf den Markt. Es hat zwar auch danach noch einige gegeben, aber die Produktion des ungetorften Caol Ila (der manchmal als Caol Ila Highland bezeichnet wird) ist fast zum Erliegen gekommen.

Hauptaufgabe der Destillerie Caol Ila ist die Produktion getorfter Whiskys für die vielen Blends im Programm der Eigner (Diageo). Mit steigender Nachfrage nach Johnnie Walker und seinen Brüdern bleibt kein Raum mehr, um mit torflosen Destillaten zu experimentieren. So ist seit 2005 nur der traditionelle rauchige Whisky gebrannt worden. Die Herstellung der ungetorften Version unterscheidet sich etwas: Sowohl das Gären als auch das Destillieren verlaufen langsamer, und man muß die Türen nach jeder Destillation eine Weile öffnen, damit sich das Kupfer erholen kann. **IR**

Verkostungsnotizen

In der Nase Kirschen oder vielleicht auch Kirschkuchen. Am Gaumen trocken, wieder mit Kirschen und mit Käsekuchen. Andeutungen von Lakritze und Milchschokolade. Recht langer Abgang, etwas würzig. Mit einem Tropfen Wasser zeigen sich süßere Töne.

Caol Ila 12-Year-Old

Diageo | www.malts.com

Herstellungsregion und -land Islay, Schottland
Destillerie Caol Ila, Port Askaig, Argyll
Alkoholgehalt 43 Vol.-%
Whiskytyp Single Malt

Die Ursprünge von Caol Ila (Gälisch „Islay-Sund"; ausgesprochen „Kull-iilaa") verlieren sich in Dunkel der Geschichte. Erstmals deutlich erkennbar wird die Brennerei, als sie 1857 von Bulloch Lade aufgekauft wird, einer Glasgower Firma, die Blends herstellt und neben der Destillerie eine Pier baut, die dem Gezeitenhub im schmalen Sund standhalten kann. Dort landen kleine Leichter große Mengen Kohle und Gerste vom schottischen Festland an. Das berühmteste dieser Schiffe war die *Pibroch*, die in den 1930er Jahren ihren Dienst antrat und alle Destillerien der Insel belieferte.

1972 wurden die meisten der ursprünglichen Brennereigebäude abgerissen und durch eine neue, effizientere Betriebsanlage ersetzt: Vier neue Brennblasen kamen zu den ursprünglichen beiden hinzu, so daß jetzt insgesamt sechs Stück hinter Glasfenstern stehen, aus denen Mitarbeiter und Besucher den herrlichen Blick auf den Sund genießen können.

Im Jahr 2011 verkündete das schottische Parlament Pläne für den Bau eines Gezeitenkraftwerks im Islay-Sund, das aus zehn Unterwasserturbinen bestehen soll. Das Kraftwerk wird mehr als 45 Millionen Euro kosten und soll nicht nur die Destillerie, sondern auch 5000 Haushalte mit erneuerbarer Energie versorgen.

Der Caol Ila 12-Year-Old kam 2002 auf den Markt. Er wurde in bereits vorher für Scotch verwendeten Bourbonfässern gereift. Das Wasser aus dem nahe gelegenen Loch nam Ban ist recht kalkhaltig, aber torfarm, eine Kombination, die den fertigen Whisky im Vergleich zu den meisten anderen Islays deutlich leichter und weniger rauchig wirken läßt. **GL**

Verkostungsnotizen

In der Nase verbinden sich süße Blüten und Zitronen oder Lychees. Der Körper ist leicht, glatt und fest. Am Gaumen zuerst süß und malzig, der lange Abgang dann mit Rauch, Rübensirup und gleichzeitig etwas sauer. Mit Wasser leicht säuerlich und salzig.

Caol Ila 18-Year-Old

Diageo | www.malts.com

Herstellungsregion und -land Islay, Schottland
Destillerie Caol Ila, Port Askaig, Argyll
Alkoholgehalt 43 Vol.-%
Whiskytyp Single Malt

Manchmal hört man, der typische Charakter der Islay-Malts rühre zum Teil auch daher, daß sie in Lagerhäusern reifen, die auf der Insel sehr nahe an der Küste stehen. Tatsächlich wird ein Großteil des auf der Insel produzierten Whiskys heutzutage für die Reifung auf das Festland gebracht. Bei Caol Ila wurde er sogar in der Vergangenheit selten in der Destillerie gelagert. Inzwischen wird der gesamte Ausstoß zu verschiedenen Betrieben des Mutterkonzerns Diageo auf dem Festland gebracht.

Der besondere Geschmack, der den Single Malt von Caol Ila von anderen Islays unterscheidet, ist auf die Destillationsmethode zurückzuführen – und natürlich auf die Auswahl der Fässer. Ein Vergleich mit Lagavulin macht das deutlich: Beide Destillerien verarbeiten Gerste, die auf einen Phenolgehalt von 35 ppm gemälzt ist, aber der Geschmack ihrer Whiskys ist sehr verschieden. In Caol Ila wird bei der Destillation der Mittellauf ab einem Alkoholgehalt von 75 Prozent abgetrennt und in Fässer abgefüllt, während bei Lagavulin schon bei 72 Prozent die Grenze liegt, weil die Hersteller die feinen, fruchtigen Ester des Vorlaufs einbeziehen möchten.

Der Mittellauf endet bei 65 Prozent Alkoholgehalt (bei Lagavulin sind es 59 Prozent), um den Anteil der schweren Phenole im Destillat geringer zu halten. Diese Phenole sind für den rauchigen Geschmack verantwortlich, der als charakteristisch für den Islay-Malt gilt. Sie werden während der Destillation meist auf etwa 50 bis 60 Prozent des Gehalts im Malz verringert. Beim Single Malt ist der Gehalt im frischen Destillat sogar noch geringer und nimmt mit jedem Jahr im Faß weiter ab, so wie zum Beispiel bei diesem 18-Year-Old. **IR**

Verkostungsnotizen

Buttriger Räucherschinken und Kokosnuß. Am Gaumen noch mehr Früchte (Bananen und Birnen), mild und weich, mit sanftem Rauch. Der Beitrag des Fasses ist unverkennbar. Langer Abgang mit etwas Pfeffer. Am Schluß kommt der Torf durch.

Caol Ila 25-Year-Old

Diageo | www.malts.com

Herstellungsregion und -land Islay, Schottland
Destillerie Caol Ila, Port Askaig, Argyll
Alkoholgehalt 43 Vol.-%
Whiskytyp Single Malt

Caol Ila ist bei weitem die größte Destillerie auf Islay. Seit der Generalüberholung im Jahr 2011 werden hier in sechs Brennblasen alljährlich etwa 5,8 Millionen Liter Destillat produziert – das ist mehr als das Dreifache dessen, was zum Beispiel bei Ardbeg gebrannt wird. Obwohl die Produktion vor allem für Blends bestimmt ist, erkannten die Eigner vor mehr als einem Jahrzehnt, daß die Begeisterung für Single Malts keine vorübergehende Mode war und daß ein Single Malt von Caol Ila sich gut am Markt würde behaupten können.

Der Caol Ila erschien zuerst in einer Reihe mit dem Namen „Hidden Malts", in dem unter anderen auch der Clynelish und der Glen Elgin vertreten waren. Der Reihenname war gut gewählt: Die geographische Lage der Brennerei ist unbestreitbar die versteckteste aller Destillerien auf Islay. Sie liegt am Ende einer schmalen Straße, die hinab zum Ufer des Islay-Sunds führt, der zwischen Islay und Jura liegt. Nach einigen Jahren beschloß man jedoch, daß der Single Malt von Caol Ila seinen eigenen Namen verdient habe und es an der Zeit sei, sich nicht mehr zu verstecken. Es gab mehrere neue Abfüllungen, darunter einige wirklich alte, bei denen die Rauchnoten wegen der langen Reifung eher zurücktreten. So konnten sehr schöne Kräuter- und Fruchtnoten eine größere Rolle im Gesamteindruck übernehmen.

Der 25-Year-Old kam zuerst 2003 auf den Markt, damals jedoch als limitierte Auflage, die mit Faßstärke auf Flaschen gezogen worden war. Erst 2010 erschien dann der leichter zu erhaltende 25-Year-Old mit 43 Volumenprozent Alkohol, der inzwischen zum Standardsortiment von Caol Ila gehört. **IR**

Verkostungsnotizen

Süß, frisch und mit recht subtilen grünen Grastönen in der Nase. Wie weicher Samt im Mund; süß, aber nicht wie Honig, sondern eher wie Pfirsiche in Sirup. Mittellanger Abgang, bei dem der Torf im Hintergrund bleibt. Gegen Ende dann Röstmandeln.

Caol Ila Cask Strength

Diageo | www.malts.com

Herstellungsregion und -land Islay, Schottland
Destillerie Caol Ila, Port Askaig, Argyll
Alkoholgehalt 61,6 Vol.-%
Whiskytyp Single Malt

Oft kann man das Wesen einer bestimmten Whiskymarke besser verstehen, wenn man eine Version mit Faßstärke verkostet. Dieses Beispiel von Caol Ila wurde zuerst 2002 vorgestellt. Es bietet den Whisky unverdünnt, unverändert, so wie er aus dem Faß kam. Der Alkoholgehalt ist hoch, aber man sollte ihn zuerst ohne Wasser probieren, um den Eindruck, den man so erhält, mit dem zu vergleichen, den er bietet, wenn man ihn etwas verdünnt.

Neue Chargen des Caol Ila Cask Strength werden einen anderen Alkoholgehalt aufweisen und unterschiedlichen Alters sein, vermutlich so um die zehn bis zwölf Jahre. Einer der Vorzüge des Caol Ila liegt darin, daß man sowohl die torfig-rauchigen Geschmacksnoten bekommt als auch einige frische Grastöne. Es steckt viel Arbeit darin, diesen Stil zu erreichen. So trägt zum Beispiel eine geringere Temperatur der Maische bei der Gärung dazu bei. Die Brennblasen werden bei der Destillation auch nur zur Hälfte gefüllt, so daß der Kontakt des Kupfers mit dem Destillat vergrößert wird. Je größer jedoch dieser Kontakt ist, desto mehr werden die schweren und robusten Bestandteile reduziert und desto deutlicher können die sanfteren Töne hervortreten.

Der Single Malt von Caol Ila ist überaus beliebt – nicht nur bei den Kunden und als Bestandteil von Blends, sondern auch bei unabhängigen Abfüllern, die ihn in vielen verschiedenen Versionen anbieten. **IR**

Verkostungsnotizen

In der Nase recht scharf. Trotz seiner relativen Jugend nicht sehr rauchig. Am Gaumen deutlich süß, mit etwas Frucht. Leicht minziger, ausgewogener Abgang.

Caol Ila Unpeated 1999

Diageo | www.malts.com

Herstellungsregion und -land Islay, Schottland
Destillerie Caol Ila, Port Askaig, Argyll
Alkoholgehalt 64 Vol.-%
Whiskytyp Single Malt

Jedes Jahr bringt der Getränkekonzern Diageo eine Auswahl unterschiedlicher, ungewöhnlicher und oft auch seltener Whiskys auf den Markt. Meist veranstaltet er einen Verkostungsabend für Händler, Whiskyjournalisten und Blogger. Im Jahr 2011 kamen sehr viele Teilnehmer und wurden mit der Vorstellung einiger bedeutender Abfüllungen belohnt. Der Unpeated 1999 gehörte nicht dazu, aber er hätte den anderen durchaus die Show stehlen können.

Caol Ila ist die größte Malt-Destillerie auf Islay. 2011 festigte sie diese Position durch Erweiterungsarbeiten. Islay ist für seine getorften Whiskys bekannt, aber wenn man die Gesamtmenge an ungetorftem Whisky berechnet, die auf der Insel hergestellt wird, liegt sie vermutlich deutlich über der Hälfte. Das lieg daran, daß der Ausstoß von Caol Ila vor allem für Blends verwendet wird. Auf jeden Fall gelangt nur ein geringer Teil seiner ungetorften Malts in den Einzelhandel. Als Single Malt wurde der Whisky der Brennerei eigentlich erst bekannt, als man sich wegen Lieferschwierigkeiten des Schwesterunternehmens Lagavulin nach einer Alternative umsehen mußte.

Die getorfte Version hat sich mit ihren Anklängen an gegrilltem Fisch und Speck zu einem echten Hit entwickelt. Caol Ila Unpeated 1999 ist dafür ein phantastisches Beispiel, und dazu ausgesprochen preiswert. **DR**

Verkostungsnotizen

Sahnekaramell, Vanille und grüne Früchte in der Nase. Am Gaumen Erd- und Himbeerbrausepulver mit etwas Honig. Mit Wasser eine glattzüngige Obstmousse.

MALT WHISKY ISLAY CASK

AGED IN OAK

CAOL ILA

ISLAY

PRODUCE OF SCOTLAND

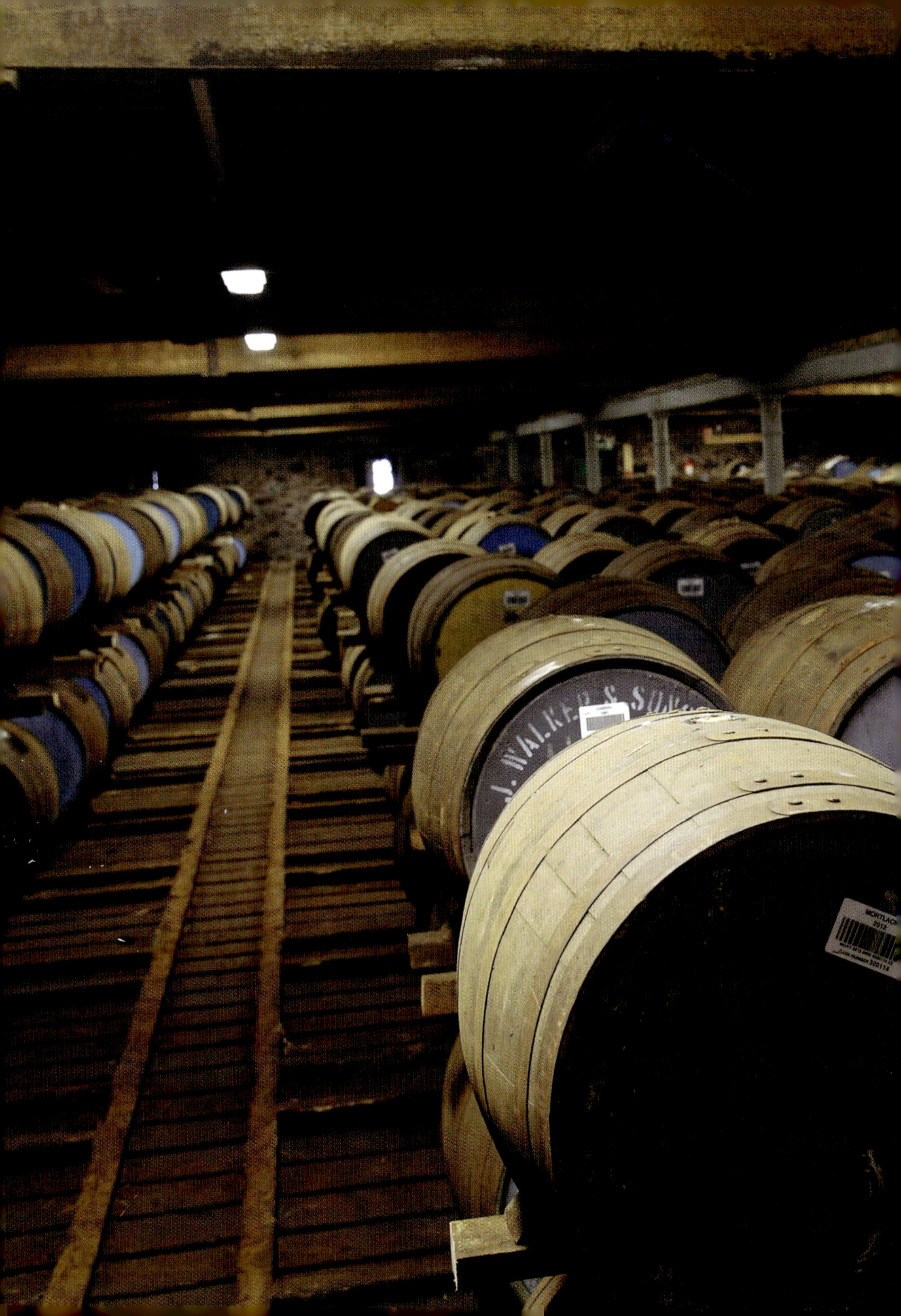
MORTLACH
2012

Cardhu 12-Year-Old

Diageo
www.malts.com

Herstellungsregion und -land Speyside, Schottland
Destillerie Cardhu, Knockando, Aberlour, Banffshire
Alkoholgehalt 40 Vol.-%
Whiskytyp Single Malt

Die Destillierie Cardhu ist die geistige Heimat von Johnnie Walker – dem meistverkauften Scotch der Welt. Cardhu ist aber auch der meistverkaufte Single Malt von Diageo. Er ist in Spanien und Griechenland seit Jahrzehnten außerordentlich beliebt, und vor 15 Jahren stand er sogar bei den Single Malts auf Platz vier der Weltrangliste.

Seine Beliebtheit führte jedoch auch zu Problemen für die Hersteller. Es gab nicht genug Cardhu, um die Nachfrage zu stillen. Diageo entschloß sich deshalb, unter dem Namen Cardhu Pure Malt einen neuen Cardhu auf den Markt zu bringen, in dem auch Single Malts anderer Brennereien enthalten waren. Diese Lösung führte zu lautstarkem Protest, vor allem von den Mitbewerbern, die behaupteten, dadurch könnte der Ruf des Scotch insgesamt leiden. Nach einem Jahr gab Diageo nach. Heute befindet sich nur Whisky von Cardhu in der Flasche.

Der Cardhu ist leicht und zeigt schöne Grasaromen. Das macht ihn zu einem perfekten Bestandteil von Blends, spricht aber auch den spanischen Geschmack an, wo man wegen des heißen Klimas nicht so schwere Whiskys bevorzugt. Die Jugend findet ihn auch perfekt, um ihn mit Cola als Mischgetränk zu konsumieren, eine in Spanien weitverbreitete Art, Whisky zu genießen. Die geläufigste Variante ist der Cardhu 12-Year-Old, es gibt aber auch eine Special Cask Reserve, die dem spanischen Markt vorbehalten ist. **IR**

Verkostungsnotizen

Grüne Äpfel, minzige Noten und Getreide. Am Gaumen honigsüß, mit durchklingender Eiche und Heide. Etwas ölig. Ein leicht zu genießender Whisky.

Cardhu Amber Rock

Diageo
www.malts.com

Herstellungsregion und -land Speyside, Scotland
Destillerie Cardhu, Knockando, Aberlour, Banffshire
Alkoholgehalt 40 Vol.-%
Whiskytyp Single Malt

Alle paar Jahre gelingt es der Whiskybranche, sich in heftige Auseinandersetzungen zu verwickeln. Das mag mit der schottischen Geschichte zu tun haben, vielleicht ist es eine Reminiszenz an die dauernden Reibereien zwischen den Clans, die mit einem Schluck Whisky aus einem besonderen Gefäß, dem *quaich*, endeten.

Vor nicht allzulanger Zeit fand sich die Destillerie Cardhu im Mittelpunkt eines Streits wieder, weil sie ihren eigenen Whisky mit zugekauftem mischte und den so entstandenen Blended Malt Whisky unter dem Namen Cardhu verkaufte. Wenigstens wurden so auch die Whiskyfreunde außerhalb Spaniens, wo der Cardhu ungeheuer beliebt ist, daran erinnert, was für einen Schatz von einem Single Malt Diageo in seinem Portfolio hat.

Der neueste Stein des Anstoßes für Whiskyliebhaber ist das Ablösen eines geschätzten zehn oder zwölf Jahre alten Whiskys durch einen ohne Altersangabe, der eindeutig jünger und vielleicht unreif ist, dafür aber mehr kostet als die voraufgegangene ältere Version. Allerdings können solche Whiskys ohne Altersangabe auch sehr gut sein – bei Diageo sind sie das meist.

Der Amber Rock ist ein gutes Beispiel. Der Name ist ein Verweis auf die satte Farbe des Whiskys, der in Fässern aus angerösteter amerikanischer Eiche gereift ist, einen herrlich üppigen Geschmack zeigt und sich bei Blindverkostungen immer gut behauptet. **DR**

Verkostungsnotizen

Vanille-, Zitrus- und Honignoten in der Nase. Am Gaumen kehrt die Vanille wieder, mit Grapefruit und üppigen Sahnekaramell. Leicht eichig-würziger Abgang.

← Whiskyfässer im Lagerhaus der Destillerie Cardhu.

Carsebridge 1979

Duncan Taylor & Co.
www.duncantaylor.com

Herstellungsregion und -land Lowlands, Schottland
Destillerie Carsebridge, Carsebridge, Clackmannanshire (geschlossen) **Alkoholgehalt** 55,7 Vol.-%
Whiskytyp Single Grain

Diese Abfüllung in Faßstärke des Carsebridge Single Grain wurde im Alter von 31 Jahren vom Faß Nr. 33044 auf Flaschen gezogen. Der Abfüller Duncan Taylor & Co. aus Huntly reihte ihn in seine „Rare Auld Collection" ein.

Die Destillerie Carsebridge wurde wegen nachlassender Nachfrage von Distillers Co. Ltd. im Jahr 1983 geschlossen. Sie war zwischen 1799 und 1804 von der Familie Bald in der Nähe der bekannten Brennereistadt Alloa gegründet worden. Ursprünglich wurde hier Malt nach dem Pot-Still-Verfahren hergestellt, aber nach der Ausstattung mit einem Coffey-Destillationsapparat 1851/52 stellte man auf Getreidewhisky um.

Carsebridge gehörte 1877 zu den Gründungsdestillerien von Distillers Co. Als der Brennereihistoriker Alfred Barnard den Betrieb Mitte der 1880er Jahre besuchte, hatte man die Coffey-Still durch ein zweites Exemplar ergänzt. Caresbridge war in bezug auf den Ausstoß zur zweit- oder drittgrößten schottischen Destillerie avanciert. In den 1960er Jahren wurde eine dritte Brennblase installiert, aber auch die hohe Kapazität konnte Carsebridge nicht retten, als die Produktion von Getreide- wie auch von Malzwhisky zurückgefahren wurde. Wie auch neun Malt-Destillerien wurde sie stillgelegt. **GS**

Verkostungsnotizen

In der Nase fruchtig-üppig, mit würzigen Vanille- und spröden Sahenekaramellakzenten. Am Gaumen süße Früchte (Bananen), Gebäck und ein Hauch Marzipan.

Catto's 25-Year-Old

Inver House (International Beverage)
www.cattos.com

Herstellungsregion und -land Schottland
Destillerien Verschiedene
Alkoholgehalt 40 Vol.-%
Whiskytyp Blend

Die Blended-Marke Catto's hat ihre Ursprünge im Aberdeen der Mitte des 19. Jahrhunderts, als sich ein gewisser James Catto dort als Lebensmittelhändler etablierte. 1861 begann er, die guten Maltwhiskys aus den umgebenden Highlands mit verschiedenen Getreidewhiskys aus den Lowlands zu verschneiden, um einen vorzüglichen Blended Scotch zu erhalten.

Als erste Hersteller von Blends werden zwar meist andere genannt, etwa Andrew Usher aus Edinburgh, aber James Catto spielte ebenfalls eine Rolle bei der Revolution, die dem Scotch durch das Verschneiden einen neuen Charakter verlieh: Whisky wurde von einem Getränk durchaus unterschiedlicher Genießbarkeit, das seine Anhänger vor allem in den schottischen Highlands hatte, zu einer auf der ganzen Welt gefeierten Spirituose.

James Catto war mit den Gründern der Schiffahrtslinien P&O und White Star zur Schule gegangen. Auf Grund dieser persönlichen Bekanntschaft fanden seine Scotch Whiskys bald aus Schottland ihren Weg in die Offizierskasinos und die Clubs der ganzen Welt.

Der 25-Year-Old ist das neueste Mitglied im Standardsortiment von Catto's. Er wurde 2011 in einer limitierten Ausgabe von 2400 Kristallkaraffen zur Feier des 150jährigen Firmenjubiläums vorgestellt. **GS**

Verkostungsnotizen

Sahnekaramell, Gewürze und etwas leicht Herzhaftes in der fruchtigen Nase. Voller, süßer Körper, mit Karamell, sanften Fruchttönen, Kokosnuß und Vanille.

Catto's Deluxe 12-Year-Old

Inver House (International Beverage)
www.cattos.com

Herstellungsregion und -land Schottland
Destillerien Verschiedene
Alkoholgehalt 40 Vol.-%
Whiskytyp Blend

Als Ergänzung des Rare Old Scottish, dem Standard-Blend im Sortiment von Catto's, sind auch zwölf und fünfundzwanzigjährige Varianten auf den Markt gekommen. Durch eine Reihe von Übernahmen und Ankäufen hat die Firma die Beziehung zu ihrer Heimatstadt Aberdeen verloren. Die Hafenstadt an den östlichen Ausläufern der Whiskyregion Speyside hatte nicht nur beträchtlichen Anteil am Whiskyhandel, sondern konnte auch auf ihre eignen Destillerien verweisen.

Drei dieser Brennereien hatten bis in das 20. Jahrhundert überlebt. Die älteste und kleinste unter ihnen trug den Namen Strathdee. Sie war 1821 gegründet worden und schloß im Zweiten Weltkrieg ihre Tore, um sie nie wieder zu öffnen. Die Destillerie Devanha wurde 1837 von der gleichnamigen Brauerei als Erweiterung auf dem vorhandenen Betriebsgelände an den Ufern des Flusses Dee errichtet. Sie wurde 1910 endgültig geschlossen. Die dritte Brennerei der Stadt, Bon Accord, wurde 1856 in den renovierten und erweiterteten Gebäuden der ehemaligen Destillerie Union Glen und einer benachbarten Brauerei gegründet. Nach einem verheerenden Brand im Jahr 1904 wurde auch sie geschlossen.

Alle drei Destillerien trugen einst mit ihren typischen Whiskys zu den Blends der Firma Catto's bei. **GS**

Verkostungsnotizen

Die frischen Frühlingsaromen des Rare Old Scottish sind auch hier zu erkennen, neben Zitrusfrüchten, Malz und einem Hauch feuchter Erde. Recht komplex.

Catto's Rare Old Scottish

Inver House (International Beverage)
www.cattos.com

Herstellungsregion und -land Schottland
Destillerien Verschiedene
Alkoholgehalt 40 Vol.-%
Whiskytyp Blend

Gegen Ende des 19. Jahrhunderts übergab James Catto die Leitung seines wachsenden Whiskyunternehmens an seinen Sohn, der aber während des Ersten Weltkriegs in Frankreich fiel. Die Firma wurde an das Londoner Haus W. & A. Gilbey Ltd. verkauft, das als Besitzer der Destillerien Glen Spey und Knockando schon beträchtliche Geschäftsinteressen in Schottland hatte.

Der Blend von Catto's zeigt inzwischen deutlich den Einfluß der Malts aus den Destillerien Balblair, Balmenach, Knockdhu, Pulteney und Speyburn, die zum jetzigen Besitzer Inver House Distillers gehören. Die Markenmanagerin Lynn Buckley sagt: „Die Mischung besteht nicht mehr aus den gleichen Whiskys, aber Inver House hat sein Bestes getan, um den alten Typ zu reproduzieren. Allerdings glaube ich, die Marke war gegenüber ihrer besten Zeit schon etwas ‚verwässert' worden, als wir sie übernahmen. Wir haben viele Preise mit ihr gewonnen, es ist uns also offensichtlich gelungen, sie wieder zu ihrer alten Höchstform zu bringen."

Der Blend, der jetzt als Catto's Rare Old Scottish vermarktet wird, trug früher den Namen Catto's Rare Old Scottish Highland Whisky, da er überwiegend aus Highland-Malts bestand. Kenner verwendeten das Akronym „ROSH." **GS**

Verkostungsnotizen

Aromatisch und leicht in der Nase, grasig, frühlingshaft, mit Honig. Am Gaumen kommen zarte Gewürznoten hinzu, außerdem klingt Vanille an.

Chivas The Century of Malts

Chivas Brothers (Pernod Ricard) | www.chivas.com

Herstellungsregion und -land Schottland
Destillerien Verschiedene
Alkoholgehalt 40 Vol.-%
Whiskytyp Blended Malt

1996 brachte Chivas den Blended Malt Century of Malts heraus. Er trägt diesen Namen, weil in ihm Single Malts aus einhundert schottischen Destillerien enthalten sind. In einem beigelegten kleinen Buch aus dem Jahr 1995, *The One Hundred Malts*, hat der bekannte Whiskyjournalist und -blogger Jim Murray, von dem auch das Vorwort zu *1001 Whisk(e)ys* stammt, jede der beteiligten Brennereien kurz vorgestellt.

The Century of Malts enthält Whisky der folgenden Destillerien: Aberfeldy, Aberlour, Allt-á-Bhainne, Ardbeg, Auchentoshan, Auchroisk, Aultmote, Balblair, Balmenach, Balvenie, Banff, Ben Nevis, BenRiach, Benrinnes, Benromach, Blair Athol, Bowmore, Braeval, Brechin, Bunnahabhain, Caol Ila, Caperdonich, Clynelish, Convalmore, Cragganmore, Craigduff, Craigellachie, Dailuaine, Dallas Dhu, Dalmore, Dalwhinnie, Deanston, Dufftown, Fettercairn, Glen Albyn, Glenallachie, Glenburgie, Glencadam, Glen Craig, Glen Elgin, Glen Esk, Glenfarclas, Glenfiddich, Glen Garioch, Glenglassaugh, Glen Grant, Glengoyne, Glenisla, Glen Keith, Glenkinchie, the Glenlivet, Glenlochy, Glenlossie, Glen Mhor, Glen Moray, Glenrothes, Glen Scotia, Glen Spey, Glentauchers, Glenturret, Glenugie, Glenury Royal, Highland Park, Imperial, Inchgower, Inchmurrin, Inverleven, Isle of Jura, Kinclaith, Knockando, Ladyburn, Lagavulin, Laphroaig, Ledaig, Linkwood, Littlemill, Longmorn, Macallan, Macduff, Mannochmore, Miltonduff, Mortlach, Mosstowie, Ord, Pittyvaich, Pulteney, Rhosdhu, Royal Brackla, Scapa, Speyburn, Springbank, Strathisla, Strathmill, Tamdhu, Tamnavulin, Teaninich, Tomatin, Tomintoul, Tormore und Tullibardine. **WM**

Verkostungsnotizen

Voller Körper, im Hintergrund etwas Rauch. Fruchtnoten versuchen, sich neben dem Malz bemerkbar zu machen. Der Rauch ist trocken, ohne die medizinischen Anklänge, die für Islays typisch sind. Im Hintergrund auch Nüsse und viel Malz.

Chivas Regal 12-Year-Old

Chivas Brothers (Pernod Ricard) | www.chivas.com

Herstellungsregion und -land Schottland
Destillerien Verschiedene
Alkoholgehalt 40 Vol.-%
Whiskytyp Blend

Chivas Regal 12-Year-Old geht bis in das Jahr 1938 zurück, als er erstmals in den USA verkauft wurde. 1949 hatte er sich zu einer Weltmarke entwickelt. Blends wie dieser enthalten eine Mischung verschiedener Single Malts und Getreidewhiskys, um eine einzigartige Verbindung zu schaffen, in der ihre besten Geschmacksnoten und Eigenschaften zur Geltung kommen.

Vor vielen Jahren begann man bei Chivas Brothers, die Malt- und die Grain-Whiskys jeweils getrennt zu mischen. Die Malts werden in Speyside verschnitten, wo das Unternehmen die meisten seiner Single Malts reifen läßt. Wenn diese zwölf Jahre alte Mischung fertig ist, wird sie zum Firmenhauptquartier in Paisley gebracht. Dort werden auch die meisten der Getreidewhiskys gelagert, die dann mit der Malt-Mischung verschnitten werden.

Colin Scott ist bei Chivas Brothers für das Verschneiden zuständig. Er sagt: „Jede Stufe wird sorgfältig überwacht und mit Kontrollproben verglichen, um sicherzustellen, daß die hohe Qualität und der luxuriöse Geschmack des Chivas Regal 12-Year-Old Jahr für Jahr gleich bleiben. Der Chivas Regal 18 und der Chivas Regal 25 gehen einen anderen Weg und werden nach Bedarf verschnitten und abgefüllt."

Da jedes Faß anders ausfällt, muß der Masterblender immer wieder eingreifen, um gleichbleibende Ergebnisse zu erzielen. Scott vergleicht seine Arbeit mit der eines Malers: „Wie man beim Malen jede Farbe oder Farbkombination wählen kann, um ein Kunstwerk zu schaffen, so fange ich mit einer Vorstellung davon an, was ich erreichen möchte, und kann aus den besten Whiskys im Lager von Chivas Brothers auswählen." **WM**

Verkostungsnotizen

In der Nase Butterkaramell, Vanille, Aprikosen und Orangen, die am Gaumen lebhafter, cremig, fast buttrig und fruchtig werden. Im Abgang klingen Karamell und Früchte leicht nach. Genaueres Nachschmecken zeigt Andeutungen von Heide und Malz.

Chivas Regal 18-Year-Old

Chivas Brothers (Pernod Ricard) | www.chivas.com

Herstellungsregion und -land Schottland
Destillerien Verschiedene
Alkoholgehalt 40 Vol.-%
Whiskytyp Blend

Der Chivas Regal 18-Year-Old entstand unter den Auspizien von Colin Scott, dem Masterblender bei Chivas Brothers. Er kam 1997 auf den Markt und erweiterte das Angebot von Blends der Marke, um der steigenden Nachfrage gerecht zu werden.

Er besteht aus ganz anderen Single Malts und Grains als der 12- und 25-Year-Old. Sie werden miteinander verschnitten, bevor sie vor dem Abfüllen zur Gesamtmischung zusammengestellt werden. Scott war bemüht, einen Blend in der Tradition des Chivas Regal zu schaffen, der den Erwartungen von Kunden gerecht würde, die den 12-Year-Old gewöhnt waren, der aber nicht einfach sechs zusätzliche Jahre gereift war. Das Herz aller Chivas-Regal-Blends besteht aus Strathisla, aber beim 19-Year-Old kommt zum 18jährigen Strathisla noch der ebenso alte Longmorn hinzu – eine weitere Speyside-Destillerie.

„Um einen großen Whisky zu machen, muß man über Erfahrung, Inspiration und Geduld verfügen", sagt Scott. „Wenn ich die Fässer für den Chivas 18-Year-Old auswähle, suche ich nach überragenden Whiskys, aus denen sich ein außerordentlicher Blend mischen läßt. Das Ergebnis ist einzigartig, und ich bin stolz, meine Initialen und Unterschrift auf jede Flasche zu setzen."

Er fügt hinzu: „Chivas war immer ein Luxuswhisky, und es war eine gute Gelegenheit, diesen Ruf durch die Einführung einer 18 Jahre alten Version zu festigen, die der stets wachsenden Nachfrage nach exklusiven und besonderen Whiskys entgegenkam. Als Blender trägt man oft die große Verantwortung, ein jahrhundertealtes Rezept zu erfüllen, und so war dies die willkommene Gelegenheit, meinen eigenen Blend zu schaffen." **WM**

Verkostungsnotizen

Vanille, Sahnekaramell und Honig sind sofort zu erkennen. Seidig, im Mund wie geschmolzene Vanilleeiscreme, die Eiche gibt Struktur und Körper. Allmählich kommen Zimt, Pfirsich, Orange und ein Hauch Kakao zum Vorschein.

Diese Anzeige aus den 1970ern nähert sich dem Chivas philosophisch.

This bottle is ½ empty.

This bottle is ½ full.

If it happens to be your bottle of Chivas that reaches the halfway mark, you'll probably feel it's half empty.

Whereas, if you're visiting a friend and his bottle reaches the same point, you can relax, knowing that it's still half full.

Chivas Regal 25-Year-Old

Chivas Brothers (Pernod Ricard) | www.chivas.com

Herstellungsregion und -land Schottland
Destillerien Verschiedene
Alkoholgehalt 40 Vol.-%
Whiskytyp Blend

Der Chivas Regal 25-Year-Old wurde 2007 vorgestellt. Er ist eine Wiedergeburt des ursprünglichen Chivas Regal, der 1909 als Chivas's Superb Liqueur Whisky „Regal" 25 Years Old auf den Markt kam und für die verwöhnten Gaumen der amerikanischen High Society gedacht war.

Der damalige Masterblender bei Chivas Brothers, Charles Stewart Howard, hatte auf der Suche nach dem „perfekten Blend" diese Mischung aus den besten Grundwhiskys der Firma geschaffen, die alle 1884 oder früher gebrannt worden waren. Der heutige Masterblender, Colin Scott, nimmt die Geschichte auf: „Es war nicht nur eine Ehre, den Chivas Regal 25-Year-Old neu auflegen zu dürfen, es lag auch eine Herausforderung darin, sich an der Legende Charles Howard zu messen. So wie er auf die Traditionen und den Typ zurückgriff, die James Chivas geschaffen hatte, so folgte ich seinen Spuren. Diese Traditionen sind von einem Masterblender an den nächsten weitergereicht worden."

Scott strebte danach, den glatten, üppigen Stil des Chivas Regal beizubehalten, verwendete jedoch eine vollkommen andere Zusammenstellung von Single Malts und Getreidewhiskys, um sicherzustellen, daß der 25-Year-Old „sein eigenes, einzigartiges Geschmackserlebnis bietet". Der Strathisla ist der einzige Single Malt, der ihnen gemeinsam ist, er bildet das Herz eines jeden Blends von Chivas Regal. Einige der älteren Whiskys werden vor dem endgültigen Verschneiden schon separat miteinander gemischt und in andere Fässer umgefüllt, um ihnen Zeit zu geben, zur Ruhe zu kommen. Der Chivas Regal 25-Year-Old ist deutlich trockener als der 12- und der 18-Year-Old. **WM**

Verkostungsnotizen

Cremig und üppig, mit deutlichen Spuren von Longmorn und Strathisla. Honig, Heide, etwas Rauch und Gewürze. Deutlich trockener als die jüngeren Varianten. Am Gaumen buttrige Karamell- und Vanilletöne. Voller Körper, vor allem angesichts des Alkoholgehalts.

Clan Campbell

Pernod Ricard | www.pernod-ricard.com

Herstellungsregion und -land Schottland
Destillerien Verschiedene
Alkoholgehalt 40 Vol.-%
Whiskytyp Blend

Der Campbell-Clan hat sich im Laufe der Jahres einiges Üble nachsagen lassen müssen. Er wurde von seinen erbitterten Rivalen, den MacDonalds, einer Vielzahl von Verbrechen geziehen, unter anderem der Zusammenarbeit mit den verhaßten Engländern, in deren Auftrag sie 1692 die MacDonalds in deren Heimen im abweisenden Gebirgstal von Glencoe abgeschlachtet hatten. Einen Whisky nach dem Clan zu nennen, war also schon in sich eine konfliktträchtige Entscheidung.

Der Blend ist noch relativ neu auf dem Markt, er wurde erst in den 1980er Jahren eingeführt. Er ist jugendlich und erfüllt von der Fruchtigkeit und Süße der Speyside-Whiskys. Auch Aberlour ist vertreten, allerdings nicht in der mächtigen, sherrybetonten Variante, sondern eher durch die leichteren, grünen und fruchtigen. Es mag sein, daß der Clan Campbell mit Blick auf ein jüngeres, nicht so mit Whisky vertrautes Publikum entstand oder für Märkte, in denen man eher jüngere und leichtere Whiskys bevorzugt. Wie dem auch sei, die Marke gehört jetzt zu Picard Ricard, wo sie mit Bestsellern wie Ballantine's, Chivas Regal und Royal Salute den Stall teilt.

Clan Campbell ist kein Großer unter den Blends, und er ist auch nicht so ansprechend verpackt wie seine Geschwister. Aber es ist ein gut gemachter Blend mit eigenem Geschmack, und der Trend, Whisky in Cocktails und Long Drinks zu verwenden, hat ihm keineswegs geschadet. Vielleicht ist es gut, daß er auf Märkten reüssiert, in denen er nicht mit dem Negativbild des Clans in Verbindung gebracht wird, dessen Namen er trägt. Er schmeckt auch auf Eis gut, ein idealer Drink nach einem langen, heißen Tag, bevor man den Grill anfeuert. **HO**

Verkostungsnotizen

Die größten Hits der Speyside in einem Glas. Vielleicht nicht bahnbrechend, aber angenehm vertraut. Eine Obstschale voller Aromen, mit Äpfeln, Orangen und Bananen. Honigsüße Gerste im Zentrum und ein abgerundeter, aber etwas enttäuschend kurzer Abgang.

Clan Denny 30-Year-Old

Douglas Laing & Co. | www.douglaslaing.com / www.northbritish.co.uk

Herstellungsregion und -land Lowlands, Schottland
Destillerie North British, Edinburgh
Alkoholgehalt 54,2 Vol.-%
Whiskytyp Single Grain

Viele Whiskyliebhaber blicken herablassend auf Grain-Whisky, weil er ursprünglich als billiger Auffüllstoff für die Malts in Blends entwickelt wurde. Die Herstellungsmethode eignet sich gut für Massenproduktion, und so nimmt die Zahl der Destillerien zwar kontinuierlich ab, aber der Ausstoß wächst dennoch Jahr für Jahr. Unabhängige Abfüller und die eine oder andere Destillerieabfüllung sorgen inzwischen für eine zunehmende Beliebtheit von Single-Grain-Whiskys.

Dieser 30-Year-Old aus der Clan-Denny-Reihe von Douglas Laing wurde aus einer Mischung von grünem (nicht gedarrtem) Gerstenmalz und französischem Mais bei North British gebrannt. Dies ist die letzte Destillerie in Edinburgh, ein riesiger Betrieb, der ungeheure Mengen von Whisky für J&B, Famouse Grouse, Chivas Regal, Langs und Cutty Sark herstellt und nebenher noch Alkohol für Gin und Wodka produziert. In dieser Vielfalt liegt einer der Schlüssel zum Verständnis des Getreidewhiskys: Er ist nach dem Brennen nicht so charaktervoll wie ein Malt, der Geschmack entwickelt sich größtenteils erst später.

Bei diesem Beispiel hatte das Faß starken Einfluß auf den Geschmack, stärker als bei einem Malt vergleichbaren Alters. So hat sich eine merkwürdige Mischung aus dem Geschmack von Malt und Bourbon entwickelt. Mais wird in Großbritannien selten als Grundstoff für Whisky verwendet, meist ist der Hauptbestandteil ungemälzter Weizen. Die größere Milde des Maises ist nach 30 Jahren aber kaum noch zu spüren. Der Whisky hat in allen Produktionsstufen einen hohen Alkoholgehalt, auch in der Flasche noch. So führt die Zugabe von Wasser zu einer starken Veränderung der Geschmacksnoten. **AN**

Verkostungsnotizen

In der Nase süß-aromatisch. Zuerst Holz und Gewürze bei vollem Körper, dann subtile Vanille und Butterkaramell. Ein kurzer Abgang für einen Whisky dieses Alters, am Ende mit Tannin. Wasserzugabe bringt Eiche in die Nase und verstärkt die Süße.

Clan Denny Islay

Douglas Laing & Co. | www.douglaslaing.com

Herstellungsregion und -land Islay, Schottland
Destillerien Verschiedene
Alkoholgehalt 46 Vol.-%
Whiskytyp Blended Malt

Dieser 2008 eingeführte Whisky ist wie der Big Peat aus dem gleichen Haus relativ uneinheitlich im Stil. Natürlich ist die Rezeptur immer gleich, und es werden immer Fässer aus den gleichen, namentlich bekannten wie auch ungenannten Destillerien verwendet. Aber bekanntlich fällt jedes Faß unterschiedlich aus, und so unterscheidet sich auch jede Charge des Clan Denny Islay von der vorhergehenden. Zudem variiert auch die Menge des Whiskys in den Fässern, so daß die Größe der Chargen jeweils unterschiedlich ist.

Dieser Blend wird in wirklich kleinem Maßstab hergestellt. Von jeder Destillerie der folgenden illustren Liste wird jeweils ein Faß Islay-Malt verwendet: Ardbeg, Bowmore, Bruichladdich, Bunnahabhain und Caol Ila. Hinzu kommen zwei weitere Fässer, deren Herkunft nicht benannt wird, vermutlich aus rechtlichen Gründen. Es wird sich kaum um den Neuankömmling unter den Islays – Kilchoman – handeln und auch Port Ellen kommt nicht in Frage. So bleiben nur zwei Destillerien auf der Insel; sie liegen beide in der Nähe von Kildalton und beginnen mit dem Buchstaben „L". Das sollte als Information reichen …

Wie bei dem Bruderbrand von der Speyside ist auch der Clan Denny Islay nicht kaltfiltriert, wodurch die cremige Textur im Mund verstärkt wird. Er wird mit stattlichen 46 Volumenprozent Alkoholgehalt auf Flaschen gezogen. Man bekommt genau, was man als Kenner von einem Blend erwartet, der nur aus Islays besteht: Er ist atemberaubend und phenolreich, etwa so, wie ein kräftiger Schlag ins Gesicht mit einem Räucherfisch. Andererseits ist er aber auch eleganter als der Big Peat und manche andere Blended Malts von der Insel Islay. **MM**

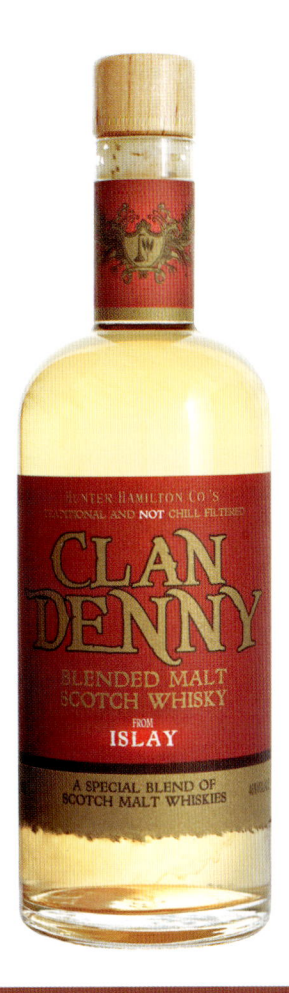

Verkostungsnotizen

Ein maritimes Lagerfeuer mit hintergründiger Süße in der Nase. Am Gaumen feucht und salzig – wie der Bart eines Matrosen. Süße Lakritze, dann schwarzer Pfeffer, salziger und deutlich rauchiger Abgang. Schöne Textur und gute Länge. Geradeheraus und unprätentiös.

Clan Denny Speyside

Douglas Laing & Co.
www.douglaslaing.com

Herstellungsregion und -land Speyside, Schottland
Destillerien Verschiedene
Alkoholgehalt 46 Vol.-%
Whiskytyp Blended Malt

Clan Denny wird von der Hunter Hamilton Company abgefüllt, die zu Douglas Laing & Co. gehört. Die Geschichte der Marke begann in Taiwan zu einer Zeit, als der asiatische Markt von alten Blends und keramischen Whiskyflaschen überflutet war. Douglas Laing hatte Kontakt zu einem potentiellen Importeur, der Dennis hieß. Er bat um einen nach ihm benannten Whisky, und so ließen Fred Laing und sein Team die möglichen Namen Revue passieren: „MacDennis" ging nicht so gut, aber es gibt einen schottischen Ort, der Denny heißt. Damit ließ sich etwas Authentizität suggerieren, und so entstand der Clan Denny. Der Whisky wurde gut angenommen, vor allem in den Niederlanden. Allerdings kam das Geschäft mit dem Taiwanesen nie zustande.

Von den beiden Blended Malts der Marke bevorzugt der Firmendirektor Fred Laing den Speyside: „Ein schöner kleiner Drink." In ihm sind die folgenden bekannten Malts enthalten: Macallan, Glenrothes, Glen Grant, Mortlach und Longmorn, alles solide, zuverlässige Beiträger zur Kunst des Verschneidens. Darüber hinaus sind auch zwei (vermutlich aus rechtlichen Gründen) nicht namentlich genannte Destillerien vertreten. Bei Blends werden die verwendeten Grundwhiskys normalerweise nicht auf dem Etikett genannt, hier kann man sehen, daß recht schwergewichtige Malts vertreten sind, sowohl vom Stil als auch von der Reputation her. **MM**

Verkostungsnotizen

In der Nase frischer, spritziger Apfel mit klaren Vanillenoten. Am Gaumen fruchtige Süße, mit Birnen und Sahnekaramell. Würziger, trocken werdender Abgang.

Claymore

Whyte & Mackay
www.whyteandmackay.co.uk

Herstellungsregion und -land Schottland
Destillerien Verschiedene
Alkoholgehalt 40 Vol.-%
Whiskytyp Blend

Im Gälischen bedeutet *claymore* zwar „großes Schwert", aber in der Waffenkunde hat das Wort mindestens drei Bedeutungen. Im Spätmittelalter wurde damit ein zweihändiges Langschwert bezeichnet, das die Schotten gerne verwendeten, um bei manch einem Grenzgefecht den Engländern den Rest zu geben. Man mußte kräftig sein, um es zu führen, konnte es doch fast drei Kilogramm wiegen und bis zu 140 Zentimeter lang sein – davon sind die 115 Zentimeter Klinge. Um 1700 scheint es aus der Mode gekommen zu sein.

Auch die zweite Verwendung des Namens bezieht sich auf ein Schwert. Allerdings ist es nicht so lang und weist einen aufwendigen Korbgriff auf. Es gehört zur Paradeuniform der Offiziere im Royal Regiment of Scotland. Das dritte Claymore ist eine noch schaurigere Waffe. Mit M18 Claymore-Antipersonenmine wird eine Richtmine bezeichnet, die in einem Winkel von 60 Grad Stahlkugeln in einer Höhe von bis zu 180 Zentimetern streut.

Der Claymore-Blend zeigt auf dem Etikett zwar zwei Schwerter mit Korbgriffen über einem altertümlich wirkenden Schild, aber er ist ein friedlicher Whisky, der von Alexander Ferguson 1882 kreiert wurde. Im gleichen Jahr wurde übrigens die heutige Eignerfirma, Whyte & Mackay, gegründet, die im Jahr 2007 vom bekannten indischen Geschäftsmagnaten Vijay Mallya übernommen wurde. **HO**

Verkostungsnotizen

Ein tapferer, charaktervoller und schmackhafter Blend. Backapfel, Karamell, Aprikosen und Birnen, Sahne, Zimt, Muskat und andere Gewürze sind alle zu erkennen.

Ein Zeitungsjunge aus Keramik wirbt auf ewig für den Claymore.

EXTRA
SPECIAL
GREENLEES
CLAYMORE
THE
FAVOURITE
SCOTCH
EVERYWHERE
ASK FOR
CLAYMORE

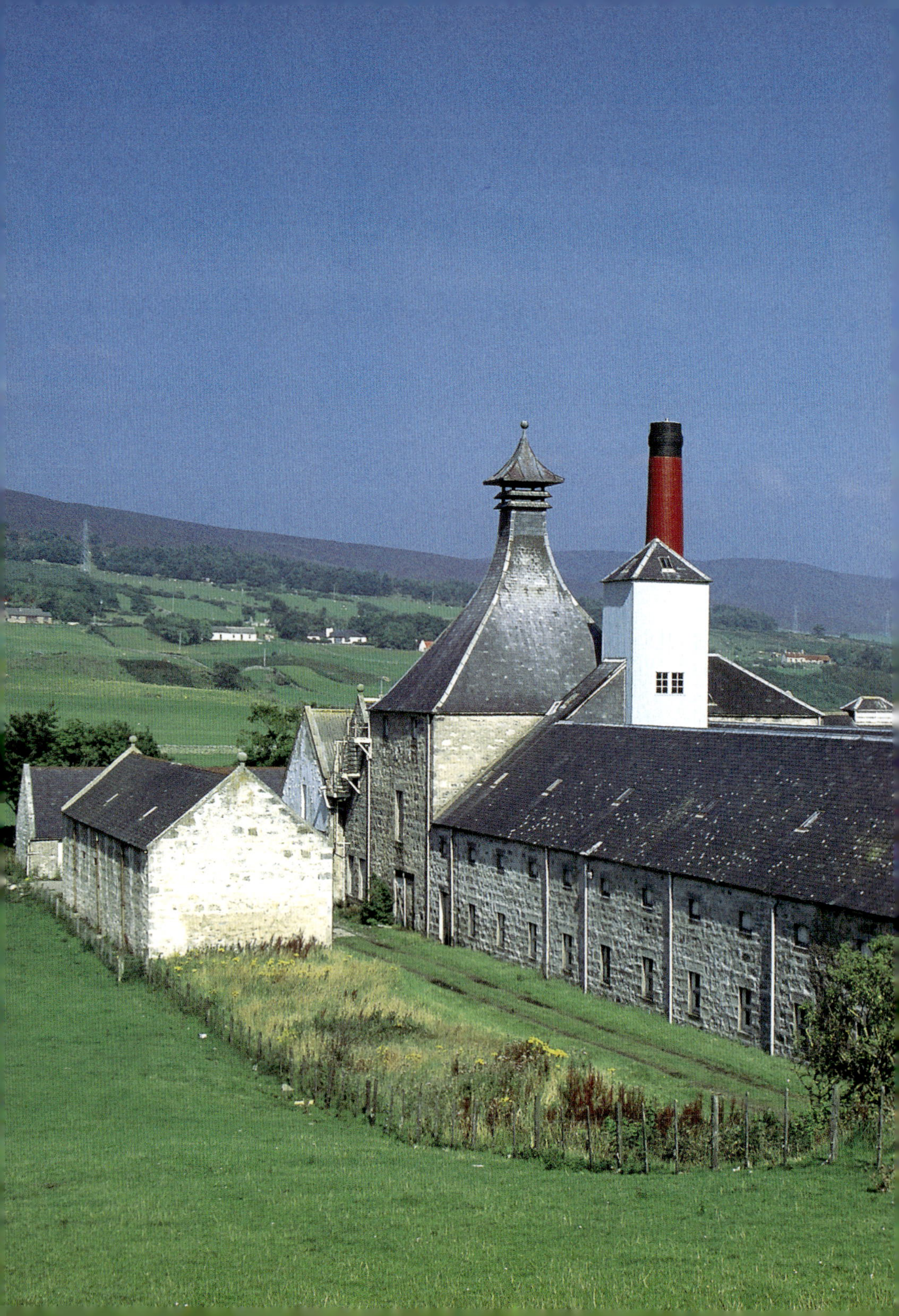

Clynelish 12-Year-Old

Diageo | www.whisky.co.uk

Herstellungsregion und -land Highlands, Schottland
Destillerie Clynelish, Brora, Sutherland
Alkoholgehalt 46 Vol.-%
Whiskytyp Single Malt

Clynelish ist seit langen Jahren ein unauffälliges Arbeitspferd unter den Destillerien, aber in der jüngeren Vergangenheit ist sie erfreulicherweise stärker in die Aufmerksamkeit gerückt. Dieser 12-Year-Old erschien 2009 im Rahmen einer Serie, die Diageo für seinen Whisky-Fan-Club herausgibt, die „Friends of the Classic Malts". Die Serie wurde zuerst nur an die Mitglieder des Clubs abgegeben, aber im Laufe der Zeit hat sich die Vermarktung auch auf den normalen Handel ausgedehnt. Inzwischen wird der 12-Year-Old vielfach als wichtiges Standbein im Sortiment der Destillerie betrachtet.

Die Abfüllung ist zwei Jahre jünger als die normale Ausgabe der Destillerie, die langsam ihren Weg von den Regalen der Fachhändler in die der Supermärkte nimmt. Da sie jünger ist, wirkt diese Variante nicht so komplex wie der 14-Year-Old, zeigt aber dennoch die Aromen von süßen Früchten und von Kerzenwachs, die für die Destillerie typisch sind. Die Abfüllung reift in ehemaligen Sherryfässern aus europäischer Eiche, die dem Whisky einen abgerundeten Charakter geben, seine Fruchtigkeit herausstellen und ihn so zu einem unbeschwert zu genießenden Drink machen.

Wenn man dann noch bedenkt, daß er meist zu sehr annehmbaren Preisen angeboten wird, falls er vorrätig ist, dann erweist sich der 12-Year-Old als eine perfekte Visitenkarte für seine Destillerie. **BA**

Verkostungsnotizen

Honigsüß in der Nase; Heidekraut leitet zu Frucht- und Kerzenwachsaromen über, die von holzigen Gewürz-, Sherryfaß- und Fruchtdropsnoten eingerahmt werden.

Clynelish 14-Year-Old

Diageo | www.malts.com

Herstellungsregion und -land Highlands, Schottland
Destillerie Clynelish, Brora, Sutherland
Alkoholgehalt 46 Vol.-%
Whiskytyp Single Malt

Die Destillerie Clynelish wurde 1967 gegründet, ist also in der Welt des Whiskys eher ein Jüngling. Das riesige Brennereigebäude erhebt sich mit seiner Glasfront auf einem Hügel gegenüber der stillgelegten legendären Brora-Destillerie. Der 14-Year-Old ist der Standard-Malt des Hauses, aber dennoch eher selten zu bekommen, da 99 Prozent des Ausstoßes für die Blends von Johnnie Walker verwendet werden.

Das restliche eine Prozent liefert einen vorzüglichen Single Malt, den die Einheimischen ebenso zu schätzen wissen wie Kenner andernorts. Ein älterer Herr, der dem Schreiber dieser Zeilen einst sehr nahestand, pflegte alljährlich zwei Kisten der 14jährigen „Flora & Fauna"-Abfüllung zu kaufen, die inzwischen nicht mehr aufgelegt wird und zum Sammlerobjekt geworden ist. Ich erinnere mich noch heute an die Vorfreude und das folgende Vergnügen, das wir bei jeder Flasche genossen. Und es waren viele, sehr viele Flaschen…

Der Clynelish 14-Year-Old ist zwar nicht überall zu bekommen, es gibt jedoch Fachhändler, die ihn im Programm führen. Allerdings gibt es auch offizielle ältere Abfüllungen aus der von Diageo nicht mehr fortgeführten Serie „Rare Malts Selection"; sie gehen für viele Hunderte von Euro über den Tisch. Wenn man sich aber an diesen köstlichen, leicht zu genießenden Whisky hält, kann man eigentlich kaum etwas falsch machen. **AS**

Verkostungsnotizen

Spritzige Zitronen und Reneclauden mit weißer Schokolade. Läßt an Springfluten und Seetang denken. Ein Hauch von Rauch zieht sich bis in den Abgang.

Clynelish 28-Year-Old 1982

Speciality Drinks | www.thewhiskyexchange.com

Herstellungsregion und -land Highlands, Schottland
Destillerie Clynelish, Brora, Sutherland
Alkoholgehalt 43,1 Vol.-%
Whiskytyp Single Malt

Clynelish ist es gelungen, das Beste aus zwei Welten zu verbinden. Zum einen hat es den Rückhalt eines großen Konzerns – Diageo –, zum anderen hat es einen guten Ruf als Hersteller ungewöhnlicher Whiskys. Zu diesem Ruf trägt auch bei, daß die Geschichte der Brennerei mit jener einer der angesehensten unter den stillgelegten Destillerien verbunden ist: Clynelish liegt im Dorf Brora, in der einst auch die gleichnamige Destillerie produzierte.

Die Produkte von Clynelish waren schon immer sehr gut, und Diageo hat die Whiskyfreunde sehr geschickt mit kleinen Mengen verschiedener, aber immer sehr guter Whiskys süchtig gemacht. Die beiden Brennereien in Brora stellten eine breite Auswahl verschiedener Highland-Whiskys her, und Diageo hat in den letzten Jahren eine gute Strategie verfolgt, indem es mit Unterbrechungen wunderbar sumpfige, fischige und torfige 30jährige Broras vorgestellt hat, aber ab und zu einen sehr süßen Clynelish als Vergleichsmöglichkeit anbot.

Auch in der häufigsten Abfüllung – als 14-Year-Old – ist der Clynelish schon immer ein guter, solider Malt aus den Highlands gewesen. Diese Variante ist jedoch eine absolute Offenbarung. Zum einen zeigt sie, daß Clynelisch zu den vielen Destillerien der Highlands gehört, deren Whiskys ihren Charakter bis ins hohe Alter beibehalten. Zum anderen bemerkt man, daß dieser Malt genauso mächtig und torfig sein kann wie jener aus dem geschlossenen Schwesterunternehmen. Und schließlich ist dieser 28-Year-Old von der gleichen hohen Güte wie die Broras. Er gehört zu der „Single Malts of Scotland"-Reihe des Abfüllers Speciality Drinks, und ist anders als alle anderen Clynelishs. Das sollte doch reichen. **DR**

Verkostungsnotizen

In der Nase etwas Holz, Moschus und Staub. Am Gaumen herrscht das Holz vor, es kommen aber weitere Akzente hinzu: Paprika, Torf und Bananen. Für einen Whisky dieses hohen Alters sehr üppig und voll.

Clynelish Distillers Edition 1992

Diageo | www.whisky.co.uk

Herstellungsregion und -land Highlands, Schottland
Destillerie Clynelish, Brora, Sutherland
Alkoholgehalt 46 Vol.-%
Whiskytyp Single Malt

Diese zweite Ausgabe der Distillers Edition von Clynelish wurde 2007 auf Flaschen gezogen. Die Brennerei war in der Vergangenheit vor allem durch unabhängige Abfüller und durch die „Flora & Fauna"-Reihe von Diageo bekannt geworden. Auf diese Reihe folgten dann die Distillers Editions, die als zusätzlichen Reiz ein höheres Alter und eine Nachreifung boten. Die verschiedenen Varianten der Distillers Edition erhalten alle ein Finish, indem sie einige Monate in anderen Faßarten nachreifen.

Diese Version hat viel mit dem später herausgekommenen Clynelish 14-Year-Old gemeinsam. Sie wurde in Bourbonfässern gelagert, bevor sie für abschließende vier Monate in Oloroso-Sherryfässer umgefüllt wurde. Die Zeit, die ein Whisky im Olorosofaß verbringt, kann unterschiedlich sein. Ältere Fässer nehmen mehr des üppigen, aber trockenen Olorosogeschmacks auf, während bei jüngeren eher die Eiche in den Vordergrund tritt. Beide tragen verschiedene Elemente zum Ganzen bei. Auch das Solera-Verfahren bei der Sherryherstellung führt zu Variationen im Whisky – die Sherrys unterschiedlichen Alters, die in jedem Faß enthalten waren, beeinflussen auch den Whisky unterschiedlich. Nach dem Finish wird der Inhalt der Fässer zusammengebracht, um die endgültige Abfüllung zu erhalten, in der sich dann die Charakteristiken aller verwendeten Fässer wiederfinden.

Die anfängliche Lagerung in Bourbonfässern bringt die erwarteten Akzente von Tropenfrüchten und betont die typischen Noten von Kerzenwachs und Salzwasser des Clynelish, die Olorosofässer geben Tiefe, Üppigkeit und dunkle Fruchtnoten, auch in der Färbung. **BA**

Verkostungsnotizen

In der Nase vor allem Weinbeeren, dahinter Kerzenwachs, Ananas, Banane und glasierte Kirsche. Der Körper ist groß und würzig, wieder mit Früchten, mit Salz und Pfeffer und Holzrauch. Anhaltender Abgang mit feuchtem Holz und spritzigem Zitronenbrausepulver.

Clynelish The Managers' Choice 1997

Diageo | www.whisky.co.uk

Herstellungsregion und -land Highlands, Schottland
Destillerie Clynelish, Brora, Sutherland
Alkoholgehalt 58,5 Vol.-%
Whiskytyp Single Malt

Dieser Whisky kam 2009 auf den Markt und erfreute die Clynelish-Fans, die schon sehnlich auf den vierten und letzten Satz in der „Managers' Choice"-Serie gewartet hatten. Diese Serie hatte die Leiter der Diageo-Destillerien zusammengeführt, um zwölf Whiskys auszuwählen, die jeweils typisch für eine der Brennereien sein sollten. Dabei sollten aber nicht die einzelnen Manager den Whisky bestimmen, der ihren Betrieb vertrat, sondern die Entscheidung sollte gemeinschaftlich getroffen werden. Nach gründlichen Erörterungen wurden dann die zwölf Auserwählten mit Faßstärke auf Flaschen gezogen.

Es waren Einzelfaßabfüllungen, und für Clynelish war es ganz einfach: Faß Nr. 4341. Das Destillat entstand im April 1997 und wurde in frische Bourbonfässer gefüllt, um vor der Flaschenabfüllung zwölf Jahre zu lagern. Die Verwendung von Bourbonfässern unterschiedlichen Alters gehört bei Clynelish zum Standardverfahren, aber diese Abfüllung wich etwas vom Ziel der Serie ab, beispielhaft für die Whiskys der beteiligten Brennereien zu stehen, da sie die typischen Wachsnoten der Destillerie nicht so deutlich zeigt wie andere Produkte.

Leider ergab das Faß nur eine Ausbeute von insgesamt 216 Flaschen, die entsprechend schwierig zu bekommen waren. Das führte allgemein zu Verärgerung, machte sie aber andererseits bei Sammlern beliebt und ließ die Preise steigen, was auch für die anderen Ausgaben der „Managers'-Choice"-Reihe galt.

Dies ist ein Whisky, der kaum im Handel zu finden ist. Die meisten Flaschen werden bei Sammlern im Regal Staub ansetzen, anstatt eingegossen und genossen zu werden, wie sie es verdient hätten. **BA**

Verkostungsnotizen

In der Nase Meeresstöne und Andeutungen des Clynelish-Wachses, aber auch Vanille und süße Gewürze. Der Geschmack ist üppig, mit süßen Früchten, Zitrus und Würzigem, das sich mit wärmenden Holz mischt. Langer, fruchtiger Abgang.

Compass Box Asyla

Compass Box | www.compassboxwhisky.com

Herstellungsregion und -land Schottland
Destillerien Verschiedene
Alkoholgehalt 40 Vol.-%
Whiskytyp Blend

Der Compass Box Asyla ist ein Blend aus Malt- und Getreidewhisky. Der Name ist die lateinische Pluralform von „Asylum" und bezeichnet sichere, schützende Räume. Das ist passend, da der Asyla nicht furchteinflössend wirkt und eher das Üppige, Süße und Sanfte mit dem Zugänglichen, Liebenswürdigen und unaffektierten verbindet. Asyla ist wohltuend wie das Heimkehren.

Aber Asyla ist auch ein vielfach preisgekrönter Blend und zweifelsohne ein wichtiges Mitglied im Standardsortiment von Compass Box. Er mag wie eine weiche Decke wirken, kratzt tatsächlich nicht wie Wolle. Die Webart ist komplexer, eher wie ein Gobelin. Er nimmt in der Geschichte von Compass Box eine wichtige Stelle ein, da es einer der ersten Whiskys vom Gründer John Glaser war und der Whiskywelt deutlich machte, daß man von Compass Box große Dinge erwarten durfte.

Der Asyla besteht aus Single Malts von Glen Elgin, Linkwood und Teaninich, die mit Getreidewhiskys von Cameronbridge verschnitten werden. Sie reifen alle getrennt in Bourbonfässern, bevor sie gemischt und dann ein Jahr später auf Flaschen gezogen werden.

Der Blend ist angesichts der Tatsache, daß er nicht kaltfiltriert ist, ungemein elegant, überzeugt aber dennoch durch die hohe Qualität und den guten Geschmack, den Whiskykenner von Abfüllungen aus Kleinserien erwarten. Vielleicht ist es ein Whisky für jedermann? Schließlich bietet der Asyla auch dem Neuling etwas – er ist recht malzig und fruchtig, ausgewogen und entschieden süchtig machend. Ein klassischer Compass Box: leicht zu trinken, aber dennoch durchaus komplex. **JH**

Verkostungsnotizen

Ein einfacher Whisky – wie Tee mit Toast. Ein komplexer Whisky – wie ein gewürzter Eierpunsch und Zitronensoufflé. Der Abgang ist recht trocken, so daß der Gaumen nach einem zweiten Schlückchen lechzt. Das ist jedoch kein Grund zur Sorge.

Compass Box Double Single

Compass Box | www.compassboxwhisky.com

Herstellungsregion und -land Schottland
Destillerien Glen Elgin, Morayshire; Port Dundas, Glasgow **Alkoholgehalt** 53,3 Vol.-%
Whiskytyp Blend

Compass Box hat einen guten Kompaß, wenn es darum geht, auf unbetretenen Pfaden zu wandeln. Normalerweise besteht ein Blended Whisky aus vielen verschiedenen Malts und Getreidewhisky. Das ist aber nicht zwingend, ein Malt und ein Grain reichen. Dieses Beispiel kam zum zehnjährigen Jubiläum der Compass Box Whisky Company heraus. Der Gründer John Glaser ließ einen Whisky wieder aufleben, den er in geringer Menge 2003 hergestellt hatte. Das Ergebnis war ein Double Single – eine Mischung von zwei Single Whiskys, einem Malt und einem Grain.

Glaser berichtet, es sei ihm darum gegangen, einen Single Malt mit einem perfekt passenden Single Grain zusammenzubringen, in genau dem richtigen Verhältnis, um einen Scotch Blend aus nur zwei und nicht mehreren Komponenten zu schaffen. Das ist die Bewährungsprobe für einen Meister des Verschneidens, und sie wurde ihm von seinen Freunden Duncan Elphick und Tatsuya Minagawa vorgeschlagen, die in Craigllachie in der Speyside das Highlander Inn betreiben. Es war zu verlockend, um zu widerstehen. Der Double Single ist genau das, was er zu sein behauptet: zwei Single Whiskys, die sich so gut ergänzen, daß nichts anderes hinzugefügt werden muß.

Die Mischung besteht aus einem 18 Jahre alten Malt der Glen-Elgin-Destillerie und einem einzelnen Faß eines 21jährigen Getreidewhiskys aus Port Dundas. Mit den Birnen-, Malz-, Vanille- und Karamellcremenoten legt der Double Single Zeugnis von den Vorzügen ab, die in dieser Kombination stecken. Es ist schwierig, eine der nur 876 Flaschen zu bekommen, aber die Mühe lohnt. **JH**

Verkostungsnotizen

Die Düfte eine Waldspaziergangs bei Nässe; Honigsandwiches und eine Tüte voller Birnenbonbons und Erdnußkeksen. Der Double Single ist blaß zitronengelb gefärbt und riecht nach Picknicks, Frühling und einer letzten Süßspeise vor dem Zubettgehen.

Compass Box Flaming Heart

Compass Box | www.compassboxwhisky.com

Herstellungsregion und -land Highlands, Schottland
Destillerien Vor allem Port Askaig, Islay und Brora
Alkoholgehalt 48,9 Vol.-%
Whiskytyp Blended Malt

Zu den Meisterleistungen eines Whiskyherstellers gehört es vermutlich, große Fruchtnoten mit Torfaromen zu kombinieren. Es gelingt nur selten gut, aber wenn, dann ist das Ergebnis außerordentlich beeindruckend.

Der Compass Box Flaming Heart ist ein großer, stark getorfter Malt, der kräftige Rauchtöne mit der Eleganz verbindet, die durch Lagerung in französischer Eiche entsteht: ein harter, aber gewandter Kerl, mit viel Stil und aus gutem Haus.

Der Flaming Heart entsteht, indem kleine Mengen Malt – die zwischen zehn und sechzehn Jahre in frischen oder mehrfach verwendeten amerikanischen Eichenfässern gereift sind – in neue Fässer aus französischer Eiche umgefüllt werden und dort eine etwa anderthalbjährige Nachreifung durchmachen. Da er nicht kaltfiltriert wird, zeigt er viel Geschmack und macht mit dem Torf deutlich, wer der Chef ist. Vervollkommnet wird er aber durch die zweite Reifung in französischer Eiche.

Die „Limited Release"-Reihe von Compass Box beruht auf der Philosophie, aus kleinen Einzelfaßchargen ein vielseitiges Sortiment aus Geschmacksrichtungen und Stilen zusammenzustellen. Die Reihe reicht von kräftig bis hin zu nuanciert, aber jedes Beispiel versucht, etwas zu sagen, entweder flüsternd oder laut schreiend. Und der Flaming Heart gehört, wie der Name es schon vermuten läßt, nicht zu den leiseren Vertretern.

Flaming Heart ist von kühnem Stil und voller Geschmack, mit einem kräftigen, aber komplexen Auftreten. Compass Box hat mit diesem Blended Malt verdienterweise zum vierten Mal den „Innovator of the Year Award" des *Whisky Magazine* gewonnen. **JH**

Verkostungsnotizen

Flaming Heart ist ein prinzipienloser Schurke von einem Whisky. Ansprechend anzusehen, aber doch etwa rauh, riecht nach Maßanzügen und französischen Zigaretten. Am Gaumen groß, üppig und torfig, mit süßen Untertönen von Gewürznelken.

Compass Box Flaming Heart 10th Anniversary

Compass Box | www.compassboxwhisky.com

Herstellungsregion und -land Schottland
Destillerien Verschiedene
Alkoholgehalt 48,9 Vol.-%
Whiskytyp Blended Malt

Der gute Ruf des ersten Flaming Heart führte zu einer immensen Nachfrage, und auch eine zweite Charge war im Nu ausverkauft. Als John Glaser sich auf das zehnjährige Jubiläum seiner Firma vorbereitete, war klar, daß der Flaming Heart eine Rolle spielen würde. Ein großartig schmeckender Whisky mit einem coolen Image: Was konnte schon schief gehen?

Dies ist die dritte limitierte Auflage des Flaming Heart. Das Etikett ist mit einer Graphik von Alex Machin neu gestaltet worden, und die Umverpackung aus Acrylglas ist genial. Der Flascheninhalt ist eine perfekte Zusammenstellung von Single Malts aus den Regionen Islay, Highlands und Islands. Sie sind in amerikanischen und französischen Eichenfässern gelagert worden, um ein süß-rauchiges Geschmacksprofil zu erzielen, das nicht überanstrengt wirkt. Der Whisky unterscheidet sich von den früheren Versionen, ist deshalb aber nicht schlechter, sondern eher noch ruppiger, torfiger, erdiger.

Der Flaming Heart 10th Anniversary ist ein Rebell, ein Salonlöwe, ein Künstler und ein Musiker. Er ist ein aufsässiger Casanova, der seinen Willen gegen alle Widerstände durchsetzt, er ist ein Punk, der bei einem Auftritt seine weiße E-Gitarre auf der Bühne zerschmettert. Im wesentlichen ist er aber ein Beispiel dafür, was ein Handwerker erreichen kann, wenn er die vorgegebenen Traditionen ignoriert und einfach zeigt, was er kann.

Der Whisky ist verlockend, aber geschmacklich komplex; groß, kühn, üppig, süß und rauchig. Er weiß, was von ihm erwartet wird, und liefert es auch. Die nicht kaltfiltrierte, limitierte dritte Auflage des Flaming Heart bestand aus insgesamt 4186 Flaschen. **JH**

Verkostungsnotizen

Ein komplexer und rauchiger Malt mit üppiger, süßer, würziger Fruchtigkeit. Man schmeckt Vanille und Zimt. Unter der Würzigkeit kommt eine großzügige Dosis Tabak zum Vorschein. Der lange, anhaltende Abgang verlockt zum Entspannen.

Compass Box Great King St.

Compass Box | www.compassboxwhisky.com

Herstellungsregion und -land Schottland
Destillerien Verschiedene
Alkoholgehalt 43 Vol.-%
Whiskytyp Blend

Compass Box ist als handwerklicher Whiskyproduzent bekannt und gilt als innovativste Firma in der Whiskywelt. John Glaser hat sich den Ruf erworben, recht intellektuelle und esoterische Konzepte zu verfolgen. Manche der Whiskys, die er im Laufe der Jahre herausgebracht hat, waren teuer und für viele Liebhaber unerschwinglich. Das gilt jedoch nicht für dieses Beispiel, das gezielt für den breiteren Markt geschaffen wurde.

Dennoch blieb die Qualität nicht auf der Strecke. Der Great King St. ist ein guter, altmodischer Blend aus schottischen Malt- und Grain-Whiskys. Er mag am unteren Ende der Preisskala angesiedelt sein, spielt aber in der Oberklasse der guten Whiskyherstellung. Glaser hatte deutliche Ziele vor Augen, als er diesen Whisky schuf: Der Blended Whisky sollte für eine neue Generation neu erfunden werden, es sollte ein Whisky auf den Tisch gebracht werden, der nicht übermäßig teuer ist, aber die Qualität aufweist, die man bei einem Erzeugnis von Compass Box erwartet.

Der Great King St. ist natürlich zum Mixen gedacht, und Compass Box empfiehlt ihn als Grundbestandteil von Highballs. Diese Cocktails waren laut Glaser die Form, in der viele Menschen ihren Whisky tranken, als dieser zuerst das britische Empire eroberte. Aber auch pur erweist er sich als ein geschmacklich hervorragender Drink eigenen Rechts.

Wie bei allen Produkten von Compass Box ist auch hier schon die Verpackung ein Genuß, und die kleinere Flasche mit nur einem halben Liter Inhalt stellt sicher, daß der Preis annehmbar bleibt. Eine gelungene Ergänzung des Firmensortiments. **DR**

Verkostungsnotizen

In der Nase leicht und zart, mit süßen Noten. Am Gaumen ebenfalls süß, hier treten Vanille und Getreide nach vorne, dahinter etwas Karamell und reichlich Ingwer. Im Abgang brechen spät und unerwartet Gewürzböen aus.

Compass Box Hedonism

Compass Box | www.compassboxwhisky.com

Herstellungsregion und -land Lowlands, Schottland
Destillerien Cambus, Caledonian und Cameronbridge
Alkoholgehalt 43 Vol.-%
Whiskytyp Blended Grain

Grain-Whisky wird oft als der ärmere Verwandte des Malts betrachtet und ungerechtfertigterweise als weniger wohlschmeckend und von geringerer Qualität abgetan. Es gibt jedoch Kenner, die auf Grains verweisen, die mit einem Alter von mehr als 30 Jahren klarstellen, das dies dumme Vorurteile sind. Compass Box geht mit diesem Blend aus verschiedenen alten Getreidewhiskys noch einen Schritt weiter.

Der Hedonism ist die limitierte Auflage eines Blends aus seltenen alten Grain-Whiskys, die durchschnittlich 20 Jahre alt sind. Sie stammen aus zwei Destillerien in den Lowlands und wurden in amerikanischen Eichenfässern gelagert. Ein solcher Blend hat in Schottland Seltenheitswert, da es hier keine zehn Brennereien mehr gibt, die noch Getreidewhisky herstellen.

Für die erste Abfüllung verwendete Compass Box Whiskys der Destillerie Cambus, die Anfang der 1990er Jahre ihre Tore schloß, und der Caledonian Distillery. In den neueren Versionen findet man etwas Grain von Cambus und eine Mischung aus zwölf- und dreizehnjährigen Getreidewhiskys der Brennerei Cameronbridge sowie einigen anderen, die 28 oder 29 Jahre alt sind.

Es wurden nur 400 Kisten hergestellt, falls man aber eine Flasche bekommt, lockt der geringe Preis. **JH**

Verkostungsnotizen

Mit Vanille, Gewürzen, Kokosnuß, Fondant und Sahne wird dieser wunderbar ausgewogene, glatte und luxuriöse Whisky zum Genuß.

Compass Box Lady Luck

Compass Box | www.compassboxwhisky.com

Herstellungsregion und -land Islay und Speyside, Schottland **Destillerien** Caol Ila, Islay; Imperial, Carron von Aberlour, Banffshire **Alkoholgehalt** 46 Vol.-%
Whiskytyp Blended Malt

John Glaser, der Gründer von Compass Box, gibt zu, daß er oft der Versuchung nicht widerstehen kann, etwas Esoterisches und Luxuriöses auf den Markt zu bringen. Lady Luck entsprang einem solchen Impuls. Der Name dieses Blended Malts verweist einerseits auf ein Lied von Bob Dylan, andererseits auf die sogenannten „lucky blends", die entstehen, wenn man jungen und sehr alten Islay-Malt miteinander mischt. Ein solcher Lucky Blend wurde vor vielen Jahren von einem bekannten unabhängigen Abfüller angeboten, und der Lady Luck stellt eine elegante Anerkennung dieses Vorgängers dar.

Wie viele Whiskys von Compass Box beruht der Lady Luck auf Experimentierfreude, Leidenschaft und Begeisterung. Insgesamt enthält der Blend Whisky aus drei Fässern, zwei von der Destillerie Caol Ila auf Islay, die 1984 und 1980 gebrannt wurden, und eines mit einem 14 Jahre alten Single Malt von Imperial. Der Whisky reift in amerikanischer Eiche und ist unglaublich gut strukturiert.

Lady Luck ist innovativ, aber er ist auch eine Würdigung des Malts. Die älteren Whiskys geben ihm Tiefe und Komplexität, während der Imperial spritzig und fruchtig ist und den Blend ausgewogen macht. Insgesamt ein weiteres Beispiel dafür, daß der Verschnitt mehrerer Malts so gut wie ein Single Malt sein kann. **JH**

Verkostungsnotizen

Im Vordergrund dieses Whiskys weht subtiler Rauch, im Hintergrund duftet es fruchtig. Der Abgang liefert noch lange nach jedem Schluck mehr Frucht und Torf.

Compass Box
Oak Cross

Compass Box | www.compassboxwhisky.com

Herstellungsregion und -land Schottland
Destillerien Verschiedene
Alkoholgehalt 43 Vol.-%
Whiskytyp Blended Malt

Compass Box wollte mit dem Oak Cross die Würze der europäischen Eiche mit den cremigen Vanillenoten amerikanischer Bourbonfässer verbinden. Der Name des Whiskys verweist auf die besonderen Fässer, die bei seiner Herstellung verwendet werden: Die Böden bestehen aus französischer Traubeneiche, die Dauben aus amerikanischer Weißeiche. Die Fässer waren ein Experiment, um eine möglichst gute Balance zu finden, es scheint also nur angemessen, daß der Whisky nach ihnen benannt wurde.

Der Oak Cross besteht aus Highland-Malts mit einem Mindestalter von zehn Jahren, die nach dem Mischen in diesen speziell hergestellten „Oak-Cross"-Fässern mehrere Monate nachreifen konnten. Der resultierende Whisky ist gut strukturiert und von abgestufter Üppigkeit. Die Grundwhiskys wurden mit dem Ziel ausgewählt, eine ausgewogene Geschmacksmischung zu erreichen, gleichermaßen elegant, differenziert und komplex.

Die Highland Malts der Destillerie Teaninch sind leicht malzig, aber recht zart. Sie werden mit Whiskys aus den Dörfern Brora und Carron verschnitten, die der Mischung Gewicht und Fruchtigkeit verleihen. Insgesamt legt der Oak Cross Zeugnis von der hohen Kunst des Verschneidens ab: Der zugängliche, sanfte Whisky zeigt feine, komplexe Geschmacksnoten. **JH**

Verkostungsnotizen

Eine sehr sanfte Mischung aus Vanille, Gewürznelken und Früchten mit Butterkaramell, Ingwer und Rübensirup. Zugänglich-charmant, ohne prätentiös zu sein.

Compass Box
The Peat Monster

Compass Box | www.compassboxwhisky.com

Herstellungsregion und -land Schottland
Destillerien Verschiedene
Alkoholgehalt 46 Vol.-%
Whiskytyp Blend

Es gibt Kritiker, die sagen, dieser Whisky sei in Hinsicht auf die Torfung nicht so monströs wie viele andere Abfüllungen. Aber man sollte das nicht als Etikettenschwindel abtun, der Torf ist nur eine der ungeheuerlichen Geschmacksrichtungen, die er vorzuweisen hat. Zudem mag die Bezeichnung als Ungeheuer die Geschmacksfülle eines Whiskys charakterisieren, aber wird sie auch seiner Komplexität gerecht? Dieser Whisky ist groß, vielfältig, üppig und torfig. Und ja, es ist auf jeden Fall ein rauchiger Malt, mit dem zu rechnen ist – ein Koloß in bezug auf die Rauchigkeit, eine Flasche, aus der Drachenseufzer entweichen, perfekt ausgewogen in seiner Üppigkeit und seinem subtilen Charakter.

Single Malts von den Inseln Islay (Port Askaig) und Mull und von der Speyside stellen die Hälfte der Mischung, um dem Whisky seine Raucharomen zu geben. Der Rest besteht zu 30 Prozent aus Highland-Malts und zu 20 Prozent aus Single Malts von den Inseln, um damit größere Tiefe und Erdigkeit zu erreichen.

Der Blend reift in amerikanischen Eichenfässern und wird zu einem furchteinflößenden Whisky. Mit einem Abgang aus saftigen Fruchtnoten und Lagerfeuerrauch erweist sich der Peat Monster als erstaunlich ausgewogen und bietet eine überraschend subtile Sanftheit. **JH**

Verkostungsnotizen

Dies ist nicht nur ein torfiger, rauchiger, großer, vorlauter Whisky. Er hat auch Tiefe und zeigt komplexe Schichten voller Frucht und leicht süßen Gewürzen.

Compass Box
The Spice Tree

Compass Box | www.compassboxwhisky.com

Herstellungsregion und -land Highlands, Schottland
Destillerien Verschiedene
Alkoholgehalt 46 Vol.-%
Whiskytyp Blended Malt

Die Scotch Whisky Association (SWA) hat strenge Regeln für Scotch Whisky festgelegt, um ihn vor Nachahmung und Fälschung zu schützen. Als der Compass Box Spice Tree 2005 auf den Markt kam, beschwerte sich die SWA, weil Dauben aus französischer Eiche in Bourbonfässer eingelegt wurden, um die Würzigkeit des Whiskys zu steigern. (Zerbrochene Dauben oder Faßdeckel durch neue zu ersetzen, ist dagegen legitim, und das Ergebnis ist das gleiche.) Glücklicherweise entwickelte Compass Box ein Reifungsverfahren, das ähnliche Ergebnisse lieferte und bei der SWA nicht auf Mißfallen stieß.

Der Spice Tree besteht ausschließlich aus Malts. Sie stammen von Destillerien aus den nördlichen Highlands, vor allem Clynelish. Die Reifung findet in einer Mischung aus frischen und bereits verwendeten Bourbonfässern statt. Danach wird der Whisky bis zu zwei Jahren einer Nachreifung unterzogen. Compass Box verwendet dafür jetzt Fässer mit neuen Deckeln aus angekohlter französischer Eiche, die zu einem ähnlichen Geschmack führen wie das ursprünglich verwendete Verfahren mit Dauben. Die Deckel werden in drei unterschiedlichen Stärkegraden angekohlt, so daß durch Mischung der Whiskys zusätzliche Komplexität erreicht werden kann. Spice Tree ist ein üppiger, nicht kaltfiltrierter Whisky. **JH**

Verkostungsnotizen

Ein abgerundeter, üppiger, ausgewogener Whisky. Die Gewürze und Vanille halten von der Nase über den Gaumen bis in den langen, befriedigenden Abgang.

Compass Box
3-Year-Old Deluxe

Compass Box | www.compassboxwhisky.com

Herstellungsregion und -land Highlands, Schottland
Destillerien Verschiedene
Alkoholgehalt 49,2 Vol.-%
Whiskytyp Blended Malt

John Glaser und sein Team bei Compass Box haben es immer als eine ihrer Hauptaufgaben gesehen, „Grenzen zu überschreiten" und im Bemühen, innovativ zu sein, alle Aspekte der Whiskyherstellung in Frage zu stellen. Das vorliegende Beispiel scheint es geradezu darauf anzulegen, die Herren in den grauen Anzügen aus der Whiskybranche auf die Palme zu bringen. Wer würde ihnen das zum Vorwurf machen? Schließlich ist der Preis hoch, aber der Whisky ist angeblich nur drei Jahre alt. Viele Malts sind in dem Alter noch Kleinkinder.

Natürlich weiß man als Whiskytrinker, daß sich das angegebene Alter auf den jüngsten Whisky in der Mischung bezieht – ein Tropfen eines Dreijährigen macht die ganze Flasche zu einem dreijährigen Whisky. In diesem Fall ist ein Prozent des Inhalts drei Jahre alt. Es stammt von der Destillerie Brora an der schottischen Nordostküste und reifte vom frischen Destillat in den firmeneigenen Fässern aus amerikanischer Eiche von Compass Box heran. Weitere 90 Prozent stammen ebenfalls von Brora, sind jedoch sehr viel älter und seltener, die restlichen neun Prozent stammen von der Insel Skye. Die Vorschriften untersagen Compass Box, das Alter der anderen Whiskys öffentlich zu nennen, auf Anfrage per E-Mail teilt man es aber gerne mit. **DR**

Verkostungsnotizen

Apfel- und Birnennoten neben trübem Rauch in der Nase. Der Anteil an dreijährigem Whisky sorgt für Frische, Sauberkeit und Lebhaftigkeit.

Copper Dog

Craigellachie | www.craigellachiehotel.co.uk

Herstellungsregion und -land Speyside, Schottland
Destillerien Verschiedene
Alkoholgehalt 40 Vol.-%
Whiskytyp Blended Malt

Der kupferne Hund, nach dem dieser Whisky benannt ist, war ein Kupferrohr mit Verschluß und Kette, das die Arbeiter in den Destillerien benutzten, um etwas Whisky nach Hause zu schmuggeln. Das Rohr wurde an der Kette in ein Faß getaucht, gefüllt, verschlossen und unter der Kleidung verborgen. Copper Dog ist auch der Name der Bar im Craigellachie Hotel in Speyside, wo der Whisky das Licht der Welt erblickte.

Er besteht aus acht Single Malts aus der Region, die vermutlich zwischen sieben und dreizehn Jahre alt sind. Die Destillerien gehören alle dem Konzern Diageo, der auch einen Minderheitenanteil an der Firma hält, die den Whisky auf den Markt bringt. Hinter dem Copper Dog stand die Idee einer ausgefalleneren Marke, die weitab von den röhrenden Hirschen und Kaminfeuern der Tradition ein eher vorstädtisches Publikum ansprechen sollte. Der Whisky selbst ist sanft und trinkbar, ideal für Einsteiger, die gerne Jack Daniel's mit Cola trinken und Scotch noch nicht entdeckt haben.

Der Whisky wird vom Verschnittmeister bei Diageo, Stuart Morrison, zusammengestellt. Die Grundwhiskys sind in sehr unterschiedlichen Faßarten gereift. Der Blend ist nicht komplex, zeigt aber ein sehr gutes Preis-Leistungsverhältnis. **DR**

Verkostungsnotizen

In der Nase reife Äpfel und Birnen, Beeren und eine Spur von Zitrus und Vanillefondant. Am Gaumen ein üppiges, cremiges Mundgefühl mit kandiertem Apfel.

Cragganmore 12-Year-Old

Diageo | www.malts.com

Herstellungsregion und -land Speyside, Schottland
Destillerie Cragganmore, Ballindalloch, Banffshire
Alkoholgehalt 40 Vol.-%
Whiskytyp Single Malt

Der Whisky von Cragganmore genießt einen sehr guten Ruf als Hauptbestandteil von Blends. Nur fünf Prozent des Ausstoßes der Destillerie werden als Single Malt herausgebracht. Er gehört zur „Classic Malts"-Reihe, aber darüber hinaus gibt es kaum andere offizielle Abfüllungen.

Die Brennerei hat mit 14 und 17 Jahre alten Malts experimentiert, sich dann aber für das verbreitete Standardalter von zwölf Jahren entschieden. Der Cragganmore 12-Year-Old ist wegen seiner Komplexität berühmt: Er zeigt Rauch, Holz und Schwefel, aber keines dieser Aromen bis zum Exzeß.

Cragganmore verwendet leicht geräuchertes Malz, und das neue Destillat ist absichtlich etwas schweflig – Diageo läßt die Brennblasen kräftig laufen, um den Kontakt zwischen Destillat und Kupfer kurz zu halten. Dagegen wird der Whisky in verschiedenen Produktionsschritten immer wieder mit Holz in Berührung gebracht. Die Maischebottiche sind aus Holz, halten die Maische frisch und sorgen dafür, daß sie nicht so schwitzt wie bei anderen Materialien. Auch die sechs Gärbottiche bestehen aus Holz (in diesem Fall Lärche), die älteste ist über 60 Jahre alt. Schließlich wird der Whisky in amerikanische Eichenfässer gefüllt, deren Einfluß auf den zarten Whisky aber letztlich nicht überwiegt. **IGY**

Verkostungsnotizen

Auf ein Rauchwölkchen folgt der Duft von frischen und getrockneten Blumen. Zähe, malzige Vollkorn- und Vanillenoten vom Holz. Rauch und Blüten im Abgang.

Cragganmore Distillers Edition

Diageo | www.malts.com

Herstellungsregion und -land Speyside, Schottland
Destillerie Cragganmore, Ballindalloch, Banffshire
Alkoholgehalt 40 Vol.-%
Whiskytyp Single Malt

Die Distillers Edition des Cragganmore beginnt ihr Leben genauso wie die Schwesterabfüllung Cragganmore 12-Year-Old mit einer zwölfjährigen Lagerung in Fässern aus amerikanischer Eiche. Die Verwandlung zu ihrer dichten, parfümierten Gestalt vollzieht sich, wenn sie von den Bourbonfässern in Portweinfässer umgefüllt wird, um nachzureifen. Dieses Finish wird von Diageo als *double maturation*, „doppelte Reifung" bezeichnet.

Mit dem Finish in Portweinfässern soll eine intensive Fruchtigkeit erzielt werden. Portwein selbst zeichnet sich durch üppige, volle Fruchtaromen aus, er schmeckt nach Himbeeren, Pflaumen und Gewürzen und ist deutlich süß. Das Finishing trägt auch dazu bei, bereits vorhandene Geschmacksnoten wie die natürliche Rauchigkeit des Whiskys zu verstärken oder zu betonen.

Obwohl die Distillers Edition des Cragganmore einem bestimmten Stil entsprechend hergestellt wird, hat jede Charge ihren eigenen Charakter. Deshalb müssen die verschiedenen Jahrgänge unterschiedlich lange in den Portweinfässern nachreifen. Man kann sich als Whiskyliebhaber die Zeit auf viele Arten vertreiben; bei diesem Whisky etwa, indem man von den Daten auf dem Etikett jeweils zwölf Jahre abzieht, um zu ermitteln, wie lange der Whisky im Portweinfaß gelegen hat.

Der Unterschied zwischen den Whiskys aus den einzelnen Fässern kann erstaunlich groß sein. So führt starkes Verkohlen des Fasses etwa dazu, daß der Portwein mehr in das Holz einzieht und dann auch stärker an den Whisky abgegeben wird. In dem Holz eines Fasses können noch zwischen einem und drei Liter Portwein schlafend ruhen. **IGY**

Verkostungsnotizen

Man dekantiere den Whisky in ein Glas, füge etwas Wasser hinzu, stelle das Glas in die Sonne und warte eine halbe Stunde: intensive Frucht- und Raucharomen, süßes Malz und Fruchtgummi. Im Abgang dann trocken mit eichig-rauchigen Malznoten.

Cutty Sark 12-Year-Old

Edrington Group | www.cutty-sark.com

Herstellungsregion und -land Schottland
Destillerien Verschiedene
Alkoholgehalt 40 Vol.-%
Whiskytyp Blend

Sogar heute noch, in einer Zeit, in der Spirituosen in vielen unterschiedlichen Flaschen vermarktet werden, fällt das Behältnis des Cutty Sark doch als markant auf. Als der Whisky 1923 zuerst auf den Markt kam, muß er eine sehr außergewöhnliche Erscheinung gewesen sein.

Der Cutty Sark wurde als leichte, torffreie Alternative für die Kunden der Firma Berry Bros. & Rudd geschaffen, die Weintrinker waren und dieses neumodische Getränk aus Schottland probieren wollten, ohne ihren Gaumen zu große Härten zuzumuten. Es war mutig von den Herstellern, weder einen Namen zu verwenden, der einen Bezug zu den Highlands herstellte, noch auf einen Familiennamen zurückzugreifen. Geradezu inspiriert war aber die Entscheidung, einen Begriff aus einem Gedicht von Robert Burns zu wählen und ihn mit dem gleichnamigen Segelschiff anstatt mit dem Gedicht zu assoziieren. Das Etikett war ursprünglich weiß, und man erzählt, die Gelbfärbung sei versehentlich entstanden und habe aus Zeit- und Kostengründen belassen werden müssen. So oder so nahm der innovative Blend die Whiskywelt damals im Sturm.

Während der Prohibitionzeit wurde der Cutty Sark in großen Mengen in die USA exportiert, wo er sich gut etabliert hatte. Alle Vorteile, die er einst auf diesem Markt genossen haben mag, sind längst passé, auch wenn Edrington die Distribution wieder an Rémy gegeben hat, um auch ältere Abfüllungen wie diese leichter verfügbar zu machen. Die Segel des 12-Year-Old blähen sich stärker als die des Originals, der Körper hat aufgrund der längeren Reifung in Eiche mehr Gewicht, und man meint eine gute Dosis sherrybetonten Genrothes zu erkennen. **DR**

Verkostungsnotizen

Der glatte, sanfte und abgerundete Fruchtgeschmack des Cutty Sark Original ist noch vorhanden, aber am Gaumen ist diese Variante viel frecher, am Anfang mit volleren, öligeren Noten, die fast ins Schweflige gehen. Der Abgang zeigt Eiche und Honig.

Cutty Sark 15-Year-Old

Edrington Group | www.cutty-sark.com

Herstellungsregion und -land Schottland
Destillerien Verschiedene
Alkoholgehalt 40 Vol.-%
Whiskytyp Blend

Wenn man sich heute die Regale bei einem Fachhändler ansieht, erblickt man eine Menge moderne, hübsch anzusehende und innovative Flaschenformen und Umverpackungen. Es gibt Destillerien, die anscheinend Dutzende neuer Abfüllungen auf den Markt werfen, um den hilflosen Kunden zu becircen. Noch nie gab es im Einzelhandel größere Wahlmöglichkeiten auf allen Gebieten des Whiskys.

Bei Cutty Sark scheint sich jedoch die Einsicht durchgesetzt zu haben, daß weniger mehr ist. Edrington hat sich im Bemühen, die Marke für eine neue Generation neu zu erfinden, dazu entschlossen, einige der Varianten aus dem Angebot zu nehmen, und dazu gehörte auch dieser 15jährige. Er scheint nur noch über entsprechende Auktionshäuser im Internet zu erhalten zu sein. Es lohnt sich jedoch nach ihm zu suchen.

Der Cutty Sark wird vor allem in Bars – in der Variante Cutty Sark Original – ausgeschenkt, nur ein kleiner Teil geht über den Einzelhandel an Endkunden. So war die Entscheidung, daß Angebot zu verschlanken, sicher richtig, denn es erscheint kaum sinnvoll, diesen schon kleinen Marktanteil weiter auf acht Varianten aufzuteilen. Auch die Schritte vom Original zum 12-Year-Old und von diesem zum 18-Year-Old erscheinen logisch. Die drei zusätzlichen Jahre, die der 15jährige gegenüber dem 12-Year-Old aufzuweisen hatte, machen ihn nicht notwendigerweise zu einem besseren Whisky. Andererseits bringt er nicht die gleichen Voraussetzungen für eine Premiumabfüllung mit wie der 18jährige. Dennoch soll er hier als Beispiel für einen trinkbaren und seltenen 15-Year-Old nicht unerwähnt bleiben. **DR**

Verkostungsnotizen

Voller Geschmack mit üppigen roten Beeren und grünen Früchten, im Zentrum Sahnekaramell und Honig. Bei der Landung warten sanfte Honig- und Eichentöne auf. Insgesamt ist er jedoch nicht heftig, groß und schwer genug, um in der Champions League zu spielen.

Die *Cutty Sark* lief mit dem ersten Tee des Jahres unter vollen Segeln nach London.

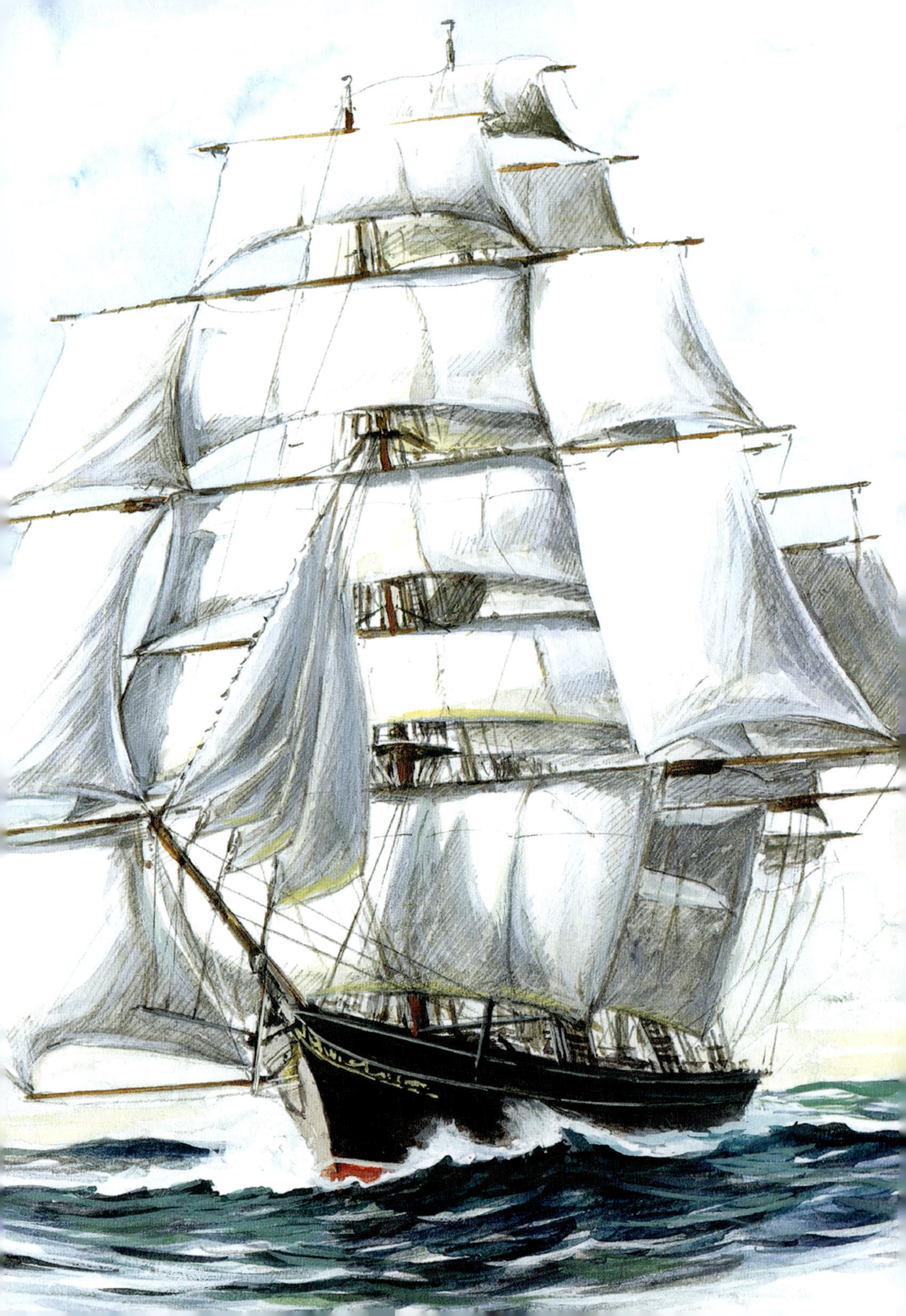

Cutty Sark 18-Year-Old

Edrington Group | www.cutty-sark.com

Herstellungsregion und -land Schottland
Destillerien Verschiedene
Alkoholgehalt 43 Vol.-%
Whiskytyp Blend

Der Cutty Sark 18-Year-Old kam Mitte der 1990er Jahre unter dem Namen Discovery auf den Markt. Der damalige Markeneigner Berry Bros. & Rudd wollte das vorhandene Sortiment jüngerer Abfüllungen zu einer Zeit erweitern, da ältere Blends auf den Exportmärkten zunehmend populärer wurden.

Die Marke Cutty Sark gehört seit 2010 zu Edrington Group, die seit langem erfolgreich mit Berry Bros. zusammenarbeitet und ihnen Malt aus den Brennereien Glenrothes, Macallan, Highland Park, Tamdhu und Bunnahhain lieferte. Die Marke, wenn auch nicht die Destillerie Glenrothes, ist inzwischen auf Berry Bros. & Rudd übergegangen, Bunnahhain gehört Burn Stewart Distillers, und Tamdhu ist an Macleod Distillers gegangen. Ihre Malts spielen aber immer noch eine Rolle in den verschiedenen älteren Varianten des Cutty Sark.

Kirsteen Campbell, Masterblender für Cutty Sark, sagt: „Die Varianten unterscheiden sich durch die Reifungszeit, nicht durch extreme Änderungen bei den verwendeten Malts oder den Faßarten ... Der Geschmack sollte nicht von Fässern dominiert werden, die erstmals mit Whisky befüllt werden, wie es bei einer Lagerzeit von 25 Jahren geschehen würde. Ich erkenne bei allen Varianten einen sanften Vanilleton, der beim 18-Year-Old am Gaumen sehr deutlich wird.

Der Cutty Sark ist als Blend recht leicht. Die älteren Varianten, wie beispielsweise der 18-Year-Old, zeigen einen üppigeren Charakter, man muß vorsichtig sein, daß die schweren Sherrynoten nicht zu sehr in den Vordergrund treten. Auch diese Varianten müssen noch den typischen Cutty-Sark-Stil zeigen." **GS**

Verkostungsnotizen

In der Nase sanft und elegant, mit Malz, Sherry und etwas süßem Holzrauch. Allmählich entwickeln sich Karamell- und diskrete Lakritznoten. Am Gaumen gut integrierte Malt- und Grain-Whiskys, süß, fruchtig, mit Sherry und Sahnekaramell. Langer, süßer Abgang.

Cutty Sark 25-Year-Old

Edrington Group | www.cutty-sark.com

Herstellungsregion und -land Schottland
Destillerien Verschiedene
Alkoholgehalt 45,7 Vol.-%
Whiskytyp Blend

Jason Craig, Markenleiter von Cutty Sark, sagt: „Der 25-Year-Old kam Ende 1998/Anfang 1999 zusammen mit dem 18-Year-Old als Erweiterung des vorhandenen Sortiments nach oben auf den Markt. Das Deluxe-Portfolio, zu dem der 25-Year-Old gehört, verkauft sich im Nahen Osten, in Griechenland, Japan und Portugal gut." Kirsteen Campbell, Masterblender bei Cutty Sark, stellt fest: „Im gesamten Sortiment sind sanfte Vanilletöne zu vernehmen, aber im 25-Year-Old sind es reifere Noten – die Vanille wird teilweise von Trockenfrüchten verdeckt."

Cutty Sark reift sowohl in Bourbonfässern aus amerikanischer als auch in Sherryfässern aus europäischer und amerikanischer Eiche. Etwa 15 Prozent der Malts, die für den Cutty Sark Original verwendet werden, wurden in Sherryfässern gelagert, die erstmals mit Whisky befüllt waren. Der Anteil ist beim 25-Year-Old jedoch eher höher.

2003 erhielt der Cutty Sark 25-Year-Old vom *Whisky Magazine* einen Preis als „bester blended Scotch Whisky der Welt". Campbell erklärt: „Nach dieser Auszeichnung war die Nachfrage ungeheuer groß, und es stellte die Blender vor eine echte Herausforderung, die erforderlichen Mengen zur Verfügung zu stellen und dabei einen gleichbleibenden Charakter zu gewährleisten. Das ist bei Whiskys dieses Alters recht schwierig."

2012 wurde mit der Sonderausgabe Cutty Sark Tam O'Shanter 25-Year-Old an das gleichnamige Gedicht von Robert Burns erinnert, in dem eine leichtfüßige Hexe den Namen Cutty Sark trägt. „Es ist ein Cutty Sark mit mehr Torf," sagt Campbell. „Wir haben zwei verschiedene Bestandteile verwendet, um dem Blend eine süße Rauchigkeit zu geben." **GS**

Verkostungsnotizen

In der Nase exotische Gewürze, Sandelholz und Jasmin, Andeutungen von Orangen, Kaffee, süßem Sherry und saftigem Weihnachtsgebäck. Üppiger Gaumen, reif und würzig mit etwas Rauch und Eukalyptus. Fruchtiger, süßer, üppiger Abgang.

...that Cutty Sark colour tells you...

CUTTY SARK
SCOTS WHISKY

it's Scotch as it used to be

Cutty Sark 30-Year-Old

Edrington Group | www.cutty-sark.com

Herstellungsregion und -land Schottland
Destillerien Verschiedene
Alkoholgehalt 43 Vol.-%
Whiskytyp Blend

Nur wenige Whiskymarken können mit der Klasse, dem Stil, der Geschichte und dem Erbe von Cutty Sark aufwarten, und so ist es nur angemessen, daß dieser 30-Year-Old 2012 zur ältesten Variante wurde. Cutty Sark wurde während der Prohibitionszeit in die USA exportiert, wo er angeblich von einem Captain William McCoy an die illegalen Bars ausgeliefert wurde. Noch heute verwenden die Amerikaner „the real McCoy" im Sinne von „das einzig Wahre".

Cutty Sark fuhr in den letzten Jahren einen etwas unsicheren Kurs, aber der Eigner Edrington hat das Steuer wieder fest in der Hand und auch einiges investiert. Allgemein glaubt man, daß neu erschlossene Whiskymärkte zuerst Blends importieren und dann zu Malts übergehen werden. Es gibt aber auch eine Bewegung vom einfachen Blend zum länger gelagerten hin, und Anhänger des Cutty Sark können der Marke treu bleiben, während sie auf Whiskys der Ober- oder Spitzenklasse wie diesen umsteigen.

Wie viele andere große Blends dieser Altersklasse rechtfertigt der 30-Year-Old seinen Preis durch die brillante Vermählung von Geschmacksnoten, die er zeigt. Zu Edrington gehören Highland Park, Macallan und Glenturret, man hat aber auch Zugriff auf guten alten Glenrothes. Die Altersangabe bedeutet, daß die jüngsten enthaltenen Whiskys mindestens 30 Jahre alt sind. **DR**

Verkostungsnotizen

Perfekte Mischung aus üppigen, fruchtigen Malts mit weichen Grains. Früchte, Sahnekaramell und Milchschokolade werden durch Eiche zusammengehalten.

← Cutty Sark hält Abstand von den dunkleren, schwereren Blends.

Dailuaine 10-Year-Old

Harris Whisky Co. | www.harriswhisky.com

Herstellungsregion und -land Speyside, Schottland
Destillerie Dailuaine, Aberlour, Banffshire
Alkoholgehalt 46 Vol.-%
Whiskytyp Single Malt

Im Jahr 2010 brachte der Abfüller Harris Whisky Co. eine neue Reihe auf den Markt, die den Namen „Bright Young Things" trug. Die Reihe wird laut Firma „herausragende Vertreter der besten jungen Malts" einschließen.

Den Dailuaine 10-Year-Old beschreibt Harris als „den ersten unserer neuen Reihe jüngerer, aber dennoch köstlicher Single Malts. Dieser Whisky der Dailuaine-Destillerie zeigt deutlich, wie gut ein junger Whisky sein kann. Ein wunderbarer, duftiger, fruchtiger Malt, voller Leben und Energie, ein Whisky, der zu Recht den Namen Bright Young Thing trägt!"

Wie die nahe gelegene Destillerie Benrinnes, deren Whisky ebenfalls von Harris Whisky Co. abgefüllt wird, ist Dailuaine eine von Diageos weniger bekannten Brennereien, die relativ große Mengen von Whisky zum Verschneiden produzieren. Der wichtigste Single Malt der Destillerie ist eine 16jährige Variante, die zur „Flora & Fauna"-Reihe gehört. Wie Benrinnes verdiente es auch Dailuaine, besser bekannt zu sein, vor allem, weil es einer der wenigen Speyside-Malts im Angebot von Diageo ist, die in Sherryfässern reifen.

Dieser Dailuaine von Harris Whisky Co. wurde im Mai 2000 gebrannt und im Juli 2010 abgefüllt. Er wird nicht gefärbt oder kaltfiltriert und zeigt in voller Faßstärke den typischen Schwefelton der Brennerei. Die Abfüllung aus dem Faß Nr. 000090 ergab 400 Flaschen. **GS**

Verkostungsnotizen

Gerste, Malz und frische Früchte in der Nase, ein Hauch Limetten und Kräuter. Auch am glatten Gaumen kräftige Früchte, mit Gerste, zartem Rauch und Gewürzen.

Dallas Dhu 27-Year-Old

Wm Cadenhead & Co.
www.wmcadenhead.com

Herstellungsregion und -land Speyside, Schottland
Destillerie Dallas Dhu (geschlossen), Forres, Morayshire
Alkoholgehalt 59,2 Vol.-%
Whiskytyp Single Malt

Die Firma Wm Cadenhead & Co. geht zurück bis ins Jahr 1842. Wie Gordon & MacPhail bot auch sie in den Jahrzehnten, in denen es kaum Direktabfüllungen von Malts gab, eine Reihe von unabhängigen Abfüllungen an. Zum Angebot der Firma gehören verschiedene Reihen, darunter auch „Chairman's Stock", in der alte und seltene Single Malts in Faßstärke angeboten werden.

Diese Variante des Dallas Dhu wurde 1979 gebrannt und in Bourbonfässern gelagert, bevor sie 2007 auf Flaschen gezogen wurde. Wie viele andere Destillerien der Speyside entstand auch die 1899 in der Nähe von Forres gegründete Dallas-Dhu-Destillerie in den Boomzeiten des Whiskys, die in den 1890er Jahren ihren Gipfel erreichten. Die Brennerei gelangte auf Umwegen in den Besitz der Distillers Company Ltd. (DCL). Eine Produktionssteigerung war nicht möglich, da der Altyre Burn nicht genügend Wasser lieferte. So gehörte Dallas Dhu zu den Schließungskandidaten, als Anfang der 1980er Jahre die Nachfrage nach Whisky nachließ. Das letzte Faß wurde am 16. März 1983 abgefüllt.

Das Brennereigebäude ist im Inneren vollkommen erhalten und dient als einziges Whiskymuseum in Schottland, seitdem es 1988 von der gemeinnützigen Gesellschaft Historic Scotland erworben wurde. **GS**

Verkostungsnotizen

Ananas, Pfirsich und Birne, zusätzlich eine leichte Maische-Note und ein Hauch Lakritze. Im Mund elegant, glatt und süß, mit Mango, Oliven und Gewürzen.

Dallas Dhu Old Malt Cask 36-Year-Old 1982

Douglas Laing & Co.
www.douglaslaing.com

Herstellungsregion und -land Speyside, Schottland
Destillerie Dallas Dhu (geschlossen), Forres, Morayshire
Alkoholgehalt 46,2 Vol.-%
Whiskytyp Single Malt

Als Kommunist könnte man auf Dallas Dhu stolz sein – es ist ein Staatsbetrieb. Leider produziert er keinen Whisky. Und auch nichts anderes. 1983 wurde Dallas Dhu wie Dutzende andere, ebensogute Brennereien geschlossen. Glücklicherweise war zur gleichen Zeit, in der die nachlassende Whiskynachfrage zum Destillerriesterben führte, der Staat auf der Suche nach einer Brennerei, die er für die Öffentlichkeit bewahren könnte. Dallas Dhu war klein, vollständig intakt und recht leicht instand zu halten. So wurde sie nicht dem Verfall preisgegeben, ist heute ein Brennereimuseum und steht unter Denkmalsschutz.

Zu den Genüssen einer Tour durch eine produzierende Destillerie gehören die vielfältigen Geräusche und Gerüche. Darauf muß man hier leider verzichten, wird aber entlohnt, weil man gefahrlos alles besichtigen kann.

Wie bei allen Destillerien, die damals schlossen, gehen auch die Vorräte an Dallas Dhu rapide zur Neige. Man sollte also kaufen, wenn einem eine Flasche angeboten wird. Als Besitzer eines Douglas Laing Old Malt Cask 36-Year-Old stellt man fest, daß dem Dallas Dhu das Altern besser bekommt als vielen anderen Speyside-Whiskys: Die Eiche ergänzt die Früchte, anstatt sie zu erschlagen. Mit nur 151 Flaschen aus einem Faß ist dies ein besonders ansprechendes Stück Whiskygeschichte. **PB**

Verkostungsnotizen

Leichte, saftige Früchte in der Nase, mit einem leichten Überzug staubiger Eiche. Am Gaumen ist die Eiche dezent und läßt der Vanille und den Früchten Raum.

The Dalmore 12-Year-Old

Whyte & Mackay
www.thedalmore.com

Herstellungsregion und -land Highlands, Schottland
Destillerie Dalmore, Alness, Ross-shire
Alkoholgehalt 40 Vol.-%
Whiskytyp Single Malt

In den nördlichen Highlands sind Whiskies beheimatet, die erst lange nach der gesetzlichen Mindestfrist von drei Jahren ihre volle Reife erreicht haben. Dieser Zwölfjährige ist der jüngste Malt, den Dalmore überhaupt als abfüllfähig betrachtet. Um das Gewicht und den Körper des Destillats zu bändigen, wird es mindestens acht bis zehn Jahre in amerikanischer Weißeiche gelagert. Dann wird der Whisky – nun nehmen die Dinge langsam Gestalt an – in Sherryfässer umgefüllt, die zuvor Matusalem Oloroso enthielten. Diese Fässer gelten als geeignet, weil der Matusalem mit seinem 25 Prozent Pedro Ximénez voll, üppig und süß ist. Die Fässer werden ungefähr 30 Jahre lang damit gefüllt gewesen sein.

Dalmore gibt vor, daß jedes der 600-Liter-Fässer noch fünf Liter Sherry enthält. Auf dem Weg von Spanien nach Schottland werden davon zwei Liter vom Holz aufgenommen, die restlichen drei Liter werden nach der Ankunft entnommen. Der Dalmore, der dann in die Fässer gefüllt wird, verbleibt etwa drei Jahre darin.

Ursprünglich wurde der 12-Year-Old zu 30 Prozent in Sherryfässern und zu 70 Prozent in amerikanischen Eichenfässern gelagert, inzwischen hat sich das Verhältnis näher an 50 zu 50 verschoben, was auch den beträchtlichen Preis teilweise erklärt. **IGY**

Verkostungsnotizen

Wärmender Oloroso-Sherry auf der Zunge, viele exotisch würzige Mandeln im Mund, natürlich; und auch noch etwas dunkle Schokolade und Marmelade.

The Dalmore 15-Year-Old

Whyte & Mackay
www.thedalmore.com

Herstellungsregion und -land Highlands, Schottland
Destillerie Dalmore, Alness, Ross-shire
Alkoholgehalt 40 Vol.-%
Whiskytyp Single Malt

Für die Lagerung des Dalmore 15-Year-Old wird nicht eine einzelne Art von Sherryfässern verwendet, sondern man nimmt drei unterschiedliche. Aus den Brennblasen kommt das Destillat zuerst in amerikanische Weißeiche. Nach zwölf Jahren wird der Whisky gedrittelt und in drei verschiedene Faßarten mit jeweisl 600 Liter Inhalt gefüllt, die alle von Gonzalez Byass in Jerez stammen.

Ein Drittel gelangt in Fässer, in denen 30 Jahre lang der üppig-süße Matusalem-Sherry gelegen hatte. Ein weiteres Drittel wird in Fässer gefüllt, die zuvor 25 bis 30 Jahre Apostoles-Sherry enthalten hatten, ebenfalls ein schwerer Sherry, der aber sanfter als der Matusalem ist. Das letzte Drittel füllt man in Fässer, die Amoroso enthielten, ein süßerer Oloroso mit üppigen Rosinen- und Nußtönen. Die drei Chargen werden weitere drei Jahre nachgereift, bevor sie gemischt werden, um abschließend drei oder vier Monate zur Vollendung zu kommen.

Diese Variante zeigt sanftere und elegantere Töne als der 12-Year-Old. Die alten Matusalem-, Apostoles- und Amoroso-Oloroso-Fässer haben einen deutlichen Einfluß auf den endgültigen Geschmack. Auf jeden Fall geben sie dem muskulösen Whisky mehr Substanz, und auch wenn die Festigkeit bleibt, so kommt doch auch eine gewisse Seidigkeit hinzu. **IGY**

Verkostungsnotizen

Die satte Mahagonifärbung läßt schon die Intensität erahnen. In der Nase zeigen sich Orangen, Marmelade und Gewürze und setzen sich am Gaumen fort.

The Dalmore 18-Year-Old

Whyte & Mackay | www.thedalmore.com

Herstellungsregion und -land Highlands, Schottland
Destillerie Dalmore, Alness, Ross-shire
Alkoholgehalt 43 Vol.-%
Whiskytyp Single Malt

Der Dalmore 18-Year-Old kam 2009/10 auf den Markt, um die Lücke zwischen dem 15-Year-Old und den inzwischen eingestellten 21- und 30-Year-Old-Varianten zu schließen. Er unterscheidet sich von den jüngeren Familienmitgliedern nicht nur durch das Alter, sondern auch durch die Reifungsmethode. Das Destillat wird zuerst mindestens 14 Jahre (es können aber auch bis zu 17 sein) in einfachen Fässern aus amerikanischer Weißeiche gereift. Danach wird es nicht wie der 15-Year-Old auf unterschiedliche Faßarten aufgeteilt, sondern vier Jahre lang ausschließlich in Oloroso-Fässern gelagert.

Der Einfluß der Zeit ist bei diesem Whisky deutlich zu spüren, er zeigt sich eindrucksvoll und groß am Gaumen. Der Master Distiller von Whyte & Mackay, Richard Paterson, weiß zu berichten, das Destillat sei zuerst „voll, üppig, mit Andeutungen von Zitronengras und Zitrusfrüchten." In den ersten Jahren, wenn es mit der Luft reagiere, zeigten sich dann Charakteristika wie Meeresgischt. Mit achtzehn Jahren ist es jedoch ein Whisky, der ausreichend Zeit gehabt hat um im Faß zu reifen, und die Einflüsse des Holzes sind stark genug, um neue und deutliche Obertöne hinzuzufügen – Marzipan und Lakritze.

Wie beim Erscheinen jedes Whiskys mit besonders hohem Alter wird dieses sehr stark in den Vordergrund gerückt. In diesem Fall hat Whyte & Mackay die Abfüllung als Eingangswhisky des Luxussortiments von Dalmore positioniert. Jedes Jahr werden zwischen 5000 und 10000 Kisten produziert, von denen die meisten in die Vereinigten Staaten gehen, dem größten Absatzgebiet der Marke. **IGY**

Verkostungsnotizen

Kräftig in der Farbe und würdig im Ton, intensiv in der Nase und opulent am Gaumen. Schwer wie Petit Four nach dem Diner: Schokoladentrüffel, Walnüsse und Vanilleschoten, gefolgt von Veilchen- und Jasmindüften. Zum Abschluß ein Espresso.

The Dalmore 40-Year-Old Astrum

Whyte & Mackay | www.thedalmore.com

Herstellungsregion und -land Highlands, Schottland
Destillerie Dalmore, Alness, Ross-shire
Alkoholgehalt 42 Vol.-%
Whiskytyp Single Malt

Der Dalmore 40-Year-Old wurde 1966 gebrannt. Es gibt zwei Ausgaben, die im Abstand von vier Jahren abgefüllt wurden, ursprünglich kamen nur 1000 Flaschen auf den Markt. Beide Ausgaben wurden ausschließlich in Fässern gelagert, die zuvor Matusalem-Sherry enthalten hatten.

Der erste 40-Year-Old wurde am 26. Oktober 2006 in Paris vorgestellt und war Drew Sinclair gewidmet, der 40 Jahre in der Destillerie gearbeitet hatte. Er kam in der Reihe „Rare & Prestige" von Whyte & Mackay heraus, zu der auch der Whyte & Mackay 40-Year-Old, der Jura 40-Year-Old und ein 1973er Dalmore gehören, der in Cabernet-Sauvignon-Barriques-Fässern gelagert wurde.

Die „Rare & Prestige"-Reihe von Whyte & Mackay war zu dieser Zeit die teuerste Serie, die auf einen Schlag auf den Markt kam. Der Dalmore 40-Year-Old kostete etwa 1000 Euro pro Flasche und markierte einen Gipfelpunkt der Nachfrage nach Luxuswhisky, zu einer Zeit, als auch die Vorräte an sehr alten Fässern abnahmen. Insgesamt sind die Vorräte in den letzten Jahren bei vielen Destillerien bis in kritische Bereiche abgefallen. Dalmore gehört zu den wenigen (vielleicht noch mit Macallan, Glenfiddich, Glenfarclas, Bowmore und Balblair) die solch alte Whiskys anbieten können.

Die zweite Ausgabe wurde als 40 Jahre alt angeboten, war aber am 31. Dezember 1966 gebrannt worden, tatsächlich also 44 Jahre alt, als sie 2011 erschien. Die erste Ausgabe wurde mit dem gesetzlichen Mindestalkoholgehalt von 40 Volumenprozent abgefüllt, was aber auch der Faßstärke entsprach. Auch der Astrum wurde mit Faßstärke abgefüllt, diesmal waren das jedoch 42 Volumenprozent. **IGY**

Verkostungsnotizen

Düfte wie eine Bowle: Orange, Apfel, Birne und Melone. Außerdem ein Hauch von etwas unbeschreiblich Kadaverhaftem. Am Gaumen cremig und zähflüssig; die Fruchtnoten bleiben, werden aber exotischer und reifer, mit Ingwer und Lakritze.

The Dalmore 45-Year-Old Aurora 1964

Whyte & Mackay | www.thedalmore.com

Herstellungsregion und -land Highlands, Schottland
Destillerie Dalmore, Alness, Ross-shire
Alkoholgehalt 45 Vol.-%
Whiskytyp Single Malt

Wenn es um seltene alte Dalmores wie diesen geht, sollte man sich nicht nach der Maxime richten „kaufen und verkosten, bevor man stirbt", sondern „kaufen und dann wieder verkaufen, solange man noch lebt". Dalmore ist in der letzten Zeit zu einem Schätzchen der Anleger geworden. Als die Destillerie 2002 zwölf Flaschen ihres 62-Year-Old auf den Markt brachte (jede Flasche hatte ihren eigenen Namen), erbrachte eine von ihnen bei der Versteigerung mehr als 35 000 Euro. Im Jahr 2005 ging eine Flasche für 50 000 Euro an einen Londoner Hotelgast, der sie prompt mit seinen Freunden austrank (einen Schluck ließ er für den Barkeeper – ein schönes Trinkgeld). Die letzte Flasche, nach dem ehemaligen Leiter der Destillerie Drew Sinclair benannt, wurde kürzlich für fast 200 000 Euro an einen chinesischen Geschäftsmann verkauft – in weniger als zehn Jahren eine Wertsteigerung von fast 470 Prozent.

Kann der Whisky bei solch einem Preisniveau noch teurer werden? Vermutlich. Zum Vergleich: vom anderen Stern am Himmel von Dalmore, dem Trinitas, wurden zwei der drei Flaschen sofort für einen Preis von fast 160 000 Euro verkauft, die letzte erzielte kaum sechs Monate später dann fast 190 000 Euro. Auch die besten Fondsmanager wären mit einem Wertzuwachs von 20 Prozent in sechs Monaten recht zufrieden.

Mit kaum mehr als 4000 Euro war der Dalmore Aurora etwas preiswerter. Bei einer derartigen Investition möchte man das Produkt vielleicht vor dem Kauf testen. Fragen Sie ruhig nach einer Probe. Mehr als „Nein" kann der Verkäufer ja nicht sagen. Vielleicht sagt er aber auch „Ja". Dann stellt sich das Problem „Verkosten oder Verkaufen" nicht mehr. Man macht beides. **AS**

Verkostungsnotizen

Ein kräftiger Riese in der Nase, mit Eiche und Menthol, dann üppige dunkle Früchte, Cranberry und Brombeere, aber auch Mangos und süße Orangen. Unterlegt von Holznoten. Anklänge von dunkler Schokolade und frisch gemahlenem Kaffee. Ein unglaubliches Erlebnis.

The Dalmore Age of Exploration 1995

Whyte & Mackay | www.whyteandmackay.com

Herstellungsregion und -land Highlands, Schottland
Destillerie Dalmore, Alness, Ross-shire
Alkoholgehalt 40 Vol.-%
Whiskytyp Single Malt

Man hat der Glasgower Firma Whyte & Mackay vorgeworfen, sie habe versucht, sich in die Welt der herausragenden, als Sammlerobjekte taugenden „Premier Cru"-Whiskys hineinzudrängeln, indem sie eine Serie extrem teurer Malts auf den Markt brachte. Das stimmt so jedoch nicht. Der Whisky Highland Index überwacht die erzielten Preise aller schottischen Whiskys, sowohl bei Auktionen als auch bei Privatverkäufen, um nachzuzeichnen, wie sie sich als Geldanlage bewähren. Der Index zeigte, daß sich nur der Macallan in den zwölf Monaten des Jahres 2011 besser entwickelte. Dalmore ist ein eminent sammelbarer Whisky, wozu auch beiträgt, daß es Varianten solcher Güte gibt wie diese.

David Robertson ist Whyte & Mackays Direktor für seltene Malts, ein scharfsinniger, engagierter und ehrgeiziger Mensch, der entschlossen ist, ganz nach oben zu gelangen. Für Robertson ist dies eine persönliche Angelegenheit. Bevor er zu Whyte & Mackay kam, arbeitete er bei Macallan als Brenner, und es gibt kaum etwas in diesem Marktbereich, das er nicht weiß. Er würde den Dalmore gerne auf dem Spitzenplatz der Liga sehen. Zudem glaubt er, daß Destillerien, die hochwertige, als Geldanlage tauglich Whiskys anbieten, sich einen Ruf erwerben, von dem auch ihre einfacheren Whiskys profitieren.

Der 1995 Dalmore wurde 2011 abgefüllt und in einem netten Stoffsack verkauft. Er war also vermutlich 16 Jahre alt und als limitierte Auflage durchaus ein Sammelobjekt. Er wurde nur in den Filialen der Whisky-Shop-Kette in England und Schottland verkauft, es kann also problematisch sein, ihn hierzulande zu erhalten. **DR**

Verkostungsnotizen

In der Nase zeigen sich Rosen, Hopfen, Blutorangen, Herbstlaub, Sahnekaramell und geröstete Nüsse. Am Gaumen mischen sich deutliche Eichentöne mit heißem Pfirsich und Orangen-Streuselkuchen, Milchschokolade und Sahnekaramell.

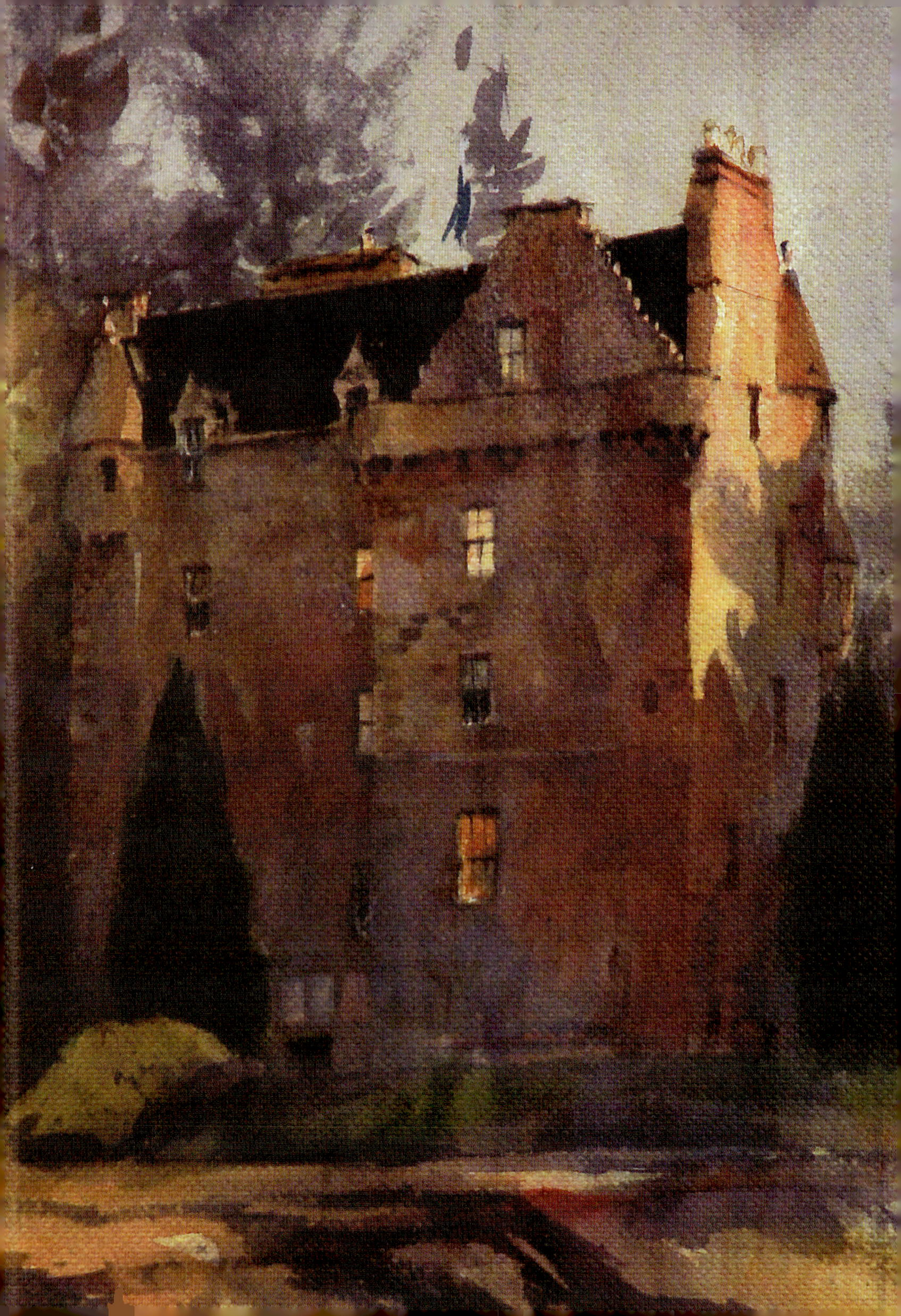

The Dalmore Castle Leod

Whyte & Mackay | www.thedalmore.com

Herstellungsregion und -land Highlands, Schottland
Destillerie Dalmore, Alness, Ross-shire
Alkoholgehalt 46 Vol.-%
Whiskytyp Single Malt

Diese limitierte Auflage ist die Nachfolgerin des Dalmore Mackenzie und trägt den Namen des Stammschlosses der Mackenzies: Castle Leod. Sie ist aber mehr als eine einfache Nachfolgevariante und zeigt, daß viel Großartiges vom gleichen Ort stammen kann. Der Castle Leod legt als Whisky Zeugnis von der Rolle ab, den der Clan Mackenzie beim Entstehen des Markenimages gespielt hat und ist beispielhaft für das Motto des Clans: „Ich leuchte, ich brenne nicht."

Das namensgebende Schloß wurde 1606 errichtet und liegt nur 23 Kilometer von der Destillerie Dalmore entfernt in den Highlands. Es ist zwar immer noch der Sitz des Clans, leider aber inzwischen sehr reparaturbedürftig. Mit dem Castle Leod versucht man wie schon mit dem Geschwisterbrand Mackenzie, Geld für die Restaurierung zu beschaffen. Der Whisky ist aber nicht nur zur Spendenbeschaffung gedacht, er ist auch eine Huldigung an das Erbe der Brennerei Dalmore.

Der Castle Leod wurde zuerst 1995 gebrannt. Er reifte zuerst in Sherry- und Bourbonfässern und wurde dann 18 Monate in Bordeauxfässern nachgereift, um ihn üppiger und glatter werden zu lassen. Insgesamt gab es 5000 Flaschen, bei einem Preis von 150 Euro sollte einiges für die Renovierung des Schlosses zusammenkommen. **JH**

Verkostungsnotizen

In der Nase Frühlingsdüfte. Die Cabernet-Sauvignon-Fässer fügen Noten von süßem Brotauflauf, Fondant und Mandelcroissants hinzu.

Das Aquarell des Castle Leod auf dem Karton des Whiskys.

The Dalmore Dominium

Whyte & Mackay | www.thedalmore.com

Herstellungsregion und -land Highlands, Schottland
Destillerie Dalmore, Alness, Ross-shire
Alkoholgehalt 43 Vol. %
Type Single Malt

Der Duty-Free-Absatz ist zu einem wesentlichen Bestandteil des Geschäftsmodells der Whiskybranche geworden, nicht zuletzt wegen der Hochstimmung, in der sich Menschen befinden, die einen Urlaub antreten. Die Ladengeschäfte in den Flughäfen sind ein Paradies für Luxuseinkäufe, und Whiskyproduzenten konzentrieren sich zunehmend auf das Luxussegment.

Der Dominium ist eine von drei Abfüllungen in der „Fortuna-Merita"-Reihe, die dem Duty-Free-Verkauf vorbehalten ist. Die anderen beiden in der Reihe (das Lateinische bedeutet „das Glück ist mit dem Tapferen") sind der Dalmore Regalis, der aus ehemaligen Amoroso-Fässern stammt, und der Dalmore Luceo aus Fässern vom Apostoles-Sherry. Der Dominium reift in Matusalem-Fässern und ist der beste der drei.

Dalmore hat bei den Namen für Sonderabfüllungen immer auf die Geschichte der Destillerie zurückgegriffen. So hatte ein Ahnherr dem schottischen König das Leben gerettet und war dafür mit der Herrschaft (Dominium) über Kintail in den Highlands belehnt worden.

Der schön verpackte Whisky liegt am unteren Ende der Preisspanne für Dalmores. Er ist zugänglich, elegant und zeigt etwas mehr Biß als manche andere Standardabfüllungen der Destillerie. **DR**

Verkostungsnotizen

Deutliche Sherrynoten von Orangen und Beeren in der Nase, sowie Karamell und etwas Heidekraut. Am Gaumen Tropenfrüchte, Chicoree und Rübensirupkaramell.

The Dalmore Gran Reserva/Cigar Reserve

Whyte & Mackay | www.thedalmore.com

Herstellungsregion und -land Highlands, Schottland
Destillerie Dalmore, Alness, Ross-shire
Alkoholgehalt 40 Vol.-%
Whiskytyp Single Malt

Dieser Whisky kann auf eine Geschichte zurückblicken. Er hieß ursprünglich Cigar Malt, wurde dann in Gran Reserva umbenannt, nur um 2011 den Namen Cigar Reserve zu erhalten. Der Cigar Malt enstand zuerst Ende der 1990er Jahre und war vor allem für den amerikanischen Markt gedacht. Er wies keine Altersangabe aus und hatte ein gutes Preis-Leistungsverhältnis. Er wurde acht bis zehn Jahre in amerikanischen Weißeichenfässern gelagert, dann wurden 60 Prozent in Matusalem-Sherryfässer für eine zwei-, manchmal dreijährige Nachreifung umgefüllt, während die anderen 40 Prozent in amerikanischer Eiche verblieben. Es sollte ein kräftiger, distinguierter Whisky sein, der zu einer guten Zigarre paßt.

Der Name ließ manche Amerikaner jedoch denken, er sei mit Tabakblättern versetzt worden, andere vermuteten, er schmecke nach Zigarren. Zudem verband man alles, was an das Rauchen erinnerte, mit Gesundheitsrisiken. Der neue Gran Reserva des Jahrs 2007 war eine leicht veränderte Version, bei welcher der Sherryeinfluß auf 70 Prozent erhöht war. Er war aber nicht so erfolgreich und die Namensänderung war verwirrend. Whyte & Mackay beschlossen, sie hätten „dieser Art von Druck nicht nachgeben sollen", und 2011 kehrte man zur ursprünglichen Bezeichnung zurück. **IGY**

Verkostungsnotizen

Eine ganze Speisekammer in einer Flasche: Marmelade, Obstkuchen, gemahlener Kaffee, dunkle Schokolade. gedörrte Apfelsinen und Zitronenschale.

The Dalmore King Alexander III 1263

Whyte & Mackay | www.thedalmore.com

Herstellungsregion und -land Highlands, Schottland
Destillerie Dalmore, Alness, Ross-shire
Alkoholgehalt 40 Vol.-%
Whiskytyp Single Malt

Als der furchtlose Colin Fitzgerald seinen König, Alexander III. von Schottland, 1263 vor einem heranstürmenden Hirsch rettete, war der Monarch so dankbar, daß er der Familie des Retters nicht nur die Länder von Kintail schenkte, sondern auch das Recht, den Hirsch im Wappen zu tragen – so wie er auch heute noch jede Flasche Dalmore ziert.

Der King Alexander III 1263 war nach dem Gran Reserva die zweite Abfüllung ohne Altersangabe. Er wurde um 1992 destilliert und kam 2009 auf den Markt, nachdem er mindestens 15 Jahre in Fässern aus amerikanischer Weißeiche gelagert worden war. Danach wurde er auf sechs unterschiedliche Chargen aufgeteilt, die zum Teil bis zu 50 Fässer enthielten.

Die Chargen wurden wie folgt nachgereift: In Portweinfässern zwischen drei und fünf Jahren; in Madeirafässern ebenso lange; in Marsalafässern drei Jahre; in Cabernet-Sauvignon-Barriques anderthalb Jahre; in Bourbonfässern drei bis fünf Jahre und in Matusalem-Sherryfässern drei Jahre. Meist beträgt der Anteil der Amoroso-, Port- und Marsalafässer etwa die Hälfte. Auf diese Nachreifung folgt die Zusammenstellung nach einem Rezept, das Rücksicht auf die unterschiedliche Entwicklung der Teilchargen nimmt. **IGY**

Verkostungsnotizen

Lokum mit Rosen- und Zitronenaroma, Jujubefrüchte mit Honigkaramell, kakaobestäubten Mandeln, Orangenschokolade, Brausepulver und weißer Schokolade.

The Dalmore Mackenzie

Whyte & Mackay | www.thedalmore.com

Herstellungsregion und -land Highlands, Schottland
Destillerie Dalmore, Alness, Ross-shire
Alkoholgehalt 46 Vol.-%
Whiskytyp Single Malt

Der Dalmore Mackenzie ist nach dem Clan Mackenzie benannt, dem die Brennerei gehörte, bevor Whyte & Mackay das Ruder übernahmen. Im Jahr 1263 hatte ein Vorfahre den schottischen König vor dem Angriff eines Hirschs gerettet, und in den 1780er Jahren beauftragten die Mackenzies den Maler Benjamin West, die Szene darzustellen. Sein Gemälde hängt heute in der Scottish National Gallery.

Weltweit kamen nur 3000 Flaschen des Dalmore Mackenzie in den Handel. Er wurde 1992 destilliert und elf Jahre in amerikanischer Eiche gelagert, bevor er sechs Jahre in frischen Portweinfässern nachreifen durfte. Dadurch erhielt er eine wunderbare Bernsteinfärbung, die manche an das Blut eines Hirsches erinnert.

Man muß aber nicht so blutrünstig sein, um eine Flasche des Whiskys zu kaufen. Ein beträchtlicher Teil der Verkaufserlöses wird für den Unterhalt und die Renovierung des Castle Leod aufgewendet, das auch heute noch Sitz der Mackenzies ist. Zudem erwirbt man mit jeder numerierten Flasche Anspruch auf ein Exemplar eines limitierten Drucks von Benjamin Wests Gemälde *Fury of the Stag*, vom Clan-Chef persönlich signiert, und sichert sich so seinen Platz in der schottischen Geschichte. Wenn das nicht fair ist … **JH**

Verkostungsnotizen

Ein geschmacksintensiver Single Malt mit dem Duft von Vanille, roten Früchten und Gewürzen, umspielt von den für Dalmore typischen Orangennoten.

The Dalmore Matusalem 1974

Whyte & Mackay | www.thedalmore.com

Herstellungsregion und -land Highlands, Schottland
Destillerie Dalmore, Alness, Ross-shire
Alkoholgehalt 42 Vol.-%
Whiskytyp Single Malt

Der Dalmore Matusalem 1974 Sherry Finesse kam 2009 im Rahmen von Dalmores Reihe „Rare & Prestige" in einer limitierten Ausgabe von lediglich 124 Kisten heraus. Er war 1974 gebrannt und dann in Sherryfässer gefüllt worden, die zuvor Apostoles Palo Cortado enthalten hatten. Die letzten fünf Jahre reifte er in Fässern nach, in denen 30jähriger Matusalem-Sherry gelagert worden war.

Laut Masterblender Richard Paterson muß man dem Dalmore Matusalem 1974 reichlich Zeit am Gaumen geben, damit er seine seltenen Eigenschaften entwickeln kann. „Man sollte ihn langsam von der Zungenmitte unter die Zunge gleiten lassen, dann wieder zurück nach oben. Die Wärme des Mundes hilft, die Seele des Whiskys freizusetzen … vor allem der 30 Jahre alte Matusalem Oloroso-Sherry, der in die Poren des Holzes eingezogen ist, hat einen unschätzbaren Anteil an der hervorragenden Güte des Whiskys."

Der Dalmore Matusalem 1974 ist nicht mit einer 32 Jahre alten Variante zu verwechseln, die 2006 für den französischen Whiskyspezialisten La Maison du Whisky produziert wurde, aber auch nicht mit einer etwas jüngeren 1974er Variante, die 2002 auf den japanischen Markt kam. Diese beiden Abfüllungen kamen in Umverpackungen aus weißem Karton in den Handel. **GS**

Verkostungsnotizen

Intensiver Ingwer und Orangen – bittersüße Orangen, Orangenmarmelade, Orangenschale und -zesten, Orangenschokolade – und reichlich Glühweingewürze.

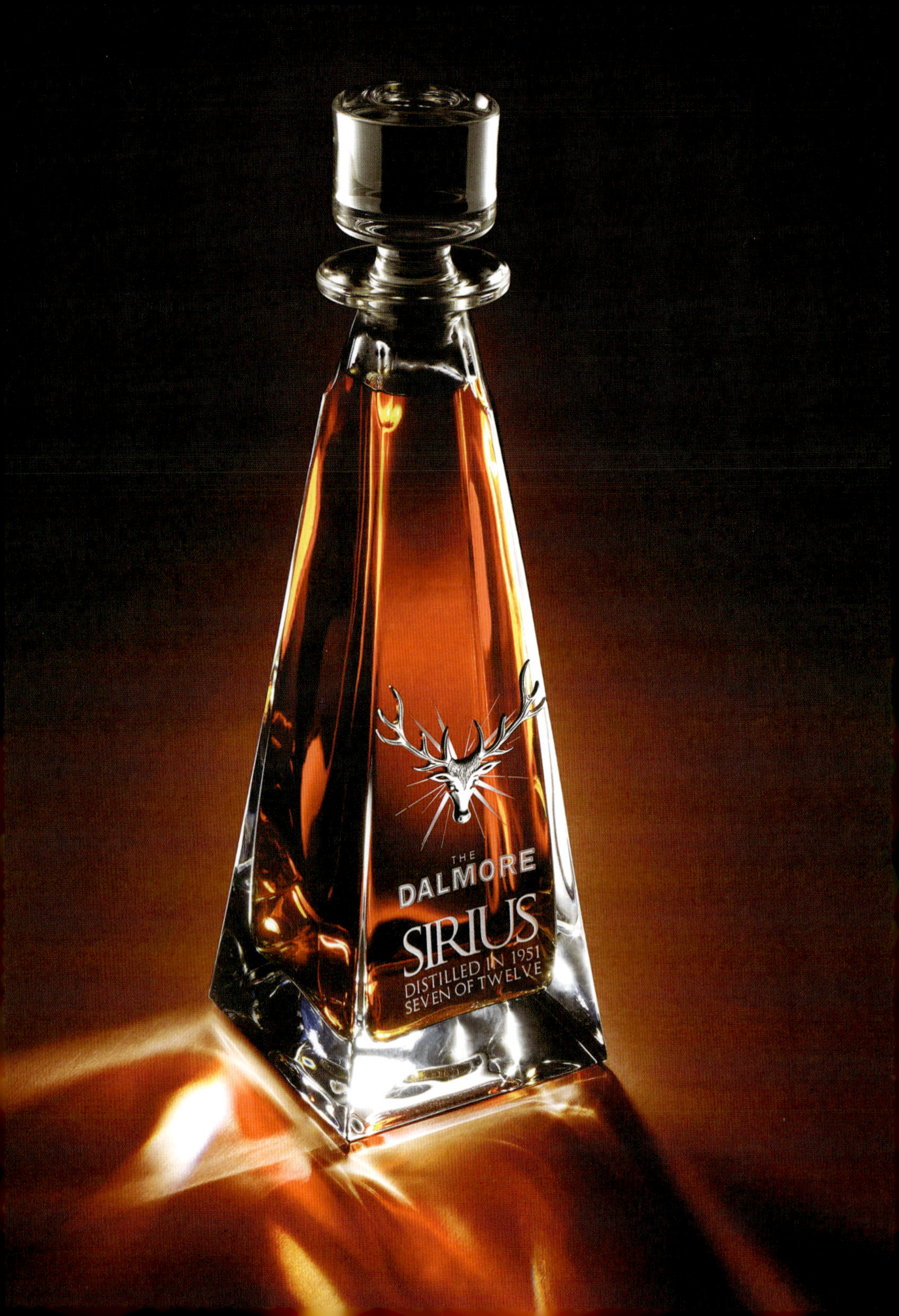
THE
DALMORE
SIRIUS
DISTILLED IN 1951
SEVEN OF TWELVE

The Dalmore Sirius

Whyte & Mackay | www.thedalmore.com

Herstellungsregion und -land Highlands, Schottland
Destillerie Dalmore, Alness, Ross-shire
Alkoholgehalt 45 Vol.-%
Whiskytyp Single Malt

Der Dalmore Sirius ist ein Jahrgangswhisky, der aus einem einzelnen Faß stammt, das im Jahr 1951 befüllt wurde. Dieses Faß mit der Nummer 1781 hatte zuvor vermutlich Oloroso-Sherry enthalten, allerdings ist der genaue Sherrytypus wegen des hohen Alters des Whiskys nicht bekannt. Die limitierte Abfüllung wurde in Faßstärke auf Flaschen gezogen, in diesem Fall waren das 45 Volumenprozent Alkohol. Der Name Sirius verweist auf einen besonders hellen Stern und bedeutet im Altgriechischen „gleißend". Er kann von fast überall auf der Erde gesehen werden und wurde früher von Seeleuten zur Navigation verwendet.

Weltweit gingen nur ein Dutzend Karaffen in den Verkauf. Vor dem offiziellen Verkaufsbeginn sicherte sich eine Touristin, die an einer Besichtigung der Destillerie teilnahm, die erste Flasche. Sie sah das Datum 1951 auf dem Faß, dessen Inhalt gerade abgefüllt werden sollte, stellte fest: „Das ist mein Geburtsjahr!", und gab eine Vorbestellung für die erste Karaffe ab.

Sirius wurde im November 2009 im Terminal 5 des Londoner Flughafens Heathrow der Öffentlichkeit vorgestellt. Trotz des geforderten Preises von fast 16 000 Euro waren alle zwölf Karaffen binnen zwei Tagen verkauft. Auch danach war die Nachfrage ungebrochen, noch 2012 wurden fast 45 000 Euro auf einer Internetseite für eine Karaffe verlangt. **GS**

Verkostungsnotizen

Marmelade, Lakritze, Kaffee, Karamell und Glühweingewürze entwickeln sich langsam, anstatt zu explodieren, und ebben dann langsam ab. Schöne Altersreife.

← Die Sirius-Karaffe ist mit einen Hirschkopf aus reinem Silber verziert.

Deanston 18-Year-Old

Burn Stewart Distillers
www.burnstewartdistillers.com

Herstellungsregion und -land Highlands, Schottland
Destillerie Deanston, nahe Doune, Perthshire
Alkoholgehalt 46,3 Vol.-%
Whiskytyp Single Malt

Während etliche Hersteller von ihren neuen Abfüllungen, vor allem jenen ohne Altersangabe (No Age Statement – NAS) viel Aufhebens machen, hat Burn Stewart still und heimlich eine ganz andere Wandlung vollzogen.

Zuerst hat die Burn-Stewart-Gruppe alle ihre Single Malts neu aufgelegt und dabei fast bis zur Unkenntlichkeit verändert. Der Brennmeister hatte schon lange vorgehabt, die Whiskys der Gruppe ohne Kaltfiltrierung herzustellen, also wurde die Stärke der Malts auf 46,3 Prozent angehoben. Über Nacht sorgte diese Kombination aus höherem Alkoholgehalt und dem Verzicht auf Kaltfiltrierung für ein sehr viel beeindruckenderes Sortiment. Und Burn Stewart wechselte den Besitzer, wurde an den südafrikanischen Getränkekonzern Distell verkauft.

Dann schloß Deanston zu den Großen der Branche auf, indem 2015 auf eine Reihe von Sonderabfüllungen dieser gewichtige 18-Year-Old folgte, der inzwischen zum Standardsortiment gehört. Das Destillat reift zuerst in frischen Eichenfässern, bevor es in ehemalige Bourbonfässer umgefüllt wird. Die Fässer lagern hinter den dicken, isolierenden Mauern der ehemaligen Baumwollspinnerei, in der jetzt die Destillerie untergebracht ist.

Während andere Hersteller Geld machen, indem sie den Preis für unreife Whiskys ohne Altersangabe heraufsetzen, ist dieser 18-Year-Old von vollem Geschmack und geht für relativ wenig Geld über den Tresen. **DR**

Verkostungsnotizen

In der Nase eine komplexe Mischung aus Honig, Vanille, Gewürzen und Eiche. Am Gaumen Honig, kandierte Orangen und Früchte, aber auch Pfeffer und Gewürze.

Schottland

Deanston 12-Year-Old

Burn Stewart Distillers | www.burnstewartdistillers.com

Herstellungsregion und -land Highlands, Schottland
Destillerie Deanston, nahe Doune, Perthshire
Alkoholgehalt 46,3 Vol.-%
Type Single Malt

Deanston gehört zu den (wenigstens in Europa) am meisten unterbewerteten schottischen Destillerien. Auch die Gebäude und deren Lage machen sie zu etwas Besonderem. Leider gibt es keine Besichtigungsmöglichkeiten für Besucher in diesem Juwel der Highlands.

Die Deanston-Brennerei war einst eine Baumwollspinnerei; das hohe, karge Betriebsgebäude würde gut in ein Gemälde des Industriemalers L. S. Lowry passen. Vor der Destillerie liegt ein schnellfließender Fluß, der die Brennerei (und die Straßenlaternen der Umgebung) mit elektrischer Energie versorgt.

Der Deanston Single Malt wird in den USA verkauft, war aber bis zu dem Zeitpunkt, als seine Stärke auf 46,3 Volumenprozent Alkohol angehoben und die Kaltfiltrierung aufgegeben wurde, wahrlich nichts Besonderes. Obwohl er der am dritthäufigsten verkaufte Malt in den Staaten war, neigte er zu Schärfe am Gaumen und einem kurzen Abgang. Das hat sich jedoch alles geändert, und die neue Variante ist ein hochwertiger Highlander, der auch eine passende neue Verpackung erhalten hat.

Wenn man den 12-Year-Old der Destillerie schätzt, könnte es reizvoll sein, ihn mit der Abfüllung zu vergleichen, die im Rahmen der Reihe „Glenkeir Treasures" der englischen Einzelhandelskette The Whisky Shop erschienen ist. Diese unterscheidet sich deutlich von der ursprünglichen wie auch von der neuen Fassung der Brennerei, da sie in Oloroso-Sherryfässern nachreifen durfte. Sie wurde 2009 vorgestellt und ist mit ihrem geringeren Alkoholgehalt von 40 Volumenprozent ein gutes Aushängeschild für die Destillerie Deanston. **DR**

Verkostungsnotizen

Leicht, frisch und fruchtig in der Nase, mit Andeutungen von Getreide, Honig, Nüssen und Orangenmarmelade. Am Gaumen sanft, würzig und nussig, mit Eiche, Karamell und etwas Salz. Ein guter Einstieg für den Blend-Trinker, der die Malt-Welt kennenlernen möchte.

Dewar's 12-Year-Old

Dewar's (Bacardi) | www.dewars.com

Herstellungsregion und -land Schottland
Destillerien Verschiedene
Alkoholgehalt 40 Vol.-%
Whiskytyp Blend

In der Geschichte von Dewar gehen der Whisky, seine Namensgeber und die Gegend von Aberfeldy eine unlösbare Verbindung ein. Es ist eine Geschichte, die an das Unglaubliche grenzt: Sie beginnt mit Unwahrscheinlichem, bekommt etwas Komödiantisches und endet im Legendären. Die Laufbahn des Kleinpächtersohnes John Dewar führte vom Tischler zum Wein- und Spirituosenhändler und schließlich zum Gründer der Marke, die wir heute kennen. Er war stets bestrebt, mit seinem Geschäft Maßstäbe zu setzen, und zweifellos gab er diesen Anspruch auch an die beiden Söhne weiter, die seine Firma übernahmen. John Alexander Dewar hatte einen guten Geschäftssinn, während sein Bruder Thomas vor allem ein großer Anhänger der Werbung und des Marketings war.

Die Werbung, die Thomas Dewar betrieb, hatte zu seiner Zeit selten ihresgleichen gesehen, jedenfalls nicht in einem derartigen Umfang. 1885 wurde er nach London entsandt, um dort die Geschäfte des zu John Dewar & Sons umfirmierten Familiengeschäfts voranzutreiben. Das, was heute als Branding und Markenidentität bezeichnet wird, war den Dewars überaus wichtig, und fünf Jahre, nachdem Thomas nach London gegangen war, hatte sich der Familienname in der Restaurantszene zu einem Begriff entwickelt, da Dewar's der einzige Lieferant des Vertriebsunternehmens Spiers & Pond war.

Dewar's 12-Year-Old ist doppelt gereift. Die Grundwhiskys werden also ausgewählt und dann nochmals zusammen einer sechsmonatigen Faßreife unterzogen, während der sich ihre Geschmacksnuancen angleichen und ausbalancieren können. **D&C**

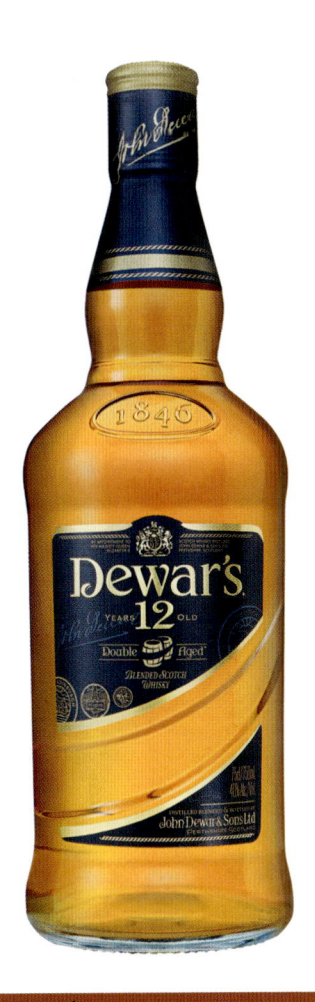

Verkostungsnotizen

In der Nase kandierte Früchte und Hochzeitstorte, Sahnekaramell, Eiche, Vanille und etwas Pfeffer. Im Mund gut abgerundet, viskös und warm. Am Gaumen kommen leichtere Früchte (Zitrone und ein leiser Hauch Limette) und Walnuß durch. Länglicher Abgang.

Dewar's 18-Year-Old

Dewar's (Bacardi) | www.dewars.com

Herstellungsregion und -land Schottland
Destillerien Verschiedene
Alkoholgehalt 40 Vol.-%
Whiskytyp Blend

Es gibt einen berühmten Brief von Andrew Carnegie an Dewar's, in dem der schottsch-amerikanische Geschäftsmann, Industrielle, Unternehmer und Philanthrop um ein „kleines Fäßchen – vielleicht neun oder zehn Gallonen – des besten Scotch Whiskys, den Sie bekommen können" bittet. Als Versandadresse gibt er die des Präsidenten Benjamin Harrison an. Carnegie war natürlich ein scharfsinniger Mann mit einem Blick für gute Gelegenheiten und einen Instinkt für das Geschäft. Interessanter ist in diesem Zusammenhang aber die offensichtliche Hochachtung, die er für die Firma John Dewar & Sons empfand. Sie zu bitten, ein Faß für den Führer einer Weltmacht auszuwählen, war in der Tat ein Lob, und Carnegie wußte offensichtlich, daß Dewar's etwas von dem Produkt verstand, das sie verkauften.

Aber auch den Dewars muß die Bedeutung dieser Bestellung klar gewesen sein, und es spricht für ihre Diskretion und Zurückhaltung, daß sie (gerade angesichts ihrer Neigung zu eher großspuriger Werbung) nicht mehr aus der Gelegenheit herausschlugen. Andererseits hätten sie damit auch einen Teil ihres guten Rufs als Geschäftsleute aufs Spiel gesetzt und riskiert, unseriös und vulgär zu wirken.

Die amerikanische Öffentlichkeit reagierte dann eher empört, als sie erfuhr, daß Präsident Harrison den Whisky von Dewar's angenommen hatte, anstatt einen Bourbon oder Rye aus den Staaten vorzuziehen. Der Aufschrei brachte den Dewars Aufmerksamkeit, und bald setzte eine Flut von Bestellungen ein. So oder so wird man zu einem Begriff, wenn man auf einem Gebiet Herausragendes leistet. **D&C**

Verkostungsnotizen

Eine prachtvolle Nase: Butterkaramell und Marzipan mischen sich mit Honig und Lavendel. Etwas Sahne und Vanille kommen hinzu. Herrlich seidig am Gaumen; große Eichennoten, ein Hauch karemellisierter Zucker, eine Spur Haselnuß. Wunderschöner Stoff.

DEWAR
JOHN DEWAR & SONS. LTD
DEWAR
JOHN DEWAR AND SONS. LIMITED. DISTILLERS
JOHN DEWAR & SONS
DEWAR
DEWAR

"Why do you always insist on that particular brand of Whisky?"
"Because I believe in getting the best, and the best is

DEWAR'S",

Dewar's Signature

Dewar's (Bacardi) | www.dewars.com

Herstellungsregion und -land Schottland
Destillerien Verschiedene
Alkoholgehalt 43 Vol.-%
Whiskytyp Blend

Vom Augenblick an, in dem man die schöne Holzkiste öffnet, bis zu jenem, in dem man die Flasche entkorkt, evoziert der Dewar's Signature Erinnerungen an besondere, unvergessliche Augenblicke. Die Verpackung ist exquisit, und es steht außer Zweifel, das auch der Inhalt der Flasche mit Sorgfalt ausgewählt und ausbalanciert worden ist. In der kurzen Zeit, die das Aroma benötigt, um vom Flaschenhals bis zur Nase zu gelangen, erkennt man, daß es sich nicht einfach um ein Getränk, sondern um ein erinnerungswürdiges Ereignis handelt.

Blended Whiskys werden oft unterschätzt und für etwas geringeres als die Summe ihrer Teile gehalten. Diese Abfüllung sollte in der Lage sein, manch einem diese scheuklappenbewehrte Sicht zu nehmen. Wenn man je Gelegenheit hatte, sich als Blender zu versuchen, wird einem klar sein, daß es kein leichtes Unterfangen ist, Malt- und Grain-Whiskys zu verschneiden, vor allem wenn die Malts die robusteren und individuelleren Züge der jeweiligen Herkunftsregion zeigen. Es bedarf beträchtlicher Erfahrung, eine bestimmte Nuance in einem Blend herauszustellen, und schon eine winzige Menge eines für den gesuchten Geschmack unangemessenen Grundwhiskys kann den gesamten Blend kippen lassen. Die Experten bei Dewar's wissen aber unbestreitbar, was sie tun, und der Signature Blend spricht in deutlichen Worten für sich selbst. **D&C**

Verkostungsnotizen

Beeren und Fondant, Mandeln, Heidehonig und frische Kaffeebohnen. Am Gaumen Obstkuchen, Butter, wieder Fondant, ein Hauch Orangenmarmelade, dann Vanille.

Dimple 12-Year-Old

Dewar's (Bacardi) | www.dewars.com

Herstellungsregion und -land Schottland
Destillerien Verschiedene
Alkoholgehalt 40 Vol.-%
Whiskytyp Blend

Cameronbridge (oder Cameron Brig, wie es manchmal genannt wird) liegt etwas landeinwärts von der Ostküste Schottlands in Fife. Hier entschloß sich die Familie Haig Anfang des 19. Jahrhunderts, eine Destillerie zu errichten. Zuerst produzierte sie Malts, dann Malts und Grains; inzwischen kommt nur noch Grain-Whisky aus den Brennblasen. Dessen Qualität wird von Fachleuten hoch gelobt, sowohl in der Vergangenheit, etwa von Alfred Barnard, der 1887 *Whisky Distilleries of the United Kingdom* veröffentlichte, als auch in der Gegenwart von Autoren wie Jim Murray in seiner *Whisky Bible*.

Der Dimple enthält einen beträchtlichen Anteil an Whiskys aus Cameronbridge. Die Marke gehört zum Diageo-Konzern, und früher fanden auch andere Whiskys aus ihrem Portfolio den Weg in den Dimple, darunter Glenkinchie, Dalwhinnie und Royal Lochnagar. Ob das Mengenverhältnis von Charge zu Charge gleich bleibt, ist ein Geheimnis, das nur der Blender kennt.

Die Flasche des Dimple hebt sich deutlich von den Mitbewerbern ab. Sie springt einen in ihrer verformten Dreiseitigkeit und dem Geflecht aus Golddraht nach Art eines traditionellen spanischen Rioja-Rotweins geradezu aus dem Regal an. Glücklicherweise ist der Zusammensetzung ihres Inhalts von den Herstellern genausoviel Aufmerksamkeit geschenkt worden wie dem Äußeren. **D&C**

Verkostungsnotizen

Honig, Getreide, Eiche, Malz und Karamell. Zuerst leicht, dann am Gaumen fester, zeigt Vanille, kandierten Apfel und auch Eiche. Im Abgang wieder Malz und Getreide.

Dimple
15-Year-Old

Diageo | www.diageo.com

Herstellungsregion und -land	Schottland
Destillerien	Verschiedene
Alkoholgehalt	40 Vol.-%
Whiskytyp	Blend

Die Geschichte von Cameronbridge – also auch die von Dimple – kann mit einer Reihe illustrer Namen aufwarten: Haig, der Besitzer der Destillerie, Jameson, einer seiner Verwandten, der nach Dublin auswanderte, und Coffey, der den nach ihm benannten Destillationsapparat entwickelte und dadurch die Wirtschaftlichkeit und Effizienz des Whiskybrennens nachhaltig verbesserte. Die Dimple-Flasche mit ihrer typischen dreiseitigen Form war 1919 die erste, die als geschützte Marke registriert wurde.

John Haig nahm in Markinch, etwa 5 Kilometer von der Destillerie in Cameronbridge entfernt, Anlagen zum Verschneiden von Blends in Betrieb, und die Investitionen sowie der Ruf der Familie Haig reichten aus, um andere Distillerien aus den Lowlands zu einem Zusammenschluß mit seiner Firma zu veranlassen, die als Distillers Co. Ltd. (DCL) bekannt werden sollte. Haig muß ein erstaunliches Maß an Weitsicht an den Tag gelegt haben, als er eine Gruppe von vorwiegend auf Unabhängigkeit bedachten Charakteren zu einer Einheit formte. Später gingen seine Firmen dann vollkommen in DCL auf.

Eine ähnliche Weitsicht war sicher bei der Kreation des Dimple 15-Year-Old im Spiel. Um solche unterschiedlichen Merkmale zu einem derartigen Wahrzeichen zu verschmelzen, bedarf es hoher Kunstfertigkeit. **D&C**

Verkostungsnotizen

Leicht sahnig, mit Nougat und später dann Sherry, Malz und Getreide. Am Gaumen Spuren von Baiser, Heidehonig, Eiche, und etwas Kakao. Wärmender Abgang.

Director's
Tactical Selection

Douglas Laing and Co. | www.douglaslaing.com

Herstellungsregion und -land	Schottland
Destillerie	Ungenannt
Alkoholgehalt	50 Vol.-%
Whiskytyp	Single Malt

Es gibt Destillerien, die nicht mit unabhängigen Abfüllern zusammenarbeiten, weil sie die vollkommene Kontrolle über ihr Produkt behalten wollen. So wird man nie eine Fremdabfüllung eines Glenfiddichs oder Balvenies finden. Manche Destillerien gehen sogar soweit, etwas Whisky einer anderen Brennerei in ihre Fässer zu geben, bevor sie verkauft werden, damit sie Blended Malt enthalten und nicht als Single Malt abgefüllt werden dürfen.

Andere Destillerien verlangen, daß ihre Name nicht auf unabhängigen Abfüllungen erscheint und durch ein Pseudonym ersetzt wird. Das gilt auch für diese Director's Tactical Selection. Bei früheren Ausgaben waren die Buchstaben „Ta" unterstrichen. Das mag ein einfacher Druckfehler gewesen sein, vielleicht aber auch ein verdeckter Hinweis auf die Herkunft des Whiskys. Inzwischen sind solche Andeutungen verboten, und wenn Douglas Laing die Director's Tactical Selection heute auf den Markt brächte, müßte der Käufer entsprechende Informationen erhalten.

Aber auch Destillerien, die unabhängige Abfüller als Parasiten abtun, würden Douglas Laing, Gordon and MacPhail und andere, die hochwertige, einzigartige Malts anbieten, die man sonst nicht bekommen könnte, sicher nicht in diese Kategorie einschließen. **PB**

Verkostungsnotizen

Kräftiger, süßer Torf, Rauch und das Meer in der Nase. Viel Gerste, viel Rauch und eine Menge wärmender Gewürze. Im Abgang eine Spur Mokka und Melasse.

Double Barrel: Ardbeg & Glenrothes

Douglas Laing & Co. | www.douglaslaing.com

Herstellungsregionen und -land Islay und Speyside, Schottland **Destillerien** Ardbeg, Port Ellen; Glenrothes, Rothes **Alkoholgehalt** 46 Vol.-%
Whiskytyp Blended Malt

Die vierte Ausgabe in Douglas Laings erster „Double Barrel"-Reihe vereint zwei herausragende Single Malts, die an entgegengesetzten Enden des Whiskyspektrums beheimatet sind. Wenn sich je zwei Malts unterschieden haben wie Tag und Nacht, dann diese beiden.

An der einen Ecke steigt der Ardbeg in den Ring, der torfigste aller Malts. Er kämpft immer oberhalb seiner Gewichtsklasse, neigt aber bei aller Ausgewogenheit und Komplexität etwas zum Grobschlächtigen. In der gegenüberliegenden Ecke steht ein echter Speyside-Aristokrat, der Glenrothes, ohne Tadel, aber nie affektiert, mit exquisiter Technik und vollkommen regelgetreu.

Wie zu erwarten, stürmt der gradlinige Ardbeg mit kräftigen Schlägen vor, aber der Glenrothes weiß ihnen auszuweichen und setzt selbst einige gute Treffer. Beide Kontrahenten geben alles, was sie haben, keiner von ihnen ist bereit, das Handtuch zu werfen. Am Ende trennt sie der Ringrichter, und alle Augen wenden sich zu den Punktrichtern. Der Ardbeg siegt mit einem Punkt Vorsprung, da sein aggressiverer Stil sich durchgesetzt hat, aber die Eleganz des Glenrothes findet verdienten Respekt für seinen hinhaltenden Widerstand.

Saubere Arbeit seitens der Veranstalter dieses aufregenden Wettbewerbs, Fred und Stewart Laing. **MM**

Verkostungsnotizen

Zuerst süß und torfig in der Nase, dann kommen Vanille und Zitruszesten. Am Gaumen frisch, aber rauchig, wie Baklava, das man neben einem verlöschenden Feuer ißt.

Double Barrel: Caol Ila & Braeval

Douglas Laing & Co. | www.douglaslaing.com

Herstellungsregionen und -land Islay und Speyside, Schottland **Destillerien** Caol Ila, Port Askaig; Braeval, Chapeltown **Alkoholgehalt** 46 Vol.-%
Whiskytyp Blended Malt

Dies war die dritte Ausgabe in der „Double Barrel"-Reihe von Douglas Laing & Co. In der Reihe wird jeweils ein einzelnes Faß von einer Destillerie auf Islay mit einem einzelnen Faß vom Festland (oder einer anderen Insel) zu einem neuen Blended Malt verschnitten.

Kleinere Destillerien wie Benrinnes oder Dalujane werden kaum in die Reihe aufgenommen werden. Sie haben nach Ansicht der Gebrüder Laing nicht die wirtschaftliche Bedeutung, die dafür notwendig wäre. Damit soll nicht die Qualität ihrer Whiskys in Frage gestellt werden, aber die Laings sehen sie eher als Malts für Blends.

So ist es vielleicht etwas überraschend, daß in der dritten Ausgabe der Braeval vertreten ist, der früher Braes of Glenlivet hieß und kaum den gleichen Ruf genießt, den der Highland Park oder der Macallan aus den beiden ersten Ausgaben haben. Man mag diese Abweichung aber vielleicht in Anbetracht des bewunderungswürdigen Caol Ila in Kauf nehmen, eines reizvollen Malts, sei es in der jugendliche Variante des Moch, sei es in der reiferen 25 Jahre alten Version.

Die Whiskys in der „Double Barrel"-Reihe sind zwischen acht und zwölf Jahre alt. Die dritte Ausgabe der Paarung Braeval und Caol Ila ist ein 10-Year-Old und auf 654 Flaschen limitiert. **MM**

Verkostungsnotizen

Merkwürdig schüchtern in der Nase, in der etwas Torfrauch um Aufmerksamkeit buhlt. Am Gaumen cremig mit mehr Rauch. Langer, trocken werdender Abgang.

Double Barrel: Highland Park & Bowmore

Douglas Laing & Co. | www.douglaslaing.com

Herstellungsregionen und -land Orkney und Islay, Schottland **Destillerien** Highland Park, Kirkwall; Bowmore, Bowmore **Alkoholgehalt** 46 Vol.-% **Whiskytyp** Blended Malt

Die Reihe „Double Barrel" kam 2008 auf den Markt. Dieses war der zweite Vertreter, und er verkaufte sich interessanterweise besser als die erste Kombination, die Macallan und Laphroaig enthielt. Inzwischen sind die Destillerien Highland Park und Bowmore mehr als ein gutes Dutzend mal von Douglas Laing zusammen abgefüllt worden.

Fred Laing berichtet, daß er bei Whisky-Veranstaltungen oft von enthusiastischen Liebhabern gefragt wird, was sie daran hindern sollte, zu Hause einfach selbst zwei Single Malts zu mischen. Die einfache Antwort lautet: „Nichts!" Aber vielleicht ist die Frage nicht richtig gestellt. Natürlich kann man ohne weiteres alle Single Malts zusammenschütten, die man in seiner Hausbar stehen hat, aber das macht einen noch nicht zu einem Masterblender und auch nicht zu jemandem, der diesen Blend gewinnbringend auch verkaufen könnte.

Dieser 2009 erschienene Double Barrel greift auf Bewährtes zurück, indem er einen Islay als Grundlage des Blends verwendet. In der Reihe wird ein Islay jeweils mit einem Malt vom Festland oder einer anderen Insel zusammengebracht. Der Bowmore wird mir immer sehr am Herzen liegen, und der Highland Park ist einer meiner liebsten Single Malts überhaupt. Aber trotz des unverkennbaren Charakters und des makellosen Stammbaums bis ins 18. Jahrhundert zurück, über die beide verfügen, ist dieser Blend ein eher leicht zugänglicher Whisky.

Die Mitglieder der Reihe werden mit 46 Volumenprozent Alkohol und ohne Kaltfiltrierung abgefüllt. Douglas Laing & Co. verzichtet meist auf eine Nachreifung in Sherryfässern, da ein dritter Einfluß nicht für notwendig erachtet wird. **MM**

Verkostungsnotizen

Vanille in der Nase, aber sonst eher schüchtern. Am Gaumen etwas Hitze, die dann durch Süße aufgewogen wird. Der Abgang ist heiß, trocken werdend und recht lang. Ein sehr angenehmer Blend, der aber seinen vorzüglichen Komponenten nicht ganz gerecht wird.

Double Barrel: Macallan & Laphroaig

Douglas Laing & Co. | www.douglaslaing.com

Herstellungsregionen und -land Speyside und Islay, Schottland **Destillerien** Macallan, Craigellachie; Laphroaig, Port Ellen **Alkoholgehalt** 46 Vol.-% **Whiskytyp** Blended Malt

Dies ist die erste Ausgabe in einer Reihe von Douglas Laing, bei der, um es ganz einfach zu formulieren, zwei Einzelfässer aus verschiedenen Destillerien miteinander verschnitten werden. Die Firma Douglas Laing geht entspannt mit dem Thema Whisky um: Der Firmenchef Fred Laing beharrt darauf, sich nicht selbst zu wichtig zu nehmen. Beim Whisky geht es um Genuß, und diese Reihe gibt Gelegenheit, einmal auf leichten Abwegen zu genießen. Was passiert wohl, wenn ich diesen Malt mit diesem anderen verschneide?

Fred Laing formuliert es so: „Wir arbeiten immer reaktiv. Aber auf eine proaktive Weise." Bei einer Messe für den Duty-Free-Handel wurde er von einem Einkäufer angesprochen, der für den Verkauf an Bord von Flugzeugen einen Whisky aus seinem Sortiment durch einen anderen ersetzen wollte. Zu dieser Zeit suchte Douglas Laing & Co. gezielt nach einem ausgefallenen Whisky für den italienischen Markt. „Wir waren noch nicht weiter als ‚Ein Faß davon und ein Faß hiervon.' Da veranlaßte uns diese Anfrage, von zwei wichtigen Malts auf dem Duty-Free-Markt auszugehen – dem Macallan und dem Laphroaig –, und das entwickelt sich sofort zu einem Bestseller."

Die Beliebtheit ist kaum überraschend: Der Macallan steht sowohl vom Reingewinn als auch vom Mengenabsatz her ganz oben in der Weltrangliste der Malts, der Laphroaig ist der beliebteste rauchige Whisky des Planeten. Mit der Zeit wird Torf sanfter; hier sollte durch den Torf auch noch Honig durchscheinen. Die achte Ausgabe dieser Variante wurde als Zehnjähriger abgefüllt. Inzwischen gibt es auch eine Kombination von Laphroaig mit Mortlach: torfig und mit einer leicht fleischigen Note. **MM**

Verkostungsnotizen

In der Nase wie ein Antiseptikum, dann wie gedörrte Aprikosen mit griechischem Joghurt und Honig. Am Gaumen Torf und Gebäck, Rauch und Brandteig. Bis zum Abgang dann eher trocken und holzig. Ein K.o.-Sieg für das Schwergewicht von der Insel Islay.

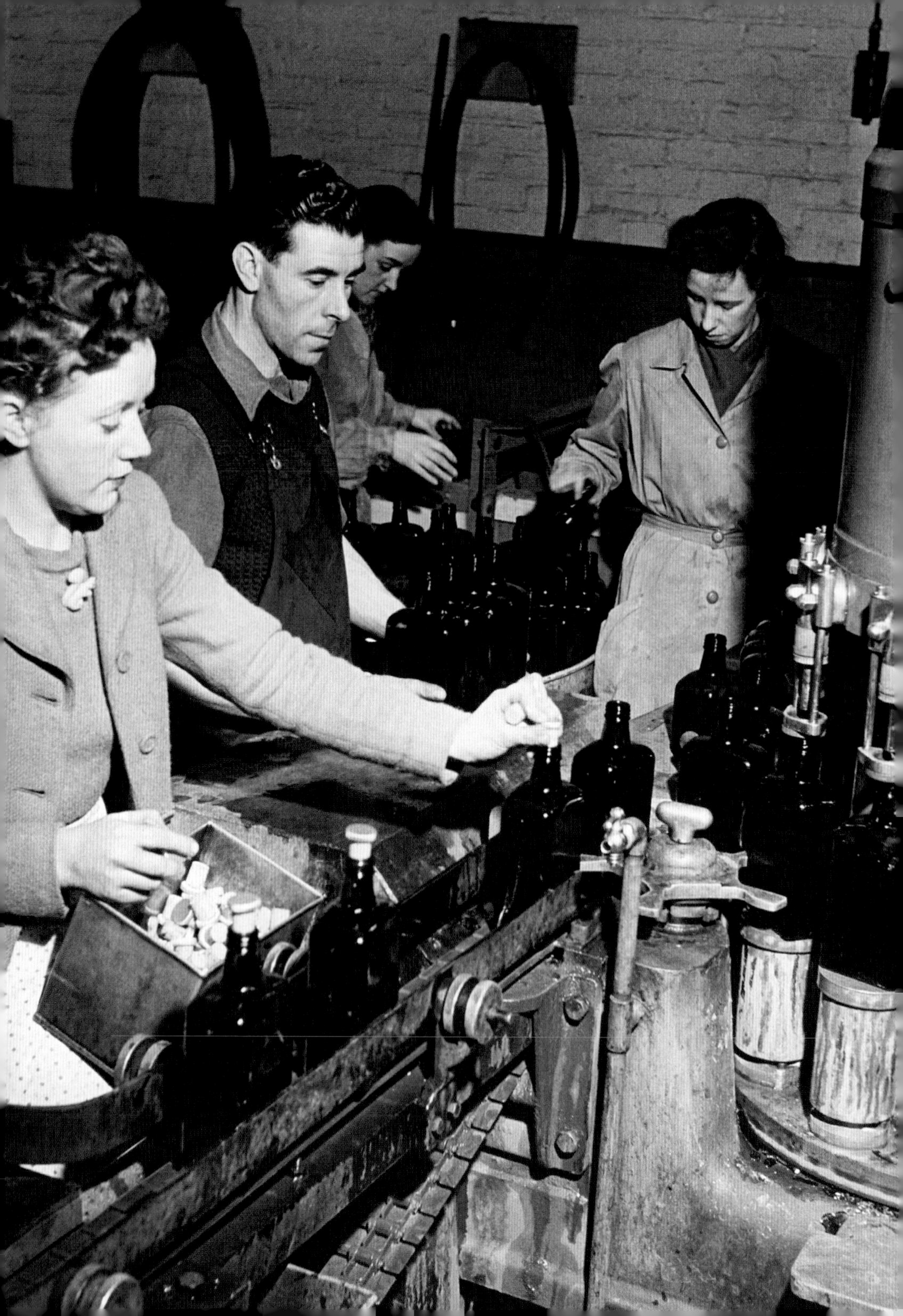

Dumbarton 1964

Murray McDavid (Allied Distillers)
www.murray-mcdavid.com

Herstellungsregion und -land Lowlands, Schottland
Destillerie Dumbarton, Dumbarton, Dumbartonshire (geschlossen) **Alkoholgehalt** 46,7 Vol.-%
Whiskytyp Single Grain

Dieser 43 Jahre alte Dumbarton wurde 2007 von Murray McDavid Ltd. auf Flaschen gezogen und im Rahmen ihrer „Jim McEwan's Celtic Heartlands"-Reihe herausgegeben. In dieser Reihe erscheinen verschiedene alte Whiskys aus den 1960er und 1970er Jahren, die Jim McEwan ausgewählt hat, der bei Bruichladdich auf Islay Brennmeister ist.

Die Destillerie Dumbarton stand einst in der gleichnamigen Stadt 25 km nordwestlich von Glasgow. Inzwischen sind die Gebäude bis auf eines, das zu Wohnungen umgebaut wurde, alle abgerissen worden. Errichtet hatte die Brennerei 1936/37 George Ballantine & Son, eine Tochterfirma des kanadischen Hiram-Walker-Konzerns Gooderham & Worts, um Destillate für den zunehmend beliebter werdenden Ballantine's Blend herzustellen.

Dumbarton war riesig, die größte Destillerie, die je in Schottland gebaut worden ist. Sie war nach dem Vorbild der Hiram-Walker-Brennerei in Walkerville in Ontario angelegt, auf dem Betriebsgelände gab es auch eine kleine Malt-Destillerie, die Inverleven hieß, Anlagen zum Verschneiden und zum Abfüllen auf Flaschen sowie großräumige Lagerhäuser.

1987 ging Hiram Walker an Allied Breweries, später dann an Allied Distillers Ltd., die Dumbarton 2002 schlossen und die Herstellung von Grain-Whiskys in die Brennerei Strathclyde bei Glasgow verlegten. **GS**

Verkostungsnotizen

Die Nase ist vorwiegend süß und honigartig. Am Gaumen glatt, mit Vanilleschote, Kokosnuß, tropischen Früchten und frischen Getreidenoten mit leichter Eiche.

Edradour 10-Year-Old

Signatory Vintage Scotch Whisky Co.
www.edradour.co.uk

Herstellungsregion und -land Highlands, Schottland
Destillerie Edradour, Pitlochry, Perthshire
Alkoholgehalt 40 Vol.-%
Whiskytyp Single Malt

Die Lage und die Gebäude selbst machen Edradour (Gälisch „zwischen zwei Flüssen", ausgesprochen „Edd-ra-dauer") zu einer der schönsten Destillerien in Schottland. Am Brennen sind meist nur zwei oder drei Arbeiter beteiligt, der wöchentliche Ausstoß beträgt auch bei vollzähliger Belegschaft nur zwölf Fässer.

Im Gegensatz zu vielen Unternehmen geht es hier nicht um Wachstum oder das Erreichen einer kritischen Masse. Mit dieser Einstellung ist Edradour seine ganze Geschichte hindurch gut gefahren. Die Destillerie wurde 1825 als Kooperative gegründet und 1841 unter dem Namen John McGlashan and Co. registriert. Die ersten hundert Jahre nach der Gründung lieferte man nur Grundwhiskys für hochwertige Blends wie House of Lords und King's Ransome. Erst im Jahr 1986 erlaubte die winzige Brennerei erstmals der großen weiten Welt eine Kostprobe ihres Single Malts.

Die Whiskys von Edradour sind reine Handarbeit und reifen mindestens zehn Jahre lang im Faß. Der 10-Year-Old ist also das jüngste Mitglied der Familie. Er war auch die erste Abfüllung, die auf den Markt kam. Da nur so geringe Mengen von ihm produziert werden, ist er nicht immer leicht zu erhalten. Der Großteil der Produktion geht in den europäischen Markt, aber er ist auch in den USA, Japan, Taiwan und Neuseeland erhältlich – und dort sehr begehrt. **GL**

Verkostungsnotizen

In der Nase Dörraprikosen und Oloroso. Cremig-trocken im Geschmack mit Mandeln und Minze. Der etwas bittere, torfige Abgang zeigt Vanille, Karamell und Eiche.

Edradour
11-Year-Old 1996

Signatory Vintage Scotch Whisky Co.
www.edradour.co.uk

Herstellungsregion und -land Highlands, Schottland
Destillerie Edradour, Pitlochry, Perthshire
Alkoholgehalt 57,5 Vol.-%
Whiskytyp Single Malt

Die Destillerie Edradour produziert nur zwölf Fässer Whisky in der Woche. Bekannt geworden ist sie durch die vielen Mitglieder der Reihe „Straight from the Cask". Diese Abfüllungen sind zwischen zehn und fünfzehn Jahre alt und werden oft in einzigartigen Fässern einer Nachreife unterzogen. Das Faß wird auf dem Flaschenetikett benannt, und die Umverpackung wie auch das Etikett haben meist dieselbe Farbe wie der Whisky, der eine je nach dem für die Nachreifung gewählten Faß unterschiedliche, lebhafte Färbung angenommen hat.

Wie es der Reihenname schon sagt, werden die Whiskys mit Faßstärke auf Flaschen gezogen. Als Käufer wird man über die Faßnummer, das Brenn- und das Abfülldatum, die Gesamtzahl der Flaschen und die Flaschennummer informiert. Manche Varianten werden mehrmals aufgelegt. Dies Abfüllung wurde in einem Rumfaß der Marke Grand Arôme nachgereift, von dem vermutlich der Grünton und der einzigartige Geschmack herrühren. Es war das erste Edradour-Faß, das von Brian und Bill Ciske, den Gründern der Vertriebsfirma Maxwell Street Trading Co. in Chicago, persönlich ausgewählt wurde. Als die Brüder den Whisky verkosteten, wußten sie sofort, daß er mit seinem Überfluß an tropischen Früchten etwas Besonderes war. **WM**

Verkostungsnotizen

Überwältigende Noten tropischer Früchte. In der Nase Limetten-Aftershave. Am Gaumen komplex, lebhaft, mit Kiwi, Sternfrucht und Limette. Im Abgang Rum.

Edradour
30-Year-Old

Signatory Vintage Scotch Whisky Co.
www.edradour.co.uk

Herstellungsregion und -land Highlands, Schottland
Destillerie Edradour, Pitlochry, Perthshire
Alkoholgehalt 43 Vol.-%
Whiskytyp Single Malt

Nachdem Pernod Ricard 1982 Edradour übernommen hatte, kam es kaum zu Veränderungen. Als 2002 dann Signatory die Destillerie erwarb, fand jedoch ein radikaler Richtungswechsel statt: Man stellte nicht mehr Grund-Malts für Blends her, sondern fast nur noch Single Malts, die unter eigenem Namen erschienen.

Unter der Regie von Signatory setzte Edradour die Lagerung in amerikanischen und europäischen Eichenfässern fort, erwarb sich aber bald mit dem innovativen und spezifischen Nachreifen in ungewöhnlichen Faßarten eine guten Ruf – unter anderem mit Chardonnay-, Côte-de-Provence- und Tokaierfässern.

Das grundlegende Verfahren hat sich jedoch nicht verändert. Edradour bezieht sein getorftes Malz aus Inverness und das ungetorfte von Bairds in Edinburgh. Das Wasser für den Whisky stammt aus einer Quelle im Moulin Moor und das Kühlwasser vom benachbarten Bach Edradour Burn. Das Maischefaß aus Gußeisen wurde 1910 aufgestellt, und die Würze wird in der letzten erhaltenen Morton-Kühlanlage Schottlands aus dem Jahr 1933 abgekühlt. Diese limitierte Ausgabe stammt aus dem Jahr 2003: ein unverwechselbarer und sehr gesuchter Single Malt, dessen hoher Preis seine Qualität und seine Seltenheit widerspiegeln. **GL**

Verkostungsnotizen

Das Aroma strotzt vor Honig, Sahnekaramell, Marzipan und Gerste. Am Gaumen ölig und voll, mit kräftigen Minz-, Getreide, Marzipan- und Eichentönen.

Edradour
1983 Port Wood Finish

Signatory Vintage Scotch Whisky Co.
www.edradour.co.uk

Herstellungsregion und -land Highlands, Schottland
Destillerie Edradour, Pitlochry, Perthshire
Alkoholgehalt 52,5 Vol.-%
Whiskytyp Single Malt

Elements of Islay
Ar_2 (Ardbeg)

Speciality Drinks
www.thewhiskyexchange.com

Herstellungsregion und -land Islay, Schottland
Destillerie Ardbeg, Port Ellen, Argyll
Alkoholgehalt 60,5 Vol.-%
Whiskytyp Single Malt

Nachdem Mungo Stewart sich mit sieben anderen Bauern zusammengetan hatte und vom Herzog von Atholl das Gelände am Bach gepachtet hatte, wurde 1837 dort die Destillerie Edradour fertiggestellt. Seitdem hat sie mehrmals den Besitzer gewechselt. Einer von ihnen war der faszinierende William Whitely (1861–1942), der 1933 die Leitung übernahm.

Whitely war ein gradliniger, geschäftstüchtiger Wein- und Whiskyhändler aus Yorkshire, zu dessen wichtigsten Absatzmärkten Nordamerika gehörte. Als in den USA mit dem Volstead Act die Prohibition (1920–1933) von Alkohol eingeführt wurde, griff er zu unkonventionellen Maßnahmen, um seine Geschäftsinteressen zu schützen. Er ernannte einen gewissen Frank Costello zum „U.S. Sales Consultant" seiner Firma. Dessen richtiger Name war Francesco Castiglia (1891–1973), ein berüchtigter Alkoholschmuggler, der später *capo di tutti capi* der amerikanischen Mafia wurde und eines der Vorbilder für die Figur des Don Vito Corleone in Mario Puzos Roman-Bestseller *Der Pate* (1969) abgab.

Dieser bemerkenswerte Single Malt wurde 2008 als limitierte Ausgabe von 531 Flaschen in Faßstärke auf den Markt gebracht. Er ist nicht kaltfiltriert und wurde einer Nachreifung in Portweinfässern unterzogen. **GL**

Speciality Drinks ist die für unabhängige Abfüllungen zuständige Abteilung des Einzelhändlers Whisky Exchange. Wie vieles andere, was der Eigner Sukhinder Singh unternimmt, ist auch die Reihe „Elements of Islay" nicht von kontroversen Debatten verschont geblieben, aber die Qualität der Whiskys steht außer Zweifel.

Bis Ende der 1990er Jahre war die Destillerie Ardbeg stillgelegt. Dann wurde sie von Glenmorangie aufgekauft, und deren Brennereimeister Bill Lumsden brachte mit seinem Team unter dem Namen Very Young eine sechs Jahre alte Version des neuen Whiskys heraus, um die treuen Anhänger zu beruhigen, die einen Qualitätsverlust befürchteten. Etwas später kam ein Whisky, der Still Young hieß. Die neun Jahre alte Version erhielt dann die Bezeichnung Almost There. Zu dieser Zeit war Glenmorangie bereits vom Luxuswarenkonzern LVMH aufgekauft worden, und der Aufstieg von Ardbeg war seitdem unaufhaltbar. Die erwähnten ersten Abfüllungen wechseln inzwischen für mehr als das Zehnfache des ursprünglichen Preises den Besitzer.

Ardbeg verdient seinen Erfolg, weil jede Abfüllung ein Genuß ist. Die erste Charge des Ar_1 war sofort ausverkauft, und bei der vorliegenden scheint es genauso zu sein. Die Suche nach ihr lohnt sich aber. **DR**

Verkostungsnotizen

In der Nase eine perfekte Balance von Rauch und Früchten. Der Geschmack ist ebenso befriedigend – voller Körper und Birnentöne –, der Abgang warm.

Verkostungsnotizen

So waren 1976 auch die Sex Pistols: jung, hart, gewalttätig und überaus arrogant. Es gibt viel Mißtönendes – Unreife und fehlende Haltung – aber wen stört's?

Elements of Islay Bn$_1$ (Bunnahabhain)

Speciality Drinks | www.elements-of-islay.com

Herstellungsregion und -land Islay, Schottland
Destillerie Bunnahabhain, Port Askaig, Argyll
Alkoholgehalt 55,7 Vol.-%
Whiskytyp Single Malt

Bunnahabhain wird als der sanfte Islay-Malt bezeichnet. Manch einer käme vielleicht nicht einmal auf die Idee, daß er von dieser Insel stammt. Allerdings hat die Brennerei auch immer stark getorften Whisky hergestellt, um ihn für Blends anbieten zu können. Mit etwas Glück konnte man früher bei einem Besuch auch davon etwas verkosten. Inzwischen steht die Destillerie zum Torf und füllt unter dem Namen Toiteach einen getorften Whisky ab, der zu einem Hit geworden ist, da er das typische fruchtige Herz des Bunnahabhain mit den Rauch-, Torf- und Tangnoten verbindet, die man normalerweise mit Islay assoziiert.

Diese Version gehört zur Reihe „Elements of Islay", die vor allem große, schwere, stark getorfte Whiskys in Faßstärke bietet. Sie kam zusammen mit Malts von Lagavulin, Laphroaig, Caol Ila und Kilchoman heraus und war erstaunlicherweise mit der Note von rußiger Holzkohle die beste Abfüllung der gesamten Gruppe.

Destillerien neigen dazu, unabhängigen Abfüllungen, die nicht dem Typus ihrer Whiskys entsprechen, wenig Wohlwollen entgegen zu bringen. Torfliebhaber werden aber dennoch ihr Vergnügen an diesem Kracher finden. Es bleibt abzuwarten, ob Bunnahabhain selbst dem Beispiel folgt. **DR**

Verkostungsnotizen

In der Nase groß, mit Ruß, Torf, Holzkohle. Am Gaumen riesig, ölig, torfig-malzig anhaftend. Auch bei Zugabe von Wasser noch sehr torfbetont und rauchig.

Elements of Islay Br$_1$ (Bruichladdich)

Speciality Drinks | www.elements-of-islay.com

Herstellungsregion und -land Islay, Schottland
Destillerie Bruichladdich, Bruichladdich, Argyll
Alkoholgehalt 53,6 Vol.-%
Whiskytyp Single Malt

Als ich sechs Proben aus der Reihe „Elements of Islay" zur Beurteilung erhielt, fiel diese aus dem Rahmen. Alle anderen waren große, torfige Whiskys, aber der Bruichladdich wirkte recht zahm. Das war insofern überraschend, als die Brennerei genauso gute rauchige, phenolhaltige Whiskys herstellen kann wie die Konkurrenz. Und ‚rauchig' ist doch das, was man von „Elements of Islay" erwartet.

Die Destillerie Bruichladdich ist sehr auf ihre Unabhängigkeit bedacht und hat für ihre Größe Erstaunliches zu bieten. Die meisten Brennereien stellen Malts für das Verschneiden von Blends her, die trotz der Aufmerksamkeit, die den Single Malts zuteil wird, immer noch mehr als 90 Prozent des verkauften Whiskys ausmachen. Unter den Herstellern von Blends werden die Malts munter ausgetauscht, um eine Auswahl an Geschmacksnoten zur Verfügung zu haben. Die Malts, die dann noch übrig bleiben, werden meist von unabhängigen Abfüllern auf Flaschen gezogen.

Bruichladdich liefert aber nicht für Blends, insofern ist eine unabhängige Abfüllung ihres Whiskys eine Seltenheit. Sie kommt in Faßstärke daher und ist eine Überraschung, sogar für eine Destillerie, die schon sehr unterschiedliche Malts, vom fruchtigen bis zum sehr torfigen herausgebracht hat. **DR**

Verkostungsnotizen

Vom 2011er Jahrgang der „Elements of Islay" der am wenigsten aggressive. Üppig und ölig, mit Wasser blumig. Die Gewürz- und Torfnoten heben ihn an.

ELEMENTS of ISLAY
Pe1
SINGLE ISLAY MALT
SCOTCH WHISKY
DISTILLED & BOTTLED IN SCOTLAND
SPECIALITY DRINKS Ltd, NW10 7SU
FULL PROOF
50cle
58.7%vol
APPROVED BY CHARLES MACLEAN
ELEMENTS
Lg1
50cle
ELEMENTS
Ar2
DISTILLED & BOTTLED IN SCOTLAND
SPECIALITY DRINKS Ltd, NW10 7SU
50cle

Elements of Islay Cl$_2$ (Caol Ila)

Specialiaty Drinks | www.islay.com

Herstellungsregion und -land Islay, Schottland
Destillerie Caol Ila, Port Askaig, Argyll
Alkoholgehalt 50,5 Vol.-%
Whiskytyp Single Malt

Man kann sich nicht vorstellen daß ein japanischer Konzern eine neue ‚unabhängige' Version des Rolls-Royce auf den Markt bringt oder daß eine kleine schottische Rockband unter dem Bandnamen U2 Musik produziert, die sich wie U2 anhört. Bei Whisky ist es aber ohne weiteres möglich, daß ein unabhängiger Abfüller einen Whisky unter dem Namen der Destillerie auf den Markt bringt, die ihn hergestellt hat. Wie nicht anders zu erwarten, gibt es große Qualitätsunterschiede bei diesen unabhängigen Abfüllungen, und es gibt Whiskys mit den Namen großer Destillerien, die ehrlich gesagt, nie auf den Markt hätten kommen dürfen. Natürlich sind darunter auch viele, die nie als Single Malt gedacht waren.

Wenn ein unabhängiger Abfüller seine Sache jedoch gut macht, dann bereichert er die Welt des Whiskys. Oft genug sind es ihre Produkte, die dieser Welt Dynamik und Aufregung bescheren.

Bei der Reihe „Elements of Islay" geht es vor allem um Spitzenqualität. Angesichts der Whiskys in ihren Laborflaschen und den Namen, die an Symbole chemischer Elemente erinnern, muß man eingestehen, daß Speciality Drinks eine kreative und überaus professionelle Firma ist. Jede Ausgabe in der Reihe wird von einem angesehenen Whiskyfachmann begutachtet.

Diese Abfüllung ist die zweite der Reihe mit Whisky von Caol Ila, der größten Destillerie auf Islay. Sie wurde 2012 nach einer Erweiterung neu eröffnet und liefert vor allem Malt für Blends, es gibt jedoch auch mehr unabhängige Abfüllungen von ihr als von anderen Brennereien. Dieses Beispiel in Faßstärke erweist sich auf jeden Fall würdig, den Namen Cao Ila zu tragen. **DR**

Verkostungsnotizen

Wirklich ein Whisky für Freunde des Torfs. Hier dreht sich alles um Rauch und Teer: ein intensives, ausgewachsenes Torfmonster. Es gibt Andeutungen von Räucherschinken und grünen Bananenschalen, aber alles wird von einer Flut schmutzigen Torfs beherrscht.

Elements of Islay Kh$_1$ (Kilchoman)

Speciality Drinks | www.elements-of-islay.com

Herstellungsregion und -land Islay, Schottland
Destillerie Kilchoman, Bruichladdich, Argyll
Alkoholgehalt 59,7 Vol.-%
Whiskytyp Single Malt

Als Speciality Drinks mit der Idee für die Reihe „Elements of Islay" vorstellig wurde, war klar, daß die Meßlatte sehr viel höher hängen mußte als in der Vergangenheit. Allzuoft hatten unabhängige Abfüller schon den Namen einer Destillerie mißbraucht, um einen minderwertigen Whisky auf den Markt zu bringen, der nie als Single Malt beabsichtigt gewesen war.

Vor allem die Destillerien auf Islay scheinen oft unter den Machenschaften solcher Unabhängiger gelitten zu haben. Das mag daran liegen, daß sie ihre besten Fässer den eigenen offiziellen Single-Malt-Abfüllungen vorbehalten. Vielleicht ist der Grund aber auch, daß die Malts für das Verschneiden nach anderen Gesichtspunkten hergestellt werden als die normalen getorften Versionen und deshalb nicht den Erwartungen der Whiskytrinker entsprechen. Andererseits gibt es durchaus großartige unabhängige Abfüllungen, und die besten unter den unabhängigen Abfüllern sind stolz auf den Whisky, den sie einkaufen und geben sich sehr viel Mühe, hochwertige und wirklich typische Malts für ihr Sortiment zu finden.

Bei den Abfüllungen von Islay-Whisky in Faßstärke von Speciality Drinks dreht sich eindeutig alles um Qualität. Man möchte dem Käufer einen Frontalaufprall mit einem Islay-Malt voller Rauch und Torf bieten. Auch das Marketing ist geschickt: Die Abkürzung des Destillerienamens wird mit der ‚Ausgaben'-Nummer zu chemisch wirkenden Symbolen verbunden. Zweifel an der Qualität werden mit der Begutachtung durch anerkannte Experten ausgeschlossen. Der Kilchoman ist voller und größer als die Standardabfüllung, was ihm aber keineswegs schadet. **DR**

Verkostungsnotizen

Groß, voll, ölig und sehr torfig: Ein hartgesottener getorfter Islay-Malt, der kein Pardon kennt. Wenn man Wasser zugibt, wird die grundlegende Fruchtigkeit freigesetzt, aber auch dann bleibt der heftig pfeffrige Torfschlag am Gaumen überaus deutlich.

The Famous Grouse

Edrington Group | www.thefamousgrouse.com

Herstellungsregion und -land Schottland
Destillerien Verschiedene
Alkoholgehalt 40 Vol.-%
Whiskytyp Blend

Glenturret ist zwar die älteste noch produzierende Destillerie in Schottland, aber sie beherbergt ein modernes Besucherzentrum, das Einblicke in die Welt des heutigen Whiskys vermittelt. Man kann im preisgekrönten Restaurant speisen, an einer Führung durch die 300 Jahre alte Brennerei oder an der Famous Grouse Experience teilnehmen, die von der schottischen Tourismusorganisation Visit Scotland mit fünf Sternen ausgezeichnet wurde. Dort gibt es eine neue interaktive Zone und einen Film mit dem Titel *The Grouse*, der den Besucher einige bekannte schottische Sehenswürdigkeiten aus der Vogelperspektive sehen läßt.

The Famous Grouse wird allgemein als „Schottlands liebster Whisky" bezeichnet. Der Name stammt vom Schottischen Moorschneehuhn, das in Schottland viel bejagt wird. In den 1890er Jahren reisten wohlhabende Engländer zunehmend gerne nach Schottland, um dort die saubere Luft, schöne Landschaft und ländliche Vergnügungen zu genießen. Glenturret erkannte die Möglichkeit, diesem erlesenen Publikum einen ebenso exquisiten Whisky anzubieten, entwickelte ihren eigenen Blend und nannte ihn The Grouse Brand. Die Tochter des Inhabers Matthew Gloag zeichnete das Moorhuhn, das auf dem ersten Etikett zu sehen war. Der Whisky wurde von der betuchten Gesellschaft so schnell angenommen, daß er 1896 in The Famous Grouse umgetauft wurde.

Famous Grouse ist in Schottland der meistverkaufte Blend und steht im Vereinigten Königreich nach Bell's von Diageo an Platz zwei. 2010 stieg der Umsatz um fünf Prozent, es werden mehr als drei Millionen Kisten pro Jahr verkauft. **SR**

Verkostungsnotizen

Klar, strahlend, goldfarbig. Schöne Malts wie Macallan und Highland Park gehen mit hervorragenden Grain-Whiskys einher. In der Nase Eiche und Sherry mit Zitrusnoten. Am Gaumen reif, bekömmlich und voller Frucht. Ein sauberer und mitteltrockener Abgang.

The Famous Grouse The Black Grouse

Edrington Group | www.thefamousgrouse.com

Herstellungsregion und -land Schottland
Destillerien Verschiedene
Alkoholgehalt 40 Vol.-%
Whiskytyp Blend

Die Edrington Group ist eine Partnerschaft mit der britischen Naturschutzorganisation Royal Society for the Protection of Birds (RSPB) eingegangen, um eine der seltensten Vogelarten Großbritanniens davor zu bewahren, auf den Inseln auszusterben. Vom Verkaufserlös jeder Flasche Black Grouse gehen im Vereinigten Königreich 50 Pence als Spende an die RSPB, um dringende Schutzmaßnahmen zu finanzieren. 2012 hatte die Gesellschaft auf diese Weise schon fast 350 000 Euro für den Schutz des Birkhuhns erhalten, das auf Englisch Black Grouse heißt.

Das Birkhuhn ist eine der Vogelarten, deren Bestände im Vereinigten Königreich am schnellsten zurückgehen. Im Jahr 2005 wurden nur 5100 balzende Birkhähne in Großbritannien gezählt. Die Art steht dort wegen der starken Bestandsabnahme auf der Roten Liste der IUCN. Sie ist eine der sechsundzwanzig Vogelarten, für die Großbritannien einen UK Biodiversity Action Plan vorgelegt hat, um dringend notwendige Maßnahmen zur Erhaltung der vielfältigen Ökosysteme einzuleiten.

Der Black Grouse ist ein Blend, der aus der Verbindung des Famous Grouse mit Malt Whiskys von der Insel Islay hervorgegangen ist. Es ist ein stark getorfter Blend, der auf eine jüngere Kundschaft zielt, die zwar den starken Jodgeschmack der Islay-Malts schätzt, sich diese aber nicht immer leisten kann. Black Grouse wurde vor allem für den skandinavischen Markt geschaffen, wo die Kunden etwas jünger sind als die traditionellen Scotch-Trinker und einen volleren Geschmack suchen. Der Black Grouse liefert ihn aufgrund seines Gehalts an Islays, er ist bezahlbar und trägt als Gütesiegel den Namen des Hauses Famous Grouse. **SR**

Verkostungsnotizen

Erst torfiger Rauch, dann zarte Süße mit Rohzucker und Spuren von Malz und Eiche in der Nase. Subtile, rauchig-süße Noten. Seidig-glatter Vortrag mit Spuren von Kakao und Gewürzen. Der Abgang ist lang, torfig, aromatisch. Sanfter Rauch weicht nachklingender Eiche.

Schottland 253

Quality in an age of change.

The Famous Grouse Celebration Blend

Edrington Group
www.thefamousgrouse.com

Herstellungsregion und -land Schottland
Destillerien Verschiedene
Alkoholgehalt 43 Vol.-%
Whiskytyp Blend

Eine der aufregendsten Entwicklungen der jüngeren Zeit zeigt sich in dem Bestreben großer Whiskyproduzenten, die Kategorie des Blended Scotch wiederzubeleben, indem sie Sonderabfüllungen mit Blends auf den Markt bringen.

Niemandem ist das so gut gelungen wie Edrington bei seiner Marke Famous Grouse. Die Strategie birgt Risiken: Einen Whisky wie den Naked Grouse herauszubringen, der soviel Sherry zeigt, oder den Black Grouse mit seinem hohen Torfgehalt, stellt den Trinker des normalen Famous Grouse vor Fragen. Zudem wird die Marke in fremdes Territorium geführt. In diesem Fall funktioniert es jedoch.

Dieser Blend ist der erste, der ganz alleine vom neuen Masterblender Gordon Motion verantwortet wurde. Er erschien 30 Jahre, nachdem der Famous Grouse 1981 erstmals der meistverkaufte Whisky in Schottland wurde. Er enthält auch Whiskys aus diesem Jahr, darunter nicht zuletzt vorzügliche Malts von Macallan und Highland Park, die ebenfalls zu Edrington gehören. Er muß auf jeden Fall auf die Liste älterer Whiskys, die so gut sind, daß man sie pur trinken kann. Eigentlich sollte einen sogar ein Schuldgefühl beschleichen, falls man sie mit irgendetwas mischt. **DR**

Verkostungsnotizen

Üppig, voll, abgerundet und glatt, mit viel Honig und Zitrusnoten. Andeutungen von Rauch und Eiche. Großartig runder, honiggetönter Abgang.

The Famous Grouse The Naked Grouse

Edrington Group
www.thefamousgrouse.com

Herstellungsregion und -land Schottland
Destillerien Verschiedene
Alkoholgehalt 40 Vol.-%
Whiskytyp Blend

Den Famous Grouse hat es im Laufe der Jahre in vielen Varianten gegeben, aber die überraschendste und vielleicht auch beste ist der Naked Grouse. Die Flasche, die ich zur Beurteilung erhielt, kam mit einem Zettel, auf dem stand: „Nicht auf Sherry zu sprechen kommen." Da wollte jemand einen Witz machen. Bei diesem Whisky dreht sich alles um Sherry.

Der Naked Grouse ist ein gewichtiger Whisky, der von Malt mit Sherrytönen beherrscht wird. Zur Edrington Group gehört auch Macallan, deren Whisky als der beste in Sherryfässern gereifte auf der Welt genannt worden ist. Vielleicht ist der Sherry im Naked Grouse also nicht so überraschend. Andererseits spielt sicher auch der Glenrothes in ihm eine wichtige Rolle, da auch deutlich erdige Töne zu erkennen sind. Was ihn jedoch zu einer echten Überraschung macht, ist die Tatsache, daß er eigentlich überhaupt nicht wie ein Blend schmeckt. Man könnte ihn gut pur, mit etwas Wasser oder sogar mit Eis, aber ohne andere Mix-Zutaten trinken. Erst ganz am Schluß, wenn der Abgang sehr kurz ausfällt – was oft darauf hindeutet, daß man keinen Single Malt trinkt –, kommt ein Hinweis darauf, was man wirklich trinkt. Allerdings ist es etwas anderes als alle anderen Famous-Grouse-Varianten. Etwas sehr Beeindruckendes. **DR**

Verkostungsnotizen

In der Nase Dörraprikosen, Oloroso-Sherry und etwas würziger Rauch. Trocken-cremige Mandel- und Minztöne gehen in einen würzig-torfigen Abgang über.

The Famous Grouse The Snow Grouse

Edrington Group | www.thesnowgrouse.com

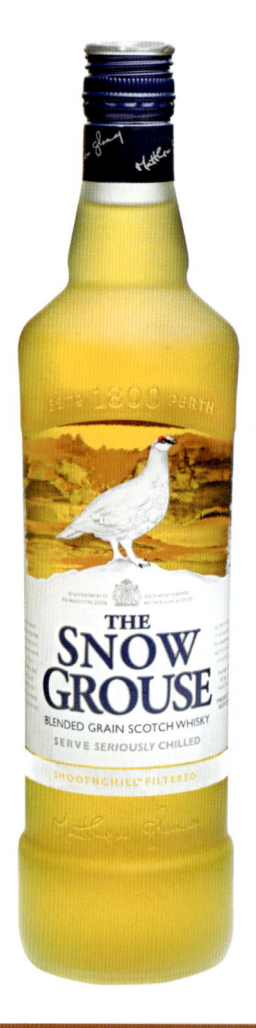

Herstellungsregion und -land Schottland
Destillerien Verschiedene
Alkoholgehalt 40 Vol.-%
Whiskytyp Blended Grain

Wie kann man als Whiskyhersteller den Ruf seiner Marke aufrechterhalten und gleichzeitig für Wachstum sorgen? Jack Daniel's entschied sich für das Konservative und verkündete 2011, daß die Marke keine neuen Wege beschreiten würde. Die Besitzer von Famous Grouse haben sich für das Gegenteil entschieden und in der Vergangenheit verschiedene Varianten herausgegeben, darunter auch Ausgaben des ursprünglichen Famous Grouse in verschiedenen Altersstufen. Es gab auch einige Blended Malt Whiskys, die aus verschiedenen Malts ohne Zugabe von Getreidewhisky bestanden. Die Eigner können über erstklassige Malts aus dem eignen Portfolio wie Macallan und Highland Park verfügen, die eine Vielfalt von Aromen für Blends bieten.

Diese Version ist jedoch radikal anders als der ursprüngliche Famous Grouse. Er wird als Blended Grain bezeichnet, enthält also Getreidewhisky aus verschiedenen Destillerien. Grain-Whisky wurde lange als der arme Verwandte des Malts betrachtet, ist aber in den letzten Jahren immer beliebter geworden, nicht zuletzt, weil man glaubt, so könne einem jüngeren Publikum der Zugang zur Welt der Malts eröffnet werden.

Getreidewhisky ist von Natur aus süß, und eine Verkostungsempfehlung lautet, ihn im Kühlschrank zu lagern und kalt zu servieren. Dadurch wird er etwas zähflüssig, aber der Geschmack des Grains, von dem man sagt, er sei „durch Kühlung geglättet worden", wird nicht beeinträchtigt; wenn sich der Whisky im Mund langsam erwärmt, setzt er seine Vanillenoten frei. Es ist also ein Whisky, aber einer, der nicht dem entspricht, was wir normalerweise unter diesem Namen trinken. **DR**

Verkostungsnotizen

Sehr wenig Nase, und der Geschmack ist unkompliziert, aber recht ansprechend. Süße Vanilleeiscreme, Honig, Sahnekaramell und kaum mehr. Ein trinkbarer Whisky, gut für Cocktails geeignet, was vielleicht noch durch die Flasche betont wird, die an Wodkaflaschen denken läßt.

Fettercairn 24-Year-Old

Whyte & Mackay | www.whyteandmackay.com

Herstellungsregion und -land Highlands, Schottland
Destillerie Fettercairn, Laurencekirk, Kincardineshire
Alkoholgehalt 44,4 Vol.-%
Whiskytyp Single Malt

Diageo weihte 2010 am Nordrand der Speyside seine Superdestillerie Rosisle ein, ein Betrieb, der zwei vollkommen unterschiedliche Malts brennen kann. Der eine war ein voller, fleischiger Whisky, der früher in *worm tubs* kondensiert worden wäre – wassergefüllte Fässer, durch die das Destillat in Kühlschlangen geleitet wurde –, um durch die langsame Kondensierung die kräftigeren Geschmacksnoten zu erhalten. Diageo beschloß jedoch, in der modernen, umweltfreundlichen Destillerie hätten *worm tubs* keinen Platz mehr, und installierte einen Kondensator aus Edelstahl.

Die Destillerie Fettercairn hätte diese Entscheidung wohl ironisch belächelt, da der Einsatz solcher Edelstahlkondensatoren ihr viele Probleme bereitet hatte. Wenn beim Destillieren weniger Kupfer verwendet wird, kann unerwünschter Schwefel im Destillat verbleiben, und wenn dieses dann in Fässern reift, die nicht ganz perfekt sind, dann schmeckt man den Schwefel unter Umständen im Endprodukt. Fettercairn wies zum Teil solche Schwefelmengen auf, daß der Whisky nicht mehr nach abgebrannten Zündhölzern, sondern nach Metall oder Gummi schmeckte – eher unangenehm.

Dieser Malt entstand zwar schon viele Jahre, bevor der Edelstahlkondensator bei Fettercairn abgeschafft wurde, aber glücklicherweise blieb er unversehrt. Er reifte in guten Fässern und zeigt zwar eine gewisse fleischige Note, ist aber insgesamt von guter Qualität. Der 24-Year-Old zeigt die typischen Merkmale eines Highland Malts: Eiche, Torf, Gewürze und Frucht. Er ist altmodisch, aber auf ansprechende Art. Insgesamt ein Aushängeschild für die Destillerie. **SR**

Verkostungsnotizen

Voller Geschmack, üppig und warm. Winzige Spuren von Schwefel in der Nase, die aber von Fruchtkompott und frischem Obstsalat ersetzt werden. Am Gaumen Apfel, Stachelbeere, Gewürze aus dem Küchenvorrat und überreife, weiche Pfirsiche.

Fettercairn
30-Year-Old

Whyte & Mackay
www.whyteandmackay.com

Herstellungsregion und -land Highlands, Schottland
Destillerie Fettercairn, Laurencekirk, Kincardineshire
Alkoholgehalt 43,3 Vol.-%
Whiskytyp Single Malt

Es gibt Destillerien, die mehr als 300 Jahre alt sind, und die Herstellung von Whisky in Irland und Schottland blickt auf einen noch längere Geschichte zurück. Wegen ihrer großen ökonomischen Bedeutung spielte die Whiskybranche auch immer eine Rolle in der Politik. So wehrten sich die Jakobiten zum Beispiel mit dem Slogan „Keine Malzsteuer, keine Salzsteuer, keine Vereinigung mit England!" gegen die Herrschaft der Engländer.

Die Destillerie Fettercairn gehörte einst der Familie Gladstone. Da der britische Premierminister William Gladstone etwas von Whisky verstand, sorgte er für die rechtliche Anerkennung des „Anteils der Engel", der durch Verdunstung verloren ging. Er ließ ein Gesetz so ändern, daß die Endmenge Whisky und nicht die Menge des Destillats versteuert werden mußte, und trug so zum Überleben der Brennereien bei.

In der Vergangenheit ist der Whisky von Fettercairn vielleicht nicht immer den höchsten Ansprüchen gerecht geworden. Aber dieser 30-Year-Old ist nicht nur der beste der vier Comeback-Abfüllungen der Destillerie, sondern auch nach jedem Maßstab ein großer Whisky. Highland-Whiskys reifen oft sehr gut bis in ein hohes Alter, weil sie robust und üppig sind und so dem Einfluß des Holzes widerstehen können. Dies ist ein gutes Beispiel dafür. **SR**

Verkostungsnotizen

Eine verlockende Balance zwischen den frechen jüngeren Abfüllungen und der zarten Gebrechlichkeit des 40-Year-Old. Zitrusfrüchte treffen auf Biskuitkuchen.

Fettercairn
33-Year-Old Malt Cask

Douglas Laing & Co. | www.douglaslaing.com/
www.whyteandmackay.co.uk

Herstellungsregion und -land Highlands, Schottland
Destillerie Fettercairn, Laurencekirk, Kincardineshire
Alkoholgehalt 50 Vol.-%
Whiskytyp Single Malt

Viele Menschen versuchen im Laufe ihres Lebens mit unterschiedlichem Erfolg, sich neu zu erfinden. Ähnliches gilt auch für Destillerien. Die ersten 150 Jahrs ihres Bestehens war Fettercairn unter der Ägide der Familie Gladstone eine angesehene Brennerei. Seit den 1970er Jahren hatte sie jedoch neun verschiedene Eigner und produzierte teilweise Whiskys für Whyte & Mackay und deren Blends. In den letzten 15 Jahren hat es mehrere Versuche gegeben, der Destillerie ein neues Image zu geben und eine Nische für ihre Malts zu finden.

Auch diese haben sich verändert. Das liegt zum Teil daran, daß man die Edelstahlkondensatoren durch solche aus Kupfer ersetzt hat, die einen Teil der heftigen Schwefelnoten entfernen. Der Whisky fällt aber trotzdem immer noch etwas aus der Reihe und hat einen Geschmack, den man entweder liebt oder haßt. Ein Whiskyjournalist fragte sich sogar, warum manche Destillerien stillgelegt wurden und ausgerechnet Fettercairn überleben konnte.

Dieser Fettercairn von Douglas Laing and Co. wurde 1975 noch in Edelstahl destilliert. Er reifte in einem bereits mehrfach für Whisky verwendeten Faß, so daß das Holz die faszinierende Geschmacksmischung nicht übertönt, die so typisch für Highland-Malts dieser Zeit ist. Sicher nicht unumstritten, aber auf jeden Fall köstlich. **AN**

Verkostungsnotizen

Bernsteinfarben mit einer nussigen Nase, die an Backhefe an einem heißen Tag erinnert. Zuerst etwas Frucht und dunkle Schokolade, dann üppig-ölig und würzig.

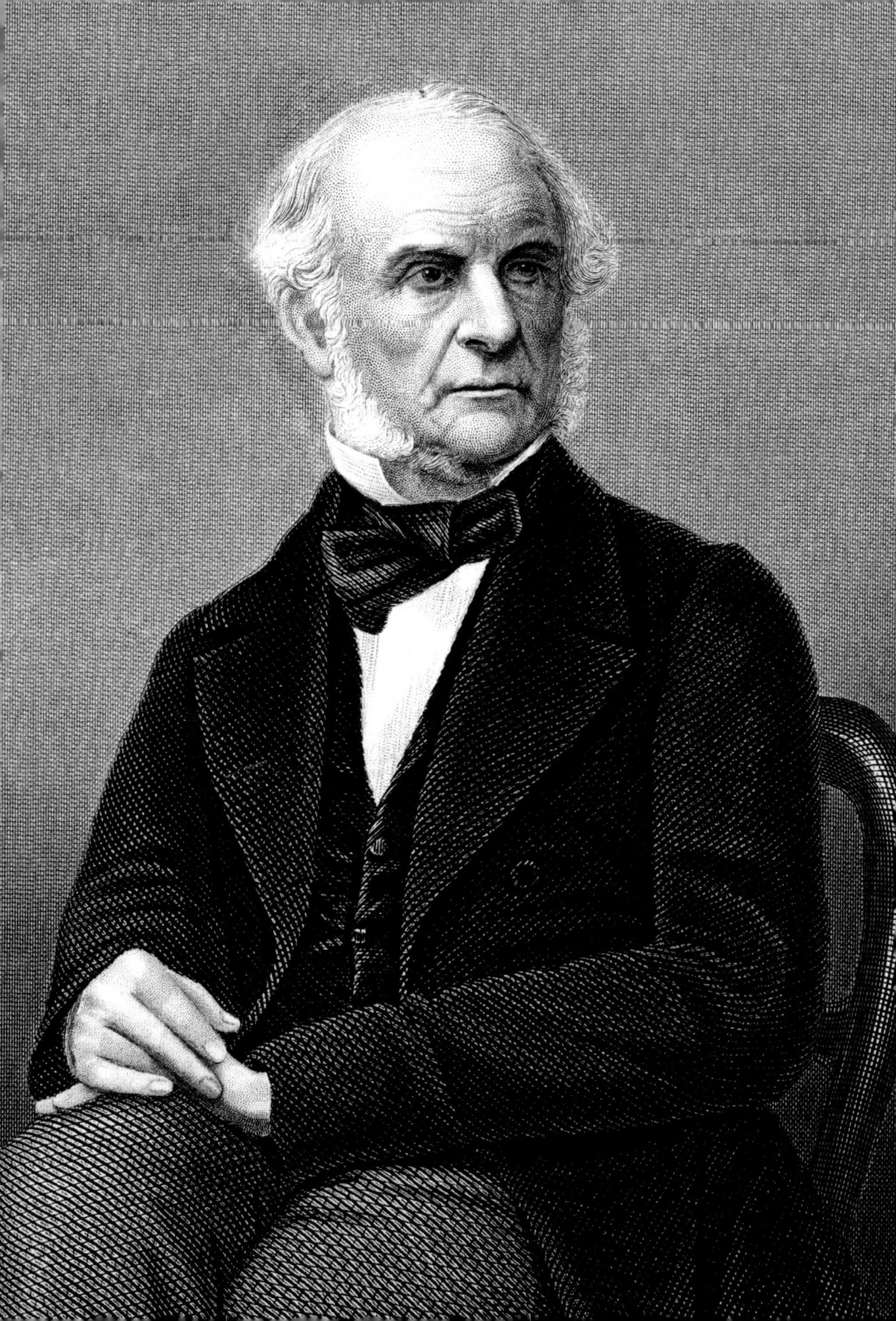

Fettercairn 40-Year-Old

Whyte & Mackay | www.whyteandmackay.com

Herstellungsregion und -land Highlands, Schottland
Destillerie Fettercairn, Laurencekirk, Kincardineshire
Alkoholgehalt 40 Vol.-%
Whiskytyp Single Malt

Bei sehr alten Whiskys – und es gibt nur wenige, die 40 Jahre alt werden wie dieser – gibt es drei Probleme. Zum einen sinkt der Alkoholgehalt während der Lagerung. Falls er unter 40 Volumenprozent fällt, darf das Getränk nicht mehr als Whisky bezeichnet werden. Es muß deshalb sorgfältig überwacht werden. In der Destillerie Lagavulin gibt es beispielsweise ein Faß, daß 1969 gefüllt wurde, inzwischen aber unter diese 40-Prozent-Grenze gefallen ist – ein Unglück, daß einem Whiskyliebhaber das Herz brechen könnte.

Der zweite Faktor ist die Reifung. Auch sie muß sorgfältig überwacht werden. Wenn man sie zu lange ausdehnt, kann der Einfluß des Holzes den Whisky überwältigen, und damit alle Bemühungen, den Geschmack zu verbessern, zunichte machen.

Schließlich ist auch zu bedenken, daß sehr alter Whisky zart und gebrechlich werden kann; er ist dann überraschend weich. Solche Whiskys müssen sanft behandelt werden und sollten ohne Wasser verkostet werden. Der Grund ist recht einfach: Die Molekularstruktur eines alten Whiskys ist fragil und kann leicht den Zusammenhalt verlieren. Schon etwas Wasser kann den Malt auseinanderfallen lassen. Bei einem Whisky, der Hunderte oder sogar Tausende Dollar gekostet hat, ist das kein erstrebenswertes Ergebnis.

Dieser Whisky ist wunderbar zart und ganz offensichtlich vom Hersteller sehr behutsam behandelt worden. Anstatt sich eine ganze Flasche zu kaufen – die sicher nicht billig wäre –, zieht man es vielleicht vor, ihn sich in einer der teureren Whisky-Bars der Welt servieren zu lassen. Versuchen Sie es, es lohnt sich. **SR**

Verkostungsnotizen

Dieser Single Malt bietet ein volles, süßes, sherrybetontes Geschmackserlebnis. Am Gaumen zeigen sich zarte, raffinierte und genußvolle Noten von Orangenschokolade, Pralinen und Honiggebäck. Der Abgang ist jedoch höchstens mittelprächtig.

Fettercairn Fior

Whyte & Mackay | www.whyteandmackay.com

Herstellungsregion und -land Highlands, Schottland
Destillerie Fettercairn, Laurencekirk, Kincardineshire
Alkoholgehalt 42 Vol.-%
Whiskytyp Single Malt

Es fallen einem nicht viele schottische Destillerien ein, die mehr Anlaß zu Kontroversen gegeben haben als Fettercairn. Es hat aus verschiedenen Gründen Kritik gehagelt, aber die Menschen der Umgebung haben sich zusammengetan, um den Schwierigkeiten zu begegnen, und Fettercairn ist wieder auf dem Weg nach oben.

In manchen Teilen der Welt – Speyside, Islay, Kentucky, Tasmanien – bilden die Destillerien Gruppen und sind einander in freundschaftlicher Rivalität verbunden, um ihre gemeinschaftlichen Stärken bestmöglich zu nutzen. Andere stehen jedoch allein da, oft an den entlegensten Stellen der Welt. Sie bilden den Mittelpunkt ihres Gemeinwesens und bieten viele Arbeitsplätze. Es überrascht deshalb nicht, daß sie Treuegefühle hervorrufen und daß ihre Anhänger auf Kritik nicht mit Wohlwollen reagieren. Und kaum ein Malt hat soviel Kritik ertragen müssen wie der Fettercairn. Die Probleme der Vergangenheit sind allerdings inzwischen angegangen worden.

Die Abfüllung ist die erste einer neuen Epoche. Hier kämpft sich eine Destillerie den Weg wieder frei, die gleichermaßen traditionell-rustikal und ansprechend edel ist. *Fior* bedeutet auf Gälisch „rein", und die Abfüllung ist als Ankündigung zu verstehen, daß der althergebrachte Malt der Destillerie etwas sehr viel Zeitgemäßerem gewichen ist. Es ist ein kantiger, herausfordernder Malt, aber einer, der einzigartig, gut gemacht und bereichernd ist. Er verdient die Wiederentdeckung, und die Markeneigner Whyte & Mackay unterstützen sie mit neuer Verpackung und frischem Marketing nach Kräften. Hervorzuheben ist die Qualität des neuen Malts, seine Komplexität ist bemerkenswert. **SR**

Verkostungsnotizen

Kein leichter Ritt, aber ein lohnender. Der Whisky buhlt mit Nußkeksen, dunklem Kaffee, intensivem Dörrobst und Spuren von Rauch in der Nase wie am Gaumen heftig um Aufmerksamkeit. Im Mund entwickelt er sich anders als jeder andere Malt.

Finlaggan Islay Single Malt Cask Strength

Vintage Malt Whisky Co. | www.vintagemaltwhisky.com

Herstellungsregion und -land Islay, Schottland
Destillerie Ungenannt
Alkoholgehalt 58 Vol.-%
Whiskytyp Single Malt

Am Nordostende von Islay kann man an der Straße nach Port Askaig einen Wegweiser nach Finlaggan entdecken. Wenn man ihm folgt, gelangt man bald an das von flachen Hügeln umgebene Loch Finlaggan. Die Ruhe und landschaftliche Schönheit lassen nichts von der historischen Bedeutung erahnen. Hier war einst der Sitz der Lords of the Isles, die über die Westküste Schottlands und die vorgelagerten Inseln herrschten. Finlaggan wurde schon sehr früh besiedelt, vermutlich gleichermaßen wegen der Mineralvorkommen und der strategischen Lage, im 14. und 15. Jahrhundert residierten hier die Lords of the Isles des Clans MacDonald. An einem Ende liegen zwei Inseln im See, auf einer befand sich die Kapelle und der Palast, auf der anderen der Beratungssaal, in dem sich der Lord und seine Ratgeber trafen, um über Wichtiges zu diskutieren. Eine Destillerie gibt es hier allerdings nicht.

Finlaggan wird auf dem Etikett als Islay Single Malt bezeichnet, der in Bourbon- und Sherryfässern gereift ist, es gibt jedoch keinen Hinweis auf die Brennerei, aus der dieser rätselhafte Whisky stammt. Deutet der Name auf Caol Ila oder vielleicht sogar Bunnahabhain hin? Erstaunlicherweise sind sich nicht einmal die Brenner in den großen Destillerien der Insel darüber einig, welcher Malt in der Flasche steckt. Daraus kann man schließen, daß er nicht dem Hausstil einer Destillerie entspricht, sondern eine ausgefallene unabhängige Abfüllung ist. Die Herkunft könnte jedoch auch von einer Charge zur nächsten eine andere sein. Es ist auf jeden Fall ein großer, öliger, rauchiger und torfiger Whisky. Insofern spielt die Herkunft keine Rolle: Wenn man junge, torfige Malts mag, wird man ihn lieben. **PB**

Verkostungsnotizen

Massive Torfaromen, durchdringende Zitrus- und Lakritznoten sowie Spuren von Weinbeeren, Kümmel und weißer Schokolade in der Nase. Am Gaumen Kräuter und Gras, gegrillte Forelle und malzige Süße. Der Abgang ist lang, süß und aschig.

Glen Elgin 12-Year-Old

Diageo | www.malts.com

Herstellungsregion und -land Speyside, Schottland
Destillerie Glen Elgin, Longmorn, Elgin, Morayshire
Alkoholgehalt 43 Vol.-%
Whiskytyp Single Malt

Die meisten Destillerien in der Speyside sind schon von weitem leicht an den Pagodendächern oder Schornsteinen zu erkennen. Glen Elgin ist eine Ausnahme. Sie liegt an der Straße von Rothes nach Elgin versteckt in dem kleinen Weiler Fogwatt. Man ist in weniger als einer Minute durch das Dorf gefahren, und die Abzweigung zur Brennerei ist leicht verpaßt.

Auch der Malt von Glen Elgin wird leicht übersehen. Die Produktion landet hauptsächlich in den verschiedenen Blends des Diageo-Konzerns, vor allem im White Horse. Die einzige offizielle Malt-Abfüllung (neben einigen limitierten Ausgaben) ist der 12-Year-Old. Die Eigner haben sich zwar entschieden, dem Glen Elgin keine führende Rolle innerhalb ihres Sortiments zu geben, aber sie finden offensichtlich, daß er eine gewisse Sonderbehandlung verdient. So erscheint er nicht in der „Flora & Fauna"-Reihe von Diageo, sondern mit eigener Marke, eigenem Etikett und eigener Flasche.

Die Destillerie Glen Elgin ist recht klein, sie produziert nur 1,7 Millionen Liter im Jahr. Lange Gärzeiten von 56 bis 120 Stunden sind bei der Produktion ein Nadelöhr, aber auch das Geheimnis des besonderen Geschmacks. Im Verein mit der langsamen Destillation ergeben sie volle und fruchtige Aromen, aber keineswegs einen leichten Whisky. Bei einer zweiten Destillation wird Destillat bis zu einem Alkoholgehalt von 58 Volumenprozent abgenommen, was normalerweise auf den Wunsch hindeutet, auch schwerere Noten im Körper des Whiskys zu vereinen. Das Destillat wird zudem in sechs hölzernen *worm tubs* außerhalb des Brennereigebäudes abgekühlt, was den Charakter des Whiskys recht robust macht. **IR**

Verkostungsnotizen

In der Nase eine reizvolle Kombination von Mandeln und Honig. Am Gaumen anfänglich recht trocken, frisch und lebhaft, dann tauchen verschiedene Früchte auf, vor allem Birne. Der Abgang ist sehr ausgewogen und intensiv.

Schottland 263

Glen Elgin
16-Year-Old

Diageo
www.malts.com

Herstellungsregion und -land Speyside, Schottland
Destillerie Glen Elgin, Longmorn, Elgin, Morayshire
Alkoholgehalt 58,5 Vol.-%
Whiskytyp Single Malt

Die Gebäude von Glen Elgin wurden von Charles Doig (1855–1918) entworfen, der als Architekt für mehr als 50 schottische Destillerien verantwortlich zeichnete. Sie wurden 1898 fertiggestellt. Nach einem Zusammenbruch des Whiskymarkts wurde die Destillerie 1901 für weniger als ein Drittel der Baukosten verkauft. Nach der Wiedereröffnung im Jahr 1908 wurde nur zögerlich modernisiert, erst 1950 wurde Glen Elgin an das Stromnetz angeschlossen. Bis zu diesem Zeitpunkt gab es einen Mitarbeiter, der nichts anderes tat, als die Paraffinlampen zu betreuen.

Bis 1964 stammte das Rohmaterial aus der eigenen Mälzerei, später kam ungetorftes Malz aus dem nahe gelegenen Burghead hinzu. Das weiche Wasser für die Brennerei stammt aus Quellen in der Nähe vom Millbuies Loch; das Kühlwasser aus dem Glen Burn. Bis zum Jahr 2000 war noch das ursprüngliche Maischefaß in Betrieb.

Dieser 16-Year-Old in Faßstärke wurde 1991 destilliert und reifte in Sherryfässern. 2007 kam er in einer limitierten Ausgabe von 9954 Flaschen auf den Markt und wurde bald zu einer gesuchten und teuren Rarität. Trotz des hohen Preises – dies ist das teuerste Produkt der Destillerie – lohnt sich die Suche nach ihm, man bekommt allerhöchste Qualität für sein Geld. **GL**

Verkostungsnotizen

In der Nase stark, erinnert an Sherry und Orangen sowie Vanillefondant und Mandeln. Am Gaumen ölig, mit Früchten, Gewürzen und Noten von Zedernholz.

Glen Flagler
1973

Inver House
www.inverhouse.com

Herstellungsregion und -land Lowlands, Schottland
Destillerie Glen Flagler, Moffat, Airdrie, North Lanarkshire
Alkoholgehalt 46 Vol.-%
Whiskytyp Single Malt

Der Glen Flagler ist ein seltener Single Malt, der zwischen 1965 und Juli 1985 im Destilleriekomplex Moffat gebrannt wurde. Inver House war eine Tochterfirma von Publicker Industries Ltd. in Philadelphia, die eine ehemalige Papiermühle in Moffat aufgekauft hatte und einen Betrieb errichtete, der aus nicht weniger als 32 Lagerhäusern, einer Verarbeitungsanlage für Getreideschlempe, einer Böttcherei, fünf Destillationsanlagen für Weingeist und einen Grain-Whisky namens Garnheath, zwei Brennblasenpaaren für Malt der Marken Glen Flagler und Killyloch sowie Abfüll- und Verschnittanlagen bestand. Glen Flagler stellte 1985 die Produktion ein.

Der Glen Flagler 1973 enthält Whisky aus den letzten fünf Fässern, der mit Faßstärke und ohne Kaltfiltrierung auf Flaschen gezogen wurde, nachdem er 29 Jahre in Eichenfässern geruht hatte. Jede der 931 Flaschen ist mit einer Echtheitsurkunde und mit Verkostungsnotizen versehen und einzeln numeriert.

1973 wurde der Glen Flagler leicht getorft, was für Single Malts aus den Lowlands ungewöhnlich ist, da Torf ihre typischen Gras- und Blütenaromen schnell übertönt. Das war möglich, weil der Destilleriekomplex seine eigene Mälzerei unterhielt und deshalb unterschiedliche Torfungsstärken erzielt werden konnten. **WM**

Verkostungsnotizen

Heu, Stroh und Gras mit Vanillenoten; überraschend voller Körper. Durch Honig, Malz und etwas Torf vervollständigt. Trockener Abgang.

Glen Garioch
12-Year-Old

Morrison Bowmore Distillers (Suntory)
www.glengarioch.com

Herstellungsregion und -land Highlands, Schottland
Destillerie Glen Garioch, Oldmeldrum, Aberdeenshire
Alkoholgehalt 48 Vol.-%
Whiskytyp Single Malt

Der Single Malt von Glen Garioch stand lange im Schatten seiner Highland-Geschwister Bowmore und Auchentoshan. 2010 kam jedoch dieser 12-Year-Old als Teil eines neu gestalteten und aufgewerteten Sortiments auf den Markt. Er besteht aus Whiskys, die zum Teil in Bourbonfässern, zum Teil in Oloroso-Sherryfässern gereift sind. Vom Bourbon stammen die typischen süßen Vanille- und Sahnekaramellnoten, während der Sherry für eine robuste Blumigkeit sorgt.

Die Entscheidung, das Sortiment mit hohem Alkoholgehalt und ohne Kaltfiltrierung abzufüllen, war schon beim Start der Founder's Edition ein Jahr zuvor gefallen, aber erst mit dieser zugänglicheren Version kommen die Charakteristika der Destillerie zum Vorschein. Der Glen Garioch sollte von Anfang an ein klassischer Highland-Whisky mit großer Geschmacksfülle sein. Man hatte sich dazu verpflichtet, beim Alkoholgehalt kaum von der Faßstärke abzuweichen und keine Kaltfiltrierung durchzuführen, um die Geschmacksnoten zu erhalten, die sich im Faß entwickelt hatten. Da es den Interessen der Whiskybegeisterten entgegenkam, sollte der Alkoholgehalt nicht auf die sonst üblichen 40 oder 43 Volumenprozent reduziert werden. Wenn sich ein Whisky mit viel Alkohol gut in Form zeigt, warum sollte man ihn verwässern? **IGY**

Verkostungsnotizen

Der Duft der Highlands: Heide und Frühlingsblumen. Am Gaumen Birnen und Bananen; die Fruchtigkeit wird durch leichte, vanillegetönte Eiche ausgewogen.

Glen Garioch
15-Year-Old

Morrison Bowmore Distillers (Suntory)
www.glengarioch.com

Herstellungsregion und -land Highlands, Schottland
Destillerie Glen Garioch, Oldmeldrum, Aberdeenshire
Alkoholgehalt 43 Vol.-%
Whiskytyp Single Malt

Das Garioch ist eine außerordentlich fruchtbare Landschaft und eines der wichtigsten Gerstenanbaugebiete Schottlands. Glen Garioch („Glen Gierie" ausgesprochen) ist die östlichste schottische Destillerie und eine der wenigen, die noch in einem Wohngebiet Whisky brennt. Destillerien stoßen in Städten meist auf wenig Gegenliebe, da sie zu Belästigungen durch Verkehr, Lärm und Gerüche führen. Einwände gegen solche Begleitumstände führten letztlich auch zur Schließung von Brennereien wie Rosebank und Millburn. Die Bewohner des Ortes wissen allerdings, daß die Gerüche der Destillerie nie so schlimm sein werden wie die der Gerberei, die früher zum Betrieb gehörte.

Es ist einiges über die unterschiedlichen Torfungsgrade des Glen Garioch geschrieben worden, die sich von Jahr zu Jahr und teilweise sogar von einer Charge zur anderen des Malts verändern konnten. Vor der Stillegung der Destillerie Mitte der 1990er Jahre war ihr Whisky recht stark getorft; nach der Wiedereröffnung 1997 wurde der Whisky ungetorft hergestellt. Die jüngeren Abfüllungen sind jedoch zum traditionellen erdigeren Stil der Highlands zurückgekehrt. Dieser 15-Year-Old liegt zwischen den Extremen, er ist leicht getorft, zeigt aber reichlich Gewürze und Früchte. **PB**

Verkostungsnotizen

Rosinenkekse und würziger Apfel in der Nase, reife Früchte und sehr, sehr leichter Torf. Am Gaumen wieder Frucht, mit Gerste, Heide, Lavendel, Torf und Minze.

Glen Garioch 18-Year-Old

Douglas Laing & Co. | www.douglaslaing.com / www.glengaroich.com

Herstellungsregion und -land Highlands, Schottland
Destillerie Glen Garioch, Oldmeldrum, Aberdeenshire
Alkoholgehalt 57,3 Vol.-%
Whiskytyp Single Malt

Destillerien wechseln in Schottland häufig die Besitzer, weil die hinter ihnen stehenden Konzerne sich umgruppieren. Meist konzentrieren sich die neuen Eigner zunächst auf eine Brennerei in einer Gruppe, renovieren sie manchmal und geben dem Produkt vielleicht auch einen neuen Stil. Eine Neuerwerbung mag so zuerst vernachlässigt erscheinen, aber dann ändert sich plötzlich alles.

Das war auch das Schicksal von Glen Garioch, mit einer über 200jährigen Geschichte eine der ältesten Destillerien Schottlands. Bis vor kurzem war sie vor allem als Lieferant eines Malts bekannt, der vom damaligen Besitzer William Anderson für den Blend VAT 69 verwendet wurde. In den 1970er Jahren experimentierten neue Eigner mit dem Torfgehalt (auch in der vorliegenden Abfüllung in ganz geringen Mengen zu vernehmen), bevor 1997 der japanische Suntory-Konzern diesem traditionellen Highlander seine Aufmerksamkeit zuwandte.

Suntory scheint den Torfgehalt reduziert und die Fruchtigkeit verstärkt zu haben, wohl um dem Markt in Ostasien entgegenzukommen, wo der Großteil dieses Single Malt inzwischen verkauft wird. Diese Stiländerung hat einige der alten Anhänger entfremdet, und die Destillerie hat daraufhin für diese wieder eine eher altmodische, torfig-erdige Abfüllung herausgebracht.

Die Old & Rare Platinum Selection wurde 1992 noch unter den ehemaligen Besitzern gebrannt. Es ist eine Single-Cask-Abfüllung in Faßstärke, die nur winzige Rauchspuren zeigt und perfekt die verschiedenen Elemente vereint, die den Whisky der Destillerie zu einem derart lohnenden Erlebnis machen. Etwas rätselhaft, aber zur Erkundung einladend und unverwechselbar. **AN**

Verkostungsnotizen

Im Glas Gold, in der Nase Malz und Erdbeeren. Am Gaumen zuerst würziger Beerenlikör, dann im Hintergrund eine Spur trockener Rauch, die sich als Ergänzung zum fruchtig-malzigen Abgang entwickelt. Mit Wasser wird er fruchtiger und die Würze tritt zurück.

Glen Garioch 1991 Small Batch Vintage

Morrison Bowmore Distillers (Suntory) | www.glengarioch.com

Herstellungsregion und -land Highlands, Schottland
Destillerie Glen Garioch, Oldmeldrum, Aberdeenshire
Alkoholgehalt 54,7 Vol.-%
Whiskytyp Single Malt

Im Jahr 2010 gab Morrison Bowmore eine Abfüllung des Glen Garioch aus dem Jahr 1991 heraus. Das Destillationsdatum auf solchen limitierten Ausgaben (hier nur 1500 Flaschen) hat oft keine besondere Bedeutung, sondern dient nur dazu, auf eine gewisse Einzigartigkeit hinzuweisen. In diesem Fall war sie aber wirklich aufschlußreich, da sie auf die Herstellung während einer bestimmten Epoche – zwischen 1972 und 1995 – hinwies. Die Destillerie hatte wegen Wassermangels vier Jahre nicht produziert, bis sie 1972 endlich Zugang zu Wasser von einer benachbarten Quelle erhielt. Außerdem wurde der Whisky vor 1995 gebrannt, als die Destillerie noch über ihre eigenen Malztennen verfügte und ihr Whisky eine sanfte Torfnote aufwies.

Zu dieser Zeit verwendete Glen Garioch immer Torf, um das Gerstenmalz zu trocknen. Der Torf stammte aus New Pitsligo Moss, das etwa 30 Kilometer von der Brennerei entfernt liegt. Die Torfung war sehr behutsam, dieser Whisky zeigt mit etwa acht bis zehn ppm einen erkennbaren, aber subtilen Phenolanteil. Damit spielt er nicht in derselben Liga wie die schweren Jungs von Islay, deren Ruf auf ihren hohen Torfungsgraden beruht. Hier ist der sanfte Einfluß des Torfs eher eine Zutat als ein Hauptbestandteil.

Der 1991er wird mit Faßstärke (54,7 Volumenprozent) und ohne Kaltfiltrierung auf Flaschen gezogen.

Abfüllungen der Reihe „Small Batch Vintage" wie diese wird es in Zukunft regelmäßig von Glen Garioch geben. Sie sind „individuell ausgewählt, auf dem Gipfel ihrer Perfektion" und sollen die hohe Qualität demonstrieren, zu der die Destillerie fähig ist. **IGY**

Verkostungsnotizen

Die Großtante beim Familientreffen der Glen Gariochs: etwas hochmütig, würdevoll, und mit trockenem Humor. Torfrauch und etwas Honig, sanfte Brisen von Orangenblüten, dann Earl-Grey-Tee mit einer Apfelsinenspalte und Ingwerkuchen mit Marzipanguß.

Glen Garioch 1971

Morrison Bowmore Distillers (Suntory) | www.glengarioch.com

Herstellungsregion und -land Highlands, Schottland
Destillerie Glen Garioch, Oldmeldrum, Aberdeenshire
Alkoholgehalt 43,9 Vol.-%
Whiskytyp Single Malt

Glen Garioch gehört zu jenen unterbewerteten und vernachlässigten schottischen Destillerien, die nicht die verdiente Aufmerksamkeit erhalten, aber von den Liebhabern, die sie kennen, hochgeschätzt werden.

Glen Garioch ist eine winzige Brennerei, die Morrison Bowmore gehört, die wiederum eine Tochterfirma des japanischen Getränkeriesen Suntory ist. In vielerlei Hinsicht ist es die dritte von drei Brennereien, hinter Bowmore und Auchentoshan, und es war der Sache nicht dienlich, daß nicht nur die Verpackung und das Image verändert wurden, sondern auch der Malt, aber parallel dazu keine Anstalten unternommen wurden, den Kunden all diese Veränderungen zu erklären. Die Destillerie liegt abseits der Hauptstraße von Aberdeen zur Speyside, ist klein und hübsch, entschieden ein Mitglied der Kategorie „versteckte Glanzlichter der Highlands". Vor einigen Jahren wurde ein Besucherzentrum errichtet, das seitdem einen stetigen Strom an whiskykundigen Touristen anzieht.

Das Interesse eines Whisky-Aficionados wird jedoch durch die Tatsache entfacht, daß Glen Garioch einen vollkommen kompromißlosen Whisky herstellt. Das mag sich wieder ändern, da die Eigner für zukünftige Abfüllungen die getorfte Gerste aus dem Rezept gestrichen haben. Der Glen Garioch bietet eine Menge rustikaler, nussiger, herzhafter Malztöne. Bei sehr alten Abfüllungen wie dieser, stolpert man über scharfen Pfeffer und adstringierenden Komponenten, an die man sich vielleicht erst gewöhnen muß. Von den stark getorften Islays abgesehen stellt eigentlich kein anderer Whisky das Gewohnte so in Frage wie dieser. Man muß ihn also verkosten. **DR**

Verkostungsnotizen

Die Nase ist nicht unbedingt großartig: Soja, Pappe und gekochtes Gemüse. Aber der Geschmack gleicht keinem anderen. Groß, herzhaft, voll, mit erdigem Torf, altmodischem Instantkaffee, Nüssen, Fruchtkompott, Pilzen und Paprika. Langer, angenehm muffiger Abgang.

Glen Garioch 1797 Founder's Reserve

Morrison Bowmore Distillers (Suntory) | www.glengarioch.com

Herstellungsregion und -land Highlands, Schottland
Destillerie Glen Garioch, Oldmeldrum, Aberdeenshire
Alkoholgehalt 48 Vol.-%
Whiskytyp Single Malt

Glen Garioch ist stolz darauf, eine der ältesten Destillerien Schottlands zu ein. Der 1797 Founder's Reserve wurde im Gedenken an das Gründungsjahr getauft. Es war auch der erste Whisky der neuen Machart ohne Kaltfiltrierung, den die Destillerie auf den Markt brachte.

Dieses Flagschiff der Brennerei kündigte damals im Jahr 2009 nicht nur wichtige Veränderungen der eigenen Marke, sondern auch der gesamten Branche an. Glen Garioch schwamm hoch oben auf einer Welle steigender Nachfrage nach hochwertigen Whiskys mit und entfernte sich vom traditionellen Bild der schottischen Highlands hin zu einem kleinen Sortiment handwerklich hergestellter, nicht kaltfiltrierter Single Malts. Im Gegensatz zu den anderen Abfüllungen trägt diese keine Altersangabe auf der Flasche. Sie ist zwar groß und charakterstark, aber doch frischer und jugendlicher als der 12-Year-Old, der ein Jahr später auf den Markt kam.

Bezahlbare Whiskys herzustellen, kann ein schwieriges Unterfangen sein. Ein junger, alkoholreicher Whisky wirkt schnell nichtssagend oder spritig, und es gibt viele vollkommen annehmbare Tricks, um ihm Komplexität und Feinheit zu verleihen. Bei diesem Beispiel wird die Qualität einfach dadurch erreicht, daß der Whisky in hochwertigen Fässern gelagert wird. Der Founder's Reserve wird in Fässer gefüllt, die zuvor Bourbon enthielten. Die meisten von ihnen wurden nur zum ersten oder zweiten Mal mit Scotch befüllt, bei sehr gutem Holz kann es auch die dritte Füllung sein. Die Brennerei ist sehr stolz auf ihr Faßmanagement und behauptet, mindestens genausoviel des Gesamtumsatzes für Fässer auszugeben wie die Mitbewerber, wenn nicht sogar mehr. **IGY**

Verkostungsnotizen

Der Einfluß der nordamerikanischen Eiche ist schon in der ersten Spur von Vanille und Butterkaramell zu spüren, bleibt aber zurückhaltend. Am Gaumen ein sauberes Gefühl wie ein Spritzer Grapefruit, und erfrischende Noten von grünen Äpfeln sorgen weiter für Spritzigkeit.

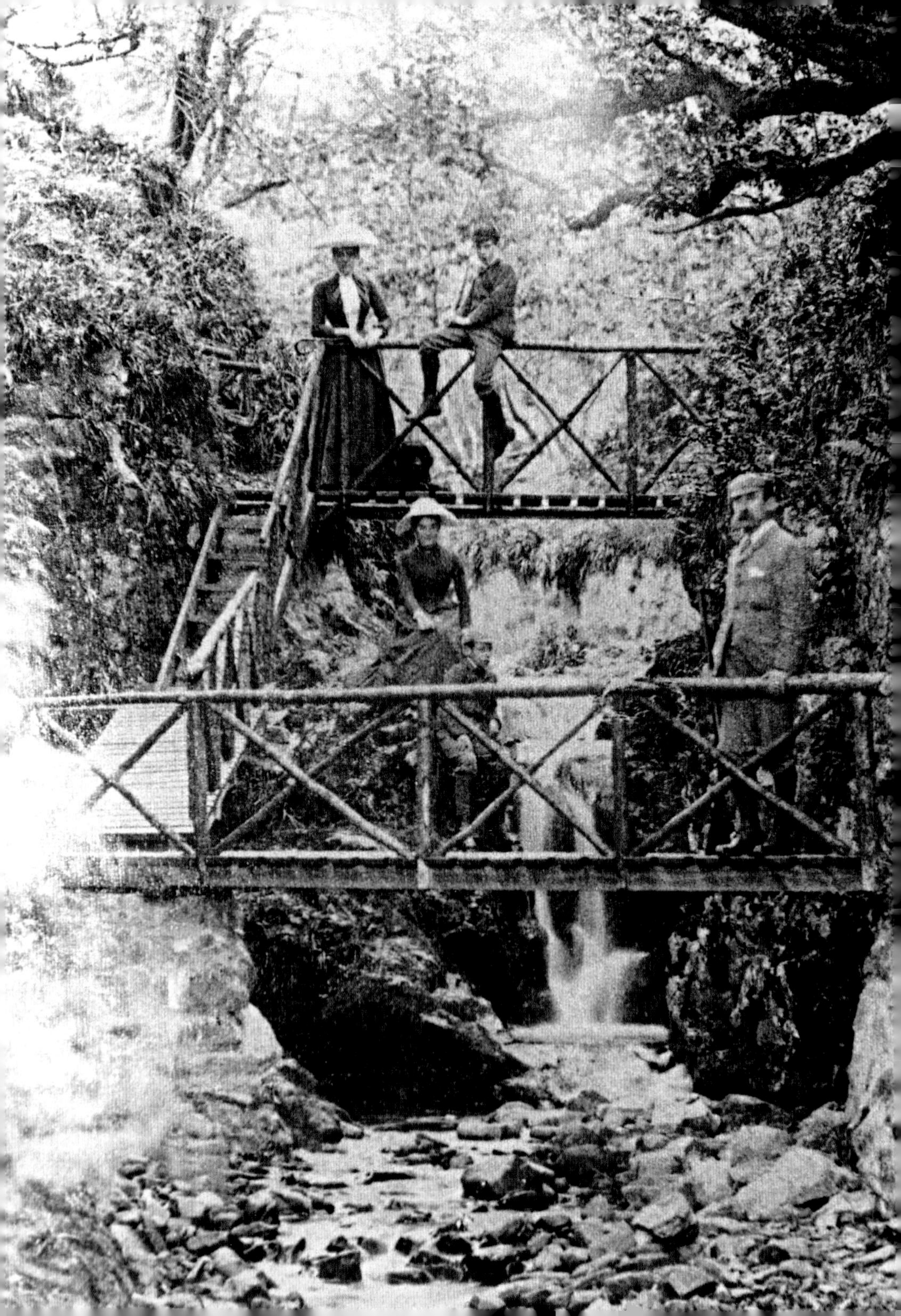

Glen Grant
10-Year-Old

Campari Group | www.glengrant.com

Herstellungsregion und -land Speyside, Schottland
Destillerie Glen Grant, Rothes, Morayshire
Alkoholgehalt 40 Vol.-%
Whiskytyp Single Malt

James „The Major" Grant war der Sohn und Neffe der Gründer von Glen Grant. Nach dem Tod von Vater und Onkel übernahm er mit 25 Jahren die Brennerei. 1872 ließ er große, schlanke Brennblasen aufstellen, die mit besonderen Reinigern ausgestattet waren. Sie geben noch heute dem „leichten und doch komplexen Getränk" jenen „frischen, malzigen Geschmack", von dem der Major wußte, daß seine Kunden ihn als Alternative zu den damaligen schweren, energischen Whiskys schätzten.

Als Campari 2006 Glen Grant erwarb, wurde der Whisky meist ohne Altersangabe verkauft, nur für den italienischen Markt gab es eine fünfjährige Abfüllung, und im Ladengeschäft der Destillerie bekam man einen 10-Year-Old. Die Whisky-Journalisten Michael Jackson und Charlie MacLean wurden zu einer Diskussion über den Neustart der Marke eingeladen. Das Ergebnis war der Glen Grant 10-Year-Old, der in Bourbonfässern und einem kleinen Anteil Sherryfässern gereift war. Der Destilleriemanager Dennis Malcolm meint, das Ergebnis habe viel mit anderen Speysidern gemeinsam, hebe sich aber durch die Zitrusnoten von diesen ab.

Der 10-Year-Old ist eine großartige Möglichkeit, den Single Malt der Brennerei kennenzulernen, der mit Fruchtigkeit und nussigem Abgang überzeugt. **WM**

Verkostungsnotizen

Süß, malzig, mit Haselnüssen und Mandeln. Voller Körper – Gewürze und Vanille. Ausgewogene Mischung aus Nüssen, Gewürzen und Früchten.

Glen Grant 1972
Berry's Own Selection

Berry Bros. & Rudd | www.glengrant.com

Herstellungsregion und -land Speyside, Schottland
Destillerie Glen Grant, Rothes, Morayshire
Alkoholgehalt 51,8 Vol.-%
Whiskytyp Single Malt

Glen Grant ist von schönen Gartenanlagen mit murmelnden Bächen und Waldwegen umgeben, die in den letzten Jahren allerdings etwas vernachlässigt wirkten. Als Pernod Ricard das Whiskyportfolio von Allied Distillers übernahm, mußte Glen Grant wegen kartellrechtlicher Bedenken abgestoßen werden. Die Brennerei ging an den Getränkekonzern Campari aus Italien, wo der Glen Grant auch seine größten Erfolge feiert. Campari hat sich ernsthaft auf dem Whiskymarkt engagiert und auch Wild Turkey erworben. Man kann also auf weitere Neuigkeiten gespannt sein.

Die neuen Eigner standen vor dem Problem, daß es nur sehr geringe Vorräte an älterem Whisky gab. Die Italiener trinken vor allem jüngere Abfüllungen, und diese hatte Glen Grant in großen Mengen als Fünf- und Zehnjährige verkauft. Die verbleibenden älteren Jahrgänge gehören wie dieser meist unabhängigen Abfüllern; die Destillerie hat sogar 25jährigen Whisky von Gordon & MacPhail zurückgekauft, um dieses Loch zu stopfen.

Alter Glen Grant ist ein Genuß. Diese Abfüllung wurde von Doug McIvor für Berry Bros. & Rudd ausgewählt und ist ein gutes Beispiel dafür, wie gut sich dieser Whisky bis ins hohe Alter hält. Er ist zwar nicht der älteste Whisky der Destillerie, aber er ist alles, was ein Glen Grant sein sollte. **DR**

Verkostungsnotizen

Voll, üppig und fruchtig, mit weichem Sahnekaramell auf Eiscreme und dunklem Kaffee. Mit Wasser entwickeln sich Zitrusnoten. Zurückhaltende Eiche und Gewürze.

James Grant genießt mit seiner Familie die wilde schottische Landschaft.

Glen Grant 170th Anniversary Edition

Campari Group | www.glengrant.com

Herstellungsregion und -land Speyside, Schottland
Destillerie Glen Grant, Rothes, Morayshire
Alkoholgehalt 46 Vol.-%
Whiskytyp Single Malt

2010 feierte Glen Grant das 170. Gründungsjubiläum. Die Destillerie steht immer noch an derselben Stelle, an der sie 1840 von John Grant und seinem Bruder James errichtet wurde.

Die 170th Anniversary Edition ist ein wirklich repräsentatives Beispiel für den Glen Grant. Die Abfüllung enthält Whisky aus jeder Faßart, die in der Brennerei verwendet wird: Sherryfässer unterschiedlicher Größen, die zum ersten oder zweiten Mal mit Whisky befüllt wurden, Bourbonfässer in verschiedensten Ausführungen und andere mehr. Zudem besteht sie zur Hälfte aus Fässern der Jahrgänge 1976 bis 1982 und aus mindestens zwei Fässern eines jeden Jahres zwischen 1982 und 1999. Manche der älteren Whiskys sind leicht getorft, wie es vor 25 Jahren in der Speyside üblich war. Die Grundwhiskys der Zeit zwischen 1970 und der Mitte der 1980er Jahre können auch schwerere und öligere Nuancen aufweisen, da die Destillerie damals noch *worm tubs* benutzte, die dann durch Kondensatoren ersetzt wurden.

Der Brennmeister Dennis Malcolm: „Auch nach 170 Jahren bauen wir auf der Verbindung von Tradition und Innovation auf, die schon bei der Whiskyherstellung der Gebrüder Grant einen besonderen Stellenwert hatte … Wir wollten die Geschichte der Marke feiern und dabei den einzigartigen Glen-Grant-Stil mit der 170th Anniversary limitierten Edition zu etwas Neuem und Unerwarteten umsetzen."

Malcolm bezeichnet diese Abfüllung als faszinierend. Man schmecke aufgrund der verschiedenen Faßarten und -alter bei jedem Schluck Neues. Insgesamt kamen 2010 weltweit 17 000 Flaschen in den Vertrieb. **WM**

Verkostungsnotizen

In der Nase wie am Gaumen außerordentlich komplex. Gewürze, Nüsse und Früchte winden sich um ein Rückgrat aus Eiche mit Torfnoten. Das wunderbare Mundgefühl und der lange Abgang machen dies zu einer lohnenden und nachdenklich stimmenden Abfüllung.

Glen Grant Cellar Reserve 1992

Campari Group | www.glengrant.com

Herstellungsregion und -land Speyside, Schottland
Destillerie Glen Grant, Rothes, Morayshire
Alkoholgehalt 46 Vol.-%
Whiskytyp Single Malt

Die Glen Grant Cellar Reserve 1992 wurde 2008 auf Flaschen gezogen und 2009 als Gegenstück zum Glen Grant 10-Year-Old auf den Markt gebracht. Mit seinen 16 Jahren ist es eine reifere, komplexere Variante des Glen Grant.

Die Cellar Reserve 1992 sollte ursprünglich die erste in einer Reihe von 16 Jahre alten Abfüllungen sein, als Nächstes sollte der Jahrgang 1993 folgen, und dann so weiter. Stattdessen entschloß sich die Destillerie, einen 16jährigen ohne Jahrgangsangabe herauszubringen, der als Nachfolger angeboten wurde. Man sollte wissen, daß diese Version ohne Jahrgangsangabe einen geringeren Alkoholgehalt von 43 Volumenprozent hat. Eine Abfüllung mit Altersangabe gibt dem Brennmeister im Gegensatz zu einer mit Jahrgangsangabe die Möglichkeit, auch ältere Fässer zu nutzen, um eine höhere Komplexität zu erreichen.

Die Cellar Reserve 1992 war auf 13 542 Flaschen beschränkt. Der Whisky reifte in Bourbon- und Sherryfässern. Der Brennmeister bei Glen Grant, Dennis Malcolm, merkt an: „Die besonderen Bourbon- und Oloroso-Sherryfässer habe ich persönlich ausgewählt, um eine limitierte, ganz spezielle Ausgabe unseres Single Malt zu schaffen. Er ist im Geschmack und im Aroma perfekt ausgewogen – tief, üppig und fruchtig – ein Whisky, so wie er sein sollte."

Dennis erklärt weiter, daß die Cellar Reserve 1992 die erste 16jährige Abfüllung des Glen Grant war, bei der er einen größeren Anteil an Sherryfässern einsetzte. Auch der Alkoholgehalt ist höher, und es wurde auf eine Kaltfiltrierung verzichtet, um die Gewürz- und Nußnoten zu verstärken. **WM**

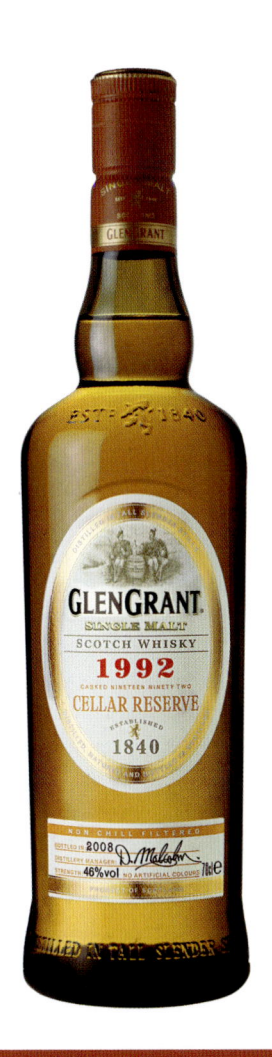

Verkostungsnotizen

Üppig, groß, mit vollem Körper. Eine wunderbare Mischung aus Gewürzen, Vanille, Malz, Nüssen und Spuren von Zitrus. Schöne Eichenstruktur mit Hasel-, Pekan- und schwarzen Walnüssen, mit Zimt und Muskat überpudert. Trockener, nachklingender Abgang.

Glen Keith 21-Year-Old

Chivas Brothers (Pernod Ricard)
www.pernod-ricard.com

Herstellungsregion und -land Speyside, Schottland
Destillerie Glen Keith, Keith, Banffshire
Alkoholgehalt 43 Vol.-%
Whiskytyp Single Malt

Obwohl sie seit der Jahrtausendwende keinen eigenen Whisky mehr gebrannt hat, ist Glen Keith dem Schicksal vieler stillgelegter Destillerien entgangen und steht noch fast unverändert. Vielleicht werden die Eigner Chivas Brothers sie eines Tages wieder in Betrieb nehmen. Zur Zeit spielt sie aber noch eine Rolle in der Whiskyherstellung, auch wenn es nur um Fremdaufträge geht.

Glen Keith wurde 1957 errichtet und war damit die zweite Destillerie, die im 20. Jahrhundert in Auftrag gegeben wurde. Der Betrieb auf dem Gelände einer früheren Mühle in der Stadt Keith in Banffshire wurde offiziell 1960 eingeweiht und erwies sich von Anfang an als eine außergewöhnliche Destillerie. Sie leistete in mehreren Hinsichten Pionierarbeit: Es wurde mit neuen Hefestämmen experimentiert, man installierte die erste gasbeheizte Brennblase in Schottland und gehörte zu den ersten, die Computer für die Steuerung der Destillation verwendeten. Obwohl die Destillerie im Jahr 2000 stillgelegt wurde, bekommt man ihren Whisky durchaus noch.

Glen Keith sollte ursprünglich ganz im Lowland-Stil brennen und die Dreifachdestillation anwenden. Man kam zwar von diesem Plan wieder ab, aber auch die späteren Abfüllungen erinnern durchaus an den grasigen Geschmack der Lowlander. **PB**

Verkostungsnotizen

Grasig, kräuterig, zitronig in der Nase. Am Gaumen geht es so weiter, hinzu kommen Ananas-, Ingwer- und Bitter-Lemon-Töne. Leichter Zitrusabgang.

Glen Keith 1993 Connoisseurs Choice

Gordon & MacPhail
www.gordonandmacphail.com

Herstellungsregion und -land Speyside, Schottland
Destillerie Glen Keith, Keith, Banffshire
Alkoholgehalt 46 Vol.-%
Whiskytyp Single Malt

1999 hatte Glen Keith einen jährlichen Ausstoß von etwa vier Millionen Litern. Dem stand beim damaligen Besitzer Seagrams kein entsprechender Bedarf gegenüber, und die Destillerie wurde stillgelegt. Sie steht jedoch auch heute noch unangetastet mit voller Brennereiausstattung und beherbergt jetzt das „Chivas Technical Centre", in dem mit neuen Verfahren und Inhaltsstoffen experimentiert wird. Außerdem wird hier der Strathisla in Fässer abgefüllt.

Die Brennerei war einst die „Markenheimat" des Passport-Blends, zu dem sie auch einen wesentlichen Teil des Malts beitrug. Sie war eine der wenigen Brennereien in den Highlands, in denen der Whisky dreifach destilliert wurde. 1970 stellte man auf zweifache Destillation um und erhöhte die Zahl der Brennblasen von drei auf fünf, zu denen 1983 eine sechste hinzukam. Innovativ war Glen Keith auch im Einsatz von Computertechnik, schon 1980 wurde ein Mikroprozessor installiert, um viele der Produktionsschritte zu steuern.

Diese Variante des Glen Keith stammt aus dem Jahr 1993 und wurde im Rahmen der beliebten „Connoisseurs Choice"-Reihe von Gordon & MacPhail auf Flaschen gezogen, nachdem sie in amerikanischen Eichenfässern gereift war. **CS**

Verkostungsnotizen

Kaugummi, Apfel und unreife Bananen in der Nase. Am Gaumen schwarzer Pfeffer und Gewürze, dann süße Früchte, Zedern- und Eichenholz. Mittellanger Abgang.

Glen Mhor
27-Year-Old

Signatory Vintage Scotch Whisky Co.

Herstellungsregion und -land Highlands, Schottland
Destillerie Glen Mhor, Inverness (abgerissen)
Alkoholgehalt 55 Vol.-%
Whiskytyp Single Malt

Diese Ausgabe des Glen Mhor ist eine Single-Cask-Abfüllung, die zur „Cask Strength Collection"-Reihe von Signatory gehört. Sie wurde 1982 destilliert und reifte im Faß Nr. 1327, bevor sie 2010 auf 235 Flaschen abgezogen wurde. Sie zählt zu den späten Bränden der Destillerie in Inverness, die im Mai 1983 geschlossen wurde, weil die Besitzer Distillers Company Ltd. (DCL) dramatische Einschnitte bei der Produktionsmenge vornahmen.

Glen Mhor war die jüngste der drei Destillerien in Inverness, der „Hauptstadt der Highlands". Milburn wurde 1807 gegründet, Glen Albyn 1846 und Glen Mhor 1892/94. Alle drei gingen während der Rationalisierungswelle verloren, die DCL in den 1980er Jahren anrollen ließ, um der Überproduktion von Malt entgegenzuwirken. Die Nachbarbetriebe Glen Mhor und Glen Albyn liegen heute unter dem Asphalt und Stahl eines Einkaufszentrums begraben.

Der bekannte Romancier Neil M. Gunn arbeitete von 1921 bis 1937 als Zollangestellter in der Destillerie. In seinem bahnbrechenden Buch *Whisky and Scotland* (1935) schreibt er über den Glen Mhor, daß man erst dann wirklich wisse, „was Whisky ist, wenn man das Glück gehabt hat, auf einen vollkommen gereiften Whisky mit perfekten Manieren gestoßen zu sein". **CS**

Verkostungsnotizen

In der Nase recht zurückhaltend, mit aufkeimender Vanille und Apfelschalen. Am Gaumen harzig-fruchtig, mit Zitrone, Malz und Lakritze. Mittellanger Abgang.

Glen Mhor
27-Year-Old Malt Cask

Douglas Laing & Co.
www.douglaslaing.com

Herstellungsregion und -land Highlands, Schottland
Destillerie Glen Mhor, Inverness (abgerissen)
Alkoholgehalt 50 Vol.-%
Whiskytyp Single Malt

Zu den vielen Schlagwörtern der modernen Geschäftswelt zählt auch Innovation. Dauernd wird uns erzählt, wir müßten innovativ sein, um zu überleben, und daß die ersten, die eine Innovation umsetzten, einen Wettbewerbsvorteil erlangten. Die Kehrseite ist, daß jede neue Technologie anfänglich eine Menge Geld kostet und es deshalb ein Risiko darstellt, zuviel oder zu früh zu investieren, da die Schulden schnell zu einem Berg anwachsen können.

Das gilt auch für die Whiskybranche, und die Geschichte von Glen Mhor (ausgesprochen als „Glen Wor") liefert dafür den Beweis. Die Destillerie war schon immer innovativ, und 1954 war sie die erste, die einen Saladin-Kasten einsetzte. Dieser riesige perforierte Trog war mit großen Schraubenblättern versehen, um die Keimung der Gerste zu beschleunigen, ohne sie mit der Hand wenden zu müssen.

Die steigenden Energiekosten und die Zentralisierung der Malzproduktion führten nach 25 Jahren dazu, daß der Keimkasten nicht mehr verwendet wurde. 1983 war Glen Mhor nicht mehr wirtschaftlich zu betreiben, wurde geschlossen und schließlich abgerissen. Diese Abfüllung von Douglas Laing stammt aus dem Jahr 1982 und ist für einen Whisky dieses Alters sehr zart und frisch. Ein Stück Geschichte, das man nicht verpassen sollte. **AN**

Verkostungsnotizen

Zartblumige Nase mit Spuren von Veilchendrops und altmodischen Bonbons. Leichter Körper mit Gewürzen, die in einem langen, trockenen Abgang ausklingen.

Glen Mhor Glenkeir Treasures 21-Year-Old

Glenkeir Whiskies | www.thewhiskyshop.com

Herstellungsregion und -land Highlands, Schottland
Destillerie Glen Mhor, Inverness (abgerissen)
Alkoholgehalt 43 Vol.-%
Whiskytyp Single Malt

2011 machte in der Whiskywelt der „Shackleton Whisky" von Mackinglay Schlagzeilen. Ernest Shackleton hatte Anfang des 20. Jahrhunderts sein Lager in der Antarktis aufgegeben und dort einen Whiskyvorrat zurückgelassen. Ein Jahrhundert später fand man die Flaschen, und drei von ihnen gelangten zurück nach Schottland, wo der Masterblender bei Whyte & Mackay, Richard Paterson, Proben nahm und sich dann daran machte, den ursprünglichen Whisky nachzubilden. Oft war zu lesen, die Neufassung sei ein Blend gewesen, es handelte sich jedoch um einen Blended Malt, er enthielt also keinen Getreidewhisky. Die Geschichte wird dadurch noch interessanter, daß der ursprüngliche Whisky vermutlich aus einer einzigen Brennerei – Glen Mhor – stammte und insofern ein Single Malt war, auch wenn er aus durchaus unterschiedlichen Whiskys der Destillerie bestand. Es sagt viel über Glen Mhor aus, daß die Neufassung des „Shackleton" aus Malts mehrerer Destillerien entstand.

Diese Abfüllung stammt aus einer Reihe des Einzelhändlers Whisky Shop. Es wurden nur 260 Flaschen abgefüllt, und diese wurden weitgehend ignoriert, bis seine Geschichte publik wurde. Überraschenderweise führte er auch dann noch ein Schattendasein – selbst bei dem guten Preis für einen 21jährigen. **DR**

Verkostungsnotizen

Vanille, Kokosnuß und Eiche in der Nase. Überraschend sanfter Geschmack, aber ansprechend, mit Rauch, der von Apfel- und Zitrusnoten überspielt wird.

Glen Moray 12-Year-Old

La Martiniquaise | www.glenmoray.com

Herstellungsregion und -land Speyside, Schottland
Destillerie Glen Moray, Elgin, Morayshire
Alkoholgehalt 40 Vol.-%
Whiskytyp Single Malt

Der Ruf von Glen Moray beruhte lange Jahre auf dem gleichmäßig guten Malt, den er für Blends lieferte. Seit dem Eignerwechsel von Glenmorangie zu La Martiniquaise im Jahr 2009 wurde mehr Gewicht auf die Herstellung nicht nur von Standardvarianten, sondern auch von Jahrgangsmalts gelegt. So werden inzwischen etwa 1 Million Liter des Gesamtausstoßes von 2,3 Millionen Litern als Single Malts abgefüllt.

Das Rückgrat der Reifung von Single Malts bildet bei Glen Moray das Bourbonfaß aus amerikanischer Weißeiche. Der einstige Brennereileiter Ed Dodson arbeitete hart daran, beim Faßmanagement ein hohes Niveau aufrechtzuerhalten – was ihm angesichts des Rufes der amerikanischen Eichenfässer von Glenmorangie nicht schwergefallen sein dürfte. Seit dem Jahr 2005 zeigt sich Graham Coull entschlossen, dieses Niveau beizubehalten, und La Martiniquaise hat ihm bei diesem Bemühen freie Hand gelassen.

Der Mittellauf endet beim Destillieren in Glen Moray schon recht früh (66 Volumenprozent Alkohol), so erhält man ein klares, sauberes und fruchtiges Destillat. Dieses wird dann (beim 12-Year-Old) in Bourbonfässer gefüllt und in einem traditionellen Lagerhaus auf dem Betriebsgelände zum Reifen eingelagert. **RL**

Verkostungsnotizen

Buttrige Vanille in der Nase, geröstete Gerste, Zitroneneclair und Zimt. Anfänglich Sahnekaramell am Gaumen, dann Gewürze und Zitruszesten.

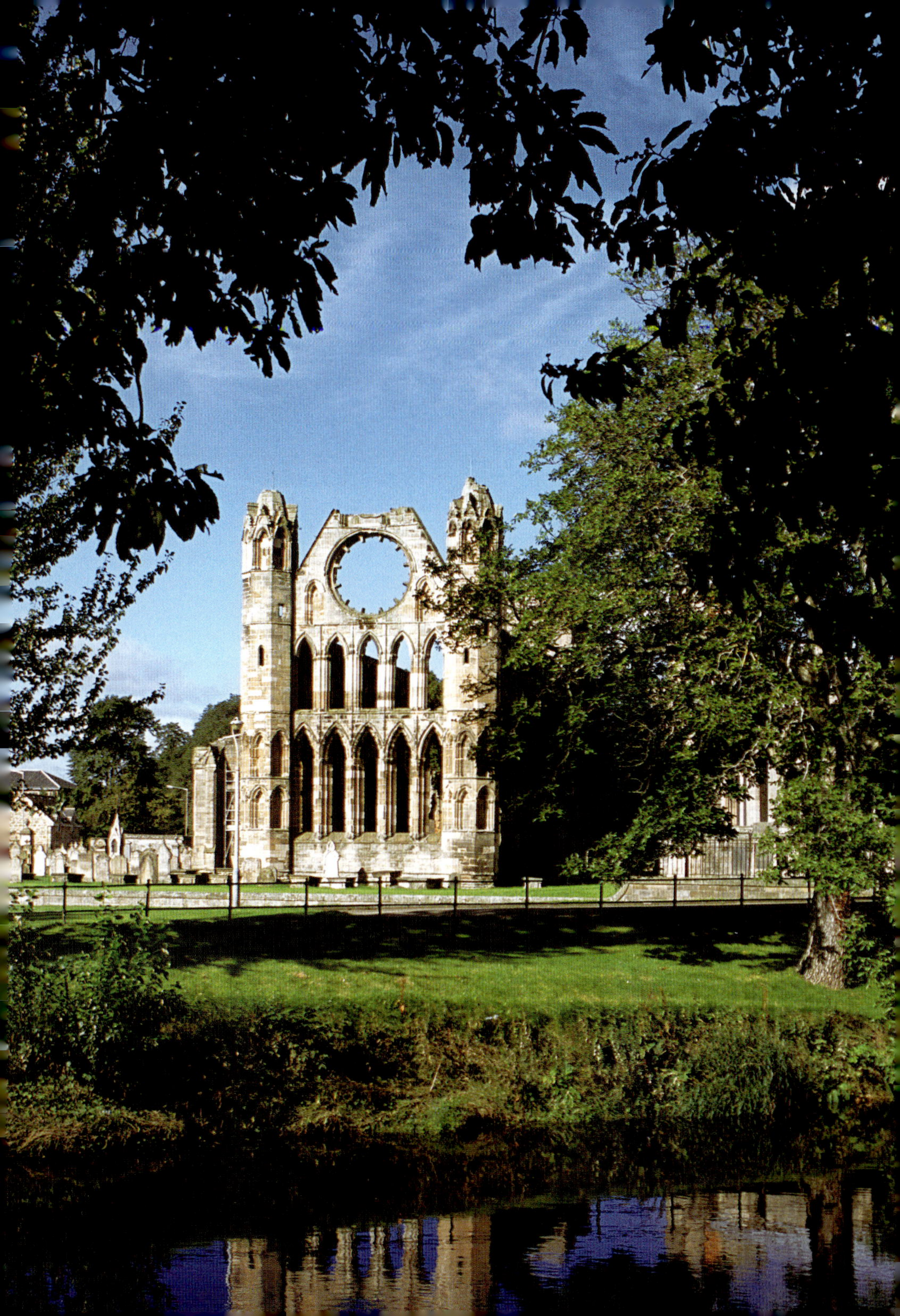

Glen Moray Chardonnay Cask 10-Year-Old

La Martiniquaise | www.glenmoray.com

Herstellungsregion und -land Speyside, Schottland
Destillerie Glen Moray, Elgin, Morayshire
Alkoholgehalt 40 Vol.-%
Whiskytyp Single Malt

Glen Moray war ursprünglich eine Brauerei, die von der Firma Robert Thorne and Sons aus Greenock 1897 zu einer Destillerie umgebaut wurde. Von 1923 bis 2009 gehörte sie Macdonald & Muir (Glenmorangie). Gegen Ende dieser Zeit hatte Glen Moray eine Reihe von Malts angeboten, die in Weißweinfässern, vor allem Chardonnay und Chenin Blanc, nachgereift waren. Diese Malts hatten wegen ihrer Frische, Süße, Spritzigkeit und den fruchtigen Noten einen guten Ruf, und die Einstellung der Produktion wurde mancherorts beklagt.

Dieser in Chardonnayfässern gelagerte Whisky war nach mehreren Jahren das erste neue Mitglied des Kernsortiments von Glen Moray. Diesmal wurde ihm jedoch nicht nur ein Finishing in den Fässern verliehen, sondern er hatte die gesamte Lagerzeit von 10 Jahren in Chardonnayfässern aus europäischer Stieleiche (*Quercus robur*) verbracht. Zwischen 2001 und 2004 wurden mehrere Chargen des frischen Destillats in diese Fässer gefüllt, und aus den besten Fässern des Jahrgangs 2001 ist diese Abfüllung entstanden.

Man sagt, der Sommer dauere im Laich of Moray 40 Tage länger als in allen anderen Teilen Schottlands. Die Fässer dieser Abfüllung wurden in der obersten Etage des Lagerhauses 5 gelagert, wo – vor allem in den Sommermonaten – die besten Luft- und Temperaturverhältnisse herrschen und ein gut choreographiertes Zusammenspiel zwischen dem Destillat und dem Holz der Fässer erlauben. Die Aromen des Whiskys, des Holzes und des Weißweins, der einst in den Fässern lagerte, vereinen sich Schicht um Schicht, um eine faszinierende Komplexität zu erzeugen. **RL**

Verkostungsnotizen

Süß, blumig und fruchtig in der Nase – Ananas, Orange, Aprikose, Mango, Karamell, Mürbeteigkekse, Ginsterblüten und Orangenblütenhonig. Schön ausgewogen. Am Gaumen erinnern die Weinnoten an Eiche und Brotauflauf mit Gewürzen, Rosinen und Butter.

Glen Moray Port Wood Finish 1995

La Martiniquaise | www.glenmoray.com

Herstellungsregion und -land Speyside, Schottland
Destillerie Glen Moray, Elgin, Morayshire
Alkoholgehalt 56,7 Vol.-%
Whiskytyp Single Malt

Nachdem La Martiniquaise 2009 Glen Moray übernommen hatte, bekam Graham Coull, der Leiter der Destillerie, Gelegenheit, neue Whiskys zu entwickeln und dafür auch Fässer verschiedener anderer Getränkehersteller des Konzerns zu verwenden, darunter zum Beispiel Portweinfässer von Porto Cruz. Als erstes kam 2009 diese limitierte Ausgabe auf den Markt, die ein Portweinfinishing erhalten hatte.

Graham wählte drei Bourbonfässer mit 13 Jahre altem Whisky aus, und führte ihren Inhalt in einem einzigen Faß zusammen, das zuvor Tawny Port enthalten hatte. Nach etwa neun Monaten hatte dieses Faß seine Aufgabe erfüllt, und der Whisky wurde auf Flaschen gezogen. Insgesamt ergaben das nur magere 725 Flaschen, so daß diese sehr limitierte Ausgabe unter Umständen zum Sammlerobjekt werden könnte.

Der Glen Moray Port Wood Finish 1995 war von Anfang bis Ende eine reine Destillerieabfüllung: Alle Entscheidungen, vom Schroten des Malzes bis hin zum Abfüllen in Flaschen, wurden vom Personal der Brennerei getroffen. Sogar der Entwurf des Etiketts wurde in Glen Moray abgesegnet. Der Geschäftsführer und seine Mitarbeiter sind sehr stolz auf die Gemeinschaftsarbeit, die zu dieser ersten limitierten Ausgabe der Destillerie führte. Zweifellos wird es in den kommenden Jahren weitere geben, aber diese allererste wird in Glen Moray immer in schöner Erinnerung bleiben.

Das Portweinfaß fügt den Vanillenoten des Bourbonfasses komplexe Weinakzente hinzu. Jim Murray verlieh dem einzigartig ausgewogenen Whisky in der 2010er Ausgabe seiner *Whisky Bible* 95,5 Punkte. **RL**

Verkostungsnotizen

Atemberaubend. Karamell, dunkles Konfekt, reife Melonen, kandierte Orange und ebensolcher Ingwer in der Nase. Am Gaumen voll, üppig, süß und sehr trocken: Zuckermandeln, Schokolimetten, Datteln. Phantastischer Abgang mit Engelwurz und Lakritze.

Hall sculp.

Glen Ord 15-Year-Old

Diageo | www.diageo.com

Herstellungsregion und -land Highlands, Schottland
Destillerie Glen Ord, Muir of Ord, Ross-shire
Alkoholgehalt 53,3 Vol.-%
Whiskytyp Single Malt

In Glen Ord mälzt man die Gerste noch selbst. In Verbindung mit langen Gärzeiten und langsamer Destillation ähnelt die Produktion des Whiskys hier deshalb noch sehr dem Althergebrachten – seit Gründung der Destillerie 1838 hat sich schließlich nicht viel geändert, der Qualitätsanspruch ist der gleiche geblieben.

Die Destillerie liegt auf der schottischen Halbinsel Black Isle in der Nähe des Dorfes Muir of Ord nördlich von Inverness. Der Ortsname rührt von den Mackenzies of Ord her, denen hier im 13. Jahrhundert von König Alexander III. Grundbesitz verliehen worden war. Um 1820 erbte dann Thomas Mackenzie ein Stück Land, auf dem er Gerste anbaute. Das waren die Anfänge des Glen Ord Single Malt, wie wir ihn heute kennen..

Dieser 15-Year-Old ist nicht nur recht süß, er fällt auch durch seine helle Farbe und die Grasaromen auf. Er stammt aus einem Bourbonfaß, das insgesamt 310 Flaschen ergab. Der Malt ist frisch und zeigt Noten von Vanilleschoten, Früchten, Nüssen und Gewürzen. Der Abgang ist kurz und warm, etwas ölig auf der Zunge, was aber durchaus zu seinem Charakter paßt.

Der Getränkekonzern Diageo hat als Eigner kürzlich Millionen investiert, um die Glen-Ord-Destillerie zu renovieren und die Kapazität zu erhöhen. Es wird also in der Zukunft wohl noch zu Weiterentwicklungen des Angebots kommen. **AA**

Verkostungsnotizen

Eine Lolita unter den Whiskys; eine Nymphe. Ein süßes, mannbares Früchtchen mit einer gewissen Unreife, die genau richtig zu passen scheint.

Glen Ord 28-Year-Old

Diageo | www.malt.com

Herstellungsregion und -land Highlands, Schottland
Destillerie Glen Ord, Muir of Ord, Ross-shire
Alkoholgehalt 58,3 Vol.-%
Whiskytyp Single Malt

Das Alter eines Whiskys unterliegt keinen Regeln. Manche unabhängigen Abfüller zielen darauf ab, ihre Whiskys mit ungewöhnlichen Altersangaben versehen zu können. Es gibt jedoch gewisse natürliche Vorgaben. Der Whisky wird irgendwann vom Geschmack des Holzes überwältigt. Wann das geschieht, kann man nur durch sorgfältige Überwachung der Fässer erkennen. Jedes Faß reagiert anders auf Alkohol, aber als Faustregel kann man davon ausgehen, daß Whisky aus den Highlands dazu neigt, robuster zu sein als solcher aus den Lowlands und deshalb lange Lagerzeiten – 50 Jahre oder mehr – eher unbeschadet übersteht. Wenn das Holz die Oberhand gewinnt, muß der Whisky aus dem Faß. Und das vielleicht nicht in dem Alter, das man sich wünscht.

Der andere wichtige Faktor ist die Stärke des Whiskys. Während der Lagerung nimmt der Alkoholgehalt im Faß ab. Falls er unter 40 Volumenprozent fällt, darf das Getränk nicht mehr als Whisky bezeichnet werden. Bei diesem Beispiel spielte die Stärke offensichtlich keine Rolle, warum wurde er also mit 28 Jahren abgefüllt? Der Grund ist vermutlich darin zu suchen, daß sich der Geschmack auf dem Höhepunkt befindet: herrlich ausgewogen, eine reine Freude. Längere Lagerung hätte nur zu einer Verschlechterung führen können. Das einzig Merkwürdige an diesem Whisky ist seine etwas altmodisch-steife Verpackung. **DR**

Verkostungsnotizen

Die fruchtige Nase kündigt einen köstlichen Whisky mit vollem Körper an, bei dem sich Holz, Gewürze und Gerbsäure um ein fruchtiges Gerstenherz legen.

← König Alexander III. (1241–86) verlieh dem Clan Mackenzie Land.

Glen Ord The Singleton 12-Year-Old

Diageo | www.whiskys.co.uk

Herstellungsregion und -land Highlands, Schottland
Destillerie Glen Ord, Muir of Ord, Ross-shire
Alkoholgehalt 40 Vol.-%
Whiskytyp Single Malt

Dieser zwölfjährige Highland-Malt gehört zur „Singleton"-Reihe von Diageo. Er kam 2007 auf den Markt und wurde den Whiskys von Dufftown und Glendullan an die Seite gestellt. Jede der drei Destillerien vermarktet ihre Whiskys unter der Marke Singleton in einem anderen Teil der Welt: Dufftown in Europa, Glendullan in den USA und Glen Ord in Asien.

Der 12-Year-Old Singleton von Glen Ord nimmt die Stelle der vorher erhältlichen destillerieeigenen Abfüllung ein, die in einer rechteckigen Flasche mit großem Holzverschluß von 2004 bis 2007 weltweit verkauft wurde. Die Einstellung des vorherigen 12-Year-Olds und die Vertriebseinschränkung des Singleton auf den asiatischen Markt hat manche Anhänger von Glen Ord nicht erfreut, die ihr Lieblingsgetränk seit 2010 nur noch weit von seiner schottischen Heimat entfernt kaufen konnten, falls sie nicht bereit waren, persönlich zur Brennerei zu pilgern. Wie meist haben sich auch in diesem Fall etliche Fachhändler in anderen Weltgegenden einige Kisten dieses asiatischen Exports besorgen können, aber die Preise, die sie dafür verlangen, haben den Ärger vieler Glen-Ord-Fans eher noch vergrößert.

Das Auftreten des Singleton of Glen Ord scheint sich seit seiner Einführung langsam verändert zu haben; jede Charge hat unterschiedliche Rezensionen erhalten, da das Rezept immer wieder leicht abgewandelt wurde. Grundsätzlich ist es wohl eine Mischung aus Whiskys, die in Sherry- und Bourbonfässern gereift sind, mit der Absicht, den traditionell eher Blends bevorzugenden Konsumenten in Asien die Vorzüge des Single Malts nahezubringen. **BA**

Verkostungsnotizen

Eine üppige und malzige Nase. Man wird von einer Spur Holzsaft und Wiesenblumen zu einem zugänglichen Whisky geführt, der am Gaumen dick, mit würzigen Früchten, Orange und etwas Schokolade daherkommt. Der Abgang ist süß, fast klebrig, und wärmend.

Glen Ord The Singleton 15-Year-Old

Diageo | www.malts.com

Herstellungsregion und -land Highlands, Schottland
Destillerie Glen Ord, Muir of Ord, Ross-shire
Alkoholgehalt 40 Vol.-%
Whiskytyp Single Malt

In den kommenden Jahren stehen die führenden Whiskyhersteller der Welt vor wichtigen Entscheidungen: Versuchen sie, neue Absatzgebiete für ihre Blends zu erobern und diese neuen Märkte zu versorgen, indem sie neue Superdestillerien errichten, so wie Diageo das zu tun scheint? Oder konzentrieren sie sich auf die Suche nach lukrativen Nischenmärkten für ihre Malts und lassen andere Märkte außer acht? Versuchen sie in Gebieten, wo es nicht auf Vorurteile stößt, eher ältere Blends anstelle von Single Malts in den Vordergrund zu stellen? Halten sie ihre Vorräte bis zu einem sehr hohen Alter fest und verkaufen sie dann am obersten Ende des Preisspektrums? Oder bemühen sie sich, einen jungen, aber perfekt schmeckenden Whisky zu entwickeln? Am wichtigsten vielleicht: Geben sie Märkte auf, in denen der Absatz stagniert, und verlagern die Vorräte in Gegenden, wo die Nachfrage und damit der potentielle Gewinn am höchsten sind?

Diageo hat sich nicht festgelegt. Der Glen Ord ist in Südostasien zum Aushängeschild gemacht worden und dort sehr beliebt. Er ist auf dem Heimatmarkt kaum noch zu erhalten. Die Bedeutung des zunehmend reiferen asiatischen Markts wird durch diese zusätzliche ältere Version betont, die den Singletons für Europa und Amerika an die Seite gestellt wurde.

Es ist ein maßgeschneiderter Malt, der genau das tut, was man von ihm erwartet und keine unangenehmen Überraschungen bereithält; ohne falsche Scham, schwer, sherrybetont, der mehr als nur ein wenig an einen altmodischen Macallan erinnert. Zufällig ist der Macallan auch der wichtigste Mitbewerber in jenem Teil der Welt. **DR**

Verkostungsnotizen

Oberflächlich betrachtet ein klassischer, in Sherryfässern gereifter Whisky, mit Speisekammeraromen, roten Beeren, Orangen und Fruchtkompott. Es kommt aber noch etwas hinzu: Eiche und ein Hauch Erdigkeit der Highlands. Der Abgang ist kurz bis mittellang.

Glen Scotia 15-Year-Old Malt Cask Sherry Butt

Douglas Laing & Co.
www.douglaslaing.com

Herstellungsregion und -land Highlands, Schottland
Destillerie Glen Scotia, Campbeltown, Argyll
Alkoholgehalt 50 Vol.-%
Whiskytyp Single Malt

Wenn man jemanden, der gerade beginnt, sich mit schottischen Malts zu beschäftigen, darum bittet, deren Herkunftsregionen zu benennen, dann kommen drei oder vier Antworten recht schnell: Islay, Speyside, Highland, Lowlands … aber Campbeltown, eine kleine Stadt am untersten Ende der Halbinsel Kintyre, näher an Belfast als an Glasgow? Wenn man aber in der Zeit 100 Jahre zurückginge, fände man hier auf wenigen Quadratkilometern noch 34 weitere Destillerien.

Die Halbinsel Kintyre ist vielleicht auch die Wiege des Whiskys: Hier kamen die Scotii aus Irland an, als sie nach Schottland einwanderten. Heute ist es eine menschenleere Gegend, in der nur selten wirtschaftlich Bedeutendes geschieht. Das gilt auch für die Whiskybranche; nur drei oder vier der alten Namen haben überdauert, produzieren aber auch nur noch eingeschränkt. Selbst die Scotch Whisky Association nahm sie irgendwann von ihrer Landkarte.

Das ist schade. Wenn man sich nämlich die Mühe macht, etwas wie diesen 1992 Glen Scotia ausfindig zu machen, leicht getorft und vor der Abfüllung 15 Jahre in Sherryfässern gelagert, findet man einen verführerisch komplexen Geschmack, voller Salz und Rauch, aber dennoch süß. **AN**

Verkostungsnotizen

Apfel und Kekse in der Nase. Zuerst überraschende Noten leicht rauchigen Torfs und ein salziger, herzhafter Geschmack. Der Abgang zugleich fruchtig und rauchig.

Glen Spey 12-Year-Old Flora & Fauna OB

Diageo
www.malts.com

Herstellungsregion und -land Highlands, Schottland
Destillerie Glen Spey, Rothes, Aberlour, Banffshire
Alkoholgehalt 43 Vol.-%
Whiskytyp Single Malt

Diageo ist der größte Hersteller von Alkoholika auf der Welt. In Schottland gehören dem Konzern 28 Destillerien und eine Vielzahl von bekannten Markennamen. Bei einem Portfolio, das so viele unterschiedliche Whiskys enthält, ist es kaum überraschend, daß man sich auf eine Handvoll etablierter Single Malts konzentriert und den Ausstoß von vielen Destillerien wie Glen Spey der Produktion von Blends und gelegentlicher Sonderabfüllungen vorbehält. In der „Flora & Fauna"-Serie werden manche dieser weniger bekannten Malts einem breiteren Publikum vorgestellt, um ihre besondere Machart in das Scheinwerferlicht zu rücken, auch wenn der Großteil des Ausstoßes zum Verschneiden verwendet wird.

Glen Spey kommt selten als Single Malt in den Handel, auch nicht von unabhängigen Abfüllern. Dieser 12-Year-Old ist die einzige regelmäßig zu erhaltende Abfüllung. Sie zeigt den von Natur aus leichten, an einen Aperitif erinnernden Malt-Stil der Destillerie. In den letzten Jahren sind nur zwei andere offizielle Abfüllungen des Glen Spey erschienen, zuerst ein Single Cask aus dem Jahr 1996 in der umstrittenen „Managers' Choice"-Reihe von Diageo und dann ein sehr wohlwollend aufgenommener 21-Year-Old im Rahmen der „Special Releases" des Jahrs 2010. **StuR**

Verkostungsnotizen

Ein sehr häufig unterschätzter Singe Malt, mit viel Frucht und Gewürzen, zugänglicher Vanille und einem guten, soliden und befriedigenden Abgang.

Glenallachie 15-Year-Old

Chivas Brothers (Pernod Ricard)
www.chivas.com

Herstellungsregion und -land Speyside, Schottland
Destillerie Glenallachie, Aberlour, Banffshire
Alkoholgehalt 58 Vol.-%
Whiskytyp Single Malt

Whisky erlebt zur Zeit einen kräftigen Boom. Das liegt vor allem daran, daß sich alles mit echter Tradition und einer nachvollziehbaren Herkunft einer wachsenden Beliebtheit erfreut. Wenn man einen Single Malt kauft, weiß man, daß er aus einer einzigen Destillerie stammt. Wenn er eine Altersangabe trägt, weiß man, was für eine Qualität einen erwartet.

Es gibt Destillerien, die auf Jahrhunderte zurückblicken können. Diese Brennerei kann jedoch nicht auf einen solchen Stammbaum verweisen. Sie wurde Ende der 1960er Jahre errichtet und war die letzte, die der große Destillerie-Architekt Delme Evans entwarf. Sie sollte vor allem Whiskys für das Verschneiden herstellen und brachte selten eigene Abfüllungen heraus. Gelegentlich findet aber ein Malt seinen Weg zu einem unabhängigen Abfüller. Dieses Beispiel ist insofern typisch für einen Speysider, als es reich an süßer Gerste und an Früchten ist. Es gab Abfüllungen unterschiedlichen Alters, die alle recht selten sind, aber dies ist die beste unter ihnen.

Die Destillerie ist nicht öffentlich zugänglich, liegt aber in Aberlour, im Herzen der Speyside. Sie gehört seit 1989 dem französischen Getränkeriesen Pernod Ricard, der ihre Malts für seine Blends Chivas Regal, Royal Salute und Ballatine's verwendet. **DR**

Verkostungsnotizen

Frisch und fruchtig, starker Ingwergeschmack am Gaumen, gerade genug pfeffriges Holz, um dem Malz Leben zu geben, und ein mittlerer, fruchtiger Abgang.

Glenallachie 38-Year-Old Old Malt Cask

Douglas Laing & Co.
www.douglaslaing.com

Herstellungsregion und -land Speyside, Schottland
Destillerie Glenallachie, Aberlour, Banffshire
Alkoholgehalt 50 Vol.-%
Whiskytyp Single Malt

Man könnte Glenallachie auch den Thomas Pynchon unter den Whiskys nennen. Wie der Amerikaner unter den Schriftstellern, so ist die Destillerie unter den Whiskyproduzenten eine große Unbekannte, auch wenn sie von der Kapazität her zu den 30 größten Schottlands zählt.

Der Ausstoß der 1967 gegründeten Brennerei wird größtenteils für die Blends der Marke Clan Campbell verwendet. Hier wird ein hochwertiges Produkt hergestellt, ohne viel Aufhebens darum zu machen. Vielleicht ist es gerade deswegen so überzeugend. Ist es wirklich wichtig, vor der Verkostung zu wissen, ob die Gärtanks aus Douglasie, aus Balsaholz oder aus Edelstahl bestehen? Manchmal verirren wir uns so in den technischen Details und im Marketingjargon, daß wir einen Whisky nicht mehr verkosten können, ohne mit nebensächlichen Informationen überhäuft zu werden. Glenallachie ergeht sich nie in lyrischen Beschreibungen seines heidekrautigen Torfs oder hochreinen Wassers. Wie oft kommt einem schon ein Single Malt unter, der einem nicht vorher verrät, was man zu erwarten hat?

Der Old Malt Cask von Douglas Laing wurde in einer Auflage von nur 75 Flaschen aus einem einzigen Bordeauxfaß abgefüllt, das ihm eine wunderbare Rottönung verliehen hat. **PB**

Verkostungsnotizen

In der Nase etwas Schwefel, würzige Eiche und Schokolade mit Kaffeegeschmack. Am Gaumen Rhabarberkompott, Ingwer und auch wieder Schwefel.

Glencadam 10-Year-Old

Angus Dundee Distillers | www.glencadamdistillery.co.uk

Herstellungsregion und -land Highlands, Schottland
Destillerie Glencadam, Brechin, Angus
Alkoholgehalt 46 Vol.-%
Whiskytyp Single Malt

Die Destillerie Glencadam wurde im Jahr 2000 stillgelegt, da es nicht genug Kühlwasser für den Betrieb gab. 2003 wurde sie unter der Regie des unabhängigen Familienunternehmens Angus Dundee wiedereröffnet. Dieser 10-Year-Old kam erst 2008 als zweite Kreation der neuen Eigner auf den Markt. Die Altersangabe bezieht sich in diesem Fall auf das Minimalalter der enthaltenen Whiskys, da wegen der durch die Stillegung verursachten dreijährigen Produktionslücke unweigerlich auch Malts enthalten sind, die etwas älter als zehn Jahre sind.

Glencadams neuer Stil ist leicht und sehr süß. Das liegt zum Teil am Destillationsverfahren. Die Brennblase wird extern beheizt, so daß die Würze immerfort zirkuliert, dabei Kupfer aufnimmt und Schwefel abgibt, und so zu einem sanfteren, feineren Destillat wird. Ein weiteres ungewöhnliches Merkmal ist das obere Ende der birnenförmigen Brennblase, das nicht wie sonst üblich als Schwanenhals ausgeformt ist, sondern sich allmählich nach oben verengt. Auch dadurch wird ein besonders mildes Destillat erreicht.

Um den Whisky ausgewogen zu gestalten, ist eine raffinierte zehnjährige Faßlagerung notwendig. Die Leitung der Brennerei wählte Bourbonfässer aus, die den frischen, lebhaften und klaren Zitrusnoten des Whiskys nicht entgegenstanden. Sie werden über einen Vertreter in den USA bezogen, der auf verschiedene Bourbonbrennereien zurückgreifen kann. Jedes der Fässer wird bis zu dreimal verwendet und bei Bedarf neu verkohlt. Glencadam füllt seinen ungefärbten und nicht kaltfiltrierten Whisky immer mit 46 Volumenprozent Alkohol ab. **IGY**

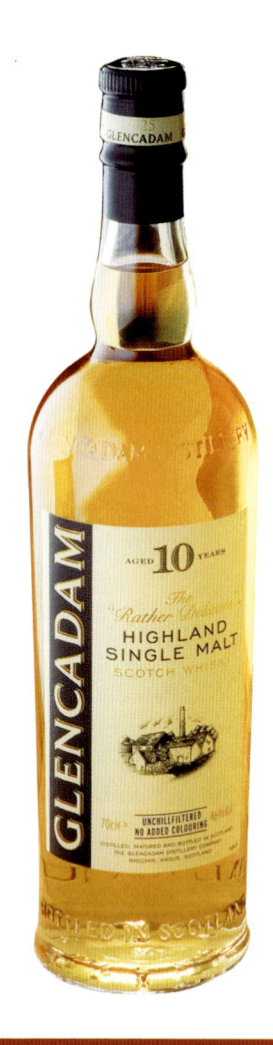

Verkostungsnotizen

Mt zehn Jahren zeigt er noch viel seiner jugendlichen Lebhaftigkeit, aber der Alkohol schmust eher, als daß er beißt. Die sauberen, grasigen, klaren Zitrustöne und das Malz des frischen Destillats sind noch zu vernehmen, aber durch die subtile Eichensüße gemildert.

Glencadam 12-Year-Old Portwood Finish

Angus Dundee Distillers | www.glencadamdistillery.co.uk

Herstellungsregion und -land Highlands, Schottland
Destillerie Glencadam, Brechin, Angus
Alkoholgehalt 46 Vol.-%
Whiskytyp Single Malt

Der Glencadam 12-Year-Old Portwood Finish wurde dem Angebot der Destillerie 2010 hinzugefügt, gleichzeitig mit einem Oloroso Cask Finish und einem 21-Year-Old.

Die ersten zehn Jahre lagert der Whisky in Bourbonfässern. Der Vorgang unterscheidet sich nicht von dem beliebiger anderer Whiskys einer Brennerei. Danach werden die Fässer aber in die Schwesterdestillerie Tominoul gebracht und ihr Inhalt wird dort in Portweinfässer umgefüllt, um unter der Aufsicht des Brennmeisters Robert Flemming zwei Jahre nachzureifen, bevor er in Flaschen abgefüllt wird.

Die Firma Angus Dundee wurde mit Blended Whiskys groß. Die Glencadam-Destillerie hat einen Jahresausstoß von etwa 1,5 Millionen Litern und Lagerkapazitäten für etwa 20000 Fässer, aber die Single Malts stellen nur einen kleinen, wenn auch lukrativen Teil des Gesamtgeschäfts dar. Die wenigen Portweinfässer für diese Abfüllung würden sich nur schlecht in die Produktionsabläufe einpassen lassen, es ist leichter, sie in Tomintoul zu bearbeiten. Da dort auch schon eine sehr kleine Auflage eines Tomintoul Portwood hergestellt wurde, sind auch die Voraussetzungen gegeben, um kleine Fässer zu befüllen.

Obwohl beide Destillerien Portweinfässer verwenden, werden diese jedoch nur in verschwindend geringen Mengen benötigt. Also kauft man sie nicht direkt bei Portweinfirmen im portugiesischen Oporto, sondern vom schottischen Betrieb Speyside Cooperage. Angus Dundee erwarb 2011 eine Flaschenabfüllanlage, so daß der Portwood Finish jetzt von Glencadam auch in eigener Regie auf Flaschen gezogen werden kann. **IGY**

Verkostungsnotizen

Der Whisky funkelt in eine wunderbar verführerischen Lachsrosa. Die lebhaften Aromen roter Beerenfrüchte und die Süße eines Tawny Ports treten nicht zu sehr hervor. Hier trägt der einst sanfte Glencadam die Maske eines großen Bären – eines *en pointe* tanzenden Bären.

Glencadam 14-Year-Old Oloroso Sherry Finish

Angus Dundee Distillers | www.glencadamdistillery.co.uk

Herstellungsregion und -land Highlands, Schottland
Destillerie Glencadam, Brechin, Angus
Alkoholgehalt 46 Vol.-%
Whiskytyp Single Malt

Im Juli 2010 wurde das Sortiment von Glencadam um drei neu Whiskys ergänzt: einen zwölfjährigen Portwood Finish, einen 21-Year-Old und diesen 14-Year-Old Oloroso Sherry Finish, der zwölf Jahre in Bourbonfässern und weitere zwei Jahre in Olorosofässern gereift ist.

Die ersten zwölf Jahre unterscheiden sich nicht von der Lagerung der 10- und 15-Year-Olds, aber dann wird der Whisky in die Schwesterdestillerie Tomintoul gebracht. Dort hat man Sherryfässer zuerst nur als Experiment verwendet, aber nach zwei Jahren wurde das Verfahren auf Glencadam ausgeweitet. Trotzdem werden in beiden Brennereien zusammen im Jahr nur 60 Sherryfässer benötigt.

Die Olorosofässer beziehen die beiden Destillerien direkt von einer kleinen Bodega im spanischen Jerez. Über deren Identität wird Stillschweigen bewahrt, aber über das Auswahlverfahren gibt man Auskunft: Zuerst sah man sich bei den großen Sherryproduzenten um, aber größere Whiskyhersteller wie Macallan nehmen dort bereits Tausende von Fässern ab und haben zu ihren jeweiligen Lieferanten feste Geschäftsbeziehungen aufgebaut. Der Bedarf von Angus Dundee war sehr viel geringer – als sie in Spanien waren, führte man sie deshalb bei kleineren Bodegas ein. Sie fanden ein Familienunternehmen, verkosteten den Sherry, sahen sich die Fässer an und arbeiten seitdem mit der Bodega zusammen.

Der Sherry Finish von Glencadam wird in kleinen Chargen hergestellt, jede Abfüllung schmeckt also etwas anders. Der im Vergleich kleine Betrieb erlaubt es, auf Bestellungen des Verkaufsteams schnell und individuell zu reagieren und den Whisky nach Bedarf abzufüllen. **IGY**

Verkostungsnotizen

Der erste Hinweis darauf, was folgt, ist die leichte Orangefärbung und der süße Sherryduft in der Nase. Die Olorosoaromen von gerösteten Walnüssen und getrockneten Feigen sind vernehmbar, und durch die Pfeffernoten scheint die Vanille der Eichenfässer durch.

Glencadam 32-Year-Old

Angus Dundee Distillers | www.glencadamdistillery.co.uk

Herstellungsregion und -land Highlands, Schottland
Destillerie Glencadam, Brechin, Angus
Alkoholgehalt 46 Vol.-%
Whiskytyp Single Malt

Unter den großen Vorräten bei Glencadam gibt es auch Whiskys, die etwas über 30 Jahre alt sind. 2008 begann der Eigner Angus Dundee, eine Auswahl an limitierten älteren Abfüllungen herauszubringen. In drei aufeinanderfolgenden Jahren wurden einige der ältesten Fässer aus dem Lager als Single-Cask-Abfüllungen in eckigen Glaskaraffen angeboten. Dieser 32-Year-Old war der dritte in der Reihe.

Als erste der limitierten Ausgaben kam ein 25-Year-Old auf den Markt. Er wurde am 22. April 1983 gebrannt und verbrachte seine gesamte Lagerzeit in einem einzigen Sherryfaß (mit der Nummer 1002). Am 5. Dezember 2008 wurde er auf Flaschen gezogen. Es waren nur 300, und sie waren bald ausverkauft. Der 30-Year-Old, der die Lücke schloß, war am 6. April 1978 gebrannt und ebenfalls in einem einzelnen Sherryfaß (Nr. 2335) gelagert worden. Die 615 Flaschen, die es enthielt, kamen im Frühjahr 2009 in den Verkauf.

Dieser 32-Year-Old stammt aus der gleichen Charge wie sein Vorgänger mit dem Destillationsdatum 6. April 1978. Er wurde im Sherryfaß Nr. 2332 gelagert und im September 2010 auf Flaschen gezogen. Das Faß gab lediglich 405 Flaschen des 32-Year-Old her.

Alle drei Ausgaben wurden mit 46 Volumenprozent Alkohol abgefüllt und sind weder kaltfiltriert noch gefärbt. Die Etiketten geben jeweils die Faßnummer, das Datum der Destillation und der Flaschenabfüllung sowie eine individuelle Flaschennummer an.

Der Stil dieser limitierten Abfüllungen unterscheidet sich etwas von den jüngeren Versionen, die ausschließlich in Bourbonfässern reiften. **IGY**

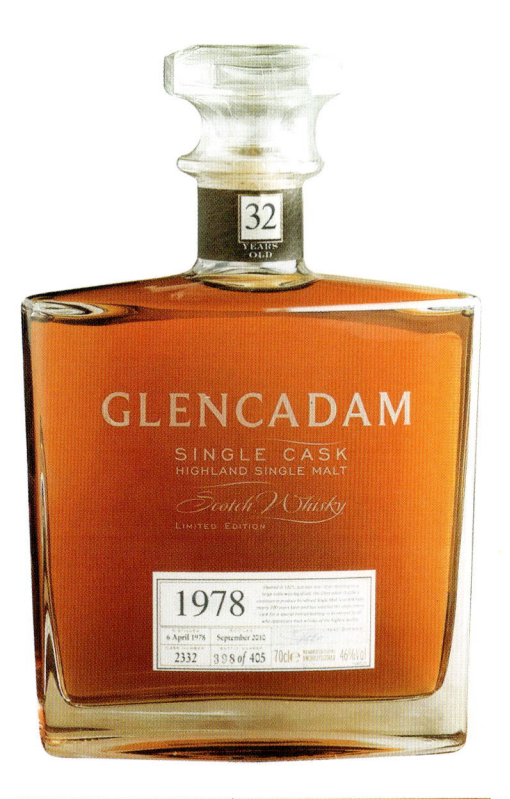

Verkostungsnotizen

Wenn man einen süßen Zahn hat, werden einen die Düfte von Rum-und-Rosinen-Eiscreme ermutigen. Schon früh wird auch Vanille in Mengen angekündigt, aber die leichte Spritzigkeit bitterer Orangenschalen verhindert, daß am Gaumen alles ins Klebrige abgleitet.

GlenDronach 12-Year-Old Original

BenRiach Distillery Co. | www.glendronachdistillery.co.uk

Herstellungsregion und -land Speyside, Schottland
Destillerie GlenDronach, Forgue, Aberdeenshire
Alkoholgehalt 43 Vol.-%
Whiskytyp Single Malt

Die Destillerie GlenDronach genießt seit langem wegen ihrer üppigen, sherrybeeinflußten Malts einen guten Ruf. Im April 2008 ging sie in den Besitz der BenRiach Distillery Co. Ltd. über, und seitdem wird noch mehr Wert auf die Verwendung von Sherryfässern gelegt, für deren Beschaffung jetzt ein Budget von mehr als sieben Millionen Euro zur Verfügung steht.

2009 wurde das Standardsortiment von GlenDronach neu aufgelegt. An der Spitze stand eine neu gestaltete Version des 12-Year-Old, die auf den Namen GlenDronach Original getauft wurde. Dieses jüngste Mitglied des Standard-Trios wird in einer Mischung aus spanischen Pedro-Ximénez- und Oloroso-Sherryfässern gelagert. Der Geschäftsführer Billy Walker sagt: „Der 12-Year-Old ist jetzt wieder da, wo er sein sollte. Er zeigt den üppigen Sherrystil, den er einst hatte und der so gut zum Charakter des Destillats paßt."

Vor vier Jahrzehnten gehörte GlenDronach weltweit zu den fünf führenden Malts, aber unter einer Reihe von Eignern wurde die Marke etwas vernachlässigt. Das neue Team hat sich sehr angestrengt, den Lauf der Dinge zu wenden und erwartete für das Jahr 2009 den Verkauf von 150 000 Flaschen, erreichte aber tatsächlich mehr als 300 000.

Der vorige Besitzer Chivas Brothers Ltd. hatte GlenDronach im Rahmen der Übernahme von Allied Domecq 2005 erworben, besaß aber schon gute Speyside-Destillerien und war deshalb froh, an BenRiach verkaufen zu können. So wie die neuen Besitzer das mittlere *R* in BenRiach groß schrieben, so verfuhren sie auch mit dem mittleren *D* in GlenDronach. **GS**

Verkostungsnotizen

Die zwölfjährige Variante des GlenDronach bietet eine süße Nase mit Weihnachtsgebäck, Vanille- und Ingwernoten. Cremig-glatt am Gaumen, mit Sherry, sanfter Eiche, Sultaninen und Rosinen, Mandeln und Gewürzen. Der Abgang ist recht lang, trocken und nussig.

GlenDronach 14-Year-Old Sauternes Finish

BenRiach Distillery Co. | www.glendronachdistillery.co.uk

Herstellungsregion und -land Speyside, Schottland
Destillerie GlenDronach, Forgue, Aberdeenshire
Alkoholgehalt 46 Vol.-%
Whiskytyp Single Malt

Im Juli 2010 brachte GlenDronach unter dem Reihennamen „Wood Finish" ein Quartett von Single Malts heraus, die vom bisherigen Angebot der Destillerie deutlich abwichen. Die neuen Besitzer der Brennerei hatten mit ihrem Single Malt BenRiach beträchtliche Erfahrung in der Nachreifung von Whiskys gewonnen und übertrugen ihr Können auf die Neuerwerbung.

„Wir sahen uns an, was bei BenRiach funktionierte, und haben diese Kenntnisse und Erfahrungen auf GlenDronach angewendet", sagt Billy Walker. „Es sorgte für Überraschung, als nachgereifter GlenDronach herauskam, aber wir hatten Destillat erhalten, das in neu verkohlten und in Bourbonfässern gelagert worden war, anstatt in den bei GlenDronach üblichen Sherryfässern. Das war ein leichterer Stil, den man auch in anderen Faßarten nachreifen lassen konnte. Die Menge dieses Destillats war jedoch beschränkt, so daß es nur wenige nachgereifte GlenDronach-Abfüllungen geben wird. Insgesamt erreichten diese nachgereiften Whiskys schneller eine Balance, als wir angesichts des typischen GlenDronach-Stils erwartet hätten."

Es gibt zwei solche Finishs, die mit 14 Jahren abgefüllt wurden. Der eine wurde in frischen Eichenfässern nachgereift, der andere in Fässern, die zuvor den süßen Sauternes aus dem Bordeaux enthielten. Diese französichen Fässer hatten sich beim BenRiach bereits als sehr beliebt erwiesen und wirkten sich auf das Destillat von GlenDronach ebenso positiv aus. Walker berichtet, der Whisky habe „18 Monate in den Sauternesfässern verbracht. Ihre Wirkung trat beim GlenDronach noch schneller ein als beim BenRiach". **GS**

Verkostungsnotizen

In der Nase frisch und fruchtig, mit Erdbeeren, Aprikosen, Backapfel und Süßwein. Am Gaumen süß, dickflüssig, mit Honigkaramell, Milchschokolade und Vanille, von der Nase kommt eine glatte Weinnote hinzu. Süßer Abgang mit Rosinen, Sahne und Gewürzen.

GlenDronach 14-Year-Old Virgin Oak Finish

BenRiach Distillery Co. | www.glendronachdistillery.co.uk

Herstellungsregion und -land Speyside, Schottland
Destillerie GlenDronach, Forgue, Aberdeenshire
Alkoholgehalt 46 Vol.-%
Whiskytyp Single Malt

Der GlenDronach 14-Year-Old Virgin Oak Finish kam im Juli 2010 zusammen mit dem Sauternes Finish heraus. Wie bei diesem hatten die guten Ergebnisse der Nachreifung in frischen Eichenfässern beim BenRiach das Team, das für beide Marken verantwortlich zeichnet, bewogen, sie auch beim GlenDronach einzusetzen.

„Wir haben viel Arbeit in die Nachreifung des BenRiach in frischer Eiche gesteckt, und das Ergebnis stieß auf Zustimmung" erzählt der Geschäftsführer Billy Walker. Es gab nicht nur eine eigene Abfüllung des so nachgereiften BenRiach, sondern Destillate, die in frischer Eiche gelagert worden waren, fanden auch ihren Weg in den BenRiach 25-Year-Old und in eigene Single-Cask-Abfüllungen, die sehr gut aufgenommen wurden.

Walker erklärt, daß die Ergebnisse beim GlenDronach „robuster ausfallen, wenn man frische Eiche verwendet, weil Speyside-Malts wie der BenRiach empfindlicher sind. Die frischen Eichenfässer bestehen aus amerikanischer Weißeiche, die wir bei der Speyside-Böttcherei in Craigellachie leicht ankohlen lassen. Frische Eiche ist hervorragend für Scotch geeignet, man hat in der Vergangenheit von der Verwendung jedoch wegen des hohen Preises abgesehen."

Beim Marketing des GlenDronach, ob „einfach" oder „nachgereift", setzt Walker auf die gleiche Strategie wie bei der Marke BenRiach: „Wir zielen nicht auf den Massenmarkt. Wir sind eher mit Single Malts wie dem Glengoyne zu vergleichen, deren Werte wir teilen." Der GlenDronach tendiere auch zu ähnlichen Märkten, unter anderem in Europa, den USA, Kanada, Japan, Taiwan, Singapur, Hongkong und China. **GS**

Verkostungsnotizen

In der Nase zuerst etwas rauchig, fast verbrannt, recht trocken, dann mit Vanille, Banane und Kakaopulver süßer werdend. Im Mund würzig, mit Vanille, Hasel- und Erdnüssen, Getreide und frisch gehobeltem Holz. Mittellanger Abgang mit Ingwer, trocken werdend.

GlenDronach 15-Year-Old Revival

BenRiach Distillery Co. | www.glendronachdistillery.co.uk

Herstellungsregion und -land Speyside, Schottland
Destillerie GlenDronach, Forgue, Aberdeenshire
Alkoholgehalt 46 Vol.-%
Whiskytyp Single Malt

Der GlenDronach 15-Year-Old ist der Bestseller der Destillerie. Während der 12jährige Geschwisterbrand in einer Mischung aus Pedro-Ximénez- und Oloroso-Sherryfässern reift, wird der 15-Year-Old ausschließlich in Olorosofässern gelagert.

Der Name Revival bezieht sich nicht nur auf die größere Aufmerksamkeit, die dem GlenDronach als Single Malt unter den jetzigen Eignern zuteil wird, sondern verweist auch darauf, daß die Destillerie von 1996 bis 2002 unter den Besitzern Allied Domecq stillgelegt war und daß sie nie zum Portfolio eines Großkonzerns gehörte.

„Wir hatten nur ein Produkt, als wir die Regie übernahmen", erklärt der Geschäftsführer Billy Walker, „und wir haben den GlenDronach vollkommen neu erfunden. Wir haben ein neues Faßmanagement eingeführt, das Sortiment vergrößert und den Whisky ‚muskulöser' gemacht." Die früheren Besitzer hatten die althergebrachten Lagerungsverfahren bei GlenDronach anscheinend als wirtschaftliches Risiko betrachtet und deshalb begonnen, die Rolle zu reduzieren, die Sherryfässer bei der Reifung des GlenDronach spielten.

Walker ist allerdings voll des Lobes für den Zustand, in dem sich der Betrieb bei der Übernahme von Chivas Brothers befand: „Wir wußten, wie sie sich um BenRiach gekümmert hatten, und waren sicher, daß sich GlenDronach in genauso gutem Zustand befinden würde. So war es dann auch."

GlenDronach ist die letzte schottische Destillerie, deren Brennblasen noch mit Kohle befeuert werden. Mittlerweile sind in zwei Brennblasenpaaren Dampfschlangen installiert. **GS**

Verkostungsnotizen

Stärkere Leder- und Möbelpoliturakzente als im 12-Year-Old, mit Orangenschokolade und Sahnekaramell. Am Gaumen voller, würzige Ledernoten, die zu süßen Früchten übergehen, darunter Aprikosen, aber auch Kaffee und Schokolade. Langer Abgang.

GlenDronach 15-Year-Old Moscatel Finish

BenRiach Distillery Co.
www.glendronachdistillery.co.uk

Herstellungsregion und -land Speyside, Schottland
Destillerie GlenDronach, Forgue, Aberdeenshire
Alkoholgehalt 46 Vol.-%
Whiskytyp Single Malt

Muskateller ist ein Süßwein, der in Portugal und Spanien aus der Muskatellertraube gekeltert wird. Muskatellerfässer werden von vielen schottischen Whiskyherstellern zur Nachreifung verwendet, darunter Arran, Caol Ila, Edradour und Tullibardine.

Zusammen mit den drei anderen nachgereiften Varianten des GlenDronach hat der 15-Year-Old Moscatel Finish dazu beigetragen, das Sortiment der Destillerie über das einfache, durch fortschreitendes Alter bestimmte Format hinauswachsen zu lassen. Der Verkaufsleiter Alistair Walker sagt: „Wir mußten mit einigen Faß-Finishs das Angebot erweitern."

Da BenRiach mit dem Kauf von GlenDronach auch ein Inventar von etwa 9000 Fässern übernommen hat, kann die Destillerie über eine Vielzahl von Permutationen verfügen, falls sie möchte. Das Team bei GlenDronach hat nicht nur kräftig in Sherryfässer investiert, die direkt aus Spanien bezogen werden, sondern es hat auch begonnen, etwa die Hälfte des vorhandene Inventars in Oloroso-Sherryfässer umzufüllen. Der Destillerieleiter Alan McConnochie sagt: „Ein Teil der neuen Brände geht direkt in Sherryfässer, aber wir werden viel des neuen Destillats für vier oder fünf Jahre in Bourbonfässer füllen und es dann in Sherryfässern nachreifen lassen." **GS**

Verkostungsnotizen

Sirupgetränkte Früchte in der Nase, und Vanille, Marzipan, ein Hauch Muskat. Im Mund Schichten von Zimt, Dosenananas, Vanille, Feigen, Datteln und Nüssen.

GlenDronach 15-Year-Old Tawny Port Finish

BenRiach Distillery Co.
www.glendronachdistillery.co.uk

Herstellungsregion und -land Speyside, Schottland
Destillerie GlenDronach, Forgue, Aberdeenshire
Alkoholgehalt 46 Vol.-%
Whiskytyp Single Malt

Die ursprüngliche Abfüllung des GlenDronach Tawny Port Finish war eine 20 Jahre alte Variante. Der Verkaufsleiter Alistair Walker berichtet: „Dieser Whisky war ein sehr großer Erfolg und schnell ausverkauft, also entschlossen wir uns, 2011 eine zweite Abfüllung herauszubringen. Der neue 15-Year-Old Tawny Port setzt unsere Tradition wunderbarer Finishs allerhöchster Qualität aus anderen Fässern als Sherry fort. Wir haben sorgfältig Whisky ausgewählt, der in leichteren Fässern gereift ist, damit die Aficionados den vollen Einfluß des Portweins verspüren können. Die Nachreifung findet in einer kleinen Charge von Tawny-Port-Fässern statt, die dem Whisky seine eigenen, ganz spezifischen Geschmacksnoten und Aromen verleihen."

Der Geschäftsführer Billy Walker ergänzt: „Mit Portweinfässern läßt sich phantastisch arbeiten. Durch den Tawny Port wird der GlenDronach eher trockener und nicht üppiger, wie man es vielleicht erwarten würde. Allerdings werden die Finishs von GlenDronach in Zukunft nicht immer verfügbar sein, da es an geeigneten Fässern mangelt."

Die Variante wurde zuerst in europäischen Eichenfässern gelagert, bevor sie zur Nachreifung in die Portweinfässer umgefüllt wurde. **GS**

Verkostungsnotizen

Portwein, Pflaumen, Rosinen und Kirschen in der Nase. Am Gaumen große Fruchtnoten, sehr fokussierte rote Weinbeeren, Vanille und Feigen. Langer Abgang.

GlenDronach 18-Year-Old Allardice

BenRiach Distillery Co.
www.glendronachdistillery.co.uk

Herstellungsregion und -land Speyside, Schottland
Destillerie GlenDronach, Forgue, Aberdeenshire
Alkoholgehalt 46 Vol.-%
Whiskytyp Single Malt

Der GlenDronach 18-Year-Old trägt den Namen Allardice nach dem Gründer der Destillerie. James Allardice gründete die Firma im Jahr 1826, nur zwei Jahre nachdem eine Liberalisierung der Steuergesetze das legale Destillieren sehr viel lukrativer gemacht hatte.

Allardice war ein energischer Unternehmer. Nachdem er seine Destillerie errichtet hatte, machte er sich daran, Märkte für seinen „Guid Glendronach"-Whisky zu erschließen. Er fuhr mit einem Faß und einer Flasche seines Whisks nach Süden, aber in Edinburgh zeigten die Kneipenwirte wenig Interesse. Der Legende nach sprachen ihn zwei Prostituierte an und baten ihn, einen Drink zu spendieren. Sparsamer Highlander, der er war, erklärte Allardice, er habe einen guten Vorrat an Whisky in seinem Hotelzimmer. Als es an die Heimreise ging, verschenkte er den Rest des Whiskys an seine neuen Freundinnen, um sich den Rücktransport zu ersparen. Danach machte sich der Whisky auf den Straßen der Stadt bald einen guten Namen. Die Wirte, die zuvor nichts von Allardice wissen wollten, gaben jetzt Bestellungen auf, und die Zukunft der Destillerie war gesichert.

Wie der jüngere GlenDronach 15-Year-Old wird auch der 18-Year-Old ausschließlich in Oloroso-Sherryfässern gelagert. **GS**

Verkostungsnotizen

Milchschokolade, Fondant, Instantkaffee und glasierte Kirschen. Fruchtkompott, reife Orangen, Haselnüsse, Gewürze und Eiche. Im Abgang Rauch und Kirschlikör.

GlenDronach 21-Year-Old Parliament

BenRiach Distillery Co.
www.glendronachdistillery.co.uk

Herstellungsregion und -land Speyside, Schottland
Destillerie GlenDronach, Forgue, Aberdeenshire
Alkoholgehalt 48 Vol.-%
Whiskytyp Single Malt

Vor allem aufgrund der Nachfrage durch Kunden wurde 2011 der GlenDronach 21-Year-Old eingeführt. Die Abfüllung trägt den Namen Parliament. Als solches wird im Englischen eine Krähenkolonie bezeichnet. In der Nähe der Destillerie fließt der Dronach Burn, aus dem sie das Kühlwasser bezieht, und in den Bäumen am Bach lebt seit ewigen Zeiten eine solche Krähenkolonie. Man sagt den Vögeln nach, daß sie Glück bringen, und das mag in den Zeiten gestimmt haben, als die Brennerei noch illegal war: Die Krähen werden vor sich nähernden Fremden, vor allem natürlich vor Zollbeamten, lautstark gewarnt haben!

Alistair Walker, der Verkaufsleiter von GlenDronach, sagt zur Abfüllung: „Wir hatten das Gefühl, die große Lücke zwischen den 18 Jahre alten und den 30 Jahre alten Versionen schließen zu müssen. Es ist der logische Platz für eine neue Variante, und es erlaubt dem Kunden, das Altern und Reifen des GlenDronach mitzuverfolgen. Wie der 12-Year-Old ist auch der 21-Year-Old in spanischen Pedro-Ximénez-Fässern und Oloroso-Sherryfässern gereift, und das Ergebnis ist ein üppiger, intensiver Whisky mit konzentrierten Geschmacksnoten. Wir füllen ihn mit 48 Volumenprozent Alkohol ab, damit er sich von den anderen Varianten abhebt." **GS**

Verkostungsnotizen

Kühner, süßer Sherry in der Nase, daneben Sojasoße, Melasse und neues Leder. Karamell und viel würziges Leder, dann später Lakritze und Gewürznelken.

GlenDronach 31-Year-Old Grandeur

BenRiach Distillery Co. | www.glendronachdistillery.co.uk

Herstellungsregion und -land Speyside, Schottland
Destillerie GlenDronach, Forgue, Aberdeenshire
Alkoholgehalt 45,8 Vol.-%
Whiskytyp Single Malt

Im Rahmen der Erweiterung des GlenDronach-Sortiments um weitere Altersstufen brachte die Destillerie 2010 diese 31 Jahre alte Version heraus.

Der Geschäftsführer Billy Walker erläutert: „Wie die 15 und 18 Jahre alten Versionen wurde auch der 31-Year-Old ausschließlich in Oloroso-Sherryfässern gelagert, anstatt in einer Mischung aus Oloroso- und Pedro-Ximénez-Fässern. Der Whisky läßt an Schokolade und Rosinen denken. Wir haben den 31-Year-Old als Nachfolger der 33 Jahre alten Variante auf den Markt gebracht, die noch aus dem Jahr 2005 stammte, bevor wir die Destillerie erworben haben. Sie wurde damals mit 40 Volumenprozent Alkohol abgefüllt. Der 31-Year-Old sollte der Spitzenwhisky in unserem Sortiment werden, wir haben ihm eine richtig gute Verpackung gegeben und ihn in Faßstärke von 45,8 Volumenprozent auf Flaschen gezogen. Sein Stil ähnelt dem des 33 Jahre alten Vorgängers, wenn man sie aber direkt vergleicht, kann man deutlich den Vorteil erkennen, der mit der Faßstärke verbunden ist."

Wie die anderen Varianten des GlenDronach hat auch der 31jährige einen eigenen Namen: Grandeur. Damit soll auch der Status dieser Sortimentsspitze herausgestellt werden. Billy Walker sagt über den Whisky: „Der Grandeur ist ein klassisches Beispiel für den komplexen, glatten, vollen Stil, der die Destillerie GlenDronach berühmt gemacht hat." Der Grandeur muß hohe Ansprüche erfüllen, denn Walker beschrieb seinen Vorgänger mit den Worten: „Er zeigt wahrhafte Eleganz und große Klasse. Eine Unzahl von würzigen Früchten mit einem Überzug zartbitterer Schokolade … ein flüssiges, alkoholisches Dessert." **GS**

Verkostungsnotizen

Süßer Sherry, Malz, warmer Zucker und Untertöne von frischem Ingwer und Kaffee in der Nase. Am Gaumen riesige Sherry- und Fruchtkompottnoten, daneben Melasse und Mandeln, alles sehr zivilisiert und glatt. Langer Abgang mit dunkler Schokolade und Lakritze.

Glendullan 1993 Connoisseurs Choice

Gordon & MacPhail | www.gordonandmacphail.com

Herstellungsregion und -land Speyside, Schottland
Destillerie Glendullan, Dufftown, Keith, Banffshire
Alkoholgehalt 43 Vol.-%
Whiskytyp Single Malt

Der Name der Destillerie Glendullan bedeutet im Gälischen „Tal des stehenden Steins". Die neuen Brennereigebäude in diesem Tal mögen zwar sehr viel funktioneller und langweiliger aussehen als ihre ästhetisch ansprechenderen Vorgänger aus dem späten 19. Jahrhundert, aber der Whisky, der hier gebrannt wird, ist alles andere als langweilig.

Viele Menschen, die sich erstmals mit Whisky beschäftigen, werden noch nie etwas von Glendullan gehört haben, wenn sie in einem anderen Teil der Welt als den USA leben, dem größten Markt der Marke. Glendullan ist von der Kapazität her eine der größten Brennereien des Diageo-Konzerns und stößt alljährlich fast vier Millionen Liter Destillat aus. Dennoch ist die Zahl der offiziellen Abfüllungen eher beschränkt. Der mangelnde Ruhm der Destillerie erstaunt insofern, als der Whisky mit seinem leichten, eleganten und abgerundeten Geschmack für Einsteiger geradezu prädestiniert ist.

Der Glendullan wurde früher von Diageo in der Reihe „Flora & Fauna" vermarktet, in der dem Publikum Single Malts vorgestellt wurden, die sonst selten oder nie ans Tageslicht getreten waren. Inzwischen gehört er zur „Singleton"-Reihe, die sich durch die typische abgeflachte Flasche auszeichnet. Je nachdem, wo man sich auf der Welt befindet, bekommt man als Singleton sehr unterschiedliche Malts: in Europa einen Dufftown, in Asien einen Glen Ord und in den USA einen zwölf Jahre alten Glendullan. Diese Glendullan 1993 „Connoisseurs Choice"-Abfüllung von Gordon & MacPhail reifte in amerikanischen Eichenfässern. **PB**

Verkostungsnotizen

Cremig-malzig in der Nase, mit Spuren von Brausepulver, Bonbons und Veilchendrops. Am Gaumen anfänglich sehr sahnig, mit Mandelkeksen, Vanille und Kokosnuß und leichter Würzigkeit. Im Abgang verflüchtigt sich die von der Eiche getragene Vanille langsam.

2 198
J. & G. GRANT
GLENFARCLA
BALLINDALLOCH

Glenfarclas 10-Year-Old

J & G Grant | www.glenfarclas.co.uk

Herstellungsregion und -land Speyside, Schottland
Destillerie Glenfarclas, Ballindalloch, Banffshire
Alkoholgehalt 40 Vol.-%
Whiskytyp Single Malt

Obwohl Robert Hay nachweislich 1836 die Destillerie Glenfarclas gründete, war es die Familie Grant, von der die Brennerei und ihr unverkennbarer Whisky zum Welterfolg gemacht wurden. Glenfarclas gehört seit 1865 der Familiendynastie, zur Zeit wird die Firma von John Grant (fünfte Generation) und seinem Sohn George (sechste Generation) geleitet. J & G Grant ist eines der sehr wenigen Familienunternehmen, die noch im Besitz einer Brennerei sind, und insofern etwas Besonderes in der Welt des Whiskys. Kein Wunder und sehr treffend, daß Glenfarclas ihren Whisky mit dem Wahlspruch „Der Geist der Unabhängigkeit" versieht.

Die Grants – nicht mit der Glenfiddich-Firma William Grant & Sons verwandt – sind wegen ihrer entschiedenen Meinungen zu vielen Fragen des Whiskyhandels berüchtigt. Der Glenfarclas kann in aller Ruhe in Sherryfässern reifen, wie sie von den Grants bevorzugt verwendet werden. Sie halten nicht viel von langer Nachreifung in unterschiedlichen Faßarten, füllen aber vor dem Abziehen auf Flaschen die einzelnen Grundwhiskys durchaus gemeinsam in ein Faß eines anderen Typs, um sie zu vermählen. George Grant formuliert es so: „Wir geben unseren Whiskys kein Finish. Aber als Käufer darf man sie natürlich bis zur Neige austrinken und so ‚fertig machen'." Versuchen Sie das einmal mit dem jüngsten aus dem Haus, diesem 10-Year-Old. **HO**

Verkostungsnotizen

Kandierter Apfel, Melasse, Kiwi, gezuckerte Orange, Zimt, Gewürznelke und Honig vollenden einen Whisky, der warm, rund und angenehm rauchig ist.

Küferwerkzeug und eine Faßschablone bei Glenfarclas.

Glenfarclas 12-Year-Old

J & G Grant | www.glenfarclas.co.uk

Herstellungsregion und -land Speyside, Schottland
Destillerie Glenfarclas, Ballindalloch, Banffshire
Alkoholgehalt 43 Vol.-%
Whiskytyp Single Malt

Die Firma J & G Grant kann auf eine interessante Geschichte zurückblicken. Der Gründer John Grant wurde 84 Jahre alt. Er kam 1805 auf einem Bauernhof im Tal des Livet auf die Welt, nicht weit von der heutigen Betriebsstätte der Brennerei. Zu dieser Zeit wurde Getreide, das durch Regen ungenießbar gemacht worden war, zur Herstellung von Whisky verwendet, Kleinbauern entrichteten auf diese Weise oft ihre Pacht.

Zu John Grants Zeiten gab es im Tal des Livet eine Vielzahl von kupfernen Brennblasen, die von gewieften Brennern betrieben wurden, die nicht sehr viel Wert auf engeren Kontakt mit Zollbeamten legten. Das Schmuggeln von Whisky galt damals noch als ehrenwerter Beruf, und bis ins Jahr 1824 war es üblich, Abgaben mit illegalem Whisky zu begleichen. 1824 wurde es sehr viel erschwinglicher, eine Lizenz zum legalen Brennen von Whisky zu erwerben. Das bewog viele der Destillateure, zu gesetzestreuen Unternehmern zu werden.

Als John Grant 1865 die Rechlerich Farm pachtete, hatte er sich bereits einen Namen als Züchter von Aberdeen-Angus-Rindern gemacht. Zur Farm gehörte die Destillerie Glenfarclas. Als er dadurch zum Whiskybrenner wurde, konnte er nicht ahnen, daß er zugleich eine Dynastie begründete, die heute noch existiert. Wir sollten diesem ersten John Grant also dankbar sein und ruhig ein Gläschen dieses 12-Year-Old auf ihn trinken. **HO**

Verkostungsnotizen

Zeigt die volle Fruchtigkeit des 10-Year-Old, aber mehr Sahnekaramell und reife Bananen. Der Abgang ist würzig mit etwas Leder und einer Spur schwarzem Pfeffer.

Schottland

Glenfarclas 15-Year-Old

J & G Grant | www.glenfarclas.co.uk

Herstellungsregion und -land Speyside, Schottland
Destillerie Glenfarclas, Ballindalloch, Banffshire
Alkoholgehalt 46 Vol.-%
Whiskytyp Single Malt

Der Gründer von J & G Grant, John Grant, war eher Bauer als Whiskybrenner, und verpachtete deshalb Glenfarclas an einen Verwandten namens John Smith, der mit dem Gewerbe vertraut war. Er war 1858 leitender Angestellter bei The Glenlivet gewesen und hatte auch bei anderen Herstellern gearbeitet. Grants Sohn George konzentrierte sich auf die Rinderzucht auf der Rechlerich Farm, sein Vater betrieb weiter den alten Familienhof in Blairfindy. Als John Smith weiterzog, um in der Nähe seine eigene Destillerie (das spätere Cragganmore) zu gründen, übernahm George Grant 1870 die Brennerei.

Bis zum Tod von John Grant im Jahr 1889 betrieben Vater und Sohn Glenfarclas gemeinsam. Nur ein Jahr später starb auch George. Die Brennlizenz ging an dessen zwei Söhne John und George und ihre Mutter Elsie über. Damals war es nicht ungewöhnlich, daß eine Frau die Destillerie betrieb, während die Männer draußen auf der Jagd waren oder sich um die Rinder kümmerten.

Dieser 15-Year-Old ist ein Liebling von Ishbel Grant, der Gattin des Vorstandsvorsitzenden John Grant. Sie ist eine erfahrene Fliegenfischerin, die man oft beim Lachsangeln am Ufer des Spey beobachten kann. Es wird behauptet, ihr Erfolg beruhe darauf, daß sie die künstlichen Fliegen mit Glenfarclas aus einem Parfümzerstäuber einsprühe. Vielleicht ist das eine Rezeptidee: in Glenfarclas marinierter Wildlachs. **HO**

Verkostungsnotizen

Die üppigen fruchtigen Noten entfaltet sich in zunehmender karamelliger Intensität. Voller, eleganter Körper und ein etwas bitterer, nussiger Abgang.

Glenfarclas 25-Year-Old

J & G Grant | www.glenfarclas.co.uk

Herstellungsregion und -land Speyside, Schottland
Destillerie Glenfarclas, Ballindalloch, Banffshire
Alkoholgehalt 43 Vol.-%
Whiskytyp Single Malt

Die Enkel des Firmengründers, John und George Grant, erweiterten während des Whiskybooms Ende des 19. Jahrhunderts die Destillerie. Sie gründeten eine Partnerschaft mit den Gebrüdern Pattison aus Leith nördlich von Edinburgh, Whiskymaklern, die kaum ein Jahrzehnt später wegen des Pantschens ihrer eigenen blended Whiskys und betrügerischer Buchhaltung verurteilt wurden. Glenfarclas geriet an den Rand des Bankrotts, überlebte jedoch – allerdings auf Kosten des Enkels John Grant, der sich aus der Geschäftsführung zurückziehen mußte, weil die unternehmerische Krise seine Gesundheit in Mitleidenschaft gezogen hatte.

Der Enkel George muß damals beschlossen haben, nie wieder fremdes Kapital in die Firma zu nehmen. Es gelang ihm, das Land zu kaufen, nachdem der Pachtvertrag im Jahr 1930 ausgelaufen war. Ab diesem Zeitpunkt gehörte der Familie nicht nur Glenfarclas, sondern auch das Land, auf dem die Brennerei stand. Sie waren schon damals außerordentlich auf ihre Unabhängigkeit bedacht.

Der 25-Year-Old ist ein guter Beleg dafür, daß der Glenfarclas ein robuster Whisky ist, der sich gut hält – wie es auch die Grants der dritten Generation taten, als sie die Krise ihrer Firma überstanden. 25 Jahre sind kein Alter für diesen Malt, und die Abfüllung eignet sich gut, um auf die Hartnäckigkeit der Grants zu trinken. **HO**

Verkostungsnotizen

Sanfte Töne von zartbitterer Schokolade, Pekannüssen, Feigenmarmelade und Sonntagsbraten schweben über den tiefen Karamell- und Fruchtnoten. Ruhiger Abgang.

Glenfarclas 30-Year-Old

J & G Grant | www.glenfarclas.co.uk

Herstellungsregion und -land Speyside, Schottland
Destillerie Glenfarclas, Ballindalloch, Banffshire
Alkoholgehalt 43 Vol.-%
Whiskytyp Single Malt

In der vierten Generation übernahm George S. Grant das Ruder in der Glenfarclas-Destillerie, der Vater des heutigen Vorsitzenden John Grant. Er sollte mehr als ein halbes Jahrhundert an der Spitze stehen und die Firma auch durch die schwierigen Nachkriegszeiten steuern. Besuchern der Brennerei fällt immer sofort die grellrote Farbe der Türen auf, die in die Lagerhäuser führen: Es war George, der sich für diese auffällige Farbe entschied, und seit seinen Tagen ist Rot die Kennfarbe von Glenfarclas geblieben.

Glenfarclas wuchs, und sein Whisky war bei den Blend-Herstellern so beliebt, daß George Grant ihnen Kontingente zuteilen mußte. So blieb es bis Anfang der 1960er Jahre, als die Blender begannen, ihre Bestellungen für die kommenden Jahre zu annullieren, so daß sich bei vielen Brennereien unverkäufliche Lagervorräte ansammelten. George Grant entschied sich jedoch für einen anderen, einen mutigeren Weg. Er wollte Glenfarclas nicht durch eine zu große Abhängigkeit von Blend-Herstellern gefährden und begann, die Vorräte für seinen eigenen Single Malt zu vergrößern. Der Whisky sollte ruhen, bis bessere Zeiten kämen.

Dank der Voraussicht von George S. Grant kommen wir heute in den Genuß alter Glenfarclas-Whiskys wie diesem 30-Year-Old. Mit ihm kann man gut auf den Geist der Unabhängigkeit trinken – im Mann wie im Whisky. **HO**

Verkostungsnotizen

Mild-würzige Eiche, frische Orangen und Rosinen verschmelzen sanft und glatt mit Karamell und Pekantorte. Wunderbar fruchtiger Abgang.

Glenfarclas 40-Year-Old

J & G Grant | www.glenfarclas.co.uk

Herstellungsregion und -land Speyside, Schottland
Destillerie Glenfarclas, Ballindalloch, Banffshire
Alkoholgehalt 46 Vol.-%
Whiskytyp Single Malt

Dieser Whisky ist eine Zeitreise. Wenn auch manche andere Single Malts nach so langer Zeit im Faß vielleicht zu Eichensaft geworden wären, so zeigt sich der Glenfarclas noch bemerkenswert frisch und fruchtig. John Grant, der zur Zeit in der fünften Generation die Geschicke von Glenfarclas leitet, wählt persönlich die Fässer aus und reist einmal im Jahr nach Spanien, um dort über den Ankauf von gebrauchten Sherryfässern zu verhandeln.

John Grant baut auf dem Erbe seines Vaters George S. Grant auf, der in den vergangenen Jahrzehnten viele Fässer mit Malt in den Lagerhäusern deponiert hat. Er war auch dafür verantwortlich, daß der Glenfarclas unter eigenem Namen in Flaschen verkauft wird, anstatt in großen Mengen an Makler. Es gibt noch unabhängige Abfüller, die Glenfarclas anbieten, aber Grant gestattet ihnen die Verwendung des Namens nicht, so daß sie auf „der Whisky, der nicht genannt werden darf" ausweichen.

Margaret Thatcher stattete Glenfarclas einmal einen Besuch ab. John Grant erfuhr, daß sie in 10 Downing Street Cognac servierte, und schrieb ihr einen Brief: „Eure Exzellenz, es ist mir zur Kenntnis gelangt, daß die britische Industrie an Ihrer Tafel keine Unterstützung erfährt. Sie servieren Cognac, wo Whisky doch angebrachter wäre …" Der Brief wurde von einer Flasche Glenfarclas begleitet. Laut Grant kam danach nie etwas anderes als Glenfarclas auf den Tisch der Eisernen Lady. **HO**

Verkostungsnotizen

Früchte und Gewürze führen den Reigen an. Über Karamell, Aprikosen und Cantaloupe-Melone schwebt Zedernholz, Gewürznelke und Muskat. Langer Abgang.

Glenfarclas 105

J & G Grant | www.glenfarclas.co.uk

Herstellungsregion und -land Speyside, Schottland
Destillerie Glenfarclas, Ballindalloch, Banffshire
Alkoholgehalt Variiert nach Charge, um 60 Vol.-%
Whiskytyp Single Malt

John Grant leitet zur Zeit in der fünften Generation die Firma J & G Grant. Er war einer der Pioniere der Abfüllung in Faßstärke, bei der die Whiskys nicht mit Wasser verdünnt werden, bevor sie auf Flaschen gezogen werden. Malt Whiskys haben normalerweise etwa 45 bis 50 Volumenprozent Alkohol (im Englischen 80 bis 90 ‚proof'), dieser hat um 60 Prozent (105 proof). Er war sofort sehr erfolgreich. John Grant hatte die Idee von seinem Vater übernommen; George S. Grant verteilte zu Weihnachten Flaschen mit Whisky direkt aus dem Faß als Geschenke an Freunde und Familie.

Der 105 ist ein kräftiges Schlückchen. Er weckt in mir schöne Erinnerungen an eine Verkostung in der Destillerie. Das Glanzstück kam am letzten Tag. Frühmorgens wurde im Craigellachie Hotel im gleichnamigen Dorf ein ‚Frühstückswhisky' serviert – der 105 über eine Schale Porridge gegossen. Dieser Haferbrei diente dann als Grundlage für sieben weitere Whiskys.

Die Verkostung fand im Ship's Room der Destillerie statt, einem wunderschönen Raum, der mit der kompletten Innenausstattung des Erste-Klasse-Salons der *Empress of Australia* versehen ist, die ihren Dienst als Ozeandampfer 1913 antrat. Im 2. Weltkrieg wurde sie als Truppentransporter genutzt, danach nie wieder als Linienschiff eingesetzt und 1952 im schottischen Inverkeithing abgewrackt. John Grant hörte davon und ließ die großartige Inneneinrichtung zur Destillerie bringen, um ihr neues Leben einzuhauchen. Der Schritt vom Wasser der Meere zum Wasser des Lebens kann manchmal sehr kurz sein. Die Familie Grant liebt Traditionen und die Geschichte, dazu paßt der 105 sehr gut. **HO**

Verkostungsnotizen

Honig, Melone, Mandarine und Apfel leiten zu Butterkaramell und gesalzenen Nüssen über. Es gibt auch große Sherrynoten mit Gewürzen und Rosinen und einer Unterlage aus Nüssen. Langer, warmer, würziger Abgang. Insgesamt ein süchtig machender Whisky.

Glenfarclas 175th Anniversary

J & G Grant | www.glenfarclas.co.uk

Herstellungsregion und -land Speyside, Schottland
Destillerie Glenfarclas, Ballindalloch, Banffshire
Alkoholgehalt 43 Vol.-%
Whiskytyp Single Malt

Glenfarclas ist eine der letzten unabhängigen Destillerien in Schottland und ist zu einem Wahrzeichen, ja zu einer Legende geworden. Die Eignerfamilie Grant blickt unverwandt nach vorne und rückt nicht von ihrem Erfolgsrezept ab – hervorragend gemachter Whisky, der in den besten Fässern reift, die man sich leisten kann. Es gab Zeiten in der Firmengeschichte, in der das Geld knapp war und die Meßlatte etwas tiefer hing, aber inzwischen ist die Brennerei wieder auf dem Gipfel.

Glenfarclas liegt im Herzen der Region Speyside. Heute hat die Destillerie einen schönen Empfang und Shop, es gibt Führungen, und die Lagerhäuser gehören zu den besten der gesamten Region. Aber der Whisky hat sich um keinen Deut verändert. Es ist ein Speyside allererster Güte, ohne Mätzchen oder Spielereien. Keine besondere Nachreifung, keine ausgefallenen Fässer, einfach nur ein grundehrlicher Malt. Diese Gestaltung ist zu einem riesigen Erfolg geworden, und die Marke hat immer noch sehr viele treue Anhänger, von denen manche sich weigern, etwas anderes zu trinken – in einer Zeit, in der es zur Regel geworden ist, ganze Sortimente zu konsumieren.

Man hat der Familie schon Vermögen für die Destillerie geboten, aber sie verkauft nicht. Im Jahr 2011 feierte sie ihr 175jähriges Jubiläum. Diese limitierte Ausgabe – es wurden nur 6000 Flaschen abgefüllt –, wurde zu diesem Anlaß herausgegeben. Sie enthält Whiskys aus verschiedenen Jahrzehnten und vereint die schwereren, sherrybetonten Whiskys der 1950er und 60er Jahre mit den leichteren, fruchtigeren aus den 1970ern und 1980ern. Ein perfekter Whisky für den Sammler – selten und wohlschmeckend. **DR**

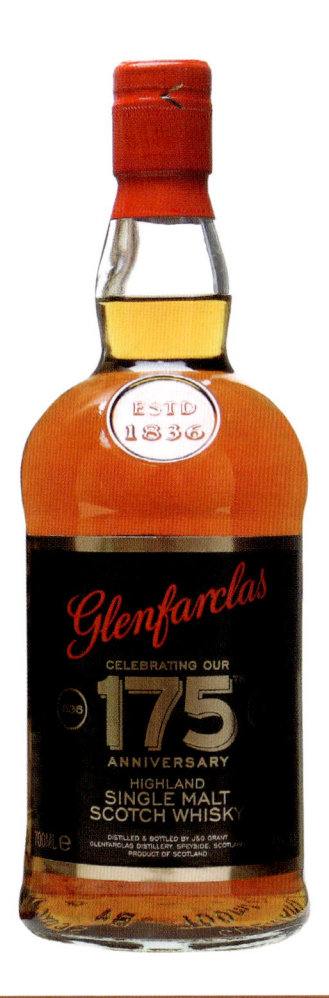

Verkostungsnotizen

Voller Körper, Beerenobst und Rauch in der Nase, Fruchtschokolade, Eiche, Beerenkompott und Orangen. Überraschend frisch und spritzig. Es gibt etwas Pfeffriges, das durch die Fruchttöne leicht abgemildert wird. Langer, wunderbarer Abgang.

Glenfarclas Family Casks 1994, Cask 3629

J & G Grant | www.glenfarclas.co.uk

Herstellungsregion und -land Speyside, Schottland
Destillerie Glenfarclas, Ballindalloch, Banffshire
Alkoholgehalt 59,3 Vol.-%.
Whiskytyp Single Malt

1994 erhielt Glenfarclas einen Brief aus Illinois. Ein Mr. William Shrive schrieb, er besitze eine Kiste Glenfarclas aus dem Jahr 1936, die sein Vater erworben hatte. John Grant kaufte ihm die Kiste ab und schickte den damaligen Verkaufsdirektor der Firma, Malcolm Greenwood, in die USA, um sie abzuholen. Greenwood war ein echtes Original, er buchte für den Rückflug zwei Sitze, auf einem fand die Kiste Whisky ihren Platz.

Greenwood erinnert sich, wie Mr. Shrive ihnen die Holzkiste mit den zwölf Flaschen zeigte. „Wir wußten instinktiv, daß die alle echt waren. Alle Import- und Exportzeichen waren vorhanden, und jede der Flaschen war in Wachspapier gewickelt." Der Whisky wurde 2008 zu einem Exponat im National Museum of Scotland in Edinburgh.

Leider weilt Malcolm Greenwood nicht mehr unter uns. Vermutlich würde er immer noch diese Geschichte erzählen. Aber Glenfarclas und ihre „Family Casks"-Reihe sind noch quicklebendig. Die Firma hat ihr 175jähriges Jubiläum gefeiert, das 200jährige ist in Sicht. In der Zwischenzeit sollte man diesen schönen 1994er zu Ehren des unvergeßlichen Mr. Malcolm Greenwood trinken, dem es gelang, den ältesten heute bekannten Glenfarclas nach Hause zu bringen. **HO**

Verkostungsnotizen

Schokorosinen flirten mit frischen Gewürzen, polierter Eiche, Orangen, Pekannüssen, Obstkuchen und Sahnekaramell. Voller, öliger Körper; scharfer, heißer Abgang.

Glenfarclas Family Casks 1982, Cask 633

J & G Grant | www.glenfarclas.co.uk

Herstellungsregion und -land Speyside, Schottland
Destillerie Glenfarclas, Ballindalloch, Banffshire
Alkoholgehalt 54,2 Vol.-%.
Whiskytyp Single Malt

Die 1980er Jahre fingen für die Grants nicht allzu gut an. Es kam innerhalb eines Jahres zu einer Reihe von Unglücken, von einer zusammenbrechenden Brennblase über einen Brand bis hin zu einer Explosion in der Malzmühle. Die Whiskybranche insgesamt wurde den Erwartungen nicht gerecht, viele Destillerien wurden stillgelegt und Abfüllanlagen geschlossen. Wieder schwommen die Grants gegen den Strom und erhöhten die Produktion, um Vorräte für die Zukunft zu schaffen, die dann in der zweiten Hälfte des Jahrzehnts auch auf den Markt kamen.

1986 feierte Glenfarclas das 150. Gründungsjubiläum, keine geringe Leistung für ein kleines, unabhängiges Familienunternehmen. Im Jahr 1988 wurde dann auch die Landwirtschaft auf dem Gebiet der Destillerie und in der Umgebung eingestellt. Mit der Whiskybranche ging es wieder aufwärts, und am Ende des Jahrzehnts mußte sich Glenfarclas gegen einen Übernahmeversuch seitens eines Großkonzerns wehren. Der Mut der Besitzer wurde durch viele Preise honoriert, die nicht alleine ihren hervorragenden Whiskys galten.

1989 gewann Glenfarclas einen der merkwürdigsten Preise Großbritanniens den „Loo of the Year Award." Stolz auf die Prämierung der Gästetoiletten? Stolz ist man auf jeden Fall auf jeden Whisky, der das Haus verläßt. **HO**

Verkostungsnotizen

Zitronen-Vanille-Soße, Karamell und Weingummi gehen in weiße Schokolade, Pekannüsse und Weihnachtsgewürze über. Öliger, aber angenehmer Abgang.

ESTD 1836

Glenfarclas Family Casks 1979, Cask 11015

J & G Grant | www.glenfarclas.co.uk

Herstellungsregion und -land Speyside, Schottland
Destillerie Glenfarclas, Ballindalloch, Banffshire
Alkoholgehalt 45,2 Vol.-%
Whiskytyp Single Malt

Die 1970er waren einerseits ein gutes Jahrzehnt für Glenfarclas, da es der Destillerie gelang, einen Vertrag mit Chivas Brothers über die Lieferung von Whisky für deren Blends abzuschließen. 1973 wurde das schöne Besucherzentrum – eines der ersten in einer Whiskybrennerei – eröffnet, das mit der Holztäfelung aus dem Ozeanriesen *Empress of Australia* dekoriert war.

Andereseits waren es unruhige Zeiten, die gesamte britische Industrie war in Aufruhr. Streiks im Kohlebergbau führten zu Brennstoffmangel, und 1974 hatte ein Streik der Berufskraftfahrer Logistikprobleme zur Folge.

1974 trat auch der heutige Vorsitzende der Firma, John Grant, in den Betrieb ein. Er erinnert sich: „Es war nicht ganz klar, was meine Aufgaben sein sollten. Schließlich wurde, nach Diskussionen mit meinem Vater und einer Zeit, in der ich mich in das Geschäft einarbeitete, beschlossen, daß ich mich um den Absatz unserer eigenen Abfüllungen kümmern sollte." Damals war es nicht allgemein üblich, daß Destillerien ihren eigenen Whisky auf Flaschen zogen. Vielmehr wurde der größte Teil des Whiskys an Makler und die Hersteller von Blends verkauft. John Grant war einer der Pioniere der offiziellen Destillerie-Abfüllungen. Der Beweis seines Erfolgs findet sich Ihrem Glas. *Sláinte Mhath!* **HO**

Verkostungsnotizen

Zwischen Zitronenbaiser, Crème brûlée, reifer Melone und Cashewnüssen mit Honig blitzen elegante Blütenaromen auf. Am Gaumen cremig, blumiger Abgang.

Glenfarclas Family Casks 1969, Cask 3187

J & G Grant | www.glenfarclas.co.uk

Herstellungsregion und -land Speyside, Schottland
Destillerie Glenfarclas, Ballindalloch, Banffshire
Alkoholgehalt 56,2 Vol.-%
Whiskytyp Single Malt

Es muß ein wunderbares Gefühl sein, vor die Welt zu treten und ihr Whiskys zu präsentieren, die der eigene Großvater hergestellt hat. Das ist es genau, was der heutige George Grant tut. Sein Vater John leitet die Firma, und George reist als Markenbotschafter um die Welt – ein Beruf, um den ihn manch ein Whiskyliebhaber beneidet.

1968 legte der Großvater den Grundstock für die „Family Casks"-Reihe, als er zusätzliche Vorräte anlegte, weil die Hersteller von Blends ihre Abnahmezusagen nicht erfüllten. Die Reihe beginnt mit dem Jahr 1952 und führt ohne Unterbrechungen bis in die Gegenwart. Jedes Jahr kommt ein neuer 12-Year-Old hinzu, jedes Jahr muß eine neue Verkostungsnotiz verfasst werden.

Die Familiengeschichte ist Glenfarclas wichtig, man ist stolz darauf, zu den wenigen schottischen Destillerien zu gehören, die noch in Familienbesitz sind. Wenn es noch ein Gewerbe gibt, das vom Vater auf den Sohn übergeht, dann vielleicht dieses. Gönnen Sie sich also ein Gläschen des Glenfarclas 1969 zu Ehren dieser angesehenen Whiskydynastie. In den Niederlanden ist George Grant ein Held. Sein dortiger Importeur hat eine lebensgroße Pappfigur von ihm herstellen lassen, und man sieht George in vielen Spirituosengeschäften des Landes. Glücklicherweise gilt das auch für seine Whiskys. **HO**

Verkostungsnotizen

Würzige Zimt- und Zederntöne; Rosinen, Kirschen und Schokolade gehen mild zu Haselnüssen über. Langer Abgang mit schokoladenüberzogenen Kirschen.

Glenfarclas Family Casks 1961, Cask 4913

J & G Grant | www.glenfarclas.co.uk

Herstellungsregion und -land Speyside, Schottland
Destillerie Glenfarclas, Ballindalloch, Banffshire
Alkoholgehalt 54,4 Vol.-%
Whiskytyp Single Malt

In den letzten Jahren hat es hitzige Debatten drüber gegeben, ob man Whisky als eine gute Geldanlage betrachten könnte – oder dürfte. Wenn man etwas davon versteht, kann er eine gute Anlage sein. Und diejenigen, die das für verwerflich halten, sollten bedenken, daß wir ohne solche Investoren keine Gelegenheit hätten, Abfüllungen wie diese zu verkosten, was hoch auch immer ihr Preis sein möge.

2007 brachte die Destillerie Glenfarclas eine ganze Reihe von Whiskys heraus, die die Zeitspanne der letzten 50 Jahre abdeckten. Diese „Familiy Casks"-Reihe vermittelt erstaunliche Einsichten in die Geschichte der unabhängigen Brennerei. Man schmeckt die Jahre, in denen das Geld knapp war und der Whisky nicht in den besten Fässern eingelagert worden war, und andere Zeiten, in denen die Malts Jahr für Jahr vorzüglich ausfielen. Zu den besten zählten die Whiskys vom Anfang der 1960er Jahre.

Diese Abfüllung und einige andere aus der gleichen Zeit können also von sich behaupten, zu den vorzüglichsten Whiskys zu gehören, die man je verkosten wird. Wenn man groß in der Lotterie gewinnt oder etwas Besonderes sucht, für das es sich lohnt zu sparen, sollte ein Glenfarclas wie dieser unbedingt auf der Liste stehen: ein Speysider wie er im Buche steht. **DR**

Verkostungsnotizen

Ein üppiges, öliges, fruchtiges Geschmacksbouquet, für sein Alter überraschend frisch. Orangen und Melonen mit einer Spur Pfeffer. Außerdem Eiche und Gerbsäure.

Glenfarclas Family Casks 1953, Cask 1678

J & G Grant | www.glenfarclas.co.uk

Herstellungsregion und -land Speyside, Schottland
Destillerie Glenfarclas, Ballindalloch, Banffshire
Alkoholgehalt 53,7 Vol.-%
Whiskytyp Single Malt

Glenfarclas hat schon immer dem Faßmanagement, der Reifung und den Jahrgangswhiskys große Aufmerksamkeit geschenkt. Dies ist also der Whisky *par excellence* für eine chronologische Verkostung, bei der die unterschiedlichen Jahrgänge direkt miteinander verglichen werden können. 2007 setzte John Grants Sohn George diese Idee auf einer ganz neuen Ebene um und führte die „Family Casks"-Reihe ein, Abfüllungen aus mehr als 40 aufeinanderfolgenden Jahren seit dem Jahr 1952. Glenfarclas ist dazu in der Lage, weil die Destillerie ihre Vorräte immer selbst behalten hat. Die Familie Grant hat also fast vollkommene Kontrolle darüber, was sie als Single Malt abfüllt, und wann sie das tut.

Diese Abfüllungen werden oft als Geschenke gekauft, um jemanden mit einem Whisky aus dem Jahr der eigenen Geburt zu überraschen. Es ist das ultimative Whisky-Geschenk für jemanden, den man liebt. Es ist auch ein einzigartiges Präsent, weil die Vorräte der alten Whiskys natürlich mit der Zeit abnehmen. Für die Rezension in diesem Buch stiftete Glenfarclas großzügigigerweise eine Flasche des Jahrgangs 1953: ein wirklich außergewöhnlicher Whisky mit wunderbaren Geschmacksnuancen für einen Malt seines Alters. Bei Glenfarclas lebt die Geschichte: Er ist eine Zeitreise ins Jahr 1953. **HO**

Verkostungsnotizen

Karamell, Gewürznelken und Zitronenmöbelpolitur, Leder in einem Oldtimer-Automobil. Abgang mit einem Hauch Räucherschinken und Mandarinen.

Glenfiddich 12-Year-Old

William Grant & Sons | www.williamgrant.com

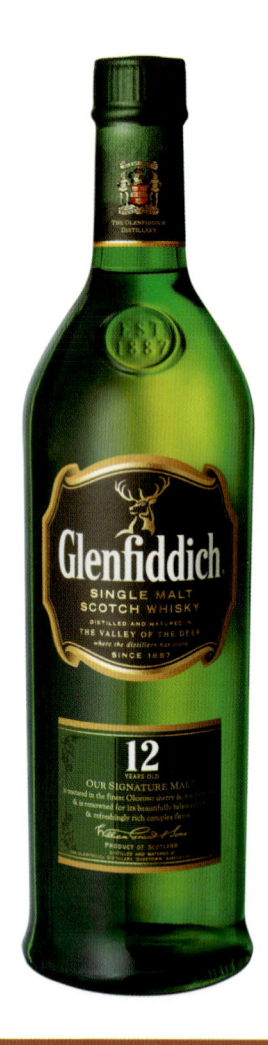

Herstellungsregion und -land Speyside, Schottland
Destillerie Glenfiddich, Dufftown, Banffshire
Alkoholgehalt 40 Vol.-%
Whiskytyp Single Malt

Mit diesem Single Malt fing es alles an. Noch heute ist die sofort zu erkennende grüne Flasche in Bars von Kathmandu bis Calgary und Cardiff zu finden. Als in den 1960er Jahren weltweit die Blends das Geschehen bestimmten, begann die Unternehmerfamilie Grant, ihren Whisky als Single Malt zu vermarkten. Man machte sich zwar über diese Kühnheit lustig, aber damals hob sich der Bühnenvorhang für ein Stück, das heute noch gespielt wird.

Wenn man zu den Tausenden jährlichen Besuchern der Destillerie gehört, fragt man sich unwillkürlich, wie so wenige Brennblasen genug Destillat produzieren können, um die ganze Welt zu versorgen. Man sollte auf diesen ‚einfachen' Single Malt nicht herabblicken: Es hat seine Gründe, daß er so hoch in der Gunst aller Welt steht.

Zu den wichtigsten Gründen für den Erfolg gehört das Faßmanagement der Firma Grant. Die amerikanischen und spanischen Eichenfässer werden alle von den Küfern der Brennerei begutachtet, um eine gleichbleibende Qualität sicherzustellen, bevor sie zum Einsatz kommen. Ein anderer Grund dürfte in der Unabhängigkeit der Familie Grant liegen, die bei ihrem Whisky in längeren Zeiträumen denkt. Die Firma kann eine beeindruckende Lagerliste vorweisen, auf der auch einige schöne alte Whiskys stehen.

Als Alltagsgetränk und als relativ einfach zu verstehender und genießender Single Malt lohnt sich ein Blick auf diesen 12-Year-Old. Auch wenn man schon länger in der Welt der Malts unterwegs ist, kann man hier durchaus noch einmal haltmachen. Es ist ein Klassiker aus einer Destillerie, der wir alle viel verdanken. **AA**

Verkostungsnotizen

Als erstes beeindruckt die Frische dieses jugendlichen 12-Year-Old. Duftende Früchte, pochierte Birnen und Bratapfel gibt es im Überfluß. Sie reichen bis an den Gaumen, der üppig ausfällt und Kiefernnoten ausstrahlt. Im langen Abgang hält die fruchtige Süße an.

Glenfiddich 15-Year-Old

William Grant & Sons | www.williamgrant.com

Herstellungsregion und -land Speyside, Schottland
Destillerie Glenfiddich, Dufftown, Banffshire
Alkoholgehalt 40 Vol.-%
Whiskytyp Single Malt

Der 15-Year-Old ist das versteckte Juwel des Glenfiddich-Sortiments, der Single Malt, dem man sich zuwenden sollte. Wenn man mit der Belegschaft spricht, stellt man fest, daß er auch dort zu den Lieblingen zählt. Auch wenn die Welt verrückt nach Premiumwhiskys im allerhöchsten Alter ist, so sollte dieser schöne Malt doch ganz oben auf der Liste jedes Whiskyforschers stehen. Nicht nur wegen des Preises und wegen seiner Komplexität, sondern auch, weil man eine für Whisky eher ungewöhnliche Herstellungsmethode unterstützt, indem man ihn trinkt.

Einst trug der 15-Year-Old den Namen Solera und gab dadurch das Geheimnis preis, das ihn von den meisten anderen Whiskys unterschied. Der damalige Malt Master bei Glenfiddich, David Stewart, wirkte 1998 bahnbrechend, als er das spanische Solera-Verfahren erstmals für Whisky anwandte. Die Destillerie ist nie davor zurückgeschreckt, Experimente zu wagen. Das Verfahren wirkt sich auf alle Aspekte der Whiskyherstellung aus und erfordert auch Kenntnisse des Verschneidens.

Das riesige Solerafaß wird zu 70 Prozent mit dem Inhalt von ehemaligen Bourbonfässern, 20 Prozent europäischen Eichenfässern und 10 Prozent frischen Eichenfässern gefüllt. Dann haben die Grundwhiskys drei bis sechs Monate Zeit, um eine ausgewogene Mischung zu ergeben, bevor die Hälfte des Faßinhalts auf Flaschen gezogen wird. Danach wird das Faß wieder aufgefüllt, und der Mischvorgang beginnt von neuem. So enthält jede Abfüllung Whisky, der bis ins Jahr 1998 zurückreicht.

Das Solera-System von Glenfiddich gibt den Whisky zusätzliche Tiefe und eine üppigere, sanftere Textur am Gaumen. **AA**

Verkostungsnotizen

Die Nase enthüllt nach und nach Früchte, von Äpfeln und Birnen bis hin zu tropischeren Noten, Mango etwa. Auch etwas Mürbeteig ist zu entdecken. Im Mund zeigt sich mit Malz, Früchten und Eiche noch mehr Tiefe. Im Abgang fruchtig und holzig.

Glenfiddich 18-Year-Old

William Grant & Sons | www.williamgrant.com

Herstellungsregion und -land Speyside, Schottland
Destillerie Glenfiddich, Dufftown, Banffshire
Alkoholgehalt 40 Vol.-%
Whiskytyp Single Malt

Der Achtzehnjährige ist im Sortiment jeder Destillerie der Punkt, an dem die Kunden anfangen, etwas mehr Geld auszugeben, und dafür auch etwas mehr erwarten. Grundsätzlich meint man, er müsse den nächst vergleichbaren Whisky noch übertreffen. Das ist in diesem Fall der 15-Year-Old – ein wirklich überragender Whisky.

Was hat Glenfiddich also auf Lager, um in dieser wichtigen Altersgruppe zu bestehen? Die Achtzehnjährigen sind immer noch sehr auf den Whisky selbst fokussiert. Hier, in der Altersmitte des Standardsortiments, liegt der Wendepunkt von jugendlicher Frische zu den Geheimnissen der Reife. Die Spritzigkeit des 12-Year-Old ist zu den Freuden des Sherrys und der Weihnachtsaromen herangereift.

Auch hier unterscheidet sich die Herstellung geringfügig vom Üblichen. Das gilt für fast alle Glenfiddichs: Immer gibt es eine kleine Besonderheit, nie wird einfach nach vielen Jahren auf Flaschen abgezogen. Beim 18-Year-Old entschied man sich, kleine, einzeln numerierte Chargen abzufüllen. In jeder dieser Chargen spürt man etwas von der fruchtigen Süße der spanischen Olorosofässer und die Eiche der traditionellen amerikanischen Fässer. Diese beiden unterschiedlich gereiften Grundwhiskys können sich dann in Eichenfässern noch mindestens drei Monate zu einem üppigen, milden Geschmack verbinden. **AA**

Verkostungsnotizen

In der Nase zeigt er sich noch als echter Speysider: fruchtig, duftig und sehr sauber. Der Abgang ist üppig und mild, endet mit cremiger Eiche und etwas Würze.

Glenfiddich 21-Year-Old

William Grant & Sons | www.williamgrant.com

Herstellungsregion und -land Speyside, Schottland
Destillerie Glenfiddich, Dufftown, Banffshire
Alkoholgehalt 40 Vol.-%
Whiskytyp Single Malt

Was besagt schon ein Name? Eine gute Frage, und angesichts der Tatsache, daß diese Abfüllung schon dreimal umbenannt wurde, lautet die Antwort: „Nicht viel, wenn es ein guter Whisky ist." Der 21-Year-Old hieß ursprünglich Havana Reserve. Die Familie Grant arbeitete mit Rumbrennern im kubanischen Sancti Spiritus zusammen. Sie leerten in Schottland Fässer mit kubanischem Rum und füllten sie mit dem 21jährigen Whisky eigener Produktion, damit er die opulenten Aromen aufnehme, die noch im Holz ruhten.

Der Name Havana Reserve und die Geschäftsverbindung mit Kuba scheint bei einigen amerikanischen Kunden wegen des damaligen Handelsembargos zwischen der Insel und den USA Unwillen ausgelöst zu haben. Also wurde der Name geändert: Wir begrüßen den Gran Reserva. Der hielt sich allerdings nicht sehr lange, und man schwenkte ohne viel Aufhebens auf 21-Year-Old um, was besser in das Sortiment paßt.

Der Whisky erhält immer noch ein Finish in Rumfässern, deren Herkunft allerdings einfach als „Karibik" bezeichnet wird. Die Merkmale des Rums gehen in die DNA des Glenfiddich ein und geben ihm lebhafte Obertöne und üppige Süße. Am besten kann man den Malt zu einer Zigarre genießen. Mit einer guten dominikanischen, oder vielleicht doch kubanischen Zigarre erreicht der Geschmack ungeahnte Höhen. **AA**

Verkostungsnotizen

Die Nase liefert Feigen und Sahnekaramell, Spuren von Banane und karamellisiertem Zucker. Auch am Gaumen Karamell, Gewürze und Eiche. Etwas Rauch im Abgang.

1886 baute William Grant mit seinen sieben Söhnen die Glenfiddich-Destillerie.

THE GLENFIDDICH DISTILLERY
G
WELCOME
Wm GRANT & SONS LTD
DUFFTOWN
THE GLENFIDDICH DISTILLERY
G
WILLKOMMEN
Wm GRANT & SONS LTD
DUFFTOWN
THE GLENFIDDICH DISTILLERY
G
BENVENUTI
Wm GRANT & SONS LTD
THE GLENFIDDICH
G

Glenfiddich 30-Year-Old

William Grant & Sons | www.glenfiddich.com

Herstellungsregion und -land Speyside, Schottland
Destillerie Glenfiddich, Dufftown, Banffshire
Alkoholgehalt 43 Vol.-%
Whiskytyp Single Malt

Der Glenfiddich 30-Year-Old ist in den letzten Jahren etwas verändert worden, er hat eine neue Verpackung bekommen und der Alkoholgehalt ist gestiegen. Die ursprüngliche limitierte Abfüllung zeigte Unmengen von Eiche und sehr satte Sherrynoten und war insofern ein echter Malt für den Abend. Er gewann 2005 bei der International Wine & Spirit Competiton die Silbermedaille. Die Änderung des Alkoholgehalts führt jedoch zu einem herrlich beschichteten Mundgefühl, und auch diese Variante erhielt eine Silbermedaille, diesmal bei der International Spirits Challenge des Jahrs 2010.

Auch das neue Gewand des 30-Year-Old von 2010 macht etwas her. Wir sind jetzt nicht mehr in der Abteilung für Alltagsgetränke: Der Whisky wird in einer ansprechenden, dickwandigen Flasche verkauft, die mit einem Wachssiegel und einer messingfarbenen Plakette versehen ist. Erstmals erscheint der 30-Year-Old in Jahreschargen mit Flaschen- und Chargennummer. Das Eichenkistchen ist mit Messingbeschlägen versehen, die von Details der Ausstattung in der Destillerie inspiriert sind, und man erhält sogar einen kleinen Holzsockel, um vor seinen Whiskyfreunden mit der letzten Erwerbung angeben zu können.

Anhänger des Single Malts werden vom Inhalt der neuen Flasche sehr angetan sein. Der Whisky wurde während der 30jährigen Lagerzeit umhegt und gepflegt, die Malt Masters David Steward und Brian Kinsman (seit November 2009 Stewards Nachfolger) haben ihn mindestens fünfmal verkostet. Nur Fässer, die diese anhaltende und genaue Beobachtung zufriedenstellend überstanden haben, wurden für die Abfüllung ausgewählt. **AA**

Verkostungsnotizen

Aromen wie aus dem Humidor: lebhafte frische Tabakblätter, aber auch die Süße älteren Tabaks. Spuren von Zitrone und anderen Zitrusfrüchten. Am Gaumen cremig und glatt, mit dunkler Schokolade und Espresso. Der Abgang verblaßt zu schokoladiger Süße.

Glenfiddich 40-Year-Old Second Batch

William Grant & Sons | www.glenfiddich.com

Herstellungsregion und -land Speyside, Schottland
Destillerie Glenfiddich, Dufftown, Banffshire
Alkoholgehalt 45,8 Vol.-%
Whiskytyp Single Malt

Mit diesem Whisky ist man im Gipfelgebiet unterwegs – er ist alles andere als durchschnittlich. In dieser Fassung werden 600 Flaschen im Jahr auf den Markt kommen, man kann sich also vorstellen, wie schnell sie verschwinden werden. Der 40-Year-Old rief sogar bei einem der besten Whisky-Journalisten der Welt einen ungewöhnlichen Anfall von Besitzdenken hervor. Michael Jackson, der Verfasser des *Malt Whisky Companion,* schrieb über ihn: „Dieser Malt ist mit Eleganz gereift. Es ist der kultivierteste Glenfiddich, den ich je verkostet habe … Er erzählt eine Geschichte, Stück für Stück, trocken, fast neckend. Er ist ein so guter Gesellschafter, daß ich ihn ungern teile."

Frühere Ausgaben haben bei internationalen Wettbewerben große Erfolge erzielt. 2003 erhielt er bei Blindverkostungen durch 75 internationale Whiskyexperten, die gleichzeitig in Edinburgh, Kentucky und Tokio durchgeführt wurden, die Goldmedaille. Wie der 15-Year-Old wird auch diese Abfüllung in einem Solera-Verfahren hergestellt, allerdings reichen in diesem Fall einige der beteiligten Grundwhiskys bis in die 1940er, vielleicht sogar 1920er Jahre zurück.

So sehr diese älteren Whiskys auch zum Trinken gemacht wurden, so sehr sprechen sie auch die Sammler an. Die aufwendige Verpackung zieht Aufmerksamkeit auf sich: Die Flaschen sind numeriert, handsigniert und in luxuriöse handgenähte Kalbslederetuis gehüllt. In der Umverpackung befindet sich ein Zertifikat mit der gleichen Seriennummer und den Unterschriften des Vorstandsvorsitzenden Peter Gordon und vier seiner bewährtesten Mitarbeiter, David Stewart, Don Ramsay, Eric Stephen und Dennis McBain. **AA**

Verkostungsnotizen

Ein tiefgründiger Malt mit Schichten von Dörrobst: Aprikosen, Birnen und Äpfeln. Dazu eine Spur Kokosnuß. Andeutungen von Röstkaffee und schwarzen Kirschen, subtiler Holzrauch und Sherry. Auch am Gaumen Dörrobst, dann Weihnachtsaromen.

Glenfiddich 50-Year-Old

William Grant & Sons | www.glenfiddich.com

Herstellungsregion und -land Speyside, Schottland
Destillerie Glenfiddich, Dufftown, Banffshire
Alkoholgehalt 46,1 Vol.-%
Whiskytyp Single Malt

Es gibt nicht viele Destillerien, die mit einem 50jährigen aufwarten können, es ist ein sehr respektables Alter für einen Whisky. Glenfiddich ist das im Laufe seiner Geschichte zweimal gelungen, angesichts der Mengen von Destillat, die notwendig sind, um den Spitzenplatz des 12-Year-Old zu sichern, eine kaum zu überschätzende Leistung. Die erste Ausgabe des 50jährigen kam im Juli 2009 heraus, sie enthielt Whiskys, die zwischen 1957 und 1959 in Fässer gefüllt worden waren. Jedes der neun Fässer stand für eines der Kinder des Gründers William Grant, die ihm 1886 mit den eigenen Händen bei dem Bau der Destilleriegebäude geholfen hatten.

Die zweite Abfüllung enthielt Whisky aus zwei Fässern (einem 1955er und einem 1957er) und wurde der internationalen Whiskypresse bei einem Gala-Diner im Jahr 2009 vorgestellt. Die Gesamtauflage von 500 Flaschen wird in zehn jährlichen Kontingenten von jeweils 50 Flaschen verkauft.

Bei einer solchen Veranstaltung erwartet man viel Glanz und Gloria, und tatsächlich gab es feierliche Momente, etwa als der 50-Year-Old von Dudelsackspielern in den Speisesaal geleitet wurde. Es gab aber auch Augenblicke der Demut, als man dem Malt Master David Stewart lauschte, der berichtete, wie es ist, über ein solches Stück Geschichte zu wachen. Dann schenkte der Vorsitzende Peter Gordon persönlich ein. Es war für alle Anwesenden ein unvergeßlicher Moment.

Seine Kunden wird dieser Whisky vor allem unter den Reisenden in den großen Flughäfen der Welt finden – Paris Charles de Gaulle, London Heathrow, Dubai, Shanghai, Peking und Singapur Changi. **AA**

Verkostungsnotizen

Komplexe Nase mit Rosen- und Veilchenaromen sowie einer zarten Note trocknender Tabakblätter. Auch etwas Eiche und Rauch. Am Gaumen wandelt sich süße Marmelade zu sanften Früchten und Eichengerbsäure. Leichter Eichenzugriff und etwas Rauch im Abgang.

Glenfiddich Age of Discovery 19-Year-Old

William Grant & Sons | www.glenfiddich.com

Herstellungsregion und -land Speyside, Schottland
Destillerie Glenfiddich, Dufftown, Banffshire
Alkoholgehalt 40 Vol.-%
Whiskytyp Single Malt

Diese Schönheit erschien kurz nach dem Glenfiddich Snow Phoenix und war ein weiteres Beispiel für das sorgfältige Geschick der Destillerie bei der Nachreifung ihrer Whiskys. Madeirafässer können, wie manche andere Weinfässer auch, etwa Sauternes oder Sassicaia, etwas problematisch sein. Der Whisky wird entweder vom Holz überwältigt, oder er gewinnt nichts durch die Nachreifung außer einem schmuddeligen Rebstockaroma. Glücklicherweise ist der erste Glenfiddich-Ausflug in den Madeira phantastisch gelungen.

Die meisten von Glenfiddich verwendeten Madeirafässer stammen aus dem Lagerhaus von Henrique & Henrique, einer berühmten Madeirafirma, die 1850 gegründet wurde. Dort wurde in den Fässern der Wein aus der wohlschmeckenden Rebsorte Tinta Negra Mole ausgebaut. Der 19-Year-Old trägt den Namen Age of Discovery, um die Verbindung des Whiskys mit Portugal und dessen Forschungsreisenden im 15. Jahrhundert zu würdigen. Auch die Verpackung spielt darauf an; die schwarze Glasflasche trägt eine rote Kompaßkartusche, und der Karton ist mit Landkarten illustriert, auf denen die Routen der portugiesischen Entdecker eingetragen sind. Die furchtlosen Seefahrer erschlossen die Routen von Europa nach Thailand und Malaysien, entdeckten die Inseln Porto Santo und Madeira, gründeten die Stadt Makau und gaben Taiwan den Namen Ilha Formosa („Schöne Insel").

Das Thema paßt zum Marketingkonzept von Glenfiddich, in dem versprochen wird, daß man selbst auch eines Tages solche Abenteuer erleben wird: „One day you will." Warum nicht das Abenteuer einer Verkostung? **AA**

Verkostungsnotizen

Das Madeira-Finishing ist gut integriert, in der Nase pochierte Birnen, Bratäpfel, reichlich Zimt und pfeffrige Gewürze. Am Gaumen üppig und würzig mit vielen Erdnoten, Rosinen, Dörrpflaumen und Eiche. Glatter, wärmender und leicht öliger Abgang.

PRODUCT OF SCOTLAND
PURE SINGLE MALT

EST. 1887

Glenfiddich®

SPECIAL RESERVE

Single Malt

Scotch Whisky

MADE WITHOUT COMPROMISE
DISTILLED, MATURED & BOTTLED
AT THE GLENFIDDICH DISTILLERY

Glenfiddich
Rich Oak 14-Year-Old

William Grant & Sons | www.glenfiddich.com

Herstellungsregion und -land Speyside, Schottland
Destillerie Glenfiddich, Dufftown, Banffshire
Alkoholgehalt 40 Vol.-%
Whiskytyp Single Malt

Bei dieser Abfüllung konnten der Malt Master und die Küfer von Glenfiddich ihre Fertigkeiten unter Beweis stellen. William Grant hatte in eine Küferei in Jerez investiert, von der man sich Großes erhoffte. Man wagte einen solchen Schritt und nutzte die Ressourcen, in die man investiert hatte, der Glenfiddich Rich Oak 14-Year-Old erhielt ein Finish in Fässern aus frischer amerikanischer und europäischer Eiche. Das Ergebnis löste alle Hoffnungen ein.

Der Glenfiddich Rich Oak legt Zeugnis von der Kunst des Malt Masters Brian Kinsman ab, der während der Nachreifung ein Auge auf ihn behalten hat. Da frische Holzfässer sehr schnell mit ihrem Inhalt reagieren, mußte der Inhalt der Fässer alle paar Wochen verkostet werden, um sicherzustellen, daß die Eiche nicht ein unerwünschtes Übergewicht erlangte. Der Whisky verbrachte nach seiner 15jährigen Lagerzeit schließlich zweimal jeweils zwölf Wochen in frischer europäischer Eiche und eine Sechswochenphase in frischer amerikanischer Eiche, bevor er in Flaschen gefüllt wurde.

Der Schlüssel seine Geschmacks liegt darin, daß die Fässer zuvor nie benutzt worden waren. Die Fässer aus amerikanischer Eiche wurden so ausgebrannt, wie dies vor der Verwendung für Bourbon geschieht. Dadurch wird der üppige Eichengeschmack verstärkt. **AA**

Verkostungsnotizen

Eine komplexe Nase mit einer Mischung aus frischen Früchten, Konfekt und Gewürzen. Am Gaumen zuerst Eiche, dann Vanille, Dörrobst. Im Abgang wieder Eiche.

Glenfiddich
Snow Phoenix

William Grant & Sons | www.glenfiddich.com

Herstellungsregion und -land Speyside, Schottland
Destillerie Glenfiddich, Dufftown, Banffshire
Alkoholgehalt 47,6 Vol.-%
Whiskytyp Single Malt

Im Januar 2010 bedeckte nach wochenlangen Schneefällen und Tiefsttemperaruren dichter Harschschnee die Dächer der Destillerie und Lagerhäuser von Glenfiddich. Eines Nachts brachen unter dem Gewicht die Dächer mehrerer Lagerhäuser zusammen. Bei Temperaturen von fast 20 Grad unter Null arbeitete man rund um die Uhr, um den Schnee zu räumen.

Der Snow Phoenix entstand aus einer Mischung von Whiskys verschiedenen Alters und unterschiedlicher Finishs, jedoch ausnahmslos in Faßstärke und nicht kaltfiltriert. Die Mitarbeiter der Brennerei hatten durch das Schneeräumen ein tieferes Verständnis für die Arbeit von Menschen unter extremen Bedingungen erlangt, deshalb wurde der Snow Phoenix dem Caingorm Mountain Rescue Team (CMRT) gewidmet, das auch bei widrigsten Verhältnissen ausrückt, um mitten in der Speyside Menschenleben zu retten. Das CMRT wurde mit einer eigenen Spende unterstützt.

Zynisches Marketing? Eine Gelegenheit, sich wohltätig zu zeigen? Man mag davon halten, was man will, der Whisky beweist sich in der Verkostung. Auf jeden Fall war er nicht übertueuert. Er verkaufte sich sogar so schnell, daß er mit weniger als 100 Euro vielleicht eines der Schnäppchen des Jahrzehnts war. **AA**

Verkostungsnotizen

In der Nase wunderbar durchdringend – süß und fruchtig. Am Gaumen schön wachsartig, an Buttercreme erinnernd, und mit einem Hauch Eiche dazu.

Der Glenfiddich-Hirsch symbolisiert den Whisky und seine schottische Heimat.

Glenglassaugh 21-Year-Old

Glenglassaugh
www.glenglassaugh.com

Herstellungsregion und -land Highlands, Schottland
Destillerie Glenglassaugh, Portsoy, Aberdeenshire
Alkoholgehalt 46 Vol.-%
Whiskytyp Single Malt

Highlands oder Speyside? Wir neigen zu ersterem, auch wenn dieser Whisky regelmäßig beim Festival „Spirit of Speyside" auftaucht. Zudem hat sich die Destillerie Glenglassaugh nach ihrer Wiedereröffnung entschieden, als Highlands-Marke zu firmieren, und wann die Herkunft eines Whisky als „Speyside" bezeichnet wird, ist insgesamt sowieso recht willkürlich. Man sehe sich nur den Verlauf des Flusses Spey an, der durch die Landschaft mäandert und seine Zuflüsse hier und dort, von nah und fern einsammelt.

Glenglassaugh wacht standhaft über die unberührten Strände der schottischen Nordostküste, eine Gegend mit vielfältiger Fauna, die sich für die Produktion hochwertiger, handwerklich hergestellter Nahrungsmittel geradezu anbietet. Falls man das Glück hat, im Frühling auf dem Dach von Glenglasasugh zu stehen, sieht man vielleicht vor dem Dörfchen Sandend Delphine in Meer. Wenn man dann sein scharfes Auge in genau die entgegengesetzte Richtung wendet, erkennt man eventuell zwischen den gelben Ginsterbüschen die weiße Tür, hinter der die Glassaugh-Quelle liegt. Von ihr fließt das harte Quellwasser hinunter zur Destillerie und trägt sicher das Seine zum leichten Charakter des dort gebrannten Destillats bei. **D&C**

Verkostungsnotizen

In der Nase zuerst Sherry, dann Früchte: Melone, Apfel und Birnen. Am Gaumen erscheinen Fondant und Kerzen. Mittellanger Abgang mit Pfefferminze.

Glenglassaugh 25-Year-Old Malt Sherry Cask

Douglas Laing & Co. | www.douglaslaing.com / www.glenglassaugh.com

Herstellungsregion und -land Highlands, Schottland
Destillerie Glenglassaugh, Portsoy, Aberdeenshire
Alkoholgehalt 50 Vol.-%
Whiskytyp Single Malt

In den letzten 30 Jahren wurden viele schottische Destillerien aus wirtschaftlichen Gründen geschlossen. Einige neue sind an ihre Stelle getreten, und einige hatten das Glück, geschlossen und dann von neuen Eignern wiedereröffnet zu werden.

Die Brennblasen von Glenglassaugh blieben in mehr als der Hälfte der Jahre kalt, die seit der Gründung 1875 vergangen sind. Die jetzigen Besitzer übernahmen die Brennerei erst 2008, man wird also einige Jahre warten müssen, bis man sieht, wie sich der neue Whisky macht. In der Zwischenzeit kann man auf unabhängige Abfüllungen aus der Zeit vor der Schließung im Jahr 1986 zurückgreifen, unter anderem auf diesen wunderbaren 1984er, der nach 25 Jahren in Sherryfässern auf Flaschen gezogen wurde.

Dieser Whisky wird dem neuen Team sicher als Inspirationsquelle dienen, da er auf einer kräftigen Grundlage von salzigem Küsten-Malt einen klassischen Sherry-Finish bietet. Der Ausstoß der Destillerie wurde einst überwiegend für die Blends Cutty Sark und Famous Grouse verwendet, es sind aber die wenigen offiziellen Ausgaben und die von unabhängigen Abfüllern, bei denen Glenglassaugh wirklich zeigt, was in ihm steckt. Hoffentlich fallen die jetzigen einmal ebenso gut aus. **AN**

Verkostungsnotizen

Auf Orangenmarmelade folgt in der Nase Milchschokolade. Obstkuchen mit Gewürzen am Gaumen und etwas Tannin. Langer, süßer Abgang mit Eiche.

Glenglassaugh 26-Year-Old

Glenglassaugh
www.glenglassaugh.com

Herstellungsregion und -land Highlands, Schottland
Destillerie Glenglassaugh, Portsoy, Aberdeenshire
Alkoholgehalt 46 Vol.-%
Whiskytyp Single Malt

Die Destillerie Glenglassaugh erhebt sich seit ihrer Fertigstellung im Jahr 1875 am Rand von Sandend. Die Lichter des selbstbewußten Gebäudes mit dem Sheddach spiegeln sich manchmal in der Nordsee. Man glaubt fast, es wüßte etwas, was man selbst nicht weiß.

Früher war der Glenglassaugh selbst ein deutlich schwerer getorfter Malt, als man beim Verkosten der meisten heute erhältlichen Varianten glauben würde. Ob das an der früheren Verwendung von Torf oder Sherry, von Kohle oder Dampf liegt: Das Erbgut der Destillerie ist unverändert geblieben. Das liegt zum Teil an der Gestaltung des Gebäudes, zum Teil am Charakter der Menschen, die hier im Laufe der Geschichte gearbeitet haben.

Es gibt einen inneren Zusammenhang zwischen einem Ort, den Menschen und der handwerklichen Arbeit, die sich in der Qualität des Endergebnisses zeigt. In der heutigen Zeit der Vereinheitlichung und des Franchising wäre es ein vergebliches Unterfangen, wollte man die Gebäude und Ausstattung von Glenglassaugh an einen anderen Ort versetzen und hoffen, dort den gleichen Whisky zu erhalten. Dieser Whisky ist so schön und freundlich wie seine Umgebung. Nirgendwo anders hätte er entstehen können, er hat einen ganz eigenen Charakter. **D&C**

Verkostungsnotizen

In der Nase ungeheurer Sherry, und Menthol, glasierte Kirschen, harte Karamellbonbons. Am Gaumen schwere Früchte – Rosinen in Brandy – mit Eiche und Pfeffer.

Glenglassaugh 30-plus Years Rare Cask Series

Glenglassaugh
www.glenglassaugh.com

Herstellungsregion und -land Highlands, Schottland
Destillerie Glenglassaugh, Portsoy, Aberdeenshire
Alkoholgehalt 52,3 Vol.-%
Whiskytyp Single Malt

Dieser Whisky ist schon in der Flasche eine Schönheit. Auf dem Etikett ist etwas vage zu lesen, er sei „über 30 Jahre gelagert". Tatsächlich ist er mehr als 34 Jahre alt. Den größten Teil dieser Zeit lag er in einem ehemaligen Bourbonfaß. Dann wurde er für 15 Monate in ein Faß umgefüllt, das zuvor nur Sauternes enthalten hatte. Die Abfüllung stammt aus einem einzigen Faß, wurde weder kaltfiltriert noch verdünnt und in der Destillerie auf Flaschen gezogen – unverfälschter kann eine Whisky heutzutage kaum sein.

In Anbetracht seines Alters kann man vermuten, daß der Whisky zu seiner Entstehungszeit für einen der Blends bestimmt war, deren Hersteller den Glenglassaugh hoch schätzten. Stattdessen fand er seinen Weg in dieses Einzelfaß. Der Stil des Glenglassaugh mag sich im Laufe der Zeit verändert haben, seine Qualität blieb jedoch unverändert und sorgt dafür, daß er auch ewig gesucht bleiben wird. Es scheint schändlich, daß ein so guter Malt verwendet wurde, um andere dominante Geschmacksnoten aufzuwiegen. Er ist allerdings auch in einer solchen unterstützenden Rolle ebenso subtil und einzigartig wie als Single Malt. Man sollte sich einfach freuen, daß er in der vorliegenden Abfüllung mehr als drei Jahrzehnte überstanden hat, um einen heute zu erfreuen. **D&C**

Verkostungsnotizen

Früchte, Bäume und eine salzige Brise. Am Gaumen dreht sich alles um Kuchen und Dörrpflaumen, dann um einen leichten Obstsalat mit Ananas und Mango.

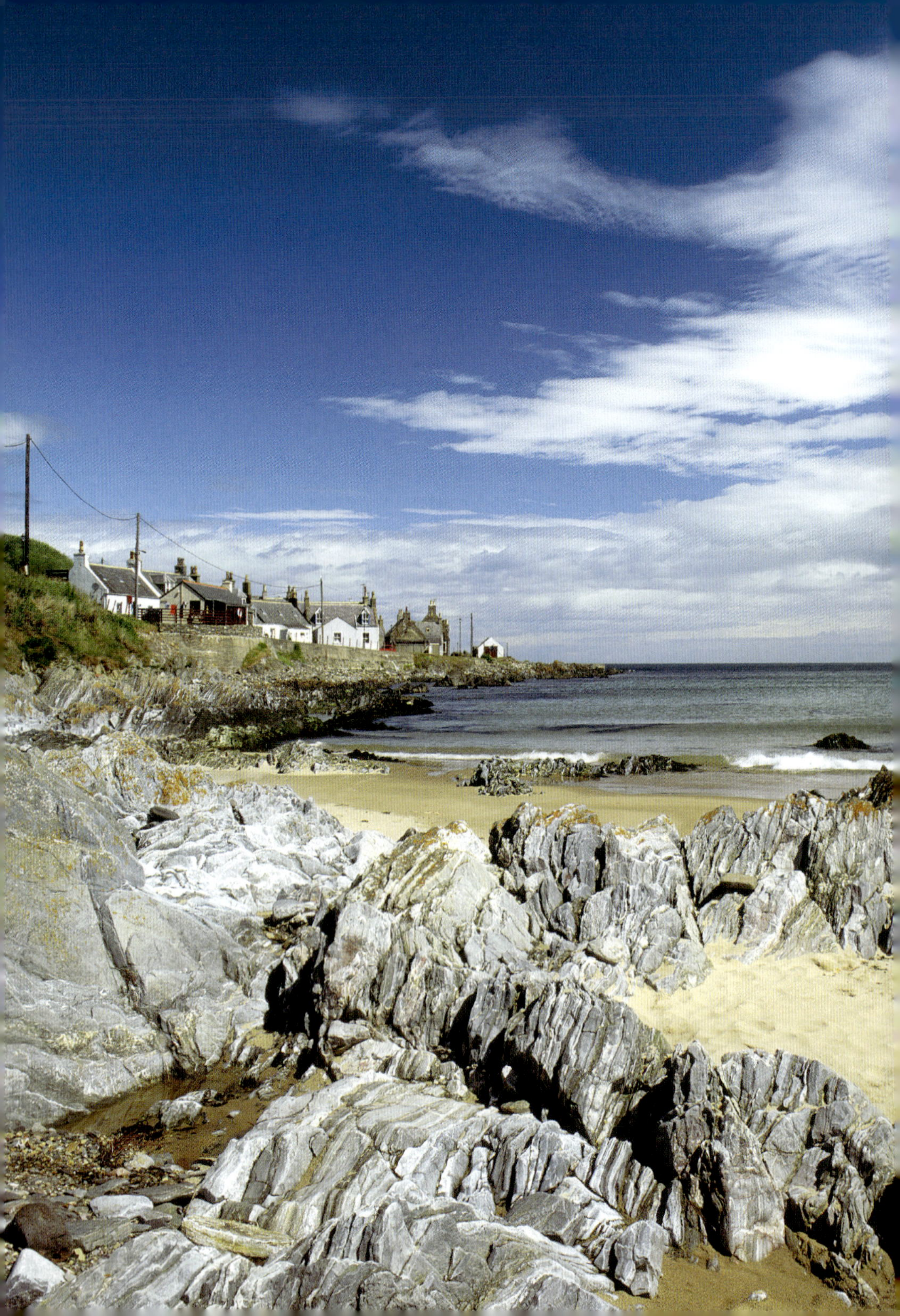

Glenglassaugh 40-plus Years Rare Cask Series

Glenglassaugh
www.glenglassaugh.com

Herstellungsregion und -land Highlands, Schottland
Destillerie Glenglassaugh, Portsoy, Aberdeenshire
Alkoholgehalt 49,2 Vol.-%
Whiskytyp Single Malt

Neben der Destillerie Glenglassaugh erhebt sich eines der Wahrzeichen der schottischen Nordostküste, die von den Einheimischen als „Tasse und Untertasse" bezeichnet wird. Es ist eine Windmühle, die vom britischen General James Abercromby (1706–1781) errichtet wurde, der nach heftiger Kritik an seiner erfolglosen Führung bei der Schlacht um Fort Carillon in Nordamerika 1758 auf seine Güter bei Glenglassaugh zurückgekehrt war.

Auch die Destillerie blickt auf eine wechselhafte Geschichte zurück. Während der mehr als 45 Jahre, die dieser Whisky in den Lagerhäusern an der Küste verbracht hat, war die einzige echte Konstante der Schatten, der von den Überbleibseln der Abercrombyschen Windmühle geworfen wurde. Manchmal wird bedauert, daß die Mühle nie eine größere Rolle für den Nachbarbetrieb gespielt und für die Destillerie Gerste gemahlen hat.

Die imposante Mühle ist ein echtes Wahrzeichen. Mit denselben Begriffen könnte man auch einen Whisky wie diesen kennzeichnen. Er wird mit einer Eigentumsurkunde in einer speziellen Umverpackung verkauft, in der man ihn auch zur Schau stellen kann. Die Karaffe und die zugehörigen Gläser kann man sich nach Wunsch gravieren lassen. **D&C**

Verkostungsnotizen

In der Nase Melasse, Dörrobst, Mälzereirückstände und ein herzhaft-nussiger Ton wie Satay-Soße. Am Gaumen würzig mit Zitrus-, Melonen- und Apfelnoten.

Glenglassaugh 1978 31-Year-Old

The Whisky Exchange
www.thewhiskyexchange.com

Herstellungsregion und -land Highlands, Schottland
Destillerie Glenglassaugh, Portsoy, Aberdeenshire
Alkoholgehalt 44,6 Vol.-%
Whiskytyp Single Malt

Destillerien kommen und gehen im Laufe der Jahre. Manche von ihnen werden nie zurückkehren, weil sich an ihrer Stelle jetzt Einkaufszentren oder Parkplätze breitmachen. Andere sind geschlossen, verriegelt und eingemottet. Einen Whiskyboom erkennt man daran, daß Destillerien wieder in Betrieb genommen werden oder den Besitzer wechseln. In der jüngeren Vergangenheit ging es dem Whisky so gut wie selten.

Manche stillgelegten Brennereien lassen sich leichter wieder eröffnen als andere. Glenglassaugh – „Glen–glassie" ausgesprochen – gehörte zu den schwierigsten. Die Brennerei war kaum mehr als eine leere Hülse, alles von Wert war gestohlen worden. Noch schlimmer war der vollkommene Mangel an eingelagerten Whiskys.

Die neuen Eigner haben alte Vorräte aus anderen Quellen erworben, aber die Betreiber der Whisky Exchange waren gut beraten, diese Abfüllung auszuwählen, um das zehnjährige Betriebsjubiläum der Firma zu feiern. Er ist ein klassisches Beispiel für diese ganz besondere Destillerie im Osten der Highlands. Von den drei offiziellen Abfüllungen war dieser 30-Year-Old die beste. Vielleicht ist also hier, wie bei Brora, ein Alter von 30 bis 32 Jahren optimal, um einen wirklich hervorragenden Whisky zu erhalten. **DR**

Verkostungsnotizen

Der Sherry macht sich sofort bemerkbar. Am Gaumen brummig, mit scharfen Orangentönen und trockenem Sherry. Zichorienkaffee, harziges Holz und Menthol.

← Die Glenglassaugh-Destillerie erhebt sich über den Felsen von Sandend Beach.

Glenglassaugh Walter Grant 1967

Glenglassaugh
www.glenglassaugh.com

Herstellungsregion und -land Highlands, Schottland
Destillerie Glenglassaugh, Portsoy, Aberdeenshire
Alkoholgehalt 40,4 Vol.-%
Whiskytyp Single Malt

Dieser schöne Whisky, der mit vollem Namen Glenglassaugh The Manager's Legacy Walter Grant 1967 heißt stammt aus einem Sherryfaß, das im Mai 1967 mit Whisky befüllt wurde. Er wurde als letzte in einer Reihe von Abfüllungen herausgebracht, die an Betriebsleiter der Destillerie in den Jahren von 1964 bis 1986 erinnern. Von dieser Version kamen insgesamt nur 200 numerierte Flaschen auf den Markt, um das Gedenken an das Werk und die Hingabe von Walter Grant zu erhalten

Die „Glenglassaugh Manager's Legacy"-Reihe enthält Whiskys aus den Jahren 1986, 1974 und 1968, die jeweils den Managern Dod Cameron, Jim Cryle und Bert Forsyth gewidmet sind. Der Walter Grant ist der letzte und älteste Malt des Quartetts. Wie die anderen drei ist auch er nicht gefärbt, nicht kaltfiltriert und wurde in der Destillerie selbst abgefüllt.

Wenn eine Brennerei einem Mitarbeiter einen Whisky widmet, ist das vor allem eine Würdigung ihres Charakters und ihrer Gemütsart. Bei diesen seltenen Gelegenheiten können wir ein Glas auf diese Meister ihres Fachs erheben und den Augenblick genießen. Oder auch mehrere Hundert Flaschen abfüllen und in liebevollen Erinnerungen schwelgen. Walter Grant wäre vermutlich auf diese Ehre stolz gewesen. **D&C**

Verkostungsnotizen

Knackige Früchte und Sherry. Melone, Apfel, Vanilleschote und Karamell. Am Gaumen samtweich und honigsüß, mit Hasel- und Walnüssen und wieder Vanille.

Glengoyne 10-Year-Old

Ian Macleod Distillers
www.glengoyne.com

Herstellungsregion und -land Lowlands, Schottland
Destillerie Glengoyne, Dumgoyne, Glasgow
Alkoholgehalt 43 Vol.-%
Whiskytyp Single Malt

Der Glengoyne 10-Year-Old ist das jüngste Mitglied des Standardsortiments der Brennerei. Die anderen beiden sind der 17-Year-Old und der 21-Year-Old. Der zehnjährige enthält mindestens 20 Prozent Grundwhisky aus Sherryfässern, die erstmals mit Whisky befüllt wurden, was auch die sattgoldene Bernsteinfarbe erklärt. Heutzutage werben Whiskys wie der Glengoyne an auffälliger Stelle des Etiketts mit der Bezeichnung „natural colour", um darauf hinzuweisen, daß keine Karamellcouleur E 150 verwendet wurde, um dem Whisky von Charge zu Charge eine gleichbleibende Farbe zu verleihen oder ihm die Anmutung von Faßreifung zu geben.

Die Gerste für den Glengoyne wird langsam luftgetrocknet und ebensowenig wie das Malz für Lowland-Whiskys getorft. Die Grenze zwischen den Lowlands und Highlands verläuft zwischen dem Lagerhaus und der Destillerie, technisch ist dies also ein in den Highlands gebrannter und den Lowlands gereifter Whisky.

Die Brennerei behauptet, das „mildere Klima der südlichen Highlands führt im Laufe der Zeit zum frischeren, leichteren Geschmack dieses besonderen Malts". Auf jeden Fall vermittelt der 10-Year-Old einen sehr guten Eindruck davon, was die Destillerie mit der einzigartigen Lage zu bieten hat. **WM**

Verkostungsnotizen

Ein sehr zugänglicher Whisky mit strahlend-fruchtigen Apfel- und Birnentönen, die von Vanille, Gewürzen und einem Hauch Eiche ergänzt werden.

GLENGOYNE
VISITOR RECEPTION
& SHOP
GLENGOYNE
GLENGOYNE
GLENGOYNE
GLENGOYNE
GLENGOYNE
GLENGOYNE

Glengoyne 12-Year-Old

Ian Macleod Distillers | www.glengoyne.com

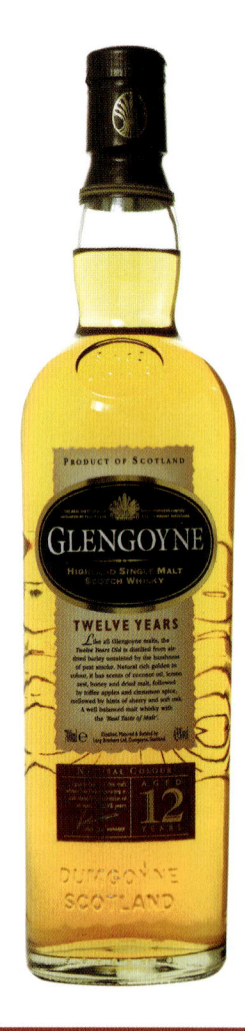

Herstellungsregion und -land Lowlands, Schottland
Destillerie Glengoyne, Dumgoyne, Glasgow
Alkoholgehalt 43 Vol.-%
Whiskytyp Single Malt

Der Glengoyne 12-Year-Old stieß im Oktober 2009 zum Standardsortiment der Destillerie. Man sollte ihn nicht mit dem 12-Year-Old Cask Strength verwechseln. Der Marketingleiter Iain Weir erklärt: „Der 12-Year-Old ist eine sehr willkommene Ergänzung des Standardsortiments. Die Entscheidung, ihn einzuführen …ging auf internationale Nachfragen zurück, vor allem aus Westeuropa, wo unserer Kunden einen hochwertigen Übergang vom Glengoyne 10- zum 17-Year-Old suchen."

Laut Verschnittassistent John Glass ist der Glengoyne 12-Year-Old die einzige Abfüllung, bei der auch Whisky verwendet wird, der aus Bourbonfässern stammt, die nie zuvor für Scotch verwendet wurden. Die Mehrheit der Fässer sind mehrmals genutzte amerikanische und europäische Fässer, aber mindestens 20 Prozent sind erstmals befüllte europäische Sherryfässer, und wiederum mindestens 20 Prozent sind erstmals verwendete Bourbonfässer. Dies ist der erste Glengoyne-Whisky des Standardsortiments, bei dem Bourbonfässer ins Spiel kamen, die zuvor keinen Scotch enthielten. Sie geben dem Whisky Vanille- und Eichentöne und ein robustes, gerbsäurebetontes Mundgefühl.

Der Glengoyne 12-Year-Old ist nicht nur ein weitere zwei Jahre gelagerter 10-Year-Old. Die abweichende Faßauswahl machen ihn in Verbindung mit diesen zusätzlichen zwei Jahren zu einer vollkommen eigenständigen Abfüllung.

Glengoyne 12-Year-Old war ursprünglich nicht in den USA verfügbar, aber Ian Macleod Distillers, die Eigner der Marke Glengoyne, planen, ihn weltweit auf insgesamt mehr als 60 Märkten anzubieten. **WM**

Verkostungsnotizen

Helle Nase mit Zitronenzesten und einem Hauch Kokosnuß. Am Gaumen kommen Apfel, Sahnekaramell, Honig und etwas Zimt hinzu. Deutlich anders als der Glengoyne 12-Year-Old Cask Strength: weicher und weniger würzig.

Glengoyne 12-Year-Old Cask Strength

Ian Macleod Distillers | www.glengoyne.com

Herstellungsregion und -land Lowlands, Schottland
Destillerie Glengoyne, Dumgoyne, Glasgow
Alkoholgehalt 57,2 Vol.-%
Whiskytyp Single Malt

Der Glengoyne 12-Year-Old Cask Strength kam im September 2004 erstmals auf den Markt. Er war die erste Neuerung im Standardsortiment der Destillerie, seitdem diese im April 2003 von Ian Macleod Distillers übernommen worden war. Er war die Reaktion des Brennereileiters Robbie Hughes und seiner Mitarbeiter auf die steigende Nachfrage nach einem Whisky in Faßstärke.

Der Glengoyne 12-Year-Old Cask Strength ist mehr als eine alkoholreichere Variante des 12-Year-Old Single Malt. Er enthält wenigstens 30 Prozent Whisky aus erstbefüllten europäischen Sherryfässern, also zehn Prozent mehr als der normale 12jährige. Außerdem enthält er keinen Whisky aus Bourbonfässern, die zuvor nicht für Scotch verwendet wurden; an ihrer Stelle wurden durchgehend mehrfach befüllte Fässer verwendet.

Auf dem Etikett des Glengoyne 12-Year-Old Cask Strength wird stolz verkündet, daß er nicht kaltfiltriert ist und keine Farbstoffe enthält. Wie bei den meisten Abfüllungen in Faßstärke trägt auch bei ihm der zusätzliche Alkohol zu weiteren Geschmacksnoten und einem üppigen Gefühl im Mund bei. Hinzu kommt, daß man nach Wunsch Wasser zugeben kann. Allgemein empfiehlt man, einen Tropfen Wasser in einen faßstarken Whisky zu geben, und dann nach persönlicher Vorliebe noch weiteres Wasser hinzuzufügen.

Den Glengoyne 12-Year-Old Cask Strength macht das Wasser in der Nase weicher und bringt rote Beerenfrüchte, Apfel, Weinbeeren und Pflaumen zum Vorschein, die auch am Gaumen deutlicher werden. Diese Variante in Faßstärke soll auf Dauer in mehr als 50 Märkten weltweit zu erhalten sein. **WM**

Verkostungsnotizen

Glengoyne 12-Year-Old Cask Strength ist üppig und würzig. Die Aromen von Zimt, Gewürznelken, Ahornsirup und Vanille zeugen von der Lagerung in Sherryfässern. Schwarzer Pfeffer, Pflaumen und Sahnekaramell am Gaumen, im Abgang wieder Pfeffer.

Glengoyne 14-Year-Old

Ian Macleod Distillers
www.glengoyne.com

Herstellungsregion und -land Lowlands, Schottland
Destillerie Glengoyne, Dumgoyne, Glasgow
Alkoholgehalt 43 Vol.-%
Whiskytyp Single Malt

Glengoyne ist die einzige Destillerie in Schottland, die wahrheitsgemäß behaupten kann, sowohl Lowland- als auch Highland-Whisky herzustellen. Die Brennblasen liegen knapp nördlich der Trennlinie, die Lagerhäuser wenige Meter südlich von ihr. Glengoyne ist aber mehr als interregional, sie ist wahrhaft kosmopolitisch: Das verwendete Wasser ist schottisch, es stammt aus dem benachbarten Blairgar Burn, das Malz wird von Simpson's in Berwick-upon-Tweed bezogen, das etwas jenseits der Grenze zu England liegt.

Die auf 296 Flaschen limitierte Auflage dieses 14-Year-Old reifte in einem Sherryfaß aus amerikanischer Eiche (Faßnummer 832). Die Gerste wurde luftgetrocknet, nicht über Torfrauch gedarrt, was meist zu harscheren Geschmacksnoten führt. Es gibt Stimmen, die dem Finish eine zu große Dominanz des spanischen Weins aus der Nachreifung nachsagen, aber mehrheitlich wird die Abwesenheit von Schwefel begrüßt, die dem Whisky Gelegenheit bietet, seine leichte Fruchtigkeit zur Schau zu stellen.

Ein anderes Faß (Nr. 876) aus dem gleichen Jahr 1993 wurde in einem Pedro-Ximénez-Faß gereift und zeigt die gleichen Tugenden (oder je nach Standpunkt, die gleichen Untugenden) wie das Faß Nr. 832. Diese Whiskys gehören zu den bekanntesten Kreationen der Destillerie, es sind die Flaggschiffe ihrer Flotte. **GL**

Verkostungsnotizen

In der Nase Sherry (natürlich) mit Rübensirup und Zedernholz. Am Gaumen warm, mit Kirsch- und darüber liegenden Gewürz- und Sahnekaramelltönen.

Glengoyne 16-Year-Old

Ian Macleod Distillers
www.glengoyne.com

Herstellungsregion und -land Lowlands, Schottland
Destillerie Glengoyne, Dumgoyne, Glasgow
Alkoholgehalt 43 Vol.-%
Whiskytyp Single Malt

Die Glengoyne-Destillerie liegt in einem Teil von Stirlingshire, dessen Whiskys bis in die 1970er Jahre als Lowlands klassifiziert wurden, seitdem aber der Kategorie Highland (South) zugeordnet werden. Die Brennerei hieß seit 1861 Glen Guin (Gälisch: „Tal der Wildgänse"), Anfang des 20. Jahrhunderts wurde jedoch die heutige Schreibweise eingeführt, um Nicht-Schotten die Aussprache zu erleichtern.

Zur Feier der 100 Jahre, die seit dieser Änderung vergangen sind und zur Feier des 50. Todestages von Arthur Tedder, der 1890 auf dem Betriebsgelände geboren wurde, wo sein Vater Zollangestellter war, und der später Marschall der Royal Airforce werden sollte, beschlossen die jetzigen Eigner im Herbst 2007, diese Abfüllung herauszubringen. Der Glengoyne 16-Year-Old reifte in 20 Fässern, die zuvor Shiraz-Wein aus dem australischen Hunter Valley enthalten hatten.

Die Fässer wurden sorgfältig durch eine Reihe von Experten überwacht, darunter auch Robin Tedder, der Sohn des Marschalls und ausgebildeter Master of Wine. Schließlich wurden nur zehn von ihnen für würdig befunden, den Namen Glengoyne Glenguin Shiraz Cask Finish 16-Year-Old zu tragen, unter dem sie 2008 in einer limitierten Auflage von 3800 Flaschen in den Verkauf kamen. Als junger Whisky ist er fruchtig und leicht, gewinnt aber im Alter wie alle Glengoyne an Gewicht. **GL**

Verkostungsnotizen

Sahnekaramell und Popcorn, Nüsse und Äpfel. Am Gaumen Spuren von Gras, Lakritze und Apfel. Süßer, malziger Abgang. Mit Wasser Leinöl und Mandeln.

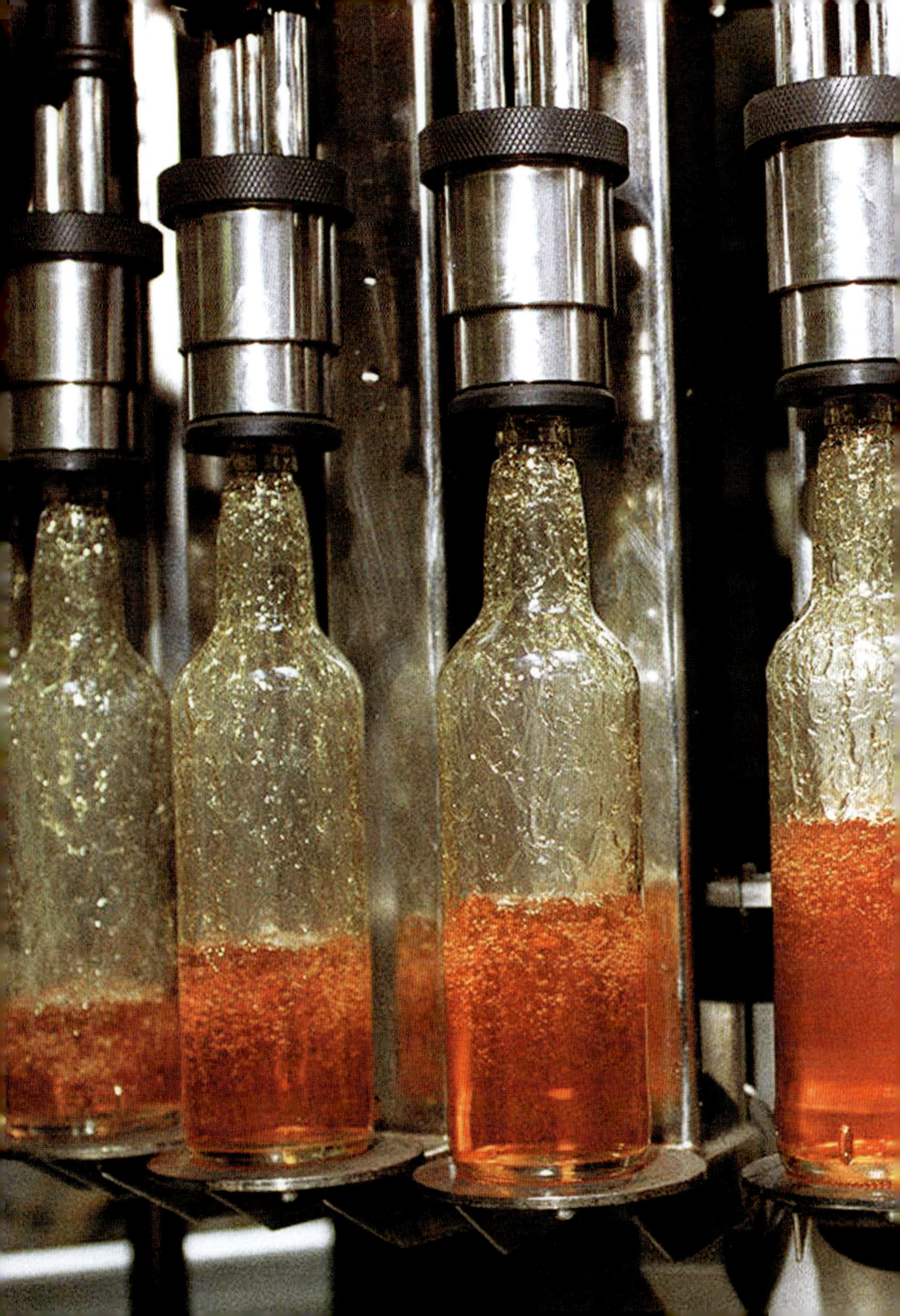

Glengoyne 17-Year-Old

Ian Macleod Distillers | www.glengoyne.com

Herstellungsregion und -land Lowlands, Schottland
Destillerie Glengoyne, Dumgoyne, Glasgow
Alkoholgehalt 43 Vol.-%
Whiskytyp Single Malt

Der Glengoyne 17-Year-Old liegt in der Mitte des Standardsortiments der Brennerei. Er zeigt mehr Sherryeinfluß als der Zehnjährige, aber viel weniger als der 21-Year-Old. Mindestens 35 Prozent der verwendeten Fässer aus europäischer und amerikanischer Eiche enthielten zuvor Sherry. Solche spanischen Sherryfässer werden zwei Jahre luftgetrocknet, und werden dann für mindestens zwei Jahre zur Sherrylagerung verwendet, bevor man sie leert und mit Glengoyne befüllt.

Der Master Blender John Glass sagt, der Glengoyne 17 sei der Liebling der meisten Destilleriebesucher und auch die bevorzugte Variante des Leiters der Brennerei, Robbie Hughes. Nach 17 Jahren habe die Abfüllung „ihre rauhen Kanten verloren, der Sherry ist volljährig geworden."

Der Glengoyne 17-Year-Old ähnelt dem 10-Year-Old und zeigt viele Gemeinsamkeiten im Geschmack, aber mehr Würzigkeit und weniger Früchte. In der Nase führen Spuren von Schwefel und Gewürznelke dazu, mehr Sherry zu vermuten, als am Gaumen tatsächlich zu schmecken ist. Auch wenn die aktuelle Ausgabe des Glengoyne 21-Year-Old die perfekte Wahl für Liebhaber des Sherry-Finishs ist, so zeigt der 17-Year-Old hinreichend Sherry, um die erwünschten würzigen Noten zu erzielen, ohne jedoch seine Lebhaftigkeit zu verlieren.

Glengoyne bezeichnet sich selbst als „Schottlands ungetorften Malt" und man betont, daß die Gerste luftgetrocknet wird, anstatt mit Torfrauch aromatisiert zu werden. Die Destillerie glaubt, daß sich dadurch die „natürlichen Geschmacksnoten frei entfalten können und nicht überwältigt werden". **WM**

Verkostungsnotizen

Ein üppiger, geschmeidiger und gut ausbalancierter Whisky mit Zimt, Gewürznelken, Orangeat, Rosinen und Apfel. Vanille und Gewürze herrschen vor, Honig und Sahnekaramell mischen sich ein und verflüchtigen sich langsam. Im Abgang Spuren von Eiche.

Glengoyne 21-Year-Old

Ian Macleod Distillers | www.glengoyne.com

Herstellungsregion und -land Lowlands, Schottland
Destillerie Glengoyne, Dumgoyne, Glasgow
Alkoholgehalt 43 Vol.-%
Whiskytyp Single Malt

Der Glengoyne 21-Year-Old wurde im Februar 2007 neu aufgelegt, um seine Rolle als Spitze des Standardsortiments herauszustellen. Diese Abfüllung reift ausschließlich in Sherryfässern aus europäischer Eiche, was an der satten Mahagonifärbung deutlich zu erkennen ist. Die frühere Version des 21-Year-Old war weniger vom Sherry beeinflußt, nur etwa die Hälfte der Fässer waren aus europäischer Eiche, dementsprechend war er heller gefärbt.

Iain Weir, der Marketingleiter von Ian Macleod Distillers, erklärt: „Der 21-Year-Old ist das Spitzenprodukt im Kernsortiment von Glengoyne, was sich auch in der hochwertigen Verpackung zeigt. [Der Whisky] ist üppig und elegant, mit deutlich mehr Sherryeinfluß. Indem wir das Standardsortiment nach oben hin immer exklusiver werden lassen, helfen wir dem Kunden, ein Verständnis dafür zu entwickeln, was das Sortiment von Single Malts aus dem Haus Glengoyne zu bieten hat."

Mit der Neuauflage des Glengoyne 21-Year-Old wollte die Brennerei vor allem seine Bedeutung als Luxuswhisky herausstellen. Das Aussehen der Flasche hat sich zwar nicht verändert, aber die traditionelle Kartonröhre wurde durch einen geprägten Kasten mit Goldauskleidung abgelöst. Die ausschließliche Reifung in Sherryfässern ist an sich schon ein Luxus, da Sherryfässer im Einkauf deutlich teurer sind und deshalb meist nur sparsam verwendet werden.

Obwohl der Einfluß des Sherrys intensiv ist, zeigen sich die Eigenarten der Destillerie doch auch. Der Glengoyne 21-Year-Old ist ein üppiger, süßer, aber eleganter Whisky, den man mit Freunden teilen sollte. **WM**

Verkostungsnotizen

Die Nase und die bräunliche Farbe verraten den Einfluß von Sherry. Üppige Kakao-, Zimt- und Vanillenoten, außerdem Rosinen, Orangeat und dunkler Rum: echter englischer Christmas Cake. Das wunderbar ölige Gefühl im Mund hält sich bis in den langen Abgang.

Glengoyne Burnfoot

Ian Macleod Distillers
www.glengoyne.com

Herstellungsregion und -land Lowlands, Schottland
Destillerie Glengoyne, Dumgoyne, Glasgow
Alkoholgehalt 40 Vol.-%
Whiskytyp Single Malt

Der Glengoyne Burnfoot kam im September 2007 heraus, und zwar exklusiv auf dem Reise- und Duty-Free-Markt. Die von George Connell 1833 gegründete Destillerie Glengoyne hieß einst Burnfoot of Dumgoyne, da sie an der Mündung eines Baches lag („foot of a burn"). Der Legende nach wurde sie genau an der Stelle errichtet, an der früher illegale Brenner ihrem Geschäft nachgingen. Der Name wurde 1908 zu Glengoyne geändert.

Der Glengoyne Burnfoot besteht aus Whiskys, die zwischen sieben und vierunddreißig Jahre alt sind. Während die meisten Glengoynes eher fruchtig sind, neigt er zum Blumigen. Es gibt zwar noch Fruchtaromen, unter anderem Banane, Apfel und Zitrus, aber der Burnfoot strahlt eine gewisse Trockenheit mit Eichen- und Strohtönen aus, die ihn einzigartig machen. Vermutlich ist sie auf die älteren in der Mischung enthaltenen Whiskys zurückzuführen.

Die Destillerie verweist darauf, daß sie die Gerste mit warmer Luft trocknet und nicht wie sonst üblich Torfrauch verwendet, um sie zu trocknen und aromatisieren. Der Burnfoot ist in Ein-Liter-Flaschen erhältlich, auf der die Landschaft der Umgebung und der Dumgoyne zu sehen sind, ein bekannter Hügel, der sich in der Nähe der Destillerie erhebt. **WM**

Verkostungsnotizen

Ein schüchterner Whisky mit Eiche und Gewürzen, die bis in den langen Abgang reichen. Granny-Smith-Apfel, Banane und ein Hauch Zitrus, vielleicht Limette.

Glengoyne Distilled 1996

Ian Macleod Distillers
www.glengoyne.com

Herstellungsregion und -land Lowlands, Schottland
Destillerie Glengoyne, Dumgoyne, Glasgow
Alkoholgehalt 43 Vol.-%
Whiskytyp Single Malt

Der Glengoyne 1996 wurde 2010 mit 14 Jahren aus Sherryfässern aus amerikanischer Eiche aufgelegt. Es wurden 3000 Flaschen abgefüllt, die ausschließlich für die USA bestimmt waren. Der üppig-cremige Gaumen und das buttrige Mundgefühl sind typisch für Glengoyne. Viele Destillerien fügen ihren Feuern Torfbriketts zu, um das Keimen der Gerste zu unterbrechen und dem Malz einen torfigen Geschmack zu verleihen, der sich dann auf den daraus gebrannten Whisky überträgt. Glengoyne trocknet die Gerste mit warmer Luft.

Die Destillerie hat gelegentlich Abfüllungen aus einzelnen oder wenigen Fässern vorgelegt, falls diese außergewöhnlichen Whisky enthielten. Dazu gehörten auch Fässer, die von bestimmten Mitarbeitern ausgewählt wurden und dann deren Namen trugen, wie etwa Deek's Choice, oder solche die nach den Jahreszeiten benannt wurden, wie etwa der Summer Limited Release 19-Year-Old. Viele der limitierten Ausgaben sind sehr sherrybetont, was dem Glengoyne gut bekommt. Die Distilled-1996-Variante ist jedoch ein großartiges Beispiel für einen Glengoyne, der nicht vom Sherry überwältigt wird. Es ist interessant, ihn mit dem Glengoyne 10- und 17-Year-Old zu vergleichen. **WM**

Verkostungsnotizen

Üppig und buttrig, mit viel Vanille und Karamell. Am Gaumen cremig, mit Sahnekaramell-, Sternfrucht-, Pfirsich- und Aprikosennoten. Spuren von Eiche.

Glenkinchie
12-Year-Old

Diageo
www.glenkinchie.com

Herstellungsregion und -land Lowlands, Schottland
Destillerie Glenkinchie, Pencaitland, East Lothian
Alkoholgehalt 43 Vol.-%
Whiskytyp Single Malt

Glenkinchie ist der „Edinburgh Malt," da er aus dem Dorf Pencaitland stammt, das nicht weit von der schottischen Hauptstadt liegt. Die Destillerie wurde 1825 mitten in einem Gerstenanbaugebiet gegründet und produzierte bald erfolgreich Malt für die Blends der Marke Haig.

Heute wird die Unterscheidung von Highland- und Lowland-Whisky vor allem geschmacklich begründet, aber ursprünglich war es eine Steuerfrage: 1784 wurden durch den Wash Act unterschiedliche Steuersätze für die Gebiete auf beiden Seiten der „Highland Line" festgelegt.

Der Glenkinchie 12-Year-Old ist die neue Eingangsstufe zum Standardsortiment der Destillerie, die einen leichten und sehr frischen Malt produziert, was zum Teil an der Größe der Brennblasen liegt, die zu den größten in Schottland gehören. Wenn man Whiskys von der anderen Seite der Highland Line gewöhnt ist, wird einem die Abwesenheit von Torf auffallen. Der Whisky ist wie die umgebende Landschaft, sanft und weich. Die teilweise Lagerung in Sherryfässern ist spürbar, aber die blumigen Noten sind doch laut und deutlich.

Glenkinchie vertritt in Diageos sehr erfolgreicher „Classic Malts"-Reihe die Lowlands in vielen Bars der Welt. Wo immer man auch sein sollte, ist dies also vermutlich der am ehesten verfügbare Lowland Malt. **PM**

Verkostungsnotizen

Süß und leicht nach Lakritze duftend. Es gibt auch Blumen, frisch gemähtes Gras und Heu. Direkt aus dem Kühlschrank schmeckt der Malt sehr erfrischend.

Glenkinchie
20-Year-Old 1990

Diageo
www.glenkinchie.com

Herstellungsregion und -land Lowlands, Schottland
Destillerie Glenkinchie, Pencaitland, East Lothian
Alkoholgehalt 55,1 Vol.-%
Whiskytyp Single Malt

Dieser seltene Malt wurde in ehemaligen Bourbonfässern gelagert. Bei der Reifung eines Whiskys muß man stets um ein ausgewogenes Verhältnis von Destillat zu Holz bemüht sein. Reift der Whisky zu kurz, bleibt er uninteressant; zu lange, und man könnte genausogut am Holzstäbchen von einem Eis am Stil knabbern.

Zwanzig Jahre sind eine stolzes Alter, vor allem für eine Whisky aus den Lowlands. Einer der charmanten Züge des Glenkilchie ist seine frische und offene Nase, aber bei diesem Whisky muß man sich entspannen, damit sich die komplexen Noten von Blüten und Getreide am Gaumen entwickeln können. Ein solcher Whisky wird schnell von Eiche überwältigt, weshalb man für die Reifung Fässer benutzt hat, die nicht zum ersten Mal Scotch enthielten. Nach jeder neuen Füllung nimmt der Einfluß des Fasses auf den Whisky ab, bei der dritten oder vierten ist er dann sehr gering, so daß der darin enthaltene Whisky auch nach längerer Zeit nicht überwältigt wird. Der Whisky wird allerdings empfindlicher, je mehr Alkohol im Laufe der Zeit verdunstet. Mit 55,1 Volumenprozent hat der 20-Year-Old immer noch viel Alkohol, und er wurde gerade rechtzeitig abgefüllt, so daß die 6000 Flaschen noch auf der richtigen Seite der Trennlinie zwischen „blumig" und „Holzbrett" liegen. **PM**

Verkostungsnotizen

Leder und Wachspolitur. Die Vanille ist etwas zäh, und die dunkleren Früchte gehen teilweise zu Lakritze über. Der exzellente Abgang endet mit trockenem Fenchel.

Glenkinchie Distillers Edition 1996

Diageo | www.glenkinchie.com

Herstellungsregion und -land Lowlands, Schottland
Destillerie Glenkinchie, Pentcaitland, East Lothian
Alkoholgehalt 43 Vol.-%
Whiskytyp Single Malt

Jahrelang züchtete der Brennereileiter von Glenkinchie preisgekrönte Rinder, deren Erfolge er auf die Fütterung mit Getreideresten aus der Destillerie zurückführte. Inzwischen sind die Rinder verschwunden, aber es kommen einige sehr interessante Malts aus dieser Ecke der schottischen Lowlands.

Die vorliegende Version der Distillers Editions wurde 1996 gebrannt, um mit 14 Jahren dann 2010 abgefüllt zu werden. Der Glenkilchie hat sich mit seiner blumigen Nase und zugänglichen Art viele Freunde gemacht. Hier bietet sich die Gelegenheit, einen älteren und komplexeren Malt zu verkosten, der in Bourbonfässern gelagert wurde, aber ein Finishing in Amontilladofässern erhielt. Die Wahl dieser Sherryvariante ist interessant. Amontillado ist dunkler als Fino, aber heller als Oloroso, er oxidiert langsamer als die meisten Sherrys und erhält dadurch einen üppigen, runden Geschmack. Bei diesem Whisky funktioniert das ungeheuer gut, da er die Blütennoten in die Nase übernimmt und seine Malzigkeit durch die ergiebige Frucht unterstützt wird.

Es überrascht kaum, daß das Finishing in Amontillado-Fässern nicht neu ist und daß es recht viele Abfüllungen wie diese gibt. Manche sind besser als andere, manche seltener als der Rest. Wenn man einen 1986er sieht, sollte man ihn kaufen, er ist besonders gut, wird aber langsam selten. Auch der 1991er ist exzellent, und man bekommt ihn noch eher. Die Nase dieses Whiskys ist schon direkt aus der Flasche sehr gut, entfaltet sich aber (bei 43 Volumenprozent Alkohol) mit einem Tropfen Wasser erst richtig. Man sollte es aber mit dem Wasser nicht übertreiben, um die Komplexität nicht zu ertränken. **PM**

Verkostungsnotizen

Herbstlaub, Zitronencreme und frisches Baiser – schon die Nase hat viel zu bieten. Auf der Zunge ist der Alkohol sanft wie frisch gebuttertes, geröstetes Früchtebrot, und der Abgang ist süß und klingt nach wie ein Zitronen-und-Honig-Hustensaft aus Kindheitstagen.

Glenkinchie The Managers' Choice 1992

Diageo | www.glenkinchie.com

Herstellungsregion und -land Lowlands, Schottland
Destillerie Glenkinchie, Pentcaitland, East Lothian
Alkoholgehalt 58,1 Vol.-%
Whiskytyp Single Malt

Dieser Malt gehört zu einer dritten Reihe von Whiskys, die Diageo herausgebracht hat. Es sind jeweils Einzelfaßabfüllungen der Malts, die in Faßstärke vorgelegt werden. Jede Reihe besteht aus 27 Abfüllungen aus jeweils einer Malt-Destillerie, die noch betrieben wird. Diese Variante des Glenkilchie stammt aus dem Faß Nummer 502 und wurde 2009 abgefüllt. Mit ihren siebzehn Jahren gehört sie zu den ältesten der Reihe. Interessant an ihr ist, daß sie nicht in einem ehemaligen Bourbonfaß aus amerikanischer Weißeiche gelagert wurde, sondern in einem aus europäischer Eiche.

Es ist nicht so bekannt, daß die Holzart deutlich mehr Einfluß auf den Whisky hat als der ehemalige Inhalt des Fasses. Mit anderen Worten hat hier vor allem die Eiche selbst sich auf den reifenden Whisky ausgewirkt. Bei dieser Abfüllung geht es also folglich vor allem um das Holz. Es ist aber nicht leicht, ein einzelnes Faß zu finden, das genau den gesuchten Ton trifft. Bei einer normalen Abfüllung kann man Hunderte von Fässern verwenden, es ist also leicht, etwaige Ungleichmäßigkeiten auszubügeln. Den typischen Glenkinchie-Geschmack zu treffen und gleichzeitig etwas Neues zu bieten, ist eine beachtliche Aufgabe.

Das Faß 502 wurde gewählt, weil es einen einzigartigen Blick auf den Glenkinchie erlaubt. Nur 528 Flaschen dieser seltenen Version wurden abgefüllt, sie zielt also vor allem auf Sammler, die ein persönliches Verhältnis zu ihrer Lieblingsdestillerie suchen. Die gebotenen Geschmacksnuancen sind ein interessantes Erlebnis, da sie einerseits außergewöhnlich sind, aber andererseits doch dem typischen Stil des Hauses entsprechen. **PM**

Verkostungsnotizen

Zugleich fruchtig und mehlig, bevor er sich mit Kokosnuß und Vanille warmläuft. Es gibt Salzkaramell, Orangenschokolade und Gewürzmischungen. Der Abgang ist süß und trocken, wie Brandy über Walnüssen. Mit einem Tropfen Wasser verkosten.

The Glenlivet 12-Year-Old

Chivas Brothers (Pernod Ricard)
www.theglenlivet.com

Herstellungsregion und -land Speyside, Schottland
Destillerie Glenlivet, Ballindalloch, Banffshire
Alkoholgehalt 40 Vol.-%
Whiskytyp Single Malt

Glenlivet war die erste Destillerie in Schottland, die eine Genehmigung zum Brennen von Whisky erhielt. Der Gründer George Smith hatte bereits vorher illegal gebrannt, aber bei einem Besuch Georgs IV. in Schottland bat dieser 1822 angeblich namentlich um einen Glenlivet. Nachdem der Herzog von Gordon 1823 ein Gesetz vorgeschlagen hatte, durch welches die Whiskydestillation legalisiert wurde, war George Smith, einer seiner Pächter, 1824 der erste erfolgreiche Bewerber um eine Genehmigung.

Der Glenlivet 12-Year-Old kam zuerst 1933 nach dem Ende der Prohibition auf den Markt. Damals galten zwölf Jahre als das perfekte Alter für einen Whisky, auch wenn er zu dieser Zeit keine Altersangabe trug. Die Beliebtheit des Glenlivet wuchs noch in den 1950er Jahren, Filmstars wie Yul Brynner und Robert Taylor bestanden darauf, daß er nach den Dreharbeiten bereitstand.

Der Glenlivet ist ein leichter Single Malt, der schnell vom Einfluß des Fasses überwältigt wird. Aus diesem Grund wird der 12-Year-Old zu etwa 99 Prozent in ehemaligen Bourbonfässern gelagert, der Rest besteht aus Sherryfässern. Der Whisky ist extrem zugänglich und gut geeignet, um Interessierte, die mit der Kategorie Single Malt nicht vertraut sind, in das Thema einzuführen. **WM**

Verkostungsnotizen

Sauber und malzig, mit Vanille-, Gewürz- und Nußtönen. Leicht cremiger, mittelschwerer Körper. Langsam tauchen Karamell und Pfirsich mit etwas Zimt auf.

The Glenlivet 15-Year-Old French Oak Reserve

Chivas Brothers (Pernod Ricard)
www.theglenlivet.com

Herstellungsregion und -land Speyside, Schottland
Destillerie Glenlivet, Ballindalloch, Banffshire
Alkoholgehalt 40 Vol.-%
Whiskytyp Single Malt

Der Glenlivet 15-Year-Old French Oak Reserve beginnt sein Leben so wie der 12-Year-Old, aber 30 bis 35 Prozent des Whiskys werden zusätzlich drei oder mehr Jahre in frischer Stieleiche aus dem Limousin nachgereift. Das Holz dieser Eichen wird traditionell für Cognacfässer verwendet und gibt dem Whisky eine sanfte Würze, trockenen Charakter und süße Nussigkeit.

In den Jahren 2003 und 2004 reagierte die Firma Chivas Brothers auf eine Gesetzesänderung und ersetzte den Glenlivet 12-Year-Old French Oak Finished durch diesen Whisky. Das Wort „Reserve" im Namen verweist darauf, daß nur der Inhalt von einem Teil der Fässer in französische Eichenfässer umgefüllt wird. Der Begriff ‚finish' darf lediglich noch verwendet werden, wenn der gesamte Whisky in einer bestimmten Faßart nachreift.

Glenlivet hält die Verbindung von Single Malt mit frischer Limousineiche für einen perfekten Bund, vergleichbar etwa mit der „Auld Alliance", in der sich Frankreich und Schottland 1295 gegenseitige Unterstützung im Falle eines englischen Angriffs zusicherten.

Der Gründer von Glenlivet, George Smith, wollte einen Whisky so hoher Güte produzieren, daß er als Meßlatte dienen würde, an der man andere maß. Der Glenlivet French Oak Reserve erreicht dieses Ziel. **WM**

Verkostungsnotizen

Trocken und blumig mit deutlichen Eichen-, Vanille- und Honigtönen. Am Gaumen Mandel, Marzipan und Zitrusfrüchte. Abgang mit Zedernholz und Nüssen.

Selected Old Blended

PROPRIETORS
SHUFFLEBOTHAM
& CO.
BIRMINGHAM
& DUNDEE

GLENLIVET WHISKY

The Glenlivet 18-Year-Old

Chivas Brothers (Pernod Ricard) | www.theglenlivet.com

Herstellungsregion und -land Speyside, Schottland
Destillerie Glenlivet, Ballindalloch, Banffshire
Alkoholgehalt 43 Vol.-%
Whiskytyp Single Malt

Der Glenlivet 18-Year-Old wurde 1992 vorgestellt und avancierte bald zum meistausgezeichneten Whisky des Glenlivet-Sortiments. 12,5 bis 15 Prozent diese Version reifen in Oloroso-Sherryfässern und werden dann mit Whisky aus Bourbon- und bereits verwendeten Scotchfässern vermischt. Jedes der Fässer wird sorgfältig auf Geruch und Qualität überprüft, bevor es geleert wird. Falls es den Ansprüchen nicht genügt, wird es aussortiert und die Produktion eingestellt, bis man einen geeigneten Ersatz gefunden hat.

Der Glenlivet 18-Year-Old ist der Lieblingswhisky des Brennmeisters Alan Winchester. Er gilt als „perfekter Ausdruck von Alter und Eleganz, in dem die archetypischen Noten reifer Früchte des Glenlivet mit einem trockeneren, suggestiven Eicheneinfluß zusammenkommen". Falls man ihn mit einem Wort kennzeichnen müßte, wäre das „Ausgewogenheit".

Bei der Schaffung einer neuen Abfüllung muß der Masterblender die strahlende, fruchtige Unbekümmertheit der jungen Whiskys, die rauh und unbehauen sein können, mit den älteren Whiskys ausbalancieren, die durch ihre Lagerung in Eichenfässern Komplexität gewonnen haben, aber auch ermüdet und holzig geworden sein können oder sogar die typischen Merkmale der Destillerie verloren haben. Auch die Vanille- und Karamellnoten der Bourbonfässer müssen mit den roten Früchten, Gewürzen und dem Zimt der Sherryfässer in Einklang gebracht werden. Der Glenlivet 18-Year-Old erreicht diese Balance von Faßart und Alter, ist komplex, üppig, fruchtig und deutlich voller als der 12-Year-Old und der 15-Year-Old French Oak Reserve. **WM**

Verkostungsnotizen

Zimt herrscht vor, hinzu kommen Gewürznelken, Muskat, dunkle Früchte und weitere Gewürze. Der Apfel jüngerer Abfüllung wird hier zum Backapfel mit Rosinen und Datteln. Gut integriert und ausgewogen. Der Abgang ist kurz und würzig.

The Glenlivet 21-Year-Old Archive

Chivas Brothers (Pernod Ricard) | www.theglenlivet.com

Herstellungsregion und -land Speyside, Schottland
Destillerie Glenlivet, Ballindalloch, Banffshire
Alkoholgehalt 43 Vol.-%
Whiskytyp Single Malt

Der Glenlivet 21-Year-Old Archive ist nach dem 12-Year-Old die Variante, die am zweitlängsten auf dem Markt ist. Er wurde in den 1980er Jahren eingeführt und ist zu einem Wahrzeichen der Marke geworden. Kennzeichnend ist seine Komplexität, die aus der Vielfalt der verwendeten Faßarten herrührt. Unterschiedliche Fässer üben unterschiedliche Einflüsse auf reifenden Whisky aus, so geben Bourbonfässer etwa Vanille- und Karamellaromen ab, während Sherryfässer für Würzigkeit und fruchtige Noten sorgen. Für den Glenlivet Archive werden bis zu sieben unterschiedliche Faßarten verwendet. Die Destillerie bezeichnet ihn als die „vollkommenste Version des Glenlivet, mit intensiver Üppigkeit und Tiefe".

Der Glenlivet 21-Year-Old wird in Chargen hergestellt, und die derzeitigen Abfüllungen zeigen auf der Flasche und der Umverpackung die *batch number*, damit Sammler und Aficionados ihre Verkostungsnotizen vergleichen können. Der blaue Karton und die dunkle Glasflasche der früheren Ausgaben wurde inzwischen durch eine klare Flasche und einem schönen Holzrahmen ersetzt, auf dem deutlich das Gründungsjahr von Glenlivet, 1824 zu lesen ist.

Für dem Glenlivet Archive werden verschiedene Fässer geprüft, verkostet, beprobt, geleert und ihr Inhalt vermischt, bevor er in Eichenfässern einer weiteren Reifung unterzogen wird. In dieser zusätzlichen Zeit können die Geschmacksnoten und Texturen der Fässer sich miteinander verbinden, um vor der Abfüllung integriert und harmonisiert zu werden. Dadurch zeigt jede Charge einen etwas anderen Charakter, ohne dem Stil des Hauses untreu zu werden. **WM**

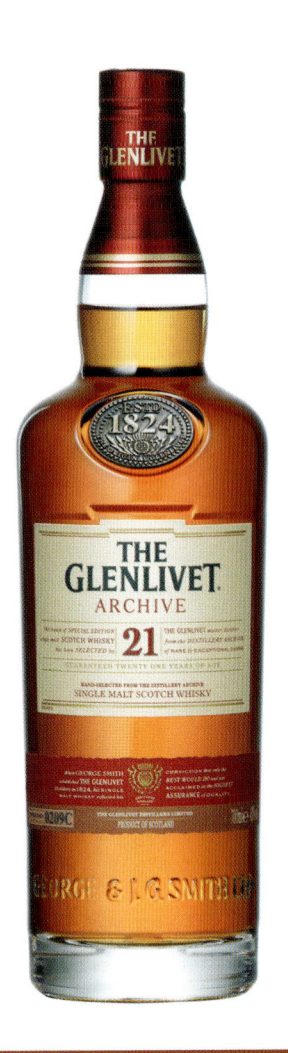

Verkostungsnotizen

In der Nase komplexe Schichtenbildung aus Gewürzen und Spuren von Nüssen, durch Blütennoten abgemildert. Der elegante Gaumen zeigt Gewürze, Nüsse und eine Spur von Orangenmöbelpolitur. Der Abgang ist trocken, würzig mit Noten von Zedernholz.

The Glenlivet 70-Year-Old 1940 Generations

Gordon & MacPhail | www.gordanandmacphail.com

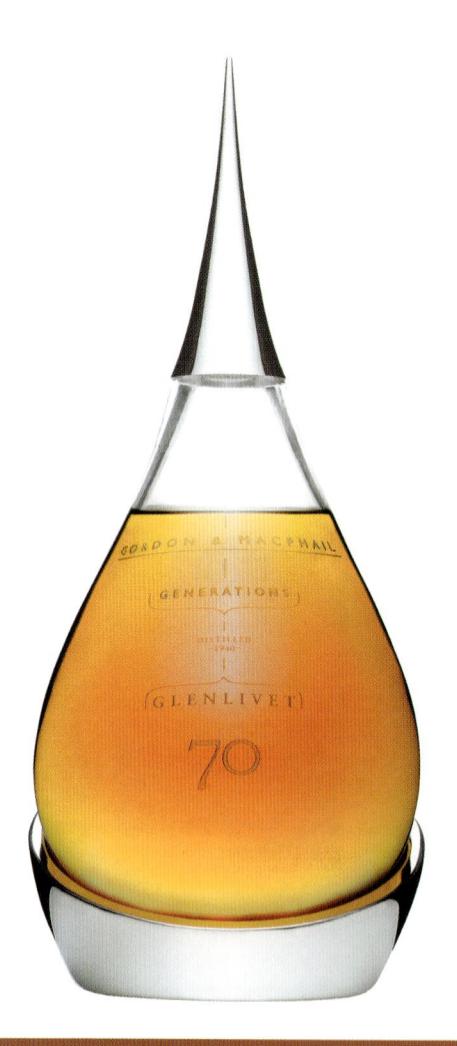

Herstellungsregion und -land Speyside, Schottland
Destillerie Glenlivet, Ballindalloch, Banffshire
Alkoholgehalt 45,9 Vol.-%
Whiskytyp Single Malt

Bei einem Preis von mehr als 20 000 Euro pro Flasche ist dies ein Whisky, den nicht viele Menschen werden verkosten können. Er ist aber ein guter Beleg dafür, wie gut ein Single Malt lange Lagerzeiten überstehen kann. Der Glenlivet wurde am 3. Februar 1940 ins Faß gefüllt und im März 2011 auf den Markt gebracht, hatte also das bemerkenswerte Alter von 70 Jahren. Abgefüllt wurde er unter der Aufsicht von John Uruhart, dem Großvater der heutigen Geschäftsführer von Gordon & MacPhail, David und Michael Urquhart.

Gordon & MacPhail wurde 1895 in Elgin gegründet. Es ist eines der weltweit angesehensten unabhängigen Abfüllunternehmen schottischer Whiskys und verfügt über Lagerbetände, die ihresgleichen suchen. Gordon & MacPhail waren wesentlich dafür verantwortlich, daß in Zeiten, in denen sich alles um Blended Scotch drehte und kaum eine Maltdestillerie eigene Abfüllungen vorlegte, das Licht des Malts nicht erlosch.

Die „Generations"-Reihe von Jahrgangsabfüllungen wurde 2010 mit einem 70 Jahre alten Mortlach eingeläutet, dem ältesten Single Malt, der je auf Flaschen gezogen wurde. Dieser Glenlivet wandelt in seinen erlauchten Spuren. Gordon & MacPhail sagt: „Der Whisky verkörpert die Familientradition der Firma." Der Whisky wurde in einem erstmals mit Whisky gefülltem Sherryfaß gelagert, allerdings in einem, das im Gegensatz zur üblichen Praxis aus amerikanischer, nicht aus europäischer Eiche bestand. Es wurden nur einhundert Karaffen mit dem Glenlivet gefüllt, außerdem 175 Miniaturkaraffen mit 20 cl Inhalt, die den Liebhabern für fast 6000 Euro angeboten wurden. **GS**

Verkostungsnotizen

In der Nase süß, mit Apfel, schwachen Vanillenoten und Leder. Sanft und komplex. Etwas wachsartige Textur. Am fruchtigen Gaumen leichte Rauchigkeit, im langen, ausgewogenen Abgang dann Fruchtsäure. Verträgt im Gegensatz zu manchen alten Whiskys Wasserzugabe.

The Glenlivet Nàdurra 16-Year-Old

Chivas Brothers (Pernod Ricard) | www.theglenlivet.com

Herstellungsregion und -land Speyside, Schottland
Destillerie Glenlivet, Ballindalloch, Banffshire
Alkoholgehalt 57,7 Vol.-%
Whiskytyp Single Malt

Nàdurra ist Gälisch und bedeutet „natürlich". Diese 16 Jahre alte Abfüllung wird in Faßstärke auf Flaschen gezogen, sie ist nicht kaltfiltriert und nicht künstlich gefärbt, um einen Eindruck davon zu vermitteln, wie ein Glenlivet direkt aus dem Faß schmeckt. Der Destillerieleiter Jim Cryle sagt dazu: „Nur eine Handvoll sehr privilegierter Menschen bekommen jemals Gelegenheit, die Lagerhäuser der Glenlivet-Destillerie zu betreten, geschweige denn, den Whisky direkt aus dem Faß zu verkosten. Mit dem Nàdurra können wir hier dieses sehr besondere Erlebnis anbieten." Der Nàdurra wurde ursprünglich 2004 mit 48 Volumenprozent Alkohol auf den Duty-Free-Markt gebracht. Im Jahr 2006 gab es dann Ausgaben für die USA und Großbritannien. Beide Versionen wurden ausschließlich in Bourbonfässern gelagert.

Möglicherweise findet man den Nàdurra wegen seines hohen Alkoholgehalts etwas zu scharf. Man sollte ihn zuerst pur verkosten, dann einige Tropfen Wasser hinzufügen, erneut verkosten, dann mehr Wasser zugeben. Mit Wasser gewöhnt sich der Gaumen an den höheren Alkoholgehalt.

2009 stellte Glenlivet die limitierte Ausgabe Nàdurra Triumph 1991 vor, für die man die Gerstensorte Triumph verwendet hatte. Der Nàdurra Triumph 1991 reifte in einer Mischung aus Bourbon- und Sherryfässern, wurde im Alter von 18 Jahren abgefüllt und hat einen Alkoholgehalt von 48 Volumenprozent. Der Markendirektor Ron Zussman sagt: „Wir wollten etwas Neues schaffen, aber die Kernelemente beibehalten, die unseren Nàdurra so außerordentlich machen. Das Ergebnis ist unser erster sortenspezifischer Whisky." **WM**

Verkostungsnotizen

Leicht in der Nase, mit Kakifrüchten, frisch eingeschnittener Eiche und Vanille. Am Gaumen Zimt, Honig und Vanille, von kräftiger Eiche gestützt. Mit Wasser werden Frucht- und Karamellaromen frei. Im Abgang wieder Zimt und Eiche, außerdem etwas Pfeffer.

The Glenlivet XXV

Chivas Brothers (Pernod Ricard) | www.theglenlivet.com

Herstellungsregion und -land Speyside, Schottland
Destillerie Glenlivet, Ballindalloch, Banffshire
Alkoholgehalt 43 Vol.-%
Whiskytyp Single Malt

Der Glenlivet XXV kam Anfang 2007 in Asien auf den Markt, im August 2008 dann in den USA. Es ist die älteste Abfüllung im Standardsortiment von Glenlivet und enthält Whiskys aus ausgewählten Fässern, die ein Finish von mindestens 24 Monaten in Sherryfässern erhielten, die zuvor nie Whisky enthalten hatten. „Bei der Schaffung des Glenlivet XXV wurden außergewöhnlich hohe Maßstäbe angelegt", erkärt der Meisterbrenner Jim Cryle. Jede Flasche ist mit der Chargennummer gekennzeichnet und von den vier Experten unterschrieben, die bei Glenlivet mit der Herstellung beschäftigt waren. Verpackt ist die Flasche in einer schweren Holzkiste.

Alan Winchester hat die Gesamtleitung der Destillerie. Er kontrolliert die Produktion von der Auswahl der Gerste bis hin zum Brennen des Destillats. Das Wasser für Glenlivet stammt aus einer unterirdischen Quelle, die Josie's Well heißt und einen nicht abbrechenden Strom kalten, mineralreichen Wassers sicherstellt. In Verbindung mit der Höhenlage fördert es den Destillationsvorgang und soll „den Geist beleben". Winchester sagt, es gebe „keinen besseren Ort, um Whisky herzustellen".

Bill Lamb überwacht die Füllung und Lagerung der Fässer. Er sagt, die „mit Oloroso getränkte Eiche gibt dem vielschichtigen Whisky eine nussige Würzigkeit und verbessert seine Farbe". David Boyd ist für die Überwachung des Whiskys zuständig, er entnimmt Proben aus den verschiedenen Fässern und verkostet sie, um ihre Entwicklung zu beurteilen. Dann wählt er die einzelnen Fässer für die Mischung aus. Jim Cryle ist für die Kontrolle des gesamten Produktionsablaufs zuständig und gibt am Schluß das Ergebnis für den Verkauf frei. **WM**

Verkostungsnotizen

Sherryeinfluß, Leder- und Tabaknoten, Gewürze, Datteln, Rosinen, Gewürznelken, Orangenschale und Vanille. Langer, würziger Abgang mit Pfeifentabak. Zimt- und Gewürznelkenakzente mischen sich mit der Orangenschale und Spuren dunkler Schokolade.

Glenlochy 29-Year-Old

Signatory Vintage Scotch Whisky Co.

Herstellungsregion und -land Highlands, Schottland
Destillerie Glenlochy, Fort William (geschlossen)
Alkoholgehalt 52,8 Vol.-%
Whiskytyp Single Malt

Im Vergleich zu alteingesessenen unabhängigen Abfüllern wie Gordon & MacPhail und Wm. Cadenhead ist Signatory ein relativer Neuling. Die Firma wurde erst 1998 von Andrew und Brian Symington gegründet, hat sich jedoch inzwischen zu einem der größten und angesehensten Abfüller Schottlands entwickelt.

Signatory vermarktet Whisky in verschiedenen Reihen, der Glenlochy 29-Year-Old gehört zur „Cask Strength Collection". Er wurde am 21. August 1980 gebrannt und lagerte 29 Jahre im Faß Nummer 649, bevor am 22. Juni 265 numerierte Flaschen abgefüllt wurden.

Die Destillerie Glenlochy stand im heute als Urlaubsort beliebten Fort William in den West Highlands. Man stellte Single Malts her, die der Region Western Highlands zugeordnet waren und von denen nur der Ben Nevis und der Oban überlebt haben. 1897 wurde die Glenlochy–Fort William Distillery Co. Ltd. gegründet, 1901 nahm man die Produktion auf. Von 1917 bis 1924 ruhte der Betrieb, und auch danach waren die Geschicke wechselhaft, bevor 1953 eine Tochterfirma von Distillers Company Ltd. (DCL) das Ruder übernahm. Als DCL Anfang der 1980er Jahre aus wirtschaftlichen Gründen konzernweit den Ausstoß reduzieren mußte, gehörte die kaum modernisierte Destillerie Glenlochy, in der nur ein Paar Brennblasen stand, zu den logischen Opfern.

Glenlochy wurde 1983 stillgelegt. Einige der Gebäude auf dem Betriebsgelände wurden zwar abgerissen, aber andere, darunter auch die Malztenne und die Darre, sind erhalten geblieben. Die Darre ist zu Wohnungen umgebaut worden, und in den ehemaligen Mitarbeiterhäusern befinden sich Ferienunterkünfte. **GS**

Verkostungsnotizen

In der Nase recht karg, etwas wächsern, mit Getreide, grünem Apfel und einem Hauch Minze. Am Gaumen relativ voll, grasig und wieder wächsern, mit Kaffee, Mandeln, Minze und Andeutungen von Zitrus. Langer Abgang, recht grün und kräutrig, mit Eichengerbsäure.

Glenmorangie 18-Year-Old

Glenmorangie Co. (LVMH) | www.glenmorangie.com

Herstellungsregion und -land Highlands, Schottland
Destillerie Glenmorangie, Tain, Ross-shire
Alkoholgehalt 43 Vol.-%
Whiskytyp Single Malt

An einem Whiskyfaß, das einst Bourbon oder Jack Daniel's Tennessee Whiskey enthalten hat, ist nichts auszusetzen, warum sollte man also den Scotch nicht länger in dieser Faßart lagern? Nicht jeder Whisky überdauert lange Jahre im Faß gut, aber der Glenmorangie macht auch nach einer 18jährigen Lagerung noch einen guten Eindruck. Die Hersteller sind von der Holzauswahl besessen, und bemühen sich, die besten Eichen zu bekommen. Die Bäume stammen von bestimmten Berghängen in den Ozark Mountains im amerikanischen Bundesstaat Missouri und werden speziell für Glenmorangie ausgewählt.

Holzfäller schlagen die Eichenriesen und sägen sie zu Bohlen ein, die eine festgelegte Zeit luftgetrocknet werden, bevor sie zur Bluegrass Cooperage in Louisville, Kentucky, gebracht werden. Diese Küferei sägt aus den Bohlen Dauben, stellt die Fässer her, brennt sie aus, kontrolliert sie auf Dichtigkeit und schickt sie nach Lynchburg in Tennessee, wo sie mit Jack Daniel's befüllt werden.

Beim Trinken dieses 18-Year-Olds sollte man sich vergegenwärtigen, daß das Faß, aus dem er stammt, zuvor sechs bis acht Jahre lang amerikanischen Whiskey enthalten hat, bevor es in seine Dauben zerlegt und nach Schottland verschifft wurde. Dort werden die Fässer wieder zusammengebaut (meist auf 200 bis 250 Liter Inhalt vergrößert). Eine Eiche wächst 80 Jahre, bevor sie für die Faßherstellung geschlagen wird. Zählt man die acht Jahre hinzu, in denen Bourbon darin lagerte, und die achtzehn Jahre, in denen das Faß Scotch enthielt, dann kommt der Whisky, den man trinkt, aus Holz, das mehr als ein Jahrhundert alt ist. Er verdient also etwas Geduld bei der Verkostung. **HO**

Verkostungsnotizen

Deutlich als älteres Geschwister des Glenmorangie the Original zu erkennen, mit zusätzlichen Karamell-, Buttertoast-, Holz- und Zuckermandelaromen. Mit der Zeit kommen blumige Noten zum Vorschein – Rosen, Lilien und Bindegrün. Dann ein angenehmer Abgang.

Glenmorangie 25-Year-Old

Glenmorangie Co. (LVMH) | www.glenmorangie.com

Herstellungsregion und -land Highlands, Schottland
Destillerie Glenmorangie, Tain, Ross-shire
Alkoholgehalt 43 Vol.-%
Whiskytyp Single Malt

Glenmorangie – Gälisch für „Tal der Ruhe" – liegt in der Nähe des malerischen Dorfs Tain oberhalb des Moray Firth. In einer solch friedlichen, ruhigen Umgebung kann ein Whisky lange Zeit ruhen. Warum sollte man die Lagerung also nicht noch etwas ausdehnen? Wie reagiert ein Whisky, wenn er 25 Jahre, die Lebensspanne einer ganzen Generation, Zeit hat, um mit Holz und Luft dieser Umgebung zu reagieren?

Whiskys solchen Alters sollten nicht nur durch das Verkosten genossen werden, sondern auch kontemplativ betrachtet werden, vorzugsweise in guter Gesellschaft. Schließlich geschieht im Laufe von 25 Jahren allerhand – Kinder werden erwachsen, Meilensteine bleiben hinter einem zurück. Manche der Menschen, die an der Entstehung dieser Abfüllung mitgearbeitet und über sie gewacht haben, sind nicht mehr für die Destillerie tätig oder vielleicht sogar nicht mehr unter uns. Dann hofft man, daß sie den ihnen zustehenden Engelsanteil an diesem exquisiten Whisky bekommen haben.

Der 25-Year-Old ist die *grande dame* des Hauses, verehrt, geschätzt, ehrwürdig. Sie kommt wunderbar gekleidet einher, in einen goldenen „Käfig" eingeschlossen. Wenn man sie daraus entläßt, fällt einem die reife, rundliche Figur auf; die Flasche hat eine andere Form als der Rest des Glenmorangie-Sortiments. Die Abfüllung trägt ihr Alter mit Anstand.

Der 25-Year-Old ist eine Whisky für ganz besondere Gelegenheiten. Wie wäre es zum Beispiel mit der Silberhochzeit? Falls einem das zu lang dauert, wartet man bis zum 25. des kommenden Monats und denkt sich einen passenden Grund aus. **HO**

Verkostungsnotizen

Bis in den Kern sanft und komplex, mit Geißblatt, weißer Schokolade, Crème brûlée und frischen Orangenspalten. Zeigt graziös auch Zedernakzente; wächserne Noten weichen Pekannußeiscreme und einem subtilen, befriedigenden Abgang.

Glenmorangie Astar

Glenmorangie Co. (LVMH)
www.glenmorangie.com

Herstellungsregion und -land Highlands, Schottland
Destillerie Glenmorangie, Tain, Ross-shire
Alkoholgehalt 51,7 Vol.-%
Whiskytyp Single Malt

Dieser Whisky ist das Werk von Bill Lumsden, der bei Glenmorangie für das Destillieren und die Kreation der Whiskys zuständig ist. Er reiste von Schottland Tausende von Kilometern über den Atlantik bis nach Missouri. Dort ging er durch die Wälder an den Nordhängen der Ozark Mountains und suchte persönlich die Eichen aus, aus denen die Fässer geküfert werden sollten, in denen der neue Malt ruhen würde, der als Astar vor seinem geistigen Auges schwebte. Macht es wirklich einen Unterschied, wo die Bäume wachsen? Ja, in der Tat. Sogar das Mikroklima spielt eine Rolle. Eiche wächst an Nordhängen langsamer, dadurch wird ihr Holz feinmasriger. Das wiederum sorgt dafür, daß es bei der Lagerung mehr Aroma an den Whisky abgibt.

Bill Lumsden ist detailversessen. Er ist persönlich an jedem Produktionsschritt dieses Whiskys beteiligt. *Astar* ist Gälisch und bedeutet „Reise". Dank der Kreativität, des Verständnisses und des rastlosen Forschens eines Mannes kann man jetzt schmecken, einen wie großen Unterschied es ausmacht, wenn man bereit ist, den einen Schritt weiter zu gehen. Man sollte den Whisky langsam trinken, Schluck für Schluck. Er lohnt die Entdeckung. Der Astar ist ein kräftiger, nicht kaltfiltrierter Whisky mit mehr Alkohol als die meisten Glenmorangies. **HO**

Verkostungsnotizen

Dieser Whisky ist für Wasser dankbar und öffnet sich damit zu Vanille, Sahnekaramell und Zitronenbaiser. Zartbittere Schokolade und Orangen. Langer Abgang.

Glenmorangie The Culloden Bottle

Glenmorangie Co. (LVMH)
www.glenmorangie.com

Herstellungsregion und -land Highlands, Schottland
Destillerie Glenmorangie, Tain, Ross-shire
Alkoholgehalt 43 Vol.-%
Whiskytyp Single Malt

Glenmorangie gab 1995 die Culloden Bottle in Zusammenarbeit mit den National Museums of Scotland heraus, um an den 250. Wiederkehr der Schlacht von Culloden zu erinnern, die am 16. April 1746 geschlagen wurde. Die Flasche ist die Nachbildung eines Originals, die sich einst im Besitz von Duncan Forbes, Laird of Culloden (1686–1747) befand. Dieses Original steht heute im Culloden House neben der ersten abgefüllten Flasche des Glenmorangie Culloden.

Die Familie Forbes war seit etwa 1620 Eigner der Destillerie Ferintosh. Nach 1689 durfte sie als Ausgleich für Schäden, die Anhänger von Jakob VII. auf ihren Ländereien angerichtet hatten, Ferintosh-Whisky brennen und mußte nur eine triviale Jahresgebühr anstatt der Branntweinsteuer entrichten. Die Familie produzierte große Mengen Ferintosh, der sich zum Synonym für hochwertigen Highland-Whisky entwickelte.

Glenmorangie steht etwas nordöstlich von Ferintosh. Hier wurden 2500 numerierte Flaschen Culloden abgefüllt, die in laser-gravierten Holzkisten mit einer Pergamenturkunde verkauft werden, die vom damaligen Brennereileiter Bill Lumsden unterschrieben ist.

Ein Teil vom Erlös der Originalauflage ging als Spende an die National Museums of Scotland. **WM**

Verkostungsnotizen

Üppig, mit großen Vanille- und Ananasnoten, mit Zimt und Zitronen-Limettensprudel. Datteln, Rosinen, Leder und Gewürznelken treten heraus. Marzipan im Abgang.

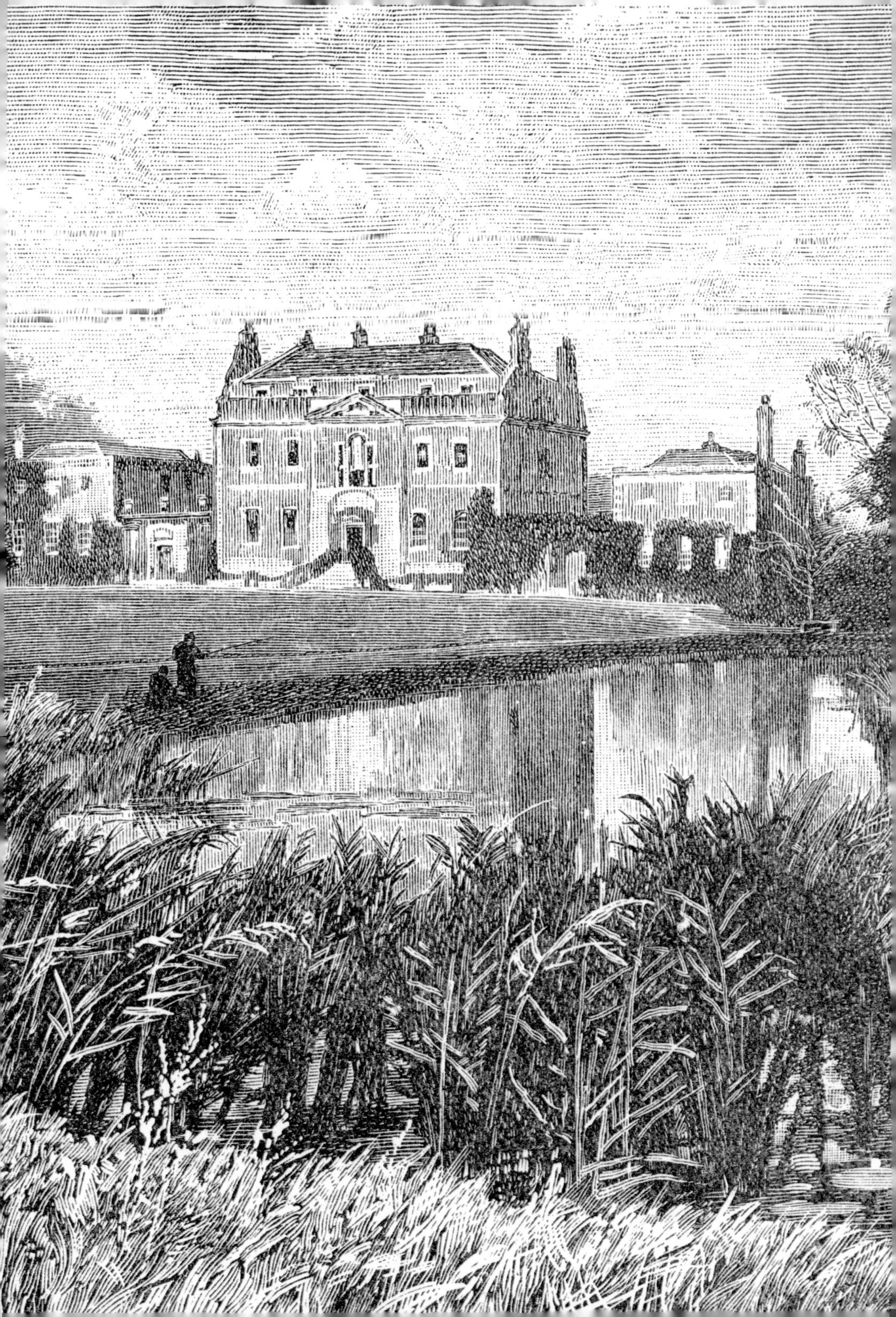

Glenmorangie Finealta

Glenmorangie Co. (LVMH) | www.glenmorangie.com

Herstellungsregion und -land Highlands, Schottland
Destillerie Glenmorangie, Tain, Ross-shire
Alkoholgehalt 46 Vol.-%
Whiskytyp Single Malt

Dies ist ein weiteres Stück aus Bill Lumsdens Kuriositätenkabinett. Der Glenmorangie Finealta kam 2010 auf den Markt, aber er geht auf ein Originalrezept aus dem Jahr 1903 zurück. Er ist gleichermaßen amerikanisch und europäisch: einer der beiden Grundwhiskys wurde in amerikanischer Eiche gelagert, der andere in Oloroso-Sherryfässern. Beide wurden danach in einem großen Faß zusammengeführt, um sich zu einer wohlausgewogenen Mischung zu verbinden.

Um ihm etwas Biß und eine leichte Rauchnote zu geben, wurde das Malz für den Whisky geringfügig getorft. Glenmorangie hatte zwar seit einiger Zeit kein getorftes Malz verwendet, aber damals, Anfang des 20. Jahrhunderts, waren die Herstellungsverfahren bei Whisky deutlich anders. In vielen Teilen Schottlands war Torf der bevorzugte Brennstoff für den Herd, die Brennblase und die Malzdarre. Wenn man grünes Malz in der Darre über einem Torffeuer trocknet, ergeben sich im fertigen Whisky deutliche Raucharomen.

Als die Eisenbahn die entlegeneren Gebiete Schottlands erreichte, wurde der Transport von Kohle leichter, und sie löste allmählich den Torf als bevorzugten Brennstoff ab. Nur auf den entlegeneren Inseln verbrannten die Destillerien noch weiterhin Torf in ihren Darren. Sie haben diese Tradition bis heute beibehalten, was auch der Grund dafür ist, daß ihre Whiskys nach wie vor rauchig ausfallen.

Wenn man wissen möchte, wie ein Glenmorangie Anfang des letzten Jahrhunderts geschmeckt haben mag, ist dies die richtige Abfüllung: ein anderer Whisky, aber immer noch ein eleganter Glenmorangie. **HO**

Verkostungsnotizen

Eine vielleicht überraschende Kombination: Milchschokolade in einer Hülle aus Holzrauch. Bei Zugabe von Wasser deutet sich Seetang an, und es erscheinen Zitrustöne. Geräuchertes Dosenfleisch und Lagerfeuerglut. Der Abgang ist trocken und nussig.

Glenmorangie The Lasanta

Glenmorangie Co. (LVMH) | www.glenmorangie.com

Herstellungsregion und -land Highlands, Schottland
Destillerie Glenmorangie, Tain, Ross-shire
Alkoholgehalt 46 Vol. %
Whiskytyp Single Malt

Die Hälse der Brennblasen in Glenmorangie sind außergewöhnlich schlank und höher als alle anderen in Schottland. So entsteht ein leichtes Destillat, das sich gut zur Lagerung in Fässern eignet, die zuvor Bourbon oder Jack Daniel's Tennessee Whiskey enthielten. Von den Fässern stammt der cremige Vanilleakzent, den man in allen Abfüllungen vernehmen kann.

Um 1995 beschloß das Unternehmen, mit einem Verfahren zu experimentieren, das damals als *„wood finish"* bezeichnet wurde. Zehn Jahre alter Glenmorangie wurde in eine andere Faßart umgefüllt und darin weitere neun bis zwölf Monate nachgereift. Der Destillerieleiter legte eine umfangreiche Reihe auf, darunter Port Wood Finish, Madeira Wood Finish, Burgundy Wood Finish und Sherry Wood Finish. Die letzte Faßart begegnet in Schottland häufig, da eine Reihe von Destillerien ihren Whisky gerne in Sherryfässern lagern, die sie aus Spanien importieren. 2007 beschloß LVMH jedoch, sich auf eine geringere Zahl von Abfüllungen zu konzentrieren. Die Bezeichnung *wood finish* wurde aufgegeben, und jede Version erhielt ihren eignen Namen.

Glenmorangies Experimente lösten eine Revolution aus. Heute gibt es von fast jeder Destillerie einen oder mehrere Whiskys, die in unterschiedlichen Fässern nachgereift werden. Dieser Lasanta hat einige Zeit in einem Sherryfaß verbracht, aber es gibt eine Menge anderer Optionen. Manche von ihnen führen zu sehr guten Ergebnissen, andere zu weniger guten. Glenmorangie erzielt hier eine interessante Variation des Grundthemas; eine Geschmacksschicht kommt hinzu, ohne daß das ursprüngliche Profil der Destillerie überdeckt wird. **HO**

Verkostungsnotizen

Zeigt die Aromen von reifen Früchten und Crème brûlée des Glenmorangie The Original, außerdem Rosinen. Man spürt auch gebutterten Toast und Pflaumenmus mit Vanille, die gesalzenen Walnüssen und einem trocken werdenden Abgang weichen.

Glenmorangie The Nectar d'Or

Glenmorangie Co. (LVMH) | www.glenmorangie.com

Herstellungsregion und -land Highlands, Schottland
Destillerie Glenmorangie, Tain, Ross-shire
Alkoholgehalt 46 Vol.-%
Whiskytyp Single Malt

Wenn man als französisches Unternehmen Eigner einer Destillerie in Schottland ist, die vorzüglichen, zehn Jahre in amerikanischer Eiche gelagerten Whisky herstellt, mag es naheliegend sein, diesem Whisky noch eine Nachreifung in Fässern aus der eigenen Heimat zu gönnen. Der Whiskykreateur bei Glenmorangie hat sich vielleicht gedacht: „Warum eigentlich nicht? Was kommt als Nächstes? So viele Weinfässer, so wenig Zeit." Irgendwo muß man anfangen, wichtig ist dabei nur, den Grundgeschmack des Whiskys unverändert zu lassen.

Der erste Blick wurde dann wohl auf die Süßweine gerichtet. Hier stellt sich also ein süßer französischer Verwandter im Glenmorangie-Sortiment vor. Der Nectar d'Or wird in Sauternesfässern nachgereift. Sauternes ist ein Weißwein aus der gleichnamigen Stadt im Bordeaux; der bekannteste Vertreter stammt vom Château d'Yquem. Der Sauternes ist ein sehr süßer Wein, der vor allem zum Dessert genossen wird.

Die Sauternesfässer haben den Glenmorangie Nectar d'Or zu einem wunderbaren Digestiv gemacht. Er eignet sich aber zugleich auch hervorragend als Getränk vor dem Essen, um den Appetit anzuregen. So oder so sollte man diese französisch angehauchte Variante in seinem Glas willkommen heißen, sich Zeit nehmen, um ihn darin zu schwenken, ihn gegen das Licht halten, um seine schöne Farbe zu bewundern, die subtilen Aromen aufnehmen. Dann kann man den fast sirupähnlichen Whisky kosten, seinen vollen Körper genießen, schlucken und sich an seinem ruhigen Abgang erfreuen. Danach weiß man dann, warum LVMH dies als den „goldenen Göttertrank" bezeichnet. **HO**

Verkostungsnotizen

Blumige Aromen – Jasmin und Maiglöckchen – mischen sich mit Obstsalat mit Limetten-Honig-Dressing und gehen dann in Nougat, Sahnekaramell und zartbittere Schokolade über. Gut erzogen und glatt, mit einem süßen Vanilleabgang. Als Digestiv geeignet.

Glenmorangie The Original

Glenmorangie Co. (LVMH) | www.glenmorangie.com

Herstellungsregion und -land Highlands, Schottland
Destillerie Glenmorangie, Tain, Ross-shire
Alkoholgehalt 40 Vol.-%
Whiskytyp Single Malt

Wie original kann ein Original sein? Um ehrlich zu sein, gibt es diesen Whisky als Single Malt schon eine geraume Weile. Der Legende nach gab es schon 1705 an diesem Standort eine illegale Brennerei, aber erst 1843 erhielt ein gewisser William Matheson die Betriebserlaubnis für eine Hofdestillerie mit dem Namen Morangie. Mit Hilfe seines Bruders baute Matheson eine neue Destillerie und beschloß, die Welt zu erobern.

Der Ehrgeiz zahlte sich aus: Im Jahr 1880 bekam man Glenmorangie schon im kalifornischen San Francisco. Dreizehn Jahre später wurde die Destillerie übernommen. Die neuen Besitzer Macdonald and Muir kauften auch Glen Moray (1920), Ardbeg (1997) und die Scotch Malt Whisky Society (2004). So ergab sich ein kleines, aber feines Portfolio, das die Aufmerksamkeit von Louis Vuitton Moët Hennessy erregte, die es mit allem Drum und Dran noch im gleichen Jahr erwarben.

2007 gestaltete LVMH die Verpackung vollkommen neu. Die altmodischen Flaschen und Etiketten wurden durch neue Entwürfe ersetzt, die wie eine luxuriöse Kreuzung zwischen Wein- und Cognacflaschen wirken. Treffen hier Schottland und Frankreich in einer Neuauflage der Auld Alliance wieder aufeinander? Schließlich ist LVMH ein französischer Konzern.

Man mag es glauben oder nicht, The Original läßt sich mit Moët & Chandon zu einem phantastischen Champagnercocktail mischen. Das Geheimnis besteht darin, den Champagner nicht zu überwältigen, aber den Glenmorangie durchschimmern zu lassen. Man kann das richtige Verhältnis in Versuchen daheim ermitteln, indem man Whisky in unterschiedlichen Mengen zugibt. **HO**

Verkostungsnotizen

Über dem Herz aus sonnengereiften Passionsfrüchten, weißer Schokolade und Crème brûlée des Whiskys aus Schottlands höchsten Brennblasen schweben leichte Zitrustöne. Ein gerundeter Malt mit vollem Körper und einem glatten Abgang mit etwas Orange und Pfirsich.

Glenmorangie Pride

Glenmorangie Co. (LVMH)
www.glenmorangie.com

Herstellungsregion und -land Highlands, Schottland
Destillerie Glenmorangie, Tain, Ross-shire
Alkoholgehalt 56,7 Vol.-%
Whiskytyp Single Malt

Glenmorangie wurde offiziell 1843 auf einem Gelände über dem Dornoch Firth gegründet, das schon lange wegen seiner illegalen Whiskybrennerei berühmt (oder je nach Standpunkt berüchtigt) gewesen war. Die Destillerie erreichte schon bald ihre Produktionsobergrenze von 75 700 Litern, weshalb man sie 1887 von Grund auf neu errichtete.

1983 war Glenmorangie zum meistgekauften Single Malt in Schottland geworden und hat diesen Platz seitdem fast ununterbrochen gehalten. Derzeit werden etwa 10 Millionen Flaschen im Jahr abgefüllt, von denen mehr als 6 Millionen in Großbritannien verkauft werden.

Ein erfolgreiches Marketing kann zwar zu höheren Verkaufszahlen führen, es besteht aber auch die Gefahr von Gegenreaktionen. So war es bei Glenmorangie, da sich manche Kunden vom Werberummel abschrecken ließen. Allerdings verpassen sie dann etwas, vor allem bei diesem Single Malt, der 1981 aus einem vorhandenen 18jährigen destilliert und weitere zehn Jahre in Sauternesfässern des französischen Château d'Yquem gelagert wurde. Der Whisky hat insofern eine längere Vorbereitung hinter sich als alle anderen Abfüllungen in der Geschichte der Destillerie Glenmorangie. Es ist ein Single Malt von echter Größe. **GL**

Verkostungsnotizen

Das Aroma verbindet Birnenkompott, Biskuitkuchen mit Ananas, Muskatnuß und Anis. Am Gaumen gibt es Zitronen-Vanille-Madeleine und Honigmelone.

Glenmorangie The Quinta Ruban

Glenmorangie Co. (LVMH)
www.glenmorangie.com

Herstellungsregion und -land Highlands, Schottland
Destillerie Glenmorangie, Tain, Ross-shire
Alkoholgehalt 40 Vol.-%
Whiskytyp Single Malt

Für eine weitere Variation über ihr Grundthema Vanille und Crème brûlée wandte sich Glenmorangie nach Portugal. Der Quinta Ruban wird in Portweinfässern nachgereift, die dem Single Malt eine rötliche Färbung und weinähnlichen Charakter geben. Er ist ein guter Begleiter zu einer Käseauswahl nach einem üppigen Essen und eine exzellente Alternative zu einem alten Port.

Das Aufspriten von Weinen wird schon seit einigen Jahrhunderten durchgeführt, nachdem Winzer und Alkoholbrenner festgestellt hatten, daß Wein mit höherem Alkoholgehalt nicht so schnell sauer wird wie einfacher Wein. Der Portwein (nach der Stadt Oporto benannt) war der erste Wein, der eine *appellation d'origine contrôlée* (AOC, kontrollierte Herkunftsbezeichnung) erhielt, als zweite folgte die für Champagner.

Whisky in unterschiedlichen Faßarten reifen zu lassen, ist ebenfalls keine neue Errungenschaft. Jahrhundertelang benutzten die Destillerien jede Faßart, die zur Hand war: Portwein-, Sherry-, ja sogar Rum- oder Cognacfässer wurden verwendet.

Glenmorangies Faßmanagement steht unter der Leitung von Bill Lumsden, der angeblich gesagt haben soll: „Notfalls gehen wir bis zur Eichel zurück." Das Ergebnis lohnt wiederholte Überprüfungen. **HO**

Verkostungsnotizen

Die Aromen von Schokokirschen und Portwein gehen zu Karamell und in einen schönen Abgang über. So lassen sich auch Weintrinker in die Whiskywelt locken!

Glenmorangie Signet

Glenmorangie Co. (LVMH)
www.glenmorangie.com

Herstellungsregion und -land Highlands, Schottland
Destillerie Glenmorangie, Tain, Ross-shire
Alkoholgehalt 46 Vol.-%
Whiskytyp Single Malt

Auf einem Feld in der Nähe der Destillerie von Glenmorangie steht die Replik eines piktischen Steinmonuments aus dem neunten Jahrhundert, das als Hilton of Cadboll Stone bekannt ist. Die Pikten waren zu dieser Zeit die herrschende Zivilisation in Nordschottland. Auf dem Unterteil des Steines befindet sich ein Motiv, das von Glenmorangie als Signet übernommen worden und auf allen offiziellen Abfüllungen zu finden ist. Es ist ein beeindruckendes und unverkennbares Symbol, das bis in Zeiten zurückreicht, in denen die Alkoholdestillation in diesem entlegenen Landstrich vermutlich noch gar nicht bekannt war.

Der Glenmorangie Signet gilt als die Abfüllung des gesamten Sortiments, die mit dem üppigsten Geschmacksbouquet aufwarten kann. Der Whisky besteht aus einer Mischung des ältesten Jahrgangs der Brennerei, der vor mehr als 30 Jahren entstand, und einem jüngeren Destillat, das unterschiedlich lange in speziell ausgewählten Fässern gelagert wurde. Das Malz wurde sanft geröstet, bevor es weiterverarbeitet wurde, und wird deshalb auch als Schokoladengerste bezeichnet. Das Ergebnis ist ein Whisky, der sich vollkommen von anderen Glenmorangies unterscheidet, paradoxerweise aber dennoch ein vollwertiges Familienmitglied ist. **HO**

Verkostungsnotizen

Leicht geröstete Haselnußtöne. Mit Wasser kommen Feige, Rosine, Erdbeerkonfitüre, Zimt, Gewürznelken und Toast zum Vorschein. Komplexer Abgang.

Glenmorangie Sonnalta PX

Glenmorangie Co. (LVMH)
www.glenmorangie.com

Herstellungsregion und -land Highlands, Schottland
Destillerie Glenmorangie, Tain, Ross-shire
Alkoholgehalt 46 Vol.-%
Whiskytyp Single Malt

Der Glenmorangie Sonnalta PX nähert sich noch weiter der Welt des Sherrys. Die spanischen Bodegas produzieren viele unterschiedliche Sherrytypen, die vom leichten und trockenen Fino über Manzanilla, Amontillado, Oloroso und Palo Cortado bis hin zu extrem dunklen und süßen Varianten reichen.

Diese schweren, an Melasse erinnernden Sherrys werden aus Trauben wie der PX (eine Abkürzung für Pedro Ximénes) gekeltert. Während der Glenmorangie Lasanta durch die Nachreifung in Sherryfässern beeinflußt wird, so gewinnt der Sonnalta PX zusätzliche und kräftigere Geschmacknoten durch die Lagerung in Fässern, die zuvor PX enthielten. *Sonnalta* ist Gälisch und bedeutet „großzügig", was den Charakter dieses Whiskys sehr genau trifft. Er ist nicht unbedingt besser als der Lasanta, aber sein Geschmack ist üppiger, die PX-Fässer fügen eine zusätzliche Ebene fruchtiger Süße hinzu.

Der Whisky war der erste in der „Private Edition"-Reihe. Die Auflage ist limitiert und stammt aus Bill Lumsdens „Kuriositätenkabinett". Sherryfässer sind teuer geworden, Scotch lagert zu mehr als 90 Prozent in Bourbonfässern. Manche werden direkt daraus auf Flaschen gezogen, manche kommen vorher noch eine Weile in Sherryfässer – wie der Sonnalta. **HO**

Verkostungsnotizen

Reife Himbeeren, Gewürzkuchen, Ingwer und Eiche. Spuren von Zigarrenschachteln aus Zedernholz. Schön ausgewogen. Sehr fruchtig; langer, würziger Abgang.

The Glenrothes 1998

Berry Bros. & Rudd | www.theglenrothes.com

Herstellungsregion und -land Speyside, Schottland
Destillerie The Glenrothes, Rothes, Morayshire
Alkoholgehalt 43 Vol.-%
Whiskytyp Single Malt

Nach dem Glenrothes 1995 war dies das zweite als Jahrgangswhisky eingelagerte Destillat. Es war ein weiteres Beispiel dafür, warum Whisky immer wieder faszinieren kann, da der 1998 noch vor dem 1995 seine Reife erreichte und 2009 herauskam. Das lag vor allem daran, daß er einen anderen Stil zeigen sollte; der 1998 war als Nachfolger des beliebten Jahrgangs 1991 geplant und sollte ein Single Malt sein, über den man redet, während der 1995 eher ein Generalist ist und deshalb eine längere Lagerung benötigt, die ihm mehr Tiefe gibt.

Der 1998 paßt wunderbar zu Desserts, vor allem zu Crème brûlée und zu Schokoladenmousse. Der Whisky scheint die Süße abzutönen, und viele seiner eigenen Geschmacksnoten werden wiederum verstärkt, so daß sich eine sehr befriedigende Kombination ergibt.

Der Glenrothes wird in Bourbon- wie auch in Sherryfässern gelagert. Das Eichenholz der Fässer ist für bis zu 80 Prozent des Geschmacks verantwortlich; dieses einzigartige Faßmanagement ermöglicht eine sehr breite Streuung unterschiedlicher Geschmacksnoten, aus denen das Passende für jede Abfüllung ausgewählt wird.

Der 1998 stammt unter John Ramsays Nachfolger Gordon Motion. Er sei wie „Carmen Mirandas Tutti-Frutti-Hut in einer Flasche: Tropenfrüchte von Ananas, Mango, süße Banane bis hin zur Kokosnuß und der typischen Vanilleschote von Glenrothes". **MM**

Verkostungsnotizen

In der Nase würzige Vanille mit Zuckerrohrsirup und Zitronengras. Am Gaumen sanft und reif, mit Vanille und Spuren von Zimt. Beeindruckend langer Abgang.

The Glenrothes 1995

Berry Bros. & Rudd | www.theglenrothes.com

Herstellungsregion und -land Speyside, Schottland
Destillerie The Glenrothes, Rothes, Morayshire
Alkoholgehalt 43 Vol.-%
Whiskytyp Single Malt

Der 2011 herausgekommene 1995 war der erste Jahrgangswhisky, den Glenrothes nach einem spezifischen Rezept zusammenstellte. Direktor Ronnie Cox erklärt: „Wir wollten einen weiteren klassischen After-Dinner-Glenrothes, aber wie so oft gab es gewisse Diskrepanzen zwischen Wunsch und Wirklichkeit. Mit anderen Worten, die einzelnen Fässer reifen nie ganz so und zu dem Zeitpunkt, zu dem man es erwartet. Bei bereits für Scotch benutzten Fässern ist es viel schwieriger, das Ergebnis abzuschätzen als bei frischen Fässern, vielleicht waren sie es, die uns bewogen, vom vorgesehenen ‚Entspanner' zu einem vielseitigeren Whisky umzuschwenken."

Fässer zum besten Zeitpunkt auszuwählen und einem vorgegebenen Geschmacksprofil gerecht zu werden, ist ein Aufgabe, die Meisterhand erfordert. Meist wird nur ein Bruchteil der eingelagerten Whiskys verwendet. Bei Glenrothes gelangen schließlich nur drei Prozent der Produktionskapazität in die Jahrgangsabfüllungen.

Für einen Glenrothes ungewöhnlich ist der deutliche Malzgeschmack, der in der Nase fesselnde Aromen freisetzt. Am Gaumen zeigt er zuerst Frische, dann die vertrauteren fruchtigen Noten. Auch durch diese Spritzigkeit gewinnt der Whisky an Komplexität. Man kann ihn entweder vor oder nach dem Essen genießen, der 1995 hat die Frische eines Aperitifs, aber auch die Üppigkeit eines Digestivs. **MM**

Verkostungsnotizen

Crème brûlée in der Nase, mit Zitrus- und Grapefruittönen und etwas weißem Pfeffer und Zedernholz. Am Gaumen üppig und süß, mit Eiche und Butterkaramell.

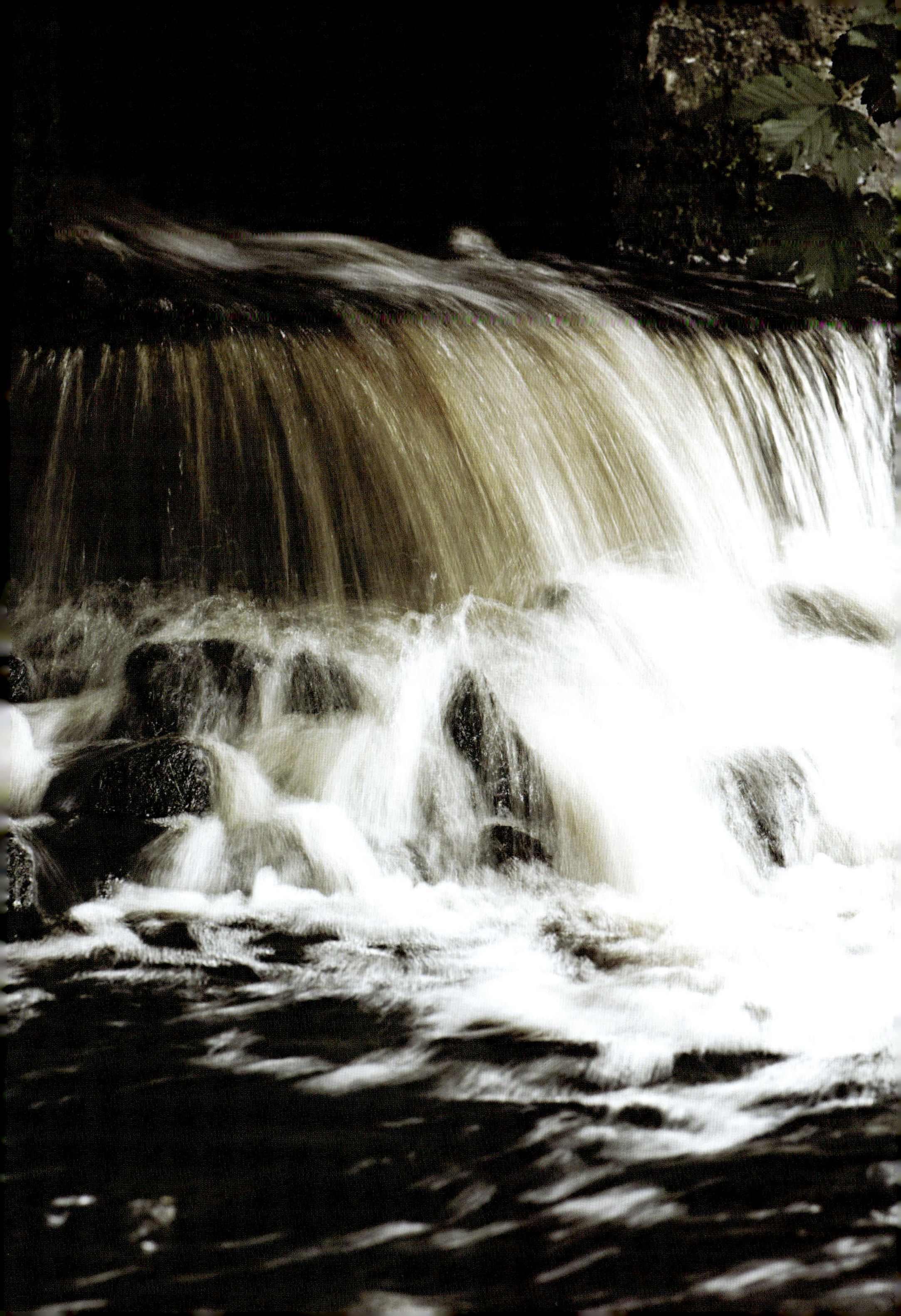

The Glenrothes 1991

Berry Bros. & Rudd | www.theglenrothes.com

Herstellungsregion und -land Speyside, Schottland
Destillerie The Glenrothes, Rothes, Morayshire
Alkoholgehalt 43 Vol.-%
Whiskytyp Single Malt

Ein gutes Gehirntraining besteht darin, sich die vergangenen Jahre anhand ihrer wichtigsten Augenblicke zu vergegenwärtigen. 1991 bliebe dann als das Jahr in Erinnerung, in dem die Sowjetunion zusammenbrach. Alternativ kann man auch die Jahrgänge des Glenrothes memorieren. Als Boris Jelzin sich auf seinen großen Tag vorbereitete, destillierte man in der Speyside das, was der Direktor von Glenrothes, Ronnie Cox, „den Auslöser für intellektuelle Gespräche" nennt.

Der Glenrothes 1991 wurde erstmals 2005 auf Flaschen gezogen, weitere Abfüllungen folgten nach Bedarf. Inzwischen ist er nur im Duty-Free-Handel erhältlich. Wie alle Jahrgangswhiskys von Glenrothes werden die Grundwhiskys ausgewählt und gemischt, um dann in „neutrale" Fässer (die den Geschmack nicht weiter verändern) gefüllt zu werden. Diesen Vorgang, der als *marrying* (Vermählen) bezeichnet wird, findet man nur noch bei wenigen Destillerien. Er sorgt für Ausgewogenheit und geringe Variationen von Flasche zu Flasche. Der 1991 reift zuerst zu 40 Prozent in frischen Sherryfässern aus amerikanischer Eiche, die restlichen Fässer waren schon zuvor mit Scotch befüllt.

Die Aromen und Geschmacksnuancen kommen natürlich am besten pur zur Geltung. Bei Zugabe von etwas Wasser entfalten sich jedoch Heerscharen von verführerischen Noten. Am bemerkenswertesten ist vielleicht der Einfluß der wiederbefüllten Sherryfässer. Die vorherrschenden Vanille- und Butterkaramelltöne werden vor allem vom amerikanischen Holz geprägt, aber die typischen Glenrothes-Noten unterliegen viel stärker dem Einfluß der spanischen Eiche. **GS**

Verkostungsnotizen

In der Nase zeigen sich Vanille- und Zitrustöne, dann etwas Karamell mit Dörraprikosen. Crêpe Suzette? Der Geschmack ist üppig, aber nicht zu sehr, süß, zäh, mit Melone und Ingwer. Das Ende ist voller Charakter und elegant würzig – wie ein Roman von Alison Lurie.

The Glenrothes 1985

Berry Bros. & Rudd | www.theglenrothes.com

Herstellungsregion und -land Speyside, Schottland
Destillerie The Glenrothes, Rothes, Morayshire
Alkoholgehalt 43 Vol.-%
Whiskytyp Single Malt

Das Comeback dieser Glenrothes-Version war, wie das von Elvis, sehr erfolgreich. Es war der zweite Jahrgangswhisky der Brennerei und kam 1997 auf den Markt. Die Fässer hatte man schon festgelegt, aber sie waren noch nicht alle reif für die Abfüllung. Die erste Ausgabe belief sich auf 10 646 Kisten.

In der Nase wirkte die erste Ausgabe wie eine Weihnachtsleckerei mit Sherry und Nüssen. Sie wies auch eine gewisse Fleischigkeit auf, die man sonst bei Glenrothes nicht findet. Am Gaumen zeigten jedoch die Gewürz- und Marmeladentöne, auf die ein trockener, scharfer Abgang (wieder mit Nüssen) folgte, daß es sich um einen echten Glenrothes handelte.

Als nach acht Jahren die zweite Ausgabe erschien, erforderte die zusätzliche Reifezeit neue Verkostungsnotizen und ein neues Abnahmedatum. Der Glenrothes-Direktor Ronnie Cox erklärt: „Alle Etiketten von Glenrothes geben an, wann das Destillat vor der Abfüllung in Fässer kontrolliert wurde (*Checked*) und wann die Zusammenstellung abgenommen wurde (*Approved*). Obwohl die Muttergesellschaft Edrington Group für das Destillieren und die Faßbeschaffung verantwortlich ist, legt der Markeneigner Berry Bros. & Rudd Ltd. anfänglich den angestrebten Stil fest und muß am Schluß auch die Abnahme bestätigen."

Die zweite Ausgabe war mit nur 4846 Kisten kleiner und erntete eine Handvoll von Preisen, darunter auch Best in Class bei der International Wine & Spirit Competition. Der 1985er Jahrgang paßt perfekt zu Musik wie „Stolen Moments" von Oliver Nelson oder „The Moontrane" von Larry Young. **MM**

Verkostungsnotizen

Zweite Ausgabe: Apfelstrudel – Zimt, Apfel und Teig. Dann blumig und ledrig, Eiche mit einem Hauch Bergamotte. Herrliche Balance von süß und holzig. Fast explosive Würze, nussig-trocken, spektakuläres Mundgefühl und beeindruckende Geschmacksentwicklung.

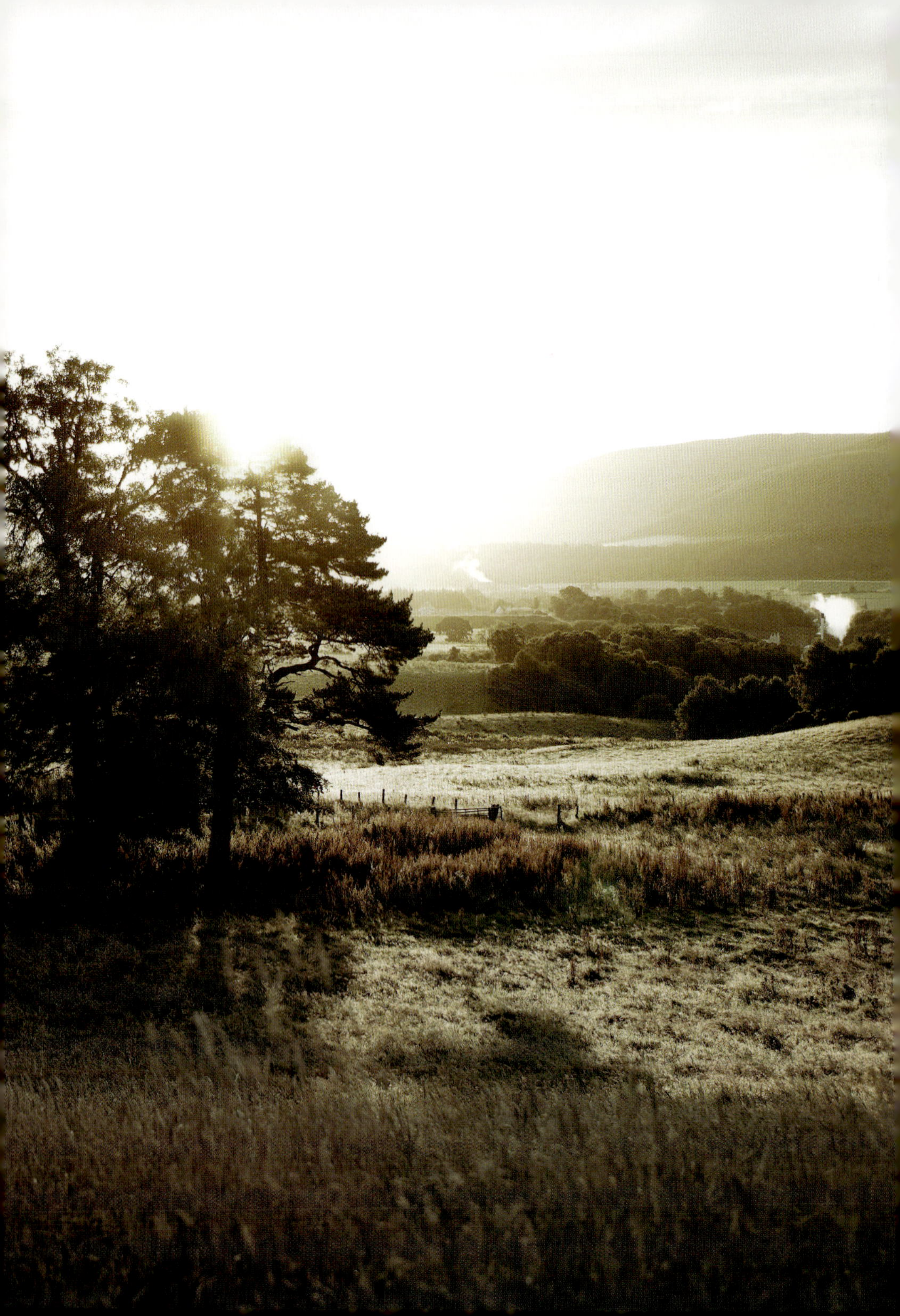

The Glenrothes 1979

Berry Bros. & Rudd | www.theglenrothes.com

Herstellungsregion und -land Speyside, Schottland
Destillerie The Glenrothes, Rothes, Morayshire
Alkoholgehalt 43 Vol.-%
Whiskytyp Single Malt

Die Verkostung des 1979er Glenrothes könnte zu einer Offenbarung werden. Der erste Jahrgangswhisky, den Berry Bros. & Rudd im Jahr 1995 herausgaben, entstand, weil ein kleiner Vorrat an hervorragendem Whisky (nur 3800 Kisten) zur Verfügung stand und man sich einig war, mit einem Portfolio aus nichts als Jahrgangswhiskys die wahre Beschaffenheit des Scotch widerspiegeln zu können. Ronnie Cox, der Direktor von Glenrothes sagt dazu: „Wir können selten, falls überhaupt, zwei vollkommen gleiche Chargen eines neuen Destillats brennen. Verschiedene Fässer liefern immer etwas unterschiedliche Geschmacksnuancen. Jeder Jahrgang sollte den Stil der Destillerie zeigen, aber seine eigene Persönlichkeit haben. Wir hatten also die Möglichkeit, für jede Gelegenheit und Stimmung den passenden Whisky zu schaffen; manche Jahrgänge würden herbstlich ausfallen, andere frühlingshaft."

Dieser Whisky wurde in dem Jahr gebrannt, in dem bei Glenrothes neue Brennblasen aufgestellt wurden. Anscheinend wurden durch den Bau des neuen Gebäudes Ley-Linien gestört, was dazu führte, daß das ortsbekannte und beliebte Original Biawa (Byeway) Makalunga in der Destillerie auftauchte. Der Mitarbeiter, der ihn sah, war etwas überrascht, da Byeway 1972 gestorben und auf dem Friedhof von Rothes begraben worden war, der direkt gegenüber der Brennerei liegt. Seitdem trinkt man regelmäßig auf das Wohl des Geistes.

Der 1979 diente als Vorlage für die folgenden Ausgaben aus den 70er Jahren. Die Sherryfässer, in denen 25 Prozent von ihm heranreiften, sind dem üppigen, komplexen Whisky deutlich anzumerken. Heute ist er selten, falls man ihn verkosten kann, sollte man dies tun. **MM**

Verkostungsnotizen

Sehr deutlicher Sherryeinfluß in der Nase. Reif und saftig, mit einem Hauch Orangenschale – und Moos. Auch Weingummi und Vanille sind zu spüren. Die Süße am Gaumen entwickelt sich zu Würzigkeit. Der Abgang wird langsam trocken, was süchtig machen kann.

Die Ardcanny Farm, von der die Destillerie das Quellwasser bekommt.

The Glenrothes 1978

Berry Bros. & Rudd | www.theglenrothes.com

Herstellungsregion und -land Speyside, Schottland
Destillerie The Glenrothes, Rothes, Morayshire
Alkoholgehalt 43 Vol.-%
Whiskytyp Single Malt

Der Jahrgang 1978 erschien ungewöhnlicherweise in zwei Ausgaben. Man hatte Fässer für den Whisky ausgewählt – 40 Prozent frische Sherryfässer aus amerikanischer und europäischer Eiche –, aber bei der ersten Ausgabe 1999 hielt man sie nicht alle für ausgereift genug. Die 510 Kisten dieser ersten Ausgabe waren schnell ausverkauft. Als 2008 die zweite Ausgabe mit 863 Kisten auf den Markt kam, war der Whisky für zwei Jahre in andere Fässer umgefüllt worden.

Der Glenrothes 1978 ist die letzte Abfüllung aus den 1970er Jahren und so üppig und komplex, wie man es sich nur wünschen kann. Zu den Talenten des Brennmeisters John Ramsay gehörte auch die Fähigkeit, Whiskys mit faszinierenden Kontrasten zu schaffen; der 1978 ist zugleich saftig und trocken, süß und würzig, und dennoch ist alles perfekt ausgewogen. Balance der Meisterklasse: die Trockenheit ist nicht zu gerbsäurelastig, die Süße nie klebrig. Es verwundert kaum, daß der Whisky 2008 bei den World Whisky Awards als „Best Speyside Malt" ausgezeichnet wurde.

Irgendwie gelingt es dem Destilleriedirektor Ronnie Cox, hinten in seinem Getränkeschrank eine Flasche „vor Mißhandlung geschützt" aufzubewahren. Die eiserne Selbstbeherrschung des Mannes ist zu bewundern! **MM**

Verkostungsnotizen

Zweite Ausgabe: Natürlich mehr Eiche als im Vorgänger, auch mehr Sahnekaramell und weniger Sherry. Würziger und viel Frucht. Abgang mit Ingwer und Aprikose.

The Glenrothes 1974

Berry Bros. & Rudd | www.theglenrothes.com

Herstellungsregion und -land Speyside, Schottland
Destillerie The Glenrothes, Rothes, Morayshire
Alkoholgehalt 43 Vol.-%
Whiskytyp Single Malt

Der 1974 wurde 2003 exklusiv für die wachsende Gemeinde kenntnisreicher Single-Malt-Anhänger in den USA abgefüllt. Es ist einer der am schwierigsten zu erhaltenden Jahrgangswhiskys von Glenrothes. Die Menge eines jeden Jahrgangswhiskys ist naturgemäß begrenzt, weshalb die Destillerie nach dieser Ausgabe den Kurs wechselte und den Select Reserve schuf.

Jahrgangswhiskys gehen unweigerlich irgendwann zur Neige. Sie sind nicht zu ersetzen, und da jede Jahrgangsausgabe bei Glenrothes auf maximal zwei Prozent des Jahresausstoßes begrenzt ist, sind die Flaschen begehrte Sammlerobjekte und schwer zu erhalten. Das gilt insbesondere für diesen Jahrgang mit nur 1582 Kisten.

Dieser typisch distinguierte Glenrothes benötigt etwas Zeit, um sich von seiner besten Seite zu zeigen. Die Belohnung für einige Minuten Spannung ist dann groß, aber nicht überraschend: ein tiefer, robuster Whisky mit Eiche, schwarzem Pfeffer und braunem Zucker. Der 1974 hat vielleicht die sanfteste Textur aller Glenrothes-Abfüllungen. Es war nicht möglich, die Faßauswahl für die Lagerung zu ermitteln, aber gemischt wurde auf jeden Fall in Sherryfässern. Die Zeitschrift *Wine Enthusiast* schrieb über ihn: „Der beste Malt, den Glenrothes je auf den Markt gebracht hat. Zwei [Flaschen] kaufen!" **MM**

Verkostungsnotizen

In der Nase Zitrus- und Vanillenoten, zudem komplexe Kräuter. Zitronencreme mit Sahnesoße. Zögernder voller Abgang mit Sherry und Kakao.

The Glenrothes 1972

Berry Bros. & Rudd | www.theglenrothes.com

Herstellungsregion und -land Speyside, Schottland
Destillerie The Glenrothes, Rothes, Morayshire
Alkoholgehalt 43 Vol.-%
Whiskytyp Single Malt

Vielleicht der insgesamt beste Glenrothes. Von diesem Jahrgang, dem zweiten der 1970er Jahre, gab es 1989 Kisten, die das Vakuum füllen sollten, das der kurzlebige 1979er hinterlassen hatte. Es ist der Archetypus des „After-Dinner Whiskytyps" von Glenrothes; in der Nase Marmelade und dann die Aromen eines Oldtimer-Automobils – Leder und poliertes Holz –, ein voller Körper und cremiges Mundgefühl, dann ein langer, würzig-süßer Abgang. Die Faßzusammensetzung bestand zu 60 Prozent aus frischen spanischen Sherryfässern, der Rest war bereits für Scotch verwendet worden.

Solche verehrungswürdige Malts mit Wasser zu konfrontieren, kann gefährlich sein: Sie schwimmen nur selten gut. Alkohol verbindet sich bereits während der Lagerung mit Wasser zur „Tröpfchen", die größer werden, je länger die Lagerung dauert.

Die tiefrote Farbe des 1972 ist genauso beeindruckend wie seine Viskosität. In der Nase zeigen sich die typischen Aromen der Destillerie, die an Fruchtgummi erinnern. Ältere Glenrothes wie dieser benötigen etwas Zeit, um sich zu öffnen. Dann zeigt er eine Mischung süßer und herzhafter Töne, die zu einem mächtigen Abgang überleiten. Ein vernünftiges Glas davon paßt perfekt zu Duke Ellingtons „Money Jungle". **MM**

Verkostungsnotizen

Waffeln mit Vanilleeiscreme und pürierten Mangos in der Nase. Am Gaumen riesig, tropisch – wieder Mango, mit Lakritze und reichlich Holz.

The Glenrothes Alba Reserve

Berry Bros. & Rudd | www.theglenrothes.com

Herstellungsregion und -land Speyside, Schottland
Destillerie The Glenrothes, Rothes, Morayshire
Alkoholgehalt 40 Vol.-%
Whiskytyp Single Malt

Dies ist ein besonderer Whisky, nicht zuletzt weil er sich offiziell als koscher bezeichnen darf. Er kam 2009 als Reaktion auf die Nachfrage orthodoxer amerikanischer Juden nach einem solchen Whisky heraus.

Die Whiskys von Glenrothes werden zum Teil in spanischen Eichenfässern gelagert, zum Teil in amerikanischen und zum Teil in beiden. Durch dieses Faßmanagement hat die Destillerie eine große Auswahl an Geschmacksrichtungen, um unterschiedliche Abfüllungen zu kreieren.

Auch wenn der Bestanteil von Sherry im Glenrothes Select Reserve weniger als 1250 Teile auf eine Million beträgt, so betrachten orthodoxe Juden Sherry doch als unkoscher. Der frühere Brennmeister John Ramsay wurde gebeten, eine neue Variante zu entwickeln, die diese Vorgaben erfüllte und zugleich dem allgemeinen Markt einen neuen Glenrothes bieten würde. Also zog er nur mehrmals befüllte Bourbonfässer heran. Kurios: *Alba* ist das gälische Wort für Schottland.

Der Alba Reserve wurde von Rabbi Padwa vom Londoner Beth Din (Rabbinatsgericht) im März 2009 als koscher bestätigt. Ein entsprechendes Siegel ist auf dem Rückenetikett der Flasche zu sehen. Der elegante Stil des Whiskys stieß allgemein auf große Anerkennung. **MM**

Verkostungsnotizen

In der Nase Kokosnuß und Vanille, dann Mandeln, Gewürznelken und Rosen. Am Gaumen sanft, mit Crème brûlée und Beeren. Mittellanger, süßer Abgang.

The Glenrothes John Ramsay

Berry Bros. & Rudd | www.theglenrothes.com

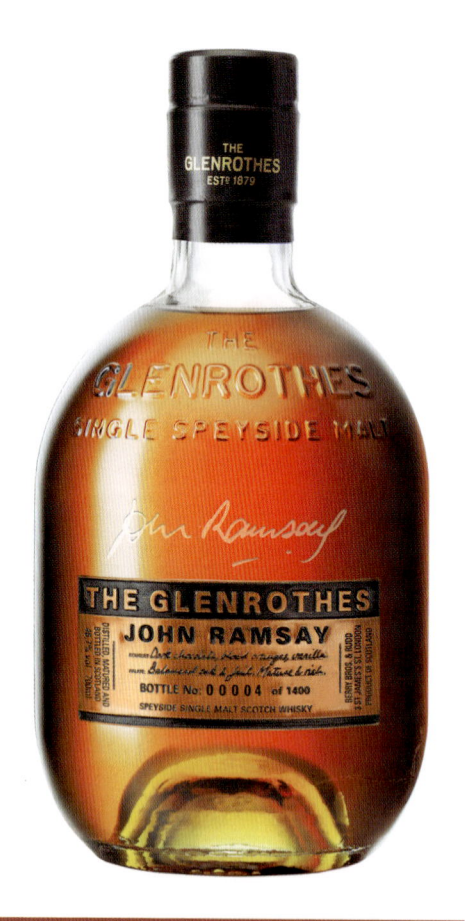

Herstellungsregion und -land Speyside, Schottland
Destillerie The Glenrothes, Rothes, Morayshire
Alkoholgehalt 46,7 Vol.-%
Whiskytyp Single Malt

John Ramsay war der Masterblender der Edrington Group. Er trug nicht nur die Endverantwortung für jede Flasche Famous Grouse und Cutty Sark, er war auch stark am Geschehen bei Macallan und Highland Park beteiligt. Für Glenrothes hatte John Ramsay jedoch immer besonders viel übrig, da er unmittelbar an der Entstehung und dem späteren Erfolg der Marke mitgewirkt hatte. Er zeichnete für ihren allerersten Jahrgangswhisky verantwortlich und nach 2004 war seine Unterschrift auf dem Etikett jeder Flasche zu lesen. Ramsay begann 1966 in der Whiskyherstellung zu arbeiten, und als er verkündete, nach mehr als 40 Jahren seinen Laborkittel an den Haken hängen zu wollen, bat man ihn, zum Abschied noch eine letzte Abfüllung seines liebsten Single Malts zu kreieren.

Ramsay bekam die freie Auswahl unter den Vorräten der Destillerie. Er entschied sich für einzelne Fässer aus den Jahren 1973, 1978, 1979, 1982, 1985, 1986 und 1987, die er vermählte. Im Laufe von sechs Monaten besuchte er seinen Whisky immer wieder, um ihm Wasser zuzufügen und so die Notwendigkeit der Kaltfiltrierung zu umgehen. Das Ergebnis wurde mit 46,7 Volumenprozent Alkohol abgefüllt und strotzt geradezu von Aromen dunkler Schokolade, Blutorangen, Vanille, Tigerlilien und grünem Tee. Die reife Üppigkeit des 2009 herausgekommenen Whiskys bezaubert den Gaumen mit der typisch cremigen Textur des Glenrothes, bevor es zum schwelgerischen und sinnlichen Abgang kommt.

Der John Ramsay von Glenrothes ist genau so, wie ein Gedenkstück sein sollte. Ramsay war ein ruhiger Mann, der seinen Whisky für sich sprechen ließ. Dies ist seine eloquenteste Abfüllung. **MM**

Verkostungsnotizen

Zeigt in der Nase Blutorangen; die typischen Vanillenoten werden durch leichte Würze aufgewogen Am Gaumen beispielhaft ausbalancierte Eiche und Frucht; vielschichtige Komplexität von frischer Mango bis zu Apfelkompott. Eleganter, gut entwickelter Abgang.

The Glenrothes Select Reserve

Berry Bros. & Rudd | www.theglenrothes.com

Herstellungsregion und -land Speyside, Schottland
Destillerie The Glenrothes, Rothes, Morayshire
Alkoholgehalt 40 Vol.-% (USA); 43 Vol.-% (Rest der Welt)
Whiskytyp Single Malt

Der Glenrothes Select Reserve kam 2005 auf den Markt und sollte den Hausstil im Rahmen eines Sortiments verkörpern, das bis dahin nur Jahrgangswhiskys enthalten hatte. Er sollte der einzige Whisky des Hauses sein, der jahraus, jahrein unverändert blieb. Die Marke wurde gewissermaßen von hinten aufgezäumt: Zuerst kamen limitierte Jahrgangswhiskys, erst Jahre später eine Abfüllung, die man als Markenkern sehen könnte.

Der Direktor Ronnie Cox eklärt: „Die Vorgaben entwickelten sich aus der Geschichte der 300jährigen Zusammenarbeit von Berry Bros. & Rudd's mit den besten Londoner Weinhändlern. Die Inspiration für den Select Reserve kam vom Grande-Cuvée-Champagner der Marke Krug. Krug war es gelungen, seinen Jahrgangschampagnern mit ausgeprägten unterschiedlichen Charakteren eine gleichbleibende Abfüllung an die Seite zu stellen."

Select Reserve ist ein Whisky, den man gleichermaßen gut vor und nach dem Abendessen genießen kann, er hat ebensoviele erhebende und erfrischende Aromen wie beruhigende und ausgleichende Geschmacksnuancen. Man könnte ihn als Verkörperung der Glenrothes-Philosophie bezeichnen: Reife ist wichtiger als Alter. Als er auf den Markt kam, wirkte das kühn, da die meisten Single Malts mit Altersangabe verkauft wurden. Unabhängig vom Alter der Grundwhiskys liefert er jedoch den gleichbleibenden Geschmack von Glenrothes. Er wird nicht künstlich gefärbt und nur behutsam filtriert, um möglichst viel des Geschmacks zu erhalten. Gut zu den reinen Tönen von Miles Davis zu trinken, etwa in „Freddie Freeloader" oder „Summertime". **MM**

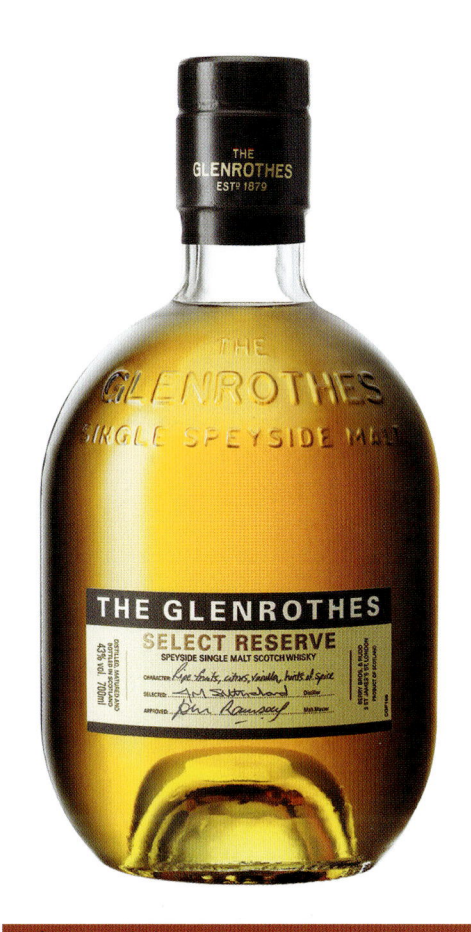

Verkostungsnotizen

Saftige Pflaume, Orangenzesten, Brioche und Calvados in der Nase. Am Gaumen cremige Vanille, dann Obstschalen und Nußmischung. Frisch, aber mit guter Tiefe der Geschmacksnuancen. Der Abgang ist leicht würzig – mit Nüssen und Orangen.

Glenturret
10-Year-Old

Edrington Group
www.thefamousgrouseexperience.com

Herstellungsregion und -land Highlands, Schottland
Destillerie Glenturret, Crieff, Perthshire
Alkoholgehalt 40 Vol.-%
Whiskytyp Single Malt

Mehr als 90 Prozent des gesamten verkauften Whiskys entfallen immer noch auf Blended Scotch. Whiskyliebhaber, die in Schottland unterwegs sind, werden deshalb eher die Heimstätten von Johnnie Walker, Ballantine's, Dewar's oder Teacher's aufsuchen als eine bestimmte Destillerie. Edrington, den Eignern der Marke Famous Grouse, ist das vollkommen klar, sie haben deshalb bei der Glenturret-Destillerie in der Nähe von Crieff in Perthshire ein Besucherzentrum namens „The Famous Grouse Experience" eingerichtet, das zu den besten seiner Art zählt. Wenn man sich allerdings mehr für Malt-Whisky interessiert als für Publikumsmagneten und Erlebniswelten, mag einem der Gedanke kommen, die arme alte Glenturret-Brennerei stehe etwas zu sehr im Schatten des Besucherzentrums.

Falls man in der Gegend ist, sollte man sich ruhig eine der ältesten Destillerien Schottlands ansehen. Glenturret ist ein kleine, altmodische Highland-Brennerei, deren Erzeugnis nur selten als Single Malt zu bekommen ist. Es gibt mehrere Brennereien, die behaupten, die älteste Schottlands zu sein, aber Glenturrets Geschichte reicht zweifelsfrei bis ins 18. Jahrhundert zurück. Hier macht man noch Whisky, der die Klagen über nachlassende Qualität Lügen straft. **DR**

Verkostungsnotizen

Deutliche Honignoten und einige ölige, herzhafte Töne. Charmant rustikal. Tannin, Gewürze und grüne Früchte kämpfen um Vorherrschaft, aber es gibt keinen Sieger.

Glenturret
19-Year-Old Malt Cask

Douglas Laing & Co. | www.douglaslaing.com / www.thefamousgrouse.com

Herstellungsregion und -land Highlands, Schottland
Destillerie Glenturret, Crieff, Perthshire
Alkoholgehalt 50 Vol.-%
Whiskytyp Single Malt

Die schottischen Highlands erstrecken sich von der entlegenen, wilden Westküste bis zu kleinen Tälern, die bis auf den Namen eindeutig eher zur Speyside gehören. Es ist schwierig, einen typischen Stil für Highland-Whisky zu definieren, aber häufig wird der Begriff „rustikal" verwendet. Manchmal sind die Whiskys etwas getorft, aber nicht so schwer wie jene von der Insel Islay. Manchmal sind sie, wie bei diesem Beispiel, leicht und spritzig und zeigen etwas Aceton in der Nase. Oft sind es komplexe, aufregende Whiskys, die ab einem Alter von zehn Jahren noch deutlich besser werden.

Die Destillerie von Glenturret steht inzwischen vollkommen im Schatten der Famous Grouse Experience, die ihre Besitzer nebenan errichtet haben. Glenturret ist aber auch einer der wichtigsten Grundwhiskys des Famous Grouse, was einen dazu verleiten könnte, ihn für nicht besonders beachtenswert zu halten. Wie eine schüchterne kleine Schwester hat sich diese 19jährige Abfüllung jedoch aus dem Schatten gelöst und zeigt ihren eigenen Charakter. Das Faß hat eine perfekte Reifung ermöglicht, ohne das Destillat zu überwältigen oder die regionalen Eigenheiten zu verwischen. Wenn man eine gute Einführung in die typischen Merkmale eines Highland-Whiskys sucht, findet man sie hier. **AN**

Verkostungsnotizen

Für einen Whisky seines Alters von sehr blasser, strohgelber Farbe. Die Nase ist ebenfalls leicht, mit Tropenfrüchten und etwas Aceton. Im Mund explosiv spritzig.

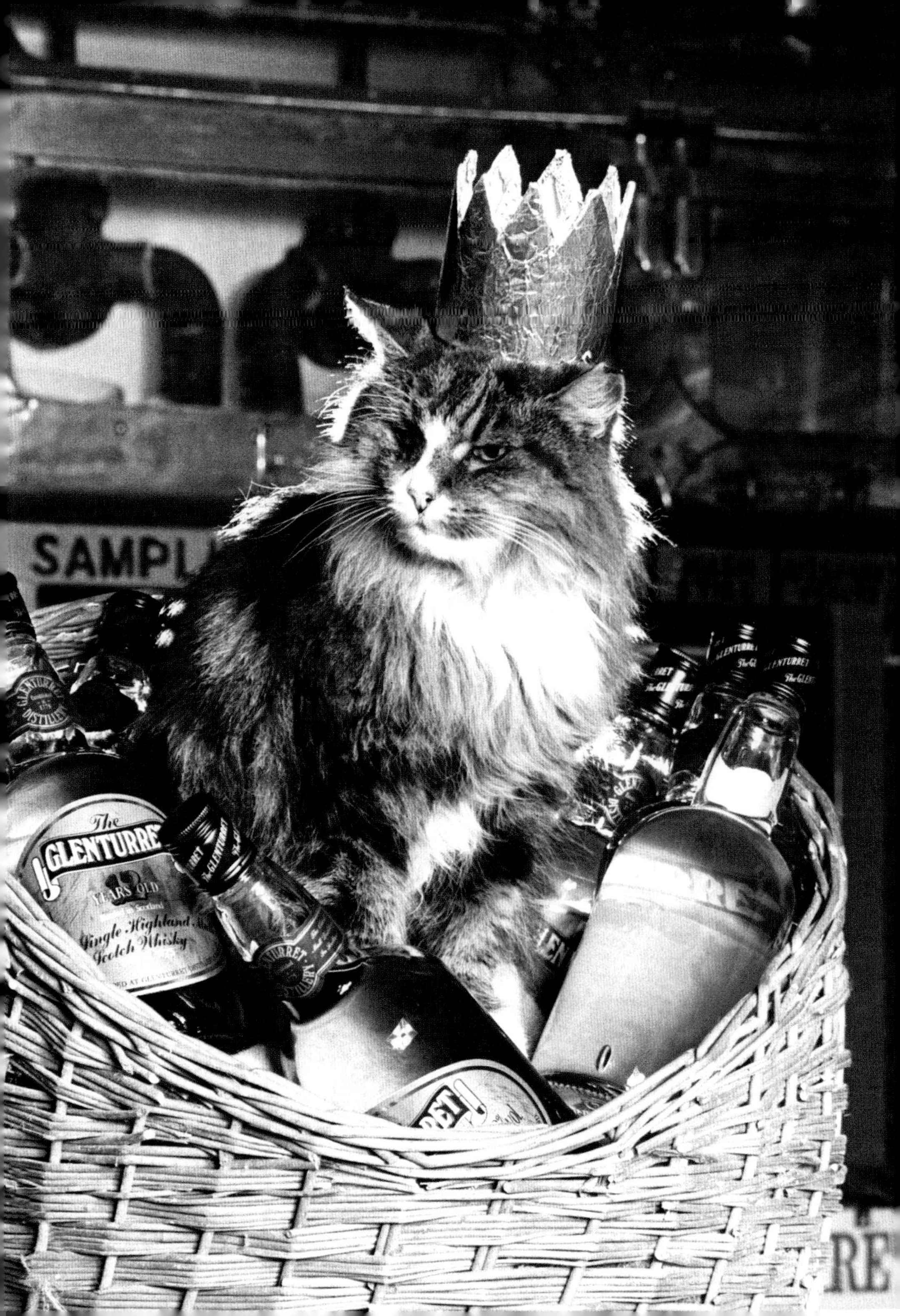

Grand Macnish

MacDuff International | www.macduffint.co.uk

Herstellungsregion und -land Schottland
Destillerien Verschiedene
Alkoholgehalt 40 Vol.-%
Whiskytyp Blend

Das Brennen von Whisky ist ein Handwerk. Das Verschneiden von Whisky wird dagegen als Kunst betrachtet. Die meisten Blends, wie wir sie heute kennen, bestehen aus vielen Single-Malt-Whiskys und ein oder zwei Grain-Whiskys. Single Malts werden aus Gerstenmalz hergestellt, Getreidewhiskys aus Mais oder Weizen.

Wie Lauder's ist auch Grand Macnish eine berühmte alte Marke, die von MacDuff International erworben wurde. Im ursprünglichen Rezept für den Grand Macnish waren mehr als 40 Single Malts vorgesehen. Es stammte von Robert Macnish, der 1863 das Lebensmittelgeschäft seines Vaters in Glasgow erbte und beschloß, sich allein auf das Verschneiden und den Verkauf von Whiskys zu konzentrieren. Nachdem er seine neue Mischung sorgfältig zusammengestellt hatte, lud er einige Freunde zu einer Verkostung ein. Sie fanden den Whisky *„grand"* und er übernahm die Bezeichnung für seinen Grand Macnish.

John und George, die Söhne von Robert, vergrößerten die Firma und verlegten den Sitz nach London. Die Engländer hatten von französischem Branntwein zu Blended Whisky wechseln müssen, weil die Rebstöcke in Frankreich von einer Reblausepidemie vernichtet worden waren und es kaum noch Cognac gab. (Die Reblaus war in den 1850er Jahren versehentlich auf einem amerikanischen Rebstock nach Europa gebracht worden.)

Viele Whiskymarken sind gekommen und gegangen. Nur die starken und die berühmten scheinen zu überleben. Der Macnish ist vielleicht nicht der bekannteste unter ihnen, aber er hat sich auf jeden Fall gehalten, dank der Bemühungen dreier Schotten, die eine Leidenschaft für in Flaschen abgefüllte Geschichte hegen. **HO**

Verkostungsnotizen

Die Nase läßt an Wildblumen denken: Lavendel und Ginster. Aromen von Ingwer und Zitronen-Möbelpolitur ziehen sich über Dosenbirnen, Weingelee, süßes Karamell und Rührkuchen. Glatt, mit einem ruhigen, freundlichen Abgang.

Grant's 12-Year-Old

William Grant & Sons | www.grantswhisky.com

Herstellungsregion und -land Schottland
Destillerien Verschiedene
Alkoholgehalt 40 Vol. %
Whiskytyp Blend

Grant's 12-Year-Old blickt auf mehrfache Namensänderungen zurück. Jahrelang existierte er als die zwölfjährige Variante des Grant's Family Reserve und wurde mit unterschiedlichen Namen in Europa und im Fernen Osten auf den Markt gebracht.

In Großbritannien trug er den Namen der Quelle, aus der die Glenfiddich-Destillerie ihr Wasser bezieht: Robbie Dhu. Das wird nur selten richtig ausgesprochen und läßt auch nicht erkennen, daß der Whisky aus demselben Stall stammt wie der Family Reserve. In nur fünf Jahren ging der Verkauf von 150 000 Kisten auf 20 000 Kisten zurück.

Die Umbenennung zu Grant's 12-Year-Old drehte diesen Trend um, und die Zugehörigkeit zum Sortiment der Blends aus dem Hause Grant wurde durch die Verwendung der dreieckigen Flasche betont, die man auch von Glenfiddich und Familiy Reserve kennt.

Der Grant's 12-Year-Old unterscheidet sich vom Family Reserve und seinen älteren Geschwistern durch das dreimonatige Finishing in Bourbonfässern, die erstmals für Scotch verwendet werden. Zuvor wurden die Grundwhiskys miteinander verschnitten und hatten sechs Monate Zeit, sich in portugiesischen Eichenfässer zu „vermählen". Der 12-Year-Old wurde erstmals 2003 auf diese Weise hergestellt, als er im Rahmen von Grant's „Cask Selection"-Reihe auf den Markt kam.

Ein Sprecher von Grant stellte fest: „Es waren die ersten Premiumblends, die einer Nachreifung unterzogen wurden." Zudem hätten die verwendeten Bourbonfässer „weitere Geschmacksschichten hinzugefügt, die die Kreation eines komplexen Scotchs von außergewöhnlicher Üppigkeit möglich machten". **GS**

Verkostungsnotizen

Die typischen Noten des Family Reserve: süße Vanille und Malz. In der Nase auch schwarze Johannisbeeren und Gewürze. Süß am Gaumen, üppig und voll, das Bourbon-Finishing ist an den Vanille-, Honig- und Gewürznoten zu erkennen. Langer, warmer Abgang.

Grant's 18-Year-Old

William Grant & Sons
www.grantswhisky.com

Herstellungsregion und -land Schottland
Destillerien Verschiedene
Alkoholgehalt 40 Vol.-%
Whiskytyp Blend

Grant's 18-Year-Old wurde in der jetzigen Form 2003 als Mitglied der „Cask Selection"-Reihe vorgestellt, zu der auch der erstmals einem Finishing in Bourbonfässern unterzogene 12-Year-Old gehört. Der 18jährige wird nach dem Verschneiden mehrere Monate in ehemaligen Portweinfässern nachgereift.

Wie die anderen Blends von Grant's wird auch der 18-Year-Old in eine dreieckige Flasche aus Klarglas gefüllt, die 1957 zum ersten Mal verwendet wurde. Ihr wurde nachgesagt, es sei die „erste Scotch-Flasche gewesen, die speziell für die menschliche Hand entworfen wurde". Sie wurde bald durch eine Reihe von Anzeigen bekannt, in der man Sir Compton Mackenzie mit ihr sieht, der den Roman *Das Whiskyschiff* (unter dem Originaltitel *Whisky Galore!* verfilmt) verfaßt hatte.

Wie die anderen Blends von Grant's enthält der 18-Year-Old zu etwa 35 Prozent Malts, vor allem Glenfiddich, Balvenie und Kininvie, aber auch noch etwa 22 andere, darunter etwas Laphroaig, der dem Blend zusätzliches Gewicht und einen Hauch Torfrauch verleiht. Die genaue Zusammensetzung ist ein wohlbehütetes Geheimnis, das hinter Schloß und Riegel in der Firmenzentrale im Strathclyde Business Park in der Nähe von Glasgow aufbewahrt wird. **GS**

Verkostungsnotizen

Üppige, nussige und würzige Nase mit Malz, Torfrauch und etwas Rotwein. Schön komplex. Am Gaumen bietet er würziges Malz, Sherry, Torf, Honig und Vanille.

Grant's 25-Year-Old

William Grant & Sons
www.grantswhisky.com

Herstellungsregion und -land Schottland
Destillerien Verschiedene
Alkoholgehalt 40 Vol.-%
Whiskytyp Blend

Grant's 25-Year-Old kam 2010 heraus. Der Firmenvorsitzende Peter Gordon berichtet: „Grant's 25-Year-Old enthält 25 Whiskys aus allen Regionen Schottlands. Das hervorstechende Element ist der Girvan-Grain-Whisky, das Rückgrat aller unserer Blends."

Zum Rezept des Blends gehört auch eine gewisse Menge des ersten Whiskys, der überhaupt in der Destillerie Girvan eingelagert wurde, nachdem Grant's sie 1964 eröffnet hatten. Hinzu kommen seltene Whiskys aus längst geschlossenen Brennereien. Die Getreidebrennerei Girvan wurde in der bemerkenswert kurzen Zeit von neun Monaten aus dem Boden gestampft, das erste Destillat floß am Weihnachtstag 1963, so wie der erste Brand bei Glenfiddich am Weihnachtstag 1887 geflossen war.

Die numerierten Chargen des Whiskys erhalten nach dem Verschneiden sechs Monate Zeit, sich im Faß zu „vermählen". Bei seiner Vorstellung 2010 wurde der 25-Year-Old mit der Geschichte einer einjährigen Reise beworben, die der Schwiegersohn des Firmengründers 1909/10 nach Asien und Australien unternommen hatte, um Vertriebsfirmen zu finden und Whisky zu verkaufen. Diese abenteuerliche Reise legte den Grundstock der heutigen Weltfirma William Grant & Sons. **GS**

Verkostungsnotizen

Mild und ausgewogen in der Nase; warm, blumig und nach Pfirsich duftend. Am Gaumen Früchte, cremige Gewürze, diskrete Vanille und Eiche. Eichenabgang.

Grant's Cask Editions Ale Cask Finish

William Grant & Sons
www.grantswhisky.com

Herstellungsregion und -land Schottland
Destillerien Verschiedene
Alkoholgehalt 40 Vol.-%
Whiskytyp Blend

2001 stellte William Grant & Sons die ersten verschnittenen Scotch Whiskys vor, die eine Nachreifung erfahren hatten: Grant's Sherry Cask Finish und Grant's Ale Cask Finish. Letzterer ist auch heute noch der einzige Scotch, der in Fässern nachreift, die zuvor Ale enthalten haben.

Ein Sprecher von Grant's erklärt: „Unser Masterblender Brian Kinsman füllt die Fässer mit Edinburgh Ale, das er nach 30 Tagen durch alten Grant's Whisky ersetzt. Der Blend kann dann bis zu vier Monate in den Fässern bleiben und deren einzigartige Crème-brûlée-Textur und seidige Geschmacksnuancen annehmen."

Der Ale Cask Finish war zwar in sich schon innovativ, aber er hob wiederum eine neue Biersorte aus der Taufe. Dougal Sharp war Brauer bei der historischen Caledonian-Brauerei in Edinburgh, als William Grant & Sons begannen, dort Ale-Fässer zu beziehen. Sharp entwickelte speziell dafür eine malzige Biersorte, die sich später als extrem trinkbar erwies, nachdem sie aus den Whiskyfässern entnommen worden war.

So kam dann im in August 2003 in Zusammenarbeit mit William Grant & Sons das Innis & Gunn Oak Aged Beer auf den Markt. Im Jahr 2008 ging dann allerdings durch ein Management-Buyout die Kontrolle der erfolgreichen Marke an die Familie Sharp über. **GS**

Verkostungsnotizen

Getreide, reife Speiseäpfel, ein Hauch Zitrone und eine Spur Hopfen in der Nase. Am Gaumen sanft und weich, cremig, mit Pfirsichen in Sirup und viel süßem Malz.

Grant's Distillery Edition

William Grant & Sons
www.grantswhisky.com

Herstellungsregion und -land Schottland
Destillerien Verschiedene
Alkoholgehalt 50 Vol.-%
Whiskytyp Blend

Dieser wunderbare Blend wird mit der Bezeichnung „100 Proof Strength" vermarktet. *Proof* ist die in den USA (früher auch in Großbritannien) gebräuchliche Einheit für den Alkoholgehalt einer Spirituose. Das amerikanische Maß beträgt die Hälfte des Gehalts in Volumenprozent, 100 Proof entsprechen also 50 Volumenprozent Alkohol.

Grant's kann auf viele Auszeichnungen und Preise für seine Produkte verweisen – schließlich stammt aus diesem Haus auch Glenfiddich, der meistgekaufte Malt der Welt. Es ist aber die Distillery Edition, die einige der begehrtesten Preis eingeheimst hat, darunter im Jahr 2008 auch den vielleicht prestigeträchtigsten überhaupt, die Goldmedaille bei der International Spirits Challenge.

Schon Shakespeare sagt in *Wie es euch gefällt*, daß ein guter Wein kein Aushängeschild braucht, und was für die Weintraube gilt, mag man auch für dieses Getreideerzeugnis in Anspruch nehmen: Sein Ruf ist aufgrund von Mund-zu-Mund-Propaganda größer geworden, als das irgendeine Werbeaktion hätte erreichen können. Die Zusammensetzung ist natürlich geheim, aber der Erfolg der Distillery Edition beruht sicher auf der Tiefe der Aromen und der Intensität des Geschmacks, die sich darauf zurückführen lassen, daß man auf eine Kaltfiltrierung verzichtet hat. **GL**

Verkostungsnotizen

Das Eröffnungsaroma ist eine perfekte Balance von Malz und Vanille. Es wird am Gaumen beibehalten und zieht sich bis in den lange anhaltenden Abgang.

Schottland

Grant's Family Reserve

William Grant & Sons | www.grantswhisky.com

Herstellungsregion und -land Schottland
Distillerien Verschiedene
Alkoholgehalt 40 Vol.-%
Whiskytyp Blend

1898 verschnitt die Firma William Grant & Sons ihren ersten Whisky, ein Dutzend Jahre, nachdem Mitglieder der Familie Grant die Glenfiddich-Destillerie am Rand von Dufftown errichtet hatten. Anfangs liefen die Geschäfte nicht so gut und William Grants Schwiegersohn Charles Gordon mußte 181 Vertreterbesuche machen, bevor er endlich seine erste Kiste Whisky verkauft hatte. Allmählich eroberte sich die Marke jedoch zu Hause und im Ausland eine treue Anhängerschaft, und heute hält sie weltweit nach Johnnie Walker, Ballantine's und J&B den viertgrößten Marktanteil: Der Blend wird in mehr als 180 Ländern angeboten.

Bis in die 1980er Jahre trug der Blend den Namen Grant's Standfast – das Clan-Motto der Grants lautet „Standfast Craigellachie!" –, heute heißt er Grant's Family Reserve. Der ‚neue' Name spiegelt die Tatsache wieder, daß William Grant & Sons stolz darauf sind, immer noch unabhängig und im Familienbesitz zu sein. Peter Gordon, der Ururenkel des Firmengründers, als Firmenleiter und Brian Kinsman als Brennmeister sorgen für die gleichbleibend hohe Qualität des Family Reserve.

Im Herzen des Family Reserve schlagen die Malt Whiskys aus den Grant-Destillerien Glenfiddich, Balvenie und Kininvie. Insgesamt tragen etwa 25 verschiedene Whiskys ihren Teil zum Blend bei. Inzwischen beginnt auch der seit dem Jahr 2007 gebrannte Alisa-Bay-Malt aus der Girvan-Destillerie die ihm zugedachte Rolle zu spielen. Der wichtigste Grain-Whisky des Blends ist der firmeneigene Girvan, von dem die Brenner sagen, er werde „bei niedrigeren Temperaturen vakuumdestilliert, was ein leichteres und feineres Destillat" ergebe." **GS**

Verkostungsnotizen

Malz, sanfte Eiche, weiche Früchte, süßer Sherry und etwas Rauch in der Nase. Festes Mundgefühl mit Vanille, Malz, Mandeln, Rosinen und einem Hauch Torf am Gaumen. Außerordentlich ausgewogen. Karamell, Kakao und Getreide im zögernden, süßen Abgang.

Haig Gold Label

Diageo | www.diageo.com

Herstellungsregion und -land Schottland
Destillerien Verschiedene
Alkoholgehalt 40 Vol.-%
Whiskytyp Blend

1827 meldete der irische Brenner Robert Stein ein Patent auf ein neues Destillationsgerät an, mit dem man kontinuierlich brennen konnte. Es handelte sich nicht um eine Brennblase, wie sie in den schottischen Highlands verwendet wurde, sondern um raffinerieähnliche, säulenartige Destillierapparate. Das Gerät wurde von dem Iren Aeneas Coffey weiterentwickelt und 1830 registriert. Das Patent- oder Coffey-Destillationsgerät ermöglichte ab dieser Zeit die großindustrielle Herstellung von Whisky.

Das kam dem verschnittenen Whisky zugute, und einer der ersten Anwender des Coffeyverfahrens und ersten Hersteller von Blends war John Haig, der 1824 die berühmte Cameron-Bridge-Destillerie eröffnete. Er war ein Cousin von Robert Stein, und eine seiner Verwandten, Margaret Haig, war mit dem berühmten irischen Whiskybrenner John Jameson verheiratet, der die Grundlage für den heutigen Welterfolg des irischen Jameson-Whisky legte. Damit soll nicht gesagt werden, daß John Haig selbst nichts von der Brennerei verstand. Einer seiner Vorfahren, Robert Haig, wurde angeblich 1665 aus der Kirche geworfen, weil er sonntags, am Tag des Herren, Whisky gebrannt hatte.

Haig ist eine Marke, die immens von einer erfolgreichen Werbekampagne profitiert hat. Seit den 1930er Jahren gibt es den Slogan „Don't be vague, ask for Haig." Der Urheber Thomas Henry Egan soll damals eine Kiste Whisky und £25 für den Reim bekommen haben. Heute kostet eine noch geschlossene Flasche aus der damaligen Zeit mehr als 600 Euro. Glücklicherweise ist der Haig Gold Label heute noch erhältlich, und das zu absolut annehmbaren Preisen. **HO**

Verkostungsnotizen

Erregt in der Nase keinen Anstoß, beeindruckt aber auch nicht. Ein leichter, einfach zu trinkender Blend mit etwas Karamellbonbon, süßer Zitrone und Grapefruit am Gaumen, einem würzig-eichigen Kern und wärmendem, sanftem Vanilleabgang.

Hankey Bannister 12-Year-Old Regency

Inver House (International Beverage)
www.hankeybannister.com

Herstellungsregion und -land Schottland
Destillerien Verschiedene
Alkoholgehalt 40 Vol.-%
Whiskytyp Blend

Der 12-Year-Old und die Version ohne Altersangabe sind die beiden Verkaufsschlager der Marke Hankey Bannister. Der jetzige Eigner, Inver House Distillers, kaufte die Marke im gleichen Jahr wie ihre erste Destillerie, Knockdhu, im Jahr 1988. Später kamen vier weitere Brennereien hinzu – Pulteney, Balblair, Balmenach und Speyburn –, und die Malts dieser fünf Destillerien bilden jetzt den Kern des Hankey-Bannister-Blends, der aber auch Whiskys anderer Hersteller enthält.

Man unterteilt die in einem Blend enthaltenen Malts nach ihrer Auswirkung auf den Geschmack oft in drei Kategorien. Die Core- oder Signature-Malts legen den Gesamteindruck fest; Top-Dressing-Malts sind hochwertige Whiskys, die zusätzliche Tiefe und Obertöne geben; Packers (Füller) erhöhen das Volumen des Endprodukts, ohne den Geschmack sonderlich zu verändern. Stuart Harvey, der Verschnittmeister bei Inver House, ist seit 2003 für die Zusammenstellung des Hankey Bannister verantwortlich und kann dafür aus 38 Single Malts auswählen. Für jede Version verwendet er zwölf bis fünfzehn Malts und drei oder vier Grains. Das Verhältnis von Malt zu Grain beträgt bei Hankey Bannisters 30:70, auch bei den älteren. **IR**

Verkostungsnotizen

In der Nase Zitrus-, aber auch Blütennoten: Flieder, Rose und Erika. Süß am Gaumen, aber weniger Honig als die Version ohne Altersangabe. Dafür mehr Gewürze (Chili).

Hankey Bannister 21-Year-Old Partners Reserve

Inver House (International Beverage)
www.hankeybannister.com

Herstellungsregion und -land Schottland
Destillerien Verschiedene
Alkoholgehalt 40 Vol.-%
Whiskytyp Blend

Für Scotch Whisky ist gesetzlich eine mindestens dreijährige Lagerung in Eichenfässern vorgeschrieben. Fast ausnahmslos wurden die Fässer für die Lagerung von Sherry, Bourbon oder anderen Getränken verwendet, bevor man sie für Scotch verwendet. Ein Faß, das erstmals mit Scotch befüllt wird, nennt man ein *first-fill cask*. Falls Whisky mehr als 13 oder 14 Jahre in einem solchen Faß lagert, besteht die Gefahr, daß die Eiche den Geschmack des Whiskys übertönt. Außerdem schmeckt der Whisky mehr oder weniger bitter.

Bei dem Hankey Bannister 21-Year-Old (und Versionen, die noch älter sind) verwendet der Masterblender Stuart Harvey deshalb einen höheren Anteil sogenannter *refill casks*, in denen schon drei- oder viermal Whisky gereift ist. Dadurch wird der Einfluß der Eiche verringert und der Whisky kann Komplexität und Tiefe gewinnen, ohne übermäßig viele Holznoten zu bekommen.

Im Vergleich zum Hankey Bannister 12-Year-Old ist der 21-Year-Old ein sehr schönes Beispiel für das breitere Geschmacksspektrum, das sich in einem älteren Whisky zeigt. Ob diese Geschmacksnoten ein Zeichen höherer Qualität sind oder nicht, bleibt der Entscheidung des Verkostenden überlassen. **IR**

Verkostungsnotizen

Unerwartete Aromen in der Nase: frisch gemähtes Gras und rohe Schalentiere. Gewürze, Erdbeeren mit Sahne, karamellisierter Zucker und etwas Lakritze.

Hankey Bannister 25-Year-Old Partnership

Inver House (International Beverage)
www.hankeybannister.com

Herstellungsregion und -land Schottland
Destillerien Verschiedene
Alkoholgehalt 40 Vol.-%
Whiskytyp Blend

Stuart Harvey, der Masterblender bei Inver House, teilt die 38 Single Malts, die ihm für das Verschneiden zur Verfügung stehen, in vier Kategorien ein. Die erste ist die blumig-fruchtige Gruppe mit vielen Estern und oft Andeutungen von Orangen und anderen Zitrusfrüchten; von den fünf Inver-House-Destillerien gehört Knockdhu zu dieser Kategorie. Es folgen die schweren Malts, die dem Blend Körper geben. Dazu gehören der Speyburn und der Balmenach. Die dritte Kategorie ist würzig, etwa der Balblair. Viertens kommen die süßen Whiskys, zu ihnen gehört der Malt von Pulteney. Harvey läßt es aber dabei nicht bewenden. Um mehr Körper und Tiefe zu erlangen, fügt er einen Grain von Invergordon, Dumbarton oder North British hinzu. Falls er einen leichteren, fruchtigeren Geschmack anstrebt, entscheidet er sich für einen Girvan, Strathclyde oder Cameronbridge.

Im Gegensatz zu anderen Herstellern glaubt Stuart Harvey, daß ein Blend nichts gewinnt, wenn man die Grundwhiskys vor dem Abfüllen monatelang in einem Faß miteinander „vermählt".

Der Hankey Bannister 25-Year-Old ist nicht leicht zu erhalten. Harvey plant jedoch weitere Jahrgangsausgaben und Spezialversionen anderer Bannisters. **IR**

Verkostungsnotizen

Intensive Gras- und Heutöne. Honig auf gebuttertem Toast. Tropische Früchte (vielleicht Papaya und Ananas). Am Gaumen mittelsüß mit einer winzigen Spur Torf.

Hankey Bannister 40-Year-Old

Inver House (International Beverage)
www.hankeybannister.com

Herstellungsregion und -land Schottland
Destillerien Verschiedene
Alkoholgehalt 43,3 Vol.-%
Whiskytyp Blend

Es gibt Whiskys, die eine objektive Beurteilung schwer machen. Der Hankey Bannister 40-Year-Old ist ein gutes Beispiel. Schon sein schieres Alter ist beeindruckend, und er ist nicht nur ein Mal, sondern zwei Jahre nacheinander zum Best Scotch Blend der Welt gekürt worden. Als ob das noch nicht genug wäre, enthält er auch noch seltene Whiskys von Brennereien, die in den 1970er und 80er Jahren stillgelegt wurden – Garnheath, Killyloch und Glen Flagler. Es ist ein Whisky, der Respekt verdient.

2007 kam eine auf 1917 Kristallglaskaraffen limitierte Ausgabe heraus, um das 250jährige Bestehen von Hankey Bannister & Co. zu feiern. Neben dem Alter hebt sich der Whisky dadurch von anderen Abfüllung des Herstellers ab, daß er die gesamten 40 Jahre lang als Blend gelagert wurde. 2005 stieß der Masterblender Stuart Harvey in einem Lagerhaus in Broxburn auf fünf Fässer, die laut Unterlagen Reste eines Whiskys enthielten, der 1992 als 25-Year-Old abgefüllt wurde. Er beschloß, den Inhalt im Jahr 2007 als 40-Year-Old auf den Markt zu bringen.

Harvey hat auch schon einige Fässer entdeckt, die 48 Jahre gelagert wurden, man kann also mit dem Erscheinen eines 50-Year-Old rechnen. **IR**

Verkostungsnotizen

Kraftvoll. Früchtekompott, schwarze Johannisbeeren und etwas Minze. Am Gaumen Kirschkuchen, Mandelgebäck und Birnen. Komplexer, ausgewogener Abgang.

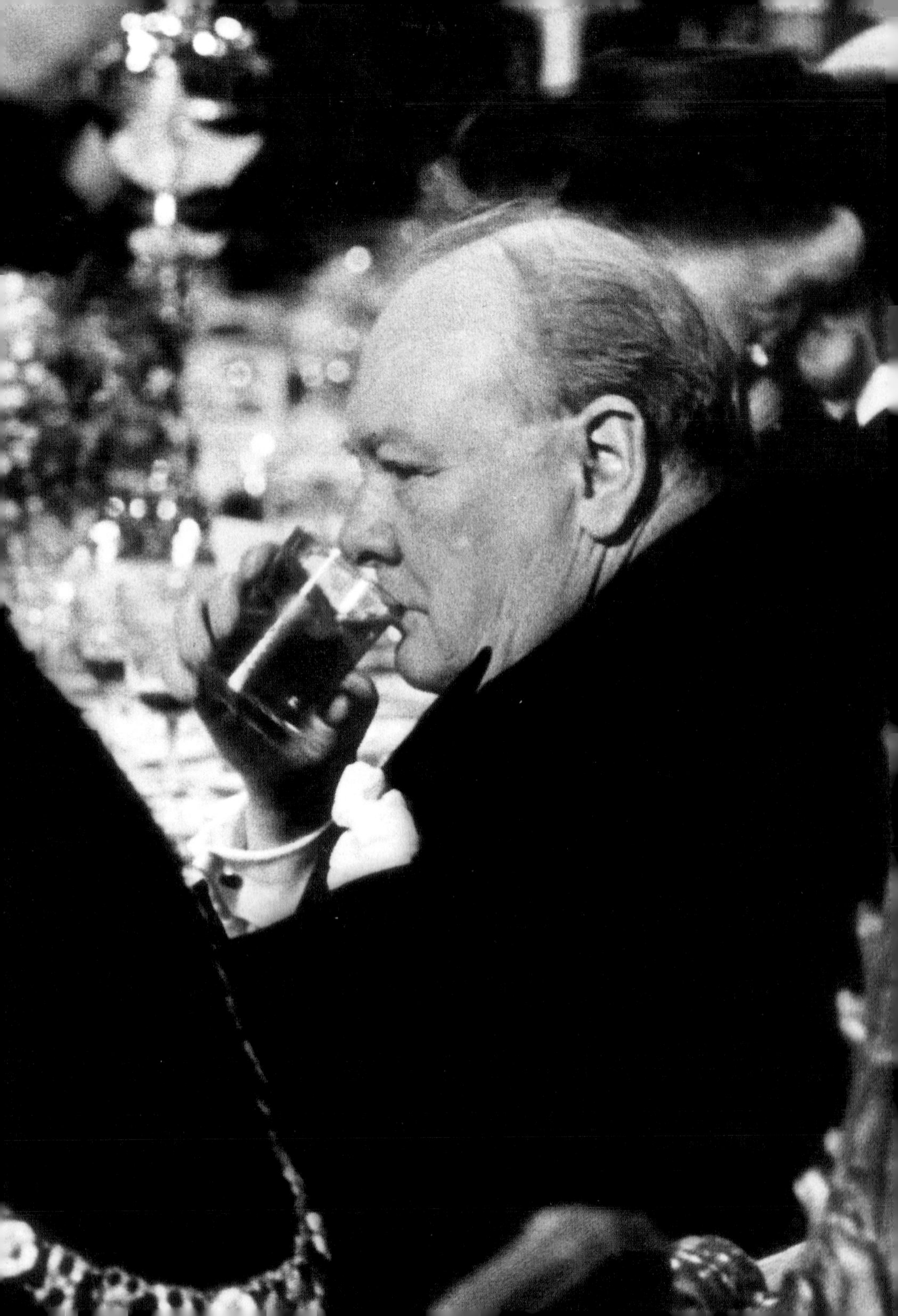

Hankey Bannister Original

Inver House (International Beverage)
www.hankeybannister.com

Herstellungsregion und -land Schottland
Destillerien Verschiedene
Alkoholgehalt 40 oder 43 Vol.-%, je nach Verkaufsregion
Whiskytyp Blend

Der Name dieses Blends geht auf die Mitte des 18. Jahrhunderts zurück, als Beaumont Hankey und Hugh Bannister sich als Weinhändler etablierten. So erzählt man es sich wenigstens. Die beiden Herren bleiben seltsam gesichtslos, und es ist nur wenig über ihr Leben bekannt. Anscheinend dauerte es nicht lange, bis Hankey Bannister & Co. die feine Gesellschaft in London belieferten und dann den Rest des British Empire eroberten.

Blended Scotch gab es zur Zeit der Firmengründung 1757 noch nicht. Erst 1860 wurde mit dem Spirit Act die gesetzliche Grundlage geschaffen, um Malt- und Grain-Whiskys miteinander zu verschneiden. Der erste Hinweis auf einen Scotch Blend von Hankey Bannister stammt aus dem Jahr 1882. Heute besteht das Sortiment der Firma aus fünf unterschiedlichen Versionen, von denen der Original als einziger keine Altersangabe trägt. Im Allgemeinen ist der Getreidewhisky in der Flasche jedoch drei Jahre alt, während die Malts vier bis fünf Jahre alt sind.

Hankey Bannister gehört beim Verkauf von Blended Scotch nicht zur Spitzenklasse. Die 160 000 Flaschen, die man jährlich verkauft, sind gerade mal etwa 1 Prozent des Verkaufs von Johnnie Walker. Bei Whisky sind Zahlen aber nicht immer das einzige, das zählt. **IR**

Verkostungsnotizen

Frische Zitrusnoten mit schöner Malzigkeit. Am Gaumen glatt, schichtbildend, entwickelt süßen Honig, und die Getreidetöne verklingen. Recht langer Abgang.

Harris Highland Malt

Harris Whisky Co.
www.harriswhisky.com

Herstellungsregion und -land Highlands, Schottland
Destillerie Ungenannt
Alkoholgehalt 46 Vol.-%
Whiskytyp Single Malt

Mark Harris konnte als Betreiber der Bar in Green's Restaurant im Londoner Stadtteil Mayfair seine Erfahrungen mit Malts verwerten, weil der Restaurantbesitzer einiges in gute Whiskys investiert hatte. Seitdem hat er sich als Berater für Restaurants selbständig gemacht, die auf ein oder mehrere Michelin-Sterne hoffen, und beliefert sie auch mit Produkten. Neuerdings kauft er auch einzelne Fässer Malt Whisky, die er unter der hochaktuellen Marke Harris Whisky abfüllt und verkauft. Er bevorzugt leichte, sanfte Whiskys, oft in einem ungewöhnlichen Alter. Eine seiner besten Abfüllungen ist ein Tamdhu, der an Brausepulver denken läßt.

Der Harris Highland Malt tanzt jedoch etwas aus der Reihe. Es kommt recht häufig vor, daß unabhängige Abfüller auf der Flasche den Namen der Destillerie nicht angeben, um es sich mit dem Hersteller nicht zu verderben. So weiß man auch bei diesem Malt nicht, woher er stammt. Nichts hindert Harris daran, für jede neue Charge den Malt einer anderen Destillerie zu verwenden, und wenn man eine Flasche davon kauft, könnte der Inhalt ohne weiteres ganz anders schmecken, als hier beschrieben. Macht das etwas aus? Ja, wenn es mit einem deutlichen Qualitätsunterschied einherginge. Ich denke aber, das wird nicht der Fall sein. **DR**

Verkostungsnotizen

In der Nase schüchtern, subtil, mit roten Beeren, zarten Gewürzen und Eiche. Am Gaumen frisch und sauber, gute Balance zwischen süßen und herzhaften Tönen.

Hazelburn 8-Year-Old

J. & A. Mitchell Co. | www.springbankdistillers.com

Herstellungsregion und -land Highlands, Schottland
Destillerie Springbank, Campbeltown, Argyll
Alkoholgehalt 46 Vol.-%
Whiskytyp Single Malt

Der Hazelburn wurde zuerst 2005 als limitierte achtjährige Ausgabe vorgestellt. Die 6000 Flaschen waren binnen weniger Wochen ausverkauft. Im folgenden Jahr wurde Hazelburn zu einem dauerhaften Mitglied des Springbank-Portfolios, und 2009 kam eine zwölf Jahre alte Version hinzu.

Wie der Longrow hat auch der Hazelburn seinen Namen von einer der vielen „verlorenen" Destillerien in Campbeltown übernommen. Nach der Wiederinbetriebnahme von Glengyle gibt es seit 2004 nur noch drei aktive Destillerien in der Stadt. Früher wurde in der Region an nicht weniger als 34 Stellen Whisky gebrannt.

Die größte und wichtigste der verlorenen Destillerien war Hazelburn. Das erste Zeugnis ihrer Existenz stammt aus dem Jahr 1825, sie mag aber schon vorher in Betrieb gewesen sein. 1845 lief die Produktion auf Hochtouren und an der Millknowe Street wurden neue Gebäude errichtet, die über nicht weniger als neun Gärtanks mit jeweils 23 000 Liter Inhalt und drei Blennblasen verfügten. Die Brennblase für den Rohbrand war mit 26 500 Litern die größte in Campbeltown.

Im 20. Jahrhundert begann der Niedergang Campbeltowns als Zentrum der Whiskyherstellung, die meisten Brennereien wurden geschlossen. Die Destillerie Hazelburn stellte 1925 den Betrieb ein, zwei Jahre später ging sie in der Distillers Company Ltd (DCL) auf. Die ausgedehnten Lagerhäuser des Betriebes wurden weiterhin genutzt, in ihnen reiften bis 1983 Whiskys aus verschiedenen zu DCL gehörenden Destillerien. Heute steht nur noch ein relativ kleiner Teil des Hazelburnkomplexes. **GS**

Verkostungsnotizen

Eine relativ leichte, fruchtige, etwas harzige Nase, aus der sich Noten von Zitronengras und Blumen entwikkeln. Brausepulver, Malz und Vanille am süßen, lebhaften Gaumen, der auch etwas Salzwasser zeigt. Eiche, schwarzer Pfeffer und eine Spur Rauch im Abgang.

Hazelburn CV

J. & A. Mitchell Co. | www.springbankdistillers.com

Herstellungsregion und -land Highlands, Schottland
Destillerie Springbank, Campbeltown, Argyll
Alkoholgehalt 46 Vol.-%
Whiskytyp Single Malt

Hazelburn ist einer der drei Malts, die von der Familienfirma J. & A. Mitchell Co. in der historischen Springbank-Destillerie im Herzen von Campeltown hergestellt wird. Während der Springbank-Whisky im Grunde „zweieinhalbmal" destilliert wird, und der stark getorfte Longrow dreimal, ist der Hazelburn ungetorft und wird dreimal destilliert. Die Destillerie stellt ihr eigenes Malz her und das Malz für den Hazelburn wird luftgetrocknet, es wird also kein Torf in der Darre als Brennstoff verwendet.

Ein Firmensprecher erklärt: „Anstatt der konventionellen doppelten Destillation verwendet Springbank ein Verfahren mit drei Brennblasen, mit dem eine partielle Dreifachdestillation durchgeführt wird. Die Maische wird in eine erste Brennblase gepumpt und zum Kochen gebracht. Das Ergebnis wird als *low wines* (Rohbrand) bezeichnet und in einer zweiten Brennblase destilliert, um die *feints* (den Nachlauf) zu erhalten, die in der dritten Brennblase zum *spirit cut* (Feinbrand) destilliert werden. In Springbank wird die erste Brennblase direkt durch ein Feuer mit offener Flamme beheizt, während die anderen indirekt durch Dampfschlangen angeheizt werden. Springbank ist vermutlich die einzige schottische Destillerie, die so arbeitet."

Der Hazelburn ist das jüngste Mitglied des Malt-Trios, das in der Springbank-Destillerie hergestellt wird. Er wurde 1997 erstmals gebrannt und im Jahr 2005 auf Flaschen gezogen. Der Hazelburn reift in einer Mischung von ehemaligen Sherry- und Bourbonfässern. Die 2010 vorgestellte Variante Hazelburn CV, was für Curriculum Vitae steht, trägt keine Altersangabe. **GS**

Verkostungsnotizen

Anfänglich leicht kräutrig in der Nase, mit Aceton und Zigarettenschachtel. Dann Zitrus- und Malztöne. Am Gaumen Orange, Ingwer, Vanille und spritziges Brausepulver. Der Abgang ist mittellang und würzig, mit einer Andeutung von Salz. Ein frischer Aperitif-Whisky.

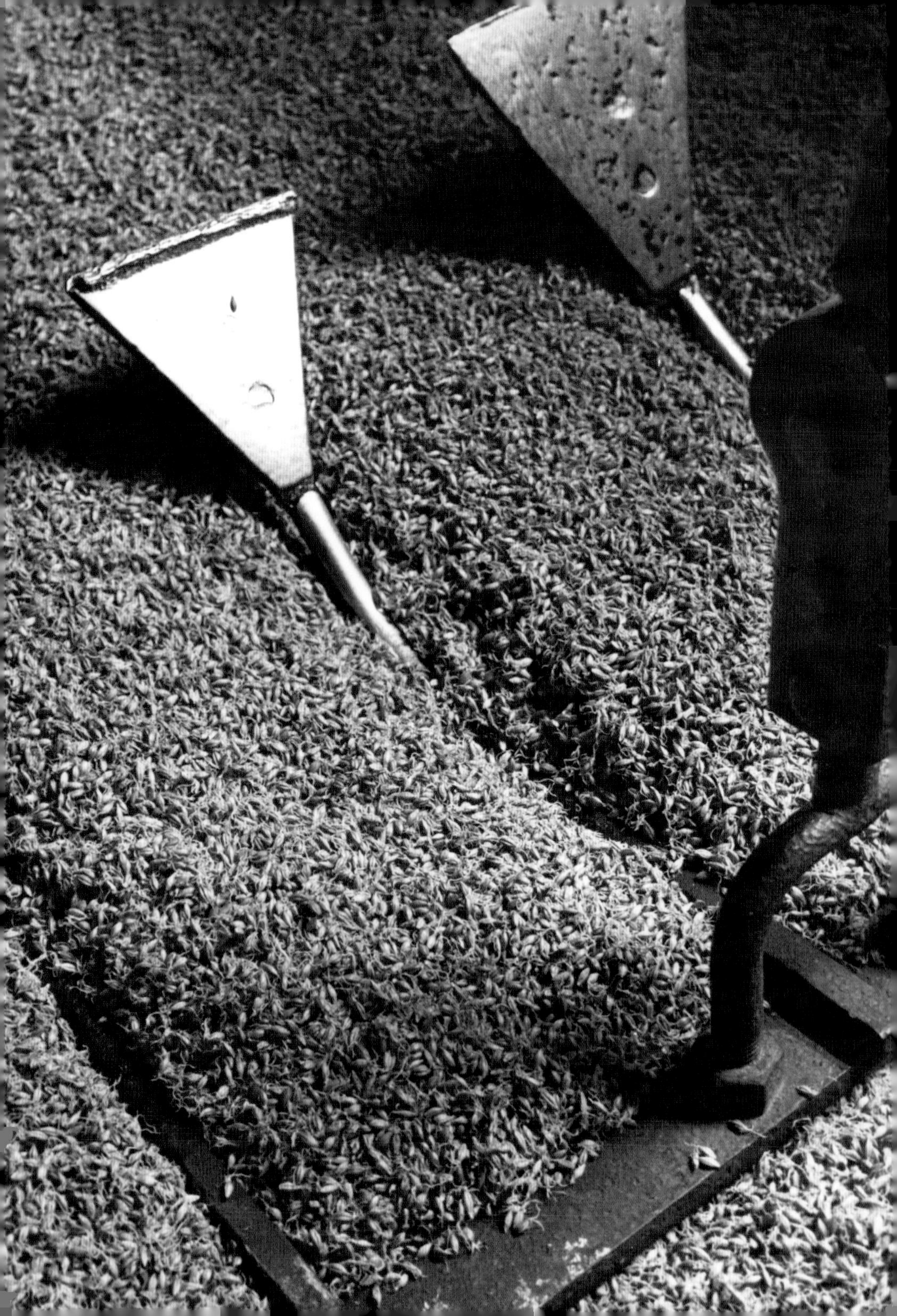

Highland Park
12-Year-Old

Edrington Group | www.highlandpark.co.uk

Herstellungsregion und -land Islands, Schottland
Destillerie Highland Park, Kirkwall, Orkney
Alkoholgehalt 40 Vol.-%
Whiskytyp Single Malt

Highland Park ist eine echte Legende unter den Whiskybrennereien. Hier wird ein *premier cru* unter den Malts hergestellt, der gleichermaßen wunderbar zu trinken und lukrativ zu sammeln ist. Die nördlichste Destillerie Schottlands liegt mitten im Nichts auf den Orkneys – nassen, windigen, unwirtlichen Inseln, die aber über ein warmes Klima und eine warmherzige Bevölkerung verfügen.

Hier Whisky herzustellen, erfordert beträchtliche Anstrengung und Zeit, um die Grundstoffe auf die Insel zu bringen und den Whisky und die Abfallstoffe abzutransportieren. Die Eignerfirma Edrington löst die Aufgaben jedoch meisterhaft. So fällt es anderen Herstellern zum Beispiel schwer, an Sherryfässer zu gelangen. Highland Park hat sie im Überfluß. Ja, man vermutet sogar, das die Firma 95 Prozent der Sherryfässer in Schottland aufkauft – kaum überraschend, wenn man sich vorstellt, was sie alleine für The Macallan benötigen wird.

Die Sherryfässer spielen eine entscheidende Rolle bei diesem 12-Year-Old. In den letzten Jahren hat man ihren Anteil sogar von 20 auf 40 Prozent erhöht. Der andere wichtige Faktor für den Geschmack ist der Torf aus dem nahe gelegenen Hobbister Moor, der dem süßen Malt interessante Holz- und Rauchnoten verleiht. **DR**

Verkostungsnotizen

In der Nase fruchtig und honigsüß, mit einer Spur Torf. Geschmacklich eine wunderbare Mischung aus roten Beeren, Orangen, Vanille und Honig, dann Eichenrauch.

Highland Park
15-Year-Old

Edrington Group | www.highlandpark.co.uk

Herstellungsregion und -land Islands, Schottland
Destillerie Highland Park, Kirkwall, Orkney
Alkoholgehalt 40 Vol.-%
Whiskytyp Single Malt

Oft wird angenommen, eine ältere Abfüllung eines Whiskys entstehe, indem man einfach eine vorhandene Version länger reifen lasse. Der Highland Park 15-Year-Old wird jedoch auf vollkommen andere Weise hergestellt als der 12-Year-Old. Bei ihm ist der Anteil von Sherryfässern aus amerikanischer Eiche viel höher als der europäischer Sherryfässer beim 12-Year-Old.

Highland Parks Marketing Manager Gerry Tosh erklärt dazu: „Man spricht oft darüber, ob ein Faß Sherry oder Bourbon enthalten hat. Es ist aber genauso wichtig, sich die Bäume anzusehen, aus denen die Fässer entstehen. Europäische Eichen gehören einer anderen Art an (Quercus robur oder Q. petraea) und wachsen unter anderen klimatischen Bedingungen als die amerikanische Weißeiche (Q. alba). Die Holzfasern der europäischen Arten sind offener und so kann das Destillat besser in das Holz der Fässer eindringen. Die amerikanischen Fässer aus Weißeiche nehmen nicht so viel Whisky auf. Es wird oft angenommen, europäische Eiche würde für Sherry und amerikanische für Bourbon verwendet, aber viele Sherrys lagern in amerikanischer Eiche.

Der 2002 vorgestellte 15-Year-Old ist trockener und rauchiger als andere Highland Parks. Seine Anhänger sind ihm sehr treu ergeben. **DR**

Verkostungsnotizen

Unaufdringliche Nase, die kaum Hinweise auf den Geschmack gibt. Am Gaumen Grapefruit-, Vanille- und Rauchnoten. Ein untypischer Highland Park.

Keimende Gerste in der Malztenne von Highland Park.

Highland Park 18-Year-Old

Edrington Group | www.highlandpark.co.uk

Herstellungsregion und -land Islands, Schottland
Destillerie Highland Park, Kirkwall, Orkney
Alkoholgehalt 43 Vol.-%
Whiskytyp Single Malt

Die Rockband U2, der jamaikanische Sprinter Usain Bolt, die Rugbymannschaft Neuseelands, die Silberpfeile in der Formel Eins, Australiens Cricketspieler, der FC Barcelona – sie alle sind auf ihrem Gebiet überragend. Dem Ruf, Spitzenklasse zu sein, muß man aber durch dauernde Anstrengungen gerecht werden. Es sind zwar Helden, aber auch Helden lassen einen manchmal im Stich.

In der Welt des Whiskys ist der Highland Park 18-Year-Old bis zum Überdruß als der beste Whisky der Welt und auch als der weltbeste Whisky-Allrounder bezeichnet worden. Die zweite Behauptung mag stimmen, aber wieso sollte daraus folgen, daß es der beste der Welt ist? Das Problem bei solchen Etiketten ist, daß sie gleichermaßen zur Segnung und zum Fluch werden.

Wenn man sich diesem Whisky nähert und ein Feuerwerk, einen Hochseilakt und eine Marschkapelle auf einmal erwartet, wird man unweigerlich enttäuscht. Schließlich ist es nur ein Whisky. Und Geschmack ist etwas sehr Subjektives. Ist es ein phantastischer Malt? Zweifellos. Aber meine persönliche Meinung ist, daß er nicht nur weit davon entfernt ist, der beste Whisky der Welt zu sein, sondern nicht einmal der beste Whisky dieser Destillerie. Trotzdem kann man starke Argumente für die Bezeichnung „bester Allrounder" vorbringen.

Die Ende der 1990er Jahre vorgestellte Abfüllung gehört weltweit zu den meistverkauften 18-Year-Olds. Er wird zu 60 Prozent in Sherryfässern gelagert und mit für die Destillerie ungewöhnlichen 43 Volumenprozent Alkohol auf Flaschen gezogen. Der Marketing Manager Gerry Tosh sagt dazu: „Die Stärke scheint bei ihm perfekt zu funktionieren … bei dieser Stärke paßt einfach alles." **DR**

Verkostungsnotizen

Wenn Malt-Whisky aus fünf Komponenten besteht – Eiche, Gewürzen, Torf, Frucht und Süße –, dann ist dies wirklich der perfekte Allrounder. Alle Anteile stehen im perfekten Verhältnis zueinander. Ein außergewöhnlicher, üppiger, voller Whisky, und gerade rauchig genug.

Highland Park 21-Year-Old

Edrington Group | www.highlandpark.co.uk

Herstellungsregion und -land Islands, Schottland
Destillerie Highland Park, Kirkwall, Orkney
Alkoholgehalt 47,5 Vol.-%
Whiskytyp Single Malt

Die Kreation eines Whiskys ist eine Kunst, die wirtschaftliche Verwertung dieses Whiskys ist eine Wissenschaft. Sie verlangt hohe Geschicklichkeit, ist aber auch dann gegen Fehlschläge nicht gefeit.

Neben den offensichtlichen logistischen Problemen, die entstehen, wenn man jahrelang hohe Produktionskosten vorschießen muß, ohne Aussicht auf schnelle Erlöse zu haben, stellen sich auch schwierige Fragen in bezug auf Angebot und Nachfrage. So entschloß sich eine Destillerie, einen Monat lang zu brennen und dann drei Monate zu pausieren. Jahre später legte sie eine brillante Werbekampagne für diesen Whisky hin und verkaufte die gesamten Vorräte in kaum mehr als einem Tag. Dann machte sie den Erfolg zunichte, weil sie wochenlang nichts nachliefern konnte. Als sie dazu in der Lage war, hatte sich das Interesse am Whisky verflüchtigt.

Schwierig sind auch die Fragen zu beantworten, in welchem Alter man den ersten Malt verkaufen sollte, wie viel und wie lange eingelagert werden sollte, und so weiter. Der Highland Park 21-Year-Old ist dafür ein gutes Beispiel. Vor einigen Jahren gehörte ich zu den Juroren, die ihn bei den World Whisky Awards zum besten Malt der Welt kürten. Dann wurde uns mitgeteilt, aus komplizierten rechtlichen Gründen gäbe es nicht genug Vorräte, um ihn weiterhin mit 47,5 Volumenprozent Alkohol abzufüllen, man werde ihn mit deutlich weniger beeindruckenden 40 Prozent neu herausgeben.

Edrington sammelte jedoch zwei Jahre lang Vorräte und brachte ihn Ende 2011 wieder in der ursprünglichen Stärke auf den Markt. Dies ist jetzt also die beste Abfüllung der Destillerie, ein Champion. **DR**

Verkostungsnotizen

Einer der am besten schmeckenden Whiskys der Welt, mit perfekt ausgewogenen Honig-, Frucht-, Gewürz-, Torf- und Eichenkomponenten. Besser als der 18-Year-Old. Malt-Whisky kann nicht besser sein – man muß aber auf einen Alkoholgehalt von 47,5 Vol.-% achten.

Highland Park 25-Year-Old

Edrington Group | www.highlandpark.co.uk

Herstellungsregion und -land Islands, Schottland
Destillerie Highland Park, Kirkwall, Orkney
Alkoholgehalt 48,1 Vol.-%
Whiskytyp Single Malt

Was immer manche Sprecher der Branche einem auch einreden möchten, Whiskys unterscheiden sich von Charge zu Charge, und die Unterschiede sind deutlicher, je kleiner die Chargen sind. Bei Highland Park tut niemand so, als seien Whiskys unveränderlich, aber man bemüht sich, konsistente Ergebnisse vorzuweisen. So ändert sich zum Beispiel der Phenolgehalt des Torfs nicht, aber die Süße kann variieren.

„Es gibt Unterschiede zwischen Fässern aus europäischer und amerikanischer Eiche", sagt der Marketing Manager Gerry Tosh. „Europäische Eiche ergibt einen süßeren Whisky. Wenn man also einen Highland Park trinkt, der in amerikanischen Eichenfässern gelagert wurde, könnte man denken, der Whisky sei stärker getorft. Dem ist jedoch nicht so, er ist lediglich weniger süß."

Tosh vergleicht diesen Whisky mit einem „netten Automechaniker", während der 30-Year-Old der Destillerie eher einer „süßen alte Dame" ähnele. „Wenn man zum ersten Mal nach Orkney kommt, die Überfahrt stürmisch war, und es naß und windig ist, dann kann einen das ganz schön verschrecken", sagt er. „Aber dann stellt man fest, daß es ein bemerkenswerter Ort mit freundlichen Menschen ist, auf viele Weisen unglaublich … Das steckt alles in diesem Whisky."

Diese Version wird zu 60 Prozent in Sherryfässern gelagert. Sie stellt beim Trinken die höchsten Anforderungen, weil ihr Geschmack auf Messers Schneide steht. Bei Zugabe von Wasser verändert sie sich schlagartig und wird von einem kräftigen, sherrybetonten Whisky zu einem sehr viel zarteren mit Grapefruitaromen. Man muß ihn also sehr vorsichtig behandeln. **DR**

Verkostungsnotizen

Ohne Wasser gibt es rote Früchte, große, üppige Torf- und Eichentöne. Gibt man Wasser zu, kommen die frischen Zitrusnoten durch. Dies ist ein großer Whisky, was durch die großzügige Eiche und die Gewürze mehr als deutlich gemacht wird.

Highland Park 30-Year-Old

Edrington Group | www.highlandpark.co.uk

Herstellungsregion und -land Islands, Schottland
Destillerie Highland Park, Kirkwall, Orkney
Alkoholgehalt 48,1 Vol.-%
Whiskytyp Single Malt

Es ist kaum ein größerer Kontrast vorstellbar als der zwischen diesem hübschen und zarten Whisky und dem großen, heftigen Malt, der als Highland Park 25-Year-Old daherkommt. Der Marketing Manager Gerry Tosh beschreibt ihn als süße alte Dame, mit der man den ganzen Tag schwatzen könnte – ein sehr viel sanfterer und weicherer Malt als der jüngere Verwandte. Keine zwei Whiskys führen überzeugender den Unterschied vor, der zwischen amerikanischen und europäischen Eichenfässern liegt oder solchen, die erstmals oder zum wiederholten Mal mit Scotch befüllt wurden. Für den 30-Year-Old wurden keine erstbefüllten Fässer verwendet, und es kam vor allem amerikanische Eiche zum Einsatz – beim 25-Year-Old war es umgekehrt.

Das Holz des Fasses hat natürlich einen großen Einfluß auf den Geschmack, aber Torf ist ein weiterer wichtiger Faktor. So wie die Eiche unterschiedlich sein kann, so auch der Torf. Der Geschmack dieses Whiskys unterscheidet sich deutlich von einem Islay. Man könnte sogar sagen, der Geschmack habe dem Wind auf Orkney viel zu verdanken.

Gerry Tosh erklärt: „Vor 3000 Jahren sah Orkney kaum anders aus als heute. Wegen des Winds gibt es kaum Bäume. Der heutige Torf entstand aus der damaligen Heide. Er verbrennt strahlend weiß und rauchig. Islay war damals bewaldet, und im Torf dort gibt es Wurzeln, Eicheln, Nüsse und sonstwas. Wenn man ihn verbrennt, bekommt man die klassischen Jodtöne der Islay-Malts."

Dies ist ein elegantes Juwel von einem Whisky. 30 Jahre sind bei einem Whisky eine lange Zeit, aber Highland Park hat das Warten belohnt. **DR**

Verkostungsnotizen

Ein merkwürdiger und wunderbarer Whisky. Das alte Eichenholz schlägt hart mit Gerbsäure zu, während sich das Malz zart in Richtung Zitrusmarmelade entwickelt. Die beiden Komponenten geraten aneinander, werden aber nicht ölig. Honig gibt es auch.

Highland Park 40-Year-Old

Edrington Group | www.highlandpark.co.uk

Herstellungsregion und -land Islands, Schottland
Destillerie Highland Park, Kirkwall, Orkney
Alkoholgehalt 48,3 Vol.-%
Whiskytyp Single Malt

Für sein Alter ist dies ein relativ voller und rauchiger Malt, der zudem den federleicht getorften Stil zeigt, der für seine Region typisch ist. Der Marketing Manager Gerry Tosh behauptet, der Torf auf Orkney verdanke seine Leichtigkeit und Süße der Abwesenheit von Baumbestandteilen in der Zusammensetzung. Diese Abfüllung ist jedoch rauchiger als andere Versionen, vielleicht weil der Wind der Orkneys den Rauch, mit dem das Malz sanft getorft wurde, nicht fortgeblasen hat.

„Damals stellten wir überhaupt keinen Single Malt her," erzählt er. „Der Whisky wurde komplett für Blends verwendet und mußte genauen Vorgaben entsprechen. Wenn er zu rauchig war, nahmen ihn die Blender nicht ab, er wurde dann also in Fässer gefüllt und eingelagert." Das hat sich positiv ausgewirkt, weil dieser Whisky phantastisch ist. Die Orkneys mögen naß und windig sein, aber sie liegen im Golfstrom, so daß die Temperaturen recht mild sind. Die Reifung geht gleichmäßig und würdevoll vor sich, was erklären mag, warum man über so große alte Vorräte verfügt. Der Anteil der Engel beträgt hier mit einem Prozent nur die Hälfte dessen, was in anderen Teilen Schottlands verdunstet. Andernorts hat ein Faß in 25 Jahren also vielleicht die Hälfte seines Inhalts verloren, hier nur ein Viertel. **DR**

Verkostungsnotizen

Honig, Gewürze, Frucht und Torf sind selbst noch in diesem Alter so, wie sie sein sollten. Aber Eiche spielt die Hauptrolle. Zart und zerbrechlich, aber ein großes Herz.

Highland Park 50-Year-Old 1960

Edrington Group | www.highlandpark.co.uk

Herstellungsregion und -land Islands, Schottland
Destillerie Highland Park, Kirkwall, Orkney
Alkoholgehalt 44,8 Vol.-%
Whiskytyp Single Malt

Man kann sich kaum vorstellen, wie sich die Mitarbeiter von Highland Park gefühlt haben müssen, als sie die Fässer fanden, aus denen ihr erster 50 Jahre alter Whisky entstand. Wie ‚verliert' man überhaupt fünf Fässer Whisky?

Highland Park 50-Year-Old ist der älteste Whisky im Sortiment der angesehenen Destillerie. Die Brennerei auf den Orkneys gehört damit zu der Elite, die über die hochwertigen Vorräte verfügt, die notwendig sind, um einen 50 Jahre alten Whisky auf den Markt zu bringen. In dieser Zeit, in der die globale Nachfrage nach Scotch stetig wächst, haben die meisten Firmen ihre alten Fässer schon vor langem geleert und sind nicht in der Lage, so viel Destillat zu produzieren, daß sie es 50 Jahre einlagern könnten. Selbst wenn die Nachfrage nicht so hoch wäre wie jetzt, erreichen doch viele Whiskys ihre perfektes Trinkalter lange vor ihrem 50. Geburtstag.

Wenn man zu jenen gehört, denen es nicht gelang, einer der 275 Flaschen dieser Ausgabe habhaft zu werden (oder die nicht über die notwendigen Mittel verfügen, wie wohl die Mehrheit aller Whiskyfreunde), kann man sich damit trösten, daß es immer noch Fässer aus dem Jahr 1964 gibt, die vielleicht eines Tages von der Destillerie abgefüllt werden. Wie der Preis dann ausfallen mag, ist allerdings eine andere Frage. **AS**

Verkostungsnotizen

Groß, tief, dunkel und komplex. Gewürzkuchen und Orangenlikör, Rosinen, Dörrpflaumen und Feigen. Karamellisierter Zucker weicht dunkler Schokolade.

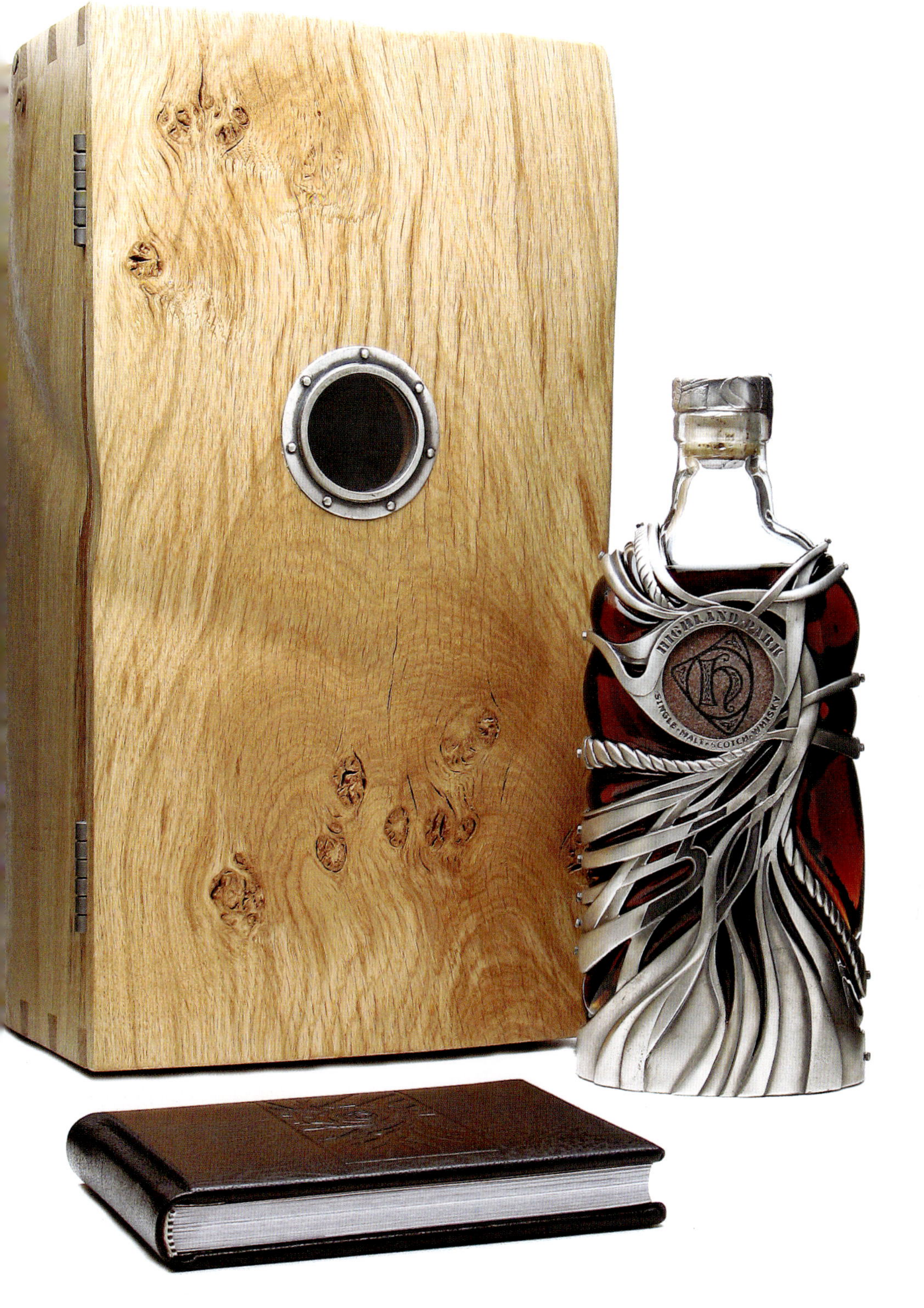
HIGHLAND PARK
SINGLE MALT SCOTCH WHISKY

Highland Park 1970 Orcadian Vintage

Edrington Group | www.highlandpark.co.uk

Herstellungsregion und -land Islands, Schottland
Destillerie Highland Park, Kirkwall, Orkney
Alkoholgehalt 48 Vol.-%
Whiskytyp Single Malt

Diese dritte Abfüllung in der „Orcadian Vintage"-Reihe aus dem Jahr 2010 zeigt, daß Highland Park offensichtlich bemüht ist, keine Langeweile aufkommen zu lassen. Die nördlichste schottische Destillerie hat mit ihren limitierten Ausgaben eine gute Hand bewiesen, und der Erfolg dieser überaus beliebten Brennerei beruht nicht zuletzt auf ihnen.

Einer der wenigen echten Eckpfeiler jedes Geschäfts ist die Innovation. Bei der Herstellung von Whisky ist es oft schwierig, etwas Neues zu machen, weil die gesetzlichen Vorgaben für Scotch den Brennereien sehr enge Grenzen setzen. Highland Park ist jedoch sehr gut, wenn es um Innovation geht, es gelingt ihr immer wieder, das Interesse des Publikums von neuem zu wecken, ohne den alten Kundenstamm oder die Sammler aus dem Auge zu verlieren.

Die 1964er und 1968er Orcadian Vintages waren erfolgreich genug, um Highland Park die Reihe fortsetzen zu lassen, und die Brennerei zieht weitere zehn Abfüllungen in Erwägung. Diese und andere limitierte Ausgaben sind bei Sammlern wie bei Konsumenten sehr beliebt: Als der Earl Haakon 18-Year-Old auf den Markt kam, war er am ersten Tag bis auf die letzte Flasche restlos ausverkauft. Inzwischen erbringen sie bei Wiederverkäufen das Vielfache des ursprünglichen Preises von etwa 240 Euro.

Highland Park scheint also neben dem der Whiskytrinker auch alle anderen Märkte bis hin zu den Sammlern der Oberliga (wie bei diesem Beispiel) abgedeckt zu haben. Die Destillerie eilt von Erfolg zu Erfolg, möge das auch so bleiben! **AS**

Verkostungsnotizen

Zeigt die Süße natürlichen Honigs. Wie zu erwarten, ist dieser Jahrgang leichter als der 1964er. Eine betörende Mischung von harzigen Holznoten, Vanille und mildem Torfrauch zu je unterschiedlichen Anteilen. Öffnet sich dann zu blumigen Elementen mit Geranienakzenten.

Highland Park 1968 Orcadian Vintage

Edrington Group | www.highlandpark.co.uk

Herstellungsregion und -land Islands, Schottland
Destillerie Highland Park, Kirkwall, Orkney
Alkoholgehalt 45,6 Vol.-%
Whiskytyp Single Malt

Was versteckt sich hinter einer Jahresangabe wie etwa der 1968 auf dieser Flasche? Die Antwort lautet, daß ein Scotch Whisky mit Angabe des Jahres, in dem er gebrannt wurde, stets mehr Interesse bei den Käufern erweckt und eher das Potential zum Sammlerstück hat. Wenn es um die Entscheidung geht, ob ein Whisky zum Sammeln oder darüber hinaus vielleicht sogar als Geldanlage taugt, steht die Frage nach einer Jahrgangsangabe immer ganz oben auf der Liste, gleichauf mit der nach der richtigen Destillerie, nach dem Alkoholgehalt und nach der Menge der abgefüllten Flaschen. Der Highland Park 1968 Orcadian Vintage kann alle diese Fragen aufs beste beantworten. Er kam als zweiter in der „Orcadian Vintage"-Reihe von Highland Park heraus, es gab 1550 Flaschen, von denen eine um 3200 Euro kostete. Das war zwar deutlich weniger als der 1964er (5500 Euro), aber immer noch ein sehr stolzer Preis.

Man kann sich fragen, ob der Jahrgang der Destillation überbewertet wird. Schließlich beweist eine Jahrgangsangabe auf der Flasche keineswegs eine höhere Qualität; ein Whisky, der 1960 gebrannt wurde, ist effektiv nur drei Jahre alt, falls er Anfang der 1960er Jahre abgefüllt wurde. Außerdem gibt es bei Whisky im Gegensatz zum Wein kaum gute und schlechte Jahrgänge. Andererseits ist ein Jahrgangswhisky in der Regel älter als die Standardausgabe der Destillerie.

Ist dieser 1968er Jahrgang schlechter als der 1964er aus der Reihe? Er ist einfach nur anders. Alle Whiskys der Reihe sind teuer, bieten aber Gelegenheit, einige der ältesten Whiskys aus der Destillerie zu probieren. **AS**

Verkostungsnotizen

Highland Parks typische Honigsüße ist zu vernehmen, hier mit etwas erdiger Frische. Winzige Spuren von eingelegten Limetten. Orangeat, Ingwer- und warme Mürbeteigkekse. Schöne, würzige Mintöne entwickeln sich zu einem sehr wohlausgewogenen Whisky.

Highland Park Dark Origins

Edrington Group | www.edrington.co.uk

Herstellungsregion und -land Islands, Schottland
Destillerie Highland Park, Kirkwall, Orkney
Alkoholgehalt 46,8 Vol.-%
Whiskytyp Single Malt

Die Liebhaber schottischer Single Malts wissen bald, welche Destillerien ihnen etwas zu bieten haben und welche ihrem Geschmack eher nicht entsprechen. Highland Park läßt sich allerdings nicht so schnell in eine Schublade einordnen. Es gibt nur wenige Brennereien, die eine so große Auswahl unterschiedlicher Single Malts im Angebot haben, und man kann kaum voraussehen, was als Nächstes kommen wird: von zarten, süßen, älteren Whiskys mit Grapefruitnoten bis hin zu kühnen, sherrybetonten Malts und von erdig-torfigen Whiskys bis hin zu sanft abgerundeten fruchtigen ist alles möglich.

Es gibt viele Gründe für diese Unterschiedlichkeit. So kann der Whisky beispielsweise weniger Torf zeigen, weil an dem Tag, an dem die Gerste getrocknet wurde, starke Winde bliesen – was auf Orkney nicht selten ist –, so daß der Torfrauch fortgeblasen wurde, bevor er Gelegenheit hatte, seine Aromen an die Gerste abzugeben.

Edrington, die Eigner von Highland Park, besitzen einen großen Teil der Sherryfässer, die der schottischen Whiskybranche insgesamt zur Verfügung stehen. Ein Mitarbeiter in der Marketingabteilung weist darauf hin, daß der Whisky in den Standardabfüllungen des Highland Park immer dunkler geworden ist, da er zunehmend aus Sherryfässern und nicht mehr aus ehemaligen Bourbonfässern stammt. So kam auch der Dark Origins zustande. Der Whisky hat keine Altersangabe, wird aber auf der Internetseite der Firma neben dem 12-Year-Old aus dem Standardsortiment aufgeführt. Der hohe Alkoholgehalt, das rauchige Rückgrat, die dunkle Färbung, die von den Sherryfässern herrührt, und die schöne Flasche machen ihn aber auf jeden Fall zu einem Siegertypen. **DR**

Verkostungsnotizen

In der Nase findet man alles, was man von einem großen, sherrybetonten Whisky erwartet: Pflaumen- und Beerennoten, Nüsse und angenehme Gewürze. Am Gaumen köstlich: Kirschen in dunkler Schokolade, Rosinen, Gewürze und ein rauchiger Kern.

Highland Park Harald

Edrington Group | www.edrington.co.uk

Herstellungsregion und -land Islands, Schottland
Destillerie Highland Park, Kirkwall, Orkney
Alkoholgehalt 40 Vol.-%
Whiskytyp Single Malt

Die Orkney-Inseln haben traditionell enge Verbindungen zu Skandinavien. Sie waren einst Teil des skandinavischen Kulturkreises, und man erzählt sich, daß eine nordische Prinzessin auf dem Weg zu ihrer Hochzeit mit einem schottischen Prinzen wegen einer Erkrankung umkehren mußte. Um den Schotten keinen Anlaß zur Verärgerung zu geben, traten die Skandinavier die Orkneys als Entschädigung ab.

Viele Einwohner der Inseln haben skandinavische Vorfahren, und viele der historischen Stätten gehen auf die Wikinger zurück, die hier eine Pause einlegten, bevor sie das schottische Festland heimsuchten. Schließlich ließen sich einige der Krieger, die ihre Kenntnisse der Landwirtschaft, Jagd und Fischerei aus der Heimat mitbrachten, mit ihren Familien auf den Inseln nieder.

In Anerkennung der wichtigen Rolle, die Skandinavien in dieser Frühzeit für die Orkneys spielte, hat Highland Park eine Reihe von Abfüllungen herausgebracht, die auf die nordischen Wurzeln der Inseln verweisen. Der Highland Park Harald gehört zur „Warrior"-Reihe der Destillerie, die für den Verkauf im Duty-Free-Handel vorgesehen ist. Die Reihe ist vielgestaltig und reicht von Abfüllungen in Faßstärke für den taiwanesischen Markt bis hin zu diesem leichteren, zugänglicheren Whisky mit seinen 40 Volumenprozent Alkoholgehalt.

Harald war ein norwegischer König, der eine berühmte Armee anführte und eine wichtige Rolle bei der Entwicklung Orkneys spielte. Der nach ihm benannte Whisky enthält sowohl Destillate, die in Bourbonfässern reiften, als auch solche, die in Sherryfässern gelegen haben. Ein Whisky, der eines Königs würdig ist. **DR**

Verkostungsnotizen

Eine faszinierende Nase mit Torf, Vanille, Honig, Zitrone, Spuren von Tannin und Gewürzen und einigen Küstennoten. Am Gaumen ein schönes Wechselspiel von Rauch, Gewürzen, weichem Obst und Milchschokoladenriegel. Abgerundeter mittlerer Abgang.

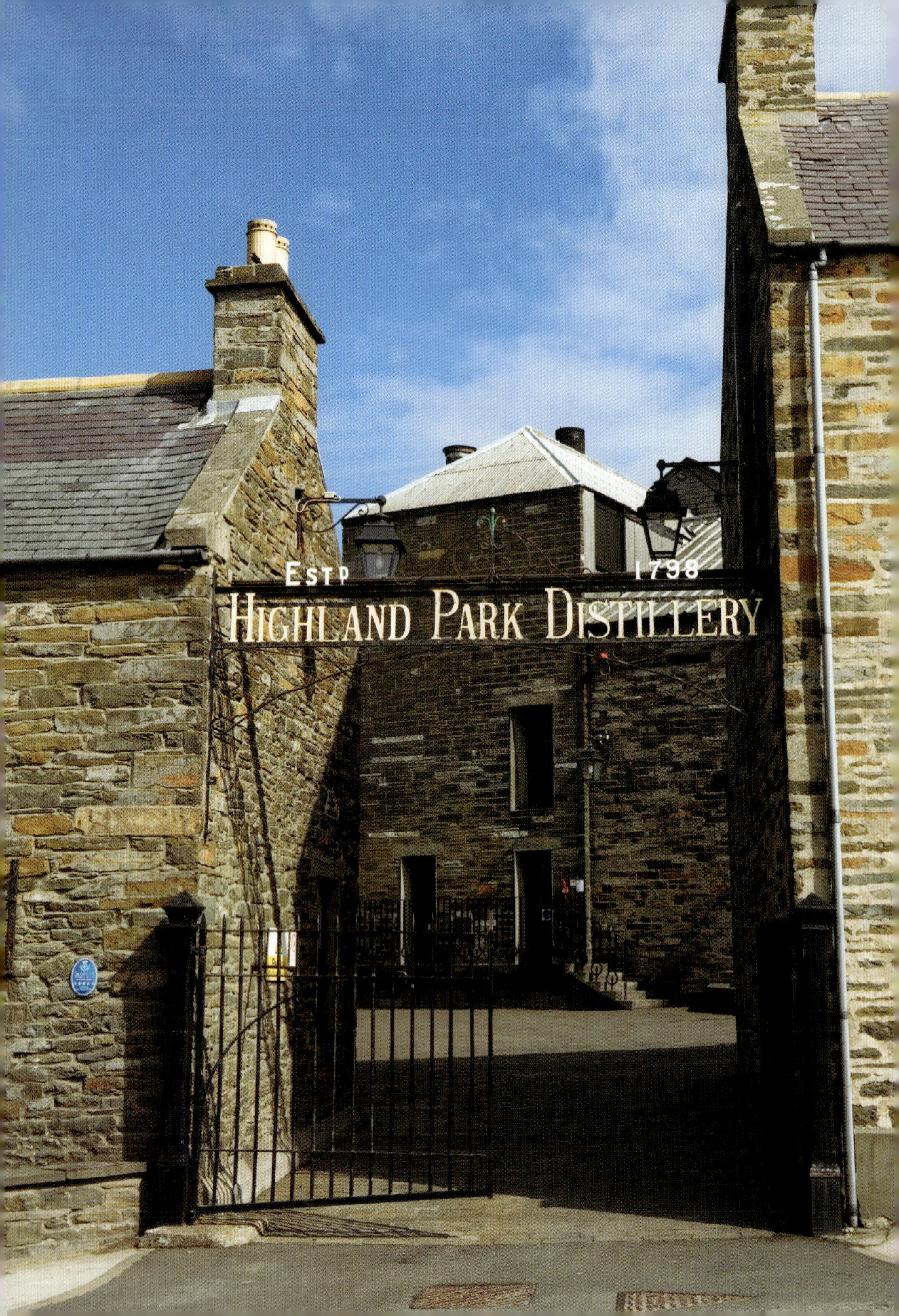
ESTD 1798
HIGHLAND PARK DISTILLERY

Highland Park
Hjärta 12-Year-Old

Edrington Group
www.edrington.co.uk

Herstellungsregion und -land Islands, Schottland
Destillerie Highland Park, Kirkwall, Orkney
Alkoholgehalt 58,1 Vol.-%
Whiskytyp Single Malt

Hjärta kam 2009 als eine auf 3924 Flaschen limitierte Ausgabe in Faßstärke zur Eröffnung des neuen Besucherzentrums der Destillerie Highland Park und um das skandinavische Erbe der Marke zu würdigen auf den Markt.

Hjärta ist Altnordisch und bedeutet „Herz". Mit der Namenswahl werden die engen historischen Beziehungen zwischen Skandinavien und den Orkneys betont. Orkney stand bis 1468 unter nordischer Herrschaft, erst mit der Vermählung des schottischen Königs Jakob III. mit Margaret, der Tochter König Christians I. von Dänemark und Norwegen, ging es in schottischen Besitz über.

Jason Craig war Manager in Highland Park, als der Hjärta erschien. Er erklärt: „Orkney hat heute wie in der Vergangenheit enge Beziehungen zu Skandinavien. Das zeigt sich auch in unserem Besucherzentrum und in dieser Ergänzung des Sortiments von Highland Park. Wenn man Highland Park besucht, wird die Geschichte dieser ganzen Regionen spürbar … Ich glaube, es ist uns gelungen, das im Hjärta einzufangen."

Das Hjärta-Symbol auf der Flasche wurde von Andy Bowman von Mountain Design, Glasgow nach Motiven aus der Wikingerzeit entworfen, die auf Orkneys neolithischen Monumenten zu finden sind. **GS**

Verkostungsnotizen

Süß und buttrig in der Nase, mit Orangenfondant, Heide und einer Andeutung süßem Rauch. Am Gaumen aromatisch und würzig, mit Zitrone, Kokosnuß und Rauch.

Highland Park
Vintage 21-Year-Old

Edrington Group
www.edrington.co.uk

Herstellungsregion und -land Islands, Schottland
Destillerie Highland Park, Kirkwall, Orkney
Alkoholgehalt 46,7 Vol.-%
Whiskytyp Single Malt

Highland Park verfügt nicht nur über sehr viele Whiskys, die in Sherryfässern liegen, sondern auch über alte Whiskys in Bourbonfässern. Die Destillerie hat immer wieder kleine Chargen mit Jahrgangswhiskys herausgebracht, die sehr unterschiedliche Geschmacksrichtungen aufweisen, von leichten, zarten, nach Grapefruit-Marmelade schmeckenden bis hin zu kräftigen mit Zitrus- und Beerenfruchtaromen oder wahren Eichen- und Torfungeheuern. Die Variationsbreite ist oft recht extrem, und vor einiger Zeit machte sich ein gewisser Unmut breit, als der 25-Year-Old sich nicht mehr als kräftige, nach Eichenholz und Rauch duftende Variante des 18jährigen darstellte, sondern als frischer, zarter, älterer Whisky mit Zitrusnoten.

Highland Park hat in den vergangenen Jahren auch eine Auswahl der älteren Fässer auf den Markt gebracht. Einmal kamen auch zwei Whiskys zur gleichen Zeit heraus, von denen einer leicht und zitrusbetont war, während der andere eine gute Nachahmung der kühnen, torfigen, nach Seetang duftenden Islay-Malts war.

Der vorliegende Whisky ist eine Herausforderung für die Anhänger von Highland Park. Auf sie mag er wie ein Konzert wirken, bei dem die eigene Lieblingsrockgruppe zusammen mit einem Rapper auftritt – zuerst ein Schock, dann aber ein echter Hochgenuß. **DR**

Verkostungsnotizen

Ohne Wasser muß man sich durch Tannin, Chili und Torf kämpfen. Mit einigen Tropfen Wasser findet man Kaffee, viel Sherry, heißen Punsch und tropische Früchte.

Der Eingang zur Highland-Park-Destillerie

Imperial 1997

Gordon & MacPhail
www.gordonandmacphail.com

Herstellungsregion und -land Speyside, Schottland
Destillerie Imperial, Carron by Aberlour, Banffshire
Alkoholgehalt 61,6 Vol.-%
Whiskytyp Single Malt

Diese Version des Imperial reifte in Sherryfässern und wurde in Faßstärke als Teil der „Cask Strength"-Reihe von Gordon & MacPhail herausgebracht. Sie wurde kurz nach einer der vielen Schließungen gebrannt, die Imperial durchmachen mußte. Seit 2005 war der endgültige Abriß geplant, der dann 2013 auch kam, um Platz für eine neue Brennerei zu schaffen.

Mehrere andere stillgelegte Destillerien wurden in der jüngeren Vergangenheit wieder eröffnet. Imperial war jedoch wegen ihrer schieren Größe nicht so attraktiv. Um einen annehmbaren Whisky zu produzieren, hätte man die Brennerei mit vollem Ausstoß betreiben müssen. Große Mengen eines Single Malts herzustellen, der keinen bekannten Markennamen trägt, war für potentielle Interessenten keine verlockende Option.

Damit soll nicht gesagt werden, daß dieser Whisky schlecht ist. Er war jedoch immer für die Mischfässer der Blend-Hersteller bestimmt. Arthur Motley vom Einzelhändler Royal Mile Whiskies sagt: „Imperial läßt sich jung sehr gut trinken, man kann ihn sich also auch leisten. Es ist viel guter, bezahlbarer Imperial auf dem Markt. Er ist fruchtig, grasig und recht robust. Er wird von Leuten gekauft, die ihn trinken wollen, nicht von Sammlern. Mit zehn bis zwanzig Jahren ist er wirklich gut." **GS**

Verkostungsnotizen

Abgerundet und süß im Mund, mit Fruchtkompott. Cremig-glatt, recht voller Körper. Im mittellangen Abgang dann Anis und schwarzer Pfeffer.

Imperial 1997 Octave

Royal Mile Whiskies
www.royalmilewhiskies.com

Herstellungsregion und -land Speyside, Schottland
Destillerie Imperial, Carron by Aberlour, Banffshire
Alkoholgehalt 53,2 Vol.-%
Whiskytyp Single Malt

2010 brachte der Edinburgher Einzelhändler Royal Mile Whiskies 72 Flaschen eines Single Malts von Imperial auf den Markt, der drei Monate in einem Oktav-Sherryfaß nachgereift war. Der Whisky wurde von den Kritikern hochgelobt und bekam beste Bewertungen..

Die Firma Duncan Taylor & Co. Ltd. beschäftigt sich schon seit längerem mit diesen sehr kleinen Fässern (etwa 50 Liter Inhalt). Man nimmt an, daß sie die Reifung beschleunigen, da die Kontaktfläche von Holz und Whisky im Verhältnis größer ist. Der Geschäftsführer von Duncan Taylor, Euan Shand, erinnert sich: „Ich habe vor vielen Jahren als Küfer bei der Glendronach-Destillerie kleine Fässer angefertigt … Ich habe sie mit jedem Malt gefüllt, den ich im örtlichen Einzelhandel bekommen konnte. Nach einigen Monaten Faßlagerung war der Whisky ein ganz anderer als der, der aus der Flasche gekommen war. Er war um Klassen besser – mit neuem Leben erfüllt!"

Ein Vertreter der Firma Royal Mile Whiskies stellt fest: „Der ursprüngliche Whisky war ein schon sehr guter Imperial 1997 von hellgoldener, fast etwas grünlicher Färbung. Nach nur drei Monaten in dem Oktavfaß hatte er eine wunderbare Karamellfarbe angenommen, in der Nase und am Gaumen machten sich schwere Malz- und Gewürznoten bemerkbar." **GS**

Verkostungsnotizen

Aromen von Kiefern, Gewürznelken und Malz wetteifern mit Vanille, gedünsteter Birne in Sahne und frisch gemähtem Rasen. Am Gaumen grüner Apfel und Eiche.

Inchgower
21-Year-Old Malt Cask

Douglas Laing & Co.
www.douglaslaing.com

Herstellungsregion und -land Speyside, Schottland
Destillerie Inchgower, Buckie, Banffshire
Alkoholgehalt 50 Vol.-%
Whiskytyp Single Malt

Bei Weinen wird sehr viel Wert auf das Terroir gelegt, die Standortfaktoren, die bei der Herstellung und Lagerung des Weins maßgeblich sind. Es ist eine heiß diskutierte Frage, ob es Ähnliches bei Single Malts gibt. Vor allem der salzige Geschmack mancher Malts aus Küstengebieten und der an Seetang erinnernde Jodgeschmack der Islays werden immer wieder erörtert. Können Bestandteile der Umgebungsluft im Laufe der Jahre das Eichenholz der Fässer durchdringen?

Inchgower gilt als eines der ansprechendsten Destilleriegebäude in ganz Schottland. Geht man an den Lagerhäusern vorbei, erweckt die Destillerie selbst eher den Eindruck eines Bauernhofs als den einer Industrieanlage, deren Ausstoß zu 99 Prozent in die Blends Johnnie Walker, White Horse und Bell's wandert. Wenn man Abfüllungen des verbliebenen einen Prozents aufspürt, vor allem diesen 1986 gebrannten 21 Jahre alten Malt, entdeckt man Whisky, der seinesgleichen sucht, ansprechend und verführerisch. Vielleicht färbt auch die Schönheit der Gebäude auf den Inhalt der Fässer ab?

Das wären dann auch gute Nachrichten für andere Malt Whiskys, da in den ausgedehnten Lagerhäusern der Anlage mehr als 60 000 Fässer des Eigners Diageo eine Heimat gefunden haben. **AN**

Verkostungsnotizen

Gras und Früchte in der Nase – eine Schale Erdbeeren, auf einer sonnigen Wiese gegessen. Zuerst süßer, buttriger Ahornsirup, dann tropischer Fruchtcocktail.

Invergordon
10-Year-Old

Whyte & Mackay
www.whyteandmackay.co.uk

Herstellungsregion und -land Highlands, Schottland
Destillerie Invergordon, Invergordon, Ross-shire
Alkoholgehalt 40 Vol.-%
Whiskytyp Single Grain

Die folgende Unterhaltung könnte man in einer beliebigen Fachhandlung für Whisky irgendwo auf der Welt belauschen. Der Kunde: „Guten Morgen. Ich möchte eine Flasche Whisky. Am liebsten etwas, das ein wenig aus der Reihe fällt." Der Verkäufer: „Dürfte ich eine Flasche Getreidewhisky vorschlagen?" Das Gespräch stockt, und der Kunde runzelt etwas die Brauen: „Getreidewhisky? Wird Whisky nicht immer aus Getreide hergestellt?" Jetzt versucht der Verkäufer zu erklären, daß Getreidewhisky aus vielen verschiedenen Getreidearten gebrannt werden kann, unter anderem Mais, Weizen, Roggen und ungemälzter Gerste, und daß sich das Brennverfahren von dem der Malts unterscheidet.

Die meisten Kunden wissen nicht genau, was Grain-Whisky ist, geschweige denn, daß sie ihn je probiert hätten. Er wird aber inzwischen als eigene Whisky-Gattung betrachtet und beworben, wozu sicher Firmen wie Compass Box und Cooley beigetragen haben, die hochwertige Grains herausgebracht haben. Invergordon ist die einzige Grain-Destillerie der Highlands. Sie wurde 1959 in Auftrag gegeben, um Arbeitsplätze in der Umgebung des Cromarty Firth zu schaffen, nachdem die Royal Navy sich zurückgezogen hatte. Dieser leichte und fruchtige 10-Year-Old kam zuerst 1990 heraus. **PB**

Verkostungsnotizen

Leicht, weich und zart in der Nase. Am Gaumen eine wunderbare Mischung aus Frische und Süße. Unerwartet intensiver Abgang.

Invergordon 1972 Duncan Taylor Rare Auld 38-Year-Old

Duncan Taylor & Co.
www.duncantaylor.com

Herstellungsregion und -land Highlands, Schottland
Destillerie Invergordon, Invergordon, Ross-shire
Alkoholgehalt 42,1 Vol.-%
Whiskytyp Single Grain

Die Destillerie Invergordon liegt über dem Cromarty Firth in Ross-shire. Es ist eine riesige Brennerei, die in der Lage ist, Alkoholmengen zu produzieren, von denen die meisten anderen Betriebe nur träumen können. Sie hat sogar ihre eigene Dudelsack-Band, die schon in den 1960er Jahren begann, Schallplattenaufnahmen zu machen.

Der Grain-Whisky von Invergordon spielt zweifellos eine wichtige Rolle in den Blends von Whyte & Mackay, der Muttergesellschaft der Destillerie. In reiner Form trifft man den Invergorden Getreidewhisky allerdings selten in freier Wildbahn. Falls man Gelegenheit hat, eine unabhängige Abfüllung wie die hier vorgestellte zu verkosten, sollte man sie nicht verstreichen lassen.

Längere Lagerung bietet jedem alkoholischen Getränk die Möglichkeit, Charakterzüge auszuprägen, die sonst nicht zum Vorschein kämen. Sie werden durch das Zusammenspiel des Destillats mit dem betreffenden Faß herausgekitzelt. Die Milde, die ein Getreidewhisky nach so langer Lagerungszeit zeigt, ist ein wunderbares Erlebnis: nichts als Samt und Vanille, ein Whisky wie eine Eiscremewaffel. Wenn man ihn einmal verkosten kann, versteht man sofort, was gemeint ist. **AA**

Verkostungsnotizen

Anfänglich Marzipan und Gebäck, dann öffnen sich die Getreidenoten und enthüllen Butter, Sahne und Vanille. Am Gaumen seidenglatt mit subtilen Kräutertönen.

Invergordon 1966 Clan Denny 45-Year-Old

Douglas Laing & Co.
www.douglaslaing.com

Herstellungsregion und -land Highlands, Schottland
Destillerie Invergordon, Invergordon, Ross-shire
Alkoholgehalt 47,1 Vol.-%
Whiskytyp Single Grain

Die unabhängigen Abfüller Douglas Laing and Co. sind vor allem durch ihre Reihe „Old Malt Cask" bekannt geworden. Im Rahmen des neuerlichen Interesses an Single-Grain-Whiskys haben sie jedoch eine existierende andere Reihe umgestaltet, um Grains zu vermarkten (Grain-Whisky wird nicht aus Malz gebrannt und darf daher nicht als Malt verkauft werden). Die „Clan Denny"-Reihe enthält Grain-Whiskys aus Destillerien wie North British, Caledonian und Invergordon, die zwischen 39 und 44 Jahre alt sind.

Diese älteren Grains reifen in Bourbonfässern und nehmen eine mittlere Stellung zwischen Bourbon und Malt Whisky ein. So ist ein alter Grain zum Beispiel ein gutes Geburtstagsgeschenk für einen Malt-Trinker, der ab und zu etwas Abwechslung schätzt.

Destillerien, in denen Getreidewhisky gebrannt wird, sind für den Malt-Aficionado meist nicht sehr interessant, aber Invergordon könnte eine Ausnahme sein. Auf dem Betriebsgelände lag auch die Destillerie Ben Wyvis, die in ihrer leider nur sehr kurzen Existenz (1965 bis 1977) einige der seltensten, teuersten und begehrtesten Malts brannte und abfüllte, die es überhaupt gibt. **PB**

Verkostungsnotizen

Eine vorbildhaft komplexe Nase mit Nüssen, Früchten, Eiche und Honig. Am Gaumen geht es mit leckeren Früchten, üppiger Schokolade und Kaffee weiter.

Der Clan Denny Invergordon 1966 wurde in Faßstärke abgefüllt.

THE CLAN DENNY

SINGLE CASK

Single Grain Scotch Whisky

DISTILLED AT

INVERGORDON DISTILLERY

Vintage 1966

AGED 45 YEARS

NATURAL STRENGTH · ALWAYS BOTTLED AT

This cask reference HH 7254 - refers to a Bourbon Barrel

ghtly smoked initially-then the nose develops fabulously to an old fruit bowl of softly ripening pineapple, citrus, pears and apples - with a hint of sherbet. Palatewise - it is extremely sweet and heavy with macerated fruit (particularly pineapple) and vanilla custard. The finish is really long for a grain and carries soft mocha, spice and "fruit chews" flavour... really good with an expresso! (F)

Distilled, matured & bottled in Scotland

THE HUNTER HAMILTON COMPANY
GLASGOW G41 4NY

Hunter Hamilton

47.1% alc./vol.   700ml

Islay Mist 12-Year-Old

MacDuff International | www.macduffint.co.uk

Herstellungsregion und -land Islay, Schottland
Destillerien Verschiedene
Alkoholgehalt 40 Vol.-%
Whiskytyp Blend

Der Islay Mist ist etwas paradox. Man könnte ihn gut als sinnliches Mauerblümchen auf dem Großen Whiskyball beschreiben: Er fällt den Trinkern zuerst vielleicht nicht auf, aber er nimmt sie bald durch seine Zusammenstellung guter alter Whiskys gefangen, die ihren guten Geschmack der Lagerung in Eichenfässern verdanken.

Islay Mist stammt aus dem Jahr 1927, in dem ein besonderer Whisky in Auftrag gegeben wurde, um den 21. Geburtstag von John Morrison zu feiern, dem Sohn des Laird of Islay House. Morrison wurde später zwischen 1942 und 1964 als First Baron Margadale ein bekanntes Mitglied des britischen Parlaments.

Man entschied sich erst zur Schaffung eines neuen Whiskys, nachdem man die Vorzüge der bekannten Marken evaluiert hatte. Führender Kandidat war ein Laphroaig, aber der Laird entschied, er sei zu schwer. Er bestellte stattdessen einen weniger getorften Blend, der auch den gelegentlichen Whiskytrinker ansprechen sollte. Dieser wird aus einigen sehr hochwertigen Malts (darunter Glenlivet) und verschiedenen Grain-Whiskys hergestellt. Es gibt ihn inzwischen in vier Varianten: Deluxe, 8-Year-Old, 12-Year-Old und 17-Year-Old.

Kenner können vielleicht manche der Komponenten identifizieren, aber alle anderen werden einfach die Balance und Einzigartigkeit des Whiskys schätzen. Islay Mist ist es gelungen, den Whisky von der Insel auch bei einem breiterem Publikum bekannt zu machen. Heute werden die Vorzüge des Whiskys von der Hebrideninsel – vor allem die rauchigen und salzigen Torfaromen – allseits geschätzt. **ST**

Verkostungsnotizen

Ein Whisky mit vollem Körper, in dem Torf, Seetang und Eiche vorherrschen, wie man es bei einem Islay erwartet. Er ist nicht nur ein kräftiger Islay-Blend, sondern auch recht subtil in der Weise, wie er im Mund Belag bildet. Verführerisch, animiert zu mehr.

Islay Mist 17-Year-Old

MacDuff International | www.macduffint.co.uk

Herstellungsregion und -land Islay, Schottland
Destillerien Verschiedene
Alkoholgehalt 40 Vol.-%
Whiskytyp Blend

Die Insel Islay ist für ihre rauchigen, getorften Whiskys bekannt. Wer sie getrunken hat, vergißt ihren typischen Geschmack nie. Manchen gefällt er, andere finden ihn zu intensiv. Das ist der Augenblick, in dem der dritte berühmte alte Whisky von MacDuff seinen Auftritt hat.

Der Islay Mist wurde 1927 vom damaligen Besitzer der Destillerie Laphroaig, Ian Hunter, für einen besonderen Anlaß im Haus des Lairds of Islay House geschaffen: der Volljährigkeitsparty des Sohns. Der normale Single Malt der Destillerie wurde für die Gäste des Festes als zu üppig betrachtet. Hunter verschnitt den Laphroaig deshalb mit Getreidewhisky und einigen hervorragenden Single Malts (unter anderem Glenlivet, dem berühmten Speysider). Das Ergebnis fand Zustimmung im Haus des Laird und wurde unter dem Namen Islay Mist auch kommerziell angeboten.

Der Ursprung des Siegels auf dem Etikett – des Seal of the Isles – liegt im Dunkel der Geschichte verborgen, könnte aber im Jahr 1156 gesucht werden, als Somerled, der First Lord of the Isles, an der Macht war. Das Siegel zeigt Somerleds kühnes Schiff, das neun Wogen bezwingt. Die Wellen sind selbst ein Siegessymbol, und angeblich konnte Somerled sich auch siegreich gegen die Nordmänner durchsetzen, die das Leben auf den Inseln seit Jahrhunderten bestimmt hatten. Das Siegel wurde später verändert, das erste Dokument, auf dem es nachgewiesen ist, stammt vom 7. Juli 1292.

Ein Whisky mit bestem Stammbaum. Das Siegel trägt die Inschrift „Filii Doanaldi s'Engus de Yle." Ein Glas also auf diese Söhne Donalds und Angus' von Islay! **HO**

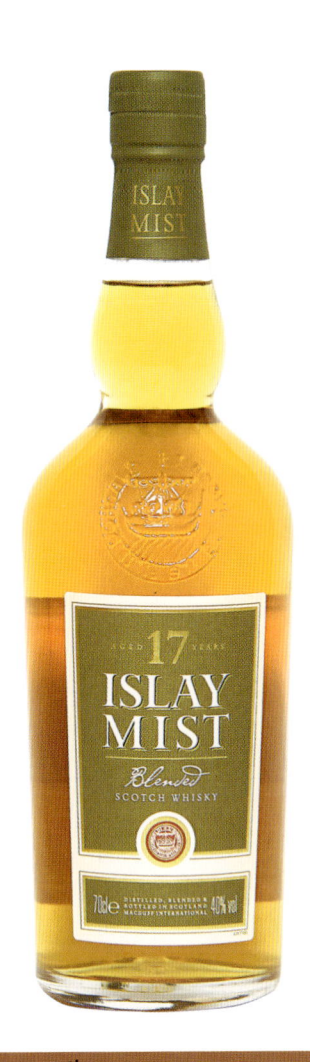

Verkostungsnotizen

Samtiger Holzrauch, der über frische Birnen hinstreicht. Mit Wasser weicht der Rauch zurück, und Früchte mit Honig treten vor. Ölig und sehr ausgewogen am Gaumen, im Abgang dann gelöschte Glut. Ein ruhigerer Verwandter der schweren Torf-Ungeheuer.

Isle of Jura 5-Year-Old

Speciality Drinks | www.specialitydrinks.com

Herstellungsregion und -land Islands, Schottland
Destillerie Isle of Jura, Craighouse, Isle of Jura, Argyll
Alkoholgehalt 60,6 Vol.-%
Whiskytyp Single Malt

Stellen Sie sich vor, man lädt Sie in eine Lagerhaus mit einigen der besten und teuersten Whiskys der Welt ein, und Sie dürfen sich in diesem Schatzhaus eine Flasche auswählen. Welche wäre es? Lassen Sie sich Zeit; blättern Sie vielleicht noch einmal durch dieses Buch, um sich anregen zu lassen. Nicht leicht, oder?

Sukhinder Singh betreibt den britischen Fachhandel Whisky Exchange, und wenn er Whisky einkauft, versucht er, eine Flasche jeder Sorte für seine Privatsammlung beiseite zu legen. Das Ergebnis ist die am breitesten gestreute und beeindruckendste Sammlung, die man sich vorstellen kann. Und dann bot er mir die oben geschilderte Wahl an. „Aber bevor Sie jetzt über 30 oder 40 Jahre alte Whiskys nachdenken, oder über längst geschlossene Destillerien wie Port Ellens, würde ich gerne etwas anbieten, das Ihnen gefallen wird", sagte er dann.

Und dann gab er mir diesen Whisky. Aber er lag falsch. Der Whisky gefällt mir nicht – ich liebe ihn! Es ist einer der besten Whiskys, die ich je gekostet habe. Jura ist nicht für getorfte Whiskys bekannt, hat allerdings in der letzten Zeit den Superstition und eine deutlich getorfte Variante namens Prophecy herausgebracht. Der Prophecy ist der Ozzy Osbourne unter den Whiskys: hart und gemein, dunkel und beeindruckend. Er stammt aus einer Reihe von Fässern, die unter der Aufsicht von Michael Heads destilliert wurden, der von Islay stammt und 2007 Manager der Destillerie Ardbeg wurde.

Dieser Jura 5-Year-Old wurde teilweise von Matthew Forrest für den japanischen Markt auf Flaschen gezogen; ein anderer Teil landete bei Whisky Exchange und ist in deren „Speciality Drinks"-Reihe zu erhalten. **DR**

Verkostungsnotizen

Wie ein Klassenzimmer voller lärmender Schulkinder. Der Torf tritt und springt wie ein Wildpferd, bringt den ölig-süßen Malt geradezu zum Schäumen, und rast dann los, während im Mund ein Berg rußiger, pfeffriger Geschmack zurückbleibt. Ein erschütternder Malt.

Isle of Jura 10-Year-Old Origin

Whyte & Mackay | www.isleofjura.com

Herstellungsregion und -land Islands, Schottland
Destillerie Isle of Jura, Craighouse, Isle of Jura, Argyll
Alkoholgehalt 40 Vol.-%
Whiskytyp Single Malt

Die Insel Jura einen besonderen Ort zu nennen, wäre eine grobe Untertreibung. Sie gleicht einem Wunder. Auf der Hebrideninsel lebt eine eingeschworene Gemeinschaft von weniger als 200 Menschen, die als Verkörperung des Begriffs „Salz der Erde" dienen können und schroffen Pragmatismus mit Freizügigkeit des Denkens und einer unvergleichlichen Selbstsicherheit verbinden. Ihre praktische Veranlagung geht mit einer tiefen künstlerischen Neigung einher, hier blühen Musik, Metaphern, Geschichten und das Handwerk. Der Anteil an musikalischen und kreativen Menschen ist auf der Insel überproportional hoch; manche von ihnen stammen von der Insel, manche wurden von der inspirierenden Landschaft angezogen. Die Geographie der „Hirschinsel" (es gibt dort eine große Rothirschpopulation) mit den drei Berggipfeln, die zu ihrem Wahrzeichen geworden sind, und ihre extreme Isolation, die dem Schriftsteller George Orwell ein Versteck vor der Welt bot, als er den Roman *1984* schrieb, wirken sich auf die Psyche der Bewohner aus.

Natürlich ist auf einer so kleinen Insel die Destillerie der wirtschaftliche und kulturelle Mittelpunkt, der den Einwohnern nicht nur Arbeitsplätze bietet, sondern sie auch mit Stolz erfüllt. Dieser Whisky ist vielleicht der reinste Ausdruck des Charakters von Jura, der sich außerhalb der Insel finden läßt. Er läßt an die ausgedehnten Wälder mit ihren Hirschen denken, an die Meeresluft, die überall zu spüren ist, an die Abgelegenheit und die Geselligkeit, vor allem daran, wie einfach das Leben hier sein kann. Der Malt ist nicht extravagant, aber ein Trinkgenuß. Vor allem ist er erfüllt vom Geist, der Kunstfertigkeit und der Kreativität der Menschen, die Jura ihre Heimat nennen. **D&C**

Verkostungsnotizen

In der Nase Meeresluft und Seetang, Treibholz und Muscheln. Etwas Haselnuß und Honig. Beim ersten Schluck mischen sich diese Aromen mit Fondant, Lakritze und Kaffeebohnen. Warmer, milder Abgang mit leichtem Nachgeschmack von Torf und Gewürzen.

Isle of Jura 16-Year-Old Diurachs' Own

Whyte & Mackay
www.isleofjura.com

Herstellungsregion und -land Islands, Schottland
Destillerie Isle of Jura, Craighouse, Isle of Jura, Argyll
Alkoholgehalt 40 Vol.-%
Whiskytyp Single Malt

Ein Bewohner der kleinen Hebrideninsel Jura wird Diurach genannt. Der 16-Year-Old von Isle of Jura heißt aus dem einfachen Grund Diurach's Own, weil er das Lieblingsgetränk der Insulaner ist. Das liegt zum Teil daran, daß er im Gegensatz zu einigen der stärker getorften Varianten Männer und Frauen gleichermaßen anspricht, zum Teil aber auch daran, daß er einfach so immens gut schmeckt. Der 10-Year-Old ist der bekannteste Whisky der Destillerie, der Prophecy und der Superstition sind vielleicht die unverkennbarsten, aber dieser 16jährige ist es, zu dem man wahrscheinlich eingeladen werden wird, falls einen die Einheimischen schätzen.

So betrachten Besucher den 16-Year-Old oft als den „echten Geschmack Juras" und nicht selten ist er das Glanzstück einer Sammlung, nicht nur wegen seines exzellenten Geschmacks, sondern auch als großartiges Andenken an die Zeit, die man auf der Insel verbracht hat.

Auf Jura wird sogar damit gekocht. Unter den Spezialitäten im Antlers Restaurant in Craighouse gehört Wild, das mit dem 16-Year-Old flambiert wurde, zu den besonders empfohlenen Gerichten. Wildbret ist auf der Insel genauso gut verfügbar wie Whisky, auf jeden Einwohner kommen 30 Stück Rotwild. Das Flambieren erfordert jedoch Mut, die Flammen schlagen sehr hoch. **D&C**

Verkostungsnotizen

Eine zarte, blumige Nase mit deutlichen Obertönen von Malzextrakt, Paprika und Kreuzkümmel. Karamellcreme und süße Sommerfrüchte. Zuckermandeln im Abgang.

Isle of Jura 18-Year-Old Platinum Selection

Douglas Laing & Co.
www.douglaslaing.com

Herstellungsregion und -land Islands, Schottland
Destillerie Isle of Jura, Craighouse, Isle of Jura, Argyll
Alkoholgehalt 49,6 Vol.-%
Whiskytyp Single Malt

Während des jährlichen Insel-Festivals veranstaltet jede der acht Destillerien auf Islay ihre eigenen Feste: Man trinkt viel Whisky, man erneuert alte Freundschaften und nimmt an Verkostungen, Brennereiführungen und Kulturveranstaltungen teil. Die Teilnehmer kommen vor allem aus Nordeuropa, und sie bei dem Versuch zu beobachten, die oft starken Inselakzente zu verstehen, lohnt alleine schon die Anreise.

Der Insel Jura wird bei dem Festival eine Art Ehrenmitgliedschaft gewährt, da sie keine zwei Kilometer entfernt jenseits des Islaysunds liegt. An einem der acht Tage des Festivals tritt sie also ins Rampenlicht. 2011 war das Wetter grauenhaft, an einem Tag gab es angeblich gemessene Windgeschwindigkeiten von fast 210 km/h auf Islay. Die anderen Tage waren nicht viel besser. Am Tag, an dem Jura seine Sonderveranstaltungen durchführen sollte, stellte die Fähre ihren Betrieb ein. Es gab keine andere Verkehrsverbindung, also war's das. Die Festivalbesucher verbrachten den Nachmittag stattdessen in Kilchoman.

Die „Platinum Selection"-Abfüllung eines Jura 18-Year-Old von Douglas Laing ist nur in der britischen Kette Whisky Shop zu erhalten. Es wurden nicht mehr als 120 Flaschen aus einem einzelnen Faß abgefüllt. **PB**

Verkostungsnotizen

In der Nase zuerst etwas muffig, dann kommt ein torfig-pflanzlicher Charakter hervor. Am Gaumen süß und leicht rauchig mit Salatgurke und später Vanille.

Isle of Jura 21-Year-Old

Whyte & Mackay
www.whyteandmackay.com

Herstellungsregion und -land Islands, Schottland
Destillerie Isle of Jura, Craighouse, Isle of Jura, Argyll
Alkoholgehalt 40 Vol.-%
Whiskytyp Single Malt

Dieser freche 21-Year-Old errang bei der 2005 International Wine and Spirit Competition die Bronzemedaille. Der recht seltene Whisky ist von tief rot-brauner Farbe und wurde 1984 auf der Isle of Jura gebrannt, um an den berühmten gleichnamigen Roman von George Orwell zu erinnern, den er auf der Insel geschrieben hatte.

Die Jura-Destillerie liegt in der Nähe einer Höhle, in der früher illegal gebrannt wurde. Die Gebäude wurden 1810 vom Laird Archibald Campbell errichtet, der Whisky wurde in Lagerhäusern am Strand untergebracht, damit er seinen vollen Geschmack entwickeln konnte. Die Brennerei hatte eine wechselhafte Geschichte und wurde eine Zeitlang sogar stillgelegt. Schließlich gab die Notwendigkeit, auf der Insel Arbeitsplätze zu schaffen, den Anstoß für die Wiedereröffnung, nicht nur um die Wirtschaft der Insel zu beleben, sondern auch um dem Whisky den ihm gebührenden Platz wiederzugeben.

1994 wurde die Jura-Destillerie mit ihren inzwischen vier Brennblasen von Whyte & Mackay übernommen. Nach einem knapp fünfjährigen Zwischenspiel bei JBB (Greater Europe) ab 1996 kehrte sie 2001 auch zu Whyte & Mackay zurück, die als Eigner seitdem sehr viel mit der und für die Marke erreicht haben. **JH**

Verkostungsnotizen

Voller Körper und der Duft von Sahnekaramell und Weihnachtsgebäck. Mittellanger Abgang, aber eine längere Geschichte. Auf jeden Fall probieren.

Isle of Jura 21-Year-Old 200th Anniversary

Whyte & Mackay
www.whyteandmackay.com

Herstellungsregion und -land Islands, Schottland
Destillerie Isle of Jura, Craighouse, Isle of Jura, Argyll
Alkoholgehalt 44 Vol.-%
Whiskytyp Single Malt

Obwohl auf Jura seit 1810 Whisky gebrannt wird, hat das Jahr 1963 doch eine besondere Bedeutung für die jetzige Destillerie, weil sie damals nach einer eher durchwachsenen Geschichte wieder zu ihrem alten Glanz erweckt wurde. Zwischen 1960 und 1963 arbeiteten etwas 400 Menschen an der Renovierung, womit sich die Inselbevölkerung praktisch verdoppelte. Viele der Arbeiter stammten aus Glasgow und waren glühende Fußballanhänger. Die fast beispiellose Rivalität zwischen den beiden größten Mannschaften Glasgows wirkte sich auch auf Jura aus, wo es am Freitagabend regelmäßig zu Schlägereien zwischen den Fans der Glasgow Rangers und Glasgow Celtic kam. Die Lage wurde auch dadurch nicht verbessert, daß es auf Jura keinen Polizisten gab.

Der 21-Year-Old wurde anläßlich der 200-Jahr-Feier der Destillerie abgefüllt, nachdem er ein Finish in einem Sherryfaß von Gonzalez Byass erhalten hatte. Ich habe ihn erstmals im Jura Hotel getrunken, als ich der Insel während des achttägigen Islay-Festivals einen Besuch abstattete und mich für eine ruhiges Mittagessen im Hotel entschieden hatte, anstatt am Bergrennen auf die berühmten drei Gipfel der Insel teilzunehmen. Ich bestellte mir ein Glas und war ihm sofort verfallen. **PB**

Verkostungsnotizen

Sauberer, cremiger Sherry in der Nase, mit Johannisbeeren und gedünsteter Birne. Am Gaumen saftiger Obstkuchen, zuerst würzig, dann üppig-fruchtig.

Isle of Jura 1996

Whyte & Mackay | www.isleofjura.com

Herstellungsregion und -land Islands, Schottland
Destillerie Isle of Jura, Craighouse, Isle of Jura, Argyll
Alkoholgehalt 43 Vol.-%
Whiskytyp Single Malt

Isle of Jura ist eine der rätselhaftesten schottischen Destillerien. Die Abgeschiedenheit der Insel bedeutet, daß die Whiskyherstellung dort einfach nicht wirtschaftlich sein kann. Aber die Brennerei widersteht den Marktgesetzen und macht einfach weiter. Man beugt sich den Zwängen, anstatt ihnen zu widerstehen und zu zerbrechen. Der Whisky wurde schon im Supermarkt verkauft, aber bei Bedarf kann die Destillerie auch hervorragende Abfüllungen wie diese herausgeben.

Vielleicht stellt sie damit ein Abbild der gesamten Whiskybranche im Kleinen dar. Es ist nicht die älteste Brennerei Schottlands, und eine Zeitlang schien sie dem Untergang geweiht, aber Whyte & Mackay taten sich mit der Familie Riley Smith zusammen, der große Teile von Jura gehören, und nahm sie wieder in Betrieb. Heute ist sie der größte Arbeitgeber der Insel.

Die Standardausgabe des Jura ist ein ungetorfter Malt, aber in den letzten Jahren hat man begonnen, mehr oder weniger getorfte Varianten und einige sensationelle ältere Malts auf Flaschen zu ziehen. Die Verpackungen wurden neu gestaltet, und einige Varianten fanden Eingang in die Premiumklasse. Diese Abfüllung besteht aus einer breiten Auswahl der Jura-Malts und ist der Destillerie wie der Inselgemeinde würdig. **DR**

Verkostungsnotizen

Süß, aber nicht zu sehr. Die blumigen Noten werden durch Salz, Eiche und Baumrinde ausgeglichen. Bananen und Zitronen im angenehmen Körper.

Isle of Jura Boutique Barrels Bourbon JO 1995

Whyte & Mackay | www.isleofjura.com

Herstellungsregion und -land Islands, Schottland
Destillerie Isle of Jura, Craighouse, Isle of Jura, Argyll
Alkoholgehalt 56,5 Vol.-%
Whiskytyp Single Malt

Jura ist eine lange, schmale Insel mit nur einer Straße. Alle Gebäude liegen dicht am Wasser. Das trifft natürlich auch auf die Destillerie Isle of Jura zu, dessen Lagerhaus Nr. 1 nahe am Meer steht. Drinnen ist es dunkel und – kaum – überraschend – spürbar feucht.

Die Lagerhäuser einer Destillerie haben ein unverkennbares Aroma, das in anderen, nahe gelegenen Gebäuden nicht auftritt. Es ist nicht der Alkohol, den man riecht, sondern altes, staubiges Holz, das von Seeluft und Schatten kühl gehalten wird. Im Holz der Fässer sitzt noch die Flüssigkeit, mit der sie zuvor gefüllt waren, als sie das Beste enthielten, was auf der Insel hergestellt wird. Es ist ein beruhigender Geruch, nicht warm und einladend, aber dennoch die Sinne umschmeichelnd: der kühle Duft von Salzwasser und Lehmböden, von Holz und langsam verstreichender Zeit.

Der Isle of Jura Bourbon JO 1995 gehört zur „Boutique Barrels"-Reihe der Destillerie. Er wird im dunklen, kühlen feuchten Warehouse No. 1 gelagert und in einem Bourbonfaß nachgereift. Angesichts der Bedingungen dieses Lagerorts mag es vielleicht überraschen, daß der Whisky so sehr wärmend ist und an einen frisch gebackenen Obststreuselkuchen erinnernd aus der Flasche kommt. **D&C**

Verkostungsnotizen

Auf der Zunge liefert dieser Whisky üppige Birnen- und Pfirsichnoten, Zuckerrohr und Vanille. Mit etwas Wasser kommen Apfel- und leichte Zitrusakzente hinzu.

Die Brennereigebäude liegen zwischen Hügeln und Küste.

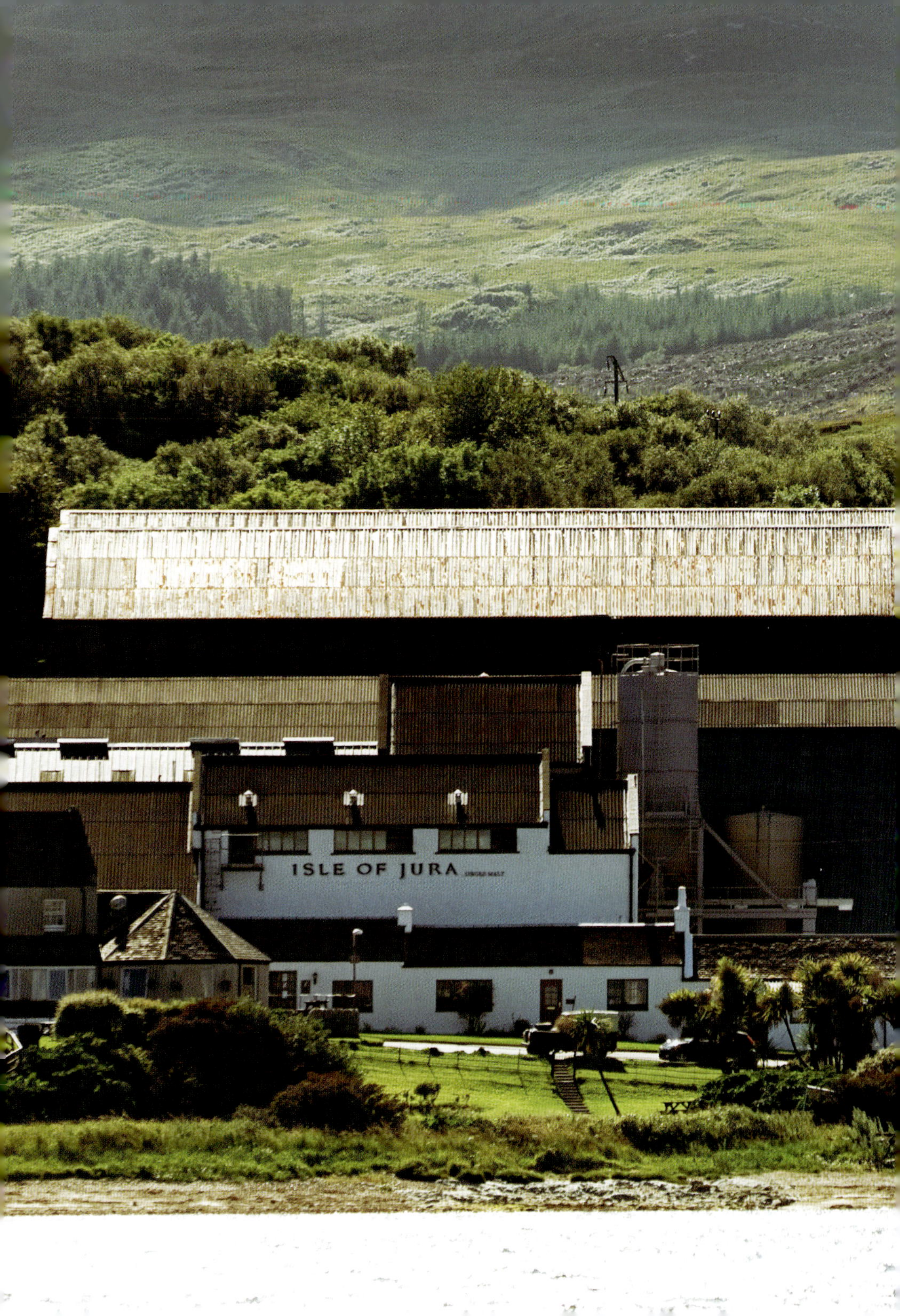
ISLE OF JURA

Isle of Jura Elixir

Whyte & Mackay | www.isleofjura.com

Herstellungsregion und -land Islands, Schottland
Destillerie Isle of Jura, Craighouse, Isle of Jura, Argyll
Alkoholgehalt 40 Vol.-%
Whiskytyp Single Malt

Man könnte vielleicht meinen, die Welt des Internets und der sozialen Medien passe nur schlecht zur alten, traditionellen und sich langsam entwickelnden Welt des Malt Whiskys. Das Gegenteil ist der Fall. Whiskyhersteller haben die Blogger mit offenen Armen aufgenommen – manche mit offeneren als andere. Es gibt ganze Internetseiten im Stil von Facebook, auf denen eine neue Generation von Whisky-Begeisterten mit anderen auf der ganzen Welt Meinungen und Ideen austauschen. So findet man auch über diesen Whisky im Netz eine Unzahl von Kommentaren und Kritiken.

Zu Pressereisen werden heute auch einige der besten Blogger eingeladen, manche von ihnen ehemalige Böcke, die jetzt als Gärtner im Lohn der Whiskyhersteller stehen, und diesen helfen, die fremde Welt der sozialen Medien zu verstehen. Ein Problem dieser Medien ist ihre Kurzlebigkeit – nur Stunden, nachdem ein Whisky rezensiert worden ist, schreit das Web nach mehr. Manche Whiskyfirmen nutzen sie aber auch erfolgreich, um ihr Publikum anzusprechen, etwa durch Wettbewerbe, bei denen es Destilleriebesuche und Ähnliches als Preise gibt.

Der Isle of Jura Elixir ist eine neue Ergänzung des Kernsortiments der Destillerie. Er wurde im Rahmen eines Wettbewerbs auf Twitter auf den Markt gebracht, bei dem die Teilnehmer Gelegenheit hatte, eine frühe Probe zu bestellen und diese zu kommentieren, bevor der allgemeine Verkauf begann. Ihre Kommentare wurden online veröffentlicht und sorgten für Werbung, noch bevor der Whisky herauskam. Zudem wurden der Wettbewerb und die Kommentare unzählige Male weiter getwittert und sorgten so für Interesse an der neuen Abfüllung. **DR**

Verkostungsnotizen

Die Mischung aus Bourbon- und Sherryfässern des Elixirs ergibt in der Nase Nußaromen und üppige Früchte, dann am Gaumen Zitrusfrüchte, überreife Melone, Vanille, Muskatnuß, Piment, dunkle Schokolade und schließlich einen mittellangen Abgang.

Isle of Jura Prophecy

Whyte & Mackay | www.isleofjura.com

Herstellungsregion und -land Islands, Schottland
Destillerie Isle of Jura, Craighouse, Isle of Jura, Argyll
Alkoholgehalt 46 Vol.-%
Whiskytyp Single Malt

Mythen entstehen aus dem Bemühen des Menschen, die Welt und ihren eigenen Platz darin zu verstehen. Schottland ist eine Nation, die mit Mythen getränkt ist, und die Schotten sind von Natur aus Sänger von Liedern, Erzähler von Märchen und Spinner von Geschichten. Es kann schwierig sein, schottische Geschichte und schottische Legenden auseinanderzuhalten. Manchmal erscheinen beide gleichermaßen den Tatsachen zu entsprechen und den Phantasien zu entspringen.

Es gibt eine Geschichte über die Frühzeit des Campbell-Clans auf Jura. Nachdem der Clan den MacDonalds die Insel abgenommen hatten, fühlte man sich bemüßigt, eine Frau des Landes zu verweisen, die als Seherin galt. Selbst auf der tief in der Mythologie verwurzelten Insel gehörten übernatürliche Kräfte nicht zu den erwünschten Eigenschaften bei Nachbarn. Als die Frau abzog, vermutlich tief verärgert, verkündete sie, der letzte Campbell würde die Insel als Einäugiger verlassen und seine Habseligkeiten auf einem von einem weißen Pferd gezogenen Karren zum Schiff bringen. Man meint, den Donnerschlag zu hören, der als Begleitmusik diente. Der Verfluchung mag es etwas an Stil gemangelt haben, aber sie traf genauso ein. Mehr als 200 Jahre später verließ Charles Campbell 1938 die Insel auf diese Weise.

Es war die Prophezeiung der Seherin, die dem Whisky seinen Namen gab. Etwa 72 Jahre, nachdem Charles Campbell aufs Festland gegangen war, feierte die Destillerie damit die Nostradamus-Nacheiferin der Insel. Sie nannte den neuen Whisky also einfach Prophecy – sicher einer bessere Wahl als „Einäugiger, der all sein Hab und Gut von einem weißen Pferd ziehen läßt." **D&C**

Verkostungsnotizen

Mehr Torf als sonst in einem Jura-Whisky, aber nicht zu beunruhigend. Leichte Rauch- und Seetangnoten, wie ein Lagerfeuer am Strand. Etwas Dörrobst – fast wie eine Kuchenbackmischung – mit Piment und viel Pfeffer am Gaumen. Trockener, mittellanger Abgang.

Isle of Jura Superstition

Whyte & Mackay | www.isleofjura.com

Herstellungsregion und -land Islands, Schottland
Destillerie Isle of Jura, Craighouse, Isle of Jura, Argyll
Alkoholgehalt 43 Vol.-%
Whiskytyp Single Malt

Als Aberglaube wird eine Überzeugung bezeichnet, die aus Gründen der Tradition gehalten wird und nicht auf Vernunft oder Wissen basiert. Außerdem ist „Superstition" der Titel eines sehr guten Songs von Stevie Wonder. Meist wird der Begriff aber eher abfällig verwendet. Menschen, die an etwas anderes glauben als ihr Gegenüber, werden schnell des Aberglaubes bezichtigt, auch wenn diese Gegenüber ihre eigenen irrationalen Ansichten pflegen. Aberglaube dreht sich oft um symbolische Ereignisse oder Gegenstände, denen die Eigenschaft zugeschrieben wird, etwas über zukünftiges Geschehen auszusagen. Manche Aberglauben sind komplex und faszinieren, andere beziehen sich auf kleine Alltagsgewohnheiten und werden oft nicht bemerkt.

Mitten auf der Flasche des Jura Superstition ist das altägyptische Symbol Anch angebracht. Die Bewohner von Jura behaupten, daß einem das Glück hold sein wird, wenn man das Anch beim Eingießen des Whiskys genau in der Mitte der Handfläche hält. Andernfalls würde man vom Pech verfolgt. Wichtig ist auf jeden Fall, etwas Salz über die linke Schulter zu werfen, während man bei Vollmond unter einer Leiter hindurch geht und dabei eine schwarze Katze sieht, die auf die Fugen zwischen den Pflastersteinen tritt. Sonst könnte werweißwas passieren. Dann muß man die Flasche wieder gut verschließen und an zehn Freunde schicken. Das bringt auf jeden Fall Glück.

Der Superstition ist ein leicht getorfter Whisky, der komplexer ist als der 10-Year-Old aus dem gleichen Haus. Er ist kein Ergebnis magischer Geschehnisse, sondern echter Könnerschaft in der Herstellung von Whisky. **D&C**

Verkostungsnotizen

Ein leicht getorfter Whisky, der etwas Rauch zeigt. In der Nase ein Hauch Menthol und Kiefer und Spuren von Moschus und Bootslack. Der Geschmack erinnert eher an saure Drops mit Honig, Grapefuit und Gewürzen und Nachklängen von Backnatron und Orangenschale.

Isle of Skye 8-Year-Old

Ian Macleod Distillers | www.ianmacleod.com

Herstellungsregion und -land Isle of Skye und Speyside, Schottland **Destillerien** Verschiedene
Alkoholgehalt 40 Vol.-%
Whiskytyp Blend

Die Ursprünge von Ian Macleod Distillers liegen im Jahr 1933. Seitdem hat sich das Portfolio der Firma beträchtlich erweitert und enthält heute nicht nur viele unterschiedliche Single Malts und Blends, sondern auch andere Alkoholika.

Der Isle of Skye 8-Year-Old wurzelt mit seinem Namen fest in der Familientradition der Herstellerfirma. Der Clan Macleod betrachtet die Insel Skye seit langem als seine Heimat, worauf dieser Whisky mit Stolz verweist. Über die Grundwhiskys des Blends ist man auf Vermutungen angewiesen, aber man liegt wohl nicht falsch, wenn man annimmt, das die Insel-Nuancen, die bei ihm durchklingen, zumindest teilweise auf Whisky von der einzigen Destillerie auf Skye zurückzuführen sind.

Das soll nicht heißen, über den torfigen Charakter hinaus gebe es nichts Bmerkenswertes an diesem Whisky. Wie die Hersteller klar sagen, enthält er auch einen beträchtlichen Anteil vom Speyside-Malts, der dazu beiträgt, den heißen Atem der Islays und anderen Inselwhiskys etwas abzukühlen. Der 8-Year-Old ist definitiv ein kultivierter und entspannter Whisky, den man gerne im Glas hätte, wenn man zusieht, wie der Himmel über den Cuillin Hills auf Skye sich abends rot färbt. Er würde in der kälteren Jahreszeit dann sicher auch dafür sorgen, daß es einen im feuchten Inselklima nicht fröstelt.

Der Whisky hat beträchtlich von seiner achtjährigen Lagerung in Eichenfässern profitiert. Das Ergebnis wirkt deutlich älter und vor allem reifer als das tatsächliche auf der Flasche angegebene Alter. Ein wirklich sehr ausgewogener Blend. **D&C**

Verkostungsnotizen

Die Nase zeigt Bienenwaben, Vanille und Milchreis, darunter eine winzige Spur Salzwasser und Torf. Im Mund zuerst etwas ölig, dann mit Noten von Honig, Mandeln und Torf. Der Abgang ist süßer – ein wenig Marmelade, Marzipan und schließlich Rauch.

Isle of Skye 21-Year-Old

Ian Macleod Distillers
www.ianmacleod.com

Herstellungsregion und -land Isle of Skye und Speyside, Schottland **Destillerien** Verschiedene
Alkoholgehalt 40 Vol.-%
Whiskytyp Blend

Es gibt insgesamt eintausend der numerierten Porzellankaraffen mit diesem Blended Whisky. Jede von ihnen liegt in einer luxuösen Lederschatulle. Ein Whisky wie dieser ist schon wegen seines Alters, seiner Reife und seiner Bestandteile etwas Besonderes, aber in einer solchen Präsentation wird er wirklich ganz außergewöhnlich. Er kann sich nicht mit Shergar oder Lord Lucan messen und steht nicht ganz an der Spitze der Whiskywelt (es gibt sicher noch seltenere Trophäen, die man dort erlangen könnte), aber weit davon entfernt ist er auch nicht.

Für Anhänger von reifen Whiskys, die viel Eichenholz und Rauch zeigen, ist diese Abfüllung kaum zu übertreffen. Er wird zum Teil in amerikanischen Eichenfässern und zum Teil in Sherryfässern gelagert, und es ist die Kombination dieser beiden Faßarten, die zu dem einzigartigen Geschmack des Blends aus Insel- und Speyside-Whiskys beiträgt. Mit 60 Prozent ist der Anteil an Malt-Whiskys überdurchschnittlich hoch. Zu der Anziehungskraft dieses Blends trägt neben seiner Seltenheit sicher auch wesentlich bei, daß er Whiskys aus inzwischen geschlossenen Destillerien enthält. Man wird zwar vermutlich nie erfahren, welche Brennereien es waren und ob sie Malts oder Grains für diesen Blend lieferten, aber solche Unwägbarkeiten tragen nur zur Schönheit des Tröpfchens bei, das im Glas vor einem ruht. **D&C**

Verkostungsnotizen

In der Nase karamelisierter Apfel, Blumen, Eiche, Vanille und Rauch. Am Gaumen robuste Sherrynoten, die Karamelkeksen, Vanille und Obstkompott weichen.

J&B Jet

Diageo
www.jbscotch.com

Herstellungsregion und -land Schottland
Destillerien Verschiedene
Alkoholgehalt 40 Vol.-%
Whiskytyp Blend

Die Welt der reinen Export- und Duty-Free-Whiskys ist gleichermaßen faszinierend wie frustrierend. Es gibt viele kaum zu fassende Abfüllungen, deren Ruf aufgrund ihrer Seltenheit schon fast ans Mythische grenzt. Wer hat noch nicht ehrfurchtsvoll vor den entsprechenden Regalen in der Lounge eines internationalen Flughafens gestanden und sich überlegt, Platz im Handgepäck für eine Flasche oder zwei zu schaffen?

Whisky spekuliert wie viele andere Konsumgüter auf die Anmutung von Exklusivität. Es gibt nur wenige Konsumenten, die dem vergnüglichen Gefühl des Privilegiertseins widerstehen können, das mit dem Zugang zu etwas einhergeht, das anderen verwehrt ist.

Man sollte sich dann aber glücklich schätzen und dieses Glück still genießen, anstatt es hinauszuposaunen. Falls man in einer Bar auf der anderen Seite der Welt auf den berühmten Whisky einer inzwischen geschlossenen Destillerie stößt, sollte man nicht sofort E-Mails an all die anderen Whisky-Aficionados schicken, und dann Dutzende von Fotos in jedem erreichbaren sozialem Medium posten. Besser ist es, den seltenen Augenblick zu genießen, sich dem Whisky zu widmen, und dann auf dem Rückflug im Duty-Free etwas einzukaufen, das man zu Hause den Freunden vorsetzen kann. Schließlich schmeckt Whisky in guter Gesellschaft am besten. **D&C**

Verkostungsnotizen

Zwischen Eiche, Vanille und etwas gemähtem Gras ein winziger Hauch Sherry. Im Mund glatt, die Zunge schnell beschichtend. Früchte und Eiche am Gaumen.

J&B Nox

Diageo
www.jbscotch.com

Herstellungsregion und -land Schottland
Destillerien Verschiedene
Alkoholgehalt 40 Vol.-%
Whiskytyp Blended Malt

Seit dem Ende der 1950er Jahre machte das Rat Pack Las Vegas unsicher. Frank Sinatra, Dean Martin, Sammy Davis Jr. und Anhang trugen sehr dazu bei, den Ruf des Nachtlebens in der Stadt legendär werden zu lassen. Man kann sich vorstellen, daß ihr Lieblingswhisky heute vielleicht der J&B Nox wäre.

Bei vorgegebenen Vorstellungen – auf kulturellem, historischem oder jedem anderen Gebiet – bringen wir immer unsere eigenen Maßstäbe für das mit, was wir als passend betrachten, was wir für möglich und erlaubt halten und was nicht. Bei der Definition von Sachverhalten legen wir unsere eigenen Nebenbedingungen im Rahmen des Kontextes an. Sollte man es beim Blended Whisky genauso halten? Ohne bei der Konzeption, der Herstellung und dem Marketing bis an die Grenzen des Gegebenen zu gehen, besteht die sehr reale Gefahr, daß ein schöner und geschätzter Teil einer Branche, ganz zu schweigen einer Kultur, stagnieren könnte.

Erst Ende des 19. Jahrhunderts begann man damit, verschiedene Whiskys zu Blends zu „vermählen". Damals war das revolutionär und stieß auf eine gewisse Skepsis. Heute ist das Verfahren alltäglich. Wie soll die Whiskybranche ohne einen gelegentlichen Anflug von Extravaganz seitens der Hersteller dieser Welt in Zukunft noch innovativ sein oder inspirieren? Also … ein Blended Malt speziell für Mix-Getränke? Warum eigentlich nicht? **D&C**

Verkostungsnotizen

Esternoten und Fruchtbonbons in der Nase. Am Gaumen abgerundet, Spuren von Melone und Apfel, dann Vanille und Eiche. Auch im Abgang Eiche und Apfel.

J&B Rare

Diageo
www.jbscotch.com

Herstellungsregion und -land Schottland
Destillerien Verschiedene
Alkoholgehalt 40 Vol.-%
Whiskytyp Blend

Die Geschichte von Justerini & Brooks ist eine erstaunliches Geflecht aus Romantik, Familiengeheimnissen und Firmenübernahmen: Giacomo Justerini hatte sich in eine Opernsängerin verliebt, der er nach London folgte, nicht ohne zuvor seinem Onkel die Rezepte für einige Spirituosen zu entwenden, die dieser herstellte. Die Getränke wurden bei der englischen Aristokratie sehr beliebt, und Justerini nahm einen Partner in die Firma auf. Zusammen waren sie sehr erfolgreich und wurden sogar zu Hoflieferanten ernannt. 1831 kaufte Albert Brooks die Firma auf und ergänzte den Firmennamen um seinen eigenen. Später erhielt dann die geradezu allgegenwärtige Whiskymarke die Anfangsbuchstaben als Namen.

Wenn man eine Bar oder einen Club betritt, ist es sehr wahrscheinlich, daß man dort eine Flasche J&B Rare zu sehen bekommt. Es wird behauptet, daß in jeder Sekunde, die verstreicht, zwei Flaschen J&B Rare geöffnet werden. Das ist eine phänomenale Menge an Whisky. Der Erfolg des J&B Rare mag an seinem ausgewogenen Geschmack liegen, der ihn für das Mischen prädestiniert. Es gibt viele Cocktail-Rezepte mit J&B Rare, was den Whisky-Puristen zwar irritieren mag, andererseits aber auch dafür sorgt, daß manch eine Party bis in die frühen Morgenstunden andauert. Der Blend paßt sich einer Vielzahl von Zutaten an, ohne die Ausgewogenheit seiner 42 Grundwhiskys zu verlieren. Keine schlechte Leistung. **D&C**

Verkostungsnotizen

Unglaublich leicht, duftig und zart in der Nase, mit Zitronen, Ananas und Mangos. Am Gaumen zeigen sich Eiche und Vanille zusammen mit leichten Tanninen.

J&B Reserve 15-Year-Old

Diageo | www.jbscotch.com

Herstellungsregion und -land Schottland
Destillerien Verschiedene
Alkoholgehalt 40 Vol.-%
Whiskytyp Blend

Der J&B Reserve 15-Year-Old unterscheidet sich von anderen Blends durch die Altersangabe, die er trägt. Sie bedeutet, daß keiner der enthaltenen Whiskys jünger als 15 Jahre sein darf, wobei es dem Blender unbenommen bleibt, auch ältere Whiskys auszuwählen, um besonders auffällige Merkmale eines bestimmten Malts oder Grains in der Mischung abzumildern. Die Herstellung eines Blends mit Altersangabe wird in der Regel höhere Produktionskosten nach sich ziehen. Man will damit also nicht den Profit maximieren, sondern Flagge zeigen.

Der Blend wurde in den besten Fässern in den eigenen Lagerhäusern von J&B gereift. Es wäre interessant, etwas über die Grundwhiskys und das Verhältnis von Malt- zu Grain-Whiskys zu erfahren. Das Rezept des Blends enthält zweifellos einige Überraschungen. Geheime Kombinationen aus jeder Whisky-Region Schottlands – in diesem Fall offensichtlich eine größere Menge Speyside – werden in das Endprodukt eingegangen sein, und es sind nur die Masterblender dieser Welt, die Zugang zu solchen Informationen haben. Andererseits gibt es kaum etwas Angenehmeres, als sich bei einem guten Gläschen solchen Gedanken zu widmen. Wie beim Whisky liegt das Vergnügen dann darin, die Ergebnisse zu teilen. **D&C**

Verkostungsnotizen

In der Nase leichte Frucht- und Vanille-, dann Tabaknoten, Sherry und Marmelade. Auf der Zunge zähflüssigere dunkle Frucht, Eiche und wieder Sherry.

Johnnie Walker Black Label

Diageo | www.johnniewalker.com

Herstellungsregion und -land Schottland
Destillerien Verschiedene
Alkoholgehalt 40 Vol.-%
Whiskytyp Blend

John „Johnnie" Walker begann 1820, in seinem Lebensmittelgeschäft in Ayrshire Whisky zu verkaufen. Er wird verschiedene Malts angeboten haben, da verschnittene Whiskys damals noch verboten waren.

Die Erfolgsgeschichte des Johnnie Walker begann jedoch viel später, nachdem die Firmenleitung an seinen Sohn und den Enkel übergegangen war. Verschnittener Whisky wurde 1860 legalisiert, und Blends waren bald auf der ganzen Welt beliebt. Die Walkers reagierten schnell auf die internationale Nachfrage nach Scotch und boten den besten Whisky an, der herzustellen war. Außerdem läuteten sie eine Reihe von Innovationen ein: die berühmten farbkodierten Etiketten zum Beispiel; die rechteckigen Flaschen, mit denen sich die Bruchkosten reduzieren ließen und mehr Platz im Regal geschaffen wurde; und die geschickte schräge Anbringung des Etiketts, auf dem der Name größer und leichter zu erkennen war.

Black Label ist der berühmteste Johnnie Walker. Er besteht aus etwa 40 Malts, keiner jünger als zwölf Jahre. Vor einiger Zeit bat das *Whisky Magazine* zehn Blender, den besten Blend zu benennen, der nicht von ihnen selbst stammte. Neunmal wurde der Black Label genannt; der zehnte Blender zählte nicht, weil er ihn herstellte. **SR**

Verkostungsnotizen

Fruchtig und üppig-süß mit Spuren von Rauch und Torf in der Nase. Auch am Gaumen Torf, außerdem Früchte mit Honig und Vanille. Komplex und sehr liebenswert.

Born 1820 — Still going Strong

WALKER & SONS, LTD., SCOTCH WHISKY DISTILLERS, KILMARNOCK, SCOTLAND.

Johnnie Walker Blue Label

Diageo | www.johnniewalker.com

Herstellungsregion und -land Schottland
Destillerien Verschiedene
Alkoholgehalt 43 Vol.-%
Whiskytyp Blend

Im Kampf um Marktanteile und Vorherrschaft sind die beiden größten Getränkekonzerne Diageo und Pernod Ricard unterschiedliche Wege gegangen. Vor einigen Jahren legte Pernod Umfrageergebnisse vor, die zeigten, daß wenige Konsumenten die Bedeutung der Altersangabe auf einem Etikett verstehen. Die Firma startete eine Kampagne, um deutlich zu machen, wie wichtig das Alter eines Whiskys ist; vermutlich sollte so der Absatz von altem Whisky zu Spitzenpreisen angekurbelt werden. Diageo stellt sich dagegen auf den Standpunkt, das Alter sei nur einer der Qualitätsfaktoren und die modernen Produktionsverfahren und -kenntnisse ermöglichten auch hochwertige Whiskys ohne jegliche Altersangabe.

Der Johnnie Walker Blue Label belegt Diageos These. Er gehört beim Preis in die Spitzenklasse und enthält einige der ältesten und seltensten Malts der Firma, aber die Mischung enthält auch etwas jüngeren Whisky. Gesetzlich vorgeschrieben ist, daß der Whisky als siebenjährig bezeichnet werden muß, wenn er auch nur einen Tropfen dieses Alters enthält. Das sagt nichts über den Wert der anderen beteiligten Whiskys aus. Warum also den Jüngling hineinbringen? Weil er Leben in die Bude bringt. Er wirkt wie ein Kleinkind im Altersheim, das einige der Bewohner dazu bringt, wieder aufzustehen und sich zu bewegen, einigen der alten Körper eine frische Dosis jugendlicher Energie verleiht.

Diageo ist mit diesem Whisky zumindest teilweise erfolgreich aus der Diskussion hervorgegangen, weil er auch ohne Altersangabe zu einem hohen Preis verkauft werden kann, da er den Ruf allerhöchster Qualität genießt. **SR**

Verkostungsnotizen

Vielleicht der beste Allrounder unter den Blends. Eiche verbindet sich mit Früchten aller Art, mit Gewürzen, Torf und Honig. Hervorstechendes Merkmal ist jedoch die Verbindung ehrbarer alter Whiskys und jüngerer, frischerer, spritzigerer Jahrgänge. Brillant.

Johnnie Walker Gold Label

Diageo | www.johnniewalker.com

Herstellungsregion und -land Schottland
Destillerien Verschiedene
Alkoholgehalt 40 Vol.-%
Whiskytyp Blend

Johnnie Walker Gold Label wird aus Dutzenden von Whiskys hergestellt, von denen keiner jünger als 18 Jahre ist. So stellen sich einige Fragen, nicht zuletzt die, was man mit ihm machen sollte. Blended Whiskys werden häufig für Longdrinks oder Cocktails verwendet. Ist das wirklich für einen hochwertigen Blend angemessen, der aus vorzüglichen Malts und Grains besteht, die mindestens 18 Jahre und zum Teil sicher sehr viel älter sind? Wenn man andererseits meint, man sollte einen verehrungswürdigen, nicht gerade billigen Blend nicht dadurch verderben, daß man Ginger Ale oder etwas ähnliches hineinschüttet: Warum sollte man den Blend kaufen und nicht gleich einen 18 Jahre alten Single Malt?

Vielleicht liegt die Antwort im Wasser. Man hat festgestellt, daß der Blended Whisky zu der Zeit, als er in England und dann im British Empire beliebt wurde, mit Mineralwasser getrunken wurde. In der jüngeren Vergangenheit haben es Japaner ähnlich gemacht und ihn mit Eis und Mineralwasser in schicken Gläsern als Highball serviert. Compass Box schlägt vor, seinen Blend Great King Street mit Wasser zu trinken. Diageo ist zwar nicht ganz so weit gegangen, hat aber in der Vergangenheit einen anderen Serviervorschlag für seine besten Blends gemacht: Man sollte vor dem ersten Schluck des Johnnie Walker Blue Label den Mund mit Eiswasser betäuben und den Whisky dann so lange im Mund behalten, bis sich seine komplexen Geschmacksnoten entfaltet haben.

Der Gold Label wird auch als Whisky beworben, der am besten gekühlt getrunken werden sollte. Wie beim Blue Label läßt man ihn dann im Mund warm werden. **SR**

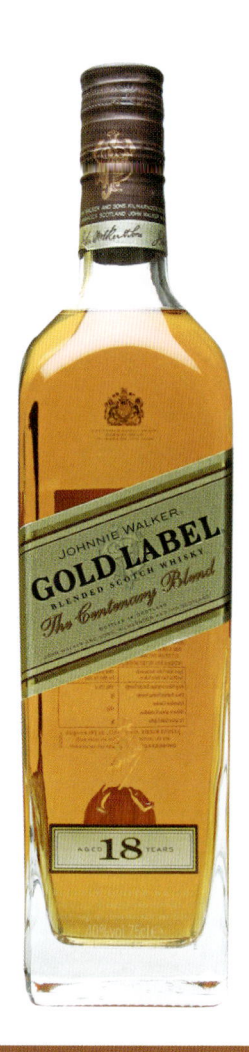

Verkostungsnotizen

Blüten- und Bienenwabennoten in der Nase, auch Gewürze. Am Gaumen süß und sanft, mit Andeutungen überreifer tropischer Früchte. Üppige, ölige Textur, der Geschmack in sanften Rauch eingehüllt. Ein wunderbar weiches Kissen.

Johnnie Walker Green Label

Diageo | www.johnniewalker.com

Herstellungsregion und -land Schottland
Destillerien Verschiedene
Alkoholgehalt 43 Vol.-%
Whiskytyp Blended Malt

Green Label paßt nicht in das Johnnie-Walker-Portfolio, weil er im Gegensatz zu den anderen kein Blended Whisky ist. Vielmehr ist er ein Blended Malt, was natürlich bedeutet, daß er keinen Getreidewhisky enthält und nur als Malts besteht.

Genauer gesagt, besteht er aus Single Malts von vier der besten Destillerien des Eigners Diageo. Zwei von ihnen, Talisker und Cragganmore, gehören auch zur „Classic Malts"-Reihe von Diageo. Die anderen beiden, Caol Ila (einer der Grundwhiskys aller Johnnie Walkers) und Linkwood, erhalten von jenen, die sie kennen, allerhöchstes Lob. Die Whiskys werden mit großem Geschick verschnitten, um einen phänomenalen, tiefen, stilsicheren Blend zu schaffen

Erwähnenswert ist auch, daß keiner der verwendeten Whiskys jünger als 15 Jahre ist. Darauf beruht auch seine Besonderheit. Einerseits garantiert die Altersangabe, daß nur Whiskys höchster Güte in dem Blend enthalten sind, andererseits ist er auch der lebhafteste, jugendlichste und energischste Johnnie Walker. Der Green Label wurde lange Zeit meist ignoriert, aber vor ein paar Jahren an einen sehr nassen, kalten Tag auf dem Diageo-Betriebsgelände in der Speyside neu vorgestellt – man bestand darauf, daß die geladene Presse dennoch im Regen Croquet spielte.

Darüber, ob der Green Label mehr ist als die Summe seiner Teile, kann man streiten. Aber zweifelsohne bietet er viel für wenig Geld. Die Produktion wurde zwar vorübergehend eingestellt, aber der Green Label ist inzwischen auf Kundenwunsch wieder verfügbar. Wie lange das so bleibt, ist allerdings fraglich. **SR**

Verkostungsnotizen

Eine sehr beeindruckende Verbindung jugendlicher Kraft mit der Erfahrung des Alters. Üppige Fruchtnoten im Herzen. Süße Gerste macht den Whisky angenehm frisch, würziger Pfeffer und tiefe Torftöne verankern den Malt.

Johnnie Walker Red Label

Diageo | www.johnniewalker.com

Herstellungsregion und -land Schottland
Destillerien Verschiedene
Alkoholgehalt 40 Vol.-%
Whiskytyp Blend

Es gibt eine schöne Geschichte über die Eröffnung der Superdestillerie Roseisle durch den Eigner Diageo. Der Betrieb kann mehr als 10 Millionen Liter Destillat im Jahr produzieren und zog die Kritik von Bloggern auf sich, die wieder und wieder die unbelegbare Behauptung wiederholten, die Inbetriebnahme von Roseisle würde die Schließung von fünf oder sechs kleineren Destillerien des Konzerns zu Folge haben. Diageo lud zur Eröffnung eine Gruppe von Bloggern ein und zog sie den ganzen Vormittag für den Unfug zur Rechenschaft, den sie geschrieben hatte. Sie bekam jede Menge Tabellen und Grafiken vorgesetzt, aus denen die exponentiell wachsende Whiskynachfrage und das Potential vieler neuer Whiskymärkte zu ersehen war.

„Wir müssen mehr Whisky herstellen, um die Nachfrage zu befriedigen," erklärten die Diageo-Manager. „Warum sollten wir den Gesamtausstoß gleich bleiben lassen, indem wir Destillerien schließen? Was wir eigentlich brauchen, sind mehr Destillerien und mehr Roseisles." Recht überzeugend, vor allem weil Diageo ein globaler Getränkekonzern ist, der so viel Whisky wie möglich verkaufen möchte. Single Malts bieten dafür kaum Gelegenheit, weil der Jahresausstoß einer Malt-Destillerie von 2 Millionen Litern sich nicht steigern läßt. Bei Blends ist das anders. Ihre komplizierte Zusammensetzung aus verschiedenen Whiskys kann den verschiedenen Märkten angepaßt werden und erlaubt so auch Wachstum. Die Grundlagen dafür sind bei Johnnie Walker schon gelegt worden. In den letzten 50 Jahren hat er sich den Ruf eines Whiskys der höchsten Güte erworben. Es gibt kaum einen Blend, der ihm gleichkommt. **SR**

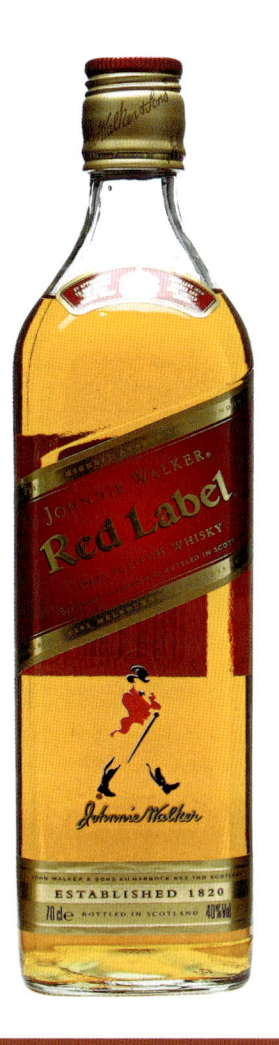

Verkostungsnotizen

Sehr aromatisch in der Nase, fast wie Gin, aber mit rustikalen, torfigen Noten. Am Gaumen voll, robust und lebhaft, mit Ingwer und Gewürzen, die mit Rauch, Wacholder und Beerenfrüchten wetteifern. Ein spritziger, jugendlicher, aber sehr trinkbarer Blend.

Kilchoman 100% Islay

Kilchoman | www.kilchomandistillery.com

Herstellungsregion und -land Islay, Schottland
Destillerie Kilchoman, Bruichladdich, Argyll
Alkoholgehalt 46 Vol.-%
Whiskytyp Single Malt

Als Anthony Wills, der Gründer und Besitzer von Kilchoman, im Juni 2011 seine siebte Abfüllung vorstellte, war es wieder ein Whisky, der ausschließlich in Bourbonfässern gelagert worden war und keinen Sherryeinfluß zeigt. Das Besondere an ihm war jedoch etwas anderes: Die vorherigen Ausgaben waren mit Malz aus Port Ellen hergestellt worden, das zwar auf Islay liegt, seine Gerste aber vom Festland bezieht. Der Kilchoman 100% Islay wird aus Gerste hergestellt, die auf Islay wächst, und mit Islay-Torf getrocknet; dann wird er auf Islay destilliert, gelagert und auf Flaschen gezogen. Dieser drei Jahre alte Malt ist hochgetorft (20 bis 25 ppm Phenol). 11 300 Flaschen wurden mit 50 Volumenprozent Alkohol abgefüllt, eine Sonderausgabe mit einer Stärke von 61,3 Prozent ist nur in der Destillerie zu erhalten.

Kilchoman ist in wenigen Jahren sehr erfolgreich geworden. Alle bisherigen Abfüllungen waren schnell ausverkauft, und die steigende Nachfrage hat Anthony Wills genötigt, weitere Lagerhäuser zu bauen. 2010 kam der Whisky auf dem wichtigen amerikanischen Markt heraus, und das Besucherzentrum der Destillerie zieht jährlich schon 10 000 Schaulustige an. Es wird interessant sein, die zukünftige Entwicklung zu beobachten und zu sehen, wie sich der Whisky bei längerer Lagerung entwickelt. **IR**

Verkostungsnotizen

Scharf und intensiv, mit schöner Malzigkeit. Blumige Fliedernoten. Am Gaumen würzig und kräftig, wieder mit Blumen- und Heidenoten. Mittellanger Abgang.

Kilchoman Spring 2011

Kilchoman | www.kilchomandistillery.com

Herstellungsregion und -land Islay, Schottland
Destillerie Kilchoman, Bruichladdich, Argyll
Alkoholgehalt 46 Vol.-%
Whiskytyp Single Malt

Als Anthony Wills, der Besitzer von Kilchoman, 2011 in Chicago am dortigen Whisky Fest teilnahm, um für seine Whiskys zu werben, erhielt er eine Auszeichnung für den „Artisan Whisky of the Year". Die Anfänge dieses ‚handwerklichen' Whiskys lagen in der Zusammenarbeit mit Mark French, dem in der Nähe von Port Charlotte auf Islay die Rockside Farm gehört. Die Destillerie wurde auf ihrem Land errichtet, und die Gerste von der Farm wurde zu einem wichtigen Bestandteil des Kilchoman. Etwa ein Drittel der verwendeten Gerste stammt von dem Feldern der Umgebung und wird an Ort und Stelle gemälzt. Danach wird es zehn Stunden über Torffeuern gedarrt, dann weitere 30 bis 60 Stunden (je nach Jahreszeit) mit heißer Luft. Der Phenolgehalt beträgt 20 bis 25 ppm.

Kilchoman Spring 2011 war die sechste Abfüllung der Brennerei und erschien im März 2011. Sie bestand aus 70 Prozent dreijährigem Whisky und 30 Prozent vierjährigem, die beide in Bourbonfässern gelagert waren. Der ältere der Grundwhiskys war zudem fünf Wochen in Oloroso-Sherryfässern nachgereift worden.

Die ersten drei Ausgaben des Kilchoman hatten alle ein Sherryfinish erhalten, die beiden folgenden waren „ausschließlich Bourbon". Mit dem Spring 2011 kehrte der Single Malt zu einem leichten Sherryton zurück. **IR**

Verkostungsnotizen

Meeresküste und Seetang, Herbstnoten, dann plötzlich Sobranie-Tabak. Am Gaumen zuerst intensiv, mit Wasser aber milder. Würzig, mit roten Beerenfrüchten.

Kilchoman
Winter 2010

Kilchoman | www.kilchomandistillery.com

Herstellungsregion und -land Islay, Schottland
Destillerie Kilchoman, Bruichladdich, Argyll
Alkoholgehalt 46 Vol.-%
Whiskytyp Single Malt

Hinter der neuesten Destillerie auf Islay steht Anthony Wills. Nach einer langen und erfolgreichen Tätigkeit im Weinhandel gründete er Liquid Gold Enterprises, um Einzelfaß-Whiskys abzufüllen. Er träumte aber auch davon, seine eigene Destillerie zu besitzen. 2005 konnte er den Traum auf Islay verwirklichen. Es war die erste Neugründung auf der Insel, seitdem 1908 Malt Mill auf dem Betriebsgelände von Lagavulin eröffnet wurde.

Alle seine bisherigen Abfüllungen waren getorft. Die erste kam im September 2009 als 3-Year-Old auf den Markt, allerdings war schon einige Monate zuvor eine erste Einzelflasche bei einer Wohltätigkeitsveranstaltung für mehr als 8000 Euro versteigert worden. Der Kilchoman Inaugural Release war in Bourbonfässern gelagert und dann sechs Monate in Oloroso-Sherryfässern nachgereift worden. Trotz seiner Jugend erhielt er einige begeisterte Kritiken: Wenn ein getorfter Whisky gut gemacht ist, kann er auch in seiner Jugend großen Charme haben.

Der Kilchoman Winter 2010 ist vergleichbar. Es ist die fünfte Abfüllung der Brennerei. Sie wurde etwas mehr als drei Jahre in Bourbonfässern von Buffalo Trace gelagert. Der Phenolgehalt des Gerstenmalzes betrug beeindruckende 50 ppm. **IR**

Verkostungsnotizen

Wogen von rohen Miesmuscheln und Seetang, salzig, frisch und etwas süß. Am Gaumen fritierte Garnelen und dann Pilze mit rauchiger Süße.

Kilkerran
Work in Progress 1

J. & A. Mitchell Co. | www.kilkerran.com

Herstellungsregion und -land Highlands, Schottland
Destillerie Glengyle, Campbeltown, Argyll
Alkoholgehalt 46 Vol.-%
Whiskytyp Single Malt

Glengyle wurde 1873 von William Mitchell errichtet, nachdem er sich bei der Destillerie Springbank mit seinem Bruder John überworfen hatte. 1925 wurde die Brennerei stillgelegt, 2004 wieder eröffnet. Damit war sie seit 125 Jahren die erste Destillerie, die in Campbeltown neu den Betrieb aufnahm. Der Name des Whiskys geht auf die alte Bezeichnung des Ortes zurück.

Die Brennblasen, Kondensatoren und andere Geräte stammen vom Ben Wyvis, einem seltenen Single Malt, der von 1965 bis 1976 im Invergordon Destillerie-Komplex gebrannt wurde. Der Produktionsleiter Frank McHardy erinnert sich: „Wir ließen [von der Forsyth Group] die Reiniger aus den Brennblasen nehmen und die Abflußrohre am Ende der Schwanenhalse neu ausrichten, so daß sie nach oben wiesen. Außerdem haben sie die Flansche entfernt und den Körper der Brennblase am ‚Pot' befestigt. So konnte das Destillat ohne Verwirbelung bis in das Abflußrohr strömen, von wo es wegen der Neigung nach oben teilweise wieder nach unten zurückfloß."

2009 kamen 12 000 Flaschen des Kilkerran Work in Progress 1 heraus. Frank McHardy sagt: „In der Nase waren Teigaromen und süße Malznoten. Am Gaumen war er recht kurz, aber fruchtig, und zeigte etwas Zitronenzeste und süße Vanille." **WM**

Verkostungsnotizen

Eine Melange aus Gewürzen, Jasmin, Eiche, Vanille und Kräutern in der Nase. Am Gaumen salzig mit Gewürznelken, ölig, zähflüssig. Etwas Kiefer im Abgang.

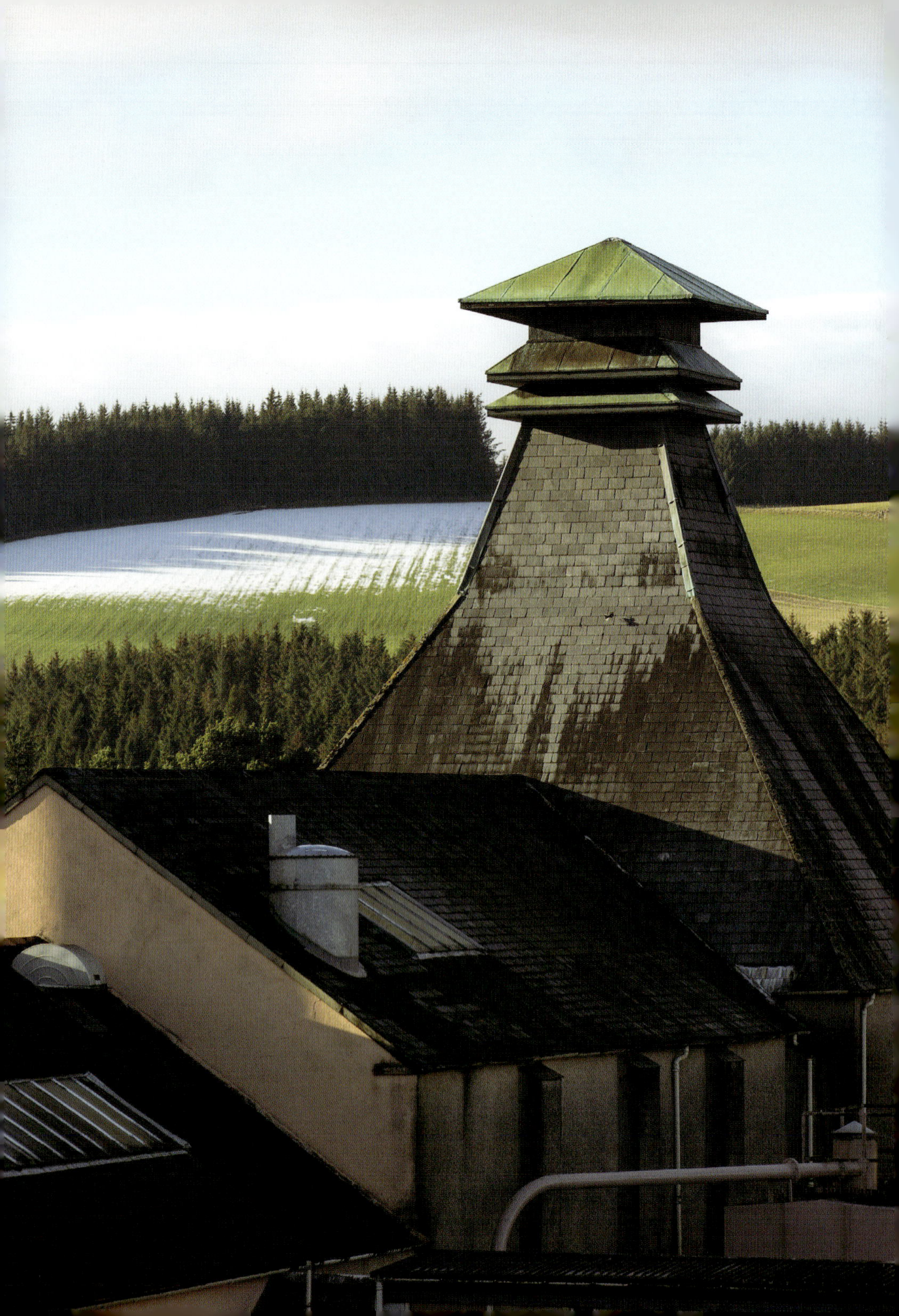

Knockando 12-Year-Old

Diageo | www.diageo.com

Herstellungsregion und -land Speyside, Schottland
Destillerie Knockando, Knockando, Morayshire
Alkoholgehalt 40 Vol.-%
Whiskytyp Single Malt

„Von Natur aus blasser und einsamer, aber fruchtiger Single sucht einen dominanten, dunklen und schweigsamen Typen für eine dauerhafte und lange Beziehung auf den Hügeln der Speyside." So hätte die Annonce dieses Whiskys lauten können, hätte er den perfekten Partner in Faßform gesucht, um seine Reifung zu beenden.

Zum Entstehen des Knockando 12-Year-Old ist eine bedachte Balance aus sorgfältiger Kontrolle und Geduld notwendig. Dazu gehört eine Mischung lokal gemälzter Gerste, Hefe und Wasser aus der Cardnach-Quelle oberhalb der Destillerie sowie ein kleiner Anteil eichener Sherryfässer, um dem Whisky subtile Geschmacksnuancen hinzuzufügen. Das Ergebnis ist ein zarter, sanfter, frischer Whisky, in dem sich eine leichte Rauchigkeit über Früchte und Nüsse legt. Jede Flasche dieses ernsthaften Single Malts enthält zudem nur die Erzeugnisse eines Anbaujahrs. Der Name Knockando ist gälisch und bedeutet „kleiner schwarzer Hügel", nämlich jener, auf dem die Destillerie über dem Spey steht.

Alles an diesem Whisky schmeckt außergewöhnlich sauber. Sein gesamter Charakter wird dadurch bestimmt, sogar die Anteile an Torf- und Getreidenoten wirken alles andere als übertrieben. Im Laufe der Zeit wird er etwas kecker und rundlicher, aber ansonsten ist es ein Single Malt, der tut, was er kann, um gut zu sein, und auf jeden Fall eine gute Balance und frische Geschmacksnoten vorweisen kann.

Wenn es überhaupt etwas zu bemängeln gibt, dann allenfalls eine gewisse Kurzlebigkeit. Ein längerer Abgang wäre sehr zu begrüßen. **JH**

Verkostungsnotizen

Ein Kurzbesuch in einem sonnigen Städtchen. Der Knockando ist frisch und sauber. Vielleicht ist er manch einem auch etwas zu gut, ein Musterschüler, eine Sommerliebe. Er ist gut, anständig und treu, was natürlich hilft, wenn man ihn den Eltern vorstellt.

← Die 1898 gegründete Knockando-Destillerie liegt am Ufer des Spey.

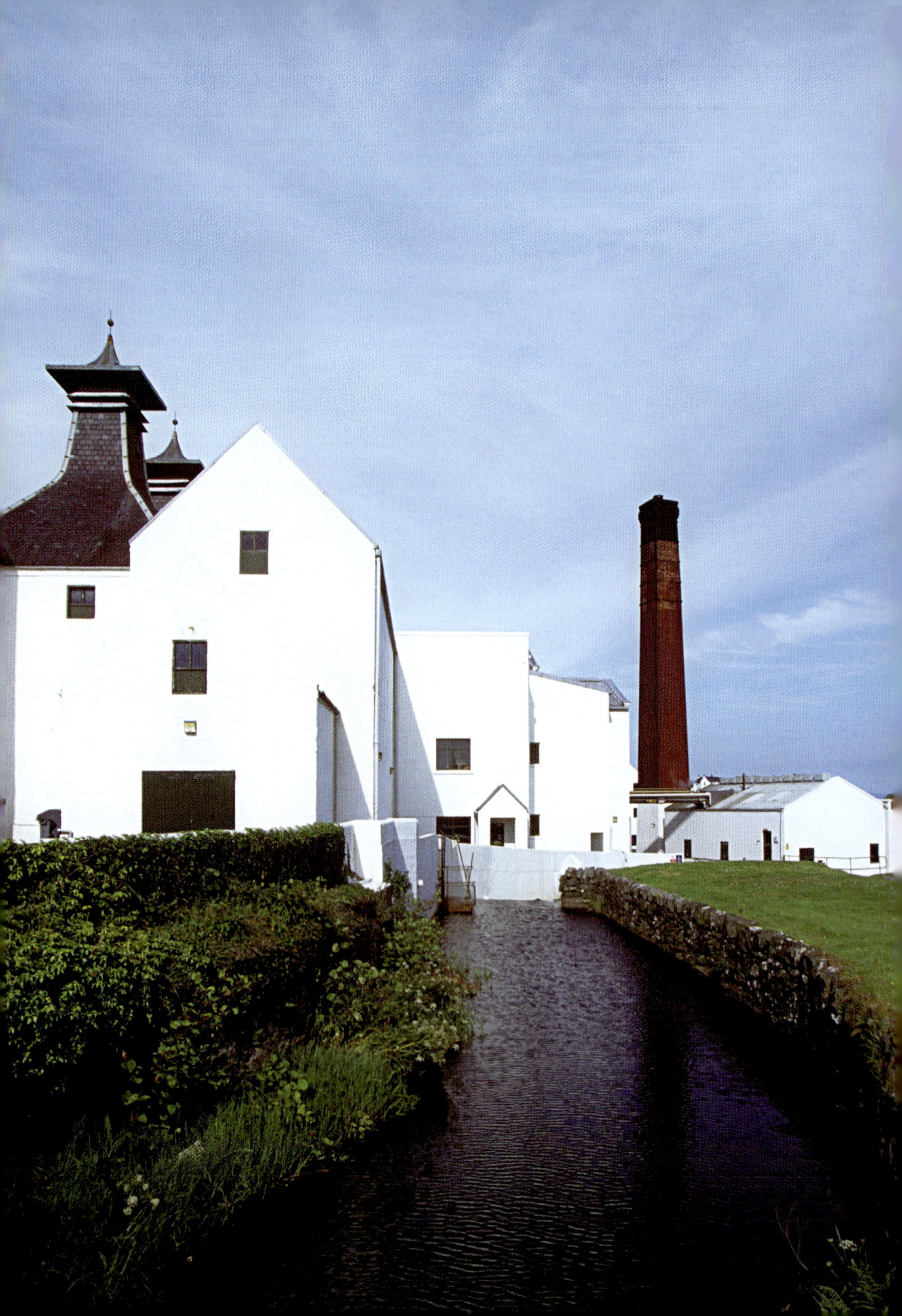

Lagavulin 12-Year-Old Cask Strength

Diageo | www.malts.com

Herstellungsregion und -land Islay, Schottland
Destillerie Lagavulin, Port Ellen, Argyll
Alkoholgehalt 56,5 Vol.-% (zehnte Ausgabe)
Whiskytyp Single Malt

Als die „Classic Malts"-Reihe 1989 auf den Markt kam, nahm Lagavulin seinen 12-Year-Old aus dem Sortiment und stellte den 16-Year-Old vor. Im Jahr 2002 brachte Diageo die limitierte Ausgabe eines 12-Year-Old in Faßstärke, der 58 Volumenprozent Alkohol aufwies. Es war der erste Malt der „Special Releases"-Reihe, die alljährlich fortgesetzt wurde.

Zu Beginn des folgenden Jahrzehnts hatte sie es auf zehn Ausgaben gebracht. Der zehnte 12-Year-Old wurde 1998 destilliert, zwölf Jahre in amerikanischen Eichenfässern gelagert und 2012 mit 56,5 Volumenprozent Alkohol auf Flaschen gezogen. Es gibt keine Details zu den Mengen der einzelnen Chargen, aber die letzten Abfüllungen haben vermutlich jeweils einhundert Fässer des Grundwhiskys erfordert. Der 12-Year-Old spricht bei Faßstärke sehr viel deutlicher als der 16-Year-Old. Er hat unter Enthusiasten eine treue Gefolgschaft gefunden, die diesen älteren Lagavulin-Stil bevorzugen. Die früher deutlichere Zitrusnote hat sich allmählich mit milden, süßen und salzigen Aromen zu größerer Reichhaltigkeit ausbalanciert.

Die Destillerie bezieht ihr Malz aus Port Ellen, es hat einen Phenolgehalt von 35 ppm, Lagavulins Torfungsgrad seit dem Jahr 1989. Der Alkoholgehalt des Malts war immer leichten Schwankungen unterworfen. **IGY**

Verkostungsnotizen

Ein rauchiger, pfeffriger, schmackhafter Whisky. Alte Gewürze und Kräuter, Glühweinmischung und getrocknete Zitrone. Mit Wasser wird er zum Grillfest am Strand.

Lagavulin 12-Year-Old Special Release 2011

Diageo | www.malts.com

Herstellungsregion und -land Islay, Schottland
Destillerie Lagavulin, Port Ellen, Argyll
Alkoholgehalt 57,5 Vol.-%
Whiskytyp Single Malt

Vor einigen Jahren startete Diageo eine Reihe mit herbstlichen Sonderabfüllungen, die sich zu einem Höhepunkt des Whiskyjahrs entwickelt haben. Wer immer die Auswahl trifft, hat einer Zusammenstellung erreicht, die unterschiedliche Whiskystile, Preis- und Altersklassen berücksichtigt. Ab und zu kommt auch eine echte Überraschung heraus.

Wie in diesem Fall. Der Lagavulin wird normalerweise mit 16 Jahren abgefüllt, aber vor einiger Zeit führten mangelnde Vorräte dazu, daß ein zwölf Jahre alter Malt herausgegeben wurde, um die Lücke zu füllen. Es war ein rechter Kracher, der sich eine treue Gefolgschaft eroberte.

Diese 2011er Sonderausgabe hätte in diese Richtung gehen können, tat es aber nicht. Am Anfang ist der Lagavulin mit seinem Holzrauch, seinen Phenolen und dem Kohlenteer deutlich zu erkennen, aber mit Wasser wird er auf halber Strecke zu einem süßen, fruchtigen Entzücken. Etwa wie ein Football-Team, das für seinen harten Angriffsstil bekannt ist und plötzlich ein taktisches, durchdachtes Spiel hinlegt und für die zweite Spielzeit in rosa Ballettröckchen aufläuft. Es ist verblüffend, diese Seite bei einem der großen Malts zu entdecken. Vielleicht liebt man sie, vielleicht fühlt man sich aber auch etwas um den erwarteten schweren Malt betrogen. **DR**

Verkostungsnotizen

Anfänglich Rauch, Teer, Gewürze, Öl und etwas Menthol Mit Wasser kommen süße Melone und Birne hervor, dann Anis und Menthol, schließlich Rauch.

← Lagavulin nutzt das örtliche Wasser und den unverkennbaren Torf.

Lagavulin 16-Year-Old

Diageo | www.malts.com

Herstellungsregion und -land Islay, Schottland
Destillerie Lagavulin, Port Ellen, Argyll
Alkoholgehalt 43 Vol.-%
Whiskytyp Single Malt

Der Whisky von Lagavulin war in den Johnnie-Walker- und White-Horse-Blends zu finden, aber die Destillerie ist insofern ungewöhnlich, als ihr Ausstoß vor allem als Single Malt unter dem eigenen Namen auf den Markt kommt. 2,3 Millionen Liter werden so abgefüllt.

Der Lagavulin 16-Year-Old wurde Ende der 1980er Jahre herausgebracht, als Diageo seine „Classic Malts"-Reihe begann. Zuvor war der Lagavulin 12 Jahre gelagert worden (in diesem Alter gab es ihn erst wieder 2002). Damit wurde er zur ältesten kommerziellen Standardabfüllung der Destillerie. 16 Jahre sind jedoch eine lange Zeit, und der Erfolg des Whiskys muß etwas überraschend gekommen sein, da die Brennblasen nur an zwei Tagen in der Woche angefeuert wurden. Es war schwierig, die Nachfrage zufriedenzustellen, man begann an sieben Tagen in der Woche zu brennen, aber nichtsdestotrotz würde es noch 16 Jahre dauern, bis die erhöhte Produktion mit der Nachfrage gleichzog.

Lagavulin bezieht sein gesamtes Malz aus Port Ellen, wo es auf einen Phenolgehalt von 35 ppm getorft wird. Destilliert wird bei Lagavulin in einem zehneinhalb Stunden langen, gemächlichen Durchgang, der den Whiskys ihren typischen runden Charakter mit den sanften, weichen Kanten gibt. Es ist ein schwer getorfter, aber geschmeidiger Malt, der in Fässern aus amerikanischer Eiche heranreift. Meistens sind sie zuvor schon einmal mit Scotch befüllt gewesen und haben einen sanften Einfluß, der dem bereits charakterstarken frischen Destillat etwas Süße verleiht. Die Fässer werden an drei verschiedenen Orten auf der Insel – Lagavulin, Port Ellen und Caol Ila – und auf dem Festland eingelagert. **IGY**

Verkostungsnotizen

Grüner Tee und ein Ledersessel, Rauch, Seetang und Jod: das Bühnenbild steht. Dies ist ein entschieden torfiger Whisky mit einer erbaulichen Süße. Die Gerbsäure ist ledrig und robust, angenehm kühn. Große, süße rauchige Gewürze bis zum Ende.

Lagavulin Distillers Edition 1994

Diageo | www.malts.com

Herstellungsregion und -land Islay, Schottland
Destillerie Lagavulin, Port Ellen, Argyll
Alkoholgehalt 43 Vol.-%
Whiskytyp Single Malt

Diageos Reihe „Classic Malts of Scotland" besteht aus sechs Malts. Neben dem Lagavulin 16-Year-Old enthält sie auch Malts von den Destillerien Dalwhinnie, Talisker, Cragganmore, Oban und Glenkinchie. Von jedem gibt es auch eine „Distillers Edition"-Version. Sie sind von unterschiedlicher Qualität, aber keine ist so umstritten wie diese.

Die Distillers Editions von Diageo sind Ausgaben des Originalwhiskys, die eine Sonderbehandlung erhalten haben. In diesem Fall wurde der Malt in Pedro-Ximénez-Fässern nachgereift. Man muß sich nur die Farbe dieses Whiskys ansehen, um eine Vorstellung davon zu erhalten, wie stark der Sherryeinfluß ist. Auch am Gaumen ist er sofort zu verspüren, der Whisky ist extrem süß.

Geteilte Meinungen über diese Version gibt es, weil manchmal die Ansicht vertreten wird, der Lagavulin 16-Year-Old sei eines der Wahrzeichen des Whiskys, der in seiner normalen Ausprägung perfekt sei. Perfektion ließe sich nicht verbessern, und es bestehe die Gefahr, sie zu zerstören, indem man etwas repariere, das nicht kaputt ist. Eine gelungene ‚Vermählung' von Torf und Sherry sei eine der schwierigsten Leistungen bei der Whiskyherstellung, und in diesem Fall sei sie nicht gelungen.

Andere Stimmen erwidern, dies sei einer der großen Islay-Malts, der auf ein höheres Niveau gehoben worden sei. Manchmal wird er sogar als der großartigste Whisky der Welt bezeichnet. Falls man einen süßen Zahn hat, mag das zutreffen, aber wenn man die Heilige Dreifaltigkeit des Malts – Ardbeg, Laphroaig und Lagavulin – wegen ihrer Torfigkeit verehrt, ist dies vielleicht nicht das Richtige. Auf jeden Fall faszinierend. **DR**

Verkostungsnotizen

Süß, glatt, fruchtig wie ein Likör. Das sind Begriffe, mit denen man normalerweise keinen Islay beschreibt. Man muß etwas auf die Flut von Rauch und Torf warten. Wenn sie dann kommt, überspült sie den Gaumen allerdings für alle Zeiten.

Lagavulin The Managers' Choice 15-Year-Old

Diageo | www.malts.com

Herstellungsregion und -land Islay, Schottland
Destillerie Lagavulin, Port Ellen, Argyll
Alkoholgehalt 54,7 Vol.-%
Whiskytyp Single Malt

Unter den schottischen Destillerien gibt es eine Handvoll, die mit jedem neuen Whisky, den sie herausbringen, prikkelnde Aufregung verursachen. Lagavulin gehört zu ihnen. Ein neuer Whisky von Lagavulin ist wie ein neues Album von Kate Bush – beide gibt es nur selten, aber man kann sich sicher sein, daß sie reif, raffiniert, esoterisch, komplex und etwas geheimnisvoll ausfallen. Um die Verbindung zur Musik weiterzuverfolgen: Es überrascht kaum, daß Lagavulin Sponsor des Islay Jazz Festivals ist.

Lagavulin ist aber mehr als nur geheimnisvoll. Die 16jährige Standardabfüllung ist einer der wirklich großen schottischen Maltwhiskys. Als es vor einigen Jahren zu Lieferengpäßen kam, wurde jedoch ein zwölfjähriger Ersatz abgefüllt, und viele Islay-Fans stellten fest, daß ihnen die jüngere Version besser gefiel. Zu etwas wirklich Besonderem wird Lagavulin jedoch dadurch, daß der Destillerie die schwierige Leistung gelingt, Torf und Sherry miteinander zu verbinden. Wenn man dabei etwas falsch macht, bricht das ganze Kartenhaus in sich zusammen. Macht man es richtig, ist es der großartigste Trick beim Malt Whisky. Und Lagavulin macht es richtig.

Diese Abfüllung aus der „Managers' Choice"-Reihe ist dafür ein gutes Beispiel. Sie wird mit Faßstärke – was bei Lagavulin etwas heißen kann – auf Flaschen gezogen und ist so dreist und protzig, wie ein Whisky nur sein kann. 2011 gab Diageo den zartesten Lagavulin heraus, und der Unterschied ist kaum zu überbieten. Beide Flaschen sind Weltklasse. Es ist, als ob man zusähe, wie ein Heavy-Metal-Sänger die Schachweltmeisterschaft gewinnt. Prickelnde Aufregung? Nein, es ist viel, viel mehr als das. **DR**

Verkostungsnotizen

Eine cremige, salzige, rauchige und fruchtige Nase, dann am Gaumen ein Feuersturm dunkler Beeren, herzhaft metallischer Noten, süßer Zitrustöne und trotziger Torfs. Über den Kompott aus Beerenfrüchten zieht Rauch. Ölig, salzig, mit Chili. Der Abgang hört nie auf.

Laphroaig 10-Year-Old

Beam Global | www.laphroaig.com

Herstellungsregion und -land Islay, Schottland
Destillerie Laphroaig, Port Ellen, Argyll
Alkoholgehalt 40 Vol.-%
Whiskytyp Single Malt

Vor einigen Jahren unterhielt ich mich mit jemandem, der davon lebte, Kneipen und Clubs zu überzeugen, ihr Erdgas von seiner Firma zu beziehen, anstatt von einem anderen Anbieter. Er glaubte, den herausforderndsten Job im Marketing zu haben, da die Mitbewerber alle mehr oder weniger das gleiche Produkt anboten – ein farb- und geruchloses Gas, das zudem durch das gleiche Netzwerk ausgeliefert wird.

Er hatte aber Unrecht. Die größte Herausforderung an das Marketing stellt der Verkauf einer scharf riechenden, dunkelbraunen Spirituose wie Laphroaig dar. Die Eigner der Marke werden es nicht gerne lesen, aber Laphroaig (wird *La-froijg* ausgesprochen) ist der Jack Daniel's des Scotchs: ein Whisky mit Eigengeschmack, der zu einem globalen Phänomen geworden ist, aber immer noch das Image eines Nischenprodukts aus fast handwerklicher Herstellung hat.

Bei einer Besichtigung der Destillerie fallen wenig Technik und viele Andeutungen einer traditionellen Herstellung auf. Aber dieser Malt ist ein Verkaufsschlager, und bei der Destillerie gibt es manches, was nicht sofort ins Auge fällt. Sie liegt wie die anderen beiden Brennereien, mit denen sie die Heilige Dreifaltigkeit der Islays bildet – Ardbeg und Lagavulin –, im Süden der Insel. Alle drei produzieren große, knurrende, grüblerische Malts mit Torfnoten, die an Medizin, Jod und oft genug auch an Fisch denken lassen. Torf ist wie das Chili in einem Currygericht: Anfänglich ist er roh und stark, aber je länger man ihn ‚kocht', desto besser wird er integriert und desto ausgewogener ist der Geschmack. Aber das wollen Torfanhänger natürlich gerade nicht. **DR**

Verkostungsnotizen

Süße, aber auch rußige Töne erklingen hier. Phenol-, Fleisch- und medizinische Noten machen der üppigsüßen Fruchtigkeit ihre Aufwartung. Wie bei einem Islay zu erwarten, tauchen in der Mischung auch Anklänge an Seetang und die Küste auf.

Laphroaig 10-Year-Old Cask Strength

Beam Global | www.laphroaig.com

Herstellungsregion und -land Islay, Schottland
Destillerie Laphroaig, Port Ellen, Argyll
Alkoholgehalt Um 55 Vol.-%
Whiskytyp Single Malt

Als Inititiationsritus ist das Trinken von Laphroaig Cask Strength nicht ganz so herausfordernd wie eine Übernachtung auf einer winterlichen Bergspitze ohne Bekleidung oder ein Kampf mit einem wütenden Bären, aber doch etwas anstrengender als ein Spaziergang im Park. Deshalb war es sehr amüsant, eine Gruppe arroganter und angetrunkener Londoner Journalisten zu beobachten, die während des Islay-Festivals am Abend vor dem Laphroaig Day um Mitternacht noch etwas zu trinken bestellten. Am nächsten Morgen um neun Uhr boten sie tatsächlich einen mitleiderregenden Anblick, vor allem, weil sie in einem kleinen Boot um ein Kap fahren mußten, um die Destillerie zu erreichen, und dabei Laphroaig in Faßstärke verkosten durften. Die See um Islay kann recht kabbelig sein, und nur um die Gläser senkrecht zu halten, mußte man schon recht geschickt sein. Aber, Respekt, die Journalisten bekamen ihren Whisky runter. Daraufhin sagte der Gastgeber: „Okay. Das war die Abfüllung vom vergangenen Jahr. Jetzt probieren wir mal die neue." Der Ausdruck auf den Gesichtern war unbezahlbar.

Die Verkostung zeigte deutlich, wie unterschiedlich die Abfüllungen dieses Whiskys ausfallen können. Gemeinsam sind ihnen jedoch immer die intensiven Aromen von Seetang, Jod, Menthol und viel, viel Torf, die diesen Malt zum Muhammad Ali des Whiskys gemacht haben. Näher kann man der Seele Islays nicht kommen als in diesem Whisky. Es ist nicht nur ein Whisky, den man probieren sollte, bevor das Leben vorbei ist, sondern einer, den man verkostet haben muß, wenn man zu einem tieferen Verständnis des Phänomens Malt gelangen will. **DR**

Verkostungsnotizen

Ein Whisky, der nicht nur bellt, sondern auch zubeißt. In der Nase zurückhaltend, wenn man aber etwas Wasser zugibt, beginnt er mit wütenden Torf-, Teer- und Jodtönen zu knurren und schnappen. Manch einer wird lieber abwinken, aber der Malt ist der beste seiner Art.

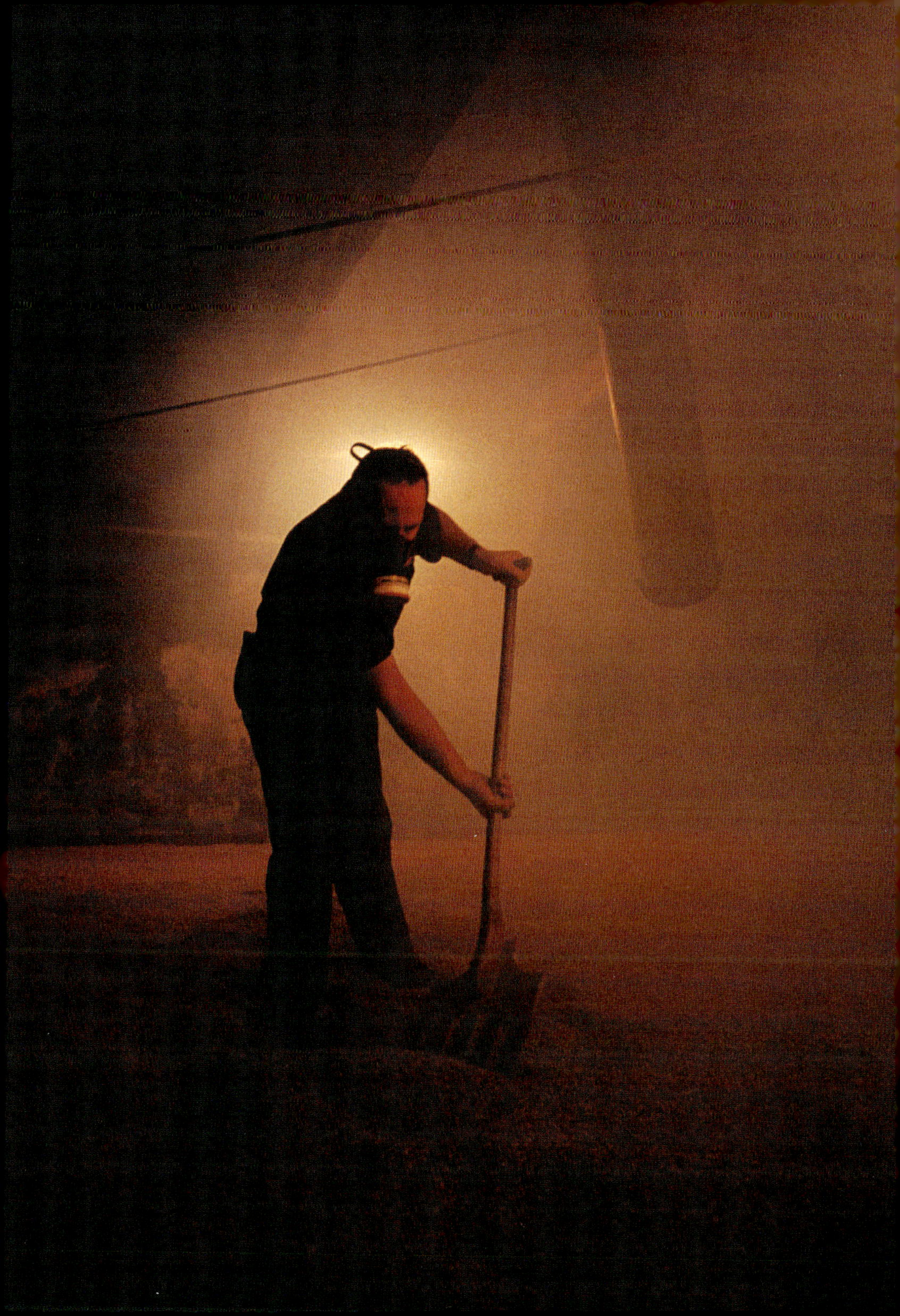

Laphroaig 18-Year-Old

Beam Global | www.laphroaig.com

Herstellungsregion und -land Islay, Schottland
Destillerie Laphroaig, Port Ellen, Argyll
Alkoholgehalt 48 Vol.-%
Whiskytyp Single Malt

Einer der Trends in der Whiskyherstellung der letzten Jahre war die Neigung mancher Destillerien, sich von dem Stil zu entfernen, der meist mit ihrer Herkunftsregion verbunden wird. Manche setzen sich sogar vom etablierten Stil ihres eigenen Hauses ab und bieten ein breites Portfolio unterschiedlicher Whiskys an. Und warum nicht? Warum sollte eine Destillerie sich auf einen Stil beschränken, wenn andere vielleicht beliebter sind?

Beam Global, die Eigner von Laphroaig, sind allerdings den entgegengesetzten Weg gegangen. Vor einer Weile entschied man, die neuen Abfüllungen sollten das herausstellen, was den Laphroaig so berühmt gemacht hat: große, intensive, getorfte Malts, die oft deutliche Hikkory- oder Lakritzetöne aufweisen. Um diese Rückkehr deutlich zu machen, wurde der 15-Year-Old aus dem Programm genommen, der zu einem Laphroaig im gleichen Verhältnis stand wie ein Konzert mit Chor und Orchester zu einem Metallica-Gig. An seine Stelle trat dieser 18-Year-Old. Nicht nur der vielleicht beste Laphroaig überhaupt, sondern auch einer der drei besten Malts der Welt.

Die längere Lagerung in Eichenfässern hat diesem 18-Year-Old üppigere, vollere und fruchtigere Geschmacksnoten gegeben und die Reichweite der honigsüßen Grundlage ausgedehnt. Sie beeinträchtigt also keineswegs die typischen Merkmale des Laphroaig, sondern erweitert sie. Gleichzeitig hat das Eichenholz den Geschmack abgerundet und angereichert, so daß er auch jene ansprechen könnte, die von den medizinischen und phenolischen Noten des 10-Year-Old eher abgeschreckt werden. **DR**

Verkostungsnotizen

Gut als Laphroaig zu erkennen: Rauch, Torf und Seetang steigen auf, es gibt aber auch Vanille und Honig. Im Mund wächst der Torf noch und legt sich um einen Kern von Nußkaramell, Gischt und üppigen, vollen, honigsüßen Malz. Wunderbar.

Laphroaig 25-Year-Old

Beam Global | www.laphroaig.com

Herstellungsregion und -land Islay, Schottland
Destillerie Laphroaig, Port Ellen, Argyll
Alkoholgehalt 40 Vol.-%
Whiskytyp Single Malt

Wenn man die Whiskybranche dafür kritisiert, daß sie beim Marketing zu schüchtern und zurückhaltend sei, ihre Produkte nicht offensiv genug bewerbe, dann sollte man sich einmal die „Friends of Laphroaig" genauer ansehen. Die Vereinigung wurde in der Zeit gegründet, in der auch dieser Whisky destilliert wurde, und hat sich seitdem zu einem weltumspannenden Phänomen mit Tausenden Mitgliedern entwickelt. Alljährlich gibt es eine „Friends of Laphroaig"-Verkostung in einem anderen Erdteil; um die globale Verbreitung der Marke herauszustellen, fand sie 2011 im australischen Sydney statt. Man kann Mitglied werden, wenn man eine Flasche Laphroaig im Einzelhandel kauft oder indem man die Internetseite aufsucht. Als Mitglied wird man Eigner eines kleinen Stücks Land auf dem Betriebsgelände, wo man bei einem persönlichen Besuch auch die Flagge seiner Heimat hissen und von der Destillerie ein Schlückchen als Pacht eintreiben darf. Das ist cleveres Marketing!

Dieser Whisky kam zuerst mit dem 27-Year-Old zusammen auf den Markt. Er war kein sofortiger Erfolg, weil der Torf zurückhaltend war und erst sehr spät ankam; dies irritierte die Laphroaig-Fans, der Preis irritierte die anderen. 2010 erschien dann diese größere, vollere und stärker getorfte Version. Sie ist eine schöne Ergänzung des Laphroaig-Sortiments und bringt entschieden neue Akzente mit: adstringierende Eiche und pfeffrige Gewürze, die sich am vollen Malz vorbeischieben.

Alles schön und gut. Ob es jedoch den Preisaufschlag gegenüber dem 18-Year-Old rechtfertigt, kann man bei einer Diskussion an der Bar erörtern, mit dem einen oder anderen Laphroaig im Glas. **DR**

Verkostungsnotizen

Mild: Süß, mit einer Spur Holz. Hier ringen Sherry, Apfel und der klassische Laphroaig-Torf sehr höflich um die Vorherrschaft. Die Geschmacksnoten sind sofort da, aber mit etwas Zeit entwickeln sie sich noch weiter, und die Süße und das Salzige ergänzen einander.

Laphroaig 30-Year-Old

Beam Global | www.laphroaig.com

Herstellungsregion und -land Islay, Schottland
Destillerie Laphroaig, Port Ellen, Argyll
Alkoholgehalt 43 Vol.-%
Whiskytyp Single Malt

Die Vorstellung, ein älterer Whisky sei ein besserer Whisky, mag zwar nicht vollkommen falsch sein, aber sie ist vereinfachend und irreführend. Natürlich nimmt das Destillat eines Malts Geschmack und Farbe von dem Faß an, in dem es gelagert wird, und bis zu einem gewissen Punkt ist es auch mehr Geschmack, je länger die Lagerung dauert. Aber der Beitrag des Holzes erreicht irgendwann ein Niveau, ab dem er nicht mehr steigt, während die Gerbsäure an Einfluß gewinnt. Wenn man nicht einschreitet, überwältigt die Eiche schließlich den Malt.

Ein robuster, voller, öliger Whisky aus den Highlands oder von den Inseln widersteht dem Holzeinfluß eher als ein leichter aus den Lowlands. Aber auch von ihnen halten nur wenige 30 Jahre durch, und noch weniger schmecken in dem Alter noch gut. Wenn man viel Geld für einen solchen Whisky ausgibt, um ihn auch zu trinken, geht man ein kalkuliertes Risiko ein. Es gibt Beispiele, die man besser als Geldanlage in der Flasche läßt. Im besten Fall können sie schwach, zart und zerbrechlich sein.

Der Laphroaig 30-Year-Old ist eine Ausnahme. Er verbindet erfolgreich sein hohes Alter mit wunderbaren Torf- und Gewürznoten. Der Torf ist zwar milder geworden, aber der Whisky wirkt wie ein Rentner im Fitnesscenter – für sein Alter sehr energiegeladen und aktiv. **DR**

Verkostungsnotizen

Torf, Lakritze und Anis wehen zwischen den reifen Gersten- und subtilen, süßen Eichennoten hin und her. Mehr Torf, Fisch und Eiche als andere Malt seines Alters.

Laphroaig Lore

Beam Global | www.laphroaig.com

Herstellungsregion und -land Islay, Schottland
Destillerie Laphroaig, Port Ellen, Argyll
Alkoholgehalt 48 Vol.-%
Whiskytyp Single Malt

Die Anhänger getorfter Whiskys sind bekannt dafür, daß ihr Lob für die weniger getorften Varianten des Laphroaig eher verhalten ausfällt. Das Problem liegt darin, daß die Destillerie die Rolle von Metallica in der Whiskywelt einnimmt und die Fans enttäuscht sind, wenn eine neue Abfüllung nicht ganz so laut ausfällt. Wie ein ruhiges Stück von Metallica ist auch der Lore teilweise geradezu mit Ablehnung begrüßt worden.

Das ist jedoch schade. Wenn man akzeptiert, daß hier der Schallpegel etwas geringer ist, kann man erkennen, daß es ein gut gemachter, ausgewogener und ansprechender Single Malt ist, der einige der schönen Charaktereigenschaften der Destillerie zeigt, die nichts mit Torf zu tun haben.

Der Lore wurde vom Brennmeister John Campbell zusammengestellt, und die Marketingabteilung beschreibt ihn als den „üppigsten Laphroaig, den es je gab". Er besteht aus Destillaten, die in unterschiedlichen Fässern gereift sind, darunter Sherryfässer und die kleinen, hier auch für die Quarter-Cask-Abfüllung verwendeten Fässer (siehe rechts).

Er trägt keine Altersangabe, aber die enthaltenen Whiskys gehören zu den kostbarsten der Destillerie, ihr Alter liegt vermutlich zwischen sieben und 21 Jahren. **DR**

Verkostungsnotizen

Kräftig, kühn, mit Torf, Zitrusbonbons, reifen Äpfeln und Birnen in der Nase. Am Gaumen Pfeffer- und Torfnoten, aber auch Beeren und Zitrusfrüchte.

Laphroaig
Quarter Cask

Beam Global | www.laphroaig.com

Herstellungsregion und -land Islay, Schottland
Destillerie Laphroaig, Port Ellen, Argyll
Alkoholgehalt 48 Vol.-%
Whiskytyp Single Malt

Wenn man dieses Buch von vorne nach hinten liest und über ein gutes Gedächtnis verfügt, kann man sich vielleicht noch daran erinnern, daß der Ardmore Traditional zum Teil in kleinen Fässern (*Quarter Casks*) reift. Dadurch wird der Kontakt zwischen Destillat und Holz maximiert, die Reifung beschleunigt und die Eichenaromen werden intensiver. Das paßt nicht zu allen Whiskys, aber beim Ardmore funktioniert es gut, und bei diesem Whisky sogar ausgezeichnet.

Torf ist bei jungen Whiskys deutlicher zu vernehmen. Es gibt junge Malts, die stark getorft sind, aber sie können schnell unangenehm und unausgewogen schmecken und sogar eingeschworene Torffanatiker verzweifeln lassen. Dieser Whisky bietet eine Lösung an. Kleine Fässer lassen die üppigen, süßen, fruchtigen Noten hervortreten, so daß ein Whisky schmeckt, als sei er zwölf Jahre gereift, auch wenn er tatsächlich noch viel jünger ist. Aber der Torf läßt seine Jugend durchscheinen. Das Ergebnis ist sechs Jahre alter Torf in einem scheinbar zwölf Jahre alten, fruchtigen Whisky. Perfekt!

Manchmal hört man, der Standard-Laphroaig sei im Laufe der Zeit abgemildert worden. Ein echter Laphroaig sollte so wie dieser schmecken – wie ein großes, brüllendes Torf-Ungeheuer. Ein Juwel von einem Malt. **DR**

Verkostungsnotizen

Ein großer, intensiver Whisky, bei dem sich süße Früchte unter dem rauchigen Torf tummeln. Auch Töne von Jod, Seetang und gegrilltem Fisch sind vernehmbar.

Laphroaig
Select

Beam Global | www.laphroaig.com

Herstellungsregion und -land Islay, Schottland
Destillerie Laphroaig, Port Ellen, Argyll
Alkoholgehalt 40 Vol.-%
Whiskytyp Single Malt

Wenn man Whiskys ohne Altersangabe als zynischen und geldschneiderischen Marketingtrick abtut, sollte man sich vielleicht die Whiskys aus Islay genauer ansehen. Vor allem Laphroaig und Ardbeg haben auf diesem Gebiet Hervorragendes geleistet, und man könnte durchaus behaupten, der jüngere, intensivere Malt in Laphroaigs Quarter Cask sei ein deutlich besserer Whisky als die 10jährige Standardabfüllung der Destillerie.

Die Laphroaig-Variante ohne Altersangabe heißt Select, weil die Destillerie dafür die Vorräte in all ihren Lagerhäusern sorgfältig begutachtet und jene Whiskys aussucht, von denen sie meint, sie würden am besten zusammenpassen. Es ist ein mutiges Unterfangen, weil diese Abfüllung versucht, es jedem recht zu machen, aber dabei nicht zum schüchternen Pflänzchen wird. Es ist eine anspruchsvolle Aufgabe, bei der es vor allem um Ausgewogenheit geht. Der Select scheint eine Kombination verschiedener anderer Varianten der Destillerie in einer Flasche zu sein – unter ihnen der Quarter Cask, der 10-Year-Old Laphroaig, der Laphroaig Triple Wood und Whisky, der in Pedro-Ximénez-Fässern gereift ist. Die Malts erhalten ein Finish in frischen amerikanischen Eichenfässern. Das Ergebnis ist ein voller, kecker Whisky mit genug Torf, um die Fanatiker glücklich zu machen. **DR**

Verkostungsnotizen

Rauch, Meer und Jod in der Nase, aber auch Zitronenzesten und Malztöne. Am Gaumen ist der Torf zurückhaltender, mit Apfelkompott, Zitrone und Gewürzen.

Laphroaig Triple Wood

Beam Global | www.laphroaig.com

Herstellungsregion und -land Islay, Schottland
Destillerie Laphroaig, Port Ellen, Argyll
Alkoholgehalt 48 Vol.-%
Whiskytyp Single Malt

Eines der schwierigsten Kunststücke in der Whisky-Herstellung ist die erfolgreiche Verbindung von stark getorftem Whisky mit dem üppigen Geschmack von Sherryfässern, vor allem wenn diese Fässer zuvor schwere Sherrys wie Oloroso enthalten haben. Es ist wie bei einer besonders komplizierte Choreographie von tanzenden Straßenkünstlern: Schiefgehen kann vieles, und wenn es schiefgeht, dann ist das Ergebnis verwirrend, ein Durcheinander und lächerlich. Wenn es aber funktioniert, erhebt man sich auf ein Niveau, das man mit wenigen anderen teilt.

Vor einigen Jahren gab Laphroaig einen 27-Year-Old heraus, der zu den besten Whiskys zählt, die ich je getrunken habe. Es gibt die Abfüllung nicht mehr, und sie war sowieso fast unerschwinglich. Um zu ahnen, wie sie sich zeigte, kann man diese Variante probieren. Ohne abfällig sein zu wollen, würde ich sie den 27-Year-Old für arme Leute nennen. Die Abfüllung war ursprünglich nur im Duty-Free-Handel zu bekommen und weist immer noch ein sehr gutes Preis-Leistungs-Verhältnis auf.

Bei der Herstellung wurde der normale Quarter Cask in große Fässer aus europäischer Eiche umgefüllt, die vorher Oloroso-Sherry enthalten hatten. Wegen deren Größe wird die Reifung von ‚Volle Kraft voraus' in den *Quarter Casks* auf ‚Kriechgang' in den Sherryfässern verlangsamt. Der Whisky zeigt subtile Tiefe und Sherrycharakter, nicht so stark wie beim 27-Year-Old, aber doch sehr deutlich. Und der Torf hält sich gut. Dies ist eine weiteres Kronjuwel in der Schatzkammer von Laphroaig, wie so vieles aus den Jahren 2010 und 2011. Es bleibt zu hoffen, daß die Destillerie dieses Niveau halten kann. **DR**

Verkostungsnotizen

Mit 48 Volumenprozent Alkohol abgefüllt, in Bourbonfässern, europäischen Eichenfässern und *Quarter Casks* gelagert, nicht kaltfiltriert: So kommen intensive Frucht- und Torfnoten, Vanille und Rauch, Beeren und Nüsse zu einem üppigen Malt zusammen.

The Last Drop 1960

The Last Drop Distillers | www.lastdropdistillers.com

Herstellungsregion und -land Schottland
Destillerien Verschiedene
Alkoholgehalt 52 Vol.-%
Whiskytyp Blend

Gelegentlich gibt es in der Welt des Whiskys einen Ausreißer – einen besonderen Whisky, der irgendwie aus dem Rahmen fällt und ohne Absicht oder Vorwarnung zu einer charmanten Kuriosität oder sogar zu einer atemberaubenden Seltenheit wird. Vor einigen Jahren gab es drei Fässer eines seltenen Bowmores aus den 1960er Jahren, deren Inhalt in der gleichen Woche gebrannt worden war, die aber vorher Bourbon, Oloroso-Sherry beziehungsweise Pedro-Ximénez-Sherry enthalten hatten. So konnte man sehen, wie unterschiedlich sich ein 40 Jahre alter Whisky je nach Faßart entwickelt. Dann gibt es noch den Serendipity, bei dem eine Charge sehr jungen Glen Morays mit einem sehr alten Ardbeg vermischt wurde. Es entstand ein vollkommen neuer Whisky, der inzwischen sehr selten geworden ist. Zyniker stellen in Frage, ob es wirklich möglich ist, daß Destillerien solche Fehler machen oder ganze Fässer ‚vergessen', andererseits werden überall auf der Welt buchstäblich Millionen von Fässern gelagert.

Vom Last Drop gibt es, wie es der Name schon nahelegt, nur sehr geringe Mengen. Die wenigen Flaschen wurden aus einem einzelnen Faß abgefüllt, das viele Jahre vergessen in einem Lagerhaus ruhte, bevor die Experten Tom Jago und James Espey seiner habhaft wurden. Er besteht aus siebzig Malts und zwölf Grains aus dem Jahr 1960 oder davor. Sie wurden nach einigen Jahren miteinander verschnitten und neu eingelagert, um 2008 wieder ans Tageslicht zu gelangen – nach 48 Jahren.

Whisky dieses Alters kann Tausende kosten. Mit weniger als 2400 Euro war dieser noch erschwinglich. Der Preis schloß eine Miniaturflasche zum Verkosten ein. **SR**

Verkostungsnotizen

Rechtfertigt dieser Whisky seinen beträchtlichen Preis? Nun, er ist atemberaubend. Sein Kern ist üppig und süß, mit weichen Früchten; der Abgang mit Eiche und Bienenwaben ist zart wie Spinnweben. Es ist insgesamt, als tränke man einen guten Cognac.

BOTTLED IN SCOTLAND

EST'D 1834

LAUDER'S®

Finest SCOTCH *Whisky*

HIGHEST AWARDS
GOLD MEDAL
PARIS 1878

GOLD MEDAL
CHICAGO 189?
EDINBURGH 18?

BLENDED AND BOTTLED BY

Archibald Lauder & Co. Ltd.

GLASGOW, SCOTLAND

PRODUCT OF SCOTLAND

Lauder's

MacDuff International
www.macduffint.co.uk

Herstellungsregion und -land Schottland
Destillerien Verschiedene
Alkoholgehalt 40 Vol.-%
Whiskytyp Blend

1992 gründeten die drei Schotten Stewart MacDuff, Charles Murray und Ted Thomson die Firma MacDuff International, um Blended Whiskys herzustellen. Sie kauften drei berühmte alte Marken von Allied Distillers, die später mit dem spanischen Konzern Domecq fusionierten und ihr Portfolio 2005 an Pernod Ricard verkauften.

Lauder's war eine der Marken, die MacDuff International damals von ‚Old Allied' kaufte. Die Marke reicht bis ins Jahr 1834 zurück, was erstaunlich ist, weil man allgemein annimmt, das Verschneiden von Whisky habe sich erst um 1850 zunehmender Beliebtheit erfreut. Der Legende nach entstand Lauder's in den Royal Lochnagar Vaults in Glasgow, was natürlich sofort die Frage evoziert, ob der Lochnagar der grundlegende Malt in diesem Blend ist. Der Name Lauder's stammt von einem Archibald Lauder aus Glasgow, der nicht nur ein erfolgreicher Whiskyblender war, sondern auch Vater von 16 Kindern.

Gegen Ende des 19. Jahrhunderts exportierte Lauder's Whisky bis nach Amerika, Rußland und Südafrika. Vielleicht lag das auch daran, daß der Blend in der Royal Navy sehr beliebt war, viele Schiffe der britischen Marine führten ihn in den Messen mit sich. Der Whisky trug zuerst den Namen Lauder's Royal Northern Cream Scotch Whisky und wurde bei verschiedenen Handelsausstellungen in Chicago, Edinburgh, Glasgow, Manchester und Paris mit Medaillen bedacht. **HO**

Verkostungsnotizen

Bratäpfel und Fruchtkompott in der Nase, am Gaumen dann grüne Banane, Pfirsiche in Sirup und Erdbeermarmelade auf Toast. Im Abgang Menthol.

Lauder's 12-Year-Old

MacDuff International
www.macduffint.co.uk

Herstellungsregion und -land Schottland
Destillerien Verschiedene
Alkoholgehalt 40 Vol.-%
Whiskytyp Blend

Es gibt viele Whiskys, die den Begriff Cream im Namen führen, am bekanntesten ist Teacher's Highland Cream. Lauder's behauptet jedoch, ihn als erstes verwendet zu haben. Schon gegen Ende der 1880er Jahre habe man das damit begründet, daß der Whisky „den Gaumen wie Honig umschmeichelt und recht angenehm und schmackhaft runtergeht". Stewart MacDuff, der leider schon 2008 verstorbene Namensgeber von MacDuff International, der Firma, die ein Jahrhundert später die Marke Lauder's erwarben, war ein Visionär, der zu den ersten gehörte, die das Potential des Duty-Free-Marktes erkannten. Inzwischen bringen viele Destillerien limitierte Sonderausgaben heraus, die nur in den internationalen Flughäfen der Welt zu erhalten sind; manchmal kann man sie sogar nur in vier oder fünf großen Flughäfen auf unterschiedlichen Kontinenten erwerben.

Bei einer Schottlandreise kann man dem Whisky noch ein kleines I-Tüpfelchen hinzufügen, indem man ihn in The Royal Burgh of Lauder trinkt, einer Stadt, die etwa 50 Kilometer von Edinburgh entfernt in der Region Scottish Borders liegt. Die Bezeichnung Royal Burgh verweist darauf, daß die Stadtrechte vom schottischen Königshaus verliehen wurden. Ob der Firmengründer aus der Stadt stammte, ist ungeklärt, ebenso wie die Frage, ob es verwandtschaftliche Beziehungen zu der gleichnamigen englischen Adelsfamilie gibt. **HO**

Verkostungsnotizen

Aprikosenmarmelade auf Mürbeteigkeksen mischt sich mit frischem Pfirsich und einer etwas eichigen Würzigkeit. Guter Körper, mit Pfefferminztee im Abgang.

◂ Lauder's bildet stolz die Goldmedaillen ab, die der Whisky gewonnen hat.

Ledaig 10-Year-Old

Burn Stewart Distillers
www.tobermorymalt.com

Herstellungsregion und -land Islands, Schottland
Destillerie Tobermory, Isle of Mull, Argyll
Alkoholgehalt 46,3 Vol.-%
Whiskytyp Single Malt

Der Ledaig ist der getorfte Whisky, den die Destillerie Tobermory auf der schönen Insel Mull herstellt. Der Großteil des Destillats wandert in Blends, aber der Anteil, der als Single Malt abgefüllt wird, ist im Laufe der Jahre immer besser geworden und kann sich durchaus mit den Whiskys von der Insel Islay messen.

Wie bei den anderen Malts von Burn Stewart wurde der Alkoholgehalt auf über 46 Volumenprozent gesteigert, damit der Whisky bei niedrigen Temperaturen nicht eintrübt. Diese Trübungen entstehen, wenn Fette und Öle im Destillat bei niedrigen Temperaturen ausflocken. Traditionell wurde das verhindert, indem man das Destillat abkühlte und diese Stoffe dann herausfilterte. Dabei werden jedoch auch Geschmacksstoffe entfernt, deshalb verzichten viele Brennmeister wie Ian MacMillan von Burn Stewart auf die Kaltfiltrierung. Bei einem Alkoholgehalt von über 46 Volumenprozent kommt es ohnehin zu keinen Trübungen.

Die Kombination des höheren Alkoholgehalts und der Beibehaltung der Geschmacksträger hat diesen Malt radikal verändert. Er ist stärker, wirkt torfreicher, deutlich süßer und doch auch zarter. Es gibt zwar ältere Abfüllungen des Ledaig, aber für diesen Preis ist die Variante ein wirklich großartiger Malt. **DR**

Verkostungsnotizen

Rauchwölkchen, frische Gerste, leicht medizinische Noten und süße Zitrone in der Nase. Am Gaumen süßer Torf, Blütennoten, Zitrusfrüchte und Gewürze.

Ledaig 18-Year-Old

Burn Stewart Distillers
www.tobermorymalt.com

Herstellungsregion und -land Islands, Schottland
Destillerie Tobermory, Isle of Mull, Argyll
Alkoholgehalt 46,3 Vol.-%
Whiskytyp Single Malt

Einst war die Standardvariante der Destillerie Tobermory ein getorfter Malt, der unter dem Namen Ledaig auf den Markt kam. Es gab auch eine ungetorfte Variante, und die beiden Whiskys wurden Seite an Seite eingelagert.

Die Brennerei blickt auf eine wechselhafte Geschichte zurück, in deren Verlauf die verschiedenen Eigner wiederholt das Geschmacksprofil und den Stil des Whiskys geändert haben. Schließlich wurde Tobermory 40 Jahre stillgelegt, die Lagerhäuser wurden verkauft und zu Wohnungen umgebaut, und die Zukunft sah düster aus. Aber in den 1970er Jahren wurde die Destillerie wieder eröffnet, und 1993 gelangte sie in den Besitz von Burn Stewart.

Der Brennmeister von Ian MacMillan nannte den nicht getorften Whisky in Tobermory um und machte sich daran, alle Fässer zu untersuchen, um die getorften Vorräte zu identifizieren. Seitdem sind einige atemberaubende Sonderabfüllungen mit alten Ledaigs herausgekommen, und jetzt ist dieser 18-Year-Old zum Standardsortiment gestoßen. Die Abfüllung soll den kräftigen, kühnen, geschmackreichen Whiskys ähneln, die im 19. Jahrhundert von der Brennerei hergestellt wurden. Wie der 10-Year-Old ist auch dieser Single Malt nicht kaltfiltriert und wird mit 46,3 Volumenprozent Alkohol in Flaschen gefüllt. **DR**

Verkostungsnotizen

Teerrauch, Meeresstrand, Phenole und Sherryfrüchte in der Nase. Am Gaumen Orangen- und Erdbeerkompott sowie deutliche Pfeffer- und Gewürznoten.

Linkwood 12-Year-Old

Diageo
www.malts.com

Herstellungsregion und -land Speyside, Schottland
Destillerie Linkwood, Elgin, Morayshire
Alkoholgehalt 43 Vol.-%
Whiskytyp Single Malt

Linkwood 13-Year-Old Douglas of Drumlanrig

Douglas Laing & Co.
www.douglaslaing.com / www.malts.com

Herstellungsregion und -land Speyside, Schottland
Destillerie Linkwood, Elgin, Morayshire
Alkoholgehalt 46 Vol.-%
Whiskytyp Single Malt

Dieser Speysider von einer Destillerie in den Außenbezirken von Elgin ist definitiv ein verborgener Schatz unter den Single Malts. Wie viele andere Diageo-Destillerien produziert auch Linkwood vor allem Malt für Blends. Er ist auch außerhalb des Konzerns begehrt, etwa ein Drittel des Ausstoßes wird an andere Hersteller von Blends verkauft. Nur ein geringer Teil kommt als Single Malt auf den Markt, und die einzige offizielle Abfüllung ist dieser 12-Year-Old aus der „Flora & Fauna"-Reihe.

Vor einigen Jahren kamen in sehr geringen Mengen drei Abfüllungen mit einem Alter von 26 Jahren heraus, die unterschiedliche Finishs erhalten hatten. Sie zeigten, wie gut der Single Malt von Linkwood altert. Von Anfang der 1970er Jahre bis Mitte der 1990er gab es sogar zwei Destillerien, die nebeneinander produzierten; die ältere wird bis auf die Brennblasen noch genutzt. Da damals ausschließlich *worm tubs* verwendet wurden, um das Destillat zu kondensieren, war der Lockwood vor 1970 allerdings vermutlich robuster als heute.

Das Herzstück wird erst nach 30 Minuten vom Vorlauf getrennt, eine ungewöhnlich lange Zeit. Der Linkwood ist fruchtig, aber die leichten Ester, die bei der der Destillation zuerst auftauchen, würden das Gewicht und den Körper des Single Malts verderben. **IR**

Es gibt seit 1820 eine Destillerie in Linkwood, aber das heutige Gebäude entstand 50 Jahre später und wurde 1971 durch eine weitere selbständige Betriebseinheit ergänzt, um den Ausstoß zu erhöhen, so daß effektiv zwei Brennereien nebeneinander stehen. Das ist insofern von Bedeutung, als sie unterschiedliche Technologien nutzen und so aus den gleichen Grundstoffen unterschiedlich schmeckende Whiskys herstellen können. Die ältere Brennerei verwendet noch *worm tubs*, die dem Destillat im Vergleich zu den moderneren Kondensatoren der neuen Anlage einen schwereren, öligeren Geschmack verleihen. *Worm tubs* bestehen aus Kühlschlangen, die in wassergefüllten Fässern verlaufen. Sie wurden lange verwendet, in den 1970er Jahren jedoch häufig gegen Kondensatoren ausgewechselt, da sie mehr Kühlwasser und aufmerksamere Wartung benötigen.

Die beiden Destillerien werden als „A" und „B" bezeichnet, und das Destillat stammt heutzutage vor allem aus A. Allerdings wurde B im Jahr 1990 wieder in Betrieb genommen. Die Destillate werden zusammengegeben, bevor sie ins Faß kommen. Das sorgt zwar für einen einheitlichen Malt, leider auf Kosten der Möglichkeit, zwei unterschiedliche Single Malts aus ein und derselben Destillerie verkosten zu können. **AN**

Verkostungsnotizen

Orangen und Brausepulver. Am Gaumen nicht so süß, wie die Nase vermuten läßt, aber immer noch viel Marzipan und dunkle Schokolade. Mittellanger Abgang.

Verkostungsnotizen

In der Nase so leicht wie ein Lowlander, mit blumig-frischer Spritzigkeit, die am Gaumen wie Brausepulver schäumt, bevor es wieder spritzig-sauer wird.

Schottland 435

Littlemill Old Malt Cask 19-Year-Old

Douglas Laing & Co. | www.douglaslaing.com

Herstellungsregion und -land Lowlands, Schottland
Destillerie Littlemill, Bowling, Dumbartonshire
Alkoholgehalt 55,4 Vol.-%
Whiskytyp Single Malt

Wenn man heute die Lowlands bereist, muß man lange suchen, um einen echten Malt zu finden, da die meisten Destillerien Industriebetriebe sind, die Getreidewhisky für den Blend-Markt produzieren. Die wenigen verbliebenen Malt-Brennereien sind oft in jüngerer Vergangenheit von neuen Besitzern wieder- oder neu eröffnet worden, so daß man sich vielleicht fragen könnte, wie ein traditioneller Lowland-Malt wohl geschmeckt haben mag.

Das kann man feststellen, indem man diesen Littlemill probiert, der 1991 destilliert wurde, nur drei Jahre, bevor die Brennerei geschlossen wurde und später einem Feuer zum Opfer fiel. Littlemill war eine kleine Destillerie, die zu den ältesten in Schottland, vielleicht sogar der Welt zählte. Sie lag zwar nördlich des Clyde an der Bahnlinie von Glasgow zum Loch Lomond, aber deutlich südlich der Trennlinie zwischen den High- und Lowlands. Hier wurde innovativ gearbeitet, man setzte schon früh auf Dreifachdestillation und installierte später eine ungewöhnliche Destillationsanlage, die eine Mischung aus Brennblase und Kolonnenapparat darstellte und ein schneller reifendes Destillat liefern sollte. Keines dieser Experimente war erfolgreich, und Littlemill wechselte häufig die Eigner, wurde immer wieder geschlossen und neu eröffnet, bis die Brennerei 1994 dann für immer die Tore schloß.

Diese zarte Abfüllung von Douglas Laing reifte 19 Jahre in einem amerikanischen Standardfaß – etwas kleiner als das übliche Hogsheadfaß –, ohne daß das empfindliche Destillat von der Eiche überwältigt worden wäre. Könnte dies der Geschmack der echten, altmodischen Lowlands sein? **AA**

Verkostungsnotizen

Im Glas blaß strohgelb gefärbt. Die duftige Nase hat Noten von Tropenfrüchten und Kerzenwachs und ist leicht und grasig. Der anfänglich würzige Gaumen verblaßt zu sauberen Zitrustönen, gefolgt von einem langen, wärmenden und würzigen Abgang.

Loch Dhu The Black Whisky 10-Year-Old

Diageo | www.malts.com

Herstellungsregion und -land Speyside, Schottland
Destillerie Mannochmore, Elgin, Morayshire
Alkoholgehalt 40 Vol. %
Whiskytyp Single Malt

Loch Dhu könnte man als einen der gelungensten Mißerfolge der schottischen Whiskybranche bezeichnen. Als er 1996–97 herauskam, wurde er von seinen Kritikern als nahezu untrinkbar bezeichnet. Heute sind die Flaschen zu Sammlerstücken geworden, die für beträchtliche Summen gehandelt werden.

Der Name bedeutet auf Gälisch „schwarzer See" und spielt auf die Farbe des Whiskys an, der so nahe an Schwarz liegt, wie das je einem Whisky gelungen ist. Der Loch Dhu wurde von United Distillers, den Vorgängern von Diageo, zu einer Zeit kreiert, als man versuchte, durch Innovationen neue, jüngere, weniger traditionell eingestellte Käufer zu gewinnen. Zu den anderen Experimenten zählten verschiedene Alcopops und der Red Devil, bei dem der Bell's-Blend mit rotem Chili und anderen Gewürzen versetzt wurde – bei Destillerie-Mitarbeitern sehr beliebt.

Loch Dhu reifte in doppelt ausgebrannten Fässern, aber die Farbe wurde angeblich durch größere Mengen Zuckercouleur verstärkt. Er war kein kommerzieller Erfolg und wurde 2004 wieder aus dem Programm genommen. Später kam ein Nachfolger unter dem Namen Cu Dhub („schwarzer Hund") für jene auf den Markt, die das Original verpaßt hatten.

Der Loch Dhu wurde in der Mannochmore-Destillerie gebrannt, die 1971 neben Glenlossie errichtet worden war, um mehr Malt für die Blends von United Distillers produzieren zu können.

2011 machte Diageo Investitionspläne in Höhe von fast acht Millionen Euro für die Errichtung einer Bioenergieanlage auf dem Gelände der Destillerien publik. **GS**

Verkostungsnotizen

In der Nase stechend, mit Sojasoße und vielleicht verbrannten Bananenpfannküchlein. Am Gaumen recht glatt, aber der Geschmack von verbranntem Kunststoff oder überstrapazierten Bremsbelägen ist nie weit entfernt. Länglicher Abgang mit Anis, Lakritze und Teer.

Lochside 1981

Berry Bros. & Rudd | www.bbr.com

Herstellungsregion und -land Highlands, Schottland
Destillerie Lochside (geschlossen), Montrose, Angus (geschlossen) **Alkoholgehalt** 46 Vol.-%
Whiskytyp Single Malt

Berry Bros. & Rudd hat sich im Laufe der Zeit (das Ladengeschäft in der St. James Street in London befindet sich seit 1698 an dieser Stelle) einen guten Ruf als Weinhandlung erworben. In den letzten Jahren hat sich die Firma jedoch auch auf dem Gebiet des Whiskys hervorgetan. Aufwärts ging es seit der Einstellung des Whiskyexperten Doug McIvor, der immer wieder außerordentliche Whiskys für das Sortiment entdeckte. Viele von ihnen sind selten und außergewöhnlich, so daß in Verbindung mit der hohen Qualität viele der Abfüllungen ein exzellentes Preis-Leistungs-Verhältnis bieten. Offensichtlich braucht man einen geschickten Einkäufer, wenn man als unabhängiger Abfüller den Whisky bekommen möchte, den man für seine Blends (falls man solche anbietet) und Single Malts benötigt.

Diese Abfüllung ist dafür ein Beleg. Lochside fällt als Destillerie etwas aus dem Rahmen, weil hier zeitweilig sowohl Getreide- als auch Malzwhisky gebrannt wurde, um der Nachfrage von Grain- und Maltabfüllern entsprechen zu können. Das endete 1973, als der Kolonnenapparat in der Brennerei abgebaut wurde.

Nach 1973 verwendete der neue Eigner Destilerías y Crianza del Whisky (DYC) den Großteil des Destillats für seine verschiedenen spanischen Blends, es gab nur eine offizielle Abfüllung mit einem zehnjährigen Single Malt. Interessanterweise ist sie inzwischen zu einem Sammlerstück geworden, für das bei Auktionen etwa 220 Euro geboten werden. Berry Bros. & Rudd bewiesen große Voraussicht, als sie diesen Whisky kauften und mehr als 20 Jahre reifen ließen; es ist eine der besten Ausgaben dieses herrlich fruchtigen Highlanders. **AS**

Verkostungsnotizen

In der Nase anfänglich fruchtig und auf interessante Weise frisch, mit Grapefruit, Ananas und vielen anderen exotischen Früchten. Dunkleres Leder und weißer Pfeffer sind immer vorhanden, außerdem Nüsse und Malz. Anhaltender, exotischer Abgang.

Lochside 1964 Scott's Selection

Lochside Destillerie

Herstellungsregion und -land Highlands, Schottland
Destillerie Lochside (geschlossen), Montrose, Angus
Alkoholgehalt 17,7 Vol.-%
Whiskytyp „Single Blend"

Lochside gehörte früher zu den wenigen Marken, bei denen unter einem Dach sowohl Grain als auch Malt hergestellt wurde. Andere waren Ben Wyvis (mit der Invergordon-Getreidebrennerei) und Glen Flagler (mit der Moffat-Getreidebrennerei). Eine Zeit lang hatte Lochside sogar seine eigene Abfüllanlage auf dem Betriebsgelände. So fanden alle Produktionsschritte vom Getreide bis zu Flasche an Ort und Stelle statt, nicht nur für den sehr seltenen Single Malt, sondern auch für die hauseigenen Blends.

In dieser Hinsicht ist Lochside etwas Besonderes; sein „Single Blend" ist fast einzigartig. Ein solcher Whisky entsteht, wenn man Getreidewhisky und Malt als frisches Destillat mischt und dann zusammen in Fässer füllt und reifen läßt. Wird dadurch auf die Kunst des Masterblenders verzichtet? Bis zu einem gewissen Grad schon. Aber man bekommt auch etwas Besonderes. Das Verfahren, sowohl Grain als auch Malt in Fässer zu füllen, wurde nur von Macnab-Destillerien angewendet, denen zu dieser Zeit die Destillerie Ben Nevis gehörte.

Der Lochside gewinnt auch auf dem Sammlermarkt an Fahrt. Es gab nur eine offizielle Abfüllung eines 10-Year-Old, die hauptsächlich für den spanischen Markt bestimmt war. Diese Version taucht gelegentlich bei Auktionen auf und erbringt meist etwa 210 Euro. Noch kann man Flaschen aus der stillgelegten Destillerie – etwa den Connoisseurs Choice aus dem Jahr 1991 – zu durchaus annehmbaren Preisen finden. Allerdings dürfte sich das in Zukunft ändern: Die Destillerie wurde nach ihrer Schließung 1992 abgerissen, der Whisky wird also nie wieder produziert werden. **DR**

Verkostungsnotizen

Croissant mit Butter, Holznoten, Eiche und etwas Vanilleeiscreme. Zitrusfrüchte kommen subtil hervor und werden von mildem weißen Pfeffer ergänzt. Mandarinen und Ingwerkekse weichen einem ledrigen Abgang mit leichter Gerbsäure.

Longmorn 15-Year-Old

Chivas Brothers (Pernod Ricard) | www.chivasbrothers.com

Herstellungsregion und -land Speyside, Schottland
Destillerie Longmorn, Elgin, Morayshire
Alkoholgehalt 45 Vol.-%
Whiskytyp Single Malt

Longmorn liegt südlich von Elgin im Herzen der Speyside. Die Destillerie wurde während des großen Whiskybooms in den 1890er Jahren gegründet, als die Speyside eine wichtige Rolle in der Produktion von Malts für Blended Scotchs spielte. Longmorn wurde Zeit seiner Existenz wegen seiner Komplexität, des kräftigen Aromas und der guten Länge als Bestandteil von Blends hochgeschätzt.

Das erste Destillat floß in Longmorn im Dezember 1894, und die Brennerei blieb bis zur Zusammenlegung mit den Glenlivet & Glen Grant Destillerien und Hill Thompson & Co. im Jahr 1970 in Privatbesitz. Acht Jahre später wurde sie an Seagrams weitergereicht und deren schottischer Tochtergesellschaft Chivas Brothers unterstellt. 2001 schließlich wurde sie dann zu einem Teil des Pernod-Ricard-Imperiums. Wie viele andere Destillerien im Nordosten von Schottland fügte Longmorn seinem Namen jahrelang mit Bindestrich ein „Glenlivet" an, was die meisten Brennereien inzwischen aber wieder aufgegeben haben.

Der Longmorn 15-Year-Old war die einzige offizielle Abfüllung, die von Chivas Brothers angeboten wurde. Allerdings zogen die unabhängigen Abfüller Gordon & MacPhail und Wm. Cadenhead den Single Malt immer wieder auf Flaschen. Whiskyjournalisten wie der verstorbene Michael Jackson schätzten ihn sehr, aber 2007 wurde er durch eine 16jährige Variante abgelöst. Die Anhänger des 15-Year-Old kritisierten den deutlich höheren Preis des Nachfolgers, der nicht zuletzt auf die aufwendige Verpackung zurückzuführen war. Viele zogen auch den Charakter des früheren Whiskys vor. **GS**

Verkostungsnotizen

In der Nase blumig, malzig und leicht ölig, dann mit Zitrusnoten. Recht voller Körper, am Gaumen rund, sauber, mit süßem Malz. Der Abgang ist lang und ziemlich trocken, am Anfang Malz, Haselnuß und etwas trockener Sherry. Gut ausgewogen und elegant.

Longmorn 16-Year-Old

Chivas Brothers (Pernod Ricard) | www.chivasbrothers.com

Herstellungsregion und -land Speyside, Schottland
Destillerie Longmorn, Elgin, Morayshire
Alkoholgehalt 48 Vol.-%
Whiskytyp Single Malt

Longmorn ist ein Whisky für Whiskyliebhaber. Die Destillerie hat hinreichend Kapazität, um eine ganze Flotte von Malts zu pflegen – sie verfügt über nicht weniger als vier Brennblasen-Paare –, aber die einzige allgemein erhältliche offizielle Abfüllung ist dieser 16-Year-Old. Er kam 2007 auf den Markt, als verschiedene Destillerien ihre Standardabfüllungen aufwerteten, und löste den sehr beliebten 15-Year-Old ab.

Der Whisky ist nicht getorft. Ein hoher Anteil wurde in Fässern aus amerikanischer Eiche gelagert, die zuvor amerikanischen Whiskey enthalten hatten, aber erstmals für Scotch verwendet wurden. Wie andere heutige Abfüllungen zielte auch diese auf den Luxusmarkt. Um den Kennern gerecht zu werden, wurde sie mit höherem Alkoholgehalt abgefüllt, nicht kaltfiltriert, und die Verpackung war eleganter gestaltet. So kamen alle Merkmale für eine erfolgreiche Markteinführung zusammen, aber der 16-Year-Old verfiel dennoch und unerklärlicherweise in einen Dornröschenschlaf, aus dem ihn auch die Kritiker nicht wachküßten, um seine Vorzüge zu loben.

Der Grund, daß man selbst in der heutigen Zeit der limitierten Ausgaben kaum Single Malts aus dieser versteckten Schatzkammer der Speyside sieht, ist darin zu suchen, daß Longmorn vor allem als hochangesehener geschmackstragender Malt für Blends verwendet wird. Er ist neben Strathisla der zweite wichtige Malt im Chivas Regal, wird großzügig im Royal Salute eingesetzt und bildet das Herz des in Südamerika sehr beliebten Something Special. Er scheint der zweitliebste Malt jedes Whiskyherstellers zu sein, aber nur ein winziger Teil des Ausstoßes ist als Single Malt verfügbar. **IGY**

Verkostungsnotizen

Zuerst heiß und staubig, dann kommen Aromen von Gewürzen und süßem Zedernholz, die an einen antiken Schrank erinnern. Sie reifen zu weichem, saftig karamellisiertem Steinobst. Am Gaumen würzige Honigmandeln, dann bis zum Abgang Zimt, Ingwer, Muskat.

Longmorn 18-Year-Old

The Whisky Exchange
www.thewhiskyexchange.com

Herstellungsregion und -land Speyside, Schottland
Destillerie Longmorn, Elgin, Morayshire
Alkoholgehalt 57,8 Vol.-%
Whiskytyp Single Malt

Der Eigner dieser Whiskymarke, Chivas Brothers, besitzt in der Speyside einige Immobilien, in denen Geschäftspartner und Besucher aus dem Ausland bewirtet werden. Dazu gehört auch Linn House in Keith, wo die Gäste nach dem Dinner aufgefordert werden, sich am Whiskyschrank zu bedienen. Im Garten gibt es sogar eine Bar, die nachts wie eine Harry-Potter-Kulisse auftaucht, tagsüber aber ihr Geheimnis hinter einer Ziegelmauer verbirgt. Die französische Journalistin Martine Nouet kredenzte einem Kollegen einmal einen Longmorn mit den sehr französischen Worten: „Darf ich Ihnen Ihre neue Geliebte vorstellen?"

Die Destillerie Longmorn öffnet ihre Tore manchmal für Besucher, aber sie ist nicht so bekannt, wie sie es sein sollte. Der Whisky gehört zu den allseits beliebten, aber seltenen und kaum je in freier Wildbahn zu sehenden Malts. Der klassische 15-Year-Old wurde von einem eleganten 16-Year-Old abgelöst, der nicht ganz in der gleichen Liga spielt. Es gibt viele Versionen von unabhängigen Abfüllern, allerdings in unterschiedlicher Qualität. Zudem gibt es – nur in der Destillerie – eine hervorragende Abfüllung in Faßstärke.

Dieser 18-Year-Old ist vielleicht der beste des Sortiments – energischer als andere Longmorns, aber mit guter Haltung. Wer immer ihn ausgewählt hat, hat keine Fehler gemacht. Allerdings sollte man sich bewußt sein, daß er nicht unbedingt typisch für die Destillerie ist. **DR**

Verkostungsnotizen

Die Faßstärke macht ihn energischer und dominanter als andere Lieblingswhiskys, aber ein Genuß ist er dennoch: ein großer, fruchtiger Speysider mit süßem Kern.

Longmorn 1992

Berry Bros. & Rudd
www.bbr.com

Herstellungsregion und -land Speyside, Schottland
Destillerie Longmorn, Elgin, Morayshire
Alkoholgehalt 46 Vol.-%
Whiskytyp Single Malt

Longmorn produziert keine übermäßig getorften Whiskys, aber Phenole sind im Destillat schon vorhanden. Getorfte Whiskys verdanken ihre Geschmacksunterschiede der unterschiedlichen chemischen Zusammensetzung der verwendeten Torfe. Ein Torf von der Speyside ist vollkommen anders als einer von der Insel Islay. Das Mikroklima, die Topographie und die Vegetation einer Gegend wirken sich alle auf ihren Torf, und damit auch auf den Geschmack des Whiskys aus, der mit diesem Torf hergestellt wird.

Es gibt in Schottland vier große Arten von Torfgebieten: Marsche, Sümpfe, Hoch- und Niedermoore. Sie weisen jeweils typische Faunen auf, die sich in den Aromen und Geschmacksnoten des Whiskys niederschlagen. Der Torf auf Islay scheint am phenolhaltigsten zu sein, was vielleicht auch den Status der Insel als Mekka der Torfliebhaber erklären mag.

Longmorn zeigt zwar eine gewisse Rauchigkeit, aber auch wenn man zur Herstellung des Gerstenmalzes, aus dem er gebrannt wird, ebensoviel Torf verwendete wie für einen stark getorften Islay, hätte er dennoch einen geringeren Phenolgehalt, er wäre alleine aufgrund der regional unterschiedlichen Torfzusammensetzung weniger torfbetont. Das subtile Phenol im Longmorn ist manchmal schwer zu entdecken, gibt diesem relativ unbekannten 1992er jedoch Tiefe und Komplexität. **AS**

Verkostungsnotizen

Sommerwiesenaromen weichen süßer Lakritze und Teaköl. Stählerne Reinheit mit einem Schuß Limoncello. Grüner Eistee mit atemraubender Schärfe.

nts & Spirit Safe & Low Wine

Longrow 7-Year-Old Gaja Barolo Finish

J. & A. Mitchell Co. | www.springbankdistillers.com

Herstellungsregion und -land Highlands, Schottland
Destillerie Springbank, Campbeltown, Argyll
Alkoholgehalt 55,8 Vol.-%
Whiskytyp Single Malt

Longrow ist einer von drei Whiskys, die in der Destillerie Springbank gebrannt werden, und sich schon seit langem bei Sammlern und Investoren wachsender Beliebtheit erfreuen. Es gab zwar auch 21 und 25 Jahre alte Abfüllungen, aber in der jüngeren Vergangenheit waren es vermehrt relativ junge Whiskys, unter denen zwei 18jährige schon zu den älteren gehörten.

Der Longrow wurde zuerst 1973 destilliert, einige der frühen Varianten sind inzwischen nur sehr schwer zu erhalten und erzielen hohe Preise. Eine „First Distillation, Last Cask"-Ausgabe, die in einer altmodisch-plumpen Flasche und einer Holzschatulle verpackt war, bringt bei Auktionen mindestens 1500 Euro, bei einem Fachhändler für seltene Whiskys müßte man wohl mehr als 4500 Euro bezahlen. Andere 1973er sind preiswerter, kosten bei Auktionen aber immer noch Hunderte Euro.

Nach einer Reihe von frühen Ausgaben aus den Jahren 1973 und 1974 gibt es eine deutliche Lücke in der Jahrgangsabfolge. Zwischen 1974 und 1992 wurde der Longrow nur sporadisch gebrannt, danach wieder regelmäßiger. Es gab einige wenige unabhängige Abfüllungen mit Destillaten, die aus der zweiten Hälfte der 1980er Jahre stammten. Unter den späteren Abfüllungen von Longrow gab es dann wie bei den Schwesterunternehmen Springbank und Hazelburn in Campbeltown Finishs in unterschiedlichen Faßarten, die alle mehr oder weniger limitiert waren – von wenigen Tausend Flaschen bis hin zu etwa 12000. Die einzelnen Ausgaben waren sehr beliebt, da sie nicht nur den Einfluß unterschiedlicher Nachreifung zeigten, sondern auch in Faßstärke abgefüllt worden waren. **AS**

Verkostungsnotizen

Zeigt sofort mit scharfen, pfeffrigen Mandarinentönen Präsenz. Dann schiebt sich der Torf nach vorne und macht sich bemerkbar. Wenn der Whisky sich im Glas etwas beruhigt hat, kommt süßer Lebkuchen. Kein subtiler Whisky, aber doch sehr erfreulich.

444 Schottland

Longrow 10-Year-Old

J. & A. Mitchell Co. | www.springbankdistillers.com

Herstellungsregion und -land Highlands, Schottland
Destillerie Springbank, Campbeltown, Argyll
Alkoholgehalt 46 Vol.-%
Whiskytyp Single Malt

Springbank ist ein Destillerie in Familienbesitz, die in Campbeltown liegt, einem alten Zentrum der Whiskyherstellung auf der Kintyre-Halbinsel. Sie brachte den Longrow 10-Year-Old erstmals 1985 heraus. Während der Springbank Single Malt im Grunde zweieinhalbmal destilliert wird, entsteht der Longrow durch doppelte Destillation. Der Springbank hat einen Phenolgehalt von 12 bis 15 ppm, Longrow wird im Vergleich mit 50 bis 55 ppm relativ stark getorft. Er reift in einer Mischung aus Bourbon- und Sherryfässern.

Eine Reihe von Destillerien vom schottischen Festland haben ihr Sortiment durch stärker getorfte Varianten ergänzt, die der anscheinend nicht zu stillenden Nachfrage – vor allem der nordeuropäischen Länder – nach torfigen Single Malts im Islay-Stil entgegenkommen sollen. Dazu gehören Brennereien wie Benromach, Isle of Jura und Tomintoul. Man sollte der Familie Mitchell, den Eignern von Springbank, nicht vorwerfen, sie würden einer Modeerscheinung hinterherlaufen: Auf ihre typisch eigensinnige Art haben sie schon 1973 begonnen, den Longrow zu brennen, als die meisten Whiskytrinker die Islay-Malts noch gar nicht entdeckt hatten.

Ein Sprecher der Destillerie Springbank erklärt dazu: „Die erste Destillation fand als Experiment statt, nachdem der Vorsitzende von Springbank sich in den Kopf gesetzt hatte, den Beweis zu erbringen, daß ein Single Malt im Stil Islays auch auf dem Festland gebrannt werden könnte. Der Whisky, der bei diesem Experiment entstand, war so außerordentlich, daß man ihn einige Jahre später wieder produzierte und der Longrow inzwischen zu einem wichtigen Bestandteil des Portfolios geworden ist." **GS**

Verkostungsnotizen

Voll und blumig in der Nase, mit Holzrauch in der Ferne, Getreidenoten und Kräutern. Leicht wächsern am Gaumen, fest und entschieden, mit viel Malz und Torf. Süße, überreife Orangen und Salzwasser. Langer Abgang mit Zitrusfrüchten, etwas Ruß, und Eiche.

Longrow 14-Year-Old

J. & A. Mitchell Co. | www.springbankdistillers.com

Herstellungsregion und -land Highlands, Schottland
Destillerie Springbank, Campbeltown, Argyll
Alkoholgehalt 46 Vol.-%
Whiskytyp Single Malt

Dieser Whisky entstand eigentlich aus einer Art Wette: der Vorsitzende der Destillerie Springbank in Campbeltown behauptete, daß man auch auf dem Festland einen Whisky im Stil der Islay-Malts herstellen könnte. Der Longrow war der gesuchte Beweis – ein doppelt destillierter, stark getorfter und nicht kaltfiltrierter Malt. Die Gerste, aus der man ihn brennt, wird ausschließlich über Torffeuern gedarrt, wodurch der Whisky seinen kräftig rauchigen und torfigen Charakter erhält.

Die ursprüngliche Destillerie Longrow wurde 1896 geschlossen und war anscheinend ein schöner kleiner Betrieb, in dem alles in Handarbeit erledigt wurde. Mitte der 1880er Jahre besuchte der Schriftsteller Alfred Barnard Campbeltown, das damals eines der Zentren der schottischen Whiskyproduktion war. Über Longrow schrieb er: „Das Brennereigebäude ist eines der urtümlichsten, die wir je sahen, und beherbergt zwei Brennblasen, wie sie auch Schwarzbrenner verwendeten." Eines der Zollager ist erhalten geblieben und wird von Springbank für eine Abfüllanlage genutzt.

Heutzutage wird der Longrow 14-Year-Old in Springbank gebrannt, wo die Tanks gereinigt werden, bevor der stark getorfte Malt destilliert wird. Er wird dann in einer Mischung aus Bourbon- und Sherryfässern eingelagert. Der Whisky ist anfänglich subtil, wird dann aber üppig und rauchig, man meint sanfte, komplexe Küstentöne zu vernehmen, obwohl er doch vom Festland stammt. Wenn man sich dann noch Getreide und Pfeffer, Gewürze und Apfelsaft, etwas Zigarrenrauch und Gerste vorstellt, hat man schon eine Vorstellung. Es gibt nicht viele Whiskys, die so schmackhaft sind. **JH**

Verkostungsnotizen

Es mag ein 14jähriger Whisky sein, aber er schmeckt sehr viel reifer. Zudem ist er üppig, oder besser noch sehr üppig. Geradezu fett, könnte man sagen. Die Reifung in Sherryfässern hat ihm auf jeden Fall sehr gut getan, es ist ein sehr ansprechender Single Malt.

Longrow CV

J. & A. Mitchell Co. | www.springbankdistillers.com

Herstellungsregion und -land Highlands, Schottland
Destillerie Springbank, Campbeltown, Argyll
Alkoholgehalt 46 Vol. %
Whiskytyp Single Malt

Vor einiger Zeit erhielten der Produktionsleiter für Longrow, Frank McHardy, und der damalige Brennereileiter Stuart Robertson den Auftrag, einen Longrow mit möglichst viel Rauch- und Torfnoten zu produzieren, der aber dennoch ausgewogen, komplex und reif sein sollte. Das Ergebnis war der Longrow CV, der 2008 zusammen mit einer 18 Jahre alten Variante vorgestellt wurde. Er enthält Whiskys, die sechs, zehn und vierzehn Jahre alt sind und in Sherry-, Portwein-, Bourbon- und Rumfässern mit Volumen von 50 bis 550 Litern reiften.

Der Name „CV" ist die geläufige englische Abkürzung für „Curriculum Vitae", was eigentlich den Lebenslauf eines Menschen bezeichnet, in diesem Fall aber für die Zusammensetzung eines Whiskys verwendet wird. Der Longrow CV ist geradezu ein Schaustück der Destillerie, er zeigt ihren Malt von seiner besten Seite. Springbank und Hazelburn haben ähnliche Abfüllungen ohne Altersangabe mit diesem Namenszusatz herausgebracht.

Die Mitchells, die Eignerfamilie von Springbank, sind in gewissem Sinne die Gralshüter Campbeltowns, sie sind von einer tiefen Verbundenheit mit dem großen Brennerei-Erbe der Stadt erfüllt. So tragen auch die beiden Single Malts, die bei Springbank produziert werden, die Namen längst geschlossener Destillerien in Campbeltown: Longrow und Hazelburn. Longrow lag in der Nähe von Springbank und wurde 1824 als eine der ersten Destillerien nach der Liberalisierung der Alkoholsteuergesetze von John Beith & Co. gegründet, als die Whiskyherstellung im Fischereihafen Campbeltown einen ersten Aufschwung nahm. 1896 wurde sie nach mehreren Besitzerwechseln wieder geschlossen. **GS**

Verkostungsnotizen

Etwas klebrig in der Nase, dann entwickeln sich Salz- und dicke Torfaromen und auch süße Vanille und Malz kommen zum Vorschein. Am rauchigen Gaumen lebhaftes Meersalz. Recht trocken und würzig, im Hintergrund Vanille und viel Ingwer. Mittlerer Abgang.

The Macallan
10-Year-Old Fine Oak

Edrington Group | www.themacallan.com

Herstellungsregion und -land Speyside, Schottland
Destillerie The Macallan, Craigellachie, Banffshire
Alkoholgehalt 40 Vol.-%
Whiskytyp Single Malt

Man kennt den guten Ruf der großen, sherrylastigen Malts von Macallan. 2004 entschloß sich die Muttergesellschaft Edrington Group jedoch, auch Fässer aus amerikanischer Eiche zu verwenden und brachte eine neue Reihe unter der Bezeichnung „Fine Oak" als Ergänzung der „Sherry Oak"-Abfüllungen heraus.

Man kann sich jedoch fragen, warum eine Destillerie etwas auf den Markt bringt, das sich als Konkurrenz für eine bereits gut eingeführte Reihe erweisen könnte. Die Entscheidung sandte zuerst gewisse Schockwellen durch die Reihen der getreuen Sherryanhänger, aber die „Fine Oak"-Reihe hat den Sturm gut überstanden und sich wirklich etabliert.

Am Eingang zu der Reihe steht ein 10-Year-Old, der in einer komplexen Mischung aus europäischen Eichenfässern reifte, in denen Sherry enthalten war, und Fässern aus amerikanischer Eiche, die für Bourbon und Sherry verwendet worden waren. Auch in diesem zarten Alter liefert die Reifung in drei Faßarten einen sehr komplexen Malt. Und wieder verläßt sich die Destillerie allein auf natürliche Färbung ohne Zusätze, die Farbe des Whiskys rührt also allein von den Wechselwirkungen zwischen Destillat und Holz unter der Aufsicht der meisterhaften Whiskymacher bei Macallan her. **AA**

Verkostungsnotizen

In der Nase komplex mit Spuren von Früchten, Birne, Apfel und Honig. Am Gaumen weich mit Malznoten, der Abgang ist üppig mit dichter Frucht und Vanille.

The Macallan
10-Year-Old Sherry Oak

Edrington Group | www.themacallan.com

Herstellungsregion und -land Speyside, Schottland
Destillerie The Macallan, Craigellachie, Banffshire
Alkoholgehalt 40 Vol.-%
Whiskytyp Single Malt

Mit diesem Whisky geht es in die schwindelerregenden Höhen der drei großen in der Whiskywelt – Glenfiddich, Glenlivet und Macallan –, wo man von einem Hauch Luxus umweht wird. Alles an dieser Marke wirkt opulent und prestigeträchtig, vor allem, wenn man sich den oberen Bereichen des Sortiments nähert. Aber auch die großen Marken müssen einen bescheidenen Einstieg bieten, und der 10-Year-Old Sherry Oak ist eine gute Methode, sich dieser Marke zu nähern, ohne gleich mehrere Banken ausrauben zu müssen.

Der 10-Year-Old wird vom Hersteller mit der gleichen Sorgfalt behandelt wie die teureren Abfüllungen. Das Destillat ist mindestens zehn Jahre in spanischen Eichenfässern gereift, die speziell für Macallan hergestellt und im spanischen Jerez mit Sherry befüllt werden. Wenn es je einen jungen Whisky gegeben hat, der den Stil einer Destillerie definiert, dann ist es dieser.

Der Macallan hat auch einen Weg in die Politik gefunden. Im Jahr 2001 hat der britische Politiker Michael Martin den 10-Year-Old zum offiziellen Scotch des Speaker of the House of Commons erklärt, obwohl er selbst keinen Alkohol trinkt. Er roch allerdings an den Whiskys, bevor er seine Wahl traf. Er setzte damit die Tradition eines offiziellen Parlaments-Malts fort. **AA**

Verkostungsnotizen

Der Sherry ist anfänglich deutlich in der Nase zu vernehmen, am Gaumen folgen dann Dörrobst und eine großartige Süße mit nur einer Spur Rauch.

The Macallan
12-Year-Old Fine Oak

Edrington Group | www.themacallan.com

Herstellungsregion und -land Speyside, Schottland
Destillerie The Macallan, Craigellachie, Banffshire
Alkoholgehalt 43 Vol.-%
Whiskytyp Single Malt

Wenn der 10-Year-Old als Einstieg in die Reihe gelten kann, dann nähert man sich mit dem 12-Year-Old ihrem Kern. Auch hier spielt die beeindruckende und teure Faßauswahl von Macallan eine Rolle und schafft einen üppigen, abgerundeten Whisky, der sich bei vergleichenden Verkostungen stets von anderen abhebt. Wenn man sich also den Fässern zuwendet, die so wichtig für die Marke sind, dann reist man vom heißen Spanien bis an die Ufer des kühlen Spey.

Die Eichen stammen aus den Wäldern der nordspanischen Regionen Galizien, Kantabrien und Asturien. Sie werden riftgeschnitten und luftgetrocknet, die entstehenden Dauben an die Küfereien in Jerez geschickt, wo sie über offenen Feuern angekohlt werden. Dadurch wird die Chemie im Holz verändert, so daß das Destillat während der Lagerung tiefer eindringen und das herrliche Vanillearoma besser aufnehmen kann. Macallan läßt die Fässer zuerst mit einem jungen Wein füllen, der die bittere Gerbsäure aus dem Holz zieht, danach kommt für mindestens 18 Monate ein trockener Oloroso hinein.

Dieser Teil der Entstehung einer Flasche Macallan erfordert also beträchtliche Ausgaben, Zeit und Geduld. Auch über die Gerste und Destillation gilt es noch zu sprechen, die Macallan genauso wichtig sind. **AA**

Verkostungsnotizen

Ein glatter, milder Whisky. In der Nase sehr von Vanille bestimmt, mit Spuren von Ingwer und Dörrobst. Üppig am Gaumen, mit Früchten, Sherry und Gewürzen.

The Macallan
12-Year-Old Sherry Oak

Edrington Group | www.themacallan.com

Herstellungsregion und -land Speyside, Schottland
Destillerie The Macallan, Craigellachie, Banffshire
Alkoholgehalt 40 Vol.-%
Whiskytyp Single Malt

Dieser Malt ist unter den Whiskys das, was Gary Barlow von Take That unter den Musikern ist. Was er macht, macht er gut. Süß, aber mit trockenen Anklängen und vielleicht etwas zu beliebt, um so gewürdigt und geschätzt zu werden, wie er es verdient. Der Macallan 12-Year-Old ist ein wirklich sehr sherrylastiger Whisky. Nach der Destillation ruht er einige Zeit in Sherryfässern. Vielleicht war er, wie Gary Barlow, eine Zeitlang auch etwas depressiv, hat sich aber gut erholt und ist wieder obenauf.

Die Destillerie in der Speyside gehört jetzt der Edrington Group, die sie zum gebührenden Glanz gebracht hat. Die 1824 gegründete Marke hat sich zu einem außerordentlichen Erfolg entwickelt – alle Welt ist verrückt danach. Von nahem betrachtet zeigt der Malt laute Sherrytöne, üppige Früchte, rote Beeren, Orangenschale und reife Pflaumen. Geht man jedoch tiefer, entdeckt man ein selbstbewußtes, leicht rauchiges Sahnekaramellaroma. Mit etwas Wasser wird dann der wahre Charakter deutlich.

Macht er also immer noch so viel Spaß, wie er das früher angeblich tat? Das tut nichts zur Sache, wichtig ist vielmehr, daß er liefert. Man muß nicht auf ihn stehen, um ihn zu genießen. Ihn auszulassen, nur weil er in aller Munde ist, wäre in der Tat ein krasser Fehler. **JH**

Verkostungsnotizen

Mahagonirot, üppig, mit viel Sherry in der Nase. Man könnte zuerst denken, es sei wirklich Sherry. Beeren, Pflaumen und eine Spur Rauch am Gaumen.

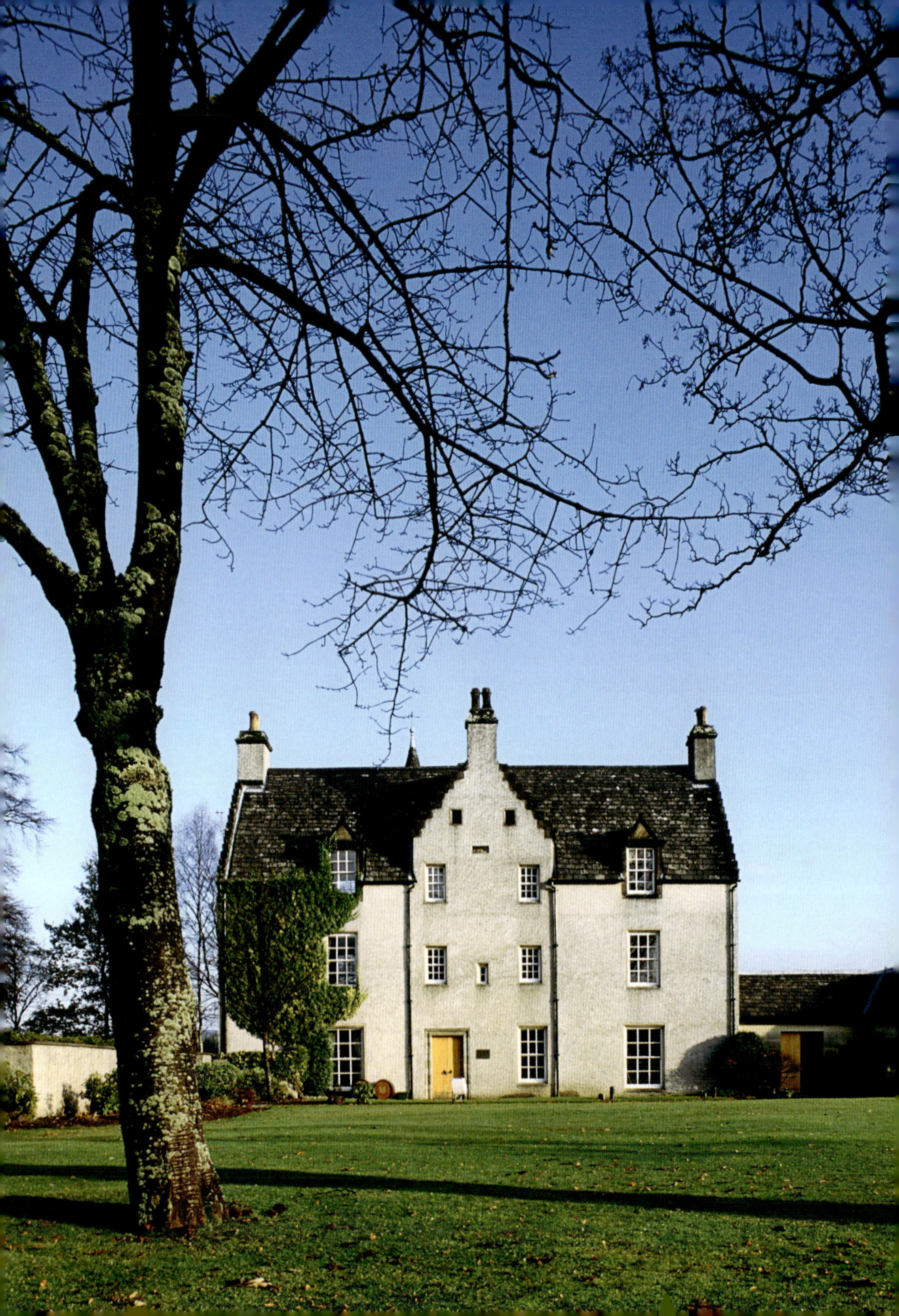

The Macallan
15-Year-Old Fine Oak

Edrington Group | www.themacallan.com

Herstellungsregion und -land Speyside, Schottland
Destillerie The Macallan, Craigellachie, Banffshire
Alkoholgehalt 43 Vol.-%
Whiskytyp Single Malt

Vor einigen Jahren verkündeten die Eigner von Macallan, die Welt wollte keinen kräftigen, dunklen Whisky wie zuvor, und brachte unter dem Namen „Fine Oak" eine Reihe mit leichteren, in Bourbonfässern gereiften Malts heraus. Die Firma hatte mit der Theorie über dunklen Whisky unrecht – man frage nur mal bei Glenfarclas nach –, aber der Grund für helleren Whiskys hatte vermutlich sowieso nichts mit der Nachfrage zu tun, sondern eher mit der eingeschränkten Verfügbarkeit von Sherryfässern. Auch wenn Edrington ein großer Teil der schottischen Vorräte an Sherryfässern gehört, so wird doch viel des sherrybetonten Whiskys nach Asien exportiert.

Auf jeden Fall ermöglichte das Erscheinen der „Fine Oak"-Reihe dem Konsumenten die Wahl zwischen zwei vollkommen unterschiedlichen Whiskyarten. Die traditionellen Whiskys mit Sherryeinfluß haben bei den Kritikern stets Begeisterung ausgelöst, aber bei der „Fine Oak"-Reihe geht es vor allem um die Reinheit des Macallan als Malt. Am ähnlichsten sind sich die beiden vielleicht im Alter von 15 Jahren, wenn die Sherry-Version jung genug ist, um den Sherry zu zeigen, die Eiche aber noch im Zaum gehalten wird und das Malz etwas zu sagen hat. Der 15jährige Fine Oak wiederum ist ein Kracher, und kann sich der Beste in seiner Reihe nennen. **DR**

Verkostungsnotizen

Ein wirklich großartiger Single Malt. In der Nase Gewürze und Honig, der sich bis zum großen, abgerundeten Gaumen durchzieht. Länglicher, fruchtiger Abgang.

The Macallan
17-Year-Old Fine Oak

Edrington Group | www.themacallan.com

Herstellungsregion und -land Speyside, Schottland
Destillerie The Macallan, Craigellachie, Banffshire
Alkoholgehalt 43 Vol.-%
Whiskytyp Single Malt

Macallan verwendet nicht nur die allerbeste Gerste, sondern schränkt beim Destillieren das Herzstück auch viel deutlicher ein als alle anderen Brennereien – nur etwa 16 Prozent des Destillats gelangt in die Fässer. So wird sichergestellt, daß nur der beste Whisky aus den kurzen, gedrungenen Brennblasen verwendet wird. Für die „Fine Oak"-Reihe wird das Destillat dann in drei unterschiedlichen Faßarten eingelagert.

Man verwendet nicht nur spanische Eiche, in der Sherry gelegen hat, sondern auch Fässer aus amerikanischer Eiche, in der zuvor Bourbon oder Sherry reifte. Jede dieser Faßarten trägt etwas anderes bei, die amerikanischen Vanille, Apfel und süße Zitrusnoten, die spanischen Dörrobst, Gewürze, einen Hauch Orangenschokolade und eine kräftige Färbung.

Während man die ausschließliche Reifung in Sherryfässern vielleicht als etwas kräftig für das charakteristische Destillat von Macallan betrachten könnte, läßt die „Fine Oak"-Reihe es durchscheinen und bietet dem Whiskytrinker eine leichtere Alternative zu den robusteren, vollkörperigen Varianten. Dieser 17-Year-Old bildet zur Zeit das Mittelstück der „Fine Oak"-Reihe, die sich stetig weiterentwickelt und, wenn man diese Abfüllung als Maßstab nimmt, auch stetig besser wird. **PB**

Verkostungsnotizen

Weich, üppig und leicht in der Nase, mit Zitrus- und Gewürzaromen. Beeindruckende, aber zurückhaltende Eiche und Sherry am Gaumen. Cremig-runder Abgang.

← Gäste der Macallan-Destillerie werden im Easter Elchies House der Brennerei untergebracht.

The Macallan 18-Year-Old

Edrington Group | www.themacallan.com

Herstellungsregion und -land Speyside, Schottland
Destillerie The Macallan, Craigellachie, Banffshire
Alkoholgehalt 43 Vol.-%
Whiskytyp Single Malt

Falls man geglaubt haben sollte, Macallan habe seine Aufmerksamkeit von den gerühmten sherrybetonten Whiskys auf die „Fine Oak"-Reihe ablenken lassen, ist dieser 18-Year-Old der Beweis, daß Sherry immer noch ein wichtiger Teil des Macallan-Auftritt ist. Der Whisky reift 18 Jahre in spanischen Sherryfässern. Es sind jedoch nicht einfach nur Eichenfässer. Typisch für die Detailverliebtheit der Destillerie durchlaufen sie genau festgelegte Herstellungsphasen, um sicherzustellen, daß die 18 Jahre, die Destillat und Faß miteinander verbringen, von der charakteristischen Macallan-Harmonie erfüllt sind.

Sogar bei der Holztrocknung waltet höchste Sorgfalt. Wenn das Eichenholz zu Dauben eingeschnitten ist, werden diese zuerst in Nordspanien getrocknet, wo im Winter oft niedrige Temperaturen, Wolken und Regen vom Atlantik das Klima beherrschen, anschließend im Süden, wo im Sommer hohe Temperaturen und durchschnittlich zwölf Stunden Sonnenschein das Wetter bestimmen. Dann werden die Dauben in den Küfereien von Jerez dampfgebogen und zu Fässern verarbeitet, die innen verkohlt werden, um die Vanilline und Tannine aus dem Holz freizusetzen.

Die harscheren Tannine werden aus dem Holz gezogen, imdem man die Fässer zuerst mit *mosto* füllt, einem leicht gegorenen Wein nach Art des Federweißen, der direkt nach der Weinlese im August und September gekeltert wird. Wenn dieser seine Aufgabe erledigt hat, wird er durch Oloroso-Sherry ersetzt, der die Fässer weitere 18 Monate konditioniert. Es gibt nur wenige andere Destillerien, die einen derartigen Aufwand betreiben, der auch die gleichbleibend hohe Qualität erklärt. **PB**

Verkostungsnotizen

Üppig, fast wie Lagerfeuerkaffee in der Nase, aber mit leichteren, buttrigen Aromen, die durch die Eiche dringen. Am Gaumen fast übertrieben sinnlich und sauber, mit etwas Gewürzen und Eiche. Der Abgang ist nicht sonderlich lang, aber abgerundet und üppig.

The Macallan 18-Year-Old Fine Oak

Edrington Group | www.themacallan.com

Herstellungsregion und -land Speyside, Schottland
Destillerie The Macallan, Craigellachie, Banffshire
Alkoholgehalt 43 Vol.-%
Whiskytyp Single Malt

Mit der 1824 erworbenen Lizenz wurde Macallan eine der ersten modernen und legalen Destillerien der Speyside (eine illegale Brennerei hatte es an dieser Stelle schon seit Generationen gegeben). Der vorliegende Single Malt wird mindestens 18 Jahre in Eichenfässern gelagert. Allerdings sind es keine einfachen Fässer: Es sind solche aus amerikanischer und spanischer Eiche darunter, die zuvor Sherry enthalten haben, und solche aus amerikanischer Eiche, in denen Bourbon gereift ist. Eine derartige Detailversessenheit ergibt einen komplexen Single Malt, der gleichermaßen zart und gut trinkbar ist.

Der Macallan 18-Year-Old Fine Oak ist üppig und leicht, raffiniert und blumig – nach allen Maßstäben ein Klassiker. Er duftet nach Gewürzen, Zitrusfrüchten, Rauch und Holz. Ein Whisky wie dieser kann auch einen kalten Blick erwidern, ohne die Augen niederzuschlagen, er ist ein selbstbewußter Kerl mit breiten Schultern, ruhig und gelassen, mit einer Vergangenheit, die alle Gäste bei einer Dinner-Party in ihren Bann schlagen könnte. Vielleicht hält er etwas zu lange an, und der Abgang ist kaum mehr als ein Flüstern, aber das heißt nicht, daß man ihn schnell vergessen könnte. Im Gegenteil, er hinterläßt einen nachhaltigen Eindruck.

Man sollte sich auch nicht durch die Anwesenheit von Sherry irreführen lassen. Dieser Whisky ist testosterongesteuert, seine Männlichkeit stammt aus den Bourbonfässern. Wenn er menschliche Form annähme, wäre er sicher ein Mann, vielleicht ein pfeiferauchender Barbour-Träger, der ein herbes Aftershave aufgelegt hat und ohne Ironie oder Tuntigkeit einen dicken Schnurrbart wie Tom Sellecks Magnum trägt. **JH**

Verkostungsnotizen

Ein elegant-männlicher Whisky. Für seine tiefe Bernsteinfarbe und das würzige Aroma ist der Ausdruck „beeindruckend groß" sehr treffend. Im Mund ist er sehr schön beschichtend, leider hält der Abgang nur einen Augenblick oder zwei an.

Macallan 18-Year-Old Glenkeir Treasures

Glenkeir Whiskies | www.thewhiskyshop.com

Herstellungsregion und -land Speyside, Schottland
Destillerie The Macallan, Craigellachie, Banffshire
Alkoholgehalt 40 Vol.-%
Whiskytyp Single Malt

Glenkeir Treasures gehört als unabhängiger Abfüller zu The Whisky Shop, einer Kette, die in Großbritannien den Verkauf von Whisky revolutioniert hat. Sie verbindet alle Annehmlichkeiten eines Einzelhändlers mit der Bequemlichkeit eines Filialunternehmens in bester Lage. Die Firma arbeitet mit führenden Destillerien zusammen, um Marken in seinem umfangreichen Print- und Onlinemagazin *Whiskeria* bekannt zu machen. Die Kette hat mit ihren kenntnisreichen Mitarbeitern und den gemütlich eingerichteten Geschäften wesentlich dazu beigetragen, ihre Kunden in die Geheimnisse der Whiskywelt einzuführen. Man bekommt aber nicht nur die gängigen Marken und Abfüllungen, sondern auch solche wie diese, die selbst ernsthafte Whiskyfans ansprechen, sei es als Wertanlage oder um sie zu trinken..

Keine Destillerie ist bei Sammlern so beliebt wie Macallan. Dieser 18-Year-Old war besonders gesucht, weil er sich schon in den Tagen vor der „Fine Oak"-Reihe deutlich von anderen Macallans unterschied. Der höhere Anteil an Bourbonfässern gibt einem Gelegenheit, anstatt des Fasses, in dem er reift, das Herz des Malts zu schmecken. Der Whisky hat eine treue Gefolgschaft und bietet für sein Alter ein sehr gutes Preis-Leistungs-Verhältnis. Zudem gerade genug Eiche, um ihm Körper zu geben. **DR**

Verkostungsnotizen

Apfel, Grapefruit und Zitronengras in der Nase, kaum Spuren von Eiche. Viel Blutorange und Kumquat und eine Prise weißer Pfeffer am Gaumen.

Macallan 21-Year-Old Fine Oak

Edrington Group | www.themacallan.com

Herstellungsregion und -land Speyside, Schottland
Destillerie The Macallan, Craigellachie, Banffshire
Alkoholgehalt 43 Vol.-%
Whiskytyp Single Malt

Wie wichtig es ist, schon früh im Leben eines Malts in gute Fässer für seine Reifung zu investieren, zeigt sich spätestens, wenn er ins Teenager-Alter kommt. Wie alles, was erwachsen wird, ist auch Whisky ein Produkt seiner Umgebung und Erziehung.

Der 21-Year-Old von Macallan reift wie die meisten Abfüllungen der Marke zu einem abgerundeten und ausgewogenen jungen Erwachsenen heran, wohlbehütet in seinen handgefertigten Fässern. Während der Lagerung wird er sorgfältig vom Brennereileiter Bob Delgarno beobachtet, der dafür sorgt, daß die etwa 20 Fässer sich anständig benehmen und den Zustand der Perfektion erreichen, in dem man sie auf die Gesellschaft loslassen kann.

Macallan nimmt die Bezeichnung „luxuriösester Single Malt" sehr ernst. Das zeigt sich auch darin, daß die Farbe des Whiskys ohne jegliche künstliche Hilfsmittel, wie sie sonst immer häufiger eingesetzt werden, allein durch den Einfluß der Fässer erreicht wird.

Dieser 21-Year-Old ist eine Meisterklasse in Sachen eichengereifter Whisky: Die Eiche ist deutlich zu erkennen, aber eine Fülle anderer Geschmacksnoten bekommen ebenfalls Gelegenheit, sich bemerkbar zu machen. Ein großer, solider Malt, den man nach dem Abendessen und auch später noch genießen kann. **AA**

Verkostungsnotizen

Verlockende Zitrus-, Vanille- und Zimtaromen in der Nase. Am Gaumen dann Gewürze, Marmelade und Rauchschleier. Voller Abgang mit Sahnekaramell.

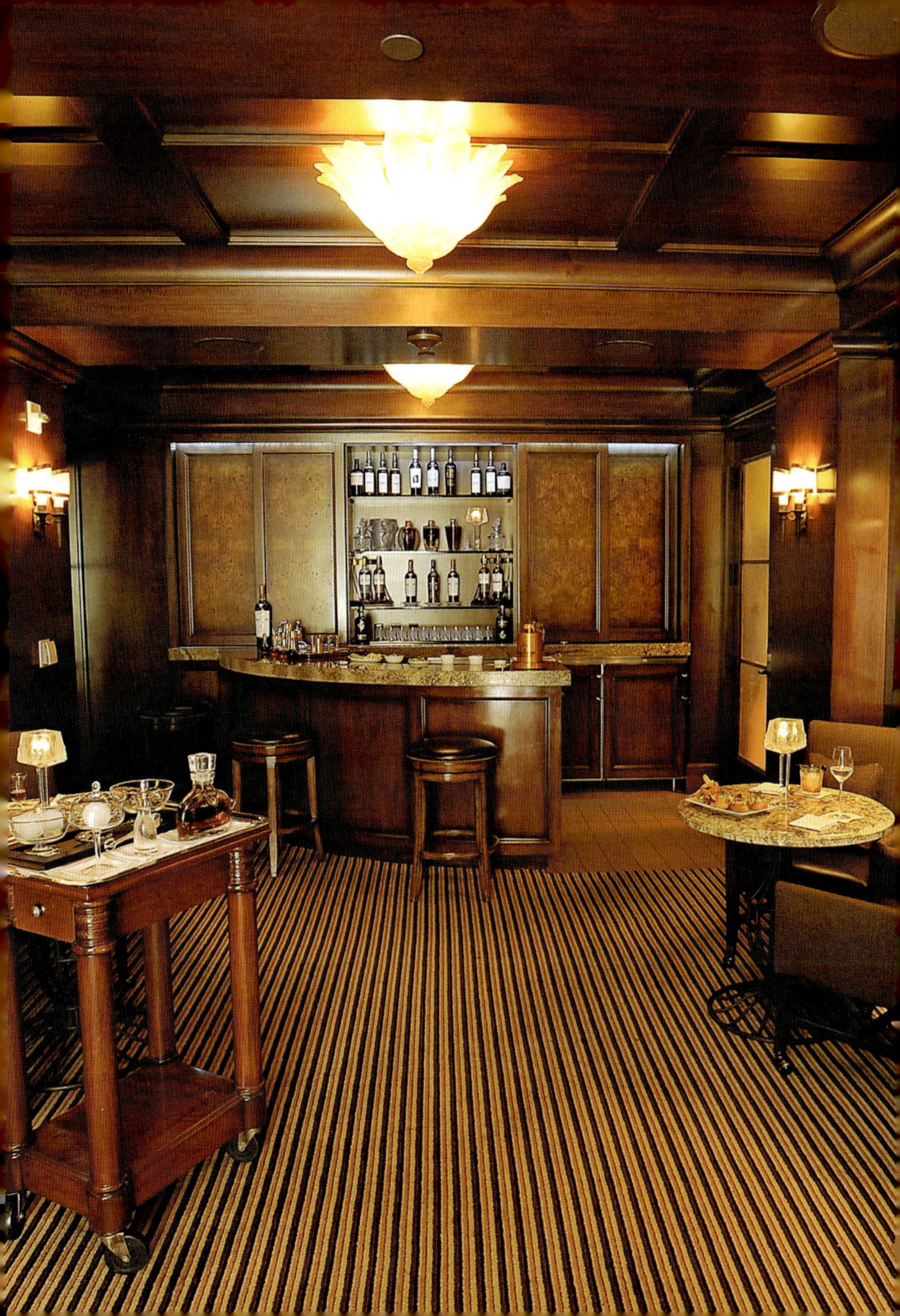

The Macallan 25-Year-Old Sherry Oak

Edrington Group | www.themacallan.com

Herstellungsregion und -land Speyside, Schottland
Destillerie The Macallan, Craigellachie, Banffshire
Alkoholgehalt 43 Vol.-%
Whiskytyp Single Malt

Mit dem 25-Year-Old nähern wir uns dem oberen Ende der sherrybetonten Abfüllungen von Macallan und damit einem der Gipfel des Whisky-Luxus'. 25 Jahre in Eiche sind keine schlechte Leistung für einen Whisky: Man begibt sich damit in ein Gebiet, wo das Holz den Malt überwältigen kann und man möglicherweise das Gefühl bekommt, auf Weihnachtsgebäck herumzukauen, das nach Balsaholz schmeckt. Kein sehr angenehmes Erlebnis.

Glücklicherweise legt Macallan etwas mehr Souveränität an den Tag, als das Faß einfach mit dem Whisky machen zu lassen, was es will. Der ist auch groß und alt genug, um der langen Reifung in geschmacksintensiven Sherryfässern etwas entgegenzusetzen. Das Holz zeigt zwar seinen Einfluß, aber den Mitarbeitern der Destillerie ist es gelungen, ihm sogar noch in diesem Alter Balance zu verleihen. Außerdem hat das Team einen sehr glatten Whisky geschaffen. Die Abfüllung zeigt immer noch eine ausgewogene Mischung aus Eiche, Malz und etwas Rauch, um den sie manche halb so alte Malts beneiden würden. Sie wird oft mit dem Wort *sublim* charakterisiert und ziert einige der besten Hotels und Bars der Welt.

Hier läßt Macallan seinen Ruf als Luxusmarke wirklich für sich arbeiten. Der 25-Year-Old ist gesucht, kostbar und schwer zu erhalten. Er bestätigt die Behauptung, alles was erstrebenswert, aber schwierig zu bekommen ist, führe zu steigender Nachfrage. Dies ist ein Getränk für russische Oligarchen, Ölmagnaten und Großreeder, die Art von Malt, die Whisky-Aficionados gerne als Alltagsgetränk zu Hause stehen hätten. Ein Traumwhisky, auch wenn er noch nicht die Spitzenleistung im Programm von Macallan darstellt. **AA**

Verkostungsnotizen

Die Nase ist sanft, mit vielen in Zimt, Gewürznelken und vielleicht sogar einer Spur Paprika gekochten Orangen. Die Üppigkeit kommt am Gaumen: Obstkuchen, Dörrobst und glasierte Kirschen. Der Abgang scheint mit Gewürzen und Karamellcreme nie zu enden.

The Macallan 30-Year-Old Sherry Oak

Edrington Group | www.themacallan.com

Herstellungsregion und -land Speyside, Schottland
Destillerie The Macallan, Craigellachie, Banffshire
Alkoholgehalt 43 Vol. %
Whiskytyp Single Malt

Man könnte meinen, mit dem Macallan 25-Year-Old habe man sich in das Gebiet der wirklich seltenen Whiskys begeben. Das war aber im Vergleich zum 30-Year-Old noch überhaupt nichts. Diese Abfüllung ist so selten, daß die meisten Einzelhändler jedem Kunden nur eine Flasche zubilligen – falls sie über eine verfügen. Natürlich gibt es Whiskys, die teurer sind. Manche von ihnen gehören sogar zum Sortiment von Macallan. Aber keiner zeugt so vom Sherrystammbaum der Destillerie wie dieser. Alle anderen Abfüllungen leiten eigentlich nur zu dieser hin, so wie die Kämme eines Gebirges, denen man folgen muß, um den Gipfel zu erreichen, den man besteigen möchte. Aber der Aufstieg lohnt auf jeden Fall. Die Reichtümer, von denen man sich trennt, um dieser Abfüllung habhaft zu werden, bekommt man zurück, wenn man sich in den tröstenden Sherryaromen wiegt.

Die Zitrusnoten, der Rauch und das Dörrobst vorheriger Abfüllungen sind im 30-Year-Old zu vollendeter Perfektion abgemildert und herangereift. Manchmal fühlt man sich beim Trinken eines Single Malts dieses Alters wie angesichts einer Antiquität oder Reliquie. Er spricht von Dingen, die vergangen sind, Dingen, die uns zu dem gemacht haben, was wir sind. Die Natur hat auf ihre langsame, sanfte, aber sichere Weise alle Unreinheiten im Whisky ausgemerzt.

Einen derartig perfekten Malt zu erschaffen, legt ebenso Zeugnis für das Faßmanagement der Destillerie ab wie für die Hege und Pflege des Whiskys. Hat man ihn erst mal im Glas, versteht man die Gründe für die Reifung in Sherryfässern, aber auch die Meisterschaft von Macallan auf diesem Gebiet. **AA**

Verkostungsnotizen

In der Nase zuerst wirklich üppiger Sherry, mit Orangen, braunem Zucker und etwas Muskat. Am Gaumen macht sich der üppige Charakter mit dunklen Früchten und gewürzter Orange bemerkbar, bevor der luxuriöse Abgang Gewürze wie Muskat und Zimt bringt.

The Macallan Amber

Edrington Group | www.themacallan.com

Herstellungsregion und -land Speyside, Schottland
Destillerie The Macallan, Craigellachie, Banffshire
Alkoholgehalt 40 Vol.-%
Whiskytyp Single Malt

Der verstorbene große Whisky-Journalist Michael Jackson hat das Schreiben über Whisky vielleicht nicht erfunden, aber er hat eine wichtige Rolle dabei gespielt, den Whisky einem breiteren Publikum näherzubringen.

Jackson etablierte sich ursprünglich als Bier-Journalist, indem er einfach bei einer Brauerei anklopfte und fragte, ob er für eine Geschichte über das Brauen recherchieren dürfe. Als ein Verleger auf die Idee kam, daß ein Buch über Whisky möglicherweise Käufer finden würde, war Jackson eine naheliegende Wahl als Autor. So begann seine Liebesaffäre mit dem Whisky.

Zu seinen besonderen Lieblingen gehörten die großen, altmodischen, sherrybetonten Macallans. Man muß zugeben, daß er die „Fine Oak"-Reihe freundlich willkommen hieß, aber vermutlich hätte er die vier Whiskys aus Macallans „1824"-Reihe besonders geschätzt. Es sind Malts, die ausschließlich in Sherryfässern gereift sind und die jeweils nach ihrem Farbton benannt sind. Die Destillerie Macallan hat ihren Ruf auf Whiskys begründet, die in Sherryfässern gelagert werden, und die Mutterfirma Edrington ist nicht nur der weltweit größte Besitzer von Sherryfässern, sondern nimmt das Thema sogar so ernst, daß sie eine eigene Küferei im spanischen Jerez betreibt.

Die Standardversion in dieser Reihe heißt Gold und ist nicht unbedingt etwas Besonderes. Der Amber ist die nächste Stufe auf der Leiter und tatsächlich ein sehr guter Whisky. Die Sherryfässer geben ihm deutlich mehr Komplexität. Es gibt bei der Reihe keine Altersangaben, aber falls der Gold Whiskys von sieben bis 13 Jahren enthält, kann man beim Amber wohl mit solchen rechnen, die teilweise mehr als 15 Jahre alt sind. **DR**

Verkostungsnotizen

Milchschokolade in der Nase, Vanille und Karamell, auch Mandarinen. Ein üppiger, süßer, runder Whisky, der am Gaumen Fruchtkompott, Backäpfel mit Füllung und einige sanfte, süße Gewürze und Eichentannine zeigt. Mittellanger bis langer Abgang.

The Macallan Ruby

Edrington Group | www.themacallan.com

Herstellungsregion und -land Speyside, Schottland
Destillerie The Macallan, Craigellachie, Banffshire
Alkoholgehalt 43 Vol.-%
Whiskytyp Single Malt

Als die Destillerie Macallan sich entschloß, einige ihrer Abfüllungen mit Altersangabe durch solche zu ersetzen, die nach ihrer Farbe benannt waren, haben vermutlich viele Fachjournalisten und Angestellte im Fachhandel Entsetzens- und Entrüstungsschreie ausgestoßen.

Hinter Macallans neuem Ansatz steckt die Annahme, daß ein Whisky besser und älter ist, wenn er eine möglichst dunkle Farbe hat. Das Problem dabei ist, daß die Branche in der Vergangenheit immer betont hat, die Farbe eines Whiskys sollte nicht als einziges Merkmal herangezogen werden, um sein Alter, seine Güte oder seinen Geschmack zu beurteilen. Das läßt sich vielfach begründen, unter anderem dadurch, daß ein in Bourbonfässern gereifter Whisky meist eine eher gelbliche Farbe zeigt und viel jünger aussieht als einer, der in Sherryfässern gelegen hat. Ein Destillat, das in Sherryfässer gefüllt wird, die unmittelbar zuvor noch Sherry enthalten haben, fällt dunkler aus als einer, der aus Fässern kommt, die zuvor bereits zur Lagerung von Whisky verwendet wurden. Zudem darf schottischen Whiskys auch Zuckercouleur zugesetzt werden, so daß die Farbe eigentlich überhaupt nichts aussagt.

Daher wird ein billiger Blend, der zufällig dunkel ist – wie man ihn im Supermarkt oft findet –, wahrscheinlich kaum länger als die gesetzliche Mindestzeit gelagert worden sein, und das Faß, aus dem er stammt, war vermutlich alt und ausgelaugt, so daß es kaum Geschmack oder Farbe abgeben konnte.

Die vorliegende Abfüllung ist jedoch ein reiner Sherryfaß-Whisky, der von Natur aus dunkel und reizvoll ist. Er kommt von allen Varianten dieser Reihe den klassischen alten Macallans am nächsten. **DR**

Verkostungsnotizen

In der Nase Filterkaffee, Maraschinokirschen in dunkler Schokolade, Sherry, Beeren und Karamell. Am Gaumen die klassischen Sherrynoten: Rosinen, Hackfleischpastete, Orangen und Küchengewürze. Der Abgang ist lang, üppig, warm und fruchtig, mit würziger Eiche.

The Macallan Sienna

Edrington Group | www.themacallan.com

Herstellungsregion und -land Speyside, Schottland
Destillerie The Macallan, Craigellachie, Banffshire
Alkoholgehalt 43% Vol.-%
Whiskytyp Single Malt

Schottische Destillerien und beliebte Sportmannschaften haben eine Gemeinsamkeit: Die größten und besten unter ihnen haben eine treue Anhängerschar, die immer und immer wieder Großes von ihnen erwartet. Bei den Destillerien betrachten sich die Liebhaber als die wahren Eigentümer, woraus folgt, daß die Manager und Besitzer lediglich Treuhänder sind, deren wichtigste Aufgabe es ist, dafür zu sorgen, daß sich nichts zum Schlechteren verändert. Die Fans schätzen Veränderungen nicht, und jeder, der mit einem bewährten Rezept Spielchen treibt, tut das auf eigene Gefahr.

Größere und bessere Destillerien als Macallan gibt es kaum. Man muß also den Mut bewundern, den Edrington als Besitzer zeigten, indem sie zuerst von den dunklen, sherrybetonten Whiskys Abstand nahmen, für welche Macallen berühmt war, und dann die leichtere „Fine Oak"-Reihe heraus brachten. Anschließend ersetzten sie noch einige alte Varianten durch vier Ausgaben ohne Altersangaben. Auf manchen Märkten gibt es keine Macallans, die jünger sind als 18 Jahre. Die Whiskyenthusiasten hegten großes Mißtrauen wegen der fehlenden Altersangabe.

Jeder der vier Whiskys trägt den Namen der Farbe, die er in der Flasche zeigt. Die hellste Variante ist die jüngste, die dunkelste ist die älteste. Wie immer man auch zu dieser Farbkodierung stehen mag, es gibt keinen Zweifel, daß der vorliegende exzellente Whisky der beste der vier ist. Er ist der zweitdunkelste der Reihe und damit auch der zweitteuerste. Mit ihm kehrt Macallan zur sherrybetonten Ausrichtung zurück, der enthaltene Malt wurde ausschließlich in Fässern gelagert, die zuvor mit Sherry befüllt waren. **DR**

Verkostungsnotizen

Kühn und kräftig. mit Dörrobst, den typischen Orangentönen und etwas Nuß in der Nase. Lebhaft und verführerisch. Am Gaumen saftige Rosinen, etwas Anis und ein köstlicher Hauch von Brausepulver. Der Abgang ist voll und fruchtig mit einem Hauch Gewürze.

Macduff 15-Year-Old Harris Bottling

Harris Whisky Co. | www.harriswhisky.com

Herstellungsregion und -land Speyside, Schottland
Destillerie Macduff, Banff, Banffshire
Alkoholgehalt 58,7 Vol -%
Whiskytyp Single Malt

Die Städte Macduff und Banff liegen an entgegengesetzten Ufern der Mündung des Dornoch. Ihre freundschaftliche Rivalität hat eine lange Tradition, und seitdem in Banff 1824 die Destillerie ihre Pforten öffnete, glaubten die Bewohner von Macduff – oder ließen es sich von ihren Nachbarn einreden – sie seien endgültig unterlegen, weil sie keinen eigenen Whiskyhersteller hatten. Das änderte sich jedoch 1962 mit der Eröffnung dieser Brennerei. Nun konnten sie den Banffern wieder selbstbewußt ins Auge blicken.

Als sie errichtet wurde, war die Destillerie Macduff technisch auf dem Höhepunkt ihrer Zeit und wies Einrichtungen auf, die später allgemein verwendet wurden, damals aber ungeheuer fortschrittlich waren, darunter einen Maischebottich aus Edelstahl und neumodische Rohrbündelwärmeübertrager.

Nach drei Jahren verkauften die Erbauer, Glen Deveron Distillers, den Betrieb an die Firma Block, Grey & Block, unter deren Leitung die Zahl der Brennblasen von zwei auf vier verdoppelt wurde. 1972 wechselte die Brennerei nochmals den Eigner und ging an William Lawson, eine Tochtergesellschaft des italienischen Konzerns Martini & Rossi. Die Gebäude wurden renoviert und eine fünfte Brennblase installiert. Nach Zwischenstationen bei Bacardi und Diageo gelangte Macduff schließlich in den Besitz der heutigen Eigentümer John Dewar & Sons.

Die hauseigenen Abfüllungen des Macduff werden unter dem Namen Glen Deveron vermarktet. Unabhängige Abfüller verwenden – wie seinerzeit die Harris Whisky Company bei dieser Ausgabe des Malts – den Namen der Destillerie. **GL**

Verkostungsnotizen

In der Nase scharfe Sommeraromen von Quitten, Birnen und Zitronen. Schmeckt auch nach Birne, außerdem nach geräuchertem Fleisch, aber die Wirkung ist auf den oberen Gaumen beschränkt: Es fehlt am Unterbau. Blumiger und gleichermaßen kreidiger Abgang.

Mackinlay's Shackleton Rare Old Highland Malt

Whyte & Mackay | www.whyteandmackay.com

Herstellungsregionen und -land Speyside, Islands, und Highlands, Schottland
Destillerie Whyte & MacKay and Mackinlay's
Alkoholgehalt 47,3 Vol.-% **Whiskytyp** Blended Malt

Mackinlay's Shackleton Rare Old Highland Malt ist eine Sonderabfüllung, die als originalgetreue Nachbildung an den Whisky erinnern soll, den der Polarforscher Ernest Shakleton 1907 auf seiner ersten Antarktisexpedition mit sich führte. Die Geschichtsbücher wissen zu berichten, daß Shackleton 25 Kisten von Mackinlays Rare Old Highland Malt auf der berühmten Reise zum Südpol im Gepäck hattte. Allerdings verschlechterte sich das Wetter vorzeitig, das Expeditionsschiff wurde vom Eis bedroht, und Shackleton mußte mit seinen Begleitern schnellstens den Rückzug antreten.

Das Lager wurde aufgegeben, das Proviant darin zurückgelassen, und in den folgenden Jahren wurde es von Eis bedeckt. Unter den zurückgelassenen Gegenständen befanden sich auch elf Flaschen Mackinlay, die 2007 vom New Zealand Antarctic Heritage Trust entdeckt wurden. 2011 überredeten Whyte & Mackay die Stiftung, etwas von dem unbezahlbaren Whisky nach Schottland zurückreisen zu lassen. Allerdings durfte das nicht in einem Linienflug geschehen, der Besitzer von Whyte & Mackay, Vijay Mallya, mußte ihn mit seinem Privatjet abholen. In Schottland analysierte Richard Paterson, der Masterblender der Firma, den Whisky und fand ihn auch nach 100 Jahren noch so beeindruckend, daß er sich daran machte, ihn neu zu kreieren.

Der Whisky enthält Malts von der Speyside, den Islands und Highlands, darunter auch Glen Mhor. Insgesamt wurden nur 50 000 Flaschen abgefüllt. Vom Verkaufspreis von 100 Pfund Sterling (etwa 120 Euro) gingen jeweils 5 Pfund Sterling als Spende an die Stiftung New Zealand Antarctic Heritage Trust. **JH**

Verkostungsnotizen

Der blaßgoldene Whisky hat ein weiches, zartes, elegantes Aroma mit Muskat- und Karamellnoten. Der Blend ist nicht nur sanft, er hält am Gaumen auch vor und läßt an eine Mischung aus Vanille, Orangenschalen und Selbstgebackenem denken.

Eine Zeitschrift berichtet über Shackleton und sein Schiff, die *Nimrod*.

Shackleton Furthest South

(1) HIS SHIP, (2) HIMSELF, AND (3) HIS MERRY MEN ALL

In July, 1907, Lieut. Shackleton set sail in the "Nimrod" for the South Pole. He is now on his way home, having succeeded in reaching the Southern Magnetic Pole, and actually approaching within 111 miles of the South Pole itself. In the first picture is shown the good ship "Nimrod," a forty-year old sealing ship; in the centre is a portrait of the resolute explorer himself (by Langfier, 23a, Old Bond

Mannochmore 1991 Connoisseurs Choice

Gordon & MacPhail | www.gordonandmacphail.com

Herstellungsregion und -land Speyside, Schottland
Destillerie Mannochmore, Elgin, Morayshire
Alkoholgehalt 46 Vol.-%
Whiskytyp Single Malt

In den 1960er Jahren boomte der Whisky. Viele neue Destillerien entstanden, unter anderem Tomintoul, Tormore und Clynelish, um den stetig wachsenden Durst der Käufer zu löschen. Es war auch das Jahrzehnt, in dem man erstmals einige der Single Malts von Destillerien kaufen konnte, deren Ausstoß zuvor ausschließlich für Blends verwendet worden war.

1960 brachte der Eigner von Gordon & MacPhail, George Urquhart, die „Connoisseurs Choice"-Reihe heraus. Er kaufte dafür nicht einfach Fässer vorhandenen Whiskys auf, wenn sie auf dem freien Markt verfügbar waren oder die Verschneider sie nicht mehr benötigten, sondern er schickte ausgewählte Leerfässer an die Brennereien, ließ sie mit frischem Destillat füllen, und zog sie erst dann auf Flaschen, wenn er meinte, sie seien soweit. Etwas verwirrend ist es, daß auf den Etiketten das Jahr angegeben wird, in dem der Inhalt gebrannt wurde, aber auch das Jahr der Abfüllung auf Flaschen. Man mag das für sinnvoll halten, allerdings sind die angegebenen Daten nicht kalendergenau, man kann nicht wissen, ob ein 1975 destillierter und 2005 abgefüllter Whisky 29 oder 30 Jahre alt ist. Manchen Leuten ist das wichtig.

Mannochmore wurde 1971 neben der Destillerie Glenlossie errichtet; die Mitarbeiter waren jahrelang abwechselnd hier wie da tätig. Am bekanntesten war wahrscheinlich der Loch Dhu, der schwarze Whisky, der sehr gemischte Reaktionen auslöste. Falls man Gelegenheit bekommt, eine Flasche zu erstehen, sollte man das tun, der Loch Dhu wird zunehmend selten. Man kann aber auch ein paar Euro sparen und diesen schönen, frischen 1991er Connoisseurs Choice kaufen. **PB**

Verkostungsnotizen

Tapiokapudding, Mandarinen, Zitronengras und tropische Früchte in der Nase, mit Kräutern und einem Hauch Sherry. Am Gaumen spritzige Früchte, Limettenmarmelade und saftige Gerste mit grünen Äpfeln. Abgang mit süßem Biskuit und Vanille.

Millburn 1978

Gordon & MacPhail | www.gordonandmacphail.com

Herstellungsregion und -land Highlands, Schottland
Destillerie Millburn, Inverness, Inverness-shire
Alkoholgehalt 46 Vol.-%
Whiskytyp Single Malt

1988 war ein schwarzes Jahr in der Geschichte von Inverness. Nachdem schon zwei Jahre zuvor die beiden anderen Destillerien – Glen Mhor und Glen Albyn – die Tore geschlossen hatten, wurde jetzt auch die älteste und letzte Brennerei der nördlichsten Stadt des Vereinigten Königreichs außer Betrieb genommen. Im Gegensatz zu Glen Albyn und Mhor, die abgerissen wurden, um Platz für einen Supermarkt zu schaffen, ist Millburn jedoch nicht vollkommen verschwunden; ein Teil ist erhalten geblieben und wird als Steakhaus genutzt, nur ein einsamer Schornstein erinnert noch an die frühere Nutzung … als ob das ein Trost sein könnte. Das Schicksal von Millburn wurde durch ihre altmodische Ausrüstung und dem Mangel an Erweiterungsmöglichkeiten in einer Stadt besiegelt, die selbst wuchs und keine Destillerie in einem Wohnviertel sehen wollte. Wie bei vielen Brennereien, die in den 1980er Jahren verschwanden, ist auch aus ihrer Produktion nicht mehr viel Whisky erhalten.

Millburn wurde 1807 gegründet und hieß ursprünglich Inverness. Später wurde sie dann umbenannt und erhielt den Namen des Mill Burn, einem Fluß der parallel zum Caledonian Canal und River Ness durch die Stadt fließt. Die Brennerei stand an seinem Ufer und verwendete sein Wasser zum Kühlen. Das Wasser, aus dem gebrannt wurde, bezog es dagegen über Rohre aus dem 13 Kilometer entfernten Loch Duntelchaig.

Der Hausstil von Millburn war angeblich rauchig-aromatisch. Diese Abfüllung von Gordon & MacPhail aus dem Jahr 1978 wurde 2008 nach der Reifung in Sherryfässern auf Flaschen gezogen und fängt diese Elemente auf vorzügliche Weise ein. **PB**

Verkostungsnotizen

Staubige Eiche, Zitrus und süße Haferkekse in der Nase, auch Sherry und Litschi. Am Gaumen frische grüne Früchte und schöne, ausgewogene Torf- und Eichenakzente. Im Abgang recht trocken werdend, mit einem entschiedenen, langen und würzigen Lakritzton.

Miltonduff 10-Year-Old

Gordon & MacPhail | www.gordonandmacphail.com

Herstellungsregion und -land Speyside, Schottland
Destillerie Miltonduff, Elgin, Morayshire
Alkoholgehalt 40 Vol.-%
Whiskytyp Single Malt

Wenn man bedenkt, daß Miltonduff von der möglichen Ausstoßmenge her eine große Destillerie ist, dann ist es überraschend, daß ihr Produkt als Single Malt so wenig bekannt ist. Das liegt daran, daß die Eigner Chivas Brothers sich auf das Marketing anderer Single Malts konzentrieren, während der Miltonduff-Malt das Rückgrat für die Blends der Marke Ballantine's bildet.

Die Muttergesellschaft von Chivas, Pernod Ricard, erwarb Miltonduff – und Ballantine's – als Bestandteil von Allied Domecq, die sie 2005 übernommen hatte. Zu Zeiten von Allied Domecq war der Miltonduff als 12-Year-Old zwar abgefüllt worden, hatte aber nie große Aufmerksamkeit erregt.

Der Malt von Miltonduff ist seit Mitte der 1930er Jahre das Schüsselelement im Ballantine's Blend, aber die Brennerei geht bis in das Jahr 1824 zurück. Sie liegt in der Nähe der ehemaligen Abtei Pluscarden, man nimmt sogar an, daß hier einst die Mühle der Abtei stand. Große Teile der heutigen Brennerei stammen aus der Mitte der 1970er Jahre, der Komplex beherbergt auch Labore und technische Bereiche sowie zentrale Lagerhäuser für andere Chivas-Destillerien in der Umgebung.

Zwischen 1964 und 1981 betrieb Miltonduff neben den normalen auch ein Paar Lomond-Brennblasen, mit denen ein Malt namens Mosstowie gebrannt wurde. Er ging zwar hauptsächlich in Blends ein, aber es gibt tatsächlich auch Abfüllungen von verschiedenen unabhängigen Abfüllern.

Diese zehn Jahre alte Variante des Miltonduff von Gordon & MacPhail wurde in ehemaligen Sherryfässern gelagert und ist ein sehr preisgünstiger Single Malt. **GS**

Verkostungsnotizen

Frisch und fruchtig in der Nase, mit geröstetem Malz, etwas Sherry und Honig sowie einer milden Kräuternote. Weiche Früchte, Sahnekaramell, milde Eiche und eine Spur Pfeffer am recht vollen, ausgewogenen Gaumen. Abgang trocken werdend, mit etwas Ingwer.

Miltonduff 15-Year-Old

Chivas Brothers (Pernod Ricard) | www.chivasbrothers.com

Herstellungsregion und -land Speyside, Schottland
Destillerie Miltonduff, Elgin, Morayshire
Alkoholgehalt 46 Vol.-%
Whiskytyp Single Malt

Form und Größe der kupfernen Brennblase, in der ein Malt hergestellt wird, wirken sich sehr deutlich auf seinen Geschmack aus. Eine große, hohe Brennblase führt den verdunsteten Alkohol an größeren Kupferflächen vorbei; das Kupfer entfernt Verunreinigungen, und nur die leichtesten Fraktionen des Alkohols gelangen bis in den ableitenden Arm, wo sie kondensieren. So entsteht ein leichtes, blumiges Destillat. Kurze, breite Brennblasen erlauben auch schwereren, öligeren und geschmacksintensiveren Elementen das Kondensieren.

Es wäre sicher vorteilhaft, könnte man unterschiedliche Destillate in derselben Brennblase herstellen – und genau das tat die Lomond-Brennblase. Im Schwanenhals dieser Brennblase befinden sich bewegliche Platten, die verstellt werden können, um die Strecke zu verändern, die das Destillat zurücklegen muß. Miltonduff war eine von mehreren Brennereien, die Lomond-Brennblasen verwendete, aber die Platten setzten sich zu und ihre Instandhaltung wurde kostspielig.

Der Malt aus Miltonduff wurde zeitweilig unter anderem Namen vermarktet. Pernod Ricard als Eigner verwendet wieder den ursprünglichen Namen, auch wenn nur geringe Mengen des Whiskys als Single Malt verkauft werden.

Der Geschmack ist insgesamt fruchtig, süß und sauber. Es gibt keine vorherrschenden Aromen, und diese offizielle Abfüllung ist nicht so interessant wie einige der unabhängigen Versionen, die im Laufe der Zeit erschienen sind. Es ist aber ein guter Speysider, den man selten als Single Malt findet. Eher untypisch für die Region sind die herzhaften Noten, die er aufweist. **DR**

Verkostungsnotizen

In der Nase Schokoladen-Nußeiscreme mit Sahnekaramell. Der Gaumen ist aromatisch und blumig, aber eher herzhaft als süß – Kräutermischung mit Salbei- und Zwiebelfüllung. Ein leichter, unaufdringlicher Whisky mit ruhigem, sanftem Abgang.

Monkey Shoulder

William Grant & Sons | www.monkeyshoulder.com

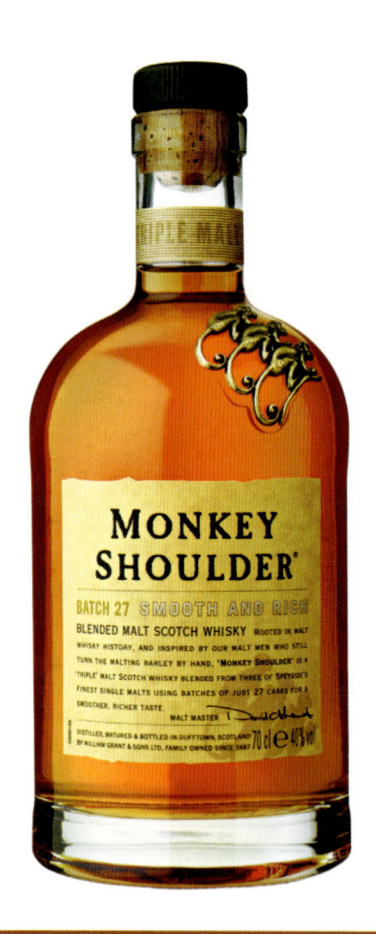

Herstellungsregion und -land Speyside, Schottland
Destillerien Glenfiddich, Balvenie, und Kininvie, Dufftown **Alkoholgehalt** 43 Vol.-%
Whiskytyp Blended Malt

Dies ist eine der wichtigsten Whisky-Neuerscheinungen der letzten Jahre. Sie verbindet eine moderne, jugendliche, ja sogar ‚angesagte' Einstellung zum schottischen Malt Whisky mit den besten traditionellen Herstellungsmethoden. Sie spielt eine Schlüsselrolle bei dem Bemühen, den Malt einem jüngeren Publikum zugänglich zu machen, und verbindet ein cooles Image mit einem kompromißlosen Produkt. Insgesamt also eine perfekte Kombination aus Stil und Substanz, die das Erbe und die Traditionen der Vergangenheit aufnimmt und sie auf neue, aufregende Weise präsentiert.

Der Monkey Shoulder ist ein Blended Malt, also kein Blended Scotch. Das heißt, daß er ausschließlich aus Malt hergestellt wird und keinen Getreidewhisky enthält. Es sind drei verschiedene Malts aus drei verschiedenen Destillerien, die sich in diesem Fall jedoch auf dem gleichen Gelände befinden (dem William-Grant-Betrieb in der Speyside): Glenfiddich, Balvenie und Kininvie.

Die Mischung ist leicht und sommerlich, ideal für Cocktails. Sie wurde bei einer Reihe von Veranstaltungen in den besten Londoner Bars vorgestellt, und man umwarb beliebte Einzelhändler, sich um den Titel Monkey Bar zu bewerben. Der Name ist erstaunlicherweise klassische Malt-Folklore und hat überhaupt nichts mit den Äffchen und der Dschungelmusik zu tun, die man auf den einschlägigen Internetseiten finden wird. Vielmehr war es die Bezeichnung für eine Berufskrankheit, unter der früher Arbeiter in den Destillerien litten, die das Malz in Handarbeit wenden mußten. Es kam durch das ständige Schaufeln zu Versteifungen insbesondere der Schultern, was zu einer gebeugten Haltung führte. **SR**

Verkostungsnotizen

Eine süße und gut trinkbare Mischung aus fluffigem Apfel und weichem Torf mit Vanille- und Bonbontönen. Ein leichter Sommerwhisky, recht ausgewogen, der in Cocktails ebenso gut wie pur schmeckt. Jung, lebhaft und in einer schönen Flasche verpackt.

Mortlach 16-Year-Old Flora & Fauna

Diageo | www.whisky.co.uk

Herstellungsregion und -land Speyside, Schottland
Destillerie Mortlach, Dufftown, Keith, Banffshire
Alkoholgehalt 46Vol.-%
Whiskytyp Single Malt

Mortlach gehört zu den verkannten Destillerien in der Welt der Single Malts. Die Kenner wissen sie zu schätzen, aber die einzige allgemein erhältliche Abfüllung ist dieses 16jährige Mitglied der „Flora & Fauna"-Reihe von Diageo. Einerseits ist es natürlich bedauerlich, daß der Mortlach nicht so weit verbreitet ist. Andererseits bedeutet es letztlich aber auch, daß seine glühenden Anhänger mehr von ihm bekommen.

Der 16-Year-Old ist eine gute Meßlatte für Mortlach-Abfüllungen: Er wurde in Sherryfässern gelagert und zeigt den üppigen, fleischigen Charakter, der zum Markenzeichen der Destillerie geworden ist. Neben dem Sherry zeigt der Malt auch etwas Rauch und eine Spur Schwefel – eine zwiespältige Geschmacksnote, die von manchen geschätzt, von vielen abgelehnt wird. Sie rührt zum Teil von den *worm tubs* her, die in der Brennerei verwendet werden, um den frischen Alkohol abzukühlen. Das sind große, wassergefüllte Becken mit Kühlschlangen aus Kupfer, in denen der in der Brennblase verdampfte Alkohol abgekühlt wird und zu Destillat kondensiert. Diese Kühlschlangen haben eine geringere Kontaktfläche als die moderneren Kondensatoren, so daß das Kupfer weniger Gelegenheit hat, Schwefel zu binden. Das Destillat schmeckt nach abgebrannten Streichhölzern, allerdings mit der Zeit immer weniger. Mit 16 Jahren ist es nur noch eine leichte Note, die den Rauch und den Sherry ergänzt.

Die Vorräte des Mortlach Flora & Fauna gehen angeblich zur Neige, was zu langsamen, aber anhaltenden Preissteigerungen geführt hat. Man sollte also versuchen, eine Flasche zu ergattern, solange es sie noch gibt. **BA**

Verkostungsnotizen

In der Nase klebriger Ahornsirup, scharfe Sherryfrüchte, Grasmulch und Minze. Dann der üppige Geschmack von Karamell, Sahnebonbons und poliertem Holz. Tiefer liegt eine rauchige Fleischigkeit wie langsam gegartes Roastbeef, ganz oben leicht blumiger Lavendel.

Mortlach
18-Year-Old

Diageo | www.malts.com

Herstellungsregion und -land Speyside, Schottland
Destillerie Mortlach, Dufftown, Keith, Banffshire
Alkoholgehalt 43,4 Vol.-%
Whiskytyp Single Malt

Die Destillerie Mortlach in der Speyside genießt einen geheimnisumwitterten Ruf und beim harten Kern der Whiskyliebhaber sogar Kultstatus. Das Geheimnisvolle liegt zum Teil daran, daß die Brennerei dem Publikum normalerweise nicht zugänglich ist. Das führt jedoch zu beträchtlicher Neugier, nicht zuletzt weil sie *worm tubs* einsetzt – Bottiche mit kaltem Wasser, die auf dem Dach der Destillerie stehen und durch welche die Alkoholdünste in Kupferrohren geleitetet werden, um sie wieder zu verflüssigen. Außerdem ist der Raum mit den Brennblasen etwas Besonderes, weil er eine unvergleichliche Sammlung interessanter Brennblasen enthält, darunter auch eine sehr kleine, die ‚Das kleine Hexchen' (The Wee Witchie) genannt wird. Das fleischige, oft schwefelgetönte Destillat reift in Sherryfässern.

Mortlachs 16-Year-Old gehört zu Diageos „Flora & Fauna"-Reihe und ist bei Kennern sehr beliebt, aber es gibt sonst kaum Abfüllungen. Allerdings wurde das Mortlach-Sortiment 2014 überholt und enthält seitdem diesen 18-Year-Old Malt, dessen Zielgruppe die Trinker von Premiumwhiskys sind. Trotz des hohen Preises ist er für Mortlach-Aficionados auf jeden Falls das Geld wert. Er zeigt die Sherryfässer aus europäischer Eiche, in denen er reifte, sehr deutlich: ein voller, gewichtiger, gehaltvoller Malt. **DR**

Verkostungsnotizen

Anfänglich nussige und erdig Töne in der Nase, dann vergorene Früchte und Karamell. Am Gaumen voll und sherrybetont, mit Spuren von Eiche und Beerenobst.

Mortlach
25-Year-Old

Diageo | www.malts.com

Herstellungsregion und -land Speyside, Schottland
Destillerie Mortlach, Dufftown, Keith, Banffshire
Alkoholgehalt 43,4 Vol.-%
Whiskytyp Single Malt

Das Whiskyfestival „Spirit of Speyside" findet alljährlich im Mai statt und kann von sich behaupten, das größte seiner Art auf der Welt zu sein. Es gibt in der Speyside mehr als 50 Destillerien, von denen allerdings viele ausschließlich Malt für Blends produzieren und nicht öffentlich zugänglich sind. Während des Festivals öffnen die großen Firmen aber oft auch einmal die Tore zu einem ihrer verborgenen Schätze. Als Diageo das in einem Jahr mit Mortlach tat, war es der Höhepunkt des Festivals, weil die Whiskys der Destillerie und sie selbst auch wahren Kultstatus genießen.

Die Besucher durften auf das Dach klettern, um sich die *worm tubs* anzusehen, und man gab ihnen Handreichungen, um das komplizierte Verfahren der Destillation zu verstehen. Es gab Kostproben des Destillats und des Whiskys. Letztere sorgten für Überraschung, weil der Whisky sich grundlegend von dem Stil unterschied, für den die Destillerie sonst bekannt ist. Es gab auch eine Sonderabfüllung dieses Whiskys für das Festival, mit dem Diageo zeigen wollte, wie sich der Malt darstellte, bevor er dem Einfluß der Sherryfässer ausgesetzt worden ist. Dieser 25-Year-Old, der etwa 700 Euro pro 50-cl-Flasche kostet, gehört jedoch zu den typischen sherrybetonten Malts der Brennerei. **DR**

Verkostungsnotizen

Tropenfrüchte, Vanille und etwas Nussiges in der Nase. Am Gaumen duftig, komplex und exotisch mit Früchten und Milchschokolade mit Nüssen.

Mortlach
Rare Old

Diageo | www.malts.com

Herstellungsregion und -land Speyside, Schottland
Destillerie Mortlach, Dufftown, Keith, Banffshire
Alkoholgehalt 43,4 Vol.-%
Whiskytyp Single Malt

Die 2014 erschienene neue Reihe von Mortlach-Abfüllungen positionierte sich von Anfang an am oberen Ende des Marktes. Der Rare Old ist die Einstiegsvariante der Reihe, und das Preisschild an der Halbliterflasche eines Whiskys ohne Altersangabe kann einem schon die Tränen in die Augen treiben.

Potentielle Käufer könnten vielleicht auch den Namen des Malts monieren. Was ist mit „alt", was mit „selten" gemeint? Die Abfüllung enthält bestimmt Whiskys, die beträchtlich jünger sind als die im 18-Year-Old, und der Begriff „selten" ist derartig relativ, daß er im Grunde nichtssagend ist. Dennoch ist dies ein großartiger und sehr schön verpackter Whisky. Zudem eröffnet er den Anhängern, die Mortlach als extrem sherrybetonten Malt kennen, einen vollkommen neuen Blick auf die Destillerie. Mortlach verwendet ein kompliziertes Brennverfahren, bei dem das Destillat teilweise dreimal, teilweise sogar viermal destilliert wird.

Die Brennerei stellt drei sehr unterschiedliche Destillate her: ein leichtes, zartes, ein mittleres und ein schweres, fleischiges, schwefliges. Sie werden gemischt, bevor die Fässer befüllt werden. Der Mortlach Rare Old reift in Sherry- und Bourbonfässern und unterscheidet sich deutlich vom üblichen Sherrystil der Brennerei. **DR**

Verkostungsnotizen

In der Nase Spuren der beiden verwendeten Faßarten: Vanilleiscreme, Schokoladensoße und Nüsse, aber auch kandiertes Obst, Orangenschalen und Rosinen.

Oban
14-Year-Old

Diageo | www.diageo.com

Herstellungsregion und -land Highlands, Schottland
Destillerie Oban, Oban, Argyll
Alkoholgehalt 43 Vol.-%
Whiskytyp Single Malt

Der Oban 14-Year-Old aus Diageos „Classic-Malts"-Reihe ist ein gelungenes Beispiel eines Malts aus den Western Highlands – fruchtig, mit vollem Körper und Spuren von Rauch und Heide. Er wird auf traditionelle und recht gelassene Weise in der Destillerie Oban gebrannt. Deren Lage in einem Fischerdorf an der Küste machen ihn wohl so beliebt; er erinnert viele seiner Anhänger an die See.

Oban liegt zwischen den westlichen Highlands und den Inseln, inmitten der schottischen Grafschaft Argyll, dort, wo Meer und Land aufeinandertreffen. Das milde Klima des Hafenstädtchens kommt vom Golfstrom, von Nebel und Regen. Der Whisky zeigt dann auch Meeresluft und einen leichten, torfigen Duft, der vom sanften Darren der Gerste über Torfrauch herrührt, wodurch sein Wesen auf sehr angenehme Weise abrundet wird.

Die Destillerie steht in der Stadtmitte von Oban und blickt über die See hinaus. Sie wurde 1794 gegründet und ist damit eine der ältesten Schottlands, die Stadt entstand später um sie herum. 1883 wurde sie von einem gewissen J. Walter Higgin übernommen und in den folgenden Jahren von Grund auf erneuert, um weiterhin Malt brennen zu können. Die heutigen Brennblasen sind ebenso winzig wie die Originale, damit sich weder Qualität noch Geschmack verändern. **JH**

Verkostungsnotizen

Üppig, mit Meersalz und Rauch in der Nase. In einer betörenden Mischung kämpfen Feigen, Gewürze und Früchte um Aufmerksamkeit.

Oban 32-Year-Old

Diageo | www.diageo.com

Herstellungsregion und -land Highlands, Schottland
Destillerie Oban, Oban, Argyll
Alkoholgehalt 55,1 Vol.-%
Whiskytyp Single Malt

Die Destillerie Oban ist eine der ältesten in Schottland, sie wurde 1794 von den Brüdern John und Hugh Stevenson gegründet, noch bevor es die Stadt Oban gab, die erst später um die Brennerei herum entstand. Bis 1866 blieb sie in Familienbesitz, dann ging sie an J. Walter Higgin, der sie in den 1890er Jahren renovierte und ein neues Lagerhaus auf einem Stück Land errichtete, das aus der Klippe hinter dem ursprünglichen Gebäude gesprengt worden war. Bei den Sprengungen wurden in der Klippe Höhlen freigelegt, in denen Archäologen Spuren von Menschen aus dem Mesolithikum entdeckten, die dort zwischen 4500 und 3000 v. Chr. lebten.

Die Erweiterung wurde zur gleichen Zeit fertiggestellt wie die Eisenbahnverbindung zwischen Oban und Crianlarich, die von dort nach Mallaig und Glasgow weiterführte. Diese Strecke erlaubte es Higgin, seinen Whisky aus der entlegenen Hafenstadt auf dem Landweg in die weite Welt zu verschicken. Dort erwies er sich als ausgesprochen beliebt, und die Destillerie wurde bald von einem Konsortium aufgekauft, das aus Alexander Edward (der kurz zuvor Aultmore erworben hatte), Buchanan's, Dewar's und Mackie's bestand.

Oban gehört inzwischen zu Diageo, und unter deren Leitung wurde 1969 dieser Single Malt destilliert, dann 32 Jahre eingelagert und in Faßstärke auf Flaschen gezogen. Im Jahr 2002 kam er in einer auf 6000 Flaschen limitierten Auflage heraus. Von diesen Flaschen heute noch eine zu finden, ist sehr unwahrscheinlich. Inzwischen ist dieser Riese von einem salzigen und zugleich süßen, vollfruchtigen Malt zum Stoff geworden, aus dem Legenden entstehen. **GL**

Verkostungsnotizen

Die Nase bietet ein Spektrum an Aromen: vor allem Nüsse und Dörrobst, aber auch Torf, Holz und Rauch. Am Gaumen ist der Malt reif, dickflüssig und erinnert an Marmelade. Der Abgang ist lang, mit viel Frucht und einem angenehmen Nachgeschmack öliger Eiche.

Oban Distillers Edition

Diageo | www.diageo.com

Herstellungsregion und -land Highlands, Schottland
Destillerie Oban, Oban, Argyll
Alkoholgehalt 43 Vol.-%
Whiskytyp Single Malt

Die erste Oban Distillers Edition kam 1998 heraus, ein Jahr nachdem der Hersteller in den Besitz des weltweit tätigen Londoner Getränkekonzerns übergegangen war. Die Reihe besteht aus jährlichen Ausgaben 14jähriger Malts, die nach der normalen Lagerung noch sechs bis achtzehn Monate in neuen Montilla-Fino-Sherryfässern nachreifen.

Dabei geht es vor allem darum, die süßen und trockenen Geschmacksnoten harmonisch in Einklang zu bringen. Die meisten Kritiker stimmen überein, daß dies gelingt, weniger Einigkeit gibt es jedoch über den genauen Geschmack: Manche entdecken Gewürze, bei anderen sind es Vanille, Torf, Meeresluft oder reifes Obst.

Trotz dieser unterschiedlichen Details bei der Interpretation gibt es kaum nennenswert verschiedene Bewertungen des Stils und der Eleganz. Auch die Süße wird nicht in Frage gestellt, die überraschend fruchtig ist und an Honig denken läßt, ebensowenig wie die komplexe, aber ausgewogene Synthese aus Meeresdüften und den üppigen Raucharomen, die vom Darren der Gerste herrühren.

Vor allem ist die Oban Distillers Edition jedoch ein sanfter Malt, weich am Gaumen, dann aber mit jedem Schluck einen volleren Körper entwickelnd. Die Glätte des Whiskys war eine der Eigenschaften, die in der Laudatio hervorgehoben wurden, als die 2002er Ausgabe bei der International Wine & Spirit Competition die Goldmedaille gewann. Kommerziell war der Single Malt in doppelter Hinsicht ein Gewinner: Er war selbst ein Verkaufserfolg, aber er machte auch das gesamte Sortiment des Herstellers bei Tausenden neuer Kunden bekannt. **JH**

Verkostungsnotizen

Ein zarter und eleganter Malt mit einer leichten Meeresbrise, die aber nicht stark genug ist, um die zarten Noten von Rauch und süßem Sherry zu übertönen. Am Gaumen wirkt er ähnlich wie in der Nase; der Abgang ist ausgewogen, mit etwas Gras und spanischem Rum.

Octomore 3/152

Bruichladdich Destillerie Co. | www.bruichladdich.com

Herstellungsregion und -land Islay, Schottland
Destillerie Bruichladdich, Bruichladdich, Argyll
Alkoholgehalt 59 Vol.-%
Whiskytyp Single Malt

Octomore ist der Name einer Farm etwas oberhalb von Port Charlotte, auf der sich früher eine Destillerie befand und heute noch die Quelle, aus der Bruichladdich ihr Wasser bezieht. Seit den Anfängen im Jahr 2001 wollte Bruichladdich einen getorften Whisky herstellen, der dem ungetorften Malt des Hauses an die Seite gestellt werden sollte. So entstand der Port Charlotte, der auf 40 ppm Phenolgehalt getorft wird. Er war derartig erfolgreich, daß auch eine noch stärkere Version eine gute Idee zu sein schien. Dann saß man eines Abends bei einem Gläschen zusammen, und jemand fragte: „Wie wäre es denn, wenn wir versuchen würden, den am stärksten getorften Whisky überhaupt herzustellen? Wie würden wir das in unseren Brennblasen bewerkstelligen?" Bruichladdich ist eine von diesen Firmen, in denen solche Ideen dann sogar umgesetzt werden.

Die erste stark getorfte Gerste hatte mehr als 80 ppm. Dann versuchten die Mälzer, den Wert noch zu steigern, etwa durch eine längere Darrzeit, und schließlich hatte die erste Ausgabe des Octomore 131 ppm. Die zweite wies 140 ppm auf, und die vorliegende dritte dann 152 ppm. Octomore 4 kam auf 167, und in einem Blog vom Juni 2011 wurde berichtet, die aktuelle Ocotomore-Gerste wiese kaum noch meßbare 309 ppm. Das ist schon fast beängstigend.

Das hohe Torfniveau und das geringe Alter könnten einen weniger ansprechenden Whisky vermuten lassen, aber tatsächlich funktioniert die Kombination recht gut. Bruichladdich erklärt, die langsame Destillation in den hohen eleganten Brennblasen sei dafür verantwortlich, daß die rohe Kraft des Torfs im Zaum gehalten wird. **RL**

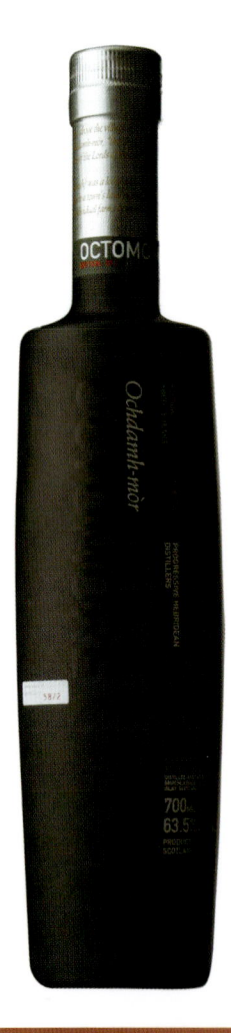

Verkostungsnotizen

Ein Wirbel aus Torfrauch, Feuer, nassem Seetang, Pech, Teer und feuchtem Segeltuch in der Nase. Dann kommen Gagelstrauch, Alpenthymian, Heide und Kiefernharz. Am Gaumen angekohlte Eiche, Chicoree, dunkle Schokolade, Ingwer und Salz. Tränentreibend intensiv.

Octomore Orpheus

Bruichladdich Destillerie Co. | www.bruichladdich.com

Herstellungsregion und -land Islay, Schottland
Destillerie Bruichladdich, Bruichladdich, Argyll
Alkoholgehalt 61 Vol.-%
Whiskytyp Single Malt

Die zweite Ausgabe des Octomore hatte einen exotischen Zwilling: den Octomore Orpheus. Er war ebenfalls fünf Jahre alt, hatte auch 140 ppm Phenol, aber 61 Volumenprozent Alkohol und eine Lagerung in Fässern hinter sich, die zuvor Rotwein vom Château Pétrus enthalten hatten. Der Château Pétrus ist ein fabelhafter Rotwein aus dem Weinbaugebiet Pomerol im Bordeaux, der zu Preisen von Tausenden Euro pro Flasche gehandelt wird. Zu seinem Ruhm trug unter anderem bei, das Prinzessin Elisabeth ihn als Tischwein für ihre Hochzeit mit Prinz Phillip im Jahr 1947 wählte. Die Kombination dieses alkoholreichen, extrem stark getorften Whiskys mit den besten französischen Eichenfässern dürfte eigentlich nicht gut gehen, aber sie tut es.

Auch die Verpackung ist atemberaubend – eine wohlgeformte schwarze Flasche in einer strahlend roten Blechdose. Vielleicht soll der feuerrote Zylinder die Flammen des Hades symbolisieren, und das schwarze Glas die Fluten des Styx? Der arme Orpheus war nur ein guter Sänger. Als er die schöne Eurydike heiratet, denkt er, alles Glück sei ihm beschieden, aber an ihrem Hochzeitstag flüchtet Eurydike vor einem Satyr, der sie belästigt, nur um von einer Schlange gebissen zu werden und in der Unterwelt zu landen.

Später folgt ihr Orpheus, der über seinen Verlust nicht hinwegkommt, und versucht mit seinem Gesang, die Herrscher über den Hades zu ihrer Freigabe zu veranlassen. Sie stellen die Bedingung, er dürfe sie auf dem Rückweg nicht ansehen, was ihm allerdings nicht gelingt. So entschwindet sie dann wieder in die Unterwelt, wo er sie erst nach seinen eigenen Tod wiedersieht. **RL**

Verkostungsnotizen

In der Nase Torf und honigglasierter Schinken, dann kommen hinter dem Rauchvorhang Früchte hervor: rote Beeren, Zitrusfrüchte und Weinbeeren. Am Gaumen klebrige Süßigkeiten, Honig und reichlich Cranberry-Konfitüre, Kirschen, Granatapfel und Kumquat.

Grand Old Parr 12-Year-Old

Diageo | www.diageo.com

Herstellungsregion und -land Edinburgh, Schottland
Destillerien Verschiedene
Alkoholgehalt 43 Vol.-%
Whiskytyp Blend

Seit der Jahrtausendwende hat es beim Whisky eine Revolution gegeben, so daß jetzt die ehemals altmodische, sehr männliche und von Klischees geprägte Getränkekategorie lebendig und abwechslungsreich ist, fit und schlank, mit schicken Verpackungen und noch schickerer Werbung – alles sehr modern. Ab einem gewissen Alter bringen es der schicke Anzug und das modische Hemd aber einfach nicht mehr, man beginnt darin etwas lächerlich auszusehen. Dann wird es Zeit, sich darüber Gedanken zu machen, wie man in Würde altert. Womit wir beim Old Parr angekommen sind.

Die Flasche des Grand Old Parr ist merkwürdig rechteckig, die Umverpackung ist schwarz-gold, und das Logo ist ein Schriftzug in alter Schrift mit roten Initialen. Es gibt auch ein kleines Foto des alten Herren selbst mit den ihm zugeschriebenen Lebensdaten – 1483 bis 1635. Angeblich haben die ursprünglichen Besitzer, Macdonald Greenlees, sich damit auf die „bleibenden Werte der Reife und des Alters" berufen wollte, weil der Namensträger „zu seinen Lebzeiten wegen seiner Weisheit und Reife geschätzt und geehrt war". Sehr traditionelle Werte, die ausnehmend gut zu diesem Whisky passen.

Heutzutage sind zwölf Jahre eine Meßlatte für Single Malts der Spitzenklasse. Auch der Johnnie Walker Black Label ist so alt. Wie macht sich also der Old Parr? Es ist ein feiner und eleganter Blend, der weniger Biß als der Black Label hat, sich aber durch Sanftheit und Raffinesse auszeichnet – ein adretter älterer Herr, der sich in seiner Haut wohl fühlt und sich seiner Umgebung würdig zeigt. Es ist zu hoffen, das Diageo ihn weiterhin fördert. **DR**

Verkostungsnotizen

Etwas schüchtern in der Nase, süß und fruchtig, aber nicht wahllos alles anbietend. Am Gaumen eine dezente Spitzenvorstellung in Sachen Ausgewogenheit. Alles dreht sich um die süßen Grain-Whiskys, um die sich Zitrusfrüchte (Orangen) und rote Früchte legen.

Old Parr 15-Year-Old

Diageo | www.diageo.com

Herstellungsregion und -land Speyside, Schottland
Destillerie Glendullan, Dufftown, Keith, Banffshire
Alkoholgehalt 43 Vol. %
Whiskytyp Blend

Seit der Entstehung der Marke Old Parr im Jahr 1909 sind drei Varianten entstanden: Grand Old Parr (ein 12-Year-Old), Old Parr Superior (ein 18-Year-Old) und dieser 15jährige. Inzwischen hat er sich in Exportmärkten wie Kolumbien, Japan und Mexiko eine lukrative Nische erobert, die nicht zuletzt auf seiner auffälligen, innovativen Verpackung beruht. Die strukturierte Oberfläche der unverkennbaren rechteckigen Flasche aus braunem Glas soll die altersgegerbte Haut eines 152 Jahre alten Mannes nachahmen (so alt nämlich soll der namensgebende Tom Parr gewesen sein, als er 1635 starb).

Natürlich kann man die Güte eines Whiskys nicht an seiner Verpackung erkennen. Die einzige aussagekräftige Prüfung ist und bleibt die Verkostung. Der 15-Year-Old ist dieser Prüfung nach den strengsten Maßstäben unterzogen worden und hat sie mit Bravour bestanden. Seine Anhänger – die in die Tausende gehen – sind einstimmig der Meinung, dieses muskelbepackte Schwergewicht gebe eine neue Sicht auf Whisky frei, so daß man höhere Ansprüche an alles stelle, was man danach ins Glas bekomme, nicht nur als Blend, sondern auch als Single Malt. Manche von ihnen würden sogar behaupten, die Strafe für das Verkosten des Old Parr 15-Year-Old läge darin, daß einem danach andere Whiskys nicht mehr schmeckten, die man vorher für vollkommen zufriedenstellend hielt.

Wenn man nicht in seinem Hauptabsatzgebiet oder dessen Nähe lebt, kann es schwierig sein, dieses Whiskys habhaft zu werden. Die Mühe, die man dabei auf sich nimmt, wird jedoch durch besonderen Genuß belohnt. Allerdings sollte man sich bewußt sein, daß sich die eigene Sicht auf Whisky für alle Zeiten ändern könnte. **GL**

Verkostungsnotizen

Riecht nach Malz und Leinöl, wie ein frisch eingeölter Cricket-Schläger. Der Geschmack ist voller Körper mit Akzenten von Getreide, Sesam, Zucker, Honig und Rosinen. Langer und beruhigender Abgang, zunehmend Zitronengras und Torf. Herrlicher Nachklang.

Old Parr Superior 18-Year-Old

Diageo | www.diageo.com

Herstellungsregion und -land Edinburgh, Schottland
Destillerien Verschiedene
Alkoholgehalt 43 Vol.-%
Whiskytyp Blend

Old Parr Superior gehört nicht zu den besonders prominenten Whiskys im Portfolio der Eigner Diageo, aber er genießt bei Anhängern alter Blended Scotchs hohes Ansehen. Es gibt eine enge Verbindung mit der Speysider Destillerie Glendullan in Dufftown, die von Diageo an die Tochterfirma Macdonald Greenlees Ltd. abgetreten wird.

Die Brüder James und Samuel Greenlees machten sich 1871 selbständig, um Whisky zu brennen, zu verschneiden und zu verkaufen. Sie etablierten in London, wo damals Blended Scotch gerade zu einem Modegetränk wurde, die Luxusmarke Old Parr. Der Name geht auf Thomas Parr (auch als „Old Parr" bekannt) zurück, der angeblich der älteste Mann war, der je in Großbritannien lebte. Der Legende nach wurde er 152 Jahre alt und heiratete mit 122 Jahren zum zweiten Mal. Er starb 1635 und liegt in der Westminster Abbey in London begraben.

Die Firma der Greenlees wurde an Sir James Calder verkauft, der sie mit seiner anderen Erwerbung Alexander and Macdonald unter dem neuen Namen Macdonald Greenlees and Williams (Distillers) Ltd. zusammenführte. Die dritte beteiligte Firma, William Williams & Sons Ltd., hatte 1896/97 während des Höhepunkts des spätviktorianischen Whisky-Booms die Destillerie Glendullan gegründet. Der heutige Name Macdonald Greenlees Ltd. entstand, als James Calder & Co. 1925 in den Besitz der Distillers Company Ltd. überging.

Old Parr Superior ist die älteste der drei derzeit erhältlichen Varianten der Marke. Sie verkauft sich in Asien sehr gut und ist auch auf anderen Exportmärkten seit langem stark: Die ersten Lieferungen gingen schon 1905 nach Brasilien und Kanada. **GS**

Verkostungsnotizen

In der Nase blumig, nussig, mit Sommerfrüchten und etwas Honig. Recht voller Körper, am Gaumen ausgewogen, relativ komplex und kultiviert mit mehr Frucht, Getreidenoten, Vanille, Gewürzen und einem Hauch Rauch. Mittellanger Abgang mit süßer Eiche und Kakao.

Old Pulteney 12-Year-Old

International Beverage | www.oldpulteney.com

Herstellungsregion und -land Highlands, Schottland
Destillerie Pulteney, Wick, Caithness
Alkoholgehalt 40 Vol.-%
Whiskytyp Single Malt

Jeder Brenner von Malt würde für sich in Anspruch nehmen, daß sein Whisky deutlich von dem Ort berichtet, an dem er entstand. Es gibt aber nur wenige Standardabfüllungen, die so deutlich ihr Erbgut zeigen wie der Old Pulteney 12-Year-Old. Er wird im Fischereihafen Wick im hohen Norden des schottischen Festlands gebrannt und fällt genauso aus, wie man es bei dieser Herkunft erwartet: Der Malt ist intensiv und voller Tiefe, er zeigt einen bemerkenswert maritimen Charakter und kann auch sehr erfahrenen Whiskykennern noch Überraschungen bereiten.

Man stelle sich eine Sommernacht in den nördlichen Highlands vor, wo die Sonne spätabends am Horizont verschwindet, nur um wenige Stunden später schon wieder die Nordsee in ihrem Licht zu baden. Auf den ersten Blick wirkt der Pulteney 12-Year-Old mit seiner wunderbar fruchtigen Frische sehr ähnlich. Diese Wirkung mag teilweise mit der ungewöhnlichen Form der ersten Brennblase zusammenhängen, in der aus der Maische der Rohbrand gewonnen wird. Sie hat hier eine sehr großes Unterteil, das phänomenale Mengen an Rückfluß erzeugt, der zu strahlenden, estrigen Aromen führt.

Das ist aber noch nicht die ganze Geschichte. So wie der Ort, an dem er gebrannt wird, hat auch der Old Pulteney eine sehr viel dunklere, ernsthaftere Seite. Die Alkoholdämpfe mit den leichten Estern steigen durch die Brennblasen auf und werden draußen in Kühlschlangen aus Kupfer kondensiert, die in kaltem Wasser liegen. Das Verfahren ist sehr alt und technologisch längst überholt, aber die Destillerie nutzt es wegen der schwereren, etwas schmuddligen, ledrigen und wächsernen Noten, die den Malt so aus der Masse herausheben. **LD**

Verkostungsnotizen

Intensive Zitrusnoten geben die Richtung vor, dicht gefolgt von Vanillesoße. Ein Hauch Banane sorgt für Komplexität, eine Spur Kerzenwachs für Gewicht. Am Gaumen dann Nüsse und Honig in cremiger Textur. Im Abgang ein unverkennbar salziger Beiklang.

TO COMMEMORATE THE VISIT TO PULTENEY DISTILLERY

HRH
THE PRINCE CHARLES
DUKE OF ROTHESAY

1ST AUGUST 2005

Old Pulteney 17-Year-Old

International Beverage | www.oldpulteney.com

Herstellungsregion und -land Highlands, Schottland
Destillerie Pulteney, Wick, Caithness
Alkoholgehalt 46 Vol.-%
Whiskytyp Single Malt

Wenn man die Huddard Street hinaufgeht, verrät nur ein leichter Malzgeruch die Nähe der Pulteney-Destillerie. Betritt man dann jedoch den Hof der Brennerei, eröffnet sich einem eine völlig neue Welt.

Der Old Pulteney 17-Year-Old ist ganz entschieden der Whisky, den man von dieser ungewöhnlichen Destillerie mitten in einer – allerdings sehr entlegenen – Küstenstadt erwarten würde. Inwiefern? Zum Teil, weil Pulteney eine der sehr wenigen schottischen Brennereien ist, die Trockenhefe verwendet. Sie wurde ursprünglich wegen ihrer besseren Transport- und Lagerfähigkeit gewählt, weil die Landverbindungen in Caithness oft durch Schnee unterbrochen werden. Die Trockenhefe trägt aber in Verbindung mit dem Maischen unter vierfacher Wasserzugabe und der Gärung in Stahlbottichen wesentlich zum einzigartigen Geschmacksprofil der Maische bei, die sich auf den Geschmack des Whiskys auswirkt.

Der 17-Year-Old reift in amerikanischen Eichenfässern, die bereits zweimal Scotch enthielten. Das verleiht ihm nicht nur eine etwas hellere Farbe als die des 12-Year-Old, der in erstmals wiederverwendeten Fässern reift, es läßt ihn auch in vollem Glanz erstrahlen. Der Old Pulteney legt also Zeugnis ab von seiner handwerklichen Herstellungsweise und dem Ort seiner Entstehung. **LD**

Verkostungsnotizen

In der Nase folgen Baumobst und eine Brise Meeresluft auf Karamel, Kekse und Kuchenglasur. Am Gaumen führend: Mandeln und Ingwer. Langer, süßer Abgang.

Old Pulteney 21-Year-Old

International Beverage | www.oldpulteney.com

Herstellungsregion und -land Highlands, Schottland
Destillerie Pulteney, Wick, Caithness
Alkoholgehalt 46 Vol.-%
Whiskytyp Single Malt

21 Jahre Faßlagerung sind eine lange Zeit. Beim Pulteney 21-Year-Old war die Lagerung nicht nur lang, sondern auch aufwendig, da zwei unterschiedliche Faßarten verwendet wurden. Ein Teil reifte in ehemaligen Bourbonfässern, die sich auch für andere Whiskys aus dem Sortiment der Marke sehr bewährt haben. Von ihnen stammen die üppigen Vanille- und Honigtöne im Herzen des Malts.

Der 21-Year-Old enthält jedoch auch Whisky, der in spanischen Sherryfässern reifte. Sherryfässer bestehen meist aus europäischer Eiche, einer anderen Baumart, die andere Reifebedingungen und Geschmacksnuancen bietet als die amerikanische Eiche. Allerdings verwendete Pulteney in diesem Fall Fässer aus amerikanischer Eiche, in denen zuvor Fino-Sherry gelegen hatte. So verbinden sich amerikanische Eiche und ein trockener, leichter Sherry zu einem Scotch, der Würzigkeit und eine Neigung zu dunklen Früchten mit Schokolade zeigt, aber dennoch nicht zu süß ist.

Der Old Pulteney 21-Year-Old ist das Ergebnis eines erfolgreichen Balanceakts mit unterschiedlichen Faßarten und den Geschmacksprofilen, die sie bieten. Er zeigt deutlich, wie sehr sich hochwertige Fässer auf einen Whisky auswirken können. Ein schwerer, üppiger, befriedigender Malt. **LD**

Verkostungsnotizen

Vanille und Honig, dann Schwarzkirschen, Apfelkompott und Orangenschalen. Am Gaumen saftig-süß mit Honig, Gewürzen, Früchten und einer Spur Marzipan.

Pulteney schuf 2005 einen Whisky anläßlich des Besuchs von Prinz Charles.

Old Pulteney 30-Year-Old

International Beverage | www.oldpulteney.com

Herstellungsregion und -land Highlands, Schottland
Destillerie Pulteney, Wick, Caithness
Alkoholgehalt 44 Vol.-%
Whiskytyp Single Malt

In Schottland lagern zur Zeit etwa 20 Millionen Fässer Whisky. Meist ist das sehr junges Destillat, das wenige Monate nach seinem dritten Geburtstag, ab dem es dem Gesetz nach den Namen ‚Whisky' tragen darf, seinen Weg in verschiedene Blends findet, die dann weltweit unter berühmten Namen verkauft werden.

Vom verbleibenden Rest wird ein Teil schließlich als Single Malt auf Flaschen gezogen. Aber nur ein sehr geringer Teil bleibt zwölf Jahre im Faß, ein noch viel geringerer erreicht 20 Jahre. Mit 30 Jahren ist so gut wie nichts mehr übrig geblieben. Einem so alten und seltenen Whisky zu begegnen, ist ein besonderes Erlebnis. Man muß hinzufügen: nicht immer ein sehr angenehmes. Sehr alte Whiskys können sehr sauer schmecken oder nach Eiche und Gerbsäure. Falls man darauf nicht vorbereitet ist, hält sich die Begeisterung höchstwahrscheinlich in Grenzen.

Das trifft auf den Old Pulteney 30-Year-Old ganz und gar nicht zu. Der Whisky wurde ausschließlich in Bourbonfässern gelagert und 2009 vorgestellt. Die niedrigen Temperaturen des schottischen Nordens, die frische Seeluft und die amerikanische Eiche tragen zu einem sanften Reifeprozeß bei, der es diesem außergewöhnlichen Malt trotz seines hohen Alters erlaubt, alle für die Destillerie typischen Merkmale zu zeigen. Nach drei Jahrzehnten im Faß wirkt er keineswegs ermüdet, sondern fruchtig und ledrig wie das frische Destillat. Das Alter offenbart sich in einem Ausbruch tropischer Fruchtaromen in der Nase und in der cremigen Textur im Mund. Nicht wie Bleistiftspäne in einem feuchten Keller, nein! Der Old Pulteney ist wie eine frische Mango am Strand. Das einzig Bittere an ihm ist sein Preis. **LD**

Verkostungsnotizen

Duftende Ananas, grüne Banane, Zitrone, Stachelbeere und Mango in der Nase. Dann üppige Walnüsse und weiße Schokolade, die dem Whisky Tiefe geben. Am Gaumen eine explosive Mischung aus Dosenpfirsichen, Honig und Gewürzen. Kaffee und Cola im Abgang.

Old Pulteney WK209

International Beverage | www.oldpulteney.com

Herstellungsregion und -land Highlands, Schottland
Destillerie Pulteney Wick Caithness
Alkoholgehalt 46 Vol.-%
Whiskytyp Single Malt

Der Old Pulteney WK209 ist wie ein guter surrealistischer Witz. Wer schon beim erstem Mal die Pointe versteht, wird ihn immer witzig finden. Die anderen … naja, die wissen nicht so ganz, was sie von ihm halten sollen. Die Abfüllung folgte dem sehr erfolgreichen WK499 auf dem Duty-Free-Markt. Wie der Vorgänger wurde er nicht kaltfiltriert oder künstlich gefärbt und trägt keine Altersangabe. Der Name erinnert an ein Schiff: Die 1949 in Wick gebaute *WK209 Good Hope* war der erste Heringsdampfer der Gegend, der ein Echolotsystem besaß. Es erscheint mehr als passend, daß ein Boot, das seiner Zeit voraus war, als Namensgeber für einen Whisky dient, der kaum etwas mit den anderen Whiskys der Brennerei Pulteney gemeinsam hat.

Der WK209 unterscheidet sich so sehr vom restlichen Pulteney-Sortiment, daß es unwahrscheinlich erscheint, daß er bei einer Blindverkostung mit seiner Destillerie in Verbindung gebracht würde. Die Subtilität der Zitrusnoten, das Verführerische der Vanille und der sanfte Kuß einer Meeresbrise: all das wird zugunsten der dunklen, rohen Kraft der europäischen Eiche aufgegeben. Der Whisky für diese limitierte Abfüllung wurde ausschließlich in spanischen Sherryfässern gelagert. In ihnen verwandelte sich das von Natur aus klebrige, aber duftige Destillat von Pulteney in etwas, das man vielleicht als das ‚englisch' gebratene Steak unter den Whiskys bezeichnen könnte – eine der kühnsten und interessantesten Neuerscheinungen der letzten Jahre. Ob man nun also große, sherrybetonte Whiskys schätzt oder nicht: beim nächsten Heimflug sollte man einen der Kartons in auffälligem Türkis mitnehmen. Der Inhalt ist es wert. **LD**

Verkostungsnotizen

Rübensirup, Sahnekaramellpudding, Pflaumenmus und dunkle Schokolade, alles umgeben von einer kräftigen Dosis Rinderfond. Das Aroma ist süß, glatt und überraschend dick. Am Gaumen Waldbeeren, Haselnuß, Vanille und Bananen. Langer, würziger Abgang.

Old Pulteney WK499

International Beverage | www.oldpulteney.com

Herstellungsregion und -land Highlands, Schottland
Destillerie Pulteney, Wick, Caithness
Alkoholgehalt 52 Vol.-%
Whiskytyp Single Malt

Die Destillerie Pulteney erhebt sich in der Nähe des Stadtzentrums von Wick, einer Stadt in den nördlichen Highlands an der Ostküste von Caithness. Wick war einst der geschäftigste Heringshafen Europas, heute ist es eine überraschend verschlafene Kleinstadt. Während des Heringsbooms fanden im Hafen bis zu 1000 Fischerboote zugleich Platz, heute liegen noch einige Dutzend vor Anker. Darunter ist ein ganz besonderes: Die *Isabella Fortuna* trägt die Registernummer WK499 und ist das letzte erhaltene hölzerne Heringsboot in Wick. Sie lief von 1890 bis 1976 aus dem Hafen aus und wurde dann nach 86 Jahren Dienstzeit stillgelegt. Später erwarb sie die Wick Society und richtete sie mit Unterstützung der Brennerei Pulteney sorgfältig wieder her.

Daran erinnerte die Destillerie Anfang 2010 mit dem Old Pulteney WK499. Die Abfüllung trägt keine Altersangabe und wurde mit hohem Alkoholgehalt abgefüllt (wenn auch nicht ganz in Faßstärke). Zur Lagerung wurden ausschließlich Bourbonfässer verwendet, die seinem Kern einen süßen Vanille- und Gewürzton geben. Aber das ist noch nicht alles. Der Old Pulteney wird manchmal als der „Manzanilla des Nordens" bezeichnet. Der Vergleich mag etwas weit hergeholt scheinen, trifft aber in diesem Fall zu. Der WK499 zeigt mehr Salz als irgendeine andere Variante des Old Pulteney, in seinem Herzen bläst eine Seebrise. Obwohl er klar und spritzig ist, wird er am Gaumen doch zum Schwergewicht: Ein strahlender Malt mit einem schmuddligen kleinen Geheimnis. Früher kamen aus Wick Fässer mit Silber und Gold. Die silbernen Heringe werden nicht mehr im Hafen verladen, aber die Destillerie verschickt ihr Gold immer noch. **LD**

Verkostungsnotizen

Zuerst klar und zitrusbetont, mit der Zeit und etwas Wasser zeigt die Nase dann mehr Komplexität. Vanille-Käsekuchen und Schalen von Blutorangen mit einer Spur Ingwer. Am Gaumen beginnt er süß-säuerlich, zeigt aber bald seine salzige Seite. Überraschend mild.

Pittyvaich Old Malt Cask 18-Year-Old

Douglas Laing & Co. | www.douglaslaing.com

Herstellungsregion und -land Speyside, Schottland
Destillerie Pittyvaich (geschlossen), Dufftown, Keith, Banffshire **Alkoholgehalt** 50 Vol.-%
Whiskytyp Single Malt

Wenn eine Destillerie geschlossen und dem Verfall überlassen oder – vielleicht noch schlimmer – abgerissen wird, um Platz für einen Supermarkt zu schaffen, gibt es immer verständliche Trauer. Die Verehrung, die manche verlorengegangenen Brennereien wie Brora, Port Ellen, Rosebank oder St. Magdalen genießen, würde manch einen Papst vor Neid erblassen lassen. Einige Destillerien existierten allerdings nur so kurz, daß sie kaum Zeit hatten, eine bleibende Erinnerung zu hinterlassen, so wie Seine Heiligkeit Papst Johannes Paul I., der während seiner nur 33 Tage dauernden Zeit auf dem Stuhl Petri auch kaum Zeit hatte, einen bleibenden Eindruck im Vatikan zu hinterlassen, bevor er verschied. Allerdings kann er auch in Frieden ruhen, da in der kurzen Zeit über ihn niemals derartig negative Berichte erschienen, wie sie der Whisky aus Pittyvaich ertragen mußte.

Pittyvaich wurde Mitte der 1970er Jahre von Bell's errichtet, um als Partnerbrennerei für die benachbarte Destillerie Dufftown zu dienen. Die Produktion wurde 1993 bereits wieder eingestellt und man verwendete die Anlage noch für kurze Zeit zu experimentellen Zwecken. Ein kurzes und, ehrlich gesagt, kaum betrauertes Leben. Als der Whisky dann in der „Flora & Fauna"-Reihe von Diageo herauskam, wurde er mancherorts eher reserviert aufgenommen. Man wird nie wissen, ob er sich nicht im Laufe der Zeit gebessert hätte – das ist bei anderen Destillerien durchaus vorgekommen –, da Pittyvaich im Jahr 2002 abgerissen wurde. Ironischerweise ist aber nicht von der Hand zu weisen, daß ältere Pittyvaichs tatsächlich sehr gut sind, was dieser Old Malt Cask 18-Year-Old sehr deutlich zeigt. **PB**

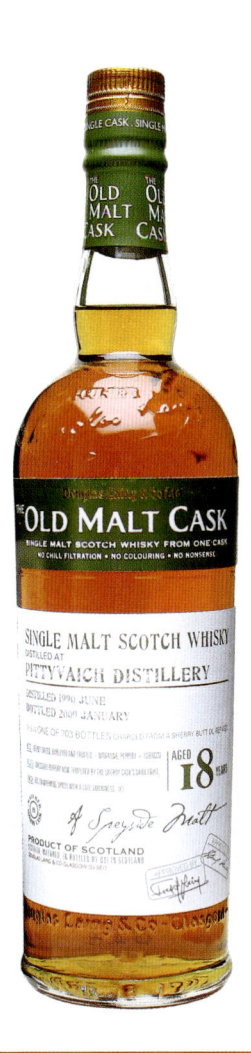

Verkostungsnotizen

Sherry, saftiger Obstkuchen und Datteln in der Nase – und Schwefel. Am Gaumen bildet sich eine süße Schicht mit Noten von Bitterorangen und üppigem Bananenkuchen. Zum Schluß sehr trocken. Auch der Abgang ist trocken mit Campari-Anklängen.

Schottland 485

Port Askaig
25-Year-Old

The Whisky Exchange | www.port-askaig.com

Herstellungsregion und -land Islay, Schottland
Destillerie Ungenannt
Alkoholgehalt 45,8 Vol.-%
Whiskytyp Single Malt

Man hat Port Askaig vorgeworfen, eher eine Marketing-Masche zu sein als eine Destillerie ernstzunehmenden Whiskys, aber allgemein wird das als übelwollende Kritik zurückgewiesen. Es mag zwar sein, daß die Abfüllungen, die unter dem Namen erscheinen, im Detail unterschiedlich ausfallen, aber so ist das bei Single Malts ganz unabhängig von der Herkunft immer. Was beim gesamten Sortiment jedoch stets gleichbleibt, ist die Qualität, die von Anfang an allseits gepriesen wurde und sich im ersten Jahrzehnt der Destillerie noch verbessert hat.

Die Whiskys von Port Askaig werden grundsätzlich nicht kaltfiltriert oder gefärbt, um sicherzustellen, daß sie ihren ursprünglichen Geschmack und Charakter behalten. Diese strengen Vorgaben stammen von den Besitzern, den Brüdern Sukhinder und Raj Singh, die 1999 als Online-Spirituosenhändler begannen und inzwischen The Whisky Exchange leiten.

Port Askaigs Whiskys werden in Zusammenarbeit mit Diageo und Burn Stewart hergestellt, denen Caol Ila beziehungsweise Bunnahabhain gehören, wesentliche Grundwhiskys der Marke. Dieser 25-Year-Old ist der Senior des Sortiments, ein Single Malt, der in Eichenfässern reifte, um Kenner anzusprechen, und der am besten mit etwas Wasser getrunken werden sollte. **GL**

Verkostungsnotizen

Die Nase ist vor allem fruchtig mit Spuren von Holzrauch, würziger Eiche und Vanille. Elegant am Gaumen, mit herrlich sauberem Malz. Langer, rauchiger Abgang.

Port Askaig
Harbour 19-Year-Old

The Whisky Exchange | www.port-askaig.com

Herstellungsregion und -land Islay, Schottland
Destillerie Ungenannt
Alkoholgehalt 45,8 Vol.-%
Whiskytyp Single Malt

Port Askaig ist der Haupthafen von Islay. Er liegt an der Nordostküste der Insel direkt gegenüber der Nachbarinsel Jura. Port Askaig ist auch der Name einer Reihe von Single Malts, die von The Whisky Exchange (TWE) auf den Markt gebracht werden. Der Reihenname mag zuerst verwirren, da es in Port Askaig selbst keine Destillerie gibt. Allerdings liegen zwei der besten Whiskyproduzenten Schottlands ganz in der Nähe: Caol Ila ist keine zwei Kilometer entfernt, und Bunnahabhain etwas mehr als 6 Kilometer. TWE betrachtet es als seine Aufgabe, die Kunde von diesen beiden Destillerien zu verbreiten und die besten Whiskys der Insel Islay einem möglichst großen Publikum zugänglich zu machen.

Die Malts für die einzelnen Whiskys werden von Sukhinder Singh ausgewählt, einem der angesehensten Whiskyexperten Großbritanniens. Er glaubt, seine Auswahl werde perfekt ausgewogene Islay Malts ergeben, die zu anerkannten Klassikern würden. Bisher haben die Verkaufszahlen seinen Optimismus recht gegeben, der Port Askaig wird von Quartal zu Quartal beliebter.

Diese Abfüllung ist die Nachfolgerin des beliebten 17-Year-Old. Sie ist ebenso wohlausgewogen wie dieser und so rußig, salzig, zitronig, wie man das von einem Single Malt von Islay erwartet. **GL**

Verkostungsnotizen

Beeindruckendes Honigaroma. Am Gaumen Torf vor einem Hintergrund aus Holz und Salzwasser. Der Abgang ist das Schönste an diesem Whisky.

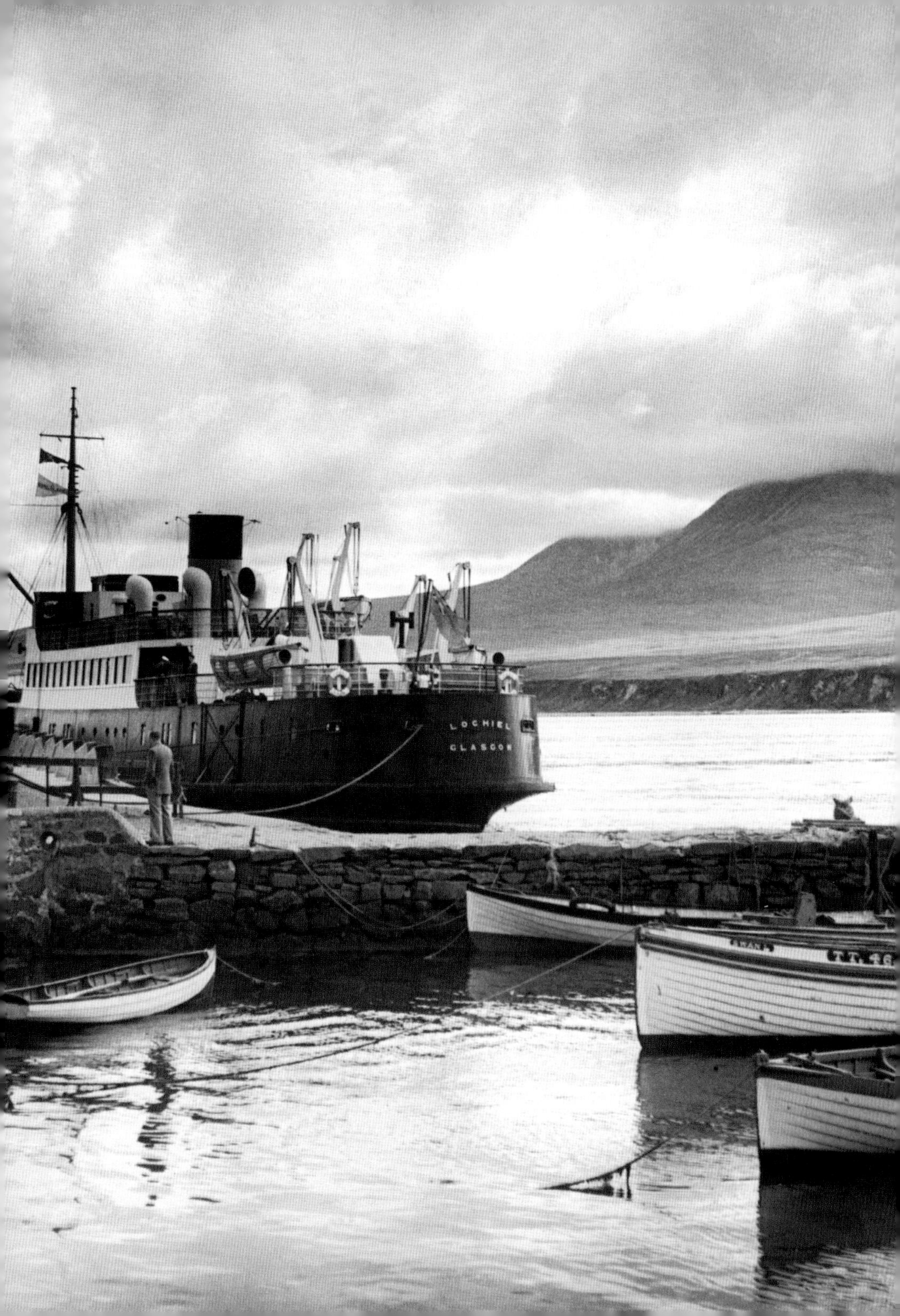
LOCHIEL
GLASGOW

Port Charlotte An Turas Mor

Bruichladdich Destillerie Co. | www.bruichladdich.com

Herstellungsregion und -land Islay, Schottland
Destillerie Bruichladdich, Bruichladdich, Argyll
Alkoholgehalt 46 Vol.-%
Whiskytyp Single Malt

Port Charlotte ist der stark getorfte (40 ppm Phenol) Whisky der Destillerie Bruichladdich. Er wurde zuerst 2001 gebrannt, und die Destillerie ist so stolz auf ihren torfigen Nachwuchs, daß sie jedes Jahr seit 2006 einen Schnappschuß seiner Entwicklung gemacht hat. Diese limitierten Abfüllungen in Faßstärke mit den Namen PC5, PC6, PC7 und PC8 sind zu einer Art Kult-Reihe des Whiskys geworden. Anders wären auch die angsteinflößenden Preise nicht zu erklären, die inzwischen für den PC5 bezahlt werden.

Jim McEwan wollte ursprünglich einen Whisky schaffen, der an jene der alten, 1929 stillgelegten Destillerie Port Charlotte erinnerte. An Turas Mor bedeutet „die große Reise", und auch wenn das Ende der erstaunlichen Reise dieses Whiskys noch nicht in Sicht ist, hat er doch auf jeden Fall einen Meilenstein erreicht: Dies ist die erste allgemein erhältliche Ausgabe des Port Charlotte aus verschiedenen Jahrgängen ohne Altersangabe und in der gängigen Stärke von 46 Volumenprozent Alkohol.

Die jährlichen Abfüllungen des Destillats aus dem Jahr 2001 haben vielleicht die Vorräte reduziert, so daß der An Turas Mor als Zwischengabe gedacht war, er gehört jedenfalls nicht zu der PC-Reihe. Er wird aber als Erfüllung der Vision bezeichnet, die McEwan ursprünglich hatte – die definitive Version des getorften Bruichladdich. Er paßt auf jeden Fall gut zwischen den normalen Bruichladdich und das Torfungeheuer Octomore. Ob er wirklich dem Whisky ähnelt, der vor 1929 in der alten Destillerie gebrannt wurde, kann man schlecht sagen, es erscheint aber angesichts der ausschließlichen Lagerung in Fässern aus amerikanischer Eiche eher unwahrscheinlich. **RL**

Verkostungsnotizen

Cremig-üppig in der Nase. Am Gaumen ist der Torf unverkennbar, die zu erwartenden Rauchnoten verbinden sich mit einer salzigen Meeresbrise und schwarzem Pfeffer. Der Abgang ist überaus lang, mit Kaffee, Sahnekaramell und zögerlich weichendem Rauch durchsetzt.

Port Charlotte PC7 Sin An Doigh Ileach

Bruichladdich Destillerie Co. | www.bruichladdich.com

Herstellungsregion und -land Islay, Schottland
Destillerie Bruichladdich, Bruichladdich, Argyll
Alkoholgehalt 61 Vol.-%
Whiskytyp Single Malt

Die „Port Charlotte"-Reihe entstand als Versuch, den Whisky der ehemaligen Destillerie Port Charlotte wieder auferstehen zu lassen, die auch als Lochindaal- oder Rinns-Destillerie bekannt war und 1929 geschlossen wurde. Roderick Macleod, ein pensionierter Mitarbeiter der Brennerei Bruichladdich, konnte sich noch an den Geschmack des Whiskys erinnern und beschrieb ihn als ebenso rauchig wie der Lagavulin. Dementsprechend wurde der neue Whisky, der erstmals am 29. Mai 2001 gebrannt wurde, mit einem Phenolgehalt von 40 ppm destilliert.

Die erste Abfüllung kam 2006 als PC5 (für Port Charlotte) „Evolution" heraus. Der fünfjährige Whisky war in Sherryfässern nachgereift und wurde mit 63,5 Volumenprozent Alkohol auf Flaschen gezogen. Er war ungeheuer beliebt, vielleicht auch, weil auf seiner Metallkartusche ein Foto seines Herstellers Jim McEwan zu sehen war. Im folgenden Jahr erschien der in Madeirafässern nachgereifte PC6 mit 61,6 Volumenprozent Alkohol und Fotografien von sechs Mitarbeitern der Destillerie.

Der PC7 Sin An Doigh Ileach war der erste in der Reihe, der ausschließlich in Bourbonfässern gelagert wurde. Er hat 61 Volumenprozent Alkohol und zeigt Bilder von Insulanern, die der Brennerei verbunden sind. PC8 Ar Dùthchas (Gälisch: „Land unseres Erbes") und ein PC9 sind schon vor längerer Zeit erschienen, inzwischen ist die Reihe bis zu einem PC12 fortgeschritten. Die Fässer für diese Abfüllungen liegen in den Lagerhäusern in Port Charlotte, die einmal zu der ursprünglichen, 1929 geschlossenen Destillerie gehörten. **RL**

Verkostungsnotizen

In der Nase der Geruch von Islay: Torfmoor, Ginster, Kiefern und Birken, außerdem Torfrauch, Asche, Gischt, Spuren von Kaffee, Äpfeln und Birnen. Am Gaumen regiert der Torfrauch mit maritimen Elementen, Datteln und Melasse. Lakritze, Chili und Ingwer im Abgang.

Port Charlotte
PC8 Ar Dùthchas

Bruichladdich Destillerie Co.
www.bruichladdich.com

Herstellungsregion und -land Islay, Schottland
Destillerie Bruichladdich, Bruichladdich, Argyll
Alkoholgehalt 60,5 Vol.-%
Whiskytyp Single Malt

„PC" ist das Kürzel für Port Charlotte, dem größten Dorf in der Nähe der Destillerie Bruichladdich auf Islay. Es war auch der Name einer der inzwischen geschlossenen Brennereien auf der Insel, die von 1829 bis 1929 in Betrieb war. Teile des alten Betriebs existieren noch und sollen im Rahmen einer geplanten Wiederaufnahme der Whiskyherstellung in Port Charlotte renoviert werden. Dabei will das Bruichladdich-Team das vorhandene Lagerhaus und die Ausstattung der ehemaligen Destillerie Innerleven in Dumbarton nutzen.

Bisher wurde der Port Charlotte Single Malt allerdings in Bruichladdich gebrannt. Er unterscheidet sich von deren Normalabfüllung durch eine deutlich stärkere Torfung (um 40 ppm), die jenem Phenolgehalt nahekommt, den man für die Gründungszeit von Bruichladdich im Jahr 1881 annimmt.

PC8 erschien im Jahr 2009 und wurde auf den Namen Ar Dùthchas („Land unseres Erbes") getauft. Ein Sprecher von Bruichladdich berichtet: „Die Faßstärke des Whiskys ist auf 60,5 Volumenprozent Alkohol gefallen und der Malt wird immer komplexer und bezwingender. Man kann der faszinierenden Entwicklung des stark getorften Destillats anhand der Varianten PC5, PC6, PC7 folgen und sie mit der vorliegenden vergleichen." **GS**

Verkostungsnotizen

Süßer Torf und Malz in der Nase; am Gaumen recht trocken und pfeffrig. Mit Wasser süßer und fruchtiger, mit Gerstennoten. Anhaltende Aschetöne im Abgang.

Port Charlotte
PC9 An Ataireachd Ard

Bruichladdich Destillerie Co.
www.bruichladdich.com

Herstellungsregion und -land Islay, Schottland
Destillerie Bruichladdich, Bruichladdich, Argyll
Alkoholgehalt 59,2 Vol.-%
Whiskytyp Single Malt

Als der Port Charlotte im Jahr 2001 destilliert wurde, war er das torfige Gegenstück zum ‚normalen' Bruichladdich. Der später gebrannte Octomore mit seinen Phenolgehalten von 131 ppm und mehr haben den Port Charlotte dann jedoch bei der Torfung zur mittleren Variante der Destillerie am Loch Indaal gemacht.

Der PC9 erschien im Jahr 2011, und der Alkoholgehalt des Whiskys war von 60,5 Volumenprozent beim PC8 auf 59,2 Volumenprozent gefallen. Die Abfüllung war auf lediglich 6000 Flaschen limitiert.

Die Abfüllung wurde An Ataireachd Ard getauft, das Gälische läßt sich als „das Wogen des Meeres" übersetzen. Sie rückte 2012 als 10-Year-Old in das Gesamtsortiment von Bruichladdich auf.

Jim McEwan war als Produktionsleiter und Masterblender derjenige, der für so viele von Bruichladdichs wunderbaren Neuerungen verantwortlich zeichnete. Über den PC9 sagt er: „Der kräftige Puls Islays pocht hier ohne Hemmung und unablässig. Die Hitze, der Torf, die Kraft sind fabelhaft. Das Herz schlägt einem schneller, die Augen leuchten auf wie Wunderkerzen, und dann steht man kurz vor dem Augenblick, in dem die Erwartung eines einzigartigen Ereignisses endlich Gestalt annimmt und Wirklichkeit wird …" **GS**

Verkostungsnotizen

Ungeniert torfig in der Nase, mit schwarzem Pfeffer, Sahnekaramell und Miesmuscheln. Süß und fruchtig im Geschmack, der Abgang rauchig und wärmend.

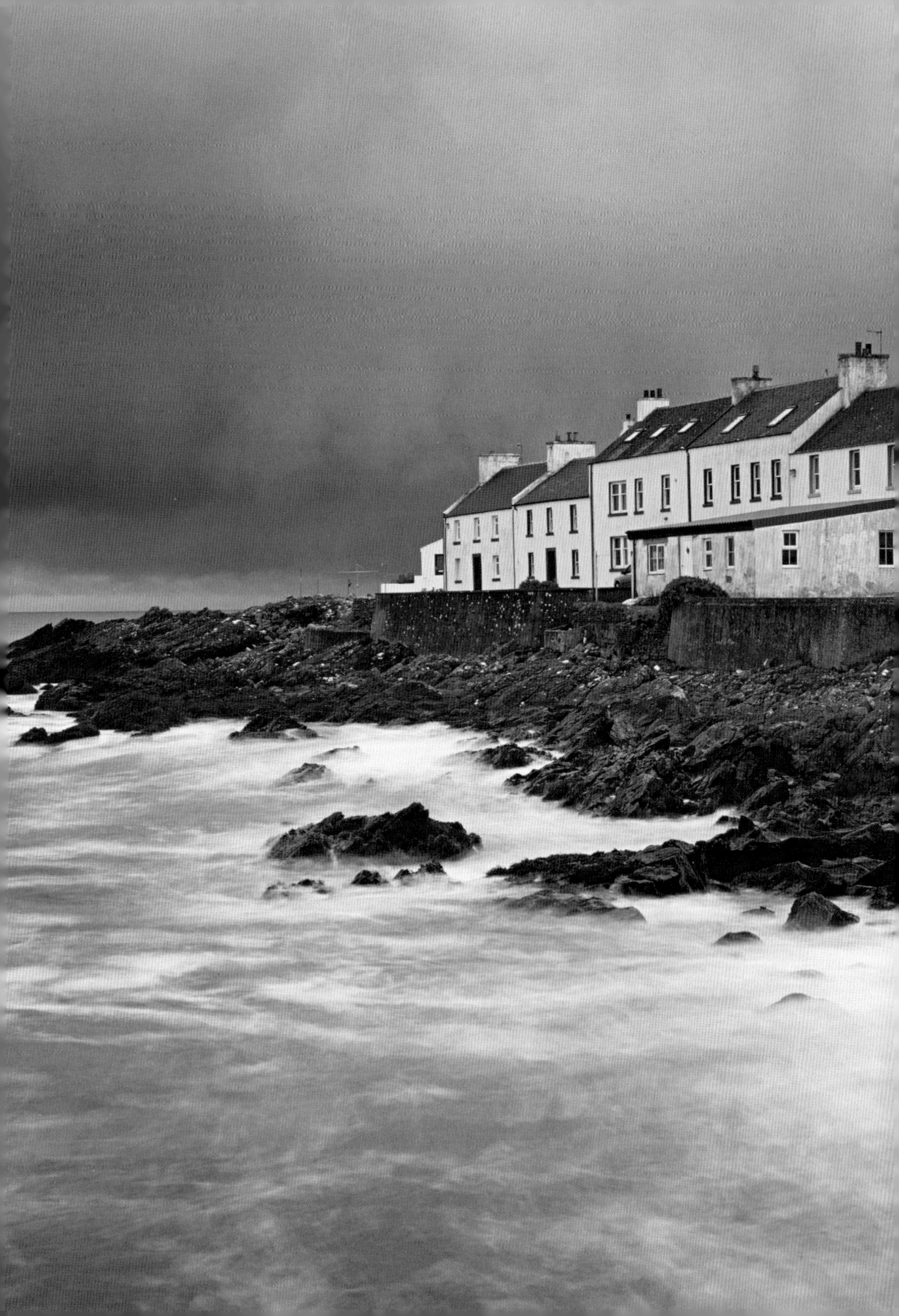

Port Dundas 20-Year-Old 1990

Diageo
www.malts.com

Herstellungsregion und -land Lowlands, Schottland
Destillerie Port Dundas, Glasgow
Alkoholgehalt 57,4 Vol.-%
Whiskytyp Grain-Whisky

Grain-Whisky wird oft als der arme Verwandte des Single Malts betrachtet. Es ist ein Whisky, der aus anderen Getreiden als gemälzter Gerste hergestellt wird. Man brennt ihn nicht diskontinuierlich in Brennblasen wie den Single Malt, sondern kontinuierlich in einer sogenannten Coffey-Still. Das Destillat hat einen weniger individuellen Geschmack, es wird normalerweise mit Malt-Whisky verschnitten, um Blends herzustellen. Geringe Mengen werden aber auch unvermischt auf Flaschen gezogen.

Ein Grain kostet in der Regel nicht so viel wie ein Single Malt. Er wird von manchen Kennern jedoch aus zwei Gründen geschätzt: Zum einen sind Abfüllungen außerordentlich selten, und zum anderen kann der Getreidewhisky bei langer Lagerung Eigenschaften des Fasses annehmen, was ihn zu einem großen Whisky machen kann. Dieser 20-Year-Old ist dafür ein gutes Beispiel.

Dieser Grain hat eine bewegte Vergangenheit. Drei Fässer des Getreidewhiskys von Port Dundas wurden drei Jahre in Sherryfässern gelagert. 17 Jahre lang wurde dann eines der Fässer weiter in Sherry-, eines in Bourbon- und eines in frischen europäischen Eichenfässern gelagert. Es gibt nur 1920 Flaschen dieser Abfüllung, und da sie die erste derart alte aus der Destillerie ist, eignet sie sich sehr gut als Sammlerobjekt. **DR**

Verkostungsnotizen

Dunkle Schokolade, Sahnekaramell. In der Nase Eiche und Gewürze, am Gaumen dagegen starke Bourbonakzente, glasierte Kirschen und dominierende Eiche.

Port Dundas 36-Year-Old

Duncan Taylor & Co.
www.duncantaylor.com

Herstellungsregion und -land Lowlands, Schottland
Destillerie Port Dundas, Glasgow
Alkoholgehalt 54,1 Vol.-%
Whiskytyp Grain-Whisky

Dieser Grain wurde im Januar 1973 in der Destillerie Port Dundas gebrannt und 36 Jahre im Faß Nr. 128318 gelagert, bevor die Firma Duncan Taylor ihn auf Flaschen zog und im November 2009 in ihrer Reihe „Rare Auld Collection" auf den Markt brachte. Das Faß ergab nur 278 Flaschen.

Port Dundas wurde 1845 mit Coffey-Stills ausgestattet, um Getreidewhisky herzustellen. Damals betrug der Jahresausstoß 11,6 Millionen Liter, und der Betrieb wurde seitdem stetig vergrößert. Nach dem Zweiten Weltkrieg wurde er modernisiert, und in den 1970er Jahren wurden sieben Millionen Pfund Sterling in eine weitere Aufrüstung gesteckt. Als sie im April 2010 stillgelegt wurde, hatte die Brennerei eine Kapazität von etwa 40 Millionen Litern im Jahr.

Diese Schließung wurde vom Eigner zur gleichen Zeit verkündet wie das Ende der Abfüllung von Johnnie Walker in Kilmarnock, der geistigen Heimat dieses Blends. Die Maßnahmen wurden stark kritisiert, allerdings erwies sich der Verlust in Westschottland als Gewinn für den Osten des Landes: die Grain-Destillerie Cameronbridge in Fife wurde modernisiert und vergrößert, und die nahe gelegenen Abfüllanlage Leven wurde wieder aufgebaut und bietet seitdem mehr als 400 Arbeitsplätze. **GS**

Verkostungsnotizen

Karamell, warme Sahnesoße, Zimt und Rosinen in der Nase. Am Gaumen kühn, mit Gewürzen im Überfluß. Langer, zähflüssig-sahniger Abgang mit viel Eiche.

Duncan Taylor

CASK STRENGTH RARE AULD SCOTCH WHISKY

PORT DUNDAS

Cask Strength Single Grain Scotch Whisky
Produced and bottled in Scotland AB54 8JU
Duncan Taylor & Co Ltd

- Volume: 700ml
- Alc/vol: 54.1%
- Cask no: 128318
- Bottle no: 136 / 278
- Date distilled: 01.1973
- Date bottled: 11.2009

AGED 36 YEARS
Single Cask Matured in Oak Casks

WWW.DUNCANTAYLOR.COM
HUNTLY, SCOTLAND

SHERRY CASK

Port Ellen
26-Year-Old Malt Cask

Douglas Laing & Co. | www.douglaslaing.com

Herstellungsregion und -land Islay, Schottland
Destillerie Port Ellen (geschlossen), Argyll
Alkoholgehalt 40 Vol.-%
Whiskytyp Single Malt

1983 war eines der schlimmsten Jahre in der Geschichte der schottischen Whiskyherstellung. Fast zwei Dutzend Destillerien wurden aufgrund geringer Nachfrage geschlossen. Port Ellen gehörte zu ihnen, und in den seither vergangenen Jahren sind die verbliebenen Vorräte ihres Whiskys in einer verwirrenden Vielzahl unabhängiger Abfüllungen verschwunden. In manchen Kreisen genießt er einen fast mythischen Ruf, und die Auktionspreise für beliebte Jahrgänge steigen stetig.

Diese Abfüllung von Douglas Laing & Co. Ltd. reifte in einem Faß, das fast doppelt so groß war wie sonst üblich. Dadurch wird der Kontakt zum Eichenholz verringert und die Reifung ist sanfter und bedächtiger. Lange Reifezeiten sind bei getorften Whiskys manchmal problematisch, da sie ihre typischen Geschmacksnoten recht schnell verlieren können, aber man kann dem Problem mit dieser Strategie entgegenwirken.

Das Ergebnis ist ein glattes, vollkommen ausgewogenes Beispiel für die leichtere und zugänglichere Seite Islays, die ohne die schweren Phenol- und Jodaromen mancher der Whiskys von der Insel auskommt. Der 26-Year-Old ist ein sommerlicher Whisky, den man abends beim Grillen am Strand trinken kann, während man den Rufen der Möwen über sich lauscht. **AN**

Verkostungsnotizen

Süßer Torf in der Nase, Rauch von einem Feuer am sonnigen Strand. Glatter, öliger Körper, mit Teer und Politur. Schöner, langer Abgang mit pfeffrigem Seetang.

Port Ellen
27-Year-Old

Douglas Laing & Co. | www.douglaslaing.com

Herstellungsregion und -land Islay, Schottland
Destillerie Port Ellen (geschlossen), Argyll
Alkoholgehalt 40 Vol.-%
Whiskytyp Single Malt

Diese Variante des Port Ellen wurde kurz vor der Schließung der Destillerie im Mai 1983 gebrannt. Er reifte in einem Sherryfaß, aus dem Douglas Laing & Co. Ltd. im Dezember 2010 insgesamt 568 Flaschen für ihre Reihe „Old Malt Cask" abfüllte.

Douglas Laing & Co. Ltd. ist bekannt für ihre beneidenswerten Vorräte an Port Ellen, die sie zum Teil der Vorliebe Fred Laings, dem Vater der heutigen Geschäftsführer Fred und Stewart Laing, für diesen Islay-Malt verdankt. Diese Vorliebe teilen auch die heutigen Konsumenten und Sammler, der Whisky ist also ein sicherer Verkaufserfolg für die Firma. Fred Laing weist allerdings darauf hin, daß Whiskys dieses Alters nicht immer gleich gut ausfallen.

Er erinnert sich, daß sein Vater bei der Arbeit meist ein paar Gläschen Port Ellen trank: „Wenn er nach Hause kam, lag ich meist schon im Bett. Und ich konnte diesen herrlichen Whisky-Atem riechen! Es war wahrscheinlich 40 Jahre später, er war schon 20 Jahre tot, als ich bei einer Whiskyverkostung plötzlich den Duft von Port Ellen roch, mit den ledrigen Tönen von Salzwasser, Stränden und trockener Takelage. Er versetzte mich unmittelbar in die Tage meiner Kindheit. Es war ein sehr emotionaler Augenblick." **GS**

Verkostungsnotizen

In der Nase kräftige Gewürznoten und gebutterter Toast. Am Gaumen subtiler Torf und üppige Gewürze. Gewürze auch im langen, süßen, rauchigen Abgang.

Port Ellen 28-Year-Old

Signatory Vintage Scotch Whisky Co.

Herstellungsregion und -land Islay, Schottland
Destillerie Port Ellen (geschlossen), Argyll
Alkoholgehalt 58,4 Vol.-%
Whiskytyp Single Malt

Diese 28 Jahre alte Abfüllung des Port Ellen wurde 1982 destilliert und 2009 für die „Cask Strength" Reihe von Signatory auf Flaschen gezogen. Der Faßinhalt ergab insgesamt nur 241 Flaschen.

    Hinterher mag man immer klüger sein, aber es fragt sich wirklich, warum die Distillers Company Ltd. sich 1983 entschied, die Port-Ellen-Destillerie auf Islay zu schließen. Wenn der jetzige Eigner Diageo heute eine limitierte Ausgabe des Whiskys auf den Markt bringt, ist sie bald ausverkauft und erzielt höhere Preise als die meisten anderen Single Malts einer ‚verlorenen' Destillerie. Auch unabhängige Abfüllungen wie diese von Signatory sind bei den Anhängern der Islay-Malts außerordentlich begehrt.

    Diese Whisky-Richtung hatte in den 1980er Jahren allerdings bei weitem nicht den Kultstatus, den er heute genießt. Da die Destillerien, die Malts produzierten, dies fast nur für Blends taten, war der Bedarf an Islay-Whiskys gering und sie wurden zu geringeren Preisen gehandelt als Grain-Whiskys. So wurde also die Destillerie Port Ellen geopfert, die am Rand des gleichnamigen Dorfes auf Islay stand, obwohl sie erst Mitte der 1960 nach jahrzehntelanger Stillegung renoviert worden war. Heute sieht man nur noch die ehemalige Malztenne und einige Lagerhäuser aus Naturstein. **GS**

Verkostungsnotizen

Süß und torfig in der Nase, mit Zitrusfrüchten. Am Gaumen schön texturiert, medizinisch, mit Pfeifentabak, Rauch, Malz und Ingwer. Recht scharfer Abgang.

Port Ellen 32-Year-Old 2015

Diageo | www.malts.com

Herstellungsregion und -land Islay, Schottland
Destillerie Port Ellen (geschlossen), Argyll
Alkoholgehalt 53,9 Vol.-%
Whiskytyp Single Malt

Die Preise für Whisky von Port Ellen steigen seit der Jahrtausendwende kräftig, weil die Destillerie 1983 geschlossen wurde. Ihr getorfter Malt ist sehr gesucht, sein Ruf wächst, die Vorräte schwinden dementsprechend schnell. Diageo sieht das sicher mit einem Lächeln, da Port Ellen als Drittbeste in einem Dreierrennen das Ziel erreichte: Als es darum ging, eine Destillerie zu schließen, fiel die Wahl auf sie. Die Ironie, die darin liegt, ist auch andernorts nicht unbemerkt geblieben. Doug Johnstone schrieb in seinem Roman *Smokeheads* (2011): „…vollkommen überschätzt und überteuert."

    Wenn man aber von Bewertungen und Preisen absieht, sind alte Port Ellens keineswegs schlechte Whiskys. Angesichts seines hohen Alters muß man diesem 32-Year-Old bestätigen, daß er sich gut gehalten hat. Man kann ihn als Port Ellen erkennen, aber das Alter hat ihm Eleganz und Komplexität verliehen. Wie nicht anders zu erwarten, sind die Torfnoten eher zurückhaltend und anmutig als springlebendig.

    Ob der Whisky überbewertet ist, spielt sowieso keine Rolle. Da es kaum noch Port Ellen gibt, werden die Besitzer der wenigen Flaschen sie kaum aufmachen. Falls man jedoch Gelegenheit dazu haben sollte, wird man vom Inhalt sicher nicht enttäuscht. **DR**

Verkostungsnotizen

Es gibt Küsten- und Torfnoten, aber auch Malz, Zitrusfrüchte und Äpfel in der Nase. Am Gaumen Birnen- und Apfeltöne und zurückhaltende Eiche.

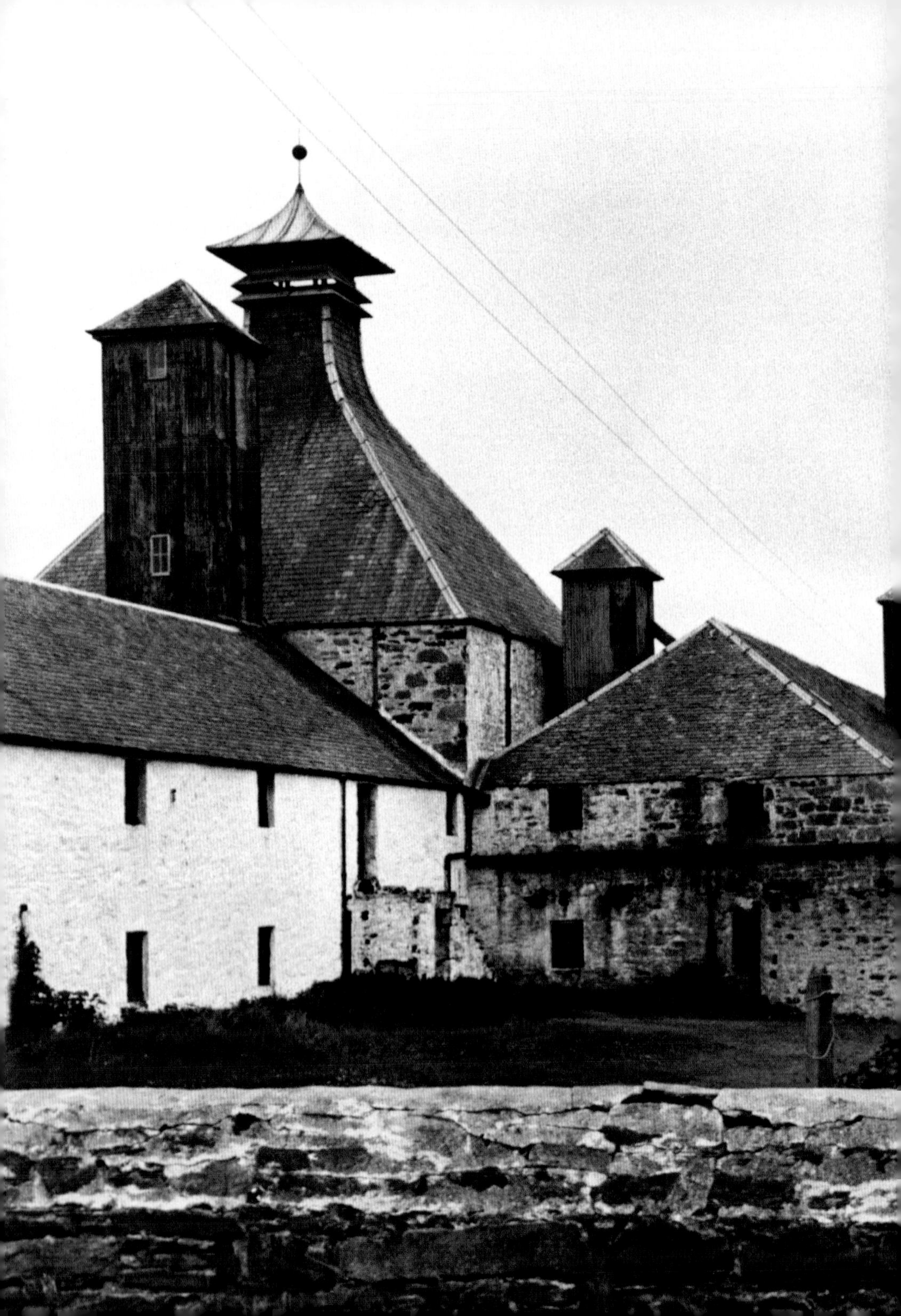

Port Ellen 35-Year-Old Special Release 2014

Diageo | www.malts.com

Herstellungsregion und -land Islay, Schottland
Destillerie Port Ellen (geschlossen), Argyll
Alkoholgehalt 54,5 Vol.-%
Whiskytyp Single Malt

Einer der Höhepunkte im Terminkalender der Whiskywelt ist das Erscheinen der Sonderabfüllungen von Diageo. Alljährlich sieht der Konzern seine umfangreichen Lagerbestände durch und wählt einige außergewöhnliche Whiskys aus, die dann den potentiellen Käufern bei einer Reihe von Verkostungen im Herbst vorgestellt werden.

Außergewöhnlich sind diese Abfüllungen vor allem, weil sie so unterschiedlich ausfallen. Es gibt darunter immer einige Whiskys aus weniger bekannten Destillerien, die aber oft die größten positiven Überraschungen darstellen. Es gibt junge Varianten von Brennereien wie Lagavulin, und es gibt Flaschen, die den Erwartungen nicht entsprechen und nicht so schmecken, wie man vorher gedacht hat. Und dann gibt es die beiden Schwergewichte Port Ellen und Brora, obwohl die noch vorhandenen Mengen in diesem Fall natürlich von Jahr zu Jahr älter werden. Brora gilt inzwischen als extrem teurer Luxus, der sein bestes Alter schon hinter sich hat, aber dieser Port Ellen 35-Year-Old ist noch nicht zu eichendominiert oder mit Tanninen überladen. Er wurde in Bourbon- und Sherryfässern gelagert.

Als er 2014 auf den Markt kam, waren es weniger als 3000 Flaschen. Wie viele davon aber je geöffnet werden, ist eine ganz andere Frage. **DR**

Verkostungsnotizen

In der Nase gibt es Rauch, Teer, Zitrone und Chili. Am Gaumen kämpfen Eichentannine, Pfeffer, Torf und einige überraschend spritzige Früchte um Vorherrschaft.

← Die Port-Ellen-Destillerie wurde 1983 geschlossen.

Rock Oyster

Douglas Laing | www.douglaslaing.com

Herstellungsregion und -land Islay und Islands, Schottland **Destillerien** Verschiedene
Alkoholgehalt 46,8 Vol.-%
Whiskytyp Blend

Douglas Laing gehört zu den unabhängigen Abfüllern, die Fässer von verschiedenen Destillerien aufkaufen und den Inhalt auf Flaschen ziehen. Unabhängig von der Person, welche die Auswahl trifft, können die eingekauften Whiskys deutliche Qualitätsunterschiede aufweisen. Gelegentlich entdeckt man darunter aber auch ein echtes Juwel, und gute unabhängige Abfüller verfügen über das notwendige Fachwissen, damit die Welt des Whiskys unvorhersehbar, lebendig und aufregend bleibt.

Douglas Laing war bis vor relativ kurzer Zeit eine eher altmodische Firma, die von den Gründersöhnen Fred und Stuart Laing geführt wurde. Als sich die Brüder trennten, gründete Stuart mit seinen Söhnen Hunter Laing & Co., während Fred mit seiner Tochter Cara die ursprüngliche Firma weiterführte. Mit diesen Veränderungen zog dort der Spaß am Scotch ein, man begann einige ausgefallene Malts zusammenzustellen und ersetzte das langweilige alte Etikettendesign durch einen neuen Look.

Als erstes brachten Fred und Cara den Big Peat heraus, eine Mischung aus Malts von der Insel Islay. Big Peat tauchte auch als Cartoon-Figur auf der Verpackung auf. In der Folge hat es eine Reihe von Blended Malts gegeben. Der Rock Oyster vertritt die Islands, er enthält Malts von den führenden Herstellern auf den Inseln Arran, Orkney und Jura.

Der Name Rock Oyster nimmt das Thema der Entdeckung eines Juwels an einem unwahrscheinlichen Ort wieder auf. Fred Laing hat diesen Whisky mit viel Liebe zusammengestellt und sagt: „Wenn ich einen Whisky auswählen müßte, um den Liebhaber an die Gestade der schottischen Inseln zu versetzen, wäre es dieser." **DR**

Verkostungsnotizen

Wie bei einem Insel-Whisky zu erwarten, zeigt die Nase den Duft von Meersalz und Bootshäusern und eine Spur Torf. Auch am Gaumen Salz, etwas Öliges, Zitrone und feuchtes brennendes Holz. Erdiger Abgang, wieder mit Salz und mit Pfeffer.

Rosebank 21-Year-Old 1990

Diageo | www.malts.com

Herstellungsregion und -land Lowlands, Schottland
Destillerie Rosebank (geschlossen), Camelon, Falkirk
Alkoholgehalt 53,8 Vol.-%
Whiskytyp Single Malt

Von Zeit zu Zeit taucht immer wieder die polemische und vorschnell geäußerte Behauptung auf, multinationale Getränkekonzerne wie Diageo seien der Ruin des Whiskys. Das ist vollkommener Unsinn. Natürlich will Diageo Geld verdienen und möchte Unmengen von Whisky verkaufen, um dieses Ziel zu erreichen. Aber der Konzern hat 28 schottische Whiskydestillerien am Leben erhalten, von denen einige in den entlegensten Orten stehen. Man sollte das Ganze nicht zu sentimental sehen, denn es geht ums Geschäft. Viele Brennereien sind geschlossen worden, unter anderem auch diese, aber die Verluste wären viel höher gewesen, wenn Diageo den Malt Whisky nicht so gefördert hätte. Obwohl der Whiskymarkt vor allem auf dem Verkauf von Blends beruht, füllt Diageo doch einen Single Malt in jeder seiner Destillerien ab und bringt Jahr für Jahr seltene Whiskys heraus, damit echte Anhänger Gelegenheit haben, große Malts aus vergangenen Zeiten zu verkosten.

Rosebank gilt als eine der großen Destillerien der Lowlands, von denen es heute nur noch sehr wenige gibt. Lowland-Whiskys sind leicht und blumig, aber wenn sie Zeit gehabt haben zu reifen, wie dieser Rosebank 21-Year-Old 1990, können sie sehr komplex und vielschichtig werden. Mit Wasser verkehrt sich der Geschmack des Malts manchmal fast in sein Gegenteil.

Der Rosebank 21-Year-Old wird aus einigen der ältesten Whiskys hergestellt, die noch im Besitz der ursprünglichen Eigner sind. Sie wurden in amerikanischen und europäischen Eichenfässern gelagert. Es wurden nur 5600 Flaschen – in Faßstärke – abgefüllt, die zwar nicht billig sind, aber exzellenten Lowland-Malt enthalten. **DR**

Verkostungsnotizen

Zuerst schüchtern, braucht unbedingt Wasser, entwickelt dann aber Aromen von Rosenwasser, Himbeerpudding, Pfirsichen und Zitrusfrüchten. Das Fruchtthema setzt sich mit Zitronenbaiser und gemahlenem Pfeffer am Gaumen fort. Staubtrockener Abgang.

Rosebank 1991

Gordon & MacPhail
www.gordanandmacphail.com

Herstellungsregion und -land Lowlands, Schottland
Destillerie Rosebank (geschlossen), Camelon, Falkirk
Alkoholgehalt 43 Vol.-%
Whiskytyp Single Malt

Dieser Rosebank aus der „Connoisseurs Choice"-Reihe von Gordon & MacPhail wurde in Sherry- und Bourbonfässern gelagert. Viele Kenner halten den dreifach destillierten Rosebank für den herausragendsten Single Malt aus den Lowlands. Der verstorbene Whiskykenner Michael Jackson beschrieb ihn als „das vorzüglichste Beispiel eines Lowland-Malts" und bezeichnete die Schließung der Destillerie im Jahr 1993 als „einen schmerzlichen Verlust".

Obwohl sie nicht mehr in Betrieb ist, stehen große Teile der Brennerei in Camelon am Forth-Clyde-Kanal huete noch. Im Mai 2002 verkaufte Diageo sie an British Waterways. In der Folge wurden auf dem Gelände Wohnhäuser gebaut, aber viele der ehemaligen Malztennen und Zollagerhäuser wurden auch zu Büros und einem Pub mit Restaurant als Ergänzung zum vorhandenen Rosebank Beefeater Restaurant und Pub umgebaut.

Obwohl der Name Rosebank dem Whiskybrennen verloren gegangen ist, plant die Falkirk Distillery Company, in der Nähe wieder eine Brennerei zu errichten, um die Whiskyherstellung in der Region als Teil eines ehrgeizigen Neubauprojekts mit Restaurant, Besucherzentrum und Einzelhandelsgeschäften wiederzubeleben. Die Baumaßnahmen sollen Ende 2017 abgeschlossen sein. **GS**

Verkostungsnotizen

In der Nase Früchte und blumige Noten im Überfluß. Am Gaumen setzen sich Zitrusfrüchte fort, mit Anis und einer Spur Lakritze. Langer, malziger Abgang.

Royal Brackla

Bacardi
www.bacardi.com

Herstellungsregion und -land Highlands, Schottland
Destillerie Royal Brackla, Cawdor, Nairn, Nairnshire
Alkoholgehalt 43 Vol.-%
Whiskytyp Single Malt

„Royal" heißt die Destillerie, weil sie 1835 zum Hoflieferanten König Wilhelms IV. ernannt wurde, „Brackla" nach Captain William Fraser of Brackla, der sie 1812 gegründet hatte. Die Destillerie steht in der Nähe von Cawdor – hier herrschte Shakespeares Macbeth – und gehört heute zu Bacardi. Sie ist die größte Destillerie der Tochtergesellschaft John Dewar & Son, hat aber in der Vergangenheit kaum von sich reden gemacht.

Die Abfüllung aus dem Jahr 2004 des Royal Brackla ist ein zehn Jahre alter Single Malt, der nicht leicht zu finden ist. Es sind ihm eine ganze Reihe von Versionen vorangegangen, unter anderem der Royal Brackla 1991 Connoisseurs Choice (Gordon & MacPhail), der Royal Brackla 10-Year-Old 1999 Provenance (Douglas Laing), der Royal Brackla 14-Year-Old 1994 (Murray McDavid), der Brackla 15-Year-Old 1993 (Signatory) und der Royal Brackla 10-Year-Old 1996 Provenance (Douglas Laing).

Die vorliegende Ausgabe ist von mittelschwerem Körper, klar und sanft. Sie zeigt frische Gras- und Blattaromen und viele Gewürz- und Fruchtnoten in der Nase. Der Geschmack ist eine gut gearbeitete Balance aus Gerste und Kuchengewürzen mit warmer Birne, Sahnekaramell und Lakritze. Der Abgang ist kurz, warm und trocken und lädt zu einem zweiten Schluck ein. **JH**

Verkostungsnotizen

Dieser seltene Whisky ist eine Zeitreise durch Süßigkeitenläden und das Haus der eigenen Oma, unterbrochen von einem Zwischenhalt in feuchtem Herbstwald.

Royal Lochnagar
12-Year-Old

Diageo
www.diageo.com

Herstellungsregion und -land Highlands, Schottland
Destillerie Royal Lochnagar, Ballater, Aberdeenshire
Alkoholgehalt 40 Vol.-%
Whiskytyp Single Malt

Der Whisky stammt aus Königin Viktorias Lieblingsdestillerie, man sollte also aufmerken – alles, das die notorisch ernste Miene dieser Herrscherin auflockern konnte, lohnt sicher einen zweiten Blick. Der Royal Lochnagar 12-Year-Old hat eine helle Bernsteinfarbe und ist für einen derartig komplexen Whisky gefährlich trinkbar. Der Geschmack erinnert an Sherry und Zigarren, an den Duft eines exklusiven Herrenklubs, aber der Whisky ist alles andere als barsch oder altherrenhaft. Nein, er ist sanfter. Er ist voller Raffinesse.

Der Whisky entsteht keine zwei Kilometer vom Schloß Balmoral in Schottland entfernt. Seine Großartigkeit ist eher zurückhaltend. Er ist ein Kuß auf den Mund, der nach Vanille und üppigen Früchten schmeckt, das Lächeln eines Fremden, nicht aufdringlich aber ansprechend und herzerwärmend.

Das Beste am Royal Lochnagar 12-Year-Old ist diese Unaufdringlichkeit. Er wird in jeder Hinsicht und immer den in ihn gesetzten Erwartungen gerecht, auch wenn er sie nicht übererfüllt. Er kommt aus einer guten Familie, gibt aber im Barschrank nicht damit an, sondern verhält sich sehr unprätentiös. Sein hoher Rang zeigt sich eher in der Eleganz und der guten Artikulation, mit denen er seine Rolle spielt. **StuR**

Verkostungsnotizen

Trocken und fruchtig, mit leichter Rauchigkeit. Ein sehr ausgewogener, komplexer Malt, der mit Gewürzen und Pflaumen und einem warmen Sherryton aufwartet.

Royal Lochnagar
19-Year-Old Malt Cask

Douglas Laing & Co. | www.douglaslaing.com
www.discovering-distillers.com

Herstellungsregion und -land Highlands, Schottland
Destillerie Royal Lochnagar, Ballater, Aberdeenshire
Alkoholgehalt 50 Vol.-%
Whiskytyp Single Malt

Zu den gegenwärtigen Trends in Bars gehört die Wiederkehr von Cocktails aus Single Malts und ausgefallenen Zutaten. Sogar die überaus traditionsbewußte Scotch Whisky Association benennt eine lange Liste möglicher Ingredienzien, darunter so unterschiedliches wie Chilis und Kiwis. Worauf man vielleicht verzichten könnte, ist Rotwein, vor allem Bordeaux. Mit der Mischung tut man keinem der beiden schönen Getränke einen Gefallen.

Genauso, also mit Rotwein, trank aber Königin Viktoria gerne ihren Lochnagar. Die Destillerie war erst drei Jahre alt, als die Königin das nahe gelegene Balmoral bezog. Nach einer Einladung des Besitzers, die Brennerei zu besichtigen, war sie von ihr derart fasziniert, daß sie ihr als nur einer von drei Destillerien das Recht verlieh, sich mit dem Zusatz „Royal" zu schmücken.

Diese Abfüllung von Douglas Laing hat 19 Jahre in einem Sherryfaß verbracht, das einen starken Einfluß auf den fertigen Whisky gehabt hat. Das Destillat wird in traditionellen *worm tubs* gekühlt, die ihm einen volleren, schwereren Charakter verleihen. Trotz des geringen Ausstoßes der Brennerei wandert ein Teil doch in Blends, vor allem in den VAT 69, aber der Malt gehört jetzt zur „Classic Malts"-Reihe und offizielle Destillerieabfüllungen sind nicht schwer zu erhalten. **AN**

Verkostungsnotizen

In der Nase ein voller, süßer Sherry mit leichten Ingwernoten. Später kommen Kaffeetöne durch. Malzig mit einem glatten, aber kurzen und sanften Abgang.

Royal Lochnagar Distillers Edition

Diageo | www.diageo.com

Herstellungsregion und -land Highlands, Schottland
Destillerie Royal Lochnagar, Ballater, Aberdeenshire
Alkoholgehalt 40 Vol.-%
Whiskytyp Single Malt

Der Royal Lochnagar Distillers Edition ist ein herrschaftlicher, subtiler und gefälliger Whisky von umwerfend zugänglicher Schneidigkeit. Es ist nicht süßer als der 12-Year-Old, er bietet zudem eine weichere Seite, die von der Nachreifung in Muskatellerfässern herrührt. Diese Aufmerksamkeit für Details und die Ausgewogenheit des Geschmacks machen einen großartigen Whisky wie diesen zu etwas wirklich außerordentlich anderem.

Da die Destillerie königliche Kundschaft hat, neigt man schon dazu, ihr ein gewisses Maß an Vertrauen entgegenzubringen. Aber um den Whisky gebührend unparteiisch zu beschreiben, muß man auch darauf hinweisen, daß seine tatsächliche Geschmackstiefe und nicht die Beziehungen zu hochgestellten Personen die wirklich wichtige Rolle spielen. Er mag zwar in der Nase mild sein und von verwilderten Gärten, Teezeit und Konfitüre sprechen, aber tatsächlich ist er komplexer, als seine anfängliche duftige Sanftheit vermuten lassen.

Hat doch der Royal Lochnagar Distillers Edition einen üppigen und vollen Geschmack. Es ist ein Whisky mit tiefer Stimme und hallendem Nachklang. In der Nase geht es vielleicht um Obstkuchen und Milchreis, am Gaumen dreht sich jedoch alles um braunen Zucker, um Holz und geröstete Mandeln in samtiger Hülle.

Die Distillers Edition ist herrisch und hat die schützende Kraft einer väterlichen Umarmung, ohne einen zu erdrücken. Er macht sich im Barschrank gut und überbrückt auf grandiose Weise Pausen im Gespräch, wenn man nach der Bewertung und Meinung der Mittrinker fragt. Zudem gibt es nicht sehr viele Whiskys, die einen Abgang aufweisen, der annähernd so lohnend ist. **JH**

Verkostungsnotizen

In der Nase alle Zutaten für englische Scones. Aber noch besser, weil das Gebäck von einem Meister seines Fachs zubereitet wurde, der Zitruszesten, eine Handvoll Nüsse, Rohzucker, Aprikosen, Rosinen zur Butter im Teig hinzugefügt hat.

Die Destillerie Lochnagar 1848; bis heute hat sich nicht viel verändert.

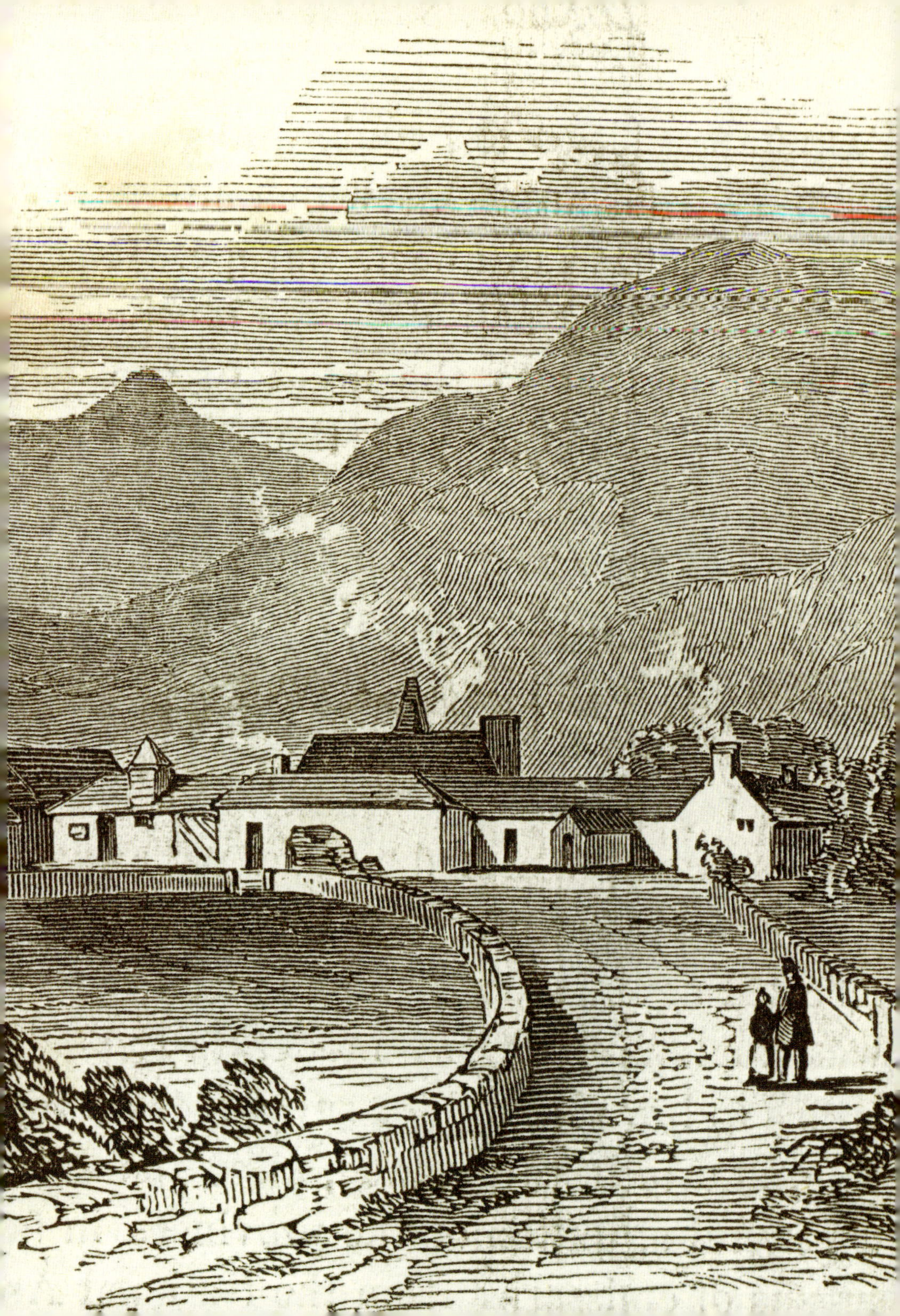

ROYAL SALUTE
VAULT

Royal Salute 21-Year-Old

Chivas Brothers (Pernod Ricard)
www.royalsalute.com

Herstellungsregion und -land Schottland
Destillerien Verschiedene
Alkoholgehalt 40 Vol.-%
Whiskytyp Blend

Royal Salute Stone of Destiny

Chivas Brothers (Pernod Ricard)
www.royalsalute.com

Herstellungsregion und -land Schottland
Destillerien Verschiedene
Alkoholgehalt 40 Vol.-%
Whiskytyp Blend

Der Royal Salute 21-Year-Old kam am 2. Juni 1953 anläßlich der Thronbesteigung von Königin Elisabeth II. auf den Markt. Er ist nach den Salutschüssen mit 21 Kanonen benannt, mit dem besondere Ereignisse im Königshaus gefeiert werden. Zur Zeit seines Erscheinens war er das älteste Beispiel eines Scotch Blended Whisky auf der Welt, eine Position, die inzwischen vom 40jährigen Royal Salute 62 Gun Salute eingenommen wird.

Der Royal Salute 21-Year-Old gehört zum Standardsortiment der Blends von Chivas Brothers. Die Firma wurde von den Brüdern James und John Chivas gegründet und blickt auf eine lange Geschichte der Einlagerung von seltenen und hochwertigen Whiskys zurück. Heute stehen ihr mehr als sechs Millionen Fässer zur Verfügung, sie ist also wie keine andere in der Lage, solche alten Blends wie den Royal Salute 21-Year-Old auf dauerhafter Basis herauszugeben.

Der 21-Year-Old hat zarte Blütentöne. Der Masterblender Colin Scott beschreibt ihn als „gepanzerte Faust in einem Samthandschuh" mit einer wunderbar rauchigen Trockenheit im Hintergrund. Der Blend ist in der Vergangenheit in Flaschen unterschiedlicher Edelsteinfarben abgefüllt worden, zuletzt Smaragdgrün, Rubinrot und Saphirblau. **WM**

Der Royal Salute Stone of Destiny erschien 2005 und ist zu einem permanenten Mitglied im Royal-Salute-Sortiment geworden. Er besteht aus deutlich älteren Whiskys, die jeweils mindestens 38 Jahre in Eichenfässern gelegen haben, manche bis zu 44 Jahre.

Der Stone of Destiny (Stein der Vorbestimmung) ist ein 152 Kilogramm schwerer Sandstein, der rechteckig behauen und mit Eisenringen versehen ist. Er wurde im neunten Jahrhundert in die Abtei von Scone gebracht und 1296 in den Krönungsthron von König Edward eingearbeitet. Er wird seit Jahrhunderten während der Krönungszeremonien der schottischen und englischen Herrscher verwendet, das letzte Mal 1953 bei der Krönung von Elisabeth II.

Laut Colin Scott, dem Masterblender von Chivas Brothers, ist der Royal Salute Stone of Destiny beispielhaft für die Macht der gesamten „Royal Salute"-Reihe und zeigt schöne fruchtige, blumige und nussige Noten, die in einen langen Abgang übergehen. Scott sagt: „Das gemeinsame Merkmal der Royal-Salute-Familie ist die Glätte." Die Ähnlichkeiten zwischen dem Royal Salute 21-Year-Old und dem Stone of Destiny sind erkennbar, aber der Letztgenannte ist polierter und hat deutlichere Töne von dunklen Früchten und Gewürzen. **WM**

Verkostungsnotizen

Interessante Nase, die trockene Blumennoten mit Gewürzen verbindet. Am Gaumen sehr trocken mit rauchigen Eichentönen, Zimt und Vanille. Trockener Abgang.

Verkostungsnotizen

Üppig duftende Nase mit Sherrygewürzen: Zimt, Muskatnuß und Zeder. Auch am Gaumen Zeder, dort mit Datteln, Backäpfeln, Karamell und Orange.

Das Beste von Chivas Brothers liegt im Royal-Salute-Tresor in Strathisla.

Scapa 16-Year-Old

Chivas Brothers (Pernod Ricard)
www.scapamalt.com

Herstellungsregion und -land Islands, Schottland
Destillerie Scapa, Orkney
Alkoholgehalt 40 Vol.-%
Whiskytyp Single Malt

Scapa 16-Year-Old Destillerie-only Bottling

Chivas Brothers (Pernod Ricard)
www.scapamalt.com

Herstellungsregion und -land Islands, Schottland
Destillerie Scapa, Orkney
Alkoholgehalt 60,9 Vol.-%
Whiskytyp Single Malt

Noch vor wenigen Jahren sagte man den Bewohnern von Orkney nach, sie tränken lieber Scapa als die Whiskys der konkurrierenden Destillerie Highland Park. Scapa wurde allerdings nur auf Orkney getrunken, weil man ihn damals nirgendwo anders erhielt.

Die Destillerie Scapa wurde 1885 gegründet und 1959 wieder aufgebaut, nur um 1994 in heruntergekommenem Zustand erneut stillgelegt zu werden. Im wesentlichen ruhte der Betrieb ein Jahrzehnt lang, nur einige Wochen im Jahr wurden kleine Mengen Destillat für das Verschneiden zu Blends gebrannt – ironischerweise von Arbeitern von Highland Park. Die Eigner Allied Domecq waren dabei, die Destillerie zu renovieren, um sie wieder zu eröffnen, als ihre Firma zerschlagen wurde. Viele der Brennereien wurden von Chivas Brothers übernommen, so auch Scapa, das 2004 wieder in Betrieb ging.

Der Whisky wurde ursprünglich als 14-Year-Old verkauft, aber nach einer Überprüfung der Lagerlisten beschloß Chivas Brothers, ihn als 16jährigen neu auf den Markt zu bringen. Er ist nicht so von Meeresbrisen geprägt wie der alte Scapa. Trotz der Insellage hat er jetzt mehr mit den süßen, fruchtigen Speysidern gemeinsam als mit den großen, torfigen Malts von den anderen Inseln. **DR**

Heutzutage geht es dem Whisky auf der ganzen Welt prächtig, aber das war nicht immer so. Es gab Zeiten, in denen viele Destillerien geschlossen, stillgelegt oder abgerissen wurden. Manche verdanken ihr Überdauern nur der abgelegenen Lage – auf einer Insel ist die Versuchung, eine Destillerie durch einen Parkplatz oder ein Einkaufszentrum zu ersetzen, eher gering.

So war es mit Scapa. Die Brennerei auf Orkney verfiel langsam und die großen Brennblasen waren der Witterung preisgegeben. Inzwischen ist sie wieder vollständige instand gesetzt und man blickt durch ein riesiges Fenster auf Scapa Flow hinaus, wo das versenkte britische Kriegsschiff *Royal Oak* liegt. Die riesige Lomond-Brennblase ist noch vorhanden, die sich von normalen Ausführungen durch entnehmbare Platten unterscheidet, mit denen man den Kontakt zwischen Kupfer und Destillat variieren konnte, um unterschiedliche Malts zu brennen. Sie wird noch verwendet, allerdings ohne die Platten zu verändern.

Typisch für die Scapa-Whiskys ist ihre maritime Salzigkeit, die bei dieser Abfüllung gut zur Geltung kommt. Sie wird in verschiedenen Destillerien des Konzerns in variierenden Flaschengrößen verkauft und unterscheidet sich deutlich vom normalen 16-Year-Old. **DR**

Verkostungsnotizen

In der Nase fruchtig, süß und sauber. Am Gaumen Mandarinen, Honig und Karamell, aber die Eiche zeigt sich kaum. Ein mittellanger Abgang.

Verkostungsnotizen

Die Nase ist schüchtern, aber mit Wasser wird der Malt zu einer Schale voll tropischer Früchte – Ananas, Mango, Bananen – mit langem, honigsüßem Finale.

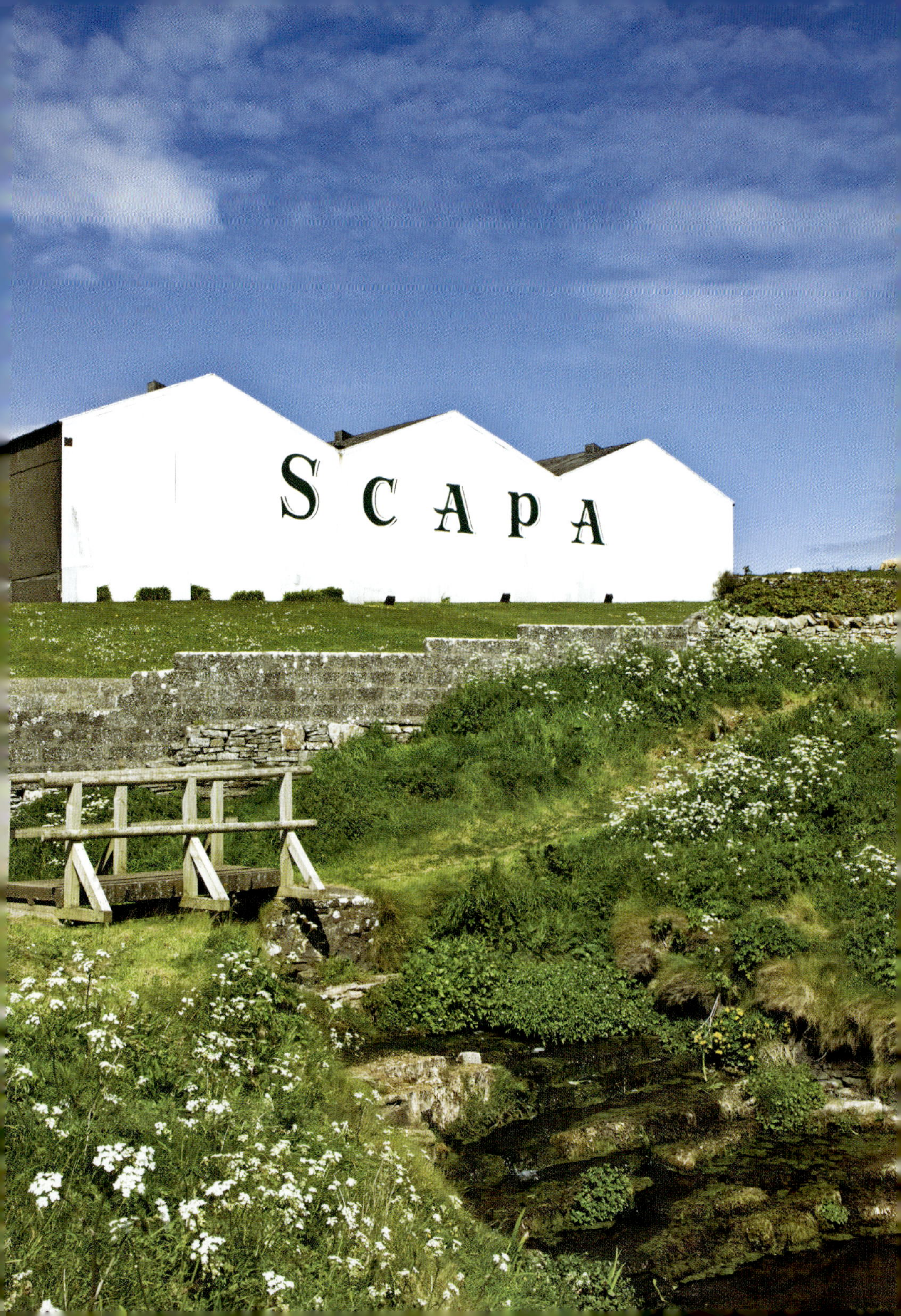
SCAPA

Scallywag

Douglas Laing | www.douglaslaing.com

Herstellungsregion und -land Speyside, Schottland
Destillerien Verschiedene
Alkoholgehalt 46 Vol.-%
Whiskytyp Blended Malt

Zwischen unabhängigen Abfüllern und Destillerien herrscht eine gewisse Haßliebe. Die Whiskyfreunde lieben die Abfüller jedoch, weil sie für Abwechslung sorgen und, wie in diesem Fall, die anmaßende Fassade der Branche als ebensolche erkennbar machen.

Der Scallywag ist eine der lebhafteren Abfüllungen, die Douglas Laing in der letzten Zeit auf den Markt gebracht hat. Der Terrier auf dem Etikett zollt einer langen Reihe von Familienhunden der Laings Tribut. Vorgänger des Scallywag waren der Big Peat, der einige klassische Elemente der Islay-Malts zeigte, und der Rock Oyster, bei dem es um die Küstennoten der Inselwhiskys ging. Diese Abfüllung dreht sich um die Speyside und konzentriert sich vor allem auf die Malts dieser Region, die meist deutlichen Sherryeinfluß zeigen. In diesem strahlenden, fruchtigen Sommerwhisky sind Malts von Macallan, Mortlach und Glenrothes enthalten. Mit Whisky aus Sherryfässern zu arbeiten, kann schwierig sein, weil man auf Fässer achten muß, die durch Schwefel verdorben sind. Das ist in diesem Fall jedoch gut gelungen.

Ungewöhnlich und etwas überraschend sind die Worte „small batch" auf dem Etikett. Normalerweise findet man diesen Hinweis auf Kleinchargen bei amerikanischem Whiskey, bei einem Scotch sind sie sehr selten. Whiskysnobs rümpfen die Nase, weil er inhaltsleer ist – wie klein ist das „small"? In diesem Fall kann man ihn jedoch rechtfertigen, weil er als Abkürzung dafür gesehen werden kann, daß die Hersteller ein kleines Team begeisterter Whiskymacher sind, die in einem Stadthaus in Edinburgh arbeiten, und kein riesiger Konzern, der alljährlich Millionen Flaschen auf den Markt wirft. **DR**

Verkostungsnotizen

Eine lebhafte, süße und ansprechende Nase mit Rosinen, Ingwerkuchen und Orangen. Am Gaumen geht es süß weiter, der Grundwhisky ist jung und zäh, und es gibt Nüsse und Sommerbeeren. Der Abgang ist relativ kurz und süß, aber doch angenehm.

Seagram's 100 Pipers

Chivas Brothers (Pernod Ricard) | www.chivasbrothers.com

Herstellungsregion und -land Schottland
Destillerien Verschiedene
Alkoholgehalt 40 Vol.-%
Whiskytyp Blend

Über 80 Prozent des weltweit verkauften Whiskys sind Blends. Der 100 Pipers von Seagram ist auf seinem Heimatmarkt bei weitem nicht so bekannt wie etwa die Schwergewichte Johnnie Walker oder Chivas Regal, aber dafür ist er andernorts ein Verkaufsschlager. Er steht auf Platz sieben der weltweit meistverkauften Scotch Blends, in Thailand ist er die Nummer eins, und auf vielen anderen Märkten wie Spanien, Venezuela, Australien und Indien wächst der Absatz rapide. Er macht sich vor allem in heißen Ländern sehr gut, wo man gerne viel Eis in den Whisky gibt und ihn in einen kalten, erfrischenden Longdrink verwandelt. So würden die Whiskytrinker in nördlicheren Breiten nicht unbedingt mit ihren teuren Single Malts umgehen wollen – eine Erinnerung daran, daß Single Malts nur in einer Marktnische existieren.

Ein Blend, der sich in heißen Ländern gut verkauft, muß ein breites Publikum ansprechen und als Grundlage für viele Mixgetränke dienen können. Wenn man sich jedoch die Grundwhiskys des 100 Pipers ansieht, versteht man, warum gerade dieser Blend eine so treue Anhängerschaft hat: Er enthält einige der besten schottischen Malts, darunter auch solche aus den Chivas-eigenen Destillerien Braeval und Allt a' Bhainne in der Speyside.

Der Blend ist nach den Dudelsackspielern benannt, die schottischen Armeen traditionell in die Schlacht vorauszogen, den Kämpfern der Clans Mut und ihren Feinden Furcht einflößten. Es gibt eine „Ballade der einhundert Pfeifer", die an Bonnie Prince Charlies Ankunft in Carlyle im Jahr 1745 erinnert, bei der ihm beeindruckende hundert Dudelsackspieler vorausmarschierten. **AA**

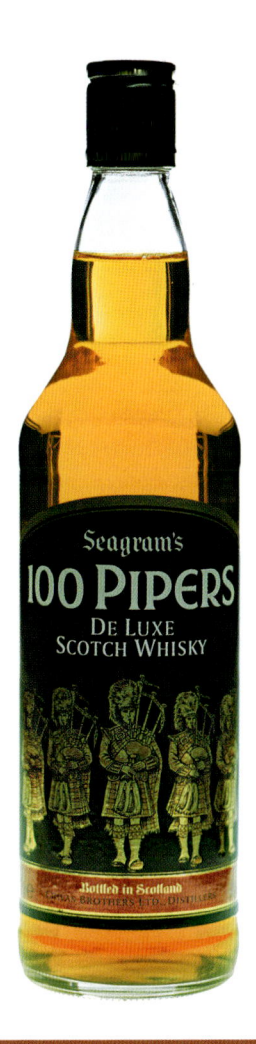

Verkostungsnotizen

An der Nase allumfassend, wie man es von einem Blend erwarten würde. Getreide und Dörrobst, dann Möbelpolitur. Am Gaumen ölig, süß, fast sirupartig, mit Mandeln und Früchten. Die Eiche ist gut integriert und greift fest zu. Der Abgang ist plötzlich trocken und klar.

Sheep Dip

Spencerfield Spirit Co.
www.spencerfieldspirit.com

Herstellungsregion und -land Lowlands, Schottland
Destillerie Spencerfield, Inverkeithing, Fife
Alkoholgehalt 40 Vol.-%
Whiskytyp Vatted Malt

Ob man ihn nun liebt oder ihn haßt: Ein interessanter Whisky ist dies allemal. Der Name bezieht sich auf das Tauchbad gegen Ungeziefer, mit dem britische Farmer ihre Schafe behandelten. Sie verwendeten den Begriff auch oft für ihren Whisky und beschrifteten die Fässer mit ihren Schwarzbränden entsprechend.

Dieser Sheep Dip stammt von einem kleinen unabhängigen Hersteller, der auf einer alten Farm in Inverkeithing in Fife sitzt, die schon im Jahr 1559 belegt ist. Zum Sortiment, das vom Masterblender bei Whyte & Mackay, Richard Paterson, entwickelt wurde, gehören auch der Old Hebridean und der Pig's Nose. Der Sheep Dip ist frisch, würzig und etwas grasig, eine interessante Kombination, die aber nicht unbedingt nach jedermanns Geschmack ist.

Die enthaltenen Whiskys sind acht bis zwölf Jahre in frischen Fässern gelagert worden. Sie ergeben eine kräftige Mischung, die in der Nase vermuten läßt, es ginge alles um Früchte, Mandeln und zarte Blüten. Auf der Zunge ist es eine andere Geschichte. Die kühnsten Töne stammen aus den Highlands und der Speyside. Sie machen den Whisky zu einer guten Wahl, wenn man einen kräftigen Schluck sucht, der doch nett zum Portemonnaie ist. Auch die schöne altmodische Verpackung spricht für sich. **JH**

Verkostungsnotizen

Kupferglänzende Farbe, eine raffinierte Nase und ein kräftiger, kühner Geschmack am Gaumen. Liefert sowohl Malz als auch Karamell. Beeindruckender Abgang.

The Singleton of Glen Ord

Diageo
www.diageo.com

Herstellungsregion und -land Highlands, Schottland
Destillerie Glen Ord, Muir of Ord, Ross-shire
Alkoholgehalt 40 Vol.-%
Whiskytyp Single Malt

Bei diesem Whisky werden Kenner genauso aufgeregt wie Neulinge. Er ist einfach ein Traum. Schmackhaft und dennoch zugänglich. Glatt und vor allem nicht zu komplex – sehr, sehr trinkbar. Auf dem asiatisch-pazifischen Markt läßt sich die Nachfrage kaum decken.

Dem Singleton of Glen Ord gelingt es recht gut, sowohl den Ansprüchen der Elite als auch jenen der breiten Masse gerecht zu werden. Er ist ganz normal, aber so gut, daß man ihn mit Selbstbewußtsein an der Bar bestellen kann. Die Maische gärt bis zu fünf Tage, was für die Tiefe des Whiskys sorgt, wird danach langsam in Kupfer destilliert, bevor das Destillat in europäischer und amerikanischer Eiche reift, wodurch der Whisky seine Glätte erhält. Der Farbton erinnert an dunklen Bernstein, an polierte Roßkastanien oder eine Mischung aus Ahorn und Mahagoni.

Am Gaumen gibt es fast weiche Mandel- und Ingwernoten, die an Teegebäck und Sahnekaramell erinnern. Schon der erste Schluck nimmt einen gefangen. Der Abgang ist lang. Den Whisky als gut gemacht zu bezeichnen, wäre eine Untertreibung. Er ist selbstbewußt, ohne frech zu werden, nonchalant und perfekt in seiner meisterhaften Zurückhaltung. Freundlich und warmherzig, geradeheraus und bewundernswert. **JH**

Verkostungsnotizen

Sollte man auf einem alten Chesterfield-Sofa trinken und dabei Vinyl-Schallplatten hören. Etwas rauchig, mit Kerzenwachs und Kaminfeuer. Süß und doch trocken.

The Six Isles

Ian Macleod Distillers
www.ianmaclead.com

Herstellungsregionen und -land Islay und Inseln, Schottland **Destillerien** Verschiedene auf Arran, Islay, Jura, Mull, Orkney und Skye **Alkoholgehalt** 43 Vol.-% **Whiskytyp** Blended Malt

Dies ist mehr als ein Whisky, es ist eine Reise in einer Flasche. Genauer: eine Reise durch die schottische Inselwelt. Zu Schottland gehören mehr als 140 bewohnte Inseln, aber nur auf sechs von ihnen wird Malt gebrannt – daher auch der Name dieses Whiskys. Der Blend wurde bei Ian Macleod Distillers aus Single Malts zusammengestellt, die jeweils von einer einzelnen Destillerie auf einer dieser sechs Inseln stammen: Islay, Jura, Mull, Arran, Skye und Orkney.

Die Geschmacksrichtungen reichen vom stark getorften und nach Meersalz duftenden Islay-Malt bis hin zu den zarteren Honigaromen des Malts von Orkney. Der Six Isles wird nicht kaltfiltriert oder gefärbt, er wird auf traditionelle Weise abgefüllt und in einer markanten Blechdose zum Verkauf angeboten. Weil er leicht ölig ist, kann er bei niedrigeren Temperaturen eintrüben, während er bei Zimmertemperatur klar ist. Es ist aber vor allem die Ausgewogenheit von Torf, Süße und zarter Cremigkeit, die ihn wirklich phantastisch macht. Diese Ausgewogenheit kommt daher, daß der Blend das Beste von jeder der sechs Inseln in sich vereint. Er ist ein Beispiel dafür, daß Blends manchmal eine abwechslungsreiche und komplexe Zusammenstellung verschiedener Stile in nur einem Whisky bieten können. **JH**

Verkostungsnotizen

Sauber, rauchig, süß. Vanille und Rauch mit ausgewogener Süße, die anhält. Gut für Neulinge wie für Whiskykenner geeignet.

Something Special

Chivas Brothers (Pernod Ricard)
www.chivasbrothers.com

Herstellungsregion und -land Schottland **Destillerien** Verschiedene **Alkoholgehalt** 40 Vol.-% **Whiskytyp** Blend

In den 1970er Jahren war der Something Special ein sehr erfolgreicher Premiumblend der Marke Seagram, aber heutzutage ist er in vielen Regionen nur selten zu finden. Der kanadische Konzern Seagram Company Ltd. hat seine Spirituosensparte 2001 an Pernod Ricard und Diageo abgestoßen, wobei Chivas Brothers mit ihrer vor allem in der Speyside gelegenen Scotch-Produktion an Pernod ging. Zu den Blends, die sie dabei erwarben, gehörte auch der Something Special, der im Kern aus dem Single Malt Longmorn besteht.

Der Something Special ist ein Nischenprodukt, das auf dem Markt der Premiumblends mit hochpreisigen und erstklassigen Größen wie Chivas Regal und den Ballantine's konkurriert, sich dabei aber in einer Reihe von lateinamerikanischen Ländern gut behaupten. Seine Geschichte geht bis in das Jahr 1912 zurück, als er von der Edinburgher Firma Hill, Thompson & Co. vorgestellt wurde. Die Fässer, die in den beteiligten Brennereien abgefüllt wurden, suchte man damals persönlich aus, um den Charakter des Blends zu bewahren. Heute sind Whiskys an ihm beteiligt, die sowohl in Sherry- als auch in Bourbonfässern gereift sind. 2006 wurde die 15 Jahre alte Variante eingeführt, in der bis zu 35 Malts von der Speyside und der Insel Islay enthalten sind. **GS**

Verkostungsnotizen

Frisch und sanft würzig in der Nase, mit Vanille, einer Spur neuem Leder, Mandeln und Kakao. Voller Körper, würzig, süß, mit einem Hauch Rauch.

Speyburn 10-Year-Old

International Beverage | www.speyburn.com

Herstellungsregion und -land Speyside, Schottland
Destillerie Speyburn, Rothes, Aberlour, Morayshire
Alkoholgehalt 40 Vol.-%
Whiskytyp Single Malt

„Ein solider Whisky", hört man manchmal über diesen Whisky, oder: „So werden sie heute nicht mehr gemacht." Wie wahr! Eine Flasche des Speyburn 10-Year-Old ist wie ein 1990er Mercedes S-Klasse: Sieht vielleicht nicht so gut aus (ganz ehrlich: Man würde ihn nicht fahren/eine Flasche zu einer schicken Cocktailparty mitbringen), aber was drin ist, übertrifft spielend alle neueren Produkte. Und dann der Preis. Bei einem solchen Preis-Leistungs-Verhältnis kommen einem die Tränen – vor Freude.

Die Destillerie Speyburn wurde gegen Ende des 19. Jahrhunderts in der Nähe von Rothes in der Grafschaft Moray errichtet. Im Jahr 1900 führte sie als erster schottischer Whiskyhersteller die Trommelmälzerei ein. Die Idee dahinter war einfach: Anstatt die keimende Gerste arbeitsaufwendig auf dem Boden der Tenne per Hand zu wenden, wurde sie in große zylindrische Trommeln gefüllt, die sich langsam drehten.

Mälztrommeln wurden zwar auch in zwei anderen schottischen Destillerien aufgestellt (Glen Grant und St. Magdalene), aber erhalten geblieben sind sie nur in Speyburn. Sie stehen unter Denkmalsschutz und sind der ganze Stolz der Brennerei. Allerdings wurden sie 1967 stillgelegt und haben bei der Herstellung des heute erhältlichen Whiskys keine Rolle gespielt – das Malz stammt jetzt von externen Lieferanten. Erwähnt wird die Trommelmälzerei hier nur, weil sie die typisch unsentimentale Einstellung der Destillerie zu ihrer Arbeit zeigt, die immer für Neuerungen offen ist. Heute brennt ein einzelner Mitarbeiter ein schweres, duftendes Destillat. Die Fässer, aus denen später Single Malts abgefüllt werden sollen, werden alle im Betrieb gelagert. **LD**

Verkostungsnotizen

Kirschkerne und Dosenpfirsiche in der Nase. Leicht blumig und parfümiert, aber ausgewogen. Bei Wasserzugabe tauchen Gummibärchen auf – vielleicht sogar grüne. Cremig im Mund, mit Noten von Vanillesoße und weißer Schokolade. Voller Körper, klebriger Abgang.

Speyburn 25-Year-Old Solera

International Beverage | www.speyburn.com

Herstellungsregion und -land Speyside, Schottland
Destillerie Speyburn, Rothes, Aberlour, Morayshire
Alkoholgehalt 46 Vol.-%
Whiskytyp Single Malt

Wenn der andere in diesem Buch vertretene Speyburn, der jüngere Bruder des Solera, mit einer typischen Heavy-Metal-Band zu vergleichen ist – etwa Iron Maiden –, dann erinnert dieser 25-Year-Old an Frédéric Chopin. Exquisit, gedankenschwer, poetisch … und meist mißverstanden.

Der Speyburn Solera hat eine kleine, aber hingebungsvolle Schar von Anhängern, eher eine verschworene Gemeinde als ein Fan Club. Falls man jedoch auf einen dieser wenigen Anhänger trifft und das Gespräch in die richtige Richtung lenkt, stellt man zu seiner Überraschung fest, daß die Begeisterung für diesen Whisky kaum Grenzen kennt. Man hört dann vermutlich, daß der Solera zwar nicht so bekannt oder hochgelobt ist wie ähnliche Abfüllungen aus den nahe gelegenen Destillerien Macallan, Aberlour oder Glenfiddich, daß er aber bei einer Blindverkostung durchaus gegen sie bestehen kann und ein besseres Preis-Leistungs-Verhältnis bietet. Zwar möge die Verpackung nicht sehr schick sein – so geht es dann vielleicht weiter –, und das Marketing ziele nicht auf trendbewußte junge Konsumenten, aber das sei nicht so wichtig. Wichtig ist der Stoff, und der zeigt unglaubliche Ausgewogenheit, faszinierende Komplexität, lebhafte Eicheneinflüsse und das gewisse Etwas, das ihn zu einem Whisky macht, den man nicht vergißt.

Zum Namen: Solera ist ein uraltes Verfahren, um alkoholische Getränke, vor allem Sherry, zu verschneiden, bei dem die einem Faß entnommene Flüssigkeit laufend durch neu aufgefüllte ersetzt wird. Es gibt sehr aufwendige Soleras aus vielen Fässern unterschiedlichen Alters, aber auch einfachere Methoden. Ziel ist jedoch immer ein möglichst gleichbleibendes Endprodukt. **LD**

Verkostungsnotizen

Wirkt zuerst leicht blumig, dann malzig, erreicht in der Nase seinen fruchtigen, schokoladigen Höhepunkt. Aromen von Holunderblüten, Pflaumen und Macadamianüssen. Der Geschmack ist subtil und durchläuft ein ganzes Kaleidoskop an Nuancen.

Springbank 10-Year-Old

J. & A. Mitchell Co.
www.springbankwhisky.com

Herstellungsregion und -land Highlands, Schottland
Destillerie Springbank, Campbeltown, Argyll
Alkoholgehalt 46 Vol.-%
Whiskytyp Single Malt

Springbank wurde 1828 im Süden der Halbinsel Kintyre an einer Stelle errichtet, wo zuvor eine Schwarzbrennerei betrieben wurde, die es vermutlich schon seit dem Mittelalter gegeben hatte. Es ist die einzige schottische Destillerie, die immer im Familienbesitz geblieben ist; unter der Leitung von Hedley Wright, dem Urururenkels des Gründers William Wright, ging sie in das zweite Jahrzehnt des 21. Jahrhunderts.

Die Gerste für den 10-Year-Old Single Malt wird unter Verwendung von Torf aus der Umgebung und Wasser aus dem Crosshill Loch gemälzt. Dazu wird das Malz in einem Maischebottich durch maschinelles Rühren zur Maische verarbeitet. Das Destillationsverfahren ist einzigartig: Etwa die Hälfte des Rohbrandes wird ein zweites Mal gebrannt, dann werden beide Anteile gemischt und zusammen ein letztes Mal destilliert. Man bezeichnet dieses Verfahren, bei dem das erhaltene Destillat teilweise zweimal, teilweise dreimal gebrannt wird, als zweieinhalbfache Destillation.

Springbank reift hauptsächlich in Bourbonfässern. Die Destillerie verwendet nicht unbedingt gleichartige Fässer, so daß einige der 10-Year-Olds deutlicheren Sherryeinfluß zeigen als andere. Dies wird nicht als Mangel betrachtet, sondern als zusätzlicher Reiz. **GL**

Verkostungsnotizen

In der Nase sind Chili und Holzkohleseife zu spüren, Gewürznelken und eine Meeresbrise. Am Gaumen kreidig, malzig und würzig. Langer, befriedigender Abgang.

Springbank 15-Year-Old

J. & A. Mitchell Co.
www.springbankwhisky.com

Herstellungsregion und -land Highlands, Schottland
Destillerie Springbank, Campbeltown, Argyll
Alkoholgehalt 46 Vol.-%
Whiskytyp Single Malt

Die Destillerie Springbank variiert seine Herstellungsmethoden immer wieder geringfügig und erzielt damit deutliche Unterschiede im produzierten Whisky. Das zeigt sich zum Beispiel im Kontrast zwischen diesem 15-Year-Old und seinem zehnjährigen Stallgefährten. Der 15-Year-Old Single Malt wird ausschließlich in Sherryfässern gelagert und gilt allgemein als ein Whisky, der für Anfänger ungeeignet ist, die sich durch seine starke Torfung abgeschreckt fühlen könnten. Eher hält man ihn für einen Scotch für Scotchtrinker, der vor allem nach dem Essen, und vielleicht sogar nur zu einer Zigarre wirklich genossen werden kann.

Ein erfahrener Gaumen erkennt sofort, daß dieser Whisky ganz anders ist als der 10-Year-Old: Er ist viel üppiger, reservierter und raffinierter. Diese auffälligen Unterschiede zwischen zwei so nahe verwandten Whiskys verkörpern die gesamte Produktionsphilosophie der Destillerie: J. & A. Mitchell behaupten stolz, ihre Whiskys seien „handwerklicher" hergestellt als alle anderen in Schottland.

Die Vielseitigkeit der Eigner zeigt sich auch darin, daß Springbank die einzige schottische Destillerie ist, in der drei unterschiedliche Malts gebrannt werden – Springbank, Hazelburn und Longrow. **GL**

Verkostungsnotizen

Torf und Schwefel in der Nase. Am Gaumen eine seidige Textur, die mit Birnen und Weinbeeren beginnt und dann zu Eiche und Piment, Leder und Torf übergeht.

Springbank 12-Year-Old Cask Strength

J. & A. Mitchell Co.
www.springbankwhisky.com

Herstellungsregion und -land Highlands, Schottland
Destillerie Springbank, Campbeltown, Argyll
Alkoholgehalt 55,3 Vol.-%
Whiskytyp Single Malt

Seit der Jahrtausendwende tauchen immer mehr Kleinstdestillerien auf, zu Hunderten sprießen sie überall aus dem Boden, wo es genügend Wasser gibt, um ihren Betrieb praktikabel erscheinen zu lassen. Springbank gehörte aber zu den allerersten, und die Brennerei wird von Whiskyliebhabern ungeheuer geschätzt und geliebt, weil die Eigner J. & A. Mitchell auch dann noch unbeirrt weitermachten, als andere Destillerien auf der Halbinsel von Campeltown aus wirtschaftlichen Gründen aufgaben.

Springbank ist eine der weltweit rustikalsten und umweltfreundlichsten Brennereien. Man legt sehr viel Wert darauf, daß der Whisky hier auf vollkommen traditionelle Weise hergestellt wird. Das heißt jedoch nicht, daß hier unaufwendig gearbeitet wird, auf dem gleichen Gelände entsteht auch ein sehr viel stärker getorfter Whisky namens Longrow und ein dreifach destillierter, zugänglicher Malt mit dem Namen Hazelburn.

Diese Abfüllung des Springbank in Faßstärke ist ein Malt für Erwachsene. Er zeigt aber alles, was an dieser Destillerie gut ist, er ist erdig, schmackhaft und voller Körper. Im Supermarkt findet man ihn nicht – die Eigner sorgen dafür, daß die ihnen verbundenen Einzelhändler nicht in Preiskämpfe und Rabattschlachten mit großen Handelsketten verwickelt werden. **DR**

Verkostungsnotizen

Nußkekse, Dominokuchen und Melasse in der Nase, und Frucht-Nußriegel, dunkle Schokolade und überbordende Gewürze über erdigen Tönen am Gaumen.

Springbank 16-Year-Old Rum Wood Expression

J. & A. Mitchell Co.
www.springbankwhisky.com

Herstellungsregion und -land Highlands, Schottland
Destillerie Springbank, Campbeltown, Argyll
Alkoholgehalt 55,4 Vol.-%
Whiskytyp Single Malt

Die merkwürdige Geschichte dieses herrlichen Single Malts begann im Juni 1991, als Jim Murray, der Autor der Whiskybibel, die alljährlich unter seinem Namen erscheint, in den Lagerhäusern von Springbank umherging und auf einige eigenartig aussehende Fässer stieß. Es stellte sich heraus, daß sie ursprünglich für Rum verwendet worden waren, und der Whisky, den sie jetzt enthielten, hatte eine sehr ungewöhnliche grüne Färbung angenommen. Eine Verkostung überzeugte Springbank, daß es sich lohnen würde, an dem Rezept weiterzuarbeiten.

Die neue Formel wurde in den nächsten 16 Jahren sorgfältig angewendet und lieferte erstaunliche Resultate. Als die zweite Ausgabe im August 2007 abgefüllt wurde, hatte sie zwar die ungewöhnliche Färbung verloren, aber nicht die bemerkenswerte Güte. Als der Whisky 2009 in einer Auflage von 6000 Flaschen auf den Markt kam, wurde das Motiv der ungewohnten Farbe mit einem blaßlila Etikett fortgeführt.

Bei den World Whiskies Awards des Jahres wurde die Brillanz des 16-Year-Old anerkannt, als man ihn zum besten Campbeltown Malt kürte. Er wurde in der Folge von der Kritik ebenso hoch gelobt, wie er in der Gunst der Käufer stieg, und ist zu einem von Sammlern sehr gesuchten Whisky geworden. **GL**

Verkostungsnotizen

In der Nase leicht ölig, mit Sherry, Engelwurz und Aprikosen. Am Gaumen kräftig und würzig, mit Spuren von Pfeffer und Rauch. Langer, trocken werdender Abgang.

Springbank 18-Year-Old

J. & A. Mitchell Co. | www.springbankwhisky.com

Herstellungsregion und -land Highlands, Schottland
Destillerie Springbank, Campbeltown, Argyll
Alkoholgehalt 46 Vol.-%
Whiskytyp Single Malt

Springbank ist die ursprüngliche Destillerie des Eigners J. & A. Mitchell in Campbeltown. Sie ist auf charmante Weise altmodisch und mit weniger Computern ausgestattet als andere gewerbliche Whiskyherstellungsbetriebe. Sie ist allerdings mit der Zeit gegangen, um ihre Unabhängigkeit zu wahren, und hat auf einem Nachbargrundstück, das einst der Destillerie Longrow gehörte, bis sie 1896 schloß, moderne Lager- und Abfülleinrichtungen errichtet. Aber Springbank hält in anderen Hinsichten an dem Altbewährten fest, und das zeigt sich nirgends so deutlich wie in dem absichtlich gering gehaltenen Ausstoß. Der Springbank 18-Year-Old wird jedes Jahr produziert, aber immer in strikt limitierter Auflage. Da die Nachfrage zuverlässig stets das Angebot übersteigt, wird dieser Whisky bald zu einem knappen Gut, das erstaunlich hohe Preise auf dem Markt erzielen kann.

Das Destillat lagert zu 80 Prozent in Sherry- und zu 20 Prozent in Bourbonfässern. So viel ist bekannt, aber in Übereinstimmung mit den bewährten Traditionen der Destillerie ist kein Jahrgang des Whiskys genauso wie die anderen. Diese Vielfalt rührt von der Produktionsphilosphie der Brennerei her, die Wert auf eine handwerkliche Herstellung legt.

Es gibt zwar Unterschiede zwischen den 18-Year-Olds, aber sie haben den Geschmack und Geruch gemeinsam. Bei jungem Springbank deutet das Aroma auf Bananen, Kirschen und Erdbeeren hin, aber an einem Alter von 15 Jahren verwandeln sich diese Andeutungen eher in Behauptungen. Auch am Gaumen zeigen sich die Vorteile der Reifung, hier bringen die Jahre mehr Cremigkeit und Rauchnoten. **GL**

Verkostungsnotizen

In der Nase langsam, zeigt dann aber Vanille, Getreide und Dörrobst mit gerösteten Mandeln und rauchigen Karamellnoten. Am Gaumen schwer und ölig, anfangs bitter, dann süß werdend. Recht langer Abgang mit einem rauchigen Nachgeschmack.

Springbank 25-Year-Old

J. & A. Mitchell Co. | www.springbankwhisky.com

Herstellungsregion und -land Highlands, Schottland
Destillerie Springbank, Campbeltown, Argyll
Alkoholgehalt 46 Vol.-%
Whiskytyp Single Malt

Diese limitierte Spezialausgabe erschien 2006, um das 40jährige Berufsjubiläum von Frank McHardy zu feiern, dem Produktionsleiter bei J. & A. Mitchell Co. Ltd. Das Jubiläum hätte eigentlich schon drei Jahre zuvor begangen werden können – McHardy hatt 1963 begonnen, die Fußböden in der Destillerie Invergorden zu fegen –, aber sowohl er selbst als auch alle anderen, die den Whisky verkosteten, kamen schnell zu der Überzeugung, daß dessen Qualität den kleinen Fehler bei Zeitmessung mehr als wettmachte.

Nach der Zeit bei Invergordon arbeitete McHardy bei den Destillerien Tamnavulin, Bruichladdich und Bushmills. 1976 kam er zu J. & A. Mitchell, zuerst als Brennereileiter, dann als Produktionsleiter für Springbank und Glengyle. Wenn man ihn nach den wichtigsten Veränderungen fragt, die es in seiner Zeit in der Whiskybranche gegeben habe, nennt er vor allem „die Tatsache, daß fast alle Destillerien in Schottland einigen wenigen Konzernen gehören".

McHardy findet es besonders befriedigend, daß er „auf alle Vorgänge im Haus Einfluß nehmen kann, vom Mälzen der Gerste bis zum Abfüllen des fertigen Produkts". Diese Autonomie wird bestehenbleiben, solange es Springbank gelingt, in einer zunehmend globalisierten Branche seine Unabhängigkeit zu wahren. Derzeit läßt der Absatz von Single Malts hoffen, daß dies der Destillerie noch sehr lange gelingt.

Jede der insgesamt nur 610 Flaschen wurde eigenhändig von Frank McHardy numeriert und signiert. Kein Kunde durfte mehr als eine Flasche erwerben, um Spekulation vorzubeugen. **GL**

Verkostungsnotizen

Frische Nase mit Apfel, Zitrone und Kokosnuß. Der Geschmack ist eine verspielte Verbindung aus süß und herzhaft mit kräftigem Malz und etwas Ruß. Rauchiger Abgang mit überaus starken Mürbeteignoten. Insgesamt ein zurückhaltender, aber gebieterischer Malt.

Springbank 100 Proof

J. & A. Mitchell Co. | www.springbankwhisky.com

Herstellungsregion und -land Highlands, Schottland
Destillerie Springbank, Campbeltown, Argyll
Alkoholgehalt 57 Vol.-%
Whiskytyp Single Malt

Dieser zehn Jahre alte Single Malt gehört zum oberen Segment im Sortiment von Springbank. Er unterscheidet sich vom preiswerteren Äquivalent schon durch den im Namen erkennbaren hohen Alkoholgehalt (100 Proof entspricht 57 Volumenprozent beim in Großbritannien üblichen Umrechnungsfaktor). Das Destillat wird vor allem in Sherry- und amerikanischen Bourbonfässern gelagert, allerdings greift man auch auf Rumfässer zurück. Dieser geringe Grad an Standardisierung bei der Abfüllung in Fässer macht jede Flasche zu einem Einzelstück.

Der Springbank 100 Proof kam zuerst im März 2004 heraus und wird seitdem immer wieder aufgelegt. Allerdings übersteigt die Nachfrage das Angebot, und der Whisky ist deswegen nicht immer erhältlich. Springbank ist eine kleine Destillerie, die jährlich nur etwa 125 000 Liter Whisky produziert. Sie ist nicht das ganze Jahr hindurch in Betrieb, viele ihrer Mitarbeiter sind in der restlichen Zeit bei Glengyle beschäftigt, einer anderen Destillerie der Eigner J. & A. Mitchell Co. in Campbeltown.

Auf der Internetseite der Hersteller wurde der 100 Proof stolz als „Springbank in seiner reinsten Form" beschrieben. Es gibt zwar Kritiker, die bezweifeln, ob der 100 Proof sich hinreichend von der normalen zehnjährigen Abfüllung unterscheidet, um den hohen Preis zu rechtfertigen, aber die etwas extravagante Behauptung der Destillerie scheint doch angemessen: Die meisten Konsumenten und Kommentatoren scheinen mehr als zufrieden zu sein. Die 2004er Ausgabe gewann den „Whisky of the Year"-Preis der Restaurantkette Loch Fyne, wobei die Juroren vor allem die Eleganz und Komplexität als Gründe für die Entscheidung angaben. **GL**

Verkostungsnotizen

In der Nase Gerüche von Torf und gebratenem Fleisch sowie Andeutungen von Gras und Salz. Der Geschmack ist voll und sahnig, aber nicht süß. Der Abgang ist mittellang bis lang und erinnert an dunkle Mandelschokolade und Vanille; Wasser bringt eine Spur Sauerkirsche.

Springbank CV

J. & A. Mitchell Co. | www.springbankwhisky.com

Herstellungsregion und -land Highlands, Schottland
Destillerie Springbank, Campbeltown, Argyll
Alkoholgehalt 46 Vol.-%
Whiskytyp Single Malt

Dieser Single Malt besteht aus Whiskys im Alter von sieben, zehn und vierzehn Jahren, die in unterschiedlichen Faßarten (Bourbon, Sherry und Portwein) gelagert wurden und vom Produktionsleiter Frank McHardy und dem Destillerieleiter Stuart Robertson persönlich ausgewählt wurden. Ziel war eine Zusammenstellung, bei der alle Komponenten sich gegenseitig ergänzen, um einen herausragenden Whisky zu schaffen, der sich durch eine Fülle an Geschmacksnoten und den typischen Springbank-Stil auszeichnet. Der Name CV ist die gängige englische Abkürzung für *Curriculum Vitae*, Lebenslauf, und wurde gewählt, weil der Whisky gewissermaßen auf engem Raum das gesamte Spektrum der Möglichkeiten darstellt, über die Springbank verfügt.

Der Springbank CV kam zuerst 2010 in Kartons mit dem Namen „Campbeltown CV Packs" auf den Markt, die jeweils drei Flaschen mit 20 Zentiliter Inhalt enthielten. Eine Flasche enthielt den Springbank, eine das dreifach destillierte Gegenstück aus der Schwesterbrennerei Hazelburn, eine den getorften Longrow-Malt. Erst später gab es die CV-Whiskys auch einzeln zu kaufen.

Allerdings stieß der Springbank CV nicht auf allgemeine Zustimmung: Er wurde teilweise als „nicht typisch für die Destillerie" und „etwas flach" bezeichnet. Andererseits kann man es natürlich nie allen recht machen. Schließlich muß man sich auch an den Geschmack eines vollkommen durchschnittlichen Malts erst gewöhnen, und die Erzeugnisse von Springbank sind alles andere als gewöhnlich. Der CV gilt als ausdrucksstarker, robuster, wenn auch unkomplizierter Whisky, dessen Güte mit etwas Wasser noch besser zur Geltung kommt. **GL**

Verkostungsnotizen

Kräftiger Rauch und ein leichter Duft von Dörrobst und Sahnekaramell. Außerdem ein Spur Schwefel und Meer. Guter, großer und voller Körper am Gaumen, der an braunen Zucker, Früchte und Gewürze denken läßt. Langer, befriedigender Abgang, würzig und rauchig.

Stewarts Cream of the Barley

Chivas Brothers (Pernod Ricard) | www.chivasbrothers.com

Herstellungsregion und -land Schottland
Destillerien Verschiedene
Alkoholgehalt 40 Vol.-%
Whiskytyp Blend

Heutzutage erinnert in dem an der Ostküste der mittleren Lowlands gelegenen Dundee kaum noch etwas daran, daß die Hafen- und Industriestadt an der Nordküste des Firth of Tay im späten 19. und frühen 20. Jahrhundert ein wichtiger Standort für Firmen war, die sich mit der Produktion und dem Vertrieb von Blends beschäftigten, und somit eine nicht unerhebliche Rolle in der Whiskybranche spielte.

Zu diesen Firmen gehörte auch Stewart & Son, die aus der Gastwirtschaft entstand, die Alexander Stewart unter dem Namen Glengarry Inn in der Castle Street von Dundee betrieb. Stewart war von Haus aus Whiskyhändler, und es war ein logischer Schritt, daß die Firma schließlich auch ihren eigenen Blend herstellte. Diese Hausmarke erhielt den Namen Cream of the Barley.

1969 ging Stewart & Son in Allied Distillers Ltd. auf, der Cream of the Barley verkaufte sich weiterhin in Schottland sehr gut. Er wurde bis vor einiger Zeit noch in Dundee abgefüllt, bis diese Aufgabe an den Dumbarton-Betrieb von Allied in West Dunbartonshire westlich von Glasgow abgegeben wurde.

Unter den Eignern Allied Distillers war der Kernwhisky des Cream of the Barley der Single Malt aus der Destillerie Glencadam in der etwa 45 Kilometer nordöstlich von Dundee gelegenen Stadt Brechin. Seit 2001 gehörte die Marke zu Chivas Brothers, einer Tochterfirma des Konzerns Pernod Ricard. Die Zusammensetzung des Blends hat sich im Laufe der Zeit und dieser Eignerwechsel naturgemäß geändert, aber Cream of the Barley enthält immer noch etwa 50 verschiedene Malts und erreicht inzwischen vor allem in Irland gute Umsatzzuwächse. **GS**

Verkostungsnotizen

Zuerst leicht metallisch mit etwas Aceton, dann Zitronengras, fette Getreidenoten und schließlich frische Pfirsiche in der Nase. Süß und mit recht vollem Körper am Gaumen, runder und malziger als die Nase vermuten ließe. Lebhafte Gewürze im mittellangen Abgang.

Strathisla 12-Year-Old

Chivas Brothers (Pernod Ricard) | www.chivasbrothers.com

Herstellungsregion und -land Speyside, Schottland
Destillerie Strathisla, Keith, Banffshire
Alkoholgehalt 43 Vol.-%
Whiskytyp Single Malt

Strathisla ist angeblich die älteste Destillerie in den schottischen Highlands, die noch produziert. Sie wurde 1786 von George Taylor und Alexander Milne als Milltown Distilling Company gegründet, 1870 wurde der Name zu Strathisla geändert, 1890 dann zu Milton (nach dem nahe gelegenen Milton Castle), aber 1951 entschieden sich die neuen Eigner Chivas Brothers doch wieder für Strathisla. Das gälische Wort *Strathisla* bedeutet „Tal des Flusses Isla", und die Wurzeln der Brennerei gehen bis ins 13. Jahrhundert zurück, als Dominikanermönche ihr Bier aus dem Wasser der dortigen Quellen brauten. Die Destillerie ist relativ klein, der Jahresausstoß beträgt nur etwas 2,4 Millionen Liter.

Der Strathisla gilt als Rückgrat des Blends Chivas Regal. Der Großteil des Ausstoßes wandert in den Chivas Regal und den Royal-Salute-Blend aus gleichem Hause, nur ein kleiner Teil wird als Single Malt abgefüllt. Der Strathisla 12-Year-Old ist seit den 1970ern mit nur geringfügigen Änderungen in der Aufmachung auf dem Markt.

Der 12-Year-Old reift vor allem in Fässern aus amerikanischer Eiche, vermutlich hauptsächlich ehemaligen Bourbonfässern, die für die buttrigen, cremigen Vanille- und Sahnekaramellnoten sorgen. Als Fan des Chivas Regal 12-Year-Old wird man die Ähnlichkeiten erkennen, da der Strathisla „im Herzen aller Chivas-Regal-Blends steckt", wie Colin Scott, der Masterblender bei Chivas Brothers sagt.

Laut Scott sind die vier Brennblasen bei Strathisla „klein, kurz und gedrungen, weshalb sie ein üppiges Destillat mit vollem Körper liefern". Der 12-Year-Old ist weltweit in vielen Ländern verfügbar. **WM**

Verkostungsnotizen

Der Strathisla 12-Year-Old zeigt süße Frucht-, Honig- und Vanillenoten in der Nase. Am Gaumen ist er cremig, mit Karamell, Spuren von Apfel und Birnen und wieder Vanille. Nach und nach kommt getrocknete Aprikose zum Vorschein. Der Abgang ist pfeffrig.

Strathmill 18-Year-Old Malt Cask

Douglas Laing & Co. | www.douglaslaing.com / www.malts.com

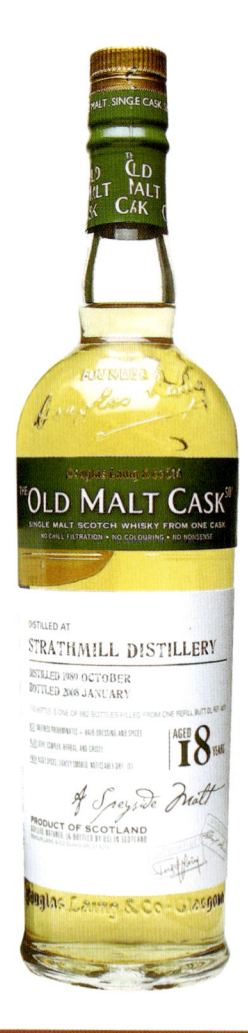

Herstellungsregion und -land Speyside, Schottland
Destillerie Strathmill, Keith, Banffshire
Alkoholgehalt 50 Vol.-%
Whiskytyp Single Malt

Wie die Instrumente in einem Orchester haben Malts, die für Blends bestimmt sind, das eine oder andere Merkmal im Aroma oder Geschmack, das sie zu einem wertvollen Bestandteil in der Gesamtmischung machen. Oft sucht der Verschneider eine leichte, frische und saubere Note, um dunklere, schwerere Whiskys aufzuwiegen. Leider liefert das Destillieren mit Brennblasen aus Kupfer, wie es in Schottland die Regel ist, eher dominante Geschmacknoten. Im Laufe der Jahre sind eine Reihe von Techniken entwickelt worden, um dem entgegenzuwirken. Sie reichen von der Dreifachdestillation über hohe, schlanke Brennblasen bis hin zu Geräten, die als *purifier* bezeichnet werden und bei Strathmill und einer Handvoll anderer Destillerien eingesetzt werden.

Im wesentlichen handelt es dabei um einen zusätzlichen kleinen Kondensator, der dem Hauptkondensator vorgeschaltet ist. Es ist gut möglich, daß er für den extrem leichten und frischen Geschmack dieses 18-Year-Old von Douglas Laing verantwortlich ist. Die Destillerie gehörte fast 70 Jahre dem bekannten Gin-Hersteller Gilbey's, es kann also auch sein, daß deren Erfahrung in der Herstellung eines leichteren Destillats sich bemerkbar macht. Die Zusatzkondensatoren wurden allerdings erst 1968 eingebaut.

Der Ausstoß von Strathmill wird fast ausschließlich für Blends verwendet, unter anderem für die in Asien beliebte Reihe „Alfred Dunhill Old Master Blends". Die wenigen von Strathmill erhältlichen Single Malts sind entsprechend selten. Sie sind aber auch ein gutes Beispiel für einen vollkommen sauber und frisch schmeckenden Speysider, der viel jünger anmutet als seine 18 Jahre. **AN**

Verkostungsnotizen

Für sein Alter extrem hell gefärbt. Sehr leichte, saubere, zitrusbetonte Nase. Der Geschmack ist zuerst ölig und würzig, gibt dann nach, bevor die Gewürze in Wellen zurückkehren. Etwas Bitter Lemon und Gras, bei Wasserzugabe auch Anis. Langer, duftiger Abgang.

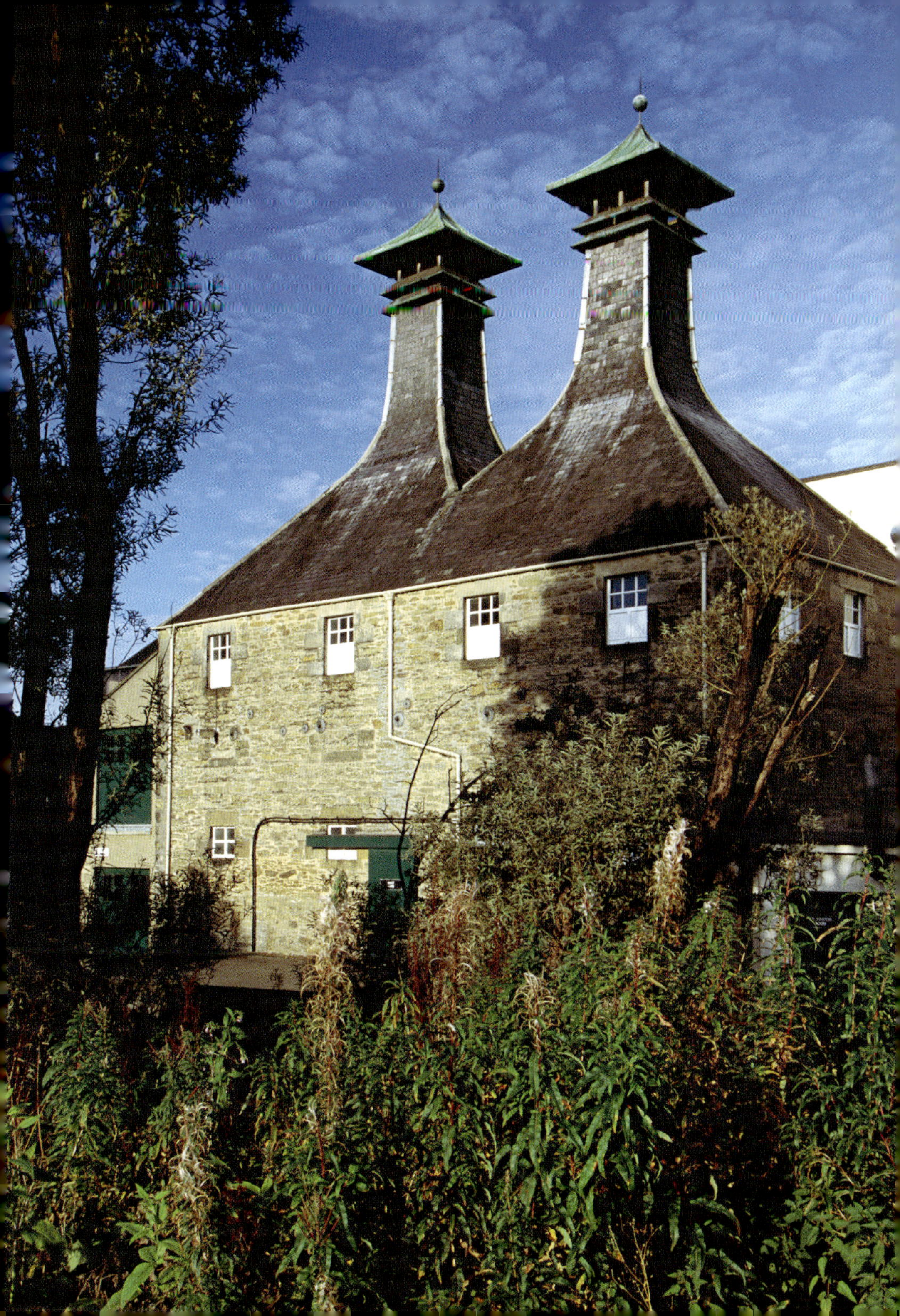

Stronachie
12-Year-Old

Dewar Rattray | www.stronachie.com

Herstellungsregion und -land Speyside, Schottland
Destillerie Benrinnes, Aberlour, Banffshire
Alkoholgehalt 43 Vol.-%
Whiskytyp Single Malt

Der Stronachie trägt den Namen einer Destillerie, die während des Whiskybooms der 1890er Jahre in Perthshire gegründet wurde und um 1930 den Betrieb einstellte. Der Single Malt wurde für den unabhängigen Abfüller Dewar Rattray Ltd. aus Ayrshire in der Speysider Destillerie Benrinnes gebrannt, die zum Diageo-Konzern gehört. Er kam 2002 auf den Markt und soll den torfigen, erdigen Stil eines Malts zeigen, wie er vor einem Jahrhundert gewesen wäre.

2002 wurde eine sehr seltene Flasche des ursprünglichen Stronachie aus dem Jahr 1904 in Privatbesitz entdeckt. Man analysierte eine kleine Probe, um festzustellen, welcher der heutigen Single Malts ihm am nächsten kommt. Vom „echten" Stronachie existieren vermutlich nur noch vier Flaschen.

Bis zum Jahr 2010 gab Dewar Rattray nicht bekannt, welcher Single Malt sich in den Flaschen mit dem Namen Stronachie befand. Allerdings hatten Kenner bereits Bennrinnes zum Kandidaten gekürt. Es ist einer der unbekannteren und idiosynkratischen Malts von Diageo, der von Herstellern von Blends meist als erstklassig kategorisiert wird. Der vorliegende 12-Year-Old ist die wichtigste Variante des Stronachie, es gibt jedoch seit 2010 auch eine 18jährige Abfüllung im Sortiment. **GS**

Verkostungsnotizen

In der Nase komplex, duftig und einladend, mit geröstetem Malz, Fruchtkompott, Honig und einer rauchigen Note von Kohlenteer. Karamell und Oloroso-Sherry.

Talisker
10-Year-Old

Diageo | www.malts.com

Herstellungsregion und -land Islands, Schottland
Destillerie Talisker, Carbost, Isle of Skye
Alkoholgehalt 45,8 Vol.-%
Whiskytyp Single Malt

Talisker ist die einzige Destillerie auf der Hebrideninsel Skye. Ihr Single Malt zeigt einen unverwechselbaren, einzigartigen Stil. 1988 wurde der 10-Year-Old vom damaligen Eigner United Distillers als Mitglied für die neue „Classic Malts"-Reihe ausgewählt. Er trat an die Stelle einer vorherigen „Hausabfüllung", die von den vorherigen Besitzern, der Distillers Company Ltd., herausgegeben worden war.

Die Auswahl der „Classic Malts" wurde vom Bestreben geleitet, eine repräsentative Darstellung der unterschiedlichen schottischen Whiskyregionen zu geben, und der Talisker sollte die Kategorie der Island-Malts vertreten. In der jüngeren Vergangenheit wurde die „Classic Malts"-Reihe auf 13 Whiskys ausgeweitet, aber ursprünglich bestand sie lediglich aus sechs Marken.

Die Destillation bei Talisker wird traditionell in drei Brennblasen für den Rohbrand und fünf Blasen für den Feinbrand durchgeführt, anstatt der üblichen Anordnung der Brennblasen in Paaren. Auch der Alkoholgehalt von 45,8 Volumenprozent ist ungewöhnlich. Dr. Nicholas Morgan ist bei Diageo für Scotch-Wissen und -Traditionskenntnis zuständig. Er sagt: „Diese Stärke ist unseres Erachtens am besten für den Talisker geeignet. Er war schon immer stärker als andere Malts." **GS**

Verkostungsnotizen

Recht dicht und rauchig in der kühnen Nase, mit Lakritze und Räucherfisch, Blasentang, süßen Früchten und Torf. Voller, torfige Körper, mit etwas Honig.

Talisker 18-Year-Old

Diageo | www.malts.com

Herstellungsregion und -land Islands, Schottland
Destillerie Talisker, Carbost, Isle of Skye
Alkoholgehalt 45,8 Vol.-%
Whiskytyp Single Malt

Der Talisker 18-Year-Old wurde 2004 als ältere Alternative zum vorhandenen 10-Year-Old eingeführt. In Hinsicht auf die Faßauswahl folgt er sehr deutlich dem Vorbild seines jüngeren Gefährten, er wurde vor allem in Bourbonfässern gelagert, mit einem kleinen Anteil, der in Sherryfässern aus europäischer Eiche gelegen hat. Die Abfüllung wird von vielen Aficionados sehr hoch geschätzt und erhielt 2007 bei den World Whisky Awards den Titel „Best Single Malt in The World". Allerdings ist die weitverbreitete Begeisterung für den Talisker nichts wirklich Neues, er wurde schon sehr geschätzt, als Single Malts außerhalb der Highlands kaum bekannt waren. So schrieb Robert Louis Stevenson 1880 in seinem Gedicht „Die Rückkehr des Schotten aus der Fremde": „Der König der Getränke, so wie ich das seh', Talisker, Isla oder Glenlivet!"

Heute ist Talisker nach dem Cardhu der am zweitbesten verkaufte Single Malt von Diageo. Er ist vor allem in Großbritannien, Frankreich und Nordeuropa beliebt, von wo auch viele treue Anhänger bis zur Talisker-Destillerie auf die Isle of Skye pilgern. Das Informationszentrum der Brennerei war dann auch mit 50 550 Besuchern im Jahr 2011 das meistfrequentierte des Gesamtkonzerns Diageo. **GS**

Verkostungsnotizen

Kräftig, doch süß und mild in der Nase. Am Gaumen zuerst fruchtige Noten und Spuren eines glosenden Torffeuers. Üppiger Abgang mit klassischem Talisker-Pfeffer.

Talisker 25-Year-Old Cask Strength 2009

Diageo | www.malts.com

Herstellungsregion und -land Islands, Schottland
Destillerie Talisker, Carbost, Isle of Skye
Alkoholgehalt 54,8 Vol.-%
Whiskytyp Single Malt

Jedes Jahr im Herbst verkündet Diageo die neuesten Mitglieder seiner Reihe „Special Releases". Diese Abfüllungen in Faßstärke sind meist entweder ungewöhnliche Varianten der Whiskys aus dem Standardsortiment, die in Faßarten gelagert wurden, die etwas aus dem Rahmen fallen; oder es sind Whiskys aus inzwischen geschlossenen Destillerien; oder es sind alte, seltene Abfüllungen beliebter Marken. Die „Special Releases"-Reihe geht auf eine Reihe zurück, die Talisker im Jahr 1995 unter dem Namen „Rare Malts" begonnen hatte, und ältere Malts von Talisker gehören auch seit Langem zu den beliebten Vertretern der „Special Releases".

Dieser 25-Year-Old aus dem Jahr 2009 war der siebte Talisker, der in diesem Alter abgefüllt wurde. Er enthält Malts, die in einer Mischung aus europäischen Eichenfässern und wiederbefüllten amerikanischen Eichenfässern gelagert wurden. Es war die 13. limitierte Ausgabe der Destillerie, und Diageo legt nahe, es sei interessant, sie „mit vorhergehenden Abfüllungen dieses Alters aus derselben Reihe zu vergleichen, die alle intensiv rauchig, glatt und süß sind, aber doch eine salzige Tiefe und eine Spur des für Talisker typischen Chilipfeffer-Tons zeigen. [Dies ist] Talisker mal drei. Enigmatisch und charmant, aber doch kraftvoll." **GS**

Verkostungsnotizen

Sanfte Heidenoten in der Nase und feuchter Tweed-Stoff, süßer Rauch, Orangensaft und Karamell. Intensiv, viel schwarzer Pfeffer, etwas Seesalz. Langer Abgang.

Talisker 30-Year-Old 2009

Diageo | www.malts.com

Herstellungsregion und -land Islands, Schottland
Destillerie Talisker, Carbost, Isle of Skye
Alkoholgehalt 53,1 Vol.-%
Whiskytyp Single Malt

Wie der 25-Year-Old des Jahre 2009 aus der „Special Releases"-Reihe wurde auch dieser Talisker 30-Year-Old in Fässern aus amerikanischer und solchen aus europäischer Eiche gelagert. Weltweit kamen weniger als 3000 Flaschen auf den Markt. Diageo erläutert: „Dies ist die 14. limitierte Abfüllung der Destillerie. Es ist interessant, sie mit den drei vorhergehenden Ausgaben des gleichen Alters zu vergleichen, die alle ehrwürdig, subtil nuanciert und ausgewogen sind. Ein reiferer Talisker mit guten Manieren, der aber noch reichlich Persönlichkeit und einen unverwechselbaren Charakter hat. Kann Talisker subtil sein? Dieser hier ist ein eleganter, duftiger Malt, einfach strukturiert und mit durchweg sehr zugänglichen Elementen."

Der Whisky dieser Abfüllung stammt aus den 1970er Jahren. 1972 kam es zu einer wichtigen Veränderung der Produktionsweise, als die Destillerie die Eigenproduktion von Malz einstellte. Das Malz wurde ab diesem Zeitpunkt nach den Vorgaben von Talisker mit 18 bis 20 ppm Phenol von den Glen Ord Maltings hergestellt, die neben der Destillerie Glen Ord in Ross-shire liegen.

Im selben Jahr wurden auch die Brennblasen von direkter Befeuerung auf Dampfheizung umgestellt. Diese Umstellung wurde durch die Erfahrungen veranlaßt, die man bei einem Großfeuer machte, dem 1960 das gesamte Brennereigebäude zum Opfer gefallen war. Wie bei ähnlichen Unglücksfällen in anderen Destillerien war auch hier Destillat aus einem versehentlich geöffneten Ventil ausgetreten und vom offenen Kohlenfeuer sofort entzündet worden. Das neue Gebäude wurde mit originalgetreu nachgebauten Brennblasen ausgestattet. **GS**

Verkostungsnotizen

Mandeln, Vanillefondant und sanfter Rauch in der Nase. Am Gaumen glatt und fruchtig mit Spuren von Vanille. Weniger direkt als der 25-Year-Old, aber mit dem ganzen Feuer des Talisker, ohne auf Pfeffer zu verzichten. Großer, selbstbewußter Abgang mit Zitrus und Chili.

Talisker 57° North

Diageo | www.malts.com

Herstellungsregion und -land Islands, Schottland
Destillerie Talisker, Carbost, Isle of Skye
Alkoholgehalt 57 Vol.-%
Whiskytyp Single Malt

Der Talisker 57° North kam 2008 heraus. Er trägt keine Altersangabe, und der Name verweist einerseits auf den sehr hohen Alkoholgehalt, der nicht die bei Talisker sonst üblichen 45,8 Volumenprozent beträgt. Andererseits ist es auch die Angabe der nördlichen Breite, auf der die Destillerie auf der Insel Skye liegt. Der Talisker 57° North war anfänglich nur im Duty-Free-Handel erhältlich, hat aber später seinen Weg auch auf den allgemeinen Markt gefunden.

Der 57° North ist die einzige regelmäßig verfügbare Version des Hebridenmalts mit so hohem Alkoholgehalt. Er wird ausschließlich in Fässern aus amerikanischer Eiche gelagert. Der Marketingleiter Nick Morgan hält fest: „Er hat fast Faßstärke. Die meisten Destillerien haben eine Version mit Faßstärke und Altersangabe im Programm, aber mit dem Talisker 57° sind wir flexibler, weil er keine Altersangabe trägt. Wir nutzen diese Flexibilität, um das vorgegebene Geschmacksprofil beizubehalten. Die Nähe zur Faßstärke spiegelt die Herkunft des Whiskys wider … Ich glaube, mit seiner Intensität und dem pfeffrigen Schlußakkord ist er der klassische Talisker par excellence. Man hat ihn mit einem Blick auf das Meer hinaus verglichen, über dem ein Sturm heraufzieht."

Die Destillerie Talisker wirft selbst einen maritimen Blick auf die See, da sie am Ufer des Meeresarms Loch Harport im Nordwesten der Insel Skye liegt. Das etwas nüchterne, zweckmäßige Äußere der Betriebsgebäude, die zumeist vom Anfang der 1960er Jahre stammen, wird noch durch die großartige Natur der Umgebung betont, in die sie sich zu Füßen der Cuillin Hills am Meer schmiegen. **GS**

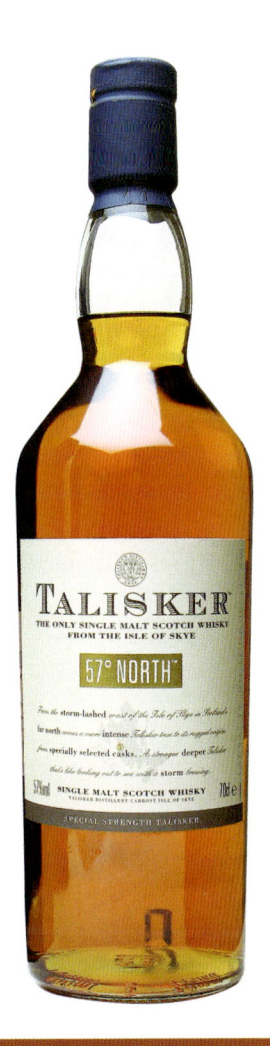

Verkostungsnotizen

In der Nase eine Mischung aus üppigen, würzigen Früchten und Rauch von einem Strandfeuer. Die Früchte weichen abgebrannten Streichhölzern. Voller Körper mit anfänglich intensiver Fruchtigkeit, auf die rauchige Gewürze und Pfeffer folgen. Langer Abgang.

Talisker Distillers Edition 1999

Diageo | www.malts.com

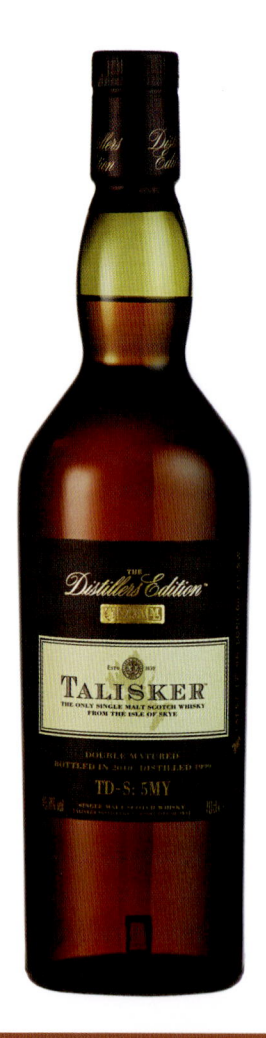

Herstellungsregion und -land Islands, Schottland
Destillerie Talisker, Carbost, Isle of Skye
Alkoholgehalt 45,8 Vol.-%
Whiskytyp Single Malt

Im Gegensatz zu manchen Destillerien, die sich mit Begeisterung auf die Nachreifung ihrer Single Malts gestürzt und eine Vielzahl von Abfüllungen herausgebracht haben, die unterschiedlich lange in vielen verschiedenen Faßarten reiften, hat sich Diageo bei der Anwendung dieses Verfahrens sehr zurückhaltend gezeigt.

Die Aktivitäten auf diesem Gebiet hat Diageo auf die „Destillers Edition"-Reihe konzentriert, die 1997 zuerst mit sechs Whiskys erschien und seitdem auf andere Abfüllungen aus dem „Classic Malts"-Portfolio ausgeweitet worden ist. Talisker gehört zu den ersten Abfüllungen in der „Destillers Edition"-Reihe. Der Whisky wurde nach der normalen Lagerung in Bourbonfässern in solche umgefüllt, die zuvor Amoroso-Sherry enthalten hatten. Wie lange er darin nachreifte, ist nicht bekannt. Der Marketingleiter Nick Morgan sagt: „Amoroso ist ein süßer Sherry, der gut zu einem robusten, maritimen Whiskycharakter paßt. Unserer Geschmacksexperten haben sehr sorgfältig gearbeitet, um eine passende Kombination zu finden. Der Schlüssel lag darin, eine Faßart für das Finish zu finden, die den Malt ergänzt und nicht überwältigt."

Wie bei allen „Distillers Edition"-Abfüllungen ist auch bei dieser das Destillationsjahr auf der Flasche vermerkt, außerdem die Chargennummer und das Jahr der Abfüllung. Eine Altersangabe fehlt, der Whisky ist jedoch meist mindestens zwölf Jahre alt. Morgan sagt: „Wir produzieren etwa 6000 Kisten im Jahr, weniger als ein Zehntel des Jahresausstoßes von Talisker. Die Whiskys der ‚Distillers Edition'-Reihe verkaufen sich in Frankreich und Großbritannien am besten." **GS**

Verkostungsnotizen

Süß geräucherter Hering mit Orangenmarmelade und Holzasche in der Nase. Am Gaumen schichtbildend, mit süßen Sherry-, Torf- und gerösteten Malztönen. Langer, würziger, erdiger Abgang, mit Torf, Kakaopulver, Fruchtkompott und etwas scharfem Ingwer.

Talisker The Managers' Choice

Diageo | www.malts.com

Herstellungsregion und -land Islands, Schottland
Destillerie Talisker, Carbost, Isle of Skye
Alkoholgehalt 58,6 Vol.-%
Whiskytyp Single Malt

2009 startete Diageo eine neue Reihe, in der eine Einzelfaßabfüllung aus jeder ihrer (damals) 27 Malt-Whisky-Destillerien angeboten wurde. Der Reihenname verwies darauf, daß die Leiter der einzelnen Destillerien maßgeblich an der Auswahl der Fässer beteiligt waren.

Talisker Managers' Choice gehörte zur zweiten Serie in der Reihe und kam im Januar 2010 heraus. Der Marketingleiter Nick Morgan sagt: „Wir suchten etwas, das sich von der Standardabfüllung der Marke unterschied. Es war naheliegend, auf eine Einzelfaßabfüllung zurückzugreifen."

Die neue Reihe kam unter der Leitung des Diageo-Spezialisten für Malt-Whisky Craig Wallace zustande. Er sagt: „Ich war auf der Suche nach Geschmacksnoten, die auf irgendeine Weise einzigartig sind, und nach einem Geschmacksprofil, das sich von der normalen Abfüllung der betreffenden Destillerie unterschied. Der Charakter der Destillerie sollte deutlich sein, außerdem sollte auch das gewisse Etwas gegeben sein, und schließlich sollte die Faßauswahl noch dafür sorgen, daß wir etwas Unverkennbares bekamen."

Als Vertreter der Talisker-Destillerie wurde ein 1997er ausgewählt, der in einem Sherryfaß aus europäischer Eiche gelagert war. Das Faß gab nicht mehr als 582 Flaschen her. Obwohl diese Abfüllung und die Distillers Edition beide in Sherryfässern reiften, gibt es beträchtliche Unterschiede: „Der Manager's Choice ist intensiver und üppiger", erklärt Morgan. „Er ist zurückhaltender und holziger. Der Whisky lagerte von Anfang an in europäischer Eiche, während die Distillers Edition nur ein Finish darin erhielt. Das macht sich bemerkbar." **GS**

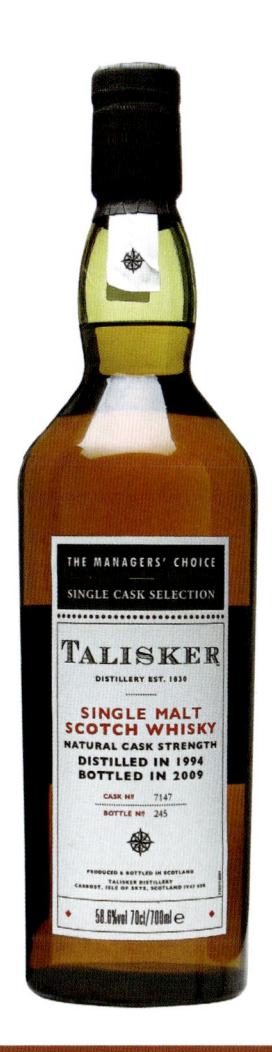

Verkostungsnotizen

In der Nase warmes, altes Leder und exotische Gewürze sowie ein Hauch Torf. Am Gaumen zuerst Zitrusfrüchte, dann süße Äpfel, schließlich die typischen Talisker-Noten von Torf und schwarzem Pfeffer. Länglicher Abgang mit Torfglut und beharrlichen Gewürzen.

Talisker Skye

Diageo
www.malts.com

Herstellungsregion und -land Islands, Schottland
Destillerie Talisker, Carbost, Isle of Skye
Alkoholgehalt 45,8%
Whiskytyp Single Malt

Für eine Firma, die oft als riesiger multinationaler Konzern kritisiert wird, ist Diageo erstaunlich risikofreudig. Talisker ist eine wahre Whiskyikone, die wegen ihres einzigartigen pfeffrigen Geschmacks geliebt wird. Es gibt keinen anderen Whisky, der ähnlich schmeckt. Mit der Rezeptur zu experimentieren, verlangt also einiges an Vertrauen.

Das erste Experiment war der 57° North, ein kräftiger getorfter Küsten-Malt, der zur gegenüberliegenden Insel Islay blickt. Als dann Whiskys ohne Altersangabe zur Regel wurden, brachte Diageo ein ganze Reihe von Talisker-Versionen heraus. Einige von ihnen waren gut – Storm, Dark Storm –, andere wie der Port Ruighe ganz entschieden nicht.

Diese Version könnte man als einen Talisker Lite beschreiben, aber sie funktioniert. Es ist eine nützliche Zwischenstufe für jene, die sich mit diesem scharfen, torfigen Malt beschäftigen möchten, sich ihm aber allmählich nähern wollen. Er ist nach der Insel benannt, von der er stammt, und er reift zum Teil in wiederbefüllten amerikanischen Eichenfässern, aber der Geschmack beruht vermutlich mehr auf dem hohen Anteil angekohlter Eichenfässer. Das Ankohlen macht den Geschmack insgesamt fruchtiger und dreidimensionaler, so daß er oft dem metallisch-elektrischen Sturm vorgezogen wird, als der sich der normale 10-Year-Old präsentiert. Die typischen Talisker-Notes sind aber noch alle vorhanden. **DR**

Verkostungsnotizen

Vanilleeiscreme in der Nase, mit süßem Getreide, Bienenwaben und Rauchwölkchen. Am Gaumen Gewürze, Eiche, süße Zitronen, Limetten und etwas Rauch.

Talisker Storm

Diageo
www.malts.com

Herstellungsregion und -land Islands, Schottland
Destillerie Talisker, Carbost, Isle of Skye
Alkoholgehalt 45,8%
Whiskytyp Single Malt

Der Zauber und die Herrlichkeit des Single Malts sind noch deutlicher, wenn man Destillerien wie Talisker sieht, die sich im wilderen Hinterland der Insel Skye nordwestlich vom schottischen Festland versteckt.

Bis vor nicht allzulanger Zeit konnte man Skye nur mit dem Schiff erreichen, und auch mit der neuen Brücke (1995) muß man seine Hartnäckigkeit beweisen, indem man die lange Fahrt an der Westküste auf sich nimmt. Es ist aber nicht nur die Geographie, die Talisker zu etwas Besonderem macht. Auch die Ökonomie und die Logistik spielen eine Rolle. In Zeiten wirtschaftlicher Schwierigkeiten, in denen sogar kleine Brauereien in der Nähe von London schließen mußten oder übernommen wurden, blieben Destillerien wie Talisker in Betrieb. Eigentlich sollte man glauben, es sei ökonomisch nicht sinnvoll, Lastwagen mit Gerste in solch entlegene Gebiete zu schicken und dann das Destillat und die Abfallstoffe wieder abzutransportieren. Diageo tut jedoch genau das, weil die Destillerie Talisker einzigartig und nicht zu ersetzen ist.

Diese Version ist treffend nach den extremen Wetterbedingungen benannt, die manchmal über den rauhen Gewässern, hohen Gipfeln und steilen Klippen der Insel herrschen. Storm ist ein großer Talisker, bei dem man die Altersangabe nicht vermißt, da er vielleicht sogar noch mehr Tiefe und Geschmacksvielfalt bietet als der 10-Year-Old der Destillerie. **DR**

Verkostungsnotizen

Rauch und Zitrusnoten in der Nase. Am Gaumen üppiger und voller als der 10-Year-Old, mit den Talisker-typischen Salz-und-Pfeffer-Noten, Holzrauch und Torf.

Tamdhu 14-Year-Old

Ian Macleod Distillers
www.ianmacleod.com

Herstellungsregion und -land Speyside, Schottland
Destillerie Tamdhu, Aberlour, Banffshire
Alkoholgehalt 50 Vol.-%
Whiskytyp Single Malt

Die Destillerie Tamdhu wurde 1897 gegründet. Für die Wahl ihres Standortes war eine Tatsache entscheidend, die auch sonst in Schottland oft eine Rolle spielte – an dieser Stelle hatte es schon seit Jahrhunderten eine erfolgreiche Schwarzbrennerei gegeben. Außerdem lag das Gelände in der Nähe der kurz zuvor fertiggestellten Verlängerung der Bahnlinie von Aberdeen aus. So hatten die Brenner nicht nur leichten Zugang zu den Rohstoffen, sondern auch die damals modernste Infrastruktur, um ihr Erzeugnis an den Mann zu bringen. Als die Destillerie eröffnete, hatte sie sogar ihre eigene Haltestelle, die den Namen Dalbeallie trug.

Der Ausstoß von Tamdhu wurde vor allem für die Herstellung von Blends verwendet. Zu den führenden Marken, in denen er eine Rolle spielt, gehören Famous Grouse, J&B, Dunhill und Cutty Sark. Insofern ist dieser 14-Year-Old Single Malt eine Ausnahmeerscheinung. Er wurde 1990 gebrannt, erhielt ein Finish in Rotweinfässern aus dem Bordeaux und wurde 2004 abgefüllt.

Im Jahr 2010 wurde die Destillerie Tamdhu von der Edrington Group geschlossen und 2011 an die unabhängigen Abfüller Ian MacLeod Distillers verkauft, die sich seitdem auf die Herstellung von Single Malts wie diesen konzentrieren. Zu den Sehenswürdigkeiten der Brennerei gehörte ein Saladin-Kasten, in dem das Malz der Brennerei maschinell gewendet wurde. **GL**

Verkostungsnotizen

Erdbeerkonfitüre und Sahne. Am Gaumen etwas rauchig mit einer Spur Torf, aber die fruchtigen Aromen bleiben erhalten. Mittellanger süßer Abgang mit Eiche.

Tamdhu 25-Year-Old

Ian Macleod Distillers
www.ianmacleod.com

Herstellungsregion und -land Speyside, Schottland
Destillerie Tamdhu, Aberlour, Banffshire
Alkoholgehalt 43 Vol.-%
Whiskytyp Single Malt

Es ist ein merkwürdiges Gefühl, einen 25 Jahre alten Whisky aus einer stillgelegten Destillerie zu trinken. Tamdhu wurde im April 2010 von den damaligen Eignern Highland Distillers (einer Tochterfirma der Edrington Group) geschlossen und dann an Ian Macleod Distillers verkauft. Ihr Malt war zuvor in verschiedenen bekannten Blends verwendet worden, darunter Famous Grouse, J&B, Dunhill und Cutty Sark.

Hinter den Mauern der Brennerei verbarg sich aber ein historischer Schatz. Tamdhu war die letzte schottische Destillerie mit einem Saladin-Kasten. In diesem riesigen Trog mit perforiertem Boden wird die keimende Gerste bis zu einer Höhe von etwa einem Meter aufgeschüttet, und durch die Löcher im Boden wird heiße Luft eingeleitet, um die Temperatur zu kontrollieren. Das Getreide wird mit Wendern umgeschichtet, die an Schneckenpumpen erinnern. So wird sichergestellt, daß die Körner am Boden des Kastens immer wieder nach oben gelangen.

Der Saladin-Kasten wurde im 19. Jahrhundert vom Franzosen Charles Saladin erfunden. Er leitete eine Revolution beim Mälzen von Gerste ein, da er die Herstellung von größeren Malzmengen erlaubte als die herkömmlichen Malztennen. Tamdhu konnte deshalb nicht nur den eigenen Bedarf, sondern auch den anderer Brennereien decken. **AA**

Verkostungsnotizen

Die Nase ist süß, mit frischen Früchten, Melone, Apfel, Birne und einer Spur Honig. Am Gaumen groß, schichtbildend, mit einem Hauch Rauch hinter den Früchten.

Té Bheag

Pràban na Linne | www.gaelicwhisky.com

Herstellungsregion und -land Islands, Schottland
Destillerien Verschiedene
Alkoholgehalt 40 Vol.-%
Whiskytyp Blend

Té Bheag („Tschey wek" ausgesprochen) stammt von der Isle of Skye, entspricht aber kaum den landläufigen Vorstellungen von der Insel. Die Halbinsel Sleat, auf der die Brennerei steht, liegt zwar auf dem selben Breitengrad wie Zentralrußland, aber die Winter hier sind nicht hart und erbarmungslos. Talisker zeigt die schroffe und vulkanische Seite der Isle of Skye, Té Bheag dagegen die abwechselnd gebirgige, üppige, sanfte und hüglige Landschaft, an welcher der Golfstrom vorbei fließt und die als „Garten von Skye" bezeichnet wird.

Té Bheag bedeutet auf Gälisch „die kleine Dame". Damit bezeichnet man in der Gegend auch gerne ein kleines Schlückchen. Der Blend ist für Kenner gedacht und hat einen dementsprechend hohen Anteil an Malt – etwa 40 Prozent. Die Herstellerfirma Pràban na Linne setzt auf eine Mischung von Malts aus den Highlands, der Speyside, den Islands und aus Islay, die zwischen acht und elf Jahren gelagert wurden. Einige der Grundwhiskys reiften in Sherryfässern und verleihen dem Blend eine Süße, die ihn zu einem sanften, abgerundeten Genuß mit einem feurigen Herzen machen.

Pràban na Linne hat inzwischen unter dem Namen Port Dhubh auch einen eigenen Single Malt auf den Markt gebracht. **PB**

Verkostungsnotizen

Süße Haferkekse und etwas Zitronensaft in der Nase. Am Gaumen mild, mit Salatgurke, dann ein langsames Brennen und eine plötzliche Pfefferexplosion.

Teacher's Highland Cream

Beam Global | www.teacherswhisky.com

Herstellungsregion und -land Schottland
Destillerien Ardmore, Highlands, und andere
Alkoholgehalt 40 Vol.-%
Whiskytyp Blend

Es ist ein weitverbreiteter Irrglaube, Blended Whiskys seien per se schlechter als Single Malts. Die Whiskyverschneider, die nach handwerklichen Gesichtspunkten die allerbesten, jahrelang in hochwertigen Fässern gelagerten Grains und Malts zusammenstellen, sind in der Lage, wahre Kunstwerke an Blended Whiskys zu schaffen, die es mit jedem noch so guten Malt aufnehmen können.

Man muß für vorzügliche Blends auch nicht übermäßig viel ausgeben. Whiskys wie dieser werden von Firmen hergestellt, die vor mehr als 180 Jahren gegründet wurden – Teacher's produziert Blends, seitdem dieser Whiskytyp im Jahr 1865 gesetzlich zugelassen wurde. Man bleibt als Verschneider nicht so lange im Geschäft, wenn nicht das, was man tut, weitgehend das Richtige ist.

Allerdings ist Teacher's kein ganz einfacher oder typischer Blend. Grain-Whisky wird beim Verschneiden an eine Mischung verschiedener Malts gegeben, um den Whisky abzurunden und zugänglicher zu machen. Teacher's enthält jedoch mehr Malt als üblich, darunter auch den deutlich getorften Ardmore. So ist der Blend dann relativ kräftig und voller Geschmack – manche finden ihn zu extrem. Die Renaissance, die er unter den neuen Eignern Beam Global erlebt, hat er jedoch auf jeden Fall verdient. **DR**

Verkostungsnotizen

Ein voller, üppiger, geschmackvoller Blend. Highland Cream bietet große Fruchtnoten, einen malzigen Kern und einige befriedigend erdige und torfige Noten.

TEACHER'S
SCOTCH WHISKY

Timorous Beastie

Douglas Laing | www.douglaslaing.com

Herstellungsregion und -land Highlands, Schottland
Destillerien Verschiedene
Alkoholgehalt 46,8%
Whiskytyp Blended Malt

Douglas Laing ist ein unabhängiger Abfüller aus Glasgow, der lange etwas aus der Zeit gefallen und spröde wirkte und altmodische Abfüllungen herausbrachte, die neben den aufwendigen modernen Verpackungen, wie sie in Schottland und anderen Teilen der Welt vorgestellt wurden, deplaziert wirkten. Dann wurde die Firma jedoch in zwei Hälften geteilt, mit denen die Erben Fred und Stuart Laing jeweils eigene Wege gingen. Fred und seine Tochter Cara behielten den Firmennamen bei und nutzten die Gelegenheit, mit Spaß an der Sache Whisky herzustellen.

Der Timorous Beastie ist ein Blended Malt – eine Mischung verschiedener Malts –, und zeigt auf dem Etikett eine kleine Maus. Das verweist auf die ersten Verse eines Gedichtes von Robert Burns, „To a Mouse", das ein bemerkenswertes Beispiel für sanften Humor und Querdenken darstellt. Wie kann man ein Gedicht nicht lieben, das mit den Worten beginnt: „Wee, sleekit, cow'rin tim'rous beastie,/ O, what a panic's in thy breastie!"

Fred Laing sagt, mit der Namensgebung habe man den Humor von Burns auf die Herstellung von Whisky übertragen, weil dieser Malt alles andere als zaghaft (*timorous*) ist. Er ist ein kräftiger, kecker und geschmacksstarker Whisky, der aus Highland-Malts besteht, die unter anderem von Dalmore, Glen Garioch und Glengoyne stammen. Außerdem wird er mit 46,8 Volumenprozent Alkoholgehalt abgefüllt, trübt sich also bei niedrigen Temperaturen nicht ein und wurde deshalb auch nicht kaltfiltriert. Er enthält auch keine Farbstoffe. Der Glen Garioch sorgt für einige nette Überraschungen und gibt ihm die Öligkeit eines Highland-Malts. Kein Whisky für ängstliche Mäuschen unter den Whiskytrinkern. **DR**

Verkostungsnotizen

Honig und Heide in der Nase, außerdem etwas Pfeffer und Gerstennoten. Am Gaumen Eiche, Rosinen, Karamell und erdige Würze. Ein üppiger, zäher Malt. Der Abgang ist recht lang und zeigt verschiedene Getreide- und Gewürznoten.

Tobermory 10-Year-Old

Burn Stewart Distillers | www.tobermory.com

Herstellungsregion und -land Islands, Schottland
Destillerie Tobermory, Tobermory, Isle of Mull
Alkoholgehalt 46,3 Vol. %
Whiskytyp Single Malt

Der Name Tobermory stammt vom Gälischen *Tobar Mhoire* ab, was „Marienquelle" bedeutet. Einst gab es eine der Jungfrau Maria gewidmete Quelle in der Nähe des Ortes Tobermory, von dem auch die Destillerie ihren Namen übernahm.

Der Tobermory 10-Year-Old bildet zusammen mit dem getorften Gegenstück Ledaig den Großteil des Single Malts, den die Brennerei absetzt. Im Jahr 2010 entschlossen sich die Besitzer Burn Stewart Distillers zu einem radikalen Schritt und stellten die gesamte Produktion von Single Malt auf einen Standard mit einer einheitlichen Stärke von 46,3 Volumenprozent Alkohol um. Dadurch wurde es möglich, auf die Kaltfiltrierung vollkommen zu verzichten, auf die man nur bei einem Alkoholgehalt von weniger als 46 Volumenprozent zurückgreifen muß, um Trübungen des Whiskys zu verhindern. Die Umstellung ging auf die Veranlassung des Meisterbrenners Ian Macmillan zurück, der darauf verweist, daß seine Single Malts bei Kaltfiltrierung „abstumpfen und ihre Lebendigkeit verlieren".

Über den Tobermory 10-Year-Old sagt Macmillan: „Der Verzicht auf die Kaltfiltrierung hat bemerkenswerte Auswirkungen gehabt. Das Aroma ist üppiger, seidiger und lebhafter, und auch der Geschmack ist üppiger, glatter und buttriger. Alles ist gesteigert. Durch Vergleiche des Whiskys vor und nach der Kaltfiltrierung weiß ich genau, wie groß der Unterschied wirklich ist."

Der Markt hat überwiegend positiv auf die Veränderung reagiert. Vielleicht lassen sich dadurch andere Brennereien dazu anregen, über den Verzicht auf die Kaltfiltrierung ihrer Whiskys nachzudenken. **GS**

Verkostungsnotizen

Frisch und nussig in der Nase, mit Zitrusfrüchten und Hartkaramell. Mehr als nur eine Spur Torf. Mittelschwerer Körper, schön texturiert, am Gaumen recht trocken, mit zartem Torf, Malz und Nüssen. Der Abgang ist mittellang bis lang, mit etwas Minze und Zitrus.

Tobermory 15-Year-Old

Burn Stewart Distillers | www.tobermory.com

Herstellungsregion und -land Islands, Schottland
Destillerie Tobermory, Tobermory, Isle of Mull
Alkoholgehalt 46,3 Vol.-%
Whiskytyp Single Malt

Der Tobermory 15-Year-Old kam 2008 als limitierte Ausgabe heraus. Man erhält mit ihm einen ebenfalls limitierten Druck der Tobermory Bay, die an der Ostküste von Mull liegt und bei der 1588 angeblich eine stark beschädigte spanische Galeone sank, die zur spanischen Armada gehört hatte. Der Legende nach hatte sie 30 Millionen Silbertaler geladen, ein Schatz, der immer wieder vergeblich gesucht wird.

Die Destillerie Tobermory blickt auf eine bewegte Vergangenheit zurück, in der sich Stilllegungen und produzierende Zeiten abwechselten. 1982 wurde das Lagerhaus verkauft und zu Wohnungen umgebaut. So müssen die heutigen Eigner Burn Stewart Distillers das Destillat entweder zu ihren Lagerhäusern bei der Destillerie Deanston auf dem Festland oder zu Bunnahabhain auf Islay bringen. Allerdings wurde 2007 ein ehemaliger Nebenraum der Mälzerei in Tobermory zu einem Lagerhaus umgebaut, in dem Fässer für die Destillerie liegen.

In diesem „neuen" Lagerhaus verbringt der Tobermory 15-Year-Old das letzte Jahr seiner Reifezeit in Oloroso-Sherryfässern der Marke Gonzalez Byass, nachdem er zuvor in Bourbonfässern gelagert wurde. Bei der Überfahrt auf seine Inselheimat Mull kann er laut Ian Macmillan „etwas Seeluft schnappen".

Die Qualität des Tobermory-Whiskys hat sich unter der Aufsicht von Macmillan ungemein verbessert. Seitdem Burn Stewart Distillers die Brennerei im Jahr 1993 erwarb, entstand das Destillat, das im 15-Year-Old verwendet wird, ausschließlich unter seiner Leitung, und auch die Lagerung fiel in seinen Aufgabenbereich. **GS**

Verkostungsnotizen

Die üppige Nase bietet Obstpudding, Sherry, Milchschokolade und eine Spur Torfrauch. Im Mund voller Körper, mit höflichem Sherry, Weihnachtsgebäck, Karamell und einer Prise Pfeffer. Der Abgang ist lang und luxuriös, mit Schokorosinen.

Tomatin 12-Year-Old

Tomatin (Marubeni Group) | www.tomatin.com

Herstellungsregion und -land Speyside, Schottland
Destillerie Tomatin, Tomatin, Inverness-shire
Alkoholgehalt 40 Vol.-%
Whiskytyp Single Malt

Als 1986 die Takara Shuzo Co. die Destillerie Tomatin übernahm, war die Zahl der Brennblasen schon von ehemals 23 auf zwölf reduziert worden. Die Zukunft sah bei der Übernahme düster aus, und die Aussichten besserten sich zuerst nicht. Bald gelang es den neuen Besitzern jedoch, die Jahresproduktion auf mehr als 3,8 Millionen Liter Whisky zu steigern. (Das war zwar weniger als das theoretisch mögliche Maximum von 9,8 Millionen Litern, aber mehr, als die Brennerei jemals produziert hatte.) Trotz der Unsicherheiten und Krisen der Weltwirtschaft wurde diese Menge bis ins 21. Jahrhundert beibehalten, eine Leistung, die man sowohl Marubeni – einem der größten japanischen Handelsunternehmen, das zeitweilig Tomatin von Takara übernommen hatte – als auch dem Logistikunternehmen Kobuku, das seit 2006 für die Distribution zuständig ist, hoch anrechnen muß.

Der Ausstoß nach der Übernahme bestand vor allem aus Blends, aber die Produktion von Single Malts wurde nicht eingestellt. Im Jahr 2004 löste der Tomatin 12-Year-Old den 10-Year-Old als Standardversion im Sortiment der Brennerei ab. Der 12-Year-Old reift vor der Abfüllung in spanischen Sherryfässern. Er zeigt eine auffällige honiggelbe Farbe, die einen Kommentator im Internet an „Benzin … auf angenehme Weise" erinnerte. Manchmal wird der Whisky als ein preiswerter Highland Park beschrieben (Highland Park ist ein sehr hochwertiger Single Malt aus Kirkwall auf Orkney). Royal Mile Whiskies (ein Fachhändler mit Dependancen in Edinburgh und London) schlägt den 12-Year-Old als guten Einstieg in die Welt der Single Malts vor. **GL**

Verkostungsnotizen

Das Aroma zeigt Malz, Rosenblätter und Geißblatt sowie einen Hauch Torf. Am Gaumen Äpfel und Birnen mit einer Spur Nüssen vom Sherryfaß. Mittlerer Körper mit einem etwas wässrigen Anfang, der durch einen befriedigenden Abgang ausgeglichen wird.

Tomatin 18-Year-Old

Tomatin (Marubeni Group) | www.tomatin.com

Herstellungsregion und -land Speyside, Schottland
Destillerie Tomatin, Tomatin, Inverness-shire
Alkoholgehalt 43 Vol.-%
Whiskytyp Single Malt

Der Versuch, die Whiskys einer bestimmten Destillerie in einem einzigen Satz zu beschreiben, kann schnell zu gefährlichen Vereinfachungen oder Ungerechtigkeiten führen. Vor allem Single Malts wird man eher durch ein lebenslanges Studium als durch eine schnell formulierte Beurteilung gerecht. Aber auch wenn man das bedenkt, wird man kaum Widerspruch ernten, wenn man den Whiskys von Tomatin einen mittleren Körper mit leichter, aber erkennbarer Rauchigkeit zuschreibt. In der Nase zeigen sich pflanzliche Aromen als Vorspiel zu süßen Getreide-, Nuß- und karamellisierten Fruchtnoten.

Insofern Verallgemeinerungen möglich sind, entspricht diese elegante, blaßgoldene Abfüllung am deutlichsten dieser Beschreibung. Viele halten sie für Tomatins Glanzstück. Sie wurde 2006 in das Sortiment der Brennerei aufgenommen und hat sich seitdem einen festen Platz in den Herzen der Kenner erobert. Der Whisky wird mindestens 18 Jahre gelagert, einen Teil dieser Zeit reift er in spanischen Oloroso-Sherryfässern. Tomatin gehört zu den wenigen verbliebenen schottischen Destillerien, die noch einen eigenen Küfer beschäftigen. Dadurch ist ein hoher Qualitätsstandard gewährleistet, und die Whiskys zeigen eine unnachahmliche Note.

Der nicht kaltfiltrierte Whisky ist robust und voller Geschmack. *Jim Murray's Whisky Bible* lobt ihn ohne Wenn und Aber: „Ein sehr wohlerzogener Malt. Als ob er in einer sehr liebevollen Familie groß geworden wäre, benimmt er sich vom ersten Hauch bis zum letzten Schluck tadellos." Wenn der 12-Year-Old ein guter Einstieg in die Single Malts von Tomatin ist, dann ist der 18-Year-Old ein Meilenstein auf dem Weg zur Kennerschaft. **GL**

Verkostungsnotizen

In der Nase ein Anfangsakkord von Sherry mit Apfel, Zimt, Vanille und Ahornsirup. Darüber legen sich rauchige Heidenoten. Der Geschmack zeigt zuerst Honig, wird aber durch die Eiche vor Süßlichkeit gerettet. Dann kräftige zartbittere Orangenschokolade.

Tomatin 25-Year-Old

Tomatin (Marubeni Group) | www.tomatin.com

Herstellungsregion und -land Speyside, Schottland
Destillerie Tomatin, Tomatin, Inverness-shire
Alkoholgehalt 43 Vol.-%
Whiskytyp Single Malt

Die erste Gerste für diesen Whisky wurde Ende der 1970er Jahre gemälzt. Damals befand sich Tomatin an einem absoluten Tiefpunkt. Die Destillerie hatte das ganze vorhergehende Jahrzehnt hindurch expandiert – zu sehr und zu schnell. Die Zahl der Brennblasen war mehr als verdoppelt worden, und man hatte eine kostspielige Anlage errichtet, um die Mälzerei- beziehungsweise Brennereirückstände zu Viehfutter und organischen Düngemitteln zu verarbeiten. Als die Destillerie sich endgültig ihrem Ende zu nähern schien, entvölkerte sich auch das nahe gelegene Dorf gleichen Namens, da die Einwohner auf der Suche nach neuen Arbeitsplätzen fortzogen. Bei der Volkszählung des Jahres 2001 hatte der Ort nur noch 183 Bewohner.

Es kam jedoch zu einer Erholung, und als dieser Whisky erstmals abgefüllt wurde, waren die Aussichten überall in den Highlands besser, als sie es seit einer Generation gewesen waren. Der 25-Year-Old ist eine limitierte Abfüllung, die ein volles Vierteljahrhundert in Bourbonfässern aus amerikanischer Eiche gelagert wurde. Er kam zuerst 2005 in den Handel und entwickelte sich bald nicht nur bei den Käufern, sondern auch bei Kritikern zu einem großen Erfolg. Bei der 2006 International Spirits Challenge bekam er die Silbermedaille. Die Goldmedaille für den Tomatin's Antiquary 21-Year Old machte es zu einem sehr erfolgreichen Jahr für die Destillerie. Damit konnte sie zeigen, daß sie nicht nur ihre althergebrachte Vorrangstellung bei Blends aufrechterhalten konnte, sondern jetzt auch durchaus in der Lage war, Single Malts der Extraklasse auf den Markt zu bringen. **GL**

Verkostungsnotizen

In der Nase eine malzige Kombination von Birnen, Brombeeren, Stachelbeeren und Orangen über Kiefernharz. Am Gaumen wandelt sich der anfängliche Honig schnell zu Nüssen. Überwältigend trocken, aber mit Restsüße, die einen salzigen Nachgeschmack hinterläßt.

Tomatin 30-Year-Old

Tomatin (Marubeni Group) | www.tomatin.com

Herstellungsregion und -land Speyside, Schottland
Destillerie Tomatin, Tomatin, Inverness-shire
Alkoholgehalt 49,3 Vol.-%
Whiskytyp Single Malt

Der Tomatin 30-Year-Old Single Malt kam in einer limitierten Auflage von nur 1500 Flaschen heraus. Er wurde am 22. November 1976 gebrannt, in Eichenfässern gelagert und erhielt eine dreijährige Nachreifung in spanischen Oloroso-Sherryfässern, die der Meisterbrenner Douglas Campbell persönlich ausgewählt hatte. Das Ergebnis wurde am 22. Oktober 2007 auf Flaschen gezogen und im Jahr darauf auf den Markt gebracht.

1961 war Douglas Campbell 15 Jahre alt. Alt genug, um den Fußstapfen seiner Eltern in die Destillerie zu folgen, wo seine Mutter als Sekretärin des Geschäftsführers und sein Vater als Küfer arbeitete. Er lernte von der Pike auf: „Drei oder vier Jahre in der Mälzerei, ein paar Jahre in der Brennerei, dann in den Lagerhäusern und im Versand." Heute ist er internationaler Markenbotschafter der Destillerie.

Bei Tomatin wurde das Mälzen für den eigenen Whisky 1969 eingestellt. Manche Kommentatoren betrachten dies als einen Verlust, aber Douglas Cambell ist anderer Meinung: „Die Destillerien, die selbst noch mälzen, erzählen einem, es würde sich auf den Geschmack auswirken, aber ich glaube nicht, daß der Einfluß sehr groß ist. Das Wasser, die Brennblasen und die Fässer sind viel wichtiger. 70 bis 80 Prozent des Geschmacks rühren von den Fässern her. Deshalb haben wir noch eine eigene Küferei." **GL**

Verkostungsnotizen

Üppig, voller Körper, sherrybetont. Tiefgoldene Farbe, Aroma von Leder, Orangen und Zimt vor einem salzigen Hintergrund. Sahnig-würziger Orangengeschmack.

Tomatin 40-Year-Old

Tomatin (Marubeni Group) | www.tomatin.com

Herstellungsregion und -land Speyside, Schottland
Destillerie Tomatin, Tomatin, Inverness-shire
Alkoholgehalt 42,9 Vol.-%
Whiskytyp Single Malt

Dieser Single Malt der Premiumklasse enthält Whiskys aus sieben Eichenfässern, die der Meisterbrenner von Tomatin aufgrund ihrer hervorragenden Qualität ausgesucht hat. Er wurde am 17. Mai 1967 gebrannt und am 2. Oktober 2007 abgefüllt. Die Auflage ist auf 1614 Flaschen limitiert.

Der Whisky wird nicht kaltfiltriert. Ob Whiskys überhaupt kaltfiltriert werden sollten, ist eine unter Whiskyliebhabern heiß diskutierte Frage. Bei der Kaltfiltrierung wird der Whisky auf etwa 0° C abgekühlt, so daß die Fettsäuren und einige der Proteine und Ester verklumpen und leichter mit einem Metallfilter entfernt werden können. Natürlich werden auch größere Bestandteile wie Kohlekrümel vom Filter zurückgehalten.

Es gibt unterschiedliche Meinungen darüber, ob sich der Aufwand lohnt. Der wichtigste Grund für die Kaltfiltrierung ist kosmetischer Art: Whiskys, die nicht so behandelt werden, neigen dazu, bei kühler Lagerung Sedimente zu entwickeln. Kaltfiltrierte Whiskys behalten ihre ursprüngliche goldene Färbung dagegen fast unbegrenzt. Whisky ohne Kaltfiltrierung – vor allem solcher mit einem Alkoholgehalt von unter 46 Volumenprozent – trübt bei Wasser- oder Eiszugabe leicht ein, was zu der falschen Annahme führen kann, er sei „verdorben". Ob sich die Kaltfiltrierung auf den Geschmack auswirkt, ist eine offene Frage, die man selbst entscheiden sollte. **GL**

Verkostungsnotizen

Aromen von Bienenwachs und Fruchtkompott, darunter die typische Tomatin-Orange. Komplexer, glatter, cremiger Geschmack mit Lakritze. Langer Abgang.

Tomatin 1997

Tomatin (Marubeni Group) | www.tomatin.com

Herstellungsregion und -land Speyside, Schottland
Destillerie Tomatin, Tomatin, Inverness-shire
Alkoholgehalt 57,1 Vol.-%
Whiskytyp Single Malt

Dieser Single Malt wurde im September 1997 gebrannt und in einem Bourbonfaß gelagert, bevor er im Oktober 2009 in Faßstärke abgefüllt wurde. Die Abfüllung war auf 244 Flaschen beschränkt, die zum größten Teil in Westeuropa und Japan verkauft wurden, wo der Tomatin besonders hoch geschätzt wird.

Die Vergangenheit von Tomatin war wechselhaft und manchmal auch etwas zwielichtig: Die erste Whiskyproduktion an dieser Stelle war eine Schwarzbrennerei im 15. Jahrhundert. Rindertreiber und andere Reisende hielten damals hier, um ihre Vorräte aufzufüllen. Die erste moderne Betriebsfirma war Tomatin Spey District Distillerie, die 1897 gegründet wurde und 1906 pleite ging, aber drei Jahre später unter dem Namen New Tomatin Distillers wieder öffnete.

Nach dem Zweiten Weltkrieg kam eine Zeit der Expansion: 1956 wurde die Zahl der Brennblasen auf vier verdoppelt, 1961 kam eine fünfte hinzu. Im Jahr 1974 wurden weitere 18 Brennblasen installiert, wodurch Tomatin zur größten Malt-Destillerie in Schottland wurde. Später wurden elf dieser Brennblasen wieder abgebaut.

In der Vergangenheit gab es nur wenige limitierte Ausgaben von Tomatin, der Ausstoß ging vor allem in den Blend Tomatin Antiquary. Die heutige Eigner wollen jedoch die Vielseitigkeit des Destillats und seine Eignung für verschiedene Faßarten unter Beweis stellen. **GL**

Verkostungsnotizen

In der Nase Vanille, am Gaumen Nüsse und Pfeffer mit einer Spur Minze. Auf der Zunge zeigen sich Stachelbeere und Pfirsich, Malz und Rauch.

Tomatin 1991

Tomatin (Marubeni Group) | www.tomatin.com

Herstellungsregion und -land Speyside, Schottland
Destillerie Tomatin, Tomatin, Inverness-shire
Alkoholgehalt 55,9 Vol.-%
Whiskytyp Single Malt

Der Tomatin 1991 ist ein Highland Single Malt, dessen typische Merkmale von einer Reihe von Faktoren bestimmt werden. Die Lage der Destillerie ist ungewöhnlich: mit 313 Metern über Meereshöhe ist Tomatin (vom Gälischen „Wacholderhügel") eine der höchstgelegenen Maltbrennereien in Schottland.

Das beim Brennen verwendet Wasser stammt aus dem Alt-na-Frith (Gälisch für „freier Bach"). Das reine, klare Wasser trägt zu einem üppigen, milden Malt bei, der ein unvergeßliches Spektrum zarter Geschmacksnoten bietet. Der Alt-na-Frith fließt durch die Monadhliath Mountains, die Grauen Berge, die mehr oder weniger parallel zum Loch Ness verlaufen.

Die Qualität dieses Single Malts wird auch durch die Verwendung von Läuterbottichen aus Edelstahl bestimmt. Im Jahr 1974 war Tomatin die erst schottische Destillerie, die diese ursprünglich in Deutschland beim Bierbrauen verwendeten Bottiche einsetzte, bei denen die Treber durch rotierende Messer angehoben werden, um die Würze ablaufen zu lassen, anstatt den ganzen Malzkuchen waag- und senkrecht zu rütteln, wie es herkömmlich geschah. Dieses Läutern ergibt eine klarere Würze als die älteren Verfahren.

Der Tomatin 1991 erhält etwa ein Jahr lang ein Finish in spanischen Sherryfässern. Er hat eine große und sehr treue Anhängerschaft. **GL**

Verkostungsnotizen

In der Nase dicht und erdig, mit Honig-, Blüten- und süßen Gewürznoten. Am Gaumen Aprikose, Holz und Gewürze mit Andeutungen von Birnen und Holunder.

Tomatin Decades

Tomatin (Marubeni Group) | www.tomatin.com

Herstellungsregion und -land Speyside, Schottland
Destillerie Tomatin, Tomatin, Inverness-shire
Alkoholgehalt 46 Vol.-%
Whiskytyp Single Malt

Dieser einzigartige Single Malt entstand anläßlich des 50jährigen Firmenjubiläums des Meisterbrenners von Tomatin, Douglas Campbell. Er trat 1961 seine Arbeit in der Destillerie an und wurde im Jahr 2008 Meisterbrenner. Der Malt besteht aus fünf Grundwhiskys, von denen jeder aus einem anderen Jahrzehnt der Tätigkeit Campbells bei Tomatin stammt.

Aus den 1960er Jahren stammen Sherryfässer des Jahres 1967, die einige der ältesten Whiskys von Tomatin enthalten. Campbell beschreibt diesen Whisky als „sherry-betont mit subtilen Bienenwachsaromen, Apfelkompott und Orangenschalen". Als Vertreter der 1970er Jahre wählte er ein Destillat aus dem Jahr 1976, das in Oloroso-Sherryfässern reifte. Es zeigt Noten von Passionsblumen, Brombeeren und Honigmelone und mildert so die robusteren jüngeren Whiskys etwas ab. Die 1980er Jahre liefern einen 1984er aus Sherryfässern, der dem Decades einen Großteil seiner Tiefe und Substanz verleiht. Die 1990er Jahre steuern einen Whisky aus Bourbonfässern bei, der Anfang des Jahrzehnts gebrannt wurde. Campbell bemerkt zu ihm: „Vanille, Rosinen und Sahnekaramell herrschen hier vor. Ein Whisky mit einer großen Persönlichkeit, der um Aufmerksamkeit buhlt." Als letztes kommt dann noch ein 2005 destillierter Malt hinzu, der torfig und jugendlich unbekümmert einen Kontrapunkt zu den vier älteren Vertretern setzt.

Der Decades ist eine einzigartige Verbindung von Tiefe und jugendlichem Charme, eine „passende Ehrung für die Rolle, die Douglas bei der Entwicklung des Tomatin gespielt hat", wie es der Vorsitzende von Tomatin, Robert Anderson, formuliert. **GL**

Verkostungsnotizen

Auf die anfängliche süße Malzigkeit folgen bald Fruchtaromen, Eiche und Kiefer, Blüten und Rauch. Der Geschmack erinnert an Tropenfrüchte, Anis, Zimt, Weihnachtsgebäck und Fondant. Im milden Abgang kehrt das üppige, süße Malz wieder.

Tomintoul 10-Year-Old

Angus Dundee Distillers | www.tomintouldistillery.co.uk

Herstellungsregion und -land Speyside, Schottland
Destillerie Tomintoul, Ballindalloch, Banffshire
Alkoholgehalt 40 Vol.-%
Whiskytyp Single Malt

Tomintoul (das Gälische bedeutet „Hügel wie eine Scheune" und wird Tom-an-teyl ausgesprochen) wurde 1964 gegründet, das erste Destillat floß im Juli des folgenden Jahres. Man erzählt sich, die Winter dort in der Gegend nahe dem Fluß Avon und der Gemeinde Glenlivet wären für ihre Kälte so berüchtigt, daß die Baufirmen während der Errichtung der Destillerie stets Material für mindestens zwei Wochen vorrätig hielten, falls die Baustelle eingeschneit würde. Das nahe gelegene Dort Tomintoul ist mit 345 Metern über Meereshöhe das höchstgelegene der schottischen Highlands.

Der Tomintoul kommt seit 1973 als Single Malt auf den Markt, und in den 1970er Jahren kam neben einem 8-Year-Old auch eine Variante ohne Altersangabe heraus. Beide Malts wurden in sehr auffällige Flaschen abgefüllt, die an Parfümflakons erinnerten und seitdem zu gesuchten Sammlerstücken geworden sind.

Es folgte eine konventioneller verpackte Abfüllung, die beibehalten wurde, als die Familienfirma Angus Dundee Distillers im Jahr 2000 Tomintoul übernahm. Robert Fleming entstammt in der vierten Generation einer Familie von Meisterbrennern aus der Gegend um Glenlivet und sagt: „Wir haben uns bemüht, den Stil des vorhandenen 10-Year-Old soweit wie möglich beizubehalten."

Im Wesentlichen ist der Tomintoul ein leicht getorfter Malt. Ein großer Teil des Destillerieausstoßes geht traditionell an Blendingfirmen. In der jüngeren Vergangenheit hat es eine wachsende Zahl von Single-Malt-Varianten gegeben, darunter auch diesen sehr zufriedenstellenden 10-Year-Old. **GS**

Verkostungsnotizen

Ein zugänglicher Aperitif-Speysider mit einer leichten, blumigen, duftigen und angenehm malzigen Nase. Leichter Körper, grasig und zart, mit Vanillefondant, Apfel und Zitrone am Gaumen und sehr subtilem Rauch im Hintergrund. Honig und Malz im Abgang.

Tomintoul 16-Year-Old

Angus Dundee Distillers | www.tomintouldistillery.co.uk

Herstellungsregion und -land Speyside, Schottland
Destillerie Tominoul, Ballindalloch, Banffshire
Alkoholgehalt 40 Vol.-%
Whiskytyp Single Malt

Dieser 16-Year-Old war der erste Tomintoul, den die Londoner Firma Angus Dundee Distillers 2003 als Ergänzung des bestehenden Tomintoul-Sortiments herausbrachte, nachdem sie die Destillerie im Jahr 2000 von Fortune Brands, den früheren Eignern von Whyte & Mackay, erworben hatte. Der Single Malt von Tomintoul wird als „The Gentle Dram" beworben. Der Meisterbrenner Robert Fleming hat eine wesentliche Rolle bei der Erweiterung des Sortiments gespielt. Er sagt: „Der 16-Year-Old ist mein Liebling, weil er unsere erste Abfüllung war und Ich mir bei der Auswahl sehr viel Mühe gegeben habe. Anstatt Verkostungnotizen auf dem Etikett abzudrucken, haben wir einfach nur angegeben, daß meine Familie seit vier Generationen in der Speyside Whisky brennt.

Der 10-Year-Old ist leicht und blumig, der 16-Year-Old sollte einen anderen Charakter zeigen, nicht einfach nur älter sein. Wir entschieden uns für eine süßere Ausrichtung mit Noten von Heidehonig. Wir haben Dutzende von Proben unterschiedlichen Alters verkostet und festgestellt, daß die 16 Jahre alten am ehesten dieser Vorstellung entsprachen. Seitdem füllen wir regelmäßig Fässer dieser Art mit Destillat und lagern sie für den 16-Year-Old ein."

2003 war ein besonders wichtiges Jahr in der Geschichte von Tomintoul. Es kam nicht nur der 16-Year-Old heraus, der seitdem eine treue Gefolgschaft hat, im selben Jahr wurde auch eine neuer Gebäudekomplex auf dem Destilleriegelände in Banffshire errichtet, in dem der Tomintoul mit anderen Malts und mit Grains zu Blends verschnitten wird. Danach wird er dann auf Flaschen abgefüllt oder en gros exportiert. **GS**

Verkostungsnotizen

In der Nase ebenso leicht und blumig wie der 10-Year-Old, zeigt aber mehr Karamell, Orange, Nüsse und Minze. Etwas vollerer Körper als der jüngere Bruder, mit Sahnefondant, Orangen und einer Spur Torf. Mittellanger Abgang mit Zitrus- und Gewürznoten.

Tomintoul 21-Year-Old

Angus Dundee Distillers | www.tomintouldistillery.co.uk

Herstellungsregion und -land Speyside, Schottland
Destillerie Tomintoul, Ballindalloch, Banffshire
Alkoholgehalt 40 Vol.-%
Whiskytyp Single Malt

Mit dem 21-Year-Old wurde 2011 die Lücke zwischen dem vorhandenen 16-Year-Old und dem 33-Year-Old im Sortiment von Tomintoul geschlossen. Der Meisterbrenner Robert Fleming stellt fest: „Der 21-Year-Old paßt sehr gut zwischen die anderen Varianten. Außerdem waren die Proben auch sehr gut. Bei der Faßauswahl achteten wir darauf, die Süße beizubehalten, sie aber durch stärkere Würzigkeit und Vanillenoten zu ergänzen. Der 21-Year-Old hat mehr ‚Biß' und zeigt mehr würzige Vanille. Wir haben den Anteil an frischen Bourbonfässern gegenüber der Menge an bereits zuvor für Whiskylagerung verwendeten Fässern erhöht, um das zu erreichen."

Fleming fügt einen Gesichtspunkt hinzu, auf den der Laie vielleicht nicht von sich aus käme, der für die Marktpositionierung und Verkaufsfähigkeit jedoch eine Rolle spielt: „Der Tomintoul ist immer leicht, elegant und zugänglich. Wir verwenden Sherryfässer ausschließlich für den Oloroso Sherry Cask Finish, weil unser Whisky offiziell als koscher anerkannt ist, was ihm eine Sonderstellung verschafft."

Wenn man sich für Ephemeres und kleine Nebensächlichkeiten auf dem Gebiet der Whiskykunde interessiert, findet man es vielleicht wissenswert, daß Tomintoul 2009 in das *Guinness Buch der Rekorde* aufgenommen wurde: Die Brennerei hatte die damals größte Whiskyflasche der Welt abgefüllt, die bei einer Höhe von 1,5 Metern soviel Whisky enthält wie 150 Standardflaschen. Sie wird heute im Clockhouse Restaurant am Dorfplatz von Tomintoul ausgestellt. Jim Beam und Famous Grouse haben zwar in der Zwischenzeit größere Flaschen hergestellt, aber dies ist immer noch die größte Malt-Flasche. **GS**

Verkostungsnotizen

Reife Honigmelone, Birne, warme Gewürze, Karamellbonbons und Spuren von neuem Leder in der Nase. Glatt und elegant. Mittlerer Körper, am Gaumen üppig und würzig mit Sahnekaramell und Malz. Recht langer Abgang, leicht trocken werdend, mit Kakaopulver.

Tomintoul 33-Year-Old

Angus Dundee Distillers | www.tomintouldistillery.co.uk

Herstellungsregion und -land Speyside, Schottland
Destillerie Tominoul, Ballindalloch, Banffshire
Alkoholgehalt 40 Vol.-%
Whiskytyp Single Malt

Im Jahr 2009 kam der Tomintoul 33-Year-Old als Ersatz für eine 27 Jahre alte Variante auf den Markt, die auf Wunsch eines amerikanischen Kunden entstanden war. Der Meisterbrenner Robert Fleming erklärt dazu: „Wir hatten für den 27jährigen Fässer zurückbehalten, wollten sie aber, als sie älter geworden waren, nicht mehr dafür hergeben.

Wie haben sehr viele Proben verkostet und festgestellt, daß der Whisky mit 33 Jahren nicht mehr so trocken ist, in diesem Alter kommt die Süße zurück", fährt er fort. „Die würzigen Töne und die Vanille waren nicht mehr so stark, weil wir mehr Fässer verwendeten, die bereits Scotch enthalten hatten, und nicht so viele frische wie beim 21-Year-Old."

Der Tomintoul 33-Year-Old kam nach einer limitierten Ausgabe des 1976ers auf den Markt, die ursprünglich für den Duty-Free-Markt bestimmt gewesen war und dann in den allgemeinen Verkauf ging. Fleming sagt: „Seit dieser Abfüllung wußten wir, daß wir den Whisky für einen sehr guten 33jährigen auf Lager hatten." Dann erlaubt sich Fleming noch etwas mehr Lob: „Ich halte diesen Whisky für ein ganz besonderes Juwel unter den Single Malts und für einen der besten, die in Schottland auf den Markt gekommen sind."

Eine Einzelfaßabfüllung des 1966er Tomintouls in der „Mackillop's Choice"-Reihe zeigte einen Whisky, der sehr schön, ohne Holztöne, auf die lange Faßlagerung reagiert hatte. Fleming führt das auf die Leichtigkeit des Destillats und die sorgfältige Faßauswahl der Destillerie zurück. Vielleicht hat es aber auch etwas damit zu tun, daß die Destillerie in der Nähe des höchstgelegenen Dorfes der schottischen Highlands liegt. **GS**

Verkostungsnotizen

Weich und elegant in der Nase, mit Rumanklängen, Malz und Sommerfrüchten. Sahnekaramell, Vanille und ein Hauch Zimt. Recht langer Abgang, der von fruchtiger Süße zu würziger Eiche hin trockner wird. Sehr schön ausgewogen.

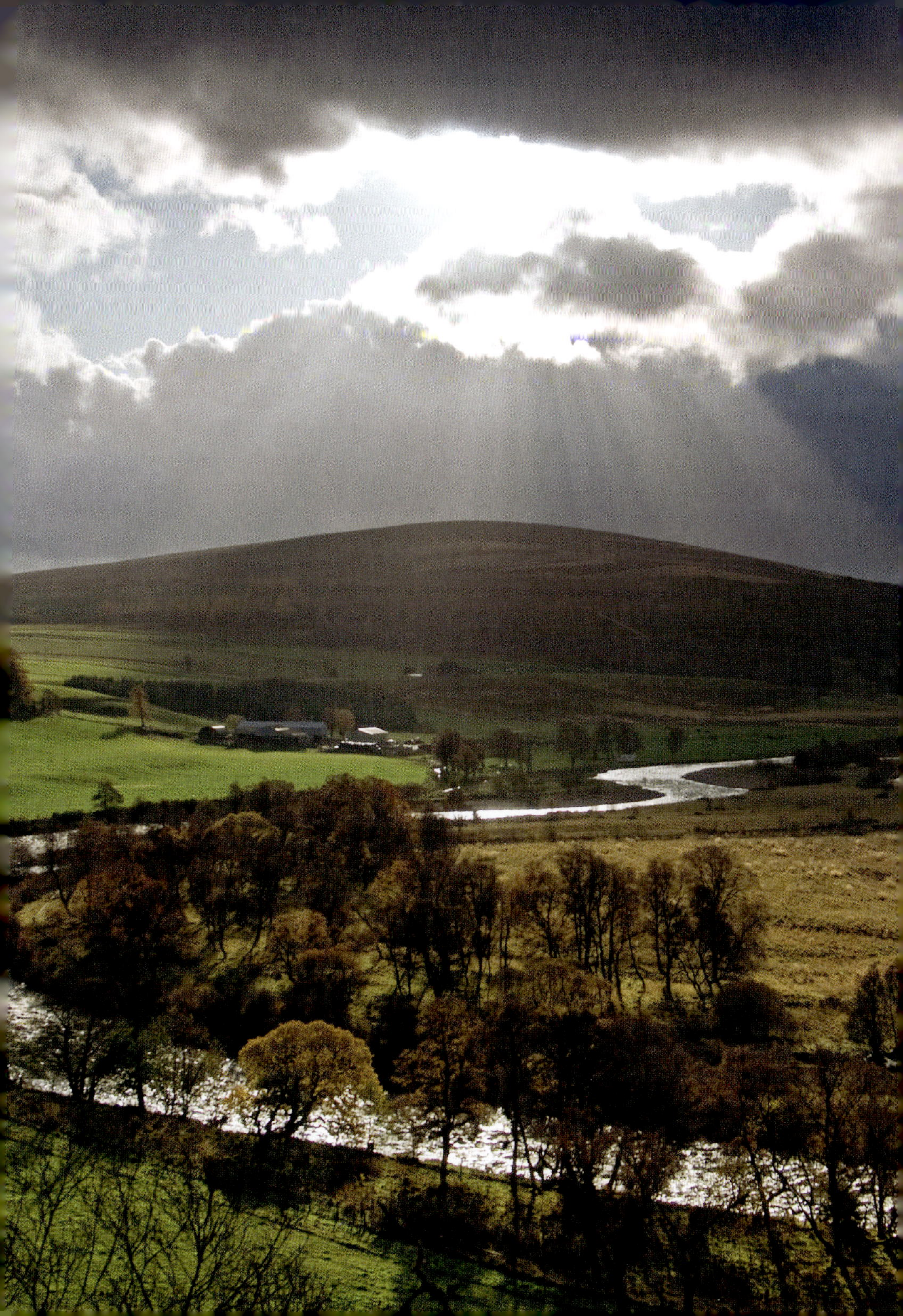

Tullibardine 1993

Tullibardine | www.tullibardine.com

Herstellungsregion und -land Highlands, Schottland
Destillerie Tullibardine, Blackford, Perthshire
Alkoholgehalt 40 Vol.-%
Whiskytyp Single Malt

Die in der Nähe von Blackford in Perthshire wunderschön gelegene Destillerie Tullibardine ist vor kurzem einer Verjüngungskur unterzogen worden. Der Besucherstrom im Informationszentrum reißt wegen der vorbeiführenden Hauptverbindungsstraße kaum ab – zu Recht, da die Brennerei auf eine lange Geschichte zurückblicken kann und ihr Leiter John Black gerne aus dem Erfahrungsschatz berichtet, den er in mehr als 50 Jahren Berufstätigkeit gesammelt hat.

Der 1993er Tullibardine ist die Standardvariante der Destillerie, die ihre Erzeugnisse als „außerordentlich süffig" bezeichnet. Der Whisky hat in der Tat ein gewisses Suchtpotential. Seine Zugänglichkeit und Leichtigkeit sind vielleicht zum Teil auf das verwendete Wasser zurückzuführen, das die Destillerie aus einer nahe gelegenen Quelle bezieht, aus der auch ein bekanntes Mineralwasser abgefüllt wird.

Man scheint schon seit langem um die Güte des Wassers gewußt zu haben. Wobei „man" in diesem Fall blaues Blut hatte: Die ersten Versuche, hier alkoholische Getränke herzustellen, reichen bis in das 15. Jahrhundert zurück, als König Jakob IV. kurz nach seiner Krönung Bier von der damals ersten öffentlichen Brauerei Schottlands bezog.

Ist der Tullibardine also ein königliches Getränk? Nun, er hat höfische Manieren, und er ist gut genug, um ihn auch Würdenträgern vorzusetzen. Falls man der Versuchung erliegt, längere Zeit Hof zu halten, sollte man am folgenden Morgen dennoch seinen königlichen Pflichten nachkommen können. Man sollte nur darauf achten, seinen Hermelinmantel nicht mit ihm zu bekleckern. **D&C**

Verkostungsnotizen

Ein ganzes Bouquet von Blütenaromen in der Nase. Viele energische Vanilline und Eichentöne zwischen Spuren von Lavendel und Heide. Am Gaumen leicht und klar – sogar spritzig –, und nach hinten trocken werdend. Der Abgang ist leider viel zu früh vorbei.

Tullibardine 1988

Tullibardine | www.tullibardine.com

Herstellungsregion und -land Highlands, Schottland
Destillerie Tullibardine, Blackford, Perthshire
Alkoholgehalt 46 Vol.-%
Whiskytyp Single Malt

Was war 1988 los? Ähhh … Ach ja. Die Olympischen Spiele in Seoul. Aber weit entfernt von allem Trubel wurde damals auch dieser Malt in der Destillerie Tullibardine in seine Fässer abgefüllt. Ob die damaligen Eigner Invergordon Distillers ahnten, daß er 20 Jahre später anläßlich des 500. Krönungsjubiläums von König Jakob IV. auf Flaschen abgezogen werden würde, ist nicht bekannt.

Vielleicht haben sie es geahnt. Vielleicht hatten sie es von Anfang an so geplant und genau diese Fässer beiseite gelegt, um später die vom Hurra-Schreien trocknen Kehlen der Royalisten wieder anzufeuchten. Es wäre interessant, die ursprüngliche Bestimmung des Destillats in Erfahrung zu bringen, das damals Faß um Faß in das Lagerhaus gerollt wurde. Aber man sollte sich wohl damit abfinden, daß sie nie bekannt werden wird, wenn es nicht doch noch zur Erfindung der Zeitreise kommt …

Jedenfalls sollte man der Marketingabteilung bei Tullibardine nicht gleich absichtliche Unaufrichtigkeit vorwerfen, nur weil die Abfüllung dieses Whiskys, den man von einem vorherigen Eigner übernommen hatte, volle 20 Jahre nach dem eigentlichen 500jährigen Krönungsjubiläum stattfand.

Der Single Malt selbst ist auf jeden Fall aufrichtig. Er ist nicht kaltfiltriert, das heißt, die sonst durch Filtrierung entfernten Fettsäuren und Proteine sind noch vorhanden. Es gibt Stimmen, die sehr lautstark fordern, dies zur Norm zu erheben, da die Kaltfiltrieung nicht nur diese Bestandteile eliminiert, sondern auch die Ester, die für die leichten, fruchtigen und blumigen Noten eines Whiskys verantwortlich sind. **D&C**

Verkostungsnotizen

Gut abgerundete Vanille- und Sahnearomen mit einem Spritzer saurer Zitronendrops. Rübenkraut weicht wiederkehrender Sahne, später zeigt sich das Holz, gleichermaßen warm und trocken. Der Abgang ist prägnant und kompakt, ohne abrupt zu wirken.

The Tweeddale Blend

Stonedean | www.stonedean.co.uk

Herstellungsregion und -land Schottland
Destillerien Verschiedene
Alkoholgehalt 46 Vol.-%
Whiskytyp Blend

Der zehn Jahre alte Tweeddale Blend wird von Alistair Day nach einem Rezept hergestellt, das zuletzt von seinem Urgroßvater Richard Day vor 70 Jahren verwendet wurde. Richard Day war zuerst ein Angestellter der Brauerei- und Blending-Firma J. & A. Davidson in der Borders-Stadt Coldstream. Später übernahm er mit seiner Familie die Firma und führte sie weiter. Den letzten Blend stellte sie vor dem Zweiten Weltkrieg her, aber die Kellerbücher gab es noch, und 2010 beschloß Alistair Day, eines der alten Rezepte nachzuarbeiten. Er entschied sich für den Tweeddale.

Der Blend wird nicht kaltfiltriert und besteht zu 50 Prozent aus Malts, die von acht verschiedenen Destillerien bezogen werden. Alistair Day sagt dazu: „Jeder der neun Whiskys in dem Blend stammt aus einem einzigen Faß. In der ersten Charge ist der Single Grain zehn Jahre alt, während die Single Malts zwischen zehn und 21 Jahre alt sind. In der zweiten Charge wurde der gleichen Single Grain in einem Alter von 15 Jahren verwendet. Er reifte in einem Sherryfaß. Sieben der acht Single Malts stammen aus denselben Fässern wie in der ersten Charge. Einer ist 14 Jahre alt und kommt aus einem anderen Faß."

Day verwendet Zuckercouleur, um dem Blend mehr Farbe zu verleihen. Auf diese Weise kann er der Rezeptur treu bleiben und ihr doch eine moderne Note geben. Das Originalrezept sah eine Beimischung von ein bis zwei Prozent Sherry oder dunklem Rum „als Farbstoff" vor, aber die Scotch Whisky Association hätte ernsthafte Einwände, falls heutzutage jemand auf die Idee käme, seinen Whisky auf diese Weise zu färben. **GS**

Verkostungsnotizen

In der Nase mit Malz, Karamellbonbons und Vanille recht robust, dann blumiger werdend. Bei Wasserzugabe frische, spritzige Zitronen- und Limettentöne. Glatt und zugänglich, mit Pfirsichen, Birnen, Karamell und Ingwer. Im langen Abgang subtil trocknend.

Der Teeddale Blend wird mit Zuckercouleur gefärbt.

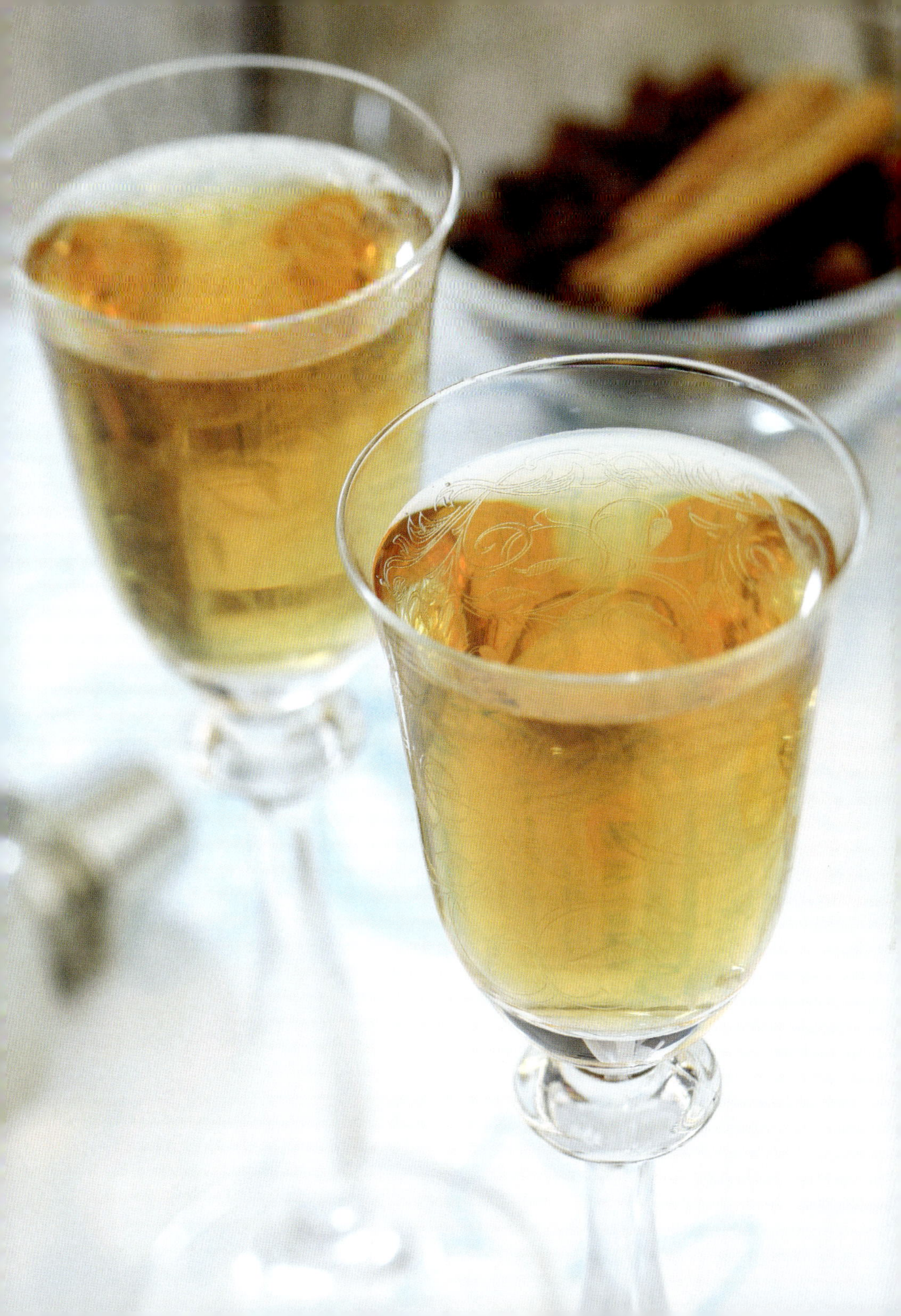

VAT 69

Diageo | www.diageo.com

Herstellungsregion und -land Schottland
Destillerien Verschiedene
Alkoholgehalt 40 Vol.-%
Whiskytyp Blend

Der VAT 69 entstand 1892 als Ergebnis einer Reihe von Versuchen, die der Wein- und Spirituosenhändler William Sanderson angestellt hatte. Er hatte dazu 100 verschiedene Blends in unterschiedliche Fässer gefüllt und seine Freunde gebeten, an einer Blindverkostung teilzunehmen, um den besten Verschnitt auszuwählen. Der Sieger des Wettbewerbs stammte natürlich aus dem Faß mit der Nummer 69.

Es muß ein guter Whisky gewesen sein: Der Polarforscher Ernest Shackleton nahm ihn 1914 auf seiner Antarktisexpedition „zu medizinischen Zwecken und für feierliche Gelegenheiten" mit. Vermutlich auch als Mittel gegen die Kälte. Angesichts der langen Zeit, die Shackleton in der Antarktis gefangen war, handelte er mit weiser Voraussicht. Nachdem sein Schiff vom Eis zerdrückt worden war, ruderten Shackleton und fünf seiner Männer in einem acht Meter langen Rettungsboot 1300 Kilometer zu einer entlegenen Insel. Wieviel Whisky die sechs Tapferen am Ende der Reise noch hatten, ist nicht bekannt.

Der VAT 69 enthält etwa 35 Prozent Malt mit leichten regionalen Unterschieden. Wie bei vielen Blends werden die Namen der Malts, aus denen er besteht, nicht bekanntgegeben. In der Vergangenheit haben jedoch Royal Lochnagar, Teaninich und Glenesk eine Rolle gespielt. **PB**

Verkostungsnotizen

Glatte, leichte Fruchtnoten und große Meersalzflocken in der Nase. Am Gaumen unglaublich glatt, weich und abgerundet, wieder mit einer heftigen Dosis Meer.

Wemyss Malts Ginger Compote 1996

Wemyss Malts | www.wemyssmalts.com

Herstellungsregion und -land Speyside, Schottland
Destillerie Benrinnes, Aberlour, Banffshire
Alkoholgehalt 46 Vol.-%
Whiskytyp Single Malt

Unabhängige Abfüller wie Wemyss können dadurch, daß sie den Inhalt guter Fässer aus eher unbekannten Destillerien auf Flaschen ziehen, dafür sorgen, daß auch Single Malts einen größeren Bekanntheitsgrad erlangen, die von den Brennereien sonst nicht als Single Malt vermarktet werden. In diesem Fall ist es Benrinnes, die sonst nur einen einzigen Single Markt herausbringt.

In den meisten schottischen Destillerie wird doppelt destilliert, nur wenige brennen dreimal. Einige Ausreißer führen einen partielle Dreifachdestillation durch. Benrinnes begann 1955 damit, gab das Verfahren aber überraschend vor einigen Jahren zugunsten der traditionellen doppelten Destillation wieder auf. Die partielle Dreifachdestillation hatte vorher einen gewissen Einfluß auf den Geschmack, und in Zukunft wird sich erweisen müssen, ob der Charakter des Benrinnes sich verändert hat.

Benrinnes verwendet *worm tubs*, um das Destillat zu kondensieren. Dadurch wird weniger Schwefel aus dem Destillat entfernt, der dann im Laufe einer längeren Faßreifung aus dem Whisky genommen werden muß. Das erklärt, warum Diageos eigene Abfüllung des Bennrinnes mit 15 Jahren ebenso alt ist wie dieser Ginger Compote von Wemyss, der in einem bereits zuvor für Scotch verwendeten Sherryfaß gelagert wurde. **IR**

Verkostungsnotizen

Deutlicher Ingwer in der Nase, auch etwas erdig und malzig. Merkwürdige Spuren von Salami und Schinken. Feurige Gewürze. Abgang erinnert an Tarte Tatin.

Wemyss Malts
The Hive Batch Strength

Wemyss Malts | www.wemyssmalts.com

Herstellungsregion und -land Verschiedene
Schottland Destillerien Verschiedene
Alkoholgehalt 54,5 Vol.-%
Whiskytyp Blended Malt

Wemyss Malts
The Honey Pot 1996

Wemyss Malts | www.wemyssmalts.com

Herstellungsregion und -land Speyside, Schottland
Destillerie Glen Moray, Elgin, Morayshire
Alkoholgehalt 46 Vol.-%
Whiskytyp Single Malt

Es ist gut zu sehen, wie erfolgreich der kleine unabhängige Abfüller Wemyss mit seiner Reihe von Blended Malts ist. Blended Malts sind nicht verschnittene Whiskys (Blends), sondern Mischungen aus Malts unterschiedlicher Destillerien, die aber keine Grain-Whiskys enthalten. Der Whiskytyp wird manchmal etwas mißtrauisch beäugt, weil man ihn mit den Blends verwechselt und man (fälschlicherweise) glaubt, ein Blend sei immer einem Single Malt unterlegen.

In der Vergangenheit stammten die Hersteller von Blended Malts meist vom progressiveren und innovativeren Ende des Whiskyspektrums. So war die Easy Drinking Whisky Company mit ihren Blended Malts ihrer Zeit voraus, und Compass Box setzte sich über Konventionen hinweg und führte so ein ganzes neues Völkchen von Konsumenten an diesen Whiskytyp heran.

Wemyss ist eine weitere Firma, die den Begriff „Blended Malt" verwendet, um zu beschreiben, was sich in der Flasche befindet. Der Hive gehört zu einer Reihe innerhalb dieser Kategorie. Er wurde von Wemyss 2016 in limitierten Auflagen in Faßstärke herausgebracht. Die Whiskys in dieser Version stammten vor allem von der Speyside, so daß man neben Honig auch Früchte und Vanille im Überfluß zu erwarten hat. **DR**

Verkostungsnotizen

Honig, kandierte Äpfel und Orangenschale in der Nase. Das Orangenthema setzt sich am Gaumen fort, zusammen mit Ingwer und gewichtigen Beerennoten.

Wemyss Malts benennen ihre Abfüllungen nach einer wichtigen Komponente des jeweiligen Whiskys, und meist treffen sie mit der Namensgebung den Nagel auf den Kopf. Diese Abfüllung des Glen Moray zeigt tatsächlich sehr starke Honignoten, die man sonst selten mit dem Glen Moray in Verbindung bringt, der meist eher an Früchte und Vanille denken läßt. Es handelt sich also um eine ungewöhnliche, aber sehr ansprechende Variante des Whiskys aus dieser Destillerie.

Beim Maischen des Gerstenschrots mit heißem Wasser muß man sich immer entscheiden, ob die Würze für den nächsten Schritt, das Gären, klar oder trübe sein soll. In einer trüben Würze sind mehr Feststoffe von der Gerste enthalten, die dem Destillat einen malzig-nussigen Ton geben. Glen Moray strebt jedoch eine klare Würze an, bei der die duftigen und fruchtigen Nuancen in den Vordergrund treten.

Der Honey Pot 1996 von Wemyss Malts stammt aus einem bereits zuvor für Scotch verwendeten Bourbonfaß, so wie 99 Prozent der Produktion in Glen Moray. Leider wird es wohl in zehn Jahren deutlich weniger Abfüllungen des Glen Moray von unabhängigen Firmen geben, da die Eigner vor einigen Jahren den Verkauf von Fässern an andere Unternehmen eingestellt haben. **IR**

Verkostungsnotizen

Süß, aber mit Orangen- und Zitronenzesten auch frisch. Ein Hauch Gewürze (vielleicht Muskat) und eine Spur Möbelpolitur. Mittellanger Abgang mit etwas Marzipan.

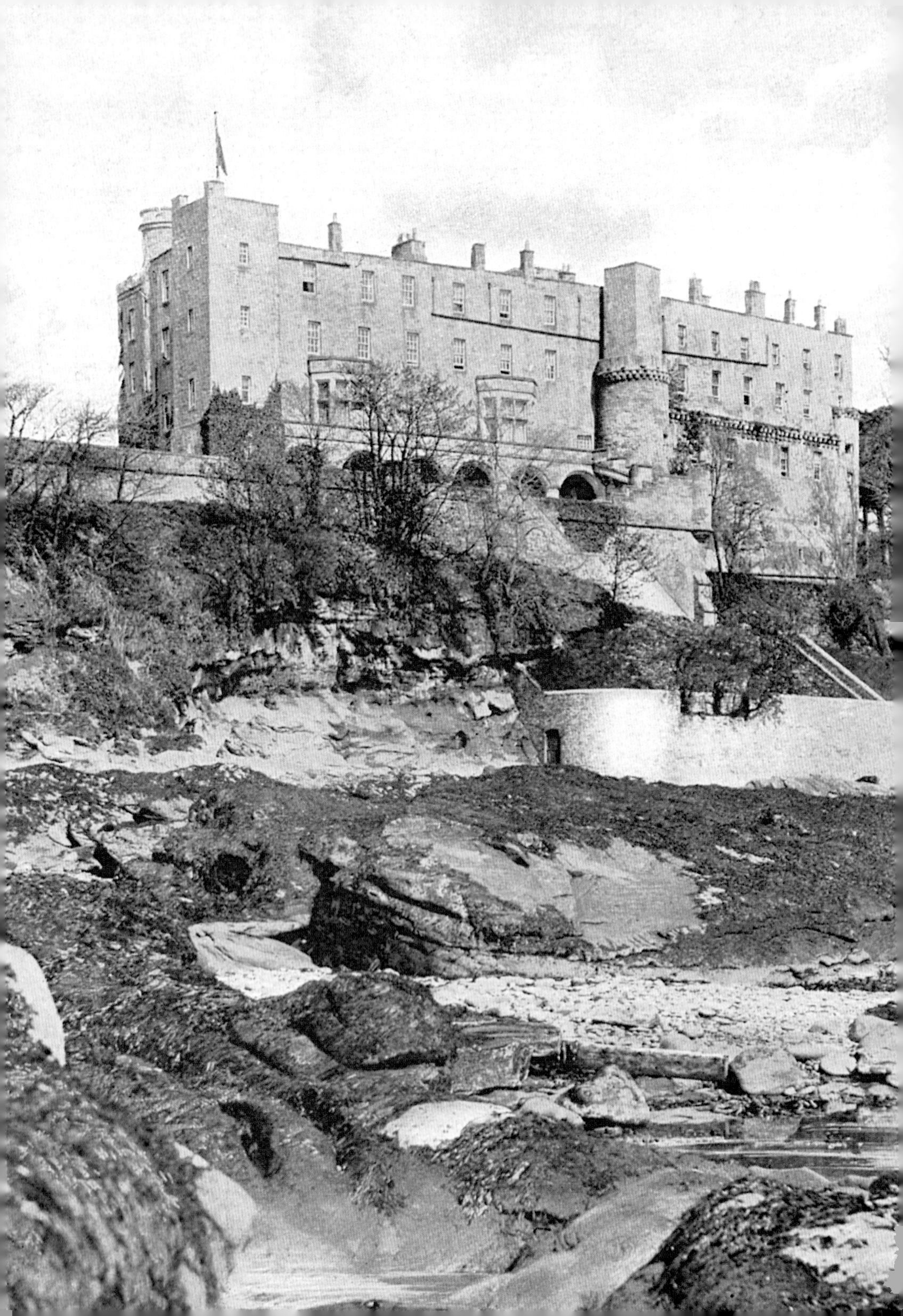

Wemyss Malts Peat Chimney 8-Year-Old

Wemyss Malts | www.wemyssmalts.com

Herstellungsregion und -land Islay, Schottland
Destillerien Verschiedene
Alkoholgehalt 40 Vol.-%
Whiskytyp Blended Malt

Die Firma Wemyss Malts gehört der schottischen Familie Wemyss und begann 2005 Whiskyabfüllungen herauszubringen. Sie war schon vorher im Weingeschäft tätig und an Weingütern in der Provence und in Westaustralien beteiligt. Erfahrung mit Whisky hatte man jedoch noch nicht, einmal davon abgesehen, daß die erste Destillerie von Haig's Anfang des 19. Jahrhunderts auf dem Land der Familie in Fife errichtet wurde, wo sich auch das seit dem 14. Jahrhundert bewohnte Stammschloß der Familie befindet. Diesen Mangel an Erfahrung machten sie wett, indem sie den weltberühmten Whiskyexperten und -journalisten Charles MacLean als Leiter des Verkostungsgremiums engagierten und Susan Colville, die zuvor für verschiedene unabhängige Abfüller tätig war, zur Markenbotschafterin und zum Mitglied im Verkostungsgremium machten.

Der Grundwhisky für den Peat Chimney stammt von einer der Destillerien auf Islay. Die Insel ist bekannt für ihre oft sehr stark getorften Malts, aber der Peat Chimney ist ganz entschieden kein Rauchangriff auf den Gaumen. Er zeigt Phenole, aber sie überwältigen die Aromen nicht, sondern ergänzen sie. Es ist ein Whisky mit Selbstvertrauen, der zugibt: „Ja, ich bin getorft. Aber ich habe auch sonst noch viel vorzuweisen." **IR**

Verkostungsnotizen

Geräucherter Schinkenspeck und Blütennoten. Etwas Vanille und Kokosnuß. Am Gaumen Holzkohle mit schwarzem Pfeffer und Lakritze. Mittellanger Abgang.

Wemyss Malts Peat Chimney Batch Strength

Wemyss Malts | www.wemyssmalts.com

Herstellungsregion und -land Schottland
Destillerien Verschiedene
Alkoholgehalt 57 Vol.-%
Whiskytyp Blended Malt

Im Laufe der Jahre hat es verschiedene Möglichkeiten gegeben, um auf dem Etikett etwas über den Inhalt einer Whiskyflasche auszusagen: Alter, Name der Destillerie, Faßart, sogar die Farbe. Am schönsten ist jedoch die Verwendung eines sprechenden Namens wie etwa Peat Chimney, ein Verfahren, das Wemyss in der Nachfolge einiger anderer Hersteller von Blended Malts mit großem Erfolg angewendet hat.

Stark vereinfacht lassen sich getorfte Whiskys in zwei Kategorien unterteilen. Bei der ersten dreht sich alles um den Torf. Es sind die Heavy-Metal-Vertreter unter den Whiskys, deren Anhänger von ihnen nichts erwarten als intensive Sinneserlebnisse. Bei der zweiten Kategorie ist der Rauch ausgewogener und gibt auch anderen Geschmacksnuancen Raum. Der Peat Chimney gehört traditionell in diese zweite Kategorie, insofern ist der Name etwas irreführend, da Torf nicht sein dominierender Geschmack ist.

Auch bei dieser Version sind neben dem Torf andere Geschmacksnoten sehr intensiv. Bis zu zehn Malts sind in ihr vertreten, aber die Rauchnoten stammen von einem Islay-Malt. Diese Charge ergab nur 6000 Flaschen, die aber ein sehr gutes Preis-Leistungs-Verhältnis bieten, weshalb es sich lohnt, sie ausfindig zu machen. **DR**

Verkostungsnotizen

In der Nase erinnert manches an Rye-Whisky, mit Noten von gegrilltem Fleisch und Zitrone. Am Gaumen Torf, Chili und Meeresgischt, mit Schokolade und Nüssen.

Wemyss Castle, seit dem 14. Jahrhundert Sitz der Familie Wemyss

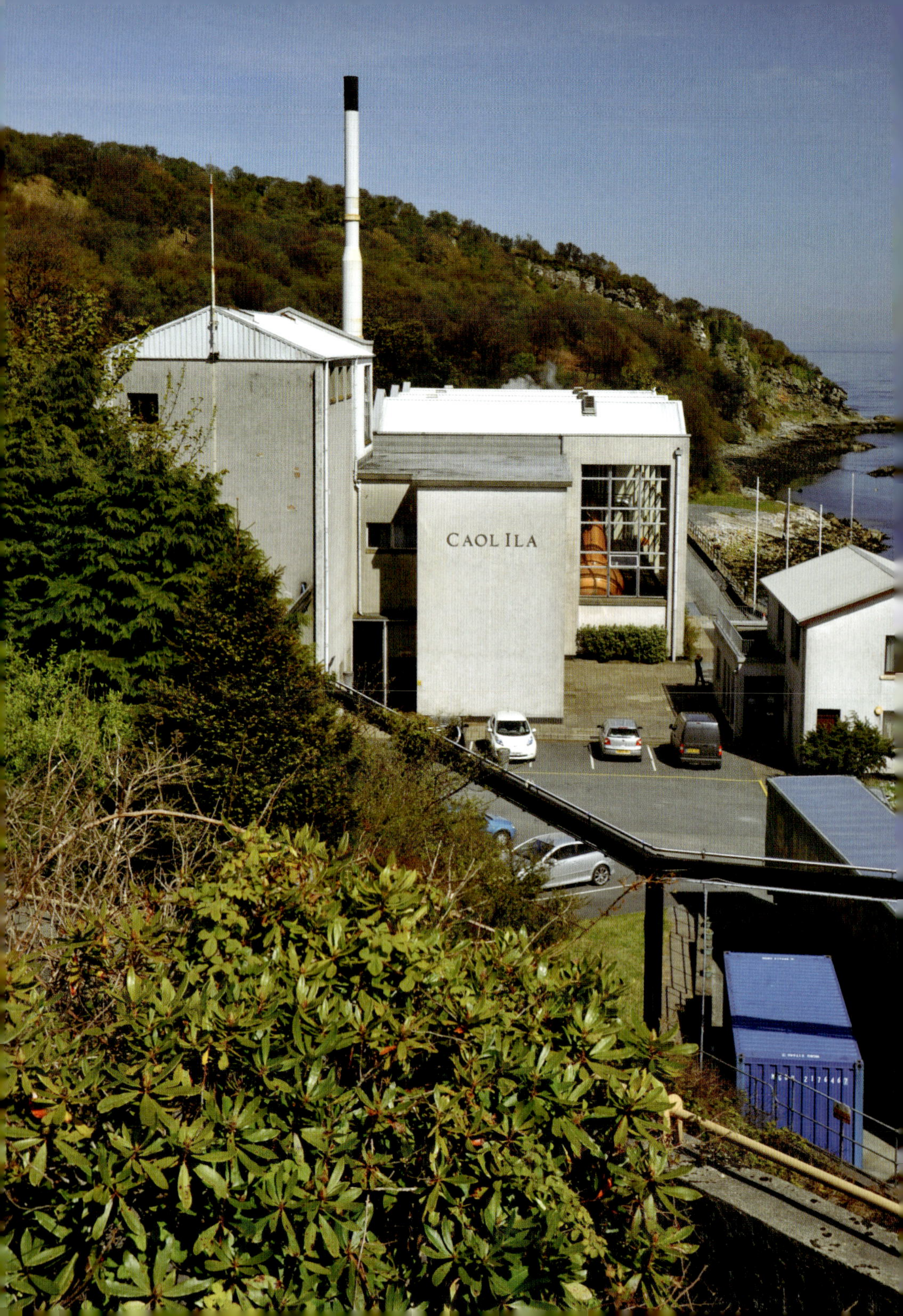
CAOL ILA

Wemyss Malts Smoke Stack 1996

Wemyss Malts | www.wemyssmalts.com

Herstellungsregion und -land Islay, Schottland
Destillerie Caol Ila, Port Askaig, Argyll
Alkoholgehalt 46 Vol.-%
Whiskytyp Single Malt

Besucher der Insel Islay steuern meist geradewegs die berühmten drei Destillerien im Süden der Insel an: Ardbeg, Lagavulin und Laphroaig. Es gibt im Norden allerdings eine Brennerei, die mehr Whisky ausstößt als diese drei zusammen: Caol Ila.

Wie bei den meisten Whiskys von der Insel dreht sich auch beim Single Malt von Caol Ila alles um Torf. Der Whisky erhält seinen rauchigen Charakter von den enthaltenen Phenolen. Der Gehalt wird in ppm gemessen – *parts per million*, Teile von einer Million. Lagavulin und Laphroaig haben den gleichen Phenolgehalt wie der Caol Ila – zwischen 35 und 45 ppm –, aber der Torf wirkt sich bei ihnen vollkommen anders aus. Diese Unterschiede hängen mit dem Mittellauf des Destillats zusammen, jenem Teil des Alkohols, der beim Brennen zurückbehalten und in Fässer abgefüllt wird, um zu reifen.

Laphroaig und Lagavulin belassen die süßen Ester im Vorlauf, die bei Caol Ila in den Mittellauf aufgenommen werden. Umgekehrt wird bei Caol Ila der Nachlauf früher abgetrennt, in dem die meisten Phenole enthalten sind. So enthält diese Wemyss-Abfüllung eines Single Malts aus einem Bourbonfaß weniger Phenole, sein geschmackliche Charakter erinnert eher an geräucherten Schinkenspeck als an Seetang und Teer. **IR**

Verkostungsnotizen

Nicht zu sehr getorft. Süß mit cremiger Textur und guter Balance von Phenolen und Süße. Langer Abgang mit sich entwickelnden Aprikosen- und Pfirsichnoten.

Wemyss Malts Smooth Gentleman 8-Year-Old

Wemyss Malts | www.wemyssmalts.com

Herstellungsregion und -land Speyside, Schottland
Destillerien Verschiedene
Alkoholgehalt 40 Vol.-%
Whiskytyp Blended Malt

Wemyss Malts gibt seinen Whiskys sprechende Namen, die Hinweise auf die Aromen und Geschmacksnoten liefern, die man erwarten kann, wenn man eine Flasche kauft. Zu den einfallsreichen Namen, auf die sie bisher gekommen sind, gehörten Freshly Cut Grass, Ginger Treacle und Mocha Spice.

Dieses Marketinginstrument ist schon einmal verwendet worden. Vor einigen Jahren hat die Easy Drinking Whisky Co. drei Whiskys herausgebracht, die sie Rich and Spicy One, Smoky Peaty One und Smooth and Sweeter One nannten. Die Firma hielt sich nur wenige Jahre, vielleicht war der Markt damals einfach noch nicht reif genug für solche Namen.

Der Smooth Gentleman von Wemyss ist ein Whisky, der nicht nach einer besonderen Gelegenheit oder Stimmung verlangt, um ihn zu genießen. Er ist der perfekte Allrounder, nicht fordernd, aber auch nie eintönig. Der tonangebende Malt des Smooth Gentleman stammt aus einer Destillerie in der östlichen Speyside. Er wird nur selten als Single Malt abgefüllt, ist aber bei Herstellern von Blends sehr beliebt, weil er seine Eignung als Rückgrat für unterschiedliche Blends bewiesen hat. Der Smooth Gentleman macht einem keine Schande, wenn man ihn zum persönlichen Hauswhisky erklärt. **IR**

Verkostungsnotizen

Viele Esternoten und etwas Malz in der Nase, mit süßen Äpfeln, Birnen und zerdrückten Weinbeeren. Honig und Butterkaramell. Zugänglich und trinkbar.

Die Destillerie Caol Ila auf der Insel Islay

Wemyss Malts Spice King 8-Year-Old

Wemyss Malts | www.wemyssmalts.com

Herstellungsregion und -land Highlands, Schottland
Destillerien Verschiedene
Alkoholgehalt 40 Vol.-%
Whiskytyp Blended Malt

Als Wemyss Malts 2005 mit seinen ersten Whiskys auf den Markt kam, waren das drei Blended Malts. Früher wurden solche Whiskys als Vatted Malts bezeichnet. So oder so wird damit ein Verschnitt von Malts verschiedener Destillerien bezeichnet. Man sollte diesen Whiskytyp nicht mit Blended Scotch oder Blend verwechseln, womit ein Verschnitt gemeint ist, der auch Getreidewhisky enthält.

2005 brachte die neugegründete Abfüllfirma drei Fünfjährige heraus: Peat Chimney, Smooth Gentleman und Spice King. Die Namen der drei Whiskys verwiesen auf ihre jeweilige Geschmacksrichtung und behielten ihren Wiedererkennungswert bei allen folgenden Abfüllungen. Vier Jahre später wurde das Sortiment um drei Versionen erweitert, die acht Jahre alt waren, und 2010 war die Zeit gekommen, um 12-Year-Olds herauszubringen, diesmal jedoch nur auf ausgewählte Duty-Free-Märkten (zuerst in Indien und Thailand). Jeder der Blends besteht aus bis zu 16 verschiedenen Malts.

Als tonangebender Malt für den Spice King wurde ein Whisky aus den Highlands ausgewählt. Die einzelnen Destillerien, aus denen die Malts für den Whisky stammen, wurden nicht bekanntgegeben, aber es gibt Kommentatoren, die meinen, bei dem tonangebenden Malt könnte es sich um einen Talisker handeln, der in Sherryfässern gelagert war. Mehrere der anderen Malts stammen von der Speyside, wo es mehr als 40 Destillerien gibt, die Whiskys sehr unterschiedlicher Richtungen brennen, von schwer und fleischig bis frisch und grün. Whiskys, die als „typischer Speysider" beschrieben werden, sollte man meiden. So etwas gibt es nicht. **IR**

Verkostungsnotizen

Sehr frisch, mit Kräutern und grünen Düften, vielleicht von gemähtem Gras, und einer Spur Torf. Auch am Gaumen wieder Torf, auf den nach einigen Sekunden roter Chili folgt. Gegen Ende dann Noten von sehr reifer Melone. Mittellanger, trockner Abgang.

Wemyss Malts Spice King Small Batch

Wemyss Malts | www.wemyssmalts.com

Herstellungsregion und -land Schottland
Destillerien Verschiedene
Alkoholgehalt 56 Vol.-%
Whiskytyp Blended Malt

In den vergangenen Jahren ist die Zahl der neu errichteten Destillerien auf der ganzen Welt sprunghaft angestiegen, und dieser Trend hat sich auch in Schottland bemerkbar gemacht. Allerdings ist die Markteinführung eines neuen Whiskys in Großbritannien eine besondere Herausforderung, weil es strenge Vorschriften über die Mindestgröße der Brennblasen gibt. Diese Vorschriften werden zudem oft so ausgelegt, daß der Einstandspreis für die meisten Interessenten zu hoch ist.

In Schottland muß das Destillat mindestens drei Jahre reifen, bevor es auf Flaschen gezogen werden darf. Meist braucht der Whisky wesentlich länger. Für den Hersteller kann diese Zeit ohne Einkommen sehr lang werden und zu finanziellen Engpässen führen. In einer solchen Lage war die neue Kingsbarn-Destillerie, als Wemyss beschloß, in die Bresche zu springen.

Die Fähigkeit von Wemyss, als Financier bei Kingsbarn einzusteigen, spricht für den Erfolg ihrer Reihe von Blended Malts. Die Firma hat sich tatsächlich mit ihren Blends, dem hochwertigen schottischen Gin und den Blended Malts einen vorzüglichen Ruf erworben. Diese Leistungen sind umso beachtlicher, weil zum Jahrtausendwechsel ein Mangel an Whisky beträchtlichen Druck auf die unabhängigen Abfüller ausübte, die auf die regelmäßige Versorgung mit überzähligen Fässern von den Destillerien angewiesen sind.

Wemyss Spice King Small Batch besteht hauptsächlich aus Highland-Whiskys. Die Charge ergab nur 6000 Flaschen, und der Whisky ist sein Geld auf jeden Fall wert. Der Charakter entspricht genau dem, was man auf dem Etikett liest – er ist sehr würzig. **DR**

Verkostungsnotizen

In der Nase Ingwer und Muskatnuß. Am Gaumen eine üppige und vollkörprige Mischung aus öligem Malz und süßer, zäher Gerste mit sanftem Rauch und Chili. Komplex und wärmend, mit einem mittellangen bis langen fruchtigen Abgang.

White Horse

Diageo | www.diageo.com

Herstellungsregion und -land Schottland
Destillerien Verschiedene
Alkoholgehalt 40 Vol.-%
Whiskytyp Blend

Liebhaber von schlechten Witzen kennen vielleicht auch den Whisky White Horse, auch wenn sie noch nie einen Tropfen davon getrunken haben. Es gibt zu ihm einen Witz, der etwa so lautet: Ein Pferd (selbstredend weiß) kommt in eine Bar und bestellt ein Bier. Der Keeper sagt: „Komisch, daß Sie ein Bier bestellen. Wir haben doch sogar einen Whisky, der so heißt wie Sie." Das Pferd antwortet: „Wie? – Eric?"

Der Whisky ist glücklicherweise deutlich besser als der Witz. White Horse kam 1890 auf den Markt und wurde nach einer Gaststätte benannt, die als Ausgangspunkt für die achttägige Reise mit der Pferdekutsche nach London diente. Die Gaststätte wiederum war nach dem weißen Pferd benannt worden, auf dem die unglückliche schottische Königin Maria Stuart zu ihrem Palast Holyroodhouse zu reiten pflegte.

Der Urheber des Blends, Peter Mackie, war anscheinend ebenso genial wie exzentrisch wie größenwahnsinnig. Er kam auf die innovative Idee, Whiskyflaschen mit Schraubverschlüssen anstatt mit Korken zu verschließen. Seine Ausbildung hatte er bei Lagavulin auf der Insel Islay absolviert – man sagt der Destillerie nach, sie sei die geistige Heimat des White Horse –, und der Malt von Lagavulin lieferte auch lange einen wichtigen Bestandteil des Blends, seinen rauchigen Kern. Im Laufe der Jahre haben aber auch viele andere Malts eine Rolle im White Horse gespielt, darunter Cragganmore, Caol Ila, Talisker und Glen Elgin. Glen Elgin führte auch bis vor kurzem noch das Weiße Pferd als Logo auf den Etiketten seiner Single Malts (auch auf dem Dach der Destillerie Lagavulin war es übrigens zu sehen). **PB**

Verkostungsnotizen

Zähe Getreide-, Pfeffer und Torfnoten in der Nase; Pflaumenmus und etwas Bananen-Toffee-Kuchen. Am Gaumen zuerst leicht und nussig, dann zunehmend pfeffriger werdend, mit klaren grünen Früchten. Der Pfeffer verblaßt im Abgang nur sehr langsam.

In den 1970ern ging die Werbung für White Horse ins Surreale.

You can take a White Horse anywhere

Whyte & Mackay 30-Year-Old

Whyte & Mackay | www.whyteandmackay.com

Herstellungsregion und -land Schottland
Destillerien Verschiedene
Alkoholgehalt 40 Vol.-%
Whiskytyp Blend

Der 30-Year-Old hebt sich schon äußerlich von seinen Stallgenossen bei Whyte & Mackay durch die phantastische Verpackung ab. Die undurchsichtige schwarze Flasche (wie man sie bei keiner anderen Abfüllung von Whyte & Mackay findet) und der schwarze Karton zeigen beide stolz das uralte Logo mit den zwei Löwen, hier in Gold anstatt dem üblichen Rot. Die beiden Löwen stehen für den Löwen im Wappen Schottlands und jenem des Clans Macgregor, aus dem James Whyte, einer der Firmengründer, zu stammen behauptete.

Der Masterblender Richard Paterson berichtet, die verschiedenen Whiskys würden ein bis zwei Jahre zusammen im Faß gelagert, um sie miteinander zu „vermählen" und die Süße des Blends zum Vorschein zu bringen. Es gibt nur eine Handvoll von Destillerien, die über Malts verfügen, die alt genug sind, um für einen solchen Malt in Frage zu kommen. Wenn sie aber dieses Alter erreicht haben (in der Regel sind sie zwischen 30 und 35 Jahre alt), sind sie meist phantastisch. Paterson sagt, Whiskys, die in Weißeiche aus Missouri gereift sind, verliehen dem Blend Eleganz, während Malts aus Sherryfässern ihn in einen luxuriösen, verführerischen Zobelmantel hüllen. Sogar der Getreidewhisky trägt zu den Starqualitäten bei; Grain-Whiskys, die 30 oder mehr Jahre gereift sind, erweisen sich oft schon als eminent trinkbare Tropfen, aber in einem Blend mit Malts verführen und umschmeicheln sie die Malts, so daß diese sich von ihrer besten Seite zeigen.

Dieser 30-Year-Old ist zweimal zum „besten Blended Whisky der Welt" gewählt worden. Auf jeden Fall gehört er zu den besten Dingen, die Glasgow jemals hervorgebracht hat. **RL**

Verkostungsnotizen

Karamellbonbons und Marzipan in der Nase, dann Ananas, Melonen, Obstsalat und Brausepulver, schließlich Leder, Stroh und Tabakblätter. Saftig, fruchtig und überraschend lebhaft am Gaumen. Im Abgang kandierter Apfel mit etwas von Tabak und Gewürznelke.

Whyte & Mackay Original 40-Year-Old

Whyte & Mackay | www.whyteandmackay.com

Herstellungsregion und -land Schottland
Destillerien verschiedene
Alkoholgehalt 45 Vol. %
Whiskytyp Blend

Ein 40 Jahre alter Whisky läßt einen in die Vergangenheit zurückblicken, er rüttelt einen aus der selbstzufriedenen Trägheit auf und erweckt Gefühle, die man schon lange zu Grabe getragen hatte. Es ist nicht leicht, einen Blend dieses Alters zusammenzustellen. Nur wenige Destillerien haben Lagerbestände, die alt genug sind, und der Verschnittmeister muß noch mehr Gedanken, Sorgfalt und Geschick an den Tag legen als sonst. Der Einfluß des Eichenholzes sollte im Gewebe den kräftigen Schuß bilden, aber die Kette aus anderen Texturen und Farben muß sichtbar bleiben.

Der Whyte & Mackay Original 40-Year-Old besteht zu 70 Prozent aus Malts. Das ist wesentlich mehr als bei den meisten Blends, sogar bei solchen der Luxusklasse. Die „70" ist eine symbolische Zahl, da sie auf eine Person verweist, die in der Geschichte von Whyte & Mackay eine wichtige Rolle spielte: John MacIlraith, der 70 Jahre seines Lebens der Firma widmete und sich vom Verkäufer bis zum Geschäftsführer hoch arbeitete. 1950 verstarb er.

Bei den World Whisky Awards 2010 gewann der 40-Year-Old den Preis als „Bester in seiner Klasse". Diesen Erfolg hatte er der phantasievollen Verwendung von Sherryfässern – Amoroso, Pedro Ximénez und Palomino Fino – zu verdanken, die aufgrund der engen Geschäftsbeziehungen von Whyte & Mackay zu Gonzales Byass möglich war. Der große Anteil an Highland- und Speyside-Malts geben dem Blend ein Rückgrat, das himmlisch ist. Der Masterblender Richard Paterson empfiehlt, einen Whisky beim Verkosten für jedes Jahr seiner Lagerzeit eine Sekunde im Mund zu belasten. In diesem Fall sind das also 40 Sekunden. **RL**

Verkostungsnotizen

Parfüm in der Nase – man kommt sich vor wie in der Garderobe einer Grande Dame. Frische Mandarinen und Honigmelonen. Groß und mundfüllend. Zähe Textur, die Geschmacksnoten von aromatischen Früchten und Gewürzen. Lakritze und Tabak im Abgang.

Whyte & Mackay Special

Whyte & Mackay | www.whyteandmackay.com

Herstellungsregion und -land Schottland
Destillerien Verschiedene
Alkoholgehalt 40 Vol.-%
Whiskytyp Blend

Whyte & Mackay nennen diesen Blend „den Scotch, den die Schotten trinken". Das gilt vermutlich besonders für die Kenner unter den Einwohnern der Heimatstadt der Firma, Glasgow.

Auch bei dieser Standardvariante innerhalb des Fimensortiments wird auf dem Flaschenetikett stolz von der „*double marriage*" seiner Komponenten geschrieben. Die erste „Vermählung" besteht darin, daß die etwa 35 Single Malts (alle zwischen vier und acht Jahre alt) in Sherryfässern je nach Nachfrage für drei bis acht Monate miteinander bekannt gemacht werden. Bei der zweiten „Vermählung" werden der Mischung sechs verschiedenen Grain-Whiskys (auch vier bis acht Jahre alt) zugefügt.

Whyte & Mackay behauptet, als einzige Firma dieses doppelte Verschnittverfahren anzuwenden, das sich angeblich durch einen harmonischeren und konsistenteren Whisky mit sanften, abgerundetem und milden Charakter auszahlt. Die doppelt „Vermählung" erlaubt den Grundwhiskys, sich allmählich miteinander zu vermischen und eine etwas esoterisch anmutende „spirituelle Einheit" zu erreichen. Whyte & Mackay betrachten die doppelte „Vermählung" auch als wichtige Voraussetzung für die inhärente Süße, die bei dem dritten wichtigen Zusammentreffen im Rahmen der Whiskyherstellung entsteht: dem zwischen Gerste und Holz.

Der Whyte & Mackay Special ist der Blend, den man hinter der Bar von fast jedem Pub in Schottland ausgestellt sieht. Seine Beliebtheit spricht für die sorgfältige Auswahl der Komponenten und für das Verfahren, mit dem sie zusammengeführt werden. So sieht es auf jeden Fall der Masterblender Richard Paterson. **RL**

Verkostungsnotizen

Leichte Honig- und Karamellaromen in der Nase; einige nussige, sanfte Getreidenoten, die über poliertes Holz ziehen. Erinnert am Gaumen an karamellisierten Zucker und an Crème brûlée. Ein guter, befriedigender Abgang – das perfekte Ende für einen harten Tag.

Whyte & Mackay The Thirteen

Whyte & Mackay | www.whyteandmackay.com

Herstellungsregion und -land Schottland
Destillerien Verschiedene
Alkoholgehalt 40 Vol.-%
Whiskytyp Blend

Im Zuge einer Neustrukturierung hat sich Whyte & Mackay über einen weitverbreiteten Aberglauben hinweggesetzt und an die Stelle des vorherigen 12-Year-Old diese Abfüllung gestellt. Der Thirteen ist ein 13 Jahre alter Blend, der im gleichen doppelten Verschnittverfahren hergestellt wird wie der Whyte & Mackay Special. Bei ihm ist das Ergebnis jedoch aus vier unterschiedlichen Gründen tiefer und akzentuierter.

Erstens sind die beteiligten Whiskys im Thirteen alle älter als im Special – mindestens zwölf Jahre alt, oft noch älter – wenn sie in der Massenhochzeit der 25 Malts „vermählt" werden.

Zweitens folgt auf diese erste „Vermählung" eine mindestens zwölfmonatige Reifezeit, die das Alter der Malts auf 13 Jahre erhöht. Danach werden dann die sechs Grains der Mischung zugefügt, die zweite „Vermählung" findet statt.

Drittens ist zwar die Zahl der im Blend enthaltenen Malts geringer (weil es schwieriger ist, Lagerbestände dieses Alters von manchen Destillerien zu erhalten), aber der Mengenanteil des Malts in der Mischung ist höher als im Special. Im Allgemeinen ist der Anteil von Malts bei Whyte & Mackay höher, je älter der Blend ist.

Viertens ist der Anteil von Malts höher, die in Sherryfässern reiften. Die Malts im Thirteen wurden in der Regel zu zehn bis 15 Prozent in Oloroso-Sherryfässern gelagert, während der Rest ausschließlich in Bourbonfässern aus Weißeiche aus Missouri reifte.

Im Ergebnis spiegeln sich diese vier Punkte und liefern einen Whisky, der um ein Geringes schwerer und dunkler ist als der Special und ehrwürdiger wirkt. **RL**

Verkostungsnotizen

In der Nase eine ansprechend fruchtige Eleganz – helle und dunkle Rosinen, Bananen –, außerdem Zuckermandeln, Cornflakes und etwas Fensterkitt. Am Gaumen schön zäh. Eislutscher und Ingwerkuchen, dessen Würzigkeit angenehm nachklingt.

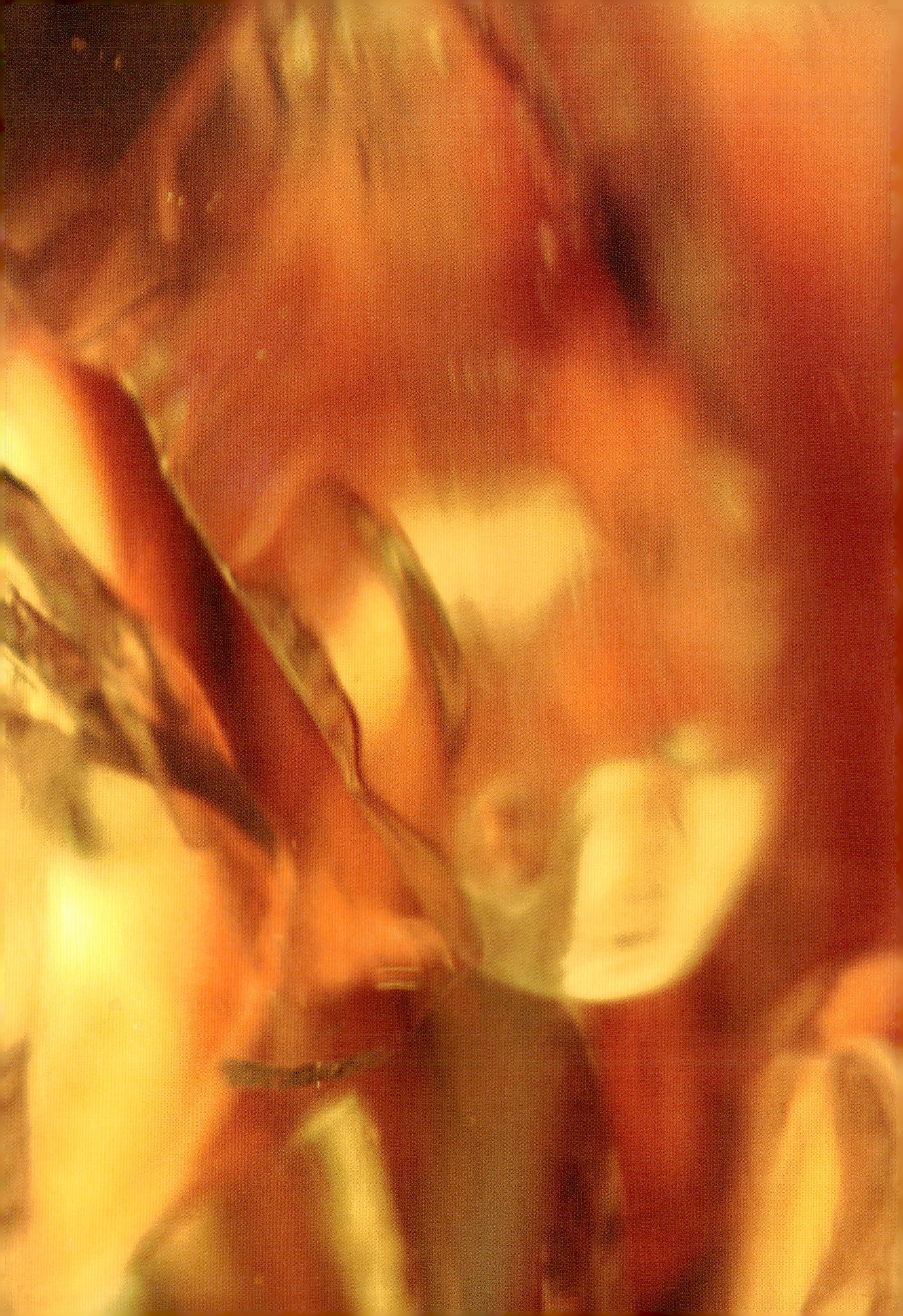

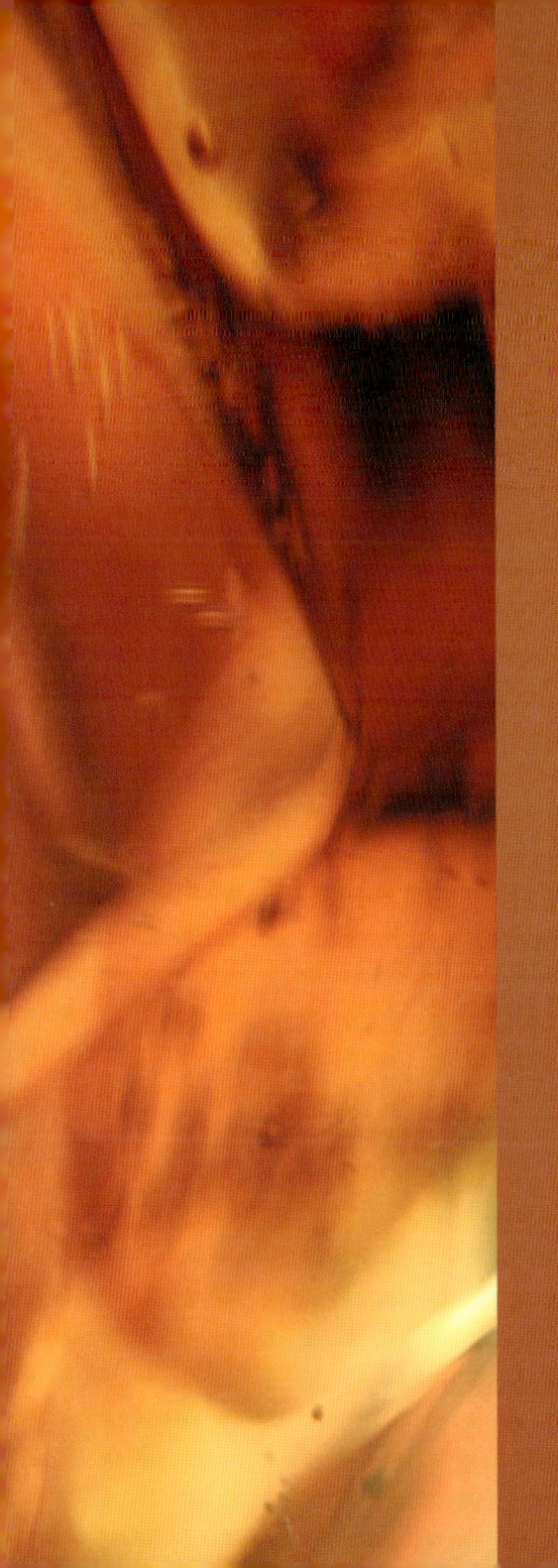

IRLAND

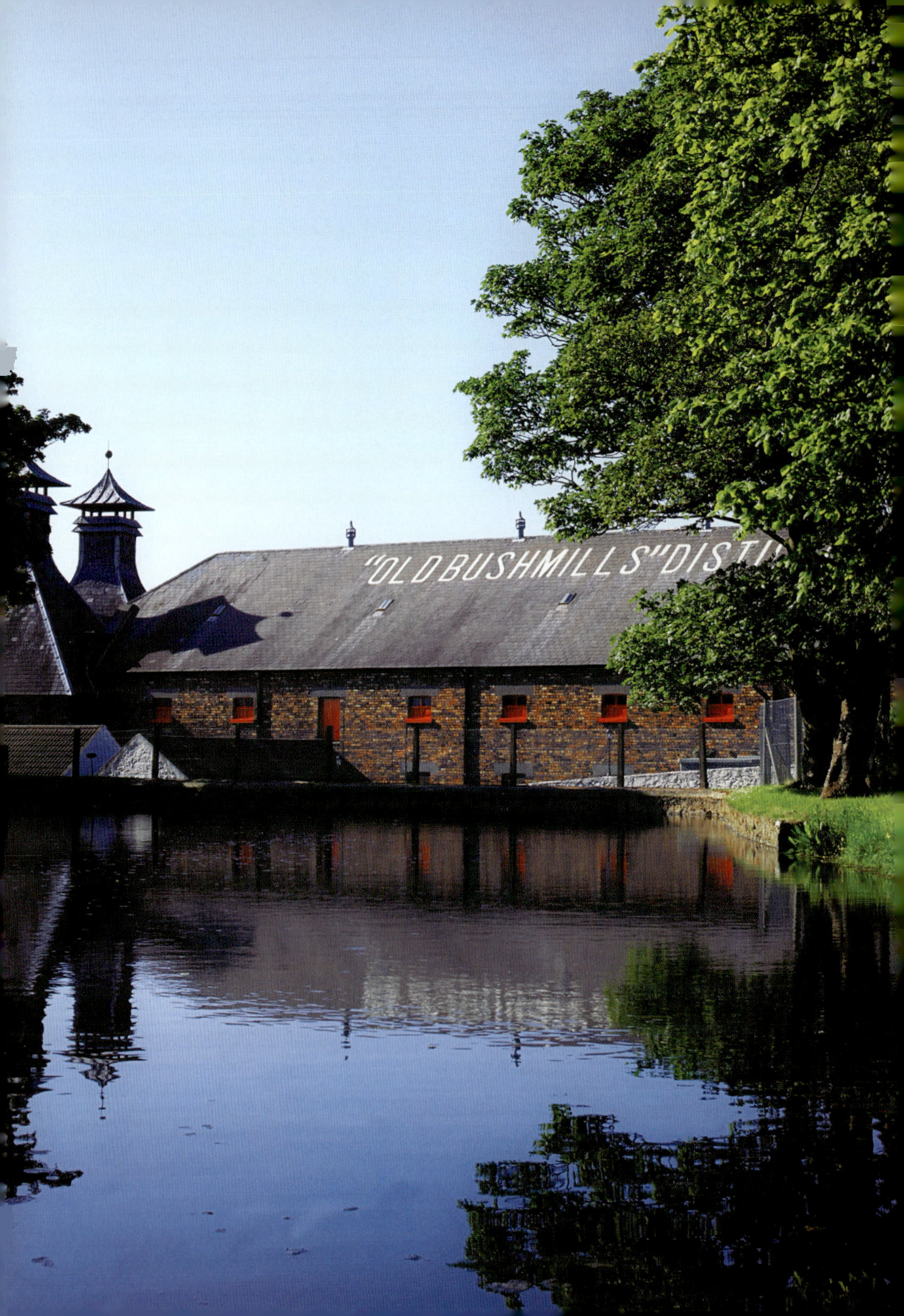
"OLD BUSHMILLS" DISTI

Bushmills 10-Year-Old

Diageo | www.bushmills.com

Herstellungsregion und -land County Antrim, Irland
Destillerie Old Bushmills, Bushmills
Alkoholgehalt 40 Vol.-%
Whiskytyp Single Malt

Zwar existieren Dokumente, die die Whiskeyherstellung in der Gegend von Bushmills bis ins Jahr 1608 belegen, die jetzige Destillerie erwuchs jedoch vermutlich aus einer Firma, deren Existenz erstmals 1784 nachzuweisen ist. So oder so ist Old Bushmills die älteste noch produzierende Brennerei in Irland. Und auch die rätselhafteste. Während fast jede Destillerie in Irland Pot-Still-Whiskey brannte, stellte Bushmills Single Malt her. Und während die meisten irischen Destillerien riesige Konzerne bildeten und damit beispielhaft für den viktorianischen Unternehmergeist waren, vertrat Bushmills den Standpunkt, „klein ist schön". So produzierte zum Beispiel die riesige Brennblase der Midleton-Destillerie in Cork 1825 an einem Tag mehr Whiskey als Old Bushmills im ganzen Jahr.

Bei der Pariser Weltausstellung von 1889, bei der auch der Eiffelturm eröffnet wurde, errang eine Flasche 10-Year-Old Malt von Old Bushmills die einzige Goldmedaille für Whisky. Eine Flasche dieser 1898er-Abfüllung wird heute noch in der Destillerie aufbewahrt. Allerdings überkam den Meisterbrenner Colum Egan eine nicht zu bändigende Neugier. Er besorgte sich eine Spritze mit einer sehr langen Nadel und zapfte durch den Korken ein wenig der kostbaren Flüssigkeit ab. Der Versuchung, die Probe zu verkosten, konnte er dann doch widerstehen und ließ sie stattdessen analysieren. Das Ergebnis war erstaunlich: Der heutige 10-Year-Old unterscheidet sich so gut wie gar nicht von jenem Whiskey, der 1889 den Preis gewann. Man muß sich also nicht mit einer Spritze im Ärmel in die Brennerei schleichen. Wenn man Geschichte schmecken möchte, genügt es, sich eine Flasche dieses 10-Year-Old zu kaufen. **PM**

Verkostungsnotizen

Gebäck und Honig herrschen in diesem zugänglichen Whiskey vor. Schokolade und Lakritze flüstern leise, dazu ein süßer Hauch eines sehr eleganten Sherrys. Der 10-Year-Old ist als Einstieg in die Welt der Single Malts so geeignet wie kaum ein anderer.

Die Destillerie Old Bushmills wurde 1784 als Firma eingetragen.

Bushmills 16-Year-Old

Diageo | www.bushmills.com

Herstellungsregion und -land County Antrim, Irland
Destillerie Old Bushmills, Bushmills
Alkoholgehalt 40 Vol.-%
Whiskytyp Single Malt

Im Bushmills 10-Year-Old spürt man einen Hauch von Sherry, aber der Einfluß der Bourbonfässer überwiegt. Für den Bushmills 16-Year-Old werden jedoch drei verschiedene Faßarten verwendet, weshalb dieser Single Malt auch als „Three Woods" bezeichnet wird.

Der Whiskey entsteht, indem annähernd gleiche Mengen von sherrygereiftem Whiskey und solchem aus Bourbonfässern gemischt werden und etwa weitere neun Monate in Portweinfässern nachreifen. Allerdings ist Masterblender Helen Mulholland mit der Nase immer sehr dicht am Geschehen. Die wichtige Rolle, die den Masterblendern bei Single Malts zukommt, wird leider oft übersehen, aber hier sind ihre Fähigkeiten genauso wichtig wie beim Verschneiden eines Blends wie etwa Black Bush. Das liegt an der Eigenwilligkeit des Whiskeys und an seiner Interaktion mit dem Holz der Fässer, in denen er lagert. Man kann zwei Fässer zur selben Zeit befüllen, sie 16 Jahre direkt nebeneinander lagern und doch zwei unterschiedliche Whiskeys erhalten. Als Masterblender ist Mullholland dafür verantwortlich, daß der Whiskey geschmacklich immer gleich ausfällt.

Wenn es um den richtigen Zeitpunkt für die Abfüllung auf Flaschen geht, wird es keiner wissenschaftlichen Methode gelingen, die Nase des Masterblenders zu ersetzen. So kann Portwein schnell übermächtig werden, und der Old-Bushmills-Malt ist von Natur aus sauber und zart. Deshalb beginnt Helen Mulholland schon nach vier Monaten, den Fortschritt der Reifung mehrmals in der Woche zu überprüfen. Fertig ist der Whiskey erst, wenn er fertig ist – keinen Tag früher, keinen später. Aber dann ist er für alle Beteiligten eine wahrhafte Auszeichnung. **PM**

Verkostungsnotizen

In der Nase exotisch mit einem Hauch Marzipan und Dörrobst. Der Geschmack ist anfänglich merkwürdig trocken, dann tritt der Malt deutlich hervor. Die Schokolade ist dunkler als im 10-Year-Old, wie auch alles andere von der Farbe bis zum Portweinton im Abgang.

Bushmills 21-Year-Old

Diageo | www.bushmills.com

Herstellungsregion und -land County Antrim, Irland
Destillerie Old Bushmills, Bushmills
Alkoholgehalt 40 Vol.-%
Whiskytyp Single Malt

Die Fertigkeiten, die das Team von Old Bushmills beim 16-Year-Old Single Malt unter Beweis stellt, müssen bis an ihre Grenzen gesteigert werden, wenn dieser außerordentliche Whiskey komponiert wird. Nach seiner Einführung im Jahr 2001 hat sich der Malt eine sehr treue Anhängerschaft erworben.

Der Einfluß des Golfstroms macht das irische Klima sehr viel feuchter und wärmer als das schottische, und daher reift der Whiskey auf der Grünen Insel auch sehr viel schneller. Mit 21 Jahren sind die meisten irischen Whiskeys schon durch eine Kehle geflossen, es mag also kaum überraschen, daß diese Abfüllung der älteste allgemein erhältliche Whiskey aus Irland ist. Man spürt, daß hier die allerbesten Fässer vertreten sind, solche, die genug Rückgrat haben, um so lange durchzuhalten. Nach 19 Jahren wird dem Hausrezept entsprechend eine Mischung aus gleichen Teilen Bourbon- und Sherrygereiftem Whiskey in Fässer umgefüllt, die zuvor Madeira enthielten. Darin bleiben sie dann bis zu zwei weiteren Jahren in den kühlen Lagerhäusern in Bushmills.

Madeira ist ein portugiesischer Süßwein von der gleichnamigen Inselgruppe vor der Westküste Afrikas. Im 16. Jahrhundert folgte man dem Beispiel des Portweins und versetzte den Inselwein mit kleinen Mengen Alkohol, bevor man ihn in die amerikanischen Kolonien verschickte. Die starke Hitze und die heftigen Bewegungen auf See veränderten den Charakter des Weins und schufen so den Madeira.

Vom 21-Year-Old werden jährlich nur 900 Kisten produziert. Die Menge wird so bald nicht steigen – das Einzige, was sich nicht beschleunigen läßt, ist die Zeit. **PM**

Verkostungsnotizen

Am meisten überrascht an diesem Whiskey sein frischer Geschmack. Er ist voller und runder als alle anderen Malts von Bushmills, aber doch fruchtig und malzig. Die Madeirafässer geben wunderbare Karamellnoten. Vielleicht der perfekte Malt nach dem Abendessen?

Bushmills 1608

Diageo | www.bushmills.com

Herstellungsregion und -land County Antrim, Irland
Destillerie Old Bushmills, Bushmills
Alkoholgehalt 46 Vol.-%
Whiskytyp Blend

Als es 2008 darum ging, die 400-Jahres-Feier des Alkoholbrennens in der Stadt Bushmills gebührend zu feiern, verwendete man viel Sorgfalt auf die Auswahl der Whiskeys, die in der Jubiläumsabfüllung vertreten sein sollten. Die Entscheidung für einen Blend ist typisch für das unbekümmerte Denken bei Old Bushmills. Sie zeigt auch, wie wichtig Innovation und Experimentierfreude in einer Branche sind, die so traditionsbestimmt ist wie die Whiskeyherstellung. Jeder Brennmeister spielt mit seinen Brennblasen, sehr oft kommt bei diesen Experimenten jedoch etwas heraus. Ab und zu passiert aber etwas Besonderes.

Lange vor dem Jubiläum im Jahr 2008 hatte Bushmills mit der Herstellung von Whiskey aus *Crystal Malt* experimentiert, einer Malzart, die von vielen Craft-Brauereien verwendet wird, um ihren Bieren mehr Mundgefühl zu verleihen. Es wird hergestellt, indem Malz in eine vorgeheizte Trommel gegeben und bei 500° C gedörrt wird. Dadurch werden die Zucker an der Oberfläche geröstet, und es entsteht ein krosseres und süßeres Malz als sonst. Aus diesem Malz hatte man noch nie zuvor Whiskey gebrannt, und da Whiskey lange reifen muß, dauerte es mehr als anderthalb Jahrzehnte, bis der Brennmeister bei Bushmills wußte, daß er einen Treffer gelandet hatte. Aber so gut der Whiskey aus dem *Crystal Malt* allein auch war, es fehlte noch etwas. Schließlich ging es um ein ganz besonderes Jubiläum. Also fügte man etwas Grain-Whiskey hinzu, um das Ganze zusammenzuhalten.

Die Vorräte von gereiftem Whiskey aus *Crystal Malt* sind begrenzt. Falls man diese Abfüllung also entdecken sollte, empfiehlt es sich, nicht lange zu zögern. **PM**

Verkostungsnotizen

Ein zarter, zugänglicher Whiskey, der sich nicht überanstrengen muß. Das Mundgefühl ist exquisit cremig, leicht parfümiert, mit Getreide- und Honignoten im Vordergrund. Die Eichentöne von der Lagerung in besten Bourbonfässern runden den Geschmack ab.

Bushmills Black Bush

Diageo | www.bushmills.com

Herstellungsregion und -land County Antrim und County Cork, Irland. **Destillerien** Old Bushmills, Bushmills, und Midleton, Midleton **Alkoholgehalt** 40 Vol. % **Whiskytyp** Blend

Aus Gründen, die nicht einmal die Mitarbeiter der Destillerie kennen, heißt dieser Whiskey auch „der liebenswerte Schurke". Vielleicht hat es etwas mit seinen Fans zu tun. Vielleicht liegt es auch an ihm selbst. Wie auch immer, Black Bush ist auf jeden Fall einer der besten und am einfachsten zu findenden irischen Whiskeys.

Der Blend enthält einen hohen Anteil Malt. Da bei Bushmills jedoch kein Getreidewhiskey gebrannt wird, stammt der Grain schon immer aus anderen Quellen. Einst wurde er von der Destillerie Coleraine geliefert, aber inzwischen bezieht man ihn vom anderen Ende der Insel, von Midleton in der Grafschaft Cork.

Natürlich sind im Bushmills Black Bush einige sehr gute Malts enthalten. Was ihn aber wirklich interessant macht, sind die anderen Bestandteile, die zu seinem unverkennbaren Charakter beitragen. Zuerst wäre der Grain zu nennen. Im Gegensatz zum normalen Grain-Whiskey, der kontinuierlich gebrannt wird, entsteht er in Chargen in einer traditionellen Brennblase aus Kupfer. So wird er runder und voller, ohne unangenehme Hintergrundaromen. Zum anderen – und das wird oft übersehen – spielt die Reifung in guten Sherryfässern eine überaus wichtige Rolle.

Die Grundwhiskeys des Black Bush werden in einem 90 000-Liter-Tank „vermählt", der niemals komplett geleert wird. Um einen gleichbleibenden Geschmack zu gewährleisten, wird er immer mehr als halbvoll gelassen. Man könnte also sagen, daß in jeder Flasche des Whiskeys auch Spuren aller vorhergegangenen Flaschen enthalten sind. In unserer Zeit der steten Veränderung ein für Kenner rund um den Globus tröstlicher Gedanke. **PM**

Verkostungsnotizen

Die Nase wird von einem wunderbaren Bouquet begrüßt: Sherry, Malz und Honig. Der Whiskey ist so seidig wie eine gute Milchschokolade und zeigt Spuren von feinem Kakao und gebuttertem Toast. Der Getreidewhiskey ist sanft wie der Regen in Antrim. Weltklasse.

OLD BUSHMILLS WHISKEY

Famous over 300 Years.

Bushmills Millennium Malt

Diageo | www.bushmills.com

Herstellungsregion und -land County Antrim, Irland
Destillerie Old Bushmills, Bushmills
Alkoholgehalt 43 Vol.-%
Whiskytyp Single Malt

1975 lagerte Bushmills Whiskey für den bevorstehenden Jahrtausendwechsel ein. Er wurde nur faßweise an Einzelhändler und Privatkunden verkauft, wobei die Brennerei auf Wunsch auch individuelle Etiketten lieferte.

Aber nicht allein deshalb handelt es sich hierbei um eine besondere Abfüllung des Bushmills. Sie unterscheidet sich deutlich von allen anderen Whiskeys der Destillerie. So ist sie mit knapp 25 Jahren sehr viel älter als die meisten Bushmills. Wichtiger noch dürfte die Tatsache sein, daß es sich um eine Einzelfaßabfüllung handelt und daß sie nicht kaltgefiltriert wurde. Der einzige Eingriff bestand darin, daß man ihr etwas Quellwasser hinzufügte, um sie mit einer Trinkstärke von 43 Volumenprozent Alkohol auf Flaschen ziehen zu können.

Dies ist ganz eindeutig ein Whiskey, der sich als Geldanlage eignet. Er war schon bei Erscheinen selten und ist durch die Neigung vieler Menschen, eine Flasche am Abend des 31. Dezember 1999 zu öffnen, sicher noch seltener geworden. Es war eine einzigartige und einmalige Abfüllung, Bushmills hat seitdem nie mehr etwas Ähnliches herausgebracht. Erstaunlicherweise gibt es ab und zu noch Flaschen zu kaufen. Falls man ein Bushmills-Anhänger ist, sollte man bei einer solchen Gelegenheit keinesfalls zögern. **LB**

Verkostungsnotizen

Süße, grasige Malztöne. Im Mund etwas ölig. Der Inbegriff eines Bushmills: ausgewogen, abgerundet, fehlerfrei und mit einem sanft flüsternden Abgang.

Bushmills Original

Diageo | www.bushmills.com

Herstellungsregion und -land County Antrim und County Cork, Irland **Destillerien** Old Bushmills, Bushmills, und Midleton, Midleton **Alkoholgehalt** 40 Vol.-%
Whiskytyp Blend

Dieser Blend hat schon viele Namen getragen, darunter auch White Bush, offiziell heißt er inzwischen Bushmills Original. Seine Geschichte ist unklar, weil die Dokumentation der Destillerie nicht gerade durch Sorgfalt auffällt und die wenigen Unterlagen, die es einmal gab, im Zweiten Weltkrieg vernichtet worden sind. Bekannt ist lediglich, daß der Eigner Wilson Boyd vor dem Krieg die nahe gelegene Destillerie Coleraine gekauft hatte und dort 1954 einen Patentdestillationsapparat installieren ließ.

Old Bushmills (wie er damals hieß) wurde in den USA zu einem Hit. Anfang der 1970er Jahre hatte er sich zum meist verkauften irischen Whiskey in den Staaten entwickelt. Aber das waren immer noch winzige Mengen: 1975 betrug der Anteil irischer Whiskeys am US-Markt lediglich 0,006 Prozent. Die Brennerei ging durch zahlreiche Hände, nachdem die Familie Boyd sich von ihr getrennt hatte, und 1978 schlossen die damaligen Besitzer, Irish Distillers, Coleraine und verlagerten die Produktion von Grain-Whiskey nach Midleton.

Der Blend in der heutigen Form besteht aus recht jungen Whiskeys, die meist fünf Jahre in Bourbonfässern reifen Ein kleiner Anteil des Grains wird in einer Brennblase aus Kupfer speziell für diesen und andere Blends aus dem Haus Bushmills gebrannt. **DR**

Verkostungsnotizen

Ein sauberer, zugänglicher Whiskey mit viel Vanille, Sahnekaramell und einem bemerkenswerten Hintergrund von schwarzer Schokolade. Klarer Abgang.

← Auf einer alten Reklametafel ist von „Old Bushmills" die Rede.

Irland 575

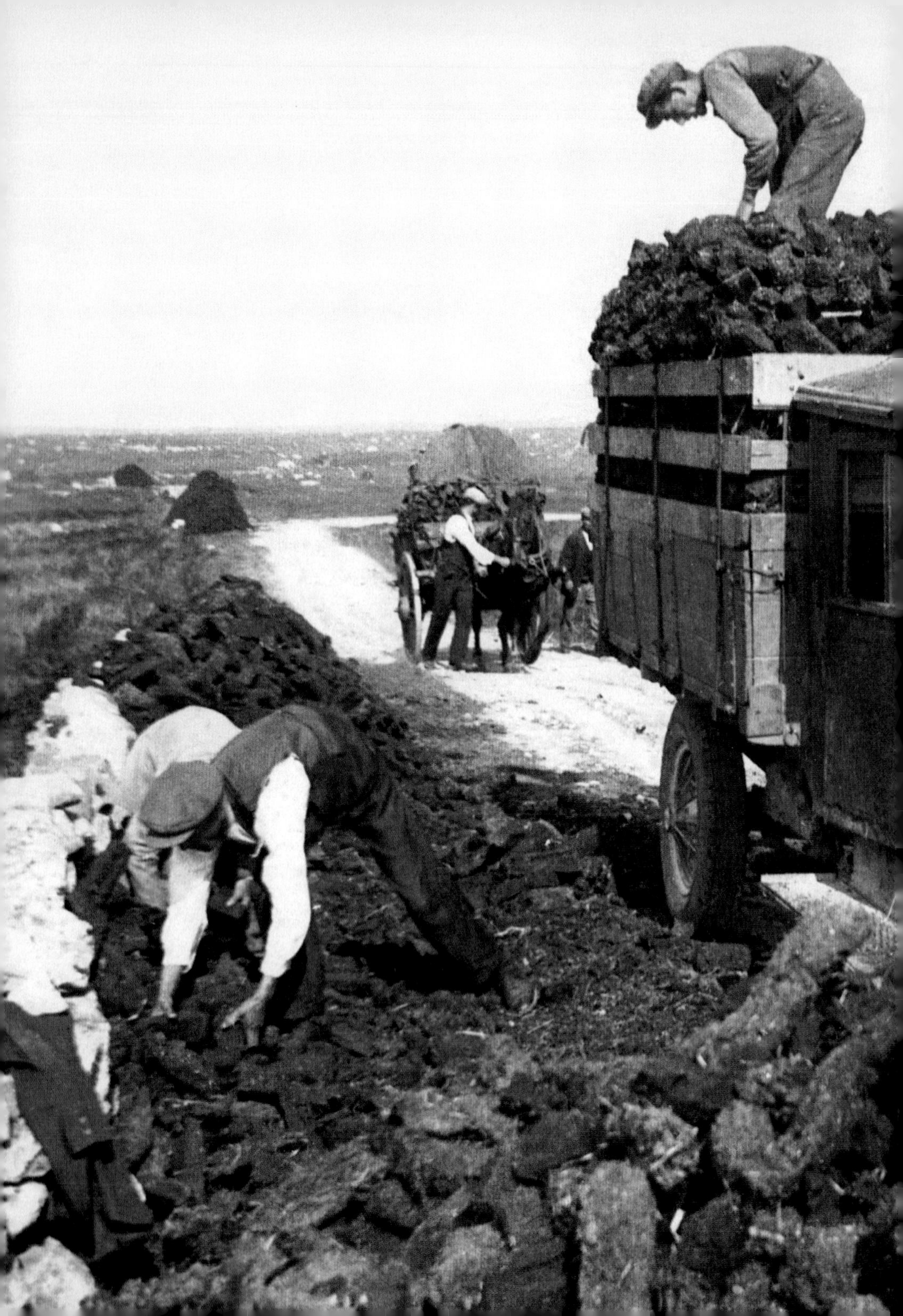

Connemara 12-Year-Old

Cooley | www.connemarawhiskey.com

Herstellungsregion und -land County Louth, Irland
Destillerie Cooley, Cooley Peninsula
Alkoholgehalt 46 Vol.-%
Whiskytyp Single Malt

Bei der anhaltenden Suche nach neuen Methoden, dem Whiskey andere Geschmacksnoten zu verleihen, ohne dabei jedoch die strengen Regeln zu brechen, die seine Herstellung bestimmen, werden sicher die Wechselwirkungen zwischen Torf und dem Holz der Lagerfässer genau in Augenschein genommen. Es gibt bereits einige getorfte schottische Malts, die in sehr kleinen Fässern gelagert werden, um den Reifevorgang zu intensivieren und zu beschleunigen.

Der Torfgeschmack kommt durch die Trocknung der Gerste über Torffeuern zustande und nicht etwa durch torfhaltiges Wasser, das für die Herstellung verwendet wird. Der Geschmack herrscht im frischen Destillat vor, und gewöhnlicherweise nimmt man an, daß der Torfgeschmack in jungem Whisky am schärfsten ist. Bei der Lagerung im Faß werden die Torfnoten abgeschwächt und integriert, wie etwa auch die Schärfe von Chili mit der Zeit durch das Fleisch abgemildert wird.

Eine umgangreiche Verkostung getorfter Whiskys der Zeitschrift *Whisky Magazine* hat vor einigen Jahren bestätigt, daß es große Unterschiede zwischen manchen schweren 12-Year-Olds wie etwa dem Lagavulin und dieser Abfüllung gibt. Bei ihr haben die Lagerzeit und Früchte im Überfluß den Torf und Rauch zu einem faszinierenden Gewebe aufgelöst. Der Geschmack schlägt Brücken zum schottischen Festland. **DR**

Verkostungsnotizen

In der Nase sauber, mit Gerste und etwas Rauch. Im Geschmack kommen Weinbeeren, Stachelbeeren, unreife Birnen und die Erdigkeit des Torfs nach vorne.

Connemara Bog Oak

Cooley | www.connemarawhiskey.com

Herstellungsregion und -land County Louth, Irland
Destillerie Cooley, Cooley Peninsula
Alkoholgehalt 57,5 Vol.-%
Whiskytyp Single Malt

Um die Jahrtausendwende fiel es den Veranstaltern von Whiskywettbewerben schwer, genügend Teilnehmer für die Kategorie „Irland" zu finden. Heute sind es regelmäßig 30 oder mehr hervorragende Kandidaten. Die Destillerie Cooley kann sich einen Großteil dieses Aufschwungs zugute halten. Sie hat nicht nur die Kategorie erweitert, sondern dem Genießer auch eine breiteres Angebot an Whiskytypen bereitgestellt. Vorbei die Zeiten, in denen man irischen Whiskey einfach mit den Worten „ungetorft" und „dreifach destillierter Blend" beschreiben und ihn so vom Scotch unterscheiden konnte.

Vor Jahren war getorfter Whiskey in Irland die Norm – schließlich besteht das Land vor allem aus Torfmooren –, und Dutzende von Destillerien brannten ihre eigenen Malts. Die Brennereien fielen einer Kombination aus mangelndem Geschäftssinn, schlechten wirtschaftlichen Bedingungen und teilweise skrupellosen Geschäftspraktiken der Konkurrenz in Schottland zum Opfer. Cooley galt als Unruhestifter, aber seine heutigen Anhänger sind aufgeklärt genug, diese Unruhe zu schätzen.

Der Connemara Bog Oak reift in Fässern, die teilweise aus jahrhundertealter Mooreiche hergestellt werden. Der Whiskey zeigt, daß man in Irland nach Innovationen in der Whiskeyherstellung sucht, aber macht die Mooreiche wirklich einen Unterschied? Es scheint so: Es ist ein besonders zarter und süßer getorfter Malt. **DR**

Verkostungsnotizen

Eine Streuobstwiese im Spätsommer: staubig-trockne Eiche, überreife Äpfel und Birnen und der Rauch eines Lagerfeuers. Später folgt dann ein Torfcrescendo.

Connemara Cask Strength

Cooley | www.connemarawhiskey.com

Herstellungsregion und -land County Louth, Irland
Destillerie Cooley, Cooley Peninsula
Alkoholgehalt 60 Vol.-%
Whiskytyp Single Malt

Laut gängiger Definition ist Whisky eine Spirituose, die aus Getreide, Hefe und Wasser hergestellt wird. Wie diese Begriffe in verschiedenen Ländern, Handelsgebieten und Kontinenten verstanden werden, kann ganz unterschiedlich ausfallen. In Europa herrscht die Meinung vor, daß außer diesen drei Grundzutaten (und einer geringen Menge Zuckercouleur) nichts anderes hinzugefügt werden darf. Das ist theoretisch zwar wunderbar, aber in der Praxis spielen auch noch andere Faktoren eine Rolle. So hat das Faß zum Beispiel einen deutlichen Einfluß auf den Geschmack des Whiskys, weshalb sich auch sein vorheriger Inhalt auf das Produktionsverfahren auswirkt. Ähnliches gilt für das verwendete Eichenholz: Es gibt beträchtliche Unterschiede zwischen japanischer, europäischer und amerikanischer Eiche. Ein weiterer wichtiger Faktor ist der Torf. Torf ist nicht immer gleich Torf, weil er aus den Pflanzen des Landes besteht, aus dem er stammt. Die Flora unterscheidet sich jedoch von einem Teil der Welt zum anderen sehr stark.

Die Eigenarten des Torfes machen diese Abfüllung aus Irland so faszinierend. Hier kommt zu den traditionellen, fruchtig-süßen Apfel- und Birnentönen des irischen Whiskeys noch der Torf gleich einem Paukenschlag hinzu. Das Ergebnis ist ein großer, mächtiger Single Malt, der ganz anders schmeckt als die Whiskys, die man aus Schottland kennt. Es war schon ein mutiger Schritt, einen getorften und doppelt destillierten irischen Whiskey auf den Markt zu bringen. Ihn dann auch noch mit heftigen 60 Volumenprozent Alkohol abzufüllen (irische Whiskeys erreichen selten 43 Prozent), könnte man auch als tollkühn bezeichnen – oder als genial. **DR**

Verkostungsnotizen

In der Nase herrscht Ruhe vor dem Sturm – heißer Staub und Rauchwölkchen, wie über einem durchgebrannten Trafo für eine Spielzeugeisenbahn. Am Gaumen öliger Rauch und Torf, die aber durch Milchschokolade und weiche Birnen und Äpfel aufgewogen werden.

Connemara Turf Mór

Cooley | www.connemarawhiskey.com

Herstellungsregion und -land County Louth, Irland
Destillerie Cooley, Cooley Peninsula
Alkoholgehalt 58,2 Vol.-%
Whiskytyp Single Malt

Wenn jemals ein Whiskey einem Feuerwerk geglichen hat, dann dieser hier. Die Destillerie Cooley ist Altmeister, wenn es darum geht, die Welt der irischen Whiskeys durcheinanderzuwirbeln. Diesmal hat sie einen Feuerwerkskörper in Flaschen abgefüllt, die Lunte gezündet, und das Ganze in unsere Richtung geworfen.

Der Turf Mór ist ein stark getorfter Whiskey. Mit 58 ppm weist er mehr Phenol auf als Laphroaig und Lagavulin und spielt in derselben Klasse wie die schwersten Ardbegs. Zum Vergleich: Der normal getorfte Connemara hat 20 ppm Phenol.

Die kräftige Torfung ist zwar das unübersehbare Hauptthema, aber das Faszinierende an diesem Whiskey ist der Unterschied zu seinen Verwandten von der Insel Islay. Turf Mór ist ein junger Whiskey, der vielleicht nur wenige Monate länger als das gesetzliche Minimum von drei Jahren im Faß gelegen hat. Er stößt nicht immer auf Begeisterung: Ein bekannter Kritiker hat ihn als Beleg dafür angeführt, daß man bei Whiskeys viel mehr auf Ausgewogenheit achten solle. Die Aromen von Öl und Gummi erinnerten ihn an eine Explosion in einer Kondomfabrik. Unbestreitbar spielen Torf, Öl und einige jugendliche Gumminoten eine Rolle, aber ich stimme der Ablehnung so nicht zu. Dieser Whiskey hat interessante Untertöne, Tiefe und einen spritzigen Aspekt, die ihn sehr ansprechend machen.

Der Connemara Turf Mór ist ein innovativer Malt, der unter der typischen erdigen, öligen Oberfläche doch die klassischen irischen Aromen zeigt. Es bleibt abzuwarten, wie sich dieser jetzt so angenehme Malt in der Zukunft entwickeln wird. Demnächst in diesem Theater! **DR**

Verkostungsnotizen

Die düstere Torfwolke wird in der Nase durch sonnige Fruchtigkeit und Aromen einer Frühlingswiese ausgeglichen. Am Gaumen sind Holzkohle und Öl ganz vorne. Es gibt auch süße Gerste, Spuren von Vanille und unreife Früchte, um die Aufmerksamkeit zu fesseln.

Greenore 8-Year-Old

Cooley
www.cooleywhiskey.com

Herstellungsregion und -land County Louth, Irland
Destillerie Cooley, Cooley Peninsula
Alkoholgehalt 40 Vol.-%
Whiskytyp Grain

Grain-Whisky wird von Kennern oft als unterbewerteter Whiskytyp betrachtet, der viele verborgene Schätze bietet und eigentlich in der Lage wäre, dem Whisky etliche neue Anhänger zu bescheren. Es gibt einige unabhängige schottische Abfüller, die phantastische Grains mit einem Alter von 40 oder mehr Jahren im Programm haben, und zunehmend wenden sich auch Firmen wie Whyte & Mackay dieser Kategorie zu.

Grain-Whisky wird aus nicht gemälzter Gerste oder anderen Getreidesorten hergestellt. In der Regel wird dafür keine Brennblase verwendet, sondern eine Patentdestillationsapparatur, die auch als Coffey-Still bezeichnet wird – nach dem Iren Aeneas Coffey, der sie entwickelte, um die Massenherstellung von Spirituosen zu ermöglichen. Ironischerweise mieden die irischen Whiskeyhersteller diese Erfindung, da sie das erzeugte Destillat nicht für hochwertig genug hielten, um zu Whiskey zu reifen. Das erwies sich als folgenschwerer Fehler, da die Schotten den Grain-Whisky mit rauherem Malt mischten und mit dem so entstandenen Blend die Welt eroberten.

Die Destillerie Greenore existiert nicht mehr, aber dieser Whiskey ist ein Beispiel für die Grain-Whiskeys, die in irischen Blends verwendet wurden. Mit acht Jahren ist er rein, frisch und jugendlich. Grain-Whiskey wird oft geschmacklich hinter den Malt gestellt, aber er nimmt die Geschmacksnoten des Fasses sehr gut an. Der 8-Year-Old wird aus Mais gebrannt und in Bourbonfässern gelagert. Er ist recht selten, weil Grains meist für die Herstellung von Blend genutzt werden, aber acht Jahre sind doch für einen Single Grain relativ jung. Um ihn wirklich zu schätzen, sollte man ein Faible für Süßes haben. **DR**

Verkostungsnotizen

Süß und sauber mit kräftigen Vanilletönen am Gaumen. Die Beiträge des Holzes sind wegen des zarten Alters von acht Jahren sehr zurückhaltend. Würde vermutlich großartig über Eiscreme schmecken – wie alkoholisches Butterkaramell. Easy drinking für Süßmäuler.

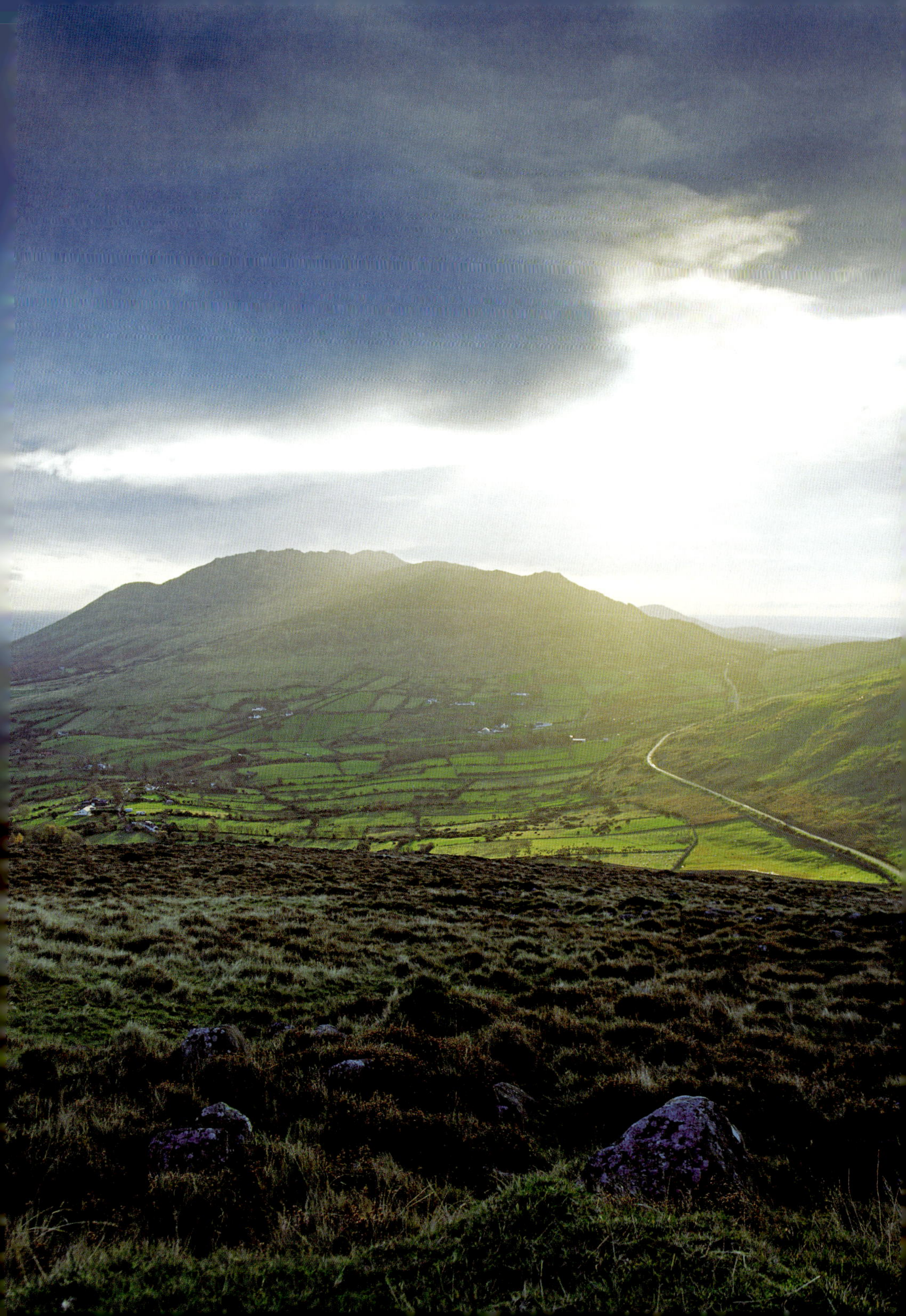

Greenore 15-Year-Old

Cooley | www.cooleywhiskey.com

Herstellungsregion und -land County Louth, Irland
Destillerie Cooley, Cooley Peninsula
Alkoholgehalt 43 Vol.-%
Whiskytyp Grain

Der Greenore 15-Year-Old ist ein bahnbrechender irischer Whiskey, der dieser Kategorie eine vollkommen neue Geschmackswelt eröffnet. Er stellt das perfekte Zusammenspiel von süßem Getreide und würziger Eiche dar.

Stark vereinfacht gesagt stellt man Whisky her, indem man Getreide nimmt, ihm Wasser und Hefe hinzufügt, ein Bier daraus braut und dieses Bier dann destilliert. Das als Maische bezeichnete Bier in einer Destillerie unterscheidet sich jedoch in einem wesentlichen Punkt vom Bier einer Brauerei: Es entsteht nicht unter keimarmen Bedingungen. Bei der Herstellung eines Single Malts geben Bakterien aus der Umgebung dem Bier aus Gerstenmalz einen sauren Geschmack, der dem des belgischen Lambic-Biers ähnelt. Dieser „Champagner unter den Bieren" wird nach Spontangärung gebraut und hat einen sauren Geschmack, der gewöhnungsbedürftig ist.

Wenn ein Whisky aus etwas anderem als gemälzter Gerste gebrannt wird, werden meist (aber nicht immer) mehrere verschiedene Getreidearten verwendet. Man fügt auch etwas Gerstenmalz hinzu, das als Katalysator bei der Umwandlung von Zucker zu Alkohol dient. Wenn das Hauptgetreide Mais ist, wird die Maische sehr süß und schlaff – wie Cornflakes in heißer Milch. Aus dieser süßen, weichen Maismasse entsteht der Greenore. Wenn man bedenkt, daß Vanille, gelbe Früchte und Konfekt die typischen Aromen der Weißeiche sind, kann man sich leicht vorstellen, wie süß die Mischung sein mag. Der Greenore 15-Year-Old zeigt aber nach der langen Lagerzeit auch Tannine und Würzigkeit, so daß er deutlich ausgewogener ist als die achtjährige Version. **DR**

Verkostungsnotizen

Wenn man die Musik von Isobel Campbell und Mark Lanegan kennt, versteht man auch diesen Whiskey. Der Grain ist Campbell – engelhaft, rein, süß und bezaubernd. Die Eiche und die Gewürze sind Lanegan – dunkler und üppiger. Äpfel und Orangen vereint.

Greenore 18-Year-Old

Cooley | www.cooleywhiskey.com

Herstellungsregion und -land County Louth, Irland
Destillerie Cooley, Cooley Peninsula
Alkoholgehalt 46 Vol.-%
Whiskytyp Grain

Die Herstellung von Grain-Whisky ist nicht so romantisch wie das Brennen von Malts. Das liegt zum Teil daran, daß hier nicht mit kupfernen Brennblasen gearbeitet wird, sondern mit fabrikähnlichen Anlagen, die den Besucher kaum ansprechen und von den Herstellern auch selten vorgezeigt werden. Beeindruckend sind sie jedoch auf jeden Fall. Die Anlagen werden als Destillationskolonnen bezeichnet, bei großen Herstellern wie Beam nehmen sie gigantische Dimensionen an.

Nach den vielen Lobesliedern, mit denen der Greenore 15-Year-Old überhäuft wurde, war die Präsentation des 18-Year-Old im Jahr 2011 nicht ohne Risiken. Der Whiskey ist im Vergleich zu einigen der gewichtigen und reifen schottischen Grains immer noch recht jung, aber irischer Grain-Whiskey ist leichter und reagiert stärker mit dem Holz des Fasses. Nach 18 Jahren hat die Eiche deutliche Wirkungen gezeigt und schneidet in die Süße des Getreides auf eine Weise ein, die man entweder liebt oder haßt.

Was danach kommt, hängt von der Faßart ab, in der das Destillat reift. Bei Cooley war man immer risikobereit, und als der Greenore 18-Year-Old zuerst als ältester je abgefüllter irischer Grain-Whiskey auf den Markt kam, gab es einige Kontroversen. Einerseits sah man in ihm einen Schritt über das Wünschenswerte hinaus, da die Würze und Adstringenz der Eiche auf halbem Weg durch den Trinkgenuß zu plötzlich durch die Süße des Destillats schnitten. Es gab jedoch auch viele gegenteilige Äußerungen, die darauf hinwiesen, daß einem der Whiskey mit der Zeit ans Herz wächst. Aber auch dann ist er kein Getränk für ängstliche Naturen. **DR**

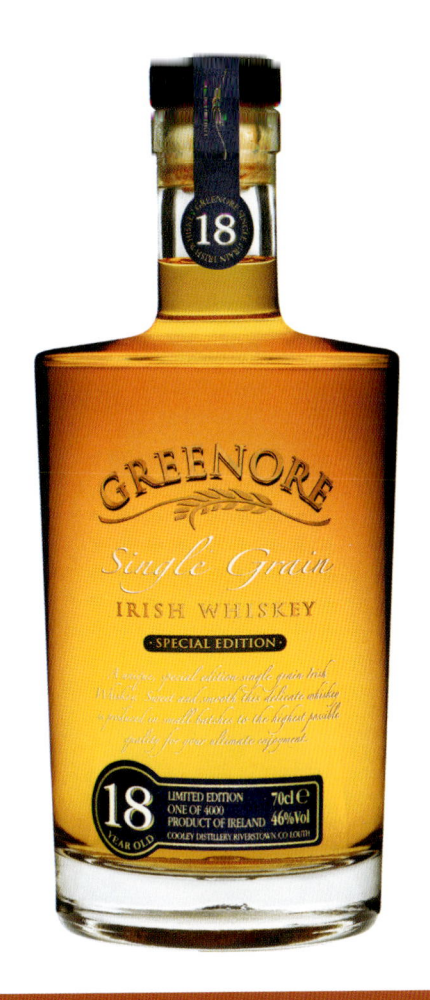

Verkostungsnotizen

Anfänglich auf typische Weise vanillesüß. Auf halber Strecke kommt der Wendepunkt, und die Gewürze schneiden tief ein, um klumpigen, zähen Eichentönen den Weg zu bahnen. Eine Überraschung, aber wenn man darauf vorbereitet ist, auch sehr faszinierend.

Green Spot

Mitchell & Son/Irish Distillers/Pernod Ricard | www.irishpotstill.com

Herstellungsregion und -land County Cork, Irland
Destillerie Midleton, Midleton
Alkoholgehalt 40 Vol.-%
Whiskytyp Single Pot Still

Ein Single Malt ist ein Whisky aus gemälzter Gerste, der aus einer einzigen Destillerie stammt. Ein Single Pot Still wird dagegen aus einer Mischung von gemälzter und ungemälzer Gerste gebrannt. Im 19. Jahrhundert kam Pot-Still-Whiskey nur aus Irland und war – nach Rum – das beliebteste Getränk der Welt.

Ende des 19. Jahrhunderts verkauften die Destillerien in Irland ihren Whiskey nicht selbst an den Endkunden, sondern an Zwischenhändler, die sogenannten *whiskey bonders*, die das Destillat in eigenen Lagerhäusern unter Zollverschluß (*bonded*) reifen ließen und erst dann die Alkoholsteuer bezahlten, wenn sie den Whiskey auf den Markt brachten. Mitchell & Son war einer der berühmtesten irischen Weinhändler und unterhielt seit 1805 ein Ladengeschäft in der Grafton Street in Dublin. Die Firma ist heute noch in Familienbesitz und wird von Jonathan (vierte Generation) und Robert (fünfte Generation) Mitchell geleitet. Sie ist die einzige noch in Irland existierende Whiskey-Bonder-Firma, der Green Spot ist also einzigartig.

Der Name Green Spot stammt von der Firmentradition, Fässer unterschiedlichen Alters farbig zu markieren. Es gab auch einmal einen Blue Spot, Red Spot und Black Spot, aber der Green Spot war immer am beliebtesten. Er trägt keine Altersangabe, ist aber zwischen sieben und zehn Jahre alt. Er reift in neuen und gebrauchten Bourbon- und einigen Sherryfässern. Es werden nur geringe Mengen pro Jahr abgefüllt, die außerhalb von Irland schwer zu erhalten sind. Im Dubliner Ladengeschäft holt man für nett fragende Kunden jedoch gerne eine Flasche unter dem Tresen hervor. **PM**

Verkostungsnotizen

Die Nase verrät das Brennverfahren und zeigt Renekloden, Stachelbeeren und Sherry. Der Geschmack ist gleichermaßen scharf und brüchig, aber doch nachgiebig und üppig mit Leinsamen und Minze. Ein einzigartiges Erlebnis: der Bungee-Sprung unter den Whiskeys.

The Irishman 70

Hot Irishman | www.hotirishman.com

Herstellungsregion und -land County Cork, Irland
Destillerie Midleton, Midleton
Alkoholgehalt 40 Vol.-%
Whiskytyp Pot Still/Malt Blend

Innovation kann viele Formen annehmen und von den unwahrscheinlichsten Orten ausgehen. Schottland ist berühmt als Ursprungsland des Scotch, eines Verschnitts aus Malt- und Grain-Whiskys. In Irland hat es jedoch nie viel Getreidewhisky gegeben; als der Meisterbrenner Bernard Walsh also begann, sich mit der Geschichte des irischen Whiskeys zu beschäftigen, wurde er hellhörig, als er auf einige „Rezepte" stieß.

In der Zeit, als Zwischenhändler und nicht die Destillerien selbst den Whiskey verkauften, brachten viele von jenen ihre eigenen Marken heraus. Bernard Walsh stellte fest, daß diese Händler mit ihren Lagervorräten eigene Blends aus Pot-Still- und Malt-Whiskey entwickelt hatten. Auf den Geschmack dieser historischen Kuriositäten neugierig geworden, beschaffte er sich Gläser, einen Trichter und eine Auswahl an Flaschen, und er fing an, in der Küche mit dem Verschneiden zu experimentieren. Er weiß nicht mehr genau, wie viele der Rezepte er nachzuahmen versuchte, er erinnert sich aber noch genau, wie der erste Schluck einer 70:30-Mischung aus Malt und Pot-Still-Whiskey schmeckte. Ganz gut, fand er.

Bei Irish Distillers verfeinerte er das Rezept noch etwas, indem er zwei verschiedene Arten von Pot Still verwendete, einen leichten und duftigen, einen schwereren und öligeren. Alle beteiligten Whiskeys sollten ausschließlich aus Bourbonfässern stammen, die höchstens einmal zuvor für irischen Whiskey genutzt worden waren. Die Bezeichnung „Blend" paßt nicht so recht für den Irishman 70, vielleicht wäre „Vatting" (Faßmischung) besser. So oder so könnte er die erste von einer Reihe von Abfüllungen mit geschichtlichem Hintergrund sein. **PM**

Verkostungsnotizen

Für einen in Bourbonfässern gereiften Whiskey hat er eine merkwürdige Dörrobst-Note. Der Malt bringt üppige Rosinen- und gemischte Gewürznoten ein. Der Pot Still brennt im Hintergrund ein Pfefferfeuerwerk mit knisternden Zitrus-, Limetten- und Lederböllern ab.

The Irishman Single Malt

Hot Irishman | www.hotirishman.com

Herstellungsregion und -land County Cork, Irland
Destillerie Midleton, Midleton
Alkoholgehalt 40 Vol.-%
Whiskytyp Single Malt

Der Meisterbrenner Bernard Walsh und seine Ehefrau können zu Besessenen werden. Jahrelang suchten sie nach dem perfekten Irish Coffee, nur um festzustellen, daß es ihn nicht gab. So schufen sie ihn selbst. 1999 brachten sie den Hot Irishman auf den Markt, eine Fertigmischung für Irish Coffee, die aus kolumbianischem Kaffee, braunem Zucker und irischem Whiskey besteht.

Sieben Jahr später beschloß das Paar, einen irischen Single Malt auf einem Markt herauszubringen, der davon schon überflutet war. Auf den ersten Blick mag das unvernünftig wirken, aber Bernard Walsh kennt sich mit Whiskey aus. Zudem hat er Beziehungen zu Irish Distillers, die in der Midleton-Destillerie Malt brennen, ihn aber nur für Blends verwenden. So war er der Konkurrenz einen Schritt voraus, als es ihm gelang, den einzigen verfügbaren Single Malt von Midleton auf den Markt zu bringen.

Der Whiskey trägt keine Altersangabe, ist aber mindestens zehn Jahre alt. Er reifte in zwei Faßarten, Bourbon und Sherry, in einem Verhältnis von etwa 60:40. Bernard Walsh fährt mindestens einmal im Monat nach Midleton und verkostet den Malt, aber er macht sich nicht sehr viel Sorgen, ob jede Flasche genau so ausfällt wie alle anderen. „Wir sind hier nicht bei McDonald's", sagt er, „etwas Abwechslung trägt doch zum *craic* bei."

Dieser Spaß beginnt hier im Glas. Die großen Brennblasen in Midleton wurden für Pot-Still-Whiskey ausgelegt, nicht für Malt. Dementsprechend eigenwillig ist diese Abfüllung. Die minimalen, kaum wahrnehmbaren Unterschiede zwischen benachbarten schottischen Brennereien verblassen im Vergleich: Der dreifach destillierte Midleton spielt in einer eigenen Klasse. **PM**

Verkostungsnotizen

Der Sherry schüttelt einem freundlich die Hand, der Whiskey umarmt einen stürmisch. Ein großer, fetter, runder Malt, der seinesgleichen nicht hat. Es gibt Aprikosen und Honig über dampfendem Haferbrei. Am Schluß kommt kein Abgang, sondern eher eine Zugabe.

Jameson

Irish Distillers/Pernod Ricard | www.jamesonwhiskey.com

Herstellungsregion und -land County Cork, Irland
Destillerie Midleton, Midleton
Alkoholgehalt 40 Vol.-%
Whiskytyp Pot Still Blend

Was kann man über den berühmtestem und meist verkauften irischen Whiskey der Welt sagen? Man kann sich zum Beispiel ansehen, wie er zu dieser überragenden Stellung gelangte. John Jameson gründete seine Destillerie 1780 in Smithfield, und fast 200 Jahre hindurch änderte die Familienfirma ihr Geschäftsmodell so gut wie nicht: Sie brannte irischen Pot-Still-Whiskey und überließ das Marketing und den Verkauf anderen.

Mitte des 19. Jahrhunderts hatte sich irischer Whiskey im gesamtem britischen Empire (also dem größten Teil der Welt) als bevorzugtes Getränk des Gentlemans etabliert. Diese Vormachtstellung ließ Jameson und andere Dubliner Brennereien bequem werden, und sie reagierten zu langsam auf das Aufkommen des Scotch. Als sie die Gefahr erkannten, war es schon zu spät, sie hatten ihre Marktstellung verloren. Politische Unruhen in Irland und der Austritt der Republik aus dem Vereinigten Königreich erschwerten den Zugang zum britischen Empire, und in den USA trocknete der Markt wegen der Prohibition aus. Jameson schleppte sich dahin, und 1966 schloß sich die Firma mit Powers und der Cork Destillerien Company zu Irish Distillers zusammen. Man brauchte eine Marke, die sich als Bannerträger für den irischen Whiskey eignete, und aufgrund der früheren Exporterfolge des Jamesons fiel die Wahl auf ihn. Der Whiskey wurde nach einem neuen Rezept aus leichten Pot-Still- und Grain-Whiskeys zusammengestellt, und Pernod Ricard steckten als neue Eigner Millionen in Marketing und Vertrieb.

Jameson mag früher einmal ein sehr guter Whiskey gewesen sein. Heutzutage ist es eher ein Markenname als ein Whiskey. **PM**

Verkostungsnotizen

Der Duft von Malz und Gewürzen weht aus dem Glas herauf und verheißt Großes. Das kommt dann jedoch nicht. Es gibt einige halbwegs interessante Zitrustöne, aber nicht viel mehr. Ein Whiskey von nur bedingtem Charme, am besten mit Eis oder Cola zu trinken.

Jameson 12-Year-Old

Irish Distillers/Pernod Ricard
www.jamesonwhiskey.com

Herstellungsregion und -land County Cork, Irland
Destillerie Midleton, Midleton
Alkoholgehalt 40 Vol.-%
Whiskytyp Blend

Wer glaubt, Whiskey habe nichts mit der Frühzeit des Radios zu tun, der irrt. Bei einem Whiskey aus Irland ist schließlich nichts unmöglich. Im Jahr 1885 führte Guglielmo Marconi seine ersten Freiluftversuche mit der Funktelegraphie durch. Marconis Mutter Annie hieß mit Mädchennamen Jameson und war die Enkelin von John Jameson. Der Nobelpreisträger und Erfinder des Radios Marconi war also der Urenkel des Destilleriegründers.

1995 nahm Jameson die Hundertjahresfeiern der Radioerfindung zum Anlaß, einen Premium-Whiskey auf den Markt zu bringen. Der Jameson Marconi Special Reserve war ein Erfolg, und Irish Distillers nahmen eine Variante in ihr Dauersortiment auf, die nach dem Jahr der Destilleriegründung benannt wurde – Jameson 1780. Im Jahr 2002 wurde der Name nochmals gewechselt, um auf das Mindestalter der beteiligten Whiskeys zu verweisen.

Der Jameson 12-Year-Old ist zwar die Folgestufe nach dem Standard-Jameson, aber beide unterscheidet mehr als nur die Lagerungszeit. Der ältere ist ein ganz anderer Blend, der deutliche Sherryeinflüsse zeigt. Beim Verschneiden kommen hier Whiskeys aus neuen Fässern mit solchen aus Bourbonfässern und anderen zusammen, die Sherry enthielten, aber schon zwei- oder gar dreimal für irischen Whiskey verwendet wurden. **PM**

Verkostungsnotizen

Die Jahre im Sherryfaß machen sich bemerkbar. Der Pot Still, aus dem der Blend zu 80 Prozent besteht, knistert mit Leder und Gewürzen, der Grain ist fast buttrig.

Jameson 15-Year-Old Single Pot Still

Irish Distillers/Pernod Ricard
www.jamesonwhiskey.com

Herstellungsregion und -land County Cork, Irland
Destillerie Midleton, Midleton
Alkoholgehalt 40 Vol.-%
Whiskytyp Single Pot Still

Damals, als man noch gezwirbelte Schnauzbärte trug und der Union Jack über vielen Ländern des Globus wehte, war irischer Pot-Still-Whiskey das zivilisierteste Getränk der Welt. Aber so wie das 19. Jahrhundert diesem Iren gehörte, gehörte das 20. Jahrhundert dem Scotch. Es trat seinen Siegeszug um den Erdball an, während in Irland die Whiskeyherstellung fast das gleiche Schicksal erlitt wie einst die Dinosaurier.

Als 1984 dieser Pot-Still-Whiskey entstand, waren es also scheinbar nur noch alte Männer in Tweedjacken, die Pot Still tranken. Und alte Männer in Tweed haben die unangenehme Angewohnheit zu sterben.

Gegen Ende des 20. Jahrhunderts lag dieser Whiskey schon 15 Jahre in einem kühlen Lagerhaus in East Cork. Die Zeit hatte ihn zu etwas so besonderem verwandelt, daß Irish Distillers ihn auf Flaschen abziehen ließ, um das neue Jahrtausend zu begrüßen. Mit anderen Worten, einer der eigenwilligsten Whiskytypen, der irische Single Pot Still, ein Whiskey aus der Vergangenheit, wurde verwendet, um die Zukunft einzuläuten.

Junge Leute, die noch nie von Tweed gehört hatten, begannen sich für diesen Whiskey zu begeistern. Allerorten fragte man sich, was es mit dem „Single Pot Still Irish" auf sich habe. Ein „neuer" Star war geboren. **PM**

Verkostungsnotizen

Weiche Marshmallows und krosse Wafeln: Das Yin und Yang des Pot-Still-Whiskeys ist vorhanden, auf Kissen aus Minzschokolade gebettet. Großartiges Mundgefühl.

BY APPOINTMENT

We greet a new king

New days, new ways... Progress, development, change... Which sets us thinking, comfortably, of age, of changelessness, of past years—of John Jameson Whiskey.

John JAMESON

NOT A DROP IS SOLD TILL IT'S SEVEN YEARS OLD

GARTH JONES

Jameson 18-Year-Old

Irish Distillers/Pernod Ricard | www.jamesonwhiskey.com

Herstellungsregion und -land County Cork, Irland
Destillerie Midleton, Midleton
Alkoholgehalt 43 Vol.-%
Whiskytyp Blend

Im Bemühen, treue Kunden an die Marke Jameson zu binden, hat Irish Distillers eine verwirrende Anzahl von „Special Reserves" auf den Markt gebracht. Der Jameson 12 Year Old ist inzwischen zum Klassiker avanciert, und angesichts seines Erfolgs war es nur eine Frage der Zeit, bis ältere Varianten auf den Markt kamen. Der 18-Year-Old ist allerdings nicht lediglich eine ältere Version seines jüngeren Verwandten. Er ist auf subtile Weise anders.

Als Irish Distillers 1966 gegründet wurde, schlossen die drei verbliebenen Whiskeyfamilien ihre einzelnen Brennereien und bauten eine neue Destillerie. Midleton Mark II sollte nicht etwa einen neuen, einzigartigen Whiskey produzieren, sondern die Whiskeys der drei früheren Brennereien wiedergeben: Jameson, Powers und die alte Midleton-Destillerie.

Im Gegensatz zu den meisten schottischen Destillerien, die nur eine Art von Destillat herstellen können, wird also in Midleton ein breites Spektrum von Whiskeys gebrannt, und zwar nicht nur Pot Still, Malt und Grain, sondern von jedem Typ eine Vielzahl von Varianten. Die Alchemie der Faßreifung ist noch unverstanden, und während wir unserem Alltagsleben nachgehen, bleibt das, was in den kühlen, dunklen Lagerhäusern in der Dungourney Road passiert, ein Geheimnis.

Bei diesem Whiskey werden zwei unterschiedliche Richtungen des Pot-Still-Whiskeys verwendet, die mindestens 18 Jahre in Oloroso-Sherryfässern gelagert wurden, und mit zartem, ebenso alten Grain-Whiskey verschnitten. Das Ergebnis ist ein Genuß für jeden, der die schöneren Dinge im Leben schätzt. **PM**

Verkostungsnotizen

Der Geruch des Alters, aber sehr angenehm. Die Jahre haben den Whiskey schön mild gemacht, er ist weich und rund mit der Süße von Honigmelonen und Vanilleschoten. Am aufregendsten ist jedoch die Würzigkeit von schwarzem Pfeffer auf einem guten Cappuccino.

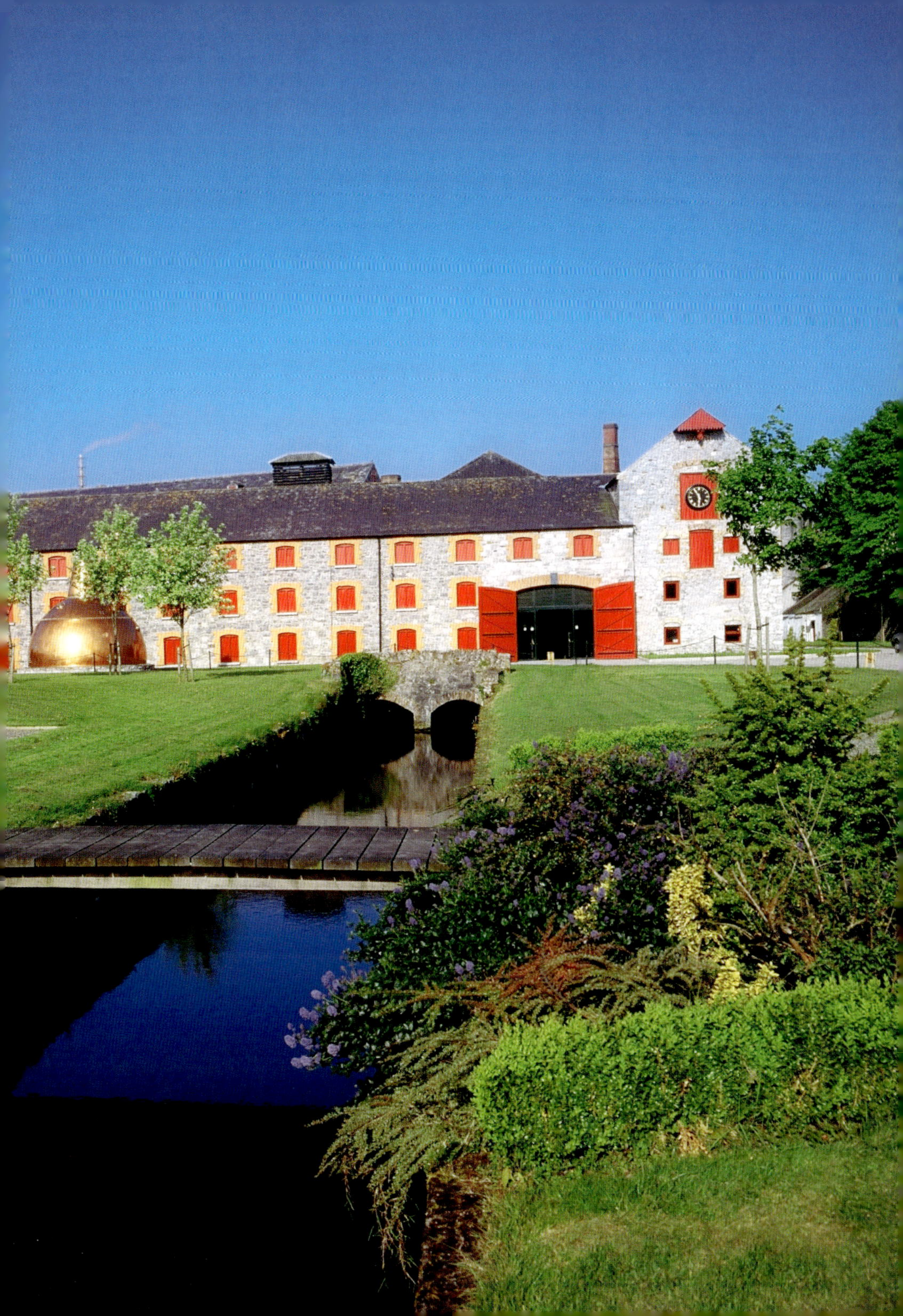

Jameson Black Barrel

Irish Distillers/Pernod Ricard
www.jamesonwhiskey.com

Herstellungsregion und -land County Cork, Irland
Destillerie Midleton, Midleton
Alkoholgehalt 40 Vol.-%
Whiskytyp Blend

Jameson war vor Jahren auf verschiedenen Märkten ein Türöffner für irischen Whiskey, das Sortiment der Firma war dann aber nicht vielfältig genug, um zu verhindern, daß die Mitbewerber ihr Kunden abspenstig machten, die auf der Suche nach Alternativen waren. Das ist inzwischen anders geworden; Irish Distillers sichert seine beherrschende Marktstellung durch Allianzen mit neuen Firmen wie auch durch neu herausgebrachte Varianten der eigenen Whiskeys. Irish Distillers ist das Herz der Irish Whiskey Association, eines Branchenverbands, der für gleichbleibend hohe Standards sorgen soll. Außerdem hat sie in ihrer Midletoner Destillerie ein Bildungszentrum für Whiskey eröffnet, da alle Hersteller davon profitieren würden, wenn man enger zusammenarbeitete.

Vor allem haben Irish Distillers sich jedoch des typisch irischen Pot-Still-Whiskeys angenommen, von dem sie regelmäßig neue Abfüllungen, vor allem ihres Flaggschiffs Redbreast, herausbringen. Der Pot-Still-Whiskey ist auch der Schlüssel des Black Barrel. Jameson ist ein Blend, der aus Bourbon- wie aus Sherryfässern stammt, und in dieser Version ist der Anteil hochwertiger Pot-Still-Whiskeys erhöht worden; die öligen, nussigen Töne sind sehr deutlich. So ist er eine gute Brücke zwischen dem normalen Jameson und dem ausgefalleneren Redbreast. **DR**

Verkostungsnotizen

Zur Güte und Ausgewogenheit der Standardabfüllung kommt ein großer Schuß Pot-Still-Whiskey hinzu, der üppige Pflaumen- und andere Fruchtnoten einführt.

Jameson Cask Mates

Irish Distillers/Pernod Ricard
www.jamesonwhiskey.com

Herstellungsregion und -land County Cork, Irland
Destillerie Midleton, Midleton
Alkoholgehalt 40 Vol.-%
Whiskytyp Blend

In Irland gab es einst Whiskeydestillerien im Überfluß, aber im Laufe eines Jahrhunderts wurden aus verschiedenen Gründen viele der Brennereien geschlossen. In den 1960er Jahren war nur noch eine Handvoll übriggeblieben, die sich zu Irish Distillers zusammenschlossen, die jetzt zum Pernod-Ricard-Konzern gehören.

Dem irischen Whiskey geht es inzwischen gut, und nördlich wie südlich der Grenze werden neue Destillerien gegründet. Irish Distillers hat seine marktbeherrschende Stellung behalten können, zum Teil, indem man neue Destillerien gefördert und ihnen geholfen hat, einen hohen Standard zu erreichen, zum Teil, indem man selbst neue Varianten des Kernsortiments herausgebracht hat, darunter auch den entzückenden Midleton und Redbreast.

Man braucht Mut, um mit einer legendären Marke wie Jameson zu experimentieren, da man die typischen Merkmale beibehalten muß, auch wenn durch das Experiment neue Noten hinzukommen. Der Cask Mates ist jedoch recht sicherheitsbewußt. Es ist natürlich ein Blend, aber einer, der in Whiskeyfässern gereift ist, die ursprünglich das Stout-Bier der Franciscan Well Brewery in Cork enthielten. Sein Entstehen hat es einer Unterhaltung zu verdanken, die zwischen dem Meisterbrenner der Firma und dem Braumeister der Brauerei stattfand. **DR**

Verkostungsnotizen

Deutliche Apfel- und Birnennoten werden durch Schokolade, Vanille, Kakao und Butter ergänzt. Es gibt auch Spuren von Hopfen und Gerste. Angenehm zu trinken.

Jameson Gold Reserve

Irish Distillers/Pernod Ricard
www.jamesonwhiskey.com

Herstellungsregion und -land County Cork, Irland
Destillerie Midleton, Midleton
Alkoholgehalt 40 Vol.-%
Whiskytyp Blend

Jameson Gold war einer der ersten Ausflüge von Irish Distillers in das Gebiet der Premiumwhiskeys. In jenen fernen Zeiten, als das Fliegen noch etwas Exotisches war und der Duty-Free-Einkauf ein Statussymbol, hat man sich diesen Whiskey ausgedacht, um die gehetzten Manager in einem asiatischen Flughafen zum Kauf zu verlocken. Die Abfüllung war auch die erste, bei der Jameson mit der Nachreifung von altem Whiskey in frischen Eichenfässern experimentierte.

Irischer Whiskey muß dem Gesetz nach in Eichenholz gelagert werden. Frisches Holz ist aber sehr aggressiv und gibt sehr viel süßen Vanillegeschmack an das Destillat ab. Das paßt zu vielen amerikanischen Whiskeys, aber der dreifach destillierte irische Whiskey ist ein zartes Geschöpf, das eher lange Jahre in Fässern ruhen sollte, die schon zwei oder gar dreimal zuvor Whiskey enthalten haben.

In Midleton stellte man jedoch fest, daß ein voll ausgereifter Whiskey eine Nachreifung von einigen Monaten in frischen Eichenfässern recht gut verträgt. Das kurze Aufflammen von Vanille scheint die Sherrynoten zu ergänzen und ihnen honigsüße Röstnoten zu verleihen. So entstand das Geschmacksprofil, das zu einem Wahrzeichen des Jameson-Sortiments werden sollte und heute in vielen der Premiumwhiskeys wiederkehrt. **PM**

Verkostungsnotizen

Süß bis an die Grenze des Klebrigen. Es gibt auch schöne Salzkaramelltöne, aber sie werden schließlich von der Vanilleeiscreme aus den Eichenfässern überwältigt.

Jameson Rarest Vintage Reserve

Irish Distillers/Pernod Ricard
www.jamesonwhiskey.com

Herstellungsregion und -land County Cork, Irland
Destillerie Midleton, Midleton
Alkoholgehalt 40 Vol.-%
Whiskytyp Blend

Das Wort *rare* (selten) taucht auf den Etiketten von Whiskeyflaschen etwas zu häufig auf. Bei dieser Abfüllung steckt aber sogar etwas dahinter. Seit 2007 hat Jameson jedes Jahr einen Special Reserve herausgebracht, der immer einige der besten und ältesten Whiskeys von Midleton enthält.

Es liegt in der Natur limitierter Abfüllungen, daß deren Zusammensetzung sich von Jahr zu Jahr etwas unterscheidet, aber dessen ungeachtet kann man bei diesen Ausgaben immer einige Whiskeys erwarten, die 20 oder mehr Jahre alt sind. Hinzu kommt dann ein ebenso alter Pot-Still-Whiskey, der in Portweinfässern gereift ist.

Das wachsende Interesse an seltenen Whiskeys führt dazu, daß immer mehr Destillerien Vorräte beiseite legen, um sie für sehr wohlhabende Fans auf Flaschen zu ziehen. Mit jedem Jahr, das ein Whiskey im Faß verbringt, verdunsten mehr als zwei Prozent seines Volumens durch das Holz. Dieser Verlust führt im Laufe der Jahre dazu, daß die Whiskeymenge ebenso abnimmt wie der Alkoholgehalt im verbliebenen Rest. Daher sind alte Whiskeys wie dieser teurer. Die fehlende Altersangabe ist Absicht, Irish Distillers zieht es vor, mit dem zu überzeugen, was in der Flasche ist, und nicht mit dem auf der Flasche angegebenen Alter. **PM**

Verkostungsnotizen

Üppig, ölig und voller reifer Früchte. Die Portweinfässer geben dem Whiskey ein Süße, die fast an Zuckerrübensirup und einen Vanille-Milchshake erinnert.

Kilbeggan

Cooley | www.cooleywhiskey.com

Herstellungsregion und -land County Louth, Irland
Destillerie Cooley, Cooley Peninsula
Alkoholgehalt 40 Vol.-%
Whiskytyp Blend

Kilbeggan ist eine Kleinstadt im Herzen der Republik Irland, etwa 90 Kilometer westlich von Dublin an der Hauptverbindungsstraße nach Galway gelegen. Hier wird schon seit langer Zeit Whiskey hergestellt: 1757 eröffnete die Destillerie Brusna, die 1846 den Namen ihres neuen Eigners John Locke erhielt. Die Brennerei blieb im Besitz der Familie, bis sie im Jahr 1958 geschlossen wurde. Die letzte Locke, die die Firma leitete, eine Urenkelin des Gründers, verbrachte ihre Zeit lieber auf dem Rücken eines Pferdes. Die Gebäude wurden an einen Deutschen vermietet, der darin eine Autowerkstatt und Schweineställe unterbrachte.

Damit schien das Ende der Destillerie besiegelt zu sein. Doch 1982 wendete sich ihr Schicksal noch einmal, als eine kleine Gruppe von Bürgern des Ortes sich zusammentat, um sie zu restaurieren. Die Einwohner spendeten Geld und alte Gerätschaften, die man zum Teil heute auf dem Dachboden der Malztenne bestaunen kann. Sie opferten auch ihre Zeit, um den Gebäudekomplex mit Liebe, Geduld, Hingabe und Leidenschaft in altem Glanz erstrahlen zu lassen. Im Jahr 2011 nahm die Destillerie wieder die Produktion kleiner Mengen von Pot-Still-Whiskey und Single Malt auf. Der Blend Kilbeggan wird allerdings in der Destillerie Cooley hergestellt, die zuvor Teile ihrer Vorräte in den Lagerhäusern von Kilbeggan gelagert hatte. Nach einigen Jahren erwarb Cooley dieses historische Schmuckstück, das unter der Leitung des Ehepaares Bernadette und Brian Quinn steht. Sie gehörten Anfang der 1980er Jahre zu den Initiatoren der Restaurierung, es ist also mehr als angebracht, mit diesem Kilbeggan auf ihr Wohl anzustoßen. **HO**

Verkostungsnotizen

Jedermanns Freund: Zuerst kommen zarte Zitrusnoten, frische Pfirsiche und heißes Hefegebäck, dann Sahnekaramell und eingekochte Birnen. Voller Körper, sanft, mit einem mittellangen Abgang. Eine Flasche steht immer in meinem Whiskeyschrank.

Kilbeggan 15-Year-Old

Cooley | www.cooleywhiskey.com

Herstellungsregion und -land County Louth, Irland
Destillerie Cooley, Cooley Peninsula
Alkoholgehalt 40 Vol.-%
Whiskytyp Blend

Kilbeggan ist ein typisches irisches Landstädtchen. Im Gegensatz zu anderen seiner Art hat es jedoch außer einigen Geschäften und Pubs noch etwas anderes zu bieten. Denn hier steht eine der schönsten und ältesten Destillerien der Welt. Bis vor einigen Jahren war die Brennerei Kilbeggan kaum mehr als ein Museum, ein schweigsames und etwas trauriges Symbol für den Niedergang des irischen Whiskeys im 20. Jahrhundert.

Aber schon in den Anfangszeiten der Destillerie Cooley verfolgte deren Vorsitzender John Teeling Pläne für Kilbeggan. Manch einer hielt ihn für verrückt, und manch einer bewunderte seine Chuzpe. Aber kaum jemand glaubte, er werde sein Vorhaben verwirklichen können. Bis er dann die riesigen Brennblasen aus der nahe gelegenen Destillerie Tullamore Dew umsetzen ließ (und dabei an einem Freitagnachmittag die wichtigste Straße von Dublin hin zur Westküste lahmlegte). Dieses Brennblasen waren nichts als Dekoration, aber als nächstes wurden funktionsfähige Brennblasen in Kilbeggan installiert, Rohbrand aus Cooley angeliefert und in Kilbeggan der Feinbrand gebrannt. Es gibt kaum ein besseres Symbol für den Wiederaufstieg des irischen Whiskeys.

Diese Abfüllung des Kilbeggan wurde anläßlich des 250. Gründungsjubiläums der Destillerie 2007 herausgebracht, ist aber seitdem zu einem wichtigen Teil des Standardsortiments geworden und hat eine führende Rolle dabei gespielt, einen Markt für hochwertigen, alten irischen Whiskey zu schaffen. Er hat deutlich mehr Gewicht und Körper als die normale Version, mehr Eiche und Gewürze: Ein großer Whiskey, der weltweit Lob und Preise eingeheimst hat. **DR**

Verkostungsnotizen

Die süßen grünen Früchte, die man mit einem klassischen irischen Blend verbindet, legen hier wirklich das Fundament – wie die einem Akustiksong unterlegte Baßlinie. Der Whiskey ist üppiger, würziger und voller als der normale Kilbeggan, mit Marzipan und Eichennoten.

Kilbeggan
18-Year-Old

Cooley | www.cooleywhiskey.com

Herstellungsregion und -land County Louth, Irland
Destillerie Cooley, Cooley Peninsula
Alkoholgehalt 40 Vol.-%
Whiskytyp Blend

Der irische Whiskey verändert sich – zum Positiven hin! Zwar läßt sich nicht leugnen, daß Irish Distillers und Bushmills sehr gute Whiskeys herstellen, aber ohne die besondere Hartnäckigkeit von Cooley hätte die derzeitige Revolution nie eine solche Dynamik entwickelt.

Cooley wehrte sich gegen das Dogma, ein irischer Whiskey müsse, um sich vom Scotch abzuheben, dreifach destilliert und ungetorft sein. Das hatte sogar zur Folge, daß Mitbewerber drohten, die Firma aufzukaufen, um sie dichtzumachen. All das ist jetzt Vergangenheit, aber es kann kein Zufall sein, daß Irish Distillers inzwischen sein Premiumsegment an Pot-Still-Whiskeys ausgebaut hat und Whiskey allererster Güte auf den Markt bringt.

Cooley hat eine kleine funktionsfähige Brennblase in Kilbeggan installiert und brennt dort seit 2011 wieder Pot-Still-Whiskey nach einem Originalrezept, das einen Anteil von fünf Prozent Hafer vorsieht. Selbstverständlich wird es noch viele Jahre dauern, bis man ältere Versionen davon verkosten wird, in der Zwischenzeit kann man sich jedoch mit dem Kilbeggan 18-Year-Old behelfen. Es ist ein Blend traditioneller irischer Art, der aber länger im Faß gelegen hat als die meisten irischen Whiskeys. Ein Teil dieser Zeit waren es Madeirafässer, das Ergebnis ist ein edler, voller, klassischer Whiskey. **DR**

Verkostungsnotizen

Wechselt zwischen süßen, würzigen und holzigen Noten. Üppig, voll und mit deutlich zu spürendem Holz. Ein exzellenter Whiskey.

Locke's
8-Year-Old

Cooley | www.cooleywhiskey.com

Herstellungsregion und -land County Louth, Irland
Destillerie Cooley, Cooley Peninsula
Alkoholgehalt 40 Vol.-%
Whiskytyp Single Malt

Der irische Whiskey hat seit Anfang des Jahrtausends wirtschaftlich gute Zeiten erlebt. Das und seine guten Zukunftsaussichten hat er zu einem großen Teil der Firma Cooley zu verdanken.

Noch vor wenigen Jahren stand der irische Whiskey vor ernsthaften Problemen, und die wenigen verbliebenen Brennereien schlossen sich zu Irish Distillers zusammen. Man ignorierte den einen Single Malt von Bushmills und definierte den irischen Whiskey neu, indem man ihn vom Scotch absetzte und betonte, er sei dreifach destilliert, ungetorft und verschnitten.

Bei Cooley sah man das anders. Man erweckte alte Destillerien wie Locke's zu neuem Leben und führte doppelt destillierte, getorfte Single Malts ein, für die man historische Zeugnisse vorlegen konnte. Der Locke's ist ein Single Malt, und diese Version erinnert an John Locke, der in den 1840er Jahren die Destillerie Kilbeggan übernahm. Die Destillerie gibt es noch, und die Familie Teeling stellt darin kleine Mengen Whiskey her. Der vorliegende wird allerdings bei Cooley produziert und positioniert sich zwischen den getorften und herausfordernden Malts von Connemara und den Weltklasse-Vertretern von Bushmills. Ein irischer Single Malt der Standardklasse, was in diesem Fall nichts schlechtes bedeutet. **DR**

Verkostungsnotizen

In der Nase gibt es einige süße Zitrusnoten, vor allem Orangen und Zitronen. Am Gaumen treten dann an die Stelle der Orangen eher Limetten.

Michael Collins 10-Year-Old

Cooley | www.cooleywhiskey.com

Herstellungsregion und -land County Louth, Irland
Destillerie Cooley, Cooley Peninsula
Alkoholgehalt 40 Vol.-%
Whiskytyp Blend

John Teeling, der Gründer der Destillerie Cooley, hat einmal den Unterschied zwischen britischen und amerikanischen Unternehmern darin ausgemacht, daß ein Brite erst ein neues Produkt entwickele und dann hoffe, einen Markt dafür zu finden, während ein Amerikaner eine Marktlücke suche und dann ein passendes Produkt dafür schaffe. Im Spirituosenhandel haben die Amerikaner auf jeden Fall Lücken im Premiumbereich entdeckt und mit Millionenerfolgen wie Patrón-Tequila und Grey-Goose-Wodka darauf reagiert.

Mit der ursprünglichen Version dieses Whiskeys versuchte Cooley, einen irischen Whiskey der Premiumklasse auf dem amerikanischen Markt zu etablieren. Er kam Anfang des Jahrtausends heraus, zu einer Zeit, als Cooley wirtschaftlich Fuß gefaßt hatte und größere Mengen seiner Erzeugnisse für Privatabfüllungen und Supermarktmarken verkaufen konnte. Der Vertrieb lag bei derselben Firma, die auch für Gray Goose tätig war, der Erfolg fiel jedoch sehr viel geringer aus.

Dieser Nachfolger enthält zehnjährige Whiskeys und hat bessere Aussichten. Er gehört zur Vorhut der neuen irischen Premiumwhiskeys. Der Zielmarkt des Michael Collins 10-Year-Old liegt eindeutig in den USA, wo Whiskey insgesamt gute Zeiten erlebt. **DR**

Verkostungsnotizen

Typisch irisch und etwas herausfordernd. Man erkennt üppige Apfelnoten und das weiche, honigsüße Zentrum wieder. Ein eleganter Whiskey mit vollem Körper.

Midleton Barry Crockett Legacy

Irish Distillers/Pernod Ricard
www.irishpotstill.com

Herstellungsregion und -land County Cork, Irland
Destillerie Midleton, Midleton
Alkoholgehalt 46 Vol.-%
Whiskytyp Single Pot Still

Barry Crockett kam in der Old-Midleton-Destillerie als Sohn des Brennmeisters auf die Welt. Er ergriff denselben Beruf, allerdings dürfte die Bezeichnung Alchimist auf ihn mehr zutreffen. Mit nur drei Zutaten aus der Umgebung – Wasser, Gerste, Hefe – übernimmt er das Steuer der komplexesten Destillerie der Welt und produziert eine atemberaubende Vielzahl unterschiedlicher Destillate. Als es darum ging, seinen eigenen Namen auf ein Etikett drukken zu lassen, war die Frage: Welchen Whiskey sollte er nehmen?

Es sollte ein Single Pot Still sein, der Whiskeytyp, den sein Vater gebrannt hatte, als er selbst noch ein Kind war. Die Gerüche seiner Kindheit gaben alles vor – Barry wollte die Landschaft einfangen, in der er groß geworden ist. Er wählte also dreifach destillierte Brände aus, in denen man die Grasaromen frischer Gerste erkennen konnte. Diese füllte er ausschließlich in amerikanische Bourbonfässer ab und fügte als Geschmacksgeber Whiskey aus frischen amerikanischen Eichenfässern hinzu.

Barry verkostet persönlich jedes Faß, das in den Midleton Barry Crockett Legacy gelangt. Die Abfüllung ist also viel mehr als nur ein weiterer Whiskey, es ist ein Lebenswerk. Mehr als eines Lebens, da Barry sagt, er baue nur auf der Hinterlassenschaft seines Vaters auf. **PM**

Verkostungsnotizen

Ein delikater Obstsalat aus Birnen und Melonen mit Zitrusfrüchten und Bananenpüree. Nicht kaltfiltriert, also mit sehr subtilen Geschmacksnuancen.

Midleton Very Rare

Irish Distillers/Pernod Ricard | www.irishdistillers.ie

Herstellungsregion und -land County Cork, Irland
Destillerie Midleton, Midleton
Alkoholgehalt 40 Vol.-%
Whiskytyp Blend

Seit seiner Einführung 1984 kommt jedes Jahr eine neue Abfüllung dieses Whiskeys auf den Markt, die den jeweiligen Jahrgang auf dem Etikett trägt. Die Marketingabteilungen nennen dies ein „Premiumprodukt", und die Tatsache, daß der Begriff „Premium" gesetzlich nicht geschützt ist, machen die Hersteller dadurch wett, daß sie den Whiskey mit allen Merkmalen der Exklusivität ausstatten. Er zielt eindeutig auf wohlbetuchte Kunden.

Wenn man aber die Holzkiste und Besitzurkunde entsorgt hat, was bleibt dann noch in der numerierten Flasche? Ein Blend mit hohen Pot-Still-Anteil, der wie alle Whiskeys von Midleton auch nicht eine Spur von Torf aufweist. Er unterscheidet sich von Jahr zu Jahr etwas und spiegelt so die für den Blend zu Verfügung stehenden Grundwhiskeys wider. In der Regel sind diese mindestens zwölf Jahre alt, manche von ihnen aber auch beträchtlich älter, bis zu einem Vierteljahrhundert. Das bedeutet, daß manche frühen Abfüllungen des Midleton Very Rare Whiskey enthalten haben, der noch in der Old-Midleton-Destillerie entstanden war. Sie sind zwar nicht mehr auf dem freien Markt zu erhalten, aber bei intensiver Suche kann man durchaus noch fündig werden.

Die Grundwhiskeys werden zusammengetan und in Fässern aus frischer Eiche gelagert, die zuvor keinen Bourbon enthalten haben. Dabei muß umsichtig vorgegangen werden, da alte Whiskeys empfindlich auf das vorlaute amerikanische Eichenholz reagieren. Die Fässer werden deshalb genau überwacht. Aber es ist diese Nachreifung, die dem Midleton Very Rare seine typischen süßen Vanillenoten gibt und dazu beiträgt, die verschiedenen Grundwhiskeys zu einem Ganzen zu fügen. **PM**

Verkostungsnotizen

In der Nase machen sich Wellen von Dörrobst und warmen Gewürzen breit. Zuerst kommt ein Vanille-Softdrink, dann beginnt die Show erst richtig: Schöner kann der Tanz von Sherry und Pot-Still-Whiskey nicht sein – umgeben von Rosinen, Schokolade und Honig.

Paddy

Irish Distillers/Pernod Ricard | www.paddy.ie / www.jamesonwhiskey.com

Herstellungsregion und -land County Cork, Irland
Destillerie Midleton, Midleton
Alkoholgehalt 40 Vol.-%
Whiskytyp Pot Still Blend

Der Paddy stammt von der dritten an der Gründung von Irish Distillers beteiligen Firma, Cork Distilleries Company. Der Name des Whiskeys geht auf den legendären Vertreter Paddy Flaherty zurück, der in den 1920er und 1930er Jahren auf den Straßen und Wegen Irlands unterwegs war, um Cork Distilleries Company Old Irish Whiskey zu verkaufen. Auch für jene bedächtigeren Zeiten war dieser Name ein ganz schöner Brocken, und so begannen die Kunden, einfach nach Paddy Flahertys Whiskey zu fragen. Der Name blieb haften, und bald prangte Paddys Unterschrift auf jeder Flasche.

Der Whiskey kam in der Old-Midleton-Destillerie auf die Welt, die heute zwar nicht mehr in Betrieb ist, aber ein sehenswertes Besucherzentrum bietet. Sie gehört zu den schönsten Industrieanlagen aus dem Viktorianischen Zeitalter und lohnt einen Besuch. Bei der Gelegenheit kann man außerdem einen Blick auf die nebenan errichtete neue Midleton-Destillerie werfen. Hier werden heute neben dem Paddy auch der Jameson und der Powers hergestellt. Von den Lagerhäusern auf dem alte Betriebsgelände werden viele noch genutzt, manche kann man sogar besichtigen.

Der Paddy ist im äußersten Süden Irlands immer noch sehr beliebt, wo Paddy Flaherty damals unterwegs war. Allerdings würde er in dem Whiskey, der heute seinen Namen trägt, kaum jenen wiedererkennen, den er einst verkaufte. Wie der Jameson und der Powers wurde der Paddy Ende der 1960er Jahre neu abgestimmt und seitdem mehrmals verändert. Jetzt ist er eine merkwürdige Mischung aus etwas Bushmills Malt und zu gleichen Teilen Grain und Pot Still. **PM**

Verkostungsnotizen

Ein Malt-Ball wie aus dem Buche, mit gestoßenem schwarzen Pfeffer über dem Parfüm warmen Getreides. In der Nase aromatisch, mit zarten Vanille- und Honignoten. Im Mund hintergründig Honig und Vanille. Trockner, milder Abgang mit Akzenten vom Pot Still.

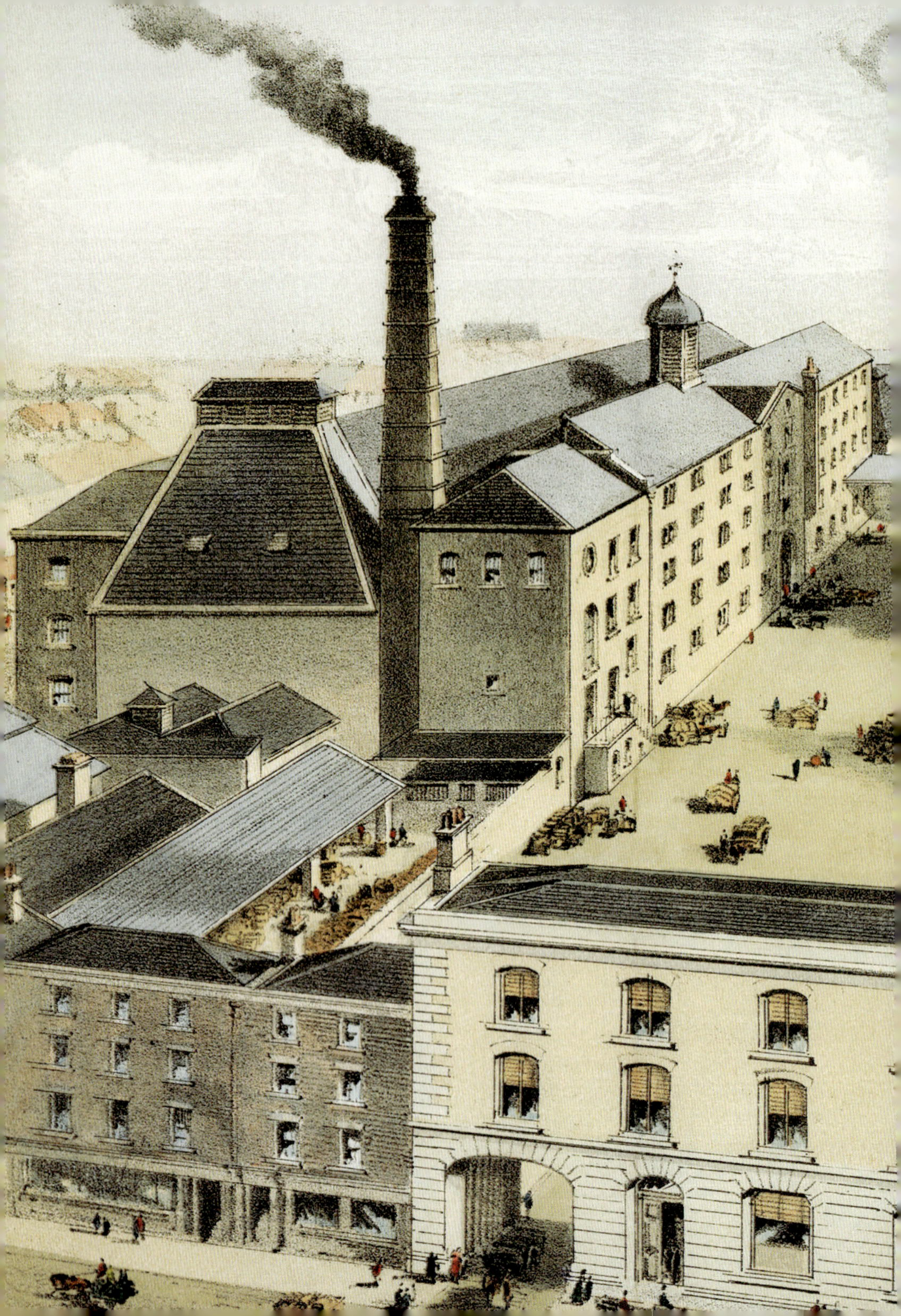

Powers
Gold Label

Irish Distillers/Pernod Ricard
www.irishpotstill.com

Herstellungsregion und -land County Cork, Irland
Destillerie Midleton, Midleton
Alkoholgehalt 40 Vol.-%
Whiskytyp Pot Still Blend

Als Alfred Barnard 1885 bei der Recherchereise für sein Buch *The Whiskey Distilleries of the United Kingdom* nach Dublin kam, lobte er den Whiskey von Powers über die Maßen: „Er war von perfektem Geschmack und brachte das alte Aroma des irischen Whiskeys, das den Kennern so sehr am Herzen liegt, so deutlich zum Ausdruck, wie man es sich nur wünschen kann." Auf seinem Heimatmarkt war der Powers der einzige Whiskey, der dem Jameson jemals Paroli bieten konnte; er war sogar lange Zeit der beliebteste irische Whiskey in Irland. Der Powers Gold war und ist dunkler, eigenwilliger und von vollerem Charakter als der Jameson.

Mitte der 1970er Jahre verlagerte Irish Distillers die Produktion all ihrer Whiskeys nach Midleton in der County Cork, und die Powers-Destillerie in der John's Lane in Dublin wurde geschlossen. Der Umzug nach Cork führte auch zu einer Geschmacksänderung. Wie der Jameson wurde auch aus dem Powers ein Blend, aber im Gegensatz zu jenem behielt man bei ihm einen 80prozentigen Anteil an gutem, altmodischen, mittelstarken Pot-Still-Whiskey bei, zu dem der Grain gut paßt. Die Whiskeys im Powers sind meist älter als jene im Jameson und zeigen durch den Einsatz von wiederverwendbaren Fässern deutlicher den Charakter des Destillats. **PM**

Verkostungsnotizen

In der Nase ein Feuerwerk aus Getreide, Gewürzen und Minze. Der Pot-Still-Whiskey legt sich auf die Zunge, und der Grain knallt mit der Peitsche. Unvergleichlich.

Powers
John's Lane Release

Irish Distillers/Pernod Ricard
www.irishpotstill.com

Herstellungsregion und -land County Cork, Irland
Destillerie Midleton, Midleton
Alkoholgehalt 46 Vol.-%
Whiskytyp Single Pot Still

Die Destillerie Powers in der Dubliner John's Lane war für ihren hochwertigen Pot-Still-Whiskey weltberühmt. Als sie sich 1966 mit Jameson und Cork Distilleries unter dem Namen Irish Destillers zusammentat, wurde die Destillerie in Dublin geschlossen und die Produktion nach Midleton in der County Cork verlagert. Der Whiskey wurde in den 1970er Jahren als Blend neu herausgegeben, und trotz des hohen Anteils an Pot-Still-Whiskey ging der Geschmack, der zuvor so für Furore gesorgt hatte, zum Teil verloren.

In Midleton fragte man sich, wie der Whiskey aus der John's Lane wohl geschmeckt haben mochte, und baute eine Zeitmaschine, um eine Antwort zu finden. Zuerst wurde eine Maische aus gemälzter und ungemälzter Gerste zubereitet, dann daraus ein dreifach destilliertes Destillat gebrannt, so wie es damals üblich war. Dieses Destillat füllte man dann in amerikanische Bourbonfässer und zweigte einen kleinen Teil in die besten Oloroso-Sherryfässer ab, um den komplexen Charakter des Whiskeys herauszubringen. Dann mußte man nur noch zwölf Jahre warten, um das Ergebnis zu begutachten.

Es stellte sich als schöne Variante eines Pot-Still-Whiskeys heraus, eine passende Hommage an die geistige Heimat eines der beliebtesten Whiskeys Irlands. **PM**

Verkostungsnotizen

Pfeffer und Gewürze, Kokosnuß und geröstete Gerste. Mit Aprikosen, Mandeln und Kakao – eine richtig altmodische Karussellfahrt von einem Whiskey.

Ein Teil der großen Powers-Destillerie in der John's Lane, Dublin, um 1845

Powers Special Reserve 12-Year-Old

Irish Distillers/Pernod Ricard | www.powerswhiskey.com

Herstellungsregion und -land County Cork, Irland
Destillerie Midleton, Midleton
Alkoholgehalt 40 Vol.-%
Whiskytyp Pot Still Blend

Viele Destillerien nutzten die Jahrtausendwende, um neue und interessante Abfüllungen herauszubringen. Solche Sonderausgaben waren nie die Stärke von Irish Distillers. Umso größer war die Aufregung, als sie den Powers Special Reserve 12-Year-Old ankündigten. Der Whiskey wurde schnell ein Publikumsliebling und in das Standardsortiment aufgenommen. Allerdings bot er nichts Neues.

Bevor sich die eigenen Abfüllungen der Destillerie in den 1960er Jahren durchsetzten, gab es so viele Varianten des Powers wie es Menschen gab, die ihn verkauften. Die meisten Whiskeyhändler (*whiskey bonders*) in Dublin kauften das Destillat so, wie es in der John's Lane aus den Brennblasen floß, füllten es in ihre eigenen Fässer, ließen es in ihren eigenen Kellern reifen und verkauften den Whiskey, wenn sie ihn für verkaufsbereit hielten. Man konnte ihn nur bei den *bonders* kaufen, und sie boten unfiltrierten Whiskey in Faßstärke in vielen Altersstufen zu unterschiedlichen Preisen an. Da dies die Regel war, waren Begriffe wie „Einzelfaßabfüllung" inhaltsleer. Große Firmen experimentierten oft mit eigenen Finishes, falls sie leere Madeira-, Portwein- oder Sherryfässer in den Lagern hatten. Kleinere *bonder* füllten jedoch direkt aus einem einzigen Faß auf Flaschen ab oder verkauften an der Theke sogar glasweise aus einem kleinen Faß. Faßstärke, Nachreifung, exotische Faßarten: Es gibt nichts Neues in der Welt des Whiskys ...

Diese Version des Powers ist eine ältere Fassung des Gold Label, die enthaltenen Whiskeys sind also die gleichen wie in jenem, sind aber hier mindestens zwölf und nicht nur vier bis sieben Jahre alt. **PM**

Verkostungsnotizen

Ein Powers Gold Label mit bis auf „11" aufgedrehtem Verstärker, wie ihn der Film *This Is Spinal Tap* berühmt gemacht hat. Hier ist alles größer und kühner als in dem jüngerem Whiskey, vor allem der Pot Still zeigt sich deutlich und knistert vor Menthol und Gewürzen.

Redbreast 12-Year-Old

Irish Distillers/Pernod Ricard | www.irishpotstill.com

Herstellungsregion und -land County Cork, Irland
Destillerie Midleton, Midleton
Alkoholgehalt 40 Vol.-%
Whiskytyp Single Pot Still

Der Redbreast Single Pot Still ist einer der am meisten gefeierten Whiskeys Irlands. Wenn es um Goldmedaillen geht, kann er es mit Abfüllungen aufnehmen, die ein Vielfaches seines Preises kosten. Er kam 1903 auf die Welt, als die Firma Jameson, die zuvor Whiskey nur en gros verkauft hatte, den Weinhändler Gilbey's mit frischem Destillat zu beliefern begann. Da Gilbey's auch als Importeur von gutem Sherry tätig war, füllte man dort das Destillat einfach in die leeren Fässer und verkaufte den Whiskey nach der Reifung an die Kunden. Dieser Jameson unterschied sich durch die Lagerung in Sherryfässern von den anderen irischen Whiskeys, die angeboten wurden. Wenn man ihn gegen das Licht hielt, sah er rötlich aus, und so kam er zu seinem Namen.

Der Redbreast war bei Menschen, welche die schöneren Dinge des Lebens schätzen, sofort ein Erfolg. Ein so großer Erfolg, daß er bald den Spitznamen „Priesterschlückchen" bekam. Als der Zwischenhandel der sogenannten *bonders* Ende der 1960er Jahre zum Erliegen kam, erwarb Irish Distillers die Namensrechte und verkaufte den Whiskey weiter.

Fast 40 Jahre lang trieb der Redbreast so dahin, der einzige Single Pot Still in Destillerieabfüllung, den es noch auf dem Markt gab. Man gab kein Geld für Werbung oder Marketing aus, aber das Rotkehlchen hielt sich und hatte eine treue Anhängerschaft. Dann kamen die Preise und Auszeichnungen. Und weitere Preise. Und noch mehr.

Die Zusammensetzung des Redbreast ist mittlerweile eine etwas andere, er wird aus schwereren Pot-Still-Whiskeys gemacht, die mindestens zwölf Jahre in Sherryfässern gelagert wurden. **PM**

Verkostungsnotizen

Wie ein Kuchen mit Rosinen und Dörrpflaumen, Sherry und gerösteten Mandeln. Außerdem gibt es Tabakspfeifenrauch, alte Ledersessel und einen langen, langsamen Abgang mit Gewürzen, gemahlenem Kaffee und Lakritze. Ein Frontalangriff auf alle Sinne.

Redbreast 12-Year-Old Cask Strength

Irish Distillers/Pernod Ricard
www.pernod-ricard.com

Herstellungsregion und -land County Cork, Irland
Destillerie Midleton, Midleton
Alkoholgehalt 57,7 Vol.-%
Whiskytyp Single Pot Still

Der dramatische Wandel in der Einstellung zum irischen Whiskey ist Irish Distillers zu verdanken, denen es gelang, der Kategorie neues Leben einzuhauchen und ihr eine leuchtende Zukunft zu sichern. Jahrelang hatte die Firma eifersüchtig über eine sehr einengende Definition dessen gewacht, was ein irischer Whiskey sei, und ihre ganze Marktmacht in den Dienst ihrer führenden Marke Jameson gestellt. Dann der Sinneswandel: Man reagierte auf das deutliche Bedürfnis der Kunden nach neuen Whiskey-erlebnissen, indem man ein Zehnjahresprogramm aufstellte, um den Pot-Still-Whiskey zu fördern.

Inzwischen gibt es Pot-Still-Whiskeys auf dem Markt, die älter als 20 Jahre sind, aber auch leichtere, süßere Versionen. Der vorliegende ist jedoch kaum zu übertreffen, viele Kenner halten ihn für einen der besten Whiskeys, die überhaupt je hergestellt worden sind. Es ist ein Wirbelsturm von einem Whiskey – üppig, fruchtig, ölig und komplex. Sein Erfolg beruht auf dem schweren, in erstmals mit Whiskey befüllten Oloroso-Sherryfässern gereiften Pot-Still-Whiskey. Wie bei der Kombination von Torf und Sherry besteht auch hier die Gefahr, daß der entstehende Whisky vollkommen abstürzt. In diesem Fall fliegt er aber himmelwärts. Er scheint dauernd ausverkauft zu sein, man sollte ihn also kaufen, wenn man ihn sieht. **DR**

Verkostungsnotizen

Kein schüchternes Mauerblümchen, sondern eine üppige, bittersüße Eiche. Die größere Stärke gibt einem schon großartigen Whiskey zusätzliche Komplexität.

Redbreast 15-Year-Old

Irish Distillers/Pernod Ricard
www.irishpotstill.com

Herstellungsregion und -land County Cork, Irland
Destillerie Midleton, Midleton
Alkoholgehalt 46 Vol.-%
Whiskytyp Blend

Der Redbreast war auch verfügbar, als der irische Whiskey schlechte Zeiten durchmachte und meist in der Flasche in der hinteren Reihe über der Bar verstaubte. Im vergangenen Jahrzehnt hat sich vieles geändert, und inzwischen ist der Single Pot Still einer der aufregendsten Whiskeytypen auf der Welt. Der Redbreast 12-Year-Old, ein jüngerer Verwandter der hier vorgestellten Abfüllung, hat eine große Rolle bei diesem Wiederaufleben gespielt.

Der Redbreast 15-Year-Old kostet sehr viel mehr als der Zwölfjährige. Für das zusätzliche Geld bekommt man kaum mehr als die zusätzlichen drei Jahre Reifung. Nennenswert ist höchstens, daß der 15-Year-Old mit kräftigen 46 Volumenprozent Alkohol abgefüllt und nicht kaltfiltriert wird. Ansonsten kommt kaum etwas hinzu. Nun mögen drei Jahre zusätzliche Faßreifung nicht so wichtig erscheinen, aber in diesen drei Jahren kann sehr viel passieren, das ist also alles recht relativ. Zudem reift Whiskey in Irland schneller als sein Gegenstück in Schottland, wo es kälter ist.

Der Redbreast 12-Year-Old bietet ein unvergleichliches Preis-Leistungs-Verhältnis und wird regelmäßig besser bewertet als Whiskys, die das Zehnfache kosten. Ob man den Mehrpreis für den 15jährigen zahlen möchte, muß man selbst entscheiden. **PM**

Verkostungsnotizen

Ein energischer Whiskey, der neu definiert, wie Whiskey schmecken sollte: nach Schokolade, Sahnekaramell, Kaffee und anderen Dingen, die einem nicht guttun.

Redbreast 21-Year-Old

Irish Distillers/Pernod Ricard
www.pernod-ricard.com

Herstellungsregion und -land County Cork, Irland
Destillerie Midleton, Midleton
Alkoholgehalt 46 Vol.-%
Whiskytyp Single Pot Still

Vor nicht allzulanger Zeit kehrte bei der Midleton-Destillerie eine untypische Schweigsamkeit ein. Irish Distillers verwandelte sich von einer der freundlichsten und mitteilungsfreudigsten Whiskeyfirmen zu einer der verschwiegensten und distanziertesten. Aber das geschah nicht grundlos, die Firma machte eine Metamorphose durch, die der einer Raupe zu einem Schmetterling in nichts nachstand. Als man das Schweigen brach, geschah das auf großer Bühne: Man lud die gesamte irische Whiskeybranche und Whiskyjournalisten aus der ganzen Welt in die Midleton-Destillerie ein, um ein neues Bildungszentrum, verbesserte Besuchereinrichtungen und eine Erweiterung der Brennerei vorzustellen. Alles sehr beeindruckend, aber dann gab die Firma bekannt, daß sie vorhabe, in den nächsten zehn Jahren alljährlich zwei neue Pot-Still-Whiskeys herauszubringen. Es gab leuchtende Augen bei den Freunden des irischen Whiskeys.

Dies ist die älteste Ausgabe des Redbreast, und die zusätzliche Zeit im Faß hat ihm eine neue Tiefe verliehen. Die typischen Eigenschaften des Pot-Still-Whiskeys sind deutlich verändert, vielleicht auf die gleiche Weise wie das Alter sich auf die Torfigkeit eines Whiskys auswirken kann. Man kann lange diskutieren, ob er so gut ist wie der 12-Year-Old Cask Strength. **DR**

Verkostungsnotizen

Früchte und Gewürze in der Nase, aber subtil und zurückhaltend. Der Geschmack ist entzückend – Lakritze, Menthol, viele Gewürznoten, süße wie pfeffrige.

Redbreast Lustau

Irish Distillers/Pernod Ricard
www.pernod-ricard.com

Herstellungsregion und -land County Cork, Irland
Destillerie Midleton, Midleton
Alkoholgehalt 46 Vol.-%
Whiskytyp Single Pot Still

Pot-Still-Whiskey ist ein unverkennbar spezifisch irischer Whiskeytyp, der hergestellt wird, indem man Gerstenmalz mit einem Anteil anderen, ungemälzten Getreides mischt. Man würde nicht denken, daß das einen großen Unterschied macht, aber es ist so. Der Pot-Still-Whiskey enthält Phenole, die man im Single-Malt-Whiskey nicht bekommt und die dem Destillat eine üppige Öligkeit und eine komplexe Geschmacksvielfalt verleihen. Allerdings ist die Komplexität auch eine Herausforderung, da bei der Reifung des Destillats im Faß der Einfluß des Holzes sehr genau überwacht werden muß. Nicht jeder schätzt einen Whiskey, der in zu vielen Richtungen unterwegs ist.

Der Lustau ist also ein tapferes Stück Whiskeyherstellung. Der Masterblender Billy Leighton verwendet Fässer aus den Bodegas von Jerez, so daß einige kräftige Geschmacksnoten auf einen Whiskey treffen, der in sich schon kräftig ist. Die Grundwhiskeys des Lustau reifen etwa zehn Jahre in einer Mischung aus Bourbon- und Sherryfässern und erhalten dann ein einjähriges Finish in Fässern der Bodega Lustau. Das Ergebnis ist eine selbständige Variante, die aber nicht alle Merkmale verloren hat, die den Redbreast zu einem großen Whiskey machen. Um mit Brendan Buckley zu sprechen, einem der Direktoren von Irish Distillers: „Dieser Whiskey rockt!" **DR**

Verkostungsnotizen

Herbstobst, Pflaumen, Datteln und Beeren in der Nase. Üppiges, öliges Mundgefühl, aber auch Cremigkeit und Wucht. Ganz entzückend.

Tullamore Dew 12-Year-Old

William Grant
www.tullamoredew.com

Herstellungsregion und -land County Cork, Irland
Destillerie Midleton, Midleton
Alkoholgehalt 40 Vol.-%
Whiskytyp Blend

Es gibt viele Möglichkeiten, die treuen Anhänger eines Whiskeys glücklich zu machen. Eine ältere Version der Stammarke auf den Markt zu bringen, gehört zu den gängigeren. In Schottland findet man auch häufig viele unterschiedliche Altersvarianten eines Whiskys, da die Destillerien ihn unterschiedliche lange in verschiedenen Fässern reifen lassen. Wenn man aber eine verwaiste Marke hat, zu der es keine passende Destillerie gibt, was tut man dann? Ein komplett neues Getränk erfinden?

Jameson hatte schon bewiesen, daß es möglich ist, Premiumversionen einer Marke zu verkaufen, die so viel mit der Stammvariante zu tun haben, wie ein Rennpferd mit einem Esel. Irish Distillers verfügt über riesige Lagerbestände, und so überrascht es nicht, daß der normale Tullamore Dew und der Tullamore Dew 12-Year-Old vollkommen unterschiedlichen Tierarten angehören.

Dieser Blend besteht aus dreifach destilliertem Pot-Still-, Malt- und etwas Grain-Whiskey. Wie bei anderen älteren Whiskeys von Midleton ist auch hier der Einfluß der Reifung in Oloroso-Sherryfässern ungeheuer deutlich. Unter den vorherigen Besitzern hat die Abfüllung viel Lob geerntet, ist aber nie so beworben worden, wie sie es verdient hätte. Jetzt aber gehört sie zu den Varianten, die für Höheres bestimmt sind. **PM**

Verkostungsnotizen

Hochklassig mit würzigem Sherry und warmen Plumpudding. Der Grain-Whiskey kitzelt angenehm, der echte Star ist der Pot Still mit seinem Mandelkaramell.

Tullamore Dew Black 43

William Grant
www.tullamoredew.com

Herstellungsregion und -land County Cork, Irland
Destillerie Midleton, Midleton
Alkoholgehalt 43 Vol.-%
Whiskytyp Blend

In den vergangenen 40 Jahren gab es zwei Männer, die mehr als alle anderen dafür getan haben, dem irischen Whiskey wieder zu seinem einstigen Glanz zu verhelfen. Der eine ist Barry Crockett, der Meisterbrenner bei Midleton. Der andere ist Barry Walsh, der als Masterblender bei Midleton den irischen Whiskey neu erfunden hat. Er hat das traditionelle Geschmacksprofil des Getränks auseinandergenommen, neue Zusammenstellungen geschaffen, mit der Nachreifung experimentiert und so dem einst biedersten Whiskey der Welt Neuerungen aufgezwungen.

Eine von Walshs letzten Whiskeykreationen vor seinem Ruhestand war eine Premiumabfüllung des Tullamore Dew. Die Marke hatte lange Irish Distillers gehört, war aber an die schottische Firma William Grant übergegangen. Barry fing bei seiner Variante von vorne an. Zuerst sorgte er für etwas Charakter in der Gestalt eines sehr würzigen Pot Stills, welchen er dem Tullamore Dew hinzufügte, der in sehr guten Oloroso-Sherryfässern reifte. Das Ergebnis erinnerte mehr als nur ein bißchen an den Tullamore Dew aus den 1950er Jahren. Mit 43 Volumenprozent Alkoholgehalt wurde er abgefüllt (was sich auch im Namen wiederfindet), einer Stärke, in der einst viele irische Whiskeys abgefüllt und verkauft wurden. **PM**

Verkostungsnotizen

Intensiver, altmodischer Ton, voller Brausepulver, rotem Sherry und schwarzer Scholokade. Sehr gut zusammengestellter Blend, großartig mit etwas Wasser.

Tullamore Dew
The Legendary
IRISH WHISKEY
IRISH WHISKEY
TULLAMORE DEW
FINE OLD
IRISH WHISKEY

Tullamore Dew Single Malt

William Grant | www.tullamoredew.com

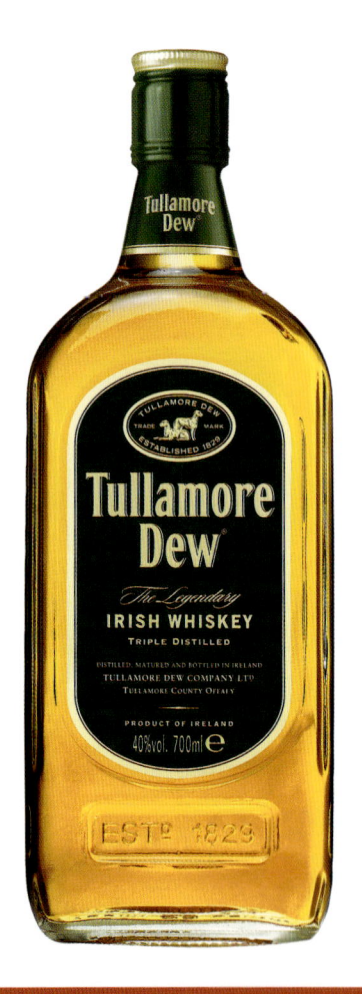

Herstellungsregion und -land County Louth, Irland
Destillerie Cooley, Cooley Peninsula
Alkoholgehalt 40 Vol.-%
Whiskytyp Single Malt

Die Tullamore-Destillerie gibt es schon lange nicht mehr, und ihr berühmter Meisterbrenner Daniel E. Williams ist längst verstorben. Unsterblichkeit haben beide jedoch auf ganz eigene Weise im Tullamore Dew erlangt. Gäbe es diesen Whiskey nicht, wäre das Städtchen Tullamore in der Grafschaft Offaly in den Irish Midlands kaum bekannt. Und auf jeder Flasche erinnern die Initialen seines Namens an Herrn Williams: D E W.

Im Gegensatz zum normalen Tullamore Dew, der heute als Blend in der neuen Destillerie entsteht, stammte der Whiskey dieser Single-Malt-Abfüllung aus der Destillerie Cooley. Dort werden einige sehr gute Single Malts hergestellt, und wenn man sie einzeln trinkt, beeindrucken die in Portwein-, Sherry- und Madeirafässern gereiften Versionen sehr. Beim Tullamore Dew Single Malt finden sich jedoch alle drei Finishes zusammen. Es wäre zwar schön, sagen zu können, das Ergebnis sei mehr als die Summe seiner Teile, aber leider trifft das nicht ganz zu. Wenn das Destillieren als die wissenschaftliche Seite der Whiskeyherstellung gilt, dann das Verschneiden als die künstlerische. Die Mischung in einem Whiskey richtig auszubalancieren, erfordert Geschick. In diesem Fall ist das Kunststück nicht ganz gelungen.

Tullamore-Dew-Trinker sind ein treues Völkchen, und diese Zusammenstellung aus verschiedenen Malts soll ihnen etwas geben, in das sie hineinwachsen können. Für manche wird es eine faszinierende Mischung unterschiedlicher Geschmacksnoten darstellen, aber wenn man die Whiskeys von Cooley überhaupt erst kennenlernen möchte, sollte man zuerst die einzelnen Finishes verkosten und sich dann für einen entscheiden. **PM**

Verkostungsnotizen

Die Töne von Karamellbonbons, die für Cooley typisch sind, werden hier von verlockendem Dörrobst begleitet, im Hintergrund lauert jedoch ein bedauerlicher Schwefelton. Er macht sich auf der Zunge noch stärker bemerkbar und kämpft dort gegen die Früchte an.

Tyrconnell

Cooley | www.cooley.com

Herstellungsregion und -land County Louth, Irland
Destillerie Cooley, Cooley Peninsula
Alkoholgehalt 40 Vol.-%
Whiskytyp Single Malt

Tyrconnell ist ein schöner, leichter Single Malt und bildet damit eher eine Ausnahme unter den irischen Whiskeys, da diese meist aus gemälzter und ungemälzter Gerste hergestellt werden und somit Blends sind. Da die USA der wichtigste Exportmarkt gewesen waren, kam es um 1920 in der irischen Whiskeyherstellung wegen der amerikanischen Prohibition zu einer ernsthaften Krise. Heute gibt es nur noch vier Destillerien in Irland, die jedoch zusammen mehr als 80 verschiedene Whiskeys herstellen. Cooley wurde als jüngstes Mitglied des Quartetts vom Geschäftsmann John Teeling gegründet, der die typisch irische Liebe zu Pferden, zur Tradition und zum Trinken auf dem Etikett des Tyrconnell zusammenführte, wo ein berühmtes Pferderennen dargestellt wird.

Der Whiskey trägt den Namen eines Rennpferdes. 1876 ließ die Familie Watt einen Fuchs namens „The Tyrconnell" an einem klassischen irischen Pferderennen teilnehmen, das er bei einer Quote von hundert zu eins gewann. Seit dem Neuerscheinen des Whiskeys ist auch dieser immer wieder als Sieger (bei Spirituosenwettbewerben) hervorgegangen.

Irland gilt als die Wiege der Whiskeybrennerei, und Irish Whiskey war einst der Weltmarktführer. Eine Vielzahl von widrigen Umständen und Katastrophen – Hungersnöte und Wirtschaftskrisen, Auswanderung, Prohibition und Abstinenzlerbewegungen, Mißwirtschaft und Weltkriege – führten zum Verlust dieser Position, und der irische Whiskey wurde von den schottischen Nachbarn überholt, die angeblich das Destillieren einst von den Iren gelernt hatten. Nun, der Altmeister ist wieder im Rennen, und das Feld wird vom Tyrconnell angeführt. **HO**

Verkostungsnotizen

Frische Ananas, Orangen, Zitronen, Vanillesoße und Butterkaramellbonbons weichen Cashewnüssen, Leinöl und gebuttertem Toast. Angenehm ruhig, nussig und süß. Leicht adstringierender Abgang, der auch malzige Getreidenoten enthält.

Tyrconnell Madeira Cask

Cooley | www.cooley.com

Herstellungsregion und -land County Louth, Irland
Destillerie Cooley, Cooley Peninsula
Alkoholgehalt 46 Vol.-%
Whiskytyp Single Malt

Der Name ist nicht das Einzige, was den Tyrconnell mit der Vergangenheit verbindet. Er wird in zwei Brennblasen destilliert, die aus der Watts-Destillerie im nordirischen Derry stammen. Das ist insofern passend, als der Tyrconnell einst bei Watts gebrannt wurde. In der Geschichte des irischen Whiskeys sind die Datierungen manchmal etwas vage. Ein gewisser David Watt kaufte 1839 die Destillerie in der Abbey Street in Derry, aber sein Vater war schon seit 1824 an der Firma beteiligt gewesen. Ende des 19. Jahrhunderts stand in der Abbey Street die weitaus größte Brennerei Irlands.

1876 ging das Rennpferd der Familie Watt als Sieger ins Ziel, und man beschloß, dieses Ereignis durch die Einführung eines Whiskeys zu feiern, der den Namen des Pferdes trug. Zusammen mit zwei anderen Marken – dem Inishowen und dem Favourite – wurde der Tyrconnell in den Zeiten vor der Prohibition in den USA ungeheuer beliebt. Aber das Alkoholverbot in Amerika bedeutete auch das Ende der Riesendestillerie, die 1925 geschlossen und nie wieder geöffnet wurde. 1762 wird auf dem Etikett als Gründungsjahr der Firma genannt, anscheinend weil die Familie Watt in jenem Jahr ihr Debut in der Whiskeyproduktion in Derry gab.

Ob man sich als Whiskeyfreund nun für solche Details interessiert oder nicht: Am wichtigsten ist der Geschmack des Whiskeys. Der ist bei dem Madeira-Tyrconnell typisch für die Marke, zeigt aber die fast subtropische Akzente der Süßweinfässer, in denen er reifte und die von der Inselgruppe Madeira stammen, die 1000 Kilometer südwestlich von ihrem Heimatland Portugal im Atlantik liegt. **HO**

Verkostungsnotizen

In der Nase als ob jemand das Gewürzschränkchen geöffnet hätte: Zimt, Gewürznelken, und Muskat mischen sich mit den Parfümnoten von Zedernholz, einem Spritzer Zitrone und Haselnüssen. Der komplexe, lange Abgang erinnert an warmen Apfelkuchen.

LOCKE'S
KO2/16
1892
195
IRISH WHISKEY
TYRCONNELL
KO2/16
194
IRISH WHISKEY
TYRCONNELL
KO2/16
1862
198
IRISH WHISKEY
TYRCONNELL
KO2/16
1863
196

Tyrconnell Port Cask

Cooley
www.cooley.com

Herstellungsregion und -land County Louth, Irland
Destillerie Cooley, Cooley Peninsula
Alkoholgehalt 46 Vol.-%
Whiskytyp Single Malt

Die Destillerie, die heute den Namen Cooley trägt, wurde 1937 zusammen mit drei anderen irischen Destillerien gebaut. Sie befanden sich im Staatsbesitz und sollten aus schädlingsbefallenen Kartoffeln Methylalkohol für die industrielle Verwendungen brennen. Als die Epidemie vorbei war, stellte man die Destillerien auf den Rohstoff Melasse um; sie blieben bis 1985 in Betrieb.

John Teeling und seine Partner kauften die Destillerie und begannen im Alleingang gegen das Quasimonopol von Irish Distillers anzukämpfen, die zum französischen Getränkeriesen Pernod Ricard gehören. Auf halber Strecke hätte er den Kampf fast verloren, fand aber Unterstützung durch Heaven Hill Distillers in Kentucky – vielleicht hatten die Anglo-Iren in den USA doch nicht ihre Wurzeln vergessen.

Heute ist Cooley ein kleinerer, aber ernstzunehmender Mitspieler auf dem Feld der irischen Whiskeys. John Teelings Partner Willy MacArthur hielt die Namensrechte an verschiedenen alten Marken, unter anderen auch an Tyrconnell. Teeling und MacArthur beschlossen, sie wieder zum Leben zu erwecken, um den Stammbaum des Whiskeys herauszustreichen. Für diese Abfüllung wurde er eine Weile in Portweinfässern nachgereift, nachdem er zehn Jahre in Bourbonfässern gelegen hatte. **HO**

Verkostungsnotizen

Aus Weinnoten entwickeln sich Hyacinth- und Veilchenaromen, Apfel-, Birnen- und Mangotöne. Dann Sauerteigbrötchen mit Konfitüre. Mittellanger Abgang.

Tyrconnell Sherry Cask

Cooley
www.cooley.com

Herstellungsregion und -land County Louth, Irland
Destillerie Cooley, Cooley Peninsula
Alkoholgehalt 46 Vol.-%
Whiskytyp Single Malt

Die Iren gelten gemeinhin als die Erfinder der Whiskeyherstellung, sie schrecken aber auch nicht davor zurück, etwas zu kopieren, das erfolgreiche Neuerungen verspricht, etwa die Finishes in unterschiedlichen Faßarten, die Glenmorangie in den 1990er Jahren einführte. Die Destillerie Cooley übernimmt jedoch noch mehr aus Schottland: Ihre Gerste stammt zum größten Teil von dort.

Die Destillerie war die erste, die seit mehr als 100 Jahren in Irland den Betrieb aufnahm. Es ist Irlands jüngste, kleinste und – bis jetzt – einzige unabhängige Brennerei. 1989 wurde die Produktion von Malts, Grains und Blends aufgenommen. Die Brennblasen und Patentdestillationsapparate destillieren nicht nur Tyrconnell, Greenore, Kilbeggan und Connemara, sondern auch eine Vielzahl anderer Whiskeys für Supermarktketten, Spirituosenhändler und Firmen, die nach einer Hausmarke verlangen.

Die Standardvariante des Tyrconnell trägt keine Altersangabe. Das ist bei dem Sherry Cask anders, hier wird ein Alter von zehn Jahren angegeben, an die sich eine Nachreifung in Sherryfässern anschließt. Beim Verkosten dieser Version der berühmten Marke Tyrconnell kann man sich also an einer gelungenen Verbindung Irlands und Spaniens erfreuen. **HO**

Verkostungsnotizen

Schnittblumen und Bindegrün mischen sich mit Kerzenwachs und Weihrauch, Orangen und Rosinen. Der Abgang ist kurz und läßt an Mandeln denken.

The Wild Geese

Protégé International
www.thewildgeesecollection.com

Region County Louth **Destillerie** Cooley, Cooley Peninsula **Alkoholgehalt** 43 Vol. % **Whiskytyp** Single Malt **Full UK name** The Wild Geese Irish Whiskey Collection **Full US name** The Wild Geese Irish Soldiers & Heroes

Die „Wildgänse", nach denen dieser Whiskey benannt ist, waren irische Soldaten, die aus Irland flüchteten, nachdem sie von den Engländern unter Wilhelm von Oranien in der Schlacht am Boyne 1690 geschlagen worden waren. Die meisten von ihnen ließen sich in Frankreich nieder, und während sich manche als Söldner verdingten, gründeten andere Familien und fanden Arbeit im Wein- und Spirituosenhandel. Noch heute zeugen Namen wie Château Lynch-Bages und Hennessy von diesem irischen Erbteil.

In den USA heißt die Reihe „Wild Geese Irish Soldiers and Heroes", vermutlich um an die engsten Mitstreiter von George Washington zu erinnern, die zu den „Wildgänsen" gehörten – Matthew Thornton, George Taylor und James Smith zählten zu den Unterzeichnern der amerikanischen Unabhängigkeitserklärung. Die Marke verspricht „Freiheit für alle". Das Versprechen kann der Whiskey zwar nicht einlösen, aber er ist auf jeden Fall sehr schmackhaft.

Der Malt ist nicht getorft. Er stammt von der frechen Destillerie Cooley in der Grafschaft Louth, ist also doppelt destilliert, in Bourbonfässern gereift und mit keiner Altersangabe versehen. Der Alkoholgehalt beträgt 43 Volumenprozent. **PM**

Verkostungsnotizen

Bietet lebhafte Getreidenoten und reife Beeren am Gaumen. Der Abgang mit Vanilleeiscreme, etwas Eiche und zerstoßenem schwarzen Pfeffer ist sagenhaft.

The Wild Geese Rare Irish

Protégé International
www.thewildgeesecollection.com

Region County Louth **Destillerie** Cooley, Cooley Peninsula **Alkoholgehalt** 43 Vol -% **Whiskytyp** Blend **Full UK name** The Wild Geese Irish Whiskey Collection **Full US name** The Wild Geese Irish Soldiers & Heroes

Das Geheimnis eines jeden guten verschnittenen Whiskeys liegt in der Wahl der richtigen Fässer und der guten Balance harmonischer Elemente. Der Whiskey in der „Wild Geese"-Reihe kommt aus der Destillerie Cooley, der kleinsten und neuesten Brennerei in Irland. Unter einem Dach stellt sie sowohl Malt- als auch Grain-Whiskeys her. Ein großer Teil des frischen Destillats wird an Drittmarken abgegeben, wobei die Preisgestaltung das wichtigste Kriterium ist, jedoch reift der Whiskey gut, und da Cooley seit einem Vierteljahrhundert in Betrieb ist, verfügt die Brennerei inzwischen über ansehnliche Vorräte guter Whiskeys.

Der Malt aus Cooley ist leicht und duftig, während der Grain fest und glatt daherkommt, der Trick liegt also darin, gute Fässer in ausreichender Menge zu finden, um einen gleichmäßig ausfallenden Whiskey zu bekommen. Bei dem Blend Rare Irish gibt der Grain eine gute Struktur und trägt den Malt, so daß dieser auch die hohen Noten treffen kann. Die vordergründigen Vanillenoten stammen von den frischen Fässern.

Der Whiskey ist trotz gegenteiliger Marketingbehauptungen nicht besonders selten. Er ist aber ein sehr solider, gut gebauter Blend mit viel Charakter. Kein Werbespruch. **PM**

Verkostungsnotizen

In der Nase duftend, mit Melone und Honig. Glatt wie ein Vanille-Milchshake, mit dem Biß schwarzer Schokolade. Der Abgang pulsiert pfeffrig.

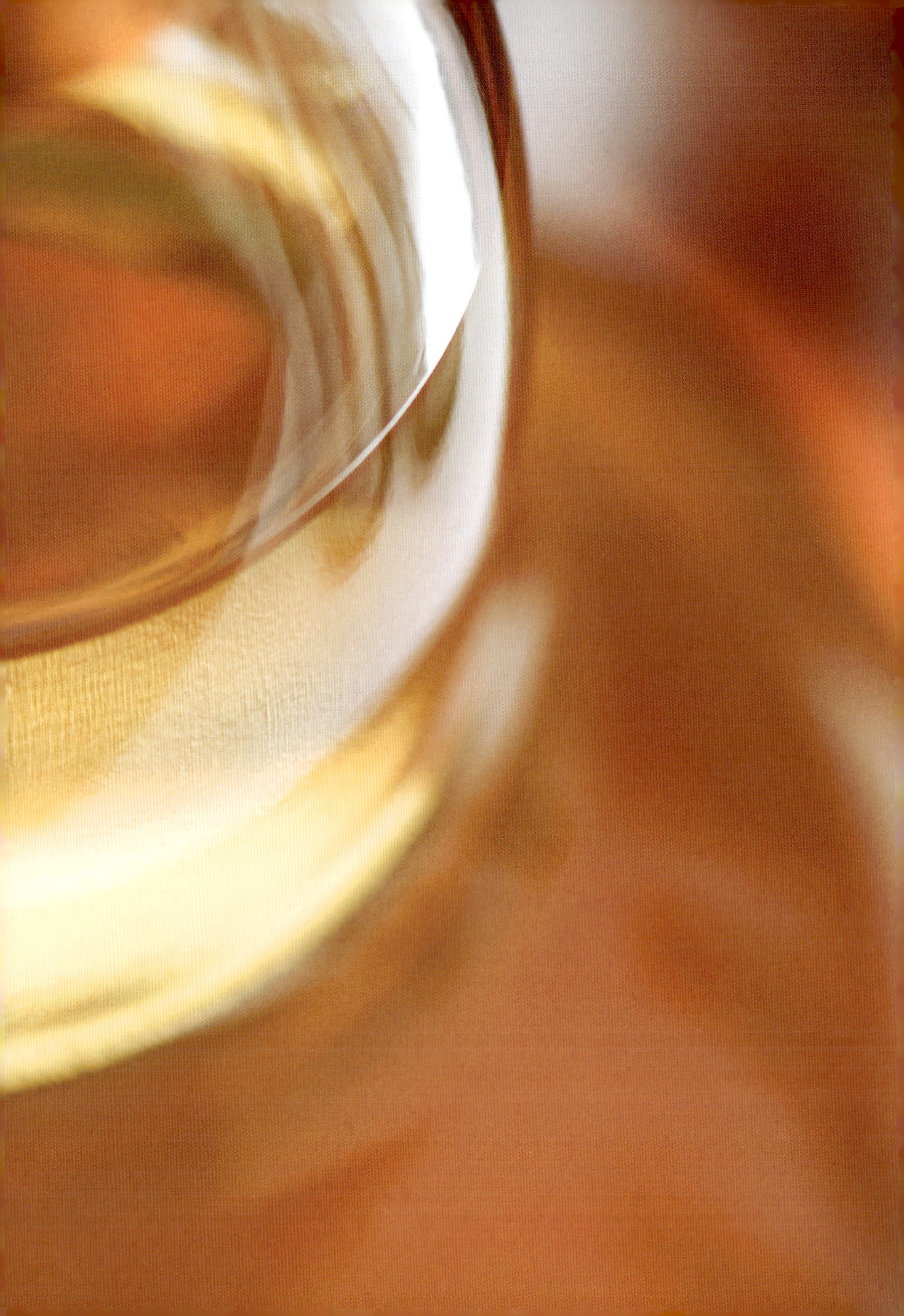

VEREINIGTE STAATEN

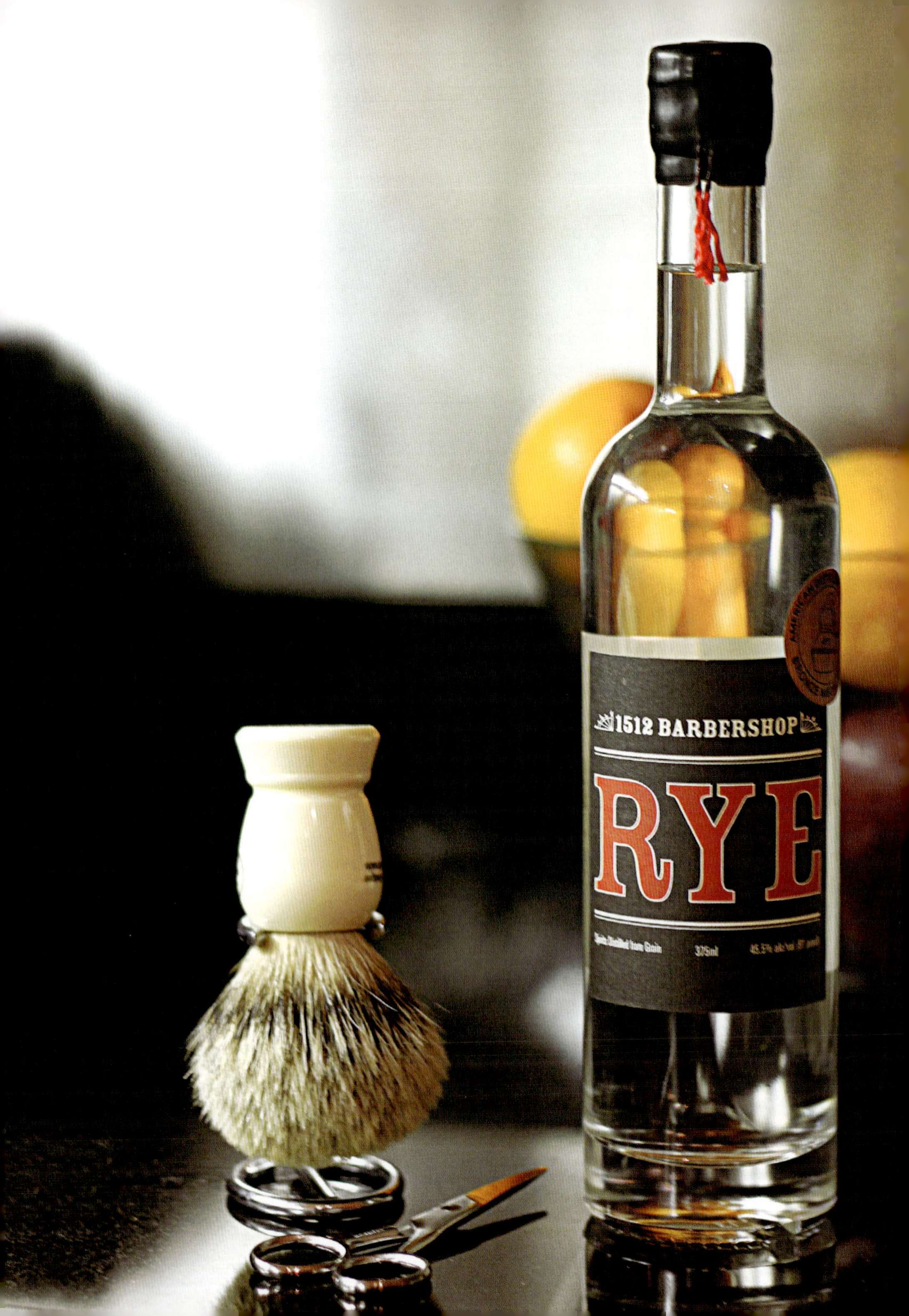
1512 BARBERSHOP
RYE

1512 Barbershop Rye

1512 Barbershop
www.1512spirits.com

Herstellungsregion und -land Kalifornien, USA
Destillerie 1512 Spirits, Sonoma
Alkoholgehalt 45,5 Vol.-%
Whiskytyp Roggendestillat ohne Reifung

Salvatore Cimino betreibt in San Francisco einen Herrenfriseursalon, nach dem er auch den ersten Whiskey seiner Destillerie benannt hat. Während der Prohibitionszeit war es nicht ungewöhnlich, dass Friseursalons als Fassade für den illegalen Verkauf von Whiskey dienten. Auf jeden Fall geht Salvatores Firma auf solche historischen Vorbilder zurück. Als Abkömmling von (Schwarz-)Brennern in der dritten Generation hat er schon in frühester Kindheit Einblick in die Kunst der Whiskeyherstellung bekommen.

Der 1512 zeigt hier einen sehr puristischen Ansatz. Die Destillerie kauft den besten Roggen ein, der zu bekommen ist, und schrotet ihn in Handarbeit. Das Schrot wird in Chargen gemaischt, die winzig ausfallen, vergleicht man sie mit den in Großdestillerien üblichen. Die Maische wird in einer kupfernen Brennblase über offener Flamme destilliert, wodurch der Zuckergehalt im Destillat steigt und es einen volleren Körper erhält.

Salvatore hatte von Anfang an vor, den 1512 als Destillat ohne Lagerung zu verkaufen. Es erforderte ein hohes Maß an Detailabstimmung, um den Geschmack des Roggens zu erhalten. Auf dem Etikett wird – nicht übermäßig dezent – von der ersten „öffentlichen" Abfüllung gesprochen. Da auch Destillate eingelagert wurden, wird es vermutlich nicht die letzte bleiben. **JP**

Verkostungsnotizen

Grüner Apfel, Birne und duftiger Roggen in der Nase. Am Gaumen klar und sauber mit pfeffrigen Roggennoten. Der Abgang wieder mit Roggen und Pfeffer.

Angel's Envy Bourbon Finished in Port Barrels

Angel's Envy
www.angelsenvy.com

Herstellungsregion und -land Kentucky, USA
Destillerie Angel's Envy, Louisville
Alkoholgehalt 43,3 Vol.-%
Whiskytyp „Bourbon" mit Port-Finish

Lincoln Henderson, der Gründer von Angel's Envy, war Brennmeister bei Woodford Reserve in Kentucky. Als er in den Ruhestand ging, hatte er mit dem Thema Whiskey allerdings noch nicht abgeschlossen. Es gab da noch einige Dinge, mit denen er in seiner Zeit bei Woodford experimentiert hatte und die er gerne ausprobieren wollte. Er machte eine Familienfirma daraus, indem er seinen Sohn Wes und später auch seinen Enkel Kyle ins Boot holte.

Angel's Envy ist eine relativ junge Firma, bei der sehr viel Wert auf Qualität gelegt wird. Das Sortiment kommt in einer schönen Verpackung daher und bietet kräftige, komplexe Geschmackserlebnisse. So hat sich die Brennerei in relativ kurzer Zeit einen guten Namen gemacht.

Die Whiskeys gehen bis an die Grenze der Bourbon-Definition, weil sie zeitweilig in Fässern gelagert werden, die zuvor etwas anderes enthalten haben. Die Spitzenleistung ist vermutlich ein Bourbon, der ein Finish in Portweinfässern erhielt. Er entsteht in kleinen Chargen von acht bis zwölf Fässern und reift bis zu sechs Jahre auf die normale Bourbonweise. Zum gegebenen Zeitpunkt wird er dann in 250-Liter-Portweinfässer umgefüllt, die extra aus Portugal importiert werden. Darin verbleibt er, bis die Destillerie ihn für ausgereift hält, meist ist dies nach etwa sechs Monaten der Fall. **DR**

Verkostungsnotizen

Vanille, Ahornsirup, Holzpolitur und Schokolade mit Nüssen und Rosinen. Am Gaumen Dosenobst, dunkle Schokolade und Honig.

← Während der Prohibition verkauften manche Friseure auch Whiskey.

Balcones Brimstone

Balcones
www.balconesdistilling.com

Herstellungsregion und -land Texas, USA
Destillerie Balcones, Waco
Alkoholgehalt 53 Vol.-%
Whiskytyp Spiced Corn Whiskey

Der Name weist schon darauf hin, daß dieser Whiskey wie kaum ein anderer schmeckt. Vielleicht hat man eine Vorstellung davon, wenn man schon einmal einen der kühnen Whiskys von Säntis mit ihren Weihrauch- und Holzkohlenoten verkostet hat oder einen Whisky aus den Alpenländern. Aber auch dann wird man kaum auf das knurrende, verkohlte, nach Grill und Teer duftende Vergnügen vorbereitet sein, das der Brimstone bietet.

Von allen Varianten, die Balcones anbietet, ist diese die innovativste. Die Destillerie ist stolz auf ihre handwerkliche Arbeitsweise, und dieser Whiskey wird in kleinen Chargen aus örtlich angebautem Mais hergestellt, so daß man vom Getreide bis in das Glas über die Provenienz Auskunft geben kann.

Der Kern des Brimstone ist ein junger Mais-Whiskey, aber Balcones verwendet ein geheimgehaltenes Verfahren, um den Mais über texanischer Busch-Eiche zu räuchern. So entsteht ein Whiskey mit Lagerfeuer- und Grillholzkohlenoten. Den Brimstone liebt man, oder man haßt ihn, aber wenn man ihn liebt, dann wirklich. So hat er dann auch weltweit eine Schar von Preisen gewonnen, ja er ist sogar einer der am stärksten gefeierten Whiskeys, die im Rahmen der derzeitigen „Craft-Distilling-Revolution" der USA erschienen ist. **DR**

Verkostungsnotizen

In der Nase und am Gaumen perfekt aufeinander ausgerichtet, mit Lagerfeuer, gegrilltem Fisch und Fleisch und Holzkohle. Auch Steinobst, Pfeffer und Lakritze.

Balcones Texas Single Malt

Balcones
www.balconesdistilling.com

Herstellungsregion und -land Texas, USA
Destillerie Balcones, Waco
Alkoholgehalt 53 Vol.-%
Whiskytyp Single Malt

Im vergangenen Jahrzehnt hat es in der amerikanischen Craft-Distilling-Bewegung eine Revolution gegeben, bei der sich die Zahl der handwerklich arbeitenden Brennereien verzehnfachte. Allerdings kommen auf jeden Brenner, der hochwertigen Whiskey herstellt, vier andere, die das eigentlich nicht tun. Die Versuche, Bourbon herzustellen, waren meist eher von Erfolg gekrönt als die Herstellung von Rye. Mit einigen Ausnahmen waren die amerikanischen Single Malts eher mitleiderregend – weshalb die Whiskeys von Balcones desto bemerkenswerter sind. Die texanische Destillerie wurde 2008 vom talentierten und hoch gelobten Chip Tate gegründet, aber trotz der sehr beeindruckenden Abfüllungen und einer schönen Anzahl von Preisen fand diese Geschichte bisher kein glückliches Ende, da Tate von seinen Geldgebern aus der eigenen Firma gedrängt wurde. Er wartet zur Zeit das Ergebnis der gerichtlichen Auseinandersetzung ab, hat aber Pläne, eine neue Destillerie zu gründen.

In der Zwischenzeit fährt Balcones fort, Weltklassewhiskeys herauszubringen, darunter einen beeindruckenden Single Malt, der von der Belegschaft ausgewählt wurde. Die Balcones-Malts zeichnen sich dadurch aus, daß sie alles beibehalten, was einen Malt gut macht, aber ihm einen eigenen, texanischen Ton verleihen. **DR**

Verkostungsnotizen

So großspurig und lautstark, wie man sich einen Texaner vorstellt. Lakritze, Ingwer, Orangenschalen und Malz. Ölig und mit einem langen, erstaunlichen Abgang.

Balcones Texas No 1 Single Malt

Balcones
www.balconesdistilling.com

Herstellungsregion und -land Texas, USA
Destillerie Balcones, Waco
Alkoholgehalt 53 Vol.-%
Whiskytyp Single Malt

Es sagt sehr viel über die jetzigen Eigner von Balcones aus, daß es ihnen gelungen ist, die Firma an der vordersten Front der Craft-Distilling-Bewegung zu halten und weiterhin Preise einsammeln zu lassen. Schließlich hatten sie einiges an Wohlwollen verloren, nachdem sie einen der Pioniere dieser Bewegung aus seiner eigenen Destillerie verdrängt hatten. Balcones war von Chip Tate gegründet worden, der dort auch die Herstellung hochwertiger Whiskeys leitete.

Trotz des heftigen Wettbewerbs auf dem amerikanischen Craft-Distilling-Markt ist es Balcones mit Whiskeys wie diesem gelungen, alle Mitbewerber vor sich her zu treiben: ein Single Malt mit entschieden amerikanischer Ausrichtung. Ein Scotch ist das auf jeden Fall nicht. Eine Vielzahl anderer Destillerien folgte Tates Spuren und versuchte sich an amerikanischen Single Malts. Der vorliegende Whiskey ist das, was man von Texas erwartet: ein sehr direkter, unsubtiler, geschmacksstarker Kracher. Nur die Australier können es den Texanern in Bezug auf Intensität und Stärke gleichtun.

Tate hatte sich Financiers für seine Destillerie gesucht, wurde dann aber von diesen Investoren aus der Firma gedrängt. Er hat aber eine andere Brennerei errichtet und wird bald wieder im Geschäft sein. **DR**

Verkostungsnotizen

So großspurig und lautstark, wie man sich einen Texaner vorstellt. Lakritze, Ingwer, Orangenschalen und Malz. Ölig und mit einem langen, erstaunlichen Abgang.

Balcones True Blue Bourbon

Balcones
www.balconesdistilling.com

Herstellungsregion und -land Texas, USA
Destillerie Balcones, Waco
Alkoholgehalt 50 Vol. %
Whiskytyp Straight Bourbon

Nachdem Chip Tate ausgeschieden war und sich der Staub gelegt hatte, ging Balcones die Whiskeyherstellung auf drei unterschiedlichen Wegen an: Sie stellten weiter den preisgekrönten texanischen Single Malt her; sie brachten eine Reihe mit ausgefallenen Einzelfaßabfüllungen in Faßstärke heraus; und sie begannen, unterschiedliche Whiskeys mit „blauem Mais" zu brennen, einer typischen, fast schon legendären Maissorte in Texas.

Blauer Mais ist eine der ältesten Maissorten. Das Pueblo-Volk im Südwesten der USA kultivierte sie bereits, als die ersten Spanier um 1540 in das Gebiet kamen, aber die Sorte geht sicher bis in präkolumbianische Zeiten zurück. Sie wird noch viel im Südwesten der USA verwendet, und in Mexiko wird sie zu *Tortillas* (Maisfladen), *Chaqueque* (Maisbrei) und *Nixtamal* (Maismehl oder -gries) verarbeitet. Als Bestandteil eines Getränks soll blauer Mais auch gesundheitsfördernd sein.

Das Balcones-Team verband dieses Erbe mit der Erkenntnis, daß in den USA seit dem Bottled-In-Bond-Gesetz des Jahres 1897 eine Alkoholstärke von 100 *proof* (50 Volumenprozent) als Qualitäts- und Echtheitsmerkmal gilt. Dem damit erhobenen Anspruch auf Authentizität, Qualität und Tradition wird der Balcones True Blue durchaus gerecht. **DR**

Verkostungsnotizen

Sanfte, süße Getreiden- und Blütennoten in der Nase. Am Gaumen sehr fruchtig, mit geröstetem Mais, honigsüßen Zitrusfrüchten, Steinobst und Zimt.

Baker's 7-Year-Old

Beam Global | www.smallbatch.com/bakers

Herstellungsregion und -land Kentucky, USA
Destillerie Jim Beam, Clermont
Alkoholgehalt 53,5 Vol.-%
Whiskytyp Straight Bourbon

Baker's Bourbon wurde nach Baker Beam benannt, der genauso bescheiden und ruhig ist, wie der Whiskey, der ihn ehrt. Bis zu seinem Ruhestand 1992 leitete Baker Beam die Tagesschicht in der Hauptdestillerie von Jim Beam in Clermont, Kentucky. Die Destillerie wurde von seinem Vater, Großvater und anderen Beams nach der Prohibition auf dem Gelände einer Kiesgrube errichtet, mit der sie während der trocknen Zeit Geld verdient hatten.

Jim Beam war Bakers Großonkel. Bakers Großvater Park war der Bruder, Partner und wichtigste Whiskeymacher von Jim Beam. Bakers Vater Carl „Shucks" Beam trat in die Fußstapfen von Park. Er wurde in Clermont Brennmeister und gab diese Stelle an seine Söhne Baker und David ab, die sich die Tages- und Nachtschicht teilten. Die Brüder wuchsen in einem schönen alten Haus auf, das, noch immer von alten Lagerhäusern umgeben, auf einem Hügel steht und auf die Destillerie hinabblickt.

Baker's Bourbon entstand als Teil der „Small Batch Bourbon"-Reihe von Beam. Obwohl drei der vier Whiskeys in der Reihe, einschließlich des Baker's, auf derselben Rezeptur beruhen, unterscheiden sie sich doch im Geschmack. Baker's hat 53,5 Volumenprozent Alkohol und wird mit sieben Jahren abgefüllt. Seine Anhänger betrachten das als perfektes Alter für Bourbon von Beam; die Reifung wird genau dann beendet, wenn sich der Einfluß des Fasses so weit entwickelt hat, daß er das saubere Beam-Destillat gut ergänzt.

Baker war noch Brennmeister in Clermont, als der Baker's Bourbon entstand. Es wäre typisch für ihn, seinen Whiskey zum besten zu machen, aber keinem etwas davon zu erzählen. **CKC**

Verkostungsnotizen

Geröstete Mandeln und dunkle Früchte breiten sich mit Andeutungen von Räucherfleisch und altem Leder und etwas spritziger Zitrone über ein kräftiges Mittelstück aus Karamell und Vanille aus. Ein Whiskey, der Rückgrat zeigt und genau weiß, was er darstellt.

Basil Hayden's

Beam Global | www.smallbatch.com/basilhaydens

Herstellungsregion und -land Kentucky, USA
Destillerie Booker Noe, Boston
Alkoholgehalt 40 Vol.-%
Whiskytyp Straight Bourbon

Basil Hayden kam um 1796 als einer von vielen englischen und irischen Katholiken aus Maryland nach Kentucky, die sich in der Umgebung des heutigen Bardstown niederließen. 1882 gründete sein Enkel Raymond eine Destillerie in Hobbs, einem Ort an einer Zweiglinie der Louisville and Nashville Railroad in Kentucky.

Der Betrieb hatte nicht nur Zugang zur Eisenbahn, er verfügte auch über zwei zuverlässige Quellen. Die Destillerie war groß und modern, gab sich aber aus Marketinggründen das Image einer typischen Brennerei aus dem vorherigen Jahrhundert, der Zeit von Raymonds Großvater und der traditionellen bäuerlichen Whiskeybrenner. Um dieses Image zu fördern, benannte er seinen Whiskey auch nach seinem Großvater Basil „Old Grand-Dad". Der Whiskey und die Werbung für ihn waren gleichermaßen erfolgreich, und Old Grand-Dad (mit einem Porträt von Basil Hayden auf dem Etikett) wurde vor und nach der Prohibition zu einem der führenden Bourbons der USA.

1987 übernahm Beam die Firma National Distillers und damit auch den Old Grand-Dad, der nicht nur über einen altehrwürdigen Namen und profitträchtigen Verkaufspreis verfügte, sondern sich auch durch den hohen Roggengehalt deutlich von anderen Bourbons unterschied. Der Basil Hayden's wird nach derselben Rezeptur hergestellt und in einem Alter von acht Jahren mit einem Alkoholgehalt von 40 Volumenprozent abgefüllt. Die relativ geringe Stärke ist ein Zugeständnis an den kräftigen Geschmack des Roggens. Obwohl sich viele Anhänger darüber beschweren, spricht der Whiskey damit doch Kunden an, die sonst keinen Bourbon trinken, darunter auch viele Scotch-Fans. **CKC**

Verkostungsnotizen

Manchmal ungerechterweise als „Anfängerwhiskey" abgetan; zeigt weichen, süßen und roggenbetonten Geschmack von unglaublicher Glätte und Sanftheit. Am Gaumen Honig und milde Gewürze, dann ein kurzer Abgang. Mit nur einem Tropfen Wasser probieren.

Bernheim Original Kentucky Straight Wheat

Heaven Hill Distilleries | www.bardstownwhiskeysociety.com

Herstellungsregion und -land Kentucky, USA
Destillerie Heaven Hill, Bardstown
Alkoholgehalt 45 Vol.-%
Whiskytyp Straight Wheat Whiskey

Der Bernheim ist nicht der erste jemals hergestellte Weizenwhiskey. Man sollte sehr vorsichtig sein, wenn man eine Spirituose mit dem Prädikat „erste" oder „einzige" versieht, ohne vorher sehr genau und sehr weit zurück in der Geschichte recherchiert zu haben. Der Mensch legt seit jeher einen bewundernswerten Erfindungsreichtum an den Tag, wenn es darum geht, neue alkoholische Getränke zu kreieren. Allerdings ist der Bernheim der erste Weizenwhiskey, der seit der Prohibition wieder über den Handel erhältlich ist, und wenn auch einige Kleindestillerien seit seinem Erscheinen im Jahr 2005 eigene Wheat-Whiskeys herausgebracht haben, ist er doch immer noch der bei weitem größte, am einfachsten verfügbare und – mit seinem üblichen Alter von fünf Jahren – der älteste.

Für den Straight-Wheat-Whiskey gelten dieselben rechtlichen Vorschriften wie für Bourbon, nur daß er aus mindestens 51 Prozent Weizen besteht (Bernheim hat laut Destillerie „etwa" 51 Prozent Weizen, 39 Prozent Mais und zehn Prozent Malz). Wie von den Bourbons mit Weizenanteil her zu erwarten, zeigt sich der Bernheim weich, zugänglich und recht freundlich, auch trotz der Reifung in frisch angekohlten Eichenfässern.

Falls man seinen Freunden Whiskey anbieten möchte – und sei es nur, um selbst etwas gutes bei ihnen zu bekommen –, öffnet der Bernheim Türen. „Das ist ein Weizenwhiskey" wischt alle Vorurteile vom Tisch, die man über Bourbon (oder Rye) hegen mag, und gibt dem Whiskey eine faire Chance. Der glatte, aber geschmacksträchtige Whiskey – nicht zu scharf, nicht zu holzig, nicht zu würzig – macht dann den Rest. Dies ist ein Whiskey, der sich und einem selbst Freude bereitet. **LB**

Verkostungsnotizen

Süß und einfach in der Nase, mit Minze, die durch die Bonbonnoten knistert. Man schmeckt den etwas höheren Alkoholgehalt, aber die Minze glättet ihn, und die Zuckerwatte schmilzt auf der Zunge. Nicht von dem Hauch Mais kurz vor Schluß überraschen lassen.

Blanton's Single Barrel

Age International | www.blantonsbourbon.com

Herstellungsregion und -land Kentucky, USA
Destillerie Buffalo Trace, Frankfort
Alkoholgehalt 46,5 Vol.-%
Whiskytyp Straight Bourbon

Im Jahr 1984 tranken die Amerikaner nur noch halb so viel amerikanischen Whiskey wie zwei Jahrzehnte zuvor. Häufig wird vermutet, daß nur die jungen japanischen Trinker, die von den Getränken ihrer Elterngeneration auf amerikanischen Whiskey umstiegen, diesen vor dem Untergang bewahrten. Auf jeden Fall war Japan der erste Markt außerhalb Nordamerikas, auf dem der Bourbon in Mengen abgesetzt wurde. 1984 stellte die Destillerie, die heute Buffalo Trace heißt und damals zu Age International gehörte, erstmals einen Bourbon in Einzelfaßabfüllung vor. Obwohl er für Japan gedacht war, brachte man ihn auch in den USA auf den Markt. Er wurde nach Albert Bacon Blanton (1881–1959) benannt, der die Destillerie in Kentucky 31 Jahre lang geleitet hatte.

Der Meisterbrenner Elmer T. Lee, ein Protegé Blantons, bekam die Aufgabe, den gleichnamigen Bourbon zu kreieren. Lee erinnerte sich, daß Blanton besonders den Bourbon aus dem Lagerhaus H schätzte, und seit 1984 wurde jeder Tropfen Blanton's Bourbon dort gelagert. Der Whiskey war einer der ersten Bourbons, der viele Informationen über seine Herstellung preisgab. Auf dem Etikett sind teils handschriftlich die Faßnummer, das Einlagerdatum und die genaue Position im Lagerhaus H vermerkt. Auf dem Korken befindet sich die kleine Figur eine Jockeys und Pferdes, deren Stellungen die Buchstaben des Namens B-L-A-N-T-O-N-S ergeben.

Da der Blanton's schon seit 30 Jahren auf dem Markt ist und die Varianten seines Sortiments nur innerhalb der USA vertrieben, hat er nicht sehr viel Aufmerksamkeit erregt. Er ist jedoch einer der besten Bourbons, die jemals hergestellt wurden. **CKC**

Verkostungsnotizen

Obwohl jedes Faß etwas anders ausfällt, ist der Grundgeschmack des Blanton trocken, subtil und harmonisch. Er zielt auf Raffinement und erreicht es mit der Balance aus würzigem Roggen- und süßen Faßnoten. Auch Minze und andere Gewürze sind zu vernehmen.

Booker's Bourbon

Beam Global | www.smallbatch.com/bookers

Herstellungsregion und -land Kentucky, USA
Destillerie Jim Beam, Clermont
Alkoholgehalt 60,5 bis 63,5 Vol.-%
Whiskytyp Straight Bourbon

Frederick Booker Noe Jr. (1929–2004) war der Sohn von Frederick Booker Noe und Margaret Beam, der Tochter von Jim Beam. Allen Nachkommen von Jacob Beam (1770–1834) wird königliches Bourbongeblüt zugeschrieben, aber die Linie von Jim Beam genießt wegen der gleichnamigen Marke, die er kurz nach der Prohibition gründete, besonders hohes Ansehen.

Als junger Erwachsener ging Booker bei seinem Cousin Carl in die Lehre, der seinem Vater Park Beam als Meisterbrenner im Familienbetrieb nachgefolgt war. So lernte Booker gemeinsam mit Carls Söhnen Baker und David das Handwerk von der Pike auf. Später übernahm er die Leitung einer Destillerie der Familie in Boston, Kentucky.

Das Hauptquartier der Firma befand sich in Clermont, und Booker genoß es, auf sich selbst gestellt zu sein. Er arbeitet auf seine Weise, baute hier ein neues Rohr ein, verstellte dort ein Ventil, um die Herstellung effizienter oder flexibler zu machen. Gegen Ende seiner Laufbahn bescherte ihm sein offenes Wesen eine neue Rolle als Markenbotschafter, sowohl für das Flaggschiff des Konzerns, Jim Beam Bourbon, als auch für eine neue Luxusabfüllung, die seinen Namen trug.

Als Meisterbrenner hat man Zugriff auf jedes Faß im Lager. Booker hatte ein Vorliebe für bestimmte Etagen in bestimmten Lagerhäusern, und er bevorzugte unfiltrierten, unverdünnten Whiskey im Alter von sechs bis acht Jahren. Der Whiskey mit seinem Namen sollte alle diese Vorlieben widerspiegeln.

Nach seinem Tod erfuhr Booker viele Ehrungen, seine ehemalige Destillerie trägt jetzt seinen Namen. Aber nichts spricht so für ihn wie dieser Bourbon. **CKC**

Verkostungsnotizen

Eine gradlinige Sammlung all dessen, was Bourbon groß macht: Karamell, Vanille, Anis, Holzkohle, Spuren von Basilikum und Grüner Minze, ein Maisgeschmack im Mund, fast so dick wie Sirup. Wegen des hohen Alkoholgehalts bringt Wasser den Geschmack heraus.

Breaking & Entering Bourbon

St. George Destillerie | www.stgeorgespirits.com

Herstellungsregion und -land Kentucky, USA
Destillerien Verschiedene
Alkoholgehalt 43 Vol.-%
Whiskytyp Bourbon Blend

St. George Spirits, die die Whiskeys, Wodkas und Gins in ihrem Sortiment alle selbst herstellen, entschlossen sich bei dem Breaking & Entering für eine andere Herangehensweise. Die Abfüllung ist der erste Versuch der Destillerie mit Whiskeys, die sie von etablierten Destillerien beziehen und zu einem eigenen Blend verschneiden.

Ein großer Teil des amerikanischen Whiskeys wird von weniger als zehn Destillerien hergestellt, zumeist in Kentucky beheimatet. Beim derzeitigen Whiskeyboom können nur wenige Destillerien überschüssige oder einmalige Produkte an kleinere Firmen verkaufen. Manchen kleineren Abfüllern ist es gelungen, Whiskey von großen Destillerien zu beziehen und unter einem anderen Markennamen abzufüllen, aber das ist etwas anderes.

St. George wollte in der Lage sein, bei der Zusammenstellung ihres Blends aus Fässern auszuwählen, die ihnen möglichst hohe Flexibilität boten. Sie suchten deshalb persönlich bei einigen der größten Hersteller in Kentucky 80 Fässer mit fünf bis sieben Jahre altem Bourbon aus. Die Fässer wurden dann in ihre Firmenzentrale im Hangar eines ehemaligen Marinefliegerstützpunkts im kalifornischen Alameda gebracht. Dort arbeiteten ihre Meisterbrenner Lance Winters und Dave Smith so lange an der Zusammensetzung des Blends, bis er sich deutlich von allen erhältlichen Bourbons unterschied.

Der Breaking & Entering paßt gut zum Hausstil von St. George. Er ist vielschichtig und komplex, aber auch lebhaft und strahlend. Der Name ist eine Anspielung darauf, daß die Destillerie bei einigen der größten amerikanischen Produzenten „eingebrochen" ist und ihnen Fässer „gestohlen" hat. **JP**

Verkostungsnotizen

In der Nase zeigen sich schnell Vanille und Banane, zusammen mit Feuerstein, Dörrobst und gut integrierter Eiche. Am ausgewogenen Gaumen Honig, Sahnekaramell, weißer Pfeffer, holzige Gewürze und Tee. Lebhafter Abgang mit Mais, Honig und Orangenschale.

Buffalo Trace

Sazerac | www.buffalotrace.com

Herstellungsregion und -land Kentucky, USA
Destillerie Buffalo Trace, Frankfort
Alkoholgehalt 45 Vol.-%
Whiskytyp Straight Bourbon

Als sich Sazerac 1999 entschied, den Namen ihrer Destillerie Leestown zu ändern, plante die Firma angeblich nicht, einen Bourbon unter dem neuen Namen herauszubringen. Dazu kam es erst später, als der Name bekannter wurde und die Kunden fragten, wo denn der Bourbon bleibe. 2001 war dann der Buffalo Trace in kleinen Mengen erstmals auf dem Markt. Seitdem wächst der Absatz.

Sazerac ist erst seit etwa 20 Jahren ein ernstzunehmender Mitspieler auf dem Markt für Bourbon. Die meisten ihrer Marken hat die Firma gekauft, der Buffalo Trace war der erste Versuch, eine Marke für den Massenmarkt von Null an aufzubauen. Bisher scheint er gelungen.

Auf dem Etikett steht, der Buffalo Trace sei „der beste Bourbon, der in der Destillerie Buffalo Trace entsteht". Das ist angesichts der Menge des Bourbons, der dort gebrannt wird (sehr viel), und der unterschiedlichen Markennamen, unter denen er verkauft wird (Dutzende), eine kühne Behauptung. Der Whiskey kam zu einem guten Zeitpunkt heraus, als die moderne Renaissance des Bourbons gerade einsetzte. Er ist auf den heutigen Geschmack abgestimmt, sowohl vom Image als auch vom Whiskey selbst her. Bei einem Besuch der Destillerie in Frankfort stellt man fest, daß kein Unterschied zwischen dem Betrieb und seinem Produkt gemacht wird. Der Buffalo Trace Bourbon steht im Mittelpunkt, auch wenn die Firma viele unterschiedliche Bourbons im Programm hat.

Der Geschmack des Buffalo Trace hat sich seit den ersten Tagen weiterentwickelt. Es ist jetzt ein ausgereifter, herausragender Bourbon, der die Beschreibung „selbstbewußt" verdient, die er sich auf dem Rückenetikett zuschreibt. **CKC**

Verkostungsnotizen

Wirkt zuerst süß wie konzentrierter Karamell, endet aber trocken. Der Geschmack ist groß, üppig und komplex. Man denke an Popcorn mit viel Butter und mit Oregano bestäubt. Die Maische enthält nur wenig Roggen und widerlegt jene, die sagen, Mais habe keinen Geschmack.

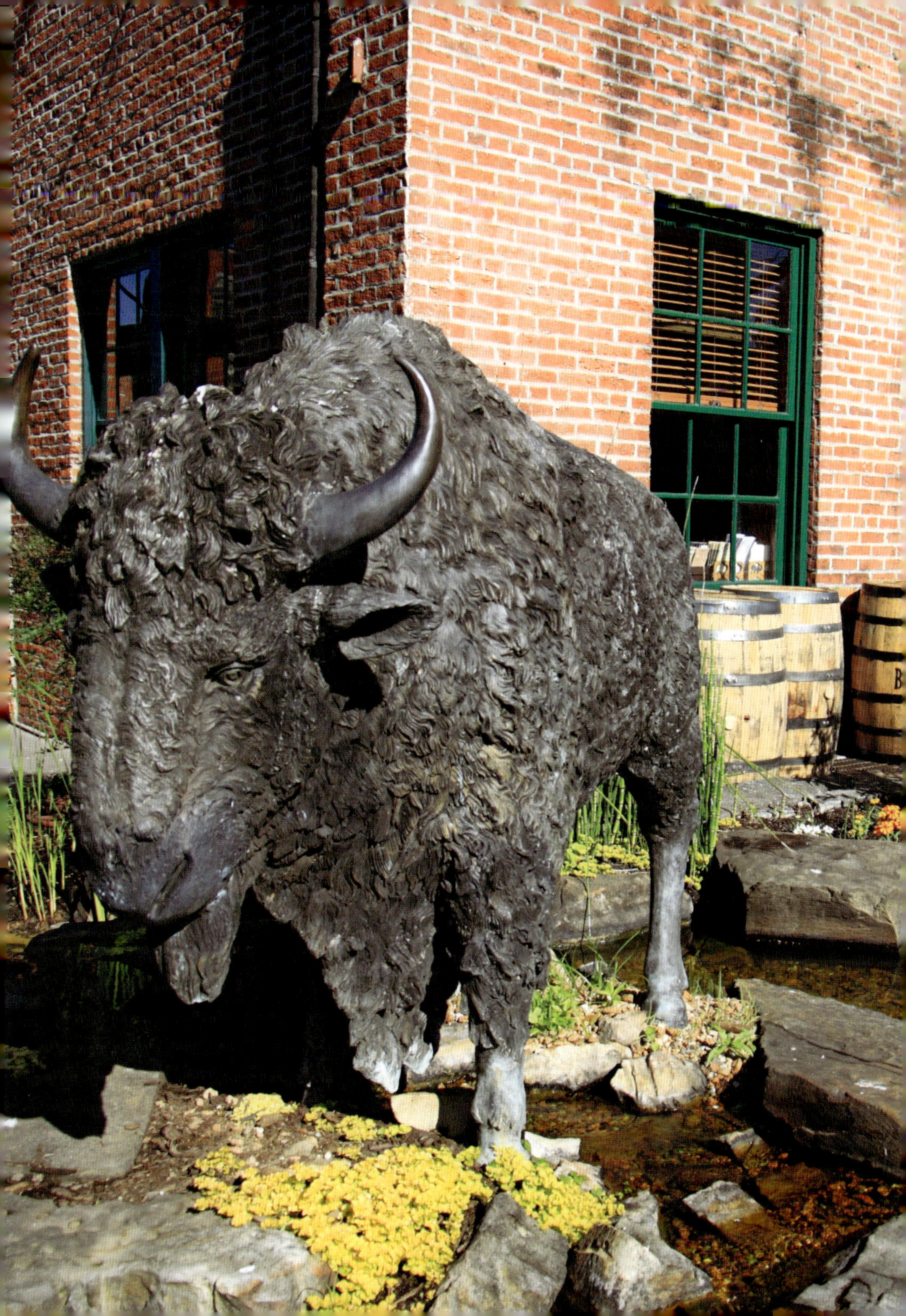

DISTILLED AND AGED BY THE BULLEIT DISTILLING CO.

BULLEIT BOURBON
FRONTIER WHISKEY

KENTUCKY STRAIGHT BOURBON WHISKEY
Made from pure, Kentucky limestone-filtered water in the Bulleit family tradition

PREMIUM BOURBON EXPERTLY MIXED WITH
COLA
FOR A DISTINCTIVELY SMOOTH & RICH TASTE

250ml ℮   DOUBLE MEASURE   8% vol

Bulleit

Diageo | www.bulleitbourbon.com

Herstellungsregion und -land Kentucky, USA
Destillerie Four Roses, Lawrenceburg
Alkoholgehalt 45 Vol.-%
Whiskytyp Bourbon

Der ehemalige Rechtsanwalt Tom Bulleit positionierte die Bourbonfirma seiner Familie 1987 neu. Es ist seine persönliche Note, die wesentlich zum Erfolg dieser relativ neuen Marke mit der altmodischen Anmutung beigetragen hat. Bulleit ist dauernd unterwegs, lädt zu Verkostungen seines Whiskeys ein und unterhält sich mit allen, die daran interessiert sind. Es gibt viele Leute, die es sehr ansprechend finden, den Mann kennenzulernen, dessen Name auf dem Etikett ihres Whiskeys steht.

All das wäre aber belanglos, wenn sich in der Flasche kein guter Whiskey befände. Tom Bulleit kennzeichnet seinen Whiskey mit Begriffen wie alte Schule, roggenbetont und kompromißlos: „Es ist ein altes Familienrezept, das noch von meinem Ururgroßvater Augustus stammt", sagt er. „Außerdem ist es ein sehr raffiniertes Rezept: zwei Drittel Mais, ein Drittel Roggen. Kann man kaum vergessen!", fährt er lachend fort. „Es gab keinen Bourbon mit viel Roggen. Old Fitz war ein Bourbon mit Weizennote, der in meiner Jugend beliebt war, aber Roggen machte niemand. Wir versuchten es, und wir waren begeistert vom Geschmack des Destillats. Nach sechs bis acht Jahren ist er dann soweit."

Wenn man den Bulleit zusammen mit einem Rye-Whiskey verkostet, sieht man genau, wieviel Roggen er enthält. Es ist ein altmodischer Bourbon, der solide und kraftvoll zuschlägt. **LB**

Verkostungsnotizen

Roggen, Minze und etwas Holz von der Lagerung mischen sich in der Nase. Glatt, mit Mais, Eiche und Minze, die nicht dominiert. Hartnäckiger und süßer Abgang.

Bulleit Rye

Diageo | www.bulleitbourbon.com

Herstellungsregion und -land Indiana, USA
Destillerie Lawrenceburg, Lawrenceburg
Alkoholgehalt 45 Vol.-%
Whiskytyp Straight Rye

Als Bulleit einen Rye-Whiskey ankündigte, gab es viele Leute, die dachten: „Bulleit Rye? So, wie der Bulleit Bourbon schon nach Roggen schmeckt? Was soll das denn?" Tom Bulleit amüsiert sich, wenn man ihn danach fragt, und stimmt dann zu: „Das ist wirklich eine Menge Roggen. Aber man sollte sie nebeneinander verkosten, mit reichlich Wasser – ich würde sie bis auf etwa 22 Volumenprozent runterbringen. Ich verkoste Whiskey gerne so. Sie sind sehr unterschiedlich, im Geschmack wie im Geruch. Der Bourbon hat immer noch eine beträchtliche Maisnote. Die kann man nicht mit Roggen kaschieren."

Es gab aber noch einen weiteren Grund für die Neuvorstellung: Barkeeper. „Seit Jahren sagten die Barkeeper: ‚Macht uns einen reinen Rye-Whiskey'", behauptet Tom. „Viele klassische Cocktails werden mit Rye gemixt. Vor sieben oder acht Jahren haben wir dann gesagt, wir probieren es mal. Während wir mit dem Destillieren und Einlagern beschäftigt waren, wurde die Nachfrage nach Rye immer größer. Wir mußten die Einführung zweimal verschieben, um sicherzustellen, daß unsere Vorräte reichen."

Bulleit Rye besteht aus 95 Prozent Roggen und fünf Prozent Malz und reift fünf bis sieben Jahre. Er ist gut für Cocktails geeignet – als Manhattan ist er hervorragend, aber man sollte sich nicht das Vergnügen vorenthalten, ihn pur zu trinken oder mit etwas Eis oder sogar als Highball mit viel Eis und Ginger Ale aufgefüllt. **LB**

Verkostungsnotizen

Pfeffer und Minze in der Nase, leicht und süß im Mund. Deutlich anders als der kräftige Bulleit Bourbon; einfach damit abfinden und genießen ...

← Bulleit Bourbon wird in den USA auch mit Cola gemischt verkauft.

Catoctin Creek Roundstone Rye

Catoctin Creek | www.catoctincreekdistilling.com

Herstellungsregion und -land Virginia, USA
Destillerie Catoctin Creek, Purcellville
Alkoholgehalt 40 Vol.-%
Whiskytyp Straight Rye

Virginia ist die geistige Heimat der amerikanische Whiskeyproduktion. Hier gab es einst eine Vielzahl von Destillerien, und in der Frühzeit der europäischen Besiedlung war der Rye-Whiskey vermutlich der vorherrschende Whiskeytyp. Um die Jahrtausendwende waren jedoch nur noch einige Marken geblieben, die „Virginia" wenigstens im Namen trugen.

Dank Destillerien wie Catoctin Creek hat sich das geändert. Der Name stammt von der Ortsbezeichnung „Kittocton" der Ureinwohner, die damit einen „Ort mit vielen Hirschen" bezeichneten. Catoctin heißen der Gebirgszug und der Bach, der an der Destillerie vorbei in den Potomac und weiter in die Chesapeake Bay fließt.

Die Destillerie wurde von Becky und Scott Harris 2009 in Purcellville gegründet und war damit die erste legale Brennerei im Loudoun County seit der Prohibition. Das Getreide stammt aus örtlichem ökologischen Anbau.

Der Roundstone Rye wird von Grund auf in der Destillerie hergestellt. Die Rezeptur stammt noch aus der Zeit vor der Prohibition und beinhaltet nichts als Roggen. Das Getreide wird im Betrieb gemaischt, fermentiert, destilliert und gelagert. Für die Reifung werden neue Eichenfässer aus Minnesota verwendet, sie dauert etwas weniger als zwei Jahre. Der so entstandene Whiskey ist glatt und zeigt Holz sowie den typischen Getreidecharakter eines relativ jungen Whiskeys. Seine Hersteller betonen, daß der Roundstone einer der wenigen nach ökologischen Gesichtspunkten hergestellten Whiskys der Welt ist. Scott Harris sagt, er könne genauso gut pur wie auch als hervorragende Zutat für einen Manhattan genossen werden. **DR**

Verkostungsnotizen

Der Roundstone Rye hat eine relativ leichte Nase, die etwas Roggenwürze, Spuren von Holz und Blumennoten zeigt. Am Gaumen sind Holzspäne und Pfeffer in der Mischung vertreten, außerdem Karamell und eine Spur von Zitrone. Mittellanger, angenehmer Abgang.

Charbay Hop Flavored Whiskey Release II

Charbay | www.charbay.com

Herstellungsregion und -land California, USA
Destillerie Charbay, Napa Valley
Alkoholgehalt 55 Vol.-%
Whiskytyp Mit Hopfen aromatisierter Whiskey

Die kreativen Geister bei Charbay heißen Miles und Marko Karakasevic – Spirituosenbrenner in der zwölften und dreizehnten Generation. Wenn man aus einer Familie stammt, die seit mehr als 250 Jahren destilliert, kann der Drang groß sein, sich aus den Traditionen zu lösen. Marko hatte schon lange vor, Whiskey nach seinen eigenen Vorstellungen zu brennen, 1999 endlich kam der Augenblick der Erleuchtung.

Whiskey wird aus einer Maische destilliert, die im Prinzip eine Art Bier ist. Nicht unbedingt ein Bier, das man gerne an einem heißen Sommertag trinken würde, aber doch ein Bier. Vater und Sohn Karakasevic fragten sich angesichts dieser Tatsache, was wohl passieren würde, wenn sie einen Whiskey aus gutem Pils brauten. Sie machten sich mit 75 000 Litern eines in Nordkalifornien gebrauten Pils' an die Arbeit, reicherten es mit ausgewähltem Hopfen an und destillierten es dann in einer klassischen Brennblase. Über drei Wochen fast ununterbrochenen Brennens waren nötig, bis sie 3785 Liter Destillat erhalten hatten, das sie daraufhin in nach ihren Vorgaben angekohlten frischen Eichenfässern einlagerten. Um übermäßige Eichen- und Faßaromen zu vermeiden, reifen die Whiskeys von Charbay maximal sechs Jahre.

Nach der Reifung wird der Whiskey mit reinstem Wasser auf Trinkstärke gebracht und weitere drei Jahre in Edelstahltanks gelagert. Laut Marko Karakasevic finden die Geschmacksnoten in dieser langen Zeit die nötige Balance. Abgefüllt wird der Whiskey dann mit 55 Volumenprozent Alkohol. Der Release II enthält den Whiskey aus fünf Fässern der ursprünglich insgesamt 24 gebrannten Fässer des Destillats. **JP**

Verkostungsnotizen

Die Nase entwickelt sich dramatisch in Schichten von Karamell, Muskateller, Rosinen und Aprikosen. Der Hopfen ist ungemein blumig. Ein massiger Whiskey mit dem Duft von Sahnekaramell und Rumtopffrüchten; exotische Früchte am Gaumen. Abgang mit Bierhopfen.

Colkegan Single Malt

Santa Fe Spirits | www.santafespirits.com

Herstellungsregion und -land New Mexico, USA
Destillerie Santa Fe Spirits, Santa Fe
Alkoholgehalt 46 Vol.-%
Whiskytyp Single Malt

Es gibt kaum eine andere Destillerie, die sich eine derartig unwahrscheinliche Gegend als Standort ausgesucht hat wie New Mexico. Sie wurde von dem Engländer Colin Keegan gegründet, der sich mit seiner Ehefrau Suzette als Architekt in Santa Fe niedergelassen hatte. Das Paar baute sich sein persönliches Traumhaus in einer ländlichen Gemeinde, und Keegan stellte jedes Jahr Apfelwein aus seinen eigenen Äpfeln her. In einem Jahr war es soviel Apfelwein, daß er ihn zu Branntwein weiterverarbeitete.

Als es 2009 mit der Wirtschaft bergab ging, schloß Keegan sein Architekturbüro und baute eine Destillerie. Inzwischen wird dort eine Vielzahl von Produkten hergestellt, unter anderem Apfelbranntwein, andere Whiskeys, Wodka und Liköre. Der Colkegan Single Malt Whiskey ist aber der Star im Sortiment. Sein einzigartiger rauchiger Geschmack entsteht durch die Räucherung der Gerste über Feuer aus dem Holz des Mesquite-Baums.

Auch die Faßreifung unterscheidet ihn von seinen Flachlandverwandten. Die Destillerie liegt in 2150 m Höhe in der Wüste, und das Lagerhaus für die Faßreifung ist Temperaturen von eiskalt bis glühend heiß ausgesetzt, während die Luftfeuchtigkeit von knochentrocken bis tropisch feucht variieren kann. Dieses wechselhafte Klima führt zu einem komplexen, unverkennbaren Whiskey. **DR**

Verkostungsnotizen

Blumige Nase mit Beeren, Fruchtsorbet und Milchschokolade. Am Gaumen zeigen sich Vanillesauce, Himbeeren, Haselnüsse in Schokolade. Fruchtiger Abgang.

Colonel E. H. Taylor Old Fashioned Sour Mash

Sazerac | www.buffalotrace.com

Herstellungsregion und -land Kentucky, USA
Destillerie Buffalo Trace, Frankfort
Alkoholgehalt 50 Vol.-%
Whiskytyp Straight Bourbon

Der Colonel E. H. Taylor Jr. Old Fashioned ist ein Sour-Mash-Whiskey, der 2011 in einer limitierten Auflage herauskam. Man wußte, daß im 19. Jahrhundert, als der namensgebende Oberst der Besitzer der Destillerie war, dort eine unkonventionelle Technik für die Herstellung von Sour Mash angewandt wurde. Im Jahr 2002 machte sich Buffalo Trace daran, das Verfahren zu rekonstruieren. *Sour mash* wird in allen großen amerikanischen Destillerien eingesetzt. Damit wird Maische aus vorhergegangenen Ansätzen bezeichnet, mit der frische Maische geimpft wird. Die alte Maische senkt den pH-Wert des frischen Ansatzes und schafft so gute Bedingungen für die Hefe. Außerdem sorgt sie für chargenübergreifende Gleichmäßigkeit der Maische. Die Maische wird auch von *Lactobacillus* durch die Produktion von Milchsäure angesäuert. Der Meisterbrenner bei Buffalo Trace, Harlen Wheatley, hat Taylors Verfahren rekonstruiert, das darauf fußte, die Maische ruhen zu lassen, bis sich *Lactobacillus* auf natürliche Weise vermehrte. Das Ergebnis wurde destilliert, neun Jahre faßgelagert und dann verkauft.

Taylor war nicht nur Gründer und Besitzer mehrerer Destillerien, sondern auch Politiker auf kommunaler und Staatsebene, der sich um Fragen der Alkoholgesetzgebung verdient machte. **CKC**

Verkostungsnotizen

Zeigt die Säure grüner Äpfel als typischen Geschmack. Üppige Karamell- und erdige Noten mit Kreuzkümmel und Anisakzenten. Leicht bitterer Abgang.

Copper Fox
Rye Whiskey

Copper Fox | www.copperfox.biz

Herstellungsregion und -land Virginia, USA
Destillerie Copper Fox, Sperryville
Alkoholgehalt 15 Vol.-%
Whiskytyp Straight Rye

Als er hörte, Rye-Whiskey verkaufe sich gut, feuerte Rick Wasmund sofort die Brennblase in seiner Copper-Fox-Destillerie an und stellte seinen ersten Rye-Whiskey her.

Copper Fox ist die einzige Brennerei in Nordamerika, die ihre Gerste selbst mälzt. Sie verwendet dafür jedoch nicht Torf, sondern den Rauch von verbrennendem Kirsch- und Apfelbaumholz. Dadurch werden die Rauchnoten subtiler und süßer als bei der Verwendung von Torf. Rye-Whiskey besteht zu mindestens 51 Prozent aus Roggen, der mit anderen Getreidearten gemischt wird, meist Mais und/oder gemälzter Gerste. Copper Fox verwendet eine Mischung von zwei Dritteln Roggen und einem Drittel Gerstenmalz. Das Destillat wird etwa zwölf Monate in Fässern gelagert, die zuvor Bourbon enthielten.

Das Obstbaumholz wird auch während der Reifung eingesetzt, indem man stark angekohlte Apfelholzspäne in Säcken in die Lagerungsfässer einhängt. Wasmund sagt, die Späne würden auf einer von eins bis vier reichenden Skala auf die Stufe drei gekohlt. Er nennt dieses Verfahren „chipping" und verwendet es auch bei anderen Produkten der Destillerie. Der fertige Copper Fox Rye Whiskey wird nicht kaltfiltriert, um die Geschmacksnoten zu maximieren, die durch dieses „chippen" entstehen. **JP**

Verkostungsnotizen

Zimtrinde, düsterer Roggen, Geißblatt, süßer Rauch, Feuerstein und karamellisierter Zucker in der Nase. Am Gaumen harte Karamellbonbons und harziges Holz.

Copper Fox
Single Malt Whiskey

Copper Fox | www.copperfox.biz

Herstellungsregion und -land Virginia, USA
Destillerie Copper Fox, Sperryville
Alkoholgehalt 48 Vol.-%
Whiskytyp Single Malt

Rick Wasmund hat die Destillerie Copper Fox gegründet, um einen Single Malt unter Verwendung von Obstbaumholz herzustellen. Um die Durchführbarkeit seiner Idee zu überprüfen, gab er seinen Beruf auf, ging nach Schottland, absolvierte ein sechswöchiges Praktikum bei Bowmore auf Islay und setzte den Plan dann in die Tat um.

Das Flaggschiff der Destillerie wird mit Gerste hergestellt, die auf traditionelle Weise in der Tenne gemälzt und dann im Rauch von Feuern aus einheimischen Apfel- und Kirschbäumen gedarrt wird. Wasmund gibt zu, daß dieses Verfahren, auf das er so stolz ist, beträchtliche Kosten verursacht. Es sei aber unabdingbar, um seinen besonderen Whiskey herzustellen – „den rebellischen Abkömmling des Bourbons und Scotchs". Die Gerste stammt von einem Bauern aus der Umgebung, die Sorte wurde an der Virginia-Tech-Universität extra für die Bedingungen in Virginia gezüchtet.

Das fertige Destillat reift durchschnittlich 16 Monate in Fässern, die zuvor Bourbon enthielten. Zusätzliche Raucharomen und Holznoten erhält es in dieser Zeit von kräftig angekohlten Apfelbaum- und Eichenspänen, die in durchlöcherten Beuteln in die Fässer eingehängt werden. Das Ergebnis ist ein Single Malt, der deutlich seine amerikanische Herkunft zeigt. **JP**

Verkostungsnotizen

In der Nase Zedernholz und Zimt. Ahornsirup sorgt für Tiefe und Süße. Sahnekaramell, Zimt, Honig und blumige Töne, im Hintergrund Rauch und Malz.

Corsair Mosaic

Corsair | www.corsairdistillery.com

Herstellungsregion und -land Tennessee, USA
Destillerie Corsair, Nashville
Alkoholgehalt 46 Vol.-%
Whiskytyp Single Malt

In Ländern wie Schottland und Japan werden Single Malts oft viele Jahre gelagert, weil der Whisky Zeit im Faß braucht, um gut zu werden. Wenn man versucht, auf Abkürzungen das Ziel zu erreichen, setzt man sich Hohn und Spott aus. Was ist dann also mit den Amerikanern, von denen viele Single-Malt-Whiskeys in einigen Monaten anstatt in vielen Jahren produziert haben? Offen gesagt verdienen sie oft nicht mehr als Hohn und Spott.

Allerdings nicht alle. Die Amerikaner haben bessere Voraussetzungen als Brenner in anderen Teilen der Welt. Die klimatischen Bedingungen, unter denen der Whiskey in den USA reift, unterscheiden sich stark, und die Amerikaner dürfen frische Weißeichenfässer für die Reifung des Malt-Destillates verwenden. Vor allem dürfen sie die Regeln zu ihren Gunsten auslegen und für die Lagerung Fässer aus unterschiedlichen Holzarten verwenden und dem Gerstenmalz weitere Zutaten hinzufügen.

Corsair Mosaic ist dafür ein Beispiel, weil er mit Hopfen aromatisiert wird. In Europa dürfte er nicht als Single Malt bezeichnet werden, wenn der Hopfen dem Malz hinzugefügt würde. Das ist aber auch nicht der Fall. Das Destillat aus reinem Malz wird durch einen Korb mit Hopfen geleitet, um dessen Aroma aufzunehmen. Das Ergebnis ist eine ungewöhnliche Malt-Variante. **DR**

Verkostungsnotizen

Wie ein Bier mit Zitrusnoten in der Nase, mit Blütennoten und tropischen Früchten. Auch am Gaumen tropische Früchte, mit Hopfen, Melasse und Pflaumen.

Corsair Ryemageddon

Corsair | www.corsairdistillery.com

Herstellungsregion und -land Tennessee, USA
Destillerie Corsair, Nashville
Alkoholgehalt 46 Vol.-%
Whiskytyp Rye-Whiskey

Ehrgeiz kann man der Destillerie Corsair jedenfalls nicht absprechen. Sie hat sich sehr darum bemüht, ein möglichst großes Publikum anzusprechen, und man hat ihr deshalb sogar vorgeworfen, nicht fokussiert genug zu arbeiten und es jedem und allen Recht machen zu wollen. Die Flaschen sind gut gestylt und cool, die beschreibenden Aussagen auf ihnen sind anregend und verlockend, und das Sortiment hält immer wieder Interessantes bereit. Hier dreht sich alles um Innovation: Man hat schon Holunderblüten in den Rezepturen verwendet oder versucht, den gesundheitsbewußten Trinker durch den Einsatz des „Super-Getreides" Quinoa in einem Whiskey zu verlocken.

Ryemagaddon war anfänglich ein weißer Whiskey, der Wry Moon hieß. Er wird aus gemälztem Roggen, dunklem Roggen und etwas Weizen gebrannt. Nach der Reifung erhält man so einen Rye-Whiskey mit ungewöhnlichen Schokoladennoten, aber ohne die Schärfe, der man sonst oft bei diesem Whiskytyp begegnet.

Der Name läßt einen kräftigen Whiskey erwarten, und er ist tatsächlich jung, stürmisch und intensiv. Aber er hat noch mehr zu bieten. Als Rye-Fan sollte man ihn auf jeden Fall probieren. Und es wäre interessant zu sehen, was Cocktail-Profis mit ihm anstellen würden. **DR**

Verkostungsnotizen

Frisches, saftiges Getreide in der Nase, Roggen und Gewürze. Am Gaumen Sahnekaramell, Nüsse, Marshmallows und Zitrusfrüchte mit Roggen und Menthol.

Corsair
Triple Smoke

Corsair | www.corsairdistillery.com

Herstellungsregion und -land Tennessee, USA
Destillerie Corsair, Nashville
Alkoholgehalt 45 Vol.-%
Whiskytyp Single Malt

Tennessee blickt auf eine lange Geschichte des Destillierens zurück, auch wenn heute ein Großteil des Staates „trocken" ist. Hier sind der Jack Daniel's und George Dickel zu Hause. In den letzten Jahren hat nur Kentucky ähnlich viel zum Whisky beigetragen.

Corsair geht auf eine Idee von zwei Schulfreunden zurück. Darek Bell und Andrew Webber begannen mit der Heimproduktion von Bier und Wein in einer Garage. Nach einigen Problemen bei der Herstellung bemerkte Webber, es wäre doch besser, Whiskey zu brennen. Das taten sie dann schließlich auch.

Sie beschlossen, sich von Anfang an möglichst deutlich vom althergebrachten Tennessee Whiskey abzuheben, um ein neues, jüngeres Publikum an den Whiskytyp heranzuführen. So experimentierten sie mit unterschiedlichen Getreide- und Faßarten, mit verschiedenen Räucherungs- und Trocknungsmethoden und gaben den Ergebnissen interessante Namen. Die Qualität war anfänglich recht unterschiedlich, ist aber in den letzten Jahren stetig gestiegen.

Triple Smoke wird in kleinen Chargen hergestellt. Der Single Malt entsteht aus gemälzter Gerste, die über Kirschholz, Torf und dann Buchenholz geräuchert wird, um ein üppiges, komplexes Destillat zu erhalten. **DR**

Verkostungsnotizen

Etwas herbstliche Nase, feuchtes Blattwerk und das Aroma von Fruchtkompott. Am Gaumen dunkle Schokolade, Kirschlikör, leichter Rauch und Gewürze.

Doubled
& Twisted

Charbay Spirits | www.charbay.com

Herstellungsregion und -land Kalifornien, USA
Destillerie Charbay, St. Helena
Alkoholgehalt 49,5 Vol.-%
Whiskytyp Light Whiskey

Der Begriff „handwerklich" wird heute überstrapaziert, aber es gibt keine treffendere Bezeichnung für die Arbeitsweise von Miles Karakasevic und seinem Sohn Marko, die in zwölfter und dreizehnter Generation das Familiengewerbe des Destillierens betreiben und ihre Arbeit sehr ernst nehmen.

Die Karakasevics glauben, daß man einen besseren Whiskey erhält, wenn man von dem besten erhältlichen Brauereibier ausgeht. Der vorliegende Whiskey beginnt sein Leben in der Form von mehr als 75 000 Litern eines hopfigen IPAs aus einer Kleinbrauerei in Nordkalifornien.

Der Name ihres Light Wiskeys, Doubled & Twisted, rührt aus der Zeit, in der ein Brenner den Alkoholgehalt seines Destillats nur nach Augenmaß bestimmen konnte: Wenn das Destillat mit etwa 80 Volumenprozent aus der Brennblase kommt, dreht und verwirbelt es sich heftig.

Nach Versuchen mit unterschiedlichen hohen Alkoholgehalten entschied sich Charbay für 49,5 Volumenprozent, weil die Aromen und Geschmacksnuancen des Whiskeys bei dieser Stärke am ausgewogensten erschienen. Nach dem Brennen wird das Destillat einen Tag in alte Fässer gefüllt, die kaum noch Geschmacks- oder Farbstoffe an den Whiskey abgeben. Es wurden nur 135 Kisten hergestellt, aber der Whiskey lohnt die Suche. **JP**

Verkostungsnotizen

Blumig, würzig. Kräuternoten wetteifern mit Weinbeeren und Muskateller-Süße. Kräftiger, bitterer Hopfen am mittleren Gaumen. Langer, malziger Abgang.

Eagle Rare 17-Year-Old

Sazerac | www.greatbourbon.com/antiquecollection.aspx

Herstellungsregion und -land Kentucky, USA
Destillerie Buffalo Trace, Frankfort
Alkoholgehalt 45 Vol.-%
Whiskytyp Straight Bourbon

Wie bei vielen Rockbands war die Zusammensetzung der „Buffalo Trace Antique Collection"-Reihe in ihren frühen Jahren etwas wechselhaft. Die ursprünglichen Mitglieder waren im Jahr 2000 ein Rye (Sazerac), ein Bourbon mit Roggen (Eagle Rare) und ein Bourbon mit Weizen (Weller). Nur der Sazerac und Eagle Rare waren immer dabei, aber seitdem 2006 der Tom Handy dazukam, gab es keine Änderungen in der Gruppenzusammensetzung mehr.

Die „Antique Collection" löste etwas aus, das es beim Bourbon zuvor nie gegeben hatte: Aufregung um eine limitierte Auflage. Die erste Ausgabe fiel mit dem Aufkommen von Chat Rooms im Internet zusammen. Amerikanische Whiskey-Anhänger konnten nun so intensiv miteinander kommunizieren wie nie zuvor. Und die „Antique Collection" bot für diese Diskussionen den perfekten Anlaß. Buffalo Trace war kommunikationsfreudig und ging offen mit den Produktdetails um. Schließlich fügte die Destillerie jeder Kiste ein Informationsblatt bei, das umfangreiche Angaben zum Whiskey bot.

Die Antiques waren damals bald ausverkauft, und auch heute sind manche von ihnen immer noch schwer zu bekommen. Insgesamt ist der Eagle Rare 17-Year-Old zuverlässig der beste Whiskey der Reihe. Diese Behauptung wird auf Widerspruch treffen – unter anderem, wenn einem eine Abfüllung mit 45 Volumenprozent zwischen vielen Varianten in Faßstärke nicht behagt –, der Eagle Rare ist aber eine Spezialität, die jeder Whiskeyfan genießen kann. Man kann hohe Alkoholgehalte leicht mit Wasser heruntersetzen, aber ein Whiskey, der in Trinkstärke abgefüllt wird, entspricht sicher eher dem allgemeinen Geschmack. **CKC**

Verkostungsnotizen

Hier der Beweis, daß ein gut gemachter und gepflegter Bourbon in über 17 Jahren immer noch besser werden kann. Deutliche Holznoten und Karamell, was sich zu Feigen und Vanille, dann zu Pfeifentabak wandelt. Alles durch Zitrusschalen, Anis und Minze ausbalanciert.

Eagle Rare Single Barrel

Sazerac | www.eaglerarelife.com/eagle-rare-single-barrel

Herstellungsregion und -land Kentucky, USA
Destillerie Buffalo Trace, Frankfort
Alkoholgehalt 45 Vol.-%
Whiskytyp Straight Bourbon

Der zehn Jahre alte Eagle Rare Single Barrel ist ein Whiskey, der nicht die Aufmerksamkeit erhält, die er eigentlich verdient. Es ist einer der besten Whiskeys, die Sazerac herstellt, und das will bei über 30 Sorten schon etwas heißen. Die Firma betreibt nicht sehr viel Marketing, veranstaltet keine großen Werbekampagnen. Zum nächsten Jim Beam oder Jack Daniel's werden? Kein Interesse. Aber der Eagle Rare könnte zumindest zum nächsten Woodford Reserve oder Knob Creek werden, wenn es nur etwas mehr Dampf dahinter gäbe.

Es gibt von Sazerac eine Werbeaktion, die „Rare Life Award" heißt. Man kann sich auf der Internetseite über die Kandidaten informieren und über sie abstimmen. Der Sieger bekommt einen Pokal und kann eine Wohltätigkeitsorganisation bestimmen, der dann Geld gestiftet wird. Ganz nett, aber als Marketing nicht der Knaller.

Sazerac ist der Meinung, ihre Produkte sprächen für sich selbst. Dem Eagle Rare gelingt das recht gut. Der Name spricht patriotische amerikanische Kunden an, und die Verpackung ist phantastisch. Zehn bis zwölf Jahre ist der ideale Reifungszeitraum für Bourbon, und Kenner lieben Einzelfaßabfüllungen.

Die Marke blickt sogar auf eine gewisse Geschichte zurück. Sie wurde Ende der 1960er Jahre von Seagram nach dem Vorbild des Wild Turkey entwickelt, der zu den wenigen Bourbons gehörte, deren Absatz damals nicht zurückging. Er war acht Jahre alt und hatte 50,5 Volumenprozent Alkohol, also machte man den Eagle Rare zehn Jahre alt und gab ihm 50 Volumenprozent. So blieb er 20 Jahre, bevor er an Sazerac ging, die ihn auch erst nach zehn Jahren in die jetzige Fassung brachten. **CKC**

Verkostungsnotizen

Die typische Erdigkeit von Buffalo Trace ist nicht so deutlich. Die Leichtigkeit beruht auf dem geringen Roggenanteil in der Maische. Wenn man für Unterschiede von Faß zu Faß Spielraum läßt, ist das Verhältnis von Faß- und Destillataromen sehr ausgewogen.

Taste
THE WHISKY THAT MADE KENTUCKY WHISKIES FAMOUS

One of the Oldest and Finest Names in Whisky

BY BROWN-FORMAN DISTILLERY COMPANY, LOUISVILLE, KENTUCKY

EARLY TIMES
KENTUCKY STRAIGHT BOURBON WHISKY

A BROWN-FORMAN QUALITY PRODUCT

Early Times

Brown-Forman Corporation
www.earlytimes.com

Herstellungsregion und -land Kentucky, USA
Destillerie Early Times, Shively
Alkoholgehalt 40 Vol.-%
Whiskytyp Straight Bourbon

Early Times steht bei Anhängern des Bourbons nicht sehr hoch im Kurs. Aber für sie wird er auch nicht gemacht. Die Marke wich 1983 erfolgreich vom Bourbontypus ab, als dessen Absatz in den USA in den Keller ging. Es mag heute unglaublich erscheinen, aber damals war kanadischer Whisky in den USA ein Verkaufsschlager. Die Eigner von Early Times, Brown-Forman, sahen Handlungsbedarf.

Der Meisterbrenner Chris Morris erklärt: „Wir hatten den Canadian Mist, dachten aber, wir könnten einige der Käufer zurückgewinnen, die zu den leichteren kanadischen Whiskys abwanderten, indem wir einen unserer Straight-Whiskeys leichter machten. Den Old Forester konnten wir nicht ändern. Und Jack Daniel's lief wie der Teufel. Also der Early Times." Man begann also, Destillat in benutzte Fässer zu füllen und so den vollen Geschmack zurückzunehmen, der von neuen Fässern kommt. Der Early Times ist eine Mischung aus Destillaten, die in wiederverwendeten und in frischen Fässern gereift sind. Es ist jedoch kein Blend mit viel Neutralalkohol und wässrigkünstlichem Geschmack. Er brüllt vielleicht nicht wie ein Bourbon, aber er ist ein echter Bourbon, durch und durch.

Zu Höchstform läuft der Early Times in einem Longdrink auf: etwa drei Finger hoch Early Times, viel Eis, Softdrink, Cola, Fruchtsaft oder ähnliches und eine kleine Garnitur. Und dann warten, bis der Geschmack des Kentucky-Whiskeys durchdringt. **LB**

Verkostungsnotizen

Süßer Mais und Zuckerbonbons, angefeuert von der Hitze des Alkohols. Schön süße Cremigkeit, die nur langsam vergeht. Ein glatter, süßer Whiskey.

Werbung für den Early Times vor seiner Neufassung im Jahr 1983

Elijah Craig 12-Year-Old

Heaven Hill Distilleries
www.heaven-hill.com

Herstellungsregion und -land Kentucky, USA
Destillerie Heaven Hill, Bardstown
Alkoholgehalt 47 Vol.-%
Whiskytyp Straight Bourbon

Der große Verschluß und die rundliche Form machen diese Flasche zu einer auffälligen Erscheinung im Bourbonregal. Man sollte sich aber weder durch die Verpackung noch durch den niedrigen Preis täuschen lassen – dieser allzuoft übersehene Whiskey ist einer der besten Bourbons auf dem Markt.

Vor einigen Jahren kostete der Elijah Craig 12-Year-Old auf dem Heimatmarkt noch um die zwölf US-Dollar und war damit viel zu billig. Heaven Hill steht schon seit langem im Ruf, ein gutes Preis-Leistungs-Verhältnis zu bieten, aber in diesem Fall ging es manch einem doch zu weit. Der Preis ist seitdem langsam gestiegen, und auch wenn man den alten Zeiten hinterhertrauern mag, ist der Preis nun viel angemessener. Der Whiskey verdient es, in dieselbe Kategorie eingeordnete zu werden wie teurere Bourbons. Allein schon, damit die mittelguten Whiskeys im Vergleich zu ihm nicht mehr so schlecht aussehen.

Bourbon läßt sich in unterschiedliche Typen einordnen. Es gibt den „angenehm harten" (Henry McKenna oder Very Old Barton), den „schlanken, würzigen" (Evan Williams Single Barrel oder Bulleit) und dann den „leckeren, saftigen": Elijah Craig 12-Year-Old etwa. Es ist ein üppiger Bourbon, süßer als die meisten des Meisterbrenners Parker Beam – als ob er wüßte, daß man an manchen Tagen auch einen üppigen Whiskey schätzt und einem das Vergnügen gönnt. Dafür gebührt ihm Dank. **LB**

Verkostungsnotizen

Die Hitze der Eiche schmilzt zu aromatischem Mais mit Honig und braunem Zucker. Nach der Hitze kommt Vanille und tiefer Mais. Im Abgang Vanille und Eiche.

Elijah Craig 18-Year-Old

Heaven Hill Distilleries | www.heaven-hill.com

Herstellungsregion und -land Kentucky, USA
Destillerie Heaven Hill, Bardstown
Alkoholgehalt 45 Vol.-%
Whiskytyp Straight Bourbon

Nur wenige Bourbons erreichen im Faß ein Alter von 18 Jahren. Julian Van Winkle geht mit seinem Pappy's Reserve noch darüber hinaus, auch in Kentucky wird der Bourbon manchmal länger gelagert, und Heaven Hill selbst hat schon ältere Whiskeys abgefüllt. Aber die Gesamtzahl der Fässer mit so altem Bourbon ist winzig im Vergleich zu den Hunderttausenden von Fässern, deren Inhalt nie älter als vier, sechs oder vielleicht acht Jahre alt wird.

Dem Elijah Craig 18-Year-Old sieht man die vielen Sommer an, die an seinem Farbton beteiligt waren, man riecht die lange Berührung mit dem Eichenholz in der scharfen Würzigkeit und der sanften Vanille, man schmeckt die 18 Jahre in der Eiche: trocken, hager, ledergesäumt und messerscharf.

Dies ist kein Dorian Gray unter den Whiskeys, der die 18 Jahre in einem heißen Lagerhaus unbeeindruckt überstanden hat und sich jetzt „überraschend lebhaft", sanft und süß zeigt. Nein, es ist ein Whiskey, der zu seinem Alter steht und stolz das Ergebnis seiner 18jährigen Arbeit vorzeigt. Manche Fässer dieses Alters wandern in Blends – das Alter hat ihnen zuviel geraubt. Einige haben jedoch den belastbaren Kern, die Kraft, um bis zum Ende durchzuhalten.

Es gibt Menschen, die nicht immer in der richtigen Stimmung für einen derart hageren, kompromißlos kargen Bourbon sind, aber wenn man sich ernsthaften Gedanken oder einem tiefschürfenden Gespräch widmet, kann man zum Elijah Craig 18-Year-Old greifen, einige Tropfen Wasser hineingeben und über seine 18 Jahre im Faß nachsinnen und der Fässer gedenken, die es nicht so lange geschafft haben. **LB**

Verkostungsnotizen

Die Nase ist erfüllt von Holz, Leder und Vanille, mit einem heißen Alkoholton drum herum. Zimt und Muskat, Mais und Vanille blühen im Mund auf. Höchstens den Abgang dieses Whiskeys könnte man als „mild" bezeichnen, beruhigend und etwas süß.

Elmer T. Lee Single Barrel

Age International | www.greatbourbon.com/elmer.asp

Herstellungsregion und -land Kentucky, USA
Destillerie Buffalo Trace, Frankfort
Alkoholgehalt 45 Vol.-%
Whiskytyp Straight Bourbon

Bei den Feiern zu Elmer T. Lees 90. Geburtstag im Jahr 2009 spielte die Ballonmütze eine große Rolle, die er stets zu tragen pflegte. Seine Kollegen aus anderen Destillerien trugen ihm zu Ehren das gleiche Modell. Die Mütze trug er wohl seit seiner Geburt, wenn nicht schon zuvor, so lange, wie er auch der Destillerie verbunden gewesen zu sein schien. Er nahm seine Arbeit bei der heutigen Buffalo Trace im Jahr 1949 auf und wurde noch von Albert Blanton eingestellt, einer der legendären Figuren in der Geschichte der Brennerei. Lee beschrieb Blanton immer als einen stets höflichen Gentleman, was auf ihn selbst gleichermaßen zutrifft.

Der erste Whiskey, der seinen Namen trug, kam auf den Markt, noch bevor die jetzigen Eigner Sazerac das Ruder übernahmen. Er wurde dann von der jetzigen Einzelfaßabfüllung ohne Altersangabe mit 45 Volumenprozent Alkohol abgelöst.

Die Destillerie Buffalo Trace stellt zwei Bourbons mit Roggenanteil her. Die genaue Zusammensetzung wird nicht bekanntgegeben, aber in der ersten Rezeptur sind es vermutlich weniger als zehn Prozent Roggen, während in der zweiten weniger Mais enthalten ist und der Roggenanteil wohl um 15 Prozent liegt. Der Elmer T. Lee (ETL) Single Barrel setzt auf der zweiten Rezeptur auf.

Da der ETL Single Barrel in der mittleren Preisklasse angesiedelt ist – vor allem als Einzelfaßabfüllung eines Bourbons –, eignet er sich besonders gut, will man sich mit dieser Rezeptur vertraut machen. Da er auch die vorzüglichen Honigtöne des Fasses zum Vorschein bringt, sollte er auf keiner Liste der unbedingt zu verkostenden Whiskeys von Buffalo Trace fehlen. **CKC**

Verkostungsnotizen

Angeblich nimmt Roggen einem Whiskey die Maissüße und macht ihn trockner, aber der ETL Single Barrel fängt süß an. Der Roggen ist blumig (Veilchen) und würzig (Basilikum und Oregano), darunter fließt aber immer die Süße, wie bei einem Sirup aus sauren Früchten.

Evan Williams 23-Year-Old

Heaven Hill Distilleries | www.heaven-hill.com

Herstellungsregion und -land Kentucky, USA
Destillerie Heaven Hill, Bardstown
Alkoholgehalt 53,5 Vol.-%
Whiskytyp Straight Bourbon

Heaven Hill übertreibt es bei der Gestaltung der Etiketten nicht. Die hochkant stehenden Etiketten der älteren Rittenhouse-Versionen waren für die Destillerie schon auffällig. Aber das Etikett des Evan Williams 23-Year-Old ist sogar für die Familie Shapira sehr zurückhaltend: Auf königsblauem Hintergrund liest man das Alter, den Alkoholgehalt, und das war's schon fast. Gekrönt wird die Flasche von einer ebenfalls königsblauen Versieglung, wie sie sich auch auf dem Evan Williams Single Barrel findet.

Der Brennmeister Parker Beam erklärt dazu: „Die Abfüllung war ursprünglich als Luxuswhiskey für Japan gedacht. Hier war die Nachfrage nach älterem Whiskey nicht sehr groß, aber die Japaner wollten ihn haben und waren bereit, für ihn zu zahlen." Die Geschichte wiederholte sich dann bei anderen Destillerien, da langsam sinkender Absatz zu Produktionsüberschüssen führte, die dann länger gelagert wurden, als man es vorher für „normal" gehalten hätte, also etwa acht Jahre. Heaven Hill machten sich damals über den 23jährigen keine weiteren großen Gedanken. Bis sie vom westeuropäischen Generalvertreter die Getränkeliste der Match Bar in London zugeschickt bekamen. Dort war der offiziell nicht in Großbritannien vertriebene Evan Williams 23-Year-Old für £400 (475 Euro) pro Flasche verzeichnet. Seitdem ist der Whiskey offiziell in Japan und im Vereinigten Königreich zu bekommen … und im Besucherzentrum von Heaven Hill in Bardstown.

Dort kann man auch an Verkostungen und Führungen teilnehmen oder die wunderbare Evan-Williams-Orangenmarmelade kaufen. Als ob man noch zusätzliche Gründe brauchte, um der Destillerie einen Besuch abzustatten. **LB**

Verkostungsnotizen

Das dunkle Braun zeigt sein Alter. Der erste brennende Eindruck erinnert an Lösungsmittel, wandelt sich dann aber zu Minze und heißem Mais. Überraschend schlanker Körper mit verschlossenem Geschmack. Trockner, früh einsetzender Abgang. Mit Wasser offenherziger.

Evan Williams Black Label

Heaven Hill Distilleries | www.heaven-hill.com

Herstellungsregion und -land Kentucky, USA
Destillerie Heaven Hill, Louisville
Alkoholgehalt 43 Vol.-%
Whiskytyp Straight Bourbon

Wenn man an Bourbon denkt, fällt einem sofort der Name Jim Beam ein. Vielleicht auch noch Maker's Mark oder Wild Turkey. Alles gute Whiskeys, bekannte Marken. Aber in den Südstaaten kennt man noch einen anderen Namen: Evan Williams Black Label ist der am zweithäufigsten verkaufte Bourbon der USA. Der Name erinnert an einen Mann, der oft als der erste gewerblich tätige Whiskeybrenner Kentuckys bezeichnet wird.

Laut Max Shapira, dem Vorsitzenden von Heaven Hill, war der Evan Williams „einer der größten Marketingfehlschläge überhaupt". Die Destillerie hatte einen soliden Bourbon entwickelt – 43 Volumenprozent Alkohol, sieben Jahre alt –, ihn in eine extra entworfene Flasche mit braunem Etikett abgefüllt … und er floppte. Man wollte ihn schon wieder vom Markt nehmen, als ein paar Einzelhändler meldeten, bei ihnen würde er gekauft.

Max erzählt weiter: „Mein Vater rief unseren Etikettenlieferanten an und sagte: ‚Wir haben eine rechteckige Flasche, die wir für einige andere Marken verwenden. Wir möchten dafür das billigste Etikett, dann füllen wir den Evan Williams darin ab.' Die Antwort lautete: ‚Am billigsten wäre ein schwarz-weißes Etikett, Sir.' Mein Vater war einverstanden, und so entstand das neue Markenbild ohne große Planung. Plötzlich wurde es dann zu einem Hit, einem Riesenhit. Die Beliebtheit der Marke wuchs im ganzen Land schier unglaublich."

Der Evan Williams wird nicht mehr sieben Jahre gelagert – jedoch deutlich länger als andere Whiskeys seiner Kategorie –, der Alkoholgehalt beträgt aber immer noch 43 Volumenprozent. Ein sehr geschmackreicher, sogar raffinierter Whiskey für das Geld, das er kostet. **LB**

Verkostungsnotizen

Mais und Eiche drängen in die Nase, am Rand noch etwas Minze. Schön, ein Flaggschiff unter den Bourbons zu verkosten, das einem nicht gleich den Kopf abreißt: glatt, nicht brandheiß, mit Mais und Minze, ohne Abzüge an anderer Stelle.

FEW Spirits Bourbon Whiskey

FEW Spirits | www.fewspirits.com

Herstellungsregion und -land Illinois, USA
Destillerie FEW Spirits, Evanston
Alkoholgehalt 46,5 Vol.-%
Whiskytyp Bourbon

FEW Spirits hat sich als Namen frech die Initialen der amerikanischen Abstinenzbefürworterin Frances Elizabeth Willlard angeeignet. Die Destillerie ist ein klassisches Beispiel für einen Neuankömmling in der Craft-Destilling-Bewegung, der weit oberhalb seiner Gewichtsklasse mithalten kann. Die Firma legt ihr Augenmerk ausschließlich auf die Herstellung klassischer amerikanischer Spirituosen, allerdings auf eine aufregend neue Weise.

FEW Spirits befindet sich unweit von Chicago in Evanston. Der Ort war nicht nur „trocken", sondern auch die Heimat der Temperance Movement, der amerikanischen Abstinenzbewegung. Das Alkoholverbot war mehr als ein Jahrhundert in Evanston in Kraft, bevor der Brennmeister von FEW Spirits eine Aufhebung beantragte.

Um zu beweisen, daß sich die Entscheidung rechtfertigen ließe, wendet die Destillerie sehr viel Aufmerksamkeit auf die Suche nach dem besten Getreide und auf einen handwerklich hergestellten Bourbon, der gut schmeckt und gut gemacht ist. Die Brennerei schreibt: „In einer von Spirituosen überfluteten Welt, die aus Massenproduktion stammen, gibt es nur noch einige wenige Getränke, die wirklich in kleinen Chargen und in Handarbeit hergestellt werden. Wir setzen zeitlose Destillationsverfahren in modernen Versionen ein und gehen damit über die oft alltäglichen Geschmacksprofile hinaus, an die wir uns alle gewöhnt haben." Für ihren Bourbon-Whiskey verwendet FEW Spirits eine Rezeptur mit drei Getreiden, die „generationenalte Südstaatentraditionen mit der Würzigkeit des Ryes aus dem Norden und einem Hauch glatten Malz" verbindet. **DR**

Verkostungsnotizen

Eine üppige Bourbonnase mit Kirsche, Vanille und Karamell von den Weißeichenfässern. Am Gaumen süße Gewürze (auch Gewürznelken), Karamell, Nüsse und Vanille. Der Abgang ist lang, nachklingend und würzig.

Four Roses

Kirin | www.fourroses.us

Herstellungsregion und -land Kentucky, USA
Destillerie Four Roses, Lawrenceburg
Alkoholgehalt 40 Vol.-%
Whiskytyp Straight Bourbon

Four Roses ist eine alte Marke, deren Ursprünge bis in die Mitte des 19. Jahrhunderts zurückreichen. Es gibt zwei Geschichten zu ihrem Namen, eine romantische, die von den Herstellern bevorzugt wird, und eine prosaischere, die vermutlich der Wahrheit näher kommt. Die langweilige Version handelt vom Gründer Rufus Rose, seinem Bruder und den Söhnen der beiden, die zusammen als die „vier Rosen" bezeichnet wurden. Die offizielle Fassung erzählt von Paul Jones, der die Firma von Georgia nach Kentucky verlegte, und der erzählte, eine Südstaatenschönheit habe seinen Heiratsantrag positiv beschieden, indem sie vier rote Rosen an ihrem Ballkleid trug. Als Geschichte besser, nicht wahr?

Die Familie Jones machte die Marke nach der Prohibitionszeit wieder zu einem ernstzunehmenden Mitspieler am Bourbonmarkt und verkaufte sie dann an Seagram. Unter den neuen Eignern wurde der Four Roses nur noch für den Verkauf außerhalb der USA als Bourbon gebrannt. In Amerika selbst wurde er unverständlicherweise nur noch als Blend hergestellt, worunter auch die Verkaufszahlen litten. Dies änderte sich erst, als Kirin, ein japanischer Brauereikonzern und Geschäftspartner von Seagram, nach der Auflösung des Seagram-Konzerns die Destillerie übernahm und den Whiskey in zehnjähriger Arbeit wieder zu einem auch in den USA erfolgreichen Bourbon machte.

Diese Standardversion des Four Roses besteht aus zehn verschiedenen Bourbons, die alle in Lawrenceburg, aber nach unterschiedlichen Rezepturen gebrannt werden. Die Reifung und Abfüllung findet in einem Betriebsteil an einem anderen Ort statt. **CKC**

Verkostungsnotizen

Mild, aber nicht fade – eher ausgesprochen ausgewogen. Bittere Tannin- und Holzkohlenoten und subtil pfeffrig-würzige Blumigkeit, vor allem Flieder. Hier und da spürt man auch etwas Karamell. Was bleibt, ist die Bitterkeit, alles andere vergeht.

Four Roses Single Barrel Limited Editions

Kirin
www.fourroses.us

Herstellungsregion und -land Kentucky, USA
Destillerie Four Roses, Lawrenceburg
Alkoholgehalt 50 bis 59,3 Vol.-%
Whiskytyp Straight Bourbon

Jeder Whiskeybrenner, der limitierte Ausgaben herausbringt, stellt sie etwas unterschiedlich her. Four Roses produziert sie nur für den US-Markt und stellt in den „Single Barrel"- und „Small Batch"-Reihen alljährlich jeweils eine limitierte Ausgabe vor. Bisher wichen die limitierten Single-Barrel-Ausgaben in der Zusammensetzung immer von der Rezeptur der Standardausgabe ab, die viel Roggen (35 Prozent) und eine etwas fruchtige Hefe vorsieht. So ist die zwölf Jahre alte 2011er-Ausgabe zum Beispiel durch eine blumige Hefesorte charakterisiert.

Die limitierten Ausgaben von Four Roses tragen diese Bezeichnung zurecht, es kommen weniger als 4000 Flaschen auf den Markt. Das ist für Interessenten oft frustrierend, vor allem weil Einzelhändler nur Kontingente zugeteilt bekommen und vermutet wird, daß vor allem Freunde und Familienmitglieder in den Genuß kommen. Noch mehr Mißtrauen keimt auf, wenn Flaschen dann bald im Internet zu einem Vielfachen des offiziellen Verkaufspreises angeboten werden.

Neben den beiden offiziellen Reihen produziert Four Roses auch Spezialabfüllungen für Einzelhändler, die man in Europa mit etwas Glück über den Versandhandel erhalten kann. Allerdings sind sie meist jünger als zehn Jahre, fallen also in dieser Hinsicht etwas zurück. **CKC**

Verkostungsnotizen

Einheitlich sind die Mitglieder der Reihe nur, insofern sie Four-Roses-Whiskeys enthalten. Bisher waren sie alle älter und neigen deshalb zu deutlichen Faßtönen.

Four Roses Small Batch

Kirin
www.fourroses.us

Herstellungsregion und -land Kentucky, USA
Destillerie Four Roses, Lawrenceburg
Alkoholgehalt 45 Vol.-%
Whiskytyp Straight Bourbon

Four Roses ist eine alte Marke, die während der Bourbonrenaissance zu einem Marktführer in Europa und Asien wurde, aber in Amerika nicht zu erhalten war. Sie war nicht wegen ihres Mutterkonzerns Seagram und dessen Unterstützung erfolgreich, sondern trotzdem. Als Seagram zerschlagen wurde, kaufte der langgediente Partner auf dem japanischen Markt, Kirin, Four Roses auf.

Kirin machte umgehend Pläne, um Four Roses wieder auf seinem amerikanischen Heimatmarkt zu etablieren. Dieses mutige Vorhaben wurden nicht zuletzt vom Brennmeister Jim Rutledge befürwortet, der Kirin zuerst nur ermunterte, den Whiskey wenigstens in Kentucky zu verkaufen, damit er und die anderen Mitarbeiter endlich auch den Whiskey trinken konnten, den sie herstellten. Von den drei Varianten ist der Small Batch die mittlere in Bezug auf die Anzahl der enthaltenen Grundwhiskeys und den Preis. Sie war auch die zuletzt eingeführte, was vielleicht auch der Grund ist, daß sie etwas abenteuerlustiger wirkt als die anderen und einige der neuen Aromen zeigt, die von den verschiedenen Hefen stammen.

„Blending" ist bei amerikanischen Whiskey ein Schimpfwort, deshalb spricht man bei Four Roses von „mingling". So oder so ist es eine hohe Kunst, die hier ihre Möglichkeiten zeigt. **CKC**

Verkostungsnotizen

Die anderen Varianten sind gut, gehen aber kein Risiko ein. Small Batch schon. Man weiß nicht, was einen erwartet, und es kann sich bis zum nächsten Mal auch ändern.

Four Roses Small Batch Limited Editions

Kirin
www.fourroses.us

Herstellungsregion und -land Kentucky, USA
Destillerie Four Roses, Lawrenceburg
Alkoholgehalt 50 Vol.-%
Whiskytyp Straight Bourbon

Mit einer limitierten Ausgabe kann ein Hersteller seinen Kunden besondere Whiskeys anbieten, ohne gleich ein vollkommen neues Standardprodukt aus dem Boden stampfen zu müssen. Theoretisch können sie, wenn sie sich sehr gut machen, dann auch dauerhaft ins Sortiment übernommen werden. Per definitionem werden sie natürlich immer in kleinen Chargen hergestellt.

Four Roses bringt seine jährliche Small Batch Limited Edition traditionell im Herbst heraus. Jedes Frühjahr kommt dann eine aus der „Single Barrel"-Reihe. Jede der beiden Ausgaben sollte ursprünglich zwei der zehn Whiskeyrezepte vermischen, die in der Destillerie eingesetzt werden. Diese Vorgabe wurde später als zu einengend wieder aufgegeben.

Jetzt kann die Zusammenstellung alles enthalten, solange sie wenigstens zwei Rezepte aufweist. Meist werden sowohl die Rezepte als auch das Alter der Grundwhiskeys bekanntgegeben. Der 2010er besteht zum Beispiel aus (1) einem 15jährigen mit hohem Roggenanteil und leicht fruchtiger Hefe; (2) einem elfjährigen mit viel Roggen und würziger Hefe; und (3) dem zehn Jahre alten Standard-Rye mit würziger Hefe. Vermutlich beträgt der Anteil nicht jeweils ein Drittel. Falls sich das kompliziert anhört: Richtig! Das lieben die Aficionados. **CKC**

Verkostungsnotizen

Manche limitierte Ausgabe strebt Gleichartigkeit an, andere lassen Vielfalt zu. Das ist hier der Fall: Das gesamte Geschmacksspektrum von Four Roses zeigt sich.

Gentleman Jack

Brown-Forman Corporation
www.jackdaniels.com

Herstellungsregion und -land Tennessee, USA
Destillerie Jack Daniel's, Lynchburg
Alkoholgehalt 40 Vol.-%
Whiskytyp Tennessee Whiskey

Ein freundlicherer, sanfterer Jack soll dies sein. Ein Jack Daniel's, der nicht durch das Zimmer tobt, brüllt und Möbel umwirft. Aber wie zähmt man den Old No. 7, wie bekommt man den Tobsüchtigen mit dem hochroten Kopf dazu, sich abzuregen?

Die Lösung lag auf der Hand. Oder eher – in der Destillerie. Dort durchläuft der Whiskey den sogenannten „Lincoln County Process", bei dem das frische Destillat durch eine dreieinhalb Meter starke Schicht Holzkohle fließt. Wenn diese Filtrierung beim frischen Whiskey die Ecken und Kanten glättet, warum nicht auch bei älterem? Dieser Gedanke wird hier in die Tat umgesetzt: Der Whiskey wird nach der Faßreifung nochmals durch Holzkohle filtriert. Das Ergebnis wurde 1988 erstmals als Gentleman Jack auf Flaschen gezogen.

Dieser Whiskey zeigt die süße Seite des Jack Daniel's, er ist fast verspielt, voller Vanille und süßem Mais, ohne das Brennen der Lagerung in Holzfässern. Ist es deshalb ein schlechterer Whiskey? Man hört oft die Bezeichnung „Mädchenwhiskey". Das ist nicht nur frauenfeindlich, es deutet auch an, der Whiskey sei nicht ganz auf der Höhe. Ähnliche Vorurteile herrschen über kanadische Whiskys vor. So wie ein Süßwein wunderbar schmecken kann, so kann auch ein süßer Whiskey überzeugen. **LB**

Verkostungsnotizen

Mais, süßer Maisgriespudding und Vanille, mit einem Hauch würziger Eiche. Im Mund wieder Maisgries, Eiche und Vanille, die zu einem süßen Abgang überleiten.

ESTABLISHED 1870
George A. Dickel & Co.
CASCADE GENERAL STORE

GENERAL MERCHANDISE

U.S.

George Dickel No. 8

Diageo | www.dickel.com

Herstellungsregion und -land Tennessee, USA
Destillerie George Dickel, Tullahoma
Alkoholgehalt 40 Vol.-%
Whiskytyp Tennessee Whiskey

George Dickel hat Umzüge und Namenswechsel ebenso überstanden wie die immer wiederkehrenden Gerüchte, er verschwinde bald vom Markt. Aber der alte No. 8 steht immer noch in den Regalen, immer noch in seiner typischen Flasche, und er ist immer noch der Lieblingswhiskey einer kleinen, aber sehr treuen Fangemeinde.

Die Gerüchte, in der Destillerie George Dickel wäre die Herstellung des No. 8 beendet worden, wollen jedoch kein Ende nehmen. Als Liebhaber dieses Whiskeys muß man aber nicht in Panik geraten – die Destillerie hört nur auf zu brennen, wenn zu viel auf Lager ist. Die Fans müssen also einfach mehr trinken!

Dickel ist „der andere" Tennessee Whiskey, so wie Bushmills oder Cooley „der andere" irische Whiskey sind – nur im Verhältnis zu jenen noch kleiner. Jack Daniel's ist bei weitem der meistverkaufte amerikanische Whiskey, und Dickel wirkt im Vergleich wie ein Zwerg.

Das kümmert die Leute in der Cascade Hollow Road aber nicht, zumindest zeigen sie es kaum, sollte es sie doch stören. Sie machen ihren klassischen Whiskey, diese Variation über das Thema Bourbon, auf subtile Weise anders als die Konkurrenz drüben in Lynchburg. Er ist etwas interessanter, etwas glatter, mit Karamell und einem unverkennbaren rauchigen Abgang. Und trotz allem, was man manchmal hören mag, wird er nicht in der näheren Zukunft zur Neige gehen. **LB**

Verkostungsnotizen

Kakao und Cornflakes in der Nase, im Mund dann glatt, wenn der Zucker hervorkommt. Ein kurzer, sahniger Lauf bis zum anhaltenden Abgang. Schnell und glatt …

George Dickel No. 12

Diageo | www.dickel.com

Herstellungsregion und -land Tennessee, USA
Destillerie George Dickel, Tullahoma
Alkoholgehalt 45 Vol.-%
Whiskytyp Tennessee Whiskey

Bei einer Besichtigung der George-Dickel-Destillerie fallen zwei Besonderheiten auf. Zum einen wird hier die Filtrierung über Holzkohle nicht kontinuierlich und bei Raumtemperatur durchgeführt. Man läßt das Destillat in dem gekühlten Tank bis zur vollen Höhe auflaufen und dann wieder abfließen. Die Kühlung wurde eingeführt, nachdem man festgestellt hatte, daß der im Winter produzierte Whiskey besser schmeckte. Bei den hohen Sommertemperaturen in Tennessee stellt die Kühlung sicher einen beträchtlichen Kostenfaktor dar.

Die andere sehr lehrreiche Besonderheit offenbarte sich bei einer kleinen Vergleichsverkostung von drei Proben des Destillats. Das erste Beispiel kam direkt aus dem Patentdestillationsapparat und schmeckte grobkörnig, eher schlicht und hatte kräftige Maisakzente. Das zweite Beispiel war im sogenannten *doubler* (im Prinzip eine Brennblase) zum zweiten Mal gebrannt worden: sehr viel sauberer, mit riesigem Maisgeschmack. Die letzte Probe war das filtrierte Destillat – klar, strahlend, mit einem Geschmack wie ein Obstbrand aus Mais. In einem solchen Augenblick wird einem klar, daß die Holzkohlefiltrierung, die in den USA als „Lincoln County Process" bezeichnet wird, kein Marketingtrick ist. Man kann sie schmecken.

No. 12 ist fünf Prozent stärker und wird aus älteren Whiskeys gemacht als No. 8, und das merkt man. Er ist kräftiger, üppiger, aber doch glatt und freundlich. **LB**

Verkostungsnotizen

Cornflakes und saubere Hitze wehen in einer süßen Brise aus dem Glas. Trockene Kakao-, Minz- und Zimtnoten weichen dem würzigen Abgang.

← George Dickel betreibt in Tullahoma einen eigenen General Store.

George T. Stagg

Sazerac | www.greatbourbon.com/antiquecollection.aspx

Herstellungsregion und -land Kentucky, USA
Destillerie Buffalo Trace, Frankfort
Alkoholgehalt 64,5 bis 72,4 Vol.-%
Whiskytyp Straight Bourbon

George T. Stagg war im 19. Jahrhundert einer der Besitzer der Destillerie, die heute Buffalo Trace heißt. Auch noch lange nach seinem Tod stand sein Name auf der Tür. Seine Geschäftsmethoden waren berüchtigt: Er wurde zum Alleinbesitzer der Destillerie, indem er seinen Partner Edmund Haynes Taylor Jr. aus der Firma drängte und ihm dann sogar die Verwendung des eigenen Namens für die Whiskeymarke Old Taylor gerichtlich verbieten lassen wollte.

Der Name Stagg wurde früher sowohl für die Brennerei als auch für ihre Whiskeymarke verwendet. Bei Buffalo Trace gab es jedoch bis 2002 keinen Whiskey mit dem Namen mehr, erst durch den Brief eines Kunden kam die Anregung für den vorliegenden Bourbon. Er wurde fast sofort zum Flaggschiff der damals neuen, aber schon angesehenen Reihe „Buffalo Trace Antique Collection" mit ihren jährlichen limitierten Abfüllungen.

Stagg kommt immer in Faßstärke und unfiltriert als 15jähriger Bourbon heraus. In seiner schönen, hohen Flasche ist er bei Whiskeyfans sehr beliebt. Die erste und alle folgenden Ausgaben waren schnell ausverkauft – ein Whiskey für Enthusiasten, wie er im Buche steht.

Durch die Abfüllung in Faßstärke nach einer langen Lagerzeit ist der Alkoholgehalt des Staggs höher als in jedem anderen in den USA verkauften Whiskey. Es sorgt immer wieder für Überraschungen, daß der Alkoholgehalt eines amerikanischen Whiskeys noch ansteigen und den Anfangsgehalt von 62,5 Prozent übertreffen kann. Beim Stagg beträgt er bis zu 72,4 Prozent. Da er immer in der Stärke abgefüllt wird, mit der er aus dem Faß kommt, kann diese von Jahr zu Jahr variieren. **CKC**

Verkostungsnotizen

Man sollte unverdünnt nicht mehr als ein winziges Schlückchen probieren. Die Faßnoten der frisch gekohlten Eiche herrschen vor. Nach Vanille kommen Leder und Tabak, dunkle Früchte und Räucherfleisch. An diese herben Töne muß man sich erst gewöhnen.

George Washington American Whiskey

Mount Vernon | www.discus.org/heritage/washington.asp

Herstellungsregion und -land USA
Destillerien Verschiedene
Alkoholgehalt 60,6 Vol.-%
Whiskytyp Rye Blend

George Washington wird in den USA verehrt wie sonst gar nichts. Nicht einmal der amerikanische Whiskey genießt solche Verehrung. Dabei war Washington selbst ein erfolgreicher Whiskeybrenner. Seine Destillerie verarbeitete das Getreide von seiner Farm in Virginia und war sein erfolgreichstes kommerzielles Unternehmen.

Vor etwa 30 Jahren setzte sich die Museumsverwaltung des Washington-Landsitzes Mount Vernon mit dem Distilled Spirits Council of the USA (DISCUS) in Verbindung, um Finanzierungsmöglichkeiten für die Ausgrabung, Untersuchung und Restaurierung von Washingtons Destillerie auszuloten. DISCUS, eine Vereinigung großer amerikanischer Spirituosenhersteller, war sofort einverstanden, denn was konnte mehr in ihrem Interesse liegen, als eine Verbindung zu Washington herzustellen, um Alkoholgegnern entgegenwirken zu können?

Zu den ersten Veranstaltungen von DISCUS in Mount Vernon gehörte das Anlanden einer Ladung Whiskey am Flußkai des Landsitzes. Ein Schiff aus dem 18. Jahrhundert mit entsprechend gekleideter Mannschaft lieferte ein Faß Whiskey von jedem DISCUS-Mitglied. Vertreten waren Jack Daniel's und George Dickel (Tennessee Whiskey); Jim Beam, Wild Turkey, Very Old Barton, Virginia Gentleman, Maker's Mark, Woodford Reserve und Rebel Yell (Bourbon); zudem Platte Valley (Corn-Whiskey). Nach der Reifung in Mount Vernon wurde ein Teil des Whiskeys als Spendenaktion abgefüllt und verkauft. Der Rest wurde einige Jahre später zu einem Blend verarbeitet und ebenfalls als Spende vermarktet. Das ist der vorliegende Whiskey. Er ist im Handel nicht mehr erhältlich, aber es sind noch viele ungeöffnete Flaschen in Privatbesitz. **CKC**

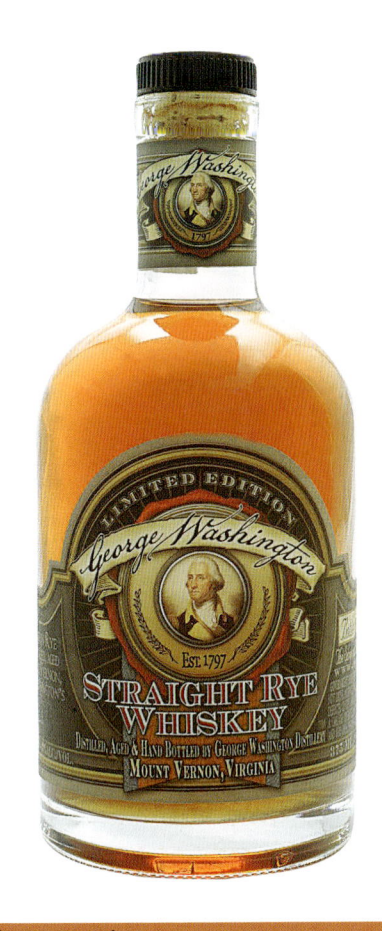

Verkostungsnotizen

Sahnekaramell, Schokolade und Vanille, mit einer Spur Pflaume. Aufgrund der langen Lagerung rauchig, fast etwas rußig. Überraschenderweise trotz der vielen Whiskeys, die als Geschmacksträger dienen, eher schal und stumpf im Geschmack, ohne Glanz.

Georgia Moon

Heaven Hill | www.heaven-hill.com

Herstellungsregion und -land Kentucky, USA
Destillerie Heaven Hill, Bardstown
Alkoholgehalt 40 Vol.-%
Whiskytyp Corn-Whiskey

Der Begriff *moonshine* wird in den Marketingabteilungen amerikanischer Whiskeyhersteller immer beliebter. Er bezeichnet schwarzgebrannten Whiskey aus dem Südosten der USA, und es scheint, als würde er sofort einen Hauch von Glaubwürdigkeit verleihen. Bilder von alten kupfernen Brennblasen steigen auf, von Gestalten in blauen Latzhosen, die in den Appalachians in kleinen Chargen ihren Maisschnaps brennen. Die heutige Realität sieht natürlich anders aus, aber stört niemanden.

Georgia Moon kommt in einer gut gewählten Verpackung auf den Markt: einem Mason Jar. Diese Gläser sind zu einem typischen Symbol der ländlichen Südstaaten geworden, wo man sie immer noch für alles Denkbare verwendet – um Gemüse einzukochen ebenso wie Eistee zu trinken. Wenn man schon mal einen „echten" *moonshine* getrunken hat, dann vermutlich aus einem solchen Glas.

In dieser Verpackung erhält man einen kristallklaren Corn-Whiskey. Für einen solchen Maiswhiskey ist in den USA ein Mindestgehalt von 81 Prozent Mais vorgeschrieben. Der Georgia Moon übertrifft das noch mit 90 Prozent Mais, fünf Prozent Roggen und fünf Prozent Gerstenmalz. Nach dem Brennen wird das Destillat bis zu 30 Tage in Eichenfässern gelagert.

Man sollte sich aber nicht zu sehr auf die technischen Aspekte dieses Whiskeys konzentrieren. Schließlich ist der Georgia Moon als Rückkehr zu den Ursprüngen gedacht, als Beispiel eines einfachen Corn-Whiskeys, der nicht zu süß ist, nicht zu sehr nach Eiche schmeckt und originalgetreu verpackt ist. Man sollte das Ergebnis, einen Whiskey, der stark nach Mais duftet, einfach genießen. **JP**

Verkostungsnotizen

Wenn man den Verschluß öffnet, entströmt dem Glas ein Duft wie von gekochtem Mais, der einem staubtrokkenem Getreidearoma weicht. Im Mund kommen dann Heu, Getreide und etwas Süße von Konfekt hervor und geben dem reinen Corn-Whiskey Tiefe.

Hancock's President's Reserve

Age International | www.greatbourbon.com/hancock.asp

Herstellungsregion und -land Kentucky, USA
Destillerie Buffalo Trace, Frankfort
Alkoholgehalt 44,45 Vol.-%
Whiskytyp Straight Bourbon

Age International ist die Firma, der Buffalo Trace gehörte, bevor die Destillerie an Sazerac ging. Mehrere der dort hergestellten Bourbons entstanden unter der Leitung von Age International, und die Markenrechte liegen noch bei ihnen. Bei allen handelt es sich um Einzelfaßabfüllungen, einen Whiskeytyp, den Age in den USA nach dem Vorbild der schottischen Einzelfaß-Malts eingeführt hat.

Der Name Hancock's President's Reserve hat keine historischen Bezüge. Vermutlich bezieht er sich auf Hancock McAfee, einen der ersten europäischen Siedler in jener Gegend, in der jetzt die Buffalo-Trace-Destillerie steht. Soweit man weiß, war er nie Präsident von irgendetwas und hat auch nie irgendetwas zurückgelegt. President's Reserve ist also einfach nur ein Name …

Der Hancock's ist zwar die Einzelfaßabfüllung eines Bourbons, aber man findet auf dem Etikett keine handschriftlich vermerkte Faßnummer, keine Angabe zum Lagerregal oder Abfülldatum. Die Flasche ist mit ihrem weiten Hals und dem Stopfen aus Holz und Kork recht ansprechend. Und der enthaltene Whiskey ist exzellent.

Age International und Buffalo Trace bieten zusammen eine Vielzahl von Bourbons an, so daß man Whiskeys verkosten kann, die sich nur geringfügig voneinander unterscheiden. Wenn man dann sein Ideal gefunden hat, kann man es zur persönlichen Hausmarke erklären. Vielleicht den Hancock's President's Reserve?

Hancock's enthält mehr Roggen als die andere Rezeptur mit Roggen, die Buffalo Trace einsetzt, aber nicht so viel wie Bulleit oder Old Grand-Dad. Das Rezept wird auch für den Blanton's verwendet, der aber vollkommen anders ausfällt – trocken, wo der Hancock's süß ist. **CKC**

Verkostungsnotizen

Karamell, Vanillesauce und Milchschokolade, dann ein scharfer Abgang, der den üppig-süßen Noten etwas abträglich ist. Der Bonbongeschmack wird auch durch Spuren von Espresso und Oregano abgemildert. Am Gaumen sahnig. Ein guter Vertreter dieses Whiskeytyps.

High West
12-Year-Old Rye

High West | www.highwest.com

Herstellungsregion und -land Utah, USA
Destillerie High West Distillery & Saloon, Park City
Alkoholgehalt 46 Vol.-%
Whiskytyp Straight Rye

High West hat sich mit den phantastischen Rye-Whiskeys einen Namen gemacht, die es auf den Markt bringt. Einige von ihnen waren von den Herstellern als Bestandteile von Blends vorgesehen, ehe David Perkins, der Brennmeister und Besitzer von High West, sie aufkaufte. High West hat auch ein geschicktes Timing bewiesen, etwa indem es verschnittene Straight Ryes unter das Volk brachte, kurz bevor es auf dem US-Markt zu Engpässen beim Rye kam.

Der 12-Year-Old Rye wurde gegen Ende der 1990er Jahre in der Seagram-Destillerie in Lawrenceburg in Indiana gebrannt und sollte 2003 mit sechs Jahren in Japan verkauft werden. Die meisten Fässer wurden auch tatsächlich in den Schiffscontainer verladen, aber fünf von ihnen hatte man übersehen. Sie blieben unentdeckt, bis Pernod Ricard fünf Jahre später die Seagram-Destillerie verkaufte. David Perkins gelang es dann schließlich, die fünf Fässer zum Abfüllen zu erwerben.

Der Whiskey besteht zu 95 Prozent aus Roggen (die anderen fünf Prozent sind Gerstenmalz). Die Maische wurde nicht so stark wie üblich erhitzt, um den Roggencharakter zu erhalten. Das Ergebnis ist ein Rye-Whiskey mit vollem Geschmack, der ohne Kaltfiltrierung abgefüllt wird. Er ist nur beim Hersteller zu erhalten. **JP**

Verkostungsnotizen

In der Nase Roggen, Minze und Lakritze, abgemildert durch Noten von Karamell und Juicy-Fruit-Kaugummi. Am Gaumen Karamell und Honig, Roggen und Chili.

High West
21-Year-Old Rye

High West | www.highwest.com

Herstellungsregion und -land Utah, USA
Destillerie High West Distillery & Saloon, Park City
Alkoholgehalt 46 Vol.-%
Whiskytyp Rye-Whiskey

David Perkins von High West stellte einen Geschmackswandel der Amerikaner hin zu ausdrucksstärkeren, kräftigeren Whiskeys, insbesondere zu Ryes fest. Zur gleichen Zeit kam es auch aufgrund der Cocktailkultur zu einem wiedererstarkenden Interesse am Rye. Perkins schreibt das einfach nur dem Zufall zu – „zur richtigen Zeit an der richtigen Stelle" –, aber sein Talent, manche der einzigartigsten und reifsten Roggenwhiskeys aufzustöbern, spielte sicher auch eine Rolle.

Dieser 21 Jahre alte Rye ist ein weiteres Juwel, das von Perkins davor gerettet wurde, als Bestandteil eines kanadischen Blends zu enden. Er wurde von Barton in Bardstown in Kentucky gebrannt und entspricht den rechtlichen Vorschriften für Rye-Whiskey sehr genau, die 51 Prozent Roggen vorschreiben: Er hat 53 Prozent Roggen, 37 Prozent Mais und zehn Prozent Gerstenmalz.

In der Regel wird amerikanische Whiskey in neuen angekohlten Eichenfässern gelagert, aber der 21-Year-Old reifte in benutzten Fässern. Perkins hat nie ermitteln können, ob die Fässer zuvor Rye oder Bourbon enthielten, was dem 21-Year-Old eine leicht geheimnisvolle Aura verleiht. Auf jeden Fall ergibt der mildere Eichenton der gebrauchten Fässer einen anmutigen und eleganten Rye-Whiskey. **JP**

Verkostungsnotizen

Eleganter und zurückhaltender als es sein Alter vermuten läßt. Duftige Nase mit Grüner Minze, Roggen, Zimt und Vanille. Honig, Dörrobst und Mais am Gaumen.

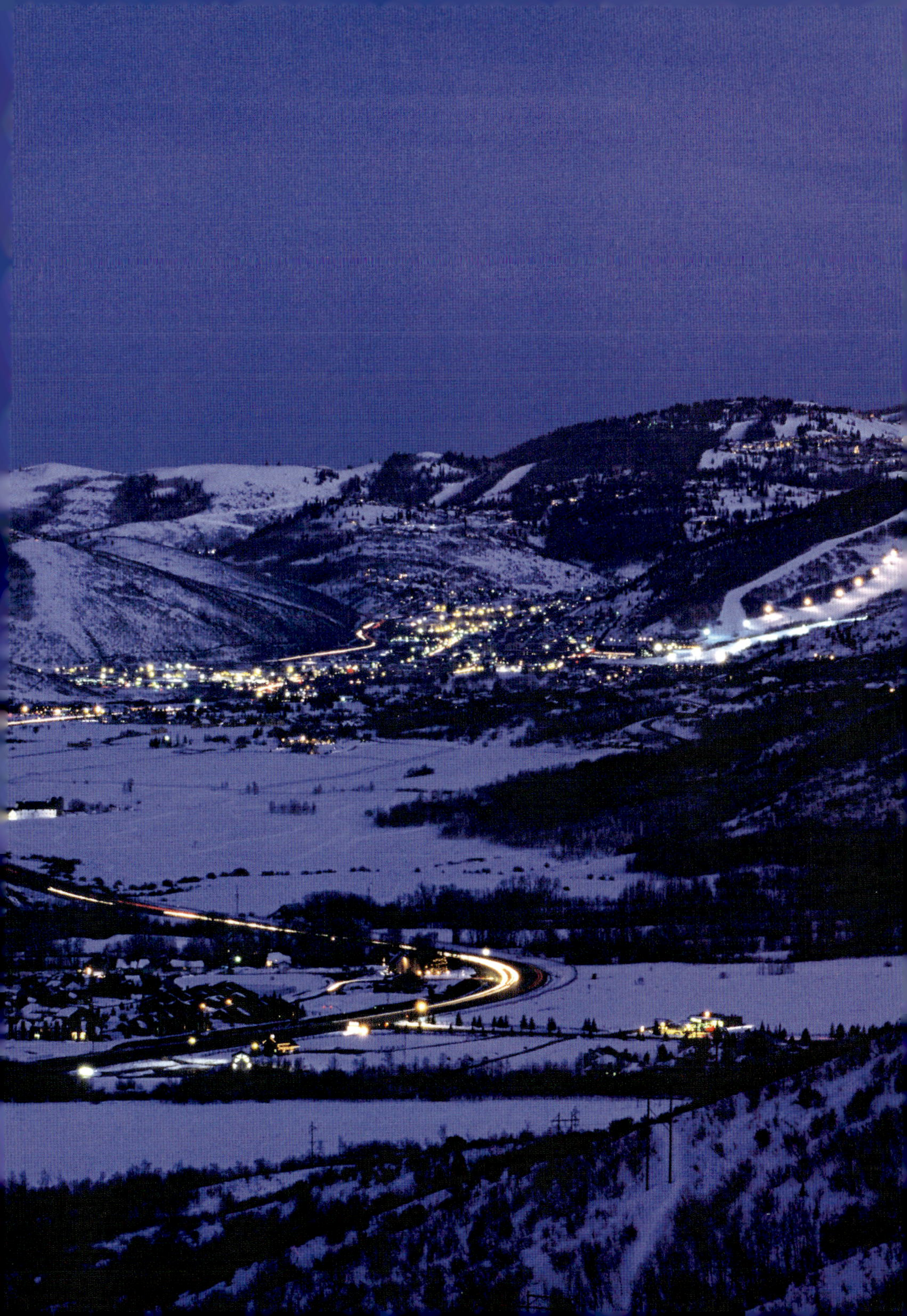

High West Bourye

High West | www.highwest.com

Herstellungsregion und -land Utah, USA
Destillerie High West Distillery & Saloon, Park City
Alkoholgehalt 46 Vol.-%
Whiskytyp Blend aus Bourbon und Rye

Die Jackalope ist ein Fabeltier, das der Phantasie der Bewohner des amerikanischen Westens und Südwestens entstammt. Das Mischwesen aus Hase und Gabelbock zeichnet sich durch seine Vorliebe für Whiskey aus und ist als eine Art Maskottchen auf dem Etikett von High Wests Whiskeymarke Bourye abgebildet. Bild und Name (Bou-Rye) verweisen darauf, daß hier in einer Flasche Komponenten zusammenkommen, die das normalerweise nicht tun – ein Straight Bourbon und zwei Rye-Whiskeys.

Bei der Zusammenstellung des Blends ist High West einer Methode treu geblieben, die sich für die Destillerie schon zuvor bewährt hat: Sie kaufte bereits gereifte Whiskeys bei Zulieferern ein, während ihre eigenen Whiskeys noch lagern. Es ist vielleicht ein etwas einfaches Geschäftsmodell, aber der Besitzer David Perkins sagt, man brauche viel Energie und Glück, um es umsetzen zu können.

Der Bourye geht von einem zehn Jahre alten Bourbon aus, der von Four Roses in Lawrenceburg, Kentucky, stammt. Er wird mit einem zwölf Jahre alten Straight Rye verschnitten, der von Lawrenceburg Distillers Indiana gebrannt und von High West auch für eine eigene Einzelabfüllung genutzt wird. Schließlich wird noch ein 16jähriger Rye-Whiskey hinzugefügt, der zu 53 Prozent aus Roggen, 37 Prozent Mais und zehn Prozent Gerstenmalz besteht. Dieser letzte Grundwhiskey wird von Barton in Bardstown, Kentucky, für Hiram Walker in Kanada gebrannt.

Der Blend entstand eines Abends, als Perkins mit den vorhandenen Whiskeys experimentierte. Er betont, es sei ein Zufallsfund gewesen, allerdings sei er als solcher zu gut gewesen, um ignoriert zu werden. **JP**

Verkostungsnotizen

In der Nase fruchtige Roggentöne mit Karamell, Mais und duftigen Gewürznoten. Der deutliche Übergang von Karamellsüße zu einem würzigen, trocknen Gaumen bis hin zum Abgang ist durchaus harmonisch. Bourbon und Rye können auch nett zueinander sein.

High West Double Rye!

High West | www.highwest.com

Herstellungsregion und -land Utah, USA
Destillerie High West Distillery & Saloon, Park City
Alkoholgehalt 46 Vol.-%
Whiskytyp Straight Rye Blend

Um sein Sortiment zu erweitern, wollte der Destilleriebesitzer David Perkins nicht einfach einen leichtere Version seines gefeierten Rendezvous Rye herausbringen, sondern einen Whiskey, der sich von den anderen Blends seines Hauses unterschied. Er sollte für sich stehen können. Also machte sich High West auf die Suche nach seltenen Rye-Whiskeys angesehener Destillerien. Die Lieferengpässe waren zu dieser Zeit immens, was die Aufgabe noch schwieriger machte als sonst, aber es gelang Perkins, von Barton in Bardstown, Kentucky, einen 16jährigen Rye mit 53 Prozent Roggen zu erhalten (37 Prozent Mais, zehn Prozent Gerstenmalz). Außerdem bezog er einen lebhaften, zwei Jahre alten Rye von Lawrenceburg Distillers Indiana (95 Prozent Roggen, fünf Prozent Gerstenmalz). Den daraus verschnittenen Blend brachte High West 2011 unter dem Namen Double Rye! auf den Markt.

Der Name verweist darauf, daß der Blend aus zwei Straight Ryes besteht. Der Blend ist zwar durchaus harmonisch, von den anderen High-West-Abfüllungen unterscheidet er sich jedoch vor allem aufgrund des Zweijährigen. Perkins war aufgefallen, daß einige der Fässer mit diesem Whiskey einen deutlich botanischen, kräuterhaften Charakter aufwiesen. Das ist bei jüngeren Ryes von LDI zwar nicht unbedingt selten, die zu sehr frischen und strahlenden Geschmacksnoten neigen, aber bei diesen Fässern fiel es noch ausgeprägter aus als sonst.

Perkins suchte persönlich diejenigen Fässer aus, bei denen dieses Geschmacksprofil am deutlichsten war, um es dem wegen seines höheren Maisanteils süßeren 16jährigen gegenüberzustellen. Das Ergebnis ist einer der ungewöhnlicheren Ryes, die man auf dem Markt findet. **JP**

Verkostungsnotizen

Zeigt eine der „grüneren" Nasen, mit Ginkräutern, Kiefernharz, Eukalyptus und Minze. Am Gaumen prickeln Roggen, sanfte und süße Gewürze (wieder Ginkräuter, Grüne Minze und Zimtstangen), die von Honig und Vanille zusammengehalten werden.

High West Rendezvous Rye Whiskey

High West | www.highwest.com

Herstellungsregion und -land Utah, USA
Destillerie High West Distillery & Saloon, Park City
Alkoholgehalt 46 Vol.-%
Whiskytyp Straight Rye Blend

High West ist ein Saloon mit Kleinstdestillerie in Park City in Utah. Der Besitzer David Perkins schlug einen anderen Weg ein als andere Neugründungen dieser Zeit, die sehr junge Whiskeys auf den Markt brachten, um Einnahmen zu erzielen. Perkins fand den Geschmack dieser Jünglinge nicht befriedigend. Glücklicherweise hatte er zuvor eine Weile mit dem Meisterbrenner von Four Roses zusammengearbeitet. Jim Rutledge ist eine Legende unter den amerikanischen Whiskeyherstellern, und Perkins erstellte gemeinsam mit ihm das Konzept für High West.

Es sah vor, daß High West in der Zeit, in der sein eigenes Destillat reifte, aus Whiskeys angesehener Hersteller seine einzigartigen Blends herstellte. Perkins hatte jedoch auch eine Vorliebe für Rye-Whiskey, und es fiel ihm auf, daß auch die Käufergunst sich ausdrucksstärkeren Spirituosen wie den Roggenwhiskeys zuwandte. Rendezvous Rye ist ein Blend aus zwei sehr individuellen Rye-Whiskeys. Die Grundlage bildet ein reifer 16jähriger mit 80 Prozent Roggen (zehn Prozent Mais, zehn Prozent Gerste), dem ein würziger, lebhafter Sechsjähriger (95 Prozent Roggen, fünf Prozent Gerste) von Lawrenceburg Distillers Indiana an die Seite gestellt wird. Dieses „Rendevouz" führt zu einem gigantischen Whiskey, bei dem der Roggen sehr intensiv im Vordergrund steht. **JP**

Verkostungsnotizen

Ein Gewürzausbruch (Zimtstangen, Gewürznelken, Roggen, Pfefferminz und Vanille) mit Früchten und zäh-süßem, angebranntem Karamell.

High West Silver Western Oat Whiskey

High West | www.highwest.com

Herstellungsregion und -land Utah, USA
Destillerie High West Distillery & Saloon, Park City
Alkoholgehalt 40 Vol.-%
Whiskytyp Hafer-Whiskey

High West wollte nicht der Mode folgen und ein weiteres frisches oder kaum gelagertes Destillat auf den Markt bringen. Nach einer Reihe von Versuchen mit verschiedenen Getreidearten entschloß sich der Eigner David Perkins zu einem Hafer-Whiskey: „Mir gefiel der Geschmack einfach am besten. Hafer wird viel zu wenig genutzt, und er gibt dem fertigen Whiskey eine sehr elegante und weiche Note."

High West Silver besteht zu 85 Prozent aus Hafer und zu 15 Prozent aus Gerste. Der Alkoholgehalt des Destillats mach ihn nach US-Vorschriften zu einem „leichten Whiskey" (es hat mehr als 80, aber weniger als 95 Volumenprozent). Direkt nach dem Brennen wird es für etwa fünf Minuten in angekohlte Fässer aus französischer Limousineiche gefüllt, die etwa für Cognac und französischen Wein verwendet wird. Weder auf die Farbe noch auf den Geschmack hat das einen großen Einfluß.

High West betrachtet das Ergebnis als die Antwort des Whiskeys auf leichtere („silberne") Tequilas oder Rums, die sich durch ihre helle Farbe von älteren Varianten unterscheiden. Der High West Silver Western Oat ist ein Beispiel für die zarten und interessanten Eigenschaften eines nur selten für die Spirituosenherstellung genutzten Getreides. **JP**

Verkostungsnotizen

In der Nase mit Marshmallow, Heu und Bananen weich und zart. Am Gaumen gleichen Noten von Kaugummi, Apfel und süßen Bonbons den Lakritzebiß aus.

Hudson Baby Bourbon Whiskey

Tuthilltown | www.tuthilltown.com

Herstellungsregion und -land New York, USA
Destillerie Tuthilltown Spirits, Gardiner
Alkoholgehalt 46 Vol.-%
Whiskytyp Bourbon

Tuthilltowns Firmensitz ist in Gardiner im Staat New York. Die erste Abfüllung der Destillerie, der New York Corn Whiskey, wurde aus Mais gebrannt, der im Umkreis von etwa 15 Kilometern angebaut wurde. Der Brand war eine gute Grundlage für die zweite Variante, den Baby Bourbon, den ersten Bourbon, der je in New York entstand.

Tuthilltown war eine der ersten amerikanischen Brennereien, die mit kleineren Fässern anstatt der üblichen 200-Liter-Fässer abeitete. Über die Auswirkungen dieser Lagerung und ihre eventuellen Vorteile wird sehr viel diskutiert. Einerseits wird behauptet, der Whiskey reife in kleinen Fässern schneller. Andere betonen eher die größere Kontaktfläche zwischen Holz und Destillat in den kleineren Fässern, durch welche die Auswirkungen der angekohlten Eiche verstärkt und die Färbung und der Geschmack stärker beeinflußt werden.

Tuthilltown verwendet Elf-Liter-Fässer mit einem Alter von etwa sechs Monaten und 53-Liter-Fässer, die 18 bis 24 Monate alt sind. Die Fässer werden während der Lagerung gerüttelt, wodurch man eine schnellere Interaktion von Holz und Destillat erzielen will. Der Baby Bourbon wird auch aus einzelnen Chargen der verschiedenen Faßgrößen verschnitten, um den gewünschten Geschmack zu erzielen. **JP**

Verkostungsnotizen

Frische Eichennoten, Vanille und Blütenaromen halten Mais und Karamell im Zaum. Am Gaumen mischen sich die Vanille und der Mais mit Pfefferminz und Holz.

Hudson Four Grain Bourbon Whiskey

Tuthilltown | www.tuthilltown.com

Herstellungsregion und -land New York, USA
Destillerie Tuthilltown Spirits, Gardiner
Alkoholgehalt 46 Vol.-%
Whiskytyp Bourbon aus vier Getreidesorten

Tuthilltown hat sich als sehr aufgeschlossen für Neuerungen gezeigt. Zu den ersten Kunden der Destillerie gehörte der New Yorker Einzelhändler Lenell's. Die Gebrüder Lenell betrieben bis zur Schließung im Jahr 2009 eine der besten Whiskeyhandlungen in New York, wenn nicht sogar in den gesamten USA. Sie schlugen dem Teilhaber von Tuthilltown, verantwortlich für das Destillieren, vor, er solle einen Whiskey aus vier verschiedenen Getreidearten brennen – Mais, Roggen, Weizen und Gerste – und somit etwas Neues auf den Markt bringen.

Der Hudson Four Grain Whiskey besteht zu 60 Prozent aus örtlich angebautem Mais. Mais verleiht als Getreide dem Whiskey einen üppigen, glatten Geschmack und bietet amerikanischen Whiskeys Struktur und Rückhalt. Roggen und Weizen tragen eher kleinere Noten bei, die dem Destillat Komplexität und Mehrdimensionalität geben. Sie werden selten gemeinsam verwendet, da sie recht unterschiedliche Geschmacksprofile aufweisen: Weizen ist weich, rund, süß, Roggen eher würzig und fruchtig. Gerste liefert noch mehr Süße und hilft, die Getreidestärke in Zucker zu verwandeln, um sie zu vergären. Die Zusammenstellung der vier Getreidearten liefert den vielleicht ausgewogensten Whiskey im Sortiment von Tuthilltown. **JP**

Verkostungsnotizen

Rumtopffrüchte, Sauerteig und Gewürze ergeben eine halbsüße Nase. Am Gaumen werden die Gewürze stärker, bis sie die Karamell- und Maissüße aufwiegen.

Hudson Manhattan Rye Whiskey

Tuthilltown | www.tuthilltown.com

Herstellungsregion und -land New York, USA
Destillerie Tuthilltown Spirits, Gardiner
Alkoholgehalt 46 Vol.-%
Whiskytyp Rye-Whiskey

Als dritte Abfüllung in Tuthilltowns „Hudson"-Reihe kam der Manhattan Rye heraus. Mit dem Namen wurde der Cocktailkultur Tribut gezollt, die sich Anfang des neuen Jahrtausends in den USA Bahn brach. Im späten 18. und frühen 19. Jahrhundert war der Lieblingswhiskey der Bewohner von Manhattan der Rye. Es gab sogar einen Cocktail auf Rye-Grundlage, der Manhattan hieß.

Der Bourbon gilt zwar als die amerikanische Nationalspirituose, aber der Rye hat einen Platz an seiner Seite verdient. Tuthilltown hatte sich vorgenommen, den ersten Rye in New York seit der Prohibition zu destillieren. Die Brennmeister Ralph Erenzo und Brian Lee begannen die Arbeit an seinem Rezept, indem sie Bezugsquellen für Roggen in der Umgebung ermittelten, um ein Endprodukt mit hohem Ortsbezug zu erhalten.

Einer der ersten Schritte bei der Whiskeyherstellung besteht im Maischen des geschroteten Getreides, um die Stärke in Zucker zu verwandeln. Bei amerikanischem Whiskey verwendet man meist Gerste, um diese Verwandlung zu unterstützen. Da der Manhattan Rye nur aus einer Getreideart gebrannt wird, wurden anstelle der Gerste Enzyme eingesetzt. Roggen enthält sehr viel Gluten, was die Verarbeitung schwierig macht, da die Maische dazu neigt zu verkleben. Als Kleinstdestillerie hatte Tuthilltown anfänglich nicht die Mittel, externe Experten zu Rate zu ziehen, und war deshalb auf monatelange Experimente angewiesen, um das richtige Rezept zu ermitteln.

Der Aufwand hat sich jedoch gelohnt. Dieser Rye sollte die Zustimmung von Cocktail- wie von Whiskeyliebhabern finden, die gerne pur trinken. **JP**

Verkostungsnotizen

Manhattan Rye ist eine Schatztruhe voller Gewürze. In der Nase finden sich süßer Ahornsirup, Piment, Zimt, Minze, Roggen und frische Eiche. Vom harzigen ersten Schluck geht es am mittleren Gaumen mit Pfeffer, Minze und Zimt weiter bis in den Abgang.

Hudson-Flaschen werden mit Single-Malt-Whiskey gefüllt.

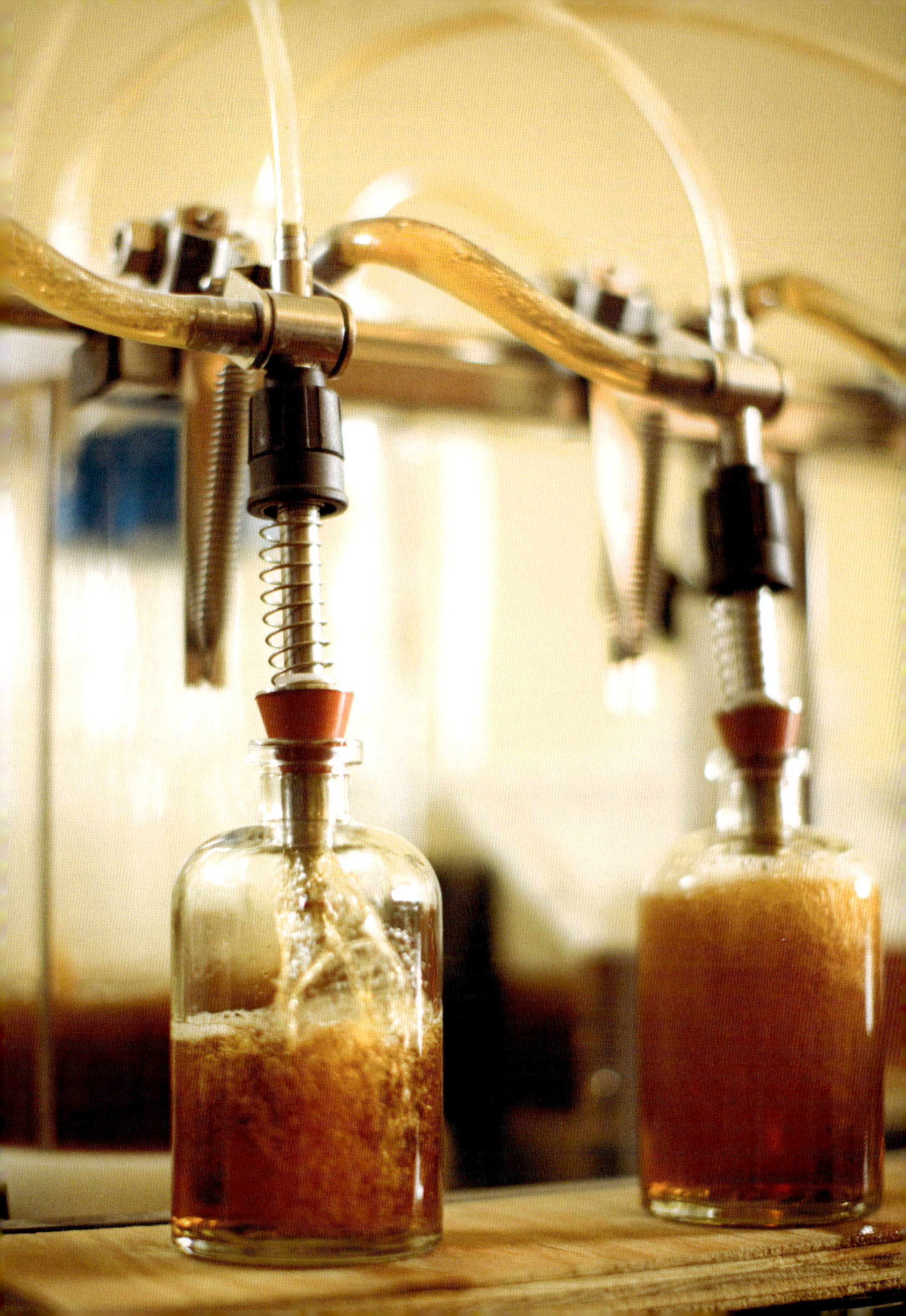

Hudson New York Corn Whiskey

Tuthilltown | www.tuthilltown.com

Herstellungsregion und -land New York, USA
Destillerie Tuthilltown Spirits, Gardiner
Alkoholgehalt 46 Vol.-%
Whiskytyp Corn-Whiskey

Ralph Erenzo erwarb 2001 in Gardiner im Staat New York ein 14 Hektar großes Grundstück, auf dem der begeisterte Wanderer ein Bed-and-Breakfast für Bergsteiger und Wanderer eröffnen wollte. Auf dem Gelände stand auch eine alte Mühle mit Getreidespeicher.

Vor der Prohibition gab es im Staat New York mehr als 1000 Destillerien. In den folgenden Jahren nahm ihre Zahl rasch bis auf Null ab. Erenzo wollte mit seinem Grundstück auch Geld verdienen und suchte eine Verwendungsmöglichkeit für die Farm, vor allem für den historischen Getreidespeicher. Er nahm Brian Lee, der sich mit Getreidemühlen auskannte, als Partner an Bord. Lee schlug vor, Whiskey herzustellen, und die beiden bauten den Getreidespeicher zu einer Destillerie um.

Der erste Whiskey, der für die Marke Hudson gebrannt wurde, war der New York Corn Whiskey. Er besteht ausschließlich aus Mais, der von Bauern der Umgebung stammt. Der Bezug von Rohstoffen aus der Nachbarschaft sollte zu einem der Kennzeichen der Destillerie werden. Der New York Corn Whiskey war nicht nur der erste seit 70 Jahren legal in New York gebrannte Whiskey, er war es auch, mit dem die Destillerie Tuthilltown den ersten Schritt auf ihrem Weg machte, eine der erfolgreichsten Kleinstdestillerien Amerikas zu werden. **JP**

Verkostungsnotizen

Der klare Corn-Whiskey beginnt in der Nase mit Maiskolben, Heu und Popcorn mit Butter. Am Gaumen leicht und trocken. Durch und durch vom Mais bestimmt.

Hudson Single Malt Whiskey

Tuthilltown | www.tuthilltown.com

Herstellungsregion und -land New York, USA
Destillerie Tuthilltown Spirits, Gardiner
Alkoholgehalt 46 Vol.-%
Whiskytyp Single Malt

Amerikanische Destillerien produzieren zunehmend Single Malts. Dieser Trend versetzt die schottischen Hersteller vielleicht noch nicht in Angst und Schrecken, aber die Erzeugnisse sind schon durchaus vorzeigbar.

Um das Sortiment der Hudson-Whiskeys zu erweitern, hat Tuthilltown vor kurzem einen Single-Malt-Whiskey entwickelt. Die Destillerie bezieht ihr Getreide meist aus der Umgebung, da die Gerste jedoch dort nicht besonders gut wächst, wird sie für den Malt in Kanada gekauft.

Das Destillat wird in kleinen Fässern gelagert. Dabei werden sehr stark angekohlte Fässer mit entweder elf Litern Fassungsvermögen oder solche mit 53 Litern verwendet. Die starke Verkohlung soll die Wechselwirkungen zwischen Faß und Destillat verstärken und weicht von der traditionellen Behandlung in Schottland ab, wo man gebrauchte Fässer einsetzt, um einen weicheren Holzton zu erzielen. Kleine Fässer geben Farbe und Geschmack schneller an das Destillat ab. In den Elf-Liter-Fässern liegt der Malt nur sechs Monate, in den 53-Liter-Fässern zwischen 18 und 24 Monate. Dann wird der Inhalt der beiden Faßarten gemischt, um einen möglichst einheitlichen Geschmack zu erhalten. Kaum überraschend, daß dies einer der würzigsten Malts auf dem Markt ist. **JP**

Verkostungsnotizen

Der Malt muß kämpfen, um durch die zähen Eichentöne der kleinen Fässer zu dringen. Dann entfaltet sich jedoch eine Zimtbombe von einem Whiskey.

Ironroot Republic Harbinger

Ironroot Republic | www.ironrootrepublic.com

Herstellungsregion und -land Texas, USA
Destillerie Ironroot Republic, Denison
Alkoholgehalt 58 Vol.-%
Whiskytyp Straight Bourbon

Ironroot Republic Hubris

Ironroot Republic | www.ironrootrepublic.com

Herstellungsregion und -land Texas, USA
Destillerie Ironroot Republic, Denison
Alkoholgehalt 58 Vol.-%
Whiskytyp Corn-Whiskey

Man muß nur die Flasche ansehen, um zu wissen, was einen bei den Whiskeys, vor allem den in Faßstärke abgefüllten, von Ironroot Republic erwartet. Die Flaschen sind groß, stabil, gewichtig und mit kräftigen Motiven dekoriert. Als Absichtserklärungen sind sie beeindruckend.

Darüber hinaus verwendet die Destillerie ein durchdachtes Farbsystem in Verbindung mit klaren Glasflaschen, um erkennen zu lassen, was sich in der jeweiligen Flasche befindet. Ironroot Republic ist ein junges Unternehmen, und ehrlich gesagt zeigen ein oder zwei der Standardvarianten recht viel Nachlauf, sind unreif und benötigen eine strengere Hand. Aber die letzten Abfüllungen, einschließlich der vorliegenden, werden in Faßstärke abgefüllt und bilden mit Wasser eine entzückende Mischung aus Schlagkraft und Raffinement.

Ironroot Republic wird vom Bruderpaar Robert und Jonathan Likarish geführt, die beide vielversprechende Karrieren in ihren jeweiligen Berufen aufgaben, Robert als Rechstanwalt und Jonathan als Ingenieur. Indem sie ihr Fachwissen verbinden, scheinen sie am Anfangspunkt einer sehr erfolgreichen Laufbahn als Whiskeymacher zu stehen. Der vorliegende Whiskey mag schwer zu erhalten sein, aber es lohnt sich, auch nach den anderen Abfüllungen in Faßstärke Ausschau zu halten. **DR**

Die Unterschiede zwischen Bourbon und Corn-Whiskey (auch White Whiskey oder Moonshine genannt) sind manchmal nicht hinreichend bekannt. Bourbon muß aus Schrot hergestellt werden, das zu mindestens 51, meist aber wesentlich mehr Prozent aus Mais besteht. Er enthält in der Regel auch einen Anteil Gerstenmalz, das als Katalysator dient, und ein weiteres Getreide. Bourbon muß in einem Faß aus frischer Weißeiche reifen. Corn-Whiskey besteht dagegen zu mindestens 80 Prozent aus Mais und muß überhaupt nicht in Eichenholz gelagert werden. Einige Hersteller lassen ihn aber dennoch in gebrauchten oder nicht angekohlten Fässern reifen.

Der vorliegende Corn-Whiskey ist das bisher beste Produkt von Ironroot Republic. Die Destillerie der Brüder Robert und Jonathan Likarish hat in kurzer Zeit erstaunliche Fortschritte gemacht, und der Hubris hat schon mehrere internationale Preise gewonnen.

Es spricht für sich, daß der renommierte Londoner Wein- und Spirituosenhändler Berry Bros. & Rudd bei Ironroot Republic einige ausgewählte Fässer für eine Sonderabfüllung eingekauft hat, die sie anläßlich des 180. Jubläums der texanischen Gesandtschaft in London herausbrachte. Die Gesandschaft war über ihrem Ladengeschäft in der St. James's Street 3 untergebracht. **DR**

Verkostungsnotizen

Jung und frech, steigt mit Vanilleeiscreme und Schokoladensauce in die Nase; kandierte Äpfel, Honig und tropische Noten ringen mit Tannin und Gewürzen.

Verkostungsnotizen

In der Nase Süßmais mit Butter, Wiesen und frisch geschnittenes Gras. Am Gaumen voll und süß, mit zähem Mais, Melasse, Honig und einigen wilden Gewürzen.

Jack Daniel's Old No. 7

Brown-Forman Corporation | www.jackdaniels.com

Herstellungsregion und -land Tennessee, USA
Destillerie Jack Daniel's, Lynchburg
Alkoholgehalt 40 Vol.-%
Whiskytyp Tennessee Whiskey

Es gibt Marken, die für eine ganze Produktgattung stehen, etwa bei Papiertaschentüchern oder Klebeband. Beim amerikanischen Whiskey ist es der Jack Daniel's Old No. 7 Tennessee Whiskey. Er steht beim Verkauf in den USA an Platz eins, und er ist auch der amerikanische Whiskey, den man auf der ganzen Welt am ehesten in einer Bar findet.

Wie weit sein Ruf reicht? Als ich das erste Mal die Destillerie in Lynchburg besuchte, stieß ich auf den damaligen Meisterbrenner Jimmy Bedford, der gerade dabei war, eine Drei-Liter-Flasche auf dem Etikett zu signieren. Auf meine Frage, für wen sie bestimmt sei, antwortete er grinsend: „Fidel." Nun, die leicht rußige Süße paßt wirklich gut zu Zigarren.

Dieser „leicht rußige" Geschmack des Jack Daniel's kommt vom sogenannten „Lincoln County Process", bei dem das frische Destillat durch eine 3,5 Meter starke Schicht aus Ahornholzkohle tropft, bevor es in Fässer gefüllt wird. Diese Filtrierung ist der einzige Unterschied zwischen Tennessee Whiskey und Bourbon. Die Holzkohle wird offen und nicht in Meilern gebrannt und dabei immer wieder mit Wasser daran gehindert, in Flammen auszubrechen. So entstehen etwa erbsengroße Holzkohlestückchen – tiefschwarz, wie das Etikett des Whiskeys.

Jack Daniel's ist Big Business – allein die Logistik, die notwendig ist, um eingehende Bestellungen zu bearbeiten, ist hochkomplex. Aber die Holzkohle, das sprudelnde Wasser aus der Quelle, der Ort Lynchburg: Das ist alles etwas eher Persönliches, wie ein Jack's mit Cola, den man mit einem Kumpel trinkt. Wenn man das noch nie probiert hat, wird es vielleicht langsam Zeit. **LB**

Verkostungsnotizen

Harte Bonbons und ein Hauch reifer Wassermelone mit etwas Eiche drumherum. Ein überraschend leichter und glatter Whiskey, der am Ende eine merkwürdig rußige Sauberkeit zeigt und dann zu einem Abgang mit Süßmais übergeht. Leicht pur zu trinken, gut zum Mischen.

There Are Times At Jack Daniel's When You Can't Do Anything But Sit And Wait. So That's Exactly What We Do.

You see, every drop of Jack Daniel's is seeped for days through twelve-foot vats of finely packed charcoal. Called charcoal mellowing, this time-taking Tennessee process is the old, natural way of smoothing out whiskey... and there's nothing a man can do to speed it along.

After a sip of Jack Daniel's, we believe, you'll be glad the folks in our hollow are content to do nothing when that's what's called for.

SMOOTH SIPPIN' TENNESSEE WHISKEY

Jack Daniel's Single Barrel

Brown-Forman Corporation | www.jackdaniels.com

Herstellungsregion und -land Tennessee, USA
Destillerie Jack Daniel's, Lynchburg
Alkoholgehalt 47 Vol.-%
Whiskytyp Tennessee Whiskey

Der Jack Daniel's Single Barrel ist ein dunkler Whiskey, dem man seine Zeit in der brütenden Hitze auf der obersten Etage eines Lagerhauses in Tennessee ansieht. Dort liegen alle Fässer für den Single Barrel, und man könnte meinen, Zeit und Temperatur würden dem Whiskey die Laune verderben, aber er steckt immer noch voller guter Absichten. Das ist kein Zufall, schließlich werden die Fässer für den Single Barrel immer individuell ausgewählt, und nur eines von etwa 100 ist für ihn gut genug.

Wenn man sich auf diesen Whiskey einläßt, erkennt man, wie süß ein Tennessee Whiskey wirklich ist. Er ist durch die Hitze in den Lagerhäusern bis tief in das Eichenholz der Fässer getrieben worden. Man schmeckt das Holz, und ein gewisses vierschrötiges, schneidendes Element läßt sich nicht verleugnen. Doch er behält die köstlichen Maistöne bei, die von der Eiche eingehegt, aber nicht gefangengenommen werden. Der Whiskey wird mit 47 Volumenprozent Alkohol abgefüllt, um den Geschmack in der Flasche zu erhalten.

Der Single Barrel ist bei Sammlern beliebt, da es eine Reihe von unterschiedlichen Varianten gibt, darunter auch Gedenk-, Privat- und gesponsorte Fässer. Zudem gibt es Abfüllungen in verschiedenen Flaschen und Verpackungen.

Dies ist einer der wenigen amerikanischen Whiskeys, die auch faßweise verkauft werden. Der Käufer darf verschiedene Fässer verkosten und sich seines aussuchen. Der Inhalt wird auf (etwa 250) Flaschen abgezogen, die mit dem Namen des Käufers und Details zum Faß versehen werden. Das Faß darf er mitnehmen, und sein Name wird in der Destillerie in einer Ausstellung genannt. **LB**

Verkostungsnotizen

Schön dunkel, in der Nase süß, mit spitzen Holznoten. Recht maisreich, aber mit Milchschokolade und Vanille durchsetzt und von einem festen Eichengerüst gehalten. Auch mit 47 Vol.-% trinkbar. Am Ende kommt jedoch Holz, das den Abgang knackig macht.

Jefferson's

Castle Brands | www.mclainandkyne.com

Herstellungsregion und -land Kentucky, USA
Destillerie Unbekannt
Alkoholgehalt 41,15 Vol.-%
Whiskytyp Straight Bourbon

Der Jefferson's wird vom Vater-Sohn-Gespann Chet und Trey Zoeller produziert. Sie haben ihre Firma zwar vor einigen Jahren an Castle Brands verkauft, zeichnen aber immer noch für die Herstellung verantwortlich. Sie sind keine Brenner, sondern kaufen Bourbon von einem oder mehreren Lieferanten und lassen ihn im Auftrag auf Flaschen ziehen. Dieses Verfahren ist in den USA eher ungewöhnlich, nur wenige der bekannteren Marken werden so hergestellt. Es ist auch nicht sehr transparent, die Destillerien, von denen der Jefferson's gebrannt wird, sind nicht bekannt.

Hersteller und Brenner sind aber sowieso oft nicht gleichzusetzen. Jedes Faß Whiskey reift etwas anders, zu den wichtigsten Aufgaben eines Whiskeyherstellers gehört also das wiederholte Verkosten der Fässer und die darauf beruhende Auswahl. So werden letztendlich alle Whiskeys gemacht, ob nun von einem Brenner oder von einem Hersteller, der nicht selbst brennt.

Das Verschneiden spielt bei amerikanischem Whiskey keine große Rolle und wird auch oft abfällig bewertet. Man kann jedoch ohne Weiteres mehrere Bourbons aus Kentucky mischen und das Ergebnis als Kentucky Straight Bourbon Whiskey verkaufen. Der Jefferson's trägt keine Altersangabe, die enthaltenen Whiskeys müssen also mindestens vier Jahre alt, können aber auch älter sein.

Verständlicherweise behalten die Destillerien den besten Whiskey am liebsten für ihre eigenen Marken, es kann deshalb schwierig sein, gleichbleibende Mischungen zu erzielen. Man muß den Zoellers für die im Laufe der Jahre unverändert hohe Qualität des Jefferson's Bourbon Lob zollen. **CKC**

Verkostungsnotizen

Erinnert etwas an trocknen Apfelwein – die Frische ergänzt den dunkleren, eher tanninhaltigen Anteil. Bis auf die Holzkohle, die für Zusammenhalt sorgt, ist hier alles eher zurückhaltend. Langer, komplexer Abgang, es lohnt sich also, zwischen den Schlucken zu pausieren.

Jim Beam Black Label

Beam Global | www.jimbeam.com

Herstellungsregion und -land Kentucky, USA
Destillerien Jim Beam, Clermont/Booker Noe, Boston
Alkoholgehalt 43 Vol.-%
Whiskytyp Straight Bourbon

Für den größten Teil des 20. Jahrhunderts gab es nur zwei Produkte, die den Namen Jim Beam trugen – Jim Beam Bourbon (White Label) und Jim Beam Rye. Alle andere Varianten im Sortiment hießen „Beam's" mit einem Anhang, also etwa „Beam's Black Label".

Obwohl der Black Label immer ein Straight Bourbon gewesen ist, ist er doch auch einer der Whiskeys, die im Laufe ihrer Zeit die meisten Veränderungen haben durchmachen müssen. Immer wieder haben die Markenmanager bei Beam den Namen, die Flasche, das Alter und den Alkoholgehalt verändert. Das Etikett war immer schwarz, aber das war schon fast die einzige Konstante. Mal war der Whiskey modern, mal „retro", es gab ihn mit 45 Volumenprozent Alkohol, mit 40 und mit 43 Prozent. Er wurde mit acht Jahren verkauft, dann mit sieben. Zuletzt trug er den vollen Jim-Beam-Namen, reifte acht Jahre lang und wurde mit 43 Volumenprozent abgefüllt. 2010 wurde dann die Flasche nochmals verschlankt und ein neuer Slogan getextet: „Double Aged".

Während des größten Teils seiner Geschichte waren die internationalen Märkte für Bourbon belanglos, da er kaum exportiert wurde. Inzwischen machen Jim Beam und andere große Marken die Hälfte ihres Umsatzes außerhalb des Heimatmarktes, deshalb muß auch das Image Rücksicht auf nicht-amerikanische Käufer nehmen. Das ist aber nur einer Vermutung …

Das höhere Alter läßt den Jim Beam Black Label gegen die sehr viel teureren Booker's, Baker's und Knob Creek antreten. Das Preis-Leistungs-Verhältnis ist im Vergleich also gut. Wenn man einen guten Whiskey trinken möchte, liegt man bei ihm richtig. **CKC**

Verkostungsnotizen

Üppig, aber auch tanninhaltig und mit Andeutungen von Anis und Gewürznelken. Rußige Eiche, jedoch nicht zu sehr, mit einem Hauch Zitrus. Kräftige Karamell-, zurückhaltende Vanilletöne. Die Hefenoten sind verschwunden, die im White Label so deutlich sind.

SEAN CONNERY
The original James Bond

JIM BEAM

…ou can't improve on the original.

…o one-of-a-kind originals: SEAN CONNERY, the original and
…ost famous James Bond. JIM BEAM, the world's finest Bourbon.

Jim Beam Devil's Cut

Beam Global | www.jimbeam.com

Herstellungsregion und -land Kentucky, USA
Destillerien Jim Beam, Clermont/Booker Noe, Boston
Alkoholgehalt 45 Vol.-%
Whiskytyp Straight Bourbon

Der Name Devil's Cut ist eine Anspielung auf den „Anteil der Engel", der bei der Lagerung durch Verdunstung verloren geht. „Des Teufels Provision" ist hingegen der Whiskey, der tief in das Eichenholz des Fasses eingedrungen ist und bei der Leerung und Reinigung normalerweise nicht ausgespült wird. Beam gewinnt ihn durch eine Kombination aus Wasser, Hitze und Bewegung in einem zusätzlichen Arbeitsschritt zurück.

Der dabei gewonnene Whiskey ist sehr dünn, sehr gerbsäurehaltig und sehr rußig, wenn man ihn so trinkt. Die Firma Beam verwendet ihn als Geschmacksgeber für einen sechs Jahre alten Bourbon, der dadurch sehr viel älter anmutet und Faßnoten zeigt, die man sonst erst nach etwa 15 Jahren Lagerung findet. Auch andere Hersteller gewinnen Alkohol aus den gebrauchten Fässern zurück, aber nur Beam verwendet ihn als Geschmacksträger für andere Whiskeys.

Da die meisten gebrauchten Bourbonfässer nach Schottland exportiert und dort wiederverwendet werden, fragte man Fred Noe, den Markenbotschafter für Jim Beam, ob das neue Verfahren die gebrauchten Fässer weniger geeignet für Scotch machten. „Das ist uns egal", war seine Antwort. Allerdings gab er sie mit einem Augenzwinkern und erntete dafür viel Gelächter. **CKC**

Verkostungsnotizen

Die Tannine und die Holzkohletöne lassen den sonst so milden Jim Beam etwas rauher wirken. Gut, aber verwirrend: ein junger Whiskey mit einer alten Seele.

Jim Beam Rye

Beam Global | www.jimbeam.com

Herstellungsregion und -land Kentucky, USA
Destillerie Jim Beam, Clermont
Alkoholgehalt 40 Vol.-%
Whiskytyp Straight Rye

Rye-Whiskey löst vielerorts Verwirrung aus. Jim Beam scheint ihn (nach der Internetseite zu urteilen) für eine Art Bourbon zu halten. Damit liegen sie nicht sehr falsch. Amerikanische Straight-Whiskeys wie der Bourbon und Rye haben wichtige Eigenschaften gemein. Der einzige Unterschied liegt in der Zusammensetzung der Maische: Beim Bourbon herrscht der Mais vor, beim Rye der Roggen. Beide Whiskeys enthalten die zwei Getreidearten, nur das Verhältnis ist jeweils ein anderes. In der Herstellung und Lagerung unterscheiden sie sich nach dem Maischen kaum noch. Vor allem spielen bei beiden frisch angekohlte Eichenfässer eine wichtige Rolle.

Die Entwicklung des amerikanischen Whiskeys vom Rye (Roggen ist ein europäisches Getreide) hin zum Bourbon (Mais stammt aus Amerika) steht auch symbolisch für das Aufgeben europäischer Traditionen und die Herausbildung amerikanischer Gepflogenheiten. Der Wechsel hat allerdings mehr mit dem Geschmack zu tun als mit Traditionen: Mais besitzt wenig Eigengeschmack, Roggen sehr viel. Ein typischer Bourbon besteht aus 70 bis 80 Prozent Mais, der Jim Beam Rye erfüllt mit 51 Prozent gerade die gesetzlichen Vorgaben für einen Rye. Jim Beam Rye gibt es genauso lange wie den Jim Beam Bourbon. Es ist der meistgekaufte Straight Rye in den USA. **CKC**

Verkostungsnotizen

Jim Beam Rye ist ein harmloser, nach Hefe und Gras schmeckender Whiskey, der den Roggen als eine Art Trübung zeigt, aber auch feinere Noten beherbergt.

Jim Beam Signature Six Grains

Beam Global | www.jimbeam.com

Herstellungsregion und -land Kentucky, USA
Destillerie Jim Beam, Clermont
Alkoholgehalt 44,5 Vol.-%
Whiskytyp Straight Bourbon

Bourbon Whiskey kann ausschließlich aus Mais gebrannt werden, falls der Hersteller das so wünscht. In der Regel besteht die Maische jedoch aus Mais, Roggen und Gerstenmalz. Das Malz wird wegen der Enzyme hinzugefügt, die Stärke in vergärbare Zucker verwandeln. Der Roggen trägt zum Geschmack bei. Bei manchen Bourbons tritt Weizen an die Stelle des Roggens. Man darf auch andere Getreidearten verwenden, solange der Maisanteil in der Maische mindestens 51 Prozent beträgt.

Bei Jim Beam nutzt man die Zeit vor Ende der Sommerpause gerne, um noch vor dem normalen Brennen etwas zu experimentieren. In den Jahren 2002 und 2003 stellten die Brennmeister Destillate her, bei denen sie Weizen, braunen Reis und Triticale (eine Kreuzung aus Weizen und Roggen) als geschmacksbestimmendes Getreide anstelle des Roggens verwendeten.

Der von Beam geprägte Begriff „small-batch bourbon" verweist meist nicht auf kleine Mengen Destillat, sondern auf eine kleine Anzahl abgefüllter Flaschen aus besonderen Fässern. Für den Six Grains wurden aber von Anfang an kleine Chargen von jeweils etwa 40 Fässern der verschiedenen Destillate gebrannt, die dann mit „normalem" Jim Beam verschnitten wurden, um schließlich etwa 4000 Kisten des Whiskeys zu erhalten. **CKC**

Verkostungsnotizen

Nussiger als die meisten Bourbons: Macadamia und Haselnüsse, aber auch geröstete Haferflocken. Großes Mundgefühl, trockner Abgang.

Jim Beam White Label

Beam Global | www.jimbeam.com

Herstellungsregion und -land Kentucky, USA
Distilleries Jim Beam, Clermont/Booker Noe, Boston
Alkoholgehalt 40 Vol.-%
Whiskytyp Bourbon Blend

White Label ist das Flaggschiff des Beam Sortiments. Alle Mitglieder der Whiskeyfamilie Beam – von denen es viele gab – stammen von einem deutschen Müller und Schnapsbrenner ab, der 1795 nach Kentucky kam und seinen Namen von Jacob Böhm zu Jake Beam änderte. Sein Urenkel Jim Beam war Mitbesitzer einer Destillerie in Nelson County, die einen beliebten Bourbon namens Old Tub herstellte, als die Prohibition begann. Jim baute nach dem Ende des Alkoholverbots eine neue Destillerie in Clermont in Kentucky, und der Old Tub erhielt den Namen des 70-jährigen Familienpatriarchen: Jim Beam. Innerhalb weniger Jahre entwickelte sich dieser Bourbon zu einem der meistgekauften Whiskeys der USA und hat diesen Rang seitdem beibehalten. Die Firma betreibt zwei große Destillerien – die in Boston gilt als die größte in Kentucky –, deren Ausstoß zu 85 Prozent in den vierjährigen Jim Beam White Label Bourbon geht.

Obwohl diese Standardvariante des Jim Beam so sehr auf Massenherstellung beruht, daß dies kaum noch zu steigern ist, ist sie doch erstaunlich gut. Trotz seiner Jugend ist der Whiskey nicht scharf oder hart, trotz des hohen Roggenanteils aber auch nicht grasig oder sehr bitter, wie es viele Whiskeys auf Roggengrundlage in ihrer Jugend sein können. **CKC**

Verkostungsnotizen

Typische Faßnoten – Vanille und Karamell – werden von nussigem Getreide- und einem unverkennbaren Hefegeschmack über ein süßes Rückgrat ausbalanciert.

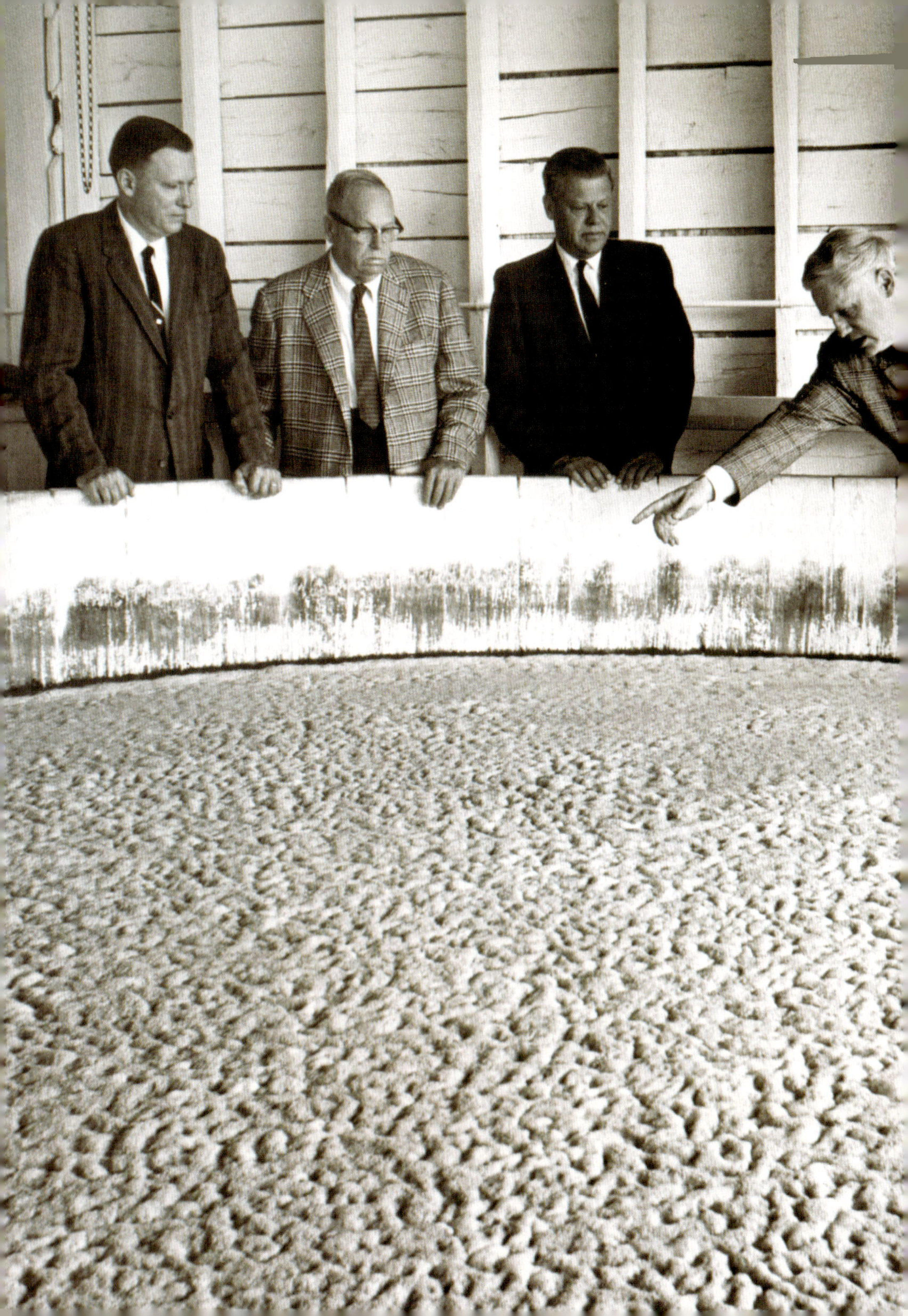

Johnny Drum Private Stock

Kentucky Bourbon Distillers
www.kentuckybourbonwhiskey.com

Herstellungsregion und land Kentucky, USA
Destillerien Verschiedene
Alkoholgehalt 50,5 Vol.-%
Whiskytyp Bourbon Blend

Der Johnny Drum Private Stock wird von Kentucky Bourbon Distillers (KBD) in Bardstown, Kentucky, herstellt. KBD ist einer der größten unanabhängigen Whiskeyabfüller der USA, die Firma arbeitet mit großen Herstellern in Kentucky zusammen und vermarktet ihre Whiskeys unter vielen Markennamen. Johnny Drum ist eine Marke, die Even Kulsveen, der Gründer von KBD, in den Anfangsjahren seiner Firma schuf.

Die Private-Stock-Abfüllung ist ein Blend aus älterem Whiskey als den in der Standardversion enthaltenen. Der hohe Alkoholgehalt soll für volleren Geschmack sorgen, aber, in den Worten von Drew Kulsveen von KBD, „nutzerfreundlich und von mittlerem Körper" sein. Ursprünglich bestand er aus mindestens 15 Jahre altem Whiskey, aber Lieferengpässe haben dazu geführt, daß inzwischen auch Bourbons ab einem Alter von fünf oder sechs Jahren in den Verschnitt gelangen. Der Inhalt von Fässern, die eine gute Balance von Süße, Fruchtigkeit und Würzigkeit zeigen, werden in kleinen Chargen von jeweils weniger als 20 Fässern miteinander vermischt.

Der Name Johnny Drum bezieht sich vermutlich auf die jungen Trommler, die auf beiden Seiten des Amerikanischen Bürgerkriegs den marschierenden Soldaten mit ihren Instrumenten den Takt vorgaben. **JP**

Verkostungsnotizen

In der Nase süßer Sirup, Karamell, Popcorn und Eiche. Geschmack von süß glasierten Nüssen, karamellisiertem Mais, etwas Eiche und angenehm würziger Hitze.

J. T. S. Brown Bottled in Bond

Heaven Hill Distilleries
www.heaven-hill.com

Herstellungsregion und -land Kentucky, USA
Destillerie Heaven Hill, Bardstown
Alkoholgehalt 50 Vol. %
Whiskytyp Straight Bourbon

Der J. T. S. Brown wurde im Film *Haie der Großstadt* (1961) von Paul Newman namentlich erwähnt und gelangte so zu Berühmtheit. Heute mag es nicht mehr besonders erwähnenswert scheinen, der Lieblingswhiskey eines kleinen Billard-Abzockers zu sein, aber so ist es eben mit Bourbon; in 50 Jahren hat sich fast alles geändert. Der Whiskey ist nicht annähernd so berühmt wie der Film, aber in Heaven Hill treffen immer noch Anfragen von Billardsalons ein, die gerne ein Reklameschild von J. T. S. Brown hätten.

Der Whiskeyjournalist Chuck Cowdery wies mich zuerst auf diesen Whiskey hin. Im berühmten Einzelhandelsgeschäft Toddy's Liquors in Bardstown, Kentucky, deutete er auf das unterste Regalbrett und knurrte: „Für den Preis ist das einer der besten Whiskeys auf jeder beliebigen Etage des Regals." Bei 11,99 US-Dollar für eine Flasche wird er kaum falsch gelegen haben, es ist eine Investition, die man vermutlich nie bereuen wird.

Heaven Hill besitzt viele dieser alten Marken, von denen die meisten ihr Leben unten im Regal fristen. Manche sollte man nur zum Kochen verwenden, aber andere sind schmackhafte Schnäppchen. Die Marke J. T. S. Brown ist viel herumgekommen (Heaven Hill kaufte sie von Seagram), aber keineswegs heruntergekommen. **JP**

Verkostungsnotizen

Hier klingt alles an, wenn auch vielleicht nur leise: Mais, Eiche, Ahorn, Vanille und Minze mit hitzigem Alkohol. Scharfer Pfefferminzabgang, der nicht abklingen will.

← In der Destillerie Willett, die jetzt zu KBD gehört, wird ein Gärtank vorgeführt.

Kentucky Tavern Bourbon

Sazerac | www.greatbourbon.com/KentuckyTavern.aspx

Herstellungsregion und -land Kentucky, USA
Destillerie Barton 1792, Bardstown
Alkoholgehalt 40 Vol.-%
Whiskytyp Straight Bourbon

Kentucky Tavern war der Name einer Bourbonmarke und eines in den 1950er Jahren in Louisville, Kentucky, sehr beliebten Restaurants mit Bar. Die Einheimischen meinen, der Bourbon sei nach der Bar benannt worden, aber umgekehrt scheint es wahrscheinlicher, da der Name schon 1916 als Whiskeymarke registriert wurde.

Das Restaurant lag mit seinem Biergarten an der wichtigsten Straße zwischen der Stadtmitte und den wohlhabenden Vororten im Osten. Es war allgemein unter der Abkürzung KT bekannt. An derselben Stelle befindet sich heute ein moderner und ebenso beliebter Nachfolger namens KT's Lounge.

Auch der Bourbon wird häufig KT genannt. Er befand sich lange im Besitz der Familie Thompson und ihrer Glenmore-Destillerie, die ursprünglich in Owensboro in Kentucky stand. Firmensitz war allerdings immer Louisville. Der Name Glenmore geht auf eine Burg in der Nähe des irischen Herkunftsortes der Thompsons zurück.

Die Marke KT geriet 1944 in den Schatten, als Glenmore die viel bedeutendere Marke Yellowstone aufkaufte. Die Destillerie in Owensboro wurde schließlich stillgelegt, und Glenmore stellte alle ihre Whiskeys in der Yellowstone-Destillerie in einem Vorort von Louisville her. Als diese Destillerie geschlossen wurde, verlagerte man die gesamte Produktion wieder zurück nach Owensboro, allerdings in eine kleinere Glenmore-Destillerie namens Medley Brothers.

Glenmore ging schließlich in den Besitz von Diageo über, und Kentucky Tavern wanderte 2009 von dort zu Sazerac, die den Bourbon immer noch in ihrer Barton-1792-Destillerie in Bardstown brennen läßt. **CKC**

Verkostungsnotizen

Das berühmte Brennen im Hals, das den meisten modernen Getränken ausgetrieben worden ist, kann man im Kentucky Tavern noch spüren. Der bittere Roggen wiegt den süßen Mais genau auf. Im Abgang saurer Apfel, ansonsten ein normaler roggenhaltiger Bourbon.

BUY THEM ★ KEEP THEM

...published in the interest of the Seventh War Loan.
Glenmore Distilleries Co., Incorporated, Louisville, Kentucky.

BOYS DON'T WANT THANKS ★ ★ ★ THEY WANT GUNS, SHIPS, PLANES, TANKS!

Knob Creek

Beam Global | www.knobcreek.com

Herstellungsregion und -land Kentucky, USA
Destillerie Jim Beam, Clermont
Alkoholgehalt 50 Vol.-%
Whiskytyp Straight Bourbon

1992 bracht Beam die „Small Batch Bourbon Collection"-Reihe heraus. Der Knob Creek war darunter der älteste und billigste Whiskey. Und er wurde zum größten Star der Firma. Heute steht er, was den Verkauf angeht, an dritter Stelle des Beam-Sortiments, direkt hinter den Giganten Jim Beam und Maker's Mark.

Warum schoß Knob Creek in weniger als 20 Jahren in solche Höhen? Lag es an der eigenwilligen Flasche? Dem Namen? Dem Alter? Dem Preis? Dem überdurchschnittlich hohem Alkoholgehalt? An einigen oder an allen dieser Faktoren? Man kann es nicht genau sagen, aber auf jeden Fall ließ der Bourbon seine Stallgenossen weit hinter sich.

Tatsächlich gibt es ein Bächlein mit den Namen Knob Creek in Kentrucky, aber er fließt nicht an der Destillerie vorbei. Ein großer Teil seines Laufs ist in der Nähe von Athertonville im LaRue County, wo es schon lange Brennereien gegeben hat. Die Lincolns besaßen am Knob Creek eine Farm, und der junge Abraham soll einmal im von starkem Regen angeschwollenen Bach fast ertrunken sein. Nur einem Klassenkameraden verdankte er seine Rettung.

Mit neun Jahren ist der Knob Creek der älteste amerikanische Whiskey im Beam-Sortiment. Anfänglich war er einfach nur das – ein neun Jahre gereifter Jim Beam. Inzwischen hat man das Rezept verfeinert, und dem Knob Creek wird von Anfang an eine Sonderbehandlung zuteil. Es ist interessant, sich durch die Jim Beams zu arbeiten, dann die Booker's zu verkosten, anschließend die Baker's zu probieren, um schließlich beim Knob Creek zu landen und zu sehen, wie sehr sich die Alterung in den frisch angekohlten Fässern auf den Whiskey auswirkt. **CKC**

Verkostungsnotizen

Der hohe Alkoholgehalt zeigt sich vor allem in der Nase und im Abgang. Mit Wasser zeigen sich Karamell, Gewürznelke, Minze und Zitrusfrüchte. Es gibt nichts Unerwartetes, einfach nur Bourbongeschmack in hoher Dosierung und perfekter Balance.

Knob Creek Single Barrel

Beam Global | www.knobcreek.com

Herstellungsregion und -land Kentucky, USA
Destillerie Jim Beam, Clermont
Alkoholgehalt 60 Vol.-%
Whiskytyp Straight Bourbon

Vor einigen Jahren tauchte Fred Noe, der Markenbotschafter für Jim Beam, während der Whiskey Week bei einer Party in einer Bar in Chicago auf. Der Gastgeber hatte mehrere Meisterbrenner eingeladen und sie gebeten, doch „etwas Besonderes" mitzubringen. Noe hatte eine Beam-Flasche ohne Etikett dabei und saß fast den ganzen Abend neben der Tür und verteilte Kostproben daraus. Mehr als daß es ein Bourbon war und daß Beam ihn herstellte, wollte er allerdings nicht verraten: „Es ist etwas, an dem wir arbeiten."

Während der Whiskey Week 2011 erklärte Noe einem Begleiter, der damals neben ihm gesessen hatte, der geheimnisvolle Whiskey sei Knob Creek Single Barrel gewesen, der gerade im Januar inmitten einer untypisch hohen Anzahl von Neuvorstellungen auf den Markt gekommen war. An und für sich sind Einzelfaßabfüllungen nicht besser als andere, ähnliche Whiskeys, aber dies ist ein besonderer Fall. Es ist die erste Einzelfaßabfüllung, die auf einem vorhandenen Whiskey beruht. Wenn jedes Faß, das für den Knob Creek Single Barrel gut genug ist, damit zugleich auch den Ansprüchen an den Knob Creek genügt, wie trifft man dann die Auswahl? Man könnte wahllos Fässer herausgreifen, aber warum sollte man? Sinnvoller ist es, nur die besten Fässer zu verwenden. Natürlich ist das eine subjektive Wahl, aber wer könnte sie besser treffen als Booker Noes Sohn Fred, der auch Jim Beams Urenkel ist?

Es spricht für den Erfolg von Knob Creek, daß es zu dieser Variante gekommen ist, die auch einen höheren Alkoholgehalt aufweist als die Normalversion. Beide eignen sich zum pur Trinken wie zum Mischen. **CKC**

Verkostungsnotizen

Auch wenn der Alkoholgehalt mit Wasser verringert wird, strahlt der Whiskey noch deutlicher als die Standardversion und zeigt mehr Aromen von Weihnachtsgebäck. Im Abgang zeigt sich dann Olivenlake. Das ist jedoch nicht so schlimm, wie es sich anhört.

Lion's Pride Dark Millet Organic Whiskey

Koval | www.koval-distillery.com

Herstellungsregion und -land Illinois, USA
Destillerie Koval, Chicago
Alkoholgehalt 40 Vol.-%
Whiskytyp Millet-Whiskey

Der Geschäftsführer und Brennmeister von Koval, Robert Birnecker, ist gebürtiger Österreicher. Sein Großeltern brennen seit mehr als 40 Jahren auf dem Familienhof Getreide- und Obstbrände. Laut Koval werden in Österreich viele Getreidearten zum Brennen verwendet, die in anderen Teilen der Welt nicht häufig anzutreffen sind. Die Firma hat sich der Nutzung solcher Getreide verschrieben, um etwas Neues auf den Whiskeymarkt zu bringen.

Die Destillerie arbeitet dabei auf hohem Niveau, wie der Dark Millet Organic Whiskey der Marke Lion's Pride zeigt. Seit der Gründung hat Koval sich einen guten Ruf als handwerklich arbeitende Brennerei von leichten oder nicht gereiften Whiskeys erworben. Die „Lion's Pride"-Reihe soll dagegen eher Getreidebrände herausstellen, die älter sind und mehr Faßnoten zeigen. Der Dark Millet ist vor allem deswegen ungewöhnlich, weil keine andere amerikanische Destillerie heute mit Hirse arbeitet.

Wenn man noch nie eine aus Hirse zubereitete Speise gegessen hat, kennt man das Getreide vermutlich nur als Bestandteil von Vogelfutter. Nachdem Robert Birnekker jedoch eine Weile mit Hirse gearbeitet hatte, stellte er fest, daß die Ergebnisse zu seinen Lieblingswhiskeys aus der Destillerie gehörten. Der Whiskey besteht ausschließlich aus Hirse, um sicherzustellen, daß nur der Geschmack dieses Getreides zum Ausdruck kommt. Nach der Destillation wird er weniger als zwei Jahre in Fässern aus amerikanischer Eiche gelagert, die bis zur Stufe vier angekohlt wurden, der höchsten Kohlungsstufe in der üblichen Klassifizierung. Der Lion's Pride Dark Millet wird unfiltriert auf Flaschen gezogen, um sicherzustellen, daß der Getreidegeschmack intensiv bleibt. **JP**

Verkostungsnotizen

In der Nase frische, reife Früchte (Apfel, Pflaume und Pfirsich), Gewürze (Ingwer und Anis) und karamellisierte Nüsse. Am Gaumen erst süß (brauner Zucker, Dosenbirnen in Sirup), dann sorgen Faßnoten, holzige Gewürze und Lakritze für Trockenheit. Mittellanger Abgang.

Lion's Pride Dark Oat Organic Whiskey

Koval | www.koval-distillery.com

Herstellungsregion und -land Illinois, USA
Destillerie Koval, Chicago
Alkoholgehalt 40 Vol.-%
Whiskytyp Oat-Whiskey

Denkt man an Hafer, fällt einem zuerst wahrscheinlich Haferbrei ein – immer noch eine beliebte süße Hauptmahlzeit –, oder Pferdefutter. Aber die Whiskeybrenner, die mit diesem Getreide zu experimentieren begannen, stellten zu ihrer Überraschung fest, daß man daraus einen sehr eleganten, sanften und wohlschmeckenden Whiskey herstellen kann.

Heute hinterläßt die Herstellung von Oat-Whiskey kaum Spuren im amerikanischen Marktgeschehen, aber die wenigen Destillerien, die sich dem Hafer verschrieben haben, werden für diese Risikobereitschaft belohnt. Zu diesen Brennereien gehört Koval. Ihr ist es gelungen, das Wesentliche dieses rätselhaften Getreides in Flaschen zu bannen. Robert Birnecker, der Meisterbrenner der Firma, kann sich für das Destillieren unterbewerteter Getreidearten begeistern. Mit seiner Ehefrau Sonat hat er Koval nicht auf das gängige Whiskeygetreide Mais ausgerichtet, sondern sich auf weniger ausgetretene Pfade begeben. So sind sie zu Getreiden wie Hirse, Weizen, Roggen, Dinkel und natürlich Hafer gekommen.

Im November 2010 stellte das Paar die neue „Lion's Pride"-Reihe vor, die „dunkle" und „helle" Versionen der verschiedenen Getreide enthält, die sie zum Brennen verwenden. Wie die anderen Whiskeys der Reihe wird auch der Lion's Pride Dark Oat Organic Whiskey aus einer Maische gebrannt, die nichts als das betreffende Getreide – hier also Hafer – enthält. Er wird weniger als zwei Jahre in frischen, sehr stark angekohlten Fässern aus amerikanischer Eiche gelagert. Der Whiskey zeigt kaum Faßnoten, ein typisches Merkmals der Destillerie. Ein leichter, sauberer, lebhafter Whiskey mit zurückhaltender Eiche. **JP**

Verkostungsnotizen

Diese Wunder aus der Konfiserie zeigt Bananensauce, Vanillefondant und Mürbeteigkekse mit Sirup aus braunem Zucker in der Nase. Am Gaumen ebenfalls süß (Bananenbrot, Haferkeksteig, Kaugummi), durch trokkene Biskuitnoten und schwarzen Pfeffer ausgeglichen.

Lion's Pride Dark Rye Organic Whiskey

Koval | www.koval-distillery.com

Herstellungsregion und -land Illinois, USA
Destillerie Koval, Chicago
Alkoholgehalt 40 Vol.-%
Whiskytyp Rye-Whiskey

Seit der Gründung im Jahr 2008 wird in der Destillerie Koval Roggen-Whiskey gebrannt. Die Besitzer, das Ehepaar Robert und Sonat Birnecker, haben damals Whiskeys aus fünf unterschiedlichen Getreidearten als Single-Grain-Whiskeys eingelagert, um so bald wie möglich gereifte Versionen dieser Whiskeys verkaufen zu können. 2010 konnten sie das Vorhaben dann mit der „Lion's Pride"-Reihe in die Tat umsetzen. Die Reihe besteht aus fünf Single Grains, jeweils in einer helleren (kürzer gereiften) und dunkleren (länger gelagerten) Version. Das Getreide stammt von Bio-Bauernhöfen im amerikanischen Mittleren Westen.

Der Lion's Pride Dark Rye besteht ausschließlich aus Roggen. Roggen gilt wegen seines hohen Glutengehalts als schwieriges Rohmaterial für das Destillieren, da es beim Maischen stark zum Verkleben neigt. Viele Destillerien umgehen das Problem durch die Zugabe von Gerstenmalz, das die Umwandlung von Stärke in Zucker unterstützt, aber Koval wollte den Geschmack des Roggens nicht durch andere Getreidearten verfälschen. Man verwendet stattdessen Enzyme, um die Stärkeumwandlung zu fördern. Der so entstandene Whiskey zeigt die ganze Lebhaftigkeit des Roggens, aber auch den leichten, sauberen Hausstil der Destillerie. **JP**

Verkostungsnotizen

Kiefernharz, Eukalyptus, Menthol und pfeffriger Roggen dominieren in der frischen Kräuternase. Am Gaumen ein Woge von Zimt, Minze, Lakritze und Ingwer.

Lion's Pride Dark Wheat Organic Whiskey

Koval | www.koval-distillery.com

Herstellungsregion und -land Illinois, USA
Destillerie Koval, Chicago
Alkoholgehalt 40 Vol.-%
Whiskytyp Wheat-Whiskey

Robert und Sonat Birnecker sind das Besitzerehepaar der Destillerie Koval in Chicago. Die „Lion's Pride"-Reihe besteht aus Single-Grain-Whiskys, die aus bio-zertifiziertem Getreide gebrannt werden. Whiskeys, die aus einer einzelnen Getreideart gebrannt werden, gibt es in Amerika nicht oft, die meisten Destillerien verwenden Mischungen aus Mais, Roggen oder Weizen und Gerstenmalz.

Robert Birnecker, der Meisterbrenner bei Koval, hält Single Grains für die reinste Möglichkeit, das Wesen eines Getreides auszudrücken. Seine Vorliebe für ungewöhnliches Getreide war Anstoß der „Lion's Pride"-Reihe, in der fünf vernachlässigte Getreidesorten vertreten sind.

Der Lion's Pride Dark Wheat ist dafür ein gutes Beispiel. Ältere Weizen-Whiskeys werden in den USA zwar immer beliebter, aber es gibt kaum ein Dutzend Destillerien, in denen sie gebrannt werden. Reine Weizen-Whiskeys wie der Lion's Pride sind noch seltener.

Die dunklen Lion's Pride Whiskeys werden in einer traditionellen Brennblase aus Kupfer gebrannt und in amerikanischen Eichenfässern höchstens zwei Jahre gelagert. Roberts Geschick und seine Konzentration auf den besten Teil des Feinbrandes sorgen für einen leisen, leichten Weizen-Whiskey, das genaue Gegenteil der üblichen schweren, süßen Whiskeys. **JP**

Verkostungsnotizen

In der Nase Sahnekaramell, Fruchtkaugummi und Vollkornkekse. Sanfte, süße Geschmacksnoten mit Vanillesauce, weichem Karamell, Banane und Ingwer.

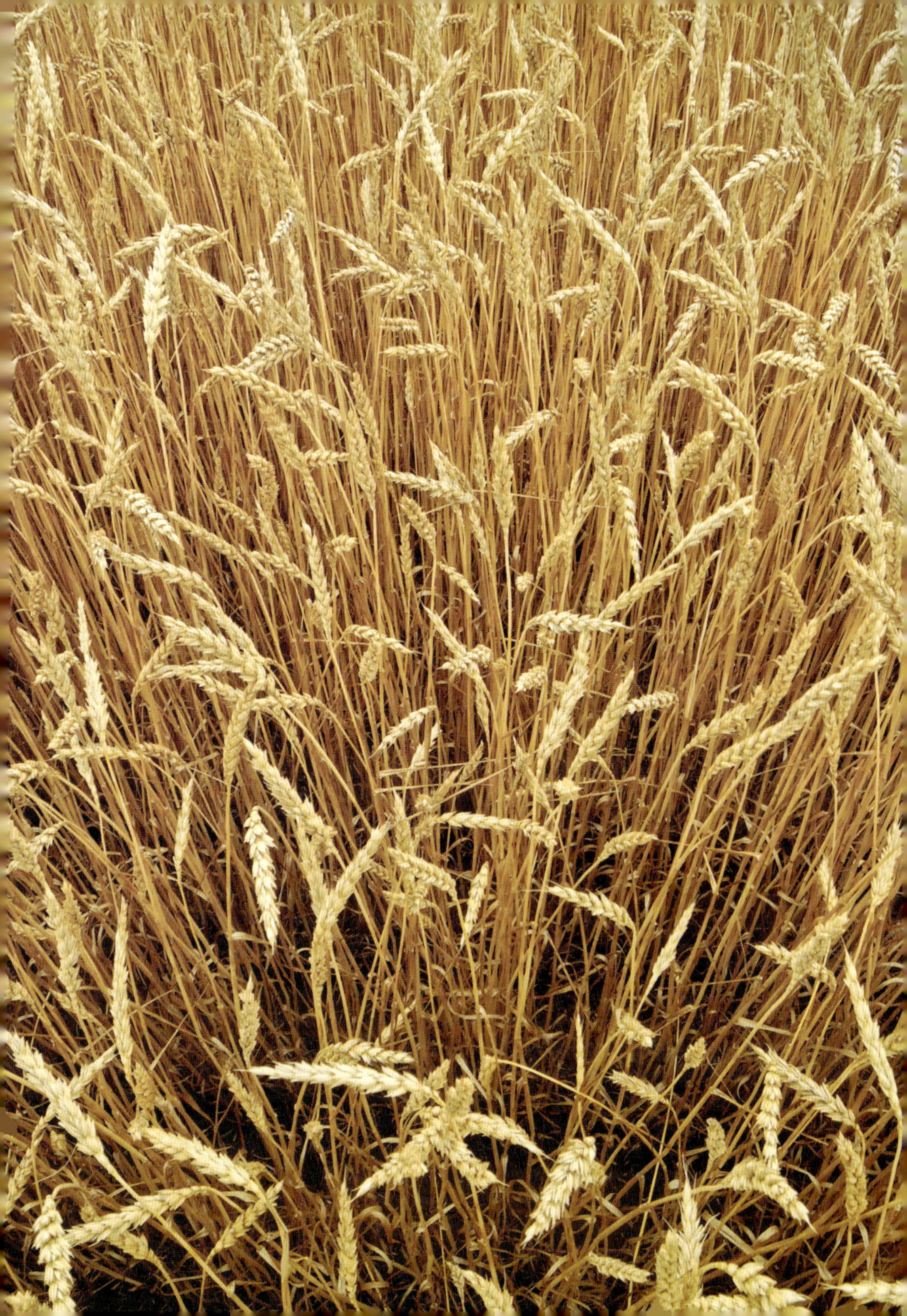

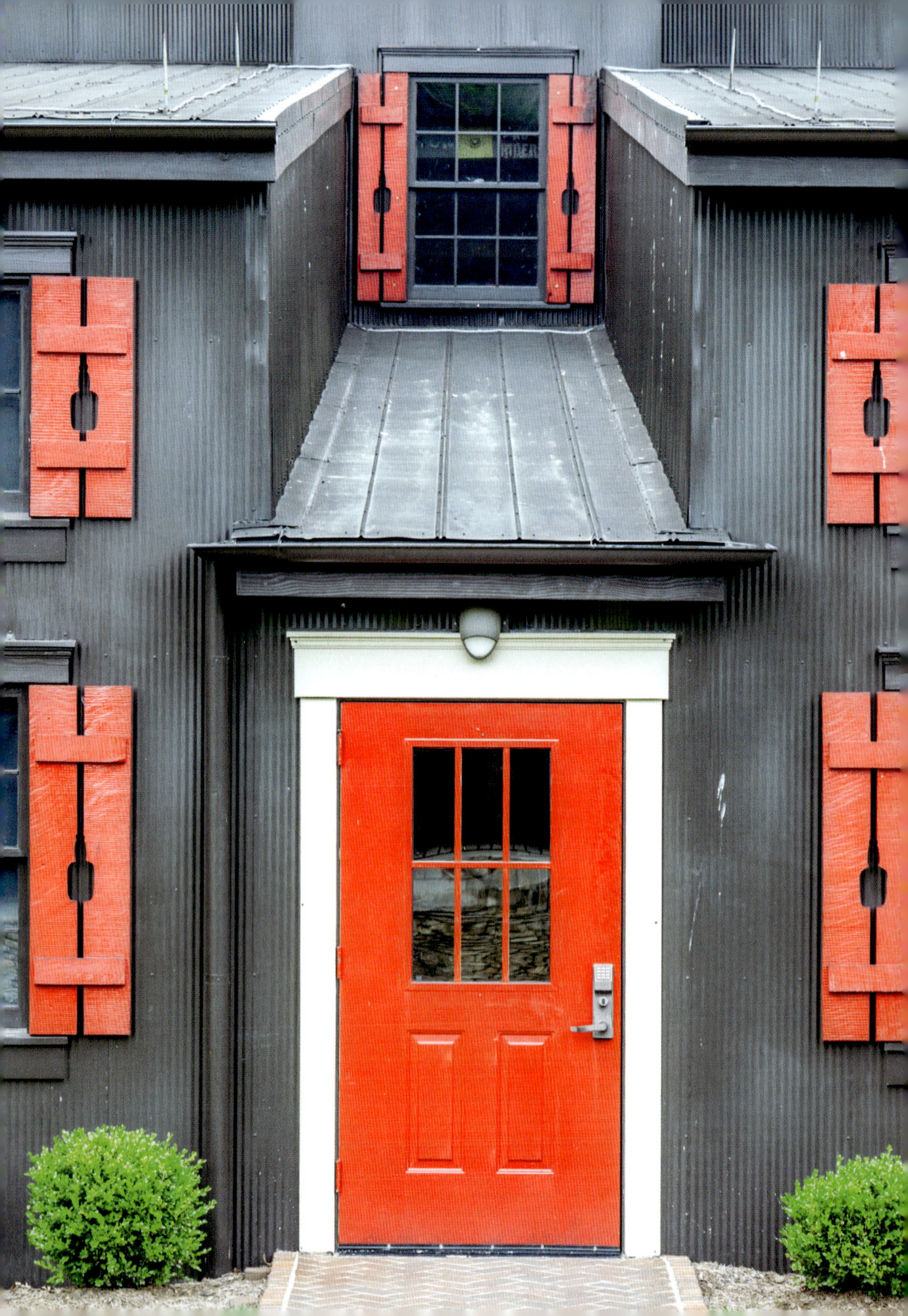

Maker's Mark

Beam Global | www.makersmark.com

Herstellungsregion und -land Kentucky, USA
Destillerie Maker's Mark, Loretto
Alkoholgehalt 45 Vol.-%
Whiskytyp Straight Wheated Bourbon

Maker's Mark hat eine überproportional hohe Wirkung auf die Einstellung der Amerikaner zum Bourbon gehabt. Bis vor einiger Zeit war es ein in kleinen Mengen hergestellter Whiskey, den der Hauch handwerklicher Fertigung umgab, nicht zuletzt wegen der Form der Flasche, des wachsversiegelten Korkens und des Etiketts. Maker's Mark war so verlockend, daß er viele Menschen zum ersten Schluck Bourbon brachte, die dann den wirklichen Unterschied feststellten. Maker's Mark ist ein *wheated bourbon*, der mit Winterweizen anstatt Roggen hergestellt wird. Bill Samuels, der die Destillerie in den 1950er Jahren gründete, fand den Geschmack eines solchen Weizen-Bourbons weniger bitter als den von Roggen-Bourbon. Die Kunden sahen es genauso und sorgten bis heute für den Erfolg der Marke.

Der Maker's Mark ist sich außerordentlich treu geblieben. Keine ganze Produktpalette wird hier geboten, sondern ein Bourbon mit Weizenanteil, 45 Volumenprozent Alkohol und einem Alter von etwa sechs Jahren, weil die Familie Samuels das so am besten findet. Man nimmt sogar die Mühe auf sich, die Fässer in den Lagerhäusern regelmäßig umzulagern, damit möglichst keine Unterschiede zwischen den einzelnen Chargen auftreten.

Als eine Kapazitätserweiterung anstand, sollte dies geschehen, ohne den Whiskey zu ändern. Man nahm die Baupläne der alten Destillerie und baute neben ihr eine exakte Doublette. Der Maker's Mark hat sich zum Lieblingswhiskey einer kleinen, aber treu ergebenen Gemeinde entwickelt, die nichts anderes trinkt. Daran sollte man bei einer Verkostung denken: Schon ein einziger Schluck kann zu einer lebenslangen Beziehung führen. **LB**

Verkostungsnotizen

Süßer Zimt und Mais mit einem Schuß Vanille. Im Mund brennt ein kleines Feuerwerk aus perfekt ausgewogenem Mais, mehr Zimt und würziger Eiche ab. Süß, ohne zäh oder klebrig zu sein. Weizen in seiner vollen Schönheit.

Die alte Maker's-Mark-Destillerie in Loretto, Kentucky

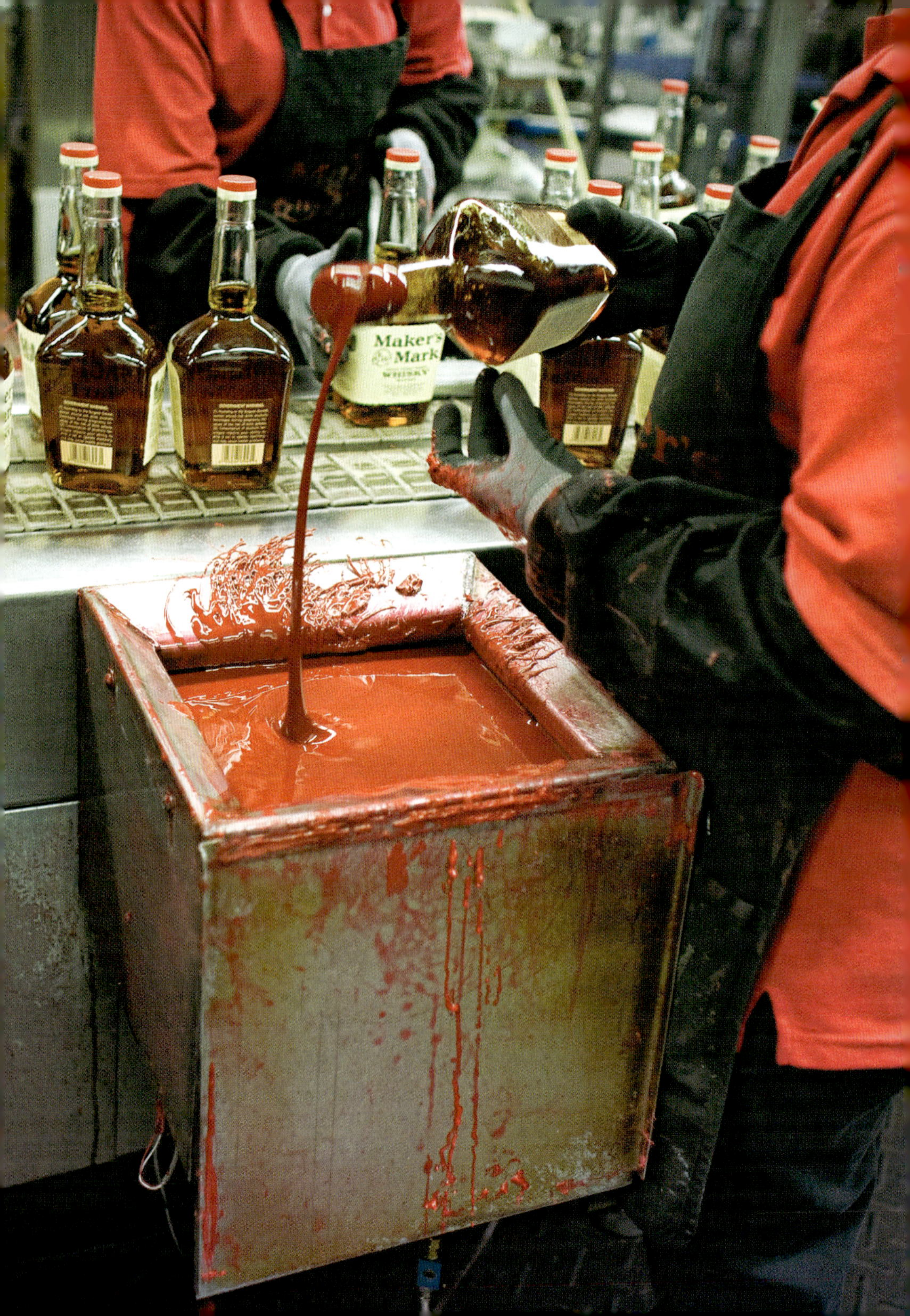
Maker's Mark
WHISKY

Maker's Mark 46

Beam Global | www.makersmark.com

Herstellungsregion und -land Kentucky, USA
Destillerie Maker's Mark, Loretto
Alkoholgehalt 47 Vol.-%
Whiskytyp Wheated Bourbon

Laut Kevin Smith, dem Meisterbrenner von Maker's Mark, geht die Entstehung des Mark 46 auf den Firmenpräsidenten Bill Samuels Jr. zurück. „Bill hatte einen Albtraum, in dem er gestorben war. In seinem Nachruf hieß es: ‚Er hat es nicht versaut.' Bill fing an, über sein Vermächtnis nachzudenken und fragte sich: ‚Was habe ich wirklich erreicht?'"

Samuels erinnerte sich an Kunden, die um etwas Neues gebeten hatten, und er unterhielt sich darüber mit Smith. So entstand der Plan für einen Bourbon, der in der Nase mehr angekohlte Eiche zeigen sollte, ohne am Gaumen adstringierend holzig zu werden. Um diesem Ziel näher zu kommen, mußten man nur 15 Kilometer reisen und Brad Boswell besuchen, den Präsidenten der Küferei Independent Stave Company.

Nach Versuchen in allen möglichen Richtungen, die alle fehlschlugen, griff Boswell auf angeflammte Dauben aus französischer Eiche zurück, die er auch schon für Winzer produziert hatte. Dieses Anflammen unter Heizstrahlern karamellisiert die Zucker an der Oberfläche des Holzes, ohne es stark anzukohlen oder tief einzudringen. „Ich nenne es Profil 46", erklärte er ihnen, „Ich weiß nicht, wie es sich auswirken mag, da der Alkoholgehalt von Whiskey so viel höher ist als der von Wein."

Smith stellt Maker's-Mark-Fässer in einen Tank, nimmt die Deckel ab und setzt Abstandshalter aus Kunststoff zwischen die Dauben. Die Deckel werden wieder aufgesetzt, die Fässer aus dem Tank befüllt und für weitere neun Wochen ins Lagerhaus gebracht. „Das ist aufwendig", gibt Smith zu. Aber es lohnt sich: Der Maker's Mark 46 ist nicht nur anders, er ist gut. **LB**

Verkostungsnotizen

Die Nase zeigt im Vergleich zur Standardversion mehr Tiefe. Der Zimtton wird von kräftigeren Eichennoten eingehüllt und ist voller, üppiger. Im Mund wie eine Welle heißer Bonbonzucker und Vanille, von trockner Eiche im Zaum gehalten. Auch im Abgang trocken.

← Die typische rote Wachsversiegelung des Maker's Mark ist Handarbeit.

McAFEE'S BENCHMARK

OLD № 8 BRAND

KENTUCKY STRAIGHT BOURBON WHISKEY

McAfee's Benchmark Old No. 8 Brand

Sazerac
www.greatbourbon.com

Herstellungsregion und -land Kentucky, USA
Destillerie Buffalo Trace, Frankfort
Alkoholgehalt 40 Vol.-%
Whiskytyp Straight Bourbon

Plain Benchmark war ursprünglich eine Marke des Seagram-Konzerns und kam Ende der 1960er Jahre zusammen mit dem Eagle Rare auf den Markt. Bald danach brach der Bourbonmarkt zusammen. 1989 kaufte Sazerac die beiden Marken, um einen Einstieg in die Bourbonherstellung zu bekommen. Beide Marken haben seitdem aufgrund von sich wandelnden Marktbedingungen mehrmals Veränderungen durchlaufen.

Der Name McAfee wurde von Sazerac hinzugefügt. Er bezieht sich auf Hancock McAffee, der vermutlich der erste europäische Siedler war, der sich 1775 an der Stelle der heutigen Destillerie Buffalo Trace niederließ.

McAfee's Benchmark ist ein mindestens vier Jahre gereifter Straight Bourbon, der auf der weniger roggenhaltigen Maische beruht, aus der Buffalo Trace auch Eagle Rare, Old Charter, Buffalo Trace und andere Whiskeys herstellt. Die Maische besteht vermutlich zu mehr als 80 Prozent aus Mais, wie das auch beim Jack Daniel's der Fall ist.

Der McAfee's Benchmark zeigt, wie ein Whiskey im Faß reift und wie sehr er sich währenddessen verändern kann. Man könnte ihn als eher rauh bezeichnen, aber nach einigen weiteren Jahren im Faß würde er genauso glatt und ausgewogen daherkommen wie der Sazerac's Eagle Rare Single Barrel. **CKC**

Verkostungsnotizen

Zuerst der süße Geschmack von braunem Zucker, dann ein scharfer Abgang. Erinnert etwas an einen Kräuterbrand. Ingwer kommt als Gewürznote durch.

McCarthy's Oregon Single Malt

Clear Creek Destillerie
www.clearcreekdistillery.com

Herstellungsregion und -land Oregon, USA
Destillerie Clear Creek, Portland
Alkoholgehalt 46 Vol.-%
Whiskytyp Single Malt

Nur wenige amerikanische Destillerien brannten Anfang der 1990er Jahre Single Malts, als Clear Creek mit der Herstellung ihres stark getorften, an einen Islay erinnernden Whiskeys begannen, benannt nach dem Eigner Steve McCarthy.

Der McCarthy's Oregon Single Malt entsteht aus getorfter Gerste, die direkt aus Schottland importiert wird. Daraus stellt die in Portland, Oregon, ansässige Brauerei Widmer Brothers die Maische her, aus welcher Clear Creek in einer klassischen Brennblase aus Kupfer ein torfig-rauchiges Destillat mit 75 Volumenprozent Alkohol brennt. Das Destillat reift in gebrauchten Sherryfässern und erhält dann ein Finish in Fässern aus luftgetrockneter Eiche aus Oregon.

Mit etwa drei Jahren ist der McCarthy's zwar recht jung, zeichnet sich aber durch seinen tiefen Geschmack und einen Charakter aus, der an einen lange vermißten Cousin einiger der bekanntesten Destillerien auf Islay denken läßt. Clear Creek sieht am ehesten eine Ähnlichkeit mit einem jungen Lagavulin.

Clear Creek ist ein kleines Unternehmen und stellt pro Jahr nur ein oder zwei Chargen des McCarthy's Oregon Single Malt her. Ihn im Einzelhandel zu finden, ist schwierig, aber der Hersteller hilft gerne. **JP**

Verkostungsnotizen

Wie ein leichter Islay-Single-Malt. Torfrauch und Gischt treffen auf lebhafte Zitrusschalen. Die Süße von Malz und Honig hält erdig-mineralige Töne zusammen.

McAfee's Benchmark: noch ein Bourbon mit schwarz-weißem Etikett.

Mellow Corn

Heaven Hill | www.heaven-hill.com

Herstellungsregion und -land Kentucky, USA
Destillerie Heaven Hill, Bardstown
Alkoholgehalt 50 Vol.-%
Whiskytyp Corn-Whiskey

Die „Craft Whiskey"-Bewegung in den USA ist ein beachtenswertes Phänomen. Ständig machen neue Destillerien auf, und jede von ihnen scheint Corn-Whiskey für sich entdeckt zu haben. Leider sind viele dieser Mais-Whiskeys nicht sehr gut. Heaven Hill weiß allerdings besser als die meisten anderen, wie man ihn brennen sollte.

Bisher hat die Destillerie aus Kentucky vier Corn-Whiskeys auf den Markt gebracht: Georgia Moon, J.W. Corn, Dixie Dew und Mellow Corn. Die drei letztgenannten sind länger gelagert, haben alle 50 Volumenprozent Alkohol und einen leichteren Geschmack.

Der Mellow Corn ist vielleicht das beste Produkt der Destillerie. Um als „Corn-Whiskey" bezeichnet werden zu dürfen, muß das Produkt mindesten 81 Prozent Mais enthalten. Die hohe Verfügbarkeit und der geringe Preis von Mais führte dazu, daß Corn-Whiskey noch vor Bourbon hergestellt wurde, bei dem ein geringerer Anteil an Mais (51 Prozent) und ein höherer an geschmackgebenden Getreiden (Roggen und Weizen) vorgeschrieben ist.

Bei dem Mellow Corn erhöht Heaven Hill den Maisanteil bis auf 90 Prozent, der Rest besteht aus Roggen und Weizen. Mais ist nicht nur ein besonders effizient zu Alkohol verarbeitbares Getreide, er sorgt im fertigen Whiskey auch für Süße und Körper.

Der Mellow Corn lagert weniger als vier Jahre in Eichenfässern. Sein rustikaler Charme gleicht einem „Landhäuschen" neben dem „herrschaftlichen Anwesen" des Bourbons. Man sollte die Kategorie aber nicht zugunsten komplexerer Whiskeys ignorieren. Abwechslung ist das halbe Leben, und ein gut gemachter Corn-Whiskey hat etwas ungemein Tröstliches. **JP**

Verkostungsnotizen

Der Mellow Corn hat eine strahlende, frische Nase mit Vanille, Bananenchips und Süßmais. Am Gaumen zeigen sich schön früh lebhafte Ingwer- und Chilinoten und umhüllen Vanillebonbons und süße Bananen. Der Abgang ist lang und voller Pfeffer.

Noah's Mill

Kentucky Bourbon Distillers | www.kentuckybourbonwhiskey.com

Herstellungsregion und -land Kentucky, USA
Destillerie Unbekannt
Alkoholgehalt 57,15 Vol.-%
Whiskytyp Bourbon

Noah's Mill ist ein Bourbon, den die unabhängige Lagerungs- und Abfüllfirma Kentucky Bourbon Distillers (KBD) in kleinen Chargen auf den Markt bringt. KBD hat die alte Willett-Destillerie in Bardstown, Kentucky, renoviert und 2015 den ersten dort gebrannten Whiskey herausgebracht. Zuvor bezog man Destillate von anderen Herstellern und ließ sie im eigenen Betrieb reifen. Manchmal wurden auch bereits gereifte Fässer aufgekauft und auf Flaschen gezogen oder weiter gelagert. Die Bezugsquellen der Fässer werden nicht bekanntgegeben.

Noah's Mill gehört zu den herausragenden Bourbons in Faßstärke im Programm von KBD. Er wird mit immensen 57,15 Volumenprozent Alkohol abgefüllt. Die frühen Versionen enthielten Whiskey, der mindestens 15 Jahre alt war. Um jedoch gleichmäßigere Abfüllungen und einen geringeren Tanningehalt als in den älteren Fassungen zu erreichen, hat KBD in der jüngeren Vergangenheit die Zusammensetzung geändert. Heute besteht der fertige Whiskey aus Straight Bourbons von vier bis 20 Jahren Alter. Der Roggengehalt dieser Grundwhiskeys variiert, bei manchen tritt auch Winterweizen an die Stelle des Roggens. Diese Art des Verschneidens ist in den USA sonst nicht üblich.

Die Klassifizierung als „small-batch Bourbon" kann irreführend sein. Der Begriff ist nicht gesetzlich festgelegt, bei einem Hersteller kann eine „kleine Charge" Tausende von Fässern umfassen, bei einem anderen vielleicht nur einige wenige. Die einzelnen Chargen des Noah's Mill werden jeweils für sich verschnitten und abgefüllt, sie bestehen aus höchstens 20 Fässern, er trägt die Bezeichnung also zu Recht. **JP**

Verkostungsnotizen

In der Nase komplex mit Sahnekaramell, gerösteten Nüssen, Vanille, Holz und Mais. Ein schönes Rückgrat aus würzigen Holznoten läßt das Ganze funkeln. Am Gaumen zähe dunkle Früchte, Marmelade, Mandelkaramell und Vanille. Langer, intensiver Abgang.

Nor'Easter

Cisco Brewers | www.ciscobrewers.com

Herstellungsregion und -land Massachusetts, USA
Destillerie Triple Eight, Nantucket
Alkoholgehalt 44,4 Vol.-%
Whiskytyp Bourbon

Nachdem sich Triple Eight mit dem Notch einen Namen gemacht hatte, einem der wirklich bahnbrechenden amerikanischen Malts, hat sich die Destillerie jetzt mit dem beeindruckenden Nor'Easter Nantucket erfolgreich dem Bourbon zugewandt. Der Name stammt von den berüchtigten Stürmen, die alljährlich die Insel Nantucket vor der Ostküste der USA heimsuchen.

Auf der Flasche ist die Flagge abgebildet, die im internationalen maritimen Flaggenalphabet für den Buchstaben „W" (wie Whisky) steht und als Signal „Brauchen ärztliche Hilfe" bedeutet. Was man in diesem Fall auch mit „Brauchen mehr Whiskey" wiedergeben könnte.

Triple Eight spricht dem Klima und der Geografie einen deutlichen Einfluß auf den Geschmack dieses Bourbons zu. Die Meeresnähe der Destillerie und die Gischt geben ihm eine leichte Salzigkeit. Von diesem Aspekt abgesehen wird der Whiskey jedoch auf konventionelle Weise aus der üblichen Getreidemischung von Mais, Gerstenmalz und Roggen hergestellt. Das Destillat wird mit 62 Volumenprozent Alkohol in 240-Liter-Fässer aus frischer Weißeiche gefüllt, die aus Pennsylvania und Missouri bezogen werden. Die Reife des Whiskeys wird durch Proben bestimmt; auf Flaschen abgezogen wird er in einem Alter von vier bis acht Jahren. Wie auch der Schwesterbrand wird der Nor'Easter mit 44,4 Volumenprozent abgefüllt – Cisco schätzt das Symbolische. **DR**

Verkostungsnotizen

Am Gaumen cremig mit Honig, Vanilleeiscreme und Milchschokolade, aber auch mit pfeffrigen Gewürzen und salzigen Noten. Scharf-würziger Abgang.

Notch 12-Year-Old

Cisco Brewers | www.ciscobrewers.com

Herstellungsregion und -land Massachusetts, USA
Destillerie Triple Eight, Nantucket
Alkoholgehalt 44,4 Vol.-%
Whiskytyp Single Malt

Die sogenannte Craft-Distilling-Revolution in den USA hat für viel Aufsehen gesorgt. Sie war auch wirklich beeindruckend. Allerdings gab es schon vor ihrem Ausbruch einige Pioniere, die den amerikanischen Whiskey in neue und aufregende Richtungen führten. Ein sehr kleiner Teil von ihnen wandte sich auch dem Single Malt Whiskey zu, unter anderem die Destillerie Triple Eight. Die Firma aus Nantucket in Massachusetts besteht aus einer Winzerei, Brauerei und Brennerei, die seit der Jahrtausendwende in Betrieb sind. Die Verantwortlichen sind offensichtlich ein recht talentierter Haufen, sie haben auf allen Gebieten Preise gewonnen.

Der Notch wird in einer Brennblase aus einem speziell gebrautem Bier destilliert. Das Destillat wird in Bourbonfässer gefüllt und etwa acht Jahre lang gelagert, bevor es ein Finish in Fässern erhält, die zuvor Nantucket-Rotwein aus Merlottrauben enthielten. Der vorliegende Whiskey ist jedoch beträchtlich älter, da er vier Jahre länger im Faß bleiben durfte.

Der Name ist ein Wortspiel, das sich darauf bezieht, daß der Whiskey zwar ein Single Malt ist, aber kein Scotch. Aus Not Scotch wird durch Zusammenziehung Notch. Es ist aber dennoch ein sehr guter Whiskey und gehört immer noch zur Vorhut der aufkeimenden amerikanischen Single-Malt-Branche. Der Alkoholgehalt ist „88,8 proof", daher der Destilleriename Triple Eight. **DR**

Verkostungsnotizen

Zitronengras und Ingwer machen die malzige Karamellsüße am Gaumen etwas spritziger. Zügiger Abgang mit Eiche, Kakao, Vanille und stechenden Gewürzen.

Products of Nantucket

Beer, Wine & Spirits proudly produced at Bartlett Farm Road, Nantucket MA.

THE OLD CROW DISTILLERY COMPANY, FRANKFORT, KY. KENTUCKY STRAIGHT BOURBON WHISKEY 86 PROOF

Rudyard Kipling travels half around the world to visit Mark Twain

In the summer of 1889 young Rudyard Kipling visited Mark Twain. Of that historic meeting Twain said—
"Between us we cover all knowledge: he knows all that can be known and I know the rest."
Old Crow undoubtedly was the whiskey served. Mark Twain was so partial to Old Crow
he went to James Crow's distillery to order some for his home supply.

Taste the Greatness of historic OLD CROW

Just as there are few great men—so, too, is great whiskey a rarity. Since Old Crow was first distilled 127 years ago, great men of every generation have welcomed it. It set the standards for fine Kentucky bourbon. Today, more people buy light, mild, 86 proof Old Crow than any other bourbon. Try it. You can taste its greatness.

today – lighter, milder 86 Proof

Old Crow Reserve

Beam Global

Herstellungsregion und -land Kentucky, USA
Destillerie Jim Beam, Clermont
Alkoholgehalt 43 Vol.-%
Whiskytyp Straight Bourbon

James C. Crow war ein schottischer Arzt und Alkoholbrenner, der sich in Kentucky in der Nähe der Stadt Versailles niederließ. Er ging mit wissenschaftlichen Methoden an die Herstellung von Whiskey heran und konnte so als einer der ersten von Charge zu Charge mit gleichbleibenden Ergebnissen aufwarten. Ebenfalls als Ausnahme zu dieser Zeit verkaufte er seinen Whiskey nur nach einer gewissen Lagerungszeit und verlangte dann einen um zwei Drittel höheren Preis dafür.

Als Crow 1856 starb, unterstützen seine Erben seinen ehemaligen Assistenten und produzierten den Whiskey weiter, dem sie schließlich den Namen Old Crow gaben. Er war schon vor der Prohibition sehr beliebt und stieg nach ihrer Aufhebung für einige Jahrzehnte zu einem der meistverkauften Bourbons auf. Als Ende der 1960er Jahre jedoch der Niedergang der Whiskeybranche einsetzte, verlor Old Crow rapide seinen Marktanteil.

1987 erwarb Beam die Marke, schloß die Destillerie und stellte den Old Crow selbst her. Er fristete ein Schattendasein als untrinkbarer dreijähriger Bourbon mit 40 Volumenprozent Alkoholgehalt. 2010 kam der Old Crow Reserve mit 43 Volumenprozent und einem Alter von vier Jahren heraus. Er ist deutlich besser und lohnt eine Verkostung. **CKC**

Verkostungsnotizen

Auch nach vier Jahren in frisch angekohlten Fässern zeigt sich Unreife in der Schärfe und dem Brennen des Whiskeys. Aber immer noch besser als der Dreijährige.

← Old Crow verweist auf die Empfehlung literarischer Giganten.

Old Fitzgerald Bottled in Bond

Heaven Hill Distilleries | www.heaven-hill.com

Herstellungsregion und -land Kentucky, USA
Destillerie Heaven Hill, Bardstown
Alkoholgehalt 50 Vol.-%
Whiskytyp Wheated Bourbon

Old Fitzgerald war einst ein Wahrzeichen der Destillerie Stitzel-Weller. Die Ursprünge des Namens sind unsicher, mit Fitzgerald könnte ein Finanzbeamter mit Hang zum Bourbon gemeint gewesen sein. „Old" ist ein gerne und oft in der Bourbon-Vermarktung verwendetes Adjektiv. Ungewöhnlich für die Destillerie ist die Weizenkomponente des Bourbons.

Bei Stitzel-Weller stellte Julian P. „Pappy" Van Winkle das berühmte Schild mit der Beschriftung auf: „Wir stellen guten Bourbon her. Möglichst mit Profit. Notfalls auch mit Verlusten. Aber immer ist es guter Bourbon." Pappy war von Haus aus nicht Brenner, sondern Verkäufer, einer der besten. Als er nach der Prohibition die Marke Old Fitzgerald erwerben konnte, machte er sie zum Flaggschiff seines Unternehmens.

Dieses ist eine der älteren Marken, die es noch „bottled-in-bond" gibt. Damit soll er als „echter Bourbon" gekennzeichnet werden, ein Whiskey für wahre Kenner: 50 Volumenprozent Alkohol, aus Destillaten einer einzigen Saison hergestellt, die einer einzigen Destillerie entstammen und von einem einzigen Meisterbrenner hergestellt wurden. Zweifelsohne bieten die kaum beworbenen bottled-in-bond Bourbons wie dieser ein außerordentlich gutes Preis-Leistungs-Verhältnis. **LB**

Verkostungsnotizen

Ein gut erzogener Whiskey, der mit Mais und leichten Holznoten beginnt, auf die Minze folgt, um in der Hitze des hohen Alkoholgehalts zu verglühen.

Old Fitzgerald Very Special 12-Year-Old

Heaven Hill Distilleries | www.heaven-hill.com

Herstellungsregion und -land Kentucky, USA
Destillerie Heaven Hill, Bardstown
Alkoholgehalt 45 Vol.-%
Whiskytyp Straight Wheated Bourbon

Bourbonfreunde versuchen oft zu raten, wo ein Destillat gebrannt wurde, bevor es zu dem Bourbon wurde, der sich in der Flasche vor ihnen befindet. Das Etikett hilft dabei nicht unbedingt weiter, weil viele der dort erwähnten Destillerien überhaupt nicht existieren. So gibt es in Kentucky weniger als zehn Bourbondestillerien, aber auf den Etiketten tauchen sehr viel mehr Namen auf. Ist das unehrlich?

Es steckt noch mehr dahinter. Marken-Bourbons werden oft im Betrieb einer ganz anderen Firma destilliert. Die Firma A stellt ihre eigene Maische her und vergärt sie, um sie dann von Firma B destillieren zu lassen. So lassen sich oft Kapazitäten besser nutzen und Zeitpläne besser einhalten. Erhellender ist jedoch, daß es überhaupt möglich ist, es zeigt nämlich, daß der eigentliche Destillationsprozeß kaum Einfluß auf den Geschmack hat. Der Geschmack beruht vor allem auf den verwendeten Getreiden und Hefen, noch viel mehr jedoch auf der Reifung im Faß. Verschiedene Whiskeys unterscheiden sich durch die verwendeten Fässer und die Lagerungsbedingungen.

Die Destillerie Heaven Hill in Bardstown hat 1999 die Marke Old Fitzgerald erworben, zur gleichen Zeit, als sie auch die Destillerie Bernheim in Louisville kaufte, um sie selbst zu nutzen. Unter Whiskeyanhängern wird immer noch gerätselt, woher genau der Old Fitzgerald Very Special 12-Year-Old stammt. Die manchmal vertretene Meinung, er werde noch in der alten Stitzel-Weller-Destillerie gebrannt, wo er ursprünglich entstand, ist nicht richtig: Seit 1992 wird der Old Fitzgerald ausschließlich in Bernheim destilliert. **LB**

Verkostungsnotizen

Süße, aber feurig; in der Nase mit knisternd-würzigen Eichen- und scharfen Minztönen, Vanille und etwas Brombeere. Schon der erste Schluck ist hitzig, greift mit Ledernoten und Vanille an, wieder Minze und solide Eiche. Langer Abgang mit Gewürzen, Vanille und Tabak.

Im Lagerhaus von Heaven Hill reift Bourbon in Eichenfässern.

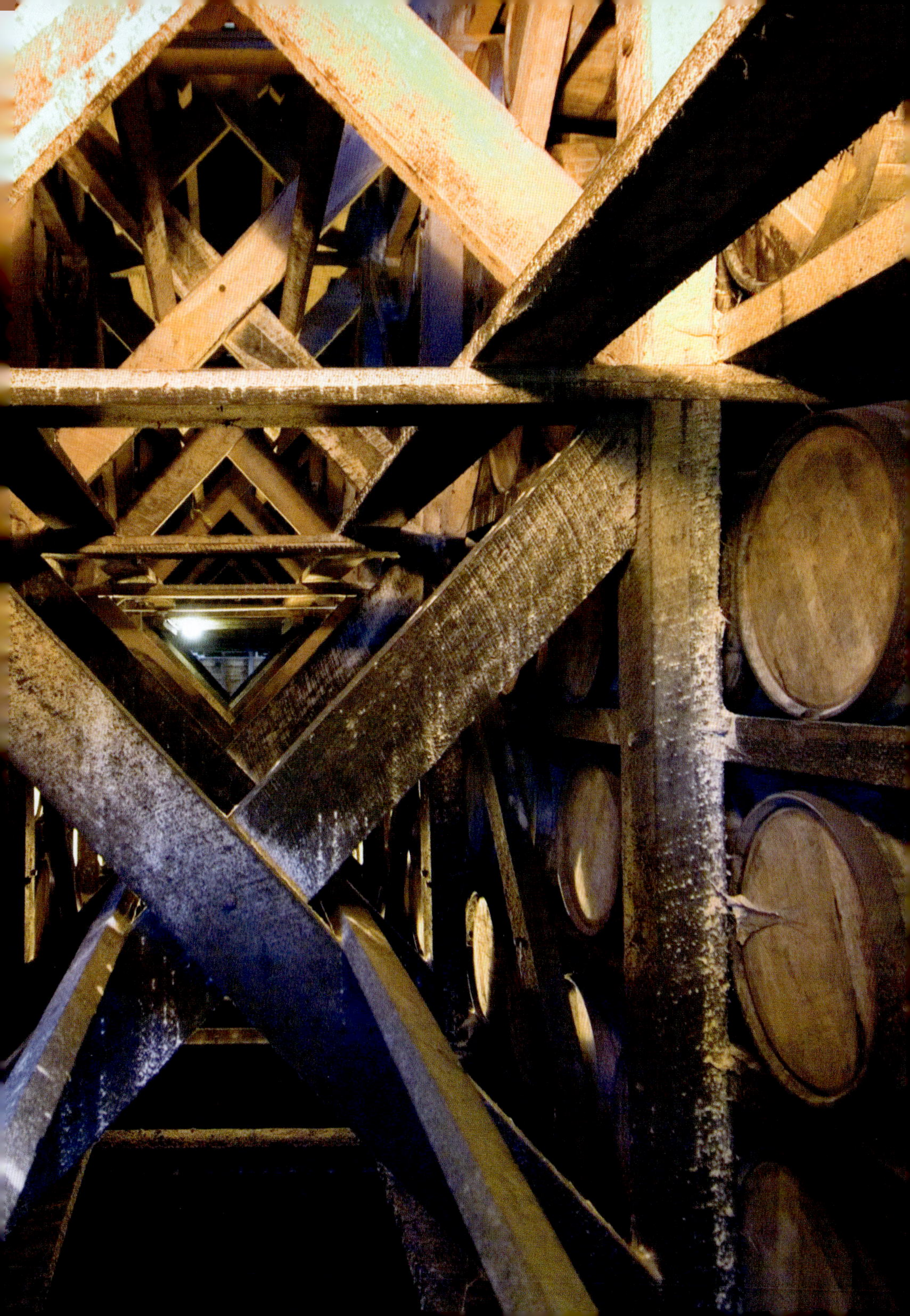

Old Forester Birthday Bourbon 2007

Brown-Forman Corporation | www.oldforester.com

Herstellungsregion und -land Kentucky, USA
Destillerie Brown-Forman, Shively
Alkoholgehalt 47 Vol.-%
Whiskytyp Straight Bourbon

An einem Tag im Jahr 2007 begrüßte der Meisterbrenner Chris Morris unsere Verkostungsgruppe im Hauptquartier von Brown-Forman in Louisville. Wir begleiteten ihn zur Bar, um sechs Gläser mit Whiskey zu probieren. Die ersten beiden waren Old Forester mit 43 beziehungsweise 50 Volumenprozent Alkoholgehalt: immer sehr guter Stoff.

Aber dann tischte er eine Probe des 2007er Birthday Bourbon auf. Im Gegensatz zum normalen Old Forester, der aus Whiskeys mit einem Alter von vier bis sechs Jahren besteht, ist dies ein Jahrgangswhiskey, mehr noch, er wird meist aus dem Destillat eines einzigen Tages hergestellt. Er verfolgt „pädagogische" Absichten, da er eine außergewöhnliche Möglichkeit bietet, die durch zwei Variablen verursachten Veränderungen zu vergleichen – die Dauer der Lagerung und den Ort, an dem die Lagerung stattfand. Außerdem ist der Birthday Bourbon nicht standardisiert, sondern etwas Besonderes und ähnelt insofern eher einer unabhängigen Abfüllung.

Chris erklärte: „Dieser stammt aus 52 Fässern, die am 6. September 1995 destilliert wurden. Sie lagen alle im Lagerhaus H in der sechsten Etage. Wir haben sie beisammen gehalten, damit die Unterschiede zwischen den einzelnen Fässern gegeben sind, die Lagerungsbedingungen aber gleich sind. Die Produktion unterschied sich nicht vom Üblichen, wir stellten einfach fest: ,Hey, der schmeckt ja richtig gut!' So ist es manchmal."

Diese Ausgabe hatte sowohl Minz- als auch Zimtnoten und ist einer der besten Vertreter der gesamten Reihe. Ach ja. Die letzten drei Whiskeys der damaligen Verkostung? Das waren drei Kandidaten für den 2008er Birthday Bourbon. Es war ein recht guter Tag … **LB**

Verkostungsnotizen

In der Nase viel Minze und leichte Fruchtnoten – eine Welle von Minze über Süßmais, dann Gewürze und Eiche mit Zimt im Vordergrund. Zum Abgang hin süßer werdend. Am Gaumen Brombeeren und eine Spur Leder. Ganz exquisit.

Old Forester Classic

Brown-Forman Corporation | www.oldforester.com

Herstellungsregion und -land Kentucky, USA
Destillerie Brown-Forman, Shively
Alkoholgehalt 43 Vol.-%
Whiskytyp Straight Bourbon

Die Herstellung von Old Forester hat bei Brown-Forman Tradition. Man ist dort recht stolz darauf. Bourbon wurde einst in Fässern gehandelt und glas- oder flaschenweise in den Saloons und Lebensmittelläden des alten Westens verkauft. Der Old Forester war die erste Bourbonmarke, die in Flaschen verkauft wurde, welche die Destillerie selbst befüllt hatte – ein deutliches Zeichen dafür, wie stolz George Garvin Brown auf seinen Whiskey war.

Es erscheint rätselhaft, daß der Old Forester nicht bekannter und beliebter ist. Zwar mag der erste Schluck für einen vollkommenen Neuling ein unangenehmes Erlebnis sein, aber wenn man sich mit anderen Whiskeys beschäftigt hat, erkennt man, daß dies ein Bourbon ist, der alles hat, was ein Bourbon haben sollte: Mais, Eichencharakter, würzige Trockenheit und einen langen Abgang. Zudem schmeckt er anders als viele andere.

In den Backsteinlagerhäusern von Brown-Forman wird die Temperatur innerhalb von zwei Wochen mit einer Dampfheizung allmählich angehoben und dann wieder abgesenkt. Dabei geht es nicht um die Aufnahme von Stoffen aus dem Holz der Fässer. Der Meisterbrenner Chris Morris erklärt: „Die Erwärmung bringt Sauerstoff in die Fässer, so daß Aldehyde entstehen, die Frucht- und Gewürznoten erzeugen. In einem metallverkleideten Lagerhaus dauert das lange, Mutter Natur läßt sich Zeit."

Durch die Erwärmung erhält der Old Forester ein „klares, trockenes Geschmacksprofil", sagt Morris. „Er hat diese Gewürznoten, die einen beim Trinken innehalten lassen. Andere Bourbons müssen länger reifen, um sie zu bekommen, dabei werden die Holznoten stärker. Der Old Forester ist ausgewogener." **LB**

Verkostungsnotizen

Feiner, klassischer Geruch, der alles zeigt, was dazugehört: Mais, Eiche, Lagerhaus, brauner Zucker, Vanille und etwas scharfe Würze. Im Mund schlank und warm: heller Mais, etwas Leder und Spuren von Kakao. Im Abgang wird der Mais von Eiche und Gewürzen gerahmt.

Old Forester Signature

Brown-Forman Corporation
www.oldforester.com

Herstellungsregion und -land Kentucky, USA
Destillerie Brown-Forman, Shively
Alkoholgehalt 50 Vol.-%
Whiskytyp Bourbon Blend

1897 wurde das „Bottled-in-Bond"-Gesetz erlassen, um die Qualität des amerikanischen Whiskeys sicherzustellen. Es sah vor, daß ein *bonded whiskey* aus sortenreinen Whiskeys bestehen sollte, die innerhalb einer einzigen Destillationsperiode, in einer einzigen Destillerie, von einem einzigen Meisterbrenner gebrannt und mit 50 Volumenprozent Alkohol abgefüllt worden sind. Chris Morris, der Meisterbrenner von Brown-Forman, ist leidenschaftlich an der Geschichte der Bourbonherstellung interessiert. Auf die Frage, ob der Old Forester Signature, der bis vor kurzem noch Old Forester 100 hieß, jemals *„in bond"* abgefüllt worden sei, antwortet er mit „Nein. Er wird nicht *‚in bond'* abgefüllt, und das ist Absicht. George Garvin Brown war Präsident von zwei Herstellerverbänden, als das Gesetz erlassen wurde, und er war strikt dagegen." Brown sah in der Verordnung eine Einmischung in ein Produkt, das bereits sehr hochwertig war.

Morris erklärt gerne, warum der Signature ein Kompromiß ist: „Er hat 50 Volumenprozent Alkoholgehalt, aber er wird in zwei verschiedenen Destillationsperioden gebrannt. Wir füllen Whiskey, nicht Vorschriften, in die Flasche." Im Signature sind auch mehr ältere Fässer als in der Normalversion, um mehr Faßnoten und somit deutlichere Kakaoakzente zu erhalten. **LB**

Verkostungsnotizen

Reichlich Maisbrot, Zimt und dunkle Schokolade; Spuren von Minze, jungem Leder und sogar von Anis. Der Abgang vergeht mit einem Hauch Mais und Vanille.

Old Overholt Rye

Beam Global
www.beamglobal.com

Herstellungsregion und -land Kentucky, USA
Destillerie Jim Beam, Clermont
Alkoholgehalt 40 Vol.-%
Whiskytyp Straight Rye

Um das Jahr 1810 wandten sich Abraham Overholt und sein Bruder von der Landwirtschaft ab und ganz der Whiskeybrennerei zu, die sie zuvor nur als Nebenerwerb betrieben hatten. Old Overholt wurde erst nach dem Tod von Abraham zum Markennamen. Abrahams Enkel Henry Clay Frick (1849–1919), ein Stahl- und Eisenbahnmagnat, machte aus der Marke einen vielgekauften Rye-Whiskey.

Die Prohibition bedeutete das Ende der Destillerie, aber nach der Aufhebung wurde Old Overholt zum wichtigsten Rye der National Distillers Products Corporation von Seton Porter und auch wieder zum Marktführer in seinem Segment. Allerdings eroberte Rye-Whiskey nie wieder jene Marktstellung zurück, die er vor 1920 innegehabt hatte. Die Produktion von Old Overholt wurde schließlich in die Destillerie Forks of Elkhorn vor den Toren von Frankfort in Kentucky verlegt, wo auch der Bourbon Old Grand-Dad hergestellt wurde.

Jim Beam kam 1987 durch den Zusammenschluß mit National Distillers in den Besitz der Marke Overholt. Als der noch von National gebrannte Roggen-Whiskey zu Ende ging, verwendete Beam einfach das Destillat, das sich auch im Jim Beam Rye befindet. Beam hat seitdem kaum mehr für die Marke getan, als den Whiskey herzustellen und ihn zu vermarkten. **CKC**

Verkostungsnotizen

Wer erwartet, der Old Overholt schmecke so wie Jim Beam Rye, hat recht. Der Overholt ist etwas älter, zeigt mehr Tannin, mehr Biß und mehr Erdigkeit.

Old Potrero
18th Century Style

Anchor Distilling
www.anchorbrewing.com

Herstellungsregion und -land Kalifornien, USA
Destillerie Anchor, San Francisco
Alkoholgehalt 62,55 Vol.-%
Whiskytyp Rye-Malt-Whiskey

Die amerikanischen Vorschriften sehen vor, daß Rye-Malt-Whiskey in neuen, angekohlten Eichenfässern gelagert werden muß. Der Old Potrero 18th Century Style entspricht dieser Vorschrift nicht, ist also offiziell einfach nur „Whiskey". Fritz Maytag, der Gründer und frühere Besitzer von Anchor, behauptet, seine Firma reproduziere damit einen Whiskeytyp aus dem 18. Jahrhundert. Damit meint er einen ausschließlich aus Roggenmalz gebrannten Whiskey, der kurz in gebrauchten und neuen, nicht angekohlten Fässern lagert.

Im 18. Jahrhundert wurde in Amerika eher Gerste als Roggen gemälzt, wie es auch heute der Fall ist. Da Malz schon immer deutlich teurer war als ungemälztes Getreide, wurde nur selten Whiskey aus reinem Malz gebrannt. Das meistverwendete Getreide war allerdings wirklich ungemälzter Roggen. Da der Whiskey meist binnen Tagen nach seiner Herstellung verkauft und getrunken wurde, überlegte man nicht, ihn länger zu lagern; die Fässer, in denen er so kurz lag, waren nicht angekohlt und wurden wohl wiederverwendet. Maytags Geschichte ist also halb hier, halb dort …

1977 verlegte Maytag seine Brauerei in einen Stadtteil namens Potero Hill. Als 1993 dann die Destillerie hinzukam, entstand daraus der Name für die Whiskeys. **CKC**

Verkostungsnotizen

Man sollte angesichts des hohen Alkoholgehalts gleich Wasser zugeben. Der Geschmack wird von Zimt beherrscht, aber es gibt auch Zitrus, Eiche und Vanille.

Old Potrero
Hotaling's Single Malt

Anchor Distilling
www.anchorbrewing.com

Herstellungsregion und -land Kalifornien, USA
Destillerie Anchor, San Francisco
Alkoholgehalt 50 Vol.-%
Whiskytyp Rye-Malt-Whiskey

Wie alle Whiskeys von Anchor Distilling besteht auch der Hotaling's ausschließlich aus gemälztem Roggen. Der Name ist ein Verweis auf das Whiskeylagerhaus der Firma A. P. Hotaling & Co. in San Francisco, das das große Erdbeben des Jahres 1906 überstand.

Amerikanische Whiskeys reifen meist vier bis sechs Jahre, die besten sind acht bis zwölf Jahre alt. Die Reifung kostet Geld, weshalb die meisten Kleindestillerien ihren Whiskey, wenn überhaupt, nur kurz reifen lassen. Die beiden anderen Whiskeys von Anchor tragen keine Altersangabe, vermutlich wurden sie jedoch zwischen zwei und vier Jahren gelagert.

Hotaling's stammt aus einer Charge, die kurz nach Gründung der Destillerie im Jahr 1993 gebrannt wurde. Vielleicht wurde der Whiskey absichtlich zurückgehalten, vielleicht war es Zufall, vielleicht auch ein wenig von beidem. Fritz Maytag, der frühere Besitzer von Anchor, konnte es sich leisten, ein Faß zurückzubehalten, das angekohlt und einmal zuvor verwendet worden war. Als er es schließlich als verkaufsfähig ansah, war es 16 Jahre alt.

Da nur ein Faß eingelagert wurde, ist dies eine limitierte Ausgabe. Vielleicht gibt es aber noch einige ähnliche Fässer, auf die man hoffen darf, wenn diese Ausgabe zur Neige gegangen ist. **CKC**

Verkostungsnotizen

Roggen, der ähnlich behandelt wird wie die Gerste in einem Single-Malt-Scotch. Der Geschmack von Scheinbeeren herrscht vor. Im Abgang etwas Holzkohle.

Old Potrero Single Malt Straight Rye

Anchor Distilling | www.anchorbrewing.com

Herstellungsregion und -land Kalifornien, USA
Destillerie Anchor, San Francisco
Alkoholgehalt 45 Vol.-%
Whiskytyp Straight Single-Malt Rye

Sogenannte Mikrodestillerien gibt es heute überall. Jahrelang gab es aber nur eine, die amerikanischen Whiskey herstellte: Fritz Maytags Anchor Distilling, eine Tochterfirma seiner Anchor-Brauerei in San Francisco.

Maytag ist nicht mehr der Besitzer der Firma, aber er wirft immer noch einen langen Schatten. Er hat als Millionenerbe mit der Produktion von Maytag Blue Cheese begonnen und galt immer als reicher Dilettant, der die Käserei, Brauerei und Brennerei als Hobbys betrieb. Er arbeitet aber wie besessen, und alle drei Unternehmen brachten es aufgrund eigener Leistungen zum Erfolg. In jeder der drei Branchen war Maytag ein Pionier und Propagandist neuer handwerklicher Herstellungsmethoden. Allerdings auch ein Phantast, dessen Behauptungen über die Authentizität seiner Erzeugnisse oft vor allem seiner eigenen Einbildungskraft entspringen.

Anchor Brewing wurde 1896 gegründet. In den 1960er Jahren kämpfte die Firma gegen die aufkommenden riesigen Braukonzerne um das Überleben. Maytag stieg 1966 ein und formte Anchor schließlich zu einem Pfeiler der beginnenden Craft-Brewing-Bewegung. Anchor Distilling kam 1993 hinzu.

Der Straight Rye ist das Flaggschiff des Old-Potrero-Sortiments und der Whiskey, der am ehesten einem gängigen amerikanischen Rye-Whiskey ähnelt. Alle Whiskeys des Sortiments werden aus Roggenmalz hergestellt, nur die Lagerung unterscheidet sich jeweils. Der Straight Rye reift mindestens vier Jahre in neuen, angekohlten Eichenfässern. Die Verwendung solcher Fässer griff erst Ende des 19. Jahrhunderts um sich. **CKC**

Verkostungsnotizen

Das Destillat des Old Potrero hat viel Geschmack. In einem neuen, angekohlten Faß entwickeln sich vielfältige und intensive Noten. Es beginnt mit Mokka, aber die Kräuter und Gewürze des Rohbrands sind auch vorhanden. Man gewöhnt sich dran.

Old Rip Van Winkle 10-Year-Old

Old Rip Van Winkle Distillery | www.oldripvanwinkle.com

Herstellungsregion und -land Kentucky, USA
Destillerie Buffalo Trace, Frankfort
Alkoholgehalt 53,5 Vol.-%
Whiskytyp Straight Bourbon

Julian Proctor „Pappy" Van Winkle trat vor der Prohibition als Verkäufer in die W. L. Weller Company ein. Später gehörte ihm der Laden. Während des Alkoholverbots hielt er ihn durch die Herstellung von Whiskey für medizinische Zwecke über Wasser. Nach der Prohibition fusionierte er mit dem größten Zulieferer, der Destillerie Stitzel, und machte sich selbst zum Leiter. Diese Stellung behielt er 35 Jahre, bis er selbst 90 war.

Das Flaggschiff der Firma war der Fitzgerald, aber sie stellte auch viele andere Marken her. Eine der kleinsten, kaum mehr als eine Spielerei, war der Old Rip Van Winkle, in dessen Namen sowohl der des Besitzers als auch der einer bekannten Figur des amerikanischen Schriftstellers Washington Irving einging. Dessen Rip Van Winkle war wegen des langen Schlafs berühmt, in den er fiel – eine schöne Metapher für einen gut abgelagerten Bourbon.

Sieben Jahre nach dem Tod von Pappy Van Winkle verkaufte die Familie widerstrebend die Firma und die meisten der Marken, nur der Old Rip blieb in ihrem Besitz. Van Winkles Sohn gründete eine kleine Firma, die Bourbon für Einzelkunden herstellte, aber er verkaufte auch kleine Mengen unter der Marke Old Rip Van Winkle. Sein Sohn J.P. Van Winkle III. trat in die Firma ein und führte sie nach dem Tod des Vaters weiter. Inzwischen ist die vierte Generation in der Geschäftsleitung vertreten.

1992 wurde der letzte Whiskey bei Stitzel-Weller destilliert. Als zehn Jahre später der Whiskey des ehemaligen Lieferanten knapp wurde, ging Van Winkle eine Partnerschaft mit Sazerac ein und füllt jetzt deren Whiskey ab. Dabei zeigt sich die Familie sehr geschickt in der Wahl der Bourbons, die sie abnimmt. **CKC**

Verkostungsnotizen

Vor allem Konfektnoten wie Vanille und Karamell, etwas Minze und Gewürze wie Zimt und Gewürznelken. Ungemein üppig und ausgewogen. Unterscheidet sich von anderen Weizen-Whiskeys durch einen sehr leichten Zitruston, der in Richtung Orangen geht.

Old Taylor

Sazerac

Herstellungsregion und -land Kentucky, USA
Destillerie Buffalo Trace, Frankfort
Alkoholgehalt 40 Vol.-%
Whiskytyp Straight Bourbon

Edmund Haynes Taylor Jr. wurde nach seinem Onkel getauft und übernahm den Zusatz „junior", nachdem er informell adoptiert worden war. Als Banker erkannte er, daß die Herstellung von Whiskey zwar ein gewinnträchtiges Geschäft zu sein schien, die Destillerien jedoch unterkapitalisiert waren und trotz guter Umsätze bankrott gingen. Er stellte Kontakte zwischen kompetenten Brennern und Geldgebern her und erarbeitete tragfähige, langfristige Finanzpläne für die Neugründungen. So war er als Gründer und Teilhaber an mindestens sieben Destillerien in der Umgebung von Frankfort in Kentucky beteiligt. Gegen Ende seiner langen Karriere baute er eine Musterdestillerie, um diesen Bourbon zu brennen.

Nach Taylors Tod und dem Anfang der Prohibition ging Old Taylor in der American Medicinal Spirits Company der Familie Wathen auf, deren größter Teil später zu National Distillers wurde. Die Old-Taylor-Destillerie brannte 1972 ihren letzten Whiskey.

In den 1970er Jahren ging es mit Old Taylor wie mit allen Bourbons steil bergab, deren Name das Wort „Old" enthielt. Es war immer noch ein *„bottled in bond"*- Whiskey, hatte also 50 Volumenprozent Alkohol, und war sechs Jahre alt, blieb also trotz seines geringen Ansehens ein guter Whiskey zu einem guten Preis.

2009 kaufte Sazerac die Marke und brachte sie wieder nach Buffalo Trace, die einst auch Taylor gehört hatte. Sie möchten den Whiskey langfristig als das roggenhaltige Gegenstück zu den Van Winkles positionieren, die Weizen enthalten. Zur Zeit ist aber noch die solide, wenn auch unspektakuläre Standardvariante des Old Taylor (jetzt mit 40 Volumenprozent Alkohol) erhältlich. **CKC**

Verkostungsnotizen

Der Old Taylor hat noch den traditionellen Bourbon-„Biß", das leicht saure Brennen im Hals, das viele Firmen ihren Whiskeys abgewöhnt haben. Guter Körper und Süße, mit etwas saurem Apfel im Abgang. Die Gewürztöne gehen Richtung Kreuzkümmel und Gewürznelken.

Old Weller Antique

Sazarec | www.greatbourbon.com/WellerAntique.aspx

Herstellungsregion und -land Kentucky, USA
Destillerie Buffalo Trace, Frankfort
Alkoholgehalt 53,5 Vol.-%
Whiskytyp Straight Wheated Bourbon

Obwohl heutzutage nur noch drei Großdestillerien Bourbons mit Weizenanteil brennen, kann man doch mit Old Fitzgerald, Maker's Mark, W. L. Weller und Van Winkle zwischen Varianten wählen, die über vier bis 23 Jahre gelagert wurden.

Die Standardfassung des W. L. Weller ist der Weller Special Reserve, der nach mindestens sieben Jahren Lagerzeit mit 45 Volumenprozent Alkohol auf Flaschen gezogen wird. Sein Gegenstück ist der Old Weller Antique, der das gleich Alter haben soll, aber mit 53,5 Volumenprozent mehr Alkohol enthält. Dieser ungewöhnliche Prozentsatz geht auf die Blütezeit der Destillerie Stitzel-Weller zurück, die damals zu den wenigen Brennereien gehörte, die ältere und stärkere Bourbons anbot. Mit 53,5 Prozent lag man damals sehr nah am Alkoholgehalt des Whiskeys bei der Faßentleerung, es war also eine Frühform der Faßstärke.

Manchmal zeigt ein stärkerer Whiskey, wenn man ihn mit Wasser verdünnt, das gleiche Geschmacksprofil wie ein schwächerer, aber gleich alter. Manchmal kann das Wasser den Geschmack aber auch vollkommen verändern. Beim Old Weller Antique scheint das Zweite der Fall zu sein. Er zeigt deutlichere Faßnoten als der Special Reserve, als ob er genauso lange wie dieser gereift wäre, aber in einer höheren, südlicheren Lagerhausetage.

Die Anhänger des Weller waren vor einigen Jahren entrüstet, als die Verpackung geändert wurde und dabei die Altersangabe des Old Weller Antique entfiel. Sazerac verwies darauf, daß so der Alkoholgehalt herausgestellt werden sollte, der das wichtigste Verkaufsargument sei. Das Alter sei nicht verändert worden. **CKC**

Verkostungsnotizen

Dieser weizenhaltige Bourbon hat wegen des hohen Alkoholgehalts und der Faßnoten eine gewisse Schärfe. Die zu erwartenden Konfekttöne sind vorhanden, aber auch etwas Rauch und ein kleiner Biß. Ein Bourbon mit Weizen für jene, die so etwas sonst zu zahm finden.

Pappy Van Winkle 15-Year-Old

Old Rip Van Winkle Distillery
www.oldripvanwinkle.com

Herstellungsregion und -land Kentucky, USA
Destillerie Buffalo Trace, Frankfort
Alkoholgehalt 53,5 Vol.-%
Whiskytyp Straight Wheated Bourbon

Pappy Van Winkle 20-Year-Old

Old Rip Van Winkle Distillery
www.oldripvanwinkle.com

Herstellungsregion und -land Kentucky, USA
Destillerie Buffalo Trace, Frankfort
Alkoholgehalt 45,2 Vol.-%
Whiskytyp Straight Wheated Bourbon

Als Julian „Pappy" Van Winkle 1964 in den Ruhestand ging, übernahm sein Sohn Julian Jr. die Geschäftsleitung der Destillerie Stitzel-Weller. 1972 hatte sich die Marktsituation jedoch gewandelt. Die Aktionäre sahen keine Zukunft für die Firma und erzwangen den Verkauf, um einem Wertverlust zuvorzukommen.

Julian Jr. wollte den Bourbon aber nicht aufgeben. Beim Verkauf hatte er sich die Rechte am Familiennamen gesichert, und er schloß Abnahmeverträge mit den neuen Eignern der Destillerie, so daß er sich als unabhängiger Abfüller etablieren konnte, der Bourbons unter eigenen Marken an Händler verkaufte, zu denen er schon lange Geschäftsbeziehungen unterhielt.

Etwa ein Jahrzehnt später kamen die Japaner auf den Geschmack besonders alter amerikanischer Whiskeys. Van Winkle war ideal positioniert, um kleine Chargen hochwertiger alter Whiskeys für diesen Markt abzufüllen und zu verkaufen. Als auch in Amerika die Vorliebe für solche Produkte um sich griff, schuf Julian Jr. die „Pappy Van Winkle's Family Reserve"-Reihe. Ursprünglich sollten darin die schwindenden Vorräte des von Stitzel-Weller gebrannten Whiskeys erscheinen. Der 15-Year-Old war die letzte Ausgabe. Die Herkunft neuerer Versionen ist unbekannt, aber der Whiskey scheint unverändert. **CKC**

Die Seltenheit der Van-Winkle-Bourbons trägt anscheinend zum Wunsch der Bourbonkenner bei, über sie zu sprechen. Der Firmenvorstand Julian Van Winkle III., der Enkel des Gründers „Pappy", gibt zu, daß die meisten Einzelhändler die geringen Mengen des Whiskeys, die sie zugeteilt bekommen, nur an ihre besten Kunden abgeben. Er war es, der die Marke Van Winkle zum wichtigsten Produkt der Firma und zu jenem Liebling der Liebhaber machte, der sie heute ist. Nachdem er jahrelang anderen geholfen hatte, exklusive, teure, sehr alte Whiskeyspezialitäten zu kreieren, beschloß Julian Van Winkle III., es auch einmal für sich selbst zu tun. Anstatt den eingeführten Markennamen Old Rip Van Winkle zu verwenden, schuf er den Van Winkle Special Reserve und den vorliegenden Pappy Van Winkle's Family Reserve.

Seit 2002 gibt es eine Partnerschaft mit der Destillerie Buffalo Trace in Frankfort. Die vorhandenen Van Winkles lagern dort, die neuen Whiskeys werden dort destilliert, und alle Erzeugnisse werden dort abgefüllt.

Selten sind die Whiskeys auch wegen der hohen Qualitätsmaßstäbe der Familie. Ältere Whiskeys, die noch in der Mischung vertreten sind, stammen von Stitzel-Weller (das einst der Familie gehörte) und der Destillerie Bernheim, die jetzt im Besitz von Heaven Hill ist. **CKC**

Verkostungsnotizen

Holzkohle und Eiche, aber kaum bitter. Ein eleganter Whiskey, der wie ein Schokoriegel schmeckt; mit Wasser kommt eine weitere Schicht an Geschmacksnoten.

Verkostungsnotizen

Zeigt den Weizenanteil, der in älteren Versionen verloren geht. Der Geschmack ist übergroß: viel Holz, aber auch üppiges Karamell und Vanille.

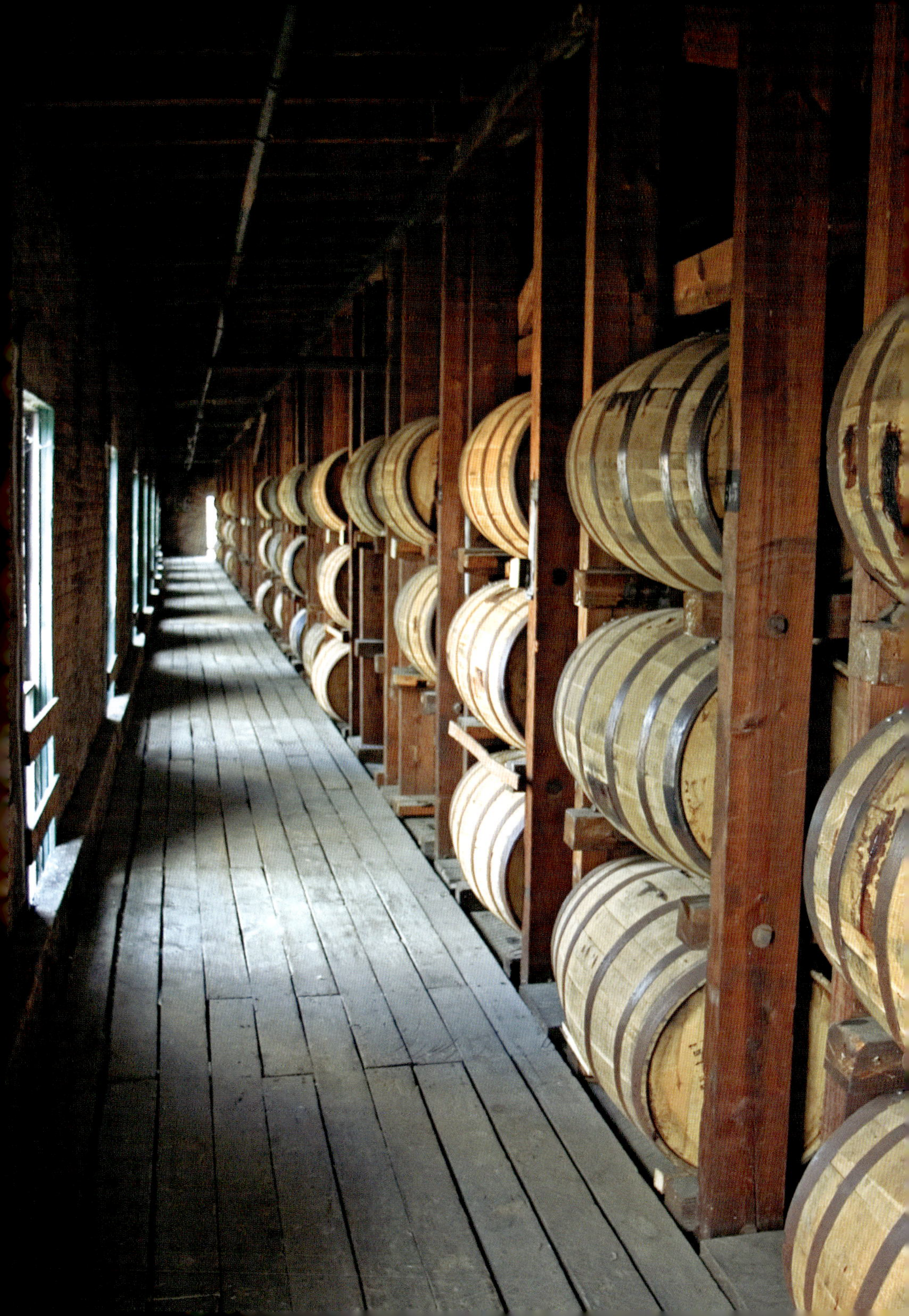

Pappy Van Winkle 23-Year-Old

Old Rip Van Winkle Distillery | www.oldripvanwinkle.com

Herstellungsregion und -land Kentucky, USA
Destillerie Buffalo Trace, Frankfort
Alkoholgehalt 47,8 Vol.-%
Whiskytyp Straight Wheated Bourbon

Pappy Van Winkle's Family Reserve 23-Year-Old Bourbon hat bei vielen Whiskeyliebhabern, die nie eine Flasche gesehen, geschweige denn besessen haben, fast mythische Züge angenommen. Er wird zwar immer selten bleiben, aber heute mag er leichter zu bekommen sein als einst.

Der Whiskey wurde erst 2010 zu einem ständigen Mitglied des Van-Winkle-Sortiments. Der Hersteller beschreibt ihn so: „Dieses Nonplusultra von einem Getränk stammt aus ausgesuchten Fässern, in denen der Bourbon sehr elegant gereift ist." Mit anderen Worten: 23 Jahre im Fass wirken sich häufig nicht gut auf einen Bourbon aus. Wenn aber doch, kann er allerdings phänomenal sein. Die Herausforderung liegt darin, die Fässer über ihren 23. Geburtstag hinaus in trinkbarem Zustand zu halten.

Van Winkle ist nicht die einzige Firma, die so alten Bourbon verkauft, aber ihrer fällt gleichmäßiger aus als viele andere, und es ist der einzige dieses Alters, der Weizen enthält. Die Zeitschrift *Fortune* nannte Van Winkle „die ultimative Kultmarke", was auf eine „Strategie der Seltenheit" zurückzuführen sei. Der 23-Year-Old ist die extremste Ausformung des Markenstils, aber wenn man glaubt, das bedeute „der beste Bourbon aller Zeiten", wird man vielleicht enttäuscht. Es ist kein Whiskey für Jedermann. Nicht nur wegen des Preises, sondern auch, weil er vielen einfach nicht schmeckt. Wenn er einem jedoch gefällt, gibt es für diesen Preis nichts besseres.

Die letzten Destillate von Stitzel-Weller haben 2015 das Alter von 23 Jahren erreicht. Aber die Qualität der schon verfügbaren Van Winkles, die nicht dort gebrannt wurden, lassen für zukünftige 20- und 23-Year-Olds das Beste hoffen. **CKC**

Verkostungsnotizen

Man schmeckt das Alter des Pappy 23-Year-Old, aber es schmeckt gut – eine beachtenswerte Leistung. Es gibt tiefe Holzkohletöne mit etwas Ruß, altes Leder, Pfeifentabak, Dörrfleisch, dunkle Früchte, Melasse, Anis, Gewürznelken und Scheinbeere.

Parker's Heritage Collection 10-Year-Old

Heaven Hill Distilleries | www.bardstownwhiskeysociety.com

Herstellungsregion und -land Kentucky, USA
Destillerie Heaven Hill, Bardstown
Alkoholgehalt 62,1 % / 63,9 Vol.-%
Whiskytyp Straight Wheated Bourbon

Heaven Hill hat lange Zeit nur eine Getreidezusammenstellung verwendet, um Bourbon zu brennen. 1992 kam mit dem Old Fitzgerald eine zweite hinzu. Der Old Fitzgerald hat Weizen anstatt Roggen als geschmackstragendes Getreide. Im selben Jahr kaufte Heaven Hill auch die Louisville-Destillerie, in der dieser Whiskey gebrannt wurde.

Die „Parker's Heritage Collection"-Reihe ist nach Parker Beam, dem Brennmeister von Heaven Hill, benannt. Die Reihe kam 2007 auf den Markt und besteht aus jährlich wechselnden limitierten Abfüllungen der obersten Preisklasse. Die Whiskeys sind unterschiedlich, weisen aber immer zwei Merkmale auf: hohes Alter und hohen Alkoholgehalt. Dieser 10-Year-Old Wheated Bourbon erschien 2010, die Auflage betrug etwa 4800 Flaschen.

Obwohl die Destillerie von Heaven Hill in Louisville steht, wird der Großteil des Bourbons, darunter auch dieser, in Bardstown in Kentucky gelagert. So wie jede Destillerie ihren eigenen Charakter hat, so auch jedes Whiskeylagerhaus. Fans können sich in den Details der Lagerung verlieren. So reifte dieser Bourbon zum Beispiel im Rackhouse A auf der vierten, sechsten und siebten Etage. Er wurde in zwei Chargen abgefüllt, da er teilweise noch nicht alt genug erschien, und weist zwei unterschiedliche Alkoholgehalte auf.

Heaven Hill ist der drittgrößte Hersteller amerikanischen Whiskeys. Da sich die beiden größeren Produzenten nur selten die Mühe machen, Sonderabfüllungen auf den Markt zu bringen, lohnt es sich immer, der „Parker's Heritage Collection" etwas Aufmerksamkeit zu widmen. Man sollte allerdings nicht zu lange damit warten. **CKC**

Verkostungsnotizen

Man kann ihn pur trinken, wenn es denn sein muß. Mit etwas Wasser kommt jedoch die üppige Mokka- und Karamellseele dieses Prachtstücks zum Vorschein. Genau die richtige Menge Holz und Holzkohle. Nicht sonderlich komplex, einfach nur köstlich.

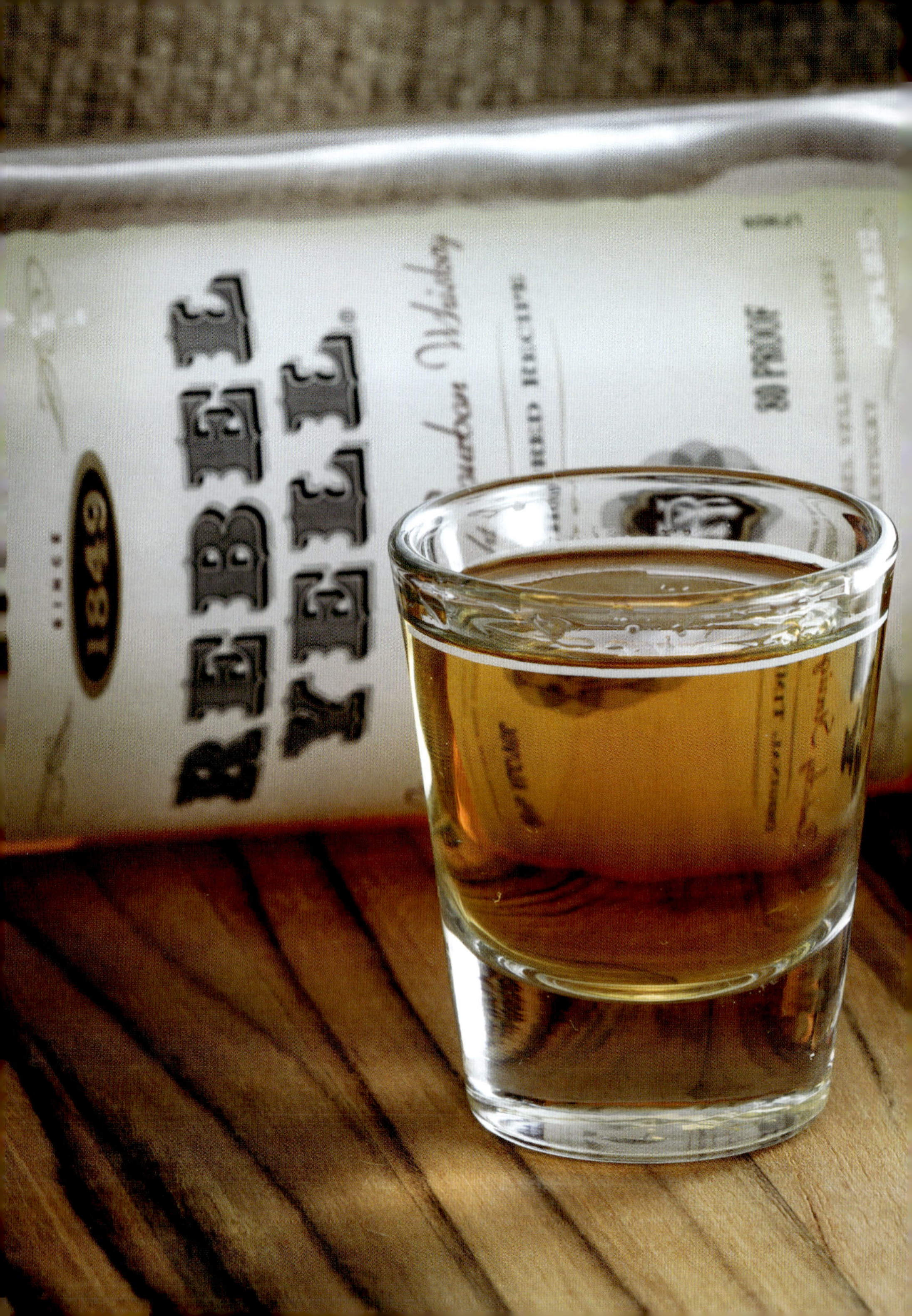
SINCE
1849
REBEL YELL

Rebel Yell American Whiskey

Luxco | www.rebelyellwhiskey.com

Herstellungsregion und -land Kentucky, USA
Destillerie Ungenannt
Alkoholgehalt 45 Vol.-%
Whiskytyp Bourbon

Um die Jahrtausendwende wirkte der Rebel Yell wie ein Dinosaurier, um dessen Aussichten auf Fortleben es eher schlecht bestellt war. Das hat sich in ein paar Jahrzehnten vollkommen geändert.

In den 1990er Jahren bekam man als Getränkejournalist Flaschen des Rebel Yell zugesandt, die von Tonbandkassetten mit allerlei Südstaatenrock von Gruppen wie Lynyrd Skynyrd begleitet wurden. Nicht nur der Name des Whiskeys und die Motive auf seinem Etikett, sondern auch diese Musik hielt stolz die Fahne der Südstaaten empor. In den 1990er Jahren assoziierte man damit meist Sklaverei und Rassismus, und so verlor auch der Whiskey an Käufern. Der neu aufkommenden Nationalismus im Amerika des Jahres 2017 läßt das natürlich in einem anderen Licht erscheinen.

Glücklicherweise hat der Rebel Yell inzwischen einen kompletten Neustart hinter sich, der auch ein moderneres Etikett einschließt. So ist die äußere Wirkung zwar eine andere, aber erfreulicherweise ist der Bourbon seinem geschmacklichen Erbe treu geblieben. Er enthält immer noch einen kräftigen Anteil Weizen; die ursprüngliche Rezeptur entstand in der inzwischen stillgelegten Destillerie Stitchel-Weller, die für ihre weizenlastigen Bourbons berühmt war. Es gibt auch eine zehn Jahre alte Premiumversion und Kleinchargenabfüllung als Bourbon und als Rye. Bei der letztgenannten kommt zum Weizen noch Roggen hinzu, der für eine neue, aufregende Dimension sorgt.

Die Marke arbeitet mit einigen namhaften Cocktailkreateuren zusammen, um neue Cocktails zu schaffen, und die Zukunftsaussichten scheinen gut. **DR**

Verkostungsnotizen

Verlockende Bourbontöne in der Nase: Vanille, Leder, geröstete Eiche und Orangen. Am Gaumen voll und üppig, mit Kompott aus Pfirsichen und Aprikosen, etwas Tannin, der Würzigkeit des Roggens und einem ölig-zähen Kern.

← Rebel Yell stellt seit 1849 Whiskey mit Weizenanteil her.

Redemption High-Rye Bourbon

Strong Spirits | www.redemptionrye.com

Herstellungsregion und -land Indiana, USA
Destillerie Lawrenceburg, Lawrenceburg
Alkoholgehalt 46 Vol.-%
Whiskytyp Rye-Bourbon

Dieser Bourbon mit hohem Roggenanteil erschien nach dem Redemption Rye als zweiter Whiskey innerhalb der „Redemption"-Reihe von Strong Spirits. Der Hersteller wollte mit ihm einen „kämpferischen" Roggen-Whiskey herausbringen; das ist ihnen gelungen.

Der High Rye hat den höchsten Roggenanteil aller Bourbons, die auf dem Markt zu finden sind: 38,2 Prozent Roggen stehen 60 Prozent Mais und 1,2 Prozent Gerstenmalz gegenüber. Damit stellt der Redemption High-Rye Bourbon die stark roggenhaltigen Bourbons anderer Hersteller wie Four Roses in den Schatten. Der Whiskey reift „mindestens zwei Jahr", was allerdings für einen Bourbon immer noch relativ kurz ist.

Man sollte festhalten, daß Strong Spirits die Whiskeys der „Redemption"-Reihe nicht selbst brennt. Diese Ehre gebührt Lawrenceburg Distillers Indiana (LDI). Die Destillerie gehörte früher dem Seagram-Konzern und ist für ihre Bourbons und Rye-Whiskeys bekannt. Heute destilliert sie (und lagert auch oft) Erzeugnisse für Bulleit, Templeton und viele anderer Hersteller. Das ist in den USA nicht ungewöhnlich, wo ein großer Teil des produzierten Whiskeys aus weniger als einem Dutzend Destillerien stammt.

Wegen dieser Abhängigkeit von LDI hatte Strong Spirits manchmal Probleme, die Nachfrage nach den Whiskeys der „Redemption"-Reihe zufriedenzustellen. Die Produktion ist inzwischen erhöht worden, und der Nachschub sollte gesichert sein. Das ist zu begrüßen, da der jugendliche Übermut des Redemption High-Rye Bourbon und sein klares Geschmacksprofil ein Genuß (nicht nur) für Roggenliebhaber sind. **JP**

Verkostungsnotizen

In der Nase lebhafter Roggen mit Honig, Minze und Zimt und ein Herz aus Früchten mit Honig. Am Gaumen harte Karamellbonbons und Untertöne von Vanille, die den forschen Roggen verankern, bevor sie ihm im würzigen Abgang freien Lauf lassen.

Redemption Rye Whiskey

Strong Spirits | www.redemptionrye.com

Herstellungsregion und -land Indiana, USA
Destillerie Lawrenceburg, Lawrenceburg
Alkoholgehalt 46 Vol.-%
Whiskytyp Rye-Whiskey

In den letzten Jahrzehnten war die Verfügbarkeit von Roggenwhiskey auf wenige Marken und Erzeugnisse zurückgegangen. Die Nachfrage steigt inzwischen wieder, und auch die Produktion ist in den letzten zehn Jahren erhöht worden. Verschiedene neu gegründete Destillerien und unabhängige Abfüller lassen sich von etablierten Brennereien mit Rye versorgen, den sie selbst vermarkten.

Strong Spirits brennt diesen Whiskey nicht selbst, sondern bezieht ihn, wie andere neu entstandene Marken auch, von Lawrenceburg Distillers Indiana (LDI). Dieses zunehmend häufigere Geschäftsmodell kann für den Konsumenten verwirrend sein, es hat aber einige vorzügliche Rye-Whiskeys hervorgebracht, zu denen auch der Redemption Rye gehört.

Um sich „Rye-Whiskey" nennen zu dürfen, muß eine Spirituose mindestens 51 Prozent Roggen enthalten. Die Maische bei LDI enthält 95 Prozent Roggen – sehr viel mehr, als für die meisten anderen Ryes auf dem Markt verwendet wird. LDI gehörte ursprünglich dem Seagram-Konzern und verwendete die nach dieser Rezeptur destillierten Whiskeys für seine Blends. Als Seagram auseinanderbrach, fuhr LDI fort, diesen und verschiedene andere Whiskeys für eine Vielzahl von Firmen herzustellen.

Der Rye-Whiskey von LDI zeigt seinen Roggengehalt von 95 Prozent sehr deutlich und ist deshalb von den geläufigeren Ryes kaum zu erreichen, die einen Roggenanteil von weniger als 60 Prozent aufweisen. Ob man ihn pur trinkt oder als Herz eines guten Cocktails, der von LDI gebrannt Redemption Rye ist ein vollkommen unverkennbarer Whiskey. **JP**

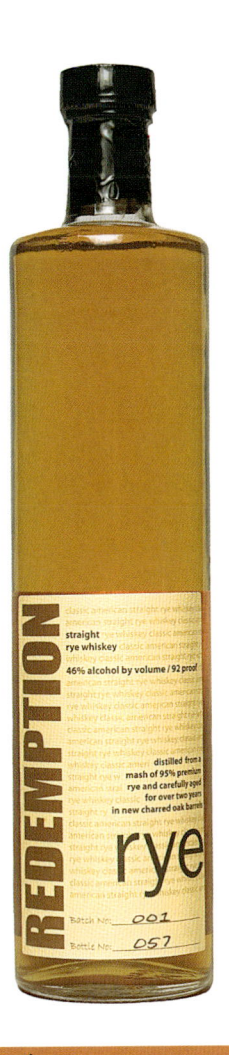

Verkostungsnotizen

Der Geschmack ist typisch für die Ryes dieser Destillerie. In der Nase Wacholder, Scheinbeere und Zimt, die von Wiesenblumenhonig zusammengehalten werden. Am Gaumen die gleichen Noten, aber mit mehr Anis- und Kräutertönen. Sanft würziger Abgang.

Ridgemont Reserve 1792

Sazerac | www.1792bourbon.com

Herstellungsregion und -land Kentucky, USA
Destillerie Barton 1792, Bardstown
Alkoholgehalt 46,85 Vol.-%
Whiskytyp Straight Bourbon

Im Jahr 2003 betrat Barton Brands das heißumkämpfte Segment der Luxus-Bourbons, in dem sich schon erfolgreiche Marken wie Brown-Forman mit Woodford Reserve und Jim Beam mit Knob Creek tummelten. Barton lehnte sich laut einem Gerichtsurteil dabei etwas zu sehr an Woodford an und mußte den Namen Ridgewood Reserve 1792 in Ridgemont Reserve 1792 ändern. Aber der Whiskey wurde sowieso von Anfang an nur „1792" genannt, das Jahr, in dem Kentucky den Rang eines US-Staates erhielt. Die Marke und die Destillerie wurden 2009 an Sazerac verkauft.

Die Getreidezusammensetzung des 1792 ist ungewöhnlich, weil er einen hohen (aber ungenannten) Anteil an Malz enthält. Amerikanische Whiskeys enthalten meist etwa zehn Prozent Gerstenmalz. Der Meisterbrenner Bill Friel erhöhte in der Rezeptur des 1792 jedoch den Anteil, weil es ihm nicht nur um die im Malz enthaltenen Enzyme ging, sondern auch um den Geschmack.

Die Barton-1792-Destillerie geht auf die seit 1889 an dieser Stelle stehende Destillerie Tom Moore zurück. Die Lagerhäuser gelten als die bestgelegenen in ganz Kentucky. Vor allem das Warehouse Z, in dem die Fässer für den 1792 liegen, sticht durch seine Ausrichtung zur Sonne und seine Ventilation hervor. **CKC**

Verkostungsnotizen

Relativ trocken mit einer scharfen Vanillenote und Andorn- und Lakritzetönen. Rauhe Stellen, die ihn zu einem interessanten Getränk machen.

Rittenhouse Rye 10-Year-Old

Heaven Hill Distilleries | www.heaven-hill.com

Herstellungsregion und -land Kentucky, USA
Destillerie Heaven Hill, Bardstown
Alkoholgehalt 50 Vol.-%
Whiskytyp Straight Rye

Es war ein glücklicher Zufall, daß ich diesen Whiskey entdeckte. Im Jahr 2003 bat ich Heaven Hill um eine Probe des Rittenhouse, weil er im Einzelhandel nicht zu finden war – Rye war noch nicht richtig beliebt. Als die Flasche ankam, war auf einem Halsetikett „10 Years Old" zu lesen. Rittenhouse hatte doch sonst keine Altersangabe! Noch interessanter war, daß die Flasche keinen Barcode und keine amtliche amerikanische Gesundheitswarnung aufwies. Das sah nach einer Abfüllung für Exportzwecke aus (und tatsächlich war sie für Japan bestimmt). Vielleicht hätte ich sie zurückschicken sollen, aber ich tat es nicht.

Es stellte sich heraus, daß um diese Zeit eine geringe Menge des Rittenhouse Rye 10-Year-Old versehentlich auf den Markt kam. Der Cocktailjournalist David Wondrich, der auch diesen Whiskey erhielt, sagte, er wüßte gerne, wer für den Fehler verantwortlich sei – er würde dessen Kindern das College bezahlen. Andere Glückspilze bekamen ihn auf dem freien Markt und kauften ihn still und leise auf.

Vermutlich ist er in diesen Tagen der Rye-Knappheit nicht mehr zu bekommen, aber man sollte die Hoffnung nicht aufgeben. Er unterscheidet sich deutlich von der Standardvariante: tiefer, an manchen Stellen abgerundeter, an anderen mit mehr Eiche. **LB**

Verkostungsnotizen

In der Nase dunkel, süß und holzig-würzig. Im Mund öliger Roggen mit scharfer Minze, sonnenwarmem Gras und einem Hauch Vanille.

Besucher von Heaven Hill fahren in einem altmodischen Bus durch Bardstown.

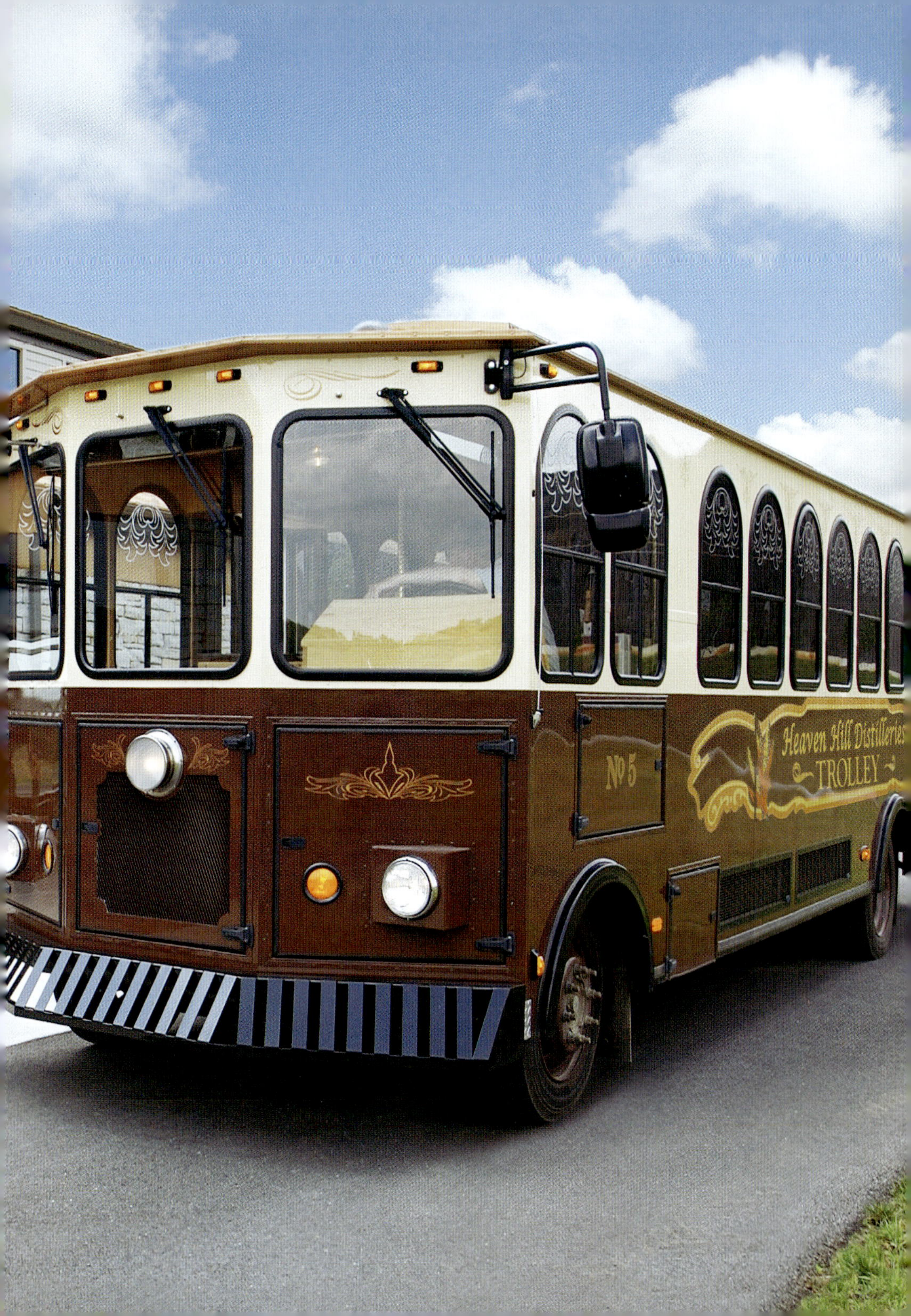
№ 5
Heaven Hill Distilleries
TROLLEY

Rittenhouse Rye 23-Year-Old

Heaven Hill Distilleries | www.heaven-hill.com

Herstellungsregion und -land Kentucky, USA
Destillerie Heaven Hill, Bardstown
Alkoholgehalt 50 Vol.-%
Whiskytyp Straight Rye

„Old Whiskey" kann vieles bedeuten. Es mag sich um Fässer handeln, die an einer besonders günstigen Stelle des Lagerhauses abgelegt wurden, weil man weiß, daß sie dort zu Größe heranreifen. Es kann um ein besonderes Jubiläum, eine Sonderabfüllung gehen. Es ist vielleicht ein hoffnungsschwangeres Experiment, das zeigen soll, wie lange ein Whiskey durchhält, bevor er schlechter wird. Oder er wird abgefüllt, bevor er vollkommen verdunstet ist und nur alte Steuerbescheide zurückbleiben.

Oder es sind Fässer, die man vergessen hat. „Das kommt schon vor", sagte der Meisterbrenner Parker Beam. „Es kann zum Beispiel der Whiskey eines Großabnehmers sein; er hat ihn gekauft, wir haben ihn bis zur Reife gelagert, er hat ihn nie auf Flaschen abgezogen. Vor allem bei Rye konnte das vorkommen, da er sich nur in einigen Staaten verkaufen ließ. Man hatte immer entweder zu viel oder zu wenig von dem Zeug."

Parker beschreibt die internen Prozesse: „Heute ist das alles viel wissenschaftlicher. Vor Jahren trafen wir uns immer kurz nach dem Neujahrstag. Max (Shapira, der Vorsitzende von Heaven Hill) legte die Zahlen fest, ich ignorierte sie und produzierte einfach mehr."

Dieser Rye war für einen Großhändler in Missouri bestimmt. Er wollte nicht die gesamte Menge auf Flaschen ziehen, und Heaven Hill kaufte den Rest zurück. Glücklicherweise wurde er im Erdgeschoß eingelagert, so daß er langsam reifte und nicht vollkommen verdunstete. 23 Jahre später kam diese Schönheit zum Vorschein: immer noch lebhaft, immer noch Roggen im Überfluß. Man hofft fast, daß Parkers Sohn Craig ein schlechtes Gedächtnis entwickelt und andere Schätze vergißt. **LB**

Verkostungsnotizen

Überhaupt nicht schüchtern. In der Nase Scheinbeere, Minze, ein Hauch von Lagerhausstaub und eine Spur Zimt. Man kann das Alter schmecken, aber der Whiskey hat wunderbare Manieren. Das Holz verblaßt im Abgang und hinterläßt süße, frische Minztöne.

Rittenhouse Rye 25-Year-Old

Heaven Hill Distilleries | www.heaven-hill.com

Herstellungsregion und -land Kentucky, USA
Destillerie Heaven Hill, Bardstown
Alkoholgehalt 50 Vol.-%
Whiskytyp Straight Rye

Mit 25 Jahren nähert sich amerikanischer Whiskey seinem Lebensende. Manch einer würde behaupten, der vorliegende habe es schon überschritten. Parker Beam fand aber vor kurzem noch einen 27 Jahre alten Bourbon für seine Reihe „Parker's Heritage Collection", und er scheut keineswegs davor zurück, einen Whiskey als zu alt zum Trinken zu bezeichnen.

„Wir mußten durch die Lagerhäuser gehen", sagt er und erinnert dadurch daran, daß Heaven Hill mehr Whiskey mit einem Alter von mehr als zehn Jahren eingelagert hat als alle anderen amerikanischen Hersteller. „Wir hatten viele sehr alte Fässer. Craig und ich haben sie verkostet. Manche waren gut ... und manche sind in Blends gelandet."

„Wir waren schon immer recht konservativ." Parker denkt an die mehr als 50 Jahre zurück, die er bei Heaven Hill verbracht hat. „Wenn man einen Eimer Getreide übrig hatte, dann wurde er halt in den Maischebottich zurückgegeben. Und wenn man einen Rest alten Whiskey hatte, dann verwendete man einen Teil zum Verschneiden."

Er fährt fort: „Der Rittenhouse ... Als wir durch die Lager gingen, fanden wir einige alte Fässer, in denen nicht mehr viel Whiskey war. Es waren ungefähr einhundert Stück, sie lagen alle im Erdgeschoß." Der Whiskey war 1984 gebrannt worden. Parker und sein Sohn Craig füllten ihn in Etappen um und beendeten so die Reifung bei einem Drittel mit 21, beim zweiten Drittel mit 23 und beim Rest mit 25 Jahren. Die heißen amerikanischen Sommer können sehr alten Whiskey zu sehr ins Holz treiben, aber von diesen dreien scheinen die älteren die besseren zu sein, was immer die Gründe sein mögen. **LB**

Verkostungsnotizen

Eichentöne und Süßes, alkoholisch heiß, mit einem großen Kern aus Vanille, der durchbricht, um die Hitze zu mildern. Karamell blitzt auf, und rauhe Eichentöne sorgen für Leben. Der Abgang ist süß und würzig, vielleicht der beste Teil des Ritts.

Rittenhouse Rye Bottled in Bond

Heaven Hill Distilleries | www.bardstownwhiskeysociety.com

Herstellungsregion und -land Kentucky, USA
Destillerie Heaven Hill, Bardstown
Alkoholgehalt 50 Vol.-%
Whiskytyp Straight Rye

Wie hat der Rittenhouse Rye überlebt? Man kann genausogut fragen, wie überhaupt irgendein Rye-Whiskey überlebt hat. Die Geschichte von Rittenhouse ist ein Klassiker, der sich aber leider nur sehr selten wiederholt hat: Eine alte Marke aus Pennsylvania, die den Besitzer wechselte, als viele Destillerien geschlossen wurden, und während der Prohibition und nach dem Zweiten Weltkrieg unter Absatzschwierigkeiten litt. Danach nur durch den kleinen Kreis von Stammkunden und die niedrigen Werbekosten einer gut eingeführten Traditionsmarke am Leben erhalten.

Larry Kass von Heavens Hill sagt: „Es hängt damit zusammen, daß wir ein Familienunternehmen sind." So entstanden enge Bindungen mit Großhändlern, die ebenfalls Familienfirmen waren und die durch den Verkauf des Whiskeys Geld verdienten. Das stellte die Unabhängigkeit sicher, auch einen Whiskey herzustellen, der nicht mehr so gefragt war. Dann gelang dem Rye dank der Barkeeper und Whiskeyjournalisten, die ihn liebten und nicht aufhörten, sein Lob zu singen, ein unerwartetes Comeback. Rittenhouse war an vorderster Front, fing aber vorsichtig an: 2005 hatte die Firma die Produktion verdoppelt – sie maischte jetzt zweimal anstatt einmal im Jahr für den Rittenhouse.

2009 erklärte eine sehr entspannter Craig Beam jedoch den beim Kentucky Bourbon Festival versammelten Fachjournalisten, daß Heaven Hill inzwischen an zwölf Tagen im Jahr Rittenhouse brenne. Schon ein Jahr später zeichnete sich ab, daß die bisherige Kontingierung, bei der vor allem Bars bedacht wurden, bald zu einem Ende kommen würde. **LB**

Verkostungsnotizen

Gewürze, trocknes Gras und Holz in der Nase, mit einer Unterlage aus Minze. Der hohe Alkoholgehalt ist kaum zu spüren. Erinnert an eine grüne Wiese im Sonnenlicht; Gras, Minze, heiße Felsen, Blumen, alles lebendig und warm. Der Abgang schwindet mit Gewürzen und Holz.

Rock Hill Farms Single Barrel

Age International | www.greatbourbon.com/rockhill.aspx

Herstellungsregion und -land Kentucky, USA
Destillerie Buffalo Trace, Frankfort
Alkoholgehalt 50 Vol.-%
Whiskytyp Straight Bourbon

Die wichtigsten Firmen, die amerikanischen Whiskey herstellen und verkaufen, lassen sich in zwei Kategorien unterteilen: Entweder verdienen sie mit bekannten eigenen Marken Geld, oder sie verkaufen ihre Produkte an andere Firmen und verdienen daran. Zur ersten Gruppe gehören Namen, die man kennt, vor allem Beam Global (Jim Beam, Maker's Mark, Knob Creek) und Brown-Forman (Jack Daniel's, Woodford Reserve). Die Namen der zweiten Gruppe, wie etwa Heaven Hill und Sazerac, sind nicht unbedingt so bekannt.

Der Rock Hill Farms gehört, wie mehrere andere Bourbons, die in der Buffalo-Trace-Distillerie gebrannt werden, als Marke nicht Sazerac, der Muttergesellschaft der Brennerei. Vielmehr ist er das Ergebnis einer Zusammenarbeit von Buffalo Trace und der Firma Age International. Der Name der Marke rührt von einer gleichnamigen Farm her, die vor der Destillerie an deren Stelle lag. Buffalo Trace stellt Bourbon nach zwei Rezepturen mit unterschiedlichem Roggengehalt her, eine für die Sazerac-Bourbons, eine für die des Hauses Age International. Diese zweite enthält mehr Roggen als die für Sazerac.

Obwohl es den Rock Hill Farms Single Barrel Bourbon seit mehr als 20 Jahren gibt, ist er nicht sehr bekannt. Das soll auch nicht durch aufwendiges Marketing geändert werden, man hat vor, den Whiskey für sich selbst sprechen zu lassen. Zu den anderen Bourbons, die Buffalo Trace für Age International herstellt, gehören Ancient Age, Blanton's, Hancock's Reserve und Elmer T. Lee. Außer dem Ancient Age handelt es sich bei allen um Einzelfaßabfüllungen mit jeweils unterschiedlichem Alkoholgehalt. **CKC**

Verkostungsnotizen

Reichlich Eichenkaramell, begleitet von Minze, Anis und schwarzem Pfeffer; ohne Wasser genauso gut zu genießen wie mit. Ruft Gedanken an die vornehmen ländlichen Anwesen Kentuckys und ihre berühmte Gastfreundschaft wach. Einfach Spitzenklasse.

Rogue Dead Guy Whiskey

Rogue | www.rogue.com

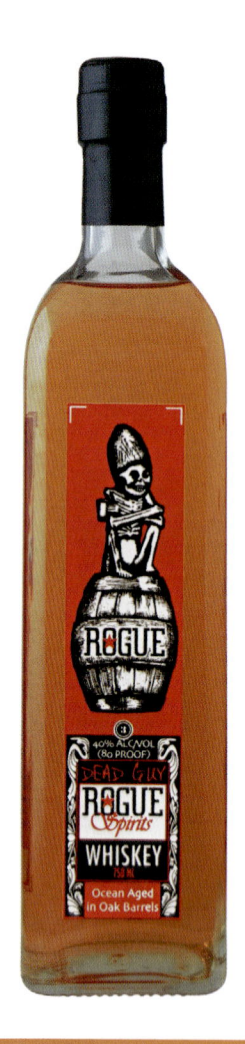

Herstellungsregion und -land Oregon, USA
Destillerie Rogue, Newport
Alkoholgehalt 40 Vol.-%
Whiskytyp American Whiskey

Bierliebhaber, vor allem Kenner der amerikanischen Craft-Beer-Szene, kennen vielleicht den Namen Rogue. 1988 eröffnet die Firma eine Brauerei in der Kleinstadt Ashland in Oregon, die bald nach Newport verlegt wurde. Heute braut Rogue einige der meistgelobten Biere der USA.

Rogue gehörte zu den sehr frühen Pionieren der amerikanischen Craft-Beer-Bewegung und hat sich vor kurzem auch auf das Gebiet der Spirituosen vorgewagt. Zum Sortiment gehören Gin, Rum und natürlich Whiskey. Eines der beliebtesten Biere der Firma heißt Dead Guy Ale, und es ist genau dieses Bier, aus dem der Rogue's Dead Guy Whiskey gebrannt wird. Das Bier wird aus vier Malzsorten gebraut und zeichnet sich durch einen nussig-malzigen Geschmack aus.

Das Hauptquartier der Spirituosen- und Whiskeyabteilung von Rogue befindet sich im House of Spirits der Firma, das an der Yaquina Bay in Newport steht. Der Meisterbrenner John Couchout brennt den Dead Guy Whiskey in einer Brennblase aus Kupfer, die einen Ausstoß von 570 Litern hat. Der Whiskey wird doppelt destilliert und in neuen angekohlten Fässern aus amerikanischer Weißeiche gelagert. Vor der Einlagerung wird das Destillat über Holzkohle gefiltert.

Da der Whiskey nur wenige Monate reift, werden eventuelle rauhe Geschmacksnoten des Destillats nicht durch das Holz des Fasses gemildert oder entfernt. Die Holzkohlefiltrierung hält Verunreinigungen zurück, so daß sie die zarteren Noten des Whiskeys nicht überwältigen. Das Ergebnis ist ein würziger und fruchtiger Whiskey, der dem Namen Rogue alle Ehre macht. **JP**

Verkostungsnotizen

Früchte und indische Gewürze in der Nase. Am Gaumen überraschend süße Geschmacksnoten – zuerst mit Früchten (Maraschino-Kirschen und Ananas), dann Würzigkeit, die sich bis in den Abgang hält. Ein süßer, fruchtiger und würziger Ritt.

Russell's Reserve 10-Year-Old Bourbon

Gruppo Campari | www.wildturkeyBourbon.com

Herstellungsregion und -land Kentucky, USA
Destillerie Wild Turkey, Lawrenceburg
Alkoholgehalt 45 Vol.-%
Whiskytyp Straight Bourbon

1954 begann Jimmy Russell in der heute unter dem Namen Wild Turkey bekannten Destillerie für Ernest Ripy zu arbeiten. Die Familie Ripy betrieb seit 1869 Destillerien in Lawrenceburg, ein Erbe, auf das sich Wild Turkey heute beruft.

Jimmy Russel blieb 24 Jahre bei Ernest Ripy. Im Jahr 2001 brachte er, wie viele andere amerikanische Meisterbrenner auch, eine Whiskeymarke heraus, die seinen Namen trägt. Der Russell's Reserve Bourbon hat ein Alter von zehn Jahren und einen Alkoholgehalt von 50,5 Volumenprozent, in dieser Form entsprach er angeblich dem Geschmacksprofil, das Russell selbst am liebsten trank. Nach einem kurzen Probelauf wurde er allerdings wieder vom Markt genommen und im selben Alter, aber mit geringerem Alkoholgehalt und neuer Verpackung wieder herausgebracht. Er bekam sogar einen neuen Russel: Jimmys Sohn hat ihn angeblich mehr auf Käufer Anfang 40 abgestimmt.

Whiskeyhersteller geben zwar gerne vor, in ihrer Branche gebe es nie Veränderungen, aber mit dem Wandel des Kundengeschmacks ändern sich natürlich auch die Whiskeys. Der Maker's Mark brachte als erster neuen Wind in den Bourbonmarkt, indem er ein neues Geschmacksprofil entwickelte. Inzwischen sind viele der weltweit meistgekauften Bourbons seinem Beispiel gefolgt.

Russell's Reserve ist fast die Antithese des normalen Wild Turkey. Der Hersteller bringt ihn deshalb auch als eigene Marke heraus, obwohl beide aus demselben Destillat hergestellt werden. Die Unterschiede entstehen allein während des Reifungsprozesses. **CKC**

Verkostungsnotizen

Im üppigen, aber milden Geschmack mischen sich Butterkaramell und Vanille mit Pfeifentabak und Schwarztee. Tiefer unten gibt es Kreuzkümmel, Zitrone und Pfeffer. Ein schönes Beispiel für einen gut gemachten, gut erzogenen und sehr modernen Bourbon.

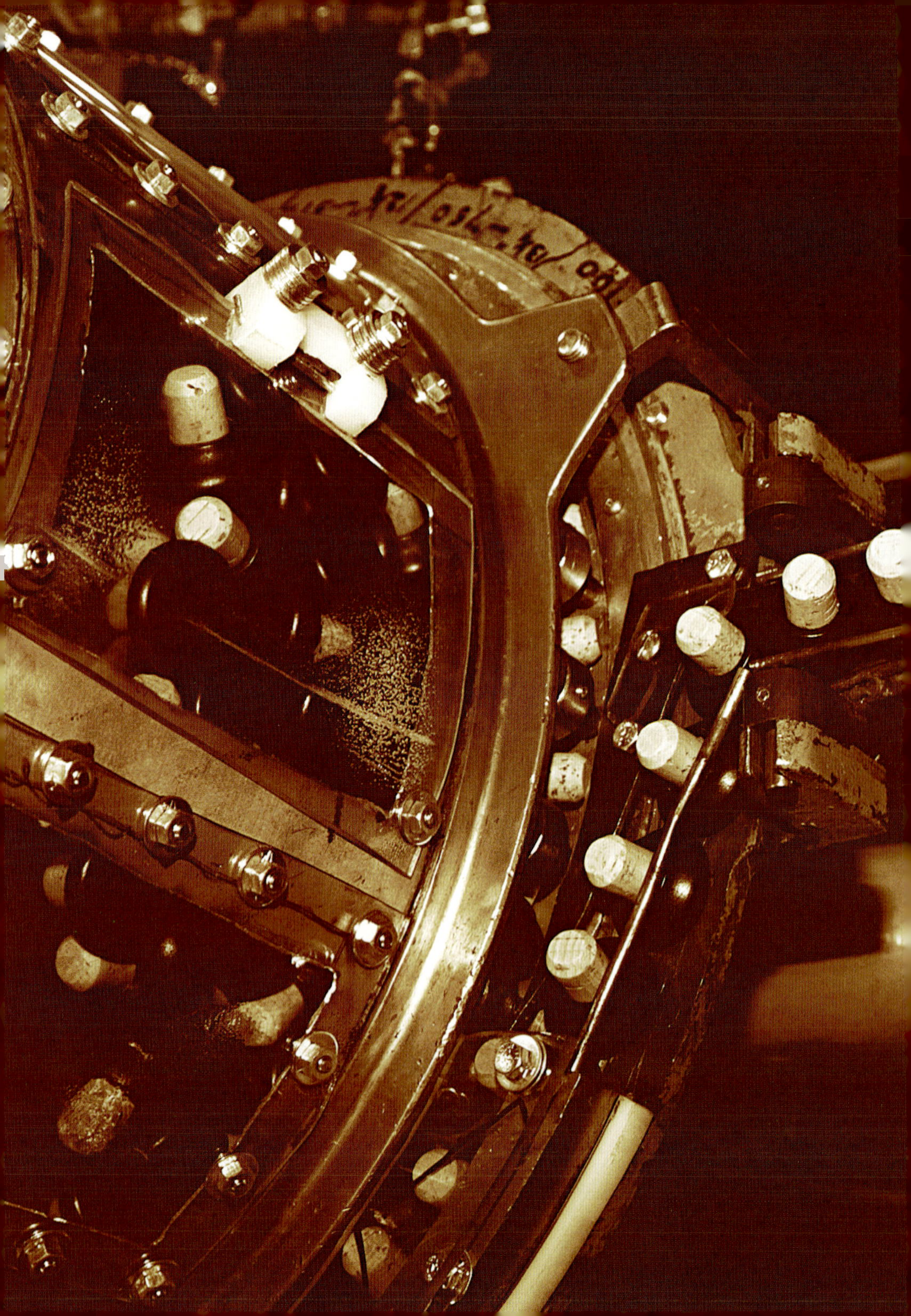

Russell's Reserve Rye

Gruppo Campari
www.wildturkeybourbon.com

Herstellungsregion und -land Kentucky, USA
Destillerie Wild Turkey, Lawrenceburg
Alkoholgehalt 45 Vol.-%
Whiskytyp Straight Rye

Von Wild Turkey hat es immer einen Rye-Whiskey gegeben, auch zu Zeiten, als die meisten andere Destillerien in Kentucky Roggen-Whiskey weder brannten noch verkauften. Der Rye war der erste Whiskey in Amerika und bis zur Prohibition auch der beliebteste. Er wurde dann vom Bourbon in dieser Rolle abgelöst, weil er feurig und bitter ausfallen kann und die Amerikaner eine Vorliebe für süß und glatt entwickelten. Mit dem Niedergang des Ryes ging auch der Niedergang der Destillerien in Pennsylvania, Maryland und Virginia einher, wo er vor allem gebrannt wurde. Die Produktion von Rye verlagerte sich zunehmend nach Kentucky, wo er begann, dem Bourbon ähnlicher zu werden. In der jüngeren Vergangenheit haben die Hersteller den Bourbon an den modernen Geschmack angepaßt, und dem Roggen ist gleiches widerfahren.

Wie der Wild Turkey Bourbon, wird auch der Wild Turkey Rye auf traditonelle Weise hergestellt. Er ist bei Barkeepern wegen seines vollen Geschmacks und geringen Preises beliebt. Wenn man ihn jedoch etwas zu heftig findet, kann man auf den Russell's Reserve Rye zurückgreifen, der etwas weniger Alkohol enthält und etwas milder im Geschmack ist.

Obwohl Jimmy Russells auf der Flasche steht, ist es doch sein Sohn Eddie, der sich den beiden Russell's Reserves besonders widmet. Er sieht sie als idealen Einstieg in den amerikanischen Whiskey für jüngere Trinker, die nach Umfragen einen geschmackreichen Whiskey ohne Ecken und Kanten suchen. Das bietet ihnen der Russell's Reserve Rye. **CKC**

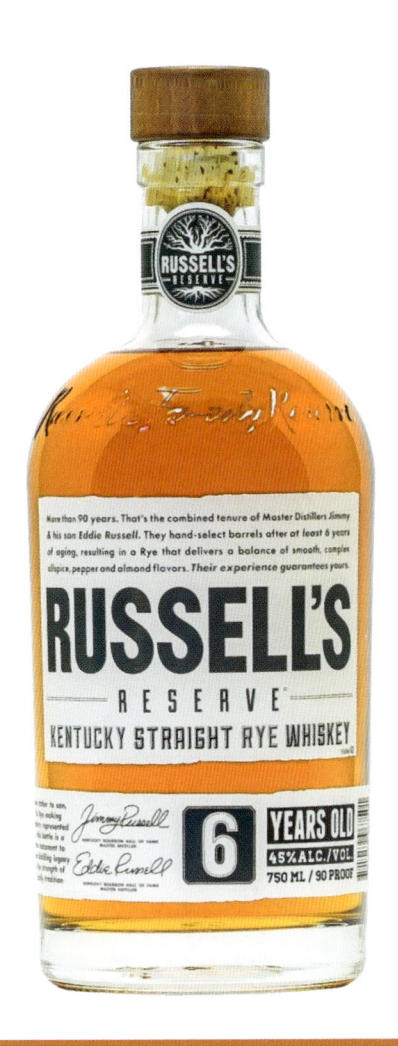

Verkostungsnotizen

Etwas von der Hitze und der Bitterkeit, die mit Roggen einhergehen, aber durch Minze, Most und Pfeffer abgemildert. Gutes Maisrückgrat, reichlich Faßsüße. Piment, Mandeln und Eiche halten am Gaumen an. Der sehr süße Abgang ist eine angenehme Überraschung.

← Flaschen – noch ohne Verschluß – in der Abfüllanlage in Lawrenceburg

Sazerac 18-Year-Old Rye

Sazerac | www.greatbourbon.com/AntiqueCollection.aspx

Herstellungsregion und -land Kentucky, USA
Destillerie Buffalo Trace, Frankfort
Alkoholgehalt 45 Vol.-%
Whiskytyp Straight Rye

Aufgrund der langen Geschichte des Sazerac-Cocktails und der heutigen Firma Sazerac wird häufig vermutet, der Sazerac Rye sei eine alte Whiskeymarke. Sie ist jedoch sehr jung und entstand erst im Jahr 2000, als sie im Rahmen der ersten „Antique Collection"-Reihe von Buffalo Trace auf den Markt kam. Andererseits war ihr Entstehen vermutlich unausweichlich – wenn es einen Cocktail gibt, der auf Rye-Whiskey basiert und Sazerac heißt, dann schreit das geradezu nach einem Roggen-Whiskey, der Sazerac heißt, um den Cocktail zu mischen. Der Sazerac Rye ohne Altersangabe, der oft „Baby Saz" genannt wird, kam erst später, auf ihn folgte dann in der „Antique Collection"-Reihe der Thomas H. Handy Sazerac Rye.

Der 18-Year-Old stammt seit mindestens 2005 aus einer einzigen Charge, die 1985 gebrannt wurde. Die Nachfrage übersteigt zwar immer das Angebot, aber es werden jedes Jahr nur 28 Fässer, aus denen mehr als die Hälfte verdunstet ist, auf Flaschen gezogen. Auch bei diesem sparsamen Umgang ist abzusehen, daß die Vorräte irgendwann erschöpft sein werden. Vielleicht rechnet Sazerac aber auch mit der Reifung eines in der Zwischenzeit bei Buffalo Trace gebrannten Whiskeys, der als 18jähriger abgefüllt und zum Nachfolger des 18-Year-Old gekrönt werden könnte. Die veröffentlichten Informationen zur „Antique Collection" helfen in dieser Hinsicht leider nicht weiter.

Die Verwendung des Whiskeys im gleichnamigen Cocktail ist zweifelsohne eine Geschmacksfrage. Einen Rye, der mehr als 1000 Euro pro Flasche kostet, in einen Cocktail zu schütten, wirkt doch etwas dekadent. **CKC**

Verkostungsnotizen

Wie alt genau dieser Rye auch sein mag, er schmeckt auf jeden Fall gut. Das Holz überwältigt den Roggen nicht, der sich zu gleichen Teilen als Ingwer und weißer Pfeffer mit Basilikum und Anis manifestiert. Erdige Roggen- und Eichentöne: fast absolute Perfektion.

Sazerac Rye

Sazerac | www.greatbourbon.com/AntiqueCollection.aspx

Herstellungsregion und -land Kentucky, USA
Destillerie Buffalo Trace, Frankfort
Alkoholgehalt 45 Vol.-%
Whiskytyp Straight Rye

Lange nachdem New Orleans Teil der USA geworden war, blickten seine Bürger in kulturellen Dingen immer noch auf das Vorbild Frankreichs. Keine Spirituose genoß das gleiche Ansehen wie Cognac. Sazerac (genauer: Sazerac de Forge et Fils) war eine Cognacmarke, ehe der Name für eine Whiskeymarke, eine Firma, eine Bar in New Orleans oder einen Cocktail herhalten mußte. Der Sazerac-Cocktail kam als nächstes, seine Schöpfung wird meist dem Apotheker Antoine Amédée Peychaud Jr. (1813–76) oder seinem Vater zugeschrieben. So oder so diente er vermutlich vor allem der Umsatzsteigerung des Cognacs, aus dem er hauptsächlich bestand. Als der einheimische Whiskey in den Herzen der Einwohner von New Orleans nach und nach den importierten Branntwein ablöste, wurde auch in dem Cocktail der Cognac durch Rye ersetzt. Ebenso wichtig war jedoch der Absinth, der im Sazerac enthalten war. Der Cocktail war so erfolgreich, daß die Gastwirtschaft, in der er vor allem getrunken wurde, ihren Namen in Sazerac änderte. Der dritte wichtige Bestandteil des Cocktails war ein Bitterlikör, der den Namen der Peychauds trug. Er entwickelte sich zum nächsten Verkaufsschlager der Firma, aus der das heutige Unternehmen Sazerac entstand.

Im Sazerac Rye laufen also seit kurzen all diese Stränge zusammen, die sein Entstehen fast unausweichlich machten. Er wird oft als „Baby Saz" bezeichnet, um ihn von der 18jährigen Version zu unterscheiden. In der Buffalo-Trace-Destillerie wird nicht nur der Sazerac Rye hergestellt, sondern auch der Peychaud's Bitters und der Anislikör Herbsaint, die beide im „offiziellen" Sazerac-Cocktail enthalten sind. **CKC**

Verkostungsnotizen

Trotz der altmodischen Verpackung ein im besten Sinne moderner Rye. Üppig, voller Geschmack, aber so abgetönt, daß er auch pur genossen werden kann. Klar und frisch, anfangs mit Ingwer und weißem Pfeffer, gut abgestützt durch Zucker und Rauch.

Silver Cross

Journeyman | www.journeymandistillery.com

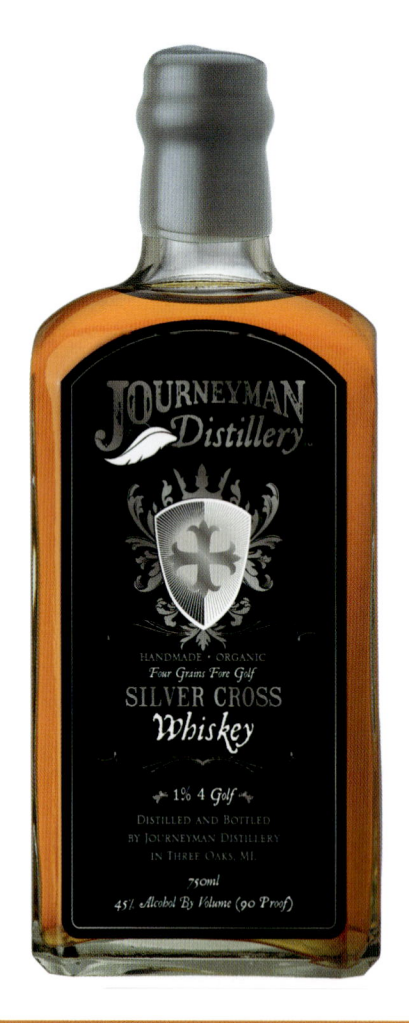

Herstellungsregion und -land Michigan, USA
Destillerie Journeyman, Three Oaks
Alkoholgehalt 45 Vol.-%
Whiskytyp Four-Grain Whiskey

Die Geschichte der Journeyman-Destillerie hat enge Bezüge zu Schottland. Allerdings war es nicht die Liebe zum Whisky, die den Gründer des Unternehmens Bill Welter ursprünglich nach Europa brachte, sondern seine Liebe zum Golf. Als er jedoch erst einmal dort war, übte der Whisky seine Wirkung auf ihn aus, und er kehrte mit der festen Absicht nach Michigan zurück, selbst Whiskey herzustellen.

Der Traum wurde 2011 verwirklicht, und Journeyman hat seitdem ein Sortiment zusammengestellt, zu dem ein Bourbon, ein Rye, ein Weizen-Whiskey und ein weißer Whiskey aus ökologisch angebauten Zutaten gehören, der weniger als 24 Stunden im Eichenfaß verbracht hat.

Der Silver Cross ist jedoch der einzige, der einen direkten Bezug zum Golfspielen in Schottland aufweist. Ein silbernes Kreuz wurde erstmals 1836 auf dem Golfplatz von St. Andrews als Medaille an einen Golfer vergeben.

Bill Welter sagt dazu: „Dieser Whiskey ist eine Ehrung der größten Sportart, seiner Anfänge und seiner Zukunft. Meine Reise begann in Schottland. Das Golfspielen hatte mich dorthin geführt, aber ich verließ das Land mit einer großen Leidenschaft für Whisky und einem tiefen Verständnis der großartigen Menschen in Schottland."

Der Silver Cross mag zwar mit seinem Namen auf Schottland verweisen, aber sein Stil ist kilometerweit davon entfernt. Er ist insofern eine Ausnahmeerscheinung, als er zu gleichen Teilen aus Roggen, Weizen, Mais und Gerste gebrannt wird. Das Destillat wird in kleinen Fässern gelagert, um die komplexe Geschmacksvielfalt herauszustellen. „Der Silver Cross ist der Traum des Whiskeyliebhabers", sagt die Destillerie. **DR**

Verkostungsnotizen

In der Nase süß und leicht. Wichtiger ist aber der Gaumen, wo süßer Karamell von Maiswhiskey auf die würzigen roten Früchte und den Pfeffer des Roggens, die üppigen Erdtöne der Gerste und den glatten, süßen Abgang des Weizen-Whiskeys trifft.

St. George Single Malt

St. George Spirits | www.stgeorgespirits.com

Herstellungsregion und -land Kalifornien, USA
Destillerie St. George, Alameda
Alkoholgehalt 43 Vol.-%
Whiskytyp Single Malt

Die Destillerie St. George stellt eine eklektizistische Mischung an Spirituosen her, von Obstbränden über Liköre bis hin zu Wodka. Ihr ganzer Stolz ist jedoch der St. George Single Malt Whiskey.

Seit mehr als 15 Jahren stellt man hier Single Malts her, sehr viel länger also als die meisten anderen Destillerien in den USA. Eine solche Vorreiterrolle ist nie ganz einfach, aber ein Vorteil dieses frühen Anfangs sind die vielen Fässer mit älterem Whiskey, die sich im Laufe der Jahre bei St. George angesammelt haben. Diese „Bibliothek", wie man sie in der Brennerei nennt, erlaubt es, im Rahmen des hauseigenen Stils – elegante Whiskeys, die sich durch Komplexität, Tiefe und üppige Fruchtigkeit auszeichnen – immer wieder individuelle Abfüllungen herauszubringen.

Für den Whiskey wird ein Teil des Malzes geräuchert und der Rest in unterschiedlichem Maße geröstet. So erhält der Malt ein leichtes, rauchiges Rückgrat. Die vorliegende zehnte Abfüllung, Lot 10, stammt aus 18 Fässern, die zwischen vier und 13 Jahre alt sind, die meisten Whiskeys waren acht oder neun Jahre im Faß.

St. George kann jedoch nicht nur auf ältere Whiskeys zurückgreifen, man hat hier auch eine durchaus flexible Einstellung zur Faßlagerung. Der Single Malt reift in einer Vielzahl unterschiedlicher Eichenfässer, darunter Bourbon-, Sherry- und Portweinfässer sowie solche aus französischer Eiche. Man weist ausdrücklich darauf hin, daß die Ergebnisse von Abfüllung zu Abfüllung unterschiedlich ausfallen können. Die Lot-10-Abfüllung ist aber vielleicht der beste amerikanische Single Malt, den man zur Zeit erhalten kann. **JP**

Verkostungsnotizen

In der Nase zuerst reife Früchte – Melone, Banane, Birnen, Zitronen – und Ginger Ale, mit einer leichten Rauchnote im Hintergrund. Am Gaumen verschiedene Geschmacksschichten: reifes Baumobst, würziger Honig, Mandelkaramell und sanft-rauchige Eiche.

StilL 630 S.S. Sorghum

StilL 630 | www.still630.com

Herstellungsregion und -land Missouri, USA
Destillerie StilL 630, St Louis
Alkoholgehalt 45 Vol.-%
Whiskytyp Sorghum Whiskey

Merkwürdiger Name, nicht wahr? Aber der Eigner der Destillerie StilL 630, David Weglarz, sagt, es gebe gute Gründe für die Bennenung: „Für uns bei StilL 630 verbindet sich viel mit dem Namen. Die Buchtaben ‚St' und ‚L' verweisen auf unsere Heimatstadt St. Louis in Missouri. Die 630 ist die Höhe und Breite des St. Louis Arch in Fuß. Dieser Bogen ist das höchste begehbare Bauwerk in St. Louis und das höchste von Menschen errichtete Monument in den USA. Er ist ein Symbol für den Pioniergeist der Männer und Frauen, die den Westen besiedelt haben. Für uns ist er auch ein Symbol für ihren unbeugsamen Geist. Sie können uns ruhig glauben, wenn wir sagen, daß wir vom Geist etwas verstehen."

Das ist eine kreative und geistreiche Benennung für eine Destillerie, und Weglarz betont, daß genausoviel Gedankenarbeit in die Herstellung seiner Whiskeys eingeht. Die Destillerie StilL stellt Whiskey, Rum und Bourbon her und experimentiert auch mit anderen Erzeugnissen. Womit wir zur Sorghumhirse kommen, einem ungewöhnlichen Rohstoff für Whiskey, der jedoch zunehmend häufiger verwendet wird.

Sorghumhirse ist eine der am häufigsten angebauten Getreidearten der Welt. Sie stammt ursprünglich aus Äthiopien und wird auch heute vor allem in Afrika angebaut, allerdings inzwischen auch in Südasien und in Amerika. Aus manchen Sorghumarten wird süßer Sirup hergestellt. Das Getreide ist ein interessanter Grundstoff für Whiskey, und der StilL 630 S.S. Sorghum (der nautische Bezug des S. S. – States Ship – wird durch ein Paddelboot auf dem Etikett aufgelöst) lohnt ganz entschieden eine vergleichende Verkostung mit anderen Whiskytypen. **DR**

Verkostungsnotizen

In der Nase gibt es süße Kirscheiscreme, frisches Gebäck, Honig und Getreide. Am Gaumen Rum- und Melassenoten, Zimt, süße Gewürze, Sägespäne und dunkle Schokolade. Der Abgang ist mittellang und süß mit etwas Ahornsirup.

Stranahan's Colorado Whiskey

Stranahan's Distillery | www.stranahans.com

Herstellungsregion und -land Colorado, USA
Destillerie Stranahan's, Denver
Alkoholgehalt 47 Vol.-%
Whiskytyp Single Malt

Stranahan's Colorado Whiskey entstand, als Jess Graber im Rahmen eines Einsatzes der freiwilligen Feuerwehr zu einem Scheunenbrand bei seinem Nachbarn George Stranahan gerufen wurde. Die beiden entdeckten ihre gemeinsame Leidenschaft für guten Whiskey und entwickelten zusammen eine Rezeptur für einen Single Malt. Das Destillat wurde in frisch angekohlten Fässern eingelagert. Sie wußten zwar, daß Single Malts in Schottland in gebrauchten Fässern reifen, um den Einfluß der Eiche auf das Destillat zu reduzieren, entschieden sich aber bewußt für einen Ansatz, bei dem „das Beste aus beiden Welten" zum Zug kommt.

Stranahan's war die erste Kleinstdestillerie in Colorado und ist sehr stolz darauf, Rohstoffe aus der Umgebung zu verwenden. Mindestens 80 Prozent der Gerste für den Whiskey werden in Colorado angebaut und im Betrieb geschrotet. Insgesamt ist die produzierte Menge gering, es werden nur etwa zwölf Fässer in der Woche gebrannt. Das Destillat reift mindestens zwei Jahre, in der Abfüllung können aber auch wesentlich ältere – vier und noch mehr Jahre – Whiskeys enthalten sein. Die Höhenlage von Colorado kann Probleme bereiten; um die Verluste durch Verdunstung während der Lagerzeit zu reduzieren, werden Temperatur und Luftfeuchtigkeit im Lagerhaus genau gesteuert.

Stranahan's arbeitet bewußt mit kleinen Chargen, die von Abfüllung zu Abfüllung vielfache und gewollte Variationen und Unterschiede in den Geschmacksnuancen ergeben. In der Regel stammt eine Charge aus zehn bis 20 Fässern, die aufgrund ihrer Aroma- und Geschmacksprofile ausgewählt werden. **JP**

Verkostungsnotizen

In der Nase reichlich Birne und Apfel, Sahnekaramell und duftige Eiche. Am Gaumen trockner als der Duft annehmen lassen würde. Die anfängliche Karamellsüße wird von pfeffrigen Gewürzen, Zimt und einem harzigen, zupackenden Eichenton überlagert.

TEMPLETON RYE

- PROHIBITION ERA RECIPE -

SMALL BATCH
RYE WHISKEY
750 ML
40% ALCOHOL BY VOLUME (80 PROOF)

Templeton Rye

Templeton | www.templetonrye.com

Herstellungsregion und -land Indiana, USA
Destillerie Lawrenceburg, Lawrenceberg
Alkoholgehalt 40 Vol.-%
Whiskytyp Straight Rye

Scott Bush, der Präsident von Templeton Rye, stammt aus Iowa. In seiner Jugend hörte er Geschichten über den Roggen-Whiskey, den sein Urgroßvater und andere in der Prohibitionszeit in der Kleinstadt Templeton in Iowa gebrannt hatten. Bush wollte die Whiskeyproduktion in Templeton wieder aufleben lassen, aber er fand unter den 350 Einwohnern kaum jemanden, der noch direkte Beziehungen zu der Schnapsbrennerei in der Prohibitionszeit hatte. Bis er Meryl Kherkoff kennenlernt, deren Vater damals auch Whiskey gebrannt hatte. Sie liefert ihm das letzte Puzzlestück, das er noch brauchte, um seinen Plan umzusetzen: die Rezeptur des Rye-Whiskeys, wie er damals in Templeton gebrannt wurde.

Bush wandte sich an Lawrenceburg Distillers Indiana (LDI), um diesen Whiskey destillieren zu lassen, der dem Original Tribut zollen sollte. Lawrenceburg liefert als ehemalig Seagram-Destillerie Whiskey sowohl für große Hersteller als auch für kleinere Nischenfirmen. Die genaue Rezeptur für den Templeton Rye wird nicht bekanntgegeben, aber er enthält mindestens 90 Prozent Roggen und wird durchschnittlich etwa fünf Jahre in frisch angekohlten Fässern gelagert. Das Ergebnis zeigt wegen des hohen Roggenanteils deutlich die typische Würze dieses Getreides. Laut Scott Bush wird ein Teil der Whiskeyfässer inzwischen im Templeton-Betrieb in Iowa eingelagert, um dort zu reifen. **JP**

Verkostungsnotizen

Karamellisierte Banane und Zimtbonbons mit Roggen- und Scheinbeerennoten. Anfänglich honigsüß, dann am Gaumen Roggen, Chili und schwarzer Pfeffer.

Ten High

Sazerac | www.bartonbrands.com/tenhigh.html

Herstellungsregion und -land Kentucky, USA
Destillerie Barton 1792, Bardstown
Alkoholgehalt 40 Vol.-%
Whiskytyp Straight Bourbon

Fast 50 Jahre lang waren Tausende von Männern und Frauen stolz darauf, in Peoria, Illinois, den Ten-High-Whiskey herzustellen. Die erste Destillerie wurde 1843 in dieser Gegend gegründet, und jede nachfolgende mußte die größte der Stadt sein, vielleicht auch die größte der Welt.

Als Hiram Walker, die kanadische Herstellerfirma des Canadian-Club-Whiskeys, kurz nach Ende der Prohibitionszeit nach Peoria kam, kaufte sie die größte Brennerei und erweiterte sie noch. Die wichtigsten Produkte sollten der Ten High, eine neue Bourbonmarke, und der Imperial sein, ein Blend, den Walker auch in Kanada herstellte und verkaufte. Der Name „Ten High" verweist darauf, daß die meisten Destillerien die Ergebnisse der Reifung in den obersten Etagen – Etage zehn oder höher – der Lagerhäuser besonders schätzen.

Die Destillerien in Peoria überlebten den Zusammenbruch des Whiskeymarktes Ende der 1960er Jahre nicht, und Ten High ging als Marke an Barton und wurde in Bardstown, Kentucky, hergestellt. Die Marke gehörte immer zum unteren Preissegment und wurde 2008 auf einigen Märkten zu einem Blended Bourbon (halb Bourbon, halb Wodka) umgestaltet, blieb aber in anderen ein Straight Bourbon. Den Blend sollte man meiden, am Bourbon ist nichts auszusetzen. Er ist gut gemacht, vielleicht etwas jung, und seinen Preis mehr als wert. **CKC**

Verkostungsnotizen

Neben der Hitzigkeit, Würze und dem Medizingeschmack jungen Bourbons stehen üppiger Karamell und Vanille. Schon pur gut, gemischt noch besser.

Tenderfoot

Wood's | www.woodsdistillery.com

Herstellungsregion und -land Colorado, USA
Destillerie Wood's, Salida
Alkoholgehalt 45 Vol.-%
Whiskytyp Single Malt

Auf einer Bootstour, die sie in den 1990er Jahren 340 km durch den Grand Canyon führte, kamen die Brüder Lee und PT Wood erstmals auf die Idee, in Colorado eine Destillerie zu gründen. Das war Jahre vor dem Boom der Mikrodestillerien, aber die Woods gaben ihren Traum nie auf. Ob er jemals verwirklicht worden wäre, wenn es nicht zu einem Zufallstreffen mit einer alten Brennblase gekommen wäre, erscheint jedoch fraglich.

Sie heißt „Ashley" und ist in den 1880er Jahren in Deutschland hergestellt worden. Nachdem sie in die USA gebracht worden war, blieb sie unverständlicherweise 50 Jahre lang unbeachtet, ungenutzt und ungeliebt. 2010 beschlossen dann aber die Gebrüder Wood, das zu ändern. Ein Jahr lang suchten sie das sonstige Gerät zusammen und ein Betriebsgelände für eine Destillerie. Schließlich entschieden sie sich 2012 für eine ehemalige Karosseriewerkstatt in Salida, Colorado.

Das Portfolio der Brüder schließt einige Gins ein, einen Holunderblütenlikör und einen Roggen-Whiskey. Der Tenderfoot ist aber etwas Besonderes. Es ist ein Malt-Whiskey, der aus drei unterschiedlichen Sorten Gerstenmalz und jeweils geringen Mengen gemälztem Roggen und Weizen hergestellt wird, die ihm mehr Balance und Andeutungen von Rauch, Schokolade und Gewürzen verleihen. Insgesamt werden also fünf verschiedene Malzsorten aus drei Getreidearten genutzt, was der Bezeichnung Single Malt zu widersprechen scheint. Die Woods rechtfertigen sie durch den Hinweis, es werde nur gemälztes Getreide verwendet und der Whiskey entstehe in einer einzigen Destillerie. Das Destillat wird in amerikanischen Eichenfässern gelagert. **DR**

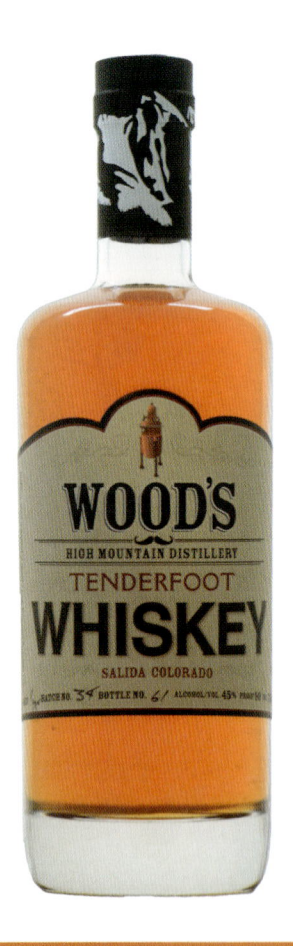

Verkostungsnotizen

Das Holz steht nicht nur im Namen. In der Nase trockner Wald, Hobelspäne und poliertes Kirchenbankholz. Am Gaumen setzt sich das Eichenthema fort, wird aber durch dunklen Rübensirup, Kakao, Zitrone und Gewürze ergänzt. Ein sehr angenehmer, herbstlicher Whiskey.

Thomas H. Handy Sazerac Rye

Sazerac | www.greatbourbon.com/AntiqueCollection.aspx

Herstellungsregion und -land Kentucky, USA
Destillerie Buffalo Trace, Frankfort
Alkoholgehalt 63,45 bis 67,40 Vol.-%
Whiskytyp Straight Rye

Der Thomas H. Handy Sazerac Rye folgte 2006 in der „Antique Collection"-Reihe von Buffalo Trace auf den Sazerac 18-Year-Old. Er zeigt mehr Gemeinsamkeiten mit der Standardausgabe des Sazerac Rye, die vermutlich sechs Jahre alt ist, als mit seinem Stallgenossen bei den „Antiquitäten". Im Grunde ist er eine nicht filtrierte, nicht alkoholreduzierte, etwas ältere Version des Standardwhiskeys.

Thomas H. Handy (1830–93) war ein Geschäftsmann aus Maryland, der im 19. Jahrhundert einige der Firmen in New Orleans leitete, aus denen die heutige Firma Sazerac entstanden ist. Handy arbeitete im Sazerac Coffee House und übernahm es nach dem Tod des vorherigen Eigentümers. Er stellte Antoine Peychaud Jr. ein, um Bitterliköre herzustellen, und importierte den Sazerac-Branntwein, von dem der Sazerac-Cocktail seinen Namen erhielt.

Die „Antique Collection"-Reihe soll dem Whiskeyfreund Gelegenheit geben, Varianten von verbreiteten und beliebten Whiskeys in einer anderen und, wie sich hier zeigt, auch extremeren Form zu verkosten. Als der Thomas H. Handy Sazerac Rye zuerst im Rahmen der Reihe erschien, wurde mancherorts gefragt, wie er die Altersbezeichnung „Antique" bei einem Alter von acht Jahren (in späteren Fassungen sogar nur sechs bis sieben Jahre) rechtfertigen könne. Die Kunden scheint es nicht gestört zu haben, die Verkaufszahlen haben sich seit dem ersten Erscheinen mehr als verdoppelt.

Die Reihe greift auf die verschiedenen Rezepturen der Buffalo-Trace-Destillerie in ungewöhnlichen Weisen zu. Die Brennerei bietet viele Bourbons im Alter von sechs bis sieben Jahren, aber nur einen anderen Rye, so daß diese Alternative sehr willkommen ist. **CKC**

Verkostungsnotizen

Schlägt vor allem pur, also in Faßstärke, mit Holzkohle, Karamell, Vanille, altem Leder und Pfeifentabak zu. Mit Wasser auf weniger als 50 Volumenprozent Alkohol verdünnt zeigt er noch mehr würzige Geschmacksnoten. Dies ist ein Whiskey, wie es der Sazerac Rye gerne wäre.

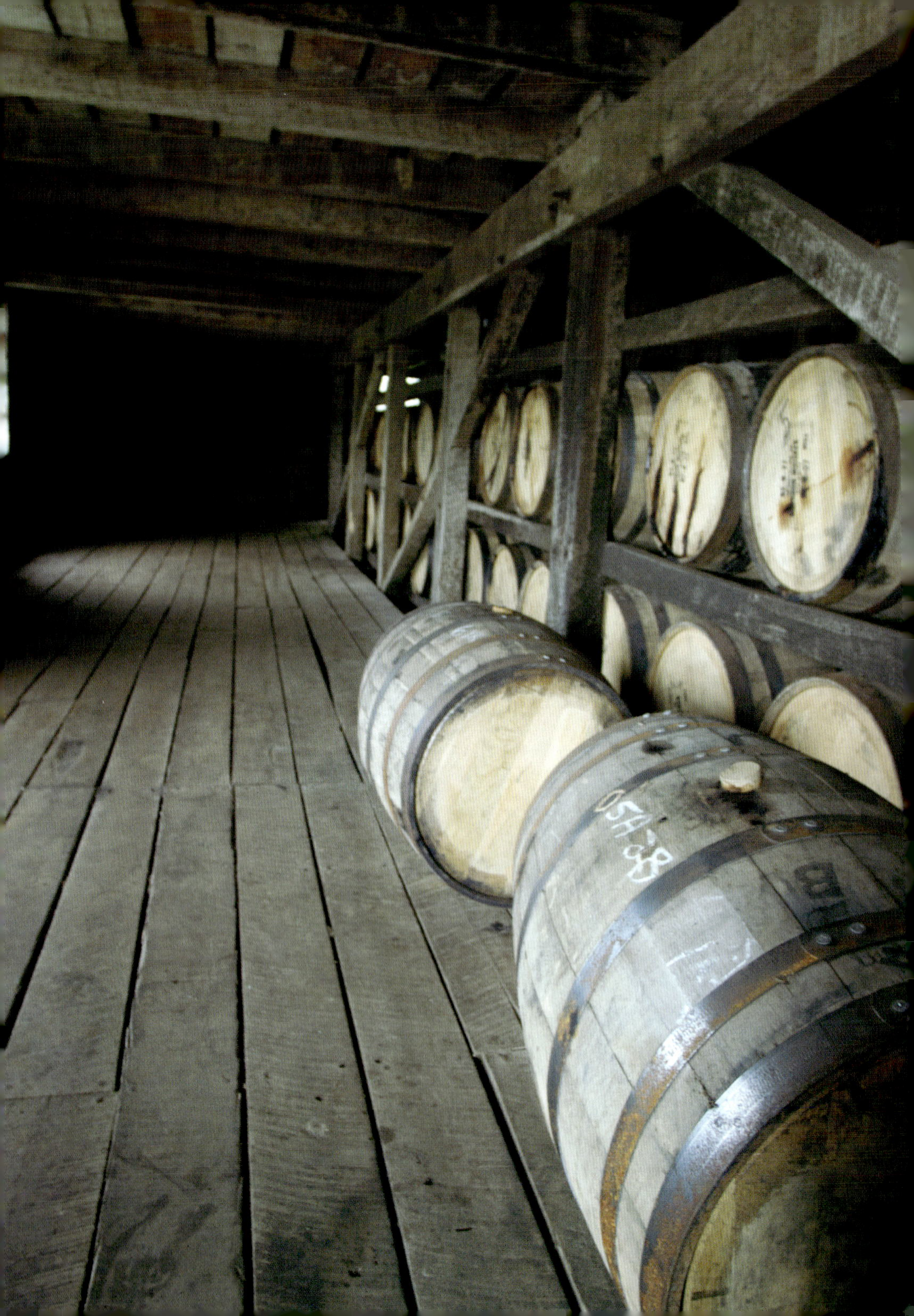

Tom Moore

Sazerac | www.bartonbrands.com/tommooreBourbon.html

Herstellungsregion und -land Kentucky, USA
Destillerie Barton 1792, Bardstown
Alkoholgehalt 40 Vol.-%
Whiskytyp Straight Bourbon

J. G. Mattingly und der Meisterbrenner Tom Moore waren die Besitzer der 1877 gegründeten Destillerie Mattingly and Moore, in der sie einen in der Umgebung beliebten Bourbon namens Belle of Nelson herstellten. 1899 trennte sich Moore von Mattingly und baute auf dem Grundstück nebenan seine eigene Destillerie, wobei ihm der junge Jim Beam half, der bei Mattingly and Moore sein Assistent gewesen war. Heute trägt die Brennerei den Namen Barton 1792.

Die Tom-Moore-Destillerie produzierte bis zur Prohibition, und danach half Moores Sohn beim Wiederaufbau der Firma. Nach einigen Besitzerwechseln gelangte die Brennerei 1944 an Oscar Getz und Lester Abelson, die in Chicago einen Whiskeyhandel betrieben. Von dort aus leiteten sie die nur als Barton firmierende Destillerie mit Hilfe der Meisterbrenner aus der Familie Bixler.

Der Tom-Moore-Bourbon ist einer der wenigen Whiskeys, deren Geschichte bis vor die Prohibitionszeit zurückreicht und der immer nur an einem Ort hergestellt wurde. Abelson und Getz leiteten Barton, bis sie 1980 beziehungsweise 1982 starben, danach wurde die Firma verkauft. Schließlich wurde sie zur Spirituosenabteilung der Canandaigua Wine Company, aus der nach einigen anderen Zukäufen die Firma Constellation Brands entstand. Im Jahr 2009 kaufte Sazarec den größten Teil des Markenportfolios und einige der Produktionsstätten, darunter auch die Destillerie in Bardstown.

Tom-Moore-Bourbon ist im Geschäft fast nur in Kentucky zu erhalten und auch im Versandhandel kaum zu finden. Angesichts der Qualität bedauerlich. **CKC**

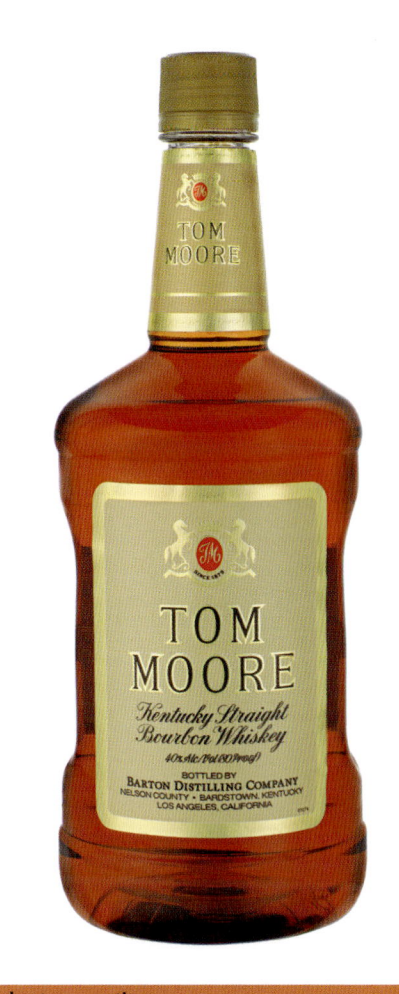

Verkostungsnotizen

Es gibt verschiedene Auffassungen darüber, wie Bourbon vor 100 Jahren schmeckte. Dieser trifft es vielleicht: scharf und stechend, mit einem üppigen, süßen Rückgrat und vielen pflanzlichen Glanzlichtern. Vielleicht mit Sodawasser, Minze und Sirup abmildern.

Fässer in der Barton-1792-Destillerie

Van Winkle Family Reserve 13-Year-Old Rye

Old Rip Van Winkle Distillery | www.oldripvanwinkle.com

Herstellungsregion und -land Kentucky, USA
Destillerie Buffalo Trace, Frankfort
Alkoholgehalt 47,8 Vol.-%
Whiskytyp Straight Rye

Die Abfüllfirma Old Rip Van Winkle Distillery arbeitet vor allem mit weizenhaltigen Bourbons, einem Whiskeytyp, der per Definition keinen Roggen enthält. Zum kleinen Programm der Firma gehört aber auch dieser 13 Jahr alte Straight Rye. Die Whiskeys von Van Winkle sind alle schwer zu erhalten, aber dieser Rye ist – vor allem in den letzten Jahren – zum seltensten unter ihnen geworden.

Die geringen Mengen Rye-Whiskey, die Van Winkle im Jahr auf Flaschen zieht, stammen aus einer Charge, die Julian Van Winkle vor mehr als einem Jahrzehnt einkaufte. Der Whiskey wurde schon vor langer Zeit in Edelstahltanks umgefüllt, um eine weitere Alterung zu unterbinden.

Man könnte behaupten, die Verlagerung der Rye-Herstellung aus den Ursprungsstaaten Maryland, Pennsylvania und Virginia nach Kentucky habe zu einer Angleichung an den Bourbon geführt. Belegen ließe sich diese Theorie durch den Van Winkle, was vielleicht zu seiner Beliebtheit beiträgt. Bourbontrinker begegnen bei ihrem ersten Schluck einem Whiskey, der ihnen weitgehend vertraut schmeckt, wodurch es ihnen leichter fällt, auch die unterschiedlichen Merkmale zu akzeptieren.

Was der Van Winkle Family Reserve Rye auf jeden Fall mit den Bourbons des Herstellers gemein hat, ist die makellose Ausgewogenheit. Julian Van Winkle ist geschäftlich sehr erfolgreich, weil er nicht nur ein gutes Händchen bei der Auswahl seiner Whiskeys hat, sondern die Nachfrage durch absichtliche Verknappung hoch hält. Die Kehrseite der Medaille ist, daß vor allem der Rye noch beliebter sein könnte, wenn er regelmäßig in größeren Mengen verfügbar wäre. **CKC**

Verkostungsnotizen

Der Van Winkle Rye läßt sich eher als sehr geschmackreicher Bourbon denn als typischer Rye-Whiskey beschreiben. Er zeigt nur wenig von der Erdigkeit und dem Feuer des Ryes und verbindet stattdessen üppiges Karamell und Vanille mit Kräuter- und Gewürznoten.

Van Winkle Special Reserve 12-Year-Old Lot "B"

Old Rip Van Winkle Distillery | www.oldripvanwinkle.com

Herstellungsregion und -land Kentucky, USA
Destillerie Buffalo Trace, Frankfort
Alkoholgehalt 45,2 Vol.-%
Whiskytyp Straight Wheated Bourbon

Der phänomenale Aufstieg der Single Malts begann Anfang der 1970er Jahre, es dauerte etwa zehn Jahre, bis er richtig an Fahrt gewann. Ähnlich war es bei den Bourbons der Luxusklasse, die etwa 20 Jahre später beliebt wurden; auch bei ihnen dauerte es ungefähr ein Jahrzehnt, bis sie wirklich Aufmerksamkeit erregten.

Fast von Anfang an war alles, auf dessen Etikett der Name Van Winkle stand, außerordentlich gesucht. Für viele Anhänger war die Abfüllung der Wahl nicht der sehr alte Pappy 23-Year-Old, sondern der bescheidenere Van Winkle Special Reserve 12-Year-Old, den Eingeweihte nur als „Lot B" bezeichnen. Das liest man zwar auf der Flasche, aber es hat keine Bedeutung – es gab nie eine Charge A, und es wird auch nie eine Charge C geben.

Wie fast alle Abfüllungen von Van Winkle ist auch dies ein Bourbon mit Weizenanteil, der ursprünglich aus der ehemaligen Familiendestillerie Stitzel-Weller in Louisville kam. Auch wenn die zur Neige gehenden Vorräte für die älteren Pappy-Abfüllungen reserviert sind, ist es Van Winkle zur Erleichterung der treuen Fans des Lot „B" gelungen, dessen Geschmack gleichzuhalten.

Es gibt Stimmen, denen zufolge die besten Bourbons mehr mit französischen Branntweinen gemeinsam haben als mit den Whiskys aus Schottland und Irland, vor allem wegen der betonten Eichennoten der Franzosen. Der Lot „B" spricht für diese Ansicht, nicht zuletzt wegen der schlichten Weinflasche mit dem einfachen Etikett, die an einen Armagnac erinnern.

Wie alle Van Winkles ist der Lot „B" im Einzelhandel kaum und im Versandhandel oder Internet nur bedingt zu bekommen. **CKC**

Verkostungsnotizen

Die Bourbons von Van Winkle mit Weizenanteil zeigen – vor allem in der Jugend – eine Orangennote. Sie ist auch im Lot „B" zu spüren und harmoniert perfekt mit allen anderen Merkmalen eines Wheated Bourbon. Ein nahezu perfekter Whiskey.

Very Old Barton

Sazerac
www.greatbourbon.com/VeryOldBarton100.aspx

Herstellungsregion und -land Kentucky, USA
Destillerie Barton 1792, Bardstown
Alkoholgehalt 40–50 Vol.-%
Whiskytyp Straight Bourbon

Sazerac hat zwar begonnen, seinen Vertrieb auszuweiten, aber lange Zeit war der Very Old Barton der Bourbon, den Kentucky sich selbst vorbehielt. In den Staaten Virginia, Kentucky, Massachusetts und Pennsylvania verkauft er sich wie Jim Beam oder Jack Daniel's, jenseits ihrer Grenzen ist er kaum bekannt. Es ist ein Rätsel, warum die Firma nie versucht hat, seine Kunde weiter zu verbreiten.

Dies ist ein in vielen Hinsichten ungewöhnlicher Bourbon. Er gehört zu den wenigen Sechsjährigen mit Altersangabe. Es gibt zwar andere Bourbons dieses Alters, aber meist wird das Alter erst ab acht Jahren angegeben. Beim Very Old Barton funktioniert die Altersangabe wegen des Preises, der für einen Vierjährigen schon gut wäre, einen Sechsjährigen aber zum Schnäppchen macht. Der Very Old Barton ist der einzige Bourbon, der in vier verschiedenen Stärken auf den Markt kommt: 40, 43, 45 und 50 Volumenprozent Alkohol. Viele Einzelhändler in Kentucky führen alle vier Stärken.

Very Old Barton entstand, nachdem die Tom-Moore-Destillerie 1944 verkauft wurde und den neuen Namen Barton erhielt. Amerikanische Fans können ihn inzwischen auch in Chicago erhalten, sind also nicht mehr auf Mitbringsel aus seinem Heimatstaat angewiesen. **CKC**

Verkostungsnotizen

Altmodisch, also mit viel Geschmack über einer soliden Grundlage. Die Anisnote fast stark genug für einen Pastis. Ölig, scharf, eichenbetont aber auch karamellsüß.

Wasmund's Rye Spirit

Copper Fox
www.copperfox.biz

Herstellungsregion und -land Virginia, USA
Destillerie Copper Fox, Sperryville
Alkoholgehalt 62 Vol.-%
Whiskytyp Roggen-Destillat

Nachdem er den Copper Fox Single Malt als ersten und einzigen traditionellen tennengemälzten Single Malt der USA vorgestellt hatte, wollt Rick Wasmund die Rauchbaromen seiner Gerste auch in einem zweiten Produkt erstrahlen lassen.

Roggen gilt als schwierig zu destillierendes Getreide, der hohe Glutengehalt läßt die Maische verkleben. Um dem entgegenzuwirken, fügt man Gerstenmalz oder Enzyme hinzu. Wasmund fand hier die ideale Verwendung für seine über brennendem Obstholz getrocknete Gerste, die seinem Malz einen süßen, rauchigen Ton verleiht, der an das über Torf gedarrte schottische Malz erinnert. Diese entschieden amerikanische Variante eines traditionellen Herstellungsverfahrens ergibt einen Rye-Whiskey, dem kein anderer gleichkommt.

Wasmund's Rye Spirit ist die nicht gereifte Version des Rye-Whiskeys der Destillerie. Die Maische besteht zu etwa zwei Dritteln aus Roggen und einem Drittel Gerstenmalz. Der hohe Malzanteil sorgt dafür, daß der typische Geschmack des Copper Fox erhalten bleibt. Das Destillat wird nicht kaltfiltriert, um ihm ein sirupähnliches Mundgefühl und vollen Geschmack zu verleihen. Bei 62 Volumenprozent Alkoholgehalt ein wahrhaft denkwürdiges Erlebnis. **JP**

Verkostungsnotizen

Überraschend intensive Zimttöne. Beim Trinken üppige Fruchtnoten mit trocknen Gewürzen am mittleren Gaumen. Neckischer Rauch im Abgang.

Wasmund's Single Malt Spirit

Copper Fox
www.copperfox.biz

Herstellungsregion und -land Virginia, USA
Destillerie Copper Fox, Sperryville
Alkoholgehalt 62 Vol.-%
Whiskytyp Single-Malt-Destillat

Rick Wasmund von Copper Fox war als Praktikant in der Destillerie Bowmore auf Islay, bevor er sich selbständig machte. Er wollte gerne eine amerikanisierte Version von dem kreieren, was er auf der schottischen Insel gesehen hatte – Whisky, in dem stark getorfter Single Malt vorherrscht. Indem er den Torfrauch durch solchen von Apfel- und Kirschbaumholz ersetzte, hat Wasmund etwas Unverwechselbares geschaffen. Copper Fox brachte erst eine gereifte Version ihres Single Malts heraus, bevor man sich entschloß, den Käufern auch das ungelagerte Destillat anzubieten.

Das Verfahren beginnt, indem die Gerste tennengemälzt wird. Die Gerste keimt auf dem Boden liegend und wird regelmäßig gewendet, damit sie nicht verklumpt. Anschließend wird sie mit Rauch von Obstbaumholzspänen gedarrt und erhält so einen rauchigen Ton, der aber deutlich milder ist als der von Torffeuern. Diese Formen des Mälzens und Darrens sind zeitaufwendig und kostenträchtig, machen das Destillat jedoch einzigartig.

Dies ist dieselbe Spirituose wie Wasmund's Single Malt Whiskey, ohne die Faßreifung. Bei 62 Volumenprozent Alkoholgehalt kommt die typische Rauchigkeit zu ihrem vollen Recht. **JP**

Verkostungsnotizen

Süßes Malz, Getreide und Zuckerwatte in der Nase. Dann folgt eine fruchtig-rauchige Hintergrundnote. Am Gaumen kühn und süß, dann pfeffrig und rauchig.

Westland American Oak

Westland
www.westlanddistillery.com

Herstellungsregion und -land Washington, USA
Destillerie Westland, Seattle
Alkoholgehalt 46 Vol.-%
Whiskytyp Single Malt

Wie keine andere Spiriuose hat der Single Malt die Phantasie gefangengenommen, weil er ein sowohl lächerlich einfaches und zugleich unglaublich komplexes Getränk ist. In jedem Fall werden drei Grundzutaten auf mehr oder weniger die gleiche Weise verarbeitet, und doch entstehen so viele unterschiedlich schmeckende Whiskys.

Auch nach Jahrhunderten der Whiskyherstellung gibt es noch viel darüber zu lernen, wie Getreide- und Holzarten und Torf sich in unterschiedlichen Gegenden der Welt auf Whisky auswirken. Wenn es um die Herstellung von Single Malt geht, wurde die Meßlatte jedoch ein weiteres Mal höher gelegt, als der amerikanische Single-Malt-Whiskey als neuer Whiskytyp erschien.

Westland produziert Single Malt auf andere Weise als schottische Destillerien. Der Name weist auf den größten Unterschied hin. Die neuen amerikanischen Eichenfässer, in denen der Whiskey reift, verleihen ihm schnell starke, würzige Aromen. In Amerika muß man nicht eine dreijährige Mindestlagerzeit einhalten, um eine Spirituose „Whiskey" nennen zu dürfen, aber Westland muß das Destillat doch sorgfältig überwachen, damit es nicht vom Holz überwältigt wird. Der wunderbar ausgewogene Whiskey ist ein gutes Beispiel für durchdachte Whiskeyherstellung, auch wenn die Brennerei noch jung ist. **DR**

Verkostungsnotizen

In der Nase Kirschen mit Sahne, dunkle Schokolade, Karamell und Kaffee. Am Gaumen eine komplexe Mischung aus Bourbonnoten: Tannine, Karamell und Vanille.

Westland American Peated Single Malt

Westland | www.westlanddistillery.com

Herstellungsregion und -land Washington, USA
Destillerie Westland, Seattle
Alkoholgehalt 46 Vol.-%
Whiskytyp Single Malt

Auf die Frage nach ihren Absichten antworten die Leute bei Westland, sie wollten den großen Single Malts Schottlands ihre Reverenz erweisen, aber gleichzeitig das schottische Grundrezept durch Geschmacksnoten erweitern, die für Seattle und der Landwirtschaft der USA typisch sind. Die Destillerie verweist darauf, daß das verwendete Getreide aus dem pazifischen Nordwesten dem Destillat eine einzigartige Geschmacksrichtung gibt. Es scheint sich auch ein gewisser Hausstil im Sortiment zu zeigen: Die Whiskeys von Westland sind alle süß und gaumenfreundlich, und ihr Geschmack zeigt eine Komplexität, die auf das verwendete Getreide zurückzuführen ist.

Schon der Name deutet an, daß der Westland American Peated Single Malt sich dadurch von seinen Stallgefährten unterscheidet, daß er getorft ist. Der Torfgeschmack ist jedoch vollkommen anders als der, den man im Scotch findet. In jedem Torf spiegelt sich die Zusammensetzung der Flora in der Region, in der er entstand. So ist der Torf im pazifischen Nordwesten aus ganz anderen Pflanzen entstanden als der in Schottland. Wenn man also amerikanischen Torf verwendet, um Gerste zu trocknen, fallen die Raucharomen anders aus als die des schottischen Single Malts.

Der vorliegende Whiskey gehört zu den besten, die im Verlauf der amerikanischen Craft-Distilling-Revolution bisher auf den Markt gekommen sind, und man sieht den kommenden Abfüllungen mit sehr hohen Erwartungen entgegen. Die Destillerie hat erkannt, daß sie mit dem getorften Whiskey eine Marktlücke entdeckt hat, und führt eine jährliche Veranstaltung durch, auf der Spezialabfüllungen getorfter Whiskeys vorgestellt werden. **DR**

Verkostungsnotizen

In der Nase glosendes Gras und Moos, erdige Töne und Orangenschale. Am Gaumen starke Lagerfeuernoten, Jod und geröstete Pistazien. Nach der ersten Welle von Torf tauchen junge Getreidetöne auf, grüne Kräuter und zunehmend mehr Jod.

Westland Sherry Wood

Westland | www.westlanddistillery.com

Herstellungsregion und -land Washington, USA
Destillerie Westland, Seattle
Alkoholgehalt 46 Vol.-%
Whiskytyp Single Malt

Es ist sehr schwierig, oft sogar fast unmöglich geworden, bei der Whiskeybranche der USA auf dem Laufenden zu bleiben, weil die Zahl der Mikrodestillerien so immens zugenommen hat. Viele von ihnen sind so klein, daß es kaum überrascht, wenn sie international kein Aufsehen erregen. Westland ist aber anders. Auf Luftaufnahmen kann man erkennen, daß die Destillerie ein großer Betrieb ist, und man hat den Eindruck, die Vertreter aus Seattle hätten fast über Nacht die Whiskyveranstaltungen in Europa übernommen. Es ist eine ernstzunehmende Firma, die mit Balcones und Corsair zu vergleichen ist und wie diese keine Kompromisse bei der Qualität eingeht.

Der Sherry Wood ist der dritte Single Malt im Kernsortiment von Westland. Die Destillerie beschreibt ihn stolz als „die neuweltliche Variante einer Idee aus der Alten Welt. Indem wir die Dekadenz des Sherrys mit unserem einzigartigen, getreidebetonten Hausstil vereinen, haben wir etwas vollkommen Neues geschaffen." Natürlich benötigt die Brennerei Sherryfässer, um einen solchen Whiskey herzustellen, die gleichermaßen selten wie teuer sind. Und doch läßt sich die Destillerie nicht abschrecken: „Die Sherryfässer waren vorher fast ein Jahrhundert mit Pedro Ximenéz und Oloroso befüllt. Unter den erfahrenen Händen von Rafaie Cabello und seinem Team in der Toneleria del Sur im spanischen Montilla sind sie zu neuem Leben erweckt worden. Unsere weit zurückreichende Zusammenarbeit mit der Küferei der Familie Cabello sorgt jetzt dafür, daß wir über einen der größten Vorräte an Sherryfässern in Amerika verfügen."

Der so entstandene Whiskey ist hervorragend und hat bereits eine Reihe von Preisen gewonnen. **DR**

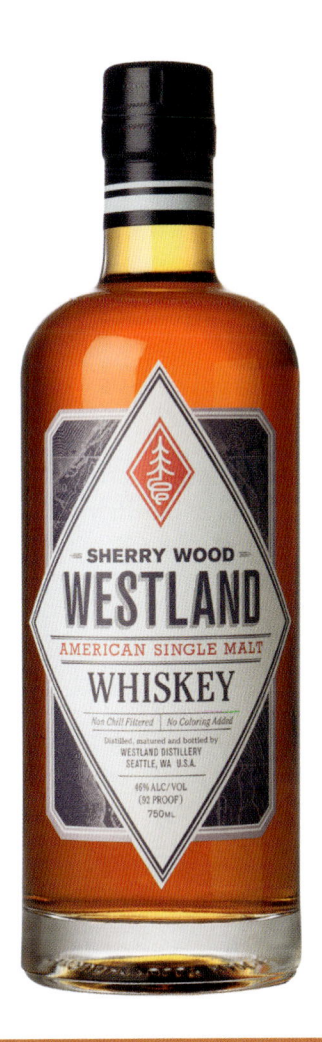

Verkostungsnotizen

Eine üppige Nase mit Rosinenkeksen, Hafer und Sirup, einigen Beeren und einer Spur von Tropenfrüchten. Am Gaumen gibt es süße Beeren, Banane und Gebäck; dann Fruchtkompott mit Pfirsich. Der Abgang ist lang, süß und angenehm, mit Früchten und Gewürzen.

Wild Turkey 81

Gruppo Campari
www.wildturkeybourbon.com

Herstellungsregion und -land Kentucky, USA
Destillerie Wild Turkey, Lawrenceburg
Alkoholgehalt 40,5 Vol.-%
Whiskytyp Straight Bourbon

Vor der Prohibition hatte amerikanischer Whiskey normalerweise einen Alkoholgehalt von 50 Volumenprozent. Die Verbraucher entwickelten jedoch eine Vorliebe für leichtere Getränke, und als 1933 das Alkoholverbot endete, erweiterten die Hersteller ihre Sortimente um Varianten mit 45, 43 oder 40 Volumenprozent, die sie auch preiswerter anbieten konnten, da die Abgaben für Spirituosen meist vom Alkoholgehalt abhängen. Die Käufer wandten sich den leichteren Sorten zu, die Hersteller folgten ihnen, und der Zug nach unten endete erst bei 40 Volumenprozent, vor allem, weil gesetzlich vorgeschrieben war, daß alles darunter als „verdünnt" bezeichnet werden mußte. Am längsten hielt Wild Turkey unter den großen Marken stand. Die Abfüllung mit der ungewöhnlichen Stärke von 101 „Proof" (50,5 Volumenprozent) gehörte zum Image der Marke und zeigte ihr Einstehen für den traditionellen Bourbon. In den 1990er Jahren gab es dann den Russell's Reserve Bourbon und Rye, die 45 Volumenprozent hatten.

Die Eigner seit 2009, Grupo Campari, nahmen bis Anfang 2011 außer einer lange geplanten Erweiterung der Destillerie kaum Änderungen vor. Das erste neue Produkt war dieser Wild Turkey 81, eine sehr überzeugenden Abfüllung mit geringerem Alkoholgehalt. **CKC**

Verkostungsnotizen

Karamell und zartbittere Schokolade mit einer kristallklaren Holzkohlennote und etwas Ruß, so daß rauchige, aber nicht bittere Töne entstehen. Sehr ausgewogen.

Wild Turkey 101

Gruppo Campari
www.wildturkeybourbon.com

Herstellungsregion und -land Kentucky, USA
Destillerie Wild Turkey, Lawrenceburg
Alkoholgehalt 50,5 Vol.-%
Whiskytyp Straight Bourbon

Die Marke Wild Turkey entstand 1940, als Tom McCarthy, ein leitender Angestellter bei einer Firma, die Whiskey en gros einkaufte und für den Wiederverkauf abfüllte, seinen Lagerhausleiter bat, einen Bourbon für seinen jährlichen Jagdausflug mit Freunden herauszusuchen. Man wollte wilde Truthühner jagen. Im folgenden Jahr baten ihn seine Freunde, wieder den gleichen Whiskey mitzubringen, da er so gut war. McCarthy nahm den acht Jahre alten Bourbon mit seinen 50,5 Volumenprozent Alkoholgehalt in das Programm seiner Firma auf.

Der Wild Turkey wurde immer als sehr guter, traditioneller Kentucky-Whiskey vermarktet, der sich zum pur Trinken anbietet. Man behielt immer das Alter von acht Jahren bei, den Alkoholgehalt, die altmodische Flasche mit dem Korkenverschluß anstelle einer Schraubkappe, den hohen Preis, auch wenn die Konkurrenz Jüngeres, Leichteres, Billigeres anbot. Er hat jedoch auch einen gewissen Ruf als „harter Kerl" unter den Bourbons. Schließlich steht in seinem Namen „wild", und die – unerbetene – Empfehlung durch Hunter S. Thompson, dem aus Kentucky stammenden Urbild des keinen persönlichen Einsatz und kein bewußtseinserweiterndes Mittel scheuenden Journalisten, trug sicher auch zu diesem Ruf bei. **CKC**

Verkostungsnotizen

Absichtliche rauhe Kanten. Volle Holz-, Getreide-, und Hefenoten. Unter Karamell und Vanille lauern Kräuter und dunkle Früchte. Groß, stark, aber ausgewogen.

Wild Turkey Kentucky Spirit

Gruppo Campari
www.wildturkeybourbon.com

Herstellungsregion und -land Kentucky, USA
Destillerie Wild Turkey, Lawrenceburg
Alkoholgehalt 50,5 Vol.-%
Whiskytyp Straight Bourbon

Der Kentucky Spirit ist das Spitzenprodukt im Standardsortiment von Wild Turkey und die einzige Einzelfaßabfüllung der Destillerie. Meist sind solche Abfüllungen einmalige Veranstaltungen, die für sich stehen und nicht in das Sortiment einer Marke eingebunden sind.

Der Begriff „Einzelfaß" muß deshalb nicht zwangsläufig ein Gütesiegel sein. In diesem Fall ist er es jedoch. Da der Kentucky Spirit die Einzelfaßversion eines bekannten Markensortiments ist und an der Spitze dieses Sortiments steht, darf man als Käufer erwarten, daß der Hersteller dafür den besten Whiskey ausgewählt hat, den die Destillerie bieten kann.

Der Kentucky Spirit wurde 1994 in einer aufwendigen Flasche vorgestellt, deren Form an die gespreizten Schwanzfedern eines Truthahns erinnern soll. Auf dem Halsetikett finden sich handgeschriebene Angaben zur Faßnummer und dem Lagerort innerhalb des Lagerhauses.

Allerdings finden sich keine Angaben zum Alter. Das ist bedauerlich, weil man so nicht beurteilen kann, ob die Eigenschaften des Whiskeys eher auf der Wahl besonders vorzüglicher Fässer oder auf seinem Alter beruhen, oder ob beides eine Rolle spielt. **CKC**

Verkostungsnotizen

Wer Wild Turkey wegen der rauhen Kanten mag, findet diesen vielleicht nicht so gut – er hat keine. Fast ideal ausgewogen, mit Vanille, Lakritze, Feigen und Minze.

Wild Turkey Rare Breed

Gruppo Campari
www.wildturkeybourbon.com

Herstellungsregion und -land Kentucky, USA
Destillerie Wild Turkey, Lawrenceburg
Alkoholgehalt 54,1 Vol.-%
Whiskytyp Straight Bourbon

Ende der 1980er Jahre, nach Jahren der Flaute, wuchsen die Exportraten der Bourbons aus Kentucky jährlich im zweistelligen Bereich. Die Hersteller wagten sich vorsichtig an neue Produkte, von denen manche nur für den Export, manche aber auch für den heimischen Markt bestimmt waren. Der Beitrag von Wild Turkey hieß Rare Breed.

Amerikanischer Whiskey hat nach der Lagerung etwa 65 Volumenprozent Alkoholgehalt und wird für die Abfüllung auf 40 Volumenprozent verdünnt. Das Destillat von Wild Turkey ist mit 57,5 Volumenprozent relativ schwach und kommt mit 54,1 Volumenprozent aus dem Faß. Der Rare Breed wird in Faßstärke abgefüllt, und auch die anderen Versionen werden nur geringfügig verdünnt. Der anfänglich niedrige Alkoholgehalt bedeutet, daß mehr Geschmacksnoten aus der Maische im Whiskey wiederzufinden sind.

Viele Hersteller behaupten, mit althergebrachten Methoden zu arbeiten, aber diese niedrigen Alkoholgehalte und die starke Ankohlung der Fässer sind echte Relikte. Der Wild Turkey 101 ist zwar immer noch das Flaggschiff des Sortiments, aber viele Kenner halten den Rare Breed für die beste Abfüllung der Marke, die deren Stil am deutlichsten zum Ausdruck bringt. **CKC**

Verkostungsnotizen

Sahnig und bitter-süß wie Cappuccino, mit einem Rückgrat aus Sambuca. Hinterläßt auf der Zunge mit dem langen, grasigen Abgang ein angenehmes Kribbeln.

Wild Turkey Rye

Gruppo Campari | www.wildturkeybourbon.com

Herstellungsregion und -land Kentucky, USA
Destillerie Wild Turkey, Lawrenceburg
Alkoholgehalt 50,5 Vol.-%
Whiskytyp Straight Rye

Mit Roggen waren die europäischen Einwanderer vertraut, als sie nach Amerika kamen, sie hatten das Getreide aus der Heimat mitgebracht. Den Mais jedoch, der für Bourbon verwendet wird, fanden sie in dem neuen Land vor. Nach dem Amerikanischen Unabhängigkeitskrieg wurde erstmals in größeren Mengen Whiskey gebrannt, damals meist aus Roggen. Zu den frühen Rye-Brennern gehörte auch George Washington. Allmählich faßte dann der Bourbon Fuß, aber erst nach der Prohibition löste er den Rye als vorherrschenden Whiskeytyp ab.

Wild Turkey ist eine Marke aus der Zeit nach der Prohibition, die vor allem bekannte Bourbons herstellt, die aber auch immer einen Roggen-Whiskey angeboten hat. Sein Absatzgebiet und die Absatzmenge waren zwar klein, aber der Firmensitz befand sich in New York, neben Philadelphia einer der letzten Hochburgen des Rye.

Eine normale Destillerie hat bis vor kurzem meist nur an zwei oder drei Tagen im Jahr Rye gebrannt, wenn sie ihn überhaupt herstellte. Die modische Beliebtheit der Cocktails aus Vor-Prohibitions-Zeiten hat zu einer Renaissance des Rye geführt, so daß jetzt manchmal vier Tage lang Roggen gebrannt wird. Der Absatz hat sich zwar in den letzten Jahren mehr als verdoppelt, ist im Vergleich zum Bourbon aber immer noch winzig.

Der Wild Turkey Rye hat von der Cocktailmanie profitiert. Die Barkeeper schätzen ihn, weil er zu einem angemessenen Preis authentischen Geschmack bietet und doch etwas nobler wirkt als die Marktsegmentführer Jim Beam Rye und Old Overholt (der auch von Beam stammt). Zudem hat er mit 50,5 Volumprozent einen höheren Alkoholgehalt als die Ryes von Beam. **CKC**

Verkostungsnotizen

Ein erdiger Rye mit allem, was man erwartet: Hitzigkeit und Biß, Minze, Kreuzkümmel und schwarzer Pfeffer. Seine kräftigen Geschmacksnoten setzen sich in Cocktails auch gegen andere Komponenten durch. Pur profitiert er von einer geringen Wasserzugabe.

William Larue Weller

Sazerac | www.greatbourbon.com/antiquecollection.aspx

Herstellungsregion und -land Kentucky, USA
Destillerie Buffalo Trace, Frankfort
Alkoholgehalt 58,95–67,4 Vol.-%
Whiskytyp Straight Wheated Bourbon

Die „Antique Collection"-Reihe von Buffalo Trace wird alljährlich um ältere Whiskeys ergänzt, die aus Destillerien der Firma Sazerac stammen. Zu der ersten Sammlung gehörte ein Weller; nachdem er zur Neige gegangen war, gab es einige Jahre keinen Nachfolger, bis 2005 dieser mehr als elfjährige weizenhaltige Bourbon in Faßstärke die Lücke füllte. Der Whiskey stammte nicht aus zugekauften Beständen, sondern wurde von Buffalo Trace selbst destilliert und gelagert.

Seine Anhänger nennen den Whiskey meist William Larue oder verwenden die Anfangsbuchstaben WLW, um ihn von den anderen Weller-Varianten zu unterscheiden, vor allem vom Old Weller Antique, der nichts mit der Buffalo „Antique Collection"-Reihe zu tun hat. Der William Larue Weller liegt im Verkauf hinter dem George T. Stagg's aus derselben Reihe, obwohl man ihn als weizenhaltiges Gegenstück zum Stagg's sehen könnte; beide sind lange gelagert, nicht filtriert und werden in Faßstärke abgefüllt.

In diesen Zeiten, in denen ältere Whiskeys höhere Wertschätzung genießen, werden Fässer, die länger gelagert werden sollen, während dieser zusätzlichen Zeit verhätschelt. Man bringt sie in einer kühlen, feuchten Ecke des Lagerhauses unter, um sie vor den Temperaturextremen zu schützen, durch welche die Extraktion von Geschmacksstoffen aus den Fässern gefördert wird, die dann den Whiskey überwältigen können. Der William Larue scheint nicht so sanft behandelt worden zu sein. Er wurde so aggressiv wie möglich gelagert, weshalb es vermutlich ein gute Idee ist, die Fässer schon mit zwölf Jahren auf Flaschen abzuziehen. **CKC**

Verkostungsnotizen

Holzkohle und Süße ergeben eine dickflüssige Melange, die fast an das Konzentrat für eine Cola-Limonade erinnert. Ein Whiskey für die Liebhaber von Extremen. Mit Wasser kommen Mokka- und Kakaonoten neben Pfeifentabak zum Vorschein.

W. L. Weller 12-Year-Old

Sazerac | www.greatbourbon.com/wlweller

Herstellungsregion und -land Kentucky, USA
Destillerie Buffalo Trace, Frankfort
Alkoholgehalt 45 Vol.-%
Whiskytyp Straight Wheated Bourbon

W. L. Weller war nach Old Fitzgerald jahrzehntelang der am zweithäufigsten gekaufte Bourbon im Sortiment von Stitzel-Weller. Weller war wohl die bessere der beiden Linien – schließlich hieß die Firma Stitzel-Weller. Seine verschiedenen Versionen waren in der Regel älter und stärker als der Old Fitzgerald. Am beliebtesten war der Whiskey in Texas.

Alle Stitzel-Weller Bourbons enthielten Weizen anstatt Roggen als geschmacksgebendes Getreide. Dieser Unterschied wurde auch beibehalten, als das Firmenportfolio 1999 aufgeteilt wurde und Weller an Sazerac ging. Wie üblich gingen dabei auch genügend Fässer verschiedenen Alters an den Käufer, um den Verkauf der Marke sicherzustellen, bis der neue Eigner über hinreichende Mengen selbstgebrannter Destillate verfügte, um das Abfüllen von gereiften Whiskeys zu ermöglichen.

Sazerac schuf jedoch bald eine neue Abfüllung, den W. L. Weller 12-Year-Old, vermutlich aufgrund einer sorgfältigen Bestandsaufnahme der vorhandenen Lagervorräte und ihrer Altersstufen. Zudem mangelte es in der Buffalo-Trace-Destillerie damals an freien Lagerkapazitäten, und ein zwölfjähriger Bourbon muß nur selten noch länger reifen. Der 12-Year-Old wurde gut aufgenommen und blieb seit damals im Sortiment.

Sazerac gibt keine Verkaufszahlen bekannt, aber bei vielen Einzelhändlern wurden einige oder alle Wellers 2009 knapp, und die Liefersituation hat sich seitdem nicht gebessert. Der 12-Year-Old kommt inzwischen aus drei verschiedenen Destillerien, wobei es gelungen ist, den Geschmack nicht variieren zu lassen. **CKC**

Verkostungsnotizen

Bei Bourbons mit Weizen dreht sich alles um Süße. Durch diesen ergießen sich ein Fluß aus Karamell und Ströme von Vanille, Minze, getoastetem Brot, Mokka, und Ahornsirup. Schöne, aber nicht übermächtige Holzkohle- und Eichentöne.

W. L. Weller Special Reserve

Sazerac | www.greatbourbon.com/wlweller

Herstellungsregion und -land Kentucky, USA
Destillerie Buffalo Trace, Frankfort
Alkoholgehalt 45 Vol.-%
Whiskytyp Straight Wheated Bourbon

Die Brüder William und Charles Weller gründeten 1849 in Louisville einen Getränkegroßhandel. Später kamen ein weiterer Bruder und die beiden Söhne von William dazu. Ein Großteil ihres Whiskeys stammte aus der Destillerie der Familie Stitzel. In den 1890er Jahren traten Julian Van Winkle und Alex Farnsley als Verkäufer in die Firma Weller ein, und als die Prohibition in Kraft trat, waren sie die Geschäftsführer und verkauften dank einer pharmazeutischen Lizenz zusammen mit den Stitzels Whiskey. Nach dem Ende des Alkoholverbots wurden die beiden Firmen unter der Leitung der Familie Van Winkle zusammengelegt.

Die Stitzel-Weller-Bourbons waren einzigartig, denn sie enthielten Weizen. Auch solche Whiskeys sind Bourbon, da der Hauptbestandteil Mais ist, aber anstelle von Roggen wird hier Weizen hinzugegeben. Stitzel-Weller verkauften unter den Markennamen Weller verschiedene Bourbons, aber das Flaggschiff war immer der Special Reserve. Neben der Verwendung von Weizen zeichnet sich die Marke dadurch aus, daß der Special Reserve mit seinen sieben Jahren die jüngste Variante ist.

Bourbons mit Weizen müssen nicht unbedingt leichter sein als solche mit Roggen, aber es fehlen das Brennen und die Bitterkeit des Ryes. Diesen milderen Geschmack schienen die Kunden nach der Prohibition an den Wellers zu schätzen.

Es gibt keine Dokumente, die auf die Herstellung von weizenhaltigem Whiskey bei anderen Destillerien hindeuten, bevor Stitzel-Weller 1954 damit begann. Die Marke war immer exklusiv, was sich im höheren Alter, höheren Alkoholgehalt und höheren Preis niederschlägt. **CKC**

Verkostungsnotizen

Der beste Weller, wenn man Gewürznoten wie Zimt, Minze, Muskat und Gewürznelken sucht. Vom Faß kommen Vanille, Karamell, Toastbrot und Süße hinzu, Gerbsäure ist jedoch kaum zu vernehmen. Rye-Trinker finden ihn vielleicht süßlich, andere aber sicher perfekt.

Woodford Reserve

Brown-Forman Corporation | www.woodfordreserve.com

Herstellungsregion und -land Kentucky, USA
Destillerie Woodford Reserve, Versailles
Alkoholgehalt 45,2 Vol.-%
Whiskytyp Straight Bourbon

Handelt es sich bei diesem Whiskey um Woodford Reserve? Oder ist es Old Forester in einer schicken Flasche? Man erzählt sich, der Woodford Reserve hätte in den drei Brennblasen der Destillerie unten beim Glenn's Creek gebrannt werden sollen, aber die Firma benötigte Whiskey für den Verkauf. Also wählte man sehr sorgfältig solche Fässer des Old Forester aus, die dem vorgesehenen Geschmacksprofil des zukünftigen Woodford Reserve entsprachen. Insofern war der Woodford Reserve ein Old Forester in einer schicken neuen Flasche. So stellten es sich auf jeden Fall die Meisten vor.

„Falsch!", sagt Meisterbrenner Chris Morris. „Die Firma hat die Wahrheit gesagt, aber falsch dargestellt. Es ist eine Faßauswahl. Der Whiskey schmeckt anders, es ist ein anderer Whiskey. Sie wußten nicht, wie sie das ausdrücken sollten. Er enthielt nie Old Forester, er enthält immer noch keinen; es war immer Woodford Reserve."

Bei anderen Destillerien wird es genauso gemacht. Zwei Bourbons mit der gleichen Getreidezusammensetzung aus derselben Brennanlage mögen gleich erscheinen. Lagert man sie jedoch unterschiedliche lange, in unterschiedlichen Lagerhäusern, auf unterschiedlichen Etagen, erhält man sehr unterschiedliche Whiskeys.

„Old Forester kommt aus vier, fünf und sechs Jahre alten Fässern", erklärt Morris. „Das Destillat, das für den Woodford Reserve verwendet wurde, verbrachte neun Jahre im Faß. Es war kein Old Forester mehr." Und die Whiskeys aus den Brennblasen? „Der Whiskey aus den Brennblasen spielt eine sehr bedeutende Rolle", sagt er. „Man kann den Unterschied zwischen einem Faß aus der Brennblase und einem der anderen kaum erkennen." **LB**

Verkostungsnotizen

In der Nase trocken, würzig, fast herb, aber im Hintergrund verspielter Mais. Am Gaumen kommt dann alles an: scharfer Süßmais mit Beeren und einem Hauch Aprikose, etwas Leder und Zimt, verpackt in einer Silvesterrakete, die im würzigen Abgang explodiert.

Labrot & Graham
Woodford Reserve
Distiller's Select
Labrot & Graham
Woodford Reserve
Distiller's Select

Woodford Reserve Master's Collection Maple Wood Finish

Brown-Forman Corporation | www.woodfordreserve.com

Herstellungsregion und -land Kentucky, USA
Destillerie Woodford Reserve, Versailles
Alkoholgehalt 47,7 Vol.-%
Whiskytyp Straight Bourbon

Da Brown-Forman über eine eigenen Küferei verfügt, kann der Brennmeister Chris Morris mit jeder Faßart arbeiten, die er haben möchte. Er sagt, die Anregung für Fässer aus anderen Laubholzarten als Eiche kam von der Arbeit mit einheimischen Hölzern aus Kentucky.

Anfänglich arbeitete das Team mit Holzspänen, die sie ankohlte und in neutralem Alkohol tränkte. Falls das Ergebnis gut roch, ging man weiter, indem man Späne in Woodford Reserve einlegt und dann auch ganze Holzleisten in Fässer mit gelagertem Whisky einhängte. War man auch dann mit dem Ergebnis zufrieden, wurden schließlich für die normale Produktion Fässer aus vier verschiedenen Holzarten hergestellt: Zuckerahorn, Hickory, Esche und Sassafras.

Als Sieger kam der Zuckerahorn heraus. Die Küfer stellten 120 Fässer her und kohlten sie an. Danach wurden sie mit gereiftem Woodford Reserve bei 55 Volumenprozent Alkoholgehalt befüllt. Morris sagt, die Fässer würden nicht in Chargen zusammengefaßt: „Jedes Faß stammt von einem einzelnen Faß. Manche benötigten ein Jahr, manche waren schon nach zwei oder drei Monaten auf ihrem Gipfel." Das Ergebnis war etwas anderes als ein einfacher Bourbon – ein Bourbon mit Ahornfaßfinish, oder eine „Bourbonspezialität". Das ist keine Haarspalterei, sondern auf die sehr strikte Regelung der Definition des Bourbons zurückzuführen.

Es ist erfreulich, daß sich Brown-Forman durch die Regeln nicht davon abhalten ließen, sich auch ein wenig Spaß bei der Arbeit zu gönnen. **LB**

Verkostungsnotizen

Unterschwelliger Zimt in der Nase, mit Spuren von Schokolade und Aprikosen. Am Gaumen Zigarrenkisten, geröstete Nüsse und Zimt. Der nachklingende Abgang ist das Beste: Aprikosen und Pfirsiche in Ahornsirup, Gebäckgewürze und schwarzer Tee.

Woodford Reserve Master's Collection Seasoned Oak Finish

Brown-Forman Corporation | www.woodfordreserve.com

Herstellungsregion und -land Kentucky, USA
Destillerie Woodford Reserve, Versailles
Alkoholgehalt 50,2 Vol.-%
Whiskytyp Straight Bourbon

Brown-Forman hat eine eigene Küferei und nutzt sie mit Vergnügen. Die Brennerei läßt das Holz für ihre Fässer fast doppelt so lange an der Luft trocknen wie einst; man kohlt die Fässer innen nur an, statt sie auf traditionelle Bourbon-Manier auszubrennen; und man experimentiert mit unterschiedlichen Eichenholzarten. Die bessere Kontrolle über die Faßherstellung führt zu einer größeren Konsistenz der bekannten Whiskeys, sie bietet aber auch die Möglichkeit, zusätzliche Varianten zu schaffen. So entstand auch dieser Woodford Reserve.

Der Brennmeister Chris Morris sagt: „Diese Abfüllung wurde durch die Arbeit unserer Freunde bei Glenmorangie inspiriert. Bill Lumsden verwendet dort Eiche in der Küferei, die zwei Jahre getrocknet ist. Das verringert den Gehalt an Tanninen, so daß die Gewürznoten deutlicher werden. Cool! Mehr Gewürze, weniger Tannin – versuchen wir es mit dem ältesten Holz, das wir bekommen können! Wir hatten für die Dauben Holz, das dreieinhalb Jahre getrocknet worden war, für die Deckel verwendeten wir sogar fünf Jahre altes."

Der gereifte Woodford, der in diese Fässer gefüllt wurde, zeigte laut Morris „nur geringe Bitterkeit. Die Gewürznoten waren phantastisch. Wegen der doppelten Faßreifung haben wir uns aber für einen hohen Alkoholgehalt entschieden; je mehr Holz ein Whiskey zeigt, desto größer die Gefahr, daß er bei geringerer Stärke umkippt."

Der Whiskey zeigt Holz, aber auch die Spritzigkeit der Jugend. Wie der Woodford Reserve Four Grain weist auch er also zwei Aspekte des Bourbons zugleich auf. **LB**

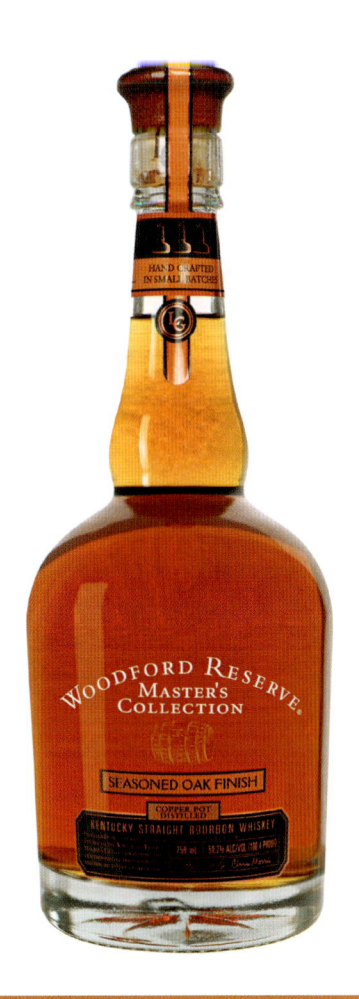

Verkostungsnotizen

Dunkel, fast kastanienfarben. Der Lagerhausgeruch gibt dem Mais etwas Schärfe; eine lebendige Mischung aus jungen und alten Whiskeyaromen. Sehr scharfe, kräftige Eiche am Gaumen, aber auch Mais und Vanille darunter. Wasser macht diese Komponenten deutlicher.

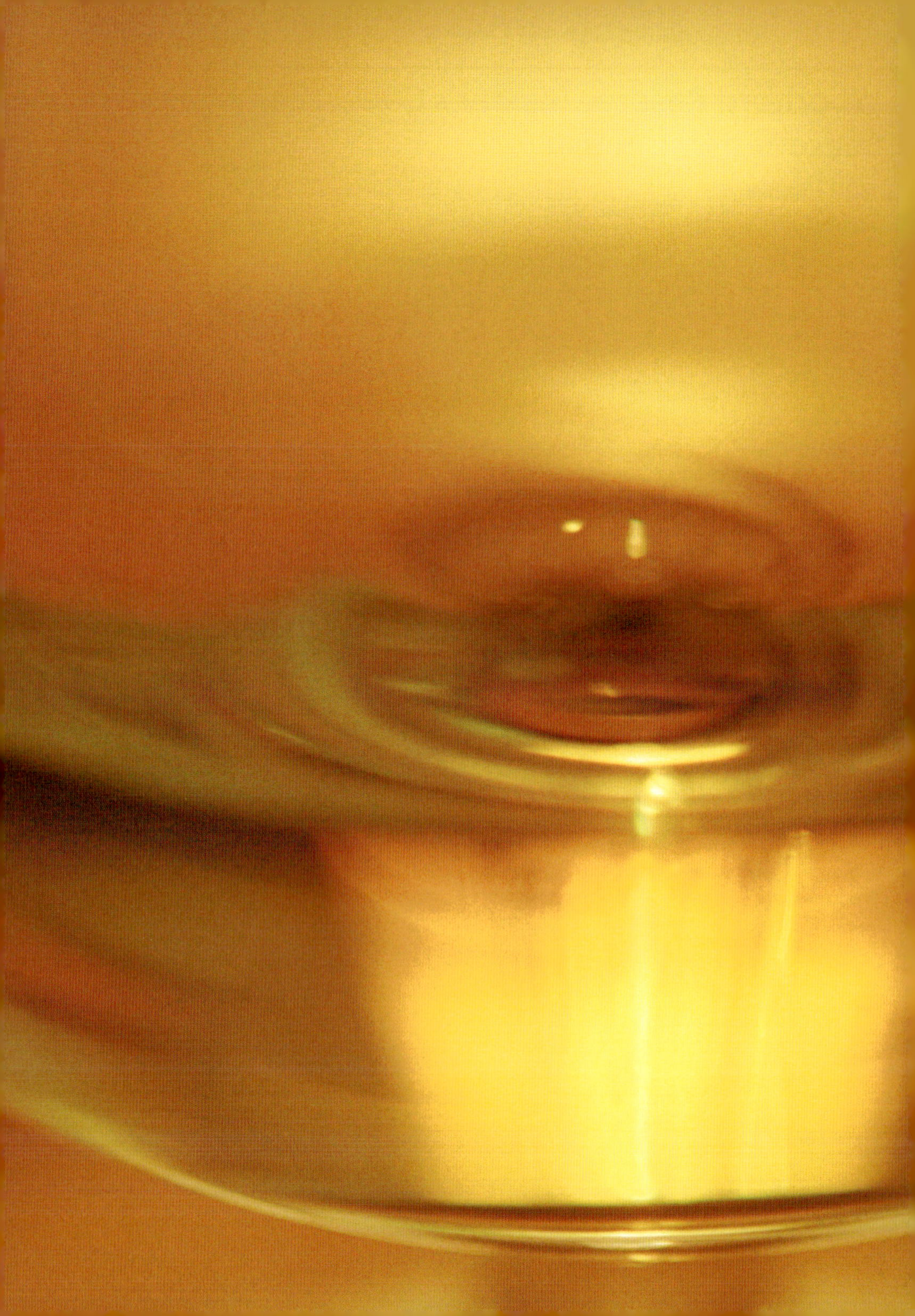

KANADA

Alberta Premium

Beam Global | www.beamglobal.com

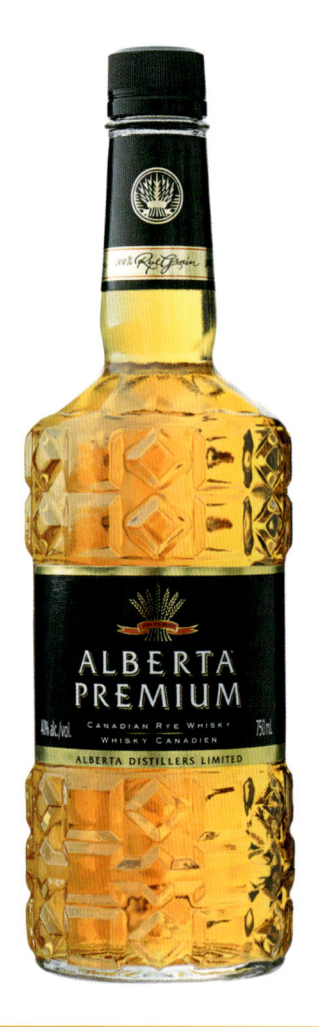

Herstellungsregion und -land Alberta, Kanada
Destillerie Alberta Distillers, Calgary
Alkoholgehalt 40 Vol.-%
Whiskytyp Einzeldestillerieabfüllung

Laut Whiskypresse und strahlenden Branchenvertretern erlebt der Rye-Whisky eine Renaissance. Eine vor kurzem anhand von offiziellen Herstellerzahlen vorgenommene Schätzung zeigte, daß der weltweite Rye-Verkauf aller US-Destillerien sich auf jährlich 75 000 Kisten belief. In derselben Zeit verschifft eine einzelne mittelgroße kanadische Brennerei ohne viel Aufhebens 225 000 Kisten 100prozentigen Rye-Whisky. Die fragliche Destillerie ist natürlich Alberta Distillers. Deren bekanntester Rye ist der Alberta Premium.

Der Alberta Premium ist ein guter fünfjähriger kanadischer Whisky, ein Arbeitspferd für Cocktails. Im Whisky-Internet wurde er berühmt – bei manchen Aficionados auch berüchtigt –, als ein Journalist ihn mehrere Jahre nacheinander als „Kanadischer Whisky des Jahres" auszeichnete. Einem Blogger fehlten die Worte („Wow, einfach wow!"), er verlieh nicht weniger als 93 Punkte. Es gab aber auch Gegenmeinungen: „Es gibt Leute, die meinen, dies sei der beste Whisky, den Kanada zustande bringt. Dabei ist es nicht einmal der beste dieser Destillerie." Wie man dazu auch steht: So oder so ist ein junger Rye etwas Besonderes.

Jeder Whisky, der ausschließlich aus Roggen gebrannt wird, weckt hohe Erwartungen. Zumal, wenn er alle amerikanischen Ryes im Verkauf um das Dreifache übertrifft. Allerdings muß man zugeben, daß kanadische Kenner oft den zehn Jahre alten Alberta Springs derselben Destillerie vorziehen. Und wenn es darum geht, wirklich einmal etwas Himmlisches zu schmecken? Dann führt einfach kein Weg am Alberta Premium 30-Year-Old vorbei. **DDK**

Verkostungsnotizen

Üppig, fruchtig und wunderbar ausgewogen. Scharfe Ingwer- und Pfefferakzente gehen langsam in spritzige, süße, würzige Roggennoten über. Sanfte Gerbsäure, der Feuerstein des ungemälzten Roggens und Karamell mit Ahornsirup lösen sich in frischen Zitrustönen auf.

Alberta Premium 30-Year-Old

Beam Global | www.beamglobal.com

Herstellungsregion und -land Alberta, Kanada
Destillerie Alberta Distillers, Calgary
Alkoholgehalt 40 Vol. %
Whiskytyp Einzeldestillerieabfüllung

In Kanada ist „Rye" gleichbedeutend mit „Whisky". Die Destillerien des Landes haben seit Jahrhunderten ihrer Maische eine Spur Roggen zugefügt, um sie etwas würziger zu machen. Einst tranken die Kanadier am liebsten Whisky auf Mais- oder Weizenbasis, der etwas Roggen enthielt. Man nannte diese Whiskys „Rye", um sie von den „einfachen" oder „reinen" Whiskys zu unterscheiden. Dann betraten Alberta Distillers die Bühne, die ihre Maische ausschließlich aus Roggen herstellten. Kein Mais, kein Weizen, keine Gerste. Nichts als Roggen.

Schon die frühen kanadischen Brenner stellten fest, daß sich kleine Mengen Roggen deutlich bemerkbar machen. Deshalb destillieren Alberta Distillers einen Teil des Roggenbrandes bis zu einem sehr hohen Alkoholgehalt, so daß er nur noch Spuren seiner Würzigkeit zeigt. Dadurch reagiert das Destillat anders auf das Holz der Fässer, als das ein Brand mit geringerem Alkoholgehalt täte, und nimmt nicht die bitteren Züge an, die man von lange gelagerten Whiskys kennt, die anfänglich größere Mengen an Geschmacksstoffen enthielten.

Alberta Distillers konnte deshalb diesen sauberen, klaren Rye volle 30 Jahre reifen und Unmengen von Holznoten aufnehmen lassen, ohne daß er die Bitterkeit des Alters zeigt. Stattdessen ist er würdevoll zu einer üppigen Schönheit herangereift, die ihre jugendliche Keckheit keineswegs verloren hat.

In Kanada ist die unverkennbare Flasche zu einem Wahrzeichen geworden. In anderen Ländern ist dieser 30jährige nur schlecht zu bekommen. Vielleicht ist es Zeit, Reisepläne zu schmieden, um eine der wenigen Flaschen zu ergattern? Es würde sich lohnen … **DDK**

Verkostungsnotizen

Ungeheuer komplex. Bleistiftspäne, staubiger Roggen, Körbe voller dunkler Früchte, überreife Erdbeeren und Sahnekaramelleiscreme mit dunkler Schokolade. Haferbrei mit Zimt und braunem Zucker. Weißer Pfeffer, Ingwer und Gewürznelken, Vanilleschoten und Zedernholz.

Alberta Springs 10-Year-Old

Beam Global | www.beamglobal.com

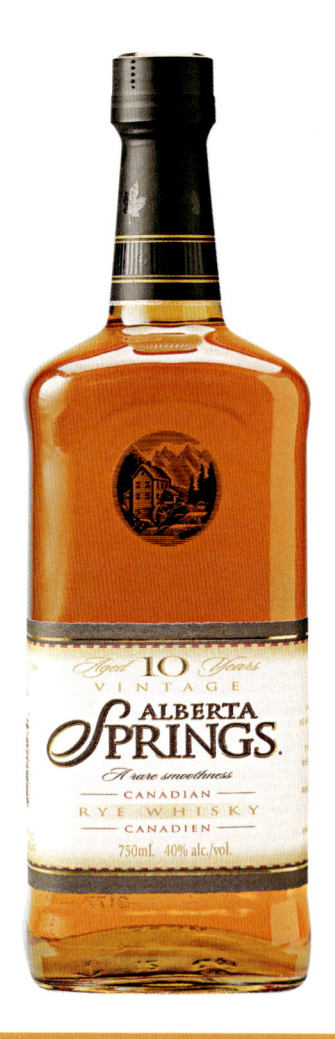

Herstellungsregion und -land Alberta, Kanada
Destillerie Alberta Distillers, Calgary
Alkoholgehalt 40 Vol.-%
Whiskytyp Einzeldestillerieabfüllung

Das Betriebsgelände von Alberta Distillers Limited erstreckt sich über 16 Hektar eines Industriegebiets, das einst in den Außenbezirken von Calgary lag. Eine schöne Landschaft sieht anders aus. Aber in nur zwei Autostunden Entfernung erheben sich die Rocky Mountains aus der endlosen Prärie wie riesige, weiß gekrönte Zähne in einem gigantischen Kiefer. Werden die Quellen von Alberta Springs wirklich vom Schmelzwasser gespeist, das von diesen majestätischen Bergen abfließt? Ja, in der Tat. Und außerdem ist der Whisky, der den Namen dieser Quellen trägt, das Spitzenprodukt unter den vielen hochgelobten Whiskys der Destillerie Alberta Springs. Der Brennereileiter Rob Tuer erklärt, das liege an den Fässern.

Zu den Vorteilen, die eine Reifung von Rye-Whisky in Fässern bietet, die zuvor Bourbon enthalten haben, zählt die Abschwächung der heftigeren Holznoten – Vanille, Tannin und Karamell –, die es auch den subtileren Tönen erlaubt, in Erscheinung zu treten. Geschmacksrichtungen, die von neuer Eiche überdeckt würden, kommen nach vorne und liefern klare, fast exotische Faßaromen ohne eine Spur von Bitterkeit.

In der kanadischen Prärie gibt es Stellen, wo sich die Getreidefelder bis an den Horizont erstrecken. Calgary liegt am Rand des wichtigsten Roggenanbaugebiets in Kanada. Die Sommer hier sind glühend heiß, die Winter bitterkalt. Solche extremen Temperaturunterschiede führen im Laufe einer zehnjährigen Reifung dazu, daß das Destillat im Sommer tief in das Holz einzieht und im Winter die aufgenommenen Geschmacksstoffe wieder an den werdenden Whisky abgibt. **DDK**

Verkostungsnotizen

In der Nase wuchtig und kühn, mit üppigen Gewürznelken, Ingwer und Muskat sowie sauberen Holznoten. Süße Vanille, Butterkaramell und Lakritze, grüne Äpfel, Weinbeeren und Dörrobst. Saftig, zähflüssig und cremig. Trockene Getreide- und spritzige Zitrusnoten.

Black Velvet Deluxe

Constellation Brands | www.blackvelvetwhisky.com

Herstellungsregion und -land Alberta, Kanada
Destillerie Black Velvet, Lethbridge
Alkoholgehalt 40 Vol.-%
Whiskytyp Einzeldestillerieabfüllung

Woche um Woche verlassen zwei Tanklastwagen die Black-Velvet-Destillerie in Lethbridge, Alberta, um Whisky in die USA zu bringen, wo er auf Flaschen gezogen und verkauft wird. Mehr als 100 Tanklastwagen mit Black Velvet im Jahr: Offensichtlich lieben die amerikanischen Whiskytrinker ihren Black Velvet. Sie wissen jedoch vermutlich nicht, daß der Whisky, der in die USA verschifft wird, nach einem besonderen Rezept hergestellt wird, das dem amerikanischen Geschmack angepaßt ist. In Kanada und anderen Teilen der Welt trinkt man eine trockenere Variante, die den Namen Black Velvet Deluxe trägt.

Der Black Velvet kam zuerst 1951 als Nebenprodukt der Gilbey-Gin-Brennerei in Toronto auf den Markt. Seine Beliebtheit wuchs so sehr, daß 1973 eine Destillerie für seine Herstellung in Lethbridge errichtet wurde. Nach einer Reihe von Fusionen und Übernahmen war Black Velvet schließlich eine Art Waise – die einzige Spirituosenbrennerei in einem weltweit tätigen Weinkonzern mit dem Namen Constellation Brands.

Lethbridge liegt nahe der Grenze zu den USA in einer Landschaft mit Sandsteinfelsen, Klapperschlangen und verdorrten Pflanzen. Wohin man blickt, fühlt man sich an die Kulisse eines Westerns erinnert. Es ist eine schöne Gegend für Durchreisende, für den Getreideanbau aber weniger geeignet. Deshalb stammt auch der Mais für den Black Velvet Deluxe aus dem amerikanischen Mittleren Westen. Der Black Velvet Deluxe trägt die Bezeichnung „Blended at Birth". Nach dem Brennen wird das frische Maisdestillat mit zwei Jahre altem Roggenwhisky verschnitten und dann in angekohlte Weißeichenfässer gefüllt, um drei Jahre zu reifen. **DDK**

Verkostungsnotizen

Cremig-süßes Butterkaramell mit Spuren angebrannten Zuckers, dann scharfer Pfeffer, Muskatnuß, Gewürznelken und Ingwer. Frisch eingeschnittenes Holz, leicht erdiger Roggen und reife schwarze Früchte werden durch einen spritzigen Hauch Zitrus ausgefüllt.

Black Velvet Reserve 8-Year-Old

Constellation Brands | www.blackvelvetwhisky.com

Herstellungsregion und -land Alberta, Kanada
Destillerie Black Velvet, Lethbridge
Alkoholgehalt 40 Vol.-%
Whiskytyp Einzeldestillerieabfüllung

Was macht man, wenn man einen der meistgekauften Whiskys in Nordamerika herstellt? Man läßt ihn so, wie er ist. Aber natürlich lockt die Versuchung, auf der Grundlage einer gut etablierten Marke neue Varianten herauszubringen. So geschah es auch 2004 bei Black Velvet. Als Ergänzung der dreijährigen Standardabfüllung kam eine acht Jahre alte Version auf dem US-Markt heraus. Dieser neue „Reserve" war nicht nur älter, er wies auch einen deutlich höheren Anteil an geschmackstragendem Whisky auf, der ihn zu einem üppigeren und abgerundeteren Tröpfchen machte.

Zu dieser Zeit wurde der Black Velvet in der Destillerie Schenley in Valleyfield, Quebec, hergestellt, die auf einem langen, sehr schmalen Streifen Land liegt, der zum St. Lawrence zeigt. Diese Anordnung ist typisch für das alte Quebec, in dem der Fluß die Hauptverkehrsader war und der Zugang zu ihm auf möglichst viele Grundstücke aufgeteilt worden war. Sogar die Mais- und Roggenfelder für den Black Velvet sind lang und schmal.

Inzwischen wird der Whisky jedoch etwa 3500 Kilometer weiter westlich in Lethbridge, Alberta, hergestellt. Die Destillerie dort, Black Velvet, wurde auch nach ihm benannt. Im Gegensatz zu Quebec sind die Felder hier so breit wie lang, aber die Niederschläge sind zu gering, um Mais anzubauen. Und daher wird er aus den USA hertransportiert, destilliert und mit zwei Jahre altem Roggendestillat aus Alberta verschnitten, bevor er weitere acht Monate reifen kann. Das Ergebnis ist ein hochwertiger, seidiger Whisky, den die meisten Black-Velvet-Trinker für besondere Gelegenheiten aufsparen. **DDK**

Verkostungsnotizen

Scharfer Pfeffer und staubiger Roggen, Karamell und frisch gesägtes Holz. Üppige Noten schwarzer Früchte überlagern süße Zitrustöne. Karamell, Melasse, verbrannter Zucker und Pfeffer herrschen vor, bis sie von einer Grapefruitschale fortgespült werden.

Bush Pilot's Private Reserve

Robert Denton & Company Limited, Bloomfield Hills, Michigan (erloschen)

Herstellungsregion und -land Kanada
Destillerie Ungenannt
Alkoholgehalt 43 Vol.-%
Whiskytyp Single-Cask-Whisky

Heutzutage scheint jedermann Einzelfaßabfüllungen auf den Markt zu bringen. Bis in die 1990er Jahre hinein waren Whiskys, die nur aus einem einzigen Faß stammten, fast nur den Kennern geläufig. Eines der ersten Beispiele, das in den USA auf den Markt kam, war vermutlich die Einzelfaßabfüllung eines reinen Maiswhiskys aus Kanada, die Bush Pilot's Private Reserve hieß und Anfang der 1990er Jahre herauskam.

Seine Anfänge waren eher scherzhaft. Der Vater von Marilyn Smith, Fred Johnson, betrieb nach einer Karriere als erfolgreicher Automobilbauer eine Hobby-Fluglinie, die Unternehmer aus Detroit zum Angeln in den Norden Ontarios flog. Man erzählt sich, Johnsons Buschpiloten hätten sich in den kälteren Nächten aus etikettenlosen Flaschen mit kanadischem Whisky einen wärmenden Schluck gegönnt – vom „Privatvorrat des Buschpiloten".

Marilyn Smiths Geschäftspartner Robert Denton betrieb einen erfolgreichen Getränkegroßhandel und kaufte kanadische Blends en gros, um sie in den USA auf Flaschen zu ziehen und zu verkaufen. Bei einer seiner Einkaufsreisen entdeckte er einige Fässer eines älteren kanadischen Mais-Whiskys, der zum Verschneiden vorgesehen war. Er war fasziniert, und als ihm der Destilleriemanager versicherte, es gäbe keinen Grund, den Whisky nicht in seinem gegebenen Zustand auf Flaschen abzufüllen, taten Marilyn Smith und er genau das, Faß um Faß.

Marilyn Smiths Bruder Frederick H. Johnson Jr. setzte zwar seine Unterschrift auf die selbstgefertigten Etiketten, aber es war Marilyns Idee, den Whisky im Gedenken an den Vater abzufüllen und ihn nach seinen Abenteuern als Besitzer einer Buschfluglinie zu benennen. **DDK**

Verkostungsnotizen

Üppiger als schottischer Grain-Whisky. Klare Eichentöne. Süßer Vanillekaramell geht langsam in staubige Maisnoten und Kräutertee mit Minze und scharfem weißen Pfeffer über. Eher ölig als cremig, mit spritziger Frucht und erfrischenden Zitrustönen.

Canadian 83

Diageo | www.diageo.com

Herstellungsregion und -land Quebec, Kanada
Destillerie Diageo Global Supply, Salaberry-de-Valleyfield **Alkoholgehalt** 40 Vol.-%
Whiskytyp Blend

Während einer Unterhaltung mit den Destilleriearbeitern von Crown Royal in Gimli im kanadischen Manitoba frage ich nach ihrem Lieblingswhisky. Auf den Gesichtern macht sich ein verstohlenes Grinsen breit, sie freuen sich schon auf die Reaktion: „Seagram's 83." Einer von ihnen fügt hinzu: „Der meistgekaufte Whisky in Manitoba." Ein anderer bemerkt: „Ich nehme an, er heißt jetzt Canadian 83. Sie haben das ‚Seagram's' fallen gelassen, als Diageo vor einigen Jahren die Destillerie übernahm." Canadian 83 paßt auf jeden Fall, es ist mit seinen typischen klaren Holznoten, dem scharfen Pfeffer und den Karamelltönen unverkennbar ein kanadischer Whisky. Aber es ist auch eindeutig kein Crown. „Ich glaube, sie hätten die Produktion vollkommen eingestellt, wenn er bei den Destilleriearbeitern nicht so beliebt gewesen wäre", erklärt einer: „Der Crown nimmt die gesamte Üppigkeit aus dem Faß. Für den 83 bleibt nur die Samtigkeit übrig."

Seagram's 83 kam 1887 als erster neuer Whisky der Waterloo-Destillerie heraus, die Joseph Seagram vier Jahre zuvor gekauft hatte. In den 1990er Jahren wurde die Brennerei geschlossen und die Produktion nach Gimli verlagert. Mit wachsender Nachfrage nach dem Crown Royal wurde die Herstellung des 83 dann wieder in die Diageo-Destillerie in Valleyfield verlegt. **DDK**

Verkostungsnotizen

Gedämpfte Roggenwürzigkeit, Gewürznelken und Ingwer neben scharfem Pfeffer. Süßer Karamell, Sandelholz und spritzige Zitrusnoten schreien nach Ginger Ale …

Canadian Club Black Label 8-Year-Old

Beam Global | www.canadianclubwhisky.com

Herstellungsregion und -land Ontario, Kanada
Destillerie Hiram Walker, Walkerville
Alkoholgehalt 40 Vol.-%
Whiskytyp Einzeldestillerieabfüllung

Die 1980er waren grausame Jahre für den kanadischen Whisky. Der Absatz ging zurück, mehrere Destillerien mußten aufgeben, und bei den anderen ging die Angst um. In ihren Lagerhäusern lagen Millionen Fässer mit Whisky, der einfach nur älter und älter wurde. Manche Hersteller von Blends begannen, diese alten Vorräte zu Blends zu verschneiden, die eine jüngere Altersangabe trugen. Zu ihnen gehörte auch Canadian Club: Auf dem Etikett mag damals zwar von sechs Jahren die Rede gewesen sein, aber der Inhalt mancher Flaschen aus den 1980ern konnte durchaus auch acht Jahre oder älter sein.

Die nordamerikanischen Whiskytrinker begannen, sich zu beschweren, ihr Whisky zeige Holznoten. Aber in Japan stießen diese Abfüllungen auf begeisterte Aufnahme. Canadian Club kehrte auf dem nordamerikanischen Markt reumütig zu sechs Jahre alten Abfüllungen zurück, aber für Japan entwickelte man eine neue, acht Jahre alte und holzbetonte Variante des Canadian Club, die als „Black Label" verkauft wurde. Dan Tullio, der Markenbotschafter von Canadian Club, sagt, diese Variante sei immer noch Japan vorbehalten. „Dieses achtjährige Mitglied des Sortiments hat einen höheren Anteil an Roggen und Roggenmalz, die dem Whisky einen sehr würzigen Charakter verleihen." **DDK**

Verkostungsnotizen

Süße dunkle Früchte, Roggennoten und Spuren von Zitronen. Butterkaramell und Vanille gehen zu Zitrus und Gewürzen mit Zedernholzaromen über.

POUR·VOTRE COCKTAIL

Demandez « CANADIAN CLUB » WHISKY

AUBREY HAMMOND

Canadian Club Reserve 10-Year-Old

Beam Global | www.canadianclubwhisky.com

Herstellungsregion und -land Ontario, Kanada
Destillerie Hiram Walker, Walkerville
Alkoholgehalt 40 Vol.-%
Whiskytyp Einzeldestillerieabfüllung

Wenn man in einer Bar einen „Rye" bestellt, wird man in mehr als 150 Ländern höchstwahrscheinlich einen sechs Jahre alten Canadian Club bekommen. Seit Ende des 19. Jahrhunderts wird der Whisky dieser Marke in Hotels, Bars und Spirituosengeschäfen auf der ganzen Welt verkauft.

1858 baute ein amerikanischer Lebensmittelhändler aus Detroit auf der kanadischen Seite des Detroit River eine Destillerie. Er hieß Hiram Walker, und auf dem Ackerland um die Brennerei entstand später die Stadt Walkerville. Der Erfolg stellte sich schnell ein, und als Walker Mitte der 1880er Jahre seinen Club Whisky (den späteren Canadian Club) vorstellte, hatte er sich schon einen Ruf als Hersteller hochwertigen Whiskys erworben.

Diese Version des allgegenwärtigen „CC" unterscheidet sich etwas von der Standardabfüllung. Er wird nicht nur vier Jahre länger gelagert, er enthält auch einen deutlich höheren Anteil von Whisky aus Roggen. Genauer: von Whisky aus ungemälztem und gemälztem Roggen.

Insgesamt neigen die Whiskys von Canadian Club zum Fruchtigen, Vollmundigen, und diese Version entspricht auch dem hauseigenen Stil. Allerdings steigert der CC Reserve ihn noch etwas. Der höhere Roggenanteil verleiht ihm eine klassische stählerne Schärfe. Wenn man einen eleganten Whisky schätzt, ist er eine gute Wahl. Wenn man eher zu Longdrinks neigt, dann kann man fast hören, wie die Ingwernoten des Roggens im CC um Ginger Ale betteln.

Die Destillerie von Hiram Walker ist auch heute noch in Betrieb und damit die älteste ununterbrochen produzierende Brennerei Nordamerikas. Zudem ist sie auch die größte des Kontinents. **DDK**

Verkostungsnotizen

Pfirsichkerne und Zitrusfrüchte wiegen eine gewisse Fleischigkeit auf; weißer Pfeffer, Ingwer und Zimt übertönen Sherry und reife schwarze Beeren. Der Roggen zeigt Wasserpflanzen, feuchte Erde, duftende Blumen und eine stählerne Schneidigkeit. Warmer Abgang.

Canadian Club Sherry Cask

Beam Global | www.canadianclubwhisky.com

Herstellungsregion und -land Ontario, Kanada
Destillerie Hiram Walker, Walkerville
Alkoholgehalt 41,3 Vol.-%
Whiskytyp Einzeldestillerieabfüllung

Die Liebhaber kanadischen Whiskys waren besorgt, als Pernod-Ricard die Hiram-Walker-Destillerie in Walkerville in Ontario aufkaufte und deren Flaggschiff-Marke Canadian Club an Beam Global weiterreichte. Es gab dabei jedoch auch einen Lichtblick: Die Muttergesellschaft von Beam, Fortune Brands, ist auch der Eigner von Harvey's Bristol Cream. Dieser Sherry wird aus Fino-, Amontillado-, Oloroso- und Pedro-Ximénez-Sherrys verschnitten und ist immens geschmacksreich. Seine Aromen halten sich auch in den Fässern.

Die Anhänger von schottischen Single Malts kennen die Lagerung von Whisky in Sherryfässern. Im ersten Augenblick könnte man den Canadian Club Sherry Cask auch für eines dieser schottischen Sherry-Ungeheuer halten. Auf dem Etikett wird jedoch bestätigt, daß es sich um einen Canadian Club handelt, der zwei zusätzliche Jahre in Fässern reifte, in denen zuvor Harvey's Bristol Cream gelegen hatte.

Der Canadian Club Sherry Cask wird in Chargen gebrannt, die jeweils kleine Eigenarten aufweisen. Es werden jeweils 27 Sherryfässer aus Jerez mit sechsjährigem Canadian Club befüllt. In den folgenden zwei Jahren nimmt der Whisky einige der üppigen Fruchtaromen der Palomino-Reben aus dem Faß auf. Es ist also kein einfacher Finish, sondern eine echte Nachreifung.

Die Eigner der Marke mögen zwar gewechselt haben, aber der Canadian Club wird immer noch in der Destillerie in Walkerville gebrannt, in der Hiram Walker 1882 selbst das Original schuf. Jetzt profitiert ein neuer Canadian Club von der Verbindung mit einer genauso ehrwürdigen Marke, dem Harvey's Bristol Cream. **DDK**

Verkostungsnotizen

In einem ruhigen Altherrenklub macht sich die die jugendliche Begeisterung einer Talentshow breit. Bleistiftspäne mit trockner Eiche, scharfem Pfeffer, üppigem Sherry, altem Leder und Zigarrenrauch; auch Rum, Butter, fruchtiger Tabak und trockner Tee.

Canadian Hunter

Sazerac Company | www.sazerac.com

Herstellungsregion und -land Kanada
Destillerie Ungenannt
Alkoholgehalt 40 Vol.-%
Whiskytyp Blend

Dies ist nicht nur ein Whisky, den man probieren muß, bevor das Leben vorbei ist. Es ist einer, den man immer im Schrank stehen haben sollte. Schon das Etikett ist beeindruckend: Ein bärtiger Jäger mit fellbesetztem Parka und der Winchester im Arm hält mit Mühe seine beiden Huskies zurück. Das Filmklischee des kanadischen Jägers ist auf einem Whiskyetikett zu neuem Leben erwacht.

In kanadischen Lagerhäusern liegen Hunderttausende Fässer mit kanadischem Whisky, die der Sazerac Company aus New Orleans gehören. Die Firma verwendet diese Vorräte, um mehr als 20 Blends zu verschneiden, von denen die meisten nur in den USA auf den Markt kommen. Dazu gehört auch der Canadian Hunter, eine ehemalige Seagram's-Marke. Das Etikett mag vor kurzem neu gestaltet worden sein, es ist aber immer noch entschieden „retro" und ist gerade noch geschmacklos genug, um „cool" zu wirken.

Im Internet kann man sehen, daß der Canadian Hunter von einem Ende der USA bis zum anderen treue Anhänger hat. Aus Kalifornien tönt es: „Das bestgehütete Geheimnis des Spirituosenhändlers", und aus Alaska kommt es zurück: „Der beste Whisky, den ich je probiert habe!" Nur in Kanada bekommt man diesen Kanadier zur Zeit leider nicht. **DDK**

Verkostungsnotizen

Am Gaumen süß, mit Karamell und Vanille und schönem pfeffrigen Brennen. Geradeheraus, mit würzigem Roggen und Zitronenschalen, auf Ginger Ale wartend.

Canadian Mist Black Diamond

Brown-Forman | www.collingwoodwhisky.com

Herstellungsregion und -land Ontario, Kanada
Destillerie Canadian Mist, Collingwood
Alkoholgehalt 43 Vol.-%
Whiskytyp Einzeldestillerieabfüllung

Der englische Dichter Alexander Pope schrieb einst: „Ein wenig Gelehrsamkeit ist eine gefährliche Sache." Das bestätigte sich Ende der 1990er Jahre, als ein Getränkejournalist die Destillerie von Canadian Mist besuchte und dort sechs Destillationskolonnen aus Edelstahl sah. Er schloß daraus, daß der Whisky bei der Herstellung nicht mit Kupfer in Berührung komme. Das wäre merkwürdig, da Kupfer notwendig ist, um bestimmte unangenehme Aromen aus dem Destillat zu entfernen und es keine erfolgreiche Brennerei gibt, die bei der Whiskyherstellung auf Kupfer verzichtet.

Im Inneren der Edelstahlkolonnen befand sich natürlich Kupfer. Es kommt nicht auf das Äußere an. Canadian Mist stellt seit über 40 Jahren einen Whisky für Cocktails her, der sich in den USA ungemein gut verkauft, aber in Kanada so gut wie unbekannt ist. Er wird für den US-Markt hergestellt und ist deshalb etwas süßer und fruchtiger als andere kanadische Whiskys. Vor kurzem kam jedoch der Canadian Mist Black Diamond heraus, der nach einer neuen Rezeptur hergestellt wird. Man hofft, mit dieser üppigeren, runderen und kräftigeren Version jene Anhänger des Canadian Mist anzusprechen, die für besonderer Gelegenheiten eine überragende Version eines vertrauten Whiskys suchen. **DDK**

Verkostungsnotizen

Reife schwarze Früchte, Weinbeeren und intensiver weißer Pfeffer. Spuren von Karamell, Zuckerguß und Schokoladeningwer. Blumig mit bitteren Zitrusnoten.

Tyee Lake, British Columbia, Canada

Canada at its best.

Enjoy the light, smooth whisky that's becoming America's favorite Canadian. Imported Canadian Mist.

Share some tonight.

Caribou Crossing Single Barrel

Sazerac Company | www.sazerac.com

Herstellungsregion und -land Kanada
Destillerie Ungenannt
Alkoholgehalt 40 Vol.-%
Whiskytyp Single-Barrel-Whisky

Caribou Crossing ist die einzige zur Zeit verfügbare Einzelfaßabfüllung eines kanadischen Whiskys. Er wird zwar in Kanada hergestellt, aber in Frankfort, Kentucky, in Handarbeit auf Flaschen gezogen und von der Sazerac Company aus New Orleans in den Handel gebracht. Sazerac bezeichnet kanadischen Whisky als die „Comeback-Kategorie" und hat sich auch nicht gescheut, diese Behauptung mit Investitionen zu untermauern: In den Lagerhäusern der Firma in Kanada liegen 220 000 Fässer mit kanadischem Whisky.

Sazerac beabsichtigt, mit dem Caribou Crossing als Flaggschiff den kanadischen Whisky bei den Konsumenten in den USA beliebter zu machen. Sie haben den kanadischen Meisterbrenner Drew Mayville eingestellt, um den Angriff anzuführen. Mayville hat 23 Jahre lang für Seagram's kanadischen Whisky hergestellt, darunter auch eine Zeit in deren legendärer Waterloo-Destillerie in Ontario. Sazerac gibt nicht bekannt, in welcher Destillerie genau dieser Whisky gebrannt wird, aber Mayville erklärt, daß er aus vier Getreidearten besteht – Mais, Weizen, Roggen und Gerste.

Kenner des kanadischen Whiskys wissen, daß Caribou Crossing nicht die erste Einzelfaßabfüllung eines Kanadiers ist. Dieser Titel bleibt dem Bush Pilot's Special Reserve aus den 1990er Jahren vorbehalten (an zweiter Stelle kam Hirsch). Beim Bush Pilot waren die Faßnummer und das Alter auf jeder Flasche vermerkt, das ist beim Caribou Crossing nicht der Fall. Es sind zwar entsprechende Wünsche geäußert worden, aber die Liebhaber kanadischer Whiskys gießen sich lieber noch einen Schluck ein, als sich analytischen Betrachtungen hinzugeben. **DDK**

Verkostungsnotizen

Sanfter Mais und frisch gehacktes Kaminholz. Süßer, würziger Roggen durchdringt Butterkaramell, Vanille und Zwetschgenmus. Milchreis mit Zimt. Erfrischend spritzige Zitrusnoten und scharfe Pfeffertöne betonen die vorherrschende Cremigkeit und Komplexität.

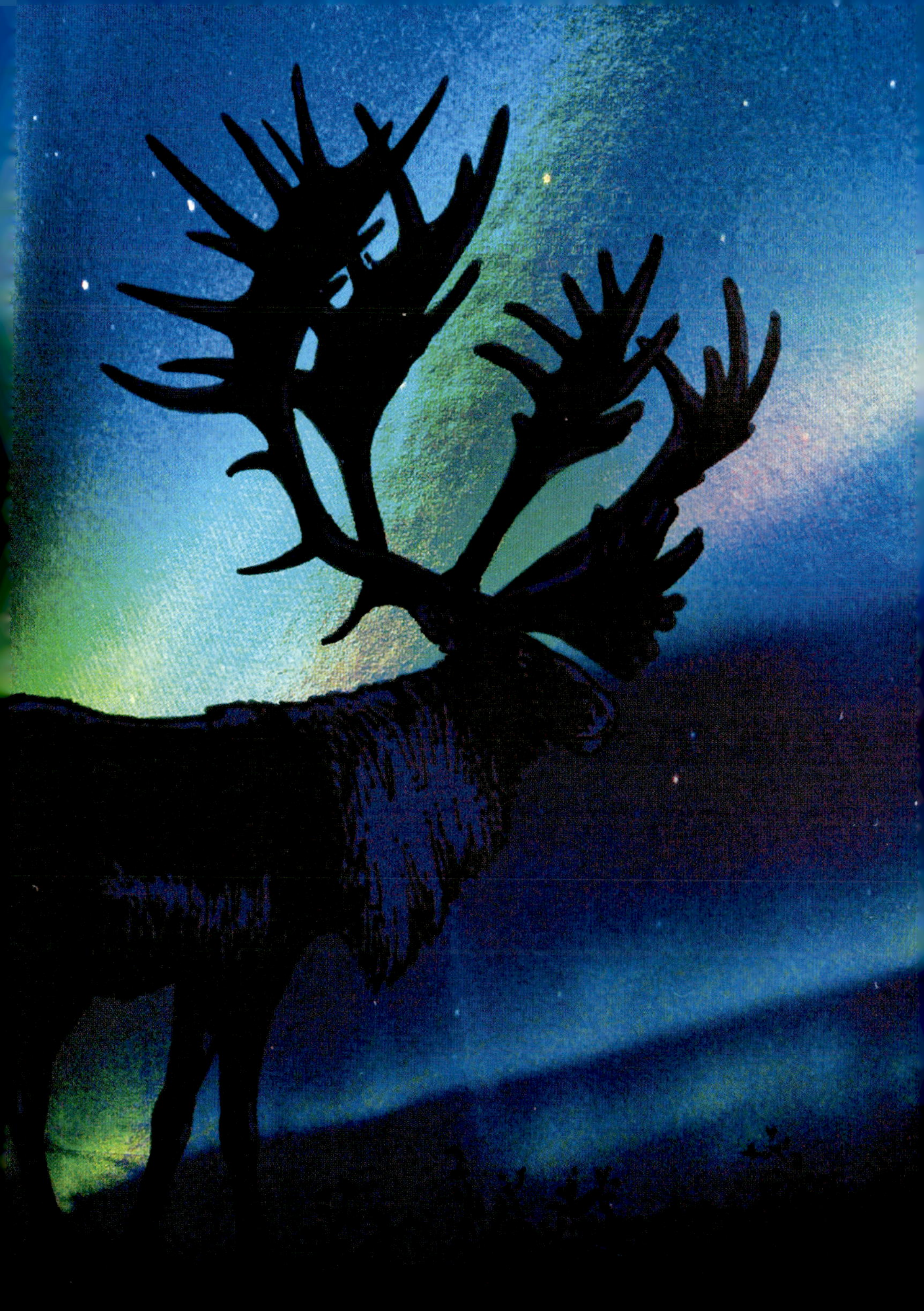

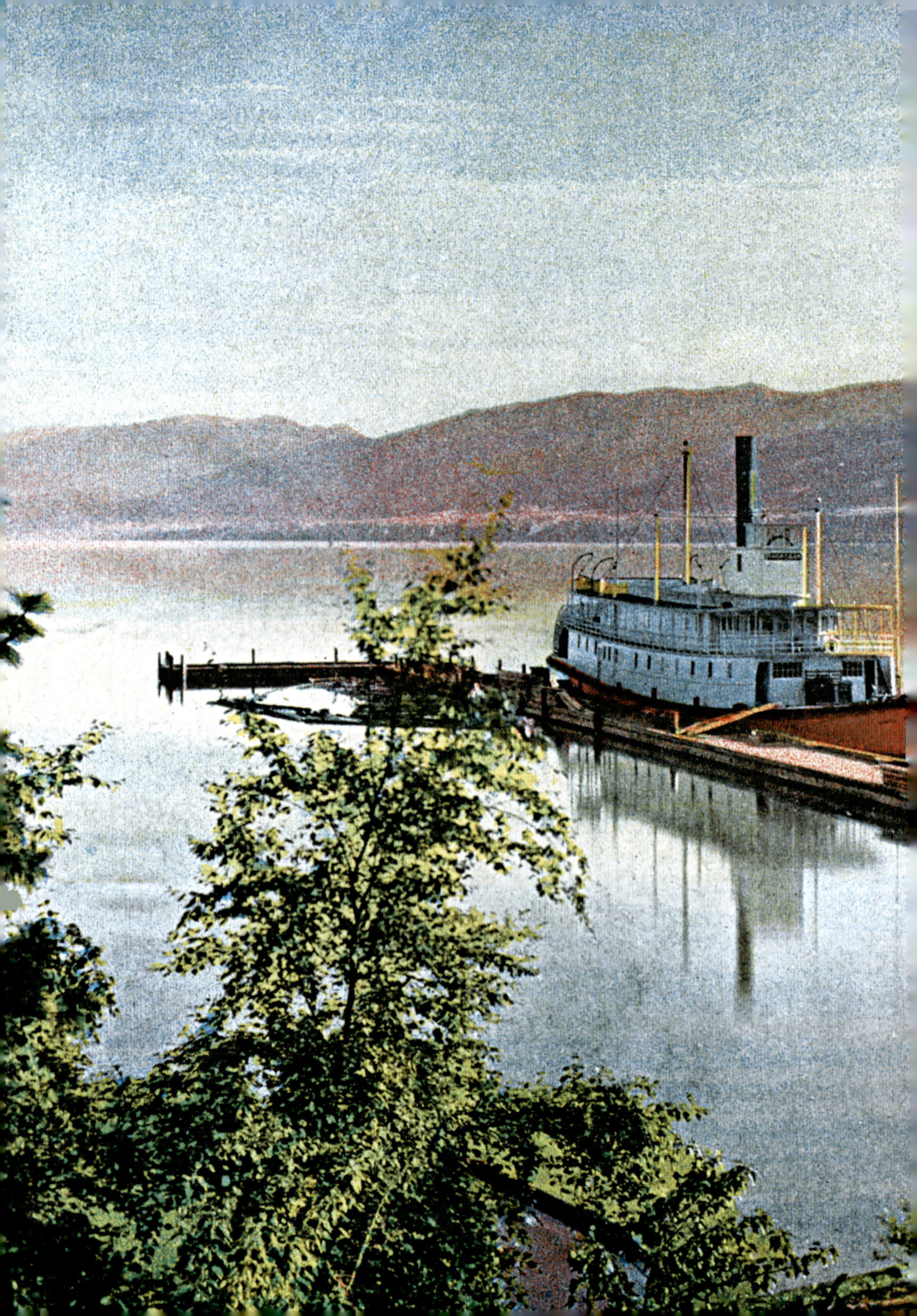

Century Reserve 15/25

Century Distillers
www.highwood-distillers.com

Herstellungsregion und -land Alberta, Kanada
Destillerie Highwood, High River
Alkoholgehalt 40 Vol.-%
Whiskytyp Einzeldestillerieabfüllung

Durch diesen Mais-Whisky weht der Duft einer kanadischen Sägemühle. Wie es der Zufall so will, reifte er sogar wirklich einen Teil seiner Jugend im Okanagan Valley in British Columbia, einem Zentrum der kanadischen Holzindustrie. Wo er gebrannt wurde, ist nicht genau bekannt, aber bis 2005 wurde er im Lagerhaus der ehemaligen Destillerie Potter in Kelowna gelagert. Die Destillerie brannte selbst keine Destillate, sondern kaufte und verkaufte Whiskys anderer Hersteller. Ein Manager, der es wissen sollte, vermutet, der Whisky stamme ursprünglich aus der längst aufgegebenen Weyburn-Destillerie in Saskatchewan – aber Genaueres erfährt man nicht.

Auf jeden Fall kauften Highwood Distillers 2005 die letzten Fässer von Potter auf. Darunter auch jene mit diesem Whisky. Beim Verkosten glaubt man, auf einem Baumstamm herumzukauen, aber es ist ein duftiger, leckerer, angenehm aromatischer Baumstamm, der auf der Zunge einen schönen Belag hinterläßt.

Wenn er in Weyburn gebrannt wurde, hat der Whisky eine weitere Reise durch Kanada unternommen als viele 30jährige Einwohner des Landes: vom flachsten Teil der kanadischen Prärie über die Rockies bis zum Okanagan-Tal, dann zurück über den Rogers Pass durch den Glacier National Park bis zum High River in Alberta. **DDK**

Verkostungsnotizen

Eine komplexe Verbindung aus reifen Früchten, sauberer Eiche, Vanille, Honig und Zuckerguß. Cremig, aber mit weißem Pfeffer und seidigen Tanninen.

Century Reserve 21-Year-Old

Century Distillers
www.highwood-distillers.com

Herstellungsregion und -land Alberta, Kanada
Destillerie Highwood, High River
Alkoholgehalt 40 Vol.-%
Whiskytyp Einzeldestillerieabfüllung

Falls man das Lustzentrum seines Gehirns schon so mit Rye-Whisky überflutet hat, daß es nur noch auf sehr starke Reize reagiert, dann sollte man den Century Reserve 21-Year-Old vielleicht jenen überlassen, die ihre Erleuchtung eher in Nuancen, Andeutungen und Assoziationen suchen. Ja, es ist ein kräftiger, voller Whisky, dessen Schönheiten aber nur langsam aus einem weichen Bett aus cremigem Mais und seidigem Tannin auftauchen.

Century Distillers in Calgary, Alberta, ist die Marketingabteilung der Destillerie Highwood, einer kleinen kanadischen Firma, die aus Weizen- und Roggendestillaten eine Reihe unterschiedlicher kanadischer Rye-Whiskys produziert. Man stellt auch verschiedene Mais-Whiskys her, die jedoch aus dem Inhalt von Fässern verschnitten werden, die Highwood erwarb, als es die Potter's-Destillerie in Kelowna, British Columbia aufkaufte. Potter's hatte ursprünglich in Vancouver in British Columbia selbst Whisky gebrannt, sich jedoch nach dem Umzug nach Kelowna darauf beschränkt, Whisky anderer Destillerien zu kaufen und verkaufen. In manchen Kreisen genießt Potter's jedoch immer noch einen legendären Ruf, weil die Whiskys, die sie erwarben, immer von allererster Güte waren. Wie zum Beispiel der für den Century Reserve verwendete. **DDK**

Verkostungsnotizen

Der üppige, schwere Körper zeigt geröstetes Getreide, neckische saubere Eiche und ein feines Zusammenspiel von scharfem Pfeffer und Backzutaten. Nuancenreich.

Chinook 5-Year-Old

MCBSW Sales Company Inc.

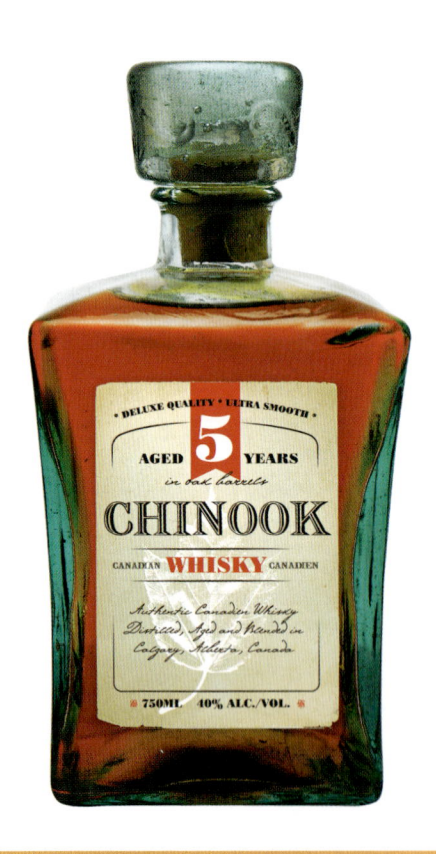

Herstellungsregion und -land Kanada
Destillerie Ungenannt
Alkoholgehalt 40 Vol.-%
Whiskytyp Einzeldestillerieabfüllung

Als die Regierung von Alberta 1994 den Spirituoseneinzelhandel privatisierte, war Ravinder Minhas noch ein Schuljunge. In dem Familiengeschäft, das seine Eltern bald nach dem Ende des Staatsmonopol auf Alkohol eröffneten, lernten Ravinder und seine ältere Schwester Manjit alle Geheimnisse des Spirituosenhandels. 1999 schufen die Geschwister eine Hausmarke, unter deren Namen Mountain Crest sie Rum, kanadischen Rye-Whisky, Gin und Wodka verkauften. Bald setzten sie die Produkte auch an andere Ladengeschäfte ab.

2002 führte eine Agavenmißernte zu explodierenden Tequilapreisen. Die Minhases hatten allerdings feste Lieferverträge mit mexikanischen Lieferanten geschlossen und verfügten deshalb über stetigen Nachschub an bezahlbarem Tequila. Mit den Einnahmen starteten sie eine eigene preiswerte Biermarke. Ravinder trug durch seine Rolle als „Dr. Bubbles" in der Werbekampagne wesentlich zu deren Erfolg bei.

Die Geschwister haben in der Zwischenzeit die Joseph Huber Brewery in Wisconsin gekauft und brauen dort Bier unter den neuen Namen Minhas Craft Brewery. Auch in Calgary besitzen sie eine Brauerei mit angeschlossener Gaststätte.

Die ersten Erfolge von Mountain Crest beruhten auf den preiswerteren Spirituosen der Marke. Den Chinook Canadian Whisky hat Ravinder allerdings in seiner eigenen Firma MCBSW Sales Company herausgebracht. Es ist ein fünfjähriger kanadischer Premiumwhisky, der in Calgary destilliert wird und seinem Vorgänger bei Mountain Crest haushoch überlegen ist. **DDK**

Verkostungsnotizen

Reifes Baumobst wie Birnen und Pfirsiche, dann Pflaumenkompott. Kokos-Vanille-Sauce mit Zimt, kandierter Ingwer und brennend scharfer Pfeffer. Toastbrot, Frühstücksflocken gefolgt von Rosenwasser und Orangen, die in Bitter Lemon übergehen.

Collingwood

Brown-Forman | www.collingwoodwhisky.com

Herstellungsregion und -land Ontario, Kanada
Destillerie Canadian Mist, Collingwood
Alkoholgehalt 40 Vol.-%
Whiskytyp Einzeldestillericabfüllung

Frische oder angekohlte Eichenfässer sind eine Voraussetzung für die richtige Geschmacksentwicklung eines Whiskys. Es fragt sich, warum man nicht auch andere Holzarten verwenden können sollte. Die Antwort suchten Steves Hughes und der Brennmeister Chris Morris von Brown-Forman, als sie 2008 das Konzept für den Collingwood entwickelten. Da bei vielen kanadischen Whiskys der typisch holzige Geschmack von Ahornsirup zu finden ist, überlegten sie, was wohl passieren würde, wenn man einem in Weißeiche gelagerten Whisky nachträglich noch ein Ahornfinish angedeihen ließe.

Zufälligerweise verfügt Brown-Forman in Kentucky über seine eigene Küferei, es war also nicht so schwierig, an die ausgefallenen Fässer zu gelangen. Außerdem gehört dem Konzern auch die Destillerie Canadian Mist in Collingwood, Ontario. Bald befand sich ein Vorrat an Ahornfässern dort, die innen nicht angekohlt, sondern wie Weinfässer nur leicht angebrannt wurden. Die Fässer wurden danach wieder in ihre Dauben zerlegt.

Morris und Hughes stellten einen guten Blend aus roggenbetonten, in Eichenfässern gereiften Whiskys zusammen. Während er sich noch im Verschnittbottich befand, legten sie die einzelnen Ahorndauben in den Whisky und ließen sie längere Zeit auf der Oberfläche treiben. So erhielt der Blend tatsächlich eine einzigartige, saubere Würzigkeit und süße, fast fruchtige Kopfnoten. Der Collingwood ist also nicht in Ahornholz nachgereift, sondern eher damit gewürzt worden. Ob Brown-Forman damit „den glattesten Whisky aller Zeiten" produziert haben, muß jeder für sich selbst entscheiden. **DDK**

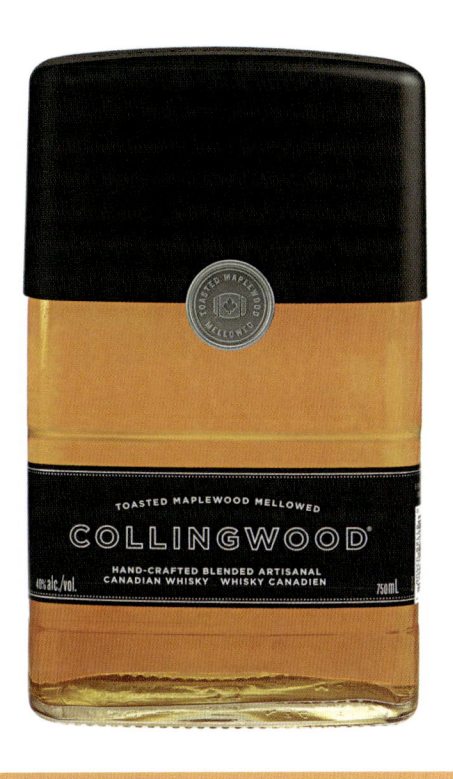

Verkostungsnotizen

Vanille und vielleicht auch Marzipan. Süß, üppig, fast sirupartig mit Butterkaramell, Dosenpfirsichen und Weinbeeren. Am Gaumen fleischig mit samtigen Tanninen und Grapefruit. Sehr ausdrucksstark. Warm, mit nachklingendem Parfümcharakter.

Crown Royal Black

Diageo | www.crownroyal.com

Herstellungsregion und -land Quebec, Kanada
Destillerie Diageo Global Supply, Salaberry-de-Valleyfield **Alkoholgehalt** 45 Vol.-%
Whiskytyp Blend

Als kanadische Unterhändler im Bemühen, die nationale Identität ihres Landes zu schützen, den Bourbon als typisches Produkt der USA anerkannten, kannten sie anscheinend die florierende Bourbonherstellung in Kanada nicht. Es gab sogar Zeiten, zu denen kanadischer Bourbon in großen Mengen in den USA auf Flaschen gezogen und mit dem Etikett einer sehr bekannten amerikanischen Destillerie versehen wurde. Zur selben Zeit wurde der gleiche Whisky in Kanada unter dem Namen der Destillerie verkauft, die ihn tatsächlich gebrannt hatte.

Es mag zwar sein, daß die Bürokraten dachten, es liege im Interesse der Allgemeinheit, so etwas zu unterbinden, aber die kanadischen Destillerien hörten deshalb doch nicht auf, Whisky auf Maisbasis in frischen angekohlten Eichenfässern reifen zu lassen. Das Wort „Bourbon" verschwand zwar von den kanadischen Whiskyetiketten, aber eine ganze Reihe von Whiskys zeigen immer noch die typischen Merkmale eines Bourbons. Das gilt vor allem für die Mitglieder der „Crown Royal"-Reihe, von der wiederum der Crown Royal Black am deutlichsten in Richtung Bourbon geht. So sollte es auch sein, in Gimli, Manitoba, wird immer noch viel Bourbon gebrannt, und Andrew MacKay – der Masterblender bei Crown Royal – griff darauf zurück, als er diesen Whisky entwickelte.

Der Crown Royal Black kam 2010 auf den Markt und war in den USA die erfolgreichste Neueinführung jenes Jahres. Obwohl die Marke die immensen Marketingressourcen ihres Eigners Diageo nutzen kann, kommt ihr bleibender Erfolg doch nur dadurch zustande, daß die Whiskytrinker Gefallen an ihr finden und immer wieder in Scharen kommen, um sie zu kaufen. **DDK**

Verkostungsnotizen

Melasse, Vanilleschoten, Schwarzkirschen, Lakritzhustenbonbons und duftender Flieder. Neue Eiche herrscht in einem komplexen, aber geradlinigen Whisky vor, den man pur oder im Cocktail trinken kann. Scharfer, roher Ingwer wird durch Cayenne verstärkt.

Crown Royal Limited Edition

Diageo | www.crownroyal.com

Herstellungsregion und -land Quebec, Kanada
Destillerie Diageo Global Supply, Salaberry-de-Valleyfield **Alkoholgehalt** 40 Vol.-%
Whiskytyp Blend

Jahrzehntelang gab es in Kanada eine Fernsehreklame für die einheimische Teemarke Red Rose, an deren Ende eine distinguierte englische Stimme zu hören war, die bedauernd sagte: „Nur in Kanada, sagen Sie? Wie schade!" Heutzutage könnte Crown Royal die Reklame mit nur geringen Textänderungen schalten. Der Crown Royal Limited Edition ist der Red Rose des Whiskyaficionados – elegant, edel, und nur in Kanada erhältlich. Wie schade!

Der unnachahmliche Sam Bronfman schuf den ursprünglichen Crown Royal im Jahr 1939. Er hatte während der Prohibitionszeit ein Vermögen verdient und sich nach deren Aufhebung um ein seriöses Image bemüht. Als König Georg VI. und seine Gattin in jenem Jahr mit der Bahn durch Kanada reisten, sorgte Bronfman dafür, daß sein neuer Whisky an Bord des Sonderzugs war. Ob das Königspaar ihn probierte, ist nicht bekannt, die Kanadier taten es auf jeden Fall. Der Absatz war so gut, daß Seagram's mit den Lieferungen kaum nachkam. Es dauerte fast 25 Jahre, bis hinreichende Vorräte vorhanden waren, um die Marke auch auf den US-Markt zu bringen. Heute ist Crown Royal der meistgekaufte kanadische Whisky der Welt.

Der Red-Rose-Tee gehört jetzt zum Unilever-Konzern und wird nicht mehr nur in seiner Heimat Kanada verkauft. Der Gesamtabsatz mag gestiegen sein, aber seine marktbeherrschende Stellung in Kanada hat er verloren. Diageo hat nach der Übernahme von Crown Royal diesen Fehler bisher vermieden. Der Limited Edition ist immer noch nur in Kanada erhältlich. Er ist und bleibt mehr als nur eine weitere Whiskymarke. „Nur in Kanada, sagen Sie?" Verdammt richtig! **DDK**

Verkostungsnotizen

Ein eleganter, cremiger Körper, der durch Muskat, Gewürznelken, Ingwer und Pfefferminz belebt wird. Die typischen Bourbonnoten zeigen sich in Vanille, trocknem Getreide und bitteren Orangen. Komplex und schwer, aber doch ausgewogen und zurückhaltend.

Danfield's Limited Edition 21-Year-Old

Constellation Brands | www.cbrands.com

Herstellungsregion und -land Alberta, Kanada
Destillerie Black Velvet, Lethbridge
Alkoholgehalt 40 Vol.-%
Whiskytyp Einzeldestillerieabfüllung

Auf dem Etikett wird die Firma Williams and Churchill Limited als Hersteller dieses Whiskys angegeben. Sie gehört zum Herstellerkonzern der „Black Velvet"-Reihe, die einst in Valleyfield gebrannt wurde, aber inzwischen in Lethbridge in Alberta produziert wird.

Williams and Churchill ist eine Marketingfirma mit Sitz in der Black-Velvet-Destillerie in Lethbridge, die etabliert wurde, um neben den international sehr erfolgreichen Marken der Destillerie noch ein Sortiment hochwertiger Abfüllungen herauszubringen. Für Danfield's wird kein Whisky destilliert, vielmehr werden besonders vorzügliche Fässer für ihn beiseite gelegt, wenn sie in den vorhandenen Vorräten entdeckt werden. Es gibt zwei Varianten des Danfield's, eine zehn Jahre alte und den vorliegenden 21-Year-Old. Es sind echte Klein-Chargen-Whiskys, die nur bei Bedarf auf Flaschen gezogen und nur in Kanada verkauft werden. Die Firma bewirbt die Reihe zwar kaum, aber vor allem der 21-Year-Old hat sich bei den kanadischen Whiskyaficionados einen traumhaften Ruhm erworben.

Es ist lehrreich, einen Whisky zu verkosten, der langsam in Bourbonfässern gereift ist, die bereits einmal Whisky enthalten haben: Die einzelnen Getreidearten – in diesem Fall Roggen und Mais – werden nicht durch die vordergründigen Vanille- und Eichenaromen des frischen Holzes verdrängt und können sich so deutlich bemerkbar machen. Die Eiche spielt zwar immer noch eine wichtige Rolle, aber der Danfield's 21-Year-Old zeigt sich als klarer, sauberer, gut gereifter kanadischer Rye. Wie man in Kanada (und angeblich einigen anderen Ländern der Welt) so schön sagt: „*Vive la différence*!" **DDK**

Verkostungsnotizen

Duftige Eiche mit Tanninen, aber ohne Bitterkeit. Frische Beeren, schwarze Früchte und leichte Blütennoten mit Pfeffer, Zimt, Ingwer und Gewürznelken als Ausgleich für cremige Maistöne. Mit Butterkaramell, verbranntem Zucker und Bitter Lemon abgerundet.

Forty Creek Barrel Select

Kittling Ridge Estates Wines and Spirits | www.fortycreekwhisky.com

Herstellungsregion und -land Ontario, Kanada
Destillerie Kittling Ridge, Grimsby
Alkoholgehalt 40 Vol. %
Whiskytyp Einzeldestillerieabfüllung

Zu den beliebtesten Sehenswürdigkeiten Kanadas gehören die Niagarafälle. Das Wasser stürzt 57 Meter tief über die Abruchkante, bevor es weiter in den Ontariosee und dann in den Atlantik fließt. Die meisten Menschen wissen nicht, daß die geologische Schichtstufe, an der sich die Fälle gebildet haben, insgesamt mehr als 700 Kilometer lang und an manchen Stellen mehr als 1600 Meter hoch ist. Das fruchtbare Land oberhalb der Klippe wurde schon in der Frühzeit der Kolonisierung landwirtschaftlich genutzt. Etwas von diesem Pioniergeist ist auch heute noch in Forty Mile Creek zu spüren, wo in zwei ungewöhnlichen kupfernen Brennblasen das Destillat gewonnen wird, aus dem der Forty Creek Barrel Select entsteht.

Mehr als 350 verschiedene Vogelarten verbringen zumindest einen Teil ihres Lebens an der Niagara-Schichtstufe, darunter auch Greifvögel, die an warmen Frühlingstagen die morgendlichen Aufwinde an den Klippen ausnutzen. Sie lassen sich weit nach oben heben, um dann den Flug über den Ontariosee zu ihren sommerlichen Brutplätzen anzutreten. Dieses Verhalten wird im Englischen als „kittling" bezeichnet und hat der Kittling-Ridge-Destillerie ihren Namen verliehen, die unter anderem den hochgelobten Forty Creek Barrel Select herstellt.

John Hall ist ein erfahrener Winzer, der sich zehn Jahre Zeit ließ, um den Barrel Select zu vervollkommnen, bevor er ihn herausgab. Kittling Ridge ist die einzige Destillerie in kanadischem Stil, zu der Besucher Zutritt haben. Mit etwas Glück bekommen sie Gelegenheit, die Mais-, Roggen- und Gersten-Whiskys zu verkosten, aus denen Hall den Barrel Reserve komponiert **DDK**

Verkostungsnotizen

Anfangs üppiger Karamell, Sherry, reife Früchte und Roggen. Dann cremiger, erdiger, süßer Mais und blumige Parfüms, Ingwer, Zimt, Pfeffer, Zitronenschalen. Auf leichte Bitterkeit in der Mitte folgen trocknes Getreide, Wasserpflanzen und nachklingend pfeffrige Schärfe.

Forty Creek Confederation Oak Reserve

Kittling Ridge Estates Wines and Spirits | www.fortycreekwhisky.com

Herstellungsregion und -land Ontario, Kanada
Destillerie Kittling Ridge, Grimsby
Alkoholgehalt 40 Vol.-%
Whiskytyp Einzeldestillerieabfüllung

Der kanadische Whisky steigt zur Zeit wieder in der Gunst der Kenner, und John K. Hall ist mit seinen Forty-Creek-Whiskys maßgeblich daran beteiligt, die Kenner aus der Zeit der Whiskyrenaissance in eine der Whiskyaufklärung zu führen. Unter diesen kanadischen Whiskys des 21. Jahrhunderts ist der Confederation Oak Reserve besonders interessant und nennenswert.

Confederation Oak wird aus Roggen-, Mais- und Gersten-Whiskys verschnitten. Hall bezeichnet diesen Vorgang mit dem englischen Kunstwort „*meritage*", das er von dem Weinmarketing der kalifornischen Winzer im Napa Valley entliehen hat und das die Bedeutungen von „*merit*" (Verdienst) und „*heritage*" (Erbe) verbinden soll. Die Grundwhiskys reifen getrennt und dann miteinander verschnitten. Diese Mischung wird erneut in Fässer gelagert, bevor sie auf Flaschen gezogen wird. Die zweite Reifung in den Fässern ist beim Confederation Oak mit mehreren Jahren sehr viel länger als sonst üblich, es ist nicht einfach ein „Vermählen" der Grundwhiskys oder ein Finish, sondern eine echte Nachreifung.

Den größten Unterschied machen jedoch die Fässer aus kanadischer Weißeiche aus, die für diese Nachreifung des Confederation Oak verwendet werden. Die kurzen kanadischen Sommer und die bittere Kälte der Winter lassen das Holz der Weißeiche in Kanada sehr viel dichter werden als das derselben Art in den USA. Dieses dichtere Holz hat seine eigenen, buttrigen Vanillearomen und prickelnde Würzigkeit. In Verbindung mit dem typischen Hausstil der Destillerie Kittling Ridge ergibt sich so ein Whisky, der auch den höchsten Ansprüchen eines Whiskykenners gerecht werden kann. **DDK**

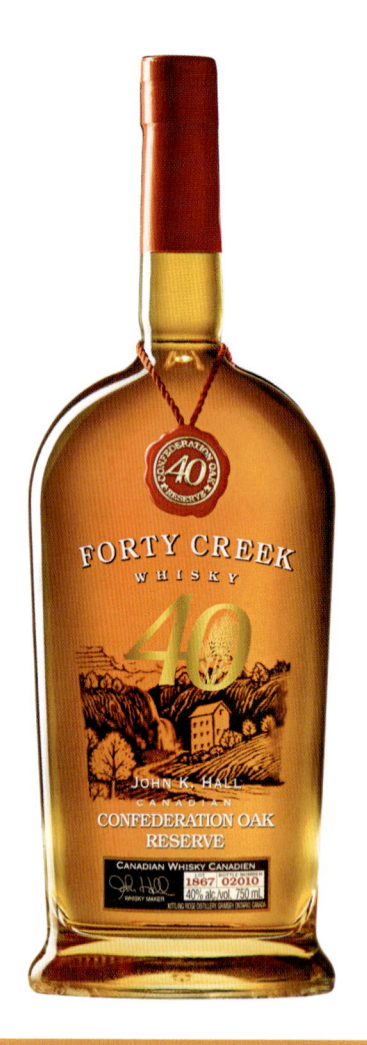

Verkostungsnotizen

Ein gewichtiger, buttriger Körper stützt eine komplexe, gut eingebundene Mischung ungewöhnlicher Aromen, darunter Kartoffelchips, süß-saure Sauce und vielleicht Schinkenspeck. Etwas Roggen- oder Weizenbrot. Keine Fruchtnoten, aber dennoch nicht hart im Geschmack.

Forty Creek John's Private Cask No. 1

Kittling Ridge Estates Wines and Spirits | www.fortycreekwhisky.com

Herstellungsregion und -land Ontario, Kanada
Destillerie Kittling Ridge, Grimsby
Alkoholgehalt 40 Vol.-%
Whiskytyp Einzeldestillerieabfüllung

Im Forty Creek John's Private Cask No. 1 treten die traditionellen Geschmacksnoten des kanadischen Rye-Whiskys derartig konzentriert auf, daß man von einer Aromaexplosion sprechen möchte, die im Mund ausgelöst wird, und von Gewürzausbrüchen, die den Gaumen überspülen. Die schiere Geschmacksintensität läßt einen die Stärkeangabe auf dem Etikett kontrollieren, weil der Whisky zwar mit 40 Volumenprozent Alkoholgehalt auf Flaschen gezogen wird, der Geschmack aber eher an eine Abfüllung in Faßstärke denken läßt.

Falls der Whisky wirklich aus Johns Privatfaß Nr. 1 stammt, ist das Faß nicht ganz klein – es gab 9000 Flaschen her. In Wirklichkeit ging es so vor sich: Der Besitzer und Whiskymacher von Forty Creek, John Hall, hat den Inhalt von 23 verschiedenen Fässern gemischt, um diesen robusten Whisky zu schaffen. Beim Beproben seiner Fässer stößt er nach eigenen Angaben immer wieder auf eines, das außergewöhnlich ist. Dieses markiert er mit Kreide. Als es 2011 darum ging, eine Sonderausgabe abzufüllen, suchte er aus den Fässern, denen er etwas anzukreiden gehabt hatte, 23 aus, deren Geschmack zueinander paßte und sich gegenseitig ergänzte.

Einige der Fässer enthielten Mais-Whisky, andere Roggen- oder Gersten-Whisky. Die Cremigkeit des Mais-Whiskys ist im Mund zu fühlen, die Gerste zeigt sich laut Hall in den Getreidenoten, die durch scharfe Gewürze abgelöst werden. Danach herrscht dann aber der Roggen vor. Der Mais mag die Grundlage bilden, die Gerste die Struktur liefern, aber der Roggen sorgt für die Ausgewogenheit, die Komplexität und die schier berauschende Intensität und Würzigkeit. **DDK**

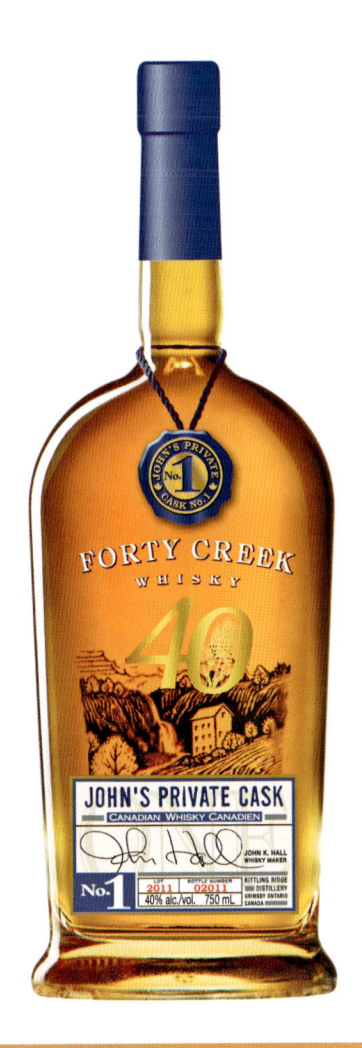

Verkostungsnotizen

Ingwer, dunkle Früchte, saubere Eiche und Crème caramel. Sinnliche Früchte und düstere Roggenwürzigkeit explodieren wie ein Feuerwerk in einem uralten Regenwald. Bittersüße kandierte Orangen, Zedernholz und Tannine wiegen cremigen Butterkaramell auf.

Gibson's Finest 12-Year-Old

William Grant & Sons | www.gibsonsfinest.ca

Herstellungsregion und -land Ontario, Kanada
Destillerie Hiram Walker, Walkerville
Alkoholgehalt 40 Vol.-%
Whiskytyp Einzeldestillerieabfüllung

Als Lewis Rosenstiel in den Nachwehen der Prohibition die Pennsylvania-Rye-Whiskymarken von John Gibson kaufte, rettete er einen prestigeträchtigen Whiskynamen vor dem sicheren Vergessen. Auch im Namen seines Konzerns Schenley ist die Erinnerung an eine ehemalige Destillerie in Pennsylvania aufbewahrt. Als man bei Schenley also daran ging, den Gibson's neu als kanadischen Whisky auf den Markt zu bringen, wußte man um die Gelegenheit, etwas Großartiges zu leisten. Der üppige, cremige Hausstil des Gibson's ist seitdem bei Anhängern kanadischen Whiskys zu einer Legende geworden. Der Gibson's 12-Year-Old war nur in Kanada erhältlich, aber die andauernde Nachfrage, vor allem aus den USA, hat zu einer Produktionsausweitung geführt, um für eine eventuelle Einführung auf anderem Märkten gerüstet zu sein.

Grundlage des Gibson's sind zwar die besten Destillate, aber der Schlüssel zu seinem Erfolg liegt in den Fässern, in denen er gelagert wird: frisch entleerte Bourbonfässer, aus denen der Whisky Faßrückstände aufnimmt und sich mit den Geschmacksstoffen anreichert, die sich aus Sekundärreaktionen langsam und tief im Holz gebildet haben. Diese Reaktionen sind bei Whisky aus frisch angekohlten Eichenfässern meist nicht spürbar, haben bei einer 12jährigen Lagerung aber hinreichend Zeit abzulaufen.

Die Destillerie Schenley arbeitet inzwischen unter dem Namen Diageo Global Supply, Valleyfield, und der Markenname Gibson's gehört William Grant and Sons, die aber nur die Produktionsstätte verlagert, ansonsten jedoch keine Veränderungen vorgenommen haben. **DDK**

Verkostungsnotizen

Staubiger Roggen und reife rote Kirschen vergehen zu Crème brûlée, Eiche und würzigem Pfeffer. Gewürznelken und Dosenbirnen, schwarze Früchte und Zitrus, dann Erdbeeren mit Sahne. Ein üppiger, gewichtiger Körper mit ausgewogenen Geschmacksnoten.

Gibson's Finest Rare 18-Year-Old

Pernod Ricard – Corby Distilleries | www.wisers.ca

Herstellungsregion und -land Quebec, Kanada
Destillerie Valleyfield, Salaberry-de-Valleyfield
Alkoholgehalt 40 Vol.-%
Whiskytyp Einzeldestillerieabfüllung

Unter den wandernden Whiskymarken gehört Gibson's sicher zu denen, die am weitesten herumgekommen sind. Noch komplizierter wird es dadurch, daß der Gibson's Finest Rare 18-Year-Old in Valleyfield, Quebec, produziert wird, während seine Stallgenossen inzwischen in Walkerville, Ontario, entstehen.

Gibson's war 90 Jahre lang ein bekannter Rye-Whisky, der im westlichen Pennsylvania von einem gewissen John Gibson und seinen Söhnen gebrannt wurde. Im Jahr 1920 kam das mit der Prohibition zu einem Ende. Die Destillerie wurde schließlich abgerissen, aber Lewis Rosenstiel konnte den Markennamen Gibson's für seinen Spirituosenkonzern Schenley Industries retten.

1945 baute Schenley eine Destillerie für Industriealkohol in Valleyfield um, um dort kanadische Rye-Whiskys zu produzieren, die amerikanische Markennamen bekamen. 1972 kam ein Gibson's mit einer vollkommen neuen Rezeptur zum Sortiment hinzu. In dieser Destillerie in Valleyfield wird heute unter der Regie des neuen Eigners Diageo der Gibson's 18-Year-Old hergestellt. Den Markennamen hatte Diageo Ende 2002 an den jetzigen Besitzer William Grant and Sons verkauft. 2008 verlegte Diageo dann das Verschneiden und Abfüllen der Gibson's-Whiskys nach Walkerville in Ontario, nur der Gibson's 18-Year-Old blieb in Valleyfield.

Gibson's hat immer Wert auf die Verwendung örtlich angebauter Getreide gelegt und die Destillate auf althergebrachte Weise in ehemaligen Bourbonfässern reifen lassen. Die klaren, sauberen Holznoten des sehr gesuchten 18-Year-Old legen Zeugnis von der Weisheit ab, die sich in diesem Ansatz zeigt. **DDK**

Verkostungsnotizen

Üppig und abgerundet. Süßes Kiefernpech und klare, trockne Eiche. Dunkle Früchte, Pflaumensaft und saure grüne Früchte über Butterkaramell mit würzigem Roggen. Nadelholz und scharfer Pfeffer, Kiwi, Bitter Lemon, Zitronenschalen. Frisches Gebäck, Pfeffer und Holz.

Glen Breton Battle of the Glen

Glenora Destillerie | www.glenoradistillery.com

Herstellungsregion und -land Nova Scotia, Kanada
Destillerie Glenora, Glenville
Alkoholgehalt 43 Vol.-%
Whiskytyp Single Malt

In jedem Bewohner von Nova Scotia steckt ein Schotte: temperamentvoll, freundlich, redselig und poetisch. Seitdem im 18. Jahrhundert die ersten schottischen Einwanderer an die Ostküste Kanadas kamen, haben sie sorgfältig ihr Schottentum gehegt und gepflegt. Schottisch war ihr Erbteil, kanadisch ihre Heimat. Auch heute noch hört man ab und zu Gälisch in Nova Scotia, und auf Cape Breton sind die Straßenschilder auch gälisch beschriftet. Überraschend ist, daß die schottischen Exilanten mehr als 200 Jahre warteten, bevor sie hier Whisky destillierten.

1990 war es dann in einem kleinen Ort auf Cape Breton namens Glenville soweit. Es war ein guter Whisky, so gut, daß sogar in der Heimat die Alarmglocken schrillten. Außerdem hatten die Campbells, MacLeans und anderen Mitglieder der schottischen Diaspora auch noch die Unverschämtheit, ihre Destillerie nach den nahe gelegenen Glenora Falls zu benennen und ihrem sanften Whisky den Namen „Glen Breton" zu geben. Die schottischen Kupferschmiede von Forsythes of Rothes hatten ihnen mit Vergnügen Brennblasen verkauft. Schottische Getreidehändler waren nur zu glücklich, ihnen schottisches Gerstenmalz zu verkaufen. Schottische Berater hatten ihnen gegen gutes Geld schottisches Destilleriewissen vermittelt. Das war aber alles vergessen, als die Kolonisten das böse „G-Wort" in ihrem Namen verwendeten. Glens, so die Schotten, gebe es nur in Schottland.

Neun Jahre lang versuchte die Scotch Whisky Association, der Destillerie ihr schottisches Erbe gerichtlich zu verbieten. Als der Prozeß mit einem Sieg der Vernunft endete, brachte die Destillerie mit typisch selbstironischem kanadischen Humor den „Battle of the Glen" heraus. **DDK**

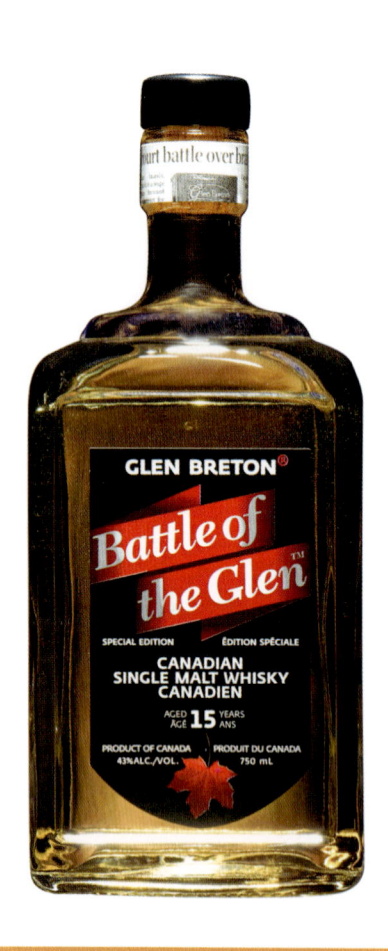

Verkostungsnotizen

Blumig, fruchtig, mit kühlen knackigen Äpfeln und heißen Maronen. Pfefferige Schärfe und trocknes Gras, mit leicht ziehendem Eichentannin als Ergänzung des sonst cremigen Mundgefühls. Honig, Waldanklänge und Herbstdüfte.

Glen Breton Rare 10-Year-Old

Glenora Destillerie | www.glenoradistillery.com

Herstellungsregion und -land Nova Scotia, Kanada
Destillerie Glenora, Glenville
Alkoholgehalt 43 Vol.-%
Whiskytyp Single Malt

Der Glen Breton Single Malt wird Jahr um Jahr ein Stück besser. Er entsteht in der Glenora Inn and Distillery, mit der sich Bruce Jardine einen Traum verwirklicht hatte. Er lebte zwar noch lange genug, um diesen Traum zu kosten, aber die Markteinführung erlebte er nicht mehr. Die Leute bei Glenora sind sich aber sicher, daß er heute zu den Engeln zählt, die sich in den Lagerhäusern ihren Anteil des reifenden Whiskys holen.

Heute hält der Destillerieleiter Donnie Campbell die Zügel in der Hand. Er ist so stolz auf sein Reich, daß er einmal zur Urlaubszeit einige Flaschen des 10-Year-Old einpackte und Eulen nach Athen trug, also mit dem Whisky eine Schottlandrundreise unternahm. Nach jeder Besucherführung durch eine Destillerie nahm er eine Flasche seines Flaggschiff-Whiskys hervor und lud den Leiter der Destillerie zu einem Schlückchen ein. Die Kommentare waren wohlwollend, ernstgemeint und vor allem sehr erhellend. Als Donnie nach Hause kam, war sein von Natur aus schon freundliches Lächeln noch etwas sonniger geworden.

Der Glen Breton 10-Year-Old reift in traditionellen Lagerhäusern ohne Heizung, in denen während der eisigen Winter alles in Zeitlupe abläuft. Die stetige Nachfrage läßt den Whisky ebenso schnell aus den Lagern in den Verkauf gehen, wie frisches Destillat nachkommt. Im Gegensatz zu größeren Herstellern ist man nicht darum bemüht, ein gleichmäßiges Geschmacksprofil zu erzielen. Der Hausstil von Glenora ist zwar immer deutlich, aber jede Charge zeigt subtile Eigenheiten. Der Whisky wird nicht kaltfiltriert, und auch eine künstliche Färbung mit Zuckercouleur wird man vergeblich suchen. **DDK**

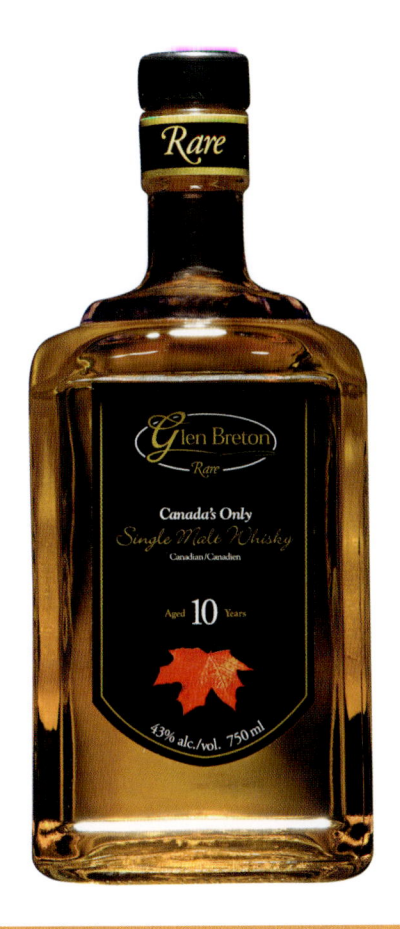

Verkostungsnotizen

Kräftige Blütentöne, die verblassen, aber nie ganz verschwinden, werden durch Vanille, Karamell und Marshmallow-Nougat abgemildert. Aus unbestimmter Fruchtigkeit kommen rote Kochäpfel zum Vorschein. Ahornsirup und Lokum mit leichten Gewürztönen.

Grand Grizzly

MC Wine & Spirit SA de CV

Herstellungsregion und -land Kanada
Destillerie Ungenannt
Alkoholgehalt 40 Vol.-%
Whiskytyp Rye-Whisky

Das wichtigste Element eine Whiskys ist nicht das Wasser. Auch nicht die Hefe. Und schon gar nicht das Getreide. Am wichtigsten ist die Geschichte, die er erzählt. Auf dem Rückenetikett des Grand Grizzly ist zu lesen, daß einst tief in den Rocky Mountains ein Mann namens James Grizzly lebte. Er stellte auf traditionelle Weise einen der glattesten Whiskys her, die es je gab. Nicht so bekannt war, daß dieser ausschließlich aus Roggen gebrannte Whisky zwar einzigartig ist in Hinsicht auf Farbe, Geschmack und Körper, daß er darüber hinaus jedoch auch vollkommen einzigartige Spuren hinterläßt, wo immer er auftaucht.

Auch wenn der Grand Grizzly aus reinem Roggendestillat besteht, ist er doch kein typischer schwerer Rye wie jene, die zu der vielbeschworenen Rye-Renaissance geführt haben. Nein, in der Nase und am Gaumen ist dies ein sehr junger Rye-Whisky, der noch eine kleine Besonderheit aufweist. Ja, er ist fröhlich wie ein mexikanischer Volkstanz, er hat aber auch eine Erdigkeit, die von Tiefe, von vergehender Zeit und von Bedächtigkeit erzählt.

Der Grand Grizzly ist der kanadische Whisky mit dem am schnellsten wachsenden Absatz in Mexiko. Das steckt also hinter dem Rätsel! In der Nase und am Gaumen zeigt sich hinter den Roggentönen eine Spur von Agavendestillat. Der Whisky mag zwar ausschließlich aus Roggen gebrannt werden, aber die Erdigkeit des Roggens ist herausgestellt worden, um dem mexikanischen Geschmack zu entsprechen. Der Whiskybrenner James Grizzly mag eine Kunstfigur sein, aber sein Whisky ist eine sehr reale Verbeugung vor dem dritten Staat auf dem nordamerikanischen Kontinent. **DDK**

Verkostungsnotizen

Dörrpflaumen, Getreide und süßer Holzrauch. Kühn und ausgelassen. Sahnige Karamellschokolade und leichte Alkoholtöne, die sich zu Mentholnoten verwandeln. Schwarzer Pfeffer und trüber Agavenschnaps flüstern von Tequila, aber harter Roggen schreit Whisky.

Lot No. 40

Corby Distilleries Limited | www.corby.ca

Herstellungsregion und -land Ontario, Kanada
Destillerie Hiram Walker, Walkerville
Alkoholgehalt 43 Vol.-%
Whiskytyp Rye-Whisky-Einzeldestillerieabfüllung

In jedem Handwerk gibt es fast unerreichbare Meisterleistungen, die von vielen angestrebt, aber nur von wenigen erzielt werden. Bei der Whiskyherstellung ist dieses fast utopische Ziel ein Whisky aus Roggenmalz. Hiram Walker's ist die einzige Destillerie in Kanada, die gemälzten Roggen vergären läßt. Walker's ist auch die größte Destillerie Kanadas und nach manchen Berechnungen sogar ganz Nordamerikas. Aber nur einer der dort hergestellten Whiskys ist je bis an die Grenzen dessen gegangen, was bei einem Whisky aus Roggenmalz möglich ist.

Der Lot No. 40 wird doppelt destilliert. Zuerst wird die Maische aus Roggenmalz, Getreide und den sonstigen Bestandteilen in einer kurzen Kolonne destilliert. Das dabei entstandene Destillat wird aufgefangen und in einer großen Brennblase aus Kupfer ein zweites Mal destilliert. Dieses Destillat wird dann mindestens sechs Jahre in einer Mischung aus frisch angekohlten und einmal zuvor verwendeten Fässern aus Weißeiche eingelagert. Der Whisky ist danach atemberaubend hervorragend. Manch ein Brenner hätte es dabei belassen. Aber D. Michael Booth war in den 1990er Jahren auf dem Höhepunkt seiner kreativen Schaffenskraft, und dieser Whisky sollte sein Meisterstück werden. Er mischte das goldene Elixier mit sorgfältig abgestimmten Mengen reinen Roggen- und Mais-Whiskys, um das Geschmacksprofil zu verbreitern und weniger herausfordernd zu machen.

Der Lot No. 40 verkaufte sich nicht so gut wie erwartet. Die Konsumenten waren noch nicht weit genug für einen so ausdrucksstarken Kanadier. Kenner lassen sich aber nicht abhalten, in Ladengeschäften und online nach den selten gewordenen Flaschen zu suchen. **DDK**

Verkostungsnotizen

Roggen, Roggenmalz und Roggenbrot mit Kümmel. Eine einfache Mischung aus Zitrus-, Gewürz- und Fliedernoten und eine komplexe Synthese aus Vanille, Getreide, Feuerstein, frischen Erdsoden, süßen Zitrusfrüchten, scharfen Gewürzen und Tannin.

Masterson's 10-Year-Old

35 Maple Street | www.3badgecorporation.com

Herstellungsregion und -land Alberta, Kanada
Destillerie Alberta Distillers, Calgary
Alkoholgehalt 45 Vol.-%
Whiskytyp Straight-Rye-Einzeldestillerieabfüllung

Die winzige Brennblase bei Alberta Destillers in Calgary ist leicht zu übersehen. Im Gegensatz zu den Schaustücken in Schottland ist sie gut isoliert und deswegen kaum zu entdecken. Aber sie liefert die wunderbarsten reinen Roggendestillate – kräftige, robuste Whiskys, die harte Töne von nassem Schiefer und einen tropischen Gewürzmarkt mit Zimt, Muskat und Gewürznelken in sich bergen.

Diese einzigartigen Whiskys entsprechen nicht nur den US-Vorschriften für „straight rye whiskey", sie werden sogar aus einer Maische destilliert, in der ausschließlich Roggen enthalten ist. Deshalb ist es verständlich, daß Spirituosenhersteller, die jemanden suchen, der ihnen bei der Kreation eines hochwertigen Roggen-Whiskys helfen kann, sich an Alberta Destillers wenden.

Im Spätsommer des Jahres 2001 stellte ein Firma aus Sonoma in Kalifornien den Masterson's Rye vor. Die Firma mit dem Namen 35 Maple Street ist das Tochterunternehmen einer Winzerei, die Other Guys heißt und den Geschwistern Mia und August Sebastiani gehört, deren Familie seit über 110 Jahren im Sonoma-Tal Wein keltert. Nach vorausgegangenen Versuchen mit Grappa und Branntwein nahmen die Sebastianis die Spiriuosenherstellung mit dem Masterson's wieder auf, dem später andere Brände wie Gins, alte Rums und Kleinchargen-Bourbons folgen sollten.

Der Masterson ist nach William „Bat" Masterson benannt, der aus Kanada stammte und einer der bekanntesten Büffeljäger, Glücksspieler und Gesetzeshüter im amerikanischen „Wilden Westen" war, bevor er in New York als Journalist zur Ruhe kam. **DDK**

Verkostungsnotizen

Ein Panorama aus trocknem Getreide, Stroh, feuchter Erde, Leinöl und Sackleinen, dann auch noch Vanilleschoten, duftiges Leder und Tabak. Weißer Pfeffer unterliegt süßem, feurigen Ingwer, der durch Karamell verstärkt und durch Grapefruit frisch gehalten wird.

Pendleton 1910 Rye

Hood River Distillers Inc. | www.pendletonwhisky.com

Herstellungsregion und -land Kanada
Destillerie Ungenannt
Alkoholgehalt 40 Vol.-%
Whiskytyp Rye-Whisky

Als Hood River Distillers aus Oregon den Pendleton 1910 auf den Markt brachten, wollten sie mit ihm von der wachsenden Beliebtheit ihres Pendleton Canadian Whisky profitieren. Pendleton ist eine der am schnellsten wachsenden Whiskymarken auf dem US-Markt. Wie alle Pendleton-Whiskys wird auch der 1910 in Kanada destilliert und reift dort. Er hebt sich jedoch von den anderen ab, weil seine Maische nur Roggen enthält und weil er zwölf Jahre in angekohlten Fässern aus Weißeiche in einem kanadischen Lagerhaus reifen durfte. Danach wurde er nach Oregon gebracht, wo Hood River Distillers ihn mit dem Wasser von aus Gletschern gespeisten Quellen auf Trinkstärke herabsetzte, bevor er auf Flaschen gezogen wurde.

Seit November 2010 ist der weithin als „Cowboy-Whisky" bezeichnete Pendleton die offizielle Spirituose der Professional Rodeo Cowboys Association (PRCA). Der Name der Abfüllung – 1910 – erinnert an das Jahr, in dem das Pendleton Round-Up erstmals stattfand. Die Flasche ist mit Motiven geprägt, die an einen Westernsattel erinnern, und zeigt das berühmte Wildpferd mit dem Rodeoreiter, die für das Round-Up wie auch für die Whiskymarke als Logo dienen.

Hood River Distillers sprechen dem Pendleton 1910 einen außergewöhnlichen Geschmack und vollen Körper zu, aber auch den glatten Abgang, den man von einem Pendleton erwartet. Sie empfehlen, ihn gekühlt oder mit Eis zu trinken und sich dabei friedlichen Gedanken hinzugeben. Bei einem Alter von zwölf Jahren und einem Roggengehalt von 100 Prozent sollte man ihn aber auch einmal so trinken, wie er aus der Flasche kommt. **WM**

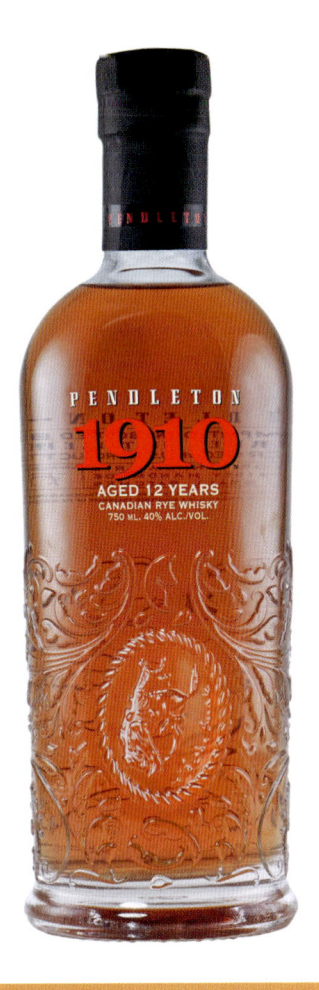

> **Verkostungsnotizen**
>
> Butterkaramell, Ahornfondant und Röstgetreide mit spritzigen Limetten, die den Gaumen für glühend scharfen Pfeffer und Ingwer stählen. Menthol, Kanadabalsam, Pfeifentabak und dunkle Früchte. Würziger Roggen, dann Pfirsiche und rosa Grapefruit im Abgang.

Pendleton Directors' Reserve 2010 20-Year-Old

Hood River Distillers Inc. | www.pendletonwhisky.com

Herstellungsregion und -land Kanada
Destillerie Ungenannt
Alkoholgehalt 40 Vol.-%
Whiskytyp Blend

Dieser cremige, opulente Whisky verherrlicht etwas, das als klassische Wildwestgeschichte mit Cowboys und Indianern anfing. Im Jahr 1909 begannen drei Brüder namens Bishop, in Oregon für das Volk der Nez Percé Dekken zu weben. Die Decken aus ihren Pendleton Woolen Mills galten bald als Statussymbol bei den Stämmen im Westen. Schon ein Jahr später kamen 7000 Menschen nach Pendleton in Oregon, um dort ein Rodeo „mit malerischen Beschäftigungen, mit Indianer- und Armeespektakeln, mit Cowboy-Rennen und Wildpferdritten um die Meisterschaft des Nordwestens" zu besuchen. Seitdem ist der Round-Up in Pendleton nicht ein einziges Mal ausgefallen.

2003 brachten Hood River Distillers zu Ehren dieser inzwischen legendäre Veranstaltung einen Whisky heraus. Der Pendleton wird in Kanada gebrannt, gelagert und verschnitten, bevor er nach Hood River in Oregon verschifft wird, um dort auf Flaschen gezogen zu werden. Er entwickelte sich über Nacht zu einer Sensation und wurde bald zum Whisky mit den am schnellsten wachsenden Verkaufszahlen in Oregon. Der Erfolg weitete sich auf die USA und bis zurück nach British Columbia aus.

Ein 20 Jahre alter Directors' Reserve kam 2006 heraus und wurde sehr gelobt. Als 2010 die Hundertjahresfeier des Pendleton Round-Up ins Haus stand, verlangte das nach einer Sonderausgabe des Whiskys. Der 2010 Directors' Reserve war auf 6000 Flaschen beschränkt. Der Pendleton Directors' Reserve 2010 legte die Latte für Rodeo-Whiskys ein Stück höher und geht ohne Zweifel als Sieger aus der „Whisky Championship of the Northwest" hervor. **DDK**

Verkostungsnotizen

Schinkenspeck mit Bohnen am Lagerfeuer. Spuren von Harz, staubigem alten Leder und eine komplexe Reife zeugen von Alter, wogegen Pfefferminz, anhaltende kitzelnd-spritzige Zitrone und brennend heißer Ingwer jedoch ihren Widerspruch einlegen.

proof

proof brands | www.proofbrands.com

Herstellungsregion und -land Kanada
Destillerie Ungenannt
Alkoholgehalt 42 Vol.-%
Whiskytyp Blend

Der Kleinbuchstabe am Anfang des Namens ist bei diesem Whisky nicht der einzige Traditionsbruch. Der Neuling tauchte im Sommer 2010 im kanadischen Einzelhandel auf. Die meisten kanadischen Whiskys lassen sich am besten als „Einzeldistillerieabfüllung" benennen, aber dieser süße, zitrusbetonte Brand wird in Montreal aus Destillaten von einer Reihe verschiedener Brennereien verschnitten. Auch die Flasche ist mit ihrer unüblichen Halblitergröße unkonventionell.

Der Kleinbuchstabe verwirrt zwar englische Rechtschreibkorrekturprogramme, aber der Whisky neigt sonst eher zur Bescheidenheit. Er hat keine Aficionado-Allüren, sondern ist offensichtlich für die Cocktailtrinker-Szene gedacht. Als Michael Riley, ein ehemaliger Manager bei LCBO, den proof entwickelte, schwebten ihm als Zielgruppe zweifelsohne junge städtische Aufsteiger vor. Der Whisky wurde in „angesagten" Bars und Modegeschäften vorgestellt und hatte bald seine Anhänger unter den Trendsettern gefunden.

Der proof gehört zu den sehr seltenen kanadischen Whiskys, die von wirklich unabhängigen Herstellern abgefüllt werden. Die Firma besitzt keine eigene Destillerie und hat auch nicht vor, eine zu errichten. Sie sieht sich eher in der Tradition der schottischen unabhängigen Abfüller und bezieht ihren Whisky von anderen Herstellern. Unabhängige Abfüller sind in Kanada selten, und so ist der proof eine echte Seltenheit, allerdings eine gut verfügbare. Mit etwas Glück wird er Schule machen.

Die deutlichen Zitrusnoten machen ihn zu einem typischen Sommergetränk. Der Hersteller schlägt vor, ihn mit Birnensaft über Eis zu genießen. **DDK**

Verkostungsnotizen

Zitronendrops, Flieder und Veilchen mischen sich mit holzigem Ahornsirup, scharfem weißen Pfeffer und süßen Gewürzen. Erdige Noten geben am Gaumen Breite, aber für Cocktails zeigt er etwas wenig Alkohol. Eher ein Sommerwhisky für Partys und zum Grillen.

Revel Stoke

Phillips Distilling Company | www.revelstokewhisky.com

Herstellungsregion und -land Kanada
Destillerie Ungenannt
Alkoholgehalt 45 Vol.-%
Whiskytyp Gewürzter Blend

Der Columbia River fließt erst nach Süden durch British Columbia, dann in die USA und dort an der Grenze zwischen Washington und Oregon entlang nach Westen in den Pazifik. Unterwegs führt sein Weg durch Revelstoke, einem entlegenen ehemaligen Bergarbeiterstädtchen mit 8000 Seelen, das im südlichen British Columbia zwischen den Monashee und Selkirk Mountains liegt. Heutzutage ist der Ort vor allem bei Skifahrern bekannt, die aus der ganzen Welt hierher kommen, um Heli-Ski zu fahren. Tagsüber. Abends trinken sie Revel Stoke Whisky.

Revelstoke hat zwar wirtschaftlich wieder Fuß gefaßt, aber es gibt keine Destillerie im Ort. Und das Wasser des Columbia River fließt auch nicht in den Whisky. Warum also der Name? Die Antwort ist ganz einfach: Man hatte am weit entfernten Firmensitz in Minneapolis den Namen des Ortes gehört und ihn so ansprechend gefunden, daß man beschloß, ihn für den neuen Whisky zu verwenden. Der Revel Stoke unterscheidet sich etwas von dem, was Whiskytrinker sonst gewohnt sind. Wie manchen Rumsorten wird auch dem Revel Stoke Spiced Whisky während des Verschneidens eine Mischung aus Vanille und verschiedenen Gewürzen beigefügt. Ein ungewöhnlicher Whisky, dessen Wesen sich eher durch eine Verkostung als eine Beschreibung erschließt.

Im Nordwesten der USA und bei den Skifahrern in British Columbia hat der Revel Stoke Kultstatus erlangt. In der Werbekampagne zu seiner Einführung um die Jahrtausendwende wurden Urinalsiebe mit dem Markennamen verteilt. Zehntausende von ihnen wurden gestohlen (und hoffentlich gut gesäubert). Sie müssen wohl etwas ausgelöst haben … **DDK**

Verkostungsnotizen

Süß wie Likör, sahnig wie Vanilleeiscreme, glatter als Butter. Kräftige Vanilletöne mit Schwarzkirschen, bittersüßem Tabak und Kampfer. Scharf-würziger Pfeffer und Zimtstangen, aber kaum erkennbare Roggennoten. Schlicht, aber robust und ausdrucksstark.

Rich & Rare

Sazerac Company | www.sazerac.com

Herstellungsregion und -land Kanada
Destillerie Ungenannt
Alkoholgehalt 40 Vol.-%
Whiskytyp Blend

Der Markenname Rich & Rare war schon etwas herumgekommen, als die Sazerac Company aus New Orleans ihn übernahm. Ursprünglich war R&R einer der Whiskys von Harry Hatch, der während der US-Prohibition einer der erfolgreichsten kanadischen Whiskyunternehmer war. In seiner Torontoer Destillerie Gooderham and Worts wurde der R&R zuerst gebrannt. In den 1950er Jahren wurde das Destillieren in Toronto eingestellt, und Hatch verlegte die Herstellung seiner Whiskys in eine andere Brennerei, die ihm gehörte: Hiram Walker's in Walkerville, Ontario. Der Name Gooderham blieb jedoch auf dem R&R-Etikett.

In den 1980er Jahren wurde die Whiskybranche weltweit durch eine ungeheure Zahl von Übernahmen, Fusionen und Schließungen durcheinandergewirbelt. Die Veränderungen waren nirgends so stark wie in Kanada. Als sich der Staub gelegt hatte, waren bekannte Marken verschwunden und die Herstellung der Whiskys von Destillerie zu Destillerie verlegt worden. Unter den Marken, die das Ganze gut überstanden, war auch der treffend benannte Rich & Rare.

Das „üppig" ist vermutlich der Grund, warum der Whisky 2010 bei der International Review of Spirits in Chicago 84 Punkte und die Bronzemedaille erhielt. „Selten" ist er jedoch nicht unbedingt. Zumindest in den USA ist er leicht zu bekommen.

Wo der R&R heutzutage hergestellt wird, bleibt Sazeracs Geheimnis, auch wenn man kaum überrascht wäre, wenn er immer noch aus der Hiram-Walker-Destillerie stammte. Auf jeden Fall wird der reife Whisky nach dem Verschneiden aus Kanada nach Frankfort in Kentucky verschifft und dort abgefüllt. **DDK**

Verkostungsnotizen

Lebhaft jugendlich, aber mit einer robusten Üppigkeit, die diese Jugend Lügen straft. Karamell, Vanille, Pralinen und süße Früchte mit reichlich würzigem Roggen und scharfem Pfeffer. Ölige Textur mit glattem, pfeffrigen Abgang. Also: ausgewogen und gut für Cocktails.

Her age is a secret, ours isn't!

Friends of Imported O.F.C. talk a great deal about our age—and we're simply delighted. What other truly great Canadian offers you 8 year old whisky priced the same as leading Canadians two years younger? And 12 year old whisky for very little more? Taste 8 or 12 year old Imported O.F.C.—it's the Oldest, Finest Canadian. Then, you'll talk about us, too!

86.8 PROOF © 1963 SCHENLEY DISTILLERS CO., N.Y.C.

Schenley OFC

Constellation Brands
www.blackvelvetwhisky.com

Herstellungsregion und -land Alberta, Kanada
Destillerie Black Velvet, Lethbridge
Alkoholgehalt 40 Vol.-%
Whiskytyp Einzeldestillerieabfüllung

Mitte des 19. Jahrhunderts sorgten skrupellose Panscher dafür, daß Whiskykäufer begannen, nach Beweisen für die Qualität eines Whiskys zu suchen. Im Westen der USA (das war damals Kentucky), wurde der Begriff „Copper Whisky" bald gleichbedeutend mit „guter Whisky".

Dieser „Kupferwhisky" war das Produkt kleiner Heimbrennereien, die auf den Farmen in winzigen Brennblasen aus Kupfer destillierten. Als E. H. Taylor also die in der Nähe von Frankfort in Kentucky gelegene Rock-Hill-Farm-Destillerie von Benjamin Blanton übernahm, benannte er sie sofort in „Old Fine Copper" um. 1885 wurde die Destillerie von einem gewissen George T. Stagg gekauft, der den Namen beibehielt. Der Brennerei ging es gut, bis die Prohibition die Produktion fast zum Erliegen brachte. Aber sie wurde wenigstens nicht geschlossen, und nach dem Ende der Prohibition ging sie in den Besitz der Schenley Company über. Die Marke OFC ging an deren Destillerie in Valleyfield, Quebec, wo sie schließlich als Canadian Whisky neu konzipiert wurde.

OFC ist zwar seit langem eine führende kanadische Whiskymarke, aber die Eigner sind immer noch Amerikaner. Nach dem Ende von Schenley gehört die Marke jetzt Constellation Brands, die den Whisky bei Black Velvet in Lethbridge, Alberta, brennen läßt. Auch die Abkürzung hat eine andere Bedeutung bekommen: Old Fine Canadian. **DDK**

Verkostungsnotizen

Roggenaromen in der Nase: Gewürznelken, Karamell, Vanille und Spuren von Bourbon. Durchgehend glühend heißer Pfeffer. Stählerne Roggentöne.

Seagram's VO

Diageo
www.diageo.com

Herstellungsregion und -land Quebec, Kanada
Destillerie Diageo Global Supply, Salaberry-de-Valleyfield **Alkoholgehalt** 40 Vol.-%
Whiskytyp Blend

Unternehmergeist? Vielleicht so: Als junger Mann auf Arbeitssuche hören Sie von einer offenen Stelle in einer Destillerie vor Ort. Sie werden eingestellt und zeigen sich so arbeitsam, daß Ihnen der Besitzer während eines längeren Europaurlaubs die Leitung der Geschäfte überläßt. In seiner Abwesenheit heiraten Sie seine Schwester, so daß Sie als erster auf der Liste der potentiellen Käufer stehen, als es um die Veräußerung der Destillerie geht. Auf diese Weise gelangte Joseph Seagram in den Besitz einer Brennerei in Waterloo in Ontario. 1913 bereiteten Seagram und seine Ehefrau die Hochzeit ihres Sohnes vor, und Seagram entwickelte für diese Gelegenheit einen besonderen Whisky. Der Name VO kann „very old" oder „very own" bedeuten, genau weiß das niemand.

Später wurde die Destillerie in Waterloo unter der Familie Bronfman der Grundpfeiler eines der größten Spirituosenkonzerne der Welt, und der VO war eine der führenden Marken. Nach der Schließung der Brennerei ging die Produktion des VO an die Seagram's-Destillerie in Gimli, Manitoba. Mit der zunehmenden Beliebtheit der Marke Crown Royal und dem Verkauf des Betriebs in Gimli an Diageo wurde die Produktion des VO wieder verlegt, diesmal in die Valleyfield-Destillerie von Diageo, wo er bis heute hergestellt wird. Inzwischen gibt es auch eine VO-Gold-Variante, aber zu den Whiskys, die man besitzen sollte, gehört auf jeden Fall das 1913er Original. **DDK**

Verkostungsnotizen

Typische Rye-Noten mit vagen Blütenaromen. Erdig, fruchtig, mit Zedern, Wasserpflanzen und scharfem Pfeffer. Zeigt Karamell-, Zitrus- und Sherryakzente.

Typische Zeitschriftenwerbung von Schenley aus dem Jahr 1963

Snake River Stampede 8-Year-Old

Indio Spirits | www.indiospirits.com

Herstellungsregion und -land Kanada
Destillerie Ungenannt
Alkoholgehalt 40 Vol.-%
Whiskytyp Blend

Nichts ist heute so typisch „Wilder Westen" wie ein Rodeo mit seinen Wildpferden, Rindern und Reitern. Privat bewegen sich professionelle Cowboys inzwischen zwar auch eher auf vier Rädern fort – und es sind genauso oft Frauen wie Männer –, aber sie tun ihr Bestes, die anachronistischen Beschäftigungen am Leben zu erhalten. Das Rodeo ist eine unwiderstehliche Selbstdarstellung des Machos, eine professionalisierte Sportart und ein Stück Amerika.

Und was könnte typischer für Cowboys sein, als um ein Lagerfeuer herumzusitzen, Whisky zu trinken und großspurige Geschichten zu erzählen? Schon die Vorstellung läßt jedem Werbefachmann die Freudentränen kommen und hat einen neuen Whiskytyp hervorgebracht. Er wird Rodeo-Whisky genannt – in Kanada gebrannt, gereift und verschnitten, aber dann in die USA verschifft und dort unter dem Namen eines beliebten Rodeos auf Flaschen gezogen. Das vielleicht unbekümmertste Beispiel ist der Snake River Stampede, ein achtjähriger kanadischer Whisky, mit dem das Rodeo gleichen Namens gefeiert wird. Es findet seit 1911 jedes Jahr in der dritten Juliwoche in Nampa in Idaho statt.

Der Whisky entstand aus der Zufallsbegegnung eines Whiskyherstellers und eines Rodeoveranstalters, die während eines Gesprächs bald feststellten, daß sie sich gegenseitig geschäftlich ergänzen könnten. Mit einem Handschlag besiegelten sie das Vorhaben, ihren eigenen Whisky herauszubringen. Bald trank nicht nur ganz Idaho, sondern auch die Hälfte der USA den Snake River Reserve, ob nun eine Rodeo stattfand oder nicht. Angesichts seiner Güte kaum verwunderlich. **DDK**

Verkostungsnotizen

Cremig, mit trocknen Roggentönen. Staubig wie die Badlands, heiß wie ein Lagerfeuer und frisch wie gerade gespaltenes Feuerholz. Süße reife Früchte, weiße Grapefruithäutchen mit Ingwer, Gewürznelken und Spuren von Salzlake für saures Gemüse.

Still Waters

Still Waters | www.stillwatersdistillery.com

Herstellungsregion und -land Ontario, Kanada
Destillerie Still Waters, Concord
Alkoholgehalt 40 Vol.-%
Whiskytyp Single Malt Wodka („Weißer Whisky")

Wodka in einem Buch über Whisky? Ja, Wodka. Aber nicht irgendein beliebiger Wodka, sondern Still Waters Single Malt Vodka. Als Barry Stein und Barry Bernstein das erste Mal in ihrer Destillerie in Toronto ein Destillat aus Malz brannten, wollten sie Single Malt Whisky herstellen. Inzwischen haben sie auch dieses ursprüngliche Vorhaben in zwei Varianten realisiert, die in neuen kanadischen Fässern und gebrauchten Bourbonfässern gelagert werden.

Die Herstellung erforderte jedoch viel Zeit – wie jeder Whisky – und die Rechnungen mußten in der Zwischenzeit dennoch bezahlt werden. Man beschloß also, das Malzdestillat dreifach zu destillieren und als Wodka abzufüllen. Das Ergebnis war ein üppiger, cremiger und sehr malzbetonter „Wodka", der diese Bezeichnung nur führt, weil die kanadischen Gesetze den Begriff „Whisky" Spirituosen vorbehalten, die mindestens drei Jahre in Eichenfässern gereift sind.

Die Grenze zu den USA verläuft im Süden Kanadas von einem Ozean zum anderen, und jenseits dieser Grenze darf ein Destillat „Whisky" genannt werden, sobald es überhaupt in Holzfässern gelagert wurde. In den USA ist der sogenannte „weiße Whiskey" zu einem Phänomen herangewachsen, und ein Teil dieses US-amerikanischen White Whiskey findet auch den Weg nach Norden in den kanadischen Einzelhandel. Offensichtlich gibt es einen Markt dafür. Wenn das Getränk jedoch aus Kanada stammt, muß es Wodka heißen. Es lebe die Bürokratie!

Unter den kanadischen Whiskys in diesem Buch gibt es also einen, der nur in den USA so genannt werden darf. In Kanada ist es ein Wodka. Aber ein Wodka, den man auch als Whiskyaficionado genießen kann. **DDK**

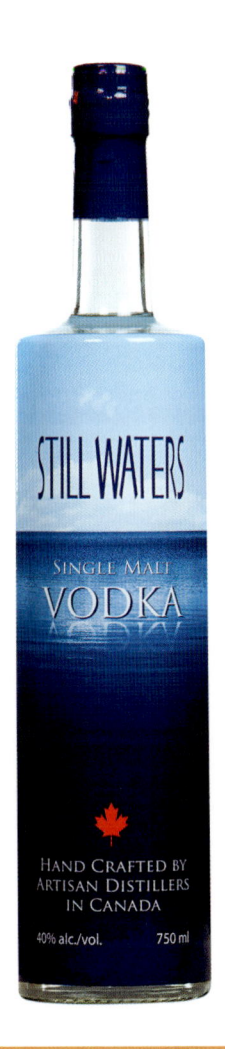

Verkostungsnotizen

Üppig, cremig und sehr malzig. Zeigt Töne von gerösteter Gerste und eine leichte Süße. Spuren von Pfeffer werden vermutlich nach einigen Jahren im Faß mehr Raum einnehmen. Gutes Gewicht und Mundgefühl. Sehr sauberes neues Destillat.

Tangle Ridge

Beam Global | www.beamglobal.com

Herstellungsregion und -land Alberta, Kanada
Destillerie Alberta Distillers, Calgary
Alkoholgehalt 40 Vol.-%
Whiskytyp Einzeldestillerieabfüllung

Als bei einer Pressefahrt das Gespräch auf kanadische Whiskys kam, zeigte sich sogar ein Redakteur vom *Wine Spectator* sehr vom Tangle Ridge angetan. Das kann kaum verwundern, der Whisky zeigt üppige Rotweintöne neben der Vanille, die man von den Bourbons aus Kentucky kennt.

Alberta Distillers, die den Tangle Ridge herstellt, ist vermutlich die beste Rye-Destillerie auf der Welt. Sie liefert mit den besten Verfahren den besten Geschmack, und sie ist auf jeden Fall weltweit die größte Rye-Destillerie. Welche andere große Destillerie brennt schon Tag für Tag, jahraus, jahrein nichts anderes als ein reines Roggendestillat?

Der Hausstil ist ein eleganter, klarer und gut gemachter Roggen-Whisky. Wo der Alberta Premium der Brennerei saubere, spröde Schiefertöne zeigt, ist der Tangle Ridge rund, robust und überschäumend. Wo der zehnjährige Alberta Springs klare, saftige Holznoten aufweist, ist der ebenfalls zehn Jahre alte Tangle Ridge süß, robust und fast weichlich. Dies ist ein Wein für Likörtrinker … oder Weinkritiker.

Jahrelang wurde der Tangle Ridge in schöne Flaschen mit einem langen Hals abgefüllt, der beim Ausgießen mindestens der ersten drei Gläser ein wunderbar glucksendes Geräusch verursachte. Der Whisky ist aber ein Opfer seines eigenen Erfolgs geworden; Alberta Distillers verwendet jetzt eine Standardflasche, die sich schneller und preisgünstiger befüllen läßt.

Dies ist ein ungewöhnlicher neuer Whisky von einer bewährten Destillerie. Laut einem Weinkritiker zudem ein ausgesprochener Gaumenschmeichler. **DDK**

Verkostungsnotizen

Üppige, dunkle überreife Früchte mit Obertönen von – man fragt sich – Schwarzpulver? Kampfer, Weingummi, trocknes Getreide mit viel Vanille und subtiler Zuckerwatte. Und das nur in der Nase. Süße Melasse, cremige Früchte und sehr scharfer Pfeffer, dann Bitter Lemon.

WhistlePig

WhistlePig Farm | www.whistlepigwhiskey.com

Herstellungsregion und -land Kanada
Destillerie Ungenannt
Alkoholgehalt 50 Vol.-% **Whiskytyp** Straight-Rye-Einzeldestillerieabfüllung

Im späten 18. Jahrhundert konnte man in Vermont sowohl von US-Behörden in New Hampshire oder New York als auch von kanadischen Stellen in Montreal Land erwerben. Sie betrachten sich alle als Besitzer Vermonts. Die Siedler mußten bei ihrer Ankunft manchmal feststellen, daß andere bereits Eigentumsurkunden für ihr Land vorweisen konnten. Ähnlich verwirrend ist die Lage in der Nähe von Shoreham in Vermont auch heute. Hier hat der Unternehmer Raj Bhatka ein Stück Land gekauft und auf den Namen WhistlePig Farm getauft. Er baut hier Roggen nach ökologischen Richtlinien an, um daraus Whisky zu brennen.

Ein Roggenfeld ist ein wunderbarer Anblick, wenn sich die hohen Halme sanft im Wind wiegen. Roggen aus ökologischem Anbau ist dagegen eher ein Mischmasch aus Kräutern, das grauenhaft geringe Erträge liefert. Das spielt aber für den vorliegenden Whisky keine Rolle. Bis die Destillate aus dem eigenen Roggen und der eigenen Brennerei marktreif sind, hat sich Bhatka der Hilfe des Meisterbrenners Dave Pickerell von Maker's Mark versichert. Pickerell hat einen atemberaubenden zehnjährigen kanadischen Rye eingekauft, um die schönen Flaschen zu füllen, die Bhatka herstellen läßt. Laut Pickerell wird in Kanada der beste Rye der Welt gebrannt. „Man sollte vom Vermonter Roggen nicht den Wohlgeschmack seines Vorgängers erwarten", warnt er.

Die Verpackung des WhistlePig erinnert an amerikanischen Rye, aber auf dem Rücketikett ist in winzigen Buchstaben zu lesen: „Product of Canada". Vermont ist schon lange ein US-Staat, aber dieser Vermonter Whisky ist dennoch ein waschechter Kanadier. **DDK**

Verkostungsnotizen

Ein Vorspiel aus Bourbonvanille, dann Sahnekaramell, brennend scharfe Chilis, Kuchengewürze, kandierte Orangenschale und duftiger Flieder. Wie der Meisterbrenner Dave Pickerell es sagt, der WhistlePig ist „groß genug, um eine eigene Postleitzahl zu brauchen".

White Owl

Century Distillers | www.highwood-distillers.com

Herstellungsregion und -land Alberta, Kanada
Destillerie Highwood, High River
Alkoholgehalt 40 Vol.-%
Whiskytyp Whisky Blanc (Weißer Whisky)

Whisky Blanc war einst in der frankokanadischen Provinz Quebec ungeheuer beliebt. Er wird zwei Jahre in Kupfertanks gelagert, ist wasserklar und hat ein Getreidebouquet, das keine Spur von Eiche zeigt. In den 1980er Jahren brach plötzlich der Absatz von braunen Spirituosen weltweit ein, und die Herstellung von Whisky Blanc wurde eingestellt, obwohl er doch ein klarer Brand war. 30 Jahre später brachte Highwood Distillers aus Alberta den klaren Whisky wieder in Kanada heraus, allerdings mit einer wichtigen Abänderung. Er hat diesmal eine Vielzahl von Eichenfaßnoten. Der White Owl ist der erste in Eiche gereifte klare Whisky der Welt.

Der White Owl wird aus verschiedenen Whiskys auf Weizengrundlage verschnitten, die bis zu zehn Jahre in angekohlten Fässern aus Weißeiche gelagert und dann mit Holzkohle gefiltert wurden, um entfärbt zu werden. Die großzügigen Whiskyaromen bleiben davon jedoch unberührt. Ursprünglich wollte der Brenner Glen Hopkins junge Whiskys für den White Owl verwenden, aber den erwünschten Geschmack erhielt er erst, als er beträchtliche Mengen älterer Whiskys in der Mischung unterbrachte. Der White Owl ist für Cocktails gedacht, denen er eine funkelnde Zitrusnote und einen kräftigen Whiskyton verleiht.

Highwood Distillers dachten, sie hätten eine gute Idee gehabt, als sei den „weißen Whisky" herausbrachten. Sie ahnten nicht, wie er einschlagen würde. Der White Owl ist tatsächlich eine beliebte Grundlage für Cocktails, inzwischen wird er aber auch häufig pur getrunken. Seit der Einführung im Jahr 2010 hat die Destillerie alle Hände voll zu tun, um die Nachfrage zu befriedigen. **DDK**

Verkostungsnotizen

Kühle Zitrustöne treffen auf heißen Cayennepfeffer. Cremiger Sahnekaramell, süße Kuchengewürze und ein Hauch Lakritze erweitern den Gaumen, während Frühstücksflocken, etwas Weingeist und trockne Zitronenkekse die Ursprünge im Weizen-Whisky erkennen lassen.

Fässer aus Weißeiche sind für den Geschmack von White Owl entscheidend.

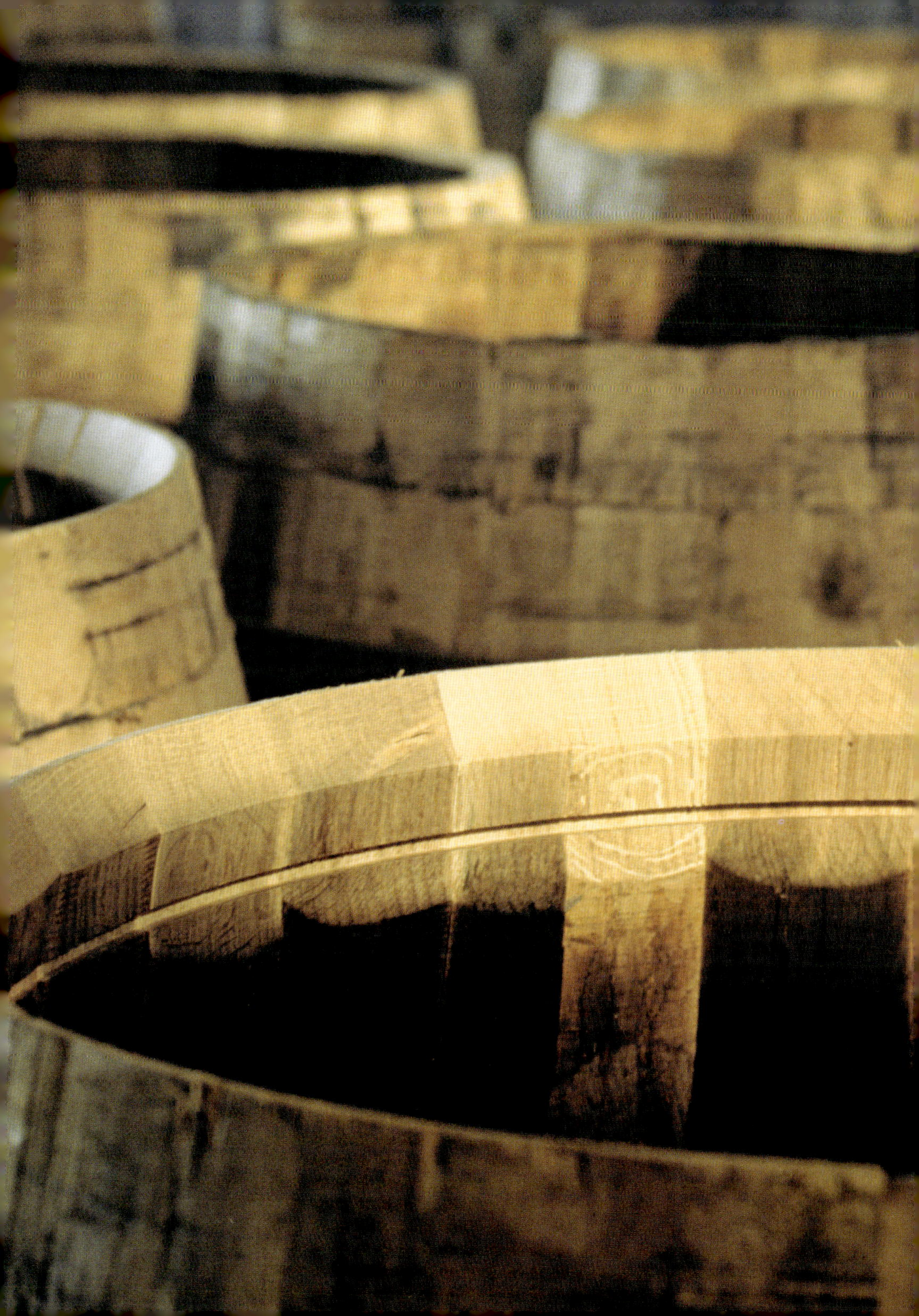

Wiser's 18-Year-Old

Pernod Ricard – Corby Distillerie
www.wisers.ca

Herstellungsregion und -land Ontario, Kanada
Destillerie Hiram Walker, Walkerville
Alkoholgehalt 40 Vol.-%
Whiskytyp Rye-Einzeldestillerieabfüllung

Wenn man einen Whisky findet, der anscheinend von der Moderne unberührt geblieben ist, dann ist man auf etwas wirklich Besonderes gestoßen. Der Wiser's 18-Year-Old zeigt bei einer direkten Vergleichsverkostung kaum einen Geschmacksunterschied zu einem Wiser's Oldest (wie er damals hieß) aus den 1950er Jahren. Die heutigen Markenbetreuer verdienen Anerkennung dafür, daß die rundlichen Flaschen aus der Zeit, als der Wiser's in Corbyville, Ontario, hergestellt wurde, im Wesentlichen den gleichen Whisky enthalten wie ihre heutigen Gegenstücke aus der in 550 Kilometer Entfernung in Walkerville, Ontario, liegenden Hiram-Walker-Destillerie.

Die Verpackung des Wiser's 18-Year-Old ist mehrfach verändert worden, und gelegentlich tauchen älteren Abfüllungen im Internet auf, meist für weniger als 100 Euro. Auch der Name ist im Laufe der Jahre immer wieder mal ein anderer gewesen – Wiser's Oldest, Wiser's Very Old, Wiser's 18-Year-Old –, aber der Whisky selbst ist immer gleich geblieben: zutiefst zufriedenstellend.

In Zeiten, in denen Altersangaben zunehmend seltener auf Flaschen zu finden sind, macht es Mut, daß die Nachfolger von J. P. Wiser an dessen Maxime festhalten: „Qualität braucht ihre Zeit." Der Wiser's 18-Year-Old zeigt das vorbildlich, er ist einer der wenigen Whiskys, die noch den typischen Charakter der Whiskys im alten kanadischen Stil zeigen. **DDK**

Verkostungsnotizen

Zigarrenkisten- und Pfeifentabaksnoten. Butterkaramell und Vanille werden von scharfem weißen Pfeffer mit Ingwer abgelöst, dann Dörrobst und Grapefruit.

Wiser's Legacy

Pernod Ricard – Corby Distillerie
www.wisers.ca

Herstellungsregion und -land Ontario, Kanada
Destillerie Hiram Walker, Walkerville
Alkoholgehalt 45 Vol.-%
Whiskytyp Rye-Einzeldestillerieabfüllung

Leider verstarb J. P. Wiser 1911, noch bevor er den Legacy, seinen letzten Whisky, produzieren lassen konnte. Aber fast 100 Jahre später erweckten seine Nachfolger zum Entzücken der Kenner seine letzte Rezeptur wieder zum Leben. Kurz nach seinem Erscheinen bewies der Legacy schon, was in ihm steckt, indem er bei den Canadian Whisky Awards den Preis als Connoisseur Whisky of the Year (Domestic Market) gewann. Seitdem sind viele weitere Auszeichnungen hinzugekommen.

Kanadische Destillerien verwenden zwar alle neben den Kolonnendestillationsanlagen auch Brennblasen, um Whisky herzustellen, aber Wiser's Legacy enthält große Mengen an Destillat, das in Brennblasen aus gemälztem wie ungemälztem Roggen gebrannt wurde. Der Legacy wird in der Hiram-Walker-Destillerie in Walkerville, Ontario, hergestellt, die einzige Destillerie in Kanada, die gemälzten Roggen verarbeitet. Diese Komponenten mögen einen Teil des Geschmacksprofils erklären, aber das wahre Geheimnis des Legacy liegt in den verwendeten Fässern, die nur sanft angeröstet, nicht angekohlt werden, so daß die Eiche karamellisiert, anstatt zu verbrennen. Diese Eichentöne werden dann an den Whisky abgegeben und verleihen ihm die Würzigkeit, die man meist mit einem Rye verbindet. Mit dem guten Schuß Vanille, der dann noch hinzukommt, entsteht so ein Whisky, der robust, aber auch komplex ist. **DDK**

Verkostungsnotizen

Kräftige Zimt-, Ingwer- und Gewürznelkentöne mit scharfem Pfeffer. Dahinter Pflaumenkompott, frisch eingeschnittenes Holz, Pfeifentabak und weiches Leder.

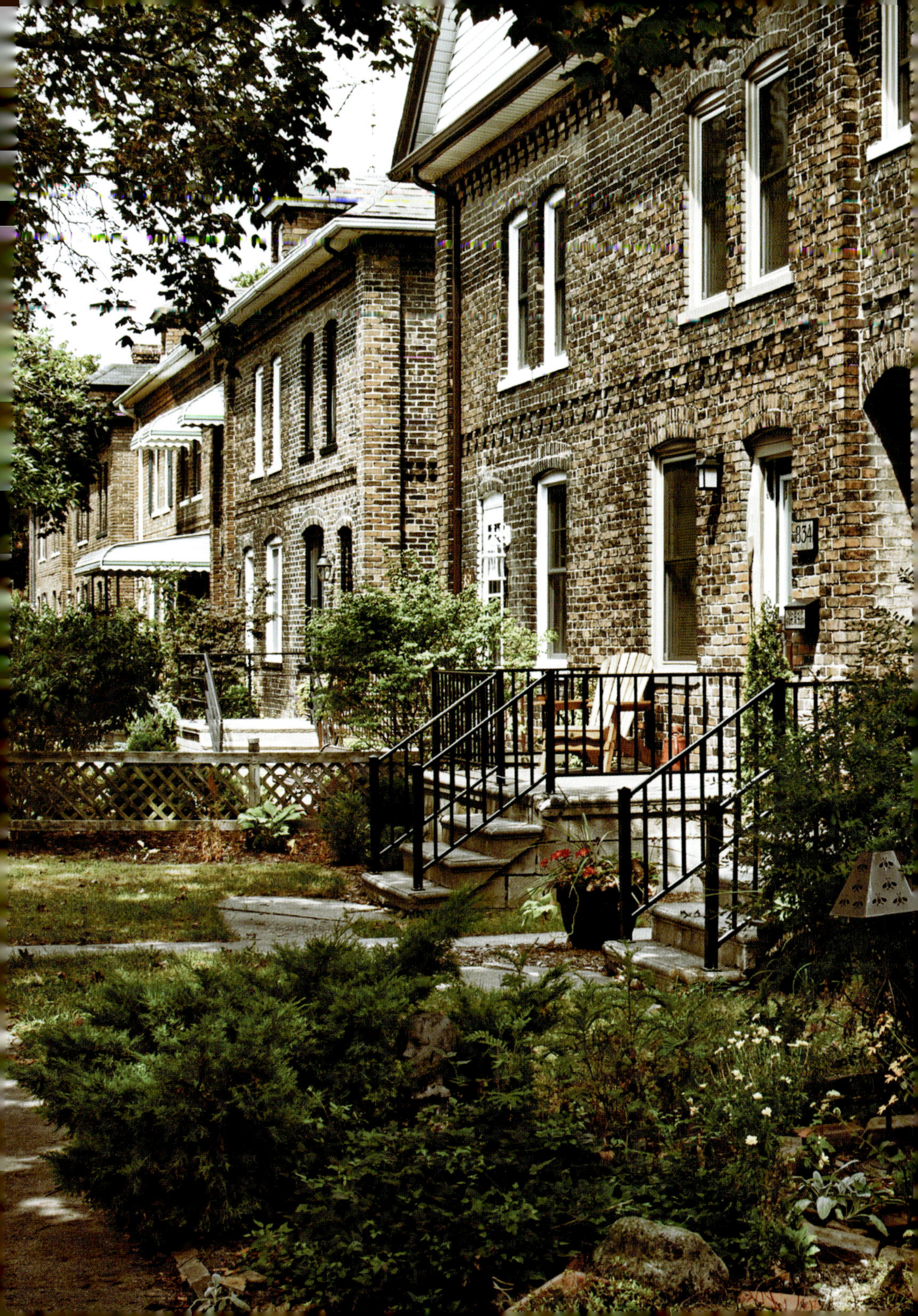

課税品〔樽〕	
事業所	近C（E520）
品目	WSY3
品種	18A　A
蒸溜年	1992
製成記号	D059
麦種1・2	P-S　50　MOR　50
樽種	5　1　3　M　Y
貯蔵位置	51-W-19-5
樽番号	AFSK 50014
量・Alc%	0.1L・63.8%
採取日	2009/3/31

JAPAN

課税品〔樽〕	
事業所	近C（E520）
品目	WSY3
品種	18A　　A
蒸溜年	1992
製成記号	D059
麦種1・2	P-S　50　MOR　50
樽種	5　1　3　M　Y
貯蔵位置	51 - W - 19 - 5
樽番号	AFSK 50020
量・Alc%	0.1L ・ 63.8%
採取日	2009/3/31

Chichibu On The Way 2015

Number One Drinks Company | www.one-drinks.com

Herstellungsregion und -land Honshu, Japan
Destillerie Chichibu, Chichibu City
Alkoholgehalt 55,5 Vol.-%
Whiskytyp Single Malt

Wenn man einen Trend benennen müßte, der den Whisky der ersten beiden Jahrzehnte des neuen Jahrtausends gekennzeichnet hat, dann wäre das die explosionsartige Zunahme an Mikro- und „Craft"-Destillerien. Auf der ganzen Welt, und oft an den unwahrscheinlichsten Orten, haben sich neue Brennereien etabliert und eine ungemein konservative und gesetzte Branche in ein aufregendes und dynamisches Experimentierfeld verwandelt.

Japan ist jedoch ein Land, in dem dieser Trend nicht richtig zum Zug gekommen ist. Das ist umso überraschender, wenn man die Leidenschaft der Japaner für Spirituosen kennt. Außerdem ist das Land wegen seiner Liebe für den Whisky bekannt, vor allem den aus Schottland und Nordamerika, und es verfügt über eine Unmenge der natürlichen Ressourcen, die es zu einem idealen Land für die Whiskyherstellung machen könnten. Der Hauptgrund für den Mangel an Neugründungen liegt in der restriktiven Lizenzvergabe durch die Behörden. Um eine Brenngenehmigung zu erhalten, muß man zuerst eine Destillerie errichten – in der Hoffnung, dann auch grünes Licht zu erhalten. So verhindern die Initialkosten den Eintritt von neuen Marktteilnehmern.

Das erklärt, warum Ichiro Akutu von Chichibu einen legendären Ruf genießt. Er hat nicht nur seine eigene Destillerie auf die Beine gestellt und aufregende Whiskys auf den Markt gebracht, es gelingt ihm auch, die Whiskyfans auf seine Reise mitzunehmen. Die Grundwhiskys dieser Abfüllung stammen zum Beispiel aus 41 Fässern, und man hätte den Whisky ohne weiteres offiziell abfüllen können, anstatt ihn als „unterwegs" zu bezeichnen. Er ist hervorragend und läßt auf noch Größeres hoffen. **DR**

Verkostungsnotizen

Die Nase ist zart und flüchtig, mit nassem Gras, Stroh, Honig, Vanille und sanften gelben Früchten. Am Gaumen gibt es Apfelgebäck mit Zimt, Dosenbirnen, Ingwermalz und herzhaftem Gewürze. Der Abgang ist süß mit grünen Früchten und staubigen Tanninen.

Chichibu Peated 2013

Number One Drinks Company | www.one-drinks.com

Herstellungsregion und -land Honshu, Japan
Destillerie Chichibu, Chichibu City
Alkoholgehalt 53,5 Vol.-%
Whiskytyp Single Malt

Diese Single-Malt-Abfüllung der Destillerie Chichibu wird wie der Stallgenosse On The Way vom Hersteller als „work in progress" bezeichnet. Nichtsdestoweniger ist sie weder ein Mauerblümchen, das sich ihres Mangels an Schönheit bewußt ist, noch ein schlacksiger Jüngling, der gut ein paar Muskeln mehr vertrüge. Es gibt viele deutlich ältere Whiskys, die nicht die Klasse haben, die hier zu sehen ist.

Bisher ist getorfte Gerste meist nach Japan importiert worden. Offensichtlich sich hat der Destilleriebesitzer Ichiro Akutu jedoch entschieden, dem getorften Whisky seine Aufmerksamkeit zu schenken. In der Vergangenheit hat er Whisky aus importierter Gerste hergestellt, die im englischen Norfolk gemälzt worden war. Er hat mit leicht und stark getorftem Malz experimentiert und auch durch Veränderungen der Temperatur, bei der das Destillat kondensiert, den Einfluß des Torfes auf das Destillat variiert. Im Bemühen, einen traditionsgerechten japanischen Whisky herzustellen, hat er auch den logischen Schritt gemacht, auf einheimische Gerste zurückzugreifen und sie selbst zu torfen. Der Anteil dieses japanischen Gerstenmalzes ist noch gering – höchstens 15 Prozent –, aber der eingeschlagene Weg ist der richtige.

Der Peated 2013 ist noch recht jung, aber das ist in diesem Fall ein Vorteil, weil sich die rauchigen, phenoligen Töne des Torfes bei einem jungen Whisky von ihrer unverfälschten, aufregendsten Seite zeigen. Das würde den Anhängern kräftiger Whiskys vielleicht schon reichen, aber außerordentlich wird die Abfüllung dadurch, daß sie hinaus darüber noch so viel zu bieten hat. Sie verspricht viel Großes für die Zukunft. Kein Wunder, daß die Anhänger der Destillerie so aufgeregt sind. **DR**

Verkostungsnotizen

Ausgewogene Nase mit Kräutern, gemähtem Gras, Rauch und Seetang. Am Gaumen bietet der Torf eine solidere Grundlage für Äpfel und Pfirsiche, Meersalz und Vanille, als man denken sollte. Im Abgang herrschen Früchte und Rauch vor.

Chichibu The First

Number One Drinks Company | www.one-drinks.com

Herstellungsregion und -land Honshu, Japan
Destillerie Chichibu, Chichibu City
Alkoholgehalt 61,8 Vol.-%
Whiskytyp Single Malt

Die Familie Akuto stellt seit fast 400 Jahren Spirituosen her. Als im Jahr 2000 die Hanyu-Destillerie geschlossen und in der Folge abgerissen wurde, schien ein Kapitel in der Geschichte der japanischen Spirituosendestillation zu Ende zu gehen. Ichiro Akuto, der zur 21. Generation der Getränkedynastie gehört, wollte sich damit jedoch nicht abfinden. Als erstes rettete er die letzten 400 Fässer vom Abrißgelände. Dann baute er 2007 in Chichibu eine neue Destillerie – klein, aber hervorragend. Anfang 2008 entstand das erste Destillat, und Ichiro war glücklich, einige Fässer als Chichibu Newborn auf Flaschen zu ziehen.

Wegen der Aufmerksamkeit und Mühe, die Ichiro jedem Schritt der Herstellung gewidmet hatte, waren die Entwicklungsabfüllungen außergewöhnlich. Den Whiskys war ihr Alter nicht anzumerken. Bei einer Verkostung des stark getorften No. 451 in Skandinavien – wo man sich mit getorftem Whisky recht gut auskennt – und dann in Paris befand man: „Für einen Zwölfjährigen gar nicht übel." Und staunte nicht schlecht, weil man sich verhört hatte: Der Whisky war zwölf *Wochen* alt.

Die erste Abfüllung als Dreijähriger enthält Whisky aus 31 Bourbonfässern. Sie besteht aus 7400 Flaschen in Faßstärke von fast 62 Volumenprozent. Die Hälfte der Flaschen kam in Japan auf den heimischen Markt, wo Ichiro Akuto als Ausnahmepersönlichkeit gilt. Die anderen 3700 Flaschen gingen in den Export. Für die Zukunft ist das regelmäßige Erscheinen eines Three-Year-Old geplant. Er soll 46 Volumenprozent Alkohol enthalten und wird in einer einfachen Umverpackung aus Karton verkauft werden, nicht in einer aufwendigen Präsentationsschachtel wie der Chichibu The First. **MM**

Verkostungsnotizen

In der Nase mit Vanille, Honig und viel Zitrus entzückend üppig. Am Gaumen jugendlich würzig und ansprechend lebhaft. Mittellanger, sehr präziser Abgang. Eine weitere überraschend reife, wohlausgewogene Abfüllung von Akuto-san.

Eigashima White Oak 5-Year-Old

Eigashima | www.ei-sake.jp

Herstellungsregion und -land Honshu, Japan
Destillerie Eigashima, Okubo, Akashi
Alkoholgehalt 45 Vol.-%
Whiskytyp Single Malt

Man hört oft, Yamazaki sei die älteste japanische Whiskydestillerie. Das ist jedoch eine Frage der Definition. Die erste Destillerie, die ausdrücklich für die Herstellung von Whisky, wie wir ihn heute kennen, gebaut worden ist, war tatsächlich Yamazaki, die 1923 von Shinjiro Torii errichtet wurde. Allerdings ist Eigashima die älteste Destillerie in Japan, die Whisky brennt. Sie wurde 1898 erbaut und hält seit 1919 eine Lizenz für die Herstellung von Whisky. Allerdings wurde der erste Whisky dort erst im Jahr 1989 gebrannt, so daß sie die erste Destillerie in Japan war, die seit Hakushu die Produktion aufnahm. (2008 kam dann Chichibu hinzu.)

Wie so vieles in Japan kann Eigashima mit Besonderheiten aufwarten. Die Produktion variiert nach Jahreszeit: Im Winter stellt man Sake und Shochu her, im Herbst wird Wein abgefüllt, Whisky wird nur im Sommer gebrannt.

Der Whisky aus der Destillerie hat in der Vergangenheit zu Auseinandersetzungen geführt. Die gesetzlichen Regeln für die zulässigen Grundstoffe eines Whiskys sind in Japan großzügig. Es stellte sich heraus, daß einige Blends, die nach Europa exportiert worden waren, Malt-Whisky, Grain-Whisky und Alkohol enthielten, der aus Melasse gebrannt worden war. Ein solcher Blend darf in Japan als „Whisky" bezeichnet werden, aber nicht in Europa. Verschlimmert wurde die Situation noch dadurch, daß ein Firmenvertreter den Sachverhalt bereitwillig zugab, während der Importeur ihn bestritt.

Da der Akashi 5-Year-Old ein Single Malt ist, gibt es bei ihm keine Zweifel. Er hat seine Anhänger, weil er neu, unbekannt und recht eigenwillig ist. Man sollte ihn auf jeden Fall im Auge behalten. **MM**

Verkostungsnotizen

Honig, Rübensirup, Getreide und etwas Eiche in der Nase. Am Gaumen jugendlich spritzig, mit etwas Würze und einer klaren Süße. Der Abgang ist jung mit Getreidenoten. Insgesamt jung und willig. Es wird interessant, die weitere Entwicklung zu beobachten.

Hakushu 10-Year-Old

Suntory | www.suntory.com

Herstellungsregion und -land Yamanashi, Japan
Destillerie Suntory Hakushu, Matsubarakami
Alkoholgehalt 40,5 Vol.-%
Whiskytyp Single Malt

Der Hakushu 10-Year-Old Single Malt kam am 1. Mai 1998 als Nachfolger des vier Jahre zuvor erschienenen Hakushu 12-Year-Old auf den Markt.

Mike Miyamoto schleppt sich mit dem umständlichen Titel „Generaldirektor, Qualitätskommunikation der Spirituosenabteilung" ab, wo er doch schlicht der *Sensei* (Lehrmeister) der japanischen Whiskyherstellung genannt werden könnte. Von 2001 bis 2002 leitete er Hakushu, während dieser 18 Monate war die Destillerie allerdings nur drei Monate in Betrieb. Er scherzt, es sei sehr schwierig, eine Flasche Hakushu zu finden, die zu seiner Zeit dort entstanden sei.

Über den Hakushu 10-Year-Old sagt er: „Die Rezeptur des Hakushu 10 ist fast die gleiche wie die des Hakushu 12. Um ihn individueller zu machen, haben wir ihn weniger getorft. Der Zehnjährige zeigt vielleicht mehr Frische als der Zwölfjährige." Suntory bezieht für die Destillerie Hakushu sowohl ungetorftes als auch stark getorftes Malz, das separat zu zwei Whiskys destilliert wird. Diese werden dann gemischt und in kleinen Bourbonfässern aus Weißeiche eingelagert. Miyamoto sagt: „Ich sehe den Hakushu 10-Year-Old als einen Tageswhisky, den man mittags oder am Nachmittag genießt."

Ein Glas Hakushu 10-Year-Old vor dem Mittagessen wirft einen tatsächlich nicht bis abends aus der Bahn. Er ist nicht übertrieben charakterstark, eher ein klassisches Beispiel für die tadellose japanische Whiskyherstellung – makellos und diskret. Suntory wollte von Anfang an japanischen Whisky für die Japaner produzieren. Dieser Whisky entspricht in seinem Stil dieser Vorgabe ganz und gar. **MM**

Verkostungsnotizen

In der Nase die Aromen von Äpfeln und Gras mit erfrischenden Fruchtnoten. Am Gaumen duftige, süße Malztöne und ein Hauch von Sahne und Rauch. Schlanker, scharfer Abgang, wieder mit Rauch. Ein typischer, gut gemachter, eleganter japanischer Malt.

Hakushu 12-Year-Old

Suntory | www.suntory.com

Herstellungsregion und -land Yamanashi, Japan
Destillerie Suntory Hakushu, Matsubarakami
Alkoholgehalt 43 Vol.-%
Whiskytyp Single Malt

Der Ruf dieses Single Malts wächst, aber ist längst noch nicht so groß, wie er es verdiente. Der Brennmeister Mike Miyamoto sagt, der am 10. Mai 1994 herausgekommene 12-Year-Old sei die Abfüllung, die als Maßstab für die Produkte der Destillerie anzusehen sei.

Die leichte Rauchigkeit ist vielleicht das entscheidende Merkmal des Whiskys, allerdings war das nicht von Anfang an so. Suntory meinte, den Japanern würde ein rauchiger Whisky nicht zusagen – auch wenn er nur leicht rauchig sei. Aber der Konzern behielt das Thema im Auge und ließ experimentelle Whiskys von Hakushu wie von Yamazaki, die stark getorft waren, nach einigen Jahren der Reifung verkosten. Es mag kaum überraschen, daß sie sich deutlich von den zuvor produzierten ungetorften Whiskys unterschieden. Miyamoto erklärt: „Wir experimentierten mit dem getorften Malt von Hakushu weiter und kamen zu dem Schluß, daß das Wesen des Hakushu-Destillats gut mit einer leichten Rauchigkeit zu harmonieren scheint. Das läßt sich nicht wissenschaftlich belegen, wird aber in der Nase und am Gaumen deutlich. So gelangten wir zu dem Stil, den der Malt heute zeigt."

Dieser Stil wird als erfrischend bezeichnet, aber mit einer süßen Rauchigkeit, die ihm Komplexität verleiht. Der Hakushu ist eigentlich etwas zu sauber und klar, aber der Hauch von Rauch macht ihn komplexer und gibt ihm eine ganz andere Anmutung. Der Hakushu 12-Year-Old wird überwiegend in Bourbonfässern unterschiedlicher Größe aus Weißeiche gelagert, allerdings kommen bei ihm im Gegensatz zum 10-Year-Old auch einige spanische Sherryfässer aus Eiche hinzu, die für zusätzliche Fruchtnoten sorgen. **MM**

Verkostungsnotizen

In der Nase frisch, mit Birne und dann Apfel. Erfrischend mit einem Hauch von Rauch. Am Gaumen deutlich süß – die Frucht zuerst prononciert, dann relativ sanft; nachfolgend rauchige Komplexität. Ansprechendes Mundgefühl. Sauberer, scharfer Abgang mit Rauch.

Hakushu 18-Year-Old

Suntory | www.suntory.com

Herstellungsregion und -land Yamanashi, Japan
Destillerie Suntory Hakushu, Matsubarakami
Alkoholgehalt 43 Vol.-%
Whiskytyp Single Malt

Hakushu wird überwiegend in kleineren Fässern gelagert, und solche Fässer beschleunigen in der Regel die Reifung des Whiskys. Bei der Zusammenstellung des Hakushu 18-Year-Old vergrößerte Suntory deshalb den Anteil von Whisky aus größeren Sherryfässern, um eine ausgewogenere Reifung zu erreichen. So zeigt der 18-Year-Old deutlicher die Lagerung in Sherryfässern als seine jüngeren Gegenstücke. Allerdings wurde in der Vergangenheit bei Hakushu nur wenig Destillat in Sherryfässern eingelagert. Diese Versäumnis ist zwar inzwischen korrigiert worden, aber das Problem besteht vorerst fort, da man ja bei der Whiskyherstellung immer geduldig auf die Reifung der Whiskys warten muß. Der 18jährige wurde am 7. März 2006 auf den Markt gebracht, er wurde sehr gut aufgenommen und mit Medaillen bedacht.

Der Brennmeister Mike Miyamoto merkt an: „Wir möchten die Qualität des 18-Year-Old aufrechterhalten, falls er sich jedoch besser verkauft als gedacht, wird das schwierig. Wir haben zuerst nicht einen so guten Absatz erwartet. Das ist ein angenehme Überraschung, aber …"

Zu den verwendeten Fässern gehörten auch einige Sherryfässer aus europäischer Eiche, die deutliche Spuren hinterlassen haben. Ein Hakushu, der in Sherryfässern reifte, unterscheidet sich markant von einem in Sherryfässern gelagertem Yamazaki. Sherryfässer machen den Whisky meist schwerer und lassen ihn sehr robust wirken. Beim Hakushu ist es anders. Diese Abfüllung hat zwar mehr Körper, aber die Sherryfässer scheinen die angenehm erfrischende Süße des Hakushu noch zu verstärken. Ein gutes Beispiel für die Eigenständigkeit, die japanischer Whisky in der letzten Zeit gewonnen hat. **MM**

Verkostungsnotizen

In der Nase köstliche, fast schon überreife Früchte und eine verräterische Spur Rauch. Am Gaumen süß, aber komplex. Der Abgang ist auf angenehme Weise scharf und rauchig. Die Restsüße wird durch eine anhaltende Wärme fortgespült.

Hakushu 25-Year-Old

Suntory | www.suntory.com

Herstellungsregion und -land Yamanashi, Japan
Destillerie Suntory Hakushu, Matsubarakami
Alkoholgehalt 43 Vol.-%
Whiskytyp Single Malt

Der Hakushu 25-Year-Old wurde vom Chief Blender des Suntory-Konzerns, Herrn Koshimizu, zusammengestellt. Man erzählt sich, er habe einen Prototyp aus drei verschiedenen Hakushu-Whiskys erstellt, die in einem Bourbonfaß und in Sherryfässern gereift waren, und diesen Prototyp dann seinem Vorgesetzten präsentiert.

Laut dem Brennmeister Mike Miyamoto war der Vorgesetzte nicht einverstanden: „Koshimizu mußte also nochmals bei ihm vorstellig werden – nicht einmal oder zweimal, sondern wieder und immer wieder." Koshimizu hatte zu kämpfen, also ging er mit einigen Prototypen zu einen der führenden Barkeeper in Tokio, Herrn Nakamura, der im Ginza-Unterhaltungsviertel die Bar Erika leitete, und fragte ihn, was er von diesen Whiskys halte. Herr Nakamura war sehr direkt: „Koshimizu-san, wovor haben Sie Angst?" Er war seit den späten 1960ern im Geschäft, und er wußte, daß Koshimizu-san kein Vertrauen in seine Proben hatte. Er gab ihm einen Rat: Man müsse Vertrauen in sich selbst haben, was man auch mache. „Sonst bringen Sie es mir erst gar nicht."

Koshimizu-san wußte jetzt, daß keine der Proben zufriedenstellend ausfallen würde. Er schuf ein Vielzahl von vollkommen neuen Proben, nicht etwa modifizierte Fassungen der alten. Er stellte sie aus ungemein vielen – „vielleicht an die tausend" – Fässern zusammen, unter denen er auch einige ungewöhnliche Whiskys (mit anderen Worten schlechte) entdeckte. Mike Miyamota berichtet, Koshimizu-san habe dann eine Eingebung gehabt: „Wenn ich davon nun einfach eine winzige Spur in meine Mischung gebe?" Das tat er dann auch, und heraus kam – ein überragender Whisky. **MM**

Verkostungsnotizen

Reife Früchte, süße Vanille und Bananensauce in der Nase. Saubere grüne Waldnoten. Beginnt am Gaumen recht süß, entwickelt sich aber schnell zu schmackhaften überreifen Früchten und Tabak. Im Abgang ein langes Gerangel zwischen dem Rauch und den Früchten.

Hibiki 12-Year-Old

Suntory | www.suntory.com

Herstellungsregion und -land Honshu, Japan
Destillerien Yamazaki, Osaka, und Hakushu, Matsubarakami **Alkoholgehalt** 43 Vol.-%
Whiskytyp Blend

Es spricht für den weltweit wachsenden Ruf des japanischen Whiskys, daß der Hibiki 12-Year-Old zuerst für den Exportmarkt freigegeben wurde. Er kam im Mai 2009 in Europa und den USA heraus, auf dem Heimatmarkt erst am 15. September desselben Jahres.

Den vorhandenen zwölf Jahre alten Blend namens Suntory Royal hielt man für zu glatt, um ihn im Ausland zu verkaufen. Stattdessen suchte man einen anderen Stil, und wegen der vorhergegangenen internationalen Erfolge der Marke Hibiki fiel die Wahl auf sie. Allerdings hat die Zusammensetzung des Hibiki 12 nur wenig mit dem 17-Year-Old gemein.

Die auffälligste Eigenschaft des Zwölfjährigen ist die Nachreifung in Umeshufässern. Umeshu ist ein in Japan sehr beliebtes Getränk aus einer Aprikosenart. Man sollte ihn deshalb auch als Aprikosenlikör bezeichnen, nicht wie meist als „Pflaumenwein". Suntory wollte den hauseigenen Umeshu von denen der Mitbewerber absetzen und verfiel auf die Idee, ihn zwei Jahre in amerikanischen Eichenfässern reifen zu lassen. Der Versuch war sehr erfolgreich, weil der in Eiche gelagerte Umeshu sich für etwa den doppelten Preis absetzen ließ. Die Fässer werden nur einmal mit Aprikosenlikör befüllt, daraus ergab sich dann die Möglichkeit, sie nachfolgend für die Lagerung von Whisky zu verwenden.

Nicht alle Bestandteile des Hibiki 12-Year-Old werden in solchen Fässern nachgereift, aber der Whisky hat doch ein deutlich süßes Aprikosenaroma und ein subtile Säure, die auf die wohlüberlegte und in der Welt des Whiskys einzigartige Verwendung dieser besonderen Faßart zurückzuführen ist. **MM**

Verkostungsnotizen

In der Nase süße Himbeereisnoten und reife Aprikosen. Weicher, milder Geschmack, sehr süß. Leicht würziger und ungewöhnlich säuerlicher Abgang – aber angenehm. Man sagt, japanische Whiskys hätten erst seit kurzem eignen Charakter entwickelt. Hier zeigt er sich.

Hibiki 17-Year-Old

Suntory | www.suntory.com

Herstellungsregion und -land Honshu, Japan
Destillerien Yamazaki, Osaka, und Hakushu, Matsubarakami **Alkoholgehalt** 43 Vol.-%
Whiskytyp Blend

Dieser vorbildliche japanische Blend kam zum 90. Firmenjubiläum von Suntory am 3. April 1989 auf den Markt. Er wurde von Dr. Inatomi komponiert, dem Chief Blender des Konzerns und damaligen Vorgesetzten von Mike Miyamoto. Mike erzählt: „Er stellte viele Probeblends für den Hibiki 17-Year-Old zusammen. Ich erinnere mich, daß er seinen Mitarbeitern sagte, er benötige typisch japanischen Whisky. So kam es, daß wir *Mizunara* wiederentdeckten, die japanische Eiche. Ich kam ins Labor, um Whiskys zu verkosten. Dort standen etwa ein Dutzend Gläser mit Proben in einem ungewöhnlichen Rosa. Ich frage einen der Mitarbeiter danach, und er sagte ‚Mizunara.' Sie zeigten sehr ausgeprägte Aromen."

Man kann es zwar nicht mehr sicher sagen, aber vermutlich war der Einfluß der japanischen Eiche, der für den Yamazaki-Whisky so typisch ist, in den ersten Abfüllungen nicht so deutlich wie heute. Yamazaki kam 1984 als Single Malt heraus, aber erst mit der Vorstellung des Hibiki 17-Year-Old kündigte sich fünf Jahre später die Wiederkehr der Mizunara an.

Der Hibiki 17-Year-Old hat einen üppigen, vollen Stil, der mit typisch japanischer Bescheidenheit einhergeht. *Hibiki* ist das japanische Wort für Harmonie; Inatomi-san schuf diesen subtilen und doch ausladenden Whisky aus 30 Single Malts (von Yamazaki und Hakushu) und einer Vielzahl von Grain Whiskys (von Chita). Er stellte sich den Hibiki wie ein Orchester vor, in dem die hohen und tiefen Lagen durch die japanische Eiche zusammengeführt werden sollten. Dieser erste Hibiki trug anfänglich keine Altersangabe, sie wurde erst später zur Differenzierung notwendig, als die Reihe anwuchs. **MM**

Verkostungsnotizen

In der Nase süß mit dem üppigen Aroma von Honig, Mangos und Karamellcreme. Herrlicher Geschmack, wunderbar mild und tief. Schöne Fruchtnoten von den Sherryfässern, darüber die Würze der japanischen Eiche. Sehr üppiger, langer und ausgewogener Abgang.

Hibiki 21-Year-Old

Suntory | www.suntory.com

Herstellungsregion und -land Honshu, Japan
Destillerien Yamazaki, Osaka, und Hakushu, Matsubarakami **Alkoholgehalt** 43 Vol.-%
Whiskytyp Blend

Dieser Whisky kam am 2. März 1994 als zweite Version der Marke Hibiki auf dem Markt, fünf Jahre nach der Vorstellung des ersten Hibiki. Angesichts des Alters und der Daten der Markteinführung könnte man vermuten, daß es sich um den gleichen Whisky handelt, daß der 17-Year-Old also vier Jahre länger gelagert wurde. Sicherheit darüber wird es nicht geben, da es sich um ein „Betriebsgeheimnis" handelt.

Mike Miyamoto bestätigt das: „Wenn ich die für das Verschneiden zuständigen Mitarbeiter nach der Zusammensetzung des Hibiki 17-Year-Old frage, dann bekomme ich die Information. Wenn ich nach den 21 und den 30 Jahre alten Abfüllungen frage, werden sie plötzlich sehr viel verschlossener." Jedenfalls erhielt die Abfüllung sehr viel Lob und wurde 2011 zum World's Best Blended Whisky gewählt. Suntory gelang damit ein Doppeltreffer, da der Yamazaki 1984 im selben Jahr zum World's Best Single Malt gekürt wurde.

Der gute Stammbaum der enthaltenen Whiskys ist unverkennbar. Die Sherryfässer liefern Süße höchster Güte und Dörrobst, die japanische Eiche sorgt für Eleganz und Würzigkeit, während die Grain-Whiskys die Mischung glätten. Das Ganze ist ein Lehrstück in Sachen Harmonie, ein Whisky bester Qualität, der noch dazu beunruhigend leicht zu trinken ist. Wie die besten Whiskys verführt auch der Hibiki 21-Year-Old zu poetischen Beschreibungen. Mich erinnert er an selbstgemachte Marmelade, die man in einem englischen Oldtimer riecht, wo sich ihr Aroma mit denen von altem Leder und poliertem Maserholz mischt. Insgesamt ein Meisterwerk, wenn es darum geht, das Komplexe zugänglich zu machen. **MM**

Verkostungsnotizen

In der Nase süß und würzig wie eine Schachtel mit Orangenschalen, Rosinen und Ingwer. Schmeckt glatt und doch elegant selbstbewußt; Pflaumenkompott mit selbstgemachter Vanilleeiscreme. Der Abgang ist lang, tief und komplex.

Hibiki Harmony

Suntory | www.suntory.com

Herstellungsregion und -land Honshu, Japan
Destillerien Yamazaki, Osaka, und Hakushu, Matsubarakami **Alkoholgehalt** 43 Vol.-%
Whiskytyp Blend

Hibiki kann inzwischen von sich behaupten, einer der berühmtesten Blends der Welt zu sein. Eine Reihe von alten Abfüllungen hat der Marke zahllose Preise eingebracht und ihr einen Ruf beschert, der bei verschnittenem Whisky selten ist, – nämlich daß er den meisten Single Malts ebenbürtig oder überlegen ist.

Anfang des Jahrtausends führte eine Reihe von Faktoren zu einer immens gesteigerten Nachfrage nach japanischem Whisky. Die japanischen Abfüllungen wurden zuerst allseits überschwenglich von der Kritik gelobt, dann folgte eine weltweite Welle von Preisen und Auszeichnungen. Dem stand aber nur eine geringe Menge von Vorräten alter Whiskys in Japan gegenüber. Hinzu kam eine wachsende Faszination, ausgelöst durch alle Aspekte der japanischen Kultur.

Sonderabfüllungen von alten Single Malts gibt es häufiger, aber die Marke Hibiki schuf sich ihr eigenes Chaos. Vor allem der 17-Year-Old und der 21-Year-Old gewannen Bewunderer auf der ganzen Welt. So ereilte Hibiki das gleiche Schicksal wie Yamazaki und Hakushu: Die Nachfrage übertraf das Angebot bei weitem, was die Preise in die Höhe trieb.

Hibiki Harmony ist der Versuch, dem mit einem Whisky ohne Altersangabe abzuhelfen. Er ist dennoch ein guter Whisky, der bei angemessenem Preis die Liebhaber japanischen Whiskys erfreuen kann. Informationen sind wie immer bei Yamazaki und Hakushu eher spärlich, aber man nimmt an, daß mindestens zehn, vielleicht auch deutlich mehr Single Malts in dem Blend enthalten sind. Sie stammen alle aus diesen beiden Destillerien, der Grain dagegen aus der Chita-Destillerie von Suntory. **DR**

Verkostungsnotizen

Fruchtige Nase mit Pfirsich, Aprikose und Litschi. Es gibt auch Noten von Sandelholz und Blumen. Am Gaumen ausgewogene Früchte, darunter Orangen und Aprikosen. Honigsüße Schokolade und Spuren von Gewürzen. Der Abgang ist lang, zart und komplex.

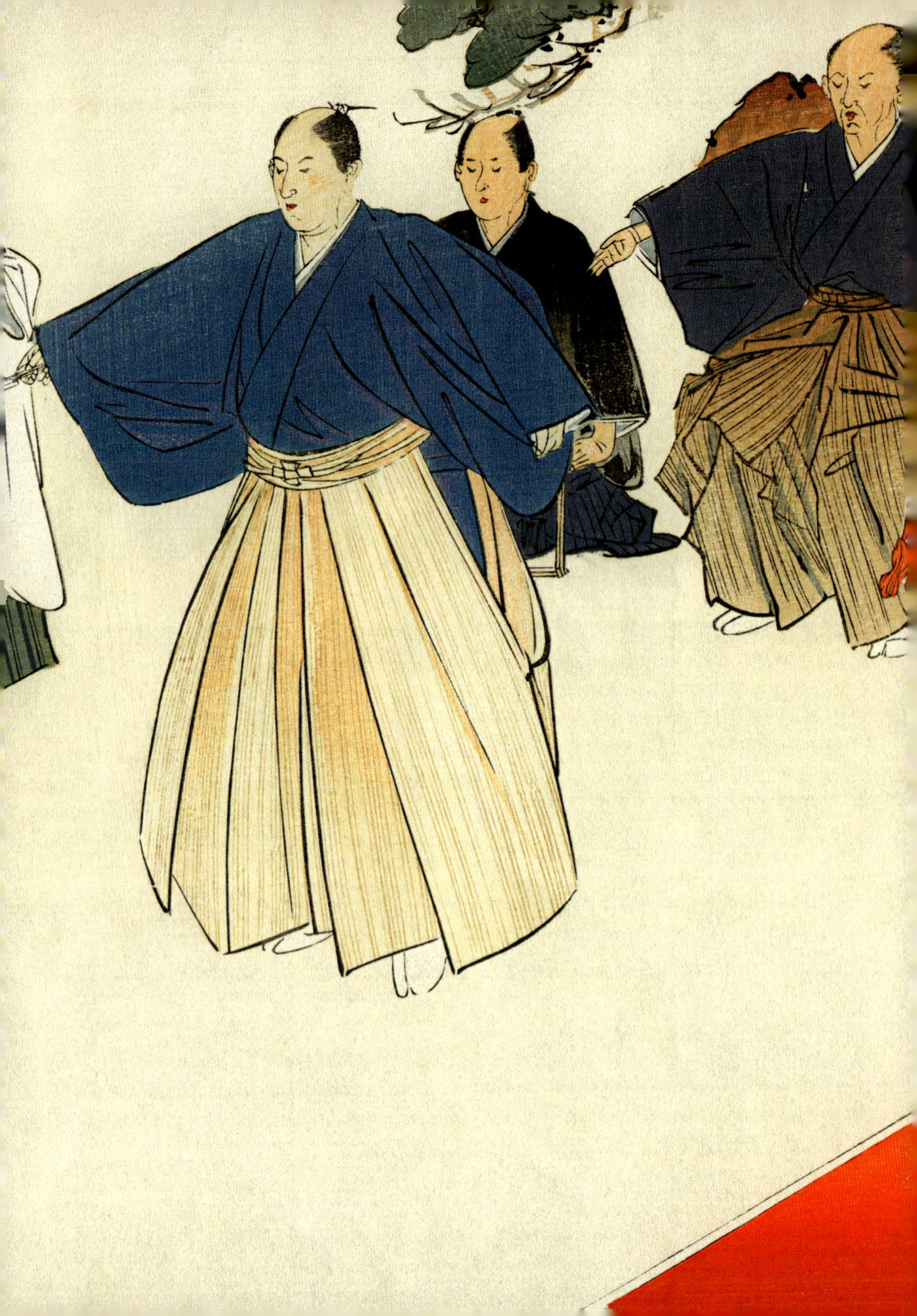

Karuizawa 1986 Single Cask No. 7387

Number One Drinks Company | www.one-drinks.com

Herstellungsregion und -land Honshu, Japan
Destillerie Karuizawa, Miyotamachi
Alkoholgehalt 60,7 Vol.-%
Whiskytyp Single Malt

Vor nicht allzulanger Zeit wurde japanischer Whisky vom Rest der Welt meist unterschätzt. Es gab ein Vorurteil, daß er schon konzeptionell minderwertig sei, daß nur die Schotten, Iren und Amerikaner Whisk(e)y produzieren könnten und niemand sonst dazu in der Lage sei. Inzwischen scheint diese Einstellung vollkommen überholt, und japanische Whiskys werden weltweit zu den besten überhaupt gezählt. Single Malts und Blends aus Japan gewinnen bei den World Whisky Awards jetzt immer wieder wichtige Preise.

Natürlich hat es in der relativ kurzen Geschichte des japanischen Whiskys auch Merkwürdigkeiten und Fehler gegeben. Man sollte sie den Japanern nachsehen, schließlich stellen sie erst seit weniger als 100 Jahren Whisky her, in Irland und Schottland wird er seit 500 Jahren destilliert. Japaner sind aber Perfektionisten, und sie haben aus ihren weniger erfolgreichen Experimenten ebenso gelernt, wie sie vom schottischen Whisky gelernt haben. Schließlich gehören einige der berühmtesten schottischen Destillerien japanischen Konzernen. Das soll nicht heißen, die Japaner kopierten bedingungslos alles, was die Schotten ihnen vormachen. Sie haben vor allem Zeit gebraucht, aber etwas Anerkennung und Unterstützung hätten natürlich auch geholfen.

Man fragt sich, ob der japanische Whisky eine eigene Identität entwickelt hat oder ob die Konsumenten langsam verstehen, daß er kein „Scotch Lite" ist. Diese atemberaubende Karuizawa-Einzelfaßabfüllung aus dem Jahr 2008 ergab nur 552 Flaschen. Alle Geheimnisse des Fernen Ostens enthüllen sich, wenn man ein Glas davon genießt. Sehr stark, aber auch sehr aufregend. **MM**

Verkostungsnotizen

Zedern und Weihrauch in der Nase, außerdem Kräuter und getrocknete Feigen. Am Gaumen fest, aber süßwürzig wie Fruchtkompott. Der Abgang ist trocken und staubig wie die letzten Krümel in einer Schale mit gewürzten Nüssen. Karuizawa zeigt Muskeln.

← Auf den Flaschen von Karuizawa finden sich oft Szenen aus dem Nō-Theater.

Nikka Miyagikyo Single Malt

The Nikka Whisky Distilling Co Ltd | www.nikka.com

Herstellungsregion und -land Honshu, Japan
Destillerie Miyagikyo, Sendai
Alkoholgehalt 45 Vol.-%
Whiskytyp Single Malt

Eine ungeheure Nachfrage nach japanischem Whisky beschwor in Verbindung mit den geringen vorhandenen Vorräten die Gefahr herauf, daß er gänzlich aus den Regalen der Fachhändler überall auf der Welt verschwinden könnte. Die japanischen Hersteller sahen sich einer Krise gegenüber, da sie wußten, daß die Mitbewerber aus anderen neuen Whiskyregionen willens und in der Lage waren, die Nachfrage neugieriger Whiskytrinker zu befriedigen.

Sowohl Suntory als auch Nikka brachten als Antwort Standardvarianten ohne Altersangabe zu annehmbaren Preisen auf den Markt. Ein Nebeneffekt war, daß sie die Aufmerksamkeit der Konsumenten auf die einzelnen Destillerien des jeweiligen Konzerns lenken konnten.

Miyagikyo ist die größere der beiden Malt-Destillerien von Nikka. Vielleicht liegt hier die Zukunft des Konzerns. Die Brennerei wurde 1969 westlich der Stadt Sendai auf der Insel Honshu errichtet. Tokio liegt südwestlich und ist in zwei Stunden mit dem Hochgeschwindigkeitszug zu erreichen. Die Destillerie steht in einer grandiosen Landschaft, die für ihre heißen Quellen und Wasserfälle berühmt ist. Angeblich hat sich der japanische Whiskypionier Masakaka Taketsuru sofort für die Lage entschieden, als er das reine Wasser hier gekostet hatte.

Der Betrieb ist einer der modernsten seiner Art auf der Welt. So gut wie alle Produktionsschritte sind computergesteuert. Miyagikyo stellt hier in großen Brennblasen ein üppig fruchtiges Destillat mit eleganten Aromen her. Die Brennerei ist mit einem großen Informationszentrum mit Bar, Restaurant und Verkostungsmöglichkeiten voll und ganz auf Besucher eingestellt. **DR**

Verkostungsnotizen

Intensive tropische Früchte in der Nase, mit etwas poliertem Holz, Lakritze und Frühlingsblüten. Am Gaumen üppig-malzig, mit Kokosnuß, Schokolade, exotischen Früchten und Honig. Der Abgang ist lang, sanft und mit ausgewogenen späten Gewürznoten.

Nikka Miyagikyo No Age Statement

The Nikka Whisky Distilling Co Ltd | www.nikka.com

Herstellungsregion und -land Honshu, Japan
Destillerie Miyagikyo, Sendai
Alkoholgehalt 43 Vol.-%
Whiskytyp Single Malt

Im zweiten Jahrzehnt des neuen Jahrtausends hatte die Nachfrage nach Whisky ein Allzeithoch erreicht. Viele Malts waren schlecht zu bekommen, nicht nur die japanischen, sondern auch solche aus anderen Ländern. Das führte dazu, daß die Produktion erweitert wurde und gleichzeitig jüngere Whiskys ohne Altersangabe auf den Markt kamen. Dieser Schritt erregte beträchtliche Unruhe, vielleicht vor allem, weil viele schottische Whiskys dieser Art als zu jung zum Abfüllen galten und für die gegebene Qualität auch überteuert waren. Das Fehlen der Altersangaben wurde deshalb allgemein bemängelt.

So gab es einige skeptische Reaktionen, als Nikka ankündigte, sich auf den gleichen Weg zu begeben. Die Entscheidung war jedoch nicht durch Gier motiviert, sondern durch Sachzwänge. Die Firma verkündete, daß ihr der Whisky ausgehen würde und sie ihre Pforten schließen müßte, wenn sie nicht auf die Altersangabe verzichtete. Wie alle anderen hatte auch Nikka die extrem gestiegene Nachfrage nach japanischem Whisky nicht vorhergesehen und war noch auf die früheren, niedrigeren Absatzzahlen eingestellt.

Nikka stellte zwei Whiskys ohne Altersangabe vor, um zu überleben, jeweils einen aus jeder der beiden Destillerien des Konzerns. Glücklicherweise haben sie sich als würdige Nachfolger der anderen hochwertigen Whiskys des Herstellers erwiesen. Der vorliegende ist eine Standardversion, zeigt aber alle Merkmale, die für einen großen japanischen Whisky typisch sind. Falls man jedoch in der Zwischenzeit Gelegenheit hat, eine der älteren Abfüllungen zu verkosten, sollte man das unbedingt tun – sie verschwinden sehr schnell vom Markt. **DR**

Verkostungsnotizen

Ein frischer, zitrusspritziger Whisky mit grünem Apfel, Sandelholz, Malz, sanfter Eiche und einem ganzen Potpourri an Gewürzen. Am Gaumen weiche, gelbe Sommerfrüchte. Der Abgang ist süß, angenehm und von mittlerer Länge.

Nikka Miyagikyo 15-Year-Old

The Nikka Whisky Distilling Co Ltd | www.nikka.com

Herstellungsregion und -land Honshu, Japan
Destillerie Miyagikyo, Sendai
Alkoholgehalt 45 Vol.-%
Whiskytyp Single Malt

Die Destillerie Miyagikyo liegt westlich der Stadt Sendai im Nordosten der Insel Honshu. Sie wurde 1969 von Nikka als zweite Brennerei nach dem Betrieb in Yoichi errichtet und öffnete vier Jahre, bevor der größte Mitbewerber Suntory seine neue Anlage in Hakushu aufmachte. Ein Sprecher von Nikka erklärt: „Der Ort wurde nach dreijähriger Suche wegen seiner reinen Luft und der hohen Luftfeuchtigkeit ausgewählt, die ihn für die Faßreifung sehr geeignet machen. Die Umweltfaktoren ähneln denen der Cairngorms im Herzen Schottlands."

Es gibt auch eine praktische Verbindung zu Schottland: Das Malz, das in Miyagikyo verwendet wird, stammt aus Schottland wie aus Australien. Die Destillerie verfügt über acht große Brennblasen, die oft mit denen bei Longmorn in der Speyside verglichen werden, und der gesamte Betrieb wird weitgehend durch Computer gesteuert.

1998 wurde eine Destillerie für Grain-Whisky mit zwei Patentbrennblasen nach Coffey-Art auf demselben Gelände errichtet. Das Getreidedestillat aus dem neuen Betriebsteil wird mit den Malts von Miyagikyo und Yoichi in unterschiedlichen Zusammensetzungen für die Blended Whiskys von Nikka verschnitten.

Miyagikyo produziert einen Malt-Whisky, der im Vergleich zu jenem aus Yoichi relativ weich, duftig, elegant und fruchtig wirkt. Die Brennblasen in Yoichi werden direkt befeuert, während in Miyagikyo mit Dampfheizungen gearbeitet wird. Das Destillat von Miyagikyo wird vorwiegend für Blends verwendet, es gibt aber auch Einzelfaßabfüllungen und unterschiedlich alte Varianten. Der Miyagikyo Single Malt ist allerdings nicht so bekannt wie jener, der in Yoichi entsteht. **GS**

Verkostungsnotizen

Recht leichte Fruchtnoten in der weichen, süßen Nase, mit Gewürzen, Karamell und Kakao. Auch am glatten, fleischigen Gaumen wieder Früchte, vor allem Dosenpfirsiche, sowie Honig, Vanille, Muskat und diskreter Sherry. Langer Abgang mit guter Haltung.

N⁰ 1

Nikka Pure Black

The Nikka Whisky Distilling Co Ltd | www.nikka.com

Herstellungsregion und -land Hokkaido and Honshu, Japan **Destillerien** Yoichi und Miyagikyo
Alkoholgehalt 43 Vol.-%
Whiskytyp Blended Malt

Erst wenn man sich die zwielichtigen Gestalten in der Whiskywelt (von denen die USA und Japan mehr als nur einen Anteil stellen) oder das Chaos ansieht, daß bei den Ginproduzenten herrscht, wird einem klar, wie gut die Arbeit ist, die von der Scotch Whisky Association bei der Aufrechterhaltung verpflichtender Standards für schottischen Whisky geleistet wird. Die Regeln, die festlegen, was ein Scotch ist und was nicht, sind in ganz Europa übernommen worden, so daß man hier – zur Zeit wenigstens – genau weiß, woran man ist.

Andernorts gilt das nicht. In Japan hat Nikka den Begriff „pur" verwendet, der im Zusammenhang mit Whisky allerdings sinnlos ist und in Europa nicht als Bezeichnung für einen Whisky verwendet werden darf. Der technisch vage Begriff wird für eine Mischung aus unterschiedlichen Malts verwendet – nach heutiger Terminologie ein Blended Malt.

Der Pure Black von Nikka gehört zu einer Gruppe, die auch den Pure Red und den Pure Malt einschließt. Sie unterscheiden sich alle extrem voneinander, und dies ist der beste unter ihnen. Pure Black kommt in Chargen auf den Markt, man kann also nie genau wissen, was einen erwartet, aber die Qualität ist immer hervorragend gewesen. Vielleicht läßt er sich am besten als „Herbstwhisky" beschreiben, der sich erst am Gaumen entwickelt.

Zur Veröffentlichungszeit ist nicht bekannt, ob Nikka in der Zukunft weitere Chargen herausbringen wird, da die Vorratssituation die Firma zu Einschränkungen bei Neuerscheinungen gezwungen hat. Da aber Whiskys ohne Altersangabe wie dieser in den Vordergrund gerückt werden, stehen die Chancen gut. **DR**

Verkostungsnotizen

Intensiv und herzhaft in der Nase: Waldboden, feuchtes Laub, gärendes Obst. Am Gaumen Kirschpastillen, erdiger Torf, Orangen, Dosenpfirsiche, Mango und Gewürze. Der Abgang ist relativ leicht und kurz, die Früchte und Gewürze verblassen langsam.

Nikka Single Cask Coffey Malt

The Nikka Whisky Distilling Co Ltd | www.nikka.com

Herstellungsregion und -land Honshu, Japan
Destillerie Miyagikyo, Sendai
Alkoholgehalt 55 Vol.-%
Whiskytyp Single Malt

Vor nicht allzu langer Zeit wäre einem ein positiver Vergleich japanischer Whiskys mit Scotch absurd vorgekommen. Die Japaner bauten gute Autos und Unterhaltungselektronik, aber wenn es um Whisky ging, blickte man eher herablassend auf sie. Dabei produziert das Land seit den 1920er Jahren Whisky und blickt auf eine lange Geschichte der Alkoholdestillation zurück. Im Laufe der Zeit würden die Japaner unausweichlich auch die Qualität der besten schottischen Whiskys einholen, so wie sie den Standard der westlichen Konsumgüter mehr als erreicht haben. Die vielen Auszeichnungen, mit denen japanischer Whisky in den letzten Jahren belohnt wurde, zeigen, daß es so weit ist.

Gewöhnlich wird Malt-Whisky in einer Brennblase und Grain-Whisky in einem Coffey- oder Patentdestillationsapparat gebrannt. Die japanischen Whiskyhersteller sind in dieser Hinsicht immer recht konservativ gewesen. In der Miyagikyo-Destillerie von Nikka werden allerdings zwei Coffey-Apparate verwendet, um einen Maiswhisky, einen aus Mais und Malz bestehenden Whisky und einen Whisky aus reinem Gerstenmalz zu brennen. In der Neuzeit mag das als innovativ durchgehen, allerdings war das Verfahren im späten 19. und frühen 20. Jahrhundert in Schottland recht verbreitet.

2007 brachten Nikka ihren Coffey Malt heraus, eine zwölf Jahre alte Einzelfaßabfüllung aus Gerstenmalz. Allerdings kam es zu Auseinandersetzungen mit der Scotch Whisky Association, die behauptete, ein Whisky aus einem Coffey-Apparat dürfe auch dann nicht als „Single Malt Whisky" bezeichnet werden, wenn er aus Gerstenmalz hergestellt wird. **GS**

Verkostungsnotizen

Kaffee, Wildbeeren und neues Leder sind in der duftigen, üppigen, individualistischen Nase zu vernehmen. Voller Körper, am Gaumen Vanille, Milchschokolade, reife Bananen und orientalische Gewürze, sogar ein Hauch Bourbon. Voller, langer, würziger Abgang.

Nikka Whisky from the Barrel

The Nikka Whisky Distilling Co Ltd | www.nikka.com

Herstellungsregion und -land Hokkaido and Honshu, Japan **Destillerien** Yoichi und Miyagikyo
Alkoholgehalt 51,4 Vol.-%
Whiskytyp Blend

Die griffige kleine Flasche enthält eine Mischung aus Grain- und Malt-Whisky der Destillerie Miyagikyo und Malt von Yoichi. Es ist mit seinem hohen Malt-Anteil ein großartiger Einstieg in die Whiskys von Nikka. Der Whisky ist ähnlich gestaltet wie die Verpackung, eine gedrungene, eckige Flasche mit einem etwas kargen Etikett.

Die im Whisky from the Barrel enthaltenen Grains und Malts werden „vermählt" und dann nochmals in frischen Bourbonfässern eingelagert. Dieses Verfahren ist von anderen Herstellern wegen der Kosten weitgehend aufgegeben worden, liefert aber einen üppigen Blend mit vollem Körper, der Malt-Liebhaber sehr ansprechen sollte. Eine Altersangabe ist in diesem Fall nicht so wichtig, da der Whisky Faß um Faß ausgewählt wird, wenn er reif genug ist, um auf Flaschen abgezogen zu werden.

Da es keine entsprechenden Vereinbarungen zwischen den großen japanischen Destillerien gibt, müssen sie jeweils alle Whiskytypen von leicht bis stark getorft herstellen. So kommt es, daß man sich in der Destillerie Yoichi wie im Wunschtraum eines Brennblasenherstellers vorkommt: Alle Arten und Größen von Brennblasen und Kondensatoren sind hier zu finden. In der Miyagikyo-Destillerie kommen noch Coffey-Destillationsapparate hinzu. Das Brennereiteam experimentiert zudem mit den Einsatzpunkten für Vor- und Nachlauf und Herzstück, außerdem mit der Gärzeit und verschiedenen Faßarten.

Whisky from the Barrel hat die Welt auf den hohen Standard des japanischen Verschneidens aufmerksam gemacht. Er hat mehrere angesehene Auszeichnungen erhalten, die man bei seinem Preis nicht erwartet hätte. Es wird Zeit, die japanischen Blends ernst zu nehmen. **AA**

Verkostungsnotizen

Öffnet sich nur langsam, zeigt dann aber Sherry und viel spritzige Orange. Außerdem etwas Zigarrenkiste. Am Gaumen hält das süße Zitrusthema an, mit Spuren von Walnuß und Apfel. Der Abgang ist überaus üppig und beeindruckend komplex.

Diese Fässer liegen in der Yoichi-Destillerie von Nikka auf Hokkaido.

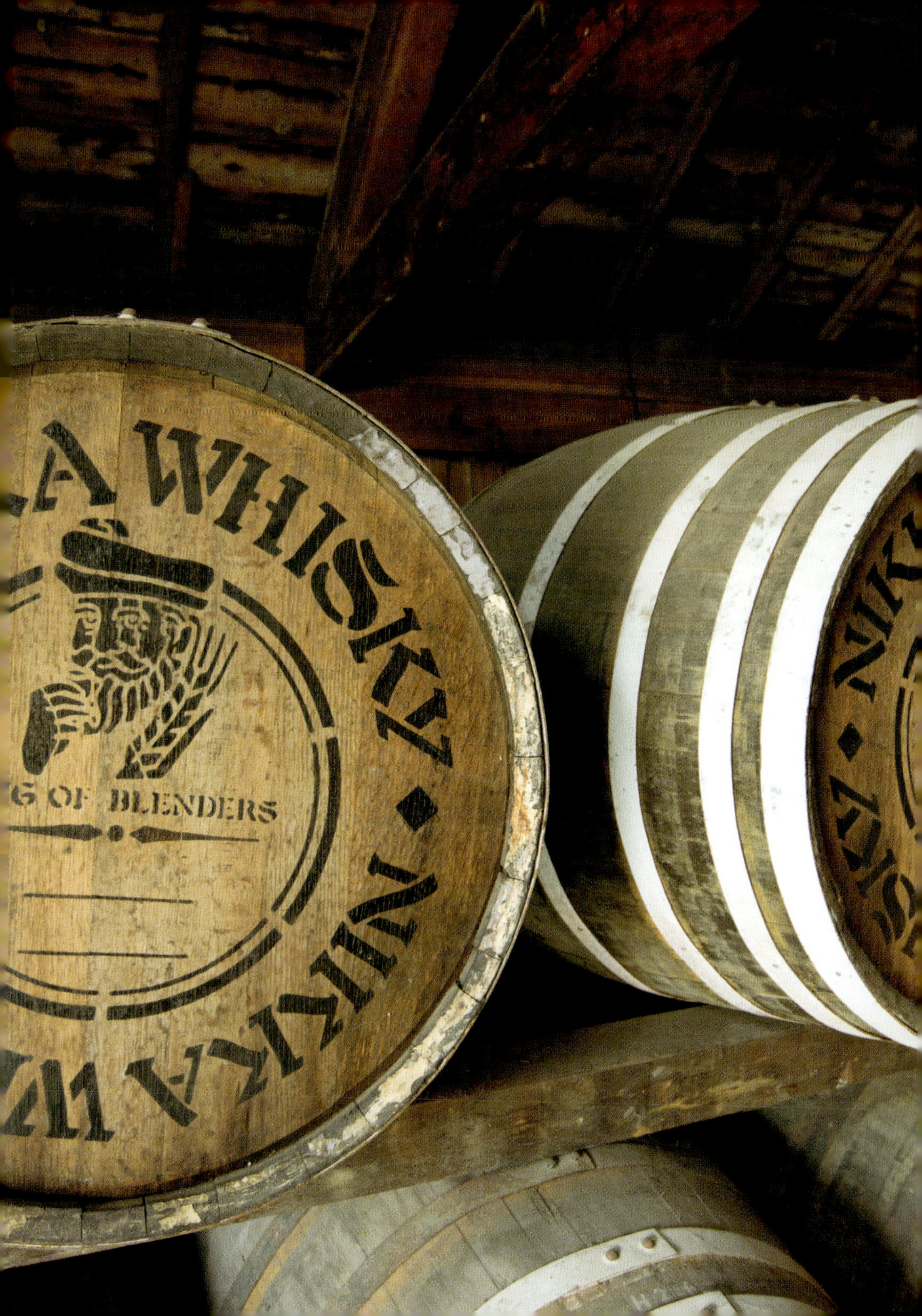
WHISKY
G OF BLENDERS

NIKKA WHISKY
NIKKA WHISKY
NIKKA WHISKY
NIKKA WHISKY
NIKKA WHISKY

Taketsuru 12-Year-Old

The Nikka Whisky Distilling Co Ltd | www.nikka.com

Herstellungsregion und -land Hokkaido and Honshu, Japan **Destillerien** Yoichi und Miyagikyo
Alkoholgehalt 40 Vol.-%
Whiskytyp Blended Malt

Die „Taketsuru"-Reihe mit Blended Malts trägt ihren Namen zu Ehren des Firmengrunders von Nikka, Masataka Taketsuru, dem Sohn eine bekannten Sakeherstellers. Als junger Mann schrieb sich Taketsuru 1918 an der Universität Glasgow für organische Chemie ein und reiste dann nach Elgin, der „Hauptstadt" der Speyside, um in der Longmorn-Destillerie einen Schnellkurs in der Praxis des Destillierens zu absolvieren. Später erlernte er die Kunst des Grain-Brennens mit einem Coffey-Destillationsapparat in der inzwischen stillgelegten Bo'ness- Destillerie in West Lothian und arbeitete fünf Monate bei Hazelburn in Campbeltown.

Taketsuru kommt zweifelsohne ein Ehrenplatz in der Geschichte des japanischen Destilleriewesens zu, nicht nur wegen seiner Pionierleistungen bei Suntory und der Gründung von Nikka, sondern auch, weil seine Kenntnisse der alteingeführten schottischen Whiskyherstellungsverfahren dazu beitrugen, den Charakter und die Qualität zu bestimmen, durch den sich japanischer Whisky dann später auszeichnen sollte.

Der Taketsuru besteht aus eine Mischung von Malts aus den Destillerien Miyagikyo und Yoichi. Blended Malts werden meist aus Malts gemischt, die aus einer Vielzahl von Destillerien stammen, aber die Flexibilität dieser beiden Nikka-Betriebe ist so groß, daß der Taketsuru das Äquivalent zum Destillat mehrerer einzelner Brennereien enthält. Zur „Taketsuru"-Reihe gehören 12, 17 und 21 Jahre alte Abfüllungen. Nikka bezeichnet den Whisky als „pure malt", ein Begriff, der bei Scotch als irreführend verboten ist. Allerdings schreibt Schottland die Bezeichnung „blended malt" vor, die ebenso wenig eindeutig ist. **GS**

Verkostungsnotizen

In der Nase fruchtig-parfümiert mit Apfel, Zitrone, Lakritze, Vanille und einem Stich Torf. Voller Körper, schön ausgewogen, mit Honig und Sahne, Muskat, sanftem Torf, Mandeln und Sahnekaramell. Mittellanger Abgang mit Vanille, Apfel, Rauch und etwas Meerwasser.

← Auf dem Gelände der Destillerie Yoichi stehen viele Gebäude mit solchen roten Ziegeldächern.

Taketsuru 21-Year-Old

The Nikka Whisky Distilling Co Ltd
www.nikka.com

Herstellungsregion und -land Hokkaido und Honshu, Japan **Destillerien** Yoichi und Miyagikyo
Alkoholgehalt 43 Vol.-%
Whiskytyp Blended Malt

Dieser ehrwürdig Whisky ist eine Geheimwaffe im umfangreichen Whiskyarsenal von Nikka, er hat in den vergangenen Jahren Juroren den Atem verschlagen und Kritiker auf der ganzen Welt verstummen lassen. Der Taketsuru 21-Year-Old hat in vier Jahren dreimal den Titel „World's Best Blended Malt Whisky" der Zeitschrift *Whisky Magazine* erhalten.

Die Flasche trägt der schottischen Gesetzgebung zum Trotz die Bezeichnung „*pure malt*", die laut Scotch Whisky Association durch „*blended malt*" ersetzt werden sollte, um den Konsumenten nicht zu verwirren. In Japan (und bei Nikka) bezeichnet „*single malt whisky*" mehrere Malts einer einzigen Destillerie, die miteinander gemischt werden, während „*pure malt whisky*" die Mischung von Malts aus mehreren Destillerien bezeichnet.

Taketsuru besteht aus dem wunderbar öligen und schweren Malt von Yoichi und dem fruchtig-würzigen, leichteren Destillat von Miyagikyo. Der Whisky wird so zusammengestellt, daß er viel Malt zeigt, aber extrem würzig ist. Die Tiefe und Üppigkeit der Geschmacksnoten und die Ausgewogenheit machen ihn zu einem würdigen Träger des Namens des Firmengründers. Der 21-Year-Old ist ganz entschieden ein Whisky, der am späten Abend mit guten Freunden genossen werden sollte. **AA**

Verkostungsnotizen

Minze und frisches Gras. Süße Noten und ein tief harziger Ton. Ölig und etwas buttrig, mit frischen Früchten, Zuckermandeln und Gerste. Dörraprikosen und Honig.

Yamazaki 10-Year-Old

Suntory
www.suntory.com

Herstellungsregion und -land Honshu, Japan
Destillerie Yamazaki, Osaka
Alkoholgehalt 40 Vol.-%
Whiskytyp Single Malt

Ein wichtiger Unterschied zwischen schottischem und japanischen Whisky liegt im Austausch von Faßinhalten. In Schottland liefern Destillerien oft frische Destillate und manchmal auch gereifte Whiskys auf Grundlage der Gegenseitigkeit an anderer Brennereien. In Japan gibt es jedoch nur zwei große Hersteller. Um einen Blend zu verschneiden, muß man also schon eine gewisses Maß an Erfindungsreichtum an den Tag legen. Bei Yamazaki sind die sechs Brennblasen alle unterschiedlich groß, und es gibt zwei verschiedene Typen von Gärtanks. So ergeben sich durch einfache Multiplikation schon zwölf unterschiedliche Destillate. Wenn man diese in fünf unterschiedlichen Faßarten reifen läßt, ergeben sich effektiv 60 verschiedene Whiskys. Allerdings weist Mike Miyamoto darauf hin, daß es nicht ganz so einfach ist. Auch die Gärbottiche spielen eine Rolle: „Gärbottiche aus Holz geben etwas mehr Körper. Wir glauben, das liegt am Laktobazillus. Nach dem Gären reinigen wir die Gärtanks mit Wasserdampf, um Keime abzutöten. Das Laktobazillus überlebt das jedoch. In jeder Flasche Yamazaki findet sich Destillat aus beiden Gärbehältern."

Der Yamazaki 10-Year-Old wird hauptsächlich in Fässern aus Weißeiche gelagert, die ihm nussig-süße Töne verleihen und sehr zugänglich machen. **MM**

Verkostungsnotizen

In der Nase überladen mit grünem Apfel und Haselnüssen. Am Gaumen glatt und süß (aber vielleicht etwas zu elegant). Relativ langer Abgang.

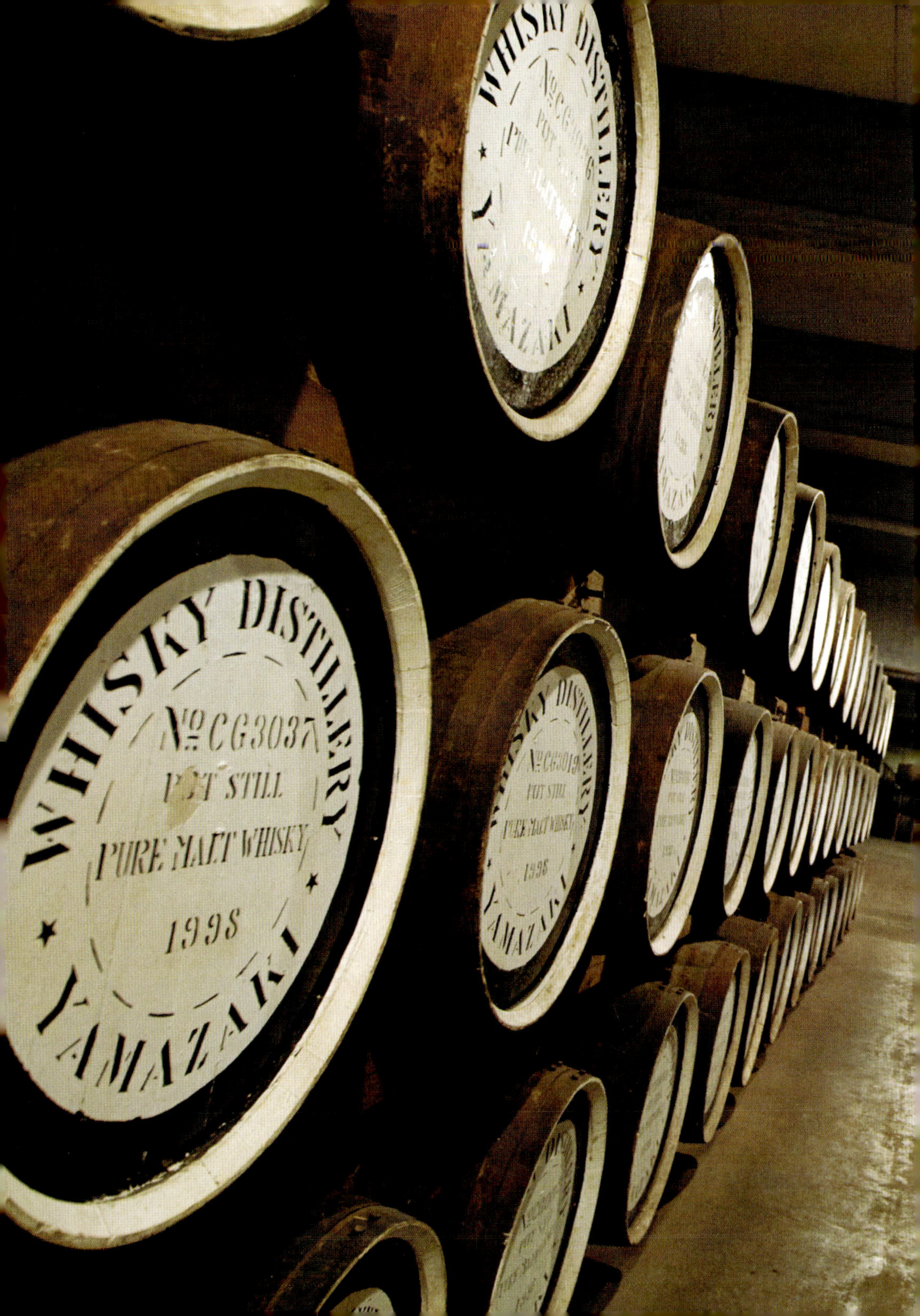
WHISKY DISTILLERY
№ CG3037
PURE MALT WHISKY
1998
YAMAZAKI

Yamazaki 12-Year-Old

Suntory | www.suntory.com

Herstellungsregion und -land Honshu, Japan
Destillerie Yamazaki, Osaka
Alkoholgehalt 43 Vol.-%
Whiskytyp Single Malt

Der Single Malt von Yamazaki besteht hauptsächlich aus drei Destillaten, von denen zwei in 480-Liter-Fässern gelagert werden. Die Fässer des ersten Satzes werden aus amerikanischer Eiche gefertigt und nicht verkohlt, sondern nur leicht angebrannt. Kräftiges Verkohlen des Faßinneren ergibt Vanillenoten, leichtes Anbrennen bringt eher Zitrus- und Plätzchennoten zum Vorschein. Whisky neigt dazu, in größeren Fässern eher langsam zu reifen, deshalb sind die 480-Liter-Fässer ein Vorteil. In diesem Fall bildet der Whisky die ideale Grundlage für den 12-Year-Old von Yamazaki.

Der Meisterbrenner Mike Miyamoto erklärt: „Das große Faß sorgt für sanfte Süße, dann haben wir auch noch Sherryfässer, die richtig schwere Süße liefern. Vom Sherryfaß bekommt man unterschiedliche Arten der Süße." Durch die Kombination mit Whisky, der in amerikanischen Eichenfässern oder in Sherryfässern aus europäischer Eiche gelagert wurde, erhält man eine üppige, komplexe, fast an Schokolade erinnernde Süße.

Die dritte Faßart, die bei Yamazaki für die Lagerung genutzt wird, ist genauso groß wie die amerikanischen Fässer, wird aber aus japanischer Eiche angefertigt. Die Fässer geben dem Whisky Aromen von Adlerholz (auf Japanisch *kyarako*), Weihrauch und eine zimtähnliche Würze. Obwohl das Mizunara genannte Eichenholz subtil ist, kann man es auch in kleinen Mengen noch erkennen. Mike Miyamoto sagt dazu: „Das ist das Schöne am Mizunarafaß: Es überwältigt den Whisky nicht."

Der entzückende Geschmack dieses am 14. März 1984 herausgekommenen 12-Year-Old entsteht durch die Verwendung dreier verschiedener Faßarten. **MM**

Verkostungsnotizen

Aromen von Vanille und reifen Früchten in der Nase, auch Ananas und Honig. Die Geschmacksnoten türmen sich übereinander und verweisen deutlich auf Sherryfässer und japanische Eiche. Der Abgang ist üppiger als beim Zehnjährigen, mit etwas verspielter Würzigkeit.

Yamazaki 18-Year-Old

Suntory | www.suntory.com

Herstellungsregion und -land Honshu, Japan
Destillerie Yamazaki, Osaka
Alkoholgehalt 43 Vol.-%
Whiskytyp Single Malt

In Fässern aus Mizunara (japanischer Eiche) reift Whisky nur langsam. Mike Miyamoto erklärt: „Es dauert fast 15 bis 20 Jahre, bevor sich dieser typische Geschmack entwickelt hat. Wir geben zwar Whisky, der in Mizunara gereift ist, in den Yamazaki 12-Year-Old, aber er ist dann bestimmt älter als zwölf Jahre. Manchmal finden wir Whisky in den Mizunarafässern, der schneller gereift ist als sonst, aber das kommt nur sehr selten vor."

Man darf wohl annehmen, daß ein Teil diese frühreifen Whiskys aus Mizunarafässern seinen Weg auch in den Yamazaki 18-Year-Old findet. Mike Miyamoto fährt fort: „Von den 800 000 Fässern in unserem Lagerbestand ist nur ein kleiner Prozentsatz aus Mizunara. Sie sind sehr viel teurer als Sherryfässer aus europäischer Eiche. Wir können nur 200 Fässer im Jahr anfertigen lassen, weil das Holz so selten ist. Es ist schwierig zu bearbeiten, astreich, großporig, mit schwierigem Faserverlauf und spröde."

Da das Holz den größten Einfluß auf den Geschmack des Whiskys hat, liegt es auf der Hand, daß Whisky aus japanischen Eichenfässern Aromen zeigt, die es im Scotch, in irischen oder amerikanischen Whiskeys nicht gibt. Die japanische Eiche ist in diesem 18-Year-Old zu erkennen, aber der Sherryeinfluß zeigt sich sehr viel unmittelbarer. Bei der Reifung werden dieselben drei Faßarten verwendet wie beim 12-Year-Old, aber natürlich profitiert er von der längeren Lagerzeit und dem größeren Sherryeinfluß. Er kam am 20. Oktober 1992 auf den Markt und ist – vor allem in den USA – sehr beliebt. Ob er dem Geschmack der Mitarbeiter beim Hersteller entspricht, spielt kaum eine Rolle. Mike Miyamoto sagt: „Der Kunde ist der beste Preisrichter und der beste Mentor." **MM**

Verkostungsnotizen

Das süße Dörrobst und die Chili-Schokolade in der Nase stammen von den Sherryfässern, die reifen, komplexen Geschmacksnoten von der japanischen Eiche. Entschieden würzige, tanninhaltige Textur. Üppiger Abgang mit Rum und Rosinen – ein herrlicher Digestiv.

Yamazaki 25-Year-Old

Suntory | www.suntory.com

Herstellungsregion und -land Honshu, Japan
Destillerie Yamazaki, Osaka
Alkoholgehalt 43 Vol.-%
Whiskytyp Single Malt

Dieser Whisky kam entweder zum 25. Jubiläum des Erscheinens des Yamazaki 12-Year-Old heraus oder zum 100jährigen Firmenjubiläum von Suntory – oder zu beidem. So oder so wurde er am 5. Oktober 1999 vorgestellt. Das Konzept ist ganz einfach: der Single Malt von Yamazaki ist ausschließlich in Sherryfässern gereift. Da der Präsident von Suntory ihn angeblich sehr schätzt, wird dieses Konzept wohl auch kaum geändert werden.

Japanische Whiskyaficionados gehören zu den glühendsten Anhängern des Macallan. Der fast mythische Status dieses schottischen Malts zeigt sich in winzigen Eigentumwohnungen in Tokio, in denen Sammlungen des Macallan zur Schau gestellt werden, die vermutlich ein Vielfaches des Wohnungspreises gekostet haben. Das mag einer der Gründe dafür gewesen sein, daß Suntory einen bedeutenden Anteil an Macallan erworben hat. Es mag auch einer der Gründe dafür sein, daß manche Destillerien versuchen, den Stil von Macallan nachzuahmen. Der vorliegende Malt ist dafür ein Beispiel: Er hat nicht die Würzigkeit der japanischen Eiche, er hat nicht die Süße der großen Fässer und er hat – wenn man es hart ausdrücken wollte – keinen eigenen Destilleriestil.

Die Farbe und die Aromen von Oloroso und Ahornsirup zeugen von 25 Jahren im Sherryfaß. Am Gaumen treffen sich Feigen auf Schokorosinen. Der Abgang ist lang, anhaltend und üppig. All das würde vermutlich für jeden Single Malt gelten, der so lange in sherrygetränkter europäischer Eiche gelegen hat. Es ist ein sehr guter Whisky, erinnert aber vielleicht an die Zeiten, in denen japanischer Whisky noch vorgeben mußte, etwas anderes zu sein, um akzeptiert zu werden. **MM**

Verkostungsnotizen

In der Nase süß, saftig, mild und sehr verführerisch. Am Gaumen komplex und angenehm schwer, die Gerbsäure macht ihn jedoch sehr trocken. Die Restsüße wird bald von einer bitteren Note überwältigt. Langer, tiefer Abgang. Am besten im Winter am Kamin zu genießen.

Yoichi 10-Year-Old

The Nikka Whisky Distilling Co Ltd | www.nikka.com

Herstellungsregion und -land Hokkaido, Japan
Destillerie Yoichi, Yoichi
Alkoholgehalt 45 Vol.-%
Whiskytyp Single Malt

Yoichi wird manchmal auch als die Hokkaido-Destillerie bezeichnet und ist die zweitälteste japanische Whiskybrennerei. Sie wurde 1934 in der Nähe des Fischereihafens Yoichi auf der nördlichen japanischen Insel Hokkaido in etwa 50 Kilometern Entfernung von Sapporo gegründet. Die nördliche Breite entspricht etwa der von Toronto in Kanada oder Wladiwostok in Rußland. Die Wahl des Ortes geht auf Masataka Taketsuru zurück, den „Vater des japanischen Whiskys", der damals für die Firma Torii arbeitete.

Anfang der 1920er Jahre suchte Taketsuru einen geeigneten Ort, um für Torii eine Destillerie zu errichten. Er schlug Hokkaido wegen der hervorragenden Wasserversorgung und der Ähnlichkeit zu den schottischen Highlands vor, aber die Firma entschied sich für eine kommerziell annehmbarere Lösung zwischen Kyoto und Osaka. Dort wurde 1923 die Yamazaki-Destillerie gebaut.

Taketsuru verließ Torii 1934 und gründete dann seinen eigenen Betrieb zur Herstellung von Whisky auf Hokkaido. Die Yoichi-Destillerie ist insofern ungewöhnlich, als hier die Brennblasen noch direkt mit Kohle befeuert und nicht durch innenliegende Dampfleitungen beheizt werden. Dadurch und durch die altmodischen Kühlbottiche, die anstelle modernerer Kondensatoren verwendet werden, erhält das Destillat einen unverkennbaren, ölig-schweren Charakter. Der Stil des Whiskys wird außerdem durch Veränderungen anderer Faktoren (etwa Torfung, Hefeart, Gärzeit, Destillationstemperatur) verändert. Zudem zieht man für die Lagerung frisch angekohlte Eichenfässer vor, anstatt solche zu verwenden, in denen zuvor Bourbon oder Sherry lag. **GS**

Verkostungsnotizen

Frisch und salzig in der Nase, mit Rauch und Ruß aber auch mit Sahnekaramell und Pfirsichen. Am Gaumen ölig mit klarer Eiche, Sherry, Honig, Apfel, Ananas und Erdnüssen. Mittellanger Abgang mit anhaltenden Gewürznoten und frisch gemähtem Heu.

Yoichi 20-Year-Old

The Nikka Whisky Distilling Co Ltd
www.nikka.com

Herstellungsregion und -land Hokkaido, Japan
Destillerie Yoichi, Yoichi
Alkoholgehalt 52 Vol.-%
Whiskytyp Single Malt

Jahrelang wurde der in Japan produzierte Malt-Whisky zumeist mit Getreide-Whisky zu Blends verschnitten, die für den Heimatmarkt bestimmt waren. Als dieser Markt in den 1990er Jahren abzunehmen begann, richteten die Hersteller ihr Augenmerk verstärkt auf Single Malts für den Export. Inzwischen ist Japan nach Schottland der weltweit zweitgrößte Produzent von Single Malt.

Die japanischen Single Malts profitierten sehr davon, daß der Yoichi 10-Year-Old im Jahr 2001 beim jährlichen „World Whiskies Awards"-Wettbewerb der Zeitschrift *Whisky Magazine* als „Best of the Best" ausgezeichnet wurde. Die endgültige Anerkennung folgte 2008, als der Yoichi 20-Year-Old von derselben Zeitschrift den hochbegehrten Titel „World's Best Single Malt Whisky" verliehen bekam. Zur gleichen Zeit gewann der Hibiki von Suntory den vergleichbaren Preis für einen Blended Whisky, und als dieser „Doppeltreffer" verkündet wurde, setzte eine Medienhysterie ein, die in Schlagzeilen mündete, wie die schottische Whiskybranche sei „konsterniert".

Schottland hat den japanischen Angriff auf seine Stellung als Weltmarktführer beim Whisky überlebt. Es gibt aber keine Zweifel mehr, daß die japanische Alternative sich Respekt erarbeitet hat. Nikka bietet auf unterschiedlichen internationalen Märkten Single Malts von Yoichi in zehn, zwölf, 15 und 20 Jahre alten Varianten und solchen ohne Altersangabe an. **GS**

Verkostungsnotizen

Tang und Schalentiere, mit Parfüm Weihrauch, Sojasauce, einer Spur Malz und üppigen Früchten. Am Gaumen ölig-harzig, mit Zitrone, Leder und Torfrauch.

Yoichi Single Malt

The Nikka Whisky Distilling Co Ltd
www.nikka.com

Herstellungsregion und -land Hokkaido, Japan
Destillerie Yoichi, Yoichi
Alkoholgehalt 45 Vol.-%
Whiskytyp Single Malt

Yoichi war die erste Destillerie der Nikka Whisky Distilling Company. Sie wurde 1934 von Masatake Taketsuru errichtet, nachdem er sich von Suntory getrennt hatte. Zum Teil weil seine Frau und er Jahre brauchten, um die Brennerei zum Erfolg zu führen, ist die Gesellschaft zu Recht stolz auf sie und sagt, ihr Destillat sei das Herz des hauseigenen Whiskystils.

Die Destillerie steht auf Hokkaido, der nördlichsten Hauptinsel Japans, die vieles mit Schottland gemeinsam hat. Vor allem liegt sie so weit im Norden, daß die Winter lang, kalt und schneereich sind. Außerdem ist das Gebiet sehr reich an Wasser. Die Destillerie hat noch eine weitere Gemeinsamkeit mit den Brennereien, die auf den Inseln vor der schottischen Westküste ihre getorften Whiskys produzieren: Sie liegt in Küstennähe. Nikka ist stolz darauf, altmodische Herstellungsmethoden wie etwa direkte Befeuerung zu verwenden.

Der vorliegende Whisky ist schwer, ölig und getorft. Der Yoichi Single Malt soll im Sortiment die Stelle des Yoichi 10-Year-Old einnehmen. Er wird aus einer Reihe von Fässern unterschiedlichen Alters zusammengestellt, von denen die Mehrzahl – vielleicht etwas überraschend – früher Sherry enthielten. Das Ergebnis ist laut Nikka eine wohlausgewogenen Mischung aus fruchtigen, rauchigen und blumigen Noten. Es dürfte schwer sein, für diesen Preis einen besseren Whisky zu finden. **DR**

Verkostungsnotizen

Vanille und Zitronenbonbons in der Nase, mit einem Hauch Pfeffer und Torf. Am Gaumen sauber und frisch mit süßen Zitrusnoten. Mittellanger Abgang.

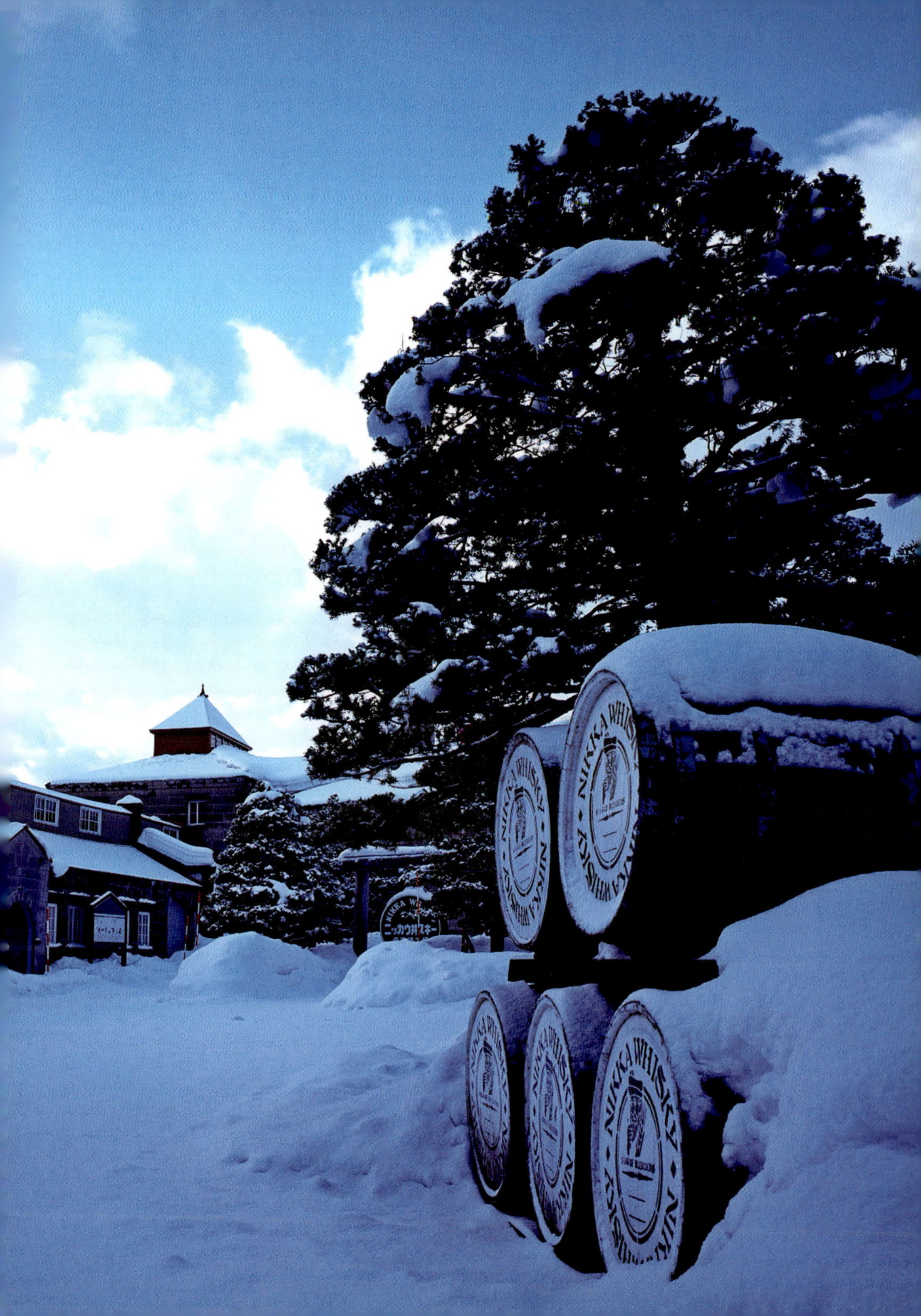
NIKKA WHISKY

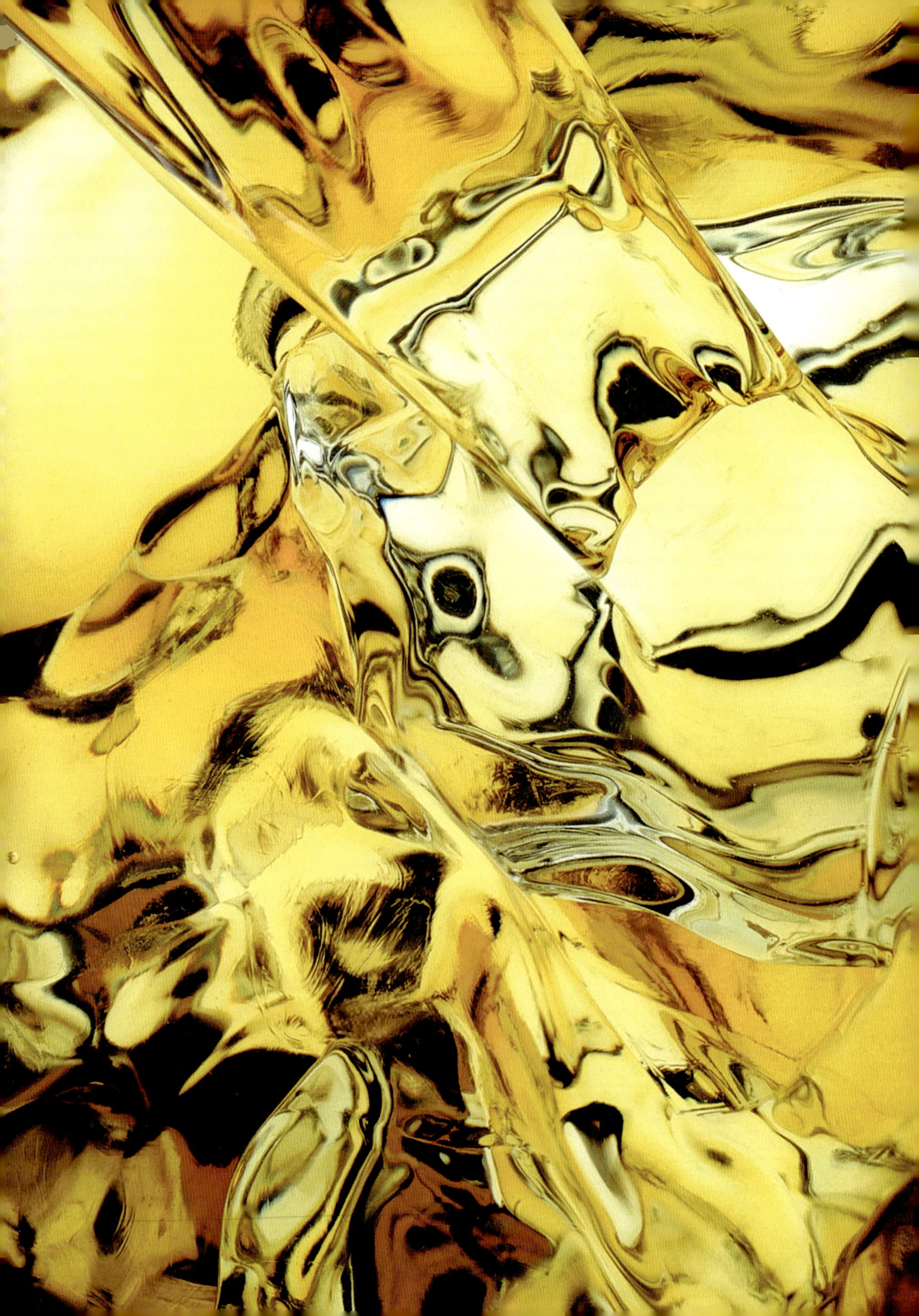

EUROPA

Broger
Burn Out

Broger | www.broger.info

Herstellungsregion und -land Vorarlberg, Österreich
Destillerie Broger, Klaus
Alkoholgehalt 42 Vol.-%
Whiskytyp Single Malt

In den Alpen werden zunehmend mehr hochwertige Whiskys hergestellt. In Deutschland, Österreich, Liechtenstein und der Schweiz gibt es etwa 100 Destillerien unterschiedlicher Größe, und die Region blickt auf eine lange Geschichte der Brennerei zurück.

Es gibt zwei Hauptgründe für die steigenden Produktionsmengen sehr guten Whiskys im Alpengebiet. Zum einen ist vielen Destillerien, die sich der Whiskyerzeugung verschrieben haben, inzwischen klar geworden, daß es nicht ausreicht, einfach die althergebrachten Brennverfahren direkt auf Whisky zu übertragen. Sie passen ihre Methoden sehr schnell an, und die ersten Ergebnisse sind hervorragend.

Zum anderen ist dies eine wohlhabende Region. Einige der Whiskymacher sind schon als große und profitable Firmen mit unterschiedlichen Produkten wie Bier oder Fruchtsaft am Markt und können es sich leisten, in moderne Herstellungsanlagen zu investieren.

Broger gehört zu den dynamischsten unter den großen mitteleuropäischen Destillerien, die sich den Exportmärkten zuwenden. Die Brennerei der Brüder Bruno und Eugen Broger stellt preisgekrönte Gins und Fruchtbrände her und führt Workshops für Menschen durch, die sich am Alkoholbrennen versuchen möchten. Neuerdings experimentieren die Brüder aber auch mit Whisky, und zwar sehr erfolgreich. Sie stellen mehrere großartige Whiskys her, aber der Burn Out ist etwas Besonderes – ein knurrender, dunkler, rauchiger Whisky, der wie kein anderer schmeckt und zudem sehr gut gemacht ist. **DR**

Verkostungsnotizen

Junge, buttrige Getreidenoten über einer kabbeligen See aus knorriger Holzkohle, verbranntem Fleisch und schwerem Torf. Sollte jeder Torfliebhaber probieren.

Belgian Owl Single Malt

The Owl Destillerie | www.belgianwhisky.com

Herstellungsregion und -land Lüttich, Belgien
Destillerie The Owl, Grâce Hollogne
Alkoholgehalt 46 Vol.-%
Whiskytyp Single Malt

Belgian Owl ist eine echte Hofbrennerei, aber die Geschichte hinter ihr ist wirklich merkwürdig. Zu der Zeit, als dieser Beitrag geschrieben wurde, war hier noch alles im Fluß. Als die Destillerie 2004 von einem kleinen Team unter der Leitung von Etienne Bouillon etabliert wurde, erinnerte sie noch etwas an einen Hobbybetrieb und war auf drei verschiedene Betriebsstätten verteilt. Die Maische entstand an einem Ort, wurde dann zu einer kleinen provisorischen Destillerie transportiert, um dort mit einer fahrbaren Brennblase destilliert zu werden. Das Lagerhaus befand sich in einem Vorort von Lüttich.

Dieses einzigartige Herstellungsverfahren mag zwar zeitaufwendig gewesen sein, aber man verfuhr bei der Herstellung jedenfalls sehr gründlich. Bouillon arbeitet fachgerecht, schließlich hatte er das Handwerk unter der Aufsicht des legendären Jim McEwan gelernt, der regelmäßig nach Belgien kam, um die Destillerie zu beraten.

Bouillon hat inzwischen die Betriebsteile auf einem Bauernhof zusammengefaßt, wo auch seine Gerste angebaut wird. Nachdem er jedoch einen nahbaren, süßen Whisky hergestellt hatte, kaufte er die alten Brennblasen von Caperdonich auf und produziert inzwischen einen anderen Whisky, der auf seine Weise sehr gut ist, aber vollkommen anders ausfällt als der vorliegende. **DR**

Verkostungsnotizen

In der Nase reife Birnen, Butterkaramell, Vanille und Frühlingsblumen. Mittellanger Abgang mit Vanille und reifen Früchten: Birne, Apfel, Banane und Reneklode.

Belgian Owl 53-Month-Old Cask Strength

The Owl Distillery | www.belgianwhisky.com

Herstellungsregion und -land Lüttich, Belgien
Destillerie The Owl, Grâce Hollogne
Alkoholgehalt 74,1 Vol.-%
Whiskytyp Single Malt

Wie in Deutschland, den Niederlanden und anderen europäischen Ländern, die traditionell Bier brauen, hat man auch in Belgien begonnen, Whisky zu destillieren. Nach dem vorliegenden Beispiel zu urteilen, ein recht erfolgversprechender Anfang.

Etienne Bouillon gründete 1997 die Destillerie The Owl mit zwei uralten Brennblasen und gewann in der Folge einige Preise mit seinen Destillaten, unter denen ein reiner Malzbrand und der Pomme d'Etienne, eine Mischung aus Apfelsaft und Eau-de-vie, zu finden sind. 1999 schaltete die Destillerie in einer Tageszeitung eine Anzeige, in der sie den Verkauf ihres ersten belgischen Whiskys verkündete. Die ersten 500 Anrufer bekämen eine Gratisflasche. Innerhalb von 72 Stunden meldeten sich 30 000 Interessenten. Die Anzeige war ein Gag, aber die Reaktion machte deutlich, daß ein solcher Whisky auf eine große Nachfrage stoßen würde. 2007 brachte die Destillerie dann den ersten belgischen Single Malt heraus.

Die Whiskys der Owl-Destillerie sind bisher leicht, klar und fruchtig ausgefallen. Der Belgian Owl 53-Month-Old Cask Strength hat beeindruckende 74,1 Volumenprozent Alkohol und ist pur getrunken nichts für Zaghafte. Mit etwas Wasser kommen jedoch intensive Frucht- und spritzige Gewürznoten zum Vorschein. **PB**

Verkostungsnotizen

Marzipan und Banane, Vanille, Kokosnuß und Zitronenschale in der Nase. Brausepulver und Gewürze am Gaumen. Bitter Lemon und Honig im Abgang.

Belgian Owl 2011

The Owl Distillery | www.belgianwhisky.com

Herstellungsregion und -land Lüttich, Belgien
Destillerie The Owl, Grâce Hollogne
Alkoholgehalt 46 Vol.-%
Whiskytyp Single Malt

Destillerien in Ländern mit neu aufkommender Whiskyproduktion erweisen sich oft als geschickt in der Übernahme schottischer Herstellungsmethoden, aber auch im Hinzufügen von Elementen ihrer eigenen Geschichte und Kultur. In der Owl-Destillerie geht Etienne Bouillon wissenschaftlich an die Brennerei heran. Mit Jim McEwan, dem Destilleriemanager von Bruichladdich, der ihn von Zeit zu Zeit besucht, hat er einen der denkbar besten Lehrmeister.

Wie man an dieser 2011er-Abfüllung jedoch deutlich erkennt, hat die Eulendestillerie ihre eigene Richtung gefunden. Etienne spricht mit Leidenschaft von der Gerste, die auf den Äckern um sein Heim wächst. Aber Grundstoffe aus örtlichem Anbau sind nur ein Aspekt dieses herrlich fruchtigen, süßen und sehr trinkbaren Malts.

Das Destillat stammt aus einer fahrbaren Brennblase, mit der einst Auftragsbrenner übers Land gezogen sind. Der Betrieb der Destillerie ist auf drei Standorte verteilt; Etienne würde sie gerne an einer Stelle zusammenfassen, bisher fehlt es ihm jedoch an den nötigen Mitteln. Angesichts dieser Abfüllung fragt man sich, ob das überhaupt notwendig ist. Allerdings kann er jetzt die Nachfrage kaum befriedigen, der Whisky ist außerhalb von Belgien nicht sehr leicht zu bekommen. **DR**

Verkostungsnotizen

Ingwer, Vanille und Honig in der Nase. Am Gaumen saubere, süße Gerste, Birnenkompott, etwas Würze und frische Wiesen – der ganze Sommer in einem Glas.

Braunstein Edition No. 2

Braunstein Distillery | www.braunstein.dk

Herstellungsregion und -land Seeland, Dänemark
Destillerie Braunstein, Køge
Alkoholgehalt 63,4 Vol.-%
Whiskytyp Single Malt

Wenn man sowieso schon Bier braut, dann kann man auch einfach einen Teil der Maische nehmen und destillieren, et voilà: Whisky. Genau so sahen das auch die Brüder Michael und Claus Braunstein Poulsen im Jahr 2007. Zwei Jahre zuvor hatte sich ihnen die Möglichkeit geboten, eine ultramoderne Brauerei zu kaufen. Dummerweise stand sie im amerikanischen Baltimore, und die beiden Brüder lebten in Køge, etwas südlich von Kopenhagen. Dadurch ließen sich Michael und Claus jedoch nicht lange bremsen, schon bald darauf waren sie Bierbrauer.

Als sie später beschlossen, auch Whisky zu brennen, standen sie vor dem Problem, sich für einen Stil entscheiden zu müssen: Michael zieht die Speysider vor und liebt die Sherrynoten europäischer Eichenfässer in seinem Whisky; Claus neigt eher zu getorften Whiskys. Also blieb ihnen nichts anderes, als zwei Richtungen herzustellen. Michaels Wunsch ging mit dem Edition No. 1 in Erfüllung, der im März 2010 erschien, während Claus zu seinem getorften Whisky kam, als sie im Dezember 2010 den Edition No. 2 folgen ließen. Der Edition No. 2 war die zweite Abfüllung in Faßstärke der Destillerie Braunstein, und es war auch das zweite 190-Liter-Bourbonfaß, das damals im Jahr 2007 mit Destillat befüllt worden war. **IR**

Verkostungsnotizen

Sehr frisch, mit viel Getreide, wie ein Müsli. Zitrus- und Aprikosennoten. Wie Grappa, dann zu Vanillefondant neigend. Mit Wasser entwickelt sich eine Spur Torf.

Braunstein Library Collection 10:2

Braunstein Distillery | www.braunstein.dk

Herstellungsregion und -land Seeland, Dänemark
Destillerie Braunstein, Køge
Alkoholgehalt 46 Vol.-%
Whiskytyp Single Malt

Die Hochachtung, die Claus und Michael Braunstein Poulsen dem Whisky entgegenbringen, hat ihren Ursprung in ihrer Begeisterung für das Fliegenfischen. Oft fanden sie sich beim Lachsangeln knietief im Wasser des Spey in Schottland, und womit könnte man den Fang des Tages besser feiern, als mit einem Glas Whisky am Abend?

Während dieser Schottlandreisen entstand die Idee, einen dänischen Whisky zu brennen. Trotz des schottischen Einflusses waren die beiden Brüder entschlossen, den Scotch nicht zu imitieren, sondern ein eigenständiges Produkt herzustellen.

Die erste Abfüllung der Brennerei Braunstein war der Edition No. 1 vom März 2010, der erste dänische Single Malt, der je auf den Mark kam. Im selben Jahr folgten die ersten Ausgaben einer Reihe mit dem Namen „Library Collection". Der Edition No. 1 war in Faßstärke abgefüllt worden, aber in der „Library Collection" sollten die Whiskys schwächer sein. Im Mai 2010 kam die Library Collection 10:1 heraus, es folgte die Library Collection 10:2, die erste getorfte Abfüllung von Braunstein, die im September 2010 mit 46 Volumenprozent Alkohol an den Start ging. Im Dezember 2010 trat die Library Collection 10:3 mit einem etwas geringeren Alkoholgehalt von 43 Volumenprozent ins Licht der Öffentlichkeit. **IR**

Verkostungsnotizen

Sehr malzig, Haferkekse und Orangenschale. Am Gaumen wieder Getreidenoten, außerdem Schokolade und Karamell. Leichte Spuren von Torf. Pfeffriger Abgang.

Braunstein Library Collection 10:3

Braunstein Distillery | www.braunstein.dk

Herstellungsregion und -land Seeland, Dänemark
Destillerie Braunstein, Køge
Alkoholgehalt 43 Vol.-%
Whiskytyp Single Malt

Als die Destillerie Braunstein begann, Whisky zu brennen, importierte sie das Gerstenmalz überwiegend aus Schottland: eine getorfte Sorte von den Port Ellen Maltings auf Islay und eine ungetorfte von Simpson's in Berwick-upon-Tweed. Später kamen bis zu 40 Prozent der Gerste aus ökologischem Anbau in Dänemark. Der erste hundertprozentig ökologische Whisky, der Edition No. 3, erschien im Herbst 2011.

Die Besitzer von Braunstein, Claus und Michael Braunstein Poulsen, gehen sehr behutsam vor, wenn sie das frische Destillat mit Wasser versetzen, bevor sie es in Fässer füllen. Das Destillat hat 72 Volumenprozent, und die Brüder nehmen sich drei Wochen Zeit, um es allmählich auf die gewünschte Stärke von 63,4 Volumenprozent zu bringen. Laut Claus Braunstein lassen sich so am ehesten alle Geschmacksnoten erhalten.

Als die vierte Abfüllung der Destillerie anstand – die Library Collection 10:3 im Dezember 2010 –, hatten die Brüder begonnen, sich mit ihrer Marke einen guten Ruf in Dänemark und im Ausland zu erwerben. Im Gegensatz zum Vorgänger, der Library Collection 10:2, die aus Whiskys bestand, die in Bourbon- und Sherryfässern gereift waren, war die Library Collection 10:3 ungetorft und stammte ausschließlich aus einem Oloroso-Faß. **IR**

Verkostungsnotizen

Eine ausgewogene, sherrygetönte Abfüllung mit Birne und Banane. Auch am Gaumen Sherry, recht trocken, mit Rosinen und Pflaumenmus. Kurzer Abgang.

Copper House Triple Malt

Adnams Southwold | www.adnams.co.uk

Herstellungsregion und -land Suffolk, England
Destillerie Copper House, Southwold
Alkoholgehalt 42 Vol.-%
Whiskytyp Three Grain

Adnams ist vor allem als gut etablierte und sehr beliebte Brauerei im Herzen des schönen Strandbads Southwold an der englischen Ostküste bekannt. Die Brauerei gilt als sehr qualitätsbewußt; als sich der Vorsitzende Jonathan Adnam also den Traum seines Lebens erfüllte und eine Destillerie errichtete, war es kaum überraschend, daß er dabei keinen Aufwand scheute. Angesichts der strengen englischen Vorschriften war es schon keine geringe Leistung, eine Betriebsgenehmigung für die Brennerei zu erhalten. So durften Brauerei und Destillerie zum Beispiel nicht auf demselben Gelände untergebracht werden, weil der Rohstoff Gerste zu jeweils unterschiedlichen Sätzen versteuert werden muß.

Copper House ist eine große, moderne Destillerie, die mit Brennblasen und Kolonnendestillationsapparaten ausgestattet ist. Man ist stolz auf die geschlossene Produktionskette vom Getreide bis zum Glas und stellt eine Reihe von Spirituosen her, von Gin und Wodka über Apfelbranntwein und Absinth bis hin zu einem exzellenten Brand aus dem Broadside Ale der Brauerei.

Der Brennmeister John McCarthy experimentiert mit unterschiedlichen Whiskytypen. Bisher ist der Triple Malt am beeindruckendsten. Er entstand aus dem Triple Grain der Brennerei und wird aus einem Schrot mit 60 Prozent Weizen, 35 Prozent Gerstenmalz und fünf Prozent Hafer hergestellt. Der Whisky ist noch sehr jung, und der Weizen macht ihn weich und süß – das sollte mit der Reifezeit anders werden. Insgesamt ist es jedoch ein tapferer, aufregender und einzigartiger Whisky, der auf großartige Weise zeigt, wie neue Destillerien als Bahnbrecher für neue Whiskykategorien wirken können. **DR**

Verkostungsnotizen

In der Nase Noten von Popcorn mit Honig, Pfeffer und frischem Getreide. Zitrone am Gaumen, viele Vanille- und Bonbontöne, aber ein weicher, abgerundeter Getreidekern. Der Abgang ist etwas würzig, jedoch relativ kurz. Man sollte diesen Whisky im Auge behalten.

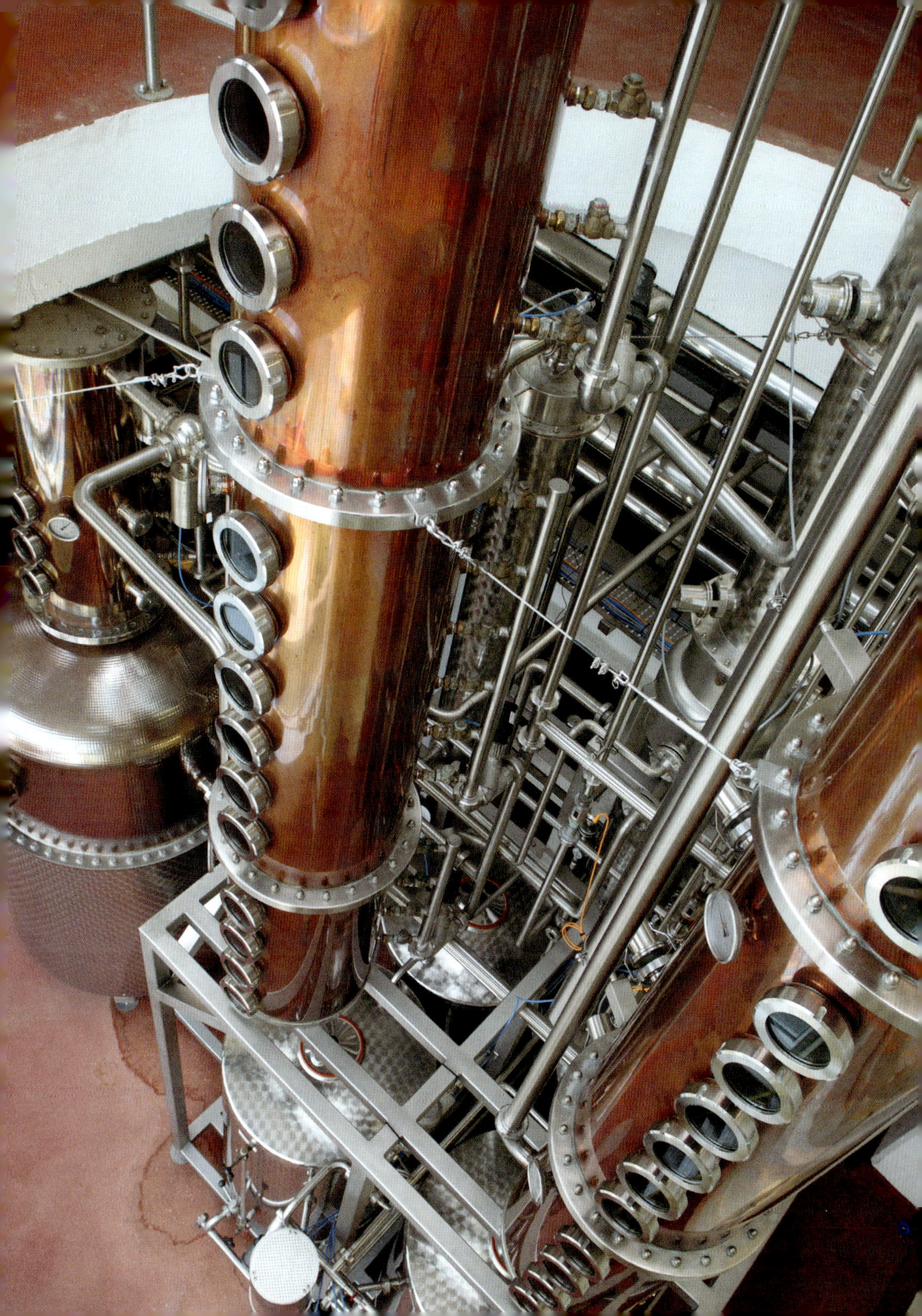

English Whisky Company Smokey

The English Whisky Co. | www.englishwhisky.co.uk

Herstellungsregion und -land Norfolk, England
Destillerie St. George's, Roudham
Alkoholgehalt 43 Vol.-%
Whiskytyp Single Malt

Es gibt immer wieder Diskussionen über die Schreibung des Begriffs „Whisky" – mit oder ohne „e"? Die Konvention, an die sich viele halten, darunter auch dieses Buch, lautet, daß die schottische Spirituose ohne „e" geschrieben wird (Whisky), während jene aus Irland und den USA mit „e" geschrieben werden (Whiskey). Die aus anderen Teilen der Welt werden meist als „Whisky" geschrieben, aber das ist nicht allgemeingültig. Englischer Whisky verwendet meist die schottische Schreibweise, insofern ist der Name dieses Whiskys ein wenig kurios. Man fragt sich, ob „smokey" überhaupt ein englisches Wort ist und warum eine englische Firma nicht die normale Schreibweise „smoky" verwendet.

Davon abgesehen: Dies ist ein guter Whisky. Er gehört zum neu aufgemachten Kernsortiment der English Whisky Company, wo er an die Stelle des getorften Chapter 9 tritt. Der Smokey ist mit 45 ppm Phenol zwar deutlich getorft, er ist aber ein wohlausgewogener und komplexer Whisky.

Einer der Gründe für den Wechsel im Namen und Image liegt darin, daß sich der Chapter 6 und der Chapter 9 im Laufe der Zeit weiterentwickelt hatten und 2016, als sie abgelöst wurden, sehr viel bessere Whiskys waren als zu ihrer Einführung. Vielen Whiskytrinkern ist nicht klar, daß ein Whisky im Laufe der Zeit auf diese Weise besser werden kann. Dann mag ein „Neuanfang" manchmal für die Destillerie die bessere Wahl sein. Der Smokey ist jedenfalls – mit oder ohne „e" – das Produkt einer Destillerie, die sich auf der Höhe ihrer Kunst befindet. **DR**

Verkostungsnotizen

Scharfer Torfrauch und Zitrustöne in der Nase. Am Gaumen zuerst süß, dann üppige Gerste und Ingwer, schließlich Wolken von herrlichem Torfrauch.

English Whisky Company
The English Original

The English Whisky Co. | www.englishwhisky.co.uk

Herstellungsregion und -land Norfolk, England
Destillerie St. George's, Roudham
Alkoholgehalt 43 Vol.-%
Whiskytyp Single Malt

Die English Whisky Company wollte unbedingt die erste englische Destillerieneugründung seit über 100 Jahren sein. Als die Familie Nelstrop hörte, daß eine neue Destillerie mit dem Namen Lakes kurz vor der Eröffnung war, ließen sie alles stehen und liegen, um selbst aufzumachen. Allerdings waren die Planungen nicht ganz ausgereift. Man hatte sich ein kompliziertes Namenssystem ausgedacht, bei dem das Destillat als „Kapitel 1", der reifende Whisky als „Kapitel 2" und so weiter bezeichnet wurde. Als die ersten Whiskys dann auf Flaschen gezogen wurden, war man bei Chapter 6 (ungetorft) und Chapter 9 (getorft) angelangt. Als Chapter 16 auf den Markt kam, war das System eigentlich erledigt. Zudem gab es Verwirrung, weil Sankt Georg zwar der englische Nationalheilige ist, aber der Drache auf dem Etikett eher mit Wales assoziiert wird. Und in den USA gab es auch noch eine andere Brennerei mit dem Namen St. Georges.

Der English Original ist ein modischer Whisky in neu entworfener Verpackung, der an die Stelle des Chapter 6 getreten ist. Es ist ein nahbarer Whisky der Standardklasse, der zeigt, daß die Destillerie weitere Exportmärkte ins Auge gefaßt hat. Für den Herbst 2017 war die Eröffnung eines Restaurants geplant, um den Status als eines der neuesten Touristenziele in Norfolk zu festigen. **DR**

Verkostungsnotizen

Frisch geschnittenes Gras, Vanille und etwas Ingwer in der Nase. Am Gaumen sanft, süß, abgerundet und angenehm, mit Spuren von Heu, Ingwer, Vanille und Toast.

English Whisky Company
The Norfolk Farmers

The English Whisky Co. | www.englishwhisky.co.uk

Herstellungsregion und -land Norfolk, England
Destillerie St. George's, Roudham
Alkoholgehalt 45 Vol.-%
Whiskytyp Single Grain

Für die Destillerien in England gelten nicht die strengen schottischen Regeln, sie können also auch mit ungewöhnlichen Getreidemischungen experimentieren. Die Versuche erstrecken sich auch auf die Faßarten und -kombinationen, die für verschiedene Stadien der Reifung verwendet werden. Die Destillerie St. George's hat einige Destillate dreifach gebrannt, getorfte Destillate in ungewöhnliche Fässer (Portwein oder Rotwein) gefüllt, und Whisky in Dessertweinfässern (Marsala oder Madeira) einer Nachreifung unterzogen.

St. George's importiert auch Bourbonfässer im Ganzen, also nicht zu Dauben zerlegt, so daß sie noch viel Bourbon im Holz enthalten. Wenn man in Roudham im Faßlager von St. George' steht, umhüllt einen eine Bourbonwolke aus Vanille, Karamell, Bonbons, Sandelholz, Eiche und Cocktailkirschen. Diese Geschmacksnoten finden sich auch im Norfolk Farmers, dem ersten Whisky der English Whisky Company, der kein Single Malt ist. Grain-Whiskys ähneln oft einer leeren Leinwand, die ihren Geschmack erst vom Faß bekommt. In der vorliegende Abfüllung wurden acht verschiedene Grains eingesetzt, aber der Norfolk Farmers nennt sich immer noch Single Grain, da sie alle aus einer einzigen Destillerie stammen. **DR**

Verkostungsnotizen

In der Nase süße eingemachte Pflaumen, Milchschokolade, Toast mit Butter, Kirsche und Karamell. Der Gaumen zeigt etwas Butter-Popcorn und Gewürznoten.

Hicks & Healey 7-Year-Old

Hicks & Healey | www.staustellbrewery.co.uk

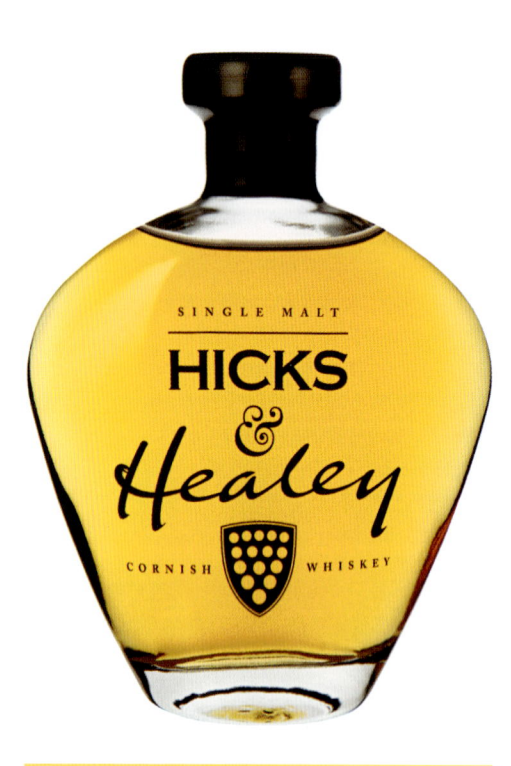

Herstellungsregion und -land Cornwall, England
Destillerien St. Austell Brewery, St. Austell, und Healey's Cornish Cyder Farm, Truro **Alkoholgehalt** 43 Vol.-%
Whiskytyp Single Malt

Cornwall, die südwestlichste Spitze Englands, hat eine eigene Flagge, Sprache und Kultur. Vieles davon ist durch das keltische Erbe beeinflußt, das hier aber eher auf Gemeinsamkeiten mit Wales und der Bretagne beruht als auf Beziehungen zu Irland und Schottland.

Neugier kam auf, als die kürzlich eröffnete Destillerie St. George's in Norfolk behauptete, die erste neue englische Destillerie seit 300 Jahren zu sein. Denn zu dem Zeitpunkt gab es in Cornwall eine Brennerei, die schon seit drei Jahren in Betrieb war. „Ja, aber wir sind nicht englisch", erklärte David Healey von der Cornish Cyder Farm, wo der Whisky gebrannt wurde. Auf Nachfrage, ob er nicht allein aus Marketinggründen darauf hinweisen wolle, antwortete er: „Nun, das tun wir ja auch. Wir stellen seit 300 Jahren den ersten Whisky in Cornwall her!"

Auf jeden Fall kann die Destillerie darauf verweisen, daß es sich hier um den ältesten je abgefüllten Whisky aus England oder Cornwall handelt. Vor 300 Jahren wäre eine siebenjährige Lagerung vollkommen undenkbar gewesen. Der Whisky entsteht als Gemeinschaftsprojekt von David Healey und der Brauerei St. Austell mit ihrem Braumeister Roger Ryman. Seit 2003 wird jedes Jahr eine Charge ungehopftes St.-Austell-Bier in einer Brennblase destilliert. Die Partner waren sich einig, daß es keine wirtschaftlichen Gründe gab, schnell auf Flaschen abzufüllen.

Die erste Charge mit lediglich 350 Flaschen war nur auf dem Hof und in der Destillerie erhältlich. Eine neue Abfüllung wird es erst geben, wenn der Moment gekommen ist. Zur Zeit der Abfüllung im Jahr 2011 war dies nicht der älteste Whisky, ein acht Jahre altes Faß wurde damals zurückbehalten und wird vielleicht später erscheinen. **DR**

Verkostungsnotizen

Eine betörende Verbindung frischer amerikanischer Eichenfässer mit dem Apfelduft Cornwalls: ein Apfelkuchen von einem Whisky – mit Sahne, Gewürzen, Honig und Kakao. Der süße, klare Apfel herrscht vom Anfang bis in den Abgang vor.

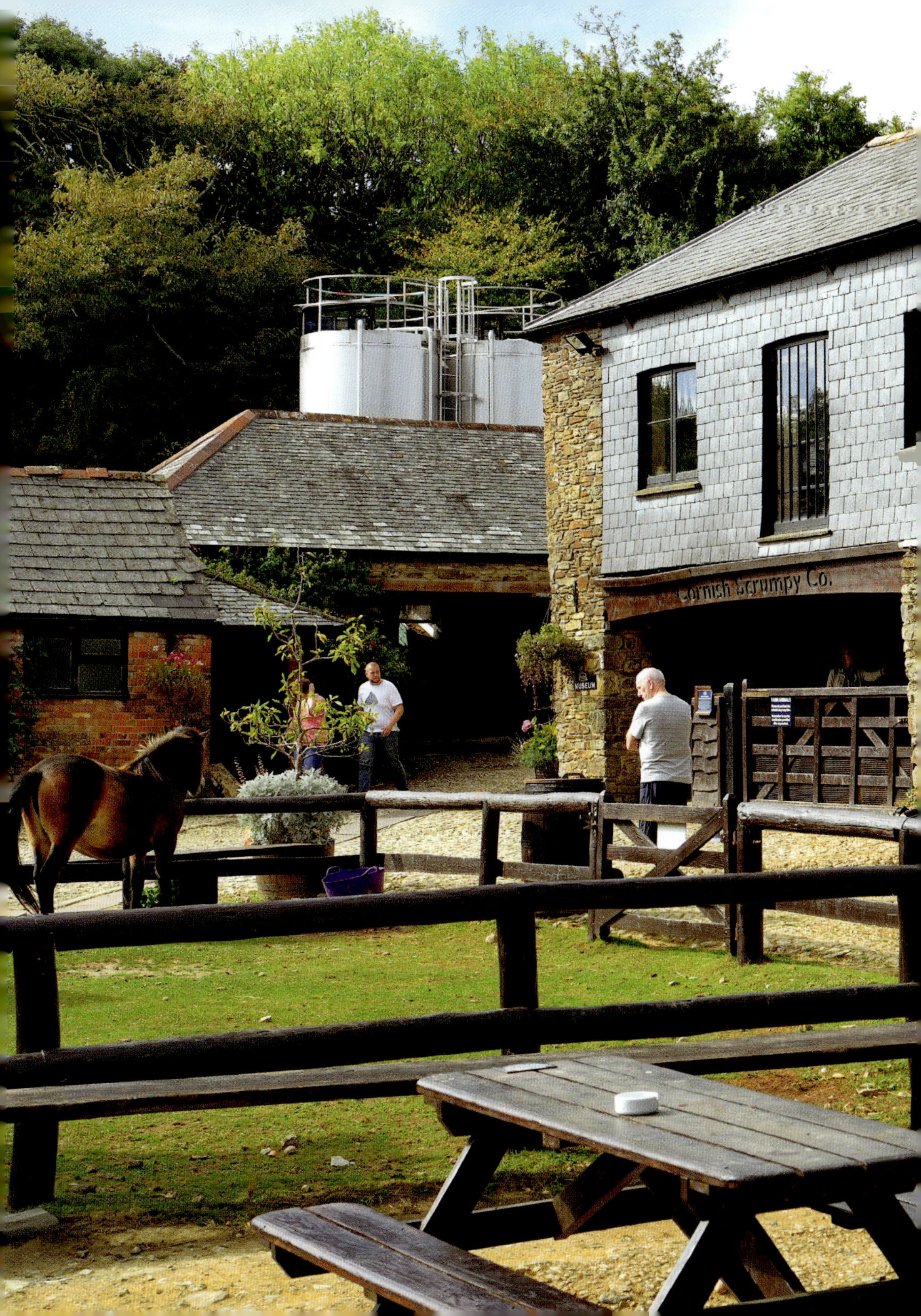
Cornish Scrumpy Co.
MUSEUM

Orbis

St. James Distillery | www.stjamesdistillery.com

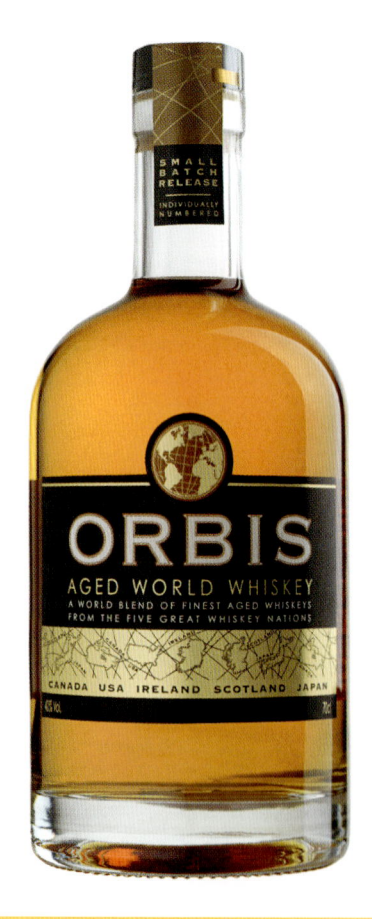

Herstellungsregion und -land London, England
Destillerien Verschiedene
Alkoholgehalt 40 Vol.-%
Whiskytyp Blend

Viele Menschen sind überrascht, wenn sie erfahren, daß die Rohstoffe eines Whiskys nicht unbedingt aus dem Land stammen müssen, das ihn vermarktet. So muß ein Scotch zwar aus Destillat bestehen, das mindestens drei Jahre in Eichenfässern in Schottland gelagert wurde. Es spricht aber nichts dagegen, einen Blend aus Whiskys zu mischen, die aus verschiedenen Ländern stammen.

In Japan wird das notgedrungen sogar häufig so gehalten. Um einen guten Blend zu komponieren, braucht man eine gute Auswahl an Whiskys, mit denen man spielen kann. Es zeugt von Mut, so unverwechselbare und gegensätzliche Whiskytypen wie die aus Irland, Schottland und vor allem Kanada und Amerika in einem Blend zusammenzuführen. Man kann sich vielleicht noch vorstellen, daß ein glatter, süßer Ire mit einem fruchtigen Speysider und einem zurückhaltenden japanischen Whisky harmoniert, aber Bourbon und Rye stellen vor ganz andere Herausforderungen. Es ist schon eine Leistung, daß es überhaupt funktioniert.

Dieser englische Blend enthält Whisky aus allen fünf traditionellen Herstellerländern – Schottland, Irland, Kanada, USA und Japan. Die Firma, die ihn verschneidet, verwendet den Namen einer fiktiven Destillerie und gibt keine Details über die Herkunft der Grundwhiskys preis. Der Whisky wurde für den Duty-Free-Handel konzipiert, vielleicht ist seine grundsätzliche Wurzellosigkeit vollkommen beabsichtigt. Aber verschiedene Whiskytypen auf diese Weise zu mischen ist eine merkwürdige Sache, und Orbis ist ein merkwürdiger Whisky. Allerdings längst nicht so merkwürdig, wie er hätte sein können. Er lohnt jedenfalls einen Versuch, schon weil er so anders ist. **DR**

Verkostungsnotizen

Dieser Whisky ist längst nicht so eigenartig, wie man vielleicht denken möchte, was vermutlich am hohen Gehalt an Grain Whisky liegt. Eher „ganz nett" als „sehr gut": Cremeschnitte, Rosinenbrötchen, Orangen-Zitronen-Marmelade und etwas pfeffrige Eiche.

St. George's Distillery Chapter 7

The English Whisky Co. | www.englishwhisky.co.uk

Herstellungsregion und -land Norfolk, England
Destillerie St. George's, Norwich
Alkoholgehalt 46 Vol.-%
Whiskytyp Single Malt

Bourbon- und Sherryfässer sind eine sehr nahe liegende Wahl, wenn es darum geht, Whisky zu lagern und reifen zu lassen. Als St. George's jedoch vier hochwertige Rumfässer zum Wiederbefüllen angeboten bekam (zwei aus Jamaika, zwei aus Guyana), war das eine perfekte Gelegenheit, um damit zu experimentieren.

Der Chapter 7 reift zuerst zwei Jahre in Bourbonfässern, die von Jim Beam stammen. Dann wird er auf jeweils ein jamaikanisches und ein guyanesisches Faß aufgeteilt und darin ein weiteres Jahr gelagert. Die Rumfässer sollen dem schon von sich aus leichten und fruchtigen St.-George's-Whisky eine zusätzlich Dimension verleihen. Der Inhalt der beiden Fässer wird dann gemischt, aber nicht sofort auf Flaschen abgezogen.

Der Brenner David Fitt verschob die für den Mai 2010 geplante Markteinführung zuerst, da er das Zusammenspiel der Rum- und Whiskygeschmacksnoten noch nicht so gelungen fand, wie er es für grundsätzlich möglich hielt. Zudem war er entschlossen, den Whisky nicht vom Rum überwältigen zu lassen. Nach der Abfüllung wurde der Whisky bei verschiedenen Ausstellungen präsentiert und erwies sich als das bisher beliebteste Erzeugnis der Destillerie. Die „Andeutungen von Vanille und von Rum- und-Rosinen-Eiscreme" die der Malt laut seiner Beschreibung aufweist, machten ihn zu einem echten Publikumsliebling.

Wegen der genannten Verzögerung kam der Chapter chronologisch erst nach den Chapters 8 und 9 heraus. Die Abfüllung war streng auf 660 Flaschen limitiert. **PB**

Verkostungsnotizen

Zuckerwatte, Zuckerguß und eine leichte Weinbeerennote winden sich um sanfte Gerste. Vanille, Bananenfondant und leichte Gewürznoten. Ein Musterstück an Subtilität.

St. George's Distillery Chapter 10

The English Whisky Co. | www.englishwhisky.co.uk

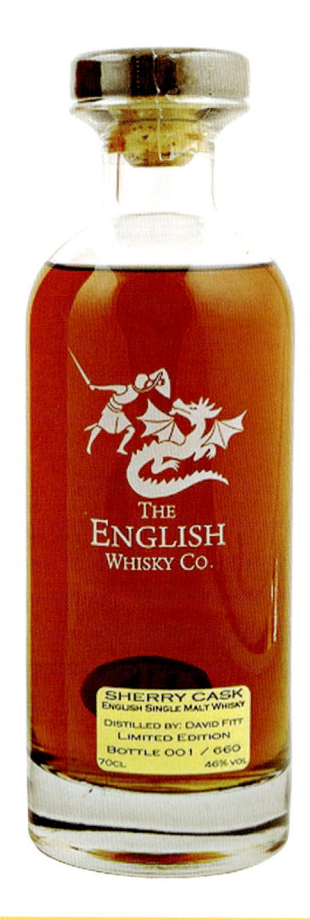

Herstellungsregion und -land Norfolk, England
Destillerie St. George's, Norwich
Alkoholgehalt 46 Vol.-%
Whiskytyp Single Malt

Obwohl die Destillerie erst 2006 gegründet wurde, hat St. George's offensichtlich nicht vor, irgendetwas anbrennen zu lassen. Neben dem Chapter 6 und 9, die in Bourbonfässern reiften, hat sie auch mit Madeira-, Weißwein-, Portwein-, Rum- und Sherryfässern experimentiert.

Die eigene Philosophie von St. George's ist deutlich durch die Form der Brennblase geprägt, die nicht nur in Hinsicht auf die erwünschte Leichtigkeit des Destillats gewählt wurde, sondern auch, um den ästhetischen Erwartungen der lukrativen Touristenströme gerecht zu werden. Der mit seinem Rum-Finish ungeheuer beliebte Chapter 7 bewies, daß es einen Markt für solche nachgereiften englischen Whiskys gab. Als nächstes stand der Chapter 10 auf der Tagesordnung, ein im Sherryfaß gereifter Whisky, der genauso beliebt wurde, aber zum Leidwesen seiner Anhänger wegen der geringen Auflage von 790 Flaschen auch genauso schwierig zu bekommen ist. Der Chapter 10 reifte drei Jahre in einem Oloroso-Sherryfaß und bekam so laut Brenner David Fitt einen „altmodischen Stil", der sich bei dem leichten Destillat als überaus üppig und sehr fruchtig erweist. In Sherryfässern gereifte Whiskys werden allzuoft durch Schwefelnoten beeinträchtigt. Deshalb kann man verstehen, daß ein Faß dieser Güte eher mit dem geringen Inhalt auf dem Markt kam, als durch beim Mischen mehrerer Fässer das Risiko einzugehen, mit einem mißratenem das Ganze zu verderben.

Natürlich könnten noch viele „Kapitel" erscheinen, aber Fitt möchte die Kunden nicht durch ein Übermaß verwirren. Mit dem Chapter 12 gab es allerdings noch eine zweite Abfüllung mit Sherryakzenten. **PB**

Verkostungsnotizen

Anfänglich leichte Essignoten in der Nase, die sich bald zu intensiven, sauberen und saftigen Sherrytönen wandeln. Reife Früchte und Orangen in Gelee. Am Gaumen schwelgerisches Herbstobst, Datteln und schwarze Schokolade. Langer, trocken werdender Abgang.

ST GEORGES DISTILLERY
0085
493
2007
ST GEORGES DISTILLERY
0084
494
2007
ST GEORGES DISTILLERY
0094
465
2007
ST GEORGES DISTILLERY
0083
495
2007
0074
504
2007
ST GEORGES DISTILLERY
0073
505
2007
ST GEORGES DISTILLERY
0072
506
2007

St. George's Distillery Chapter 11

The English Whisky Co. | www.englishwhisky.co.uk

Herstellungsregion und -land Norfolk, England
Destillerie St. George's, Norwich
Alkoholgehalt 46 Vol.-%
Whiskytyp Single Malt

Der trockene Osten Englands, mehr als 600 Kilometer von der sumpfigen Insel Islay entfernt, mag auf den ersten Blick als eine ungewöhnliche Gegend erscheinen, um dort mit der Produktion getorfter Whiskys zu beginnen. Allerdings entstanden die berühmten und bei englischen Bootsurlaubern so beliebten Wasserwege der Norfolk Broads durch die Überflutung mittelalterlicher Torfstiche, die Beziehung zum Torf ist also hier ebenso stark wie irgendwo in Schottland.

Torf direkt vor der Haustür heißt jedoch nicht, daß in der Umgebung auch ein Überfluß an getorfter Gerste herrscht. So kommt denn auch die Gerste für diesen Whisky aus Schottland. Anfänglich stammte sie aus Berwick im schottisch-englischen Grenzgebiet, inzwischen wird sie aus Port Gordon in der Speyside geliefert, was noch weiter entfernt liegt. Die Destillerie experimentiert viel mit Torf und hat neben dem überaus beliebten Chapter 9 auch einen dreifach destillierten getorften Whisky, einen stark getorften Whisky mit Rum-Finish und mehrere leicht getorfte Varianten herausgebracht, die in Weinfässern (Burgunder, Sherry und Sassicaia) nachgereift wurden.

Anhänger rauchiger Noten müssen nicht verzweifeln, da im Sommer 2011 ein dreijähriger Chapter 11 auf den Markt kam. Sein Phenolgehalt von 52 ppm liegt etwa auf dem Niveau des 10-Year-Old von Ardbeg (der Chapter 9 hat nur 35 ppm). Das Angebot des Chapter 11 war anfänglich beschränkt, da 2008 nur geringe Mengen getorften Destillats in St. George's produziert wurden. Als Ausgleich gab es jedoch auch eine kräftigere Variante, die in Faßstärke abgefüllt wurde. **PB**

Verkostungsnotizen

Sahne und Ingwerkuchen in der Nase, außerdem Anis und weißer Pfeffer. Am Gaumen ist er ein sanfter Riese: zuerst saubere, cremige Gerste, dann bauen sich Torf und Pfeffer auf und füllen den Mund, ohne überwältigend zu werden. Weicher, leicht pfeffriger Abgang.

Old Buck

Panimoravintola Beer Hunter's | www.beerhunters.fi

Herstellungsregion und -land Satakunta, Finnland
Destillerie Panimoravintola Beer Hunter's, Pori
Alkoholgehalt Um 69 bis 70 Vol.-%
Whiskytyp Single Malt

1998 wurde das Panimoravintola Beer Hunter's Restaurant in der finnischen Stadt Pori am Bottnischen Meerbusen eröffnet. Eine der Attraktionen dieser Gaststätte war das selbstgebraute Bier, das nach einer Schafrasse der Region den Namen Mufloni trug. Gleich neben dem Restaurant liegt das Steak & Whisky House Galle, das denselben Eignern gehört und neben Speisen auch Zigarren und Spirituosen anbietet. Drei Jahre nach der Gründung des Restaurants entschlossen sich die Besitzer, ihren eigenen Whisky zu brennen. Sie beschafften sich kupferne Brennblasen aus Deutschland und Sherryfässer aus Spanien und begannen am 8. November 2001 um 18.00 Uhr mit der Arbeit am Destillieren.

Ein Teil der zweiten gebrannten Charge wurde im Dezember 2004 in 100 mundgeblasenen Flaschen aus Estland auf den Markt gebracht. Der Inhalt mit seiner gigantischen Stärke und dem reinen Bourbongeschmack hinterließ einen nachhaltigen Eindruck. So entschloß sich etwa die Teerenpeli-Brauerei in Lahti, sich auch auf das Gebiet des Whiskys zu wagen und einen eigenen Single Malt zu produzieren.

Der angenehm bescheidene Meisterbrenner der Destillerie, Mika Heikkinen, beschreibt sein Produkt – den ersten jemals in Finnland gebrannten Single Malt – als ein Mittelding aus Laphroaig und Glenfiddich, allerdings ohne deren rauchiges Aroma. Vergleiche können einen allerdings einengen, und der Old Buck gehört in eine ganz eigene Klasse. *Jim Murray's Whisky Bible* erklärte die zweite Ausgabe im Jahr 2009 zum „European Mainland Whisky of the Year" und war zwei Jahre später immer noch des Lobes voll. **GL**

Verkostungsnotizen

Kräftige Honig- und Lakritzearomen in der Nase, mit Obertönen von Dörrobst und Vanille. Mittelschwerer Körper. Am Gaumen Honig und Eiche. Der Abgang ist lang und vielschichtig, bringt die Anfangsaromen zurück und unterstreicht sie mit üppigen Gewürzen.

Teerenpeli 8-Year-Old

Teerenpeli | www.teerenpeli.com

Herstellungsregion und -land Päijänne Tavastia, Finnland **Destillerie** Teerenpeli, Lahti
Alkoholgehalt 43 Vol.-%
Whiskytyp Single Malt

Der Teerenpeli ist einer von zwei Single Malts aus Finnland – und bis jetzt derjenige, der auch weiter verbreitet erhältlich ist. Die Destillerie gehört einer Firma, die auch vier Restaurants und eine Brauerei betreibt. Die Brauerei wurde zusammen mit dem ersten Restaurant schon 1995 in Lahti eröffnet, sieben Jahre später kam die Brennerei hinzu.

Wenn auch die Restaurants und das Bierbrauen die Hauptsparten der Firma bilden, ist Anssi Pyysing, der Gründer und Eigner, doch zweifelsohne ein sehr engagierter Whiskyhersteller. Die beiden Brennblasen wurden bei Forsyth's in Schottland bestellt, die auch die wichtigsten Destillerien weltweit beliefern. Das Gerstenmalz stammt aus der Umgebung und wird leicht getorft. Der Whisky wird in Bourbon- und Sherryfässern gelagert, die Anssi von der Speyside Cooperage bezieht.

Die erste Ausgabe kam 2005 heraus. Sie war drei Jahre alt und nur in den Restaurants der Gruppe zu erwerben. Bei Alko, der staatlichen finnischen Alkoholeinzelhandelsgesellschaft, gab es zuerst eine limitierte, fünf Jahre alte Ausgabe und diesen 8-Year-Old. Inzwischen kann man den Teerenpeli Single Malt auch in Schweden und Großbritannien finden. Jährlich werden etwa 10 000 Flaschen produziert.

Teerenpeli zeigt mit diesem 8-Year-Old, daß man seit den Anfängen und dem ersten Dreijährigen sehr weit gekommen ist. Er wurde sowohl in Bourbon- als auch in Sherryfässern gelagert und kam Anfang 2011 auf den Markt. In den Restaurants der Gruppe gab es auch 2010 einen interessanten Verschnitt des eigenen Whiskys mit einem nicht bekanntgegebenen Speysider. **IR**

Verkostungsnotizen

Sehr frische Nase mit blumigen Noten, Kokosnuß und Zitrone. Leicht, aber mit solider Eiche unterlegt. Am Gaumen entwickelt sich süßer Honig und die Vanille aus dem Faß. Mittellanger, trockener Abgang, der angenehm in Sahnekaramell endet.

Armorik Classic

Warenghem | www.distillerie-warenghem.com

Herstellungsregion und -land Bretagne, Frankreich
Destillerie Warenghem, Lannion
Alkoholgehalt 46 Vol.-%
Whiskytyp Single Malt

Laut David Roussier, dem Generaldirektor der Destillerie Warenghem, verkörpert der Armorik Classic einen metaphorischen Blend aus den Double-Maturation- und Édition-Originale-Abfüllungen der Brennerei. Seit Anfang 2011 ist er in den USA zu finden und inzwischen auch auf dem internationalen Markt erhältlich. Er reift vier bis fünf Jahre in Bourbonfässern und wird dann mit einigen älteren Malts der Destillerie gemischt, bevor er mit 46 Volumenprozent Alkoholgehalt abgefüllt wird. Er soll mit seiner „Vielfalt an Aromen und dem starken Charakter" das Kernstück des Whiskysortiments der Destillerie bilden.

Die Brennerei ist zurecht stolz auf ihren Pioniergeist. Sie war die erste in Frankreich, die einen Single Malt herstellte und dazu bretonische Eiche verwendete. Genauso wichtig ist ihr Bemühen, Arbeitsplätze für die Menschen in der Umgebung zu schaffen und Rohstoffe aus dieser Umgebung zu verwenden. Sie eifert Kilchoman und Bruichladdich und deren Abfüllungen nach, die nur Produkte aus Islay verwenden. So nutzt Roussier Weizen aus der Bretagne, und bald soll auch bretonisches Gerstenmalz folgen.

Man hat eine Reihe von Tests durchgeführt, um zu ermitteln, wo in der Bretagne die besten Eichen wachsen. Für die Reifung von Whisky liefern laut Roussier diejenigen Eichen das beste Holz, die „auf steinigem Boden auf den Hügeln wachsen", wo das Wachstum schwierig ist und die Holzfasern deshalb sehr dicht. Im Vergleich zur offenporigeren Limousineiche dauert die Reifung in den bretonischen Fässern länger und ergibt einen subtilen Geschmack und elegante Aromen. **PB**

Verkostungsnotizen

Reife, weiche Früchte, Salz und Torf in der Nase, mit einer Zugabe von Orangenbrausepulver. Am Gaumen zuerst ein salziger Schlag, dann aufblitzende Gewürze und ein Brocken Orangenschokolade. Im Abgang zeigen sich Ingwer und bittere schwarze Schokolade.

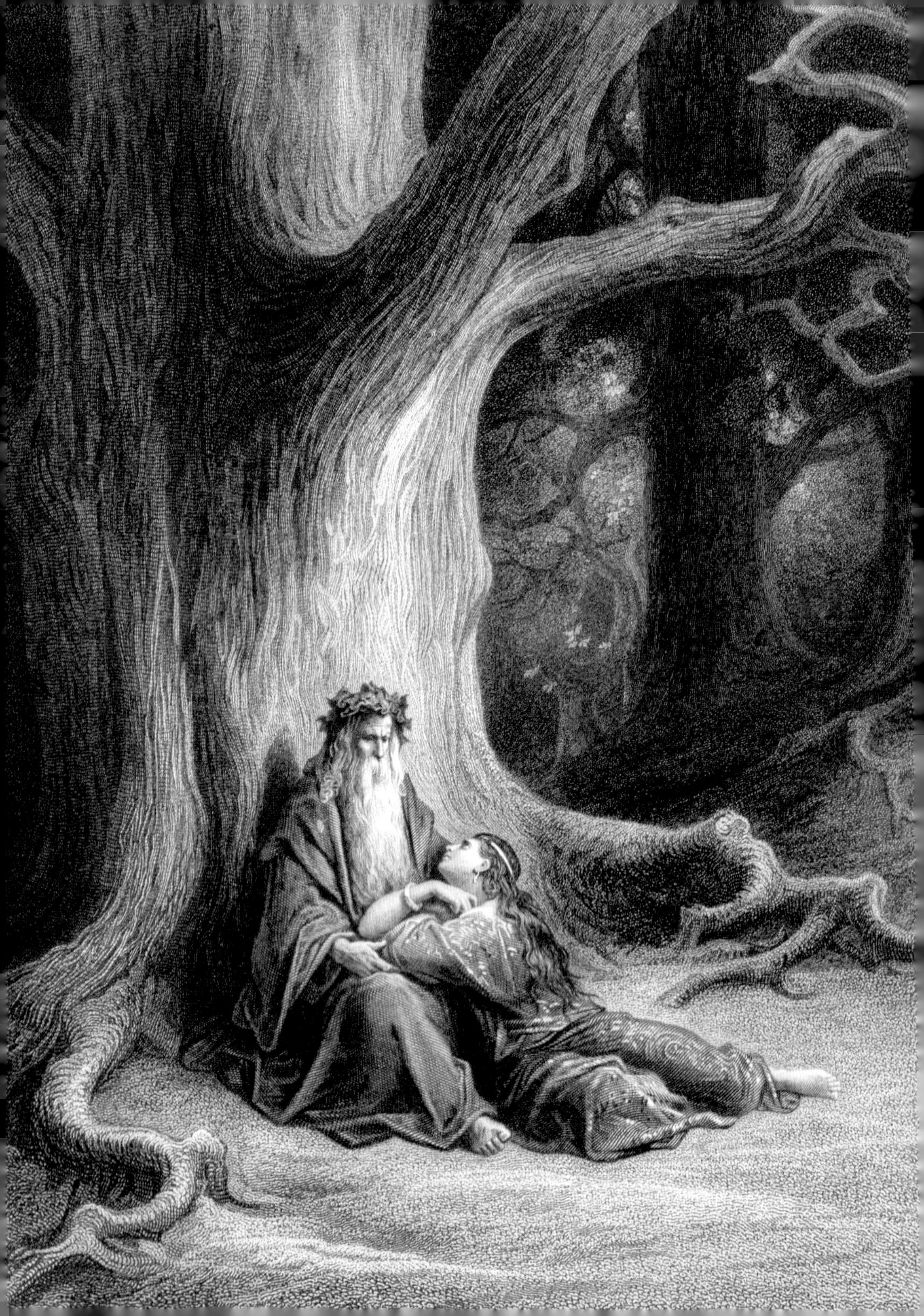

Armorik Double Maturation

Warenghem
www.distillerie-warenghem.com

Herstellungsregion und -land Bretagne, Frankreich
Destillerie Warenghem, Lannion
Alkoholgehalt 42 Vol.-%
Whiskytyp Single Malt

Das Holz der Eiche ist ideal für die Lagerung von Whisky, weil es hart, aber biegsam ist, dichte Fasern aufweist, aber offenporig genug ist, um das Faß atmen zu lassen. Am häufigsten werden amerikanische und spanische Eiche verwendet, aber auch andere Sorten sind nicht selten zu finden. So wird unter anderem für manche Ausgaben von Bruichladdich, Glenliver und Compass Box französisches Eichenholz verwendet. Für den Armorik Double Maturation ist die Distillerie Warenghem jedoch nicht so weit in die Ferne gegangen.

Der Generaldirektor David Roussier verwendet die langsam wachsende bretonische Eiche, obwohl die Fässer teurer sind als amerikanische. Vielleicht geht dadurch auch etwas keltische Magie in den Whisky über. Eine Version der Artussage berichtet davon, wie die Fee Viviane den Zauberer Merlin verhext und in einer Eiche im Forst von Brocéliande einkerkert. Brocéliande liegt zwar etwas weiter weg als die Eichenwälder für die Whiskyfässer, aber die Geschichte ist dennoch schön.

Nach fünf Jahren in bretonischen Eichenfässern wird der Double Maturation weitere zwei Jahre in Sherryfässern nachgereift. Die Destillerie Warenghem zielt mit dieser Abfüllung des Armorik auf die hochpreisigen Marktsegmente. **PB**

Verkostungsnotizen

Ein salziger Hauch breitet sich in der sonst buttrigen, fruchtigen Sherrynase aus. Am Gaumen leicht mit kitzelnd würzigem Holz und Anis. Rauchiger Abgang.

Armorik Édition Originale

Warenghem
www.distillerie-warenghem.com

Herstellungsregion und -land Bretagne, Frankreich
Destillerie Warenghem, Lannion
Alkoholgehalt 40 Vol.-%
Whiskytyp Single Malt

Zu den vielen beliebten Touristengebieten in Frankreich gehört auch die Bretagne mit ihrem keltischen Erbe. Für den Whiskyliebhaber gibt es zwei sehr gute Gründe, in die Bretagne zu reisen. Einer von ihnen ist die Destillerie Warenghem, die seit 1987 Whisky herstellt. Als der Armorik Édition Originale 1998 entstand, wirkte er bahnbrechend. Er war nicht nur der erst bretonische Single Malt, der je hergestellt wurde, er war laut der Destillerie unter Umständen auch der erste Single Malt, der überhaupt jemals in Frankreich produziert wurde.

Warenghem wollte einen bretonischen Whisky schaffen, der zwar auf dem Standard der doppelten Destillation beruhte, den die schottischen Cousins gesetzt hatten, der aber auch den leichten und frischen Geschmack eines irischen Whiskey zeigen sollte. In diesem zweiten Punkt war man auf jeden Fall erfolgreich: Bei einer Blindverkostung könnte man die Abfüllung durchaus für einen jungen Iren halten. Die küstennahe Lage der Destillerie zeigt sich im Édition Originale deutlich mit Salz- und Jodtönen. Grundstoff ist ausschließlich französisches Gerstenmalz, gelagert wird der Whisky vier bis fünf Jahre, hauptsächlich in Bourbonfässern. Er ist vor allem in französischen Supermärkten vertreten, inzwischen aber auch sonst in Europa zu bekommen. **PB**

Verkostungsnotizen

In der Nase leicht rauchig und salzig, mit Kümmel und Apfelbonbons. Am Gaumen leichter Rauch, Apfel und eine süße Vanileader. Sanfter, kurzer Abgang.

Merlin und Viviane unter der bretonischen Eiche, von Gustave Doré

Armorik Maitre de Chai

Warenghem | www.distillerie-warenghem.com

Herstellungsregion und -land Bretagne, Frankreich
Destillerie Warenghem, Lannion
Alkoholgehalt 46 Vol.-%
Whiskytyp Single Malt

Die Bretagne hat enge Verbindungen zu den keltischstämmigen Bewohnern von Cornwall und Wales. Ihre Sprachen ähneln sich, es gibt kulturelle Gemeinsamkeiten, und man hat seit Jahrhunderten miteinander gehandelt. Andererseits gibt es auch landschaftliche Ähnlichkeiten mit Teilen Irlands und Schottlands, und das Klima wird auch hier vom Atlantik bestimmt.

In Anbetracht all dessen ist es kaum verwunderlich, daß man hier lieber Bier als Wein trinkt und daß man Schnaps eher aus Getreide als aus Weinbeeren brennt. Von den Destillerien in der Bretagne ist Warenghem vielleicht die entspannteste und umumstrittenste. Es ist ein recht großes Unternehmen im Zentrum einer bretonischen Kleinstadt, das in der Vergangenheit damit zufrieden war, sein Geld mit einem beliebten Blend und einigen soliden, angenehmen Malts zu verdienen.

In den letzten Jahren hat der Besitzer und Brennmeister David Roussier das Niveau jedoch deutlich angehoben, wovon die vorliegende Abfüllung zeugt. Zur Unterstützung hat er den Destillerieberater Dr. Jim Swan hinzugezogen, der die Produktionsmethoden abgestimmt hat. Das Ergebnis scheint ein schärferes und lebhafteres Destillat zu sein, das deutlich mehr funkelt. Das Faßmanagement war hier schon immer gut, aber man kann jetzt erkennen, daß Warengham von sehr guten Whiskys zu vorzüglichen vorangeschritten ist. **DR**

Verkostungsnotizen

Sehr intensive Nase mit Eiche, reifen Früchten, Kräuternoten. Am Gaumen herzhafte Gewürze, dann in Sherry eingelegte Früchte, Vanille, Karamell und Pfirsich.

Breizh

Warenghem | www.distillerie-warenghem.com

Herstellungsregion und -land Bretagne, Frankreich
Destillerie Warenghem, Lannion
Alkoholgehalt 42 Vol.-%
Whiskytyp Blend

Die Bretagne hat seit den 1970er Jahren soetwas wie eine Whiskyrenaissance erlebt. Das stürmische, aber milde Klima sorgt für eine schnelle Faßreifung, so daß sich die Region für die Whiskyherstellung anbietet.

Die Destillerie Warenghem hat wie viele kontinentaleuropäische Brennereien schon seit Jahrzehnten andere Getränke hergestellt, unter anderem Cidre, Met und verschiedene Obstbrände. In den 1980er Jahren begann man mit der Produktion von Whisky. Der Generaldirektor des Unternehmens, David Roussier, erinnert sich: „Wir begannen vor 25 Jahren mit dem Whisky Breton, einem Blend, der 25 Prozent Malt und 75 Prozent Grain-Whisky enthielt. Er erwies sich als recht anständig, also fingen wir an, über einen Premiumblend nachzudenken." So entstand der Breizh, eine Mischung zu gleichen Teilen aus Malt und Grain. *Breizh* ist der bretonische Name der Bretagne, und der Whisky wird aus einer Mischung aus Weizen und getorftem Gerstenmalz hergestellt.

Das Wasser für den Whisky sickert durch den rosafarbenen Granit der Region und wird an der Quelle Rest Avel (bretonisch „Heimat des Windes") entnommen. Der Whisky reift vier bis fünf Jahre, zumeist in Bourbonfässern, zum Teil aber auch in Eiche aus dem nahe gelegenen regionalen Naturpark Amorique. Neben den Blends stellt die Destillerie Warenghem auch eine Reihe von Single-Malt-Whiskys her. **PB**

Verkostungsnotizen

Wunderbar leicht und fruchtig in der Nase, mit Honigmelone, Weinbeeren und reifen Pflaumen. Am Gaumen leicht, mit Ingwer, weichen Früchten und Gewürzen.

Brenne

Brenne Whisky | www.drinkbrenne.com

Herstellungsregion und -land Cognac, Frankreich
Destillerie Brenne
Alkoholgehalt 40 Vol.-%
Whiskytyp Single Malt

Von allen Ländern, in den Whisky hergestellt wird, ist Frankreich das unberechenbarste, umstrittenste und extravaganteste. Es gibt nicht viele Destillerien im Land, aber die, die es gibt, setzen sich alle gegen Konventionen jeder Art zur Wehr.

Der Brenne-Whisky tauchte aus dem Nichts ausgerechnet in New York auf. Die Marke gehört der ehemaligen Ballettänzerin Allison Parc. Sie hatte eine kleine Cognacbrennerei entdeckt, die auch ein Destillat aus Gerstenmalz brannte und in Fässern lagerte, die für die Herstellung von Cognac verwendet worden waren. Brenne wird in den gesamten USA vertrieben, und Allison Parcs Einfluß im Gastronomiemarketing hat ihm ein Publikum unter nicht traditionellen Whiskytrinkern und den modebewußten Menschen beschert, die Cocktailbars bevölkern. Die Anziehungskraft des Brenne beruht darauf, daß er nicht wie irgendein Whisky schmeckt, den man je zuvor getrunken hat. Er hat leichte, süße, blumige Aromen, die jene ansprechen, die eher sterben würden, als sich mit einem Single Malt in der Hand sehen zu lassen.

Allison Parc behauptet, das Terroir der Region Cognac zeige sich im Brenne; Zyniker unter den Whiskyfreunden glauben, es seien eher die Reste vom Branntwein zu vernehmen, die noch im Faß waren, als der Whisky eingefüllt wurde. So oder so ist es ein interessanter Single Malt, der eine Verkostung lohnt. **DR**

Verkostungsnotizen

Apfel, Birne, Honig und Vanille in der Nase; am Gaumen eine Mischung aus süßen Früchten, Zitrusnoten, Hustenbonbons und zarten Gewürztönen.

Brenne 10

Brenne Whisky | www.drinkbrenne.com

Herstellungsregion und -land Cognac, Frankreich
Destillerie Brenne
Alkoholgehalt 48 Vol.-%
Whiskytyp Single Malt

Der Malt-Whisky von Brenne wird aus ökologisch angebauter französischer Gerste von einer Destillerie in der Region Cognac in Frankreich gebrannt. Die Standardabfüllung ist angenehm und fruchtig. Er reift in Fässern, die zuvor Cognac enthalten haben. Man würde bei einer Lagerungszeit von zehn Jahren vielleicht einen stärkeren Einfluß der Fässer erwarten, das ist jedoch nicht der Fall.

Der Brenne 10 ist eine limitierte Sonderausgabe des Whiskys, die aus vier Fässern stammt, die mindestens zehn Jahre alt waren und persönlich von der Markeneignerin Allison Parc ausgewählt wurden. Der Zehnjährige ist sehr viel launenhafter, stimmungsvoller und komplexer als die Standardabfüllung, teilt aber mit dieser die Fähigkeit, den Single Malt in ganz neue Gebiete zu führen.

Die Fässer eins und zwei sind wie bei der Standardabfüllung leicht angekohlte Cognacfässer. Bei den anderen beiden Fässern wird es dann interessant. Faß drei enthielt zuvor Whisky, der seinerseits in neuen und wiederverwendeten Fässern gereift war. Das vierte Faß besteht aus neuer, mittelstark angekohlter Limousineiche. Eiche aus dem Limousin ist teuer, verleiht dem Whisky aber starke Gewürznoten.

Diese vier Fässer ergaben zusammen nur 290 Kisten des Brenne 10. Er schmeckt jedoch anders als alles, was man sonst unter der Bezeichnung Single Malt bekommen kann. Und das zu einem angemessenen Preis. **DR**

Verkostungsnotizen

Erdbeeren, Himbeeren, Sahne, Vanillesauce und Rübensirup in der Nase. Am Gaumen rote Beeren, Schokolade mit Nüssen und Früchten und dann etwas Erdiges.

Eddu
Grey Rock

Distillerie des Menhirs | www.distillerie.fr

Herstellungsregion und -land Bretagne, Frankreich
Destillerie Distillerie des Menhirs, Quimper
Alkoholgehalt 40 Vol.-%
Whiskytyp Buchweizen-Blend

Manch einen mag es überraschen, wenn er hört, daß in Frankreich Whisky hergestellt wird. Völlig zu unrecht! Die nördlichen Regionen Bretagne und Normandie bauen keinen Wein an, dafür gibt es hier eine gewachsene Bier- und Cidrekultur. Zum Cidre gesellt sich der Calvados, zum Bier der Whisky. Wirklich überraschend sind jedoch die hervorragende Güte und die Vielfalt des hier produzierten Whiskys. So unterscheidet sich der aus Buchweizen gebrannte Eddu radikal vom Kornog, einem großen, torfreichen Whisky der Destillerie Glann ar Mor. Da in dieser Gegend Calvados gebrannt wird, könnte man annehmen, die Distillerie des Menhirs würde Calvados-Brennblasen für den Whisky zweckentfremden; aber nein, man hat in richtige Whiskytechnik investiert.

Der Eddu Grey Rock ist ein Blend, in dessen robustem, vollem Geschmack sich die Bretagne spiegelt. Er hat eine rauhe Erdigkeit, etwas Rauch, etwas Meersalz, und im Gegensatz zu vielen Blends verblaßt sein Abgang nicht einfach. Das mag daran liegen, daß fast ein Drittel der Maische aus Buchweizen besteht. Man kann zur Verwendung von Buchweizen stehen, wie man will, Eddu stellt auf jeden Fall eine sehr vielfältige Auswahl an beeindruckenden Whiskys her. Dieses meisterhafte Beispiel lohnt auf jeden Fall eine Verkostung. **DR**

Verkostungsnotizen

Fruchtige Nase mit Gischt und glosender Asche. Am Gaumen üppig, erdig, mit frischem Apfel, Orange und unreifer Birne; ausreichend Salz und Torf.

Eddu
Silver

Distillerie des Menhirs | www.distillerie.fr

Herstellungsregion und -land Bretagne, Frankreich
Destillerie Distillerie des Menhirs, Quimper
Alkoholgehalt 40 Vol.-%
Whiskytyp Buchweizen-Blend

Jedes Buch, das sich umfassend mit Whisky beschäftigt, wird auch Beispiele enthalten, die über die anerkannten Grenzen dessen hinausgehen, was man unter „Whisky" versteht, dabei jedoch so subtil vorgehen, daß der Unterschied unentdeckt bleibt. Manche französische Whiskyhersteller treten sehr unbekümmert an die Spirituose heran. Aus Korsika stammt etwa P&M, ein Whisky, in dem auch geschrotete Kastanien verwendet werden; und hier nun der Eddu, ein Whisky, der aus Buchweizen gebrannt wird, also nicht aus Getreide, sondern aus einem Knöterichgewächs. Der französische Name (*blé noir*) und sein deutsches Pendant „Buchweizen" sind insofern ein wenig verwirrend.

Die Destillerie versucht nicht, die Verwendung von Buchweizen herunterzuspielen. Im Gegenteil, der Rohstoff wird besonders hervorgehoben. Macht der Buchweizen einen Unterschied? Rechtlich gesehen: ja. In Europa wird die Definition des Whiskys rigoros gehandhabt, um ihn vor den billigen Produkten aus Melasse zu schützen, die in manchen Ländern den Namen Whisky tragen.

Eddu Silver ist ein grob gestrickter, wenig subtiler, aber großartig schmeckender Whisky. Das ist als Kompliment gemeint. Er ist unverkennbar anders, zwar nicht spektakulär, jedoch angenehm und gut gemacht. **DR**

Verkostungsnotizen

Eine üppige Mischung aus Frucht, Honig und Vanille mit süßen Gewürzen und einer Spur Eiche. Zwar etwas rauh an den Rändern, aber voller Herz.

Glann ar Mor
1 An Gwech 11

Glann ar Mor Distillery | www.glannarmor.com

Herstellungsregion und -land Bretagne, Frankreich
Destillerie Glann ar Mor, nahe Pleubian
Alkoholgehalt 46 Vol.-%
Whiskytyp Single Malt

Da man bei Frankreich immer an Wein und Branntwein denkt, neigt man dazu, die Bedeutung des Landes als Whiskynation zu unterschätzen. Doch Frankreich ist hinsichtlich des Whiskys nicht nur Weltspitze im Pro-Kopf-Verbrauch, man produziert hier auch großartigen Whisky. Die Destillerien liegen vor allem in der Bretagne, die sprachlich und kulturell Gemeinsamkeiten mit den ebenfalls keltischen Regionen Cornwall und Wales aufweist.

Glann ar Mor ist eine relativ junge Destillerie. Der Eigner Jean Donnay stellt handwerklich orientierte Whiskys in kleinen Mengen her. Die langsame Destillation, die Verwendung von traditionellen *worm tubs* zum Kondensieren und die gemächliche Reifung in Küstennähe sorgen für einen sehr hohen Standard in der Qualität. Schon die ersten Bemühungen von Glann ar Mor waren nicht zu verachten, aber mit dieser Abfüllung hat die Destillerie einen Volltreffer gelandet. Die Bretagne ist schroff und abweisend, und man erwartet Ähnliches von einem bretonischen Whisky. Dieser ist aber so raffiniert wie irgend ein anderer europäischer Whisky und ähnelt etwas den Produkten der belgischen Owl-Destillerie. Glann ar Mor ist die ungetorfte Variante des Whiskys, und sein zartes, fast weibliches Wesen ist ebenso überraschend wie entzückend. **DR**

Verkostungsnotizen

In der Nase nichts als zarte Blütentöne, sanft, süß und prickelnd. Am Gaumen Birnenkompott, Apfelstrudel und Milchschokolade.

Kornog
Sant Ivy 2011

Glann ar Mor Distillery | www.glannarmor.com

Herstellungsregion und -land Bretagne, Frankreich
Destillerie Glann ar Mor, nahe Pleubian
Alkoholgehalt 57,8 Vol.-%
Whiskytyp Single Malt

Wenn man nicht gerade auf Islay brennt, ist es sehr riskant, einen schweren, torfigen Whisky in Faßstärke auf den Markt zu bringen. Man wird unvermeidlich mit den schwersten Schwergewichten des Whiskys verglichen, und die Wetten stehen dann nicht gut. Aber wie die schweren, torfigen Abfüllungen von Connemara in Irland und St. George's in England läßt auch dieser Whisky vermuten, daß sich das schottische Monopol auf die besten rauchigen Whiskys seinem Ende nähert.

Whisky blickt in der Bretagne auf eine lange Geschichte zurück. Die alten Bretonen waren bei der Herstellung von Whisky sicher ebenso kunstfertig wie die Einwohner von Cornwall und Wales, da es enge Verbindungen zwischen den Regionen gab. Sie wurden in der Vergangenheit sogar zusammen als Britannien bezeichnet. Daher auch der heutige Name Bretagne.

Damals war Torf der einzige Brennstoff, um Gerste zu darren. Insofern könnte man sagen, der getorfte Kornog entspreche eher einem typischen bretonischen Whisky als der Glann ar Mor. Frühere Abfüllungen hatten weniger Alkohol und auch weniger Torf. Die vorliegende Ausgabe zeigt das wachsende Selbstvertrauen der Destillerie und sichert Jean Donnay einen hohen Rang unter den Herstellern der neuen „Welt-Whiskys". **DR**

Verkostungsnotizen

Der schönste süße Whisky diesseits der Destillerie Blaue Maus. Wenn man ein Anhänger von Schokolade mit Chili ist, dann wird man auch hieran Gefallen finden.

P&M

Pietra Brewery | www.brasseriepietra.com

Herstellungsregion und -land Korsika, Frankreich
Destillerie Pietra Brewery, Furiani, und Domaine Mavela, Aleria **Alkoholgehalt** 43 Vol.-%
Whiskytyp Blend

Wann ist ein Whisky kein Whisky? Wie man diese Frage beantwortet, hängt zumindest teilweise davon ab, ob man sich in Europa befindet. Korsika, die Heimat dieses Blends, gehört zu Europa, aber damit ist die Geschichte noch nicht zu Ende erzählt.

Die allgemein akzeptierte Definition eines Whiskys lautet: „eine Spirituose, die aus Getreide, Hefe und Wasser hergestellt wird". Es gibt jedoch Hersteller – und Konsumenten –, die ihn als ein Getränk definieren, „das *schmeckt*, als sei es aus Getreide, Hefe und Wasser hergestellt worden". In einer weiteren Variante, die andernorts auf dem Globus verbreitet ist, kann die Spirituose zwar mit Getreide, Hefe und Wasser hergestellt werden, aber das Wie und Womit der Destillation sowie die Frage weiterer Zutaten ist durchaus interpretationsfähig.

Damit kommen wir zu P&M, einer Partnerschaft zwischen der korsischen Brauererei Pietra Brewery in Furiani und der korsischen Destillerie Domaine Mavely in Aleria. Pietra braut ein landesübliches korsisches Bier, das sie an die Mavela verkauft, die daraus Whisky destilliert. Das Destillat wird in Fässer aus korsischer Eiche gefüllt.

Bis hierher ist alles ganz normal und konventionell. Problematisch wird das Ganze dadurch, daß für das Malzschrot des Biers Kastanien verwendet werden. Nimmt man es genau, dürfte der P&M deshalb nicht als Whisky bezeichnet werden, wenigstens nicht in Europa. Die korsische Eiche und die Kastanien sind im Geschmack des Whiskys unverkennbar, er schmeckt wie kein anderer auf der Welt: faszinierend und nicht unangenehm. So unterläuft der P&M fast die Warnsysteme. Es gibt drei Varianten, die vorliegende ist durchaus repräsentativ. **DR**

Verkostungsnotizen

In der Nase erinnert das Aroma von aufgewirbeltem nassen Laub an spätherbstliche Wanderungen. Am Gaumen bodenständig erdig, intensiv und likörähnlich. Haselnußmousse, Mahagoniholz und Zitrusnoten runden das Erlebnis ab.

Uberach

Distillerie Bertrand | www.distillerie-bertrand.com

Herstellungsregion und -land Elsaß, Frankreich
Destillerie Bertrand, Uberach
Alkoholgehalt 42,2 Vol.-%
Whiskytyp Single Malt

Die meisten Menschen verfügen über hochentwickelte Fähigkeiten, verschiedene Gerüche wahrzunehmen und zu erkennen. Es existieren jedoch auch häufig besondere Stärken oder Defizite im Bereich der olfaktorischen Wahrnehmung. So gibt es Menschen, die bestimmte Gerüche überhaupt nicht erkennen können. Zum Beispiel kann etwa jeder Fünfte Schwefel weder riechen noch schmecken.

Bei Whisky gilt Schwefel allgemein als unerwünschtes Aroma. Wenn man also zu jenen gehört, die Schwefel nicht wahrnehmen können, wird man das als Vorteil verbuchen. Andererseits kann eine Spur Schwefel dem Whisky auch eine gewisse Fleischigkeit geben, um deretwillen ihn manche Leute sogar besonders schätzen. Auf die Gefahr hin, Klischees zu bedienen: Die Deutschen lieben Schwefel. Das trägt sicher dazu bei, daß sich die schwefelreichen Whiskys der Destillerie Mortlach im schottischen Dufftown in Deutschland so gut verkaufen.

Der Uberach Single Malt stammt aus dem Elsaß, das heute zu Frankreich gehört, aber auch viel mit Deutschland gemein hat. Es mag sein, daß er geradezu mit Blick auf die deutsche Schwefelvorliebe entstanden ist. Der Malt der Familie Bertrand, die seit 130 Jahren im Elsaß Branntwein und Liköre herstellt, ist erdig und herzhaft. Das Elsaß verfügt über sehr fruchtbare Böden, was sich auch im üppigen, vollen Geschmack des Whiskys zeigt. Kennzeichnend ist allerdings sein schwefliger Sherryton. Die Bertrands stellen auch Einzelfaßabfüllungen her und sind als Bierbrauer aktiv.

Der Uberach ist nichts für Zaghafte und entspricht nicht jedermanns Geschmack, aber er ist gut gemacht. **DR**

Verkostungsnotizen

Üppige Beerenfrucht- und Sherrynoten mit intensiver, herzhafter Erdigkeit, etwas Fruchtkompott und mit einem fleischigen Mundgefühl. Am unterschwelligen Schwefel scheiden sich die Geister: Manche werden ihn schätzen, andere sich von ihm eher überwältigt fühlen.

BLACK HORSE

SCHWÄBISCHER
Whisky
AUS DEM
AMMERTAL
MALT & GRAIN   40% VOL.

MASHED, DISTILLED & BOTTLED BY
VOLKER THEURER, DISTILLERIE
TÜBINGEN – UNTERJESINGEN
WWW.LAMM-TUEBINGEN.DE
Tel 07073/5159   Bl 2009

Black Horse Original Ammertal

Hotel-Gasthof Lamm
www.lamm-tuebingen.de

Herstellungsregion und -land Baden-Württemberg, Deutschland **Destillerie** Hotel-Gasthof Lamm, Rot am See **Alkoholgehalt** 40 Vol.-% **Whiskytyp** Blend

Und mag auch nur ein einziges negatives Erlebnis mit einem Vertreter der sogenannten World Whiskys die Ursache sein, es gibt Menschen, die sich strikt gegen den Gedanken wehren, außerhalb der traditionellen Herkunftsgebiete könne etwas Vernünftiges gebrannt werden. Sie sollten das überdenken. Nicht jeder Whisky ist ein Scotch, und interessant wird eine Verkostung doch erst, wenn Whisky auch einmal die Grenzen des Traditionellen überschreitet. Wenn man etwa einen Whisky nach irischer Rezeptur in einer Pot-Still dreifach destilliert, wie nennt man ihn dann? Wenn Bourbon ein geschützter *amerikanische* Bezeichnung ist, wie nennt man einen Whiskey aus 60 Prozent Mais, etwas Gerstenmalz und Roggen, der aus „saurer" Maische gebrannt wird?

Der Black Horse muß nach europäischen Vorschriften als Blend bezeichnet werden. Damit ist es aber nicht getan. Wie amerikanische Whiskeys wird er aus drei Getreidearten gebrannt, aber es gibt keinen anderen Whisky, der mit der gleichen Rezeptur aufwarten kann. Das Gerstenmalz stellt mit 70 Prozent den Hauptteil, der Rest besteht aus Roggen und Weizen, in Amerika hieße er also wohl Barley Whiskey. Er reift in Bourbon- und Sherryfässern. Der unkonventionelle Ansatz verdient unbedingte Anerkennung. **DR**

Verkostungsnotizen

In der Nase ist der Whisky fruchtig und süß, mit etwas, aber nicht zu viel Würze. Vorherrschender Geschmack ist Gerste. Sehr leicht, mit Leder und Fondant.

← Der rustikale Charme des Ammertal-Whiskys mit dem schwarzen Roß

Blaue Maus Single Cask

Whiskydestillerie Blaue Maus
www.fleischmann-whisky.de

Herstellungsregion und -land Bayern, Deutschland **Destillerie** Blaue Maus, Eggolsheim **Alkoholgehalt** 40 Vol.-% **Whiskytyp** Single Malt

Vor einigen Jahren trafen in einer Destillerie ein deutscher Whiskybegeisterter und eine Gruppe schottischer Whiskyexperten aufeinander. Der Deutsche bot den Schotten Proben eines Whiskys an, den er auf Flaschen ziehen und verkaufen wolle. Der Whisky war grausam – extrem salzig, höchstens geeignet, um Fish'n'Chips damit zu beträufeln. Die Schotten standen vor einem Dilemma: Sollten sie höflich ihre Meinung für sich behalten und riskieren, inkompetent zu wirken, oder sollten sie die Wahrheit sagen? Der Deutsche fing an zu lachen und sagte: „Er heißt Fishky und lag in einem Salzheringsfaß. Früher hat mancher Scotch wohl auch so geschmeckt!"

Der vorliegende Whisky zeigt, daß die Deutschen sich als Whiskyhersteller nicht so wichtig nehmen wie in anderen Ländern. Die Destillerie Blaue Maus wird heute von Thomas Fleischmann geleitet, dem Sohn des Gründers Robert Fleischmann. Der Whisky wird aus Getreide gebrannt, das in der Umgebung angebaut wird, und der Geschmack läßt vermuten, daß er in Bourbonfässern reift. Der Stil der Destillerie zeigt sich in allen ihren Produkten. Es gibt in Schottland, Irland oder Amerika nichts Vergleichbares. Die Anklänge an einen Schokoladenlikör werden nicht jedermann behagen, sind aber recht köstlich und so gut wie alles andere von der Blauen Maus. **DR**

Verkostungsnotizen

In der öligen Nase folgen auf die Beeren Pralinen, Haselnüsse, Honig, Konfekt und Vanille. Schokoladenliebhaber kommen hier auf ihre Kosten.

Grüner Hund

Whiskydestillerie Blaue Maus
www.fleischmann-whisky.de

Herstellungsregion und -land Bayern, Deutschland
Destillerie Blaue Maus, Eggolsheim
Alkoholgehalt Etwa 51 Vol.-%
Whiskytyp Single Malt

Whisky ist zur Zeit sehr en vogue, Tag für Tag wird irgendwo auf der Welt eine neue Destillerie gegründet. In den 1980er Jahren galt die Whiskydestillerie Blaue Maus von Robert Fleischmann aber noch als Wegbereiterin. Die Blaue Maus war zunächst ein Hobby, aber Whisky kann einen in seinen Bann ziehen und zur Berufung werden. Als Robert also die Firma an seinen Sohn Thomas übergab, da war sie ein gut gehendes Unternehmen mit einer dynamischen Produktpalette.

Grüner Hund leuchtet vielleicht am hellsten in einem sehr stark besetzten Feld. Der Whisky hat eine kräftige Farbe, der nicht künstlich nachgeholfen wurde; außer den Standardzutaten ist nichts hinzugefügt worden; er ist nicht kaltfiltriert. Es ist eine Einzelfaßabfüllung und fällt deshalb von Charge zu Charge unterschiedlich aus. Zu einem besonders kräftigen, großen Whisky wird das Destillat dadurch, daß es in neuen Fässern aus amerikanischer Eiche lagert.

Die Destillerie hat einen eigenen Stil entwickelt, der durch Geschmacksnoten von Honig, Karamell, Schokolade und Vanille geprägt ist und von den Fässern stammt. Der vorliegende Whisky ist sehr interessant, wird aber nicht jeden ansprechen. Er ist auf jeden Fall der merkwürdigste Whisky des Sortiments, man kann aber auch nicht anders, als Hochachtung vor der hohen handwerklichen Kunst der Destillerie zu empfinden. **DR**

Verkostungsnotizen

In der Nase Andeutungen von Nüssen und Fruchtlikör. Am Gaumen kann man mit Fruchtkompott, angebranntem Rübensirup und Kaffee mit Melasse rechnen.

Slyrs Bavarian

Slyrs
www.slyrs.de

Herstellungsregion und -land Bayern, Deutschland
Destillerie Slyrs, Schliersee-Neuhaus
Alkoholgehalt 43 Vol.-%
Whiskytyp Single Malt

Von allen Regionen auf dem europäischen Festland ist Bayern vielleicht diejenige, die am besten zur Herstellung von Whisky geeignet ist. Es gibt augenscheinliche Ähnlichkeiten mit Schottland, und das kalte Klima sowie das klare Wasser der Bergbäche und Seen bieten ideale Voraussetzungen für das Destillieren. Dennoch hat sich nie eine wirklich ernsthafte bayerische Whiskytradition entwickelt.

Die Destillerie Slyrs wurde 1999 vom Braumeister und Schnappsbrenner Florian Stetter gegründet, der davon träumte, den perfekten bayerischen Whisky zu erschaffen. Seine ersten Versuche waren unscheinbar, aber das heutige Produkt hat viele Vorzüge. Es ist offensichtlich sehr gut gemacht und hat einen ungewöhnlichen und ansprechenden Geschmack, der in sich eine Vielzahl anregender und interessanter Noten vereint.

Der Slyrs Bavarian Malt wird aus bayerischer Gerste und bayerischem Wasser destilliert und in neuen Fässern aus amerikanischer Eiche gelagert. Er wird von der Muttergesellschaft der Destillerie, Lantenhammer, vermarktet und hebt sich von den Produkten vieler anderer europäischer Destillerien durch die elegante Verpackung ab. Diese Standardversion ist die beste Abfüllung, seit 2008 gibt es jedoch auch eine Variante in Faßstärke. Die Destillerie bietet Führungen und Verkostungen an, so daß ein Bayernurlaub noch verlockender erscheint. **DR**

Verkostungsnotizen

Dosenobst, vor allem Birnen, Honig auf Vanilleeiscreme, und Schokoriegel mit Karamell. Schönes Wechselspiel von Gewürzen und Zucker, dann ein sanfter Abgang.

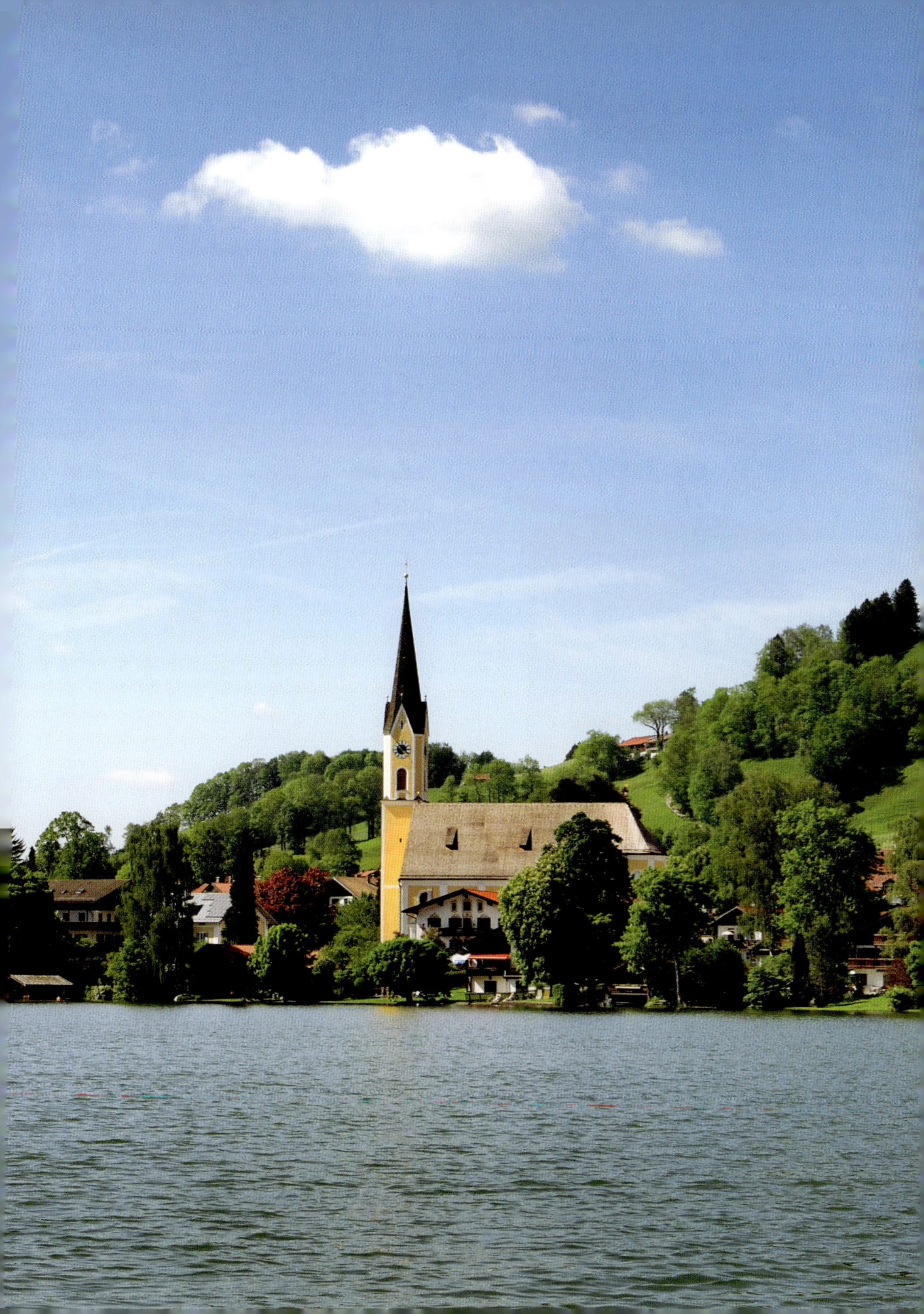

Spinnaker 1999

Blaue Maus Distillery | www.fleischmann-whisky.de

Herstellungsregion und -land Bayern, Deutschland
Destillerie Blaue Maus, Eggolsheim
Alkoholgehalt 40 Vol.-%
Whiskytyp Single Malt

Robert Fleischmann stammt zwar aus einer Familie, die seit Jahrzehnten mit Tabakwaren, Getränken und Lebensmitteln handelt, aber als er 1980 beschloß, Whisky zu brennen, war das für viele doch eine Überraschung. Er gibt offen zu, daß seine ersten Versuche grauenhaft waren, aber er gelobte sich damals, weiter zu üben, und in den letzten Jahren kommen seine Whiskys einer Offenbarung gleich.

Inzwischen hat sein Sohn die Destillerie übernommen und produziert eine Reihe von Whiskys mit Namen wie Grüner Hund und Blaue Maus. Etwas verwirrend ist der maritime Akzent, mit dem sich die Brennerei im Binnenland schmückt. So gibt es neben den verschiedenen Spinnaker-Whiskys auch einen nach der Piratin Mary Read benannten Whisky im Sortiment.

Es gibt viele Kenner in der Welt des Whiskys – darunter auch einen auf diesem Gebiet führenden deutschen Journalisten –, die der Meinung sind, die deutschsprachigen Länder Europas sollten sich auf das Brennen von Obstwässern beschränken und den Whisky anderen überlassen. Man muß zugeben, daß es auch deutsche Whiskys gibt, die über die Grenzen des Annehmbaren hinaus gehen. Die Spinnaker zeigt jedoch in allen Abfüllungen einen sanften Honiggeschmack, und wenn auch die Aromen manchmal ölig und unausgewogen sind, so ist er am Gaumen ein wirklicher Genuß.

Diese Ausgabe wurde mit etwa elf Jahren abgefüllt und ist damit im Vergleich zu anderen der Destillerie ein Baby. Die Whiskys der Blauen Maus sind wie Eiderdaunen. Wenn man ihre Bedingungen akzeptiert, bieten sie viel Genuß. **DR**

Verkostungsnotizen

Dieser deutsche Whisky bietet eine phantastische Mischung aus Bienenwaben, warmer Malzmilch und sanfter Milchschokolade mit Vanille. Der Abgang hat keine wirkliche Länge und Form, aber der Whisky ist dennoch am Gaumen herrlich glitschig.

Spinnaker Fassstärke

Blaue Maus Distillery | www.fleischmann-whisky.de

Herstellungsregion und -land Bayern, Deutschland
Destillerie Blaue Maus, Eggolsheim
Alkoholgehalt 48,2 Vol.-%
Whiskytyp Single Malt

In Nordeuropa gibt es mit Deutschland, den Niederlanden, Belgien und der Tschechischen Republik mehrere Länder mit einer stolzen Brauereitradition, die sich aber nur selten an die Whiskybrennerei gewagt haben. Angesichts der Tatsache, daß das Brauen bei der Whiskyherstellung gewissermaßen die halbe Miete ist, kann man sich das kaum erklären.

In den letzten 30 Jahren hat sich die Situation jedoch allmählich geändert. Das eigentliche Rätsel dabei ist aber, wie diese Länder, obwohl sie doch den gleichen strikten Regeln unterliegen wie alle anderen in Europa, dennoch Whiskys herstellen können, die so radikal anders schmecken. Die Antwort liegt zum Teil in den verwendeten Gerstensorten, zum Teil im Brennmaterial für das Trocknen der Gerste und zum Teil in den Fässern, in denen der Whisky reift. Es gibt einige wirklich sehr intensiv schmeckende Whiskys vom europäischen Festland, die nicht jedermanns Geschmack entsprechen. So stellt die Blaue-Maus-Destillerie von jeder ihrer Whiskyvarianten auch eine Abfüllung in Faßstärke her, die also einen höheren Alkoholgehalt hat. Diese Abfüllungen können durchaus eine Herausforderung sein.

Der Spinnaker Fassstärke hat Leinöl-Aromen, die an Ölfarbe erinnern. Wenn man davon absieht, ist er jedoch ein gehaltvoller Whisky, der anders schmeckt als alles, was man sonst vielleicht verkostet hat. Es ist schwierig, den Unterschied genau zu benennen, aber er hat sicher etwas mit der Mischung von Malt- und Bourboneigenschaften zu tun, denen etwas Lokalkolorit zugefügt wurde. Kein bequemer Whisky, aber einer, der sich als Juwel erweist. Mit etwas Wasser trinken. **DR**

> **Verkostungsnotizen**
>
> In dieser Einzelfaßabfüllung findet man Bourbonvanille, Honigmalz und Ingwerlikör. Unverdünnt getrunken kommt eine scharfe Eichennote hinzu. Mit Wasser steht Milchschokolade mit Früchten, Rum und Rosinen im Vordergrund. Angenehmer Abgang.

Telsington

Brennerei Telser | www.telserdistillery.com/

Herstellungsregion und -land Liechtenstein
Destillerie Telser, Triesen
Alkoholgehalt 42 Vol.-%
Whiskytyp Single Malt

Über Liechtenstein gibt es viel Interessantes zu berichten. Es ist das sechstkleinste Land der Welt. Es hat mehr registrierte Wirtschaftsunternehmen als Einwohner. Es hat seit 1868 keine Armee. Es ist von Ländern umgeben, die selbst keinen direkten Zugang zum Meer haben. Es destilliert Whisky. Ja, Liechtenstein destilliert Whisky. Es ist das kleinste Land, in dem Whisky destilliert wird. Der Telsington Single Malt ist drei Jahre alt und erschien in zwei streng limitierten Chargen aus jeweils einem einzelnen Faß. Er wurde dreifach destilliert, nicht kaltfiltriert und reifte in Pinot-Noir-Barriques.

Die Destillerie Telser, von der Malt stammt, stellt seit 1880 hochwertige Brände her. Sie verweist stolz darauf, daß sie das klare Bergwasser der Quellen von Triesen verwendet, über Holzfeuern destilliert und ihre verschiedenen Produkte in einem denkmalgeschützten Gebäude mit einem 500 Jahre alten Gewölbekeller herstellt. Folgt man den Angaben der Destillerie, ist auch der Kellerboden aus gestampftem Lehm dafür verantwortlich, daß die Destillate ohne künstliche Zusätze reifen können. Einen Hauch mitteleuropäischer Eigensinnigkeit legt man auch dadurch an den Tag, daß vor der Gärung das Gerstenschrot mit heißem Wasser vermischt wird. Das mag ungewöhnlich erscheinen, ist aber in der benachbarten Schweiz durchaus üblich und scheint sich nicht auf das Destillat auszuwirken. **PB**

Verkostungsnotizen

Recht salzig in der Nase, auch mit etwas Pflaumenmus. Am Gaumen herrschen Früchte und Weinbeeren vor, aber nicht zu süß. Sanfter, warm glühender Abgang.

Frysk Hynder 2007

Us Heit Distillery | www.usheitdistillery.nl

Herstellungsregion und -land Friesland, Niederlande
Destillerie Us Heit, Bolsward
Alkoholgehalt 40 Vol.-%
Whiskytyp Single Malt

Die nördlichste Provinz der Niederlande heißt Friesland. Es ist ein Land innerhalb eines Landes, hat seine eigene Sprache, seine eigene Flagge, Hymne und politische Partei. Wenn in kalten Wintern die Kanäle zufrieren und das Eis dick genug ist, wird der weltberühmte Elfstedentocht ausgetragen, ein Eisschnellauf über 200 Kilometer, an dem zehntausende Läufer teilnehmen. Eine der elf Städte, durch die er führt, ist Bolsward, und dort stellt auch der Meisterbrenner Aart van der Zee den Frysk Hynder Single Malt her. Vor mehr als 30 Jahren gründete er eine kleine Bierbrauerei, und 2002 beschloß er, auch Whisky zu destillieren. Dieser wurde sofort ein Hit.

Der Name ist friesisch und bedeutet „Friesisches Pferd", oder „Friese", eine weltbekannte, schöne schwarze Pferderasse. Der Whisky reift in unterschiedlichen Faßarten, so daß die Chargen, die jeweils mit drei Jahren auf Flaschen gezogen werden, auch geschmacklich verschieden ausfallen können. Aart van der Zee bietet inzwischen auch eine Version in Faßstärke und einen Kaffeelikör an, der auf dem Whiskydestillat beruht. „Ich hatte schon eine Weile Bier und Whisky hergestellt, als meine Frau mich bat, doch einmal etwas zu machen, was mehr ihrem Geschmack entsprach. Das tat ich dann auch", erklärt Aart. So kann man dann also anstatt eines Irish Coffee zur Abwechslung auch mal einen Friesenkaffee trinken. **HO**

Verkostungsnotizen

Als erste Geschmack kommt Wein durch, etwa ein älterer Rotwein. Die Früchte und die Gerste sind spritzig und etwas übermächtig und scharf. Ungewöhnlich.

FRYSK HYNDER

Zuidam
ZUIDAM DISTILLERS
MILLSTONE
Dutch Single Malt Whisky
MILLSTONE
Dutch Single Malt Whisky
Zuidam
ZUIDAM DISTILLERS
MILLSTONE
Dutch Single Malt Whisky

Millstone 100 Rye

Zuidam | www.zuidam.eu

Herstellungsregion und -land Nordbrabant, Niederlande **Destillerie** Zuidam, Baarle-Nassau
Alkoholgehalt 50 Vol.-%
Whiskytyp Malted Rye

Ein Destillat aus Roggen zu brennen, ist eine der größten Herausforderungen für eine Destillerie. Gärender Roggen verwandelt sich in eine klebrige, zähflüssige Sauce wie Tapetenkleister, aus der große Blasen Kohlendioxid aufsteigen und an der Oberfläche aufplatzen. Es scheint unmöglich, einen Whisky aus Roggen herzustellen, ohne ihm eine kleine Menge Gerstenmalz als Katalysator hinzuzufügen. Dennoch bleibt das Geschmacksprofil des reifenden Whiskys wild und unvorhersehbar.

Als Patrick van Zuidam die Destillerie Millstone von seinem Vater Fred übernahm, war er entschlossen, das Kerngeschäft erfolgreich weiterzuführen, aber auch mit der Herstellung von Whisky zu experimentieren. Er gibt zu, daß er entsetzt war, als er feststellte, wie schlecht seine ersten Ryes reiften: „Ich mußte mich entscheiden, ob ich meinem Vater erklären sollte, daß ich mit dem teuren Getreide viel Geld verschwendet hatte, oder ob ich die Fässer ignorieren und hoffen sollte, es würde niemandem auffallen." Er entschied sich für die zweite Lösung, und nach einigen Jahren hatten sich seine häßlichen Entlein in schöne, karamellbraune Schwäne verwandelt.

Der Millstone 100 Rye besteht zu 100 Prozent aus Roggen, hat 100 proof (50 Volumenprozent Alkohol) und reift 100 Monate im Faß. Noch Fragen zum Namen? **DR**

Verkostungsnotizen

Ein kräftiger, üppiger Whisky, bei dem der Geschmack von Honig und Früchten perfekt ausgewogen ist. Deutliche Gewürznoten: Ingwer, Zimt und Gewürznelken.

Millstone American Oak 12-Year-Old

Zuidam | www.zuidam.eu

Herstellungsregion und -land Nordbrabant, Niederlande **Destillerie** Zuidam, Baarle-Nassau
Alkoholgehalt 43 Vol.-%
Whiskytyp Single Malt

Obwohl Millstone bei internationalen Wettbewerben immer wieder Preise erhält, sind die Mengen an verkauftem Whisky eher gering. Der Brennmeister und Firmenleiter Patrick van Zuidam ist Qualitätsfanatiker und läßt sich beim Destillieren wie bei der Lagerung Zeit. Der Whisky ist eher eine Nebenlinie der Firma, die holländischen Genever, Obstliköre und seit den 1990er Jahren auch Wodka herstellt.

Zuidam ist ein schönes Beispiel für die ausgewogene Mischung aus progressiver, vorwärts blickender Whiskyherstellung, die auch den internationalen Markt im Blick hat, und der handwerklichen Arbeit eines Familienbetriebs. Patrick leitet die Firma, sein Bruder Gilbert kümmert sich um den Verkauf, und die Mutter Hélène hilft beim Entwurf der Flaschen und Etiketten.

Der vorliegende Single-Malt-Whisky von Millstone reifte volle zwölf Jahre in amerikanischen Eichenfässern. Er gehört zu einem Trio von drei Whiskys, die in Dreifachpackungen von 20-cl-Flaschen verkauft werden, so daß man drei sehr unterschiedliche Whiskys im direkten Vergleich verkosten kann. Es gibt auch eine achtjährige Abfüllung sowie eine Geschenkpackung für Golfspieler mit dem Malt, einem Satz Golftees und einem lederumhüllten Flachmann. **HO**

Verkostungsnotizen

Keine sehr beeindruckende Nase, aber am Gaumen leichter, als er aussieht, mit eingängigen, sanften Vanilletönen und einer Portion Wildhonig.

Die Verpackungen für Millstone werden von Hélène van Zuidam entworfen.

Millstone French Oak 10-Year-Old

Zuidam | www.zuidam.eu

Herstellungsregion und -land Nordbrabant, Niederlande **Destillerie** Zuidam, Baarle-Nassau
Alkoholgehalt 43 Vol.-%
Whiskytyp Single Malt

Die Brennblasen bei Zuidam haben eine für die Whiskywelt ungewöhnliche Form, da sie ursprünglich für die Herstellung der hervorragenden Obstliköre der Destillerie errichtet wurden. Die Ausrüstung der Brennerei wird fast unverändert für alle dort produzierten Destillate verwendet, und man scheut auch nicht vor einer gewissen Unkonventionalität zurück. So findet die Gärung zum Beispiel in Edelstahlbehältern statt, die einst für die Milchverarbeitung verwendet wurden.

Der Geschäftsführer und Brennmeister der Firma, Patrick van Zuidam, geht bei der Reifung seiner Whiskys mit großer Sorgfalt vor. Er nutzt für die ersten Jahre vorzugsweise frische Eichenfässer, danach wird der Whisky in gebrauchte Fässer umgefüllt. Er begründet das damit, daß die neuen Fässer dann besser genutzt werden sollten, um eine neue Charge mit ihren Geschmacksnoten zu versehen, während die älteren Fässer für die Endreifung vollkommen ausreichend sind.

Der vorliegende 10-Year-Old ist die letzte Abfüllung in einer Reihe älterer Whiskys; sowohl der 5-Year-Old als auch der 8-Year-Old aus der Reihe wurden in der Vergangenheit wohlwollend aufgenommen. Die letzten fünf Jahre reifte der 10-Year-Old in französischer Eiche, was recht ungewöhnlich ist.

Die Verpackung wurde von Patricks Mutter Hélène, entworfen, und sowohl das Abfüllen auf Flaschen als auch das Verpacken werden in Handarbeit im winzigen, engen und geschäftigen Hauptquartier der Firma ausgeführt. Whiskys wie dieser verdienen eine größere Bühne, aber andererseits hat der improvisationsbereite Familienbetrieb etwas sehr Ansprechendes und Charmantes. **HO**

Verkostungsnotizen

Gewürze und Früchte tragen zu einem vollen und wärmenden Mundgefühl bei, das an den Winter denken läßt. Äpfel und Birnen weichen Minznoten. Am Ende dieses subtilen, wunderbar gemachten Whiskys zeigt sich dann noch die französische Eiche.

Millstone Oloroso Sherry 12-Year-Old

Zuidam | www.zuidam.eu

Herstellungsregion und -land Nordbrabant, Niederlande **Destillerie** Zuidam, Baarle-Nassau
Alkoholgehalt 46 Vol.-%
Whiskytyp Single Malt

Zuidam ist ein Familienbetrieb mit einem Ruf für Qualitätsprodukte, von denen es etwa 600 verschiedene herstellt. Es werden jeweils die frischesten Zutaten aus den bestmöglichen Quellen eingekauft, dementsprechend ist der Betrieb bis unter das Dach mit Säcken voller Früchte und Gläsern mit Geschmacksstoffen, Kräutern und Gewürzen vollgepackt.

Der Whisky ist eher eine Nebenlinie für die Firma, die Brennblasen stehen dort, wo man gerade Platz für sie gefunden hat. Es ist aber auch ein Geschäftszweig, an dem der Brennmeister und Firmenleiter Patrick van Zuidam ein besonderes Vergnügen findet. Viele der Whiskys, die er mit Leidenschaft und Sachkenntnis herstellt, sind recht konventionell, aber er experimentiert auch in aller Stille. Unter dem Markennamen Millstone hat er eine Reihe von preisgekrönten Whiskys herausgebracht, die aus Fässern unterschiedlicher Eichensorten stammen, in denen zuvor unterschiedliche Spirituosen und Weine gelagert worden waren.

Die vorliegende Abfüllung gilt als Patricks ganzer Stolz. Der Sherryeinfluß ist unverkennbar. Der Whisky ist gut genug, um den Schotten auf ihrem ureigensten Terrain Paroli zu bieten. Er wird acht Jahre in frischen Fässern aus amerikanischem Eichenholz gelagert, darauf folgen weitere vier Jahre in Oloroso-Sherryfässern. Die Größe der Fässer variiert von 250 bis 600 Liter. Mit zwölf Jahren zeigt sich der Single Malt auf der Höhe seiner Kraft und hat wesentlich dazu beigetragen, Millstone zu einem wichtigen Mitspieler in der neuen „Welt-Whisky"-Revolution zu machen. Falls die Logistik es erlaubt, plant die Destillerie in der Zukunft Erweiterungen. **DR**

Verkostungsnotizen

In der Nase sind kräftige Sherry- und Dörrobstnoten zu spüren sowie schwarzer Kaffee, Karamell und Eiche. Am Gaumen Orangen und Beerenfrüchte mit Honig, Zichorienkaffee, Gewürze und Tannine. Langes Finale mit reichlich Frucht und Vanille.

Millstone Pedro Ximénez 14-Year-Old

zuidam | www.zuidam.eu

Herstellungsregion und -land Nordbrabant, Niederlande **Destillerie** Zuidam, Baarle-Nassau
Alkoholgehalt 46 Vol.-%
Whiskytyp Single Malt

Zu den wichtigsten Entscheidungen für eine neue Whiskydestillerie und ihren Gründer gehört die Frage, wie man mit dem Wachstum umgeht. Es ist in jeder Branche schwierig genug, künftige Entwicklungen vorherzusagen, aber wenn man eine eingebaute Verzögerung von mindestens drei Jahren einplanen muß – die Zeit, die der Whisky braucht, um als verkaufsfähig zu gelten –, dann wird die Planung sehr viel komplizierter. Wie soll man also wachsen? Bildet man Brennmeister aus, um die eigene Stelle an der Brennblase einzunehmen, damit man den erzeugten Whisky auf der ganzen Welt vorstellen kann? Oder geht man davon aus, daß man persönlich in der Destillerie nach dem Rechten schauen sollte? Falls ja, kann man den Vertrieb einem Partnerunternehmen anvertrauen, das sicherstellt, daß das Produkt den größtmöglichen Eindruck am Markt erweckt?

Zuidam stellt so viel Spirituosen her, daß die Mitarbeiter sich an jedem Arbeitstag anderen Aufgaben stellen müssen. Das führt jedoch dazu, daß nur wenig Zeit bleibt, um sich hochwertigen Produkten wie diesem Whisky zu widmen. Die Destillerie plant seit Jahren eine Betriebserweiterung, stößt dabei jedoch immer wieder auf Hindernisse.

Das ist der einzige Grund dafür, daß der Millstone Pedro Ximénez von Zuidam bisher nur in geringen Mengen verfügbar ist, obwohl das Alter von sechs über acht und zwölf Jahre bis hinauf zur vorliegenden Version mit 14 Jahren gestiegen ist. Der Whisky hat neun Jahre in einem Bourbonfaß verbracht und wurde dann in eines umgefüllt, das zuvor Pedro-Ximénez-Sherry enthielt, in dem es weitere fünf Jahre Geschmack annahm. **DR**

Verkostungsnotizen

Eine faszinierende Nase, die Soja und exotische Gewürze aufweist, frische Herbstäpfel, Rübensirup und Rosinen. Am Gaumen üppig und cremig, mit glasierten Kirschen in dunkler Schokolade, Lakritze, Ingwer und Spuren von weichen, rosafarbenen Bonbons.

DYC

Beam Global | www.dyc.com

Herstellungsregion und -land Kastilien und León, Spanien **Destillerie** Destilerías y Crianza del Whisky, Segovia **Alkoholgehalt** 40 Vol.-%
Whiskytyp Blend

Die Spanier haben eine lobenswert unabhängige Ader, was sich schon darin zeigt, daß sie eine seit langem etablierte Whiskydestillerie besitzen. Darüber hinaus brennt diese Destillerie auch noch einen vorzüglichen Whisky.

Die Beziehungen zwischen Spanien und dem Whisky gehen bis auf die Franco-Zeit zurück. Der Diktator wollte dem weltweiten Trend zum Scotch etwas entgegensetzen und stattdessen einen spanischen Whisky schaffen. Ironischerweise wurde der DYC nach dem Ende von Francos Herrschaft zu einem Symbol der Unabhängigkeit und stand für eine neue, junge, lebhafte und zunehmend selbstsichere spanische Konsumentenklasse. Viele Jahre war er auch die kreative Speerspitze der spanischen Werbebranche, die sich durch sichere, mutige und manchmal humorvolle Kampagnen auszeichnete. Der Whisky ist heute noch in Spanien sehr beliebt, ist aber trotz seiner mehr als 50jährigen Geschichte außerhalb des Landes so gut wie unbekannt.

Wer weiß, ob das so bleibt oder ob dieser Blend der Einstiegsklasse den spanische Whisky bekannter machen wird. Vermutlich eher nicht, da er nicht genügend Eigenes bietet, um ihn deutlich von den Mitbewerbern zu unterscheiden. Die Destillerie folgt dem weltweiten Trend und hat begonnen, Single Malts herzustellen, andererseits erwächst ihr im eigenen Land Konkurrenz, da 2010 eine weitere spanische Brennerei den Betrieb aufnahm.

Dieser leichte, gut zu trinkende Whisky ist aber auch nicht zu verachten. Er hat unter jungen Spaniern viele Anhänger und eignet sich gut zum Mixen. Die heutigen Eigner Beam Global fügen ihm sicher etwas Laphroaig und auch ungetorfte Malts zu. **DR**

Verkostungsnotizen

Ein sehr junger Blend, in dem die Grain-Whiskys vorherrschen. So ist er dann auch süß und unkompliziert, entzückt aber auch durch Töne von Sahnekaramell auf Vanilleeiscreme und leichte Zitrusnoten. Sanfter Vortrag, der später durch eine Spur Würzigkeit ergänzt wird.

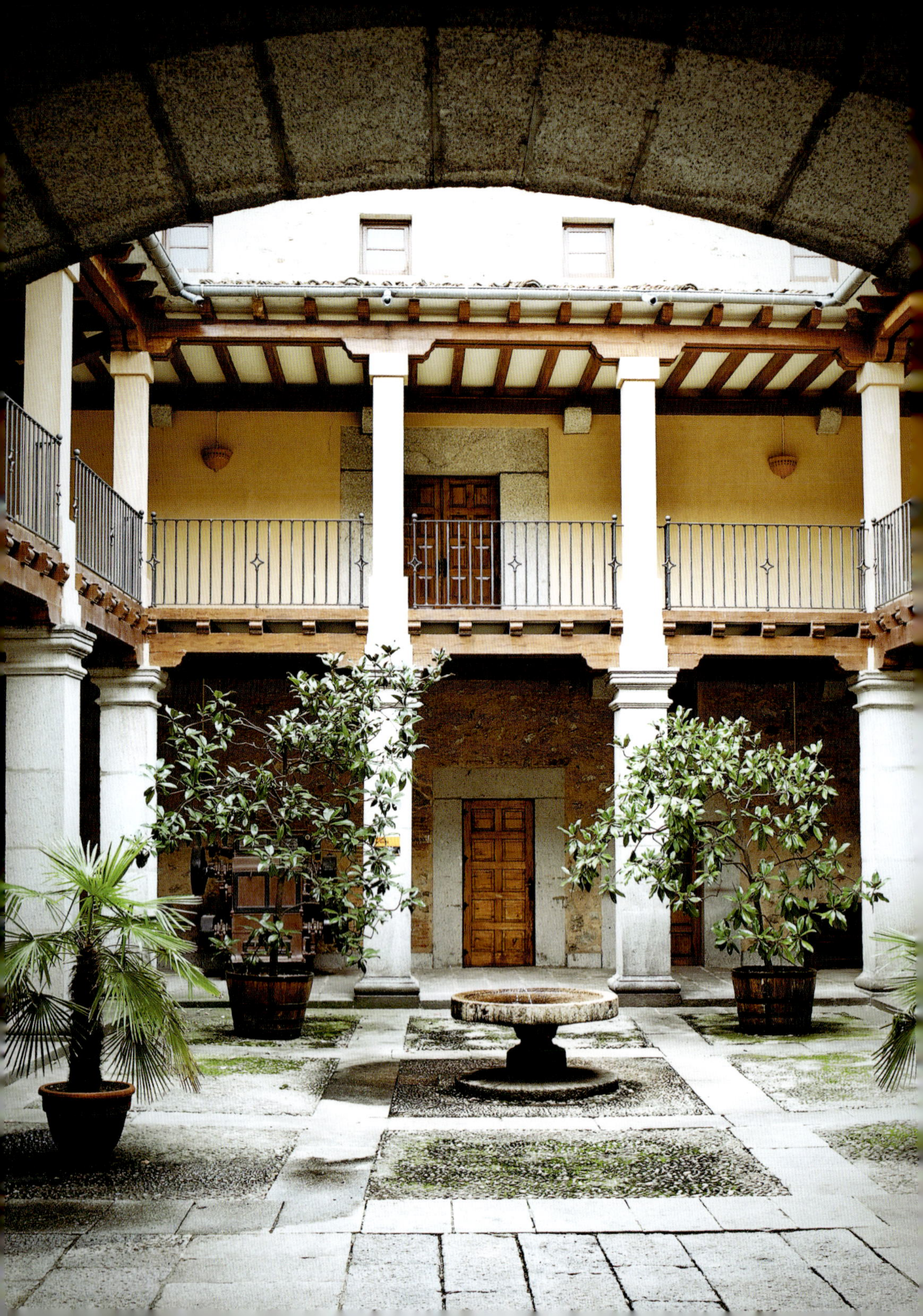

DYC 10-Year-Old

Beam Global | www.dyc.es

Herstellungsregion und -land Kastilien und León, Spanien **Destillerie** Destilerías y Crianza del Whisky, Segovia **Alkoholgehalt** 40 Vol.-%
Whiskytyp Single Malt

Noch vor wenigen Jahren wäre ein Besucher der wunderbaren alten Stadt Segovia in Zentralspanien nicht auf die Idee gekommen, daß ganz in der Nähe Whisky produziert wird. Wenn es nach Elena Estoban von der Marktingabteilung bei DYC geht, soll sich das aber ändern. Sie ist gebürtige Segovianerin, scheint hier jeden zu kennen und legt eine ansteckende Begeisterung für ihr Thema an den Tag. Sie möchte, daß die Destillerie DYC von Whiskyfans ernst genommen wird und daß sie noch mehr Touristen in die Gegend bringt.

Der Segovia Whisky Trail verbindet den Eras, der durch die Stadt fließt und an dem die Destillerie liegt, mit einer unglaublichen alten Glasfabrik, aus der die Flaschen für den Whisky stammen, und der umliegenden Landschaft, in der die Gerste angebaut wird, aus der man ihn brennt.

Nachdem die Destillerie anläßlich ihres 50. Jubiläums einen Single Malt herausgebracht hatte, legte sie noch diesen leicht zu trinkenden Zehnjährigen nach, der in Bourbonfässern gereift ist. Er verspricht vieles für die Zukunft, und mit Elena Estoban als Galionsfigur kann man sich vorstellen, daß die Single Malts von DYC auch global Interesse erregen werden. Sie behauptet, es gebe schon Menschen, die den Whisky mit den Worten „einen Segovianer" bestellen. Auf jeden Fall ist es ihr gelungen, ihn im Tourismus der Stadt zu verankern. **DR**

Verkostungsnotizen

Die Themen Apfel, frisches Marzipan, Vanille und Sahnekaramell kommen alle zur Sprache, aber es gibt auch üppigere, fruchtigere Seiten. Sanft und angenehm.

Embrujo

Destilerías Liber | www.destileriasliber.com

Herstellungsregion und -land Andalusien, Spanien
Destillerie Destilerías Liber, Granada
Alkoholgehalt 40 Vol.-%
Whiskytyp Single Malt

Was wird aus dem spanischen Whisky werden? Die Bankenkrise des Jahres 2009 hat sich heftig auf die Herstellung, den Export und den Konsum von Whisky ausgewirkt. Aber es gibt auch einen grundlegenderen Wandel. Whisky war das Lieblingsgetränk der Generation nach Franco und wurde traditionell als Longdrink über Eis getrunken, oft auch mit Cola. Die spanische Jugend von heute lehnt sich gegen ihre Eltern und damit auch gegen Whisky als Mixgetränk auf. Wird ihm ein Comeback gelingen?

Die Ansichten sind geteilt. Aber auch wenn es in den letzten Jahren nicht so gut aussah, sollte man die Hoffnung doch nicht vollkommen aufgeben. Es gibt Whiskyveranstaltungen in Spanien, und in Städten wie Barcelona zeigt sich ein ernsthaftes Interesse an gutem Whisky. Vor einigen Jahren stellte Beam Global fest, daß sie Besitzer einer 50 Jahre alten Destillerie in Segovia sind, und sie begannen, deren Single Malts zu fördern.

Inzwischen gibt es mit Destilerías Liber auch in Südspanien eine Brennerei. Sie liegt in Granada zu Füßen des höchsten spanischen Berges. Die Gerste und das Wasser für den Whisky stammen aus der umgebenden Sierra Nevada. Mit fünf Jahren ist er noch zu jung, aber er läßt vermuten, daß noch gute Whiskys aus der Destillerie zu erwarten sind. Auf jeden Fall deutet sich mit dem Embrujo eine Renaissance des Whiskys in Spanien an. **DR**

Verkostungsnotizen

Eine erfrischende Mischung aus Orangen und Zitronen mit der Süße von Honig, aber auch einigen grasigen Getreidetönen. Ein vielversprechender Anfang.

Der Innenhof der Destillerie DYC im ländlichen Palazuelos de Eresma

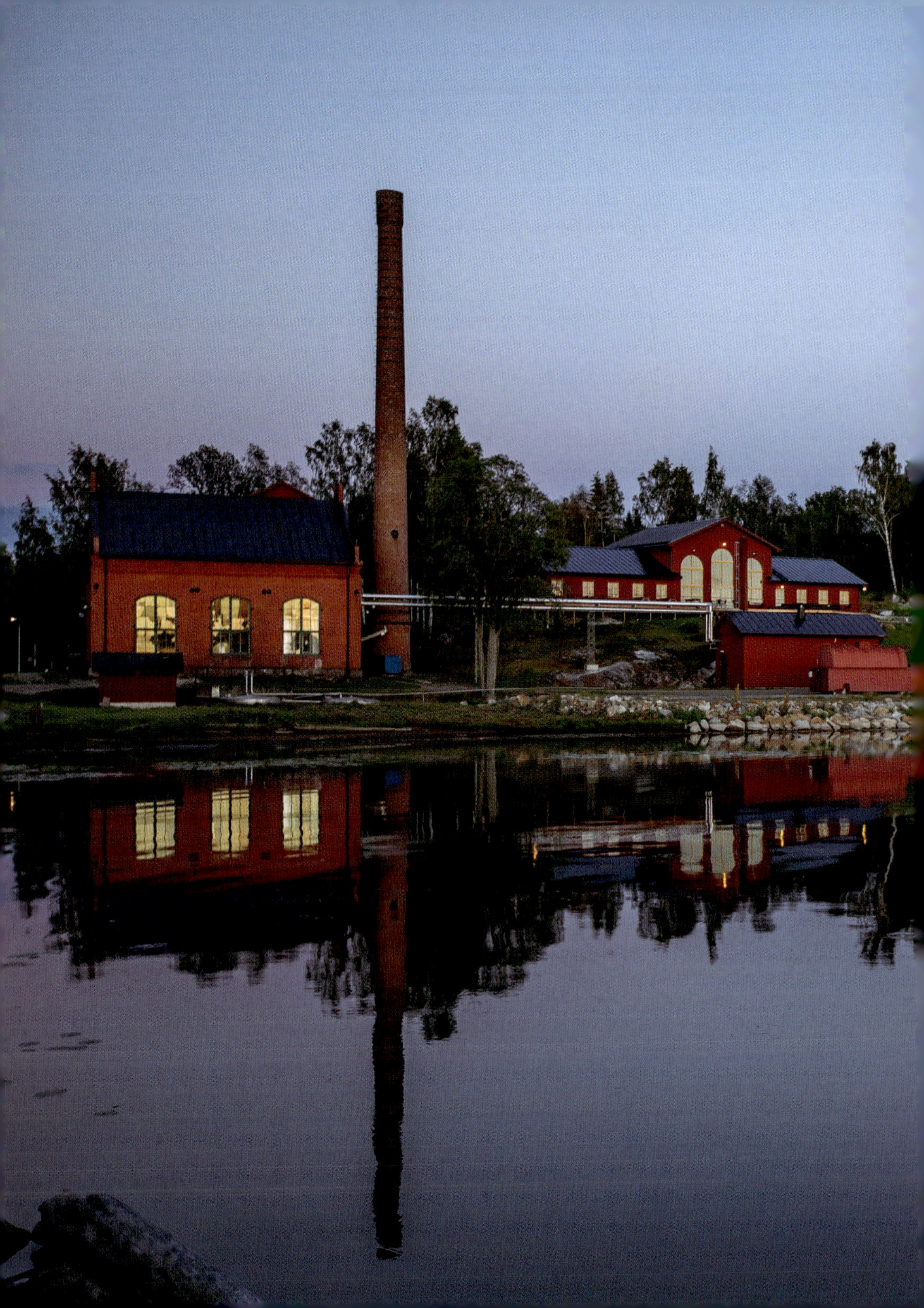

Box The Explorer

Box Whisky | www.box.se

Herstellungsregion und -land Ångermanland, Schweden **Destillerie** Box, Bjärtrå
Alkoholgehalt 48,3 Vol.-%
Whiskytyp Single Malt

Ob die Destillerie von Box Whisky die nördlichste der Welt ist, ist nicht sicher, aber nahe dran ist sie bestimmt. Auf jeden Fall müßte man weit reisen, um ein ähnlich engagiertes Team von Whiskymachern zu finden.

Box hat keine Kosten gescheut, um die perfekten Voraussetzungen für die Herstellung von Malt-Whisky zu schaffen. Die Destillerie befindet sich in der Wildnis Nordschwedens und trägt ihren Namen, weil sie auf dem Gelände eines ehemaligen Sägewerks steht, in dem Kisten für das viktorianische England hergestellt wurden. Das Gelände ist von Gewässern umgeben, auf dem im 19. Jahrhundert tausende von Baumstämmen als Rohmaterial herangeflößt wurden.

Box The Explorer gehört zu einer Reihe, die von der Destillerie als „works in progress" bezeichnet werden, und in diesem Fall soll auch die offizielle Abfüllung schnell auf den Markt. Man hat viel in hochwertige Fässer aus einer Reihe von Quellen investiert, darunter solche aus dem sehr porenreichen Eichenholz Osteuropas, das eine schnelle Reifung sicherstellt. Box experimentiert auch mit frischer Eiche und mit Torf aus örtlichem Abbau.

Auch in das Marketing ist investiert worden. Box hat die Neugier einer von sich aus wißbegierigen Whiskynation – nirgendswo gibt es mehr Whiskyclubs als in Schweden – zufriedengestellt und eine Kombination aus Online-Whiskytutorial und Verkostungsausrüstung bereitgestellt, um die verschiedenen Aspekte der Whiskyherstellung zugänglich zu machen. Box gilt als die aufregendste neue Destillerie der Welt, und wenn man diese Abfüllung als Maßstab nimmt, kann man noch eine lange Reihe von Leckerbissen von ihr erwarten. **DR**

Verkostungsnotizen

Der Whisky ist in Bourbonfässern gereift, das Destillat hatte einen Torfgehalt von etwa 40 ppm, die Nachreifung fand in mittelstark angekohlten schwedischen Eichenfässern statt. Alle drei Einflüsse sind offensichtlich: Frucht, Vanille und Honig, Gewürze und Rauch.

← Die Destillerie Box, im Vordergrund das ursprüngliche Sägewerk

Mackmyra Brukswhisky

Mackmyra | www.mackmyra.com

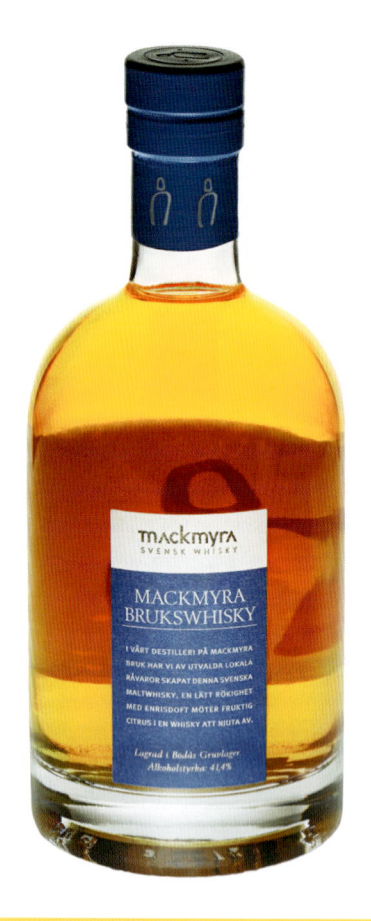

Herstellungsregion und -land Gävleborg, Schweden
Destillerie Mackmyra, Valbo
Alkoholgehalt 41,4 Vol.-%
Whiskytyp Single Malt

Einen neuen Whisky herauszubringen, ist immer eine Entdeckungsreise ins Unbekannte, voller Fallstricke und Abwege. Die Entwicklung von Mackmyra scheint jedoch geradezu organisch gewesen zu sein, und der Whisky ist gut an sein Ziel gekommen. Für einen Außenseiter sieht es aber so aus, als sei die Planung teilweise recht spontan gewesen. Die Verwendung von Eichenholz, Gerste und Torf aus Schweden war vollkommen logisch, aber die Wahl eines alten Bergwerks als Lagerraum wie auch die Beteiligung außenstehender Kapitalgeber an der Entscheidungsfindung wirkt etwas merkwürdig.

Mackmyra konnte nicht wissen, wie patriotisch begeistert die Schweden ihren Whisky aufnehmen würden. Wenn aber jetzt eine neue Abfüllung in die staatlichen Alkoholgeschäfte gelangt, dann bilden sich Schlangen, die nur ein wenig kürzer sind als bei der allerletzten Abba-Tournee. Der Whisky hat sich von der frühen Privus-Abfüllung über den Preludium bis hin zu den ersten „richtigen" Abfüllungen für den breiten Markt stetig weiterentwickelt. Heute ist er sehr typisch schwedisch, ein fruchtiges, würziges Glanzstück, das viele Whiskytrinker begeistern könnte. Allerdings ist er kein leichter Ritt und wird zumeist in Faßstärke abgefüllt.

Der Brukswhisky könnte sich zur idealen Visitenkarte der Destillerie entwickeln, eine leichte, angenehme Version, in welcher der fruchtige Geschmack regiert. Eine wichtige Rolle im Sortiment von Mackmyra nimmt er ein, weil er zeigt, daß man genug Selbstvertrauen gewonnen hat, um sich auch auf unbetretene Pfade zu wagen. Er kam unmittelbar nach der ersten Abfüllung für den US-Markt heraus. **DR**

Verkostungsnotizen

In der Nase mehr grüne Früchte als bei anderen Mackmyras, darunter auch Stachelbeeren und Weinbeeren. Am Gaumen weniger spitz, pfeffrig und torfig als sonst, dafür süße Fruchtnoten. Später, aber erst nach dem Kern des Malts, kommen Gewürze und Torf.

Mackmyra First Edition

Mackmyra | www.mackmyra.com

Herstellungsregion und -land Gävleborg, Schweden
Destillerie Mackmyra, Valbo
Alkoholgehalt Um 45 Vol.-%
Whiskytyp Single Malt

Dies ist die erste Abfüllung der Destillerie Mackmyra, die in die USA exportiert wurde. Auf dem Etikett ist zu lesen: „Wir haben unseren Traum verwirklicht und den ersten schwedischen Whisky geschaffen. Ein Whisky, der neue Erfahrungen birgt. Ein Whisky für jene, die kein durchschnittliches Leben führen."

Als dieser Traum zuerst geträumt wurde, verlieh eine Reihe von glücklichen Entscheidungen dem Projekt ein eigenes Leben. Die Gründer beschlossen, zuerst eine kleine Charge zu brennen, um zu sehen, wie der Whisky ausfiel. Sie verzichteten auf Urlaubsreisen und neue Autos, um das Vorhaben zu finanzieren. Als sich der Whisky zu einem Erfolg entwickelte, sollte das Unternehmen wachsen, aber wieder fehlte es an Geld. Investoren hatten den Blick eher auf Internetfirmen gerichtet und waren nicht an Brennereien interessiert. Aber der Versuch, über das Internet Kleinaktionäre zu finden, war überaus erfolgreich.

Als kooperative Destillerie beschloß man dann, die Anteilseigner über den Charakter des Whiskys bestimmen zu lassen. In einiger Entfernung von Stockholm fand man ein preiswertes Betriebsgelände, unterschrieb Lieferverträge für Gerste mit den Bauern der Umgebung und machte sich daran, dem Whisky eine schwedische Persönlichkeit zu verleihen.

Vom Torf, der einst unter den Wellen der Ostsee lag, kommt eine salzig-erdige Note. Die schwedische Eiche (eine seltene Holzart, da über Jahrhunderte die Eichenwälder für den Schiffsbau abgeholzt wurden) gibt Würze, die durch die extremen Klimaunterschiede zwischen Sommer und Winter verstärkt wird. Zudem wird fast die Hälfte des Malts in kleinen Fässern gelagert. **DR**

Verkostungsnotizen

Ein scharfer Whisky mit viel Pfeffer, kräftig erdigem Torf und bitteren Zitronen, die daran erinnern, daß man nicht in Kansas ist. Auch nicht in Kentucky oder dem schottischen Keith. Aber man gewöhnt sich an ihn. Der lange, würzig-pfeffrige Abgang kann süchtig machen.

Mackmyra Jakt

Mackmyra | www.mackmyra.com

Herstellungsregion und -land Gävleborg, Schweden
Destillerie Mackmyra, Valbo
Alkoholgehalt 48,1 Vol.-%
Whiskytyp Single Malt

Es entbehrt nicht der Ironie, daß die ersten Abfüllungen von Mackmyra so torfig, würzig und holzig waren, daß ihr fruchtiger Kern kaum zu erkennen war. Stellt man die „works in progress"-Abfüllungen vom Privus und Preludium nebeneinander, braucht man einen hochentwickelten Geschmackssinn, um sie objektiv zu beschreiben.

Warum aber Ironie? Weil es einem ein paar Jahre später schwer fällt, eine andere Destillerie zu benennen, die über ein derartig vielfältiges Sortiment von Single Malts verfügt. Die Brennmeisterin Angela D'Orazio und ihr Team müssen sehr viel Vergnügen dabei empfinden, in den Lagern an verschiedenen Orten in Schweden die richtigen Fässer für die unterschiedlichen Spezialabfüllungen zu ermitteln, die sie herausbringen.

Die „Moment"-Reihe ist für Whisky das, was ein Potpourri bei Konfekt ist: Man weiß nie genau, was als nächstes kommt, aber die Wahrscheinlichkeit, daß es einem gefallen wird, ist recht hoch. An manche der erdigeren, würzigeren und torfigeren Abfüllungen muß man sich allerdings vielleicht erst noch gewöhnen.

Der Jakt ist das Gegenteil. Er erhielt ein Finish in Fässern, die den schwedischen Preisel- und Blaubeer-Wein *Jaktvin* enthielten. Dementsprechend fruchtig ist er, aber er hat auch rauhere, erdigere Noten. **DR**

Verkostungsnotizen

Würzig mit Wildbeeren und Dörrobst, pfeffrigen Noten und Tabakblatt, Minze und Anis. Ausgewogene Eichennoten mit Vanille, Schokolade, Feigen und Rosinen.

Mackmyra Special 04 Double Dip

Mackmyra | www.mackmyra.com

Herstellungsregion und -land Gävleborg, Schweden
Destillerie Mackmyra, Valbo
Alkoholgehalt 53 Vol.-%
Whiskytyp Single Malt

Wenn man eine Destillerie in einer Gegend gründet, in der die Whiskybrennerei keine Tradition hat, kann man auf viele historische Altlasten verzichten und muß einer Vielzahl von langgehegten Erwartungen nicht entsprechen, mit denen sich etablierte Hersteller herumzuschlagen haben. Kaum eine Destillerie hat diesen Vorteil so geschickt genutzt wie Mackmyra in Schweden.

Der Mackmyra war von Anfang an ein echter Volkswhisky – und nicht erst, als die Öffentlichkeit Gelegenheit bekam, als Anteilseigner in die Firma einzusteigen und auch über die Entwicklung des Whiskys zu bestimmen. In den letzten Jahren ist dieser Ansatz noch dadurch verstärkt worden, daß man kleine Fässer kaufen kann, die an unterschiedlichen Lagerstätten in Schweden gereift sind.

Eine echte Meisterleistung war jedoch die „Special"-Reihe, in der Whiskys angeboten werden, die ungewöhnliche Richtungen einschlagen, ohne den Markenkern in Frage zu stellen. Der Special 04 hat sich bald als Lieblingswhisky vieler Kunden etabliert, weil er weniger scharf, würzig und salzig ist als manch andere Abfüllungen der Destillerie und so vielleicht die zugänglichste unter ihnen. Er heißt Double Dip, weil er zweimal reift, zuerst in großen Bourbonfässern, danach in sehr kleinen, 30 Liter fassenden, handgefertigten Fässern. **DR**

Verkostungsnotizen

Banane, Melone, frische Gerste und Vanille in der Nase. Sauber und frisch, süß und würzig. Der Abgang bringt wieder Vanille und Eiche und vergeht dann mit Holz.

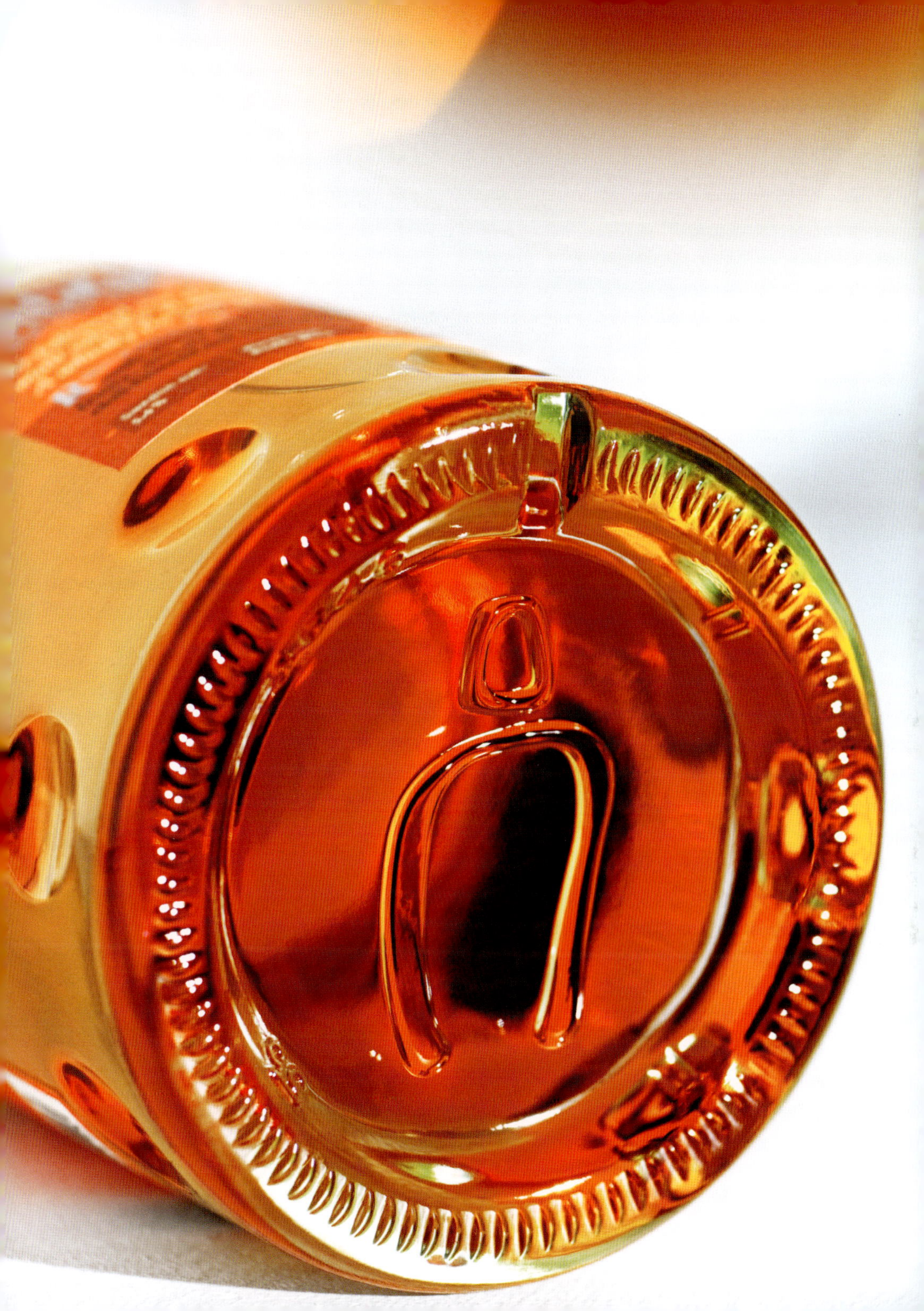

Mackmyra Tolv

Mackmyra
www.mackmyra.com

Herstellungsregion und -land Gävleborg, Schweden
Destillerie Mackmyra, Valbo
Alkoholgehalt 47 Vol.-%
Whiskytyp Single Malt

Mackmyra geht an die Faßreifung von Whisky heran wie kein anderer Hersteller auf der Welt. Die Destillerie hat Gebäude an verschiedenen Orten zu Lagerhäusern umfunktioniert, manche von ihnen an der Küste und auf Inseln – es gibt sogar Whisky, der in einer alten Artilleriekaserne bei Stockholm eingelagert ist. Jeder der Orte unterscheidet sich in Klima und Geographie. Mithilfe einer Auswahl an Fässern unterschiedlicher Größe, von denen viele zuvor verschiedene Weine und Spirituosen enthielten, ist Mackmyra in der Lage, sehr unterschiedliche Whiskytypen herzustellen.

Die bei weitem ungewöhnlichste und stimmungsvollste Lagerungsstätte ist eine riesige Bergwerkskaverne. Sie ist so groß, daß sie mit Lastwagen befahren werden kann, man kommt sich in ihr vor wie im Set für einen James-Bond-Film. In den verschiedenen Stollen liegen Reihen über Reihen von Whiskyfässern, viele von ihnen klein und in Privatbesitz. Die niedrige Temperatur und die hohe Luftfeuchtigkeit verändern sich im Jahresverlauf nicht.

Und? Wie schmeckt der Whisky? Nun, die vorliegende Abfüllung besteht aus einigen der ältesten Whiskys der Firma, darunter ein zwölfjähriger Malt, der in dem Bergwerk reifte. Der Tolf (schwedisch „Zwölf") ist für diese Destillerie erstaunlich gut erzogen. **DR**

Verkostungsnotizen

In der Nase süße grüne Früchte mit Vanille, Fondant und angekohlter Eiche. Im Mund recht ölig, auf süße Birne folgen wieder Eiche, Vanille und Kräuter.

Smögen Primor

Smögen Whisky
www.smogenwhisky.se

Herstellungsregion und -land Bohuslän, Schweden
Destillerie Smögen, Hunnebostrand
Alkoholgehalt 41,8 Vol.-%
Whiskytyp Single Malt

Seit der Jahrtausendwende ist es unmöglich geworden, die weltweite Zahl der Whiskydestillerien genau zu beziffern, da es so viele Neugründungen gab. Viele von ihnen stellen sich mit großem Werbegetöse der Öffentlichkeit vor, um dann wieder zu verstummen und manchmal jahrelang vollkommen vom Radarschirm zu verschwinden, während sie darauf warten, daß ihr Destillat zu Whisky reift.

Smögen ist die vierte Destillerie, die in Schweden Whisky herstellt, und nach der vorliegenden Abfüllungen wird sie sich an dem hohen Anspruch messen lassen können, den die drei früheren aufgestellt haben. Sie wurde 2009 mithilfe eines Regierungsdarlehns vom Rechtsanwalt, Schriftsteller und Whiskyfan Pär Caldenby gegründet. Die Destillerie, die er selbst geplant hat, verfügt über eine 900 Liter fassende Brennblase für den Rohbrand und eine mit 500 Litern Fassungsvermögen für den Feinbrand. Ihre Produktionskapazität beträgt 35 000 Liter. Der erste Whisky kam mit drei Jahren in Faßstärke auf den Markt. Die Destillerie stellt auch einen Gin her, aber der Primor vermittelt die beste Vorstellung davon, in welche Richtung die Reise gehen wird. Der erdige und salzige Stil wirkt vertraut – könnte sich hier gerade ein schwedischer Nationalstil für Whisky herausbilden? **DR**

Verkostungsnotizen

Getreide, frisches Stroh und Torf in der Nase. Am Gaumen gibt es viel Rauch und viele Gewürze wie Chili. Geröstete Nüsse, Kastanien und Salziges.

Spirit of Hven Tycho's Star

Spirit of Hven
www.hven.com

Herstellungsregion und -land Hven, Schweden
Destillerie Spirit of Hven, Sankt Ibb
Alkoholgehalt 41,8 Vol.-%
Whiskytyp Single Malt

Leicht verallgemeinernd könnte man sagen, daß an einem Ende der Erde, in Australien, einige der besten neuen Whiskys der Welt hergestellt werden, und am anderen Ende, in Schweden, die anderen. Ein Entfernung, so weit wie die ihrer Einstellung zum Destillieren und Reifen. Die australischen Whiskys neigen dazu, kräftig, laut und frech zu sein, also so verschieden von den schottischen Single Malts wie möglich. Die Schweden gehen wissenschaftlicher an die Sache heran: Sie analysieren die schottischen Whiskys in allen Hinsichten und versuchen dann, sie zu verbessern. Beide Methoden haben ihre Vorzüge.

Die Destillerie Spirit of Hven steht als Teil eines Hotel-, Restaurant-, Bar- und Konferenzkomplexes auf der kleinen Ferieninsel Ven im Öresund. Sie geht auf eine Idee von Henric Molin zurück und stellt gute Spezialabfüllungen her, von denen die vorliegende die beste ist. Der Name verweist auf den Astronomen und einstigen Bewohner der Insel Tycho Brahe (1546–1601).

Der Whisky wird mit 41,8 Volumenprozent Alkoholgehalt auf Flaschen gezogen, ohne kaltfiltriert, über Holzkohle gefiltert oder mit Farb- und anderen Zusatzstoffen versetzt worden zu sein. Die Flaschen haben die Form einer Brennblase, sind numeriert und per Hand mit Wachs versiegelt. **DR**

Verkostungsnotizen

In der Nase Apfel, reife Pflaumen und Holunderblüten. Am Gaumen sanfte Wellen von Torf, Pflaumen, Apfelkerne, frisches Heu und Honigmelone.

Säntis Malt Swiss Highlander Dreifaltigkeit

Brauerei Locher | www.saentismalt.ch

Herstellungsregion und -land Appenzell, Schweiz
Destillerie Brauerei Locher, Appenzell
Alkoholgehalt 52 Vol.-%
Whiskytyp Single Malt

Während Bruichladdich und Ardbeg um den Titel des am stärksten getorften Whiskys der Welt kämpfen, hat sich die Brauerei Locher auf die Bühne geschlichen und diesen preisgekrönten Säntis Malt Swiss Highlander Edition Dreifaltigkeit vorgestellt. Es gibt weder über das Alter noch über den Torfungsgrad offizielle Angaben, aber diese Version in Faßstärke ist auf ihre Art ebenso intensiv wie alles, was auf Islay produziert wird.

Die Intensität beruht jedoch nicht nur auf starker Torfung. Das Malz wird mit drei verschiedenen Brennstoffen (Buche, Eiche und Torf) und in zwei Stufen geräuchert. Zuerst wird die Gerste über den beiden Holzarten gedarrt, danach mit Torf aus dem Appenzeller Hochmoor geräuchert.

Die Brauerei Locher liegt im Kanton Appenzell und braut seit mehr als einem Jahrhundert Bier. Sie hat die Bierfässer aus Eiche einer vorzüglichen Zweitnutzung zugeführt. Die Fässer stammen nicht nur von Jahrhunderte alten Eichen, sie haben auch ein Jahrhundert hindurch der Lagerung von Bier gedient. Da sie natürlich nicht in beliebigen Mengen zur Verfügung stehen, werden nur einige tausend Flaschen Whisky pro Jahr hergestellt. Wenn man jedoch Rauch im Überfluß schätzt, sollte man diesen Schweizer auf keinen Fall außer Acht lassen. **PB**

Verkostungsnotizen

Räucherkäse, Hefe und Räucherschinken in der Nase, darunter eine Schicht Sahne. Am Gaumen Zitrus-, Rauch- und Karamelltöne. Langer, stechender Abgang.

Säntis Malt Swiss Highlander Edition Säntis

Brauerei Locher | www.saentismalt.ch

Herstellungsregion und -land Appenzell, Schweiz
Destillerie Brauerei Locher, Appenzell
Alkoholgehalt 40 Vol.-%
Whiskytyp Single Malt

Die Brauerei Locher liegt zu Füßen der Schweizer Alpen, nach deren Gipfeln ihre Whiskys benannt sind. Der Familienbetrieb braut nicht nur eine Vielzahl unterschiedlicher Biere mit so schönen Namen wie Quöllfrisch oder Brand Löscher, sondern destilliert auch verschiedene Malt-Whiskys. Die Edition Säntis ist nach dem höchsten Berg des Alpstein benannt, von dessen Spitze aus man an klaren Tagen sechs Länder sehen kann: Liechtenstein, Italien, Deutschland, Österreich, Frankreich und natürlich die Schweiz.

Glaubt man der der Brauerei Locher, dann hat sie den ersten Single Malt in der Schweiz hergestellt, nachdem dort 1998 ein Gesetz abgeschafft worden war, das die Alkoholbrennerei aus Getreide verbot – ein Überbleibsel aus Kriegszeiten, als Nahrungsmittel knapp waren und Getreide der Ernährung und nicht der Erheiterung dienen sollte.

Von dieser entzückend sahnigen Edition Säntis, die mit ihren Geschmacksnoten an eine Explosion in einer Schweizer Patisserie denken läßt, kann man dann zum aromatischeren Gebiet der dreifach destillierten Edition Sigel fortschreiten, die in kleineren Bierfässern reifte, um schließlich bei der rauchigen Dreifaltigkeit in Faßstärke anzugelangen. Angesichts der beeindruckenden Vielfalt an Bieren der Brauerei kann die Destillerie auf sehr unterschiedliche Faßarten für die Reifung ihrer Whiskys zurückgreifen. Im Gegensatz zur Dreifaltigkeit, die in Dunkelbierfässern reift, wird der Säntis in Fässern gelagert, die untergäriges Bier enthielten. Dadurch wird er heller, glatter und deutlich weniger rauchig, auch wenn der Rauch immer noch in der Nase zu vernehmen ist. **PB**

Verkostungsnotizen

Süßes Gebäck und Walnüsse in der Nase, mit leichtem Rauch und Spuren von Gewürznelke. Am Gaumen Vanilleeiscreme mit Apfel, Kiwi, Pfeffer und Röstmandeln. Der Abgang ist lang, sahnig, würzig mit Marzipan und endet mit Salatgurken- und Minztönen.

Säntis Malt Swiss Highlander Edition Sigel

Brauerei Locher | www.saentismalt.ch

Herstellungsregion und -land Appenzell, Schweiz
Destillerie Brauerei Locher, Appenzell
Alkoholgehalt 40 Vol.-%
Whiskytyp Single Malt

Die Schweiz hat neben der Schokolade noch viele weitere Überraschungen auf dem Gebiet Essen und Trinken zu bieten. So gelten die Schweizer Weine als hervorragend – manche von ihnen sind Weltklasse –, obwohl weniger als ein Prozent in den Export geht. Auch der Schweizer Käse genießt einen guten Ruf, ebenso wie Schweizer Gebäck – etwa die Biberli, eine Lebkuchenart, die vor dem Verzehr sechs bis acht Wochen ablagern muß. Man sieht hier, daß sich die Schweizer mit Gewürzen auskennen. Der Swiss Highlander spricht aber ebenso dafür.

Wie die Edition Säntis reifte auch dieser unverkennbare Whisky in Eichenfässern, die zuvor das preisgekrönte Bier der Brauerei Locher enthielten. Die Maische wird kühl gegärt, dreimal destilliert und dann in die sorgfältig ausgewählten Bierfässer gefüllt, um in den kühlen, dunklen Kellern der Brauerei zu reifen. Das Eichenholz sorgt für üppige Vanillenoten und viele Gewürze, die sich pfeffrig bis an den Gaumen durchziehen. Der Whisky ist sanft und glatt mit vorherrschenden Weihrauchtönen, sehr ausgewogen und sehr trinkbar, aromatisch und fruchtig – vor allem Weinbeeren schmecken hervor.

Die Säntis Malt Swiss Highlander Edition Sigel mag zwar nicht so intensiv rauchig ausfallen wie die Dreifaltigkeit aus derselben Destillerie, aber dafür bietet sie Weinbeeren, Gewürze und Weihrauch im Überfluß. Wie die erwähnten Weine aus der Schweiz ist er vielleicht nicht immer leicht zu erhalten, aber die Brennerei sieht sich durch die guten Verkaufszahlen ermutigt, auch die Präsenz auf dem internationalen Markt auszubauen. Örtliche Bezugsquellen für das Sortiment lassen sich über die Internetseite der Brennerei leicht ermitteln. **PB**

Verkostungsnotizen

In der Nase starke Weinbeeren- und Weihrauchgerüche mit geröstetem Zimt. Am Gaumen dominiert anfänglich der Weihrauch, weicht dann aber einer cremigen, leicht holzigen Würzigkeit. Der Abgang ist lang und zeigt Marzipan und Würzbutter.

Whisky Castle
Castle Hill Doublewood

Käsers Schloss
www.whisky-castle.com

Herstellungsregion und -land Aargau, Schweiz
Destillerie Käsers Schloss, Elfingen
Alkoholgehalt 43 Vol.-%
Whiskytyp Single Malt

Rudi Käser, der Besitzer von Whisky Castle, hatte schon mit vielen anderen Edelbränden Erfahrungen gesammelt, bevor er sich dem Whisky zuwandte. Darunter waren 130 verschiedene Obstwasser und Schnäpse, auch in Geschmacksrichtungen wie Thymian, Basilikum, Knoblauch oder Geranie. Käser gibt selbst zu, daß es ihm nicht darum geht, Whisky im irischen oder schottischen Stil zu produzieren, sondern daß er einen typisch schweizerischen Whisky brennen möchte. Ihm sei vollkommen klar, daß man in Schottland mit seinen Methoden vielleicht nicht einverstanden sein würde.

Durch die Verwendung verschiedener Getreidearten wie Gerste, Dinkel, Hafer und Triticale – einer mehr als hundert Jahre alten Kreuzung aus Weizen und Roggen – hat er auf jeden Fall Whiskys geschaffen, die weit entfernt sind von den üblichen schottischen oder irischen Malts. Wie der Name nahelegt, reift der drei Jahre alte Doublewood in zwei unterschiedlichen Holzarten, also nicht einfach in zwei Eichenfässern, die zuvor zufällig unterschiedliche Getränke enthalten haben. Nach der Lagerung in Eiche wird der Whisky in Fässer aus Kastanienholz umgefüllt, die ihm eine besondere Süße verleihen. Der Whisky wird so zu einer faszinierenden Mischung üppiger, süßer und herzhafter Noten. **PB**

Verkostungsnotizen

Leicht geräucherter Käse, Rosinen, Karamellschokolade und Backgewürze in der Nase. Am Gaumen folgen auf schwarzen Pfeffer frische Rosinen und Dörrobst.

Whisky Castle
Port Cask Smoke Barley

Käsers Schloss
www.whisky-castle.com

Herstellungsregion und -land Aargau, Schweiz
Destillerie Käsers Schloss, Elfingen
Alkoholgehalt 50 Vol.-%
Whiskytyp Single Malt

Im Vergleich zu einer durchschnittlichen schottischen Destillerie ist der Ausstoß von Whisky Castle mit 25 000 Flaschen im Jahr winzig. Das Betriebsgebäude steht an einem Hang des Fricktals oberhalb von Elfingen im Aargau. Die halbkreisförmige Galerie über dem Eingang erinnert an eine Mischung aus einer amerikanischen Kleinbrauerei und einer Holzkirche.

Käser bezieht seine leicht geräucherte Gerste aus Deutschland, wo sie über Buchenholz gedarrt wird, und seine Fässer aus so unterschiedlichen Ländern wie Ungarn, den USA, Frankreich und Weißrußland. Gebrannt wird in kleinen Brennblasen, die aussehen wie Roboter aus einer Weltraumserie für Kinder.

Der Port Cask Smoke Barley ist genau das, was das Etikett vermuten läßt, aber bei weitem keine einfache Imitation eines Islay-Whiskys. Ein Schluck erinnert nicht etwa an Torfsoden und die Winterbrandung der Hebriden, sondern eher an rauchiges und knuspriges Weihnachtsgebäck. Es gibt noch andere rauchige Abfüllungen aus der Destillerie, die mit anderen Getreiden gebrannt werden, darunter Smoke Rye (aus Roggen) und Smoke Spelt (aus Dinkel), sowie eine Variante der vorliegenden Abfüllung mit weniger Alkohol, die etwas provozierend den Namen Girls Choice trägt. **PB**

Verkostungsnotizen

Korinthen und Cranberrys in der Nase. Am Gaumen würzig und rauchig, mit Mandelkeksen und üppigem Portwein. Ein Rauchschleier und Gewürze im Abgang.

Zürcher Lakeland Single Malt

Daniel and Ursula Zürcher
www.lakeland-whisky.ch

Herstellungsregion und -land Bern, Schweiz
Destillerie Zürcher, Port
Alkoholgehalt 42 Vol.-%
Whiskytyp Single Malt

1999 wiederrief die Schweiz ein mehr als 80 Jahre altes Gesetz, das die Destillation von Alkohol aus Getreide verbot. Seitdem haben eine Vielzahl von Destillerien den Betrieb im Land aufgenommen, darunter auch die Spezialitätenbrennerei Zürcher am Bielersee in der Westschweiz, die zuvor schon Obstwasser gebrannt hatte.

Destillerien führen meist alle Schritte der Produktion vom Maischen bis zur Reifung selbst durch. Bei Zürcher gilt die Whiskyherstellung jedoch eher als Nebenbeschäftigung. Die Maische für den Whisky bezieht man von einer nahe gelegenen Brauerei und destilliert sie in kleinen Brennblasen im Betrieb. Ein gewisser Teil des Destillats geht an die Brauerei zurück, die es in Bourbonfässern reifen läßt und unter eigenem Namen verkauft. Der Lakeland Single Malt wird in Oloroso-Sherryfässern in der Destillerie gelagert.

Die Spezialitätenbrennerei Zürcher begann erst im Jahr 2000 mit der Herstellung von Whisky, und im Jahr 2003 gab Heinz Zürcher die ersten 1000 Flaschen des Lakeland heraus. 2004 übernahm sein Neffe Daniel die Leitung der Whiskyherstellung; seitdem hat Zürcher immer wieder Abfüllungen in geringen Mengen ausgegeben. Dieser Whisky ist zwar nur drei Jahre alt, es gibt inzwischen jedoch auch ältere Abfüllungen. **PB**

Verkostungsnotizen

Reife Birnen, Vanille und Rübensirup in der Nase. Am Gaumen – durch Salz abgerundet – frische Früchte und ein Hauch Pfefferminz. Kurzer Abgang mit etwas Ingwer.

Penderyn 2002 Cask 10895

Penderyn
www.welsh-whisky.co.uk

Herstellungsregion und -land Rhondda Cynon Taf, Wales **Destillerie** The Scotch Malt Whisky Society
Alkoholgehalt 60,4 Vol.-%
Whiskytyp Single Malt

Die Scotch Malt Whisky Society ist ein Club, der Whiskys einkauft und als Einzelfaßabfüllungen in Faßstärke wieder verkauft. Die Flaschen tragen nicht den Namen der Destillerie, sondern eine Registrierungsnummer und eine neckische Benennung. Die Society schreckt nicht davor zurück, auch außerhalb Schottlands tätig zu werden, wie man an diesem Beispiel aus Wales erkennen kann.

Der Penderyn-Whisky wird in einer einzigartigen Brennblase destilliert und zumeist in drei verschiedenen Faßarten gelagert, die ihm eine unverkennbare blumige Nase und süßen Geschmack verleihen. Diese Abfüllung reifte jedoch ausschließlich in Portweinfässern, so daß der Whisky viel schwerer, voller, ausgeprägter schmeckt als sonst. Auch die Faßstärke von 60,4 Volumenprozent Alkoholgehalt tragen zu seinem würdigen Eindruck bei.

Da dies eine Einzelfaßabfüllung ist und die Mitglieder des Clubs auf der ganzen Welt verteilt sind, ist es unwahrscheinlich, daß man genau diese Version findet. Die Registrierungnummer 10895 läßt jedoch erkennen, daß die Gesellschaft schon viele Fässer abgefüllt hat. Weitere werden folgen. Zudem ist Whisky aus Wales nicht die meist verlangte Abfüllung der Gesellschaft, man könnte also vielleicht Glück haben und eine Flasche bekommen. So oder so ist der Whisky eine Offenbarung. **DR**

Verkostungsnotizen

Merkwürdig muffige alte Apfelaromen in der Nase. Am Gaumen likörähnlich intensiv mit Datteln, Rosinen und süßen Äpfeln. Üppig, mit einem sehr langen Abgang.

Penderyn Cask 11/200

Penderyn | www.welsh-whisky.co.uk

Herstellungsregion und -land Rhondda Cynon Taf, Wales **Destillerie** Penderyn, Penderyn
Alkoholgehalt 61,2 Vol.-%
Whiskytyp Single Malt

Die Standardabfüllungen von Penderyn haben eines gemeinsam: Sie erhalten alle eine Nachreifung, das heißt, nach der anfänglichen Lagerung in einer Faßart (bei Penderyn sind das Bourbonfässer der Buffalo-Trace-Destillerie in Kentucky) werden sie in eine andere Faßart umgefüllt, um darin die Reifung abzuschließen. Im Allgemeinen dauert die zweite Phase nicht so lange wie die erste. Bei Penderyn verwendet man Weinfässer für die Madeira- und Portwood-Abfüllungen und Fässer von der Insel Islay für den Peated. Der vorliegende Whisky unterscheidet sich allerdings von diesem Schema, da er nur in einer Faßart gelagert wird.

Er hat nicht nur kein Finish erhalten, er ist auch eine Einzelfaßabfüllung, die in Faßstärke aus einem Bourbonfaß auf Flaschen gezogen wurde – mit beachtlichen 61,2 Volumenprozent Alkoholgehalt. Das Destillat entsteht bei Penderyn in einer einzigartigen Brennblase, die von Dr. David Faraday entworfen wurde, einem Nachfahren des im 18. Jahrhundert wirkenden Wissenschaftlers Michael Faraday. Es kommt mit 92 bis 96 Volumenprozent aus der Brennblase und wird vor dem Füllen der Fässer auf Normalstärke herabgesetzt. Aber auch so sind 61,2 Volumenprozent Alkoholgehalt für einen Whisky nach zehn Jahren der Lagerung und Verdunstung recht beeindruckend.

Der Penderyn Cask 11/200 wurde 2000, also im Gründungsjahr der Brennerei, destilliert. Im September 2010 wurden daraus insgesamt 210 Flaschen abgefüllt, um das 10. Jubiläum der Welsh Whisky Company zu feiern. Damit war es der älteste Whisky, den die Destillerie bis dahin auf Flaschen gezogen hatte. **BA**

Verkostungsnotizen

In der Nase Apfel- und Birnenkuchen mit süßem Dessertwein und Bourbonvanille. Dann ein würziger, alkoholreicher Körper, der mit Sahne, Zimt und parfümiertem Holz weicher wird. Mit einigen Tropfen Wasser zeigt sich der Whisky von seiner besten Seite.

Ein tanzender Waliser empfiehlt den Whisky aus seiner Heimat.

Why ? with capers so many ?
John Jones, gay, you are,
"Welsh Whisky," dear Jenny,
From Bala; "*bur ddha.*"

Penderyn Madeira

Penderyn | www.welsh-whisky.co.uk

Herstellungsregion und -land Rhondda Cynon Taf, Wales **Destillerie** Penderyn, Penderyn
Alkoholgehalt 46 Vol.-%
Whiskytyp Single Malt

Dieser Whisky ist das Flaggschiff der ersten legalen Destillerie, die seit dem 19. Jahrhundert in Wales ihre Pforten geöffnet hat. Er kam am 1. März 2004 auf den Markt und war der erste Ausflug der Brennerei in das Gebiet der Single Malts. Penderyn hatte sich entschlossen, einen walisischen Whisky herzustellen, der den langen Traditionen der schottischen und irischen Whiskys, aber auch dem wiederauferstandenen englischen Whisky an die Seite gestellt werden kann.

Als erste Abfüllung des kleinen Standardsortiments von Penderyn setzte dieser Whisky die Maßstäbe für die folgenden. Er war der erste, der mit dem später zum Destilleriestandard gewordenen Verfahren gereift wurde, indem eine Mischung aus Destillaten aus verschiedenen Bourbonfässern (darunter auch solchen, die von der Buffalo-Trace-Destillerie in Kentucky stammten) einer Nachreifung von einigen Monaten in einer ganz anderen Holzart unterzogen wurde. Die dafür verwendeten Madeirafässer kommen sehr viel seltener ins Spiel als die Sherry- und Portweinfässer, die man bei vielen anderen Destillerien findet. Die Barriques stammen von der portugiesischen Küferei J. Dias & Ca., etwas südlich von Porto, die seit ihrer Gründung 1935 auch hochwertige Fässer für den gesamten Wein- und Spirituosenhandel herstellt.

Während der Nachreifung nimmt der Whisky die üppigen, dunklen Aromen des Madeiras auf, der zuvor in den Barriques lag. Sie vereinen sich mit den Vanille- und Kokosnußnoten, die von den Bourbonfässern der ersten Reifungsphase herrühren. Der so entstandene, abgerundete und komplexe Whisky ist ein würdiges Zugpferd für diese bahnbrechende walisische Destillerie. **BA**

Verkostungsnotizen

Zuerst weht eine herzhafte, von Rosinen durchsetzte und mit Zucker glasierte Fleischigkeit aus dem Glas. Am Gaumen wird ein großer, tanninreicher Kern von leichter Süße umgeben, die zu einem langen Abgang mit Fruchtparfüms und trockenem Holz überleitet.

Penderyn Peated

Penderyn | www.welsh-whisky.co.uk

Herstellungsregion und -land Rhondda Cynon Taf, Wales **Destillerie** Penderyn, Penderyn
Alkoholgehalt 46 Vol.-%
Whiskytyp Single Malt

Da Torf seit Jahrhunderten verwendet wird, um Gerstenmalz herzustellen, ist die Vorstellung, ein Whisky könne nach Torf riechen und schmecken, nicht vollkommen abwegig. Penderyn verläßt die ausgetretenen Pfade und verwendet den Torf nicht direkt, sondern greift auf Fässer zurück, die zuvor getorften Whisky enthalten haben.

Penderyn Peated besteht aus Destillaten, die in zwei unterschiedlichen Faßarten reiften: zum einen in Bourbonfässern der Destillerie Buffalo Trace in Kentucky, wie sie auch für alle anderen Abfüllungen von Penderyn eingesetzt werden, und zum anderen in Fässern, die zuvor schottischen Whisky enthielten. Manche der schottischen Fässer stammen von Destillerien, die getorfte Whiskys herstellen, und so nimmt das leichte Destillat, das den Kern des Penderyns bildet, etwas des rauchigen Aromas auf, das in das Holz der Fässer gezogen ist, während der torfige Scotch darin reifte. Die Scotch-Fässer, die Penderyn verwendet, werden schon mindestens zwei Füllungen hinter sich haben, da fast alle Fässer schon einmal Alkohol enthalten haben, bevor sie nach Schottland gelangen. So sind die meisten traditionellen Noten, die solche Fässer abgeben können, bereits ausgelaugt worden, und der walisische Whisky erfährt nur eine leichte Färbung und Aromatisierung.

Penderyn Peated unterscheidet sich deutlich von traditionellem getorften Whisky. Die Scotch-Fässer geben ihm eine leichte Rauchigkeit, die sich gut mit den Geschmacksnoten des Penderyn-Destillats verbindet, anstatt sie zu übertönen. Wenn man mehr schlammigen Torf schmecken möchte, nicht nur einen Hauch Torfrauch, dann fügt man einfach einen Tropfen Wasser hinzu. **BA**

Verkostungsnotizen

Die vorwiegend süße Nase verdeckt etwas Herzhaftes, mit gezuckerten Zitronen und Vanille über leichtem Holzrauch. Am Gaumen mischt sich Holzkohle mit Äpfeln, Limetten und grünem Holz, um dann in Rauch, Zucker und Steinstaub zu vergehen.

THE WELSH WHISKY COMPANY 180 PENDERYN 2001
THE WELSH WHISKY COMPANY 36 PENDERYN
THE WELSH WHISKY COMPANY 200 PENDERYN 2001
WHISKY COMPANY 202 PENDERYN 2001
THE WELSH WHISKY COMPANY 175 PENDERYN 2001
THE WELSH WHISKY COMPANY 158 PENDERYN

Penderyn Portwood

Penderyn | www.welsh-whisky.co.uk

Herstellungsregion und -land Rhondda Cynon Taf, Wales **Destillerie** Penderyn, Penderyn
Alkoholgehalt 41 Vol.-%
Whiskytyp Single Malt

Penderyn ist eine junge Destillerie, die viel Zeit investiert hat, um mit unterschiedlichen Faßarten und Finishs zu experimentieren und so ihr Kernsortiment zu vervollkommnen. Die Verwendung von Portweinfässern für die Nachreifung hat zu einer Reihe sehr beliebter Einzelfaßabfüllungen geführt, darunter eine 2009 erschienene, die Jim Murray zum „European Single Cask Whisky of the Year" erklärte. Allerdings gab es auch Gegenstimmen, die ihn für etwas zu extrem hielten, da er mit hohem Alkoholgehalt in Faßstärke abgefüllt worden war. Die Experimente gingen weiter.

Diese Variante kam 2011 heraus und baut auf den vorangegangenen Abfüllungen mit Portwein-Finish auf, ist aber offensichtlich für einen breiteren Markt gedacht. Sie enthält Whisky aus verschiedenen Fässern, um zugänglicher zu sein als die früheren Experimente. Der Alkoholgehalt ist auf 41 Volumenprozent reduziert, ein mildes Räuspern im Vergleich zum Gebrüll der Vorgänger, und der Geschmack ist üppig, jedoch nicht dominant. Trotz der Verdünnung ist er – wie die anderen Penderyns auch – nicht kaltfiltriert, behält also alle Geschmacksnuancen und das ölige Mundgefühl.

Penderyn Portwood wurde ursprünglich vor allem für den französischen Markt konzipiert, ist aber glücklicherweise auch direkt in der Destillerie zu erhalten. Ein Besuch lohnt also. **BA**

Verkostungsnotizen

Eine phantastische Mischung aus Milchschokolade, Orangen und Marzipan führt zu einem üppigen Kern aus Schwarzen Johannisbeeren und poliertem Holz.

Penderyn Sherrywood

Penderyn | www.welsh-whisky.co.uk

Herstellungsregion und -land Rhondda Cynon Taf, Wales **Destillerie** Penderyn, Penderyn
Alkoholgehalt 46 Vol.-%
Whiskytyp Single Malt

Anstatt auf Nummer Sicher zu gehen und die traditionellen schottischen oder irischen Ansätze bei der Destillation, Lagerung und Nachreifung von Whisky nachzuahmen, entschied sich die Destillerie Penderyn, einen neuen, einen walisischen Whiskystil zu schaffen. Das Destillat hat mit 86 bis 92 Volumenprozent sehr viel mehr Alkohol als üblich, so daß es weniger Verunreinigungen enthält. Da diese aber auch für den Geschmack des Whiskys sorgen, kann sich hier der Einfluß des Holzes deutlicher bemerkbar machen. Penderyn behauptet, der anfänglich sehr hohe Alkoholgehalt trage auch zu einer schnelleren Reifung bei. Nach der ersten Reifung wird das Destillat auf die Normalstärke von 63,4 Volumenprozent verdünnt und in Sherryfässer gefüllt.

Der Sherrywood wird wie bei Penderyn üblich zuerst in Bourbonfässern gelagert und dann in Sherryfässern nachgereift. In diesem Fall sind es Oloroso-Fässer, deren Auswirkungen auf den Whisky wegen ihrer häufigen Verwendung recht gut bekannt sind.

Der Geschmack des Whiskys unterscheidet sich von den sherrybeeinflußten schottischen Gegenstücken und geht eher in Richtung des irischen Stils, da er einen leichteren Körper zeigt und eine deutlich zu erkennende süße Note vom Sherryfaß verliehen bekommt, während die schottischen Whiskys eher zu schwerer Fruchtigeit neigen. **BA**

Verkostungsnotizen

Nagellackentferner und Birnendrops in der Nase, dann glasierte Kirschen, Biskuit und Sahne. Erdige Süße von Malzkuchen mit Butter, dann ein Abgang mit Tannin.

← Eichenfässer im Lager der Destillerie Penderyn im Brecon Beacons National Park

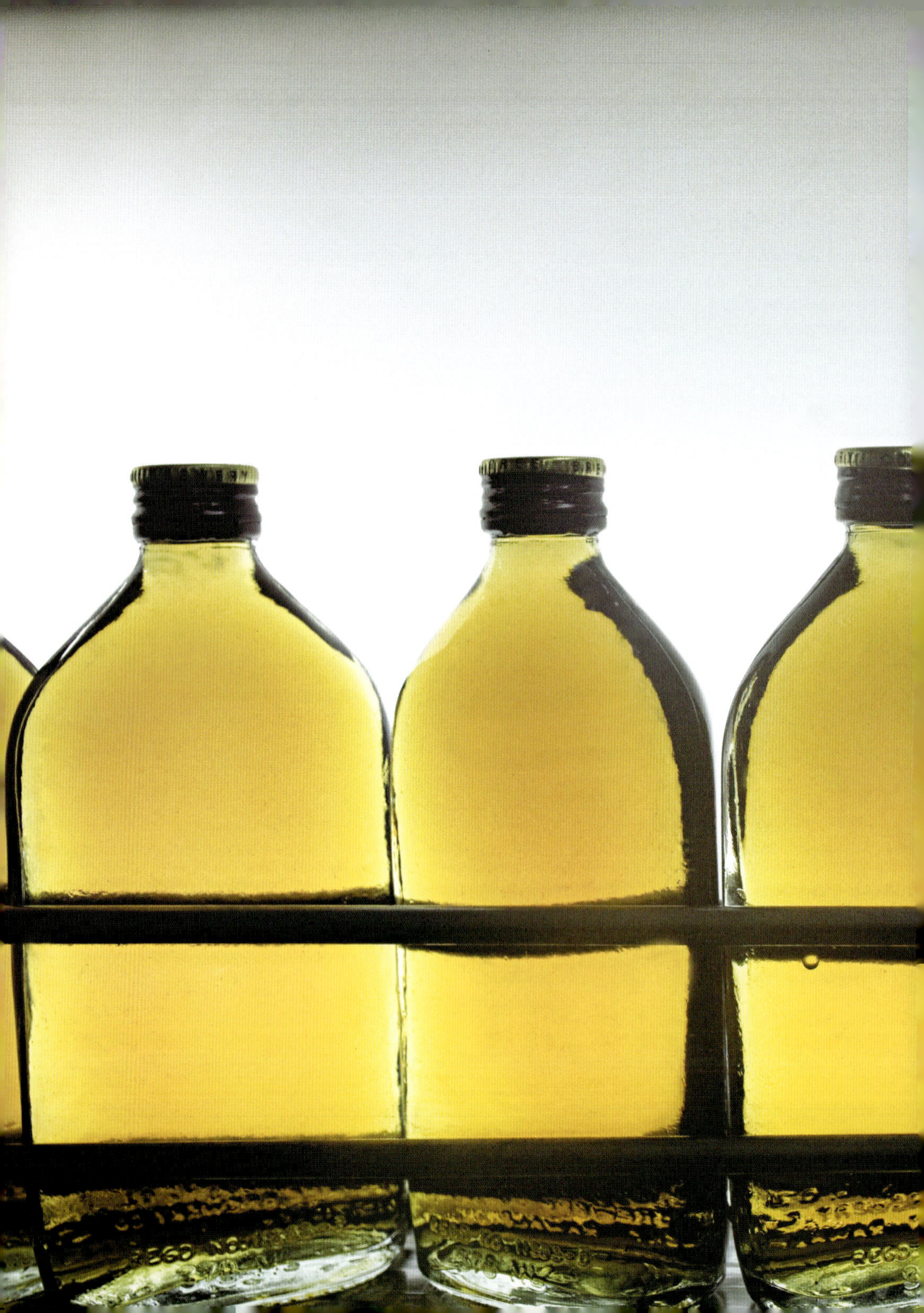

Neue Welt

La Alazana
Patagonian

La Alazana | La Alazana www.com

Herstellungsregion und -land Patagonien, Argentinien
Destillerie La Alazana, Las Golondrinas
Alkoholgehalt 40 Vol.-%
Whiskytyp Single Malt

Das Interesse an Kleinstdestillerien und handwerklicher Brennerei Anfang des neuen Jahrtausends hat zur Produktion von Whisky in Ländern geführt, in denen man sie wegen des Klimas für unmöglich gehalten hätte – etwa in Spanien, Italien, Taiwan, Israel oder Argentinien. Andererseits gibt es in all diesen Ländern, vielleicht mit der Ausnahme Taiwans, Regionen, die sich für die Herstellung von Malt-Whisky eignen, vor allem wenn man die moderne Technik zu Hilfe nimmt, um klimatischen Problemen zu begegnen.

Die Destillerie La Alazana befindet sich im ländlichen Gebiet Las Golondrinas der argentinischen Provinz Chubut. Sie wurde dort 2011 zu Füßen der Anden in Patagonien gegründet, nachdem Gerüchte über zwei oder drei derartige Vorhaben die Runde gemacht hatten. Allerdings ist La Alanza bis heute die einzige argentinische Destillerie, die eine Genehmigung für das Brennen von Whisky hat.

Der Patagonian ist gut trinkbar, süß und fruchtig. Er wird aus Gerste gebrannt, die extra für die Destillerie angebaut wird. Der erste Malt wurde im November 2014 mit drei Jahren abgefüllt und wirkt sehr vielversprechend. Ältere Whiskys werden im Laufe der Zeit erscheinen.

„Wir möchten einen erstklassigen Single Malt herstellen, der einen zarten und einzigartigen Charakter zeigt", verkünden die Hersteller. „Wir haben uns bemüht, die Produktion und den Stil an den schottischen Vorgaben auszurichten, uns aber auch an unseren örtlichen Gegebenheiten zu orientieren." **DR**

Verkostungsnotizen

In der Nase dunkle Früchte, Pflaumen, süße Weinbeeren und Dörrpflaumen. Am Gaumen dunkle Beeren- und süße Zitrusfrüchte, Honig und Eiche.

Bakery Hill
A Wisp of Smoke 2016

Bakery Hill | www.bakeryhilldistillery.com.au

Herstellungsregion und -land Victoria, Australien
Destillerie Bakery Hill, Balwyn North
Alkoholgehalt 51,7 Vol.-%
Whiskytyp Single Malt

Man könnte annehmen, der Name der Destillerie Bakery Hill sei ein versteckter Hinweis auf den Eigner und Brennmeister David Baker. Aber es geht nicht um dieses Energiebündel von einem Unternehmer. Das wird deutlich, wenn man sich das Logo der Firma ansieht, das aus einer Schaufel, gekreuzt mit einer Spitzhacke besteht. Bakery Hill ist der kleinste Vorort von Ballarat im Bundesstaat Victoria. Auf dem kleinen Hügel befand sich einst die Bäckerei der Stadt. Im Jahr 1854 kam es hier aber auch zu gewalttätigen Auseinandersetzungen zwischen den Bergarbeitern der Region und ihren britischen Arbeitgebern. Mit einem Aufstand wehrten sich die Bergleute gegen die schlechten Arbeitsbedingungen und ausbeuterischen Verträgen. Er wurde blutig niedergeschlagen – mehr als 30 Kumpel fanden den Tod –, aber er wirkte als Fanal, das heute von manchen als Anfang der Demokratie in Australien angesehen wird.

Der Wisp of Smoke ist ungewöhnlich, weil sich bei ihm der Torf um den Whiskycharakter des Malts herumlegt. Er reifte neun Jahre im Faß Nr. 106, bevor er auf Flaschen gezogen wurde.

Baker sagt: „Man wird nicht vom Torf umgehauen, sondern eher von weichem, sanften Leder, Blauschimmelkäse und zarter Zeder bezaubert." **DR**

Verkostungsnotizen

Üppiger Pfeifentabak, weiches Leder, Rosinen, Aprikosen und Äpfel in der Nase. Am Gaumen Salzkaramell, süße Melone, gedörrte Apfelringe und holzige Vanille.

Bakery Hill
Cask Strength Peated

Bakery Hill | www.bakeryhilldistillery.com.au

Herstellungsregion und -land Victoria, Australien
Destillerie Bakery Hill, Balwyn North
Alkoholgehalt 60 Vol.-%
Whiskytyp Single Malt

Bei einer Tour durch die Buffalo-Trace-Destillerie im amerikanischen Lexington erklärte der Führer, wie wichtig die Fässer für die Reifung eines Bourbons sind. Einer der Teilnehmer fragte, ob das bei Scotch nicht der Fall sei. Der Führer verneinte: „Dort ist das Faß überhaupt nicht wichtig. Der Geschmack eines schottischen Whiskys kommt vom Torf. Deshalb unterscheidet sich der Geschmack auch von einem Herkunftsgebiet zum nächsten. Jedes Gebiet hat eigene Blumen und Bäume, die nach dem Absterben zerdrückt werden und sich zu Torf verwandeln. Deshalb hat jede Region auch anders schmeckenden Torf." Leider hatte der Führer Unrecht. Das Faß ist bei der Herstellung von Scotch genauso wichtig wie beim Bourbon.

Recht hatte er allerdings in Bezug auf die Geschmacksunterschiede beim Torf. Das, was aus einem Moor in Tasmanien kommt, ist vollkommen anders als die Torfsorten auf Islay oder in Irland. Wie sich dies auf die Whiskys unterschiedlicher Kontinente auswirkt, wird man erst in der Zukunft sehen können.

Anfänglich importierte Bakery Hill getorftes Malz aus Schottland. Inzwischen spielt auch Torf aus der Umgebung eine Rolle. Wie sich das bemerkbar macht, ist bei einer Verkostung deutlich zu erkennen. **DR**

Verkostungsnotizen

Die Nase ist schüchtern und wolkig, aber am Gaumen kommt der Torf. Fruchtkompott und exotische Früchte sowie rauchiger Torf bis in den mittellangen Abgang.

Bakery Hill Classic

Bakery Hill | www.bakeryhilldistillery.com.au

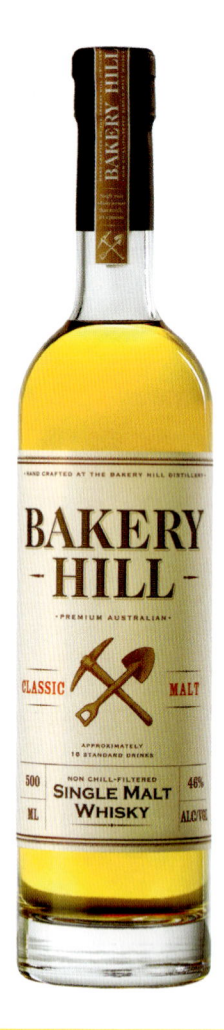

Herstellungsregion und -land Victoria, Australien
Destillerie Bakery Hill, Balwyn North
Alkoholgehalt 46 Vol.-%
Whiskytyp Single Malt

Australischer Whisky hat eine zügige und vielgestaltige Entwicklung durchgemacht, es wird noch einige Jahre dauern, bis man ein klares Bild davon bekommt, welche Form er am Ende zeigen wird. Von Anfang an war jedoch klar, daß es eine Trennung zwischen den relativ ähnlichen Whiskys aus Tasmanien und jenen aus dem Rest des Landes geben würde. Australien ist ein riesiges Land, und die Destillerien auf dem Festland können Tausende von Kilometern voneinander entfernt liegen. Das erschwert das Entstehen einer wirklichen nationalen Identität.

David Baker gehört zweifelsohne zu den besten Whiskyherstellern Australiens. Er ist einer der am längsten aktiven Brenner des Landes und ein entschiedener Befürworter hoher Qualitätsstandards, die dafür sorgen sollen, daß Australiens Whisky im Rest der Welt ernst genommen werden. Als Reaktion auf die Identitätsprobleme des australischen Whiskys hat er andere Destillerien besucht, Rat eingeholt und seine Kenntnisse erweitert, um so sein Produkt weiterzuentwickeln. Die Arbeit hat sich ausgezahlt.

Wenn Baker ein Problem hat, dann ist es seine Vereinzelung. Je enger die Destillerien auf Tasmanien zusammenrücken, desto verlorener wirken Brennereien wie Bakery Hill. Das ist jedoch kein Grund zur Sorge, da Baker lange genug im Geschäft ist, um auch die Meinungsführer in Europa darauf aufmerksam gemacht zu haben, daß seine Whiskys es durchaus vertragen, genauer in Augenschein genommen zu werden. Dieser Standardwhisky wird aus australischer Gerste in einem achtstündigen Destillationslauf gebrannt und mit 46 Volumenprozent Alkohol in Bourbonfässer gefüllt. **DR**

Verkostungsnotizen

Herrlich sauber und frisch, mit süßen Getreidenoten und Anklängen von Äpfeln und Birnen. Nicht sonderlich kompliziert, aber das Gleichgewicht aus Frische und Honignoten macht ihn genau zu dem, was er sein sollte – ein gut im Sommer zu trinkender Malt.

Bakery Hill Classic Cask Strength

Bakery Hill | www.bakeryhilldistillery.com.au

Herstellungsregion und -land Victoria, Australien
Destillerie Bakery Hill, Balwyn North
Alkoholgehalt 60 Vol.-%
Whiskytyp Single Malt

Auf das Risiko hin, furchtbar zu verallgemeinern: Die Australier stehen seit langem im Ruf, von Unternehmungsgeist und Tatendrang erfüllt zu sein. Diese Eigenschaften zeigen sich auch in der jungen australischen Whiskybranche. Bill Lark gelang es, die Zustimmung der Politiker und Juristen Tasmaniens zu einer Änderung der veralteten Alkoholverbote auf der Insel zu erwirken, so daß jetzt auf der Insel wieder destilliert werden darf. Inzwischen trägt der Besitzer der Lark-Destillerie zu einer tasmanischen Whiskyherstellung bei, die das Beste aus dem Überfluß an sauberen und gesunden Grundstoffen der Insel macht. Und er ist nicht der Einzige.

Als die Regierung die gesetzlich vorgeschriebene Mindestlagerzeit für Spirituosen aufheben wollte, um damit den Spirituosenhandel des Landes zu unterstützen, wehrten sich seriöse Whiskyhersteller dagegen und bestanden auf einer zweijährigen Reifung für Destillate aus Malz, bevor diese als Whisky bezeichnet werden dürften. Dadurch stellten sie die mittel- und langfristige Glaubwürdigkeit des australischen Whiskys in der restlichen Welt sicher.

Bakery Hill ist eindeutig glaubwürdig. Der Biochemiker David Baker gründete die Destillerie 1998, sein erster Single Malt kam im Herbst 2003 heraus. Seitdem hat er sich langsam, aber sicher einen Ruf erarbeitet, der auch über Australien hinausreicht. Es war jedoch der Classic Cask Strength, der bei europäischen Whiskyexperten erstmals für echtes Aufsehen sorgte. Der Whisky reift in kleinen (50 oder 100 Liter) Fässern, um die Reifung zu beschleunigen, und der hohe Alkoholgehalt sorgt für eine Intensität, die sonst nicht vorhanden ist. **DR**

Verkostungsnotizen

Immer noch süße Getreidenoten in der Nase, aber der relativ hohe Alkoholgehalt läßt auch Orangen- und andere Zitrustöne anklingen. Am Gaumen üppig, dicht und intensiv, mit einer schichtbildenden Öligkeit, die von Fruchtnoten überlagert wird.

Bakery Hill Classic Peated

Bakery Hill | www.bakeryhilldistillery.com.au

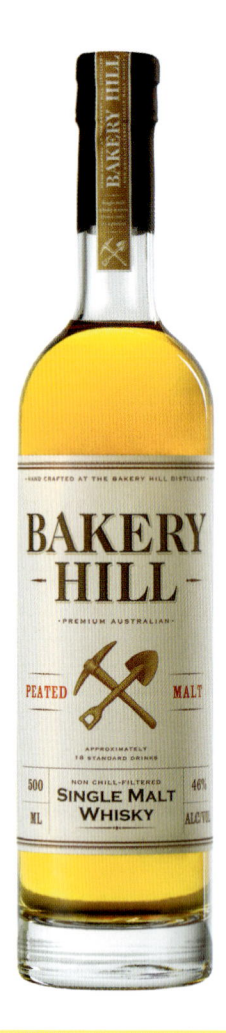

Herstellungsregion und -land Victoria, Australien
Destillerie Bakery Hill, Balwyn North
Alkoholgehalt 46 Vol.-%
Whiskytyp Single Malt

Je mehr Länder es werden, die Whisky produzieren, desto wahrscheinlicher ist es, daß Neuankömmlinge die etablierten Hersteller herausfordern und althergebrachte Annahmen in Frage stellen. Beides geschieht schon jetzt. Da Whisky ein unendlich kompliziertes Thema sein kann, wird innerhalb der Branche vieles oft sehr verkürzt dargestellt. Einige der neuen Hersteller weisen darauf hin, daß solche Verkürzungen irreführend oder sogar nachteilig für ihre Unternehmen sein können. Was bringt die Altersangabe auf einer Flasche, wenn man nicht auch die Faßgröße und -art in Betracht zieht oder klimatische Einflüsse wie Temperatur, Luftfeuchtigkeit und -druck? Und wo steht geschrieben, daß eine zwölfjährige Lagerung notwendig ist, um einen Spitzenwhisky zu erzielen? Wie sehr sich klimatische Unterschiede auswirken können, läßt sich schon an einem so riesigen Land wie Australien erkennen.

Der vorliegende Whisky ist jung, aber die genannten Reifungsfaktoren und die Tatsache, daß Torf die Eigenschaften junger Gerste verstärken und ergänzen kann, machen ihn zu einem Schwergewicht, das sehr kräftig zuschlägt. Das muß er natürlich auch, um auf sich aufmerksam zu machen, da David Baker kaum Mittel für Werbung und Marketing zur Verfügung stehen und er seine Marken deshalb nicht so aufbauen kann, wie sie es verdienten. Er kann auch die Stückkosten nicht senken, indem er etwa die Produktionsmenge steigert. Trotz all dieser Hemmnisse ist David immer noch am Markt, ja sogar mit Lark und Sullivans Cove einer der führenden Hersteller Australiens. Inzwischen ist der Whisky auch im europäischen Versandhandel zu bekommen. **DR**

Verkostungsnotizen

Stachelbeeren, grüne Äpfel und Bananenschalen über erdigem Torf. Ein sehr natürliches Bouquet. Es gibt eine gewisse Süße, die aber gut verankert ist und deshalb nicht ins Klebrige abgleitet. Mittellanger Abgang. Man nimmt schnell einen zweiten Schluck.

Bakery Hill Double Wood

Bakery Hill | www.bakeryhilldistillery.com.au

Herstellungsregion und -land Victoria, Australien
Destillerie Bakery Hill, Balwyn North
Alkoholgehalt 46 Vol.-%
Whiskytyp Single Malt

Destillerien, die am Rand der großen Whiskyabsatzgebiete liegen, stehen vor dem Problem, ihre Erzeugnisse zu bezahlbaren Preisen bis zu den Kunden zu transportieren. Auf deren Heimatmarkt muß es ihnen dann noch gelingen, die Kunden dazu zu verleiten, ihr Produkt zu kaufen und nicht etwa eine der anerkannten schottischen, irischen oder amerikanischen Weltmarken. In der Lösung solcher Probleme hat Australien seit langem Erfahrung und kann auf viele Erfolge verweisen. Australische Winzer haben die Alte Welt im Sturm erobert und sich auf jedem Niveau erfolgreich mit den besten Weingütern der Welt gemessen. Können die Whiskyhersteller Gleiches leisten?

Es liegt noch ein langer Weg vor ihnen. Gegenwärtig gibt es immer noch eine Reihe schottischer Destillerien, die schon vor der europäischen Besiedlung Australiens gegründet worden sind, und die Whiskyherstellung reicht in Schottland natürlich noch weiter zurück. Die Whiskyproduktion in Australien steckt in den Kinderschuhen, und es kann sein, daß die Branche ihre Zukunft irgendwann nicht mehr in der Alten Welt, sondern in den jungen Märkten Asiens, Indiens und Afrikas sieht. Die Bedeutung der südostasiatischen Märkte wird schon jetzt zunehmend deutlicher. Auf den etablierten Märkten wird man eher mit hochwertigen, handwerklich hergestellten Whiskys reüssieren können.

Wie etwa dem Double Wood, vielleicht die mutigste und ehrgeizigste Abfüllung, die Bakery Hill bisher vorgestellt hat. Die beiden Faßarten sind amerikanische Bourbon- und französische Eichenfässer. Man spürt, daß der Whisky im Laufe der Zeit noch besser werden wird, er zeigt sich aber jetzt schon sehr charaktervoll. **DR**

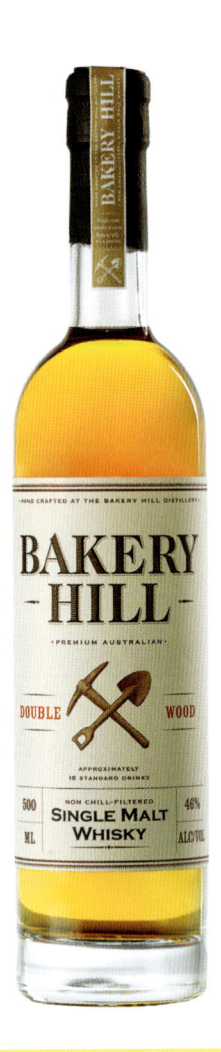

Verkostungsnotizen

Der saftigste, fruchtigste Whisky der Destillerie. Exotische Früchte und süße Gewürze in der Nase, und zähe Orangen-, Pflaumen- und Honignoten am Gaumen. Gerade genug Eiche und Würze in der Mischung, daß sie ehrlich bleibt. Mittlerer Abgang.

BELGROVE
DISTILLERY

WHITE RYE
NEW SPIRIT
100% RYE

Date distilled

Volume mL Alc/Vol %

Approximately standard drinks

This rye was grown, malted, distilled and bottled at
Belgrove Distillery
3121 Midland Highway
Kempton, Tasmania 7030

Distilled by
Peter Bignell
belgrovedistillery.com.au
Product of Australia

Belgrove White Rye

Belgrove
www.belgrovedistillery.com.au

Herstellungsregion und -land Tasmanien, Australien
Destillerie Belgrove, nahe Kempton
Alkoholgehalt 40 Vol.-%
Whiskytyp White Rye Whisky

Oft wird angenommen, alle australischen Whiskys seien Single Malts im schottischen Stil. In Tasmanien versucht man sich jedoch in vielen unterschiedlichen Stilen und Herstellungsmethoden, etwa einem dreifach destillierten Whisky im irischen Stil oder einer Maischerezeptur mit Mais, die den Whiskeys aus Kentucky ähnelt. Und dann gibt es noch den vorliegenden, der vom Bauern Peter Bignell in einer kleinen Brennerei destilliert wird, die er in einem alten Stall eingerichtet hat. Die Gärbottiche und die Brennblase stehen in einer Pferdebox, die Fässer für die Lagerung in einer anderen. Wie andere Tasmanier hat er die Brennerei zuerst als Hobby betrieben, aber er hat sich auch Ratschläge vom Besitzer der Lark-Destillerie, Bill Lark, geben lassen.

Bignell wollte etwas anderes machen und griff deshalb auf den Roggen zurück, den er auf seinen Feldern anbaut. Die Brennblas7e und Gärtanks hat er selbst gebaut, die Brennblase wird mit Bio-Diesel befeuert, den er aus Speiseölresten herstellt – seine Destillerie ist vermutlich die ökologisch unbedenklichste der Welt. Sie wird nur einmal in der Woche in Betrieb genommen, und das erst seit 2011, seine Arbeit befindet sich also noch im Frühstadium. Die meisten nur wenige Monate alten Destillate schmecken nach Fusel und Leinöl, aber dieser klare Roggenbrand zeigt, daß es auch anders geht, er ist sanft und nicht so würzig wie amerikanische Ryes. **DR**

Verkostungsnotizen

Die Nase dieses klaren Brands ist sanft und abgerundet, aber der Geschmack erinnert an Pastis. Sahnekaramell, Lakritze und Anis mischen sich mit sanften Gewürzen.

Hellyers Road Original

Hellyers Road
www.hellyersroaddistillery.com.au

Herstellungsregion und -land Tasmanien, Australien
Destillerie Hellyers Road, nahe Burnie
Alkoholgehalt 46,2 Vol.-%
Whiskytyp Single Malt

Die Destillerie Hellyers Road liegt etwa 320 Kilometer nordwestlich der tasmanischen Hauptstadt Hobart in der Nähe des Ortes Burnie. Der Name der Brennerei rührt von Henry Hellyer her, der von seinem Arbeitgeber, der Dieman's Land Company, im Jahr 1825 den Auftrag erhielt, eine Erschließungsstraße durch den rauhen Nordwesten Tasmaniens zu bauen. Sie sollte die Stadt Emu Bay, die heute Burnie heißt, mit dem Rest des Landes verbinden. Ihr richtiger Name ist Old Surrey Road, sie wird aber für viele immer die Hellyer's Road bleiben.

Als die Destillerie gegründet wurde, wollten die Besitzer der Entschlossenheit von Henry Hellyer ein Denkmal setzen: „Wir hatten uns von seinem Vorbild inspirieren lassen, ein Produkt zu schaffen, das den Geschmack und den Charakter Tasmaniens einfängt. Henrys Arbeit war sein Leben, und dieses Leben lohnt, in Erinnerung behalten zu werden."

Neben dieser Standardabfüllung gibt es auch getorfte, leicht getorfte und in Pinot-Noir-Fässern nachgereifte. Die vorliegende Version ist ein sich schnell entwickelnder Malt, der seine jugendlichen Getreidenoten ablegt und während der Reifung einen üppigeren, süßeren und volleren Geschmack annimmt. Hellyers Road Original entsteht aus Gerste und Wasser der Umgebung, reift in amerikanischen Eichenfässern und wird mit 46,2 Volumenprozent Alkohol abgefüllt. **DR**

Verkostungsnotizen

In der Nase zeigen sich frische Früchte über Getreide und Vanille. Der Gaumen ist warm und cremig und liefert den von der Nase angekündigten Maltgeschmack.

Hellyers Road Single Malt Whisky

Hellyers Road | www.hellyersroaddistillery.com.au

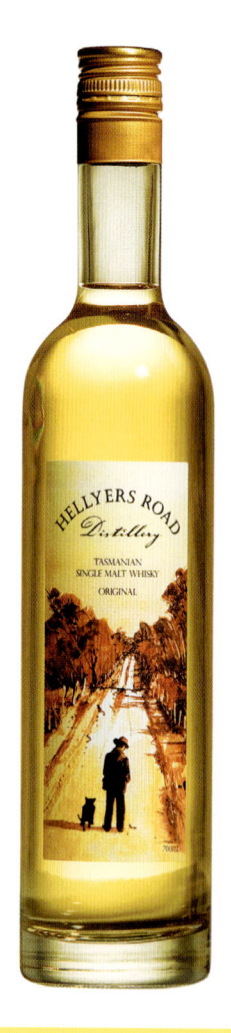

Herstellungsregion und -land Tasmanien, Australien
Destillerie Hellyers Road, nahe Burnie
Alkoholgehalt 43,6 Vol.-%
Whiskytyp Single Malt

Auf Tasmanien wird seit kaum mehr als zwei Jahrzehnten Whisky hergestellt, aber das Erreichte ist schon beachtlich. Das Brennen eines Malzdestillats ist nicht sonderlich schwierig und kann auch gut in kleinen Mengen erfolgen. Man neigt dazu, die Welt durch die Brille der fünf großen whiskyproduzierenden Nationen zu sehen, aber es gibt auch Destillerien, die für ihre nähere Umgebung Whisky in kleinen Chargen herstellen, keine öffentliche Aufmerksamkeit benötigen oder wollen und mit ihrem Los als Produzenten sehr geringer Mengen vollkommen zufrieden sind. Es gibt sogar einige funktionsfähige Schaudestillerien, die bei jedem Brennvorgang kaum mehr als einige Tassen Destillat erzeugen.

Hellyers Road ist nicht klein, aber man scheint damit zufrieden zu sein, außerhalb der großen Whiskywelt zu bleiben. Man findet ihre Produkte selten außerhalb von Australien, aber die Destillerie gehört zu den älteren und auch größeren des Landes. In der Vergangenheit hat man den häufigen, aber bedauerlichen Fehler begangen, die Destillate zu früh auf Flaschen zu ziehen. Es wurde auch zuviel produziert, so daß man Herstellungspausen einlegen mußte, was zu Schließungsgerüchten führte. Aber Hellyers Road bieten einen vollkommen annehmbaren Malt, von dem sie niemanden etwas erzählen.

Die Destillerie wurde von einer Konsortium tasmanischer Milchproduzenten gegründet, die sich durch die heftige Konkurrenz vom australischen Festland gefährdet sahen. Sollte der Milchmarkt zusammenbrechen, hofften sie, als Whiskybrenner eine Zukunft zu haben. Die Milchbranche hat überlebt, doch auch in der Destillerie kümmert sich noch immer jemand um den Whisky. **DR**

Verkostungsnotizen

Süße, pflanzliche Nase mit Heu und Sommerwiesennoten. Am Gaumen Stachelbeeren, sanfte Gewürze, Brombeeren und Grasschnitt. Recht trocken, wie ein leichter Aperitif, später etwas pfeffrig, mit einem Hauch Frucht im Abgang.

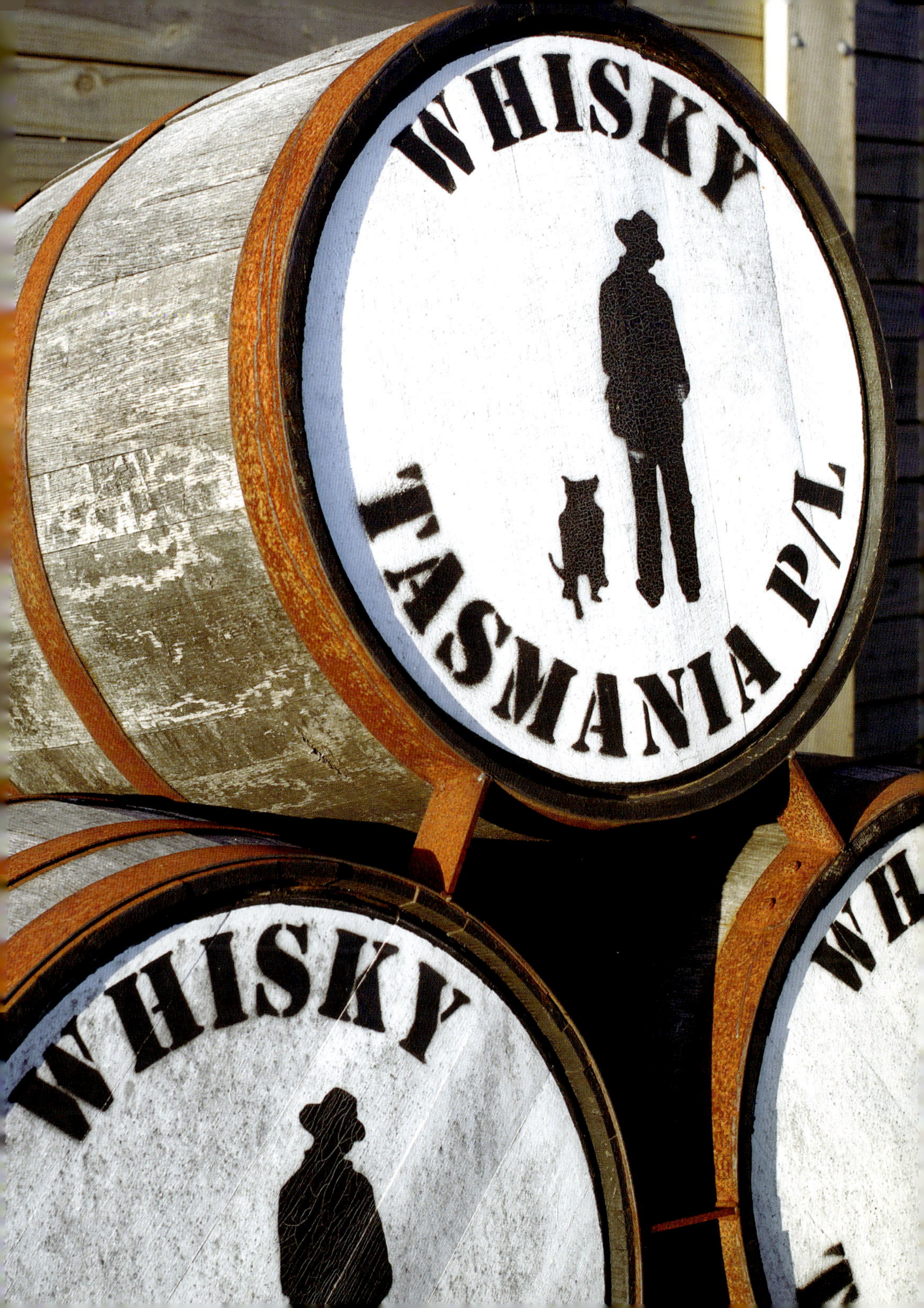
WHISKY
TASMANIA P/L
WHISKY

Lark 9-Year-Old Bourbon Cask

Lark | www.larkdistillery.com.au

Herstellungsregion und -land Tasmanien, Australien
Destillerie Lark, Hobart
Alkoholgehalt 43 Vol.-%
Whiskytyp Single Malt

Da sich die Whiskyszene auf Tasmanien weitgehend ohne Kontakt zum Rest der Welt entwickelt hat, ist sie ein Verein eigener Art. Ihr Kernstück war schon immer die Destillerie Lark, deren Besitzer Bill Lark im Laufe der Jahre viele der aufstrebenden Neuankömmlinge gefördert hat. Etliche von ihnen haben sogar für ihn gearbeitet, bevor sie sich selbständig machten. Es war faszinierend zu beobachten, wie aus dem Nichts eine ganze Industrie entstanden ist. Die frühen tasmanischen Abfüllungen waren viel zu jung und nicht ansprechend verpackt, aber sie haben sich einen Platz in der Weltspitze errungen.

Als nächstes muß sich erweisen, wie die tasmanischen Whiskys den Übergang ins mittlere und hohe Alter bewältigen. Bisher gibt es nur vom unabhängigen Abfüller Heartwood Ausgaben, die älter als zehn oder zwölf Jahre sind, und deren Qualität ist durchwachsen. Es steht jedoch zu erwarten, daß Lark bald hauseigene ältere Whiskys auf den Markt bringen wird.

Die geringen Mengen, die Lark produziert hat, wurden meist schon jung verkauft, aber manche Fässer hat man auch zurückgehalten. So etwa das inzwischen legendäre Cask LD240, das als ehemaliges Bourbonfaß eine Besonderheit darstellt. Der vorliegende 9-Year-Old wird als limitierte Ausgabe angeboten. **DR**

Verkostungsnotizen

In der Nase Rosen und frisch geschnittenes Gras mit Zitrusfrüchten. Am Gaumen tritt zu Lavendel und Rosen-Vanille hinzu, dann Grapefruit und Lakritze.

Lark Para Single Malt

Lark | www.larkdistillery.com.au

Herstellungsregion und -land Tasmanien, Australien
Destillerie Lark, Hobart
Alkoholgehalt 43 Vol.-%
Whiskytyp Single Malt

Die Destillerie Lark ist zweigeteilt. Ein Teil liegt im tasmanischen Weinanbaugebiet, die eigentliche Destillerie. Der andere trägt den Namen „Cellar Door" – ein Ladengeschäft mit Bar im Zentrum von Hobart. Dort hat man Gelegenheit, bestimmte Versionen des Lark-Whiskys zu probieren, die nirgendwo anders zu bekommen sind.

Das liegt daran, daß in der Destillerie gerne und viel experimentiert wird. Alle Arbeitsschritte werden in von Hand ausgeführt, und beim Brennen wird das Destillat immer wieder verkostet, um den richtigen Zeitpunkt zu finden, an dem das Herzstück vom Vorlauf und Nachlauf getrennt werden muß. Lark hat festgestellt, daß seinem Whisky die Lagerung in kleinen Fässern am besten bekommt, vor allem solchen, die zuvor Portwein enthielten.

Dieser Malt reifte in Fässern aus Holz, in dem vorher Para-Portwein lagerte, der teilweise bis zu 100 Jahre alt war. Bill Lark erzählt, daß er große Anstrengungen unternehmen mußte, um das Holz zu erhalten. Die hätten sich jedoch gelohnt, da es seinem Whisky eine besondere Dimension verliehen habe. Ein bestimmte Reife ist dem Whisky auf jeden Fall anzumerken, er ist erwachsen und zeigt keine Spur jugendlicher Schärfe. Es ist ein beispielhaft gebrannter Malt, der Lark einen Platz unter den besten Herstellern sichert. **DR**

Verkostungsnotizen

Üppig und fruchtig in der Nase; überreifer Apfel und Kirsch-Hustenbonbons am Gaumen, außerdem rote und schwarze Beerenfrüchte. Fast likörhaft intensiv.

Lark Single Malt Cask Strength

Lark | www.larkdistillery.com.au

Herstellungsregion und -land Tasmanien, Australien
Destillerie Lark, Hobart
Alkoholgehalt 58 Vol.-%
Whiskytyp Single Malt

Der Erfolg von Bill Larks Whiskys stellt ihn vor die Wahl, zu destillieren, weltweit für seine Marke zu werben, sich um den Verkauf zu kümmern oder sich dem Kerngeschäft und den Finanzen zu widmen. Es gibt ehemalige Whiskybrenner und -verschneider, die permanent unterwegs sind, um über ihre Whiskys zu referieren und Workshops anzubieten. Andere meiden das Rampenlicht. Die Whiskyherstellung bei Lark liegt inzwischen in den Händen seiner Tochter Kirsty, während seine Ehefrau die Geschäfte führt. Bill selbst konzentriert sich auf die wachsende internationale Bedeutung seiner Firma. Er arbeitet mit offiziellen Stellen in Tasmanien zusammen, um den Tourismus zu fördern. Merkwürdigerweise interessieren sich viele Besucher für die Herkunft seines Torfs.

Etwas merkwürdig, daß auf einer Insel, die bekannt ist für ihre saubere Luft, schönen Küsten und bezaubernden Landschaft, den Torfmooren so viel Aufmerksamkeit gewidmet wird. Wegen der einzigartigen Fauna der Insel unterscheidet sich der Torf deutlich vom schottischen, was man dieser Version des Lark-Whiskys auch anmerkt. Die Kombination aus süßem Torf und zäh-kratzigem Getreide und die längere Reifung – die dem Whisky Tiefe und Gewicht verleiht – ergibt einen herrlichen Whisky, der einen Platz in jedem Barschrank verdient hat. **DR**

Verkostungsnotizen

Drei divergierende Geschmacksrichtungen, die dennoch einen ausgewogenen Malt ergeben: süße Gerste; erdiger, würziger Torf; sanfte, saubere, grüne Früchte.

Lark Single Malt Classic Cask

Lark | www.larkdistillery.com.au

Herstellungsregion und -land Tasmanien, Australien
Destillerie Lark, Hobart
Alkoholgehalt 43 Vol.-%
Whiskytyp Single Malt

Die schwierigste Aufgabe, vor der die australischen Whiskyhersteller ursprünglich standen – wie alle Hersteller aus Ländern, die nicht traditionell Whisky produzieren –, lag darin, vom Rest der Welt ernst genommen zu werden. Es ist schließlich noch nicht sehr lange her, daß billige, schlechte Whiskyimitationen die Menge an gutem Whisky bei weitem überwogen.

Die Australier haben sich dann einer langfristigen Entwicklung verpflichtet, um den Whiskys ihres Landes einen gebührenden Platz auf der Weltkarte zu schaffen. Es war klar, daß dies nur gelingen konnte, wenn alle Beteiligten sich an strikte Qualitätsnormen hielten. Bill Lark war einer der Schrittmacher, er hat nicht nur selbst große Whiskys hergestellt, sondern mit einer Handvoll anderer Produzenten auch als Vorbild und Maßstab gedient.

Dieser Malt ist das Flaggschiff der Destillerie Lark. Er entsteht mit Gerstenmalz tasmanischer Produktion von der Brauerei Cascade. Der Whisky ist leicht getorft (etwa die Hälfte des Malzes wird getorft) und wird in Brennblasen aus Kupfer doppelt destilliert, die in Australien hergestellt wurden. Das Destillat wird fünf bis acht Jahre in kleinen (100 Liter) Eichenfässern gelagert, bei denen die Verdunstung schneller abläuft, so daß die Reifungszeit verkürzt werden kann. **DR**

Verkostungsnotizen

In der Nase sind Malz und Gewürze deutlich. Außerdem Chili, Rauch, Zimt und Muskatnuß. Am Gaumen kandierte Äpfel und leichte Mentholnoten.

Limeburners American Oak

Great Southern Distilling Company
www.limeburners.com.au

Herstellungsregion und -land Western Australia, Australien **Destillerie** Great Southern Distilling, Albany
Alkoholgehalt 43 Vol.-%
Whiskytyp Single Malt

Viele Whiskyliebhaber träumen davon, sich mit einer eigenen Destillerie selbständig zu machen. Das weltweite Aufkommen der „Craft Distilling"-Bewegung hat vielen auch die Gelegenheit gegen, diesen Traum auch zu verwirklichen. Für manche von ihnen hat er sich dann jedoch zu einem Albtraum entwickelt.

Allzuoft wird der Whisky aus Kostenerwägungen zu früh auf Flaschen gezogen, wodurch der Ruf der Destillerie leidet, bevor sie noch recht Gelegenheit gehabt hat, überhaupt einen zu erwerben. Aus solchen Gründen haben etwa Bill Lark und Patrick Maguire von Sullivans Cove sich von ihren ersten Abfüllungen distanziert. Bei der Great Southern Distilling Company war es vermutlich die gleiche Geschichte.

Die Destillerie hat früher immer in Faßstärke auf Flaschen abgezogen, aber ihre Whiskys mit Portwein- und mit Sherry-Finish kommen mit 43 Volumenprozent Alkoholgehalt auf den Markt und legen die Meßlatte deutlich höher. Diese Ausgabe war bei ihrem Erscheinen sofort ein Hit. Sie reifte in amerikanischen Bourbonfässern, kam 2016 auf den Markt und war sofort ausverkauft. Inzwischen gibt es sie aufgrund der Nachfrage wieder. Auch jetzt sind die Flaschen nicht leicht zu bekommen, man sollte nicht zögern, wenn man eine ausfindig macht. **DR**

Verkostungsnotizen

Sanfte Zitrus- und Honigaromen in der Nase, auch Beerenfrüchte. Am Gaumen kühn, voller Geschmack mit gelben Früchten, Vanille, Pfeffer und Gewürzen.

Limeburners Port Cask

Great Southern Distilling Company
www.distillery.com.au

Herstellungsregion und -land Western Australia, Australien **Destillerie** Great Southern Distilling, Albany
Alkoholgehalt 43 Vol.-%
Whiskytyp Single Malt

Die Great Southern Distilling Company war einer der Whiskypioniere Australiens, als sie 2004 die Produktion aufnahm. Der Limeburners Single Malt ist unter den Augen der Öffentlichkeit von einem häßlichen Entlein zu einem wunderbaren Schwan herangewachsen. Es ist kaum in Worte zu fassen, wie sehr er sich seit der Frühzeit zum Besseren verändert hat.

In einem riesigen Land wie Australien ist es für eine neue Destillerie schwierig, da sie die ersten Schritte ohne die Hilfe und Unterstützung anderer Brenner machen muß. Cameron Syme, der Besitzer der Great Southern Distilling Company, hat diesen Nachteil dadurch wettgemacht, daß er eine wichtige Rolle dabei gespielt hat, die Destillerien Australiens zur Zusammenarbeit zu bringen.

Die Limeburners Single Malts entstehen in einer kleinen Destillerie in Western Australia, in der schon zuvor Spirituosen und Liköre hergestellt wurden. Nach großen Anstrengungen ist es Syme gelungen, einen Single Malt zu schaffen, der von den australischen Whiskytrinkern respektiert und unterstützt wird. Der Port Cask reifte zuerst in einem 200-Liter-Bourbonfaß, dann in Portweinfässern und wird nicht wie andere Whiskys der Destillerie in Faßstärke abgefüllt. Er ist beeindruckend, gut gemacht und anders als alles, was sonst auf dem Markt ist. **DR**

Verkostungsnotizen

Pur zeigt er Gewürz- und Fruchtaromen, mit etwas Wasser wird er sehr lebhaft. Vanille- und Portweinnoten, Spuren von Honig, Rosinen und warmen Gewürzen.

GREAT SOUTHERN DISTILLING COMPANY

Limeburners

Small Batch   Hand Distilled   Non-Chill Filtered

western australian
Single Malt Whisky

BARREL STRENGTH
Barrel M23
BOTTLE
021

61% Alc/Vol   PRODUCT OF AUSTRALIA   700ml

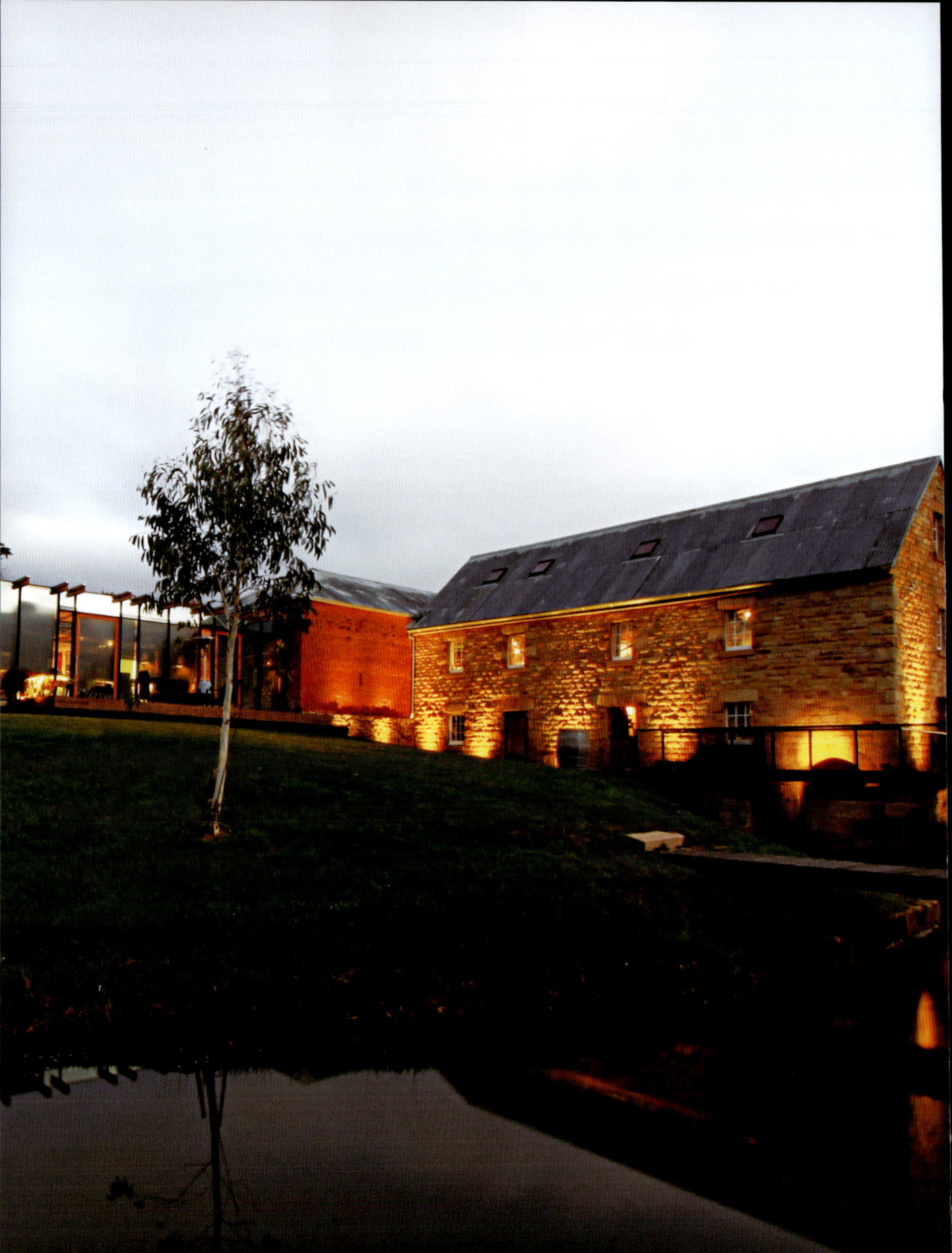

Nant Port

Nant | www.nant.com.au

Herstellungsregion und -land Tasmanien, Australien
Destillerie Nant, Bothwell
Alkoholgehalt 43 Vol.-%
Whiskytyp Single Malt

Die Destillerie Nant befindet sich im Herzen der Central Highlands von Tasmanien, die schon in den 1820er Jahren besiedelt wurden. Die Brennerei ist jedoch relativ jung. Sauberes Wasser im Überfluß und die gute Gerste der Umgebung machten den Standort ideal für die Produktion von Malt-Whisky. Die ersten, noch geringen Mengen wurden 2010 auf Flaschen gezogen. Vielleicht hat man aus den Erfahrungen anderer Destillerien gelernt, jedenfalls gab es keine Anlaufschwierigkeiten, die Whiskys ernteten von Anfang an Lob. Der bekannte Whiskykritiker Jim Murray verlieh dem ersten Malt 91,5 Punkte und bezeichnete ihn als „Absichtserklärung".

Die Destillerie steht in etwa einer Stunde Entfernung von Hobart in einer kargen, rauhen Landschaft. Wenn man jedoch die Mühe der Anreise nicht scheut, bekommt man nicht nur eine Führung durch die Brennerei geboten, sondern auch durch die historische Wassermühle, die seit 1823 in Betrieb ist und immer noch Getreide zu Mehl verarbeitet. In einem Ferienhaus können bis zu neun Personen unterkommen und bei Jagd, Angeln und Golf die Landschaft genießen.

Doch auch wenn man es nicht bis nach Tasmanien schafft, muß man nicht auf Nant-Whisky verzichten. Trotz der geringen Mengen, die produziert werden, hat die Destillerie Exportverträge mit Händlern in Frankreich, Kanada und Festlands-Australien geschlossen. **DR**

Verkostungsnotizen

Mit dem leicht öligen Gerstengeschmack eines jungen Whiskys (er ist kaum mehr als drei Jahre alt), aber auch angenehmen Beeren- und Zitrusnoten.

Nant Sherry

Nant | www.nant.com.au

Herstellungsregion und -land Tasmanien, Australien
Destillerie Nant, Bothwell
Alkoholgehalt 43 Vol.-%
Whiskytyp Single Malt

Tasmanischer Whisky befindet sich noch im Jugendalter. Die Destillerien Lark und Tasmania sind die beiden ältesten, aber ein gutes halbes Duztend jüngere folgen ihren Fußstapfen. Manche von ihnen sind winzig und produzieren in alten Schuppen; andere, wie Nant, sind schon etablierter. Auf jeden Fall entwickelt der Whisky der Insel bereits seinen eigenen Stil. So wird er zum Beispiel überwiegend in Portweinfässern gelagert. Der Malt-Whisky Tasmaniens zeigt meist viele grüne und rote Früchte, und eine Reihe von Destillerien, darunter auch Nant, verwenden kupfernen Brennblasen, die alle vom selben Betrieb in Australien stammen. Die Brennblasen sind klein, man fühlt sich also ein wenig an eine schottische Miniaturdestillerie erinnnert.

Die Destillerie Nant wurde mit Blick auf den steigenden Tourismus in Tasmanien errichtet. Sie verfügt über Gärtanks aus Edelstahl wie aus Holz, so daß man die seltene Gelegenheit hat, die beiden Tankarten zu vergleiche. Zudem kann die Brennerei auch kleine Chargen destillieren, um damit zu experimentieren.

Diese Abfüllung reifte in Sherryfässern und ist die leichteste und süßeste des Sortiments. Sie hat, vor allem unter Frauen, eine beträchtliche Anhängerschaft. Man kann einen Sommerabend schlechter verbringen, als hier auf der eleganten Terrasse der Bar zu sitzen und ein Glas dieses Malts zu einem Stück Ziegenkäse zu trinken. **DR**

Verkostungsnotizen

Jung, süß, nicht sonderlich raffiniert, aber mit einem runden, süßen Malzton vor einem Hintergrund aus Pfirsich und Aprikosen. Äußerst trinkbar.

← Die Destillerie Nant ist stolz auf ihr reines Wasser.

Old Hobart Overeem Port Cask Single Malt

Old Hobart
www.overeemwhisky.com

Herstellungsregion und -land Tasmanien, Australien
Destillerie Old Hobart, Hobart
Alkoholgehalt 43 Vol.-% und Faßstärke
Whiskytyp Single Malt

Casey Overeem begann in den 1980er Jahren, sich für das Destillieren zu interessieren. Damals besuchte er Verwandte in Norwegen und war fasziniert von den Hausbrennereien, die viele Familien in ihren Kellern betrieben. 2005 nahm er die Destillerie Old Hobart in Betrieb. Verkostet wurden für diesen Band Vorabproben im Alter von vier Jahren, inzwischen sind die Whiskys auch käuflich erhältlich. Allerdings hat sich Overeem inzwischen aus der Leitung der Destillerie zurückgezogen.

Im Jahr 2011 machte die Whiskybrennerei in Tasmanien einen entscheidenden Schritt nach vorne. Die Destillerien Lark und Tasmania führen Whiskys, die auch nach mitteleuropäischen Maßstäben ein gutes Alter besitzen, selbst wenn man die Vorteile, die das Klima in Tasmanien bei der Reifung bietet, nicht berücksichtigt. Um ihr wachsendes Selbstvertrauen zu dokumentieren, haben die Whiskybrenner in Tasmanien einen eigenen Branchenverband gegründet, die Tasmanian Distillers and Allied Industry Group. Old Hobart bietet Whiskys an, die in Portwein-, Sherry- oder Bourbonfässern gelagert und mit 43 Volumenprozent Alkohol und auch in Faßstärke auf Flaschen gezogen wurden. Außerdem gibt es einen Branntwein aus tasmanischen Weinen, so daß das Portfolio aus sieben Spirituosen besteht. **DR**

Verkostungsnotizen

Gewürze und Minze in der Nase, auch am Gaumen Gewürze, dann von Lakritze und Fruchtnoten begleitet. Herrlich cremig und ein wunderbar sauberer Abgang.

Old Hobart Overeem Sherry Cask Single Malt

Old Hobart
www.overeemwhisky.com

Herstellungsregion und -land Tasmanien, Australien
Destillerie Old Hobart, Hobart
Alkoholgehalt 43 Vol.-% und Faßstärke
Whiskytyp Single Malt

Der Name Old Hobart verweist auf die historischen Ursprünge der Whiskybrennerei in Tasmanien. Der erste Whisky wurde im damaligen Van Diemen's Land von Thomas Haigh Midwood im Jahr 1822 destilliert. Schon zwei Jahre später konnte die Insel auf stolze 16 Brennereien verweisen. Dem machte dann allerdings 15 Jahre darauf der Gouverneur John Franklin ein Ende, indem er das Destillieren grundsätzlich verbot. Das bedeutete für mehr als 150 Jahre das Ende der Spirituosenbrennerei in Tasmanien.

Mit der Eröffnung von Old Hobart im Jahr 2005 hat Tasmanien wieder mehr als die Hälfte des verlorenen Höchstandes von 16 Destillerien erreicht. Die Insel ist in kurzer Zeit zu einer der größten whiskyproduzierenden Regionen der Welt geworden und besitzt jetzt mehr Brennereien als Islay, als ganz Kanada, Japan oder Irland.

Ob der Whisky von Old Hobart so schmeckt wie der in jenen Pioniertagen gebrannte, kann man natürlich nicht wissen. Casey Overeems Kenntnisse der Brennereitechnik lassen jedoch vermuten, daß sein Destillat deutlich kultivierter ist, als es der Vorgänger jemals war. Die ursprünglich geplante Version aus einer Mischung von Whiskys, die in Portwein-, Sherry- und Bourbonfässern gereift wurden, ist nicht erschienen. **DR**

Verkostungsnotizen

Intensiver, fast überwältigender Geschmack, unglaublich üppig und lebhaft. Im Vordergrund Sherry, dahinter viel Frucht. Sehr gut gemacht, wird sicher gut altern.

Raymond B. Whiskey

The Hoochery
www.hoochery.com.au

Herstellungsregion und -land Kimberley, Western Australia, Australien **Destillerie** Hoochery, Kununurra
Alkoholgehalt 40 Vol.-%
Whiskytyp Corn Mash

Die Annahme ist verbreitet, daß sich ein Land, das den Schritt in das Gebiet der Whiskyherstellung wagt, immer an Schottland orientieren wird und daß die neuen Destillerien die Single Malts der Schotten nachahmen werden. Warum sollte das jedoch so sein? Bourbon und irischer Whiskey unterscheiden sich in der Herstellung und im Geschmack beide deutlich vom Scotch, und es gibt in Asien, Südamerika und Australien keine Regeln, die vorschreiben, wie ein Whisky herzustellen sei.

Australiens Unternehmertum blickt auf eine lange Geschichte zurück, und wenn es dort eine Marktlücke gibt, wird sich jemand finden, der sie füllt. Wenn man fragt, ob Tasmanien für Australien das ist, was Islay für Schottland bedeutet, lautet die ehrlich Antwort: „Nein. Die Whiskys der Insel sind dafür viel zu unterschiedlich."

Dieser Whisky wird auf amerikanische Weise aus Mais gebrannt und durch Holzkohle gefiltert, so wie das auch bei Tennessee Whiskeys wie etwa Jack Daniel's geschieht. Die Hoochery-Destillerie ist vor allem wegen ihres Rums bekannt, der einen sehr guten Ruf genießt. Der Whisky ist eher eine Liebhaberei. Allerdings verspricht man auch für ihn ein unvergleichliches Geschmackserlebnis: „Bloody-good-dinky-di Kimberley spirit!" Mehr kann man ja wirklich nicht verlangen. **DR**

Verkostungsnotizen

Glatt, abgerundet und süß, aber unverkennbar jung. Hat mehr mit *moonshine corn whiskey* als mit Bourbon oder Tennessee Whiskey gemein.

Starward Solera

New World
www.starward.com.au

Herstellungsregion und -land Victoria, Australien
Destillerie New World, Port Melbourne
Alkoholgehalt 43 Vol.-%
Whiskytyp Single Malt

Sogar für die Whiskybranche, in der man einiges gewöhnt ist, wirkt die Entwicklung vom Wunschtraum eines Unternehmers bis hin zu einer Goldmedaille bei den World Whiskies Awards doch fast wie Märchen. David Vitale hatte beschlossen, seine erfolgreiche Melbourner Firma für E-Learning aufzugeben und sich einem ruhigeren Leben in Tasmanien zu widmen. Ursprünglich wollte er dort eine Brauerei für ökologisch erzeugtes Bier starten, aber nach dem Besuch einer Kleinstdestillerie ließ ihn der Gedanke an das Whiskybrennen nicht mehr los. Also ging er zurück nach Melbourne und gründete dort mit einigen Investoren aus der Stadt eine Destillerie.

Das war 2004. In Melbourne macht man keine halben Sachen, das Unternehmen ist inzwischen recht groß und kapitalkräftig. Man hat fast zehn Jahre in Forschungs- und Entwicklungsarbeiten gesteckt und hat vor, Innovation und Bildung zu Schlüsselfaktoren zu machen.

Vitale sagt dazu: „Starward will der Welt einen modernen Whisky bieten, der nicht durch Traditionen eingeengt ist. Wir arbeiten mit Gerste und Fässern aus Australien und haben alle Verfahrensschritte von internationalen Vorbildern übernommen, um sie dann nach genauer Abwägung zu modifizieren." Der Solera hat einen ebenso gefeierten Bruder: den Starward Wine Cask. **DR**

Verkostungsnotizen

In der Nase Birne, Banane, Apfel, Rosinen und getrocknete Feigen. Mundfüllende, üppige Noten von Karamell, Crème brûlée, Pfeffer, Muskat und Marzipan.

Sullivans Cove Cask Strength 10-Year-Old

Tasmania
www.sullivanscove.com

Herstellungsregion und -land Tasmanien, Australien
Destillerie Tasmania, Cambridge, Hobart
Alkoholgehalt 60 Vol.-%
Whiskytyp Single Malt

Die Destillerie Tasmania war nicht die erste auf der Insel, aber ihre Geschichte reicht weit zurück. Wie andere Brennereien setzt auch sie auf diese historischen Bezüge. Tasmanien wurde im frühen 19. Jahrhundert von den Briten als Strafkolonie genutzt, und seit jenen Tagen brannte man dort auch Spirituosen. 1994 wurde Tasmania in Sullivans Cove an den Ufern des Derwent gegründet, an der Stelle, wo die Briten ihre Flagge gehißt und Hobart, die zweitälteste Stadt Tasmaniens, errichtet hatten.

Die ersten Destillate für die Marke Sullivans Cove entstanden 1995 in einer einzigen Brennblase. Die Moderne brach allerdings erst nach einem Besitzerwechsel im Jahr 2003 an, als die Brennerei auf ein neues Betriebsgelände in Cambridge umzog, einem kleinen Dorf in den Außenbezirken von Hobart. Die ursprüngliche Brennblase, alle anderen Geräte und die Fässer wurden dorthin transportiert, und die Brennblase kann jetzt pro Jahr 24 000 Liter Destillat produzieren. Der hier vorgestellte 10-Year-Old entstand noch vor dem Besitzerwechsel, aber er profitiert deutlich von der langen Zeit im Faß. Um eine ähnliche Reife zu erlangen, hätte er in Schottland bis zu 18 Jahre gelagert werden müssen. Nach einer etwas unsicheren Anfangszeit stellt die Destillerie inzwischen volle, fruchtige und sehr angenehme Whiskys her. **DR**

Verkostungsnotizen

Ein gut gemachter, überdurchschnittlicher Malt mit gelben und grünen Früchten, etwas Vanille und süßen Gewürzen. Hält den Vergleich mit manchen Speysidern aus.

Sullivans Cove Cask Strength 11-Year-Old

Tasmania
www.sullivanscove.com

Herstellungsregion und -land Tasmanien, Australien
Destillerie Tasmania, Cambridge, Hobart
Alkoholgehalt 60 Vol.-%
Whiskytyp Single Malt

Tasmania ist weder die größte noch die älteste Destillerie in Tasmanien, aber es war diejenige, deren Produkte schon sehr früh weite Verbreitung fanden. Die Marke Sullivans Cove ist vielleicht die bekannteste unter allen australischen Whiskys und stand in vorderster Front, als es darum ging, internationale Anerkennung zu erringen. Allerdings kamen ihre ersten Whiskys noch recht unfertig auf den Markt, was ihnen auch heute noch nachhängt. Ein einmal erworbener Ruf, sei er gut oder schlecht, ist oft sehr dauerhaft.

Der Destilleriemanager Patrick Maguire teilt den Sullivan Cove in drei Kategorien ein: die schlechten Whiskys aus der frühen Anfangszeit; die durchschnittlichen und unauffälligen der mittleren Periode; und die hochwertigen Abfüllungen, die jetzt hergestellt werden. Der vorliegende Malt ist sicher der älteste australische Whisky, den es gibt, er stammt vermutlich aus der mittleren Periode. Über den Durchschnitt erhebt er sich jedoch, weil er während der Lagerung in guten amerikanischen Eichenfässern zusätzliche üppige Aromen gewonnen hat.

Wenn man in der Vergangenheit vom Sullivans Cove enttäuscht war, sollte man ihn jetzt noch einmal verkosten. Die Frage ist, wie gut die noch ausstehenden Abfüllungen ausfallen werden. **DR**

Verkostungsnotizen

Üppige Schokolade und Nuß, mit Früchten, die am Gaumen für Nachhaltigkeit sorgen. Ein fleischiger, langer Whisky, den man aufmerksam genießen sollte.

Sullivans Cove Cask Strength French Oak Port Cask

Tasmania
www.tasmaniadistillery.com

Herstellungsregion und -land Tasmanien, Australien
Destillerie Tasmania, Cambridge, Hobart
Alkoholgehalt 60 Vol.-%
Whiskytyp Single Malt

Wenn man die Wörter „Sullivans Cove" hört, denkt man womöglich an felsige Küsten, tiefblaue Gewässer und an Wellen, die sich an einem Strand brechen. Dieser Whisky mutet an wie das Produkt einer ästhetisch und elegant wirkenden Destillerie. Die Wirklichkeit sieht jedoch ganz anders aus.

Die Brennerei gehört zu den ältesten in Tasmanien, hat aber deutlich unterscheidbare Phasen durchlebt. Inzwischen produziert sie unter dem jetzigen Besitzer Patrick Maguire hochwertige Whiskys wie den vorliegenden, der in Portweinfässern aus französischer Eiche reifte und dadurch zum üppigsten, vollsten und exotischsten im Sortiment der Destillerie geworden ist.

Man kann nicht absehen, wohin sich die Destillerie unter Maguire in der Zukunft entwickeln wird. Auf jeden Fall hat er kein Problem mit der Vergangenheit der Insel als Strafkolonie – er setzt sie sogar gezielt in seiner Werbung ein. Wobei gerade die Whiskyherstellung eng mit der Geschichte Tasmaniens verbunden ist. Unter den Häftlingen, die auf der Insel lebten, war die Herstellung von Malzdestillaten einst so weit verbreitet, daß die Versorgung mit Lebensmitteln gefährdet war, obwohl Tasmanien von der Natur reich gesegnet ist. Schließlich wurde das Destillieren generell verboten. Erst nach mehr als anderthalb Jahrhunderten wurde das Verbot Ende der 1990er Jahre aufgrund der erfolgreichen Lobbyarbeit von Bill Lark wieder aufgehoben. Patrick Maguire arbeitete ursprünglich für Bill Lark und zeigt jetzt mit Whiskys wie diesem, was er bei ihm gelernt hat. **DR**

Verkostungsnotizen

Üppig, voll, fruchtig wie ein Likör. Am Gaumen laut, kräftig und ölig, aber keineswegs ein Rammbock. Bietet viel, Sullivans Cove spielt inzwischen in der Oberliga.

Sullivans Cove Double Cask

Tasmania | www.sullivanscove.com

Herstellungsregion und -land Tasmanien, Australien
Destillerie Tasmania, Cambridge, Hobart
Alkoholgehalt 40 Vol.-%
Whiskytyp Single Malt

Die Australier waren immer Meister darin, eine günstige Gelegenheit zu erkennen und dann auch zu ergreifen. Und so, wie die australischen Winzer ihre Unangepaßtheit, Aufgeschlossenheit und Modernität im Kontrast zu ihren manchmal biederen und abgehobenen Gegenstücken aus der Alten Welt herausstellten, so betonen auch die australischen Brennereien zunehmend den handwerklichen, in kleinen Chargen hergestellten Charakter ihrer Whiskys als Gegensatz zur Massenproduktion der Riesendestillerien im Besitz internationaler Getränkekonzerne – man denke etwa an Schottland.

So stand zum Beispiel auf der Internetseite der Destillerie Tasmania: „Wie es die australischen Weinhersteller in den vergangenen zwei Jahrzehnten taten, so reißen jetzt auch die Whiskyproduzenten von Down Under die traditionellen Barrieren ein und beglücken mit ihrer pragmatischen Einstellung mehr Menschen als je zuvor mit den Freuden des Single Malt Whiskys."

Vor nicht allzulanger Zeit hätte eine so zuversichtliche Aussage übertrieben geklungen. Noch 2008 waren australische Whiskys wie Lotterielose – Treffer oder Nieten, oft letzteres. Die Zeiten haben sich jedoch geändert, eine neue Ära ist angebrochen. Wieder und wieder begegnen einem Whiskys aus Australien, die über die Latte kommen, ohne sie zu reißen. So auch dieser.

„*Double cask*" verweist darauf, daß der Whisky zum Teil in hochwertigen Fässern aus amerikanischer Weißeiche gelagert wird, die zuvor Bourbon enthielten, und zum anderen in Wein- und Portweinfässern aus französischer Eiche. Ein Whisky mit Selbstvertrauen, der Anerkennung verdient. **DR**

Verkostungsnotizen

Eine Mischung aus Whiskys, die in Bourbon- und französischen Eichenfässern gelagert wurden. Eine handgefertigte, natürlich gefärbte und nicht kaltfiltrierte Freude. Tapfer, ölig, kräftig, mit einer schönen Mischung aus Gewürzen und Früchten.

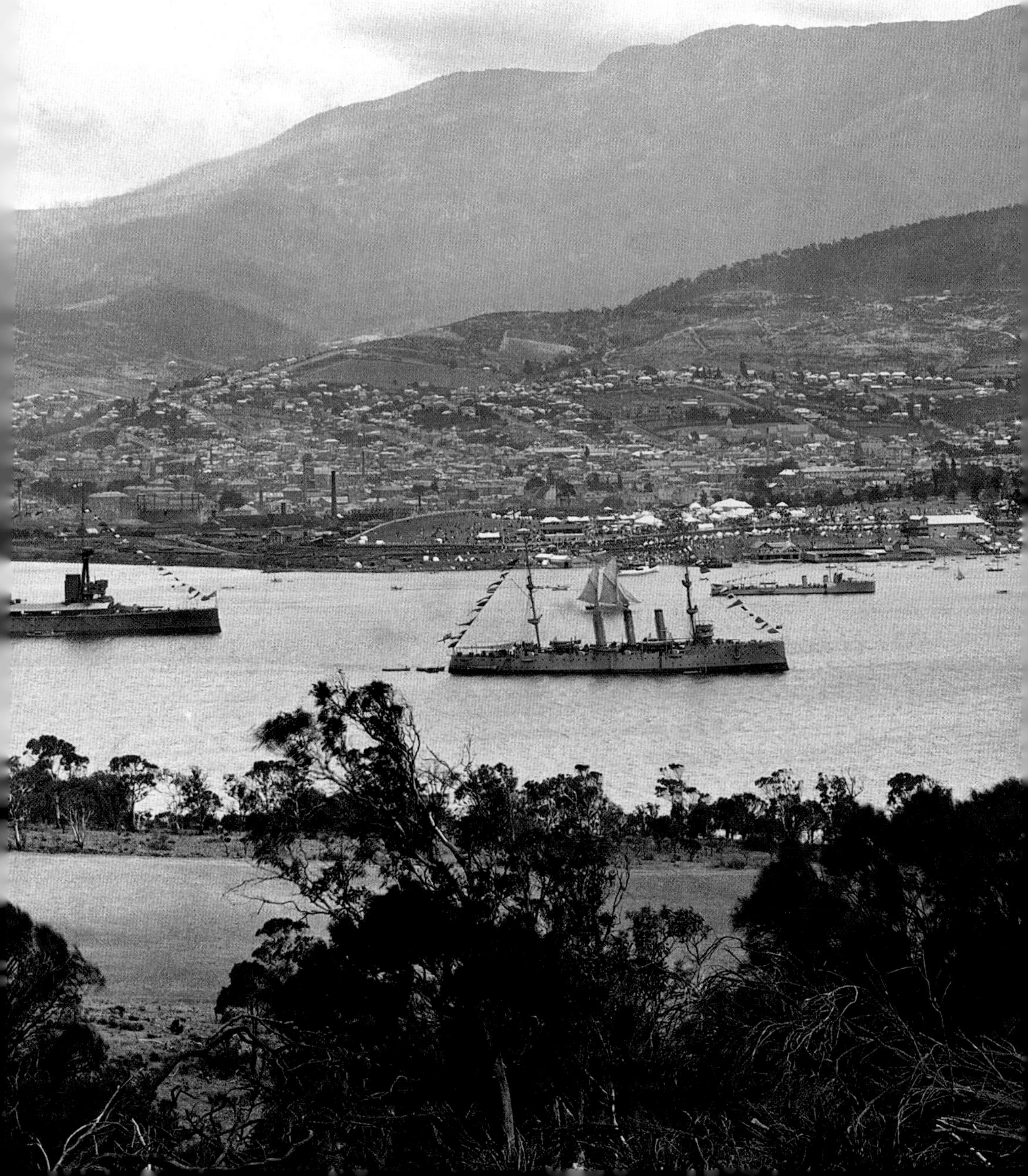

Timboon Single Malt

Timboon Railway Shed | www.timboondistillery.com.au

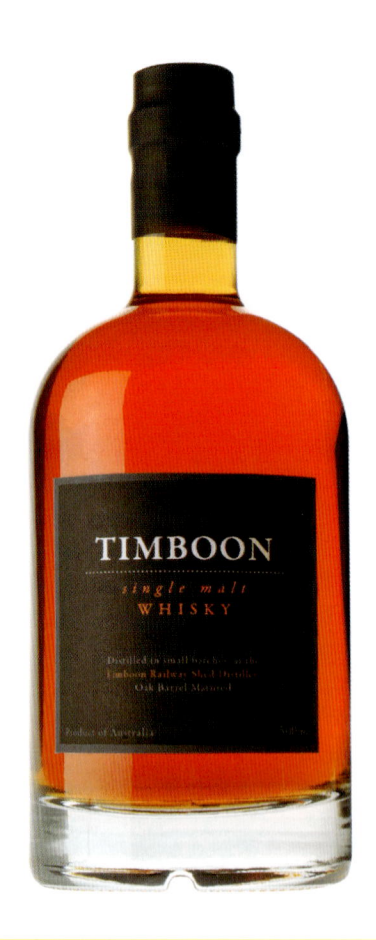

Herstellungsregion und -land Victoria, Australien
Destillerie Timboon Railway Shed, Timboon
Alkoholgehalt 40 Vol.-%
Whiskytyp Single Malt

Diese Destillerie mit dem wunderbaren Namen befindet sich im Südwesten des australischen Bundesstaates Victoria, einer Gegend, die wegen ihrer Vergangenheit als Heimat illegaler Brennereien bekannt ist. Timboon liegt in der Nähe der Stelle, wo der berüchtigte Schwarzbrenner Tom Delaney in den 1880er und 1890er Jahren zum Ärger der Behörden seinen Schnaps brannte. Wenn man das Album *Born Sandy Devotional* der australischen Kultband Triffids kennt, wird zweifelsohne auch die nahe gelegene Great Ocean Road Assoziationen wecken.

Die Destillerie ist tatsächlich in einem alten Eisenbahnschuppen untergebracht, in dem um 1910, als man noch dabei war, Australien zu erforschen, Vorräte gelagert wurden. Im Gebäude ist auch ein Restaurant untergebracht, das wegen seiner Gerichte aus örtlich angebauten Produkten einen sehr guten Ruf genießt. Der Südwesten Victorias wird von den Tourismusbehörden besonders gefördert und ist der Traum jedes Besuchers. Es gibt einen 34 Kilometer langen Wanderweg an Eisenbahngleisen entlang, der wunderbare Landschaften und die Möglichkeit bietet, die australische Tierwelt zu beobachten. Die Destillerie selbst ist klein und kompakt, im Inneren ist eine Glastrennwand angebracht, hinter der man als Besucher der Produktion zusehen kann.

Der Whisky wird hier auf traditionelle schottische Weise hergestellt, man orientiert sich auch sonst an den großen schottischen Destillerien. Allerdings ist das fertige Produkt ganz anders als Scotch und erinnert mit seinen Fruchtnoten eher an einen europäischen Obstbrand. Ein ungewöhnlicher Whisky, aber interessant und Teil der herrlichen australischen Whiskygeschichte. **DR**

Verkostungsnotizen

Ein waghalsige, wunderbare Mischung aus jugendlich süßer Gerste, Kakao und Eukalyptus in der Nase und Ingwerkonfekt, grünen Äpfeln, Vanille, Orangenlikör und Mentholnoten am Gaumen. Gewürz- und Schokoladentöne im Abgang.

Trapper's Hut Single Cask

Trapper's Hut | www.trappershut.com.au

Herstellungsregion und -land Tasmanien, Australien
Destillerie Tasmanien, Cambridge, Hobart
Alkoholgehalt 45 Vol.-%
Whiskytyp Single Malt

Der australische Whisky entwickelt sich mit einer derartigen Geschwindigkeit, daß man mit den Veränderungen kaum Schritt halten kann. Bis diese Zeilen im Druck erscheinen, sind drei neue Destillerien gegründet worden, und drei weitere haben das erste Mal ihren Whisky abgefüllt. Oft ist der Absatz auf die nähere Umgebung beschränkt, und man bekommt nie die Gelegenheit, den Whisky tatsächlich zu verkosten. Außerdem mangelt es oft an klaren Angaben, und manche Firmen wie diese beziehen ihren Whisky von anderen Destillerien, wodurch das Gesamtbild verwirrend kompliziert wird.

Man sollte dennoch die neuen Destillerien im Auge behalten, die in der jüngeren Vergangenheit ihre ersten Whiskys auf den Markt gebracht haben, darunter etwa Triptych im Weinanbaugebiet Yarra Valley und die Valley-Destillerie in Essendon Fields (beide in Victoria); The Wild Swan Distilling Company in Swan Valley, Western Australia, die 2002 gegründet wurde; und Mackey's, die in Tasmanien einen dreifach destillierten Whisky im irischen Stil produzieren soll. Trapper's Hut destilliert nicht selbst, sondern bringt Einzelfaßabfüllungen der Whiskys von Tasmania auf den Markt, die jedoch nicht leicht aufzufinden sind. Da aber die Destillerie Tasmania inzwischen saubere, üppige und gut abgelagerte Whiskys herstellt, ist Trapper's Hut ein interessanter Einblick in die Entwicklung ihres Whiskys. Der Whisky reift mindestens acht Jahre in Bourbonfässern. Er wird in unterschiedlichen Flaschengrößen angeboten. Im Allgemeinen ist der Malt süß, getreidebetont und ungetorft, allerdings sprach der Hersteller bei der Beschreibung des ersten freigegebenen Fasses von einem leichten Hauch Torf. **DR**

Verkostungsnotizen

Junge Nase, die noch Getreide zeigt. Am Gaumen jedoch voller, trägt nach Art der Speyside glatte, abgerundete Frucht- und Vanillenoten vor. Eine gewisse Süße mit Apfelanklängen, aber insgesamt ein sauberer, fruchtiger, eingängiger Whisky mit glattem Abgang.

Amrut 100

Amrut | www.amrutdistilleries.com

Herstellungsregion und -land Karnataka, Indien
Destillerie Amrut, Bangalore
Alkoholgehalt 57,1 Vol.-%
Whiskytyp Single Malt

Würde dieser Whisky von einer anderen Destillerie als Amrut stammen, läge der Vorwurf in der Luft, es handle sich nur um einen Marketinggag. Und würde er nicht so gut schmecken, täte man ihn vielleicht als Sieg der Form über den Inhalt ab. Aber er versucht wirklich, Grenzen zu überschreiten. Wenn er etwas übertrieben und weit hergeholt wirkt, sollte man das einem Übermaß an Begeisterung zuschreiben. Der Geschäftsführer von Amrut, Neelakanta Rao Jagdale, erkennt es selbst: „Sich zu etablieren, ist die eine Sache. Dann aber das Erreichte aufrechtzuerhalten, kann schwierig werden."

Falls es Amrut weiter gelingt, Whiskys wie diesen herzustellen, muß sich die Firma um die Zukunft keine Sorgen machen. Die Nummer im Namen verweist auf wiederkehrende Elemente bei der Herstellung: Der Whisky reift in 100-Liter-Fässern aus frischer Eiche und wird auf 100-Zentiliter-Flaschen abgezogen. Nur 100 Flaschen wurden in jedes der Vermarktungsgebiete geliefert. Der Alkoholgehalt beträgt 100 *proof* nach britischem Maß. Das entspricht 57,1 Volumenprozent oder 114,2 *proof* nach amerikanischem System. Dieser Unterschied zwischen dem amerikanischen und britischen System ist historisch bedingt. Das ursprüngliche britische Maß 100 *proof* bezeichnet den Alkoholgehalt einer Flüssigkeit, bei der Schießpulver, das man mit ihr übergießt, noch entflammbar ist. Das amerikanische Maß ist lediglich eine Verdopplung der Volumenprozent-Angabe.

Der Whisky kam während der Nachwehen der Hysterie auf den Markt, die der Amrut Fusion ausgelöst hatte, und die Flaschen wurden sehr schnell aufgekauft. Die Suche nach ihm lohnt sich aber auf jeden Fall. **DR**

Verkostungsnotizen

Amrut ist in relativ kurzer Zeit weit über seine einfachen Malts hinausgewachsen. Die scharfen Töne von Chili, Muskatnuß und Kardamom sind intensiv, komplex und aggressiv. Beeren und grüne Früchte ergänzen die Mischung. Der Abgang ist lang.

Amrut Cask Strength

Amrut | www.amrutdistilleries.com

Herstellungsregion und -land Karnataka, Indien
Destillerie Amrut, Bangalore
Alkoholgehalt 61,8 Vol.-%
Whiskytyp Single Malt

Der Amrut Cask Strength war für seine Hersteller ein wichtiger Durchbruch. Die Entscheidung, die Whiskys der Brennerei in Faßstärke herauszubringen, erinnert an jemanden, der die Lautstärke von sechs auf elf aufdreht und die Leute auffordert, der Musik zuzuhören.

Als der Whisky herauskam, kam es zu zwei Ereignissen, die für ihn sehr wichtig waren. Zum einen brachte der inzwischen verstorbene Whiskyliebhaber und Gaststättenpächter Ken Storrie den Amrut anonym in einer Verkostung in seinem Pub The Pot Still in Glasgow unter. Die schottischen Whiskykenner waren begeistert, und die Nachricht verbreitete sich wie ein Lauffeuer durch die Welt des Whiskys.

Zum anderen nahm Amrut an der Veranstaltung Whisky Live London teil und ließ dort ihren Whisky mit einigen der besten Whiskys der Welt vergleichen. Auch hier verbreitete sich die Kunde schnell, und der Verfasser dieser Zeilen erinnert sich daran, wie ihn Annabel Meikle von der Scotch Malt Whisky Society an den Amrut-Stand brachte. Sie beschrieb den Whisky als mit einem zehn oder zwölf Jahre alten Bruichladdich vergleichbar – durchaus treffend. Die Manager von Amrut waren immer davon ausgegangen, daß sie außerhalb des Heimatmarktes Anerkennung erringen müßten, um auch zu Hause reüssieren zu können. Wie schnell es dann gehen würde, hatten sie nicht vorhergesehen.

„Als es hieß, der Amrut sei mit einem zwölf Jahre alten schottische Malt zu vergleichen, wußten wir, daß wir auch international mithalten konnten", sagt das Vorstandsmitglied Rick Jagdale. „Das motivierte uns, weiter nach vorne zu schreiten." **DR**

Verkostungsnotizen

Nach Zugabe von etwas Wasser erwacht der Whisky schlagartig zum Leben. Eine entzückende Achterbahnfahrt mit Zitronentönen in der Nase und einem intensiven zartbitteren Geschmack am Gaumen. Honig, Gewürze und üppige Gerste rangeln um Platz eins.

Amrut Cask Strength Peated

Amrut | www.amrutdistilleries.com

Herstellungsregion und -land Karnataka, Indien
Destillerie Amrut, Bangalore
Alkoholgehalt 62,8 Vol.-%
Whiskytyp Single Malt

Angesichts der Mengen an Whisky, die in Indien getrunken werden, und der langanhaltenden Liebe der Briten zu indischem Essen mag es vielleicht überraschen, daß vor Amrut keine indische Firma den Versuch unternommen hatte, einen ihrer Whiskys in Großbritannien zu etablieren. Vielleicht waren Amruts Konkurrenten mit den guten Umsätzen zufrieden, die sie auf dem Heimatmarkt erzielten, vielleicht nahmen sie auch an, daß Schottland und Irland den britischen Markt unter sich aufgeteilt hätten. Außerdem stammten viele der im Vereinigten Königreich führenden Whiskymarken von internationalen Getränkekonzernen. Wenn man am Markt schon mit einer eigenen Marke etabliert ist, gibt es kaum einen Anreiz, indische Marken einzuführen und sich selbst Konkurrenz zu machen.

Dennoch war die Entscheidung, indische Restaurants als Zielmarkt anzuvisieren, durchaus logisch. Die Koppelung von Whisky und Speisen ist zwar ein noch recht neues Konzept, aber von Anfang an schien die Verbindung kräftiger Whiskys, besonders der würzigen oder getorften Art, mit den stark gewürzten indischen Gerichten naheliegend. Allerdings entsprach die Wirklichkeit nicht immer diesen Erwartungen. Die jungen Leute, die zu ihrem Curry gerne größere Mengen Bier tranken, widerstanden der Anregung, doch auf Whisky in Faßstärke umzusteigen. Die Werbeaktionen waren nicht immer erfolgreich.

Amrut Cask Strength Peated braucht etwas Wasser, aber sobald er dadurch erschlossen wird, verbindet der Malt komplexe Geschmacksnoten mit erdigem, energischen und markanten Torf. **DR**

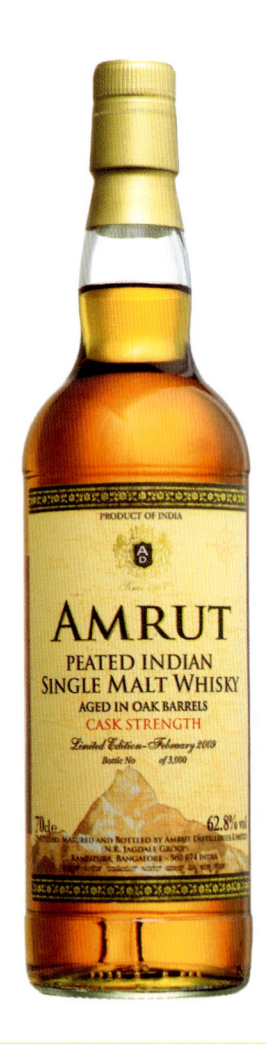

Verkostungsnotizen

Ohne Wasser nicht sehr aufregend. Mit Wasser ganz das Gegenteil: Die intensiven Torfnoten erinnern an gepfefferten Räucherfisch. Die Süße und Fruchtigkeit bleiben jedoch und führen mit dem unwirschen Rauch einen fesselnden *danse macabre* auf.

Amrut Double Cask

Amrut | www.amrutdistilleries.com

Herstellungsregion und -land Karnataka, Indien
Destillerie Amrut, Bangalore
Alkoholgehalt 46 Vol.-%
Whiskytyp Single Malt

Je mehr Länder mit ihren jeweils einzigartigen klimatischen Bedingungen in die Welt des Whiskys eintreten, desto größer wird auch die Zahl ungewöhnlich schmeckender Whiskys werden. Der Double Cask zeigt eine der Richtungen, in denen sich der Whisky entwickeln kann.

Der Double Cask ist leider ein seltener Whisky, da nur etwas mehr als 300 Flaschen abgefüllt wurden. Sie stammen aus zwei Fässern, die mit sieben Jahren zu den ältesten gehörten, über die der Hersteller verfügte. Das mag sich nicht sehr alt anhören, aber unter den klimatischen Bedingungen in Bangalore gehen immense 60 Prozent des Destillats als „Anteil der Engel" verloren. Zu den Geheimnissen des Eichenholzes gehört die Art, in der es Flüssigkeiten zu verdunsten erlaubt.

In Schottland verdunsten nur etwa zwei Prozent der Flüssigkeit im Jahr, vor allem Alkohol. Der Whisky wird schwächer. In Kentucky herrscht oben in den hohen Lagerhäusern im Sommer trockne Hitze, so daß vorwiegend Wasser verdunstet, der Whisky wird stärker. In den unteren Etagen ist es kühl und dunkel, hier benimmt sich der Bourbon wie Scotch. In Bangalore geht die Reifung dramatisch und gewaltsam vor sich; der mit 62,5 Volumenprozent in das Faß abgefüllte Whisky verläßt es mit etwa 70 Volumenprozent.

Man kann den Amrut Double Cask mit einer anderen Abfüllung des Herstellers vergleichen, dem Intermediate Sherry. Dieser lagert zuerst in frischen oder Bourbon-Eichenfässern und liegt dann eine Zeitlang in Sherryfässern, bevor er wieder in Bourbonfässer kommt. Beide Faßarten zu verwenden, ist nicht ungewöhnlich, aber wie sie hier kombiniert werden, ist meisterhaft. **DR**

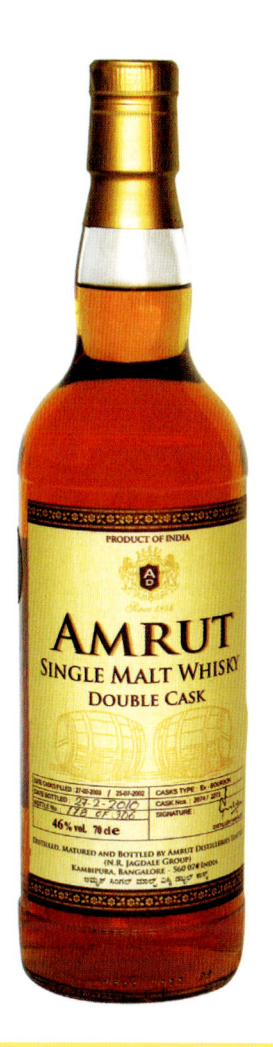

Verkostungsnotizen

Der Amrut Double Cask ähnelt einem Likör – fruchtig, üppig, entzückend, süß und intensiv. Im Vergleich dazu ist der Intermediate Sherry eine köstliche Mischung aus roten Beeren und Fruchtkompott mit süßer Vanillesoße und aufkeimenden Sherrynoten.

PRODUCT OF INDIA
AMRUT
fusion
AGED IN OAK BARRELS
(N.R. JAGDALE GROUP)

Amrut Fusion

Amrut | www.amrutdistilleries.com

Herstellungsregion und -land Karnataka, Indien
Destillerie Amrut, Bangalore
Alkoholgehalt 50 Vol.-%
Whiskytyp Single Malt

Der Amrut Fusion war der Whisky, mit dem der Hersteller seine Zugehörigkeit zur internationalen Spitzenklasse der Whiskyhersteller unter Beweis stellte. Er erhielt Auszeichnung um Auszeichnung, wurde vom Whiskyexperten Jim Murray hoch gelobt und von der Vereinigung Malt Maniacs im Jahr 2009 zum „Best Natural Cask Whisky" in der Kategorie „Daily Drams" gewählt.

Alle Whiskys von Amrut werden mit ungetorfter einheimischer und getorfter Gerste aus Schottland hergestellt. Die Gerste wird in der tropischen Gartenstadt Bangalore in einer Höhe von etwa 900 Metern ü.N.N. zu Whisky gebrannt und dort gelagert. Die Besonderheit hierbei ist die Mischung der beiden Gerstenarten in geschroteter Form. Innovativ ist aber auch die Verwendung unterschiedlicher indischer Gerstensorten, die aus dem Punjab, aus Rajasthan und Delhi im Norden Indiens stammen. Die verschiedenartigen Klimabedingungen führen zu sehr unterschiedlichen Gerstensorten, die auch deutlich anders sind als die schottische. Dies ist ein wesentlicher Faktor für die Komplexität des Whiskys.

Außerdem wird der Fusion mit einem Alkoholgehalt von 50 Volumenprozent abgefüllt, eine Stärke, bei der die wuchtigen Geschmacksnoten des Whiskys deutlich werden, die es dem Trinkenden aber noch erlaubt, das komplexe Wechselspiel zwischen indischer und schottischer Gerste zu erforschen und zu genießen. **DR**

Verkostungsnotizen

Großartige, bittere und herausfordernde Noten dunkler Schokolade erheben sich über einem feurigen, frechen Kern. Reichlich Obst, Eiche und Rauch mit Torf darunter.

← Amrut Fusion entsteht aus abend- und morgenländischer Gerste.

Amrut Kadhambam

Amrut | www.amrutdistilleries.com

Herstellungsregion und -land Karnataka, Indien
Destillerie Amrut, Bangalore
Alkoholgehalt 50 Vol.-%
Whiskytyp Single Malt

Das Wort *kadhambam* bedeutet in der Sprache Tamil ungefähr „Mischung" und bezieht sich hier auf die Vielfalt der verwendeten Fässer. Der Whisky reift in Oloroso-Sherryfässern, Bangalore-Blue-Brandy-Fässern und Rumfässern. Für einen Single Malt eine recht einzigartige Faßauswahl. Der Kadhambam war der erste Ausflug von Amrut auf das Gebiet der Finishes und ist als limitierte Ausgabe zu einem dauernden Mitglied des Firmensortiments geworden. Amrut hat seit den harten Anfangsjahren viel über die Herstellung von Whisky dazugelernt, profitiert inzwischen aber auch von seinen eingelagerten älteren Whiskys und vom Einsatz besserer Fässer, in denen zuvor nicht nur Sherry und Bourbon, sondern auch andere Spirituosen und Portwein gelagert wurde.

Nach dem Finish in Rum- und Branntweinfässern wird der Kadhambam mit ungewöhnlichen 50 Volumenprozent Alkoholgehalt abgefüllt, der die üppige Süße der Fässer ebensogut wie das Destillat zur Geltung bringt.

Der Geschäftsführer Neelakanta Rao Jagdale ist zuversichtlich: „Ich glaube, in unserer Zukunft liegt all das, was in der Vergangenheit nie da war, darunter auch Dinge, an die frühere Generationen oder jene, die darauf konditioniert waren, sich gute Whiskys aus Indien nicht vorstellen zu können, nicht einmal dachten. Wir können uns auf eine neue und aufregende Reise begeben." **DR**

Verkostungsnotizen

Eine komplexe, süße und duftige Nase mit zarten Holznoten. Mandeln und anhaltende Spuren von Früchten. Exzellentes Mundgefühl mit Pfeffer und Gewürzen.

Amrut Kadhambam No. 2

Amrut | www.amrutdistilleries.com

Herstellungsregion und -land Karnataka, Indien
Destillerie Amrut, Bangalore
Alkoholgehalt 50 Vol.-%
Whiskytyp Single Malt

Gegen Ende 2011 zeigte sich das wachsende Selbstvertrauen von Amrut in der Herausgabe von vier neuen Whiskys: neue Chargen des Kadhambam und des Two Continents, zudem noch zwei sehr andersartige neue Abfüllungen, Herald und Portonova. Unter den vieren ähnelten sich der Herald und der Kadhambam am wenigsten. Mit nur 213 Flaschen war der Herald von Anfang an eine Rarität: eine bezaubernd cremige Einzelfaßabfüllung, sehr süß, mit Vanille- und Sahnekaramellnoten. Es war sehr mutig, eine solche Einzelfaßabfüllung herauszubringen, denn hier gibt es nichts, hinter dem sich Unvollkommenheiten verstecken könnten. Der Herald war aber ein perfekter, ein Weltklassewhisky.

War der Herald so etwas wie der rein akustische Soloauftritt eines Malts, glich der Kadhambam Batch No. 2 eher einem Rockkonzert. Hier ist der Whisky wuchtig, kühn und aggressiv. Eine kleine Menge getorfte Gerste gibt ihm eine solide Erdigkeit. Er besteht aus einer Mischung getorfter und ungetorfter Malts, die in Rum-, Branntwein- und den geläufigeren Oloroso-Sherry-fässern gereift sind. Leider wurde der üppige, volle und süße Whisky nur in die USA geliefert, worin sich auch die Probleme der Firma zeigen, ausreichende Mengen zu produzieren. Wenn man sie aber bekommen kann, ist diese zweite Ausgabe des Kadhambam durchaus in der Lage, die Stelle des Lieblings-Amrut einzunehmen. **DR**

Verkostungsnotizen

Süße von den Rum-, Beerennoten von den Sherryfässern. Außerdem likörähnliche Blutorangen, glasierte Kirschen und Mandarinen sowie Paprika und Torf.

Amrut Nonpeated

Amrut | www.amrutdistilleries.com

Herstellungsregion und -land Karnataka, Indien
Destillerie Amrut, Bangalore
Alkoholgehalt 46 Vol.-%
Whiskytyp Single Malt

Ein gutes Thema für eine Unterhaltung bei einem schönen Gläschen oder zwei ist die Frage, ob China oder Indien die nächste Weltmacht wird. Beide entwickeln sich in Riesenschritten, aber in unterschiedlichen Richtungen. Und in beiden wächst der Durst nach den allerbesten schottischen Premiumwhiskys. In China hat der Whisky keine Tradition, die aufstrebenden Klassen des Landes importieren also ein Getränk, das ihnen weitgehend unbekannt ist. In Indien wird seit den Tagen des britischen Empires Whisky getrunken, aber für jeden echten Scotch gibt es hier 99 Imitationen, von denen viele nicht einmal echte Whiskys sind, da sie aus Melasse hergestellt werden. Die indischen Whiskyhersteller stehen vor der Wahl, ob sie Qualität oder für die Masse produzieren.

Amrut stellt jetzt seit 30 Jahren Whisky her und hat sich immer für Qualität entschieden. Man hat inzwischen begonnen, für die Herstellung von Blends auch einen eigenen Single Malt zu brennen. Es ist ein einfacher, fruchtiger Whisky, der seiner Rolle im Sortiment durchaus gerecht wird. Allerdings muß man sich als Neuankömmling auf dem Weltmarkt immer den Vergleich mit dem Mutterland gefallen lassen, und die Eigenschaften eines Speysiders sind nicht zwingend genug, um ihm einem solchen vorzuziehen. Der Nonpeated ist aber gut gemacht und lohnt eine Verkostung schon, um einen Blick auf den Anfang der Whiskyreise von Amrut zu werfen. **DR**

Verkostungsnotizen

Ein junger Whisky, der sich jedoch ausgewogen um einen Kern aus süßer Gerste, Sahnekaramell und Vanille legt. Im Abgang entwickeln sich Eiche und Gewürze.

Amrut Peated

Amrut | www.amrutdistilleries.com

Herstellungsregion und -land Karnataka, Indien
Destillerie Amrut, Bangalore
Alkoholgehalt 46 Vol.-%
Whiskytyp Single Malt

Aus Furcht vor hochstapelnden Getränken neigen indische Whiskytrinker dazu, das Alter eines Whiskys als Qualitätsmerkmal zu betrachten. Natürlich gibt es einen direkten Zusammenhang zwischen der Güte eines Whiskys und der Zeit, die er im Faß verbracht hat, aber es ist bei weitem nicht der einzige Faktor. Mit der wachsenden Zahl von Whiskys, die aus Ländern mit sehr unterschiedlichen klimatischen Bedingungen importiert werden, richtet sich der Blick der Whiskyfreunde zunehmend auch auf jüngere, aber hervorragend hergestellte Whiskys, also eher auf den Geschmack als auf das Alter.

Angesichts der Geschichte von Amrut war es eine mutige Entscheidung, den Peated ohne Altersangabe auf den Markt zu bringen. Jedoch könnte sich darin lediglich die Tatsache widerspiegeln, daß der Whisky sehr jung ist und die ersten Ausgaben nicht für den indischen Markt, sondern für den britischen bestimmt waren.

Von den beiden ersten Amrut-Abfüllungen – Non-peated und Peated – ist dies die bessere. Die nicht getorften Bestandteile sind indisch, aber die getorfte Gerste stammt aus Schottland. Die Torfung ist nicht stark, reicht jedoch, um dem Malt Körper und Charakter zu geben. Keiner der beiden ursprünglichen Whiskys war besonders erfolgreich, was der Hersteller auf die damalige protzige Verpackung zurückführt. Am Whisky selbst ist auf jeden Fall nichts auszusetzen. **DR**

Verkostungsnotizen

Die Fruchtnoten halten sich gut gegen den Torf, der an gegrillte Forelle denken und Rauchringe um den süßen, malzigen Kern aufsteigen läßt.

Amrut Portonova

Amrut | www.amrutdistilleries.com

Herstellungsregion und -land Karnataka, Indien
Destillerie Amrut, Bangalore
Alkoholgehalt 62,1 Vol.-%
Whiskytyp Single Malt

Die Geschichte von Amrut bietet für alle etwas: eine Geschäftsidee, die sich zu einer Gans entwickelt, welche viele goldene Eier legt; ein Kampf gegen Goliath, der sich am Ende lohnt; ein häßliches Entlein, das zu einem schönen Schwan wird; und, vielleicht am besten, die dramatische und schnelle Wandlung vom Schotten-Nachahmer zu einem Unternehmen, das das Feld von hinten nach vorne aufrollt. Die Besitzer berichten von ihren Fehlern, von der Versuchung aufzugeben, aber auch davon, daß sie indischer Findigkeit und Sachkenntnis zu ihrem Recht verhelfen wollten und deshalb weitermachten. Mit Erfolg.

Immer wieder hat die Destillerie Amrut das Schlichte bis auf die Höhe des Genialen gehoben. Der Portonova ist eine Version des Amrut Intermediate Sherry, die in Portweinfässern gereift ist. Zuerst lagert das Destillat einige Jahre in frischer oder in amerikanischer Weißeiche. Dann kommt es einige Monate in ein Portweinfaß. Als Finish wird es dann nochmals für einige Monate in amerikanische Eichenfässer gefüllt. Das Ergebnis ist ein riesiger, fruchtiger und komplexer Malt, der das Seine dazu beiträgt, den Ruf von Amrut zu festigen.

Der Whisky kam ursprünglich gegen Ende 2011 auf den Markt. Wie so oft bei Sonderausgaben der Destillerie war der Vorrat bald erschöpft. Wegen seiner Beliebtheit gehört er jedoch inzwischen zu den dauernd verfügbaren limitierten Ausgaben. **DR**

Verkostungsnotizen

Dynamische, lebhafte, fruchtige Nase mit Schwarzen Johannisbeeren, Zwetschgen, Blaubeeren und dunkler Schokolade. Spuren von Anis und viele Gewürznoten.

Amrut
Two Continents

Amrut
www.amrutdistilleries.com

Herstellungsregion und -land Karnataka, Indien
Destillerie Amrut, Bangalore
Alkoholgehalt 46 Vol.-%
Whiskytyp Single Malt

Rick Jagdale, der Sohn des Besitzers der Destillerie Amrut, beschäftigte sich in seiner Abschlußarbeit für die Universität von Newcastle damit, wie die Markteinführung eines indischen Whiskys in England zu realisieren sei. Die Destillerie stellte jedoch bei der Umsetzung dieser Studie bald fest, daß sich die Praxis sehr viel schwieriger gestaltete als die schöne Theorie und daß man mehr als nur einen guten Whisky brauchte, um die Whiskywelt von sich zu überzeugen. Der Amrut Two Continents gehörte zu der innovativen Lösung, auf die man verfiel.

Der Two Continents wird zum Teil in Europa und zum Teil in Indien gelagert. Dabei entwickeln sich die beiden Malts auch ganz unterschiedlich, während sie vom Destillat zum Whisky heranreifen. Die indischen Lager befinden sich in Bangalore. Die Großstadt im Süden des Halbkontinents liegt in ungefähr 900 Metern Höhe und hat ein meist mildes Klima mit schwankender Luftfeuchtigkeit. Die Reifung findet dort zügig statt, allerdings ohne die Temperaturextreme, die andernorts für eine Beschleunigung sorgen. Dieses Destillat wird dann in Bangalore mit jenem vermischt, das in Schottland auf die dort übliche, eher behäbige Weise gereift ist. Diese Herstellungsweise aus zwei Destillaten mag auch den daunenweichen Grundcharakter des Whiskys erklären. **DR**

Verkostungsnotizen

Samtweich und üppig mit einer jugendlichen Getreidenote. Gelbe, grüne und rote Früchte über einer Grundlage glosenden Torfs. Mittellanger Abgang.

Paul John
Brilliance

John Distilleries
www.pauljohnwhisky.com

Herstellungsregion und -land Goa, Indien
Destillerie John Distilleries, Cuncolim
Alkoholgehalt 46 Vol.-%
Whiskytyp Single Malt

Paul P. John und seine Mitarbeiter streben die Herstellung außergewöhnlicher indischer Whiskys an. Bedauerlicherweise bietet Indien solchen Vorhaben überraschend wenige Möglichkeiten. Vor allem hat man als Whiskybrenner nur eingeschränkten Zugang zu Gerste, da dieses Getreide auch als Lebensmittel dient und Indien damit zu kämpfen hat, seine Bevölkerung zu ernähren.

Die Nachfrage nach Whisky ist in Indien ungeheuer groß. Sie wird zum Teil durch Spirituosen gedeckt, die aus Melasse gebrannt werden, zum Teil durch Blends aus importierten Malt-Whiskys und zum Teil durch Whiskys, die aus importierter Gerste destilliert werden.

Der Brilliance ist der mutige Versuch, einen indischen Single Malt zu brennen, auf den das Land stolz sein kann. Er zeigt sich als funkelnder, lebhafter, warmer und glücklicher Whisky. John Distilleries hofft, damit das Wesen seines Herkunftsortes Goa eingefangen zu haben. Er entsteht aus Gerste, die zu Füßen des Himalaya wächst, und wird in Bourbonfässern gelagert, die in temperierten Kellern liegen. Dennoch beträgt der „Anteil der Engel" mit jährlich etwa acht Prozent gut das Vierfache dessen, was in Schottland oder Irland verdunstet. Paul John Brilliance wird inzwischen weltweit exportiert, und die Brennerei hofft, in der Zukunft weiter zu expandieren. **DR**

Verkostungsnotizen

In der Nase Spuren von Zimt, Honig und Gewürzen. Am Gaumen süß und würzig, aber auch klare Schokoladen-, Bienenwaben- und Kakaonoten.

Paul John
Classic Select Cask

John Distilleries
www.pauljohnwhisky.com

Herstellungsregion und -land Goa, Indien
Destillerie John Destillerien, Cuncolim
Alkoholgehalt 55.2 Vol.-%
Whiskytyp Single Malt

Der Whiskymarkt in Indien kennt zwei Extreme. Auf der einen Seite gibt es eine große Nachfrage nach importiertem Scotch, bei dem auch Wert auf Merkmale wie Alter und Destillerie gelegt wird. Auf der anderen Seite werden riesige Mengen von einheimischem indischen „Whisky" verkauft, der diesen Namen meist nicht zu Recht trägt. Der Scotch ist teuer und einer wohlhabenden Minderheit vorbehalten, der einheimische „Whisky" wird oft aus Melasse hergestellt und kostet nur wenige Rupien.

Ein indischer Single Malt wird sich nur in den seltensten Fällen im Land selbst gut verkaufen, deshalb produzieren die indischen Hersteller zunehmend Single Malts für den Export. Amrut hat hart kämpfen müssen, um international erfolgreich zu werden, und jetzt hat John Destilleries ein Standardsortiment ihrer Whiskys auf den Markt gebracht, das sehr wohlwollend aufgenommen wurde. Darunter befindet sich auch ein beeindruckender getorfter Whisky im Islay-Stil, aber der vorliegende Malt ist vermutlich der beste Whisky des Sortiments. Wie der Name Paul John Classic Select Cask nahelegt, wird er aus den besten Fässern der Brennerei zusammengestellt und ohne Kaltfiltrierung in Fassstärke abgefüllt. Bei den Wizards of Whisky World Whisky Awards erhielt er zwei Jahre nacheinander Gold. **DR**

Verkostungsnotizen

Fruchtig-malzige Aromen mischen sich mit Honig in der Nase. Spuren von Vanille und Eiche. Am Gaumen Bourbon, Honig und etwas Lakritze.

Paul John
Peated

John Distilleries
www.pauljohnwhisky.com

Herstellungsregion und -land Goa, Indien
Destillerie John Destillerien, Cuncolim
Alkoholgehalt 58.5 Vol.-%
Whiskytyp Single Malt

Die Renaissance der handwerklichen Whiskyherstellung, die sich in den vergangenen Jahren auf der ganzen Welt bemerkbar machte, hat Asien nicht erreicht. In Indien, China und Taiwan sind keine kleinen neuen Destillerien entstanden. Stattdessen waren es in Indien und Taiwan eher große Konzerne, die neue Brennereien gründeten: Kavalan in Taiwan gehört dem Lebensmittelgiganten King Car, und in Indien begann Amrut als kleiner Ableger einer Firma, die Millionen Liter billigen indischen Whiskys verkauft.

Die Marke Paul John wird vom namensgebenden Brennmeister selbst geführt. Die Muttergesellschaft John Destilleries vertreibt eine Vielzahl von Spirituosen, darunter auch den Flaggschiffwhisky Original Choice, von dem jährlich mehr als zehn Millionen Kisten verkauft werden. Die Whiskyabteilung bei John Destilleries wird von Michael D'Souza geleitet, der von Paul John sagt, es gelänge ihm, die glückliche, sorglose Atmosphäre Goas im Whisky einzufangen. In der Destillerie können in traditionellen Brennblasen aus Kupfer bis zu 3000 Liter Destillat am Tag hergestellt werden.

Der Paul John Peated ist das ehrgeizigste Produkt der Brennerei – ein kräftiger, torfiger Whisky, der es mit allem aufnehmen kann, was Schottland zu bieten hat. **DR**

Verkostungsnotizen

In der Nase Räucherschinken, intensiver Torf und eine überraschende Eukalyptusnote. Vorne am Gaumen Torf und Rauch, mit Gewürzen und Tannin.

New Zealand's 1987 24-Year-Old

The New Zealand Whisky Company
www.thenzwhisky.com

Herstellungsregion und -land South Island, Neuseeland **Destillerie** Wilson's, Dunedin (2000 geschlossen) **Alkoholgehalt** 53,3 Vol.-%
Whiskytyp Single Malt

Neuseeland hat sich in Bezug auf Whisky in den letzten Jahren nicht mit Ruhm bekleckert. Während der Rest der Welt neue und aufregende Brände herausbrachte, ist Neuseeland so gut wie von der Whiskykarte verschwunden. Die Whiskyhersteller, die es einst gab, sind bis auf wenige kleine Unternehmen verschwunden, und die Neugründungen, über die gesprochen wurde und wird, sind bisher nicht über die Planung hinausgediehen.

Das Problem liegt darin, daß Neuseeland in der Vergangenheit zu viele schlechte Whiskys herausgebracht hat. Die vorliegende Abfüllung stammt aus der abgerissenen Destillerie Wilson in Dunedin – der zweigrößten Stadt auf der Südinsel, die auch als „Edinburgh des Südens" bezeichnet wird. Die verbliebenen Bestände lagern in Omaru und gehören dem australischen Unternehmer Greg Ramsey, der in Tasmanien lebt. Das Destillat entstand im Jahr 1987 – als die Rugbymannschaft Neuseelands erstmals Weltmeister wurde – und kam 2011 auf den Markt – als sie den Titel wieder errang.

Der Mann, der hinter dieser Abfüllung steht, hat einen guten Ruf und verspricht weitere sorgfältig ausgewählte Whiskys aus seinen Vorräten herauszubringen. Die Flamme des Whiskys ist in Neuseeland also noch nicht erloschen, es besteht weiter Hoffnung. **DR**

Verkostungsnotizen

Sauber und lebhaft, Zitrusnoten in der Nase, dann ein kräftiger Schlag Chili, etwas dunkle Schokolade und Rosinen. Sehr glatter, eleganter Abgang.

Murree's 12-Year-Old Millennium Reserve

Murree Brewery Company
www.murreebrewery.com

Herstellungsregion und -land Rawalpindi, Pakistan **Destillerie** Murree, Hattar
Alkoholgehalt 43 Vol.-%
Whiskytyp Single Malt

Die Vorstellung einer Whiskydestillerie in einem muslimischen Land mag unwahrscheinlich anmuten, und doch ist Murree eine Firma, die eine breite Palette an Spirituosen herstellt. Der 12-Year-Old von Murree wirkt wie ein schottischer Single Malt, das Etikett ist englisch beschriftet. Format und Eigenbeschreibung zielen auf die Käufer von Premium-Malts, aber vielleicht ist der Hersteller in seiner Werbung etwas vollmundig. Auf der Verpackung liest man: „Wir behaupten, der Millenium ist mit einigen der gefeiertesten Malt-Whiskys ähnlichen Alters auf der ganzen Welt zu vergleichen. Der Murree Millenium ist ein Whisky für Kenner, und wir laden die Kenner ein, unsere Behauptung zu überprüfen. Verkosten Sie ihn unverdünnt, um den warmen, glatten und unvergeßlichen Geschmack des Murree Millenium zu genießen."

Das zielt eindeutig auf den Markt für Scotch Whisky. Man kann nicht sagen, der Millenium schmecke besser als andere zwölfjährige Single Malts. Aber es lohnt sich, ihn ausfindig zu machen, weil er ein echtes Original ist. Er reift in Kellern bei niedrigen Temperaturen in Fässern aus den USA, Spanien und Australien. Er schmeckt nicht wie ein Scotch, Murree wäre besser beraten, wie andere Hersteller diesen Vergleich nicht anzustellen und sich stattdessen auf eigene Faust zu behaupten. **DR**

Verkostungsnotizen

Die Farbe des Whiskys deutet auf langsame Reifung hin. Weinbeeren im Kern, um die sich eine likörähnliche Tabakblattnote legt. Kurzer, weicher Abgang.

Bain's Cape Mountain Whisky

Distell Group Ltd. | www.bainscapemountainwhisky.co.za

Herstellungsregion und -land Western Cape, Südafrika **Destillerie** James Sedgwick, Wellington
Alkoholgehalt 43 Vol.-%
Whiskytyp Single Grain

Der Bain's Cape Mountain Whisky wird von der führenden südafrikanischen Wein- und Spirituosenfirma Distell Group Ltd in der James-Sedgewick-Destillerie hergestellt. Die Destillerie stammt aus dem Jahr 1886 und liegt in den Ausläufern des Bainskloof Pass nahe dem Berg River in Wellington. Der Whisky ist nach dem in Schottland geborenen Andrew Geddes Bain benannt, der die 1853 eröffnete Paßstraße baute, mit der Wellington Zugang zum Landesinneren erhielt.

Obwohl in Südafrika bereits Ende des 19. Jahrhunderts Whisky gebrannt wurde, war die traditionelle Lieblingsspirituose des Landes der Branntwein. Einen eigenen Markt hat der Whisky erst in der schwarzen Mittelklasse gefunden, die in der jüngeren Vergangenheit entstanden ist. Neben dem Bain's stellt Distell auch verschiedene Blends aus importiertem schottischen Malt und in Südafrika destillierten Grain-Whiskys her, darunter auch die „Three Ships"-Reihe.

Im Jahr 2009 kam es zu einer radikalen Abkehr von der Herstellung verschnittener Whiskys, als Distell diesen Single Grain herausbrachte, der aus südafrikanischem Mais gebrannt wird. Die Variante war zum Teil eine Reaktion auf die wachsende Zahl von Frauen in Südafrika, die Whisky tranken und von denen man annahm, daß ihnen der süße, glatte Geschmack eines Grain-Whiskys zusagen würde. Distell führt aus: „Unser Whisky ist auf recht einzigartige Weise doppelt gereift. Nach den ersten drei Jahren in frischen Bourbonfässern wird er in einen neuen Satz ebenso frischer Fässer abgefüllt, um während der folgenden zwei Jahren noch weitere Aromen aufnehmen zu können." **DR**

Verkostungsnotizen

Die Nase bietet zarte Blütenaromen, Vanille und harte Karamellbonbons. Am Gaumen süß und würzig, mit Honig und Vanille vom Bourbon, außerdem Zitrusnoten.

Drayman's Single Malt Whisky

Drayman's Brewery | www.draymans.com

Herstellungsregion und -land Pretoria, Südafrika
Destillerie Drayman's Brewery, Silverton
Alkoholgehalt 43 Vol.-%
Whiskytyp Single Malt

Mit seinen hochwertigen Bieren genießt Drayman's Brewery in Südafrika einen sehr guten Ruf. Der Eigner Moritz Kallmeyer gilt als meisterhafter Brauer, und er betrachtete es als logischen Schritt, sich der Herstellung von Whisky zuzuwenden. Seine Inspiration bezieht er aus Schottland, und auch wenn er sagt, er könne dieses Vorbild nie erreichen, ist unter seinen Händen doch etwas Einzigartiges und Besonderes entstanden.

Seine ersten Abfüllungen sind nur fünf Jahre alt, aber das fällt nicht sofort auf. Das Destillat wird in Fässern aus französischer Eiche gelagert, die zuvor Branntwein und Wein enthalten haben. Die hohe Lage (1600 Meter ü.N.N.) und das Klima des Highveld, der Hochebene, auf der die Brauerei und Brennerei im Herzen von Pretoria liegen, wirken sich sehr stark auf die Reifung des Whiskys aus. Er zeigt zwar Getreidenoten, ist aber viel üppiger, als man das bei einem Whisky seines Alters erwarten würde. Insofern ist er ein weiterer Beweis dafür, daß die Einstellungen zur Reifung überdacht werden sollten, je mehr Whiskys aus neuen Gegenden der Welt auf den Markt kommen.

Die Fässer, die bereits vier- oder fünfmal Wein oder Branntwein enthalten haben, werden neu angekohlt und manchmal mit dem Bier der Brauerei gefüllt, um Geschmacksstoffe aufzunehmen, meist ist jedoch französischer Rotwein der aromabestimmende Faktor. Der Drayman's ist ein weiteres Beispiel für eine Destillerie, die innovative Ansätze bei der Whiskyherstellung einführt. Whiskyliebhaber erwarten in der Zukunft noch Großes von der Brennerei. Aber für die Gegenwart ist dieser Single Malt schon vollkommen ausreichend. **DR**

Verkostungsnotizen

Die fruchtige, likörähnliche Nase wird am Gaumen gespiegelt, wo sich saftige Rosinen, Pfirsich Melba mit Schlagsahne und Aprikosen-Rumtopf zeigen. Ein großer, kühner Whisky mit Eiche und Gewürzen. Es gibt auch verborgene jugendliche Noten.

Drayman's Solera

Drayman's Brewery | www.draymans.com

Herstellungsregion und -land Pretoria, Südafrika
Destillerie Drayman's Brewery, Silverton
Alkoholgehalt 43 Vol.-%
Whiskytyp Blend

Solera ist ein Verschnittverfahren, bei dem ein Whisky entsteht, an dem unterschiedliche Altersstufen beteiligt sind. Das Wort *solera* bezeichnet die Fässer, die dabei verwendet werden. Drayman's Solera besteht aus verschiedenen schottischen und südafrikanischen Whiskys, darunter ältere Single Malts und jüngere Blends. Der älteste Grundwhisky ist 18 Jahre alt, der jüngste lediglich drei Jahre. Der Destilleriebesitzer Moritz Kallmeyer schätzt, daß bis zu 50 verschiedene Whiskys in dem Verfahren verwendet werden, unter denen vor allem ein zehn Jahre alter Laphroaig zu nennen wäre.

Die Solera besteht aus insgesamt acht Fässern aus französischer Eiche. 2006 wurden die ersten vier mit dem Blend aus Scotch und südafrikanischem Whisky gefüllt. Im Laufe der folgenden vier Jahre wurden die verbliebenen vier Fässer jeweils im Abstand eines halben Jahres befüllt. Die erste Abfüllung des Drayman's Solera wurde 2009 auf Flaschen gezogen; danach wurde das Faß mit Whisky aus dem nächstältesten Faß wieder aufgefüllt, dieses wiederum mit Whisky aus dem nächsten in der Altersrangfolge, und so weiter.

Der Drayman's Solera wird zwar mit 43 Volumenprozent Alkoholgehalt abgefüllt, aber man kann auch ein 4,5-Liter-Fäßchen direkt von Destillerie kaufen. Der Whisky darin wird zunehmend stärker, da das Wasser durch das Holz verdunstet. Nach einigen Monaten kann man ihn dann in Faßstärke genießen oder mit Quellwasser wieder auf normale Trinkstärke verdünnen. Man kann das halbleere Faß aber auch mit anderen Whiskys nach Wahl wieder auffüllen und beobachten, wie sich die Geschmacksnoten entsprechend verändern. **DR**

Verkostungsnotizen

Die Eigenart dieses Whiskys widersetzt sich normalen Verkostungsnotizen, da er sich dauernd und organisch weiterentwickelt. Es sollte reichen, wenn man sagt, daß er nicht zaghaft mit den Geschmacksknospen umgeht. Was man bei Südafrika ja vielleicht auch nicht erwartet.

Three Ships 5-Year-Old

James Sedgwick | www.threeshipswhisky.co.za

Herstellungsregion und -land Western Cape, Südafrika
Destillerie James Sedgwick, Wellington
Alkoholgehalt 43 Vol.-%
Whiskytyp Blend

So wie es immer Menschen geben wird, die nicht glauben, daß auch in anderen Ländern als Frankreich großartige Weine gekeltert werden, so gibt es das nicht auszurottende Vorurteil gegen jeden Whisky, der nicht in Gestalt eines Single Malts aus Schottland daherkommt. Das ist reine Unkenntnis, wie eine Vielzahl von Blends und Whiskys aus den vier anderen großen Herstellerländern (USA, Kanada, Irland und Japan) wieder und wieder gezeigt haben. Es wirkt allerdings auch etwas merkwürdig, daß in Zeiten, in denen der Whisky weltweit eine Renaissance erlebt und die internationale Nachfrage eine Welle neuer Destillerien auf der ganzen Welt entstehen läßt, manche Brennereien wie etwas James Sedgwick in Südafrika ein wenig aus der Zeit gefallen wirken. Tatsächlich haben aber Destillerien wie diese, wie Tasmania in Australien, Amrut in Indien und Mackmyra in Schweden alle ihre Produkte auf ein Niveau gehoben, das keinen Vergleich zu scheuen braucht.

Die Ursprünge der Destillerie James Sedgwick reichen mehr als 150 Jahre zurück. 1850 segelte James Sedgwick mit seiner *Undine* nach Kapstadt und etablierte sich als Händler für gute Spirituosen, Zigarren und Tabakwaren. 1886 kaufte er die Destillerie in Wellington.

Der Standardblend der Firma kam zuerst 1977 auf den Markt. Mit dem 5-Year-Old reihte sich die Firma unter die Hersteller von Premiumwhiskys. Er wurde 1991 vorgestellt und ist ein Blend aus südafrikanischen und schottischen Whiskys, der täuschend robust und voller Geschmack ist. Er hat sich auf der ganzen Welt bei Blindverkostungen gut geschlagen und immer wieder Lob und Medaillen geerntet. **DR**

Verkostungsnotizen

Charaktervoll im Überfluß: frische Jugendlichkeit gibt ihm Spritzigkeit, Frucht liefert ein großes Herz, und beeindruckende Torfnoten blicken nach Schottland. Sehr ausgewogen, mit einem langen, glatten Abgang. Beeindruckender Stoff.

Three Ships 10-Year-Old

James Sedgwick | www.threeshipswhisky.co.za

Herstellungsregion und -land Western Cape, Südafrika
Destillerie James Sedgwick, Wellington
Alkoholgehalt 43 Vol.-%
Whiskytyp Single Malt

Warum hat diese südafrikanische Destillerie ein Neigung zu maritimen Anspielungen, wie sie sich auch in dem Namen ihrer Whiskymarke Three Ships zeigt? Natürlich war James Sedgwick ein Seemann, der nach Südafrika segelte, um dort zum Whiskybrenner zu werden. Aber die fraglichen drei Schiffe, die auf dem Etikett der Whiskys zu sehen sind, sind die beiden Karavellen (mit Lateinertaklung) und das Versorgungsschiff (mit Rahsegeln) des Bartolomeu Dias, die 1487 von Portugal aus eine Erforschungsreise antraten. Sie sollten um die Spitze Afrikas segeln und die lukrative Seeroute nach Indien und Asien erkunden.

Es war eine gefährliche Fahrt, die zuerst glücklich verlief: Man hielt sich dicht an die afrikanische Küste und kam gut voran. Dann blies jedoch ein 13tägiger Sturm die Schiffe in den Südatlantik hinaus. Die Mannschaft meuterte, und Dias mußte umdrehen, jedoch erst, nachdem er die Spitze des Kontinents gesichtet und auf den Namen Kap der Stürme getauft hatte. Später änderte der portugiesische König Johann II. den Namen zu Kap der Guten Hoffnung.

Dieser Single Malt wird nur aus südafrikanischen Grundstoffen hergestellt, und sein Alter von zehn Jahren bedeutet für die Destillerie einen Schritt nach vorne. Es ist eine limitierte Ausgabe, die in drei verschiedenen Verpackungen erhältlich ist – am ansprechendsten ist die blaue Dose mit den drei Schiffen in kabbeligem Wasser vor der afrikanischen Küste. Den Whiskytrinker spricht jedoch vor allem die gute Machart an, die deutlich die Fortschritte der Destillerie zeigt. Er würde sich auch neben manch einem schottischen Malt gut machen. **DR**

Verkostungsnotizen

Man könnte erwarten, daß sich dieser südafrikanische Malt als harter Kerl erweisen würde, er ist jedoch weniger energisch als der 5-Year-Old. Mit den herzhaften Salz-und-Pfeffernoten und dem erdigen, torfigen Unterton etwas wie ein Glen Garioch oder Benromach.

Three Ships Bourbon Cask Finish

James Sedgwick | www.threeshipswhisky.co.za

Herstellungsregion und -land Western Cape, Südafrika
Destillerie James Sedgwick, Wellington
Alkoholgehalt 43 Vol.-%
Whiskytyp Blend

Die Stadt Wellington liegt 45 Minuten von Kapstadt entfernt im Herzen des südafrikanischen Weinanbaugebiets. Hier steht auch die ultramoderne neue Destillerie der Firma James Sedgwick, die auf die Produktion von größeren Mengen neuer, hochwertiger Whiskyvarianten ausgelegt ist. Wie in vielen anderen Dingen auch, hat das wachsende nationale Selbstbewußtsein zu einem zunehmenden Interesse und Verständnis in Sachen Whisky geführt. Vor allem die entstehende schwarze Mittelklasse kauft hochwertige schottische Single Malts, und in den größeren Städten gibt es Hotelbars, in denen Whisky eine Rolle spielt wie sonst vielleicht nur in Japan.

Dieser Bourbon Cask Finish kam 2005 auf den Markt und markiert einen bedeutenden Punkt in der Geschichte der Destillerie James Sedgwick und des südafrikanischen Whiskys allgemein. Die Sonderausgabe war der erste verschnittene Whisky aus Südafrika, der ganz und gar aus einheimischen Komponenten bestand. Sowohl der Malt- als auch der Grainanteil waren im Land destilliert und gelagert worden. Der Name ist jedoch etwa verwirrend und irreführend. Whisky muß immer ausschließlich in Eichenfässern gelagert werden, und oft haben diese Fässer zuvor Bourbon enthalten. Die Bezeichnung verweist eher auf die Zeit nach dem Verschneiden, wenn der Blend nochmals in frische amerikanische Bourbonfässer gefüllt wird.

Der Whisky hat internationale Preise erhalten und ist seit seinem Erscheinen jedes Jahr von Neuem ausgezeichnet worden. Zudem hat er beachtliche 90 Punkte in der zuverlässigen *Jim Murray's Whisky Bible* erhalten, die ihn auch als „brillant" bezeichnet. **DR**

Verkostungsnotizen

Am Gaumen sanfte, von subtilen Gewürzen unterlegte Honigsüße. Die zusätzlichen sechs Monate im Faß nach dem Verschneiden geben einen süßeren Geschmack, behalten aber die Vanillenoten noch bei. Ein langer Abgang mit Flüstertönen vom Bourbonfaß.

Kavalan Concertmaster Port Cask Finish

King Car Company | www.kavalanwhisky.com/en/main.aspx

Herstellungsregion und -land Yilan County, Taiwan
Destillerie Kavalan, Yuanshan
Alkoholgehalt 40 Vol.-%
Whiskytyp Single Malt

Kein Whiskydebüt hat ein derartiges Aufsehen erregt wie der Kavalan, als er 2009 herauskam. Natürlich hat der Welt-Whisky einige Erfolgsgeschichten vorzuweisen – Amrut, Mackmyra und Penderyn etwa –, aber beim Kavalan war es anders. Hier gingen die Augenbrauen nicht erstaunt nach oben, hier fielen sie fast ab.

Dem Schreiber dieser Zeilen begegnete der Whisky zuerst bei den World Whisky Awards, als zwei Kostproben in der ersten Runde der Kategorie „Rest der Welt" auftauchten. Eine war strohblond, die andere kastanienbraun. Beide trugen die Angabe „China" – und waren phantastisch. Als bekannt wurde, daß die Proben nur zwei Jahre alt waren – und deshalb in Europa dem Gesetz nach nicht als Whisky bezeichnet werden dürften –, hörte man, wie die Branche nach Luft schnappte.

Der Kavalan machte sich weltweit einen Namen, als eine schottische Zeitung, in der Hoffnung, einige Whiskyexperten aufs Glatteis führen zu können, eine Blindverkostung mit englischen Whiskys und jungen schottischen Malts veranstaltete. Das funktionierte zwar, aber es war der Kavalan, der eigentlich nur aufgenommen worden war, um die Zahl der Whiskys zu erhöhen, der die Kenner wirklich in die Irre führte. Als er vier Jahre alt geworden war, gewann er die ersten Preise und forderte andere „Welt-Whiskys" wie den Amrut heraus.

Die Flasche des Concertmaster Port Cask Finish erinnert eher an einen Gin. Der Geschmack rührt vor allem von einer Nachreifung in portugiesischen Portweinfässern her, die dem Whisky am Gaumen zarte Holznoten verleihen. Der Kavalan gewann 2011 bei der San Francisco World Spirits Competition verdient die Silbermedaille. **PB**

Verkostungsnotizen

Ein großer, süßer, üppiger Malt, der vor Geschmack geradezu platzt. Es ist ein tropischer Obstsalat mit Mango, Ananas, Guava und Kiwi – absolut entzückend. Kritik auf sehr hohem Niveau: Nur der Abgang ist wegen der Jugend des Whiskys einen Hauch zu sanft und süß.

Kavalan Solist Fino

King Car Company | www.kavalanwhisky.com/en/main.aspx

Herstellungsregion und -land Yilan County, Taiwan
Destillerie Kavalan, Yuanshan
Alkoholgehalt 57–58 Vol.-%
Whiskytyp Single Malt

Der Whiskyberater Dr. Jim Swan ist ein Held, der im Verborgenen wirkt. Er hat Destillerien auf der ganzen Welt beeinflußt, und nicht nur solche, die Whisky brennen. Wenn man eine Destillerie besucht, ist die Wahrscheinlichkeit hoch, daß er schon vor einem dort gewesen ist. Und wenn man plant, eine Destillerie zu gründen, ist er derjenige, den man fragt, ob das Vorhaben durchführbar ist. Wenn er die Pläne für nicht durchdacht hält, wird er sie gnadenlos auseinanderpflücken, aber langfristig wird man ihm das danken. Wenn er allerdings glaubt, daß man Aussichten auf Erfolg hat, wird er alles in seiner Macht stehende tun, damit sich dieser auch einstellt.

Dr. Swan glaubt, die technischen Fortschritte bei der Herstellung von Whisky hätten die Lagerung, die früher für einen guten Whisky ausschlaggebend war, weniger wichtig werden lassen. Seine Erfahrungen aus der Zusammenarbeit mit der Destillerie Kavalan hätten ihm gezeigt, daß die Reifung unter den klimatischen Bedingungen der Insel – die Luftfeuchtigkeit gleicht der in der Speyside, die Durchschnittstemperatur ist 6 °C höher als in Aberdeen – in Höchstgeschwindigkeit abläuft.

Dr. Swan ist unendlich stolz auf das, was Kavalan erreicht hat und zweifelt nicht an der Güte der produzierten Whiskys. Die Bandbreite der „Solist"-Reihe ist beeindruckend: Große Whiskys in Faßstärke, die in unterschiedlichen Faßarten gelagert wurden. Das vorliegende Beispiel reifte in Fino-Sherryfässern und ist ein wahres Ungeheuer. Der einzige Hinweis darauf, daß es kein 18jähriger Scotch ist, liegt in der Abwesenheit von Würze und Adstringenz. Atemberaubend gut. **PB**

Verkostungsnotizen

Trockner Sherry und süße Gerste prallen mit überraschenden Auswirkungen aufeinander und voneinander ab. Das orale Gegenstück dazu, Metall in eine Mikrowelle zu legen. Der Geschmack ist zugleich alt und ehrwürdig wie auch jung und verletzlich.

King Car Whisky

King Car Company | www.kavalanwhisky.com/en/main.aspx

Herstellungsregion und -land Yilan County, Taiwan
Destillerie Kavalan, Yuanshan
Alkoholgehalt 46 Vol.-%
Whiskytyp Single Malt

Auf die Gefahr hin, Klischees zu bedienen, könnte man sagen, es gibt Parallelen zwischen der Art, wie die Japaner und Taiwanesen an den Autobau herangehen und wie sie Whisky herstellen.

Die Geschichte der japanischen Whiskybrennerei reicht ein Jahrhundert zurück. Wie bei der Autobranche, in der die japanischen Ingenieure ausgiebig die amerikanischen und europäischen Vorbilder studierten, widmeten sich auch die Whiskyhersteller lange und intensiv den Methoden, mit denen in Schottland Whisky gebrannt wird, und machten sich dann mit Akribie daran, sie nachzuvollziehen. Es ist ihnen so gut gelungen, daß kaum ein Whiskyliebhaber die bemerkenswerte Güte des japanischen Whiskys abstreiten würde. Wenn es jedoch einen Unterschied zwischen den japanischen Automobilen und Whiskys gibt, dann liegt er darin, daß die Automobile zwar perfekt sind, aber meist etwas blaß wirken, während die Whiskys nicht nur gut gemacht, sondern auch voller Charakter sind.

Taiwan hat sich dagegen als sehr geschickt darin erwiesen, in kürzestmöglicher Zeit sehr beeindruckenden Nachahmungen auf den Markt zu bringen. Diese Schnelligkeit hat zu einem gewissen Mißtrauen gegenüber der taiwanesischen Whiskybranche geführt, man fragt sich, ob hier wirklich die Grundlage für etwas Neues gelegt oder nur eine annehmbare Imitation geliefert wird. Diese Frage kann natürlich nur die Zeit beantworten, aber im Zweifel sollte man der Destillerie Kavalan vertrauen, die viel in eine gute Ausrüstung investiert und auch den Rat von Experten wie Dr. Jim Swan eingeholt hat. Der vorliegende Whisky spricht für sich. **PB**

Verkostungsnotizen

Blind verkostet wirkt er zuerst wie ein Speysider, gegen Ende wie ein Highlander. Es gibt süße Pflaumennoten, die aber auf halber Strecke von scharfem Chili durchstochen werden. Stärker auf den westlichen Gaumen abgestimmt als die anderen Kavalans.

Whiskyproduzierende Staaten

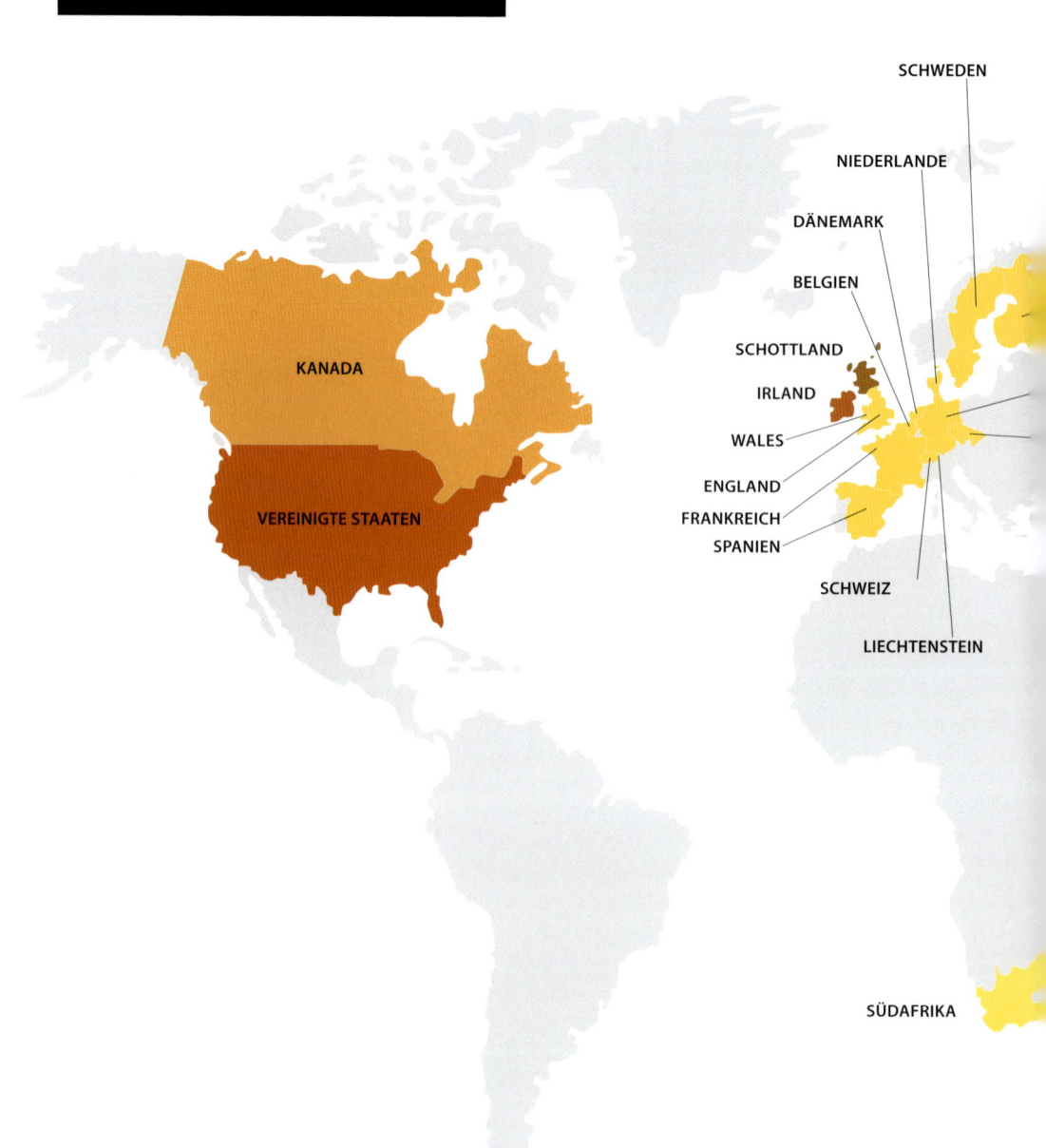

SCHWEDEN

NIEDERLANDE

DÄNEMARK

BELGIEN

SCHOTTLAND

IRLAND

WALES

ENGLAND

FRANKREICH

SPANIEN

KANADA

VEREINIGTE STAATEN

SCHWEIZ

LIECHTENSTEIN

SÜDAFRIKA

Kapitel	
1 Schottland	■
2 Irland	■
3 Vereinigte Staaten	■
4 Kanada	■
5 Japan	■
6 Europa	■
7 Neue Welt	■

FINNLAND

DEUTSCHLAND

TSCHECHISCHE REPUBLIK

PAKISTAN

INDIEN

JAPAN

TAIWAN

AUSTRALIEN

NEUSEELAND

Whiskyproduzierende Staaten

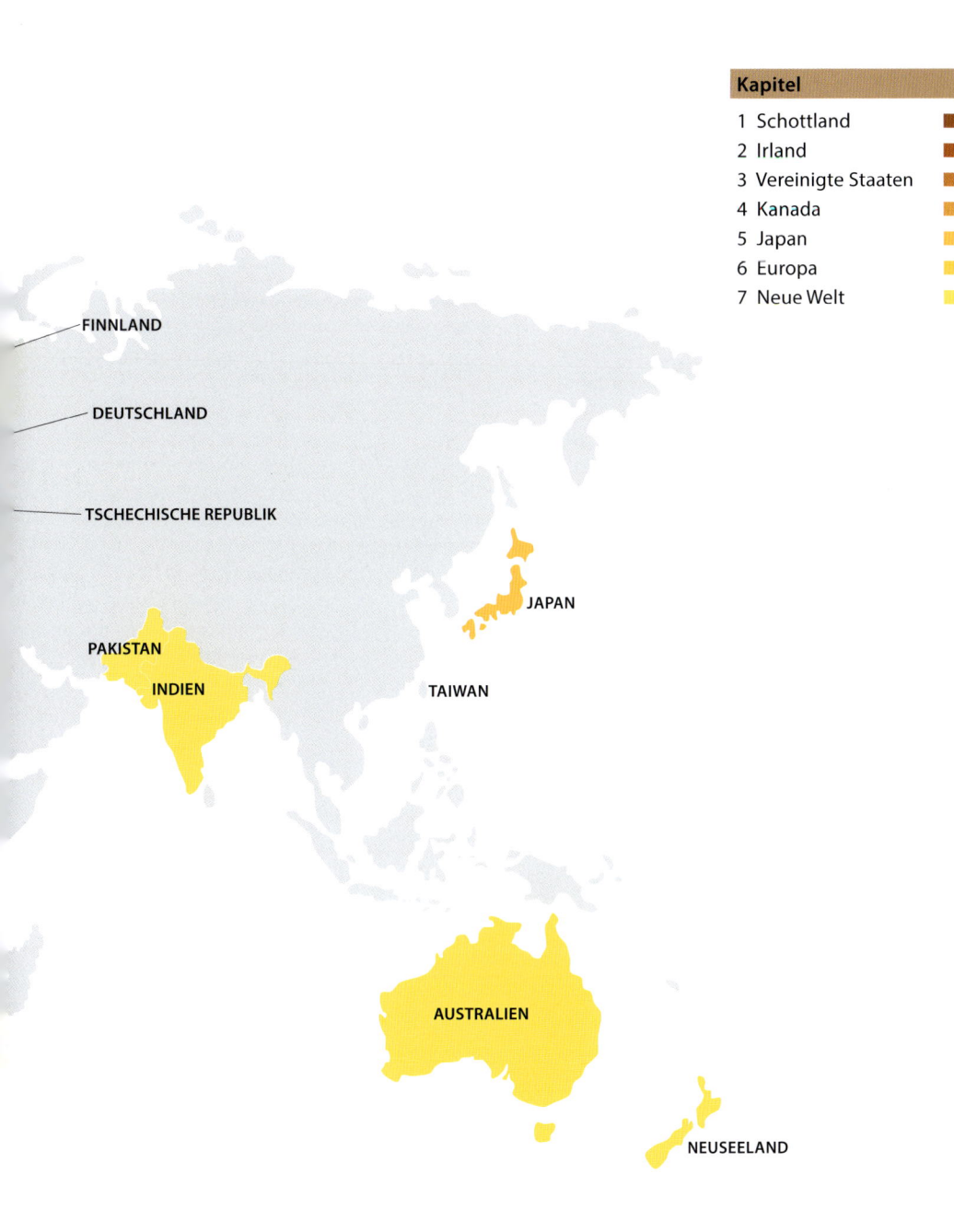

Glossar

Abgang
Die Geschmacksnoten eines Whiskys, die verbleiben, nachdem man ihn geschluckt hat. Wichtig ist die Länge des Abgangs, meist wird ein langer Abgang besser beurteilt.

„Anteil der Engel"
Der Whisky, der während der Faßreifung durch das Holz verdunstet und verloren geht.

Alkoholgehalt
Der Alkoholgehalt einer Spirituose wird in Prozent des Volumens gemessen. In diesem Buch wird dafür die Abkürzung Vol.-% verwendet.

Amontillado
Eine Sherryvariante, nach der spanischen Region Montilla benannt, in der sie entstand.

Amoroso
Ein dunkler, üppiger und süßer Sherry.

Brennblase
Große Hohlkörper, meist aus Kupfer, in denen Malt-Whisky destilliert wird. Bei dieser häufig für die Whiskyherstellung verwendeten Destillationsapparatur wird der Behälter für die Maische direkt angefeuert.

Coffey-Still
Eine verbesserte Form der Kolonnendestillationsapparatur, für die der Ire Aeneas Coffey 1831 ein Patent anmeldete.

Dauben
Die einzelnen Holzstreifen, aus denen ein Faß zusammengesetzt wird.

Destillat
Die Spirituose, die aus den Brennblasen oder Destillationsapparaten einer Destillerie kommt und noch nicht durch Lagerung gereift ist.

Faßstärke
Der Alkoholgehalt eines Whiskys nach der Lagerung, bevor er auf Trinkstärke verdünnt wird, um auf Flaschen gezogen zu werden. Meist 60 bis 65 Volumenprozent.

Finish
Eine zusätzlich Faßreifung, oft in einer exotischen Faßart, um dem Whisky zusätzliche Geschmacksnuancen, Aromen und Färbung zu verleihen.

Fino
Ein trockner, heller spanischer Sherry.

Gärtank
Ein großer Behälter, meist aus Holz, in dem die Maische gärt.

Gärung
Der Vorgang, bei dem Zucker in Alkohol verwandelt wird.

Kaltfiltrierung
Ein Verfahren, um aus optischen Gründen Rückstände und Trübungen aus Whisky zu entfernen, indem er gekühlt und gefiltert wird.

Kolonnendestillationsapparatur
Auch als Patentdestillationsapparat bezeichnet. Ein vom Schotten Robert Stein 1926 erfundenes Gerät, in dem das Destillat in zwei Kolonnen (Säulen) erzeugt wird.

Küfer
Auch als Böttcher bezeichnet. Ein Handwerker, der Fässer und Bottiche fertigt, wie sie bei der Herstellung und Lagerung von Weinen und Spirituosen verwendet werden.

Lagerhaus
Die traditionellen Lagerhäuser für schottischen Whisky sind meist flache Steingebäude und bieten für die Reifung optimale Bedingungen. US-amerikanische Lagerhäuser sind meist höher.

Madeira
Ein portugiesischer Likörwein, der in verschiedenen Varianten auf den Inseln der Madeira-Gruppe hergestellt wird.

Maische
(Auch Würze genannt) Die Flüssigkeit, die nach Hefezugabe und Gärung entstanden ist.

Maischebottich
Ein großer Behälter, in dem gemaischt wird. Meist ist der Maischebottich mit einem Rührmechanismus und einer Heizung versehen.

Maischen
Das Versetzen von Getreide mit Wasser und anschließendes Erhitzen.

Marsala
Ein Wein aus der Gegend um die italienische Stadt Marsala auf Sizilien.

Mundgefühl
Die Intensität eines Whiskys kann beurteilt werden, indem man ihn einige Sekunden auf der Mitte der Zunge ruhen läßt.

Nase
Die Nase ist die individuelle Zusammensetzung von Gerüchen und Aromen eines Whiskys.

Oloroso
Eine dunkle, nussige Variante des Sherrys, die durch Oxidierung während der Reifung entsteht.

Patentdestillationsapparat
Siehe unter Kolonnendestillationsapparatur

Pedro Ximénez
Eine Weißweinsorte, die in bestimmten Teilen Spaniens angebaut wird.

Phenole
Chemische Verbindungen, die aus einem Torffeuer in den Whisky gelangen. Phenole verleihen dem Destillat rauchige Aromen und Geschmacksnoten.

Rezeptur
Die proportionale Zusammensetzung der Getreidemischung für einen Whisky. Vor allem amerikanische Whiskeys unterscheiden sich in dieser sogenannten *mash bill*.

Saladin-Kasten
Eine französische Erfindung aus dem 19. Jahrhundert, in der Gerste während der Keimung mechanisch gewendet wird.

Schrot
Grob gemahlenes Gerstenmalz oder Getreide, aus dem Whisky hergestellt wird.

Solera
Ein Verfahren zur Reifung von alkoholischen Getränken durch partielles Verschneiden, so daß das fertige Produkt aus verschieden alten Komponenten besteht.

Spelze
Die Getreiderückstände nach dem Maischen. Die Spelzen werden oft getrocknet und als Viehfutter verwendet.

Verkohlen
Vorgang bei der Faßherstellung. Das Innere des Fasses wird mit einer offenen Flamme angebrannt. Dadurch werden Geschmacksnuancen im Holz freigesetzt, die den Geschmack des Whiskys während der Reifung im Faß verändern.

worm tub
Mit Wasser gefüllte Kühlbehälter, durch die Kühlschlangen aus Kupfer (worms) geführt werden, um die Alkoholdämpfe aus der Brennblase zu kondensieren.

Zollverschlußlager
Ein Lager, in dem Whisky, unter Verschluß' gelagert wird. Die Branntweinsteuer wird erst fällig, wenn er das Lager verläßt.

Zuckercouleur
Flüssiger Karamell, der von mancher Whiskyherstellung verwendet wird, um dem Whisky eine braune Färbung zu verleihen.

Autoren

Billy Abbott (BA) ist nach eigenem Eingeständnis whiskybesessen und ein Snob in Sachen Cocktails. Er hat sich von einer Laufbahn als Softwareprogrammierer im Finanzbereich fortlocken lassen, um über Spirituosen zu schreiben, vor allem für *The Whisky Exchange*. Er ist Generalist in Bezug auf Spirituosen, aber seine große Liebe gilt dem Whisky.

Pat Barrow (PB) lebt an der Grenze zwischen den englischen Grafschaften Norfolk und Suffolk und nimmt als Direktor des Whisky Tasting Club an regionalen Verkostungen wie auch an der jährlichen Independent Bottlers' Challenge teil. Er liebt Whisky in jeder Form, vor allem Rosebank, Springbank und Balvenie.

Lew Bryson (LB) ist seit 1996 Chefredakteur der Zeitschrift *Whisky Advocate*, in der er auch die Kolumne „American Spirit" schreibt. Seine Leidenschaft gilt dem amerikanischen Whiskey: Bourbon, Rye, Tennessee und den Kleindestillerien. Er schreibt auch über Bier und das Bierbrauen.

Charles K. Cowdery (CKC) ist der Autor von *Bourbon, Straight: The Uncut and Unfiltered Story of American Whiskey* und Regisseur und Produzent der DVD „Made and Bottled in Kentucky". Er schreibt für *The Malt Advocate*, *Whisky Magazine* und andere Veröffentlichungen über amerikanischen Whiskey.

Clutch Daisy (D&C) ist Komponist, Sänger, Gitarrist und resozialisierter Bühnenbildner. Er veranstaltet regelmäßig mit Andre Dubber (*siehe unten*) Online-Verkostungen, bei denen sie die zu bewertenden Whiskys vorher bekanntgeben, damit auch andere teilnehmen können. Als Follower von @Twhisky erfährt man mehr.

Andrew Dubber (D&C) ist der Gründer von New Music Strategies. Er ist zwar Neuseeländer, aber sein Vater kam in Glasgow auf die Welt, Andrew ist also genetisch vorbelastet, wenn es um schottischen Single Malt geht. Zusammen mit Clutch Daisy (siehe oben) betreibt er dubberandclutch.com, eine Internetseite über Whisky.

Lukasz Dynowiak (LD) wurde als zur Ironie neigender Blogger über das Thema Drinks bekannt, nahm später die Branche im Sturm, wurde 2010 ein gefeierter Markenbotschafter und Juror bei Whiskywettbewerben.

Isabel Graham-Yooll (IGY) ist eine der Geschäftsführerinnen der Londoner Whiskyfirma Milroy's of Soho, bei der sie für das Ladengeschäft und die Hausmarke verantwortlich zeichnet. Zuvor leitete sie bei der Supermarktkette Selfridges die Wein- und Spirituosenabteilung und entdeckte dort auch ihre Liebe zu gutem und seltenem Whisky.

Jessica Harvey (JH) schreibt als Drinks-Journalistin für Zeitschriften wie das britische Branchenfachblatt *The Publican's Morning Advertiser*, bei dem sie stellvertretende Redakteurin für Features ist, den Duty-Free-Führer *The TFWA Daily* und die Modezeitschrift *SuperSuper*. Sie hat Englisch und Wirtschaftsjournalismus studiert, eine Vorliebe für dunkle Spirituosen und eine Neigung zu guten Pubs und Bars.

Davin de Kergommeaux (DDK) ist der Autor von *Canadian Whisky: The Portable Expert* und Co-Autor drei weiterer Whiskybücher. Er ist freier Redakteur der Zeitschrift *Whisky Magazine*, schreibt für *Whisky Advocate Magazine* und betreibt die Internetseite canadianwhisky.org.

Robin Laing (RL) hat vier Whiskybücher geschrieben, darunter auch *Whisky Legends of Islay* (Luath Press), und er schreibt Verkostungsnotizen für die Scotch Malt Whisky Society. Er ist auch ein Singer-Songwriter, der vier CDs mit Whiskyliedern veröffentlicht hat.

George Lewis (GL) ist das Autorenpseudonym eines Londoner Modekommentators und anonymen Restauranttesters, der über Restaurants von Carmel in Kalifornien bis Kazan in Tatarstan geschrieben hat.

William C. Meyers (WM) war Co-Autor der sechsten Auflage von *Michael Jacksons Complete Guide to Single Malt Scotch* und schreibt für die *Chicago Tribune*, die *St. Louis Post-Dispatch* und andere Zeitungen und Zeitschriften Er ist wegen seiner kenntnisreichen Leidenschaft für Whisky bekannt.

Marcin Miller (MM) war Redakteur der Zeitschrift *Whisky Magazine* und ist jetzt im Vereinigten Königreich mit einer Beratungsgesellschaft für Spirituosen-Marketing tätig, in Japan mit einer Vertriebsgesellschaft für Whisky. Er hat auch die Veranstaltungsreihe Whisky Live! aus der Taufe gehoben und ist in der Branche zu einem Symbol für schottischen wie auch japanischen Whisky geworden.

Peter Mulryan (PM) ist der Verfasser von vier Büchern, die sich mit Whisky beschäftigen, und hat auch für die Zeitschriften *Whisky Magazine* und *Whisky Advocate* geschrieben. Wenn er nicht schreibt, arbeitet er als TV-Produzent für Sendungen über Essen und Trinken. Vor kurzen hat er eine Filmreihe über irischen Pot-Still-Whisky moderiert.

Andrew Naylor (AN) entdeckte sein Interesse an Whisky, als er vor 20 Jahren in Westschottland lebte. Nachdem er 2007 in die Grafschaft Norfolk umzog, hat er die Abende mit Dominic Roskrows Verkostungsgruppen genossen und Beiträge für die Zeitschrift *Whiskeria* verfaßt.

Hans Offringa (HO) hat zwanzig Bücher über Whisky geschrieben, drei Romane und neun Sachbücher über Themen von Golf über Champagner und U-Boote bis hin zu historischen Gebäuden. Mit seiner Ehefrau Becky führt er unter dem Namen The Whisky Couple Verkostungen für Restaurants und Businessclubs durch.

Jason Pyle (JP) ist Redakteur und Betreiber einer der beliebtesten Internetseiten zum Thema Whiskey, zu finden unter www.SourMashManifesto.com. Er lebt in Franklin, Tennessee, und ist ein gefeierter Experte für amerikanischen Whiskey. Er selbst betrachtet sich eher als verkappten Gourmet.

Sally Rasmussen (SR) ist relativ neu auf dem Gebiet des Whiskys, vertritt aber eine Generation junger Frauen, die sich für Malt-Whisky interessieren. Sie schreibt seit mehr als 15 Jahren über die Hotelbranche, in der jüngeren Vergangenheit im Marketing- und Public-Relations-Bereich.

Stuart Robson (StuR) ist Whisky- (und Schokoladen-) Liebhaber und schreibt für die Fachgeschäfte der Kette The Whisky Marketplace einen Blog. Er ist ein leidenschaftlicher Verfechter der traditionellen handwerklichen Whiskyherstellung. Sein besonderes Augenmerk gilt den unabhängigen Brennern und Abfüllern.

Ingvar Ronde (IR) brachte 2005 die erste Ausgabe des *The Malt Whisky Yearbook* heraus, seitdem hat er elf weitere Ausgaben dieser weltberühmten Bibel für den Whiskyaficionado geschrieben, redigiert und herausgegeben. Der schwedische Autor und Verleger verbringt inzwischen viel Zeit bei Destilleriebesuchen auf der ganzen Welt.

Dominc Roskrow (DR) ist der Herausgeber dieses Buches und preisgekrönter Getränkeautor. Er ist Redakteur der weltweit größten Whiskyzeitschrift *Whiskeria* und schreibt regelmäßig für *Whisky Magazine*, *Harpers*, *Drinks International*, *Malt Advocate* und andere Veröffentlichungen. 2007 wurde ihm die höchste Auszeichnung der schottischen Whiskybranche verliehen, als er zum Keeper of the Quaich ernannt wurde, 2010 folgte die Ernennung zum Kentucky Colonel.

Gavin D. Smith (GS) ist als Autor auf Whisky spezialisiert, er hat mehr als 20 Bücher über das Thema geschrieben, darunter auch *The A–Z of Whisky*, *Worts, Worms & Washbacks*; *Whisky Wit & Wisdom* und *Whisky: A Brief History*, um nur drei zu nennen. Er ist stolz darauf, ein Keeper oft he Quaich zu sein, und lebt an der Küste von Fife in Schottland.

Autoren 945

Quellen

WEITERFÜHRENDE LITERATUR

Malt Whisky: Das Standardwerk
Michael Jackson (Dorling Kindersley)

**Whisky Guide Deutschland –
Wegemarken zum grenzenlosen Genuss**
Heinfried Tacke
(Medienbotschaft Verlag & Events GmbH)

**Whisky Guide Schweiz – Ein Wegweiser
zu den besten Adressen des Landes**
Patrick Tilke (Medienbotschaft Verlag & Events GmbH)

**Whisky. Schottland, Irland, Nordirland,
England und Wales**
Peter Hofmann (AT Verlag)

Das Whiskylexikon
Walter Schobert (Fischer)

**The Whiskies of Scotland:
Encounters of a Connoisseur**
Michael Jackson (Duncan Baird Publishers)

**200 Years of Tradition:
The Story of Canadian Whisky**
Lorraine Brown (Fitzhenry & Whiteside)

MacLean's Whiskypedia
Charles MacLean (Birlinn Ltd)

Scotch Whisky: Its Past and Present
David Daiches (Birlinn Ltd)

Bourbon: The Evolution of Kentucky Whiskey
Sam K. Cecil (Turner Publishing Company)

The Whiskeys of Ireland
Peter Mulryan (O'Brien Press Ltd)

Whiskey: A Global History
Kevin R. Kosar (Reaktion Books)

Whisky: The Definitive World Guide
Michael Jackson, Dave Broom, Ian Wisniewski,
and Jürgen Deibel (Dorling Kindersley)

Bourbon Whiskey Our Native Spirit
Bernie Lubbers (Blue River Press)

Classic Bourbon, Tennessee, and Rye Whiskey
Jim Murray (Prion Books Ltd)

Japanese Whisky—Facts, Figures, and Taste
Ulf Buxrud (DataAnalys Scandinavia AB)

Irish Whiskey Almanac
James Murray (Prion Books Ltd)

Jim Murray's Whisky Bible
Jim Murray (Dram Good Books Ltd)

Malt Whisky Almanac: A Taster's Guide
Wallace Milroy (Neil Wilson Publishing)

ZEITSCHRIFTEN

Der Whisky-Botschafter
(Medienbotschaft Verlag & Events GmbH)

Drinks – Bars, Clubs, Szene, People
(Medienbotschaft Verlag & Events GmbH)

Whiskeria
(Whisky Shop Publications)

Whisky Magazine
(Paragraph Publishing)

INTERNETSEITEN

www.drinks-magazin.com
www.maltmadness.com
www.maltmaniacs.org
www.ralfy.com
www.scotchwhisky.net
www.whisky-distilleries.info
www.whisky-pages.com
www.whisky-pages.com
www.whiskyadvocate.com
www.whiskybotschafter.com
www.whiskyfestblog.com
www.whiskyfinder.eu
www.whiskyfun.com
www.whiskylive.com
www.whiskymag.com
www.whiskytime-magazin.com
www.worldwhiskyindex.com

ONLINE-COMMUNITIES

www.connosr.com
www.whisky.com/forum
www.whiskymag.com/forum
www.whiskywhiskywhisky.com/forum

ONLINE-SHOPS

Deutschland

www.amcom.de
www.big-market.de
www.bottleworld.de
www.cadenheads.de
www.celtic.whiskymania.de
www.deinwhisky.de
www.diewhiskybotschaft.de
www.drinkology.de
www.finestwhisky.de
www.glenfahrn.com
www.gourmondo.de

www.irish-whiskey.de
www.kaspar-spirituosen.de
www.kirschwhisky.de
www.kupsch-whisky.de
www.maltwhiskymarket.de
www.schottischerwhisky.com
www.scoma.de
www.springlane.de
www.whisky-corner.de
www.whisky-doris.de
www.whisky-onlineshop.com
www.whisky.de
www.whiskyandmore.de
www.whiskycask.de
www.whiskycorner24.de
www.whiskyrarities.de
www.whiskyversand.de
www.whiskyworld.de
www.whiskyzone.de
www.worldwidespirits.de

Österreich

www.grandwhisky.at
www.potstill.org
www.scotchsingle.at
www.spirituosenwelt.at
www.ststephan.at
www.whisky-shop.at

Schweiz

www.caskstrength.ch
www.coopathome.ch
www.drink.ch
www.glenfahrn.com
www.globus.ch
www.schuewo.ch
www.the-british-shop.ch
www.thewhiskyshop.ch
www.ullrich.ch
www.whiskytime.ch
www.worldofwhisky.ch

VERANSTALTUNGEN

InterWhisky
November/Dezember,
Frankfurt am Main, Deutschland
www.interwhisky.com

Spirit of Speyside Whisky Festival
Mai, Glasgow, Schottland
www.spiritofspeyside.com

Kentucky Bourbon Festival
September, Bardstown,
Kentucky, U.S.A.
www.kybourbonfestival.com

International Whisky Festival
November, Leiden,
Niederlande
www.whiskyfestival.nl

AUSZEICHNUNGEN

San Francisco World Spirits Competition
www.sfspiritscomp.com

World Whiskies Awards
www.whiskymag.com/awards

Jim Murray's Whisky Bible Awards
www.whiskybible.com

www.maltmaniacs.org
Malt Maniacs Awards

Register der Whisk(e)ys nach Ländern

Argentinien
La Alazana Patagonian 896

Australien
Bakery Hill A Wisp of Smoke 2016 897
Bakery Hill Cask Strength Peated 896
Bakery Hill Classic 898
Bakery Hill Classic Cask Strength 899
Bakery Hill Classic Peated 900
Bakery Hill Double Wood 901
Belgrove White Rye 903
Hellyers Road Original 903
Hellyers Road Single Malt Whisky 904
Lark 9-Year-Old Bourbon Cask 906
Lark Para Single Malt 906
Lark Single Malt Cask Strength 907
Lark Single Malt Classic Cask 907
Limeburners American Oak 908
Limeburners Port Cask 908
Nant Port 911
Nant Sherry 911
Old Hobart Overeem Port Cask Single Malt 912
Old Hobart Overeem Sherry Cask Single Malt 912
Raymond B. Whiskey 913
Starward Solera 913
Sullivans Cove Cask Strength 10-Year-Old 914
Sullivans Cove Cask Strength 11-Year-Old 914
Sullivans Cove Cask Strength French Oak Port Cask 915
Sullivans Cove Double Cask 916
Timboon Single Malt 918
Trapper's Hut Single Cask 919

Belgien
Belgian Owl Single Malt 835
Belgian Owl 53-Month-Old Cask Strength 835
Belgian Owl 2011 836

Dänemark
Braunstein Edition No.2 836
Braunstein Library Collection 10:2 837
Braunstein Library Collection 10:3 837

Deutschland
Black Horse Original Ammertal 861
Blaue Maus Single Cask 861
Grüner Hund 862
Slyrs Bavarian 862
Spinnaker 1999 864
Spinnaker Fassstärke 865

England
Copper House Triple Malt 838
English Whisky Company Smokey 840
English Whisky Company The English Original 841
English Whisky Company The Norfolk Farmers 841
Hicks & Healey 7-Year-Old 842
Orbis 844
St. George's Distillery Chapter 7 845
St. George's Distillery Chapter 10 846
St. George's Distillery Chapter 11 848

Finnland
Old Buck 849
Teerenpeli 8-Year-Old 850

Frankreich
Armorik Classic 851
Armorik Double Maturation 853
Armorik Édition Originale 853
Armorik Maitre de Chai 854
Breizh 854
Brenne 855
brenne 10 855
Eddu Grey Rock 856
Eddu Silver 856
Glann ar Mor 1 An Gwech 11 857
Kornog Sant Ivy 2011 857
P&M 858
Uberach 859

Indien
Amrut 100 920
Amrut Cask Strength 921
Amrut Cask Strength Peated 922
Amrut Double Cask 923
Amrut Fusion 925
Amrut Kadhambam 925
Amrut Kadhambam No. 2 926
Amrut Nonpeated 926
Amrut Peated 927
Amrut Portonova 927
Amrut Two Continents 928
Paul John Brilliance 928
Paul John Classic Select Cask 929
Paul John Peated 929

Irland
Bushmills 10-Year-Old 569
Bushmills 16-Year-Old 570
Bushmills 21-Year-Old 571
Bushmills 1608 572
Bushmills Black Bush 573
Bushmills Millennium Malt 575
Bushmills Original 575
Connemara 12-Year-Old 577
Connemara Bog Oak 577
Connemara Cask Strength 578

Connemara Turf Mór 579
Greenore 8-Year-Old 580
Greenore 15-Year-Old 582
Greenore 18-Year-Old 583
Green Spot 584
Irishman, The 70 585
Irishman, The Single Malt 586
Jameson 587
Jameson 12-Year-Old 588
Jameson 15-Year-Old Single Pot Still 588
Jameson 18-Year-Old 590
Jameson Black Barrel 592
Jameson Cask Mates 592
Jameson Gold Reserve 593
Jameson Rarest Vintage Reserve 593
Kilbeggan 594
Kilbeggan 15-Year-Old 595
Kilbeggan 18-Year-Old 596
Locke's 8-Year-Old 596
Michael Collins 10-Year-Old 597
Midleton Barry Crockett Legacy 597
Midleton Very Rare 598
Paddy 599
Powers Gold Label 601
Powers John's Lane Release 601
Powers Special Reserve 12-Year-Old 602
Redbreast 12-Year-Old 603
Redbreast 12-Year-Old Cask Strength 604
Redbreast 15-Year-Old 604
Redbreast 21-Year-Old 605
Redbreast Lustau 605
Tullamore D.E.W. 12-Year-Old 606
Tullamore D.E.W. Black 43 606
Tullamore D.E.W. Single Malt 608
Tyrconnell 609
Tyrconnell Madeira Cask 610
Tyrconnell Port Cask 612
Tyrconnell Sherry Cask 612
Wild Geese, The 613
Wild Geese, The Rare Irish 613

Japan
Chichibu On The Way 2015 800
Chichibu Peated 2013 801
Chichibu The First 802
Eigashima White Oak 5-Year-Old 803
Hakushu 10-Year-Old 804
Hakushu 12-Year-Old 805
Hakushu 18-Year-Old 806
Hakushu 25-Year-Old 807
Hibiki 12-Year-Old 808
Hibiki 17-Year-Old 809
Hibiki 21-Year-Old 810
Hibiki Harmony 811
Karuizawa 1986 Single Cask No. 7387 813
Nikka Miyagikyo Single Malt 814
Nikka Miyagikyo No Age Statement 815
Nikka Miyagikyo 15-Year-Old 816
Nikka Pure Black 818
Nikka Single Cask Coffey Malt 819
Nikka Whisky from the Barrel 820
Taketsuru 12-Year-Old 823
Taketsuru 21-Year-Old 824
Yamazaki 10-Year-Old 824
Yamazaki 12-Year-Old 826
Yamazaki 18-Year-Old 827
Yamazaki 25-Year-Old 828
Yoichi 10-Year-Old 829
Yoichi 20-Year-Old 830
Yoichi Single Malt 830

Kanada
Alberta Premium 752
Alberta Premium 30-Year-Old 753
Alberta Springs 10-Year-Old 754
Black Velvet Deluxe 755
Black Velvet Reserve 8-Year-Old 756
Bush Pilot's Private Reserve 757
Canadian 83 758
Canadian Club Black Label 8-Year-Old 758
Canadian Club Reserve 10-Year-Old 760
Canadian Club Sherry Cask 761
Canadian Hunter 762
Canadian Mist Black Diamond 762
Caribou Crossing Single Barrel 764
Century Reserve 15/25 767
Century Reserve 21-Year-Old 767
Chinook 5-Year-Old 768
Collingwood 769
Crown Royal Black 770
Crown Royal Limited Edition 771
Danfield's Limited Edition 21-Year-Old 772
Forty Creek Barrel Select 773
Forty Creek Confederation Oak Reserve 774
Forty Creek John's Private Cask No.1 775
Gibson's Finest 12-Year-Old 776
Gibson's Finest Rare 18-Year-Old 777
Glen Breton Battle of the Glen 778
Glen Breton Rare 10-Year-Old 779
Grand Grizzly 780
Lot No.40 781
Masterson's 10-Year-Old 782
Pendleton 1910 Rye 783
Pendleton Directors' Reserve 2010 20-Year-Old 784
proof 785
Revel Stoke 786
Rich & Rare 787
Schenley OFC 789
Seagram's VO 789
Snake River Stampede 8-Year-Old 790
Still Waters 791
Tangle Ridge 792
WhistlePig 793
White Owl 794
Wiser's 18-Year-Old 796
Wiser's Legacy 796

Liechtenstein
Telsington 866

Neuseeland
New Zealand's 1987
　24-Year-Old 930

Niederlande
Frysk Hynder 2007 866
Millstone 100 Rye 869
Millstone American Oak
　12-Year-Old 869
Millstone French Oak
　10-Year-Old 870
Millstone Oloroso Sherry
　12-Year-Old 871
Millstone Pedro Ximénez
　14-Year-Old 872

Österreich
Broger Burn Out 834

Pakistan
Murree's 12-Year-Old Millennium
　Reserve 930

Schottland
Aberfeldy 12-Year-Old 23
Aberfeldy 14-Year-Old Single
　Cask 23
Aberfeldy 18-Year-Old Single
　Cask 24
Aberfeldy 21-Year-Old 25
Aberlour 10-Year-Old 26
Aberlour 12-Year-Old 27
Aberlour 16-Year-Old 28
Aberlour 18-Year-Old 29
Aberlour A'Bunadh 30
Ailsa Bay Single Malt 30
Allt a'Bhainne 11-Year-Old
　Sherry Cask 31
anCnoc 12-Year-Old 31
anCnoc 16-Year-Old 32
anCnoc 1996 33
anCnoc 1975 34
Antiquary, The 12-Year-Old 34

Antiquary, The 21-Year-Old 36
Ardbeg 10-Year-Old 37
Ardbeg 17-Year-Old 38
Ardbeg 1977 39
Ardbeg Airigh Nam Beist 40
Ardbeg Alligator 40
Ardbeg Almost There 41
Ardbeg Blasda 41
Ardbeg Corryvreckan 43
Ardbeg Kildalton 44
Ardbeg Lord of the Isles
　25-Year-Old 45
Ardbeg Renaissance 46
Ardbeg Rollercoaster 47
Ardbeg Supernova 48
Ardbeg Uigeadail 48
Ardmore 25-Year-Old 50
Ardmore 1992 Single Malts
　of Scotland 19-Year-Old 51
Ardmore 100th Anniversary 52
Ardmore Traditional 53
Arran 10-Year-Old 54
Arran 12-Year-Old 55
Arran 14-Year-Old 57
Arran Amarone Cask Finish 58
Arran Icons of Arran "Peacock"
　1996 59
Arran Machrie Moor 60
Arran Madeira Cask Finish 61
Arran Original 62
Arran Port Cask Finish 63
Arran St. Emilion Cask Finish 65
Arran Sauternes Cask Finish 65
Auchentoshan 12-Year-Old 66
Auchentoshan 18-Year-Old 67
Auchentoshan 21-Year-Old 68
Auchentoshan 200th Anniversary
　68
Auchentoshan Classic 69
Auchentoshan Three Wood 69
Auchentoshan Valinch 70
Auchroisk 10-Year-Old 71
Auchroisk The Managers' Choice 72
Aultmore Provenance
　13-Year-Old Douglas of
　Drumlanrig Sherry Butt 73

Bailie Nicol Jarvie 74
Balblair 2000 75
Balblair 1997 76
Balblair 1989 76
Balblair 1978 77
Balblair 1975 77
Balblair 1965 79
Ballantine's 12-Year-Old 79
Ballantine's 17-Year-Old 80
Ballantine's 21-Year-Old 82
Ballantine's 30-Year-Old 83
Ballantine's Christmas Reserve
　85
Balmenach 18-Year-Old Malt Cask
　85
Balvenie 12-Year-Old DoubleWood
　86
Balvenie 14-Year-Old Roasted
　Malt 87
Balvenie 15-Year-Old Single Barrel
　88
Balvenie 17-Year-Old Peated Cask
　88
Balvenie 17-Year-Old RumCask 90
Balvenie 21-Year-Old PortWood
　Finish 91
Balvenie Doublewood
　17-Year-Old 92
Balvenie Signature 12-Year-Old 92
Balvenie Tun 1509 Batch 2 93
Banff 1975 Berry Bros. & Rudd 93
Banff Old & Rare Platinum
　Selection 94
Bell's Original 95
Ben Nevis 10-Year-Old 96
Ben Nevis 12-Year-Old Douglas
　of Drumlanrig 98
Ben Nevis 15-Year-Old Glenkeir
　Treasures 98
Ben Nevis 34-Year-Old Adelphi
　Blend 99
Ben Nevis 40-Year-Old "Blended
　at Birth" 99
BenRiach 10-Year-Old Curiositas
　100
BenRiach 12-Year-Old 101

BenRiach 12-Year-Old Heredotus Fumosus 102
BenRiach 12-Year-Old Sherry Matured 102
BenRiach 13-Year-Old Maderenis Fumosus 103
BenRiach 15 Year-Old Dark Rum Wood Finish 103
BenRiach 15-Year-Old Madeira Wood Finish 104
BenRiach 15-Year-Old Solstice 105
BenRiach 16-Year-Old 106
BenRiach 16-Year-Old Sauternes Wood Finish 106
BenRiach 20-Year-Old 108
BenRiach 21-Year-Old Authenticus 109
BenRiach 25-Year-Old 111
BenRiach 30-Year-Old 111
BenRiach 25-Year-Old Authenticus 112
BenRiach Heart of Speyside 113
BenRiach Solstice 17-Year-Old 114
Benrinnes 13-Year-Old 114
Benromach 10-Year-Old 115
Benromach 21-Year-Old 115
Benromach 25-Year-Old 116
Benromach 1968 117
Benromach Classic 55-Year-Old 1949 118
Benromach Organic 119
Benromach Origins Batches 1–3 120
Benromach Peat Smoke Batch 3 120
Benromach Traditional 122
Big Peat 123
Big Smoke, The 40 Islay Malt 124
Big Smoke, The 60 Islay Malt 125
Black Bottle 127
Black Bottle 10-Year-Old 127
Black Bull 12-Year-Old 128
Black Bull 40-Year-Old Batch 1 129
Black Bull 40-Year-Old Batch 2 130

Bladnoch 8-Year-Old Belted Galloway Label 130
Bladnoch 9-Year-Old Lightly Peated 132
Bladnoch 20-Year-Old (Cask Strength) 132
Bladnoch Distiller's Choice Younger Vatting 133
Blair Athol 12-Year-Old Flora & Fauna 133
Blair Athol Old & Rare Platinum Selection 135
Blue Hanger 5th Limited Release 136
Blue Hanger 10th Limited Release 139
Blue Hanger 11th Limited Release 139
Bowmore 12-Year-Old 141
Bowmore 16-Year-Old 141
Bowmore 17-Year-Old 142
Bowmore 18-Year-Old 143
Bowmore 25-Year-Old 144
Bowmore 1990 20-Year-Old 144
Bowmore 1968 50th Anniversary Bottle 145
Bowmore Darkest 15-Year-Old 145
Bowmore Legend 146
Bowmore Tempest Small Batch Release 1 146
Bowmore Tempest Small Batch Release 3 148
Braes of Glenlivet 1975 Connoisseurs Choice 149
Brora 22-Year-Old Rare Malts Selection 1972 150
Brora 24-Year-Old 150
Brora 32-Year-Old 151
Brora 30-Year-Old 2010 151
Brora Old & Rare Platinum Selection 153
Bruichladdich 10-Year-Old 153
Bruichladdich 12-Year-Old Second Edition 154

Bruichladdich 16-Year-Old Bourbon Cask Aged 155
Bruichladdich 18-Year-Old Second Edition 156
Bruichladdich 20-Year-Old Third Edition 157
Bruichladdich 21-Year-Old 158
Bruichladdich 40-Year-Old 160
Bruichladdich 1998 Sherry Edition Manzanilla 161
Bruichladdich 3D The Peat Proposal 162
Bruichladdich Black Art Second Edition 162
Bruichladdich Blacker Still 1986 163
Bruichladdich Golder Still 1984 163
Bruichladdich Laddie Classic 164
Bruichladdich The Organic 165
Bruichladdich Peat 166
Bruichladdich Redder Still 169
Bruichladdich Waves 169
Bruichladdich WMD II The Yellow Submarine 170
Bruichladdich X4+3 171
Buchanan's 12-Year-Old 173
Buchanan's Aged 173
Bunnahabhain 12-Year-Old 174
Bunnahabhain 18-Year-Old 175
Bunnahabhain 25-Year-Old 176
Bunnahabhain Manzanilla Sherry Wood Finish 177
Bunnahabhain Toiteach 179
Campbeltown Loch 179
Caol Ila 8-Year-Old 180
Caol Ila 12-Year-Old 181
Caol Ila 18-Year-Old 182
Caol Ila 25-Year-Old 183
Caol Ila Cask Strength 184
Caol Ila Unpeated 1999 184
Cardhu 12-Year-Old 187
Cardhu Amber Rock 187
Carsebridge 1979 188

Catto's 25-Year-Old 188
Catto's Deluxe 12-Year-Old 189
Catto's Rare Old Scottish 189
Chivas The Century of Malts 190
Chivas Regal 12-Year-Old 191
Chivas Regal 18-Year-Old 192
Chivas Regal 25-Year-Old 194
Clan Campbell 195
Clan Denny 30-Year-Old 196
Clan Denny Islay 197
Clan Denny Speyside 198
Claymore 198
Clynelish 12-Year-Old 201
Clynelish 14-Year-Old 201
Clynelish 28-Year-Old 1982 202
Clynelish Distillers Edition 1992 203
Clynelish The Managers' Choice 1997 204
Compass Box Asyla 205
Compass Box Double Single 206
Compass Box Flaming Heart 207
Compass Box Flaming Heart 10th Anniversary 208
Compass Box Great King St. 209
Compass Box Hedonism 210
Compass Box Lady Luck 210
Compass Box Oak Cross 211
Compass Box The Peat Monster 211
Compass Box The Spice Tree 212
Compass Box 3-Year-Old Deluxe 212
Copper Dog 213
Cragganmore 12-Year-Old 213
Cragganmore Distillers Edition 214
Cutty Sark 12-Year-Old 215
Cutty Sark 15-Year-Old 216
Cutty Sark 18-Year-Old 218
Cutty Sark 25-Year-Old 219
Cutty Sark 30-Year-Old 221
Dailuaine 10-Year-Old 221
Dallas Dhu 27-Year-Old 222
Dallas Dhu Old Malt Cask 36-Year-Old 1982 222

Dalmore, The 12-Year-Old 223
Dalmore, The 15-Year-Old 223
Dalmore, The 18-Year-Old 224
Dalmore, The 40-Year-Old Astrum 225
Dalmore, The 45-Year-Old Aurora 1964 226
Dalmore, The Age of Exploration 1995 227
Dalmore, The Castle Leod 229
Dalmore, The Dominium 229
Dalmore, The Gran Reserva/Cigar Reserve 230
Dalmore, The King Alexander III 1263 230
Dalmore, The Mackenzie 231
Dalmore, The Matusalem 1974 231
Dalmore, The Sirius 233
Deanston 12-Year-Old 234
Deanston 18-Year-Old 233
Dewar's 12-Year-Old 235
Dewar's 18-Year-Old 236
Dewar's Signature 239
Dimple 12-Year-Old 239
Dimple 15-Year-Old 240
Director's Tactical Selection 240
Double Barrel Ardbeg & Glenrothes 241
Double Barrel Caol Ila & Braeval 241
Double Barrel Highland Park & Bowmore 242
Double Barrel Macallan & Laphroaig 243
Dumbarton 1964 245
Edradour 10-Year-Old 245
Edradour 11-Year-Old 1996 246
Edradour 30-Year-Old 246
Edradour 1983 Port Wood Finish 247
Elements of Islay Ar2 (Ardbeg) 247
Elements of Islay Bn1 (Bunnahabhain) 248
Elements of Islay Br1 (Bruichladdich) 248

Elements of Islay Cl2 (Caol Ila) 250
Elements of Islay Kh1 (Kilchoman) 251
Famous Grouse, The 252
Famous Grouse, The Black Grouse 253
Famous Grouse, The Celebration Blend 255
Famous Grouse, The Naked Grouse 255
Famous Grouse, The Snow Grouse 256
Fettercairn 24-Year-Old 257
Fettercairn 30-Year-Old 258
Fettercairn 33-Year-Old Malt Cask 258
Fettercairn 40-Year-Old 260
Fettercairn Fior 261
Finlaggan Islay Single Malt Cask Strength 262
Glen Elgin 12-Year-Old 263
Glen Elgin 16-Year-Old 264
Glen Flagler 1973 264
Glen Garioch 12-Year-Old 265
Glen Garioch 15-Year-Old 265
Glen Garioch 18-Year-Old 266
Glen Garioch 1991 Small Batch Vintage 267
Glen Garioch 1971 268
Glen Garioch 1797 Founder's Reserve 269
Glen Grant 10-Year-Old 271
Glen Grant 1972 Berry's Own Selection 271
Glen Grant 170th Anniversary Edition 272
Glen Grant Cellar Reserve 1992 273
Glen Keith 21-Year-Old 274
Glen Keith 1993 Connoisseurs Choice 274
Glen Mhor 27-Year-Old 275
Glen Mhor 27-Year-Old Malt Cask 275
Glen Mhor Glenkeir Treasures 21-Year-Old 276
Glen Moray 12-Year-Old 276

Glen Moray Chardonnay Cask 10-Year-Old 278
Glen Moray Port Wood Finish 1995 279
Glen Ord 15-Year-Old 281
Glen Ord 28-Year-Old 281
Glen Ord The Singleton 12-Year-Old 282
Glen Ord The Singleton 15-Year-Old 283
Glen Scotia 15-Year-Old Malt Cask Sherry Butt 284
Glen Spey 12-Year-Old Flora & Fauna OB 284
Glenallachie 15-Year-Old 285
Glenallachie 38-Year-Old Old Malt Cask 285
Glencadam 10-Year-Old 286
Glencadam 12-Year-Old Portwood Finish 287
Glencadam 14-Year-Old Oloroso Sherry Finish 288
Glencadam 32-Year-Old 289
GlenDronach 12-Year-Old Original 290
GlenDronach 14-Year-Old Sauternes Finish 291
GlenDronach 14-Year-Old Virgin Oak Finish 292
GlenDronach 15-Year-Old Revival 293
GlenDronach 15-Year-Old Moscatel Finish 294
GlenDronach 15-Year-Old Tawny Port Finish 294
GlenDronach 18-Year-Old Allardice 295
GlenDronach 21-Year-Old Parliament 295
GlenDronach 31-Year-Old Grandeur 296
Glendullan 1993 Connoisseurs Choice 297
Glenfarclas 10-Year-Old 299
Glenfarclas 12-Year-Old 299
Glenfarclas 15-Year-Old 300

Glenfarclas 25-Year-Old 300
Glenfarclas 30-Year-Old 301
Glenfarclas 40-Year-Old 301
Glenfarclas 105 302
Glenfarclas 175th Anniversary 303
Glenfarclas Family Casks 1994, Cask 3629 304
Glenfarclas Family Casks 1982, Cask 633 304
Glenfarclas Family Casks 1979, Cask 11015 306
Glenfarclas Family Casks 1969, Cask 3187 306
Glenfarclas 1961 307
Glenfarclas Family Casks 1953, Cask 1678 307
Glenfiddich 12-Year-Old 308
Glenfiddich 15-Year-Old 309
Glenfiddich 18-Year-Old 310
Glenfiddich 21-Year-Old 310
Glenfiddich 30-Year-Old 312
Glenfiddich 40-Year-Old Second Batch 313
Glenfiddich 50-Year-Old 314
Glenfiddich Age of Discovery 19-Year-Old 315
Glenfiddich Rich Oak 14-Year-Old 317
Glenfiddich Snow Phoenix 317
Glenglassaugh 21-Year-Old 318
Glenglassaugh 25-Year-Old Malt Sherry Cask 318
Glenglassaugh 26-Year-Old 319
Glenglassaugh 30-plus Years Rare Cask Series 319
Glenglassaugh 40-plus Years Rare Cask Series 321
Glenglassaugh 1978 31-Year-Old 321
Glenglassaugh Walter Grant 1967 322
Glengoyne 10-Year-Old 322

Glengoyne 12-Year-Old 324
Glengoyne 12-Year-Old Cask Strength 325
Glengoyne 14-Year-Old 326
Glengoyne 16-Year-Old 326
Glengoyne 17-Year-Old 328
Glengoyne 21-Year-Old 329
Glengoyne Burnfoot 330
Glengoyne Distilled 1996 330
Glenkinchie 12-Year-Old 331
Glenkinchie 20-Year-Old 1990 331
Glenkinchie Distillers Edition 1996 332
Glenkinchie The Managers' Choice 1992 333
Glenlivet, The 12-Year-Old 334
Glenlivet, The 15-Year-Old French Oak Reserve 334
Glenlivet, The 18-Year-Old 336
Glenlivet, The 21-Year-Old Archive 337
Glenlivet, The 70-Year-Old 1940 Generations 338
Glenlivet, The Nàdurra 16-Year-Old 339
Glenlivet, The XXV 340
Glenlochy 29-Year-Old 341
Glenmorangie 18-Year-Old 342
Glenmorangie 25-Year-Old 343
Glenmorangie Astar 344
Glenmorangie The Culloden Bottle 344
Glenmorangie Finealta 346
Glenmorangie The Lasanta 347
Glenmorangie The Nectar d'Or 348
Glenmorangie The Original 349
Glenmorangie Pride 350
Glenmorangie The Quinta Ruban 350
Glenmorangie Signet 351
Glenmorangie Sonnalta PX 351
Glenrothes, The 1998 352
Glenrothes, The 1995 352
Glenrothes, The 1991 354
Glenrothes, The 1985 355

Register der Whisk(e)ys nach Ländern 953

Glenrothes, The 1979 357
Glenrothes, The 1978 358
Glenrothes, The 1974 358
Glenrothes, The 1972 359
Glenrothes, The Alba Reserve 359
Glenrothes, The John Ramsay 360
Glenrothes, The Select Reserve 361
Glenturret 10-Year-Old 362
Glenturret 19-Year-Old Malt Cask 362
Grand Macnish 364
Grant's 12-Year-Old 365
Grant's 18-Year-Old 366
Grant's 25-Year-Old 366
Grant's Cask Editions Ale Cask Finish 367
Grant's Distillery Edition 367
Grant's Family Reserve 368
Haig Gold Label 369
Hankey Bannister 12-Year-Old Regency 370
Hankey Bannister 21-Year-Old Partners Reserve 370
Hankey Bannister 25-Year-Old Partnership 371
Hankey Bannister 40-Year-Old 371
Hankey Bannister Original 373
Harris Highland Malt 373
Hazelburn 8-Year-Old 374
Hazelburn CV 375
Highland Park 12-Year-Old 377
Highland Park 15-Year-Old 377
Highland Park 18-Year-Old 378
Highland Park 21-Year-Old 379
Highland Park 25-Year-Old 380
Highland Park 30-Year-Old 381
Highland Park 40-Year-Old 382
Highland Park 50-Year-Old 1960 382
Highland Park 1970 Orcadian Vintage 384
Highland Park 1968 Orcadian Vintage 385
Highland Park Dark Origins 386
Highland Park Harald 387

Highland Park Hjärta 12-Year-Old 389
Highland Park Vintage 21-Year-Old 389
Imperial 1997 390
Imperial 1997 Octave 390
Inchgower 21-Year-Old Malt Cask 391
Invergordon 10-Year-Old 391
Invergordon 1972 Duncan Taylor Rare Auld 38-Year-Old 392
Invergordon 1966 Clan Denny 45-Year-Old 392
Islay Mist 12-Year-Old 394
Islay Mist 17-Year-Old 395
Isle of Jura 5 Year-Old 396
Isle of Jura 10-Year-Old Origin 397
Isle of Jura 16-Year-Old Diurachs' Own 398
Isle of Jura 18-Year-Old Platinum Selection 398
Isle of Jura 21-Year-Old 399
Isle of Jura 21-Year-Old 200th Anniversary 399
Isle of Jura 1996 400
Isle of Jura Boutique Barrels Bourbon JO 1995 400
Isle of Jura Elixir 402
Isle of Jura Prophecy 403
Isle of Jura Superstition 404
Isle of Skye 8-Year-Old 405
Isle of Skye 21-Year-Old 406
J&B Jet 406
J&B Nox 407
J&B Rare 407
J&B Reserve 15-Year-Old 408
Johnnie Walker Black Label 408
Johnnie Walker Blue Label 410
Johnnie Walker Gold Label 411
Johnnie Walker Green Label 412
Johnnie Walker Red Label 413
Kilchoman 100% Islay 414
Kilchoman Spring 2011 414
Kilchoman Winter 2010 415
Kilkerran Work in Progress 1 415
Knockando 12-Year-Old 417

Lagavulin 12-Year-Old Cask Strength 419
Lagavulin 12-Year-Old Special Release 2011 419
Lagavulin 16-Year-Old 420
Lagavulin Distillers Edition 1994 421
Lagavulin The Managers' Choice 15-Year-Old 422
Laphroaig 10-Year-Old 423
Laphroaig 10-Year-Old Cask Strength 424
Laphroaig 18-Year-Old 426
Laphroaig 25-Year-Old 427
Laphroaig 30-Year-Old 428
Laphroaig Lore 428
Laphroaig Quarter Cask 429
Laphroaig Select 429
Laphroaig Triple Wood 430
Last Drop 1960, The 431
Lauder's 433
Lauder's 12-Year-Old 433
Ledaig 10-Year-Old 434
Ledaig 18-Year-Old 434
Linkwood 12-Year-Old 435
Linkwood 13-Year-Old Douglas of Drumlanrig 435
Littlemill Old Malt Cask 19-Year-Old 436
Loch Dhu The Black Whisky 10-Year-Old 437
Lochside 1981 438
Lochside 1964 Scott's Selection 439
Longmorn 15-Year-Old 440
Longmorn 16-Year-Old 441
Longmorn 18-Year-Old 442
Longmorn 1992 442
Longrow 7-Year-Old Gaja Barolo Finish 444
Longrow 10-Year-Old 445
Longrow 14-Year-Old 446
Longrow CV 447
Macallan, The 10-Year-Old Fine Oak 448
Macallan, The 10-Year-Old Sherry Oak 448

Macallan, The 12-Year-Old
   Fine Oak 449
Macallan, The 12-Year-Old
   Sherry Oak 449
Macallan, The 15-Year-Old
   Fine Oak 451
Macallan, The 17-Year-Old
   Fine Oak 451
Macallan, The 18-Year-Old 452
Macallan, The 18-Year-Old
   Fine Oak 453
Macallan, The 18-Year-Old
   Glenkeir Treasures 454
Macallan, The 21-Year-Old
   Fine Oak 454
Macallan, The 25-Year-Old
   Sherry Oak 456
Macallan, The 30-Year-Old
   Sherry Oak 457
Macallan, The Amber 458
Macallan, The Ruby 459
Macallan, The Sienna 460
Macduff 15-Year-Old Harris
   Bottling 461
Mackinlay's Shackleton Rare
   Old Highland Malt 462
Mannochmore 1991
   Connoisseurs Choice 464
Millburn 1978 465
Miltonduff 10-Year-Old 466
Miltonduff 15-Year-Old 467
Monkey Shoulder 468
Mortlach 16-Year-Old
   Flora & Fauna 469
Mortlach 18-Year-Old 470
Mortlach 25-Year-Old 470
Mortlach Rare Old 471
Oban 14-Year-Old 471
Oban 32-Year-Old 472
Oban Distillers Edition 473
Octomore 3/152 474
Octomore Orpheus 475
Old Parr 12-Year-Old 476
Old Parr 15-Year-Old 477
Old Parr Superior 18-Year-Old 478
Old Pulteney 12-Year-Old 479

Old Pulteney 17-Year-Old 481
Old Pulteney 21-Year-Old 481
Old Pulteney 30-Year-Old 482
Old Pulteney WK209 483
Old Pulteney WK499 484
Pittyvaich Old Malt Cask
   18-Year-Old 485
Port Askaig 25-Year-Old 486
Port Askaig Harbour
   19-Year-Old 486
Port Charlotte An Turas Mor 488
Port Charlotte PC7 Sin An Doigh
   Ileach 489
Port Charlotte PC8 Ar Dùthclas 490
Port Charlotte PC9
   An Ataireachd Ard 490
Port Dundas 20-Year-Old 1990 492
Port Dundas 36-Year-Old 492
Port Ellen 26-Year-Old
   Malt Cask 494
Port Ellen 27-Year-Old 494
Port Ellen 28-Year-Old 495
Port Ellen 32-Year-Old 2015 495
Port Ellen 35-Year-Old Special
   Release 2014 497
Rock Oyster 498
Rosebank 21-Year-Old 1990 499
Rosebank 1991 500
Royal Brackla 500
Royal Lochnagar 12-Year-Old 501
Royal Lochnagar 19-Year-Old
   Malt Cask 501
Royal Lochnagar Distillers Edition
   502
Royal Salute 21-Year-Old 505
Royal Salute Stone of Destiny 505
Scallywag 508
Scapa 16-Year-Old 506
Scapa 16-Year-Old
   Distillery-only Bottling 506
Seagram's 100 Pipers 509
Sheep Dip 510
Singleton of Glen Ord, The 510
Six Isles, The 511
Something Special 511

Speyburn 10-Year-Old 512
Speyburn 25-Year-Old Solera 513
Springbank 10-Year-Old 514
Springbank 15-Year-Old 514
Springback 12-Year-Old 515
Springbank 16-Year-Old Rum
   Wood Expression 515
Springbank 18-Year-Old 516
Springbank 25-Year-Old 517
Springbank 100 Proof 518
Springbank CV 519
Stewarts Cream of the Barley 520
Strathisla 12-Year-Old 521
Strathmill 18-Year-Old
   Malt Cask 522
Stronachie 12-Year-Old 524
Talisker 10-Year-Old 524
Talisker 18-Year-Old 525
Talisker 25-Year-Old
   Cask Strength 2009 525
Talisker 30-Year-Old 2009 526
Talisker 57° North 527
Talisker Distillers Edition
   1999 528
Talisker The Managers' Choice 529
Talisker Skye 530
Talisker Storm 530
Tamdhu 14-Year-Old 531
Tamdhu 25-Year-Old 531
Té Bheag 532
Teacher's Origin 532
Timorous Beastie 534
Tobermory 10-Year-Old 535
Tobermory 15-Year-Old 536
Tomatin 12-Year-Old 537
Tomatin 18-Year-Old 538
Tomatin 25-Year-Old 539
Tomatin 30-Year-Old 540
Tomatin 40-Year-Old 540
Tomatin 1991 541
Tomatin 1997 541
Tomatin Decades 542
Tomintoul 10-Year-Old 543
Tomintoul 16-Year-Old 544
Tomintoul 21-Year-Old 545
Tomintoul 33-Year-Old 546

Tullibardine 1993 548
Tullibardine 1988 549
Tweeddale, The Blend 550
VAT 69 552
Wemyss Malts Ginger Compote 1996 552
Weymss Malts The Hive Batch Strength 553
Wemyss Malts The Honey Pot 1996 553
Wemyss Malts Peat Chimney 8-Year-Old 555
Wemyss Malts Peat Chimney Batch Strength 555
Wemyss Malts Smoke Stack 1996 557
Wemyss Malts Smooth Gentleman 8-Year-Old 557
Wemyss Malts Spice King 8-Year-Old 558
Weymss Malts Spice King Small Batch 559
White Horse 560
Whyte & Mackay 30-Year-Old 562
Whyte & Mackay Original 40-Year-Old 563
Whyte & Mackay Special 564
Whyte & Mackay The Thirteen 565

Schweden

Box The Explorer 877
Mackmyra Brukswhisky 878
Mackmyra First Edition 879
Mackmyra Jakt 880
Mackmyra Special 04 Double Dip 880
Mackmyra Tolv 882
Smögen Primor 882
Spirit of Hven Tycho's Star 883

Schweiz

Säntis Malt Swiss Highlander Edition Dreifaltigkeit 883
Säntis Malt Swiss Highlander Edition Säntis 884
Säntis Malt Swiss Highlander Edition Sigel 885
Whisky Castle Castle Hill Doublewood 886
Whisky Castle Port Cask Smoke Barley 886
Zürcher Lakeland Single Malt 887

Spanien

DYC 873
DYC 10-Year-Old 875
Embrujo 875

Südafrika

Bain's Cape Mountain Whisky 931
Drayman's Single Malt Whisky 932
Drayman's Solera 933
Three Ships 5-Year-Old 934
Three Ships 10-Year-Old 935
Three Ships Bourbon Cask Finish 936

Taiwan

Kavalan Concertmaster Port Cask Finish 937
Kavalan Solist Fino 938
King Car Whisky 939

Vereinigte Staaten

1512 Barbershop Rye 617
Angel's Envy Bourbon Finished in Port Barrels 617
Baker's 7-Year-Old 620
Balcones Brimstone 618
Balcones Texas Single Malt 618
Balcones Texas No. 1 Single Malt 619
Balcones True Blue Bourbon 619
Basil Hayden's 621
Bernheim Original Kentucky Straight Wheat 622
Blanton's Single Barrel 623
Booker's Bourbon 624
Breaking & Entering Bourbon 625
Buffalo Trace 626
Bulleit 629
Bulleit Rye 629
Catoctin Creek Roundstone Rye 630
Charbay Hop Flavored Whiskey Release II 631
Colkegan Single Malt 632
Colonel E. H. Taylor Old Fashioned Sour Mash 632
Copper Fox Rye Whiskey 633
Copper Fox Single Malt Whiskey 633
Corsair Mosaic 634
Corsair Ryemageddon 634
Corsair Triple Smoke 635
Doubled & Twisted 635
Eagle Rare 17-Year-Old 636
Eagle Rare Single Barrel 637
Early Times 639
Elijah Craig 12-Year-Old 639
Elijah Craig 18-Year-Old 640
Elmer T. Lee Single Barrel 641
Evan Williams 23-Year-Old 642
Evan Williams Black Label 643
FEW Spirits Bourbon Whiskey 644
Four Roses 645
Four Roses Single Barrel Limited Editions 646
Four Roses Small Batch 646
Four Roses Small Batch Limited Editions 647
Gentleman Jack 647
George Dickel No. 8 649
George Dickel No. 12 649
George T. Stagg 650
George Washington American Whiskey 651
Georgia Moon 652
Hancock's President's Reserve 653
High West 12-Year-Old Rye 654
High West 21-Year-Old Rye 654
High West Bourye 656
High West Double Rye! 657

High West Rendezvous
   Rye Whisky 658
High West Silver Western Oat
   Whisky 658
Hudson Baby Bourbon
   Whiskey 659
Hudson Four Grain Bourbon
   Whiskey 659
Hudson Manhattan Rye
   Whiskey 660
Hudson New York Corn
   Whiskey 662
Hudson Single Malt Whiskey 662
Ironroot Republic Harbinger 663
Ironroot Republic Hubris 663
Jack Daniel's Old No.7 664
Jack Daniel's Single Barrel 666
Jefferson's 667
Jim Beam Black Label 668
Jim Beam Devil's Cut 670
Jim Beam Rye 670
Jim Beam Signature Six Grains 671
Jim Beam White Label 671
Johnny Drum Private Stock 673
J.T.S. Brown Bottled in Bond 673
Kentucky Tavern Bourbon 674
Knob Creek 676
Knob Creek Single Barrel 677
Lion's Pride Dark Millet
   Organic Whiskey 678
Lion's Pride Dark Oat
   Organic Whiskey 679
Lion's Pride Dark Rye
   Organic Whiskey 680
Lion's Pride Dark Wheat
   Organic Whiskey 680
Maker's Mark 683
Maker's Mark 46 685
McAfee's Benchmark Old
   No.8 Brand 687
McCarthy's Oregon
   Single Malt 687
Mellow Corn 688
Noah's Mill 689

Nor'Easter 690
Notch 12-Year-Old 690
Old Crow Reserve 693
Old Fitzgerald Bottled in Bond 693
Old Fitzgerald Very Special
   12-Year-Old 694
Old Forester Birthday Bourbon 2007 696
Old Forester Classic 697
Old Forester Signature 698
Old Overholt Rye 698
Old Potrero 18th Century
   Whiskey 699
Old Potrero Hotaling's
   Single Malt 699
Old Potrero Single Malt
   Straight Rye 700
Old Rip Van Winkle 10-Year-Old 701
Old Taylor 702
Old Weller Antique 703
Pappy Van Winkle 15-Year-Old 704
Pappy Van Winkle 20-Year-Old 704
Pappy Van Winkle 23-Year-Old 706
Parker's Heritage Collection
   10-Year-Old 707
Rebel Yell American Whisky 709
Redemption High-Rye Bourbon 710
Redemption Rye Whiskey 711
Ridgemont Reserve 1792 712
Rittenhouse Rye 10-Year-Old 712
Rittenhouse Rye 23-Year-Old 714
Rittenhouse Rye 25-Year-Old 715
Rittenhouse Rye Bottled in Bond 716
Rock Hill Farms Single Barrel 717
Rogue Dead Guy Whiskey 718
Russell's Reserve 10-Year-Old
   Bourbon 719
Russell's Reserve Rye 721
Sazerac 18-Year-Old Rye 722
Sazerac Rye 723
Silver Cross 724

St. George Single Malt 725
StiL 630 S.S. Sorghum 726
Stranahan's Colorado Whiskey 727
Templeton Rye 729
Ten High 729
Tenderfoot 730
Thomas H. Handy
   Sazerac Rye 731
Tom Moore 733
Van Winkle Family Reserve
   13-Year-Old Rye 734
Van Winkle Special Reserve
   12-Year-Old Lot "B" 735
Very Old Barton 736
Wasmund's Rye Spirit 736
Wasmund's Single Malt
   Spirit 737
Westland American Oak 737
Westland American Peated
   Single Malt 738
Westland Sherry Wood 739
Wild Turkey 81 740
Wild Turkey 101 740
Wild Turkey Kentucky Spirit 741
Wild Turkey Rare Breed 741
Wild Turkey Rye 742
William Larue Weller 743
W. L. Weller 12-Year-Old 744
W. L. Weller Special Reserve 745
Woodford Reserve 746
Woodford Reserve Master's
   Collection Maple Wood Finish 748
Woodford Reserve Master's
   Collection Seasoned Oak Finish 749

Wales

Penderyn 2002 Cask 10895 887
Penderyn Cask 11/200 888
Penderyn Madeira 890
Penderyn Peated 891
Penderyn Portwood 893
Penderyn Sherrywood 893

Bildnachweise

Alle Anstrengungen wurden unternommen, um die Rechteinhaber der Bilder in diesem Buch zu ermitteln. Wir entschuldigen uns für unbeabsichtigte Auslassungen oder Irrtümer und werden diese in späteren Auflagen korrigieren.

2 © Trinity Mirror / Mirrorpix / Alamy **20–21** © CBW / Alamy **22** SSPL via Getty Images **24** Dewar's **25** Dewar's **26** Chivas Brothers **27** Chivas Brothers **28** Chivas Brothers **29** Chivas Brothers **32** International Beverage **33** International Beverage **35** © 19th era / Alamy **36** The Whisky Exchange **37** The Whisky Exchange **38** The Whisky Exchange **39** The Whisky Exchange **42** © Peter L. Hardy / Alamy **43** The Whisky Exchange **44** The Whisky Exchange **45** Private Collection **46** The Whisky Exchange **47** The Whisky Exchange **49** 2006 Getty Images **50** Beam Global **51** The Whisky Exchange **52** Beam Global **53** Beam Global **54** Isle of Arran Distillers **55** Isle of Arran Distillers **56** © Matthew Hart / Alamy **57** Isle of Arran Distillers **58** Isle of Arran Distillers **59** The Whisky Exchange **60** Isle of Arran Distillers **61** Isle of Arran Distillers **62** Isle of Arran Distillers **63** Isle of Arran Distillers **64** © David Gordon / Alamy **66** The Whisky Exchange **67** The Whisky Exchange **70** The Whisky Exchange **71** The Whisky Exchange **72** The Whisky Exchange **73** Douglas Laing & Co. **74** Simon Pask **75** Inver House **78** Inver House **80** Chivas Brothers **81** The Advertising Archives **82** Chivas Brothers **83** Chivas Brothers **84** Chivas Brothers **86** William Grant & Sons **87** William Grant & Sons **89** © Corbis **90** The Whisky Exchange **91** William Grant & Sons **94** The Whisky Exchange **95** Simon Pask **96** Private Collection **97** © Corbis **100** The BenRiach Distillery Co. **101** The BenRiach Distillery Co. **104** The BenRiach Distillery Co. **105** The BenRiach Distillery Co. **107** © David Gowans / Alamy **108** The BenRiach Distillery Co. **109** The BenRiach Distillery Co. **110** © SuperStock / Alamy **112** The BenRiach Distillery Co. **113** The BenRiach Distillery Co.. **116** Gordon & MacPhail **117** Gordon & MacPhail **118** Benromach Distillery **119** Gordon & MacPhail **121** © John Macpherson / Alamy **122** Gordon & MacPhail **123** Douglas Laing & Co. **124** Duncan Taylor & Co. **125** Duncan Taylor & Co. **126** © Gordon Langsbury / Alamy **128** Private Collection **129** Duncan Taylor & Co. **131** © South West Images Scotland / Alamy **134** © David Osborn / Alamy **136** Berry Bros. & Rudd **137** © Julian Love / Getty Images **138** Wikimedia Commons **139** Berry Bros. & Rudd **140** © David Robertson / Alamy **142** The Whisky Exchange **143** The Whisky Exchange **147** © Corbis **148** The Whisky Exchange **149** A Wardrobe of Whisky **152** © Mary Evans Picture Library 2010 **154** Bruichladdich Distillery Co. **155** Bruichladdich Distillery Co. **156** Bruichladdich Distillery Co. **157** Bruichladdich Distillery Co. **158** Bruichladdich Distillery Co. **159** © Les Gibbon / Alamy **160** Bruichladdich Distillery Co. **161** Bruichladdich Distillery Co. **164** Bruichladdich Distillery Co. **165** Bruichladdich Distillery Co. **166** Bruichladdich Distillery Co. **167** Private Collection **168** Private Collection **170** Bruichladdich Distillery Co. **171** Bruichladdich Distillery Co. **172** Mary Evans Picture Library **174** Burn Stewart Distillers **175** Burn Stewart Distillers **176** Burn Stewart Distillers **177** Burn Stewart Distillers **178** Burn Stewart Distillers **180** Diageo **181** Simon Pask **182** Diageo **183** Simon Pask **185** © Jeremy Sutton-Hibbert / Alamy **186** © Russell Cheyne / Rueters / Alamy **190** The Whisky Exchange **191** Chivas Brothers **192** Chivas Brothers **193** The Advertising Archives **194** Chivas Brothers **195** Pernod Ricard **196** Douglas Laing & Co. **197** Douglas Laing & Co. **199** © Neil McAllister / Alamy **200** © Worldwide Picture Library / Alamy **202** The Whisky Exchange **203** Simon Pask **204** The Whisky Exchange **205** Compass Box **206** Compass Box **207** Compass Box **208** Compass Box **209** Compass Box **214** Simon Pask **215** © ilian food & drink / Alamy **216** Edrington Group **217** © dieKleinert / Alamy **218** Edrington Group **219** Edrington Group **220** © Tegestology / Alamy **224** Whyte & Mackay **225** Whyte & Mackay **226** Whyte & Mackay **227** Whyte & Mackay **228** Simon Pask **232** Whyte & Mackay **234** Burn Stewart Distillers **235** Dewar's (Bacardi) **236** Dewar's (Bacardi) **237** © Beryl Peters Collection / Alamy **238** © Illustrated London News Ltd/Mary Evans **242** Douglas Laing & Co. **243** Douglas Laing & Co. **244** Gamma-Keystone via Getty Images **249** Elements of Islay **250** The Whisky Exchange **251** The Whisky Exchange **252** Edrington Group **253** Edrington Group **254** Image Courtesy of The Advertising Archives **256** Edrington Group **257** Whyte & Mackay **259** Getty Images **260** Whyte & Mackay **261** Whyte & Mackay **262** The Whisky Exchange **263** Diageo **266** Douglas Laing & Co. **267** The Whisky Exchange **268** The Whisky Exchange **269** Simon Pask **270** Campari Group **272** Campari Group **273** Campari Group **277** © International Photobank / Alamy **278** Private Collection **279** La Martiniquaise **280** © Mary Evans Picture Library / Alamy **282** Diageo **283** Diageo **286** Angus Dundee Distillers **287** Angus Dundee Distillers **288** Angus Dundee Distillers **289** Angus Dundee Distillers **290** BenRiach Distillery Co. **291** BenRiach Distillery Co. **292** BenRiach Distillery Co. **293** BenRiach Distillery Co. **296** BenRiach Distillery Co. **297** Gordan & Macphail **298** © Scottish Viewpoint / Alamy **302** The Whisky Exchange **303** J & G Grant **305** J & G Grant **308** William Grant & Sons **309** William Grant & Sons **311** © World Pictures/Photoshot **312** William Grant & Sons **313** William Grant & Sons **314** William Grant & Sons **315** Private Collection **316** © drink Alan King / Alamy **320** © David Gowans / Alamy **323** © David Gordon / Alamy **324** Ian Macleod Distillers **325** Ian Macleod Distillers **327** © Photoshot **328** Ian Macleod Distillers **329** Ian Macleod Distillers **332** The Whisky Exchange **333** The Whisky Exchange **335** Mary Evans / The National Archives, London, England **336** Chivas Brothers (Pernod Ricard) **337** Chivas Brothers (Pernod Ricard) **338** Private Collection **339** The Whisky Exchange **340** The Whisky Exchange **341** Signatory Vintage Scotch Whisky

Co. **342** Simon Pask **343** The Whisky Exchange **345** © 19th era / Alamy **346** Simon Pask **347** Simon Pask **348** Simon Pask **349** © Photoshot **353** Berry Bros. & Rudd **354** Berry Bros. & Rudd **355** Berry Bros. & Rudd **356** Berry Bros. & Rudd **357** Berry Bros. & Rudd **360** Berry Bros. & Rudd **361** Berry Bros. & Rudd **363** © Trinity Mirror / Mirrorpix / Alamy **364** Macduff International **365** William Grant & Sons **368** William Grant & Sons **369** The Whisky Exchange **372** Getty Images **374** The Whisky Exchange **375** Simon Pask **376** Mary Evans Picture Library **378** Edrington Group **379** Edrington Group **380** Edrington Group **381** Edrington Group **383** The Whisky Exchange **384** Edrington Group **385** Edrington Group **386** Edrington Group **387** Edrington Group **388** Iain Sarjeant / Alamy **393** Douglas Laing & Co. **394** Macduff International **395** Macduff International **396** Speciality Drinks **397** Whyte & Mackay **401** © Paul Bock / Alamy **402** Whyte & Mackay **403** Whyte & Mackay **404** Whyte & Mackay **405** Ian Macleod Distillers **409** Mary Evans Picture Library **410** Simon Pask **411** The Whisky Exchange **412** A Wardrobe of Whisky **413** The Whisky Exchange **416** John Paul/ Scottish Viewpoint / REX /Shutterstock **417** Diageo **418** © Bon Appetit / Alamy **420** The Whisky Exchange **421** The Whisky Exchange **422** The Whisky Exchange **423** The Whisky Exchange **424** Beam Global **425** © Patrick Ward / Alamy **426** Beam Global **427** Beam Global **430** The Whisky Exchange **431** The Last Drop Distillers **432** Private Collection **436** The Whisky Exchange **437** The Whisky Exchange **438** The Whisky Exchange **439** The Whisky Exchange **440** The Whisky Exchange **441** Private Collection **443** Berry Bros. & Rudd **444** The Whisky Exchange **445** The Whisky Exchange **446** The Whisky Exchange **447** A Wardrobe of Whisky **450** © Sandro Vannini / Corbis **452** Edrington Group **453** Edrington Group **455** WireImage **456** Edrington Group **457** Edrington Group **458** Edrington Group **459** Edrington Group **460** Edrington Group **461** Harris Whisky & Co. **462** The Whisky Exchange **463** © Lordprice Collection / Alamy **464** Gordon & MacPhail **465** Gordon & MacPhail **466** Gordon & MacPhail **467** The Whisky Exchange **468** William Grant & Sons **469** The Whisky Exchange **472** The Whisky Exchange **473** Simon Pask **474** Bruichladdich Distillery Co. **475** Private Collection **476** The Whisky Exchange **477** The Whisky Exchange **478** The Whisky Exchange **479** International Beverage **480** MCT via Getty Images **482** International Beverage **483** International Beverage **484** International Beverage **485** The Whisky Exchange **487** Mary Evans Picture Library **488** Bruichladdich Distillery Co. **489** Bruichladdich Distillery Co. **491** © Richard Childs Photography / Alamy **493** Simon Pask **496–497** Berry Bros. & Rudd **498** Douglas Laing & Co. **499** Diageo **502** The Whisky Exchange **503** © Illustrated London News Ltd / Mary Evans **504** Chivas Brothers (Pernod Ricard) **507** © Orkneypics / Alamy **508** Douglas Laing & Co. **509** Chivas Brothers (Pernod Ricard) **512** International Beverage **513** International Beverage **516** Simon Pask **517** The Whisky Exchange **518** Simon Pask **519** Simon Pask **520** The Whisky Exchange **521** Chivas Brothers (Pernod Ricard) **522** The Whisky Exchange **523** © Sandro Vannini / Corbis **526** Simon Pask **527** The Whisky Exchange **528** Simon Pask **529** The Whisky Exchange **533** Image Courtesy of The Advertising Archives **534** Douglas Laing & Co. **535** Burn Stewart Distillers **536** The Whisky Exchange **537** Tomatin **538** Tomatin **539** Tomatin **542** Tomatin **543** The Whisky Exchange **544** Angus Dundee **545** Angus Dundee **546** Angus Dundee **547** David Gowans / Alamy **548** The Whisky Exchange **549** The Whisky Exchange **550** The Whisky Exchange **551** Bon Appetit / Alamy **554** Mary Evans Picture Library **556** Matthew Richardson / Alamy **558** Wemyss Malts **560** Diageo **561** Image Courtesy of The Advertising Archives **562** Whyte & Mackay **563** Whyte & Mackay **564** Whyte & Mackay **565** Whyte & Mackay **566–567** © WR Publishing / Alamy **568** © Design Pics Inc.—RM Content / Alamy **569** Diageo **570** Diageo **571** Diageo **572** Diageo **573** Diageo **574** © Richard Cummins / Corbis **576** © Hulton-Deutsch Collection/ Corbis **578** Cooley **579** The Whisky Exchange **580** Cooley **581** © Michael Diggin / Alamy **582** Cooley **583** Cooley **584** Private Collection **585** Private Collection **586** Private Collection **587** © David J. Green / Alamy **589** © Antiques & Collectables / Alamy **590** The Whisky Exchange **591** © Michael Diggin / Alamy **594** Cooley **595** Cooley **598** The Whisky Exchange **599** © Jeff Morgan **600** SSPL via Getty Images **602** The Whisky Exchange **603** The Whisky Exchange **607** Kravtsov_Ian / Shutterstock.com **608** William Grant **609** Cooley **610** Cooley **611** © LOOK Die Bildagentur der Fotografen GmbH / Alamy **614–615** © David Burton / Alamy **616** 1512 Barbershop **620** © Alko / Alamy **621** © Alko / Alamy **622** Heaven Hill Distilleries **623** Age International **624** © Alko / Alamy **625** Compliments of Kentucky Bourbon Distillers, Ltd Archives **626** Sazerac **627** Sazerac **628** © Lenscap / Alamy **630** Catoctin Creek Distillery / Mountain High Media **631** Charbay **636** Sazerac **637** Sazerac **638** Brown-Forman Corporation **640** Private Collection **641** Age International **642** Heaven Hill Distilleries **643** Heaven Hill Distilleries **644** FEW Spirits **645** © ilian food & drink / Alamy **648** © Chris Howes/Wild Places Photography / Alamy **650** Sazerac **651** Private Collection **652** Simon Pask **653** Age International **655** © Mark Maziarz / Alamy **656** High West **657** High West **660** Tuthilltown **661** Tuthilltown **664** © WR Publishing / Alamy **665** Image Courtesy of The Advertising Archives **666** Simon Pask **667** Castle Brands **668** Beam Global **669** Image Courtesy of The Advertising Archives **672** Kentucky Bourbon Distillers **674** Sazerac **675** Image Courtesy of The Advertising Archives **676** Beam Global **677** Beam Global **678** Koval **679** Koval **681** © David Stuckel / Alamy **682** © Alexey Stiop / Alamy **683** Beam Global **684** © Kristoffer Tripplaar / Alamy **685** Private Collection **686** Sazerac **688** Heaven Hill **689** Simon Pask **691** Triple Eight Distillery **692** Image Courtesy of The Advertising Archives **694** The Whisky Exchange **695** © Daniel Dempster Photography / Alamy **696** Brown-Forman Corporation **697** Brown-Forman Corporation **700** A Wardrobe of Whisky **701** Old Rip Van Winkle Distillery **702** Sazerac **703** Sazerac **705** Sazerac **706** Old Rip Van Winkle Distillery **707** Heaven Hill Distilleries **708** © Charles Wollertz / Alamy **709** Rebel Yell Whiskey **710** Strong Spirits **711** Strong Spirits **713** Heaven Hill Distilleries **714** The Whisky Exchange **715** Heaven Hill

Distilleries **716** Heaven Hill Distilleries **717** Age International **718** Rogue **719** Gruppo Campari **720** Gruppo Campari **721** Gruppo Campari **722** Sazerac **723** Sazerac **724** Journeyman Distillery **725** St George Spirits **726** Still 630 **727** Stranahan's Distillery **728** Templeton **730** Wood's Distillery **731** Sazerac **732** © Fred Minnick /Alamy **733** Sazerac **734** Old Rip Van Winkle Distillery **735** Old Rip Van Winkle Distillery **738** Westland Distillery **739** Westland Distillery **742** Gruppo Campari **743** Sazerac **744** Sazerac **745** Sazerac **746** Brown-Forman Corporation **747** © Bloomberg / Getty Images **748** Brown-Forman Corporation **749** Brown-Forman Corporation **750–751** © Tom Gardner / Alamy **752** Beam Global **753** Beam Global **754** Beam Global **755** Constellation Brands **756** Constellation Brands **757** Private Collection **759** © Lordprice Collection / Alamy **760** Beam Global **761** Beam Global **763** Private Collection **764** Sazerac Company **765** Sazerac Company **766** Mary Evans Picture Library **768** MCBSW Sales Company Inc. **769** Brown-Forman **770** Private Collection **771** Private Collection **772** Constellation Brands **773** Kittling Ridge Estates Wines and Spirits **774** Kittling Ridge Estates Wines and Spirits **775** Kittling Ridge Estates Wines and Spirits **776** William Grant & Sons **777** Pernod Ricard—Corby Distilleries **778** Glenora Distillery **779** Glenora Distillery **780** Private Collection **781** Private Collection **782** 35 Maple Street **783** Hood River Distillers Inc. **784** Hood River Distillers Inc. **785** proof brands **786** Phillips Distilling Company **787** Sazerac Company **788** Image Courtesy of The Advertising Archives **790** Indio Spirits **791** Still Waters **792** Beam Global **793** Private Collection **794** Century Distillers **795** © Paul Bock / Alamy **797** Cosmin Nahaiciuc **798–799** © Jeremy Sutton-Hibbert / Alamy **800** Number One Drinks Company **801** Number One Drinks Company **802** Number One Drinks Company **803** Eigashima **804** Private Collection **805** Suntory **806** Suntory **807** Suntory **808** Suntory **809** Suntory **810** Suntory **811** Suntory **812** © Swim Ink/Corbis **813** Number One Drinks Company **814** The Nikka Whisky Distilling Co. Ltd **815** The Nikka Whisky Distilling Co. Ltd **816** The Nikka Whisky Distilling Co. Ltd **817** Sutton-Hibbert /REX / Shutterstock **818** The Nikka Whisky Distilling Co. Ltd **819** The Nikka Whisky Distilling Co. Ltd **820** The Nikka Whisky Distilling Co. Ltd **821** © kiristock / Alamy **822** © Jeremy Suttton-Hibbert / Alamy **823** The Nikka Whisky Distilling Co. Ltd **825** © Jeremy Sutton-Hibbert / Alamy **826** Suntory **827** Suntory **828** Suntory **829** The Nikka Whisky Distilling Co. Ltd **831** The Nikka Whisky Distilling Co. Ltd **832–833** © Foodfolio / Alamy **834** Broger Privatbrennerei OG **838** Adnams Southwold **839** © Cath Harries / Alamy **840** The English Whisky Co. **842** Hicks & Healey **843** © Matthew Monteith / Alamy **844** St James Distillery **845** The Whisky Exchange **846** The English Whisky Co. **847** © Leon Neal / Getty Images **848** The English Whisky Co. **849** Panimoravintola Beer Hunter's **850** A Wardrobe of Whisky **851** Warenghem **852** © Leonard de Selva/Corbis **858** A Wardrobe of Whisky **859** A Wardrobe of Whisky **860** Hotel-Gasthof Lamm **863** © imagebroker / Alamy **864** Blaue Maus Distillery **865** Blaue Maus Distillery **867** Us Heit Distillery **868** Zuidam **870** Zuidam **871** Zuidam **872** Zuidam **873** Beam Global **874** Beam Global **876** Box Distilleri **877** Box Distilleri **878** Mackmyra **879** Mackmyra **881** Mackmyra **884** Brauerei Locher **885** Brauerei Locher **888** Penderyn **889** Penderyn **890** Penderyn **891** Penderyn **892** Penderyn **894–895** © AFP / Getty Images **896** La Alazana **898** Bakery Hill **899** Bakery Hill **900** Bakery Hill **901** Bakery Hill **902** Belgrove **903** © Leisa Tyler / Getty Images **904** Hellyers Road **905** © Alex Hinds / Alamy **909** Great Southern Distilling Company **910** Nant **915** Tasmania **916** Tasmania **917** © National Geographic Society / Corbis **918** Timboon Railway Shed **919** Trapper's Hut **920** Private Collection **921** Simon Pask **922** Amrut **923** A Wardrobe of Whisky **924** Amrut **931** Distell Group Ltd **932** Drayman's Brewery **933** Drayman's Brewery **934** James Sedgwick **935** James Sedgwick **936** James Sedgwick **937** King Car Company **938** King Car Company **939** King Car Company **944–945** Volina / Shutterstock

Danksagungen

Dominic Roskrow und Quintessence möchten den folgenden Personen und Organisationen für ihre Hilfe bei diesem Buch danken:
Philip Contos
Sebastian Peyer für die Übersetzungen von Pat Barrows Texten aus dem Deutschen in der englischen Originalausgabe
Miguel Angel Blanch Lardin für Abbildungen images. Bitte besuchen Sie auch: www.awardrobeofwhisky.com.
Pat Barrow and William Myers für Abbildungen
Billy Abbot von Whisky Exchange
Simon Pask photography
Milroys of Soho
Allen Destillerien, die so freundlich waren, Abbildungen und Informationen bereitzustellen.